New Testament Greek Manuscripts

Romans

Also by Reuben J. Swanson:

The Horizontal Line Synopsis of the Gospels

The Horizontal Line Synopsis of the Gospels: Matthew (Greek ed.)

New Testament Greek Manuscripts: Matthew

New Testament Greek Manuscripts: Mark

New Testament Greek Manuscripts: Luke

New Testament Greek Manuscripts: John

New Testament Greek Manuscripts: Acts

New Testament Greek Manuscripts: Galatians

New Testament Greek Manuscripts

Variant Readings
Arranged in Horizontal Lines
against Codex Vaticanus

Romans

Edited by
Reuben J. Swanson

Tyndale House Publishers, Inc.
Wheaton, Illinois

William Carey International University Press
Pasadena, California

Tyndale House Publishers, Inc.
351 Executive Drive
Carol Stream, IL 60188
Ph: 630-668-8300
Fx: 630-668-8905
www.tyndale.com

William Carey International University Press
1539 East Howard Street
Pasadena, CA 91104
publications@wciu.edu

ISBN: 0-86585-070-4

The Symbol Greek font used to print this work is available from
Linguist's Software, P.O. Box 580, Edmonds, WA 98020-0580, USA, (206) 775-1130

To Bruce M. Metzger

Scholar
Textual Critic
Professor
Friend

whose advice and suggestions

have been invaluable

in helping to make

New Testament Greek Manuscripts

"User Friendly"

About the Editor

Reuben J. Swanson is Emeritus Professor of Western Carolina University. He is a graduate of Gustavus Adolphus College and Augustana Theological Seminary (now Lutheran School of Theology in Chicago). His S.T.M. and Ph.D. degrees in New Testament Studies are from Yale. He was professor of Biblical Studies at Grand View Seminary and Lenoir Rhyne College, where he was also chairman of the Department of Religion and Philosophy, prior to his tenure at Western Carolina University. He has served on the faculties of California Lutheran University, Thousand Oaks, and St. John's Seminary at Camarillo, California. Dr. Swanson is an ordained pastor in the Evangelical Lutheran Church in America and has served parishes in Michigan, Connecticut, Iowa, North Carolina, and California.

Contents

Foreword

Of the several kinds of tools available for the detailed study of the Greek New Testament—such as lexica, grammars, concordances, commentaries—the textual apparatus is often given the least attention or is overlooked entirely. Yet any serious investigation of a given passage will entail analysis of variant readings in order to ascertain the original form of the text as well as the several modifications introduced during the subsequent transmission of that passage.

The history of assembling textual information for an apparatus of variant readings of the Greek New Testament spans many generations. The earliest in printed format was the work of Robert Stephanus who in 1550 issued in Paris a handsome folio-sized edition of the Greek New Testament. The inner margins of the volume present a variety of readings drawn from sixteen witnesses, each identified by a Greek letter. The letter α signifies the text of the Complutensian Polyglot Bible, printed in 1514. The other letters refer to fifteen Greek manuscripts, the oldest of which is the manuscript known today as codex Bezae, identified by the letter β. According to Stephanus's "Epistle to the Reader," the manuscript had been collated for him in Italy by his friends. From their collation Stephanus included 389 citations of the manuscript (as counted by F. H. A. Scrivener). Other manuscripts are cited somewhat more frequently.

This first *apparatus criticus* of rather modest dimensions was expanded stage by stage by subsequent editors. A dramatic enlargement was published in London in 1707 when John Mill, after thirty years of labor, reproduced Stephanus's text with a vastly increased apparatus, gathered from manuscripts, versions, and patristic citations, totalling about 30,000 variant readings.

The next major step was taken by a Swiss scholar living in the Netherlands, Johann Jakob Wettstein, whose two-volume edition of 1751-52 more than doubled the number of manuscripts ever cited before. He also introduced a system of symbols for manuscripts, designating uncials by capital letters and minuscules by Arabic numerals. During the following century the culmination of Constantin von Tischendorf's lifelong interest in the Greek text of the Bible was climaxed by the publication of his *Editio octava critica maior* in 1869-72. A reprint of the edition in 1969 is an indication that even a century later it is still of value in scholarly research.

In the twentieth century a monumental edition and apparatus of the Greek New Testament was prepared by Hermann von Soden and a score of assistants (1913). Despite von Soden's prolonged investigation of Greek minuscules as well as intensive study of the history of the Greek text, the edition proved to be (in the words of Kirsopp Lake) "a magnificent failure." The most recent extensive apparatus of variant readings, collected by members of an American and British Committee, was set forth in two volumes published at Oxford in 1984 and 1987. The extent of the work can be judged from the fact that 600 pages are devoted to presenting manuscript evidence for the Gospel according to Luke.

All of the publications mentioned above organized the textual evidence in a more or less traditional format. The present volumes prepared by Reuben Swanson, however, employ a different kind of format, one that enables the eye to take in at a glance the variations between and among the witnesses. It is, as one might say today, the "user friendly" format that Swanson had developed earlier for his *Horizontal Line Synopsis of the Gospels* (1975; 2nd ed. 1984). In the present volumes, however, instead of presenting evidence from a maximum of four texts, the compiler was confronted with the task of presenting on each page far more numerous and diverse pieces of evidence from a wide variety of witnesses, some of which had undergone scribal correction. When one considers that Swanson not only collected and formatted this material but also produced a finished product ready for printing, one can appreciate that these volumes represent extraordinary dedication and attention to minute detail. All who make use of his apparatus of readings must feel a debt of gratitude to Swanson for having devised such an innovative and useful tool for the study of the Greek text of the New Testament.

Bruce M. Metzger

Introduction

The sub-title of this book, "Variant Readings Arranged in Horizontal Lines against Codex Vaticanus," suggests two departures from the past in the crafting of a new edition of the Greek New Testament. This work is different in principle for it avoids the eclecticism that characterizes all current editions, and it differs in methodology inasmuch as every variation and all information from every source used are faithfully and completely reported in a parallel line format. To say that this edition avoids eclecticism means that it does not consist of words from several different manuscripts mixed together without identification of the sources. Nevertheless, it preserves some of the techniques of current editions, for some of the symbols designating types of variant readings are continued.

Part I. An Historical Review of Text Editions

"Why a new edition of the Greek New Testament?" you may ask. We already have several editions, such as Nestle-Aland's *Novum Testamentum Graece*, Westcott–Hort's *The New Testament in the Original Greek*, and The United Bible Societies' *The Greek New Testament*, et al, that are adequate for the needs of the church and for scholarship, do we not? This is an appropriate question.

A principal feature of all current editions is the eclectic nature of the text, that is, the mixing together of words or phrases from several different manuscripts without identification of the sources. The texts have been revised again and again over many generations, mainly by a process of editing the early Textus Receptus through the substitution of selected readings from various manuscript sources that the editors considered to be earlier and/or more authentic than readings in their exemplar.

The earliest printed text of the New Testament, called the Complutensian, was edited by Cardinal Ximenes in 1514. He based his text upon a few late manuscripts that he failed to identify; therefore it has little or no critical value today. The second printed text, which was actually published earlier than the Complutensian, was prepared by Erasmus from six or seven minuscule manuscripts that were in the possession of a printer by the name of Froben at Basel. Only minuscule 1, used occasionally by Erasmus, is considered by critics today to have genuine value, although in this writer's estimation minuscule 2 deserves more credibility than it has received. Erasmus hastened the preparation of his work in order that his edition might be the first in print. He succeeded in this objective at the expense of quality, for at least in one instance he took the liberty of translating the concluding verses of the Apocalypse into Greek from Latin manuscripts of the Vulgate because his Greek sources were deficient.

These two editions named above became the basis for all subsequent early texts, including the third edition of Robert Stephanus in 1550, Beza's editions prepared over a lifetime in the sixteenth and early seventeenth centuries, and Elzevirs' editions of 1624 and 1633. Elzevirs' editions were based upon a comparison of Stephanus's and Beza's works; the 1633 edition came to be called the "Textus Receptus."

All critical editions from that point to current critical editions have been attempts to improve upon the Textus Receptus by comparing additional and later manuscripts to it and by substituting readings that the editors considered to be closer to readings in the original autographs. The current texts are the result.

In regard to these current texts, the present work has shown that readings have been selected and substituted based upon an inadequate representation of the evidence; the readings and their support are often misleading and/or in error; readings are often cited only in part; and, finally, readings from every manuscript used that are equal in importance to those cited by the editors have been consistently omitted.

Faulty or incomplete reporting of the evidence cannot provide a sufficient base for critical judgments as to which readings are superior, that is, earlier and more authentic. Moreover, the apparatus reporting the evidence is more difficult to use than the present horizontal line technique. The variants are cited in a massive set of footnotes at the bottom of each page, a situation that creates a problem for the user of correlating text and variant reading material.

An examination of the most widely used current critical editions, for example, Nestle–Aland *Novum Testamentum Graece* (Stuttgart, 1979), Westcott–Hort *The New Testament in the Original Greek* (New York, 1935), and the edition issued by the United Bible Societies entitled *The Greek New Testament* (Fourth Edition, 1993), leads to the conclusion that the methodology can be improved. The base for these editions was prepared in the sixteenth and seventeenth centuries. That base has been emended again and again over the intervening centuries by numerous scholars with access to earlier manuscripts not available to the earlier pioneer critics. The intention has been to provide a text embodying the best critical judgments of specialists in the discipline. But the result demonstrates that readings are not always fully and correctly reported, and editors are not always consistent in their use of the evidence from the earlier sources.

The editor of this work is convinced that a new beginning should be made in the crafting of a tool for use in the church and for scholarly research and writing. The principal deficiency of all current editions is the fallacy of origins. All have originated from the Textus Receptus of 1633. The Textus Receptus from its very inception was an eclectic text, meaning, as mentioned above, the mixing together of words and phrases from different manuscripts without identification of the sources. It was composed from a number of manuscripts with readings being chosen from each according to the principle of substitution. For example, although Erasmus used minuscule 2 as the basis for his text, he sometimes substituted readings from minuscule 1 for readings in minuscule 2 on the premise that a particular reading from minuscule 1 was superior or more authentic than a reading in minuscule 2. Modern scholarship has demonstrated that, although both manuscripts 1 and 2 are twelfth century, manuscript 1 preserves a better text in many passages than the text of manuscript 2. Erasmus relied principally upon a late and inferior text for the production of his edition and simply corrected that text in certain passages by substituting readings from minuscule 1. From the beginning the principle has prevailed in the preparation of critical editions that an eclectic text is superior to an actual manuscript text that had been scripture for an early Christian community.

This initial mixture, Textus Receptus, became the basis for all subsequent editions. Readings have been substituted throughout the Textus Receptus from a multitude of manuscript sources by textual critics and editors from the seventeenth century to the present time with the result that the present text is a most eclectic document. Thus an emended Textus Receptus is in fact the basic text for translation, for research and writing, and for all hermeneutical and exegetical studies today. Remnants of the twelfth century minuscules used by Erasmus still remain the basis for some passages in all current critical editions, and these remnants have become so mixed with readings substituted from other sources that there are passages in modern editions for which this writer has found no manuscript support in the many sources used for this production. Furthermore, the eclectic method in use is suspect because the reader can never know whether parallel passages in the gospels are truly parallel or whether the parallelism is a creation of the editors by this process of editing. If the latter be the case, then much of the hermeneutical and exegetical work dependent upon current texts needs serious review.

Part II. A New Edition Based upon a New Principle and a New Methodology

A new edition is offered based upon a new principle and a new methodology, and what has proven useful in previous editions is conserved. In addition, a new format has been created for easy access to the material. The first and most momentous decision was to choose an unaltered source document from the early church to be the text for this work. The problem is that we have only one complete uncial manuscript for the entire New Testament—Codex Sinaiticus, a fourth century manuscript discovered by Constantinus Tischendorf in 1844 at the monastery of St. Catherine on Mount Sinai. This has long been recognized as one of the most important New Testament manuscripts in our possession. However, there is another manuscript, although incomplete in some portions of the New Testament, that is recognized by nearly all critics to be superior in quality to all others. That manuscript is Codex Vaticanus, a fourth century manuscript in the Vatican Library. However, the new approach does not succeed or fail due to the choice of Vaticanus over Sinaiticus.

Rather, the essential criteria for acceptance of a new edition of the Greek New Testament must be the trinity of completeness, accuracy, and efficiency.

1) Completeness is not to be understood in the sense of a complete reporting of all manuscripts, versions, lectionaries, and church fathers, but rather the complete reporting of every variant from those particular sources used for this work. There is no edition that is complete in the former sense, or in the latter sense, for that matter. One of the deficiencies of current critical editions is the omission of important variants in many passages from the sources used. For example, a variant or two may be reported for a passage from Codex D, a very important fifth century manuscript, but an equally important variant and even variants from the same passage are ignored and omitted. This is never the case in this work. All variants, even different spellings, are reported completely. In the view of this editor, it is important to include every variant and every kind of variant from the individual sources. *Judgments have not been made as to what is important and what is unimportant.* Seemingly insignificant differences, such as spelling (itacisms), may be of high importance in tracing family relationships among manuscripts. It may be impossible to include complete information from every manuscript, version, church father, and lectionary, because of the volume of material involved. Therefore, the decision has been made to limit the sources used for this first edition to a select list of manuscripts in the Greek language.

It was the hope of the editor to include information from certain church fathers and from lectionary editions, but time has not permitted the fulfillment of that hope, with one exception. Each citation of the gospels from Clement of Alexandria is set forth immediately below the verse from which it is cited with an underlining of those words which are in agreement with one or more of the manuscript witnesses. This method was continued in the volume for the Acts of the Apostles, but for the Galatians and Romans volumes the readings have been incorporated into the parallel lines wherever possible. This material was available since this was the doctoral project of the editor. Versions are highly important sources of information for early readings, but there is a twofold problem: first, to find specialists in Latin, Syriac, and Coptic who are equally conversant in Greek; and, second, to be completely accurate in identifying equivalents between a reading in a version and a reading in the Greek text. Since there is disagreement among specialists as to which readings are equivalent in two languages, it seems wise to limit the materials used for this first edition to a select list of Greek sources. It is the hope of the editor that the parallel line format will make it possible for specialists in the languages of the versions to make more authoritative judgments as to the linkage with a Greek text or texts.

2) Accuracy of reporting is a second highly important criterion. A comparison of the material reported in the apparatus of Nestle–Aland to the material reported in the apparatus of this new work will indicate not only the incompleteness of the former, but also the many inaccuracies. Every effort has been made to assure accuracy for this new work; manuscripts have been read twice and even three times with additional checking of specific passages. However, the editor must acknowledge that it is difficult to assure complete accuracy in every instance, since such a vast amount of detail is incorporated into a work of this nature. The writer cautions the user to check the data by personally consulting the manuscript(s) whenever the information is to be used authoritatively.

3) A third criterion is efficiency. Anyone who has tried to correlate the text and the variant readings in the apparatus of Nestle–Aland should realize how inefficient this arrangement is, since all variant material is printed in footnotes and continuously. In this new edition all substantial variants are reported immediately in the groupings of parallel lines. Thus the reader can view the phenomena both horizontally and vertically, since an effort has been made to juxtapose the variant readings one above the other through spacing. The reader is able to view the relevant variant material immediately and is spared the effort of trying to correlate readings a page–length from each other. Readings that include obvious errors and different spellings, placed in the footnotes in previous volumes, are now included in the sets of parallel lines for reasons that will be set forth later.

Part III. The Particular Sources Used for the Romans Volume

The editor simply reproduces information about the sources from UBS[3], p. xiii, since in this instance he conforms to widely accepted usage. "The Greek manuscript evidence includes papyri, uncials designated traditionally by capital letters (referred to as "letter uncials"), uncials designated by Arabic numbers with an initial 0 (the "numbered uncials"), and minuscules (numbered without an initial 0). All manuscripts are cited and identified in accordance with the Gregory-Aland nomenclature found in Kurt Aland, *Kurzgefasste Liste*."[1]

a) The papyri:

	Date	Location	Content
𝔓10	IV.	Cambridge (Mass.), Harvard Univ., Semit. Mus., Inv. 2218; P. Oxy. 209	Rom. 1.1-7
𝔓46	ca. 200	Dublin, Chester Beatty Libr., P. Chester Beatty II	Rom. 5.17-6.3, 5-14;.8.15-25, 27-35; 8.37-9.32; 10.1-11, 22 24-33; 11.35-15.9; 15.11-16.27
𝔓113	III	P. Oxy. 4497	Rom, 2.12-13, 29

b) The Uncials:

Manuscript		Date	Location	Content
א	01	IV	London, Brit. Libr., Add. 43725	Romans
A	02	V	London, Brit. Libr., Royal I D. VIII	Romans
B	03	IV	Rome: Bibl. Vatic., Gr. 1209	Romans
C	04	V	Paris, Bibl. Nat., Gr 9	lac. Rom. 1.1-2; 2.5-3.21; 9.6-10.15; 11.31-13.10
D	06	VI	Paris, Bibl. Nat., Gr. 107 107 AB	lac. Rom. 1.1-6 [1.27-30 supple.]

1. Kurt Aland, Matthew Black, Carlo M. Martini, Bruce M. Metzger, and Allen Wikgren Editors, *The Greek New Testament*, 3rd ed., United Bible Societies, 1975.

F	010	IX	Cambridge, Trin. Coll., B XVII 1	lac. Rom. 1.1-3.18
G	012	IX	Dresden, Sächs. Landesbibl., A 145b	lac. Rom. 1.1-4; 2.17-24
K	018	IX	Moskva, Hist. Mus., V. 93, S. 97	lac. Rom. 10.18-end
L	020	IX	Roma, Bibl. Angelica, 39	Romans
P	025	IX	St. Petersburg, Ross. Nac. Bibl., Gr. 225	lac. Rom. 2.16-3.4; 8.32-9.10; 11.23-12.1
Ψ	044	IX/X	Athos, Lavra, B 52	Romans
049		IX	Athos, Lavra, A 88	Romans
056		X	Paris, Bibl. Nat., Coislin Gr. 26	Romans
0172		V	Firenze, Bibl. Medicea Laur.; PSI 4	Rom. 1.27-30, 1.32-2.2

c) The minuscules:

Manuscript	Date	Location	Content
1	XII	Basel, Univ. Bibl., A. N. IV. 2	Romans
6	XIII	Paris, Bibl. Nat., Gr. 112	Romans
33	IX	Paris, Bibl. Nat., Gr. 14	Romans
69	XV	Leicester, Leicestershire Record Office, Cod. 6D 32/1	Romans
88	XII	Napoli, Bibl. Naz., II. A. 7	Romans
104	1087	London, Brit. Libr., Harley 5537	Romans
131	XIV	Roma, Bibl. Vatc., Gr. 360	Romans
205	XV	Venedig, Bibl. Naz., Marc, Gr. Z. 5	Romans
209	XIV	Venezia, Bibl. Naz. Marc., 394	Romans
226	XII	Escorial, Madrid, X.IV.17	Romans
323	XII	Genève, Bibl. Publ. et Univ., Gr. 20	Romans
326	X	Oxford, Lincoln Coll., Lat . 82	lac. Rom. 1.1-19
330	XII	St. Petersburg, Russ. Nat. Bibl., Gr. 101	Romans
365	XII	Firenze, Bibl. Medicea Laur., VI 36	Romans
424	XI	Wien, Österr. Nat. Bibl., Theol. Gr. 302	Romans
440	XII	Cambridge, Univ. Libr., Mm. 6. 9	Romans
460	XIII	Venezia, Bibl. Naz.,Marc., 379	Romans
489	1316	Cambridge, Trinity Coll., B. X. 16	Romans
517	XI/XII	Oxford, Christ Church, Wake 34	Romans
547	XI	London, Brit. Libr., Add. 39590	Romans
614	XIII	Milano, Bibl. Ambros., E 97 sup.	Romans
618	XII	Modena, Bibl. Estense. G 234, a. F. 1.28 (III B 17)	Romans
796	XI	Athens, Nat. Bibl., 160	Romans
910	1009	London, British Library Add. 39598	Romans
927	1133	J. Paul Getty Mus., Malibu, Ca.	Romans
945	XI	Athos, Dionysiu, 124 (37) Ludw. II 4	Romans
999	XIII	Athos, Iviron, 260 (31)	Romans
1175	XI	Patmos, Joannu, 16	Romans
1241	XII	Sinai, Katharinen-Kl., Gr. 260	Romans
1242	XIII	Sinai, Kathaarinen-Kl., Gr. 261	Romans
1243	XI	Sinai, Katharinen-Kl., Gr. 262	Romans
1245	XII	Sinai, Katharinen-Kl., Gr. 275	Romans
1270	XI	Modena, Bibl. Est., Gr. 71	Romans
1315	XII	Jerusalem, Greek Patriarchal Library, Taphou 37	Romans

1319	XII	Jerusalem, Greek Patriarchal Library, Taphou 47	Romans
1352	XIII	Jerusalem, Greek Patriarchal Library, Staurou 94	Romans
1424	IX/X	Chicago/Ill., Jesuit-Kraus-McCormick Libr., Gruber Ms. 152	Romans Romans
1448	XI	Athos Lavra, A′ 13	Romans
1505	XII	Athos, Lavra, B 26	Romans
*1506	1320	Athos, Lavra, B 89	lac. Rom. 16.1-24

(*Two problems with this Ms.: 1) it is a text and commentary Ms. in two different shades of ink. The photography has focused on the commentary, so that the text is very dim and very difficult to read. In places it is illegible. 2) The scribe is a scribbler rather than a writer and uses many ligatures. This creates a second problem for a reader).

1573	XII/XIII	Athos, Vatopediu, 939	Romans
1611	X	Athens, Nat. Bibl., 94	Romans
1646	1172	Athos, Lavra, Gr. 173	Romans
1734	1015	Athos, Lavra, B' 18	Romans
1735	X	Athos, Lavra, B′ 42	Romans
1738	XI	Athos, Lavra, B′ 61	Romans
1739	X	Athos, Lavra, B 64	Romans
1827	1295	Athens, Nat. Bibl/. 1311	Romans
1836	X	Grottaferrata, Bibl. della Badia,	Romans
1837	X	Grottaferrata, Bibl. della Badia, A′ β′ 3	Romans
1854	XI	Athos, Iviron, 231 (25)	Romans
1874	X	Sinai, St. Catherine's Monastery, Gr. 273	Romans
1881	XIV	Sinai, St. Catherine's Monastery, Gr 300	Romans
1891	X	Jerusalem, Orthod. Patriarchat Saba, 107; St. Petersburg, Ross. Nac. Bibl., Gr. 317	Romans
1982	XI	Milano, Bibl. Ambrosiana, D. 541	Romans
2125	X	Modena, Bibl. Est., G. 196, a. v. 6.3 (II 6 3)	Romans
2147	XI/XII	St. Petersburg, Ross. Bibl., Gr. 224	Romans
2344	XI	Paris, Bibl. Nat., Coislin Gr. 18	Romans
2400	XII	Chicago, Ill., Univ. Libr., Ms. 965	Romans
2412	XII	Chicago, Ill., Univ. Libr., Ms. 922	lac. Rom. 1.-17; 13.5-15.25
2464	IX	Patmos, Joannu, 742	lac. Rom. 11.29-16.10
2495	XV	Sinai, Katharinen-Kl., Gr. 1992	Romans
2815	XII	Basel, Univ. Bibl., A. N. IV 4	Romans

d) Church Fathers:

Clement of Alexandria (Cl)[2] ca. 200

e) Editions:

u Barbara and Kurt Aland, Johannes Karavidopoulos, Carlo M. Martini, and Bruce M. Metzger, Editors, *The Greek New Testament*, 4th ed., United Bible Societies, 1993.

---

2. Stählin, Otto (ed.). *Clemens Alexandrinus*. Vols. I-IV. Leipzig: J. C. Hinrichs (Vol. I *Protrepticus Paedigogus*, 1905. Vol. II *Stromata*, Books 1-6, 1906. Vol. III *Stromata*, Books 7-8. *Excerpta ex Theodoto. Eclogai Propheticae. Quis Dives Salvetur. Fragmente* 1909. Vol. IV *Register*, 1936).

w Westcott, Brooke Foss and Hort, Fenton John Anthony, *The New Testament in the Original Greek* (New York: Macmillan), 1935.

τ *H KAINH ΔΙΑΘΗΚΗ*, Reproduced by photographic offset at the University of Chicago Press from *H KAINH ΔΙΑΘΗΚΗ* (Oxford, 1873).

Er[1] Bible. New Testament Greek. 1516 Erasmus.

Part IV. A Description of the Edition

The special and unique features of this work include the following:

1) Codex Vaticanus, a fourth century manuscript, is printed in full and serves as the exemplar. Vaticanus, widely considered to be superior to all other witnesses, is chosen as the primary witness, for, as Sir Frederic Kenyon wrote, "Codex Vaticanus [is] the most valuable of all the manuscripts of the Greek Bible."[3]

The rationale for the choice of Codex Vaticanus as the text for this work may be simply stated: a) it is often recognized as the best manuscript available, and b) there is a strong possibility that it was either one of the copies prepared for the Emperor Constans by Athanasius in the earlier years of his exile at Rome or one of the fifty copies prepared by Eusebius in Caesarea by order of Emperor Constantine about the year C.E. 332. The most serious question that emerges about the choice of Vaticanus as the work proceeds for all of the New Testament is that it lacks the ending to the Epistle to the Hebrews, the Pastoral Epistles, and the Apocalypse. Although Codex Sinaiticus is complete, it lacks the quality throughout characteristic of Vaticanus. Codex Vaticanus has thus been chosen as the basic text for this edition, and another manuscript text will be selected when a decision must be made for those portions of the New Testament that are lacking in Vaticanus.

2) The text of Vaticanus is printed in full as the top and the lead line for each of the groupings of parallel lines (except in a few instances of gross error in the text where the emended text of Vaticanus, represented as Vaticanus corrected [B c], replaces it). Vaticanus original (B*) in these instances is placed on line two. The rationale for putting Vaticanus at the top is to provide the reader access to a text that was a text in the early life of the Christian community.

3) In the Gospel volumes, the witnesses are listed for each line of text in this usual order: first, Vaticanus (B 03); second, papyri in their numerical order; third, the uncials in their alphabetical order; fourth, the arabic numbered uncials; fifth, the minuscules in their numerical order. This order has been followed only in part for the volume on The Acts of the Apostles, Galatians, and now Romans. Rather the blocks of lines have been organized according to the principle of similarity of the readings among the manuscripts. An effort has been made to place similar variants in juxtaposition to facilitate the assimilation of the material by the user. Of course, this cannot be accomplished in an absolute sense, since there are often numerous variants in each line of text.

4) All variants of every kind from each source used are reported in full, and all variants are now in the parallel lines rather than some, i.e., itacisms and scribal errors, in the footnotes.

5) A parallel, or horizontal line, format has been developed to report all variants from each of the sources used, so that the reader has immediate access to all variant readings in a format that makes it possible to visualize their significance as groupings of parallel lines are scanned horizontally and vertically.

6) The reporting of every variant and of the various notes found in the margins of the manuscripts results in a virtual facsimile of every source used for this work. One advantage

3. Sir Frederic Kenyon, *Our Bible and the Ancient Manuscripts* (Harper, 1958), p. 202.

of this method of representation is that each manuscript can actually be reconstructed electronically out of the data for independent study.

7) In addition to the substantial variants reported in the groupings of horizontal lines, additional information from the manuscripts is presented in a series of footnotes for each page as follows:

a) The first section is designated **lac.** (*lacunae*) to indicate page by page which manuscripts are not represented for this particular page of the work. The precise beginning for readings from manuscripts with *lacunae* is preceded by a series of dots leading up to the initial word in the text (.................... λέγει), and the precise ending of the text is shown by a series of dots after the final word of the text (λέγει ....). Occasionally an entire line of dots in a grouping of parallel lines is necessary, since the initial word of the text happens to be the initial word of the following line of text. This method of presentation is used throughout for the citing of the papyri that are presented *in toto* with a series of dots representing the missing words or parts of words. The user should note that the verses containing the beginning and the ending of the lacunae are listed as among the missing in the footnote.

b) The second section of footnotes in the first four volumes of this series (the Gospels) designated by the capital letter **A** has been discontinued for the volume on the Acts of the Apostles, for Galatians, and for Romans. All the orthographical variants (itacisms, that is, different spellings of words) and scribal errors have been placed in the text. The logic for this change is again to facilitate an analysis of all the evidence when seeking to determine family relationships. This information has value for other reasons as well. J. H. Moulton writes, "... the orthographical peculiarities of the NT uncials, ... in comparison with the papyri and inscriptions, will help to fix the provenance of the MSS, and thus supply criteria for the localising of textual types, ... an indispensable step towards the ultimate goal of criticism."[4]

A second and even more compelling reason is: some itacisms, or apparent itacisms, may have important significance for translation. For example, at Mt. 2.6 all sources read ποιμανεῖ, whereas Codex D reads ποιμένει. Initially the editor took this to be simply an itacism, the substitution of an ε for an α. This is not a normal substitution, however, and further thought brought to mind that the scribe of D may have written the third person singular present indicative, ποιμαίνει, with an ε for an αι dipththong. The verb in the majority of the witnesses, ποιμανεῖ, is the third person future indicative. This conjecture has a very strong possibility of being correct, inasmuch as there are no accent or breathing marks in the text of D. This changes the meaning of the phrase radically, for the translation of the majority reading, "who will shepherd my people Israel," becomes "who shepherds my people Israel *now*." Thus there is a logical justification for this change in procedure. An important change of meaning in the manuscripts may be overlooked by relegating any portion of the text to footnotes. The reporting of all variants, even itacisms, is indispensable for telling us something of the provenance of the manuscript, the interpretation of a particular passage, and also as an indicator of the quality of the scribal work.

c) A second section designated capital letter **B** in the Gospel volumes listing the contractions of the *nomina sacra* (sacred names) has also been eliminated in the Acts and Galatians volumes. The contractions are now shown as a part of the regular text. This information may have relevance in determining family relationships, since scribes did not always contract the *nomina sacra* nor always in the same form. There are also instances when additional names or words were contracted, although these did not come into common usage. An example is the proper name, Ἰωάννης, which is contracted ι̅ω̅ in a number of

4. James Hope Moulton, *A Grammar of the New Testament Greek,* Volume I. *Prolegomena* (Edinburgh, 1906), p. 41.

minuscules. For a full discussion of these phenomena, the reader is referred to Bruce M. Metzger, *Manuscripts of the Greek Bible.* [5]

d) A fourth section designated capital letter **C** includes the κεφάλαια *majora* and τίτλοι,[6] as well as what this writer calls "lectionary notes"; that is, the indicators for readers of the beginnings (ἀρχή) and endings (τέλος)[6] of Sunday and holy day scriptures. The various phrases identifying the occasion and providing an "intelligible commencement or conclusion" for the reading are also included. The editor has most often reproduced the information in its abbreviated form as in the manuscript margins.

e) A fifth section designated capital letter **D** cites the chapter or section numbers from the margins as well as the Eusebian canon tables.[7] The system of section numbering varies from manuscript to manuscript. The section numbering for Vaticanus, singular and unique, is printed immediately in the text. All other references are cited in the footnote section. It is to be understood that the witnesses cited in support of the text of Vaticanus never support that section numbering. The reader should know that the numbers in the manuscripts cited with the Greek enumerating system of letters with a bar above ($\bar{\boldsymbol{\alpha}}$ = 1, $\bar{\boldsymbol{\beta}}$ = **2**, etc.) do not always have a bar above the letter indicating that it is a numeral. The editor has taken the liberty of editing the manuscripts in these instances by adding the bar to make the identification certain to the reader.

f) A sixth section designated capital letter **E** lists cross references for the user who is primarily concerned with hermeneutics.

g) A seventh and final set of footnotes designated as *Problems in Apparatuses* has been added for the work on the Acts of the Apostles, Galatians, and Romans; that is, a list of corrections of erroneous and misleading readings from the manuscripts reported in the apparatuses of the Nestle-Aland and UBS editions. I found it most helpful for my own accuracy to check the citations of variant readings in the Nestle-Aland and UBS editions, as well as in the Ropes edition[8] for the Acts of the Apostles. It became apparent that a listing of these erroneous and misleading readings would be helpful to those readers who use either of these editions in teaching or exegetical studies. Printing them in this volume makes them immediately available for the serious student of textual criticism.

8) The modern chapter and verse divisions for this work are identical with those found in UBS[4].

9) The section headings, the κεφάλαια and τίτλοι, are absent in Vaticanus. The κεφάλαια and τίτλοι are cited in the body of the volumes on the Gospels at their appropriate locations without identification as to source. However, this practice was discontinued for the volumes on the Acts of the Apostles, Galatians, and Romans. The reader is referred to footnote **C** where they are cited *verbatim* as they occur in the manuscripts with variants and source identifications.

The editor has also checked the readings for Romans listed in *Arbeiten zur Neutestamentlichen Textforschung. Text und Textwert der Griechischen Handschriften des Neuen Testaments*. II. *Die Paulinischen Briefe*; edited by Kurt Aland. Walter de Gruyter: Berlin New York, 1991 (abbreviated **antf**). Forty-seven variant readings were selected from Galatians by the editor as representative for this book, and the information from more than six hundred manuscripts is reported. The errors and misleading readings from that work,

5. Bruce M. Metzger, *Manuscripts of the Greek Bible* (New York, 1981), pp. 36f.
6. Ibid., pp. 40f., 43f.
7. Ibid., pp. 40ff.
8. James Hardy Ropes, *The Beginnings of Christianity*, Part I *The Acts of the Apostles*, Vol. III *The Text of Acts* (MacMillan and Co., Limited, London, 1926).

more than two hundred, have been listed in the footnotes page by page and cumulatively in the second appendix.

10) The section headings in English are from UBS^{4} with revisions and additions by the editor where in his view a more definitive and descriptive title is appropriate.

11) Citations of Old Testament direct quotations are not printed in boldface type in this edition, since all variants are now printed in boldface type to make them more readily discernible to the user. Some of the variants obviously occur in the citations from Old Testament scripture.

12) Poetic passages from the Old Testament citations in Acts are indented as in UBS^{4}.

13) The text and the textual apparatus are one and the same for this work. The information from the sources used is presented in a series of parallel lines with the manuscript support for each line cited at the end of the line, that is, at the right hand margin. Frequently this information exceeds the space available at the end of the line. When additional space is needed to cite the support for Codex B (always the top line of a grouping of parallel lines), the list of supporting witnesses is sometimes moved to the line below with a bracket ([↑) or to the line above with a bracket ([↓), the arrow indicating to which line the additional witnesses belong. This method is also used for other lines within the groupings of parallel lines as space allows. The bottom line of a grouping of parallel lines frequently includes the most witnesses. The overflow for the enumeration of the witnesses to the previous line is preceded by a bracket ([↓), but this symbol is considered unnecessary when the overflow is to the succeeding line.

14) The citation of the manuscript witnesses is always supplemented by the citation of the readings line by line from UBS^{4} represented by boldface **u**, by the readings from Westcott and Hort's critical edition represented by boldface **w**, and by the readings from Textus Receptus represented by boldface **τ**. It is to be noted that the texts of UBS^{4} and Nestle-Aland^{27} are precisely the same. Therefore the symbol **u** covers both of these editions. It should be noted that references to these sources are always cited in every grouping of parallel lines. In addition, the editor has added the witness of the 1516 edition of Erasmus under the symbol Er^{1}. In those passages where the UBS^{4} committee and/or Westcott and Hort offered the reader two or even three possibilities for alternate readings, their usage is continued by citing a **u** or a **w** in square brackets [**u**], [**w**], [**uw**] in those passages where the text is regarded as disputed. The intent is to make it possible for the reader to see in context the critical choices scholars have made from among the variants considered for their editions. The reader is referred to the work of Bruce M. Metzger, *A Textual Commentary on the Greek New Testament*,[9] for an explanation of the principles that guided the committee preparing UBS^{4} in their selection of preferred readings. Without question many of these choices are good and reliable ones. Nevertheless it becomes clear through an examination of the parallel line phenomena that on occasion there are lines of text in UBS^{4} and in Westcott and Hort that have no manuscript support in the sources used for this work.

15) Two convenient symbols for variant readings have been used for this work. Occasionally the symbol for word order (⸉ ⸊) is used to indicate a different verse order and also the sign for addition (ᵀ) when a phrase or verse of some length could not be fitted into the parallel line format. The addition is printed immediately below the verse with the sign ᵀ placed in the text to indicate where the addition is made.

16) Certain typographical features are used throughout the parallel line format to indicate differences from the basic text, Codex Vaticanus. As stated elsewhere, a series of

9. Bruce M. Metzger, *A Textual Commentary on the Greek New Testament* (United Bible Societies, 1971). 2nd ed., 1994.

dots (..................) indicates a *lacuna*. Omissions of words or phrases are indicated by a blank space in the text. Whenever the omission extends beyond one or more lines the word, **omit**, is placed at the beginning of the line to call attention to the omission. The usual procedure is to incorporate additions of words or phrases into the groupings of lines with the exception of longer additions as stated above. Boldface type and the underlining of the variants is used to call attention to substitutions and changes in word order.

Part V. Appendices

Four appendices of a critical nature but with helpful information for the user have been added to this work on *Romans*:

1) Examples of κεφάλαια *majora* and τίτλοι in Romans. This is not intended to be an exhaustive list, but a sampling to indicate that numerous manuscripts have such summary headings. These do not occur in the Vaticanus and Sinaiticus, but are found as early as the fifth century.

2) The second consists of a compilation in order of occurrence of the *problems* identified in the apparatuses of UBS^4 and Nestle-Aland^{27}. The total is a rather large number; more than a hundred and thirty in Nestle-Aland^{27} and more than sixty in UBS^4. The list of errors or questionable readings include a number that this writer identifies as conjecture, since the editors of UBS^4 and Nestle-Aland^{27} fill in the blanks when there are *lacunae* in the manuscripts. The reporting of textual readings, even with the caution mark ^{vid}, when lacunae occur is questionable for two reasons. First, because what the scribe actually wrote is unpredictable. The large number of variant readings in each manuscript attests to this phenomenon in no uncertain terms. Second, the user must have access to the manuscript to determine what the editor means by ^{vid}. How many users have access to this information? It is not enough to rely upon the subjective judgment of the editor(s). It is difficult to understand how so many errors in the reporting of the data can have occurred. And this number is the sum total only from those manuscripts used by this editor for this edition of Romans. How many more errors there may be in the reporting of the evidence from the other sources, i.e., the versions, the lectionaries, and the patristic writers, used for the UBS^4 and Nestle-Aland^{27} editions but not used for this work is the problem. This raises the larger question of accuracy in reporting the information from the versions, since the problem is twofold: 1) reporting accurately from the version, and 2) correlating the reading with the Greek text. It has been the view of some scholars that numerous errors in the reporting of the evidence exist in current editions of the Greek New Testament. But this writer is justifiably astounded at the magnitude of the problem.

A second criticism of the methodology used by the editors of Nestle-Aland^{27} rises fom the practice of enclosing the manuscript *sigla* in brackets to indicate that the reading of that particular manuscript is not exactly the same as the category into which it is placed. An examination of this usage leads to the conclusion that the user can never know what the actual readings might be, since they are with hardly an exception quite strikingly different from the groupings into which they are placed. The editor(s) of Nestle-Aland^{27} have tried to correct the discrepancy by creating an appendix in which these readings are spelled out in full. However, this creates a new problem for the user who now must look in three places for information about a particular reading. This methodology leaves something to be desired for the serious student of textual criticism. If space can be allotted for an appendix containing this information, why is it not possible to place this information in the apparatus and eliminate the appendix altogether?

3) A third appendix entitled "Misleading and Incorrect Variant Readings in *Arbeiten zur Neutestamentlichen Textforschung. Text und Textwert der Griechischen Handschriften des Neuen Testaments.* II. *Die Paulinischen Briefe.*" Edited by Kurt Aland. Walter de Gruyter: Berlin New York, 1991 (abbreviated **antf**) has been added for Romans. Forty-seven variant readings were selected from Romans by the editor as representative for this

book, and the information from more than six hundred manuscripts is reported. The errors and misleading readings from that work, a total of more than two hundred, have been listed in the footnotes page by page and cumulatively in the second appendix.

4) A fourth appendix is entitled "Variant Readings from Greek Manuscripts for Romans not Cited in the Apparatuses of Current Critical Editions."

The editor of *New Testament Greek Manuscripts* has long held the view that the selection of variant readings shown in the current critical editions of the New Testament has not generally been representative of the diversity and even the significance of the actual state of the phenomena. It is true that the most widely used critical editions, UBS^4 and Nestle-Aland^{27}, are entitled handbooks, meaning that they are not intended to be exhaustive presentations of the evidence. Nevertheless, the question arises whether or not the selection of readings chosen for the apparatuses represents the most significant and meaningful possible. To test this hypothesis, variant readings from Romans have been broken down into sense phrases with their supporting attestation. This should be a welcome addition for the user, since in the parallel line format sense phrases often extend over more than one line. The showing in sense phrases thus brings the attestation for a reading together, whereas in the main body of the work it is separated because of a difference in some other part of that particular line of text. Occasionally, variant readings shown in the apparatuses of UBS^4 and Nestle-Aland^{27} may be repeated because of their significance, or because not all variations in the context of that sense phrase are reported. Such additional variants usually add a new dimension of meaning to the sense phrase lacking in the afore-mentioned editions. The meaning of some passages is definitely skewed in the view of this writer because of the partial reporting of variants. A new section in the Introduction, Part VII. "A Critique of the Textual Critical Methodology since Erasmus to the Present" discusses this pheonomena in detail. Through the visual representation of the evidence, as in this appendix, it becomes apparent that a minimal representation of the variant readings is a serious distortion of the problem of the text and can be most misleading to those who rely only on handbooks for exegetical and hermeneutical studies. This appendix, then, serves as a corrective to current critical editions and also points the way towards the goal of this writer—that is, to provide the base to which additional information can be added from many more Greek manuscripts, as well as from the versions, the lectionaries, and the pastristic authors in the future.

5) A fifth appendix entitled "Order of the New Testament Books in the Manuscripts Used for This Work" consists of a listing of the New Testament books as they actually occur in the manuscripts. We are so accustomed to a certain order that it is a surprise to discover that our order hardly ever occurs in the ancient manuscripts. Erasmus' 1516 edition sets the pattern for our usage, but his order is probably based upon some editions of the Vulgate. The order most frequently followed in the Greek manuscripts is for the Catholic Epistles to follow The Acts of the Apostles and then the Epistles of Paul. But there is no set pattern, for The Acts of the Apostles occasionally is found after the Catholic Epistles or at some other location in the listing. Even the gospels are placed at the end of the New Testament in some manuscripts. This information is given as an interesting sidelight on some unfamiliar aspects of the transmission of the New Testament through the centuries.

Part VI. Summary

The advantages of the choice of a single manuscript as a base text (in this case Vaticanus) and the decision to give a complete reproduction of all the information from the other sources used for this work are, in the view of the editor, the following:

1) The objective nature in the reporting of the information. The user reads what early Christians heard in public worship, and/or what early Christians read in their devotional, hermeneutical, and exegetical study of the New Testament writings. The user is able to evaluate the information and make a personal judgment as to its significance and value historically and theologically.

2) Substantial numbers of variant readings are immediately accessible as in no other work, and are in a format that makes it possible to follow the text of any manuscript of choice throughout the gospels, the Acts of the Apostles, Galatians, and Romans.

3) A complete and composite resource is thus available for many disciplines employed by New Testament scholars, whether textual, historical, exegetical, and/or hermeneutical study.

4) Seemingly inconsequential variants are available as an aid in unraveling the history of the transmission of the Greek New Testament texts over the centuries.

5) A base is established from which to make a more accurate and substantial comparison of readings from the versions (Latin, Syriac, Coptic, *et al.*) and to equate or identify more precisely the Greek exemplar from which they may have been translated.

6) The integrity of each and every scribal witness is preserved by the full reporting of data, since each scribal witness in a certain sense is a unique presentation of testimony to Jesus Christ during the first fifteen centuries of our era.

7) *Each manuscript was Scripture in an early Christian community*. Therefore each individual manuscript was the basis for preaching and teaching in that community. This most certainly accounts in part for divergent theological interpretations in the pre-fifteenth century Christian communities before Gutenberg's printing press made the mass production of stereotyped copies possible. This editor has been impressed again and again with the divergences in usage and word choice manifested in the manuscript sources, demonstrating the freedom scribes exercised in the transcription of the text. Evidently there were scribes who did not have a concept of the inviolable nature of the text of scripture. They exercised their freedom to innovate and to express in their own language what a passage of scripture meant to them. There was interpretation in their transcription of the text in character with the theological bent of the scribe. Not all of the many variants reported here can be attributed to carelessness or to scribal error, but some are without doubt the result of the deliberate effort of scribes to place their imprint upon the text. Therefore the transcription of the text from the very beginning was a much more dynamic and living process than we have granted in our vain effort to recover the original text of scripture. The living character of the tradition is perhaps the most possible explanation to account for the marked changes that took place in the sources over the centuries.

Part VII. A Brief Critique of the Recent and Dominant Textual Critical Methodology.

This writer has come to the conclusion that the very purpose and goal undergirding the discipline of textual criticism, that is, to recover the most reliable and earliest text of the ancient New Testament writings, is suspect and subject to revision. Even if this dictum may be debatable, the writer believes that there is a much more significant reason for pursuing this discipline. The traditional purpose and goal in recent and in the dominant methodology has been set forth succinctly by one of the giants of the last century, Kirsopp Lake, in *The Text of the New Testament* as follows: "One of the most necessary parts of the investigations of historians is to criticize the documents on which their researches are based, in order to be certain that the text which they are using really represents *the original writing of the author*. . . . The object of all textual criticism is to recover so far as possible *the actual words written by the writer*. . . . The problem, then, which faces the textual critic is to remove from a number of manuscripts of varying date the corruptions which have crept into the text and to assign to each variation its appropriate cause, thus obtaining in the end *the original pure text.*[10] (italics mine).

---

10. Kirsopp Lake, *The Text of the New Testament*, (Rivingtons, London, 1949, 6th ed.), pp. lf.

Introduction

The Failure of the Traditional Methodology.

The editor of the volumes, *New Testament Greek Manuscripts*, has been a disciple of this school throughout a long career, but has now come to the conclusion that this is not only an impossible task, but far less desirable than a distinctly different goal. Before setting forth this other goal, however, let me very simply review the impossibility of the traditional goal expressed above by Kirsopp Lake. The first continuous and complete texts of the New Testament are from the fourth century of our era, two to three centuries removed from the time the autographs were penned. The historical period from 50 A.D. to 350 A.D. is a relatively dark age with reference to the transmission of the text. Even our knowledge of the authorship and origins of the writings is problematic, built upon hypothesis and theory. We possess only fragments of copies of the autographs from any period earlier than 350 A.D. Accordingly, they are extremely valuable, but they suggest that the texts were already in a state of flux at this early time with very distinctive differences in nuance and meaning. To illustrate this point, let us look at only one passage from Matthew 19.10 as reported in $\mathfrak{P}^{25}$, a fourth century manuscript:

10 λέγουσιν αὐτῷ οἱ μαθηταί, Εἰ οὕτως ἐστὶν ἡ αἰτία τοῦ ανθρώπου B ℵ^{c} Θ [**u**]**w**
10 λέγουσιν οἱ μαθηταὶ αὐτοῦ, Εἰ οὕτως ἔτιος γίνεται ἄνθρωπος $\mathfrak{P}^{25}$

μετὰ τῆς γυναικός, οὐ συμφέρει γαμῆσαι. B **uwτ** rell
μετὰ τῆς γυν···κός, οὐ συμ·········· ················ $\mathfrak{P}^{25}$

The translation differences are:

a) "If such is the case of a man with his wife, it is better not to marry."
b) "If thus a man becomes a cause (of divorce) with his wife, it is better not to marry."

According to the principle enunciated by K. Lake *et al*, the first reading, unanimous in all critical editions (the second reading is not even reported) must be *the original pure text.* This cannot be proven, however, for a final judgment can only be subjective. We know that the view set forth in $\mathfrak{P}^{25}$ was contrary to historical opinion of the society of Jesus' time for a man to be at fault in sexual matters or in causes leading to divorce. Compare, for example, the adultery pericope (John 7.53-8.11) where a woman taken in the very act of adultery is brought to Jesus for judgment. Why was not the man also brought? He must have been taken in the very act also. The point is that the second reading is most unusual and more in character with the radical teaching of Jesus, who often cut against the grain of accepted public opinion with reference to religious and social mores of the time. There will necessarily be strong differences of opinion among current critics as to which of these readings is *the original pure text*, since each of us comes to the task with our own agenda conditioned by our background, training, and theological bent. Or could it be that neither reading is *the original pure text* ?

A very interesting corroborating commentary on this very principle has been pointed out to me by Paul Sellin, retired professor of English literature at UCLA and a specialist in John Donne's poetry, in the following quote, "most of Donne's twentieth century editors have created synthetic or eclectic texts, adopting a seventeenth-century printing of each poem as copy-text and generally following that printing's accidentals, while sometimes emending its substantives toward manuscript readings. There are, however, a number of problems with this appoach. A major one, . . . is that the practice involves the highly questionable assumption that any modern editor—even one very sensitive, learned, and wise—can reach back over hundreds of years and somehow ascertain what must have been in Donne's mind, root out instances of corruption, and synthetically reconstruct a text reflecting what he actually wrote.[11]

To believe that we can reconstruct out of fragmentary and late material "*the original pure text*" is thus a delusion. Whatever is so reconstructed can only be fictional; that is, what we desire the text to be. How can we put ourselves back into the time frame and into the mind of the author of the autograph? There can, therefore, be no agreement among critics as to which reading may have been original, There must always be differing viewpoints and understandings about what the author intended and wrote.

"A New and More Excellent Way"

Therefore the principle is set forth here that the role of the critic is to present the material from the manuscripts *in toto*, since each of the manuscripts is a witness to the historical, sociological, religious, and theological situation in one or more Christian communities wherever and whenever that manuscipt was penned. Let me illustrate this principle by reference to several examples:

Ro. 14.17 txt ἀλλὰ δικαιοσύνη καὶ εἰρήνη καὶ χαρὰ ἐν πνεύματι ἁγίῳ
ἀλλὰ δικαιοσύνη καὶ **ἄσκησης** εἰρήνη καὶ χαρὰ ἐν πνι ἁγίῳ 1646 [asceticism]

Mt. 19.18 txt ὁ δὲ Ἰησοῦς εἶπεν, Το Οὐ φονεύσεις, Οὐ μοιχεύσεις
Ου φονευσεις, ου μοιχευσεις, **ου παιδοφθορησεις** Cl Pr 108.5
[you shall not seduce little boys]

Ac. 16.33 txt καὶ ἐβαπτίσθη αὐτὸς καὶ οἱ αὐτοῦ ἅπαντες παραχρῆμα
καὶ ἐβαπτίσθη αὐτὸς καὶ **υἱοὶ** αὐτοῦ πάντες παραχρῆμα 69 [his sons]

Not one of these variants is reported in any critical edition to which I have had access. Yet each is highly significant, since each reflects a perspective or attitude in a Christian community at an historical time and place. The first introduces *asceticism* into an important Pauline text, giving this widely accepted practice by Christians the imprimatur of scripture. The second introduces an injunction against *pedophilia* into the ten commandments as if it were an authentic Mosaic prohibition. The third reflects an early and long held view in the church of the non-status of women; only *sons* were baptized. These are but a few examples illustrating the importance of manuscripts as sources informing us of significant historical and sociological viewpoints held in some Christian communities. They are chiefly important, then, not because we have arrived at a mythical *original pure text.*, but because they are mirrors reflecting what was the current thought and practice in various communities historically and sociologically.

Equally important, if not more so, are variants reflecting various theological differences within the communities, revealing extreme, even what we would call heretical, views. There are numerous examples in Paul's Letter to the Romans, a few of which are shown here:

1.4 txt Ἰησοῦ Χριστοῦ τοῦ κυρίου ἡμῶν [Jesus Christ our Lord]
** Ἰησοῦ Χριστοῦ τοῦ **θεοῦ** ἡμῶν 323 460 618 1738 [Jesus Christ our **God**]. See also Ro. 2.4; 5.21

1.7 txt ἀπὸ θεοῦ πατρὸς ἡμῶν καὶ κυρίου Ἰησοῦ Χριστοῦ [from God our Father]
** ἀπὸ θεοῦ **πνς** ἡμῶν καὶ κυρίου Ἰησοῦ Χριστοῦ 618 [from God our Spirit]

1.17 txt δικαιοσύνη γὰρ θεοῦ ἐν αὐτῷ ἀποκαλύπτεται [righteousness of God]
** δικαιοσύνη γὰρ **ανοῦ** θῦ ἐν αὐτῷ ἀποκαλύπτεται 1506 [righteousness of a man of God]

---

11. Gary A. Stringer, General Editor, *The Variorum Edition of the Poetry of John Donne*, Vol. 2, *The Elegies*, (Indiana University Press, Bloomington, 2000), p. LII..

6.4 txt διὰ τῆς δόξης τοῦ πατρός [the glory of the Father]
** διὰ τῆς δόξης τοῦ πνς 945 [the glory of the Spirit]

8.11 txt τὸ πνεῦμα τοῦ ἐγείραντος τὸν Ἰησοῦν ἐκ νεκρῶν οἰκεῖ ἐν ὑμῖν [the Spirit raised Jesus]
** τὸ πνεῦμα τοῦ ἐγείραντος ἡμᾶς ἐκ νεκρῶν οἰκεῖ ἐν ὑμῖν 1506 [the Spirit raised **us**]

These are surely not all merely scribal errors, but must be intentional alterations of the text to set forth the theological intent of the writer. A clear example of the intentional occurs in the following passage from the gospels:

Mτ. 11.30 tx ὁ γὰρ ζυγός μου χρηστὸς B **uwτ** rell [my yoke is easy]
ὁ γὰρ ζυγός μου χριστὸς E K L 13 124 2* 579 1071 [13 124 1071 contract χς] [my yoke is Christ]

It is by far more critical in principle to report all the evidence, rather than to make subjective and arbitrary judgments as to what is important and what is not in the search for an *original pure text*. It is thus not possible without miraculous assistance to reconstruct such a text out of our sources, especially in view of our human frailty. In my judgment there is a far more legitimate and useful goal.

Another caveat of a highly respected textual critic, Ernest Cadman Colwell, is "singular readings should not be included in any *apparatus criticus*. They belong to special studies."[12] There is truth in the second part of this statement referring to "special studies." But the statement is misleading and even erroneous, since, as some of the singular reading examples cited above demonstrate, such readings are of the highest importance as a counter foil to the eclectic text given to us by the critics and sometimes even represented as *the original pure text*.. If *each manuscript was Scripture in an early Christian community* and the basis for preaching and teaching in that community, then singular readings as a part of that text are highly reflective of the sociological, religious, and theological viewpoints within that comunity and must be embodied in sermons, dialogs, treatises, and commentaries issuing from that community. Therefore singular readings must be included, since they are essential to complete the record as accurately as humanly possible of the early history of Christian communities.

If we should eliminate singular readings from the record, a very large number of readings would be stricken from the Appendix in this volume on Romans devoted to a listing of readings not reported in Nestle-Aland27. Even a cursory examination of some of these singular readings demonstrates that they are far and away more significant than many of the readings reported in Nestle-Aland27 that have strong support in numerous manuscripts. Let us suggest how barren the results of our textual studies would be if we eliminated just one type of variant from our consideration: the *omissions*. Here I would refer only to those omissions of multiple words or phrases that are identified in the appendix by the word **omit** and the manuscript or manuscripts lacking the phrase or even a number of phrases. Sometimes lengthy omissions occur in the same passage in more than one manuscript, suggesting a common exemplar used by more than one scribe. There are 126 such omissions listed. The list does not include individual words or even the omission of multiple words in many instances. Many of those listed may be identified as homoioteleuton, that is, the leap of the same to the same. They are usually, but perhaps not always, unintentional scribal errors. But they do have consequences for the user of the text. And remember that *each manuscript was scripture* for a believing and worshipping community.

---

12. Ernest Cadman Colwell, "*Scribal Habits in Early Papri: A Study in the Corruption of the Text*," Reprint from *The Bible in Modern Scolarship*, (Abingdon Press, Nashville, 1965), p. 387.

A notable example occurs at Ro. 5.12:

txt Διὰ τοῦτο ὥσπερ δι' ἑνὸς ἀνθρώπου ἡ ἁμαρτία εἰς τὸν κόσμον εἰσῆλθεν καὶ διὰ τῆς ἁμαρτίας ὁ θάνατος, καὶ οὕτως εἰς πάντας ἀνθρώπους ὁ θάνατος διῆλθεν, ἐφ' ᾧ πάντες ἥμαρτον· ἄχρι γὰρ νόμου ἁμαρτία ἦν ἐν κόσμῳ, ἁμαρτία δὲ οὐκ ἐλλογεῖται μὴ ὄντος νόμου, ἀλλὰ ἐβασίλευσεν ὁ θάνατος ἀπὸ Ἀδὰμ μέχρι Μωϋσέως καὶ ἐπὶ τοὺς μὴ ἁμαρτήσαντας ἐπὶ τῷ ὁμοιώματι τῆς

** **omit** 2344

There can be no question but that the absence of this passage from manuscript 2344 was an unintentional omission by the scribe, but what does this omission do for the meaning and exegesis of the context by the users of this passage for preaching, teaching, and writing? The point is that manuscript 2344 was used somewhere within a believing comunity for devotional, homiletical, and theological purposes. Each of these 126 omissions thus reflects a discontinuity in a Pauline text that has serious consequences historically, religiously, and theologically for a community dependent upon a particular manuscript for its spiritual nourishment. We should also recall in this context that manuscripts were very expensive and difficult to reproduce by any individual community. Whatever the quality, good, mediocre, or poor, of the scribal copying was scripture to that community. It was the basis for the spiritual life of the individuals and of the corporate group that composed a believing community.

Serious consequences are also reflected in passages where the omission or the addition of a word actually negates the Pauline thought. For example:

4.16 txt διὰ τοῦτο ἐκ πίστεως [for this reason it does depend on faith]
** διὰ τοῦτο **<u>οὐκ</u>** ἐκ πίστεως 460 618 1738 [for this reason it does **not** depend on faith]

8.11 txt τὸ πνεῦμα τοῦ ἐγείραντος τὸν Ἰησοῦν ἐκ νεκρῶν οἰκεῖ ἐν ὑμῖν [if the Spirit of the one who raised Jesus fom the dead dwells in you]
** τὸ πνεῦμα τοῦ ἐγείραντος τὸν ῑν̄ **<u>οὐκ</u>** οἰκεῖ ἐν ὑμῖν 6 [if the Spirit of the one who raised Jesus **does not** dwell in you]

What consequences did the addition of the **<u>οὐκ</u>** at 4.16 have for the readers of manuscripts 460 618 1738? The accepted text reads, "for this reason it depends on faith," whereas the addition of the **<u>οὐκ</u>** says, "for this reason it does not depend on faith." At 8.11 the text reads, "if the Spirit of the one who raised Jesus from the dead dwells in you," whereas the addition of **<u>οὐκ</u>** says, "if the Spirit of the one who raised Jesus **does not** dwell in you." It is imperative that we are aware of these serious misconstructions in vital passages in scripture, for only then can we be aware of the source of some of the life and thought problems that arose in various communities.

Or again serious consequences may be found in passages where a word subsitution radically changes the meaning of a passage:

8.11 txt τὸ πνεῦμα τοῦ ἐγείραντος τὸν Ἰησοῦν ἐκ νεκρῶν οἰκεῖ ἐν ὑμῖν [raised **Jesus** from the dead]
** τὸ πνεῦμα τοῦ ἐγείραντος **<u>ἡμᾶς</u>** ἐκ νεκρῶν οἰκεῖ ἐν ὑμῖν 1506 [raised **us** from the dead]

11.29 txt ἀμεταμέλητα γὰρ τὰ χαρίσματα καὶ ἡ κλῆσις τοῦ θεοῦ [calling]
** ἀμεταμέλητα γὰρ τὰ χαρίσματα καὶ ἡ **<u>κτίσις</u>** τοῦ θ̄ῡ 𝔓46 [creation]
** ἀμεταμέλητα γὰρ τὰ χαρίσματα καὶ ἡ **<u>χρῆσις</u>** τοῦ θ̄ῡ 056* [function]
** ἀμεταμέλητα γὰρ τὰ χαρίσματα καὶ ἡ **<u>ἐκλόγη</u>** τοῦ θ̄υ 796 [election]

The manuscript at Ro. 8.11 that reads "**us**" rather than "**Jesus**" translates, "if the Spirit of him who raised **us** from the dead dwells in you." This can have a rich meaning for us spiritually and at the same time not be contrary to what Paul says elsewhere, since we have been raised from death to life already, although we are still in the flesh. But this is surely not the intent of the passage when read contextually. A scribe has made a change, and I would argue intentionally because it reflects his/her theology or the theology of his/her community. The substitution of three different words for κλῆσις ("calling") at 11.29 also reflect a wide divergence in meaning from the accepted text. The text states that "the gifts and the **calling** of God are irrevocable." The alternates read in this order, "the gifts and the **creation** of God are irrevocable," "the gifts and the **function** of God are irrevocable," and "the gifts and the **election** of God are irrevocable." The latter reading may be very comforting to some, but does it reflect what the apostle intended? or is it a reflection of a sharper theological intent by a scribe or of a theological understanding within a particular community? No critic should ever choose to exclude these substitutions as unimportant, for we then lack a vital piece of information for reconstructing, not the original text, but the profile of the historical church. Such aberrant readings are most significant, and without them we lack a very important window into the thought processes and practices within the church in the course of its history. This leads to a suggestion by two different readers of this thesis that variant readings of the kind noted above, or even the entire discipline of textual criticism, ought to be included under the discipline of Church History rather than under New Testament studies.

How can any academic, or any critic, be satisfied intellectually, morally, ethically, and spiritually with a subjective and selective inclusion of only some of the data? or with the inclusion of readings that agree with his/her theological point of view and conditioning to the exclusion of those that are controversial, but which had consequences for an individual or for a community at some time and in some place in the history of the church? It is of the highest importance, therefore, for those who practice this discipline always to hold in perspective that *each manuscript, each source, was scripture in an early Christian community.*

New Testament Greek Manuscripts: Romans includes a complete citation of eighty-five Greek sources. The point is that this is a goodly number of manuscripts for one editor to read and report *in toto* in a little more than a year's time. But it is an infinitesimal number when compared to what is available and ought to be included in the final product—Greek manuscripts, versions, church fathers, and lectionary editions that number in the thousands.

This work is, therefore, highly important because it provides a blueprint and a format for future work in the origins of the New Testament text that can be far more compehensive, and thus far more useful for generations to come as we search for a more comprehensive understanding of the processes at work across the span of history for the reproduction of the text of the New Testament. It is "user friendly," an attribute that is sadly lacking in nearly all, if not all, of the critical editions in print. Furthermore, a complete reporting of the evidence from each source provides us with unusual and unique insights into the internal history of the Christian community from the fourth to the fifteenth centuries. Many significant variant readings from the various sources listed above are recovered when entire manuscripts are reproduced in a comparative format, making evident that these changes reflect major differences in the thought patterns and practices throughout the many believing communities composing the church. We must raise our sights to become as inclusive as possible, or even all-inclusive, so that everyone, not just the elite scholar, has access to all relevant material for an understanding of the ongoing life of the Christian community in history. We will then have accomplished the worthy goal, not of arriving at the end result of *the original pure text*, which is forever beyond our reach, but of adding a very important chapter to our understanding of what was happening historically, sociologically, religiously, and theologically in the church through the ages.

Finally, it has been suggested by two different reviewers of this statement on purpose and methodology that, in view of evidence set forth in the above, this discipline would be more properly pursued in the area of church history. The discipline of textual criticism has not been without its values. The contributions to our understanding of the text and of the message of the New Testament have been enormous. But even if the restoration of the original text were possible, which has been the goal of the majority of the participants in this discipline, we have before us a far more valuable goal, namely, that of understanding the thinking and the practices within the various streams of the Christian communities and, indeed, within much of Christian history even to modern times.

Part VIII. Acknowledgements

A large number of friends and colleagues have contributed in significant ways to this project over the years. One hesitates to begin to list them, since not all can be named. The following persons, however, have been particularly helpful and are worthy of mention: First, my dear wife, Marian, without whom this project could not have been completed. She has been a most gracious "computer-widow" during the past several years while I have concentrated almost exclusively on research and writing. Second, my deep appreciation is expressed to Ralph D. Winter of William Carey International University, Pasadena, who has given strong support and wise counsel. William Carey International University has secured the financial assistance of a gracious benefactor, Richard Mott, who has provided the financial resources so essential for a project of this magnitude. Professor Bruce M. Metzger of Princeton Theological Seminary has given invaluable advice on numerous occasions and has suggested changes and corrections that have improved the final result. Since the editor was and is a virtual novice at the intricacies of the computer, he has relied heavily upon specialists for assistance with the technical aspects. Personal friends who have been particularly helpful are John Wascher of Camarillo, Christopher Vendor of St. John's Seminary, Corinne Armstrong of William Carey International University, Philip B. Payne of Linguist's Software, and Gary S. Dykes of Visalia who has been helpful in providing essential materials and information for this project. Staff members from The Ancient Biblical Manuscript Center at Claremont have been most cooperative in providing manuscript materials. St. John's Seminary Library of Camarillo has been the depository for interlibrary loans, and the librarians and staff are commended for their kindness and cooperation. Western Carolina University, where the editor served on the faculty for many years, and Dean Gerald Eller of the University, are remembered for their support, particularly in the purchase of a large number of microfilmed copies of manuscripts for the exclusive use of the editor. The editor also expresses his admiration and gratitude to all those who have labored in the discipline of the text of the Greek New Testament over the years. This present work could not at all be possible without the contributions and accomplishments of those who have gone before. Only a few of the many persons who have been invaluable in their support and assistance could be mentioned by name, but thanks are due to all of those who kept the compiler in their prayers and in their thoughts during the long gestation of this work.

Reuben J. Swanson

Contractions Including *Nomina Sacra*
used in the manuscripts for this work on Romans

θεός	θς	θυ	θω	θν	
κύριος	κς	κυ, κυυ,	κω	κν	κε
Ἰησοῦς	ις, ιης, ιη	ιυ, ιηυ, ιη		ιν, ιην, ιυν, ιη	
Χριστός	χς, χρς	χυ, χρυ	χω, χρω	χν, χρν	
υἱός	υς, υις, υος	υυ, υιυ	υω	υν, υιν	
πνεῦμα	πνα	πνς, πνατων πνων	πνι. πνατι	πνα, πνατα	
Δαυείδ	δαδ				
σταυρός	στς				
μήτηρ	μηρ	μρς	μρι		
πατήρ	πηρ, πρες, πρ πς	πρς, προς, πρων	πρι, πρασιν	πρα, πρας	
πατριάρχαι	πριαρχαι			πριαρχας	
πατριαὶ	πριαι				
πατρικῶν	πρικων				
πατρῷος	πρωου		πρωοις		
πνευματικοί	πνικοι				
Ἰσραήλ	ιηλ, ισλ, ισηλ				
σωτήρ	σηρ	σρς			
σωτηρία	σρια	σριας, σρις		σριαν	
σωτήριον	σριον				
σωτῆρα	σρα				
ἄνθρωπος	ανος, ανοι	ανου, ανων	ανω, ανοις	ανον, ανους	
Ἰερουσαλήμ	ιλημ, ιελημ, ιηλμ				
οὐρανός	ουνος	ουνου, ουνων	ουνω	ουνον, ουνους	
οὐρανόθεν (adv)	ουνοθεν				
Θεόφιλος					Θωφιλε
Ἰωάνης*	ιωης, ιω	ιωου	ιωνη	ιωην, ιω	
Ἰστραηλεῖται*	ιηλιται	*as in Codex Vaticanus			
σταύρου	σρου, στρου		στρω, σρω		
ἐσταυρώσατε	εστρωσατε				
ἐσταύρωσαν	εσταν, εστρωσαν				
συνεσταύρωμαι	συνεστραι, συνεστρωμαι				
ἐσταυρωμένος	ἐστρωμενος				
ἐσταύρωται	εστραι, εστρωται, εστρωτε				
Χρειστιανούς	[Χρα]νους				
φιλανθρωπίαν	φιλανιαν				

Abbreviations for the Cross References

Genesis	Gn	Isaiah	Is
Exodus	Ex	Jeremiah	Jr
Leviticus	Lv	Lamentations	Lm
Numbers	Nu	Ezekiel	Ez
Deuteronomy	Dt	Daniel	Dn
Joshua	Jsh	Hosea	Hos
Judges	Jdg	Joel	Jl
1 Samuel	1 Sm	Amos	Am
2 Samuel	2 Sm	Obadiah	Obad
1 Kings	1 Kgs	Jonah	Jon
2 Kings	2 Kgs	Micah	Mic
1 Chronicles	1 Chr	Nahum	Nah
2 Chronicles	2 Chr	Habakkuk	Hab
Ezra	Ezr	Zephaniah	Zph
Nehemiah	Neh	Haggai	Hag
Job	Jb	Zechariah	Zch
Psalms	Ps	Malachi	Mal
Proverbs	Pr	Tobit	Tob
		Judith	Jdth
Wisdom	Wsd	2 Maccabees	2 Mcc
Sirach	Sir	3 Maccabees	3 Mcc
1 Maccabees	1 Mcc	4 Maccabees	4 Mcc
Matthew	Mt	2 Thessalonians	2 Th
Mark	Mk	1 Timothy	1 Ti
Luke	Lk	2 Timothy	2 Ti
John	Jn	Titus	Tit
Acts	Ac	Philemon	Phm
Romans	Ro	Hebrews	He
1 Corinthians	1 Co	James	Js
2 Corinthians	2 Co	1 Peter	1 Pe
Galatians	Ga	2 Peter	2 Pe
Ephesians	Eph	1 John	1 Jo
Philippians	Phl	2 John	2 Jo
Colossians	Col	3 John	3 Jo
1 Thessalonians	1 Th	Jude	Jud
		Apocalypse	Re

Key to the Use of This Material

1→ **ΠΡΟΣ ΡΩΜΑΙΟΥΣ** 5.1-2 ←2

The Results of Justification by Faith ←3

[↓517 796 910 945 999 1175 1243 1270 1448 1735 1827 1874 1891 2147 2400 2412

ϛ̄ 5:1 Δικαιωθέντες οὖν ἐκ πίστεως εἰρήνην ἔχωμεν πρὸς τὸν θ̅ν̅ B* ℵ* A C D K L 049 056 33 69 226 ←4

5→ 5:1 Δικαιωθέντες οὖν ἐκ πίστεως εἰρήνην **ἔχομεν** πρὸς τὸν θεὸν **uwτ** Er[1] ←6

5:1 Δικαιωθέντες οὖν ἐκ πίστεως **ἰρήνην** **ἔχομεν** πρὸς τὸν θ̅ν̅ F G ←8

7→ 5:1 **Δικαιοθέντες** οὖν ἐκ πίστεως εἰρήνην **ἔχομεν** πρὸς τὸν θ̅ν̅ 131

5:1 Δικαιωθέντες οὖν ἐκ πίστεως εἰρήνην **ἔχομεν** πρὸς τὸν θ̅ν̅ B[c] ℵ[c] P Ψ 1 6 88 104 205 209 323 326
330 365 424 440 460 489 547 618 927 1241 1242 1245 1315 1319 1352 1424 1505
1573 1611 1646 1734 1738 1739 1836 1837 1854 1881 2125 2464 2495 2815

[↓1448 1505 1573 1611 1646 1734 1738 1739 1827 1837 1854 1874 1881 1891 2125 2147 2400 2412 2495 2815
[↓330 365 424 440[c] 460 489 517 547 618 796 910 927 945 999 1175 1241 1242 1243 1245 1270 1315 1319 1352

9→ διὰ τοῦ κ̅υ̅ ἡμῶν ι̅υ̅ χ̅υ̅ 2 δι' οὗ καὶ τὴν προσαγωγὴν B ℵ A C D K L P Ψ 049 056 1 6 69 88

10→ .... 2 δι' οὗ καὶ τὴν προσαγωγὴν 1506 [↑104 131 205 209 226 323 326 ←12

11→ διὰ τοῦ κ̅υ̅ ἡμῶν ι̅υ̅ χ̅υ̅ 2 δι' οὗ καὶ προσαγωγὴν 440*

διὰ τοῦ κ̅υ̅ .... χ̅υ̅ 2 δι' οὗ καὶ τὴν προσαγωγὴν 33

διὰ τοῦ κ̅υ̅ ἡμῶν ι̅υ̅ 2 δι' οὗ καὶ τὴν προσαγωγὴν 1836

διὰ τοῦ κ̅υ̅ ἡμῶν ι̅υ̅ χ̅υ̅ 2 δι' οὗ καὶ τὴν **προσαγωγὶν** F G

διὰ τοῦ κ̅υ̅ ἡμῶν ι̅υ̅ χ̅υ̅ 2 δι' οὗ καὶ τὴν **προσαγωγεὶν** 2464

διὰ τοῦ κ̅υ̅ ἡμῶν ι̅υ̅ χ̅υ̅ 2 δι' οὗ καὶ τὴν **προσαγογὴν** 1735

διὰ τοῦ κυρίου ἡμῶν ι̅υ̅ χ̅υ̅ 2 δι' οὗ καὶ τὴν προσαγωγὴν 1424

διὰ τοῦ κυρίου ἡμῶν Ἰησοῦ Χριστοῦ 2 δι' οὗ καὶ τὴν προσαγωγὴν **uwτ** Er[1]

13→ **lac. 4.25-5.2** 𝔓[10] 𝔓[46] 𝔓[113] 0172 614 1982 **5.1** 1506 (illeg.) **5.1-2** 2344 (illeg.)

14→ **C 5.1** αρχ κ,υ γ̅ Ψ 049 330 460 | περὶ τῆς ἀποκειμένης ἐλπίδος 049 1270 | αρχ ι̅α̅ κ,υ της γ̅ αδελφοι δικαιωθεντες εκ πιστεως ειρη 1 | ϛ̄ περι αποκειμεν και ελπιδος 1 | αρχ κ,ε ϛ̄ 209 ¦ προς ρωμ φυλλ κ̄ φυλλ ϛ κ,ε ε̄ 209 | αρχ κ,υ γ̅ αδ,ε δικαιωθεντες εκ πιστεως 226 | αρχ κ,υ γ̅ αδ,ε δικαιωθεντ 326 | αρχ κ,υ γ̅ κ,ε ξ̅γ̅ 424 | της δ̄ και αρχ της κ,ε γ̅ κ,ε ξ̅γ̅ 440 | αρχ κ,υ γ̅ 460 | αρχ κ,ψ γ̅ αδ,ε δικαιωθεντες 489 | αρχ τη

15→ **D 5.1** ϛ̄ B 1 1315 | ι̅α̅ 226 | ι̅β̅ 517 2464 | ι̅ 927 | ζ̄ 1175 | ε̄ 424 1270 1734 1826

16→ **E 4.25** Is 53.4-5; 1 Co 15.17; Ro 8.32; 5.18 **5.1** Ro 3.24, 28; Ga 2.16; Is 32.17; 53.5; Jn 16.33 **2** Eph 2.18; 3.12; 1 Pe 5.12

17→ **Errata: 5.1 antf** 614 εἰρήνην ἔχομεν : εἰρήνην ἔχωμεν 614 (this phrase is in a lacuna beginning at 4.11 after λογισθῆναι καί and continues to the phrase ἐπ' ἐλπίδι τῆς δόξης at 5.2).

1→ Title for NT book (Romans).

←2 Chapter and verses for page.

←3 Pericope title.

←4 Codex Vaticanus (B) always the top line and first *siglum* in the groupings of parallel lines.

5→ Grouping of parallel lines of variant readings from other manuscripts and sources used for this work.

←6 **uwτ** Er[1] : **u** = United Bible Societies text 4th edition; **w** Westcott-Hort text 1935; τ = Textus Receptus text 1873; Er[1] Erasmus text 1516. Each of these may stand alone or in other combinaations in the groupings of parallel lines.

7→ Boldface type and underlining: variants (additions, substitutions, different word order) in the various manuscripts are highlighted in this way to make them more readily discernible; blank area indicates omission.

←8 Similar variants are often grouped together in the parallel line arrangement.

9→ Contractions of the *nomina sacra* are placed in the text rather than in the footnotes as in the Gospel edition.

10→ Ms. 1506 note .... (dots) indicate lacunae in text of manuscript.

11→ Spacing of the words makes it possible to align the text vertically.

←12 Down arrow ([↓) indicates these mss. belong with below line; the reverse arrow ([↑) indicates these mss. belong with above line

13→ The verses indicated here are lacking (*lacunae*) in the texts indicated for this page of material.

14→ κεφάλαια and τίτλοι from the margins indicate headings, beginnings and endings for scripture reading for Sundays and holy days

15→ Chapter and section numbers from the margins of various manuscripts (Greek letters used with our equivalent values; i.e., ᾱ = 1).

16→ Cross references (other scriptural references).

17→ Errata: errors in reporting the evidence from manuscripts as noted in *Arbeitung zur Neutestamentlichen Textforschung Text und Textwert der Griechischen Handschriften des Neuen Testaments*. II. *Die Paulinischen Briefe*. Edited by Kurt Aland. Walter de Gruyter: Berlin New York, 1991. Also as noted in the apparatus of *The Greek New Testament*, United Bible Societies text, 4th edition, and in Nestle-Aland, *Novum Testamenum Graece*, 27th edition.

Romans

ΠΡΟΣ ΡΩΜΑΙΟΥΣ

The Pauline Greeting

ᾱ **1:1** Παῦλος δοῦλος χυ ιυ, κλητὸς ἀπόστολος ἀφωρισμένος B **u**[**w**]
1:1 Παῦλος δοῦλος χρυ ιηυ, κλ···τὸς ἀπόστολος ·····ωρισμένος 𝔓[10]
1:1 Παῦλος δοῦλος **Ἰησοῦ** **χυ**, κλητὸς ἀπόστολος ἀφωρισμένος 69
1:1 Παῦλος δοῦλος **Ἰησοῦ** **Χριστοῦ**, κλητὸς ἀπόστολος ἀφωρισμένος [**w**]**τ** Er[1]
1:1 Παῦλος δοῦλος **ιυ** · **χυ**, κλητὸς ἀπόστολος **ἀφορισμένος** 33 104 999 1243 1270 1319
1:1 Παῦλος δοῦλος **ιυ** **χυ**, κλητὸς ἀπόστολος ························· G [↑1506 1646 1735 1836
1:1 Παῦλος δοῦλος **ιυ** **χυ**, **κλιτὸς** ἀπόστολος **ἀφορεισμένος** 2464 [↑1874 1891 2147
1:1 Παῦλος δοῦλος **ιυ** **χυ**, κλητὸς ἀπόστολος ἀφωρισμένος ℵ A K L P Ψ 049 056 1 6 88 131 205 209 226 323 330 424 440 460 489 517 547 614 618 796 910 927 945 1175 1241 1242 1245 1315 1352 1424 1448 1505 1573 1611 1734 1738 1739 1827 1837 1854 1881 2125 2344 2400 2495 2815

[↓1735 1738 1739 1836 1837 1854 1881 1891 2125 2147 2344 2400 2495 2815
[↓927 945 999 1241 1242 1245 1270 1315 1352 1424 1448 1505 1506 1573 1611 1734
[↓049 056 1 69 104 131 205 209 226 323 330 424 440 460 489 517 547 614 618 796 910

εἰς εὐαγγέλιον θυ, **2** ὃ προεπηγγείλατο διὰ τῶν προφητῶν αὐτοῦ ἐν γραφαῖς B A K L P Ψ
εἰς εὐαγγέλιον θυ, **2** ὃ προεπηγγείλατο διὰ ······· ··**ρωφητῶν** αὐτοῦ ἐν γρ··φαῖς 𝔓[10]
εἰς εὐαγγέλιον θυ, **2** ὃ προεπηγγείλατο δοῦναι διὰ τῶν προφητῶν αὐτοῦ ἐν γραφαῖς 6
εἰς εὐαγγέλιον θυ, **2** ὃ προεπηγγείλατο διὰ τῶν προφητῶν ἐν γραφαῖς 33
εἰς εὐαγγέλιον θυ, **2** ὃ προεπηγγείλατο διὰ τῶν προφητῶν αὐτοῦ **ἐγγραφαῖς** 88 1175 1874
εἰς εὐαγγέλιον θυ, **2** ὃ προεπηγγείλατο ἐν γραφαῖς 1827 [↑2464
εἰς εὐαγγέλιον θυ, **2** ὃ **προεπηγγίλατο** διὰ τῶν προφητῶν αὐτοῦ ἐν γραφαῖς ℵ
εἰς εὐαγγέλιον θυ, **2** ὃ **προεπιγγείλατο** διὰ τῶν προφητῶν αὐτοῦ ἐν γραφαῖς 1243 1319
εἰς εὐαγγέλιον θυ, **2** ὃ **προεπιγγίλατο** διὰ τῶν προφητῶν αὐτοῦ ἐν γραφαῖς 1646
εἰς εὐαγγέλιον θεοῦ, **2** ὃ προεπηγγείλατο διὰ τῶν προφητῶν αὐτοῦ ἐν γραφαῖς **uwτ** Er[1]

---

lac. 1.1-2 𝔓[46] 𝔓[113] C D F G 0172 326 365 1982 2412

C 1.1 Σα α απο της ν Ψ | αχη προ ρωμ τη γ της α εβδ κ,ε των ν παυλ δουλος 1 | τη γ της α εβδ ητοιμεθα την ν 226 | αρχ της γ της α εβδ 440 | τη γ της α εβδ παυλος δουλου ιυ χυ 489 | ι τη γ της α εβδο μετα τ΄ ν 517 | τη γ της α εβδ αδελφοι παυλος δουλος 614 | Σα α 618 | τη γ της α εβδ. παυλ δουλος 796 | αρχ τη γ της α εβδ παυλ δουλ ιυ χυ 927 | αρχ τη α της α εβδ μετα την ν προς ρωμ: παυλος δι ιυ χυ 945 | αρχ τη γ της α εβδομαδ 1175 | τη γ της α εβδμ νθ 1242 | τη β της παρ, εδ. αρχ των ········ 1243 | τη γ της α εβδ ου μ,τ τ̂ α, παυλος δουλος ιυ χυ 1573 | Σα των αγιων παντων 1735 | κ,ε ος 1827 | τη β της α εβδ αδ,ε παυλος δουλος ευ 1837 | τη γ της α εβδ κ,ε νδ 2464

D 1.1 α B K 1 209 226 323 489 517 547 927 1175 1573 1611 1739 2125 | δ 440 1505 | ρςθ 2147 | (ante του εγειρ.) β K | ρις 6| κ,ε ςβ 1315 **2** γ K | (ante ταις εκ.) δ K

E 1.1 Phl 1.1;Ga 1.10; Js 1.1; Ps 105.26; 78.70; 1 Co 1.1; Ac 1.1; 13.2; Ga 1.15 1 Th 2.2 **2** Ro 16.25-26; Ti 1.2; Lk 1.70

Inscrpt: προς ρωμαιους B ℵ A K 049 424 440 517 796 1175 1243 1424 1734 1739 1836 1854 2125 2495 | προς ρ····α····υς C | του αγιου και πανεφημου αποστολου παυλου επιστολη προς ρωμαιους L | επιστολη του παναγιου παυλου του αποστ προς ρωμαιους P | παυλου αποστολου επιστολη προς ρωμαιους Ψ 69 104 209 547 | επιστολαι του αγιου αποστολου παυλου προς ρωμαιους 1 | προς ρωμαιους παυλου επιστολη 6 323 927 | παυλου επιστολη προς ρωμαιους 33 330 2344 | του παυλου επιστολη προς ρωμαιους 226 | προς ρωμαιους παυλου επιστολη 489 1837 | προς ρωμαιους επιστολης 614 | προς ρωμαιους επιστολης Παυλου. ανδρας ρωμαιοι μεγας τα δε γεγραφ παυ 945 | προς ρωμαιους επιστολη Παυλου 460 999 1505 1738 | προς ρωμαιους επιστολης Παυλου 618 1315 1319 | επιστολη προς ρωμαιους 1241 1241 | προς ρωμαιους επιστολη Παυλου αποστολου 1242 | παυλου επιστολη προς ρωμαιους 1245 | του αγιου παυλου του αποστολου προς ρωμαιους επιστολη 1270 | επιστολης του αγιου αποστολου παυλου προς ρωμαιους 1448 | παυλου επιστολη προς ρωμαιους 1573 | η προς ρωμαιους επιστολη 1611 | προς ρωμαιους επιστολης παυλου το αναγηω 1646 | προς ρωμαιους επιστολη 1827 | επιστολη προς ρωμαιους 1874 2464 | του αγιου αποστολου παυλου επιστολη προς ρωμαιους 1891 | προς ρωμαιους επιστολη παυλου του αποστολου 2400 | παυλου ου αποστολου η προς ρωμαιοις επιστολη Er[1]

ἁγίαις **3** περὶ τοῦ υἱοῦ αὐτοῦ τοῦ γενομένου ἐκ σπέρματος Δαυεὶδ κατὰ σάρκα, B **w**
ἁγίαις **3** περὶ τοῦ υἱοῦ αὐτοῦ τοῦ γενομένου ἐκ σπέρματος **Δαυὶδ** κατὰ σάρκα, 945 1506 **u**
ἁγίαις **3** περὶ τοῦ υἱοῦ αὐτοῦ τοῦ γενομένου ἐκ σπέρματος **Δαβὶδ** κατὰ σάρκα, **τ** Er[1]
ἁγείαις **3** περὶ τοῦ υυ αὐτοῦ τοῦ γενομένου ἐκ σπ··ρματος **δαυδ** κατὰ σάρκα, 𝔓[10]
ἁγίαις **3** περὶ τε τοῦ υυ αὐτοῦ τοῦ γενομένου ἐκ σπέρματος δαδ κατὰ σάρκα, 1874
ἁγίαις **3** περὶ τοῦ υυ αὐτοῦ τοῦ γενομένου ἐκ σπέρματος δαδ κατὰ σάρκα, K L P Ψ 104 1175
.... **3** .... τοῦ γενομένου ἐκ σπέρματος δαδ κατὰ σάρκα, C [↑1424 1739
ἁγίαις **3** περὶ τοῦ υἱοῦ αὐτοῦ τοῦ γενομένου ἐκ σπέρματος δαδ **τὸ** κατὰ σάρκα, 88 [↑2464
ἁγίαις **3** περὶ τοῦ υἱοῦ αὐτοῦ γενομένου ἐκ σπέρματος δαδ κατὰ σάρκα, 910
ἁγίαις **3** περὶ τοῦ υἱοῦ αὐτοῦ τοῦ γενομένου ἐκ σπέρματος δαδ κατὰ σάρκα, ℵ A 049 056 1 6 33 69 131 205 209 226 323 330 424 440 460 489 517 547 614 618 796 927 999 1241 1242 1243 1245 1270 1315 1319 1352 1448 1505 1573 1611 1646 1734 1735 1738 1827 1836 1837 1854 1881 1891 2125 2147 2344 2400 2495 2815

4 τοῦ ὁρισθέντος υἱοῦ θυ ἐν δυνάμει κατὰ πνεῦμα ἁγιωσύνης B
4 τοῦ ὁρισθέντος **ὑοῦ** θεοῦ ἐν δυνάμει κατὰ πνα ἁγιωσύνης 1
4 τοῦ ὁρισθέντος υιυ θυ ἐν δυνάμει κατὰ πνα ἁγιωσύνης 2400 [↓1739 2125 2464
4 τοῦ ὁρισθέντος υυ θυ ἐν δυνάμει κατὰ πνα ἁγιωσύνης A C P K L Ψ 104 910 1424
4 τοῦ ὁρισθέντος υυ θυ ἐν δυγάμει κατὰ πνα **ἁγιωσσύνης** 𝔓[10]
4 τοῦ ὁρισθέντος υυ θυ ἐν δυνάμει κατὰ πνα **ἁγιοσύνης** 33 1175 1874
4 τοῦ ὁρισθέντος υἱοῦ θεοῦ ἐν δυνάμει κατὰ πνα **ἁγιοσύνης** 88 1738
4 τοῦ ὁρισθέντος υἱοῦ θυ ἐν δυνάμει κατὰ πνα **ἁγιοσύνης** 1891
4 τοῦ ὁρισθέντος υἱοῦ θυ ἐν δυνάμει κατὰ **πνς** **ἁγιοσύνης** 460
4 τοῦ ὁρισθέντος υἱοῦ θυ ἐν δυνάμει κατὰ **πνς** ἁγιωσύνης 618
4 τοῦ ὁρισθέντος υἱοῦ θυ ἐν **δυνάμι** κατὰ πνα ἁγιωσύνης ℵ
4 τοῦ ὁρισθέντος υἱοῦ θυ ἐν δυνάμει κατὰ πνα ἁγιωσύνης 1611
4 τοῦ ὁρισθέντος υἱοῦ τοῦ θυ ἐν δυνάμει κατὰ πνα ἁγιωσύνης 330 1241
4 τοῦ **ὁρησθέντος** υἱοῦ θυ ἐν δυνάμει κατὰ πνα ἁγιωσύνης 1646
4 τοῦ ὁρισθέντος υἱοῦ θυ ἐν δυνάμει κατὰ πνα ἁγιωσύνης ἐν δυνάμει 1836
4 τοῦ ὁρισθέντος υἱοῦ θεοῦ ἐν δυνάμει κατὰ πνεῦμα ἁγιωσύνης **uwτ** Er[1]
4 τοῦ ὁρισθέντος υἱοῦ θυ ἐν δυνάμει κατὰ πνα ἁγιωσύνης 049 056 6 69 131 205 209 226 323 424 440 489 517 547 614 796 927 945 999 1242 1243 1245 1270 1315 1319 1352 1448 1505 1506 1573 1734 1735 1827 1837 1854 1881 2147 2344 2495 2815

[↓1448 1505 1506 1573 1646 1734 1735 1739 1827 1836 1837 1854 1881 1891 2125 2147 2344 2400 2464 2495 2815
[↓209 226 330 424 440 489 517 547 614 796 910 927 945 999 1175 1241 1242 1243 1245 1270 1315 1319 1352
ἐξ ἀναστάσεως νεκρῶν, ιυ χυ τοῦ κυ ἡμῶν, B ℵ A C K L Ψ 049 056[c] 1 6 33 69 88 104 131 205
ἐξ ἀναστάσεως νεκρῶν, ··ηυ χρυ τοῦ κυ ἡμῶν, 𝔓[10]
ἐξ ἀναστάσεως νεκρῶν, ιυ χυ τοῦ κυ ἡμῶν, 056*
ἐξ ἀναστάσεως νεκρῶν, ιυ χυ τοῦ κυ ἡμῶν, P
ἐξ ἀναστάσεως νεκρῶν, ιυ χυ τοῦ κυ ἡμῶν, 1874
ἐξ ἀναστά......... .... τοῦ κυ ἡμῶν, 1611
ἐξ ἀναστάσεως νεκρῶν, ιυ χυ τοῦ κυρίου ἡμῶν, 1424
ἐξ ἀναστάσεως νεκρῶν, Ἰησοῦ Χριστοῦ τοῦ κυρίου ἡμῶν, **uwτ** Er[1]
ἐξ ἀναστάσεως νεκρῶν, ιυ χυ τοῦ **θυ** ἡμῶν, 323 460 618 1738

[↓1448 1505 1506 1573 1734 1735 1738 1739 1827 1836 1837 1854 1881 1891 2125 2147 2344 2400 2464 2495 2815
[↓330 424 440 460 489 517 547 614 618 796 910 927 945 999 1241 1242 1243 1245 1270 1315 1319 1352 1424
5 δι᾽ οὗ ἐλάβομεν χάριν καὶ ἀποστολὴν B ℵ A C K L Ψ 049 056[c] 1 6 33 69 88 104 131 205 209 226
5 δι᾽ οὗ **ἐλάβωμεν** χάριν καὶ ἀποστολὴν 1175 1874
5 δι᾽ οὗ **ἐλάβονμεν** χάριν καὶ ἀποστολὴν 1646
5 δι᾽ ο̣ῦ̣ ····α····μεν χάριν καὶ ἀ··ο̣στολ̣ὴν 𝔓[10]
5 δι᾽ οὗ ἐλάβομεν χάριν καὶ ἀποστολὴν 323
5 δι᾽ οὗ ἐλάβομεν χάριν χάριν καὶ ἀποστολὴν 056*
5 δι᾽ οὗ ἐλάβομεν χά····ν καὶ ἀποστολὴν P
5 δι᾽.... 1611
5 δι᾽ οὗ ἐλάβομεν χάριν καὶ ἀποστολὴν **uwτ** Er[1]

---

lac. 1.2-5 𝔓[46] 𝔓[113] D F G 0172 326 365 1982 2412 **1.2** C

C 1.3 α ευαγγελικὴ διδασκαλία περί τε τῶν εξω χάριτος θυ· καὶ τῶν ἐν χάριτι. καὶ περὶ ἐλπίδος καὶ πολιτείας πνικης 1315

D 3 ε K | ρις 1270 | ς 1837

E 1.4 Ac 13.33; Phl 3.10; 1 Ti 3.16 **5** Ac 26.16-18; Ro 15.15, 18; Ga 2.7, 9; Ro 16.26; Ac 9.15

[↓1424 1448 1505 1573 1646 1734 1738 1739 1827 1837 1854 1881 1891 2147 2344 2400 2495 2815 **τ** Er[1]
[↓131 205 209 226 323 424 440 460 489 517 547 614 618 796 927 945 999 1242 1243 1245 1270 1315 1319 1352
εἰς ὑπακοὴν πίστεως ἐν πᾶσι τοῖς ἔθνεσιν ὑπὲρ τοῦ ὀνόματος αὐτοῦ, **6** ἐν οἷς B Ψ 056 6 69 104
εἰς **ὑπακωὸν** π̣ί̣σ̣τ̣εως ἐν πᾶσι τοῖς **ἔθνεσ** ὑπὲρ τοῦ ὀνόματος **6** 𝔓10
εἰς **ὑπακωὴν** πίστεως ἐν πᾶσι τοῖς ἔθνεσιν ὑπὲρ τοῦ ὀνόματος αὐτοῦ, **6** ἐν οἷς 2125
εἰς ὑπακοὴν πίστεως ἐν πᾶσι τοῖς **ἔθνεσι** ὑπὲρ τοῦ ὀνόματος αὐτοῦ, **6** ἐν οἷς 330 910
εἰς ὑπακοὴν πίστεως ἐν πᾶσι τοῖς **ἔθνεσι** **διὰ** τοῦ ὀνόματος αὐτοῦ, **6** ἐν οἷς 88
εἰς ὑπακοὴν πίστεως ἐν **πᾶσιν** τοῖς **ἔθνεσι** ὑπὲρ τοῦ ὀνόματος αὐτοῦ, **6** ἐν οἷς 1836
εἰς ὑπακοὴν πίστεως ἐν **πᾶσ··ν** τοῖς ἔθνεσιν ὑπὲρ τοῦ ὀνόματος αὐτοῦ, **6** ἐν οἷς P
.... ἐν **πᾶσιν** τοῖς ἔθνεσιν ὑπὲρ τοῦ ὀνόματος αὐτοῦ, **6** ἐν οἷς G
...... ὑπακοὴν πίστεως ἐν ....εσιν ὑπὲρ τοῦ ὀνόματος αὐτοῦ, **6** ἐν οἷς 1611
εἰς ὑπακοὴν πίστεως ἐν **πᾶσιν** τοῖς ἔθνεσιν ὑπὲρ τοῦ ὀνόματος αὐτοῦ, **6** ἐν οἷς ℵ A C K L 049 1 33
1175 1241 1506 1735 1874 2464 **uw**

[↓1270 1315 1319 1352 1448 1505 1506 1573 1734 1738 1827 1836 1854 1881 2147 2344 2495 2815
[↓104 205 209 226 323 330 424 440 460 517 547 614 618 796 910 927 945 999 1241 1242 1243 1245
ἐστε καὶ ὑμεῖς κλητοὶ ιυ χυ, **7** πᾶσι τοῖς οὖσιν ἐν Ῥώμῃ ἀγαπητοῖς B Ψ 056 1 6 69 88
ιηυ χρυ **7** πᾶσι τοῖς οὖσιν ἐν Ῥώμῃ ἀγαπητοῖς 𝔓10
ἐστε καὶ ὑμεῖς κλητοὶ ιυ χυ, **7** πᾶσι τοῖς **οὖσι** ἐν Ῥώμῃ ἀγαπητοῖς 049
ἐστε καὶ ὑμεῖς κλητοὶ ιυ χυ, **7** πᾶσι τοῖς οὖσιν ἐν Ῥώμηι ἀγαπητοῖς 1739* 1891
ἐστε καὶ ·····εῖς κλητοὶ ιυ χυ, **7** πᾶσι τοῖς οὖσιν ἐν Ῥώμῃ ἀγαπητοῖς 1611
ἐστε καὶ **ἡμεῖς** κλητοὶ ιυ χυ, **7** πᾶσι τοῖς οὖσιν ἐν Ῥώμῃ ἀγαπητοῖς 489
ἐστε καὶ **ὑμῖς** κλητοὶ ιυ χυ, **7** πᾶσι τοῖς οὖσιν ἐν Ῥώμῃ ἀγαπητοῖς ℵ
ἐστε καὶ ὑμεῖς κλητοὶ ιυ χυ, **7** πᾶσι τοῖς οὖσιν ἀγαπητοῖς 1739mg
ἐσται καὶ **ὑμῖς** κλητοὶ ιυ χυ, **7** **πᾶσιν** τοῖς οὖσιν ἐν **ἀγάπῃ** G
ἐσται καὶ ὑμεῖς κλητοὶ ιυ χυ, **7** πᾶσι τοῖς οὖσιν ἐν Ῥώμῃ ἀγαπητοῖς 131 1646 2125 2400
ἐσται καὶ ὑμεῖς **κλιτοὶ** ιυ χυ, **7** **πᾶσιν** τοῖς οὖσιν ἐν Ῥώμῃ ἀγαπητοῖς 2464
ἐσται καὶ ὑμεῖς κλητοὶ ιυ χυ, **7** **πᾶσιν** τοῖς οὖσιν ἐν Ῥώμῃ ἀγαπητοῖς C 33 1874
ἐσται καὶ ὑ····ῖς κλητοὶ ιυ χυ, **7** **πᾶσιν** τοῖς οὖσιν ἐν Ῥώμῃ ἀγαπητοῖς P
ἐστε καὶ ὑμεῖς κλητοὶ ιυ χυ, **7** **πᾶσιν** τοῖς οὖσιν ἐν Ῥώμῃ ἀγαπητοῖς A K L 1175 1424
ἐστε καὶ ὑμεῖς κλητοὶ Ἰησοῦ Χριστοῦ, **7** **πᾶσιν** τοῖς οὖσιν ἐν Ῥώμῃ ἀγαπητοῖς **uw** [↑1735 1837
ἐστε καὶ ὑμεῖς κλητοὶ Ἰησοῦ Χριστοῦ, **7** πᾶσι τοῖς οὖσιν ἐν Ῥώμῃ ἀγαπητοῖς **τ** Er[1]

θυ, κλητοῖς ἁγίοις, χάρις ὑμῖν καὶ εἰρήνη ἀπὸ θυ πατρὸς ἡμῶν καὶ κυ B 1
...... κλητοῖς ἁγίοις, χάρις **ὑμεῖν** καὶ εἰρήνη ἀπὸ θυ πατρὸς ἡμῶν καὶ κυ D*
...... κλητοῖς ἁγίοις, χάρις ὑμῖν καὶ εἰρήνη ἀπὸ θυ πατρὸς ἡμῶν καὶ κυ D1.2
θυ, κλητοῖς ἁγίοις, χάρις ὑμῖν καὶ εἰρήνη ἀπὸ θυ πατρὸς ἡμῶν καὶ κυρίου 69
θεοῦ, κλητοῖς ἁγίοις, χάρις ὑμῖν καὶ εἰρήνη ἀπὸ θεοῦ πατρὸς ἡμῶν καὶ κυρίου **uwτ** Er[1]
θυ, κλητοῖς ἁ··ίοις, χ··ρις ὑμῖν καὶ ε··ρήνη ἀπὸ θυ προς ἡμῶν καὶ κυ 𝔓10
θυ, κλητοῖς ἁγίοις, χάρις ὑμῖν καὶ εἰρήνη ἀπὸ θυ **πνς** ἡμῶν καὶ κυ 618
θυ, κλητοῖς ἁγίοις, χάρις ὑμῖν καὶ εἰρήνη ἀπὸ θυ πρς **ὑμῶν** καὶ κυ 517
θυ, κλητοῖς ἁγίοις, χ········ ὑμῖν καὶ εἰρήνη ἀπὸ θυ πρς ἡμῶν καὶ κυ C
θυ, κλητοῖς ἁγίοις, χάρις ὑμῖν καὶ **ἰρήνη** ἀπὸ θυ πρς ἡμῶν καὶ κυ G
θυ, κλητοῖς ·············ς, χάρις ὑμῖν καὶ εἰρήνη ἀπὸ θυ πρς ἡμῶν καὶ κυ P
θυ, **κλιτοῖς** ἁγίοις, χάρις ὑμῖν καὶ εἰρήνη ἀπὸ θυ πρς ἡμῶν καὶ κυ 2464
θυ, κλητοῖς ἁγίοις, χάρις ὑμῖν καὶ εἰρήνη ἀπὸ θυ πρς ἡμῶν καὶ κυ ℵ A K L Ψ 049 056 6
33 88 104 131 205 209 226 323 330 424 440 460 489 547 614 796 910 927 945 999 1175
1241 1242 1243 1245 1270 1315 1319 1352 1424 1448 1505 1506 1573 1611 1646 1734
1735 1738 1739 1827 1836 1837 1854 1874 1881 1891 2125 2147 2344 2400 2495 2815

lac. 1.5-7 𝔓46 𝔓113 D F 0172 326 365 1982 2412 **1.5** G

C 1.7 Σα α μετα την ν αδελφος L | αρχ Σα α υπ ν 049 | υπ 88 | αρχ κ,ε νθ Σα μ,τ τ ν 424 | Σα α 460 | αρχ του α Σα αδ,ε οι 614 | υπ του Σα α αδ,ε χαρις υμιν 796 | αρχ Σα α μεγαλα της ν αδ,ε χαρις υμιν 927 | Σα α: αδ,ε χαρις υμιν και ειρηνη 945 | αρχ Σα α της γ 1242 | αρχ τη γ της β εβδ επιστολ β κ,ε πβ 1315 | υπ γ 1573 | αρχ Σα μετα την η αδ,ε χαρις ι,ομ δαο εορ 1573 | αρχ 1735 | αρχ Σα α κ,ε β του εν ρωμηι ουτε εσ τηι εξηγησει ουτε εν τω σρη των μνημονευει 1739 | το με β 1739 | (ante χαρις) αρχ μ,τ των ν Σα α χαρις υμιν και ειρ,η 1 ¦ αρχ Ψ 209 1836 | αρχ σαββατ μετ την πενηκοστην 209 | Σα α αδ,ε χαρις υμιν και ειρηνη 226 | αρχ Σα α 330 | Σα α 1175 | αρχ Σ α μετα την η 1241 | αδ,Σα α μετ την ν 1243 | αρχ Σα α την ν αδ,ε χαρις υμιν 1270 | αρχ Σα β της β ευδομαδ κ,ε πγ υπ της γ 1315 | αρχ αδελφοι χαρις υμιν και 1891 | αρχ 2147 | αρχ Σα α κ,ε νε αδελφοι χαρις υμιν 2464 | (ante χαρις) αρχ Σα α αδ,ε β χαρις υμ 1837 | τε 330 1175 | τελ της γ 547 | (post αγιοις) τε της β 1837

D 1.7 α 424 | β 517 | γ 796

E 1.6 Ro 8.28; 9.24; 1 Co 1.9 **7** Ac 28.16; 1 Co 1.2; 2 Co 1.1; Nu 6.25-26; 1 Co 1.3; 2 Co 1.2; Ga 1.3; Eph 1.2; Phl 1.2; 2 Th 1.2; Phm 3; Col 1.2; 1 Th 1.1; Tit 1.4

ιυ χυ. B ℵ A C D G K L P Ψ 049 056 1 6 33 88 104 131 205 209 226 323 330 424 440 460 489 517 547 614
χρυ **ιηυ**. 𝔓[10] [↑618 796 910 927 945 999 1175 1241 1242 1243 1245 1270 1315 1319 1352 1424 1448
Ἰησοῦ χυ. 69 [↑1505 1506 1573 1611 1646 1734 1735 1738 1739 1827 1836 1837 1854 1874 1881 1891
Ἰησοῦ Χριστοῦ. **uwτ** Er[1] [↑2125 2147 2344 2400 2464 2495 2815

Prayer of Thanksgiving

8 Πρῶτον μὲν εὐχαριστῶ τῷ θω μου διὰ ιυ χυ περὶ πάντων B ℵ[c] A D* K 33 104 131 547
8 Πρῶτον μὲν εὐχαριστῶ τῷ θω μου περὶ πάντων ℵ* [↑1315 1319 1505 1506
8 Πρῶτον μὲν εὐχαριστῶ τῶι θωι μου 1270 [↑1573 1735 1881 2495
8 Πρῶτον μὲν εὐχαριστῶ τῶι θωι μου διὰ ιυ χυ περὶ πάντων 424 1739
8 Πρῶτον εὐχαριστῶ τῷ θω μου διὰ ιυ χυ περὶ πάντων 1837
8 ……… μὲν εὐχαριστῶ τῷ θω μου διὰ ιυ χυ περὶ πάν…… C
8 Πρῶτον μὲν εὐχαριστῶ τῷ θω μου διὰ ιυ **χω** περὶ πάντων 440
8 Πρῶτον μὲν εὐχαριστῶ τῷ θεῷ μου διὰ Ἰησοῦ Χριστοῦ περὶ πάντων **u w**
8 Πρῶτον μὲν εὐχαριστῶ τῷ θεῷ μου διὰ Ἰησοῦ Χριστοῦ **ὑπὲρ** πάντων **τ** Er[1]
8 Πρῶτον μὲν εὐχαριστῶ τῶι θωι μου διὰ ιυ χυ **ὑπὲρ** πάντων 1891 2400
8 Πρῶτον μὲν εὐχαριστῶ τῷ θω διὰ ιυ χυ **ὑπὲρ** πάντων 205 209 796 1827*
8 Πρῶτον μὲν **εὐχαριστὸ** τῷ θω μου διὰ ιυ χυ **ὑπὲρ** πάντων 1646 2464
8 Πρῶτον μὲν εὐχαριστῶ τῷ θω μου διὰ ιυ χυ **ὑπὲρ** πάντων D[2] G L P Ψ 049 056 1 6 69
88 226 323 330 460 489 517 614 618 910 927 945 999 1175 1241 1242 1243 1245
1352 1424 1448 1611 1734 1738 1827[c] 1836 1854 1874 2125 2147 2344 2815

[↓1242 1245 1315 1424 1448 1646[c] 1735 1738 1827 1836 1837 1854 1874 2147 2815 **uwτ**
[↓049[c] 1 69 104 131[c] 205 209 226 323 330[c] 440 460 489 547 614 910 927 999 1175 1241
ὑμῶν ὅτι ἡ πίστις ὑμῶν καταγγέλλεται ἐν ὅλῳ τῷ κόσμῳ. **9** μάρτυς γάρ μού B ℵ A D[2] K L P
ὑμῶν ὅτι ἡ **πίστεις** ὑμῶν καταγγέλλεται ἐν ὅλῳ τῷ κόσμῳ. **9** μάρτυς γάρ μού 2464
ὑμῶν ὅτι ἡ πίστις ὑμῶν καταγγέλλεται ἐν ὅλῳ τῷ κόσμῳ. **9** μάρτυς μού 88
ὅτι ἡ πίστις ὑμῶν καταγγέλλεται ἐν ὅλωι τῶι κόσμωι. **9** μάρτυς γάρ μού 1270
ὑμῶν ὅτι ἡ πίστις ὑμῶν καταγγέλλεται ἐν ὅλω **τὸ** κόσμῳ. **9** μάρτυς γάρ μού 1243
καταγγέλλεται ἐν ὅλῳ τῷ κόσμῳ. **9** μάρτυς γάρ μού 330*
ὑ…… …… .. ……… ……… ……………… … …… … κόσμῳ. **9** μάρτυς γάρ μού 33
‥μῶν ὅτι ἡ πίστις ὑμῶν καταγγέλλεται ἐν ὅ… ‥ῷ κόσμῳ. **9** ………υς γάρ μού C
ὑμῶν ὅτι ἡ πίστις ὑμῶν καταγγέλλεται … …… … ……… **9** ……… γάρ μού 1611
ὑμῶν ὅτι ἡ πίστις ὑμῶν καταγγέλλεται ἐν ὅλῳ τῷ κόσμωι. **9** μάρτυς γάρ μού 945
ὑμῶν ὅτι ἡ πίστις ὑμῶν καταγγέλλεται ἐν ὅλωι τῶι κόσμωι. **9** μάρτυς γάρ μού 517 1734 1739
ὑμῶν ὅτι ἡ πίστις ὑμῶν καταγγέλλεται ἐν ὅλω τῶι κόσμῳ. **9** μάρτυς γάρ μού 2400
ὑμῶν ὅτι ἡ πίστις ὑμῶν καταγγέλλεται ἐν τῷ κόσμῳ. **9** μάρτυς γάρ μού 796 [↓2344
ὑμῶν ὅτι ἡ πίστις ὑμῶν **καταγγέλεται** ἐν ὅλωι τῶι κόσμωι. **9** μάρτυς γάρ μού 1891 [↓1881
ὑμῶν ὅτι ἡ πίστις ὑμῶν **καταγγέλεται** ἐν ὅλῳ τῷ κόσμῳ. **9** μάρτυς γάρ μού 049* 131* 618
ὑμῶν ὅτι ἡ πίστις ὑμῶν **καταγγέλεται** ἐν ὅλῳ τῷ κόσμῳ. **9** μάρτυς γάρ **μοί** 2125
ὑμῶν ὅτι ἡ πίστις ὑμῶν καταγγέλλεται ἐν ὅλῳ τῷ κόσμῳ. **9** μάρτυς γάρ **μοί** G Ψ 056 1319
ὑμῶν ὅτι ἡ πίστις ὑμῶν καταγγέλλεται ἐν ὅλωι τῶι κόσμωι. **9** μάρτυς γάρ **μοί** 424 [↑1505 1506
ὑμῶν ὅτι ἡ πίστις ὑμῶν **καταγγέλλετε** ἐν ὅλῳ τῷ κόσμῳ. **9** **μάρτυρ** γάρ **μοί** D* [↑1573 2495
ὑμῶν ὅτι ἡ πίστις ὑμῶν καταγγέλλεται ἐν ὅλῳ τῷ κόσμῳ. **9** **μάρτυρ** γάρ μού 1646*
ὑμῶν ὅτι ἡ πίστις ὑμῶν **καταγγέλλετε** ἐν ὅλῳ τῷ κόσμῳ. **9** μάρτυς γάρ μού 6
ἡμῶν ὅτι ἡ πίστις ὑμῶν καταγγέλλεται ἐν ὅλῳ τῷ κόσμῳ. **9** μάρτυς γάρ μού 1352
ὑμῶν ὅτι ἡ πίστις **ἡμῶν** καταγγέλλεται ἐν ὅλῳ τῷ κόσμῳ. **9** μάρτυς γάρ μού Er[1]

---

lac. 1.7-9 𝔓[46] 𝔓[113] D F 0172 326 365 1982 2412 **1.7** D **1.8-9** 𝔓[10] **1.9** 1506 (illeg.)

C 1.8 υπ της γ 1 927 | υπ της γ αρχ της Σα της α κ,ε κθ 440 | αρχ σα α μετ τω ν αδ,ε χαρις υμων 489 | υπ αρχ Σα α απ 517 | περι κρισεως εθνων τ̄ ευφυλα ημων τα φυσικα 796 | υπ 1242 | τη γ 2464

E 1.7 Ac 28.16; 1 Co 1.2; 2 Co 1.1; Nu 6.25-26; 1 Co 1.3; 2 Co 1.2; Ga 1.3; Eph 1.2; Phl 1.2; 2 Th 1.2; Phm 3; Col 1.2; 1 Th 1.1; Tit 1.4 **8** 1 Co 1.4; 1 Th 1.8 **9** 2 Co 1,23; Phl 1.8; 3.3; 1 Th 2.5, 10; Eph 1.16; He 9.14; 12 28; Dt 11.13; 1 Th 1.2; 2 Ti 1.3

ἐστιν ὁ θς, ᾧ λατρεύω ἐν τῷ πνεύματί μου ἐν τῷ εὐαγγελίῳ τοῦ υἱοῦ αὐτοῦ, B
ἐστιν ὁ θεός, ᾧ λατρεύω ἐν τῷ πνεύματί μου ἐν τῷ εὐαγγελίῳ τοῦ υἱοῦ αὐτοῦ, **uwτ** Er[1]
ἐστιν ὁ θς, ᾧ λατρεύω ἐν τῷ πνι μου ἐν τῷ εὐαγγελίῳ τοῦ υυ αὐτοῦ, ℵ A G K L P Ψ
ἐστιν ὁ θς, ᾧ λατρεύω ἐν τῷ πνι μου ···· τῷ εὐαγγελίῳ τοῦ υυ αὐτοῦ, C [↑104 910
ἐστιν ὁ θς, ὧι λατρεύω ἐν τῶι πνι μου ἐν τῶι εὐαγγελίωι τοῦ υυ_ αὐτοῦ, 1739 [↑1175 1424
ἐστιν ὁ θς, ὧι λατρεύω ἐν τῶι πνι μου ἐν τῶι εὐαγγελίωι τοῦ υιυ αὐτοῦ, 517 [↑1836 1874
ἐστιν ὁ θς, ὧι λατρεύω ἐν τῶι πνι μου ἐν τῷ εὐαγγελίῳ τοῦ υἱοῦ αὐτοῦ, 056 [↑2125 2464
ἐστιν ὁ θς, ὧι λατρεύω ἐν τῶι πνι μου ἐν τῶι εὐαγγελίῳ τοῦ υἱοῦ αὐτοῦ, 424 945
ἐστιν ὁ θς, ὧι λατρεύω ἐν τῶι πνι μου ἐν τῶι εὐαγγελίωι τοῦ υἱοῦ αὐτοῦ, 1270 1891 2400
ἐστιν ὁ θς, ὧ λατρεύω ἐν τῶι πνι μου ἐν τῶι εὐαγγελίῳ τοῦ υἱοῦ αὐτοῦ, 1734
ἐστιν ·· ···· ·· ··················· ···· ····· πνι μου ἐν τῷ εὐ················· ······· υἱοῦ αὐτοῦ, 1611
ἐστιν ὁ θς, ᾧ λατρεύω ····· ······ ······· ······ ····· ······ ························ ······· ········· ······τοῦ, 33
ἐστιν ὁ θς, ᾧ **λατρέμω** ἐν τῷ πνι μου ἐν τῷ εὐαγγελίῳ τοῦ υἱοῦ αὐτοῦ, 131
ἐστιν ὁ θς, ᾧ λατρεύω ἐν τῷ πνι μου ἐν τῷ εὐαγγελίῳ τοῦ υἱοῦ, 1243
ἐστιν ὁ θς, ᾧ λατρεύω ἐν τῷ πνι μου ἐν τῷ εὐαγγελίῳ τοῦ υἱοῦ αὐτοῦ, D 049 1 6 69 88 205 209 226 323 330 440 460 489 547 614 618 796 927 999 1241 1242 1245 1315 1319 1352 1448 1505 1506 1573 1646 1735 1738 1827 1837 1854 1881 2147 2344 2495 2815

ὡς ἀδιαλίπτως μνείαν ὑμῶν ποιοῦμαι 10 πάντοτε ἐπὶ τῶν προσευχῶν μου B*
ὡς ἀδιαλίπτως **μνίαν** ὑμῶν ποιοῦμαι 10 πάντοτε ἐπὶ τῶν προσευχῶν μου A D*
ὡς **ἀδιαλείπτως** **μνίαν** ὑμῶν ποιοῦμαι 10 ἐπὶ τῶν προσευχῶν μου 2464*
ὡς **ἀδιαλείπτως** μνείαν ὑμῶν ποιοῦμαι 10 ἐπὶ τῶν προσευχῶν μου 424[c] 1241
ὡς **ἀδιαλείπτως** **μνίαν** ὑμῶν ποιοῦμαι 10 πάντοτε ἐπὶ τῶν προσευχῶν μου ℵ 2464[c]
πῶς **ἀδειαλείπτως** **μνίαν** ὑμῶν ποιοῦμαι 10 πάντοτε ἐπὶ τῶν προσευχῶν μου ὁ G
ὡς **ἀδιαλείπτως** ··············· ὑμῶν ποιοῦμαι 10 πάντοτε ἐπὶ τῶν προσευχῶν μου 1611
ὡς **ἀδιαλείπτως** μνείαν ὑμῶν ποιοῦμαι 10 πάντοτε ἐπὶ τῶν προσευχῶν μου 1874
ὡς **ἀδιαλείπτως** μνείαν ὑμῶν ποιοῦμαι 10 ····9··············· ······· ········
························· ······· 33
ὡς **ἀδιαλήπτως** μνείαν ὑμῶν ποιοῦμαι 10 πάντοτε ἐπὶ τῶν προσευχῶν μου 226 1319 1837
ὡς **ἀδιαλείπτως** μνείαν ὑμῶν **ποιούμενος** 10 **τότε** ἐπὶ τῶν προσευχῶν μου 460
ὡς **ἀδιαλήπτος** μνείαν ὑμῶν ποιοῦμαι 10 πάντοτε ἐπὶ τῶν **προσευχόν** μου 1243
ὡς **ἀδιαλείπτως** μνείαν ὑμῶν ποιοῦμαι 10 **πάντοται** ἐπὶ τῶν προσευχῶν μου 2400[c]
ὡς **ἀδιαλείπτως** μνείαν ὑμῶν ποιοῦμαι 10 **πάντωται** ἐπὶ τῶν προσευχῶν μου 2400*
ὡς **ἀδιαλείπτως** **μνήαν** ὑμῶν ποιοῦμαι 10 πάντοτε ἐπὶ τῶν προσευχῶν μου 1735
ὡς **ἀδιαλείπτος** **μνήαν** ὑμῶν ποιοῦμαι 10 **πάντωτε** ἐπὶ τῶν προσευχῶν μου 1646[c]
ὡς **διαλείπτος** **μνήαν** ὑμῶν ποιοῦμαι 10 **πάντωτε** ἐπὶ τῶν προσευχῶν μου 1646*
ὡς **διαλείπτως** μνείαν ὑμῶν ποιοῦμαι 10 πάντοτε ἐπὶ τῶν προσευχῶν μου 69
ὡς **ἀδιαλείπτως** μνείαν ὑμῶν ποιοῦμαι 10 πάντοτε ἐπὶ τῶν προσευχῶν μου B[c] C D[2] K L P Ψ 049 056 1 6 88 104 131 205 209 323 330 424* 440 489 517 547 614 618 796 910 927 945 999 1175 1242 1245 1270 1315 1352 1424 1448 1505 1573 1734 1738 1739 1827 1836 1854 1881 1891 2125 2147 2344 2495 2815 **uwτ** Er[1]

δεόμενος εἴ πως ἤδη ποτὲ εὐοδωθήσομαι B ℵ A C D K P Ψ 049 056 1 6 69 104 205 209 226 323 424
δαιόμαινος εἴ πως ἤδη ποτὲ εὐοδωθήσομαι G [↑460 517 547 618 796 945 1242 1245 1270 1319[c]
δεόμενος ἤδη ποτὲ εὐοδωθήσομαι 1891* [↑1352 1424 1448 1505 1573 1611 1734 1739 1827
δεόμενος **ἤπως** ἤδη ποτὲ εὐοδωθήσομαι 1891[c] [↑1837 1854 2125 2147 2400 2495 2815 **uwτ** Er[1]
δεόμενος **ὅπως** ἤδη ποτὲ εὐοδωθήσομαι L 88 330 440 1738
δεόμενος **ὅπως** ἤδη ποτὲ **εὐοδοθήσομαι** 131
δεόμενος εἴ πως **δὴ** ποτὲ **εὐοδοθήσομαι** 1881
δεόμενος εἴ πως **ἤδι** ποτὲ **εὐοδοθήσομαι** 1175
δεόμενος εἴ πως **ἤδει** ποτὲ **εὐοδωθήσομε** 2464
····················· ···· πως ἤδη ποτὲ **εὐοδοθήσομαι** 33
δεόμενος εἴ πως ἤδη ποτὲ **εὐοδοθήσομαι** 614 999 1241 1243 1315 1836 2344
δεόμενος εἴ πως ἤδη ποτὲ **εὐοδωθήσωμαι** 1735
δεώμενος εἴ πως ἤδη ποτὲ **εὐοδωθήσωμαι** 1874[c]
δεώμενος εἴ πως ἤδη ποτὲ **εὐωδωθήσωμαι** 1874*
δεόμενος εἴ πως ἤδη ποτὲ **εὐωδωθήσομαι** 910
δεόμενος εἴ πως ἤδη ποτὲ **εὐωδοθήσομαι** 489 927 1646
δεόμενος εἴ πως ἤδη ποτὲ **εὐοδωθησομενον** 1319*

---

lac. 1.9-10 𝔓[10] 𝔓[46] 𝔓[113] F 0172 326 365 1506 (illeg.) 1982 2412

C 1.8 υπ της γ 1 927 | υπ της γ αρχ της Σα της α κ,ε κθ 440 | αρχ σα α μετ τω ν αδ,ε χαρις υμων 489 | υπ αρχ Σα α απ 517 | περι κρισεως εθνων τ ευφυλα ημων τα φυσικα 796 | υπ 1242 | τη γ 2464

E 1.9 2 Co 1,23; Phl 1.8; 3.3; 1 Th 2.5, 10; Eph 1.16; He 9.14; 12 28; Dt 11.13; 1 Th 1.2; 2 Ti 1.3 **10** Ac 19.21; Ro 15.23, 32

[↓1448 1505 1573 1611 1734 1735 1738 1827 1836 1837 1854 1874 1881 2125 2344 2464 2495 2815
[↓330 440 460 489 547 614 618 796 910 927 945 999 1175 1241 1242 1243 1245 1315 1319 1352 1424
ἐν τῷ θελήματι τοῦ θυ ἐλθεῖν πρὸς ὑμᾶς. B A C D G K L P Ψ 049 056 1 6 69 88 104 131 205 209 226 323
ἐν τῷ θελήματι τοῦ θεοῦ ἐλθεῖν πρὸς ὑμᾶς. **uwτ** Er[1]
ἐν **τὸ** θελήματι τοῦ θυ ἐλθεῖν πρὸς ὑμᾶς. 2147
ἐν τῶι θελήματι τοῦ θυ ἐλθεῖν πρὸς ὑμᾶς. 424 517 1270 1739 1891 2400
ἐν τῷ θε........ 33
ἐν τῷ θυ θελήματι τοῦ θυ **ἐλθῆν** πρὸς ὑμᾶς. 1646*
ἐν τῷ θελήματι τοῦ θυ **ἐλθῆν** πρὸς ὑμᾶς. 1646[c]
ἐν τῷ θελήματι τοῦ θυ **ἐλθῖν** πρὸς ὑμᾶς. ℵ

11 ἐπιποθῶ γὰρ ἰδεῖν ὑμᾶς, ἵνα τι μεταδῶ χάρισμα ὑμῖν πνευματικὸν εἰς B 1735 **uwτ** Er[1] Cl V
11 ἐπιποθῶ γὰρ ἰδεῖν ὑμᾶς, ἵνα τι μεταδῶ χάρισμα **ὑμεῖν** πνευματικὸν εἰς D [↑2.3; 26.5
11 **ἐπιποῶ** γὰρ **ἰδῖν** ὑμᾶς, ἵνα τι μεταδῶ **χάρεισμα** ὑμῖν πνευματικὸν εἰς G*
11 ἐπιποθῶ γὰρ **ἰδῖν** ὑμᾶς, ἵνα τι μεταδῶ **χάρεισμα** ὑμῖν πνευματικὸν εἰς G[c]
11 ἐπιποθῶ γὰρ **ἰδῖν** ὑμᾶς, ἵνα τι μεταδῶ χάρισμα ὑμῖν πνικὸν εἰς ℵ
11 ἐπιποθῶ γὰρ **εἰδεῖν** ὑμᾶς, ἵνα τι μεταδῶ χάρισμα ὑμῖν πνικὸν εἰς C 2400
11 ἐπιποθῶ γὰρ ἰδεῖν ὑμᾶς, ἵνα τι μεταδῶ χάρισμα ὑμῖν πνικὸν 1505 2495
11 ἐπιποθῶ ἰδεῖν ὑμᾶς, ἵνα τι μεταδῶ χάρισμα ὑμῖν πνικὸν εἰς 1837
11 ....δεῖν ὑμᾶς, ἵνα τι μεταδῶ **ὑμῖν χάρισμα** 33
11 ἐπιποθῶ γὰρ ἰδεῖν ὑμᾶς, ἵνα τι μεταδῶ **ὑμῖν χάρισμα** πνικὸν εἰς 69 2344 2464
11 ἵνα τι μεταδῶ χάρισμα ὑμῖν πνικὸν εἰς 1827
11 ἐπιποθῶ γὰρ ἰδεῖν ὑμᾶς, ἵνα τι μεταδῶ χάρισμα ὑμῖν πνικὸν εἰς A K L P Ψ 049 056 1 6 88 104 131 205 209 226 323 330 424 440 460 489 517 547 614 618 796 910 927 945 999 1175 1241 1242 1243 1245 1270 1315 1319 1352 1424 1448 1573 1611 1646 1734 1738 1739 1836 1854 1874 1881 1891 2125 2147 2815

τὸ στηριχθῆναι ὑμᾶς, 12 τοῦτο δέ ἐστιν συνπαρακληθῆναι ἐν ὑμῖν διὰ τῆς B* ℵ C D[1.2] 1241 **w**
.... 12 .... συνπαρακληθῆναι ἐν ὑμῖν διὰ τῆς 33
τὸ στηριχθῆναι ὑμᾶς, 12 τοῦτο δέ ἐστιν συνπαρακληθῆναι ὑμῖν διὰ **τοῖς** 1646*
τὸ στηριχθῆναι ὑμᾶς, 12 τοῦτο δέ ἐστιν συνπαρακληθῆναι ἐν ὑμῖν διὰ **τοῖς** 1646[c]
τὸ στηριχθῆναι ὑμᾶς, 12 τοῦτο δέ ἐστιν συνπαρακληθῆναι ἐν **ὑμεῖν** διὰ τῆς D* [↓1424 1735
τὸ στηριχθῆναι ὑμᾶς, 12 **τοῦτ'** ἐστιν συνπαρακληθῆναι ἐν ὑμῖν διὰ τῆς A [↓1827 1836
τὸ στηριχθῆναι ὑμᾶς, 12 τοῦτο δέ ἐστιν **συμπαρακληθῆναι** ἐν ὑμῖν διὰ τῆς B[c] L P Ψ 460 910
τὸ στηριχθῆναι ὑμᾶς, 12 τοῦτο δέ ἐστιν **συμπαρακληθῆναι** ὑμῖν διὰ τῆς 1837 [↑1854 1874
τὸ **στηρεχθῆναι** ὑμᾶς, 12 τοῦτο δέ ἐστιν συνπαρακληθῆναι ἐν ὑμῖν διὰ τῆς G [↑2400 **u**
στηρηχθῆναι ὑμᾶς, 12 τοῦτο δέ ἐστιν **συμπαρακληθῆναι** ἐν ὑμῖν διὰ τῆς K*
τὸ **στηρηχθῆναι** ὑμᾶς, 12 τοῦτο δέ ἐστιν **συμπαρακληθῆναι** ἐν ὑμῖν διὰ τῆς K[c] 1175
τὸ **στηρηχθῆναι** ὑμᾶς, 12 τοῦτο δέ ἐστιν **συνπαρακληθῆναι** ἐν ὑμῖν διὰ τῆς 2464
τὸ **στηρηχθῆναι** ὑμᾶς, 12 τοῦτο δέ **ἐστι** **συμπαρακληθῆναι** ἐν ὑμῖν διὰ τῆς 2147
τὸ στηριχθῆναι ὑμᾶς, 12 τοῦτο δέ **ἐστι** **συμπαρακληθῆναι** ἐν **ἡμῖν** διὰ τῆς 056
τὸ στηριχθῆναι ὑμᾶς, 12 τοῦτο δέ **ἐστι** **συμπαρακληθῆναι** ἐν ὑμῖν διὰ τῆς Cl V 2.3
τὸ στηριχθῆναι ὑμᾶς, 12 τοῦτο δέ **ἐστι** **συμπαρακληθῆναι** ἐν ὑμῖν 69*
τὸ στηριχθῆναι ὑμᾶς, 12 ....**αι** ἐν ὑμῖν 1611
τὸ στηριχθῆναι 12 ἐν ὑμῖν διὰ τῆς 440
12 τοῦτο δέ **ἐστι** **συμπαρακληθῆναι** ἐν ὑμῖν διὰ τῆς 1505
12 τοῦτο δέ **ἐστι** **συμπαρακληθῆναι** ἐν **ἡμῖν** διὰ τῆς 2495
τὸ στηριχθῆναι ὑμᾶς, 12 Cl V 26.5
τὸ στηριχθῆναι ὑμᾶς, 12 τοῦτο δέ **ἐστι** **συμπαρακληθῆναι** ἐν ὑμῖν διὰ τῆς 049 1 6 69[c] 88 104 131 205 209 226 323 330 424 489 517 547 614 618 796 927 945 999 1242 1243 1245 1270 1315 1319 1352 1448 1573 1734 1738 1739 1881 1891 2125 2344 2815 **τ** Er[1]

---

lac. 1.10-12 𝔓[10] 𝔓[46] 𝔓[113] F 0172 326 365 1506 (illeg.) 1982 2412

C 1.11 α μετ το προ μοι περι κρισεως της κατα των εθνων φυλασσοντων τα φυσικα 440 **12** αρξου της γ 489 | τε του Σα. υπ της γ 614 | τελ L 049 104 209 226 330 517 618 796 1245 1448 1735 1836 1837 1891 2147 | τελος 1241 | τελ Σα 1 547 927 945 1739 2464 | τε του Σα 440 1242 1573 | τε του Σα 1315

E 1.10 Ac 19.21; Ro 15.23, 32 **11** 1 Th 2.17; 3.6; 2 Ti 1.4

[↓1352 1424 1448 1505 1573 1734 1735 1738 1739 1827 1836 1854 1874 2125 2344 2495 2815 **uwτ** Er[1]
[↓1 6 69[c] 88 104 205 209 226 323 330 424 440 489 517 547 614 796 910 927 945 1241 1242 1270 1315 1319
ἐν ἀλλήλοις πίστεως ὑμῶν τε καὶ ἐμοῦ. **13** οὐ θέλω δὲ ὑμᾶς ἀγνοεῖν, B ℵ A D[2] K P Ψ 049 056
ἐν ἀλλήλοις πίστεως ὑμῶν τε καὶ ἐμοῦ. **13** Cl V 2.3
ἐν ἀλλήλοις πίστεως ὑμῶν τε καὶ ἐμοῦ. **13** οὐ θέλω δὲ ὑμᾶς **ἀγνωεῖν**, L 131 460 618 999
ἐν **ἀλίλοις** πίστεως ὑμῶν τε καὶ ἐμοῦ. **13** οὐ θέλω δὲ ὑμᾶς **ἀγνωεῖν**, 2464 [↑1175 1891
ἐν ἀλλήλοις πίστεως ὑμῶν τε καὶ ἐμοῦ. **13** οὐ θέλω δὲ ὑμᾶς **ἀγνωῆν**, 2147 [↑2400
ἐν ἀλλήλοις πίστεως ὑμῶν τε καὶ ἐμοῦ. **13** οὐ **θέλο** δὲ **ἡμᾶς ἀγνωῆν**, 1646
ἐν **ἀλήλοις** πίστεως ὑμῶν τε καὶ ἐμοῦ. **13** οὐ θέλω δὲ ὑμᾶς **ἀγνοὴν** 1243
ἐν ἀλλήλοις πίστεως **ἐμοῦ** τε καὶ **ὑμῶν**. **13** οὐ θέλω δὲ ὑμᾶς ἀγνοεῖν, 1881
ἐν **ἀλήλοις** πίστεως ὑμῶν τε καὶ ἐμοῦ. **13** οὐ θέλω δὲ ὑμᾶς ἀγνοεῖν, 1245
ὑμῶν τε καὶ ἐμοῦ. **13** οὐ θέλω δὲ ὑμᾶς ἀγνοεῖν, 69*
ἐν ἀλλήλοις πίστεως ὑμῶν τε καὶ ἐμοῦ. **13** οὐ θέλω **γὰρ** ὑμᾶς ἀγνοεῖν, C 1837
.... **13**..... ....ᾶς ἀγνοεῖν, 33
.... καὶ ἐμοῦ. **13** οὐ θέλω δὲ ὑμᾶς ἀγνοεῖν, 1611
ἀλλήλοις τῆς πίστεως ὑμῶν τε καὶ ἐμοῦ. **13** **οὐκ οἴομαι** δὲ ὑμᾶς ἀγνοεῖν, G
ἐν ἀλλήλοις πίστεως ὑμῶν τε καὶ ἐμοῦ. **13** **οὐκ οἴομε** δὲ ὑμᾶς ἀγνοεῖν, D*
ἐν ἀλλήλοις πίστεως ὑμῶν τε καὶ ἐμοῦ. **13** **οὐκ οἶμαι** δὲ ὑμᾶς ἀγνοεῖν, D[1]

[↓1424 1448 1505 1573 1611 1738 1739 1827 1836 1837 1854 1874 1891 2125 2147 2344 2400 2495 2815 **uwτ** Er[1]
[↓049 6 69 88 104 131 205 209 226 323 424 440 489 517 547 618 796 910 927 945 1175 1241 1242 1245 1270 1315 1352
ἀδελφοί, ὅτι πολλάκις προεθέμην ἐλθεῖν πρὸς ὑμᾶς, καὶ ἐκωλύθην ἄχρι τοῦ B D C K L P Ψ
ἀδελφοί, ὅτι πολλάκις προεθέμην ἐλθεῖν πρὸς ὑμᾶς, καὶ **ἐκωλύθη** ἄχρι **τῆς** 330
ἀδελφοί, ὅτι πολλάκις 33
ἀδελφοί, ὅτι πολλάκις προεθέμην ἐλθεῖν πρὸς ὑμᾶς, καὶ ἐκωλύθην **ἄχρις** τοῦ 1
ἀδελφοί, ὅτι πολλάκις προεθέμην ἐλθεῖν πρὸς ὑμᾶς, καὶ **ἐκολύθην** **ἄχρη** τοῦ 1243
ἀδελφοί, ὅτι πολλάκις προεθέμην ἐλθεῖν πρὸς ὑμᾶς, καὶ **ἐκολύθην** ἄχρι τοῦ G 460 1319 1735
ἀδελφοί, ὅτι πολλάκις προεθέμην ἐλθεῖν πρὸς ὑμᾶς, καὶ **ἐκολλήθην** ἄχρι τοῦ 056
ἀδελφοί, ὅτι πολλάκις προεθέμην ἐλθεῖν πρὸς ὑμᾶς, καὶ ἐκωλύθην ἄχρι **τῆς** 614 999 1734
ἀδελφοί, ὅτι πολλάκις προεθέμην **ἐλθῖν** πρὸς ὑμᾶς, καὶ ἐκωλύθην ἄχρι τοῦ ℵ
ἀδελφοί, ὅτι **πολλάκεις** προεθέμην ἐλθεῖν πρὸς ὑμᾶς, καὶ ἐκωλύθην ἄχρι τοῦ A
ἀδελφοί, ὅτι **πολάκεις** προεθέμην ἐλθεῖν πρὸς ὑμᾶς, καὶ **ἐκολύθειν** ἄχρι τοῦ 2464
ἀδελφοί, ὅτι **πολάκις** **προεθέμοιν** **ἐλθῆν** πρὸς ὑμᾶς, καὶ **ἐκολύθειν** ἄχρι τοῦ 1646
ἀδελφοί, ὅτι πολλάκις **προσεθέμην** ἐλθεῖν πρὸς ὑμᾶς, καὶ ἐκωλύθην ἄχρι τοῦ 1881

[↓1315 1352 1448 1505 1506 1573 1734 1738 1739 1836 1837 1854 1881 1891 2125 2344 **uw**
[↓056 1 6 33 69 88 205 209 226 323[c] 330 424 489 517 547 614 796 927 945 1241 1242 1245 1270
δεῦρο, ἵνα τινὰ καρπὸν σχῶ καὶ ἐν ὑμῖν καθὼς καὶ ἐν τοῖς λοιποῖς ἔθνεσιν B ℵ A C D[2] K Ψ 049
δεῦρο, ἵνα τινὰ καρπὸν σχῶ καὶ ἐν ὑμῖν 2495
δεῦρο, ἵνα τινὰ καρπὸν σχῶ καὶ ἐν ὑμῖν καθὼς καὶ ἐν τοῖς λοιποῖς **ἔθνεσι**. 1319
δεῦρο, ἵνα τι.... καρπὸν σχῶ καὶ ἐν ὑμῖν καθ....ς ...αὶ ἐν τοῖς λοιποῖς ἔθνεσιν. P
δεῦρο, ἵνα τινὰ καρπὸν .... ἐν ὑμῖν καθὼς καὶ ἐν τοῖς λοιποῖς ἔθνεσιν. 1611
δεῦρο, ἵνα τινὰ καρπὸν σχῶ καὶ ἐν ὑμῖν καθὼς καὶ ἐν τοῖς **λυποῖς** ἔθνεσιν. 1175 1874[c]
δεῦρο, ἵνα τινὰ καρπὸν σχῶ καὶ ἐν ὑμῖν καθὼς καὶ ἐν τοῖς ἔθνεσιν. 104
δεύρω, ἵνα τινὰ καρπὸν **σχὸ** καὶ ἐν ὑμῖν καθὼς καὶ ἐν τοῖς ἔθνεσιν. 1646
δεῦρω, ἵνα τινὰ καρπὸν σχῶ καὶ ἐν ὑμῖν καθὼς καὶ ἐν τοῖς **λυποῖς** ἔθνεσιν. 1874* 2464
δεῦρω, ἵνα τινὰ καρπὸν σχῶ καὶ ἐν ὑμῖν καθὼς καὶ ἐν τοῖς λοιποῖς ἔθνεσιν. 910 1243 1735 2147
δεῦρω, ἵνα τινὰ καρπὸν σχῶ καὶ ἐν ὑμῖν καθὼς καὶ ἐν τοῖς λοιποῖς **ἔθνεσι**. 2400
δεῦρο, ἵνα τινὰ καρπὸν σχῶ ἐν ὑμῖν καθὼς καὶ ἐν τοῖς λοιποῖς ἔθνεσιν. 323* 440 460 618 1424
δεῦρο, ἵνα τινὰ καρπὸν **ἔχω** ἐν ὑμῖν καθὼς καὶ ἐν τοῖς λοιποῖς ἔθνεσιν. G
δεῦρο, ἵνα **καρπόν τινα** σχῶ ἐν ὑμῖν καθὼς καὶ ἐν τοῖς λοιποῖς ἔθνεσιν. 999
δεῦρω, ἵνα **καρπὸν τινὰ** **ἔχω** καὶ ἐν ὑμῖν καθὼς καὶ ἐν τοῖς λοιποῖς ἔθνεσιν. 131
δεῦρο, ἵνα **καρπόν** σχῶ καὶ ἐν ὑμῖν καθὼς καὶ ἐν τοῖς λοιποῖς ἔθνεσιν. L
δεῦρο, ἵνα **καρπόν τινα** σχῶ καὶ ἐν ὑμῖν καθὼς καὶ ἐν τοῖς λοιποῖς ἔθνεσιν. 2815 **τ** Er[1]
δεῦρο, ἵνα **τί** καρπὸν σχῶ καὶ ἐν **ὑμεῖν** καθὼς καὶ ἐν τοῖς λοιποῖς ἔθνεσιν. D*
δεῦρο, ἵνα **τί** καρπὸν σχῶ καὶ ἐν ὑμῖν καθὼς καὶ ἐν τοῖς λοιποῖς ἔθνεσιν. D[1] 1827

---

lac. 1.12-13 𝔓[10] 𝔓[46] 𝔓[113] F 0172 326 365 1506 (illeg.) 1982 2412

C 1.12 αρξου της γ̄ 489 | τε του Σα. υπ της γ̄ 614 | τελ L 049 104 209 226 330 517 618 796 1245 1448 1735 1836 1837 1891 2147 | τελος 1241 | τελ Σα 1 547 927 945 1739 2464 | τε του Σα 440 1242 1573 | τε του Σα 1315 **13** αρξου της γ̄ 1 440 547 1573 2464 | αρξ του Σα 226 | αρχ τη γ̄ 330 | της γ̄ αρξ 517 | αρχ τη γ̄ της ᾱ εβδ αδ,ε ου θελω υμας 927 | αρχ τη γ̄ της α εβδ κ,ε ια̅ 1243 | αρξου της γ̄ 1315 | α περι κρισεως της κατα εθνων των ου φυλασσοντων τα φυσικα 1739 1836 | ζητ τον απο της α κ,υριακ ταυτης εις την προς εβραιοις επιστολην. εις λ̄ εβδ των αγι παντων 614 | αρχ τη γ̄ της ᾱ εβδ αδ,ε ου θελω υμας 1837

D 13 ᾱ 440 460

E 1.13 Jo 15.16; Ro 11.25; 1 Co 10.1; 12.1; 2 Co 1.8; 1 Th 4.13

[↓1448 1505 1506 1573 1611 1734 1739 1827 1836 1854 1881 1891 2125 2344 2495 2815 **τ** Er^1
[↓209 226 323 330 424 440 460 517 547 614 618 796 910 945 999 1242 1245 1270 1315 1319 1352
14 Ἕλλησί τε καὶ βαρβάροις, σοφοῖς τε καὶ ἀνοήτοις ὀφειλέτης εἰμί, B Ψ 049 056 1 6 69 88 104 205
14 Ἕλλησί τε καὶ βαρβάροις, σοφοῖς τε καὶ ἀνοήτοις ὀφειλέτης **εἰμή**, 489 927
14 Ἕλλησί τε καὶ βαρβάροις, ὀφειλέτης εἰμί, 1738
14 Ἕλλησί τε καὶ βαρβάροις, σοφοῖς τε καὶ ἀνοήτοις **ὠφειλέτης** εἰμί, 2147
14 Ἕλλησί τε καὶ βαρβάροις, σοφοῖς τε καὶ ἀνοήτοις **ὀφειλέτις** εἰμί, 1243
14 **Ἕλησίν** τε καὶ βαρβάροις, σοφοῖς τε καὶ ἀνοήτοις **ὀφιλέτης** εἰμί, 2464
14 **Ἕλλη**······ ··ε καὶ βαρβάροις, σοφοῖς τε καὶ ἀνοήτοις ·····**ιλέτης** εἰμί, P
14 **Ἕλλησίν** τε καὶ βαρβάροις, σοφοῖς τε καὶ ἀνοήτοις ὀφειλέτης εἰμί, K 131 1175 1424 1646 2400 **uw**
14 **Ἕλλησίν** τε καὶ βαρβάροις, σοφοῖς τε καὶ ἀνοήτοις ὀφειλέτης **εἰμεί**, G
14 **Ἕλλησίν** τε καὶ βαρβάροις, σοφοῖς τε καὶ ἀνοήτοις **ὀφιλέτης** εἰμί, ℵ A C D 33 1735 1874
14 **Ἕλλησίν** τε καὶ βαρβάροις, σοφοῖς τε καὶ ἀνοήτοις **ὀφιλέτις** εἰμί, L
14 **Ἕλλησίν** τε καὶ βαρβάροις, σοφοῖς τε καὶ ἀνοήτοις **ὀφειλέτοις** εἰμί, 1241 1837

[↓1505 1506 1734 1735^c 1738 1827 1836 1837 1854 1874 1881 2147 2400 2464 2495 2815 **u** Er^1
[↓131 205 209 226 323 330 424 460 489 614 618 796 910 927 999 1175 1241 1270 1352 1424 1448
15 οὕτως τὸ κατ᾽ ἐμὲ πρόθυμον καὶ ὑμῖν τοῖς ἐν Ῥώμῃ εὐαγγελίσασθαι. B C K L P Ψ 056 1 6 69
15 οὕτως τὸ κατ᾽ ἐμὲ **πρόθυμων** καὶ ὑμῖν τοῖς ἐν Ῥώμῃ εὐαγγελίσασθαι. 1646
15 **οὗτος** τὸ κατ᾽ ἐμὲ πρόθυμον καὶ ὑμῖν τοῖς ἐν Ῥώμῃ **εὐαγγελίσασθε**. 88
15 **οὗτος** τὸ κατ᾽ ἐμὲ πρόθυμον καὶ ὑμῖν τοῖς ἐν Ῥώμῃ εὐαγγελίσασθαι. 1315 2125
15 οὕτως τὸ κατ᾽ ἐμὲ πρόθυμον καὶ ὑμῖν τοῖς ἐν **Ῥώμι** εὐαγγελίσασθαι. 049
15 οὕτως τὸ κατ᾽ ἐμὲ πρόθυμον καὶ ὑμῖν τοῖς ἐν Ῥώμηι εὐαγγελίσασθαι. 517 1739
15 οὕτως **ὁ** **ἐπ᾽ ἐμαὶ** πρόθυμον καὶ ἐπ᾽ ὑμῖν **εὐαγγελείσασθαι**. G
15 οὕτως κατ᾽ ἐμὲ πρόθυμον καὶ ὑμῖν τοῖς ἐν Ῥώμῃ εὐαγγελίσασθαι. 1735*
15 οὕτως τὸ κατ᾽ ἐμὲ πρόθυμον καὶ ἐν **ὑμεῖν** τοῖς ἐν Ῥώμῃ **εὐαγγελίσασθε**. D*
15 οὕτως τὸ κατ᾽ ἐμὲ πρόθυμον καὶ ἐν ὑμῖν τοῖς ἐν Ῥώμῃ εὐαγγελίσασθαι. 440
15 οὕτως τὸ κατ᾽ ἐμὲ πρόθυμον καὶ ὑμῖν τοῖς ἐν Ῥώμῃ **εὐαγγελίσασθε**. D^1 1243
15 οὕτως τὸ κατ᾽ ἐμὲ πρόθυμον καὶ ὑμῖν τοῖς ἐν Ῥώμῃ εὐαγγελίσασθαι. D^2
15 **οὕτω** τὸ κατ᾽ ἐμὲ πρόθυμον καὶ ὑμῖν τοῖς ἐν Ῥώμηι εὐαγγελίσασθαι. 945 1891
15 **οὕτω** τὸ κατ᾽ ἐμὲ πρόθυμον καὶ ὑμῖν τοῖς ἐν Ῥώμῃ εὐαγγελίσασθαι. ℵ A 33 104 547 1242 1245 1319 1573 1611 2344 **wτ**

The Power of the Gospel

[↓424^c 1505 1506 1573 1739 1881 2344 2495
16 Οὐ γὰρ ἐπαισχύνομαι τὸ εὐαγγέλιον, δύναμις γὰρ θ̅υ̅ ἐστιν εἰς B ℵ A C D^1 33
16 Οὐ γὰρ ἐπαισχύνομαι τὸ εὐαγγέλιον, δύναμις θ̅υ̅ ἐστιν εἰς 1319
16 Οὐ γὰρ ἐπαισχύνομαι **ἐπὶ** εὐαγγέλιον, **δύναμεις** γὰρ θ̅υ̅ ἐστιν G
16 Οὐ γὰρ ἐπαισχύνομαι τὸ εὐαγγέλιον τοῦ χ̅υ̅, **δύναμεις** γὰρ θ̅υ̅ ἐστιν εἰς 049 131^c 2147
16 Οὐ γὰρ ἐπαισχύνομαι τὸ εὐαγγέλιον τοῦ χ̅υ̅, **δύναμεις** γὰρ θ̅υ̅ **ἐστην εἰ** 1646
16 Οὐ γὰρ **ἐπαισχύνομε** το εὐαγγέλιον τοῦ χ̅υ̅, **δύναμεις** γὰρ θ̅υ̅ ἐστιν εἰς 131* 2464
16 Οὐ γὰρ **ἐπεσχύνομαι** τὸ εὐαγγέλιον τοῦ χ̅υ̅, δύναμις γὰρ θ̅υ̅ ἐστιν εἰς 1243
16 Οὐ γὰρ **ἐπεσχύνομαι** τὸ εὐαγγέλιον, δύναμις γὰρ θ̅υ̅ ἐστιν εἰς D*
16 Οὐ γὰρ ἐπαισχύνομαι τὸ εὐαγγέλιον, δύναμις γὰρ θεοῦ ἐστιν εἰς **uw**
16 Οὐ γὰρ ἐπαισχύνομαι τὸ εὐαγγέλιον χ̅υ̅, δύναμις γὰρ θ̅υ̅ ἐστιν εἰς 6
16 Οὐ γὰρ ἐπαισχύνομαι τὸ εὐαγγέλιον τοῦ χ̅υ̅, δύναμις γὰρ θ̅υ̅ ἐστιν **εἰ** 2125
16 Οὐ γὰρ ἐπαισχύνομαι τὸ εὐαγγέλιον τοῦ Χριστοῦ, δύναμις γὰρ θεοῦ ἐστιν εἰς **τ** Er^1
16 Οὐ γὰρ ἐπαισχύνομαι τὸ εὐαγγέλιον τοῦ χ̅υ̅, δύναμις γὰρ θ̅υ̅ ἐστιν εἰς D^2 K L P Ψ 056 1 69 88 104 205 209 226 323 330 424* 440 460 489 517 547 614 618 796 910 927 945 999 1175 1241 1242 1245 1270 1315 1352 1424 1448 1611 1734 1735 1738 1827 1836 1837 1854 1874 1891 2400 2815

lac. 1.14-16 $\mathfrak{P}^{10}$ $\mathfrak{P}^{46}$ $\mathfrak{P}^{113}$ F 0172 326 365 1982 2412

C 1.16 α̅ πρωτον μεν ουν μετα το προοινιον περι κρισεως της κατα εθνων των ου φυλασσουτων τα φυσικα 1836

E 1.14 1 Co 1.26-27; Ro 8.12; 15.27; Ga 5.3 **16** Ps 119.46; Lk 9.26; Mk 8.38; 1 Co 1.18, 24; Ac 13.46; 2 C0 12.9; Ro 10.9; Ac 3.26; 18.6

σωτηρίαν παντὶ τῷ πιστεύοντι, Ἰουδαίῳ τε καὶ Ἕλληνι. **17** δικαιοσύνη B [**w**]
17 δικαιοσύνη Cl II 29.3; V 2.3
σωτηρίαν παντὶ τῷ πιστεύοντι, Ἰουδαίῳ τε πρῶτον καὶ **Ἕλληνη**. **17** δικαιοσύνη 1175
σωτηρίαν παντὶ τῷ πιστεύοντι, Ἰουδαίῳ τε πρῶτον καὶ Ἕλληνι. **17** δικαιοσύνη ℵ^c A C D 33 1424
παντὶ τῷ πιστεύοντι, Ἰουδαίῳ τε καὶ Ἕλληνι. **17** δικαιοσύνη G [↑1505 2495
σωτηρίαν παντὶ τῷ πιστεύοντι, **Ἰουδε** πρῶτον καὶ Ἕλληνι. **17** δικαιοσύνη ℵ*[↑**u**[**w**]**τ** Er[1]
σρ͞ια͞ν παντὶ τῷ πιστεύοντι, Ἰουδαίῳ πρῶτον καὶ Ἕλληνι. **17** δικαιοσύνη 1243
σρ͞ια͞ν παντὶ τῶι πιστεύοντι, Ἰουδαίῳ τε πρῶτον καὶ Ἕλληνι. **17** δικαιοσύνη 056 424 517 945
σρ͞ια͞ν παντὶ **τὸ** πιστεύοντι, Ἰουδαίῳ τε πρῶτον καὶ Ἕλληνι. **17** δικαιοσύνη 1573 [↑2400
σρ͞ια͞ν παντὶ **τὸ** **πιστεύωντι**, Ἰουδαίῳ τε **πρότον** καὶ Ἕλληνι. **17** **δικαιωσύνη** 1646
σρ͞ια͞ν παντὶ τῷ πιστεύοντι, Ἰουδαίῳ τε **πρότον** καὶ **Ἕληνη**. **17** δικαιοσύνη 2464
σρ͞ια͞ν παντὶ τῷ πιστεύοντι, Ἰουδαίῳ τε **πρώτω** καὶ Ἕλληνι. **17** δικαιοσύνη 1319
σρ͞ια͞ν παντὶ τῷ πιστεύον...... .... πρῶτον καὶ Ἕλληνι. **17** δικαιο........... 1611
σρ͞ια͞ν παντὶ τῷ πιστεύοντι, Ἰουδαίωι τε πρῶτον καὶ Ἕλληνι. **17** δικαιοσύνη 1734
σρ͞ια͞ν παντὶ τῶι πιστεύοντι, Ἰουδαίωι τε πρῶτον καὶ Ἕλληνι. **17** δικαιοσύνη 1270 1739 1891
σρ͞ια͞ν παντὶ τῷ πιστεύοντι, Ἰουδαίῳ τε πρῶτον καὶ Ἕλληνι. **17** **δικαιωσύνη** 2147
σρ͞ια͞ν παντὶ τῷ πιστεύοντι, Ἰουδαίῳ τε πρῶτον καὶ Ἕλληνι. **17** δικαιοσύνη K L P Ψ 049 1 6 69 88 104 131 205 209 226 323 330 440 460 489 547 614 618 796 910 927 999 1241 1242 1245 1315 1352 1448 1506 1735 1738 1827 1836 1837 1854 1874 1881 2125 2344 2815

[↓1315 1319 1352 1424 1448 1505 1573 1735 1738 1827 1836 1854 1874 1881 2125 2344 2464 2495 2815
[↓056 1 6 33 69 88 104 131 205 209 226 323 440 489 547 614 618 796 910 927 999 1175 1241 1242 1243 1245
γὰρ θ͞υ ἐν αὐτῷ ἀποκαλύπτεται ἐκ πίστεως εἰς πίστιν, καθὼς B ℵ C D G K L P Ψ 049
γὰρ θ͞υ ἐν αὐτῷ ἀποκαλύπτεται ἐκ πίστεως εἰς πίστιν, Cl II 29.3
γὰρ θ͞υ ἐν αὐτῷ ἀποκαλύπτεται ἐκ πίστεως εἰς πίστιν, καὶ καθὼς 1837
.... θ͞υ **ἀποκαλύπτεται ἐν αὐτῷ** ἐκ πίστε...... εἰς πίστιν, καθὼς 1611
γὰρ θ͞υ ἐν αὐτῷ **ἀποκαλύπταιται** ἐκ πίστεως εἰς **πίστην**, καθὼς 1646*
γὰρ θ͞υ ἐν αὐτῷ ἀποκαλύπτεται ἐκ πίστεως εἰς **πίστην**, καθὼς 1646^c 2147
γὰρ θ͞υ ἐν αὐτῶι ἀποκαλύπτεται ἐκ πίστεως εἰς **πίστην**, καθὼς 460 1891 2400
γὰρ ανο͞υ (?*) θ͞υ ἐν αὐτῷ ἀποκαλύπτεται ἐκ πίστεως εἰς πίστιν, καθὼς 1506
γὰρ θ͞υ ἐν αὐτῷ ἀποκαλύπτεται· 330 [↓1734 1739
γὰρ θ͞υ ἐν αὐτῶι ἀποκαλύπτεται ἐκ πίστεως εἰς πίστιν, καθὼς 424 517 945 1270
γὰρ θεοῦ ἐν αὐτῷ ἀποκαλύπτεται ἐκ πίστεως εἰς πίστιν, καθὼς **uwτ** Er[1]
δὲ θ͞υ ἐν αὐτῷ ἀποκαλύπτεται ἐκ πίστεως εἰς πίστιν, καθὼς A Cl V 2.3

*txt indistinct, but definitely space for ανο͞υ θ͞υ at this place. There may be dots above the ανο͞υ. The need is to look at the original ms. for certainty. The reading is so unusual, it must be reported to provide an opportunity for further study.

γέγραπται· Ὁ δὲ δίκαιος ἐκ πίστεως ζήσεται. B ℵ A C^c D G K L P Ψ 049 056 1 6 33 69 88 104 131 205
γέγραπται· Ὁ δὲ δίκαιος ἐκ πίστεως ζήσεται. 330 [↑209 226 323 330 424 440 460 489 517 547 614
γέγραπται· Ὁ δὲ δίκαιος ἐκ πίστεως **ζήσαιται**. 1646 [↑618 796 910 927 945 999 1175 1241 1242 1243
γέγραπται· Ὁ δὲ δίκαιος μου ἐκ πίστεως ζήσεται. C* [↑1245 1270 1315 1319 1352 1424 1448 1505 1506
γέγραπται· .. .. ζήσεται. 2400 [↑1573 1734^c 1735 1738 1739 1827 1836 1837
γέγραπται· Ὁ δὲ δίκαιος ζήσεται. 1734* [↑1854 1874 1881 1891 2125 2147 2344 2464
[↑2495 2815 **uwτ** Er[1] Cl II 29.2

lac. 1.16-17 𝔓[10] 𝔓[46] 𝔓[113] F 0172 326 365 1982 2412

C 1.16 α͞ πρωτον μεν ουν μετα το προοινιον περι κρισεως της κατα εθνων των ου φυλασσουτων τα φυσικα 1836 **17** αμβακουμ 049 1270 | (ante ο δε) αμβακ,ου 1734 | κ,ε ος 1827 | τελ 226 330 489 796 927 1175 1243 1245 1448 1573 | τε της γ͞ υπ 2147| τε της γ͞ 440 547 614 1242 1827 | τε γ͞ 1 945 1739 2464 | τελος της γ͞ 1315 | τελ της γ͞ 1827

E 1.14 1 Co 1.26-27; Ro 8.12; 15.27; Ga 5.3 **16** Ps 119.46; Lk 9.26; Mk 8.38; 1 Co 1.18, 24; Ac 13.46; 2 C0 12.9; Ro 10.9; Ac 3.26; 18.6 **17** Ro 3.21, 22; 10.3; 2 Co 5.21; Phl 3.9; Mt 6.33; Ps 98.2; Is 51.5, 8; Hab 2.4; Ga 3.11; He 10.38

The Guilt of Humankind

β̅ 18	Ἀποκαλύπτεται γὰρ ὀργὴ θ̅υ̅ ἀπ' οὐρανοῦ ἐπὶ πᾶσαν ἀσέβειαν καὶ	B ℵ C D 33 209
18	Ἀποκαλύπτεται γὰρ ὀργὴ θ̅υ̅ ἀπ' οὐρανοῦ ἐπὶ πᾶσαν **ἀσέβιαν** καὶ	G
18	Ἀποκαλύπτεται γὰρ ὀργὴ θ̅υ̅ ἀπ' οὐρανοῦ ἐπὶ πᾶσαν **ἀσθένειαν**	1854
18	Ἀποκαλύπτεται γὰρ ὀργὴ θεοῦ ἀπ' οὐρανοῦ ἐπὶ πᾶσαν ἀσέβειαν καὶ	**uwτ** Er^{1}
18	**Ἀποκαλύπταιται** γὰρ ὀργὴ θ̅υ̅ ἀπ' ο̅υ̅ν̅ο̅υ̅ ἐπὶ πᾶσαν ἀσέβειαν καὶ	1646
18	Ἀποκαλύπτεται ὀργὴ θ̅υ̅ ἀπ' ο̅υ̅ν̅ο̅υ̅ ἐπὶ πᾶσαν ἀσέβειαν καὶ	2344
18	....βειαν καὶ	365
18	Ἀποκαλύπτεται γὰρ ὀργὴ θ̅υ̅ **ἀπὸ** ο̅υ̅ν̅ο̅υ̅ ἐπὶ πᾶσαν ἀσέβειαν καὶ	614 1881 [↓88 104 131
18	Ἀποκαλύπτεται γὰρ ὀργὴ θ̅υ̅ ἀπ' ο̅υ̅ν̅ο̅υ̅ ἐπὶ πᾶσαν ἀσέβειαν καὶ	A K L P Ψ 049 056 1 6 69 205 226 323 330 424 440 460 489 517 547 618 796 910 927 945 999 1175 1241 1242 1243 1245 1270 1315 1319 1352 1424 1448 1505 1506 1573 1611 1734 1735 1738 1739 1827 1836 1837 1874 1891 2125 2147 2400 2464 2495 2815

ἀδικίαν ἀνθρώπων τῶν τὴν ἀλήθειαν ἐν ἀδικίᾳ κατεχόντων,	19 διότι τὸ	B L 1241 1352
ἀδικίαν **ἀνθρόπων** τῶν τὴν ἀλήθειαν ἐν ἀδικίᾳ κατεχόντων,	19 διότι τὸ	Er^{1} [↑uwτ
ἀδικίαν ἀνθρώπων τῶν τὴν **ἀλήθιαν** ἐν ἀδικίᾳ κατεχόντων,	19 διότι τὸ	ℵ
ἀδικίαν τῶν ἀνθρώπων τῶν τὴν **ἀλήθιαν** ἐν ἀδικίᾳ κατεχόντων,	19 **ὅτι** τὸ	G
ἀδικίαν τῶν α̅ν̅ῶ̅ν̅ τῶν τὴν ἀλήθειαν ἐν ἀδικίᾳ κατεχόντων,	19 **ὅτι** τὸ	D*
ἀδικίαν α̅ν̅ῶ̅ν̅ τῶν τὴν ἀλήθειαν ἐν ἀδικίᾳ κατεχόντων,	19 **ὅτι** τὸ	D^{1}
ἀδικίαν α̅ν̅ῶ̅ν̅ τῶν τὴν ἀλήθειαν ἐν ἀδικίᾳ κατεχόντων,	19 **τὸ γὰρ**	440 1315
ἀδικίαν α̅ν̅ῶ̅ν̅ τῶν τὴν **ἀλήθιαν** ἐν ἀδικίᾳ κατεχόντων,	19 διότι τὸ	D^{2}
ἀδικίαν α̅ν̅ῶ̅ν̅ τῶν τὴν ἀλήθειαν ἐν ἀδικίαι κατεχόντων,	19 διότι τὸ	C 1739 1891
ἐν ἀδικίᾳ κατεχόντων,	19 διότι τὸ	1854
ἀδικίαν α̅ν̅ῶ̅ν̅ τῶν τὴν ἀλήθειαν **ἐπ'** ἀδικίᾳ κατεχόντων,	19 διότι τὸ	1874
ἀδικίαν α̅ν̅ῶ̅ν̅ τῶν τὴν ἀλήθειαν **κατεχόντων ἐν ἀδικίᾳ**,	19 διότι τὸ	1881
ἀδικείαν α̅ν̅ῶ̅ν̅ τῶν τὴν ἀλήθειαν ἐν **ἀδικείᾳ** κατεχόντων,	19 διότι τὸ	2464
ἀδικίαν α̅ν̅ῶ̅ν̅ τῶν τὴν **ἀλλήθειαν** ἐν ἀδικίᾳ κατεχόντων,	19 διότι τὸ	1646
.... ἀδικίᾳ κατεχόντων,	19 διότι τὸ	2412
ἀδικίαν α̅ν̅ῶ̅ν̅ τῶν τὴν ἀλήθειαν ἐν ἀδικίᾳ κατεχόντων,	19 διότι τὸ	A K P Ψ 049 056 1 6 33 69 88 104 131 205 209 226 323 330 365 424 460 489 517 547 614 618 796 910 927 945 999 1175 1242 1243 1245 1270 1319 1424 1448 1505 1506 1573 1611 1734 1735 1738 1827 1836 1837 2125 2147 2344 2400 2495 2815

γνωστὸν τοῦ θ̅υ̅ φανερόν ἐστιν ἐν αὐτοῖς· ὁ θ̅ς̅ γὰρ αὐτοῖς	B ℵ A C D* G Ψ 33 69 1241 1270
γνωστὸν τοῦ θ̅υ̅ **φαναιρόν** ἐστιν ἐν αὐτοῖς· ὁ θ̅ς̅ γὰρ αὐτοῖς	1735 [↑1319 1506 1573 1837
γνωστὸν τοῦ θεοῦ φανερόν ἐστιν ἐν αὐτοῖς· ὁ θεὸς γὰρ αὐτοῖς	**uw** [↑1881 2344 2400 2464
γνωστὸν τοῦ θεοῦ φανερόν ἐστιν ἐν αὐτοῖς· ὁ **γὰρ θεὸς** αὐτοῖς	**τ**
γνοστὸν τοῦ θεοῦ φανερόν ἐστιν ἐν αὐτοῖς· ὁ **γὰρ θεὸς** αὐτοῖς	Er^{1}
γνωστὸν τοῦ θ̅υ̅ φανερόν ἐν αὐτοῖς· ὁ **γὰρ ὁ θ̅ς̅** αὐτοῖς	1874
γνωστὸν τοῦ θ̅υ̅ φανερόν **ἐστι** ἐν αὐτοῖς· ὁ **γὰρ θ̅ς̅** αὐτοῖς	205
γνωστὸν τοῦ θ̅υ̅ **φανερῶν** ἐστιν ἐν αὐτοῖς· ὁ **γὰρ θ̅ς̅** ἐν αὐτοῖς	1646
γνωστὸν τοῦ θ̅υ̅ φανερόν ἐστιν αὐτοῖς· ὁ **γὰρ θ̅ς̅** αὐτοῖς	999*
γνωστὸν θ̅υ̅ φανερόν ἐστιν ἐν αὐτοῖς· ὁ **γὰρ θ̅ς̅** αὐτοῖς	2412
γνωστὸν τοῦ θ̅υ̅ φανερόν ἐστιν ἐν αὐτοῖς· ὁ **γὰρ θ̅ς̅** αὐτοῖς	D^{2} K L P 049 056 1 6 88 104 131 209 226 323 330 365 424 440 460 489 517 547 614 618 796 910 927 945 999^{c} 1175 1242 1243 1245 1315 1352 1424 1448 1505 1611 1734 1738 1739 1827 1836 1854 1891 2125 2147 2495 2815

---

lac. 1.18-19 𝔓^{10} 𝔓^{46} 𝔓^{113} F 0172 326 1982 **1.18** 2412

C 1.18 αρχ τη δ̅ της α̅ εβδ αδ, αποκαλυπτεται οργει θ̅υ̅ α 1 | β̅ πρωτον ουν μετα το προοιμιον περι κρισεως της κατα εθνων των ου φυλασσοντων τα φυσικα 1 | β̅ της γ̅ 226 ¦ τη δ̅ της α̅ εβδ. αδ,ε αποκαλυπτεται οργη θ̅υ̅ 226 | αρχ τη δ̅ 330 | αρχ της δ̅ της α̅ 440 | αρχ 489 1573 | αμβακουια τη δ̅ αδ,ε 517 | αρχ τη δ̅ της α εβδ προς ρωμαιους αδελφοι αποκαλυπτετι η οργη του θ̅υ̅ 614 | αρχ τη δ̅ της α̅ εδ αδ,ε αποκα 796 | α̅ περι των ουφυλασσοντων τα φοσι εθνι 796 | αρχ τη δ̅ της α̅ εβδ αδ,ε αποκαλυπτεται 927 | αρχ τηι δ̅ της α̅ εβδ προς ρωμ: αδ,ε αποκαλυπτ οργη θ̅υ̅ 945 | α̅ αμβακουμ πρωτον μετα το προοιμιον περι κρισεως της κατα εθνων του νομου λασσοντων τα φυσικα 1175 | αρχ τη δ̅ 1242 | αρχ τη δ̅ της α̅ εβδ κ,ε ι̅β̅ 1243 | αρχ 1245 | α̅ πρωτον μεγ το προοιμ περι κρισεως της κατ εθνων των μη φηλασσοντων τα φυσικα 1270 | αρχ τη δ̅ της β̅ ευδμαδ κ,ε π̅δ̅ 1315 | β̅ μετὰ τὸ προοίμιον τῆς κρίσεως τῆς κατὰ τῶν ἐθνῶν τῶν φυλασσόντων τὰ φυσικά 1315 | αρχ Σα α̅ αδ,ε χαρις ημιν και ειρηνη απο θ̅υ̅ πρς ημων: τη δ̅ της α̅ εβδ. αδ,ε αποκαλυπτεται οργη θ̅υ̅ 1448 | α̅ μετα τ̀ προοιμιον περι κρισεως της κατα εθνων ου φυλασσοντων τα φυσικα 1734 | αρχ δ̅ κ,ε γ̅ 1739 | τη δ̅ της α̅ εβδ. ο αποσ προς ρωμαιους αδελφοι αποκαλυπεται οργη του θ̅υ̅ 1739 | αρχ τη β̅ της α̅ εβδ αδ,ε αποκαλυπτεται 1837 | α̅ πρωτον μετα το προοιμιον. περι πιστεως της κατα εθνων των ου φυλασσοντων τα φυσικα 1874 | αρχ τη δ̅ της α̅ εβδ αδ,ε αποκαλυπτεται γαρ η οργη του 2147 | αμβα α̅ κουμ 1836 | προς αμβακουμ ω̅ 1 | αμβακουμ 1874

D 18 β̅ B 1 226 489 927 1315 | γ̅ 517 | α 796 1175 1270 1734 1891

E 1.18 Eph 5.6; Col 3.6; 2 Th 2.12; Ro 4.15;5.9; Mt 3.7; 1 Th 2.16; 2 Th 2.12 **19** Ac 14,15-17; 17.24-28

Errata: 1.18 Ti C ἀκοκαλύπτεται : ἀποκαλύπτεται

[↓424 460 517 618 910 1175 1241 1243 1424 1506 1611 1738 1739 1836 1837 1854 1874 2125 2344 2400 **uw** Er^{1}
ἐφανέρωσεν. **20** τὰ γὰρ ἀόρατα αὐτοῦ ἀπὸ κτίσεως κόσμου τοῖς B ℵ A C D K L P Ψ 049 056 33 88 131
ἐφανέρωσεν. **20** τὰ γὰρ ἀόρατα αὐτοῦ ἀπὸ **κτήσεως** κόσμου τοῖς 1646 1735 2464
.... **20** τὰ γὰρ ἀόρατα αὐτοῦ ἀπὸ **κτήσεως** κόσμου τοῖς 326
ἐφανέρωσσεν. **20** τὰ γὰρ **ὅρατα** αὐτοῦ ἀπὸ **κτείσεως** κόσμου τοῖς G
ἐφανέρωσε. **20** τὰ γὰρ ἀόρατα αὐτοῦ ἀπὸ **κτήσεως** κόσμου τοῖς 1270 [↓440 489 547 614 796 927
ἐφανέρωσε. **20** τὰ γὰρ ἀόρατα αὐτοῦ ἀπὸ κτίσεως κόσμου τοῖς 1 6 69 104 205 209 226 323 330 365
945 999 1242 1245 1315 1319 1352 1448 1505 1573 1734 1827 1881 1891 2147 2412 2495 2815 **τ**

ποιήμασιν νοούμενα καθορᾶται, ἥ τε ἀΐδιος αὐτοῦ δύναμις B A C D$^{1.2}$ K 326 910 1175 1243 1424
ποιήμασιν νοούμενα καθορᾶται, ἥι τε ἀΐδιος αὐτοῦ δύναμις 2400 [↑1505^{c} 1735 1827 1836
ποιήμασιν νοούμενα **καθορᾶτε**, ἥ τε ἀΐδιος αὐτοῦ δύναμις ℵ 33 2125* [↑1837 1854 1874 2125^{c}
ποιήμασιν νοούμενα **καθωρᾶτε**, ἥ τε ἀΐδιος αὐτοῦ **δύναμεις** 2464 [↑**uw**
ποιήμασιν **νοούμεν** καθορᾶται, ἥ τε ἀΐδιος αὐτοῦ **δύναμεις** D*
ποιήμασιν νοούμενα καθορᾶται, ἥ τε ἀΐδιος αὐτοῦ **δύναμεις** 049
ποιήμασιν νοούμενα καθορᾶται, ἥ τε **αὐτοῦ ἀΐδιος** δύναμις 1315
ποιήμασιν νοούμενα καθορᾶται, ἥ τε αὐτοῦ δύναμις 1506
ποιήμασειν νοούμενα καθορᾶται, ἥ τε ἀΐδιος αὐτοῦ δύναμις G
ποιήμασι νοούμενα καθορᾶται, ἥ τε αὐτοῦ δύναμις L
ποιήμασι νοούμενα καθορᾶται, ἥ ··ε ἀΐδιος αὐτοῦ δύναμις P
ποιήμασι νοούμενα καθορᾶται, **εἰ** τε ἀΐδιος αὐτοῦ δύναμις 131 365
ποιήμασι νοούμενα **καθωρᾶται**, ἥ τε ἀΐδιος αὐτοῦ **δύναμεις** 1646
ποιήμασι νοούμενα καθορᾶται, ἥ τε ἀΐδιος αὐτοῦ δύναμις Ψ 056 1 6 69 88 104 205 209 226 323
330 424 440 460 489 517 547 614 618 796 927 945 999 1241 1242 1245 1270 1319 1352
1448 1505^{c} 1573 1611 1734 1738 1739 1881 1891 2147 2344 2412 2495 2815 **τ** Er^{1}

[↓1505 1506 1573 1646 1734 1735 1738 1739 1827 1836 1837 1854 1891 2125 2344 2400 2412 2495 2815 **uwτ** Er^{1}
[↓326 330 365 424 440 489 517 547 614 618 796 910 927 945 999 1175 1241 1242 1245 1270 1319 1352 1424 1448
καὶ θειότης, εἰς τὸ εἶναι αὐτοὺς ἀναπολογήτους, B ℵ C D G K L Ψ 049 056 1 6 33 69 131 209 226 323
καὶ θειότης, εἰς τὸ εἶναι αὐτοὺς **ἀναπολογείτους**, 2464
καὶ **θιότης**, εἰς τὸ εἶναι αὐτοὺς ἀναπολογήτους, A
καὶ **θειότις**, εἰς τὸ εἶναι αὐτοὺς ἀναπολογήτους, 104 1315
καὶ **θεότης**, εἰς τὸ εἶναι αὐτοὺς ἀναπολογήτους, P 205 460 1243
καὶ **θεότης**, εἰς τὸ εἶναι αὐτοὺς **ἀναπολογίτους**, 2147
καὶ η θειότης, εἰς τὸ εἶναι αὐτοὺς ἀναπολογήτους, 1874 1881
καὶ θειότης, ... 88
καὶ θειότης, εἰς τὸ εἶναι 1611

[↓517 614 618 796 910 945 1245 1448 1573 1734 1738 1836 1874 1891 2125 2147 2412
21 διότι γνόντες τὸν θν οὐχ ὡς θν ἐδόξασαν ἢ εὐχαρίστησαν, B P 049^{c} 1 205 209^{c} 440 460
21 διότι γνόντες τὸν θν οὐχ ὡς ἐδόξασαν ἢ εὐχαρίστησαν, 049*
21 διότι γνόντες τὸν θεὸν οὐχ ὡς θεὸν ἐδόξασαν ἢ εὐχαρίστησαν, **τ** Er^{1}
21 διότι γνόντες τὸν θν οὐχ ὡς θν ἐδόξασαν **καὶ** εὐχαρίστησαν, 2815
21 ....σαν, 1611
21 διότι γνόντες τὸν θν οὐχ ὡς θν ἐδόξασαν ἢ **εὐχαρείστησαν**, G
21 **διὸ γνῶντες** τὸν θν οὐχ ὡς θν ἐδόξασαν ἢ εὐχαρίστησαν, 131 [↓1241 1315 1424 1506
21 διότι **γνῶντες** τὸν θν οὐχ ὡς θν ἐδόξασαν ἢ εὐχαρίστησαν, K L 209* 226 330 999 1175
21 διότι **γνῶντες** τὸν θν οὐχ ὡς θν ἐδόξασαν ἢ **εὐχαρήστησαν**, 1243
21 διότι **γνῶντες** τὸν θν οὐχ ὡς θν ἐδόξασαν ἢ **ηὐχαρίστησαν**, 6 33 69* 104 323 326* 365
21 διότι **ἐπιγνώντες** τὸν θν οὐχ ὡς θν ἐδόξασαν ἢ **εὐχαριστήωσαν**, 1646[↑1319 1735 1837 2400
21 διότι **ἐπιγνώντες** τὸν θν οὐχ ὡς θν ἐδόξασαν ἢ **ηὐχαρίστησαν**, 326^{c}
21 **ὅτι** γνόντες τὸν θεὸν οὐχ ὡς θεὸν ἐδόξασαν ἢ **ηὐχαρίστησαν**, Cl I 81.2
21 διότι γνόντες τὸν θν οὐχ ὡς θν ἐδόξασαν **ηὐχαρίστησαν**, A
21 διότι γνόντες τὸν θεὸν οὐχ ὡς θεὸν ἐδόξασαν ἢ **ηὐχαρίστησαν**, **uw**
21 διότι γνόντες τὸν θν οὐχ ὡς θν ἐδόξασαν ἢ **ηὐχαρίστησαν**, ℵ C D Ψ 056 69^{c} 88 424 489
547 927 1242 1270 1352 1505 1739 1827 1854 1881 2344 2464 2495

lac. 1.19-21 𝔓^{10} 𝔓^{46} 𝔓^{113} F 0172 1982 **1.19** 326

E 1.19 Ac 14,15-17; 17.24-28 **20** Jb 12.7-9; Ps 19.1-2; Is 40.26-28; Ac 14.17; Jn 15.22 **21** Mt 23.3; Eph 4.17-18; 2 Kgs 17.15; Jr 2.5; 10.14; Ps 94.11; Wis 13.1

ἀλλὰ ἐματαιώθησαν ἐν τοῖς διαλογισμοῖς αὐτῶν καὶ ἐσκοτίσθη B **uw**
ἀλ' ἐματαιώθησαν ἐν τοῖς διαλογισμοῖς αὐτῶν καὶ ἐσκοτίσθη 1646
ἀλλ' ἐματαιώθησαν ἐν τοῖς διαλογισμοῖς αὐτῶν Cl I 81.2
ἀλλ' **ἐματεώθησαν** ἐν τοῖς διαλογισμοῖς αὐτῶν καὶ ἐσκοτίσθη D*
ἀλλ' **ἐματαιόθησαν** ἐν τοῖς διαλογισμοῖς αὐτῶν καὶ ἐσκοτίσθη P
ἀλλ' ἐματαιώ............ ... . αὐτῶν καὶ ἐσκοτίσθη 1611
ἀλλ' ἐματαιώθησαν ἐν τοῖς διαλογισμοῖς **αὐτοῖς** καὶ ἐσκοτίσθη 1836
ἀλλ' ἐματαιώθησαν ἐν τοῖς **διαλογεισμοῖς** αὐτῶν καὶ **ἐσκοτείσθη** G
ἀλλ' ἐματαιώθησαν ἐν τοῖς διαλογισμοῖς αὐτῶν καὶ **ἐκοτίσθη** 365
ἀλλ' ἐματαιώθησαν ἐν τοῖς διαλογισμοῖς αὐτῶν καὶ ἐσκοτίσθη ℵ A C D[1.2] Ψ K L 049 056 1 6 33 69 88 104 131 205 209 226 323 326 330 424 440 460 489 517 547 614 618 796 910 927 945 999 1175 1241 1242 1243 1245 1270 1315 1319 1352 1424 1448 1505 1506 1573 1734 1735 1738 1739 1827 1837 1854 1874 1881 1891 2125 2147 2344 2400 2412 2464 2495 2815 **uτ** Er[1]

[↓1738 1739 1827 1836 1837 1854 1874 1881 1891 2125 2147 2344 2400 2412 2495 **uwτ** Er[1]
[↓910 927 999 1175 1241 1242 1243 1245 1319 1352 1424 1448 1505 1506 1573 1611 1735
[↓056 1 6 33 69 88 104 131 205 209 226 323 326 330 365 424 440 460 489 517 547 614 618 796
ἡ ἀσύνετος αὐτῶν καρδία. 22 φάσκοντες εἶναι σοφοὶ ἐμωράνθησαν B ℵ A C D[2] K L P Ψ 049
22 φάσκοντες εἶναι σοφοὶ ἐμωράνθησαν Cl I 175.2
ἡ **ἀσύνετως** αὐτῶν καρδία. 22 φάσκοντες εἶναι σοφοὶ ἐμωράνθησαν 1646
ἡ ἀσύνετος αὐτῶν καρδία. 22 καὶ φάσκοντες εἶναι σοφοὶ ἐμωράνθησαν 945 1270 2815
ἡ ἀσύνετος αὐτῶν καρδία. 22 **φάσκοντες γὰρ** εἶναι σοφοὶ ἐμωράνθησαν 1734
ἡ ἀσύνετος αὐτῶν καρδία. 22 φάσκοντες εἶναι σοφοὶ **ἐμοράνθησαν** 1315
ἡ ἀσύνετος **αὐτὸν** καρδία. 22 φάσκοντες εἶναι σοφοὶ **ἐμοράνθησαν** 2464
ἡ ἀσύνετος **καρδία αὐτῶν**. 22 φάσκοντες εἶναι σοφοὶ ἐμωράνθησαν D* G

[↓1424 1448 1505 1573 1611 1734 1735 1738 1739 1836 1837 1854 1881[c] 1891 2125 2344 2412 2495 2815
[↓1 33 69 104 131 226 326 365 424 440 460 517 614 618 796 910 945 999 1241 1242 1243 1245 1270 1315 1352
23 καὶ ἤλλαξαν τὴν δόξαν τοῦ ἀφθάρτου θ̅υ̅ ἐν ὁμοιώματι εἰκόνος B ℵ A C D L P Ψ 049 056
23 καὶ ἤλλαξαν τὴν δόξαν **τὴν** ἀφθάρτου θ̅υ̅ ἐν ὁμοιώματι εἰκόνος 1319
23 καὶ ἤλλαξαν τὴν δόξαν τοῦ ἀφθάρτου θ̅υ̅ ἐν ὁμοιώματι **ἰκόνος** G
23 καὶ ἤλλαξαν τὴν δόξαν τοῦ ἀφθάρτου θ̅υ̅ ἐν ὁμοιώματι **εἰκώνος** 1874
23 καὶ ἤλλαξαν τὴν δόξαν τοῦ ἀφθάρτου θεοῦ ἐν ὁμοιώματι εἰκόνος **uwτ** Er[1]
23 καὶ ἤλλαξαν τὴν δόξαν τοῦ θ̅υ̅ ἐν ὁμοιώματι εἰκόνος 1175
23 καὶ ἤλλαξαν τὴν δόξαν τοῦ θεοῦ ἐν ὁμοιώματι εἰκόνος Cl I 81.2
23 καὶ ἤλλαξαν τὴν δόξαν τοῦ ἀφθάρτου θ̅υ̅ ἐν **ὁμοιόματι** εἰκόνος 323 1506 2400
23 καὶ ἤλλαξαν τὴν δόξαν τοῦ ἀφθάρτου θ̅υ̅ ἐν **ὁμοιότητι** εἰκόνος 330
23 καὶ **ἤλαξαν** τὴν δόξαν τοῦ ἀφθάρτου θ̅υ̅ ἐν **ὁμοιόματι** εἰκόνος 1646
23 καὶ **ἤλαξαν** τὴν δόξαν τοῦ ἀφθάρτου θ̅υ̅ ἐν ὁμοιώματι εἰκόνος 1881*
23 καὶ **ἤλαξαν** τὴν δόξαν τοῦ ἀφθάρτου θ̅υ̅ ἐν ὁμοιώματι **εἰκώνος** 2464
23 καὶ **ἠλλάξαντο** τὴν δόξαν τοῦ **θ̅υ̅ τοῦ ἀφθάρτου** ἐν ὁμοιώματι εἰκόνος 205 209 [↓2147
23 καὶ **ἠλλάξαντο** τὴν δόξαν τοῦ ἀφθάρτου θ̅υ̅ ἐν ὁμοιώματι εἰκόνος K 6 88 489 547 927 1827

φθαρτοῦ ἀνθρώπου καὶ πετεινῶν καὶ τετραπόδων καὶ ἑρπετῶν. B D G 33 **uwτ** Er[1]
φθαρτοῦ ἀνθρώπου Cl I 81.2
φθαρτοῦ ἀνθρώπου καὶ πετειν..... ....πόδων καὶ ἑρπετῶν. P
φθαρτοῦ ἀνθρώπου καὶ **πετινῶν** καὶ τετραπόδων καὶ ἑρπετῶν. ℵ
φθαρτοῦ αν̅ο̅υ̅ καὶ **πετινῶν** καὶ τετραπόδων καὶ ἑρπετῶν. 2464
φθαρτοῦ αν̅ο̅υ̅ καὶ **πετηνῶν** καὶ τετραπόδων καὶ ἑρπετῶν. 049 517 1854
φθαρτοῦ αν̅ο̅υ̅ καὶ πετεινῶν καὶ **ἑρπετῶν καὶ τετραπόδων**. 88
φθαρτοῦ αν̅ο̅υ̅ καὶ πετεινῶν καὶ τετραπόδων καὶ **ἑρπετόν**. 1243
φθαρτοῦ αν̅ο̅υ̅ καὶ πετεινῶν καὶ τετραπόδων ἑρπετῶν. 1891* [↓226 323 326 330 365 424 440
φθαρτοῦ αν̅ο̅υ̅ καὶ πετεινῶν καὶ τετραπόδων καὶ ἑρπετῶν. A C K L Ψ 056 1 6 69 104 131 205 209 460 489 547 614 618 796 910 927 945 999 1175 1241 1242 1245 1270 1315 1319 1352 1424 1448 1505 1506 1573 1611 1646 1734 1735 1738 1739 1827 1836 1837 1874 1881 1891[c] 2125 2147 2344 2400 2412 2495 2815

---

lac. 1.21-23 𝔓[10] 𝔓[46] 𝔓[113] F 0172 1982

C 1.23 στιχ ν̅ 1175

E 1.21 Mt 23.3; Eph 4.17-18; 2 Kgs 17.15; Jr 2.5; 10.14; Ps 94.11; Wis 13.1 **22** Jr 10.14; 1 Co 1.20 **23** Dt 4.15-19; Ps 106.20; Jr 2.11; Dt 4.15-18; Wis 12.24

24 Διὸ παρέδωκεν αὐτοὺς ὁ θς ἐν ταῖς ἐπιθυμίαις τῶν καρδιῶν B ℵ A C 33 1319 1573
24 Διὸ παρέδωκεν αὐτοὺς ὁ θεὸς ἐν ταῖς ἐπιθυμίαις τῶν καρδιῶν **uw** [↑1739 1881 2344
24 Διὸ παρέδωκεν **αὐτοῖς** ὁ θς ἐν ταῖς ἐπιθυμίαις τῶν καρδιῶν 104
24 Διὸ καὶ **παρέδοκεν** **αὐτοῖς** ὁ θς ἐν ταῖς ἐπιθυμίαις τῶν καρδιῶν 2464
24 Διὸ καὶ **παρέδοκεν** αὐτοὺς ὁ θς ἐν ταῖς ἐπιθυμίαις τῶν καρδιῶν 2147
24 **Διότι** καὶ **ἐπαρέδωκεν** αὐτοὺς ὁ θς ἐν ταῖς ἐπιθυμίαις τῶν καρδιῶν 131
24 Διὸ καὶ παρέδωκεν αὐτοὺς **εἰς** θς ἐν ταῖς ἐπιθυμίαις τῶν καρδιῶν 1891
24 Διὸ καὶ παρέδωκεν αὐτοὺς ὁ θεὸς ἐν ταῖς ἐπιθυμίαις τῶν καρδιῶν **τ** Er^1 [↓6 69 88 205
24 Διὸ καὶ παρέδωκεν αὐτοὺς ὁ θς ἐν ταῖς ἐπιθυμίαις τῶν καρδιῶν D G K L P Ψ 049 056 1
209 226 323 326 330 365 424 440 460 489 517 547 614 618 796 910 927 945 999 1175 1241 1242 1243 1245 1270 1315
1352 1424 1448 1505 1506 1611 1646 1734 1735 1738 1827 1836 1837 1854 1874 2125 2400 2412 2495 2815

αὐτῶν εἰς ἀκαθαρσίαν τοῦ ἀτειμάζεσθαι τὰ σώματα αὐτῶν ἐν αὐτοῖς· B D*
αὐτῶν εἰς ἀκαθαρσίαν τοῦ **ἀτιμάζεσθαι** τὰ σώματα αὐτῶν ἐν αὐτοῖς· ℵ A^c C D^2 88 104 323 547*
αὐτῶν εἰς ἀκαθαρσίαν **μάζεσθαι** τὰ σώματα αὐτῶν ἐν αὐτοῖς· A* [↑1646 1735 1836
αὐτῶν εἰς ἀκαθαρσίαν τοῦ **ἀτιμάζεσθαι** τὰ σώματα αὐτῶν ἐν **ἑαυτῶν**· 1352 [↑1881* **uw**
αὐτῶν εἰς **ἀκαθαρσείαν** τοῦ **ἀτειμάζεσθαι** τὰ σώματα αὐτῶν ἐν **ἑαυτοῖς**· G
αὐτῶν εἰς ἀκαθαρσίαν τοῦ **ἀτιμάζεσθε** τὰ σώματα αὐτῶν ἐν **ἑαυτοῖς**· 1243 [↓69 131 205 209 226
αὐτῶν εἰς ἀκαθαρσίαν τοῦ **ἀτιμάζεσθαι** τὰ σώματα αὐτῶν ἐν **ἑαυτοῖς**· D^1 K L P Ψ 049 056 1 6 33
326 330 365 424 440 460 489 517 547^c 614 618 796 910 927 945 999 1175 1241 1242 1245 1270 1315 1319 1424 1448
1505 1506 1573 1611 1734 1738 1739 1827 1837 1854 1874 1881^c 1891 2125 2147 2344 2400 2412 2464 2495 2815 **τ** Er^1

[↓1245 1315 1352 1448 1505^c 1506 1573 1611 1735 1738 1739 1827 1836 1837 1854 1881 2125 2344 2400 2412 2495
[↓049 056 1 6 33 69 88 104 131 205 209 226 323 326 330 365 440 460 547 614 796 927 945 999 1175 1241 1242
25 οἵτινες μετήλλαξαν τὴν ἀλήθειαν τοῦ θυ ἐν τῷ ψεύδει καὶ ἐσεβάσθησαν B C D$^{1.2}$ G K L Ψ
25 οἵτινες μετήλλαξαν τὴν ἀλήθειαν τοῦ θυ ἐν τῷ ψεύδει καὶ **ἐβάσθησαν** 1505*
25 οἵτινες μετήλλαξαν τὴν ἀλήθειαν τοῦ θυ ἐν τῷ ψεύδει καὶ **ἐσεβάστησαν** P
25 οἵτινες μετήλλαξαν τὴν ἀλήθειαν τοῦ θυ ἐν τῶι ψεύδει καὶ ἐσεβάσθησαν 424 517 1270 1734
25 οἵτινες **μετήλαξαν** τὴν ἀλήθειαν τοῦ θυ ἐν τῷ ψεύδει καὶ ἐσεβάσθησαν 489 618 [↑1891
25 οἵτινες **μετήλαξαν** τὴν ἀλήθειαν τοῦ θυ ἐν **τὸ** ψεύδει καὶ **αἰσευάσθησαν** 1646
25 οἵτινες **μετήλαξαν** τὴν ἀλήθειαν τοῦ θυ ἐν τῷ **ψεύδη** καὶ ἐσεβάσθησαν 2464
25 οἵτινες **μετίλλαξαν** τὴν ἀλήθειαν τοῦ θυ ἐν τῷ **ψεύδη** καὶ ἐσεβάσθησαν 1243
25 οἵτινες μετήλλαξαν τὴν ἀλήθειαν τοῦ θυ ἐν τῷ **ψεύδη** καὶ ἐσεβάσθησαν 1319 1424 1874 2147
25 **οἵτεινες** μετήλλαξαν τὴν ἀλήθειαν τοῦ θυ ἐν τῷ ψεύδει καὶ ἐσεβάσθησαν A
25 οἵτινες μετήλλαξαν τὴν **ἀλήθιαν** τοῦ θυ ἐν τῷ ψεύδει καὶ ἐσεβάσθησαν ℵ D*
25 οἵτινες μετήλλαξαν τὴν ἀλήθειαν ἐν τῷ ψεύδει καὶ ἐσεβάσθησαν 910
25 οἵτινες μετήλλαξαν τὴν ἀλήθειαν τοῦ θεοῦ ἐν τῷ ψεύδει καὶ ἐσεβάσθησαν **uwτ**
25 οἵτινες μετήλλαξαν τὴν ἀλήθειαν **αὐτοῦ** ἐν τῷ ψεύδει καὶ ἐσεβάσθησαν 2815 Er^1

[↓1424 1448 1505 1573 1611 1734 1738 1739 1827 1836 1837 1854 1874 1881 2125 2147 2344 2412 2495 2815 **uwτ** Er^1
[↓131 205 209 226 323 326 330 365 440 460 489 517 547 614 618 796 910 927 945 1175 1241 1242 1245 1270 1319 1352
καὶ ἐλάτρευσαν τῇ κτίσει παρὰ τὸν κτίσαντα, ὅς ἐστιν εὐλογητὸς εἰς τοὺς B ℵ A C D K L Ψ 049
καὶ ἐλάτρευσαν τῇ κτίσει παρὰ τὸν **κτείσαντα**, ὅς ἐστιν εὐλογητὸς εἰς τοὺς G [↑056 1 6 69 88 104
καὶ ἐλάτρευσαν τῇ κτίσει παρὰ τὸν **κτήσαντα**, ὅς ἐστιν εὐλογητὸς εἰς τοὺς 1243
καὶ ἐλάτρευσαν τῆι κτίσει παρὰ τὸν κτίσαντα, ὅς ἐστιν εὐλογητὸς εἰς τοὺς 424 1891
καὶ ἐλάτρευσαν τῇ **κτήσει** παρὰ τὸν κτίσαντα, ὅς ἐστιν εὐλογητὸς εἰς τοὺς 33 1735
καὶ ἐλάτρευσαν τῇ **κτήση** παρὰ τὸν κτίσαντα, ὅς ἐστιν εὐλογητὸς εἰς τοὺς 1646
καὶ ἐλάτρευσαν τῇ **κτήση** παρὰ τὸν κτίσαντα, **ὥς** ἐστιν εὐλογητὸς εἰς τοὺς 2464
καὶ ἐλάτρευσαν τῇ **κτίση** παρὰ τὸν κτίσαντα, ὅς ἐστιν εὐλογητὸς εἰς τοὺς 1315
καὶ ἐλάτρευσαν τῆι **κτίση** παρὰ τὸν κτίσαντα, ὅς ἐστιν εὐλογητὸς εἰς τοὺς 2400
καὶ ἐλάτρευσαν **τὴν** **κτῆσιν** παρὰ τὸν κτίσαντα, ὅς ἐστιν εὐλογητὸς εἰς τοὺς P
καὶ ἐλάτρευσαν **τὸν** **κτίσιν** παρὰ τὸν κτίσαντα, ὅς ἐστιν εὐλογητὸς εἰς τοὺς 999
καὶ ἐλάτρευσαν 1506

lac. 1.24-25 𝔓^{10} 𝔓^{46} 𝔓^{113} F 0172 1982

C 1.24 α περι κρισεως της κατα εθνων των ου φυλασσοντων τα φυσικα 049 | στιχοι η 1874 | τε 330 1243 **25** αρχ τη ε 330 | αρχ κ,ε ιδ 1243 | τελ της δ 326 1837

E 1.24 Ro 1.26, 28; Ac 7.41-44; 14.16; Ro 6.19; Ga 5.19-21 **25** Jr 13.25; 16.19; Ro. 9.5; 1.24

Errata: 1.24 na D ἐν αὐτοῖς : ἐν αὐτοῖς D*; ἐν ἑαυτοῖς D^1

αἰῶνας, ἀμήν. **26** διὰ τοῦτο παρέδωκεν αὐτοὺς ὁ θς εἰς πάθη ἀτειμίας, αἵ τε γὰρ B
αἰῶνας, ἀμήν. **26** διὰ τοῦτο παρέδωκεν αὐτοὺς ὁ θς εἰς πάθη **ἀτιμείας**, αἵ τε γὰρ A D*
αἰῶνας, ἀμήν. **26** διὰ τοῦτο παρέδωκεν αὐτοὺς ὁ θς εἰς πάθη **ἀτειμείας**, αἵ τε γὰρ G
αἰῶνας, ἀμήν. **26** διὰ τοῦτο παρέδωκεν αὐτοὺς ὁ θς εἰς πάθη .... αἵ τε γὰρ C
αἰῶνας, ἀμήν. **26** διὰ τοῦτο παρέδωκεν αὐτοὺς ὁ θεὸς εἰς πάθη **ἀτιμίας**, αἵ τε γὰρ ℵ D$^{1.2}$ **uwτ**
αἰῶνας, ἀμήν. **26** διὰ τοῦτο παρέδωκεν αὐτοὺς εἰς πάθη **ἀτιμίας**, αἵ τε γὰρ 1836 [↑Er^{1}
αἰῶνας, ἀμήν. **26** διὰ τοῦτο παρέδωκεν αὐτοὺς ὁ θς εἰς πάθη **ἀτιμίας**, αἵ **ται** γὰρ 6
αἰῶνας, ἀμήν. **26** διὰ τοῦτο παρέδωκεν αὐτοὺς ὁ θς εἰς πάθη **ἀτιμίας**, **εἴτε** γὰρ 330
αἰῶνας, ἀμήν. **26** διὰ τοῦτο παρέδωκεν **αὐτοῖς** ὁ θς εἰς πάθη **ἀτιμίας**, αἵ γὰρ 1243
αἰῶνας, ἀμήν. **26** διὰ τοῦτο **παρέδοκεν** αὐτοὺς ὁ θς εἰς πάθη **ἀτιμίας**, αἵ τε γὰρ 1315 2147
αἰῶνας, ἀμήν. **26** διὰ **καὶ** παρέδωκεν αὐτοὺς ὁ θς εἰς πάθη **ἀτιμίας**, αἵ τε γὰρ 88 [↑2464
αἰῶνας, ἀμήν. **26** **διὸ** παρέδωκεν αὐτοὺς ὁ θς εἰς πάθη **ἀτιμίας**, αἵ τε γὰρ K*
αἰῶνας, ἀμήν. **26** παρέδωκεν ὁ θεὸς εἰς πάθη **ἀτιμίας**, αἵ τε γὰρ Cl II 86.3
αἰῶνας, ἀμήν. **26** διὰ τοῦτο παρέδωκεν αὐτοὺς ὁ θς εἰς πάθη **ἀτιμίας**,^{T} αἵ τε γὰρ K^{c} L P Ψ 049 056 1 33 69 104 131 205 209 226 323 326 365 424 440 460 489 517 547 614 618 796 910 927 945 999 1175 1241 1242 1245 1270 1319 1352 1424 1448 1505 1573 1611 1646 1734 1735 1738 1739 1827 1837 1854 1874 1881 1891 2125 2344 2400 2412 2495 2815

^{T}τοῦ ἀτιμάζεσθαι τὰ σώματα αὐτῶν ἐν ἑαυτοῖς. 1573
^{T}τοῦ ἀτιμασθῆναι τὰ σώματα αὐτῶν ἐν ἑαυτοῖς. 1319

[↓1424 1448 1505 1573 1611 1734 1735 1738 1739 1827 1836 1854 1891 2125 2147 2344 2400 2412 2495 **uwτ** Cl II 86.3
[↓205 209 226 323 326 365 424 440 460 489 517 547 614 618 796 927 945 999 1241 1242 1245 1270 1315 1319 1352
θήλειαι αὐτῶν μετήλλαξαν τὴν φυσικὴν χρῆσιν εἰς τὴν παρὰ φύσιν, B ℵ A D^{2} K L^{c} Ψ
θήλειαι αὐτῶν **μετίλαξαν** τὴν φυσικὴν χρῆσιν εἰς τὴν παρὰ φύσιν, 1646 [↑049 056 1
θήλειαι αὐτῶν **μετήλαξαν** τὴν φυσικὴν χρῆσιν εἰς τὴν παρὰ φύσιν, 1881 [↑6 69 88
θήλειαι αὐτῶν **μετήλαξαν** τὴν φυσικὴν **χρίσιν** εἰς τὴν παρὰ φύσιν, 2464
θήλει αὐτῶν μετήλλαξαν τὴν φυσικὴν χρῆσιν εἰς τὴν παρὰ φύσιν, L*
θήλει **ἑαυτῶν** μετήλλαξαν τὴν φυσικὴν χρῆσιν εἰς τὴν παρὰ φύσιν, 330
θήλειαι αὐτῶν μετήλλαξαν τὴν φυ......... χρῆσιν εἰς τὴν παρὰ φύσιν, C
θήλειαι αὐτῶν μετήλλαξαν τὴν **φυσεικὴν** χρῆσιν εἰς τὴν παρὰ φύσιν **χρῆσειν**, G
θήλειαι αὐτῶν μετήλλαξαν τὴν φυσικὴν **κτίσιν** εἰς τὴν παρὰ φύσιν χρῆσιν, D^{1}
θήλιαι αὐτῶν μετήλλαξαν τὴν φυσικὴν **κτίσιν** εἰς τὴν παρὰ φύσιν χρῆσιν, D*
θήλειαι αὐτῶν μετήλλαξαν τὴν φυσικὴν χρῆσιν τῆς θηλείας εἰς τὴν παρὰ φύσιν, 2815 Er^{1}
θήλιαι αὐτῶν μετήλλαξαν τὴν φυσικὴν χρῆσιν τῆς θηλίας εἰς τὴν παρὰ φύσιν, 1243
θήλιαι ..ὑτῶν μετήλλαξαν τὴν φυσικὴν χρῆσιν εἰς τὴν παρὰ φύσιν, P
θήλιαι αὐτῶν μετήλλαξαν τὴν φυσικὴν χρῆσιν εἰς τὴν παρὰ φύσιν, 33 104 131 910 1175 1837 1874

27 ὁμοίως τε καὶ οἱ ἄρσενες ἀφέντες τὴν φυσικὴν χρῆσιν B 056 1319 2815^{c} **uw** Er^{1}
27 ὁμοίως **δὲ** καὶ οἱ ἄρσενες ἀφέντες τὴν φυσικὴν χρῆσιν D* 1573
27 ὁμοίως **δὲ** καὶ οἱ ἄρσενες ἀφέντες τὴν **φυσηκὴν** **χρῆσειν** G
27 ὁμοίως **δὲ** καὶ οἱ **ἄρρενες** ἀφέντες τὴν φυσικὴν χρῆσιν A P Ψ 6 104 330 424 547 1270* 1505
27 ὁμοίως **δὲ** καὶ οἱ **ἄρρενες** αὐτῶν ἀφέντες τὴν φυσικὴν χρῆσιν Cl II 86.3 [↑1739 1881 2344 2495
27 ὁμοίως **δὲ** καὶ οἱ **ἄρρενες** ἀφέντες τὴν φυσικὴν **φύσιν** 33
27 ὁμοίως καὶ οἱ **ἄρρενες** ἀφέντες τὴν φυσικὴν χρῆσιν 049* 440 1270^{c} 1827
27 ὁμοίως καὶ οἱ **ἄρρενες** ἀφέντες τὴν φυσικὴν ....σιν C
27 ὁμοίως καὶ οἱ **ἄρρενες** ἀφέντες τὴν **φυκὴν** χρῆσιν 205
27 ὁμοίως καὶ οἱ **ἄρνες** ἀφέντες τὴν φυσικὴν χρῆσιν 1874*
27 ὁμοίως καὶ οἱ **ἄρενες** ἀφέντες τὴν φυσικὴν χρῆσιν 1874^{c}
27 ὁμοίως τε καὶ οἱ **ἄρενες** ἀφέντες τὴν φυσικὴν χρῆσιν 131 1315 1646
27 ὁμοίως τε καὶ οἱ **ἄρενες** ἀφέντες τὴν φυσικὴν **χρίσιν** 2464
27 .... καὶ οἱ **ἄρρενες** ἀφέντες τὴν φυσικὴν χρῆσιν 1611
27 ὁμοίως τε καὶ οἱ **ἄρρενες** ἀφέντες τὴν φυσικὴν χρῆσιν εἰς τὴν 489
27 ὁμοίως τε καὶ **ἄρρενες** ἀφέντες τὴν φυσικὴν χρῆσιν L
27 ὁμοίως τε καὶ **ἡ** **ἄρρενες** ἀφέντες τὴν φυσικὴν χρῆσιν 1243
27 ὁμοίως τε καὶ οἱ **ἄρρες** ἀφέντες τὴν φυσικὴν χρῆσιν 2412*
27 ὁμοίως τε καὶ οἱ **ἄρρενες** ἀφέντες τὴν φυσικὴν χρῆσιν ℵ D^{2} K 049^{c} 1 69 88 209 226 323 326 365 460 517 614 618 796 910 927 945 999 1175 1241 1242 1245 1352 1424 1448 1734 1735 1738 1836 1837 1854 1891 2125 2147 2400 2412^{c} 2815* **τ**

---

lac. 1.25-27 𝔓^{10} 𝔓^{46} 𝔓^{113} F 1982 **1.25-26** 0172 **1.26-27** 1506

C 1.26 αρχ τη ε̅ της α̅ εβδ αδ,ε δια τουτο παρεδ 326 | υπ 1735 | τομη γ̅ 1739 | κ,ε ο̅θ̅ 1827 | αρχ τη ε̅ της α̅ εβδ αδ,ε δια τουτο παρεδ,ω 1837 **27** τελ δ̅ 1 2464 | τελ της δ̅ 547 614 1242 1315 1827 2412 | τε 330 796 1175 1243 1245 1573 1881 2147 2400 | τε της α̅ 440

E 1.25 Jr 13.25; 16.19; Ro. 9.5; 1.24 **27** Lv 18.22; 20.13; 1 Co 6.9

[↓1573 1646 1734 1735 1738 1739 1827 1854 1874 1881 1891 2125 2147 2344 2400 2412 2495 2815 **uwτ** Er[1]
[↓517 547 614 618 796 910 927 945 999 1175 1241 1242 1243 1245 1270 1315 1319 1352 1424 1448 1505
τῆς θηλείας ἐξεκαύθησαν B ℵ A C D G K L P Ψ 049 056 1 6 69 88 104 131 205 209 226
ἐξεκαύθησαν Cl II 86.3 [↑323 330 365 424 440 460 489
τῆς **θηλίας** ἐξεκαύθησαν 326 1837 2464
τῆς **θησελίας** ἐξεκαύθησαν 33
....λείας ἐξεκαύθησαν 1611
εἰς τὴν παρὰ φύσιν ἐξεκαύθησαν εἰς τὴν παρὰ φύσιν 1836*
τῆς θηλείας εἰς τὴν παρὰ φύσιν ἐξεκαύθησαν εἰς τὴν παρὰ φύσιν 1836[c]

ἐν τῇ ὀρέξει αὐτῶν εἰς ἀλλήλους, ἄρσενες ἐν ἄρσεσιν τὴν B D[1.2] G K P 049 326 796 1175 1424 1735
ἐν τῇ ὀρέξει αὐτῶν εἰς ἀλλήλους, **ἄρσεν** ἐν ἄρσεσιν τὴν 1243 [↑1837 1874 **uw**
ἐν τῇ **ὀρέξι** αὐτῶν εἰς ἀλλήλους, ἄρσενες ἐν ἄρσεσιν τὴν D*
ἐν τῇ **ὀρέξη** αὐτῶν εἰς **ἀλήλους**, ἄρσενες ἐν ἄρσεσιν τὴν 2464
ἐν τῇ **ὀρέξι** αὐτῶν εἰς ἀλλήλους, **ἄρρενες** ἐν **ἄρρεσιν** τὴν ℵ
ἐν τῇ ὀρέξει αὐ...... εἰς ἀλλήλους, **ἄρρενες** ἐν ἄρσεσιν τὴν C
ἐν τῇ **ὠρέξη** αὐτῶν εἰς ἀλλήλους, **ἄρρσενες** ἐν **ἄρρσεσι** τὴν 1646
ἐν τῇ ὀρέξει αὐτῶν εἰς **αὐτούς**, **ἄρρενες** ἐν **ἄρσεσι** τὴν 88
ἐν τῇ ὀρέξει αὐτῶν εἰς ἀλλήλους, **ἄρρενες** ἐν **ἄρρεσιν** τὴν A 33 1836
ἐν τῇ ὀρέξει αὐτῶν εἰς ἀλλήλους, **ἄρρενες** ἐν **ἄρσεσιν** τὴν 1827
ἐν τῇ ὀρέξει αὐτῶν εἰς ἀλλήλους, **ἄρρενες** ἐν **ἄρρεσι** τὴν 330 2344 Cl II 86.3
ἐν τῇ ὀρέξει αὐτῶν εἰς ἀλλήλους, ἄρσενες ἐν **ἄρσενι** τὴν 056
ἐν τῆι ὀρέξει αὐτῶν εἰς ἀλλήλους, ἄρσενες ἐν **ἄρσεσι** τὴν 424 1891
ἐν τῇ ὀρέξει αὐτῶν εἰς ἀλλήλους, ἄρσενες ἐν **ἄρεσι** τὴν 614
ἐν τῇ ὀρέξει αὐτῶν εἰς ἀλλήλους, ἄρσενες ἐν **ἄρρεσι** τὴν 2412
ἐν τῇ ὀρέξει αὐτῶν εἰς ἀλλήλους, ἄρσενες ἄρσεσιν τὴν 1505
ἐν τῇ ὀρέξει αὐτῶν εἰς ἀλλήλους, ἄρσενες **ἄρσεσι** τὴν 365 2495
τῇ ὀρέξει αὐτῶν εἰς ἀλλήλους, ἄρσενες **ἄρσεσι** τὴν 999 1881
τῇ ὀρέξει αὐτῶν εἰς ἀλλήλους, ἄρσενες ἐν **ἄρρεσι** τὴν 226[c]
ἐν τῇ ὀρέξει αὐτῶν εἰς ἀλλήλους, ἄρσενες ἐν **ἄρσεσι** τὴν L Ψ 1 6 69 104 131 205 209 226* 323 440 460 489 517 547 618 910 927 945 1241 1242 1245 1270 1315 1319 1352 1448 1573 1611 1734 1738 1739 1854 2125 2147 2400 2815 **τ** Er[1]

[↓1836 1837 1854 1874 1881 1891 2125 2147 2344 2400 2412 2495 2815 **uwτ** Er[1] Cl II 86.3
[↓1175 1241 1242 1245 1270 1315 1319 1352 1424 1448 1505 1573 1611 1734 1735 1738 1739 1827
[↓6 69 88 104 131 205 209 226 323 326 365 424 440 460 489 517 547 614 618 796 910 927 945 999
ἀσχημοσύνην κατεργαζόμενοι καὶ τὴν ἀντιμισθίαν ἣν ἔδει τῆς πλάνης B ℵ D[1.2] K L P Ψ 049 056 1
ἀσχημοσύν..... κατεργαζόμενοι καὶ τὴν ἀντιμισθίαν ἣν ἔδει τῆς πλάνης C
ἀσχιμοσύνην κατεργαζόμενοι καὶ τὴν ἀντιμισθίαν ἣν ἔδει τῆς πλάνης 330
ἀσχημοσύνην κατεργαζόμενοι καὶ τὴν ἀντιμισθίαν ἣν **ἔδη** τῆς πλάνης 33 1243
ἀσχημοσύνην κατεργαζόμενοι καὶ τὴν **ἀντιμισθείαν** ἣν **ἔδι** τῆς πλάνης D*
ἀσχημοσύνην **κατεργαζώμενοι** καὶ τὴν **ἀντιμισθείαν** ἣν **ἔδη** τῆς πλάνης 2464
ἀσχημοσύνην κατεργαζόμενοι καὶ τὴν **ἀντιμισθείαν** ἣν ἔδει τῆς πλάνης A
ἀσχημοσύνην κατεργαζόμενοι καὶ τὴν **ἀντιμισθήαν** ἣν ἔδει τῆς πλάνης 1646
ἀσχημοσύνην κατεργαζόμενοι καὶ τὴν **ἀντειμισθείαν** ἣν ἔδει τῆς πλάνης G

lac. 1.27 𝔓10 𝔓46 𝔓113 F 1506 1982

E 1.27 Lv 18.22; 20.13; 1 Co 6.9

αὐτῶν ἐν αὐτοῖς ἀπολαμβάνοντες. **28** καὶ καθὼς οὐκ ἐδοκίμασαν τὸν B 131 205* 323 **w**

....ες. **28** .... δοκ··μασαν τὸν 0172

αὐτῶν ἐν αὐτοῖς ἀπολαμβάνοντες. **28** καὶ καθὼς οὐκ **ἐδωκίμασαν** τὸν K

αὐτῶν ἐν αὐτοῖς **ἀπολαβάνωντες**. **28** καὶ καθὼς οὐκ **ἐδωκίμασαν** τὸν 1646

αὐτῶν ἐν **ἑαυτοῖς** ἀπολαμβάνοντες. **28** καὶ καθὼς οὐκ **ἐδωκίμασαν** τὸν 33 1243

ἐν **ἑαυτοῖς** ἀπολαμβάνοντες. **28** καὶ καθὼς οὐκ ἐδοκίμασαν τὸν 1242

αὐτῶν ἐν **ἑαυτοῖς** ἀπολαμβάνοντες. **28** καὶ καθὼς ἐδοκίμασαν τὸν 1352

αὐτῶν ἐν **ἑαυτοῖς** ἀπολαμβάνοντες. **28** καὶ καθὼς οὐκ **ἐδοκείμασαν** τὸν 2464

αὐτῶν ἐν **ἑαυτοῖς** **ἀντειλαμβάνοντες**. **28** καὶ καθὼς οὐκ **ἐδοκείμασαν** τὸν G

αὐτῶν ἐν **ἑαυτοῖς** ἀπολαμβάνοντες. **28** καὶ καθὼς οὐκ ἐδοκίμασαν **ἔχειν** 049

αὐτῶν ἐν **ἑαυτοῖς** ἀπολαμβάνοντες. **28** Cl II 86.3 [↓88 104 205^{c}

αὐτῶν ἐν **ἑαυτοῖς** ἀπολαμβάνοντες. **28** καὶ καθὼς οὐκ ἐδοκίμασαν τὸν ℵ A C D L P Ψ 056 1 6 69 209 226 326 330 365 424 440 460 489 517 547 614 618 796 910 927 945 999 1175 1241 1245 1270 1315 1319 1424 1448 1505 1573 1611 1734 1735 1738 1739 1827 1836 1837 1854 1874 1881 1891 2125 2147 2344 2400 2412 2495 2815 **uτ** Er^{1}

[↓1611 1734 1738 1739 1837 1854 1874 1881 1891 2125 2147 2344 2400 2412 2495

[↓618 796 910 927 945 999 1175 1241 1243 1245 1270 1315 1319 1352 1448 1505 1573

[↓Ψ 056 1 6 33 69 104 131 205 209 226 323 326 330 365 424 440 460 489 517 547 614

θν ἔχειν ἐν ἐπιγνώσει, παρέδωκεν αὐτοὺς ὁ θς εἰς ἀδόκιμον νοῦν, B C D$^{1.2}$ K L P

θν ἔχειν ἐν ἐπιγνώσει, **παρέδοκεν** αὐτοὺς ὁ θς εἰς ἀδόκιμον νοῦν, 1424

....ν ἐν ἐπιγνώσει, πα.........ωκεν αὐτοὺς εἰς ἀδο····μον νοῦν, 0172*

....ν ἐν ἐπιγνώσει, πα.........ωκεν αὐτοὺς ὁ θς εἰς ἀδο····μον νοῦν, 0172^{c}

θν ἔχειν ἐν ἐπιγνώσει, **παρέδοκεν** **αὐτοῖς** ὁ θς εἰς **ἀδόκημον** νοῦν, 2464

θν ἔχειν ἐν ἐπιγνώσει, παρέδω......... 88

θεὸν ἔχειν ἐν ἐπιγνώσει, παρέδωκεν αὐτοὺς ὁ θεὸς εἰς ἀδόκιμον νοῦν, **uwτ** Er^{1}

τὸν θν ἐν ἐπιγνώσει, παρέδωκεν αὐτοὺς ὁ θς εἰς ἀδόκιμον νοῦν, 049

θν ἔχειν ἐν ἑαυτοῖς ἐν ἐπιγνώσει, παρέδωκεν αὐτοὺς ὁ θς εἰς ἀδόκιμον νοῦν, 1836

θν ἔχειν ἐν ἐπιγνώσει, παρέδωκεν αὐτοὺς ὁ θς εἰς **ἀδόκειμον** νοῦν, D*

θν ἔχειν ἐν **ἐπιγνώσι**, παρέδωκεν αὐτοὺς ὁ θς εἰς ἀδόκιμον νοῦν, ℵ^{c} G

θν ἔχειν ἐν **ἐπιγνώσι**, **παρέδοκεν** αὐτοὺς ὁ θς εἰς **ἀδόκημον** νοῦν, 1646

θν ἔχειν ἐν **ἐπιγνώσι**, παρέδωκεν αὐτοὺς εἰς ἀδόκιμον νοῦν, ℵ* [↓1827 2815

θν ἔχειν ἐν ἐπιγνώσει, παρέδωκεν αὐτοὺς εἰς ἀδόκιμον νοῦν, A 1242 1735

[↓1448 1505 1506 1573 1611 1646 1735 1738 1739 1827 1836 1837 1854 1874 2125 2400 2412 2495 2815 **uwτ** Er^{1}

ποιεῖν τὰ μὴ καθήκοντα, **29** πεπληρωμένους πάσῃ B ℵ A C D G L P Ψ 049 1 6 33 131 205 209 226 323

ποιεῖν τὰ μ·· ....τα, **29** πεπληρωμ.......... ......σῃ 0172 [↑326 330 365 424 440 460 489 517 547

.... τὰ μὴ καθήκοντα, **29** πεπληρωμένους πάσῃ 88 [↑614 618 796 910 927 945 999 1175 1241

ποιεῖν τὰ μὴ καθήκοντα, **29** πεπληρωμένους πάσηι 1734 1891 [↑1242 1243 1245 1270 1315 1352 1424

ποιεῖν τὰ μὴ **καθείκοντα**, **29** πεπληρωμένους πάσῃ K

ποιεῖν τὰ μὴ **καθίκοντα**, **29** πεπληρωμένους πάσῃ 056

ποιεῖν .... **29** πεπληρωμένους πάσῃ 69

ποιεῖν τὰ μὴ καθήκοντα, **29** **πεπληρωμένοις** πάσῃ 104

ποιεῖν τὰ μὴ καθήκοντα, **29** **πεπλανημένους** πάσῃ 1881

ποιεῖν τὰ μὴ καθήκοντα, **29** **πεπληρομένους** **πᾶσι** 2147

ποιεῖν τὰ μὴ καθήκοντα, **29** πεπληρωμένους **πᾶσι** 1319

ποιεῖν τὰ μὴ καθήκοντα, **29** πεπληρωμένους **πάσει** 2464

---

lac. 1.27-29 𝔓^{10} 𝔓^{46} 𝔓^{113} F 1982 **1,27-28** 1506 **1.28-29** 2344 (illeg.)

C 1.27 τελ δ 1 2464 | τελ της δ 547 614 1242 1315 1827 2412 | τε 330 796 1175 1243 1245 1573 1881 2147 2400 | τε της α 440 **28** αρχ γ τη ε της α εβδ αδ, καθως ουκ εδοκιμασαν οι ασεβαντων θυ 1 | αρχ ρη ω της α εβδ αδ,ε καθως ουκ εδοκιμασαν οι ασεβεις τον θν 226 | αρχ τη ς της α εβδ αδ,ε καθως ουκ εδ,ο 326 | αρχ τη ς 330 | αρχ τη ε της α εβδ αδ,ε καθως 489 | αδ,ε τη ε 517 | αρχ τη ε 614 1242 | αρχ τη ε της ακ εβδ. αδ,ε καθ ουκ εδοκιμ 796 | αρχ τη ε της α εβδ αδελφοι καθως ουκ εδοκιμασαν τον θν εχειν 927 | αρχ τη ε της δ εβδ. προς ρωμ αδ,ε καθως ουκ εδοκιμασαν 945 | αρχ 1175 1881 | τη ς της α εβδ πρωτ ευδ 1243 | αρχ τη ε της α εβδ κ,ε πε 1315 | αρχ τη ε της δ εβδ. αδ,ε καθως ουκ εδοκιμασαν οια αβ τον θν εχειν ενω 1448 | αρχ τη ε της α εβδ. αδ,ε καθως ουκ εδοκιμασαν οι ασεβεις τον θν 1573 | τη ε της δ εδ ο αποστολ: πρ ρωμ. αδελφοι καθ ουκ εδωκε βασι οι ασεβεις τον θν 1739 | αρχ ε 1739 | κ,ε οθ αδ,ε 1827 | αρχ τη ς της α εβδ αδ,ε καθως 1837 | αρχ τη ε της α εβδ προς ρωμ αδ,ε καθως ουκ εδοκιμ,α οι ασεβ τον θν 2147 | αρχ η ε της α εβδ αδελφοι καθως ουκ εδοκιμασαν τον θν 2412 | τη ε της α εβδ κ,ε νζ: αδελφοι καθως ουκ εδοκ προς ρομ 2464 | τελ 330 1243 | τη ε της α εβδομοδον αδελφοι κ,ε αθως 2400 | τελ της ε 326 | τελ της ς 1837 **29** αρχ τω Σα της α εβδ 1243

D 1.28 γ 226 | δ 517 | ε 1175 | ις 1243

Errata: 1.27 na 104* αὐτοῖς : ἑαυτοῖς 104*

E 1.28 Ro 1.24, 26; 2Mac 6.4; 3 Mac 4.1 **29** Ro 13.13; Mt 15.19; Mk 7.21-23; Lk 18.11; 1 Co 5.10-11; 6.9-10; 2 Co 12.20; Ga 5.19-21; Eph 4.31; 5.3-5; Col 3.5, 8; 1 Ti 1.9-10; 6.4-5; 2 Ti 3.2-4; Tit 3.3; 1 Pe 4.3; Re 9.21; 21.8; 22.15

ἀδικίᾳ		πονηρίᾳ		πλεονεξίᾳ	κακίᾳ,	B 6 424^{c} 1881 **u**[w]
ἀδικίᾳ		πο········		·········ξίᾳ	κακ····	0172
ἀδικίαι		πονηρίαι		πλεονεξίαι	κακίᾳ,	1739
ἀδικίᾳ		πονηρίᾳ	**κακίᾳ**	πλεονεξίᾳ,		ℵ A [w]
ἀδικίᾳ	**κακίᾳ**	πονηρίᾳ		πλεονεξίᾳ		C 1506
ἀδικείᾳ	**κακεία**		**πορνείᾳ**	**πλεονεξείᾳ**,		D*
ἀδικίᾳ	**κακίᾳ**		**πορνίᾳ**	**πλεονεξίᾳ**,		G
ἀδικίᾳ	**κακίᾳ**	πονηρίᾳ		**πλεωνεξίᾳ**,		33
ἀδικίᾳ		πονηρία	**πορνείᾳ**	πλεονεξίᾳ	κακίᾳ,	104
ἀδικίᾳ	**κακίᾳ**	**πορνείᾳ**	**πονηρία**	πλεονεξία		D^{1} [w]
ἀδικίᾳ	**κακίᾳ**	πονηρία	**πορνείᾳ**	πλεονεξία		D^{2}
ἀδικίαι		**πορνείαι**	**πονηρίαι**	πλεονεξίαι	κακίαι,	1891
ἀδικίᾳ						1836
ἀδικίᾳ				πλεονεξίᾳ	κακίᾳ,	K
ἀδικίᾳ	**καὶ**		**πορνείᾳ**	πλεονεξίᾳ	κακίᾳ,	P
ἀδικίᾳ			**πορνείᾳ**	πλεονεξίᾳ	κακίᾳ,	2815
ἀδικίᾳ	ἀκαθαρσία	**πορνείᾳ**	**πονηρίᾳ**	πλεονεξίᾳ	κακίᾳ,	69
ἀδικίᾳ		**πορνίᾳ**	**πονηρίᾳ**	πλεονεξίᾳ καὶ	κακίᾳ,	1243
ἀδικίᾳ		**πορνίᾳ**	**πονηρίᾳ**	πλεονεξίᾳ	κακίᾳ,	1505 2495
ἀδικεία		**πορνείᾳ**	**πονηρία**	πλεονεξίᾳ	**κακεία**,	2464
ἀδικίᾳ		**πορνήᾳ**	**πονηρείᾳ**	πλεονεξίᾳ	κακίᾳ,	1646
ἀδικίᾳ		**πορνείᾳ**		πλεονεξίᾳ	κακίᾳ,	2147
ἀδικίᾳ		**πορνείᾳ**	**πονηρίᾳ**	πλεονεξίᾳ	κακίᾳ,	L Ψ 049 056 1 88 131 205 209 226 323 326 330 365 424* 440 460 489 517 547 614 618 796 910 927 945 999 1175 1241 1242 1245 1270 1315 1319 1352 1424 1448 1573 1611 1734 1735 1738 1827 1837 1854 1874 2125 2400 2412 **τ** Er^{1}

μεστοὺς	φθόνου	φόνου	ἔριδος	δόλου	κακοηθίας,	ψιθυριστάς	B* ℵ **w**
··········	·······νου	φό······	··········	··········	···ακοηθ······	··············	0172
μεστοὺς	φθόνου	φόνου	ἔριδος	δόλου	κακοηθίας,	**ψηθυριστάς**	88 1837
μεστοὺς	φθόνου	φόνου	ἔριδος	δόλου	**κακοηθείας**,	**ψηθυριστάς**	P Ψ 131 323 326 1270 1319
μεστοὺς	φθόνου		ἔριδος	δόλου	**κακοηθείας**,	**ψυθιριστάς**	365
μεστοὺς	φθόνου		ἔριδος	δόλου	**κακοηθείας**,	ψιθυριστάς	K* 796
μεστοὺς	φθόνου	**ἔριδος**	**φόνου**		**κακοηθείας**,	ψιθυριστάς	A
μεστοὺς	**φόνου**	**φθόνου**	ἔριδος	δόλου	**κακοηθείας**,	ψιθυριστάς	33
μεστοὺς	**φόνου**	φόνου	ἔριδος	δόλου	**κακοηθείας**,	ψιθυριστάς	2464*
μεστοὺς	φθόνου	φόνου	ἔριδος	δόλου		ψιθυριστάς	1424
μετοὺς	φθόνου	**φόνων**	**ἔριδας**	δόλου	**κακοηθείας**,	**ψιθυρειστάς**	G
μεστοὺς	φθόνου	φόνου	**ἔρηδως**	δόλου	**κακοηθείας**,	**ψιθηριστάς**	1646*
μεστοὺς	φθόνου	φόνου	**ἔρηδως**	δόλου	**κακοηθείας**,	ψιθυριστάς	1646^{c}
μεστοὺς	φθόνου	φόνου	ἔριδος	δόλου	**κακοηθείας**,	ψιθυριστάς	B^{c} C D K^{c} L 049 056 1 6 69 104 205 209 226 330 424 440 460 489 517 547 614 618 910 927 945 999 1175 1241 1242 1243 1245 1315 1352 1448 1505 1506 1573 1611 1734 1735 1738 1739 1827 1836 1854 1874 1881 1891 2125 2147 2400 2412 2464^{c} 2495 2815 **uτ** Er^{1}

lac. 1.29 𝔓^{10} 𝔓^{46} 𝔓^{113} F 1982 **1.29** 2344 (illeg.)

E 1.29 Ro 13.13; Mt 15.19; Mk 7.21-23; Lk 18.11; 1 Co 5.10-11; 6.9-10; 2 Co 12.20; Ga 5.19-21; Eph 4.31; 5.3-5; Col 3.5, 8; 1 Ti 1.9-10; 6.4-5; 2 Ti 3.2-4; Tit 3.3; 1 Pe 4.3; Re 9.21; 21.8; 22.15

Errata: 1.29 na D^{s*} κακίᾳ πορνείᾳ πλεονεξίᾳ; D^{2} κακία πονηρία πλεονεξία : **rjs** D* κακείᾳ πορνείᾳ πλεονεξεία; D^{1} κακίᾳ πορνείᾳ πονηρίᾳ πλεονεξία; D^{2} κακίᾳ πονηρία πορνείᾳ πλεονεξία

1.29 ubs 88 πορνείᾳ πονηρία πλεονεξίᾳ κακίᾳ (88 add και after each word) : **rjs** this is a very difficult manuscript to read, but in the opinion of this reader these are ink blots after each word (a habit of the scribe), not an abbreviated καί. The abbreviated καί (κ̀,)has a grave accent in other occurrences, which is not the case in these instances.

1.29 ubs D* κακίᾳ πορνείᾳ πλεονεξία; D^{c} κακία πορνείᾳ πονηρία πλεονεξία : **rjs** D* κακείᾳ πορνείᾳ πλεονεξεία; D^{1} κακίᾳ πορνείᾳ πονηρίᾳ πλεονεξία; D^{2} κακίᾳ πονηρία πορνείᾳ πλεονεξία

[↓1448 1505 1506 1573 1611 1734 1735 1738 1739 1827 1836 1854 1881 1891 2125 2400 2412 2495 2815 **uwτ** Er^{1}
[↓205 209 226 323 330 424 489 517 547 614 618 796 910 927 945 999 1175 1241 1242 1245 1270 1315 1319 1352 1424^{c}
30 καταλάλους θεοστυγεῖς ὑβριστάς ὑπερηφάνους, ἀλαζόνας, ἐφευρετὰς B ℵ A C G Ψ 049 056 1 6
30 ὑπερηφάνους, ἀλαζόνας, ἐφευρετὰς 326 1837 [↑69 104 131
30 καταλάλους θεοστυγεῖς ὑβριστάς ὑπερηφάνους, ἀλαζόνας, **ἐφευρῶτας** 365
30 ....λάλ...... 0172
30 καταλάλους θεοστυγεῖς ὑβριστάς ὑπερηφάνους, ἀλαζόνας, **ἐφερευτὰς** 440
30 καταλάλους θεοστυγεῖς **ὑβρηστάς** ὑπερηφάνους, ἀλαζόνας, ἐφευρετὰς P
30 καταλάλους θεοστυγεῖς ὑβριστάς ὑπερηφάνους, **ἀλαζώνας**, ἐφευρετὰς 2464
30 καταλάλους θεοστυγεῖς ὑβριστάς **ὑπεριφάνους**, ἀλαζόνας, ἐφευρετὰς K L 1874 2147
30 καταλάλους θεοστυγεῖς ὑβριστάς **ὑπεριφάνους**, **ἀλαζώνας**, ἐφευρετὰς 33 88
30 καταλάλους θεοστυγεῖς **ὑβριτάς** **ὑπεριφάνους**, **ἀλαζώνας**, ἐφευρετὰς 1646
30 **καλαλάλους** θεοστυγεῖς ὑβριστάς **ὑπεριφάνους**, ἀλαζόνας, ἐφευρετὰς 460
30 **κακολάλους** θεοστυγεῖς ὑβριστάς ὑπερηφάνους, ἀλαζόνας, ἐφευρετὰς D$^{1.2}$
30 **κακολάλους** **θεοστυγῖς** ὑβριστάς ὑπερηφάνους, ἀλαζόνας, ἐφευρετὰς D*
30 καταλάλους **θεοστυγῆς** ὑβριστάς ὑπερηφάνους, ἀλαζόνας, ἐφευρετὰς 1243
30 καταλάλους **θεοτυγεῖς** ὑβριστάς ὑπερηφάνους, ἀλαζόνας, ἐφευρετὰς 1424*

κακῶν, γονεῦσιν ἀπειθεῖς, **31** ἀσυνέτους ἀσυνθέτους ἀστόργους B 6 1448* 1506 1739 **uw**
.... **31** .... ἀστόργους 2344
κακῶν, γονεῦσιν **ἀπιθεῖς**, **31** ἀσυνέτους ἀσυνθέτους ἀστόργους ℵ* A D*
κακῶν, **γονεῦσειν** **ἀπιθεῖς**, **31** ἀσυνέτους ἀσυνθέτους ἀστόργους G
κακῶν, γονεῦσιν **ἀπιθεῖς**, **31** ἀσυνέτους ἀσυνθέτους ἀστόργους ἀσπόνδους ℵ^{c} D^{2} P 2125
κακῶν, γονεῦσιν **ἀπηθεῖς**, **31** ἀσυνέτους ἀσυνθέτους ἀστόργους ἀσπόνδους 2464
κακῶν, γονεῦσιν ἀπειθεῖς, **31** ἀσυνέτους ἀσυνθέτους **ἀσπόνδους ἀστόργους** 33 1827
κακῶν, γονεῦσιν ἀπειθεῖς, **31** ἀσυνέτους **ἀσυνθέντους** **ἀσπόνδους ἀστόργους** 1242
κακῶν, γονεῦσιν ἀπειθεῖς, **31** ἀσυνέτους **ἀσυνθέτας** ἀστόργους ἀσπόνδους 1319 1573
παθῶν, γονεῦσιν ἀπειθεῖς, **31** ἀσυνέτους ἀσυνθέτους ἀστόργους ἀσπόνδους 440
κακῶν, γονεῦσιν ἀπειθεῖς, **31** ἀσυνέτους ἀστόργους ἀσπόνδους 205
κακῶν, γονεῦσιν ἀπειθεῖς, **31** ἀσυνέτους ἀσπόνδους 2147
κακῶν, **γονεῦσι** ἀπειθεῖς, **31** ἀσυνέτους ἀσυνθέτους ἀστόργους ἀσπόνδους 1646
κακῶν, γονεῦσιν ἀπειθεῖς, **31** ἀσυνέτους ἀσυνθέτους ἀστόργους ἀσπόνδους C K L Ψ 049 056 1 69 88 104 131 209 226 323 326 330 365 424 460 489 517 547 614 618 796 910 927 945 999 1175 1241 1243 1245 1270 1315 1352 1424 1448^{c} 1505 1611 1734 1735 1738 1836 1837 1854 1874 1881 1891 2400 2412 2495 2815 **τ** Er^{1}

ἀνελεήμονας· **32** οἵτινες τὸ δικαίωμα τοῦ θυ̅ ἐπιγεινώσκοντες B
ἀνελεήμονας· **32** οἵτινες τὸ δικαίωμα τοῦ θεοῦ **ἐπιγινώσκοντες** [**w**]
ἀνελεήμονας· **32** οἵτινες τὸ δικαίωμα τοῦ θυ̅ **ἐπιγινώσκοντες** οὐκ ἔγνωσαν 330 1506
ἀνελεήμονας· **32** οἵτινες τὸ δικαίωμα τοῦ θυ̅ **ἐπιγνόντες** οὐκ ἐνόησαν D*
ἀνελεήμονας· **32** οἵτινες τὸ δικαίωμα τοῦ θυ̅ **ἐπιγνόντες** οὐκ ἔγνωσαν G 1243
ἀνελεήμονας· **32** οἵτινες τὸ δικαίωμα τοῦ θυ̅ **ἐπιγνῶντες** L 33 88 326 365 999 1424
ἀνελεήμονας· **32** οἵτινες τὸ δικαίωμα τοῦ θυ̅ **ἐπιγνῶτες** 1646 [↑1734 1837 2400
ἀνελεήμονας· **32** οἵτινες τὸ δικαίωμα τοῦ θυ̅ **οὐκ ἐπιγνῶντες** 131
ἀνελεήμονας· **32** οἵτινες τὸ δικαίωμα τοῦ θυ̅ **γνόντες** 1827
ἀναιλεήμονας· **32** **οἵτεινες** τὸ δικαίωμα τοῦ θυ̅ **ἐπιγνόντες** A
ἀνελεήμονας· **32** οἵτινες τὸ δικαίωμα τοῦ θεοῦ **ἐπιγνόντες** 1739 **u**[**w**]**τ** Er^{1}
ἀνελεήμονας· **32** οἵτινες **τὰ δικαιώματα** τοῦ θυ̅ **ἐπιγνόντες** 614 2412
ἀνελεήμονας· **32** οἵτινες **τῷ** δικαίωμα τοῦ θυ̅ **ἐπιγνόντες** 1874
ἀνελεήμονας· **32** οἵτινες τὸ **δικαίομα** τοῦ θυ̅ **ἐπιγνόντες** 460 618
ἀνελεήμονας· **32** οἵτινες **ὁ** δικαίωμα τοῦ θυ̅ **ἐπιγνόντες** 1881*
ἀνελεήμονας· **32** οἵτινες τὸ δικαίωμα τοῦ θυ̅ **ἐπιγνόντες** ℵ C D$^{1.2}$ K P Ψ 049 056 1 6 69 104 205 209 226 323 424 440 489 517 547 796 910 927 945 1175 1241 1242 1245 1270 1315 1319 1352 1448 1505 1573 1611 1735 1738 1836 1854 1881^{c} 1891 2125 2147 2344 2464 2495 2815

---

lac. 1.30-32 𝔓^{10} 𝔓^{46} 𝔓^{113} F 1982 **1.31** 0172 **1.30** 2344 (illeg.)

E 1.32 2 Th 2.12

Errata: 1.31 na D^{1} ἀστόργους ἀσπόνδους : **Ti** ἀστόργους ἀσπόνδους D^{2}

[↓1735 1738 1739 1827 1837 1854 1891 2125 2147 2344 2400 2412 2495 2815 **uwτ** Er^1
[↓910 927 945 999 1242 1243 1245 1270 1315 1319 1424 1448 1505 1506 1573 1611 1734
[↓Ψ 049 056 1 69 88 104 131 205 209 226 323 326 330 365 424 440 460 517 547 614 618 796

ὅτι οἱ τὰ τοιαῦτα πράσσοντες ἄξιοι θανάτου εἰσίν, οὐ μόνον αὐτὰ B ℵ A C $D^{1.2}$ G^c K L P
.... πράσσ.......... .... θανάτ... ....σίν, ...ὐτὰ 0172
ὅτι οἱ τὰ τοιαῦτα πράσσοντες ἄξιοι τοῦ θανάτου εἰσίν, οὐ μόνον αὐτὰ 6
ὅτι οἱ τὰ τοιαῦτα .... ἄξιοι θανάτου εἰσίν, οὐ μόνον αὐτὰ 33
ὅτι τὰ οἱ τὰ τοιαῦτα πράσσοντες ἄξιοι θανάτου εἰσίν, οὐ μόνον αὐτὰ G*
ὅτι οἱ τὰ τοιαῦτα πράσσοντες ἄξιοι θανάτου εἰσίν, οὐ μόνον δὲ αὐτὰ 1175 1241 1836 1874
ὅτι οἱ τὰ **αὐτὰ** πράσσοντες ἄξιοι θανάτου εἰσίν, οὐ μόνον αὐτὰ 1352
ὅτι οἱ τὰ τοιαῦτα πράσσοντες ἄξιοι θανάτου εἰσίν, οὐ μόνον τὰ αὐτὰ 489
ὅτι οἱ τὰ τοιαῦτα πράσσοντες ἄξιοι θανάτου **εἰσείν**, οὐ μόνον γὰρ αὐτὰ D*
ὅτι οἱ τὰ τοιαῦτα **πράσοντες** ἄξιοι θανάτου **εἰσί**, οὐ μόνον αὐτὰ 1646
ὅτι οἱ τὰ τοιαῦτα **πράσωντες** ἄξιοι θανάτου **ἠσίν**, οὐ μόνον αὐτὰ 2464
ὅτι οἱ τὰ τοιαῦτα **πράττοντες** ἄξιοι θανάτου εἰσίν, οὐ μόνον αὐτὰ 1881

ποιοῦντες ἀλλὰ καὶ συνευδοκοῦντες τοῖς πράσσουσιν. B
ποιοῦσιν ἀλλὰ καὶ **συνευδοκοῦσιν** τοῖς πράσσουσιν. ℵ A C D K L 33 69 1175 1424 1506 1735 1836
ποιοῦσιν ἀλλὰ ...... **συνευδοκοῦσιν** τ...... πράσσουσιν. 0172 [↑1874 **uw**
ποιοῦσιν ἀλλὰ **συνευδοκοῦσιν** τοῖς πράσσουσιν. 1243
ποιοῦσιν ἀλλὰ καὶ **συνευδοκοῦσιν** τοῖς **πράσουσιν**. 2464
ποιοῦσιν ἀλλὰ καὶ **συνευδοκοῦσιν** τοῖς **πράσσουσι**. 056
ποιοῦσειν ἀλλὰ καὶ **συνευδοκοῦσιν** τοῖς **πράσσουσειν**. G [↓1739 1827 1837 2125 2147 2344
ποιοῦσιν ἀλλὰ καὶ **συνευδοκοῦσι** τοῖς πράσσουσιν. P Ψ 049 88 131 323 440 517 910 999 1241 1270
ποιοῦσιν ἀλλὰ καὶ **συνευδοκοῦσι** τοῖς **πράττουσι**. 1 945
ποιοῦσι ἀλλὰ καὶ **συνευδοκοῦσι** τοῖς **πράσσουσι**. 365
ποιοῦσι ἀλλὰ καὶ **συνευδοκοῦσι** τοῖς **πράσουσι**. 1646
ποιοῦσιν ἀλλὰ καὶ **συνευδοκοῦσι** τοῖς **πράσσουσι**. 6 104 205 209 226 326 330 424 460 489 547 614
618 796 927 1242 1245 1315 1319 1352 1448 1505 1573 1611 1734 1738 1854 1881 1891 2400 2412 2495 2815 **τ** Er^1

The Righteous Judgment of God

2.1 Διὸ ἀναπολόγητος εἶ, ὦ αν̅ε πᾶς ὁ **κρίνων**· ἐν ὧ γὰρ **κρίνεις** 1506

2.1 Διὸ ἀναπολόγητος εἶ, ὦ ἄνθρωπε πᾶς ὁ κρείνων· ἐν ᾧ γὰρ κρείνεις B
2.1 Διὸ .... όγητος εἶ, ὦ .... π̣ᾶς ὁ κρίνῳ... ....γεις 0172
2.1 Διὸ ἀναπολόγητος εἶ, ὦ ἄνθρωπε πᾶς ὁ κρείνων· ἐν ᾧ γὰρ **κρίνεις** D*
2.1 Διὸ ἀναπολόγητος εἶ, ὦ ἄνθρωπε πᾶς ὁ **κρίνων**· ἐν ᾧ γὰρ **κρίνεις** $D^{1.2}$ G **uwτ** Er^1
2.1 Διὸ ἀναπολόγητος εἶ, ὦ ἄνθρωπε πᾶς ὁ **κρίνων**· ἐν ᾧ γὰρ κρίματι **κρίνεις** 69 [↓1573 1734
2.1 Διὸ ἀναπολόγητος εἶ, ὦ αν̅ε πᾶς ὁ **κρίνων**· ἐν ᾧ γὰρ κρίματι **κρίνεις** C* 88 104 1319
2.1 Διὸ ἀναπολόγητος **ῖ**, ὦ αν̅ε πᾶς ὁ **κρίνων**· ἐν ᾧ γὰρ **κρίνις** ℵ [↑1735 2125
2.1 Διὸ ἀναπολόγητος εἶ, ὦ αν̅ε πᾶς ὁ **κρίνον**· ἐν ᾧ γὰρ **κρίνης** 1243
2.1 Διὸ ἀναπολόγητος εἶ, ὦ αν̅ε πᾶς ὁ **κρίνον**· ἐν ᾧ γὰρ **κρίνεις** 1874 2147
2.1 Διὸ **ἀναπολόγειτος** εἶ, ὦ αν̅ε πᾶς ὁ **κρίνον**· ἐν ᾧ γὰρ **κρίνεις** 131
2.1 Διὸ **ἀναπολόγιτος** εἶ, ὦ αν̅ε πᾶς ὁ **κρίνων**· ἐν ᾧ **κρίνης** 1646
2.1 Διὸ ἀναπολόγητος εἶ, ὦ αν̅ε πᾶς ὁ **κρίνων**· ἐν ὧ **κρίνει** 365
2.1 Διὸ ἀναπολόγητος **ἧ**, ὦ αν̅ε πᾶς ὁ **κρίνων**· ἐν ᾧ γὰρ **κρίνεις** 330
2.1 Διὸ ἀναπολόγητος εἶ, ὦ αν̅ε πᾶς ὁ **κρίνων**· ἐν ὧι γὰρ **κρίνεις** 424 1270 1891
2.1 Διὸ ἀναπολόγητος εἶ, **ὃ** αν̅ε πᾶς ὁ **κρίνον**· ἐν **ὃ** γὰρ **κρίνεις** 2464
2.1 Διὸ ἀναπολόγητος εἶ, ὦ αν̅ε πᾶς ὁ **κρίνων**· ἐν ὧ γὰρ **κρίνεις** A C^c K L P Ψ
049 056 1 6 33 205 209 226 323 326 440 460 489 517 547 614 618 796 910 927 945 999 1175 1241 1242
1245 1315 1352 1424 1448 1505 1506 1611 1738 1739 1827 1836 1837 1854 1881 2344 2400 2412 2495 2815

---

lac. 1.32-2.1 $\mathfrak{P}^{10}$ $\mathfrak{P}^{46}$ $\mathfrak{P}^{113}$ F 1982

C 1.32 τε 326 1243 | τελ της ς̅ 1837 **2.1** αρχ τη β̅ της β̅ εβδ αδ,ε οιδαμεν οτι 326 | αρχ της β̅ της β̅ εβδ 330 | Σα α̅ ζητ οπισθεν κς κ,ε νε κ,υριακ προς εβραι οι αγιοι τι αν 2464

E 1.32 2 Th 2.12 **2.1** Mt 7.2 Lk 6.37; Jn 8.7

τὸν ἕτερον, σεαυτὸν κατακρείνεις, τὰ γὰρ αὐτὰ πράσσεις ὁ κρείνων. B D*
τὸν ....**ατακρί**...... ... ...ράσσεις 0172
τὸν ἕτερον, σεαυτὸν **κατακρίνης**ᵀ τὰ γὰρ αὐτὰ **πράσσης** ὁ **κρίνον**. 1243
τὸν ἕτερον, σεαυτὸν **κατακρίνης**, τὰ γὰρ αὐτὰ πράσσεις ὁ **κρίνων**. 056 33 489 1319 1506
τὸν ἕτερον, σεαυτὸν **κατακρίνις**, τὰ γὰρ αὐτὰ πράσσεις ὁ **κρίνων**. ℵ
τὸν ἕτερον, σεαυτὸν **κατακρίνις**, τὰ γὰρ αὐτὰ **πράσσις** ὁ **κρίνων**. G
τὸν ἕτερον, σεαυτὸν **κατακρίνεις**, τὰ γὰρ αὐτὰ πράσσεις ὁ κρείνων. D[1.2]
τὸν ἕτερον, σεαυτὸν **κατακρίνεις**, τὰ γὰρ αὐτὰ πράσσεις ὁ **κρίνον**. 460 618* 1874*
τὸν ἕτερον, σεαυτὸν **κατακρίνεις**, τὰ **αὐτὰ γὰρ πράσσων** ὁ **κρίνων**. 1827
τὸν ἕτερον, σεαυτὸν **κατακρίνεις**, τὰ γὰρ αὐτὰ **πράσσειν** ὁ **κρίνων**. 614 2412
τὸν ἕτερον, **ἑαυτὸν** **κατακρίνεις**, τὰ γὰρ αὐτὰ **πράσσειν** ὁ **κρίνων**. 330
τὸν ἕτερον, σεαυτὸν **κατακρίνεις**, τὰ γὰρ **αὐτοῦ** πράσσεις **οὐ** **κρίνων**. 365
τὸν ἕτερον, σεαυτὸν **κατακρίνεις**, τὰ γὰρ αὐτὰ **πράσεις** ὁ **κρίνων**. 1646 2464
τὸν ἕτερον, σεαυτὸν **κατακρίνεις**, τὰ γὰρ αὐτὰ πράσσεις ὁ **κρίνων**. A C K L P Ψ 049 1 6 69 88 104 131 205 209 226 323 326 424 440 517 547 618[c] 796 910 927 945 999 1175 1241 1242 1245 1270 1315 1352 1424 1448 1505 1573 1611 1734 1735 1738 1739 1836 1837 1854 1874[c] 1881 1891 2125 2147 2344 2400 2495 2815 **uwτ** Er[1]
ᵀτὸν ἕτερον, σεαυτὸν κατακρίνης 1243

2 οἴδαμεν δὲ ὅτι τὸ κρίμα τοῦ θ̅υ̅ ἐστιν κατὰ ἀλήθειαν ἐπὶ τοὺς τὰ B A D[2] K L P Ψ[c] 88 131
2 οἴδαμεν δὲ ὅτι τὸ κρίμα τοῦ θεοῦ ἐστιν κατὰ ἀλήθειαν ἐπὶ τοὺς τὰ **u**[**w**] [↑326 330 517
2 οἴδαμεν δὲ ὅτι τὸ κρίμα τοῦ θ̅υ̅ ἐστιν κατὰ **ἀλλήθειαν** ἐπὶ τοὺς τὰ 1646 [↑1175 1241 1243
2 οἴδαμεν δὲ ὅτι τὸ κρίμα τοῦ θ̅υ̅ ἐστιν κατὰ **ἀλήθιαν** ἐπὶ τοὺς τὰ G [↑1424 1506 1735
2 οἴδαμεν δὲ ὅτι τὸ **κρείμα** τοῦ θ̅υ̅ ἐστιν **κατ'** ἀλήθειαν **ἐπεὶ** τοὺς τὰ D* [↑1836 1837 2464
2 οἴδαμεν δὲ ὅτι τὸ κρίμα τοῦ θ̅υ̅ ἐστιν **κατ'** ἀλήθειαν ἐπὶ τοὺς τὰ D[1]
2 οἴδαμεν δὲ ὅτι τὸ κρίμα τοῦ θ̅υ̅ **ἐστι** **κατ'** ἀλήθειαν ἐπὶ τοὺς τὰ 1891
2 οἴδαμεν **γὰρ** ὅτι τὸ κρίμα τοῦ θεοῦ **ἐστι** κατὰ ἀλήθειαν ἐπὶ τοὺς τὰ 1573 Er[1]
2 οἴδαμεν **γὰρ** ὅτι τὸ κρίμα τοῦ θ̅υ̅ **ἐστι** κατὰ ἀλήθειαν ἐπὶ τοὺς 69
2 οἴδαμεν **γὰρ** ὅτι τὸ κρίμα τοῦ θ̅υ̅ **ἐστι** κατὰ ἀλήθειαν ἐπὶ τοὺς τὰ 319 2125 2344
2 οἴδαμεν **γὰρ** ὅτι τὸ κρίμα τοῦ θεοῦ ἐστιν κατὰ ἀλήθειαν ἐπὶ τοὺς τὰ ℵ [w]
2 οἴδαμεν **γὰρ** ὅτι τὸ κρίμα τοῦ θ̅υ̅ ἐστιν κατὰ ἀλήθειαν ἐπὶ τοὺς τὰ Ψ* 33 1734
2 οἴδαμεν **γὰρ** ὅτι τὸ κρίμα τοῦ θ̅υ̅ ἐστιν κατὰ ἀλήθειαν ἐπὶ τοὺς **τὰς** C
2 οἴδαμεν δὲ ὅτι κρίμα τοῦ θ̅υ̅ ἐστιν κατὰ ἀλήθειαν ἐπὶ τοὺς τὰ 1874
2 οἴδαμεν ὅτι τὸ κρίμα τοῦ θ̅υ̅ **ἐστι** κατὰ ἀλήθειαν ἐπὶ τοὺς τὰ 1827
2 οἴδαμεν δὲ ὅτι τὸ κρίμα τοῦ θ̅υ̅ **ἐστι** κατὰ ἀλήθειαν ἐπὶ τοὺς 460
2 οἴδαμεν δὲ ὅτι τὸ κρίμα τοῦ θ̅υ̅ **ἐστι** κατὰ ἀλήθειαν ἐπὶ τοὺς τὰ τᾶ 2815
2 οἴδαμεν δὲ ὅτι τὸ κρίμα τοῦ θεοῦ **ἐστι** κατὰ ἀλήθειαν ἐπὶ τοὺς τὰ **τ**
2 οἴδαμεν δὲ ὅτι τὸ κρίμα τοῦ θ̅υ̅ **ἐστι** κατὰ ἀλήθειαν ἐπὶ τοὺς τὰ 049 056 1 6 104 205 209 226 323 365 424 440 489 547 614 618 796 910 927 945 999 1242 1245 1270 1315 1352 1448 1505 1611 1738 1739 1854 1881 2147 2400 2412 2495

τοιαῦτα πράσσοντας. **3** λογίζῃ δὲ τοῦτο, ὦ ἄνθρωπε ὁ κρείνων τοὺς τὰ B D*
τοιαῦτα πράσσοντας. **3** λογίζῃ δὲ **τούτῳ**, ὦ αν̅ε ὁ **κρίνων** τοὺς τὰ A 1319
τοιαῦτα πράσσοντας. **3** λογίζῃ δέ, **ὦ αν̅ε**, **τοῦτο** ὁ **κρίνων** τοὺς τὰ 1242
τοιαῦτα πράσσοντας. **3** λογίζῃ δὲ τοῦτο, ὦ αν̅ε ὁ **κρίνων** τοὺς τὰ τὰ 614[c]
τοιαῦτα πράσσοντας. **3** λογίζῃ δὲ τοῦτο, ὦ ἄνθρωπε ὁ **κρίνων** τοὺς τὰ ℵ D[1.2] 69 **uwτ** Er[1]
τοιαῦτα πράσσοντας. **3** λογίζηι δὲ τοῦτο, ὦ αν̅ε ὁ **κρίνων** τοὺς τὰ 1734 1891
τοιαῦτα πράσσοντας. **3** **λογείζῃ** δὲ τοῦτο, ὦ ἄνθρωπε ὁ **κρίνων** τοὺς τὰ G
τοιαῦτα πράσσοντας. **3** **λογίζει** δὲ τοῦτο, ὦ αν̅ε ὁ **κρίνων** τοὺς τὰ 33 330 365* 1315 1424
τοιαῦτα πράσσοντας. **3** **λογίζει** δὲ τοῦτο, ὦ αν̅ε ὁ **κρίνον** τοὺς τὰ 1243 ↑1874
τοιαῦτα πράσσοντας. **3** **νομίζεις** **οὖν** P
τοιαῦτα πράσσοντας. **3** 88 614* 1836 2412
τοιαῦτα πράσσοντας. **3** **λογίζει** δέ, ὦ αν̅ε **πᾶς** ὁ **κρίνων** τοὺς τὰ 1506
τοιαῦτα πράσσοντας. **3** λογίζῃ δὲ τοῦτο, ὦ αν̅ε **πᾶς** ὁ **κρίνων** τοὺς τὰ 1505 2495
τοιαῦτα πράσσοντας. **3** λογίζῃ δὲ τοῦτο, ὦ αν̅ε ὁ **κρίνων** τοὺς 326*
τοιαῦτα **πράσωντας**. **3** **λογίζει** δὲ τοῦτο, ὦ αν̅ε ὁ **κρίνον** τοὺς τὰ 2464
τοιαῦτα **πράσωντας**. **3** λογίζη δὲ τοῦτο, ὦ αν̅ε ὁ **κρίνων** τοὺς τὰ 1646
τοιαῦτα **πράττοντας**. **3** λογίζῃ δὲ τοῦτο, ὦ αν̅ε ὁ **κρίνων** τοὺς τὰ 2815
τοιαῦτα πράσσοντας. **3** λογίζῃ δὲ τοῦτο, ὦ αν̅ε ὁ **κρίνων** τοὺς τὰ C K L Ψ 049 056 1 6 104 131 205 209 226 323 326[c] 365[c] 424 440 460 489 517 547 618 796 910 927 945 999 1175 1241 1245 1270 1352 1448 1573 1611 1735 1738 1739 1827 1837 1854 1881 2125 2147 2344 2400

---

lac. 2.1-3 𝔓[10] 𝔓[46] 𝔓[113] F 1982 **2.2-3** 0172

C 2.2 αρχ τη β̅ της β̅ εβδ αδ,ε οιδαμεν δε οτι 1837 | τε 1175 **3** αρχ 1175

E 2.1 Mt 7.2 Lk 6.37; Jn 8.7 **Errata: 2.2 ubs** Ψ δέ : γάρ Ψ* **2.2 na** Ψ κρίνει : κρίνη Ψ

[↓1270 1315 1352 1424 1448 1505 1573 1611 1827 1837 1854 2125 2147 2400 2495 2815
[↓1 6 69 104 205 209 226 323 326 330 424 440 460 517 547 614[c] 796 945 1175 1241 1242 1245
τοιαῦτα πράσσοντας[T] καὶ ποιῶν αὐτά, ὅτι σὺ ἐκφεύξῃ τὸ κρίμα τοῦ θυ; B ℵ A C D G K L Ψ 056
τοιαῦτα πράσσοντας καὶ ποιῶν αὐτά, ὅτι σὺ οὐκ ἐκφεύξῃ τὸ κρίμα τοῦ θυ; 2344
τοιαῦτα πράσσοντας καὶ ποιῶν αὐτά, ὅτι σὺ ἐκφεύξηι τὸ κρίμα τοῦ θυ; 1734 1739 1891
τοιαῦτα πράσσοντας καὶ ποιῶν αὐτά, ὅτι σὺ ἐκφεύξῃ τὸ κρίμα τοῦ θεοῦ; **uwτ** Er[1]
τοιαῦτα πράσσοντας καὶ ποιῶν αὐτά, ὅτι σὺ **ἐκφέξει** τὸ κρίμα τοῦ θυ; 1319
τοιαῦτα **πράτγοντας** καὶ ποιῶν αὐτά, ὅτι σὺ ἐκφεύξῃ τὸ κρίμα τοῦ θυ; 618
τοιαῦτα **πράττοντας** καὶ ποιῶν αὐτά, ὅτι σὺ ἐκφεύξῃ τὸ κρίμα τοῦ θυ; 1738
ὁ ταῦτα πράσσων καὶ ποιῶν αὐτά, ὅτι σὺ ἐκφεύξῃ τὸ κρίμα τοῦ θυ; P
τοιαῦτα **πράσοντας** καὶ ποιῶν αὐτά, ὅτι σὺ ἐκφεύξῃ τὸ κρίμα τοῦ θυ; 1646
τοιαῦτα **πράσοντας** καὶ **ποιὸν** αὐτά, ὅτι σὺ **ἐκφεύξει** τὸ κρίμα τοῦ θυ; 2464
καὶ ποιῶν αὐτά, **ἐκφεύξει** τὸ κρίμα τοῦ θυ; 88
καὶ ποιῶν αὐτά, ὅτι σὺ ἐκφεύξῃ τὸ κρίμα τοῦ θυ; 614* 1836 2412
τοιαυτα πράσσοντας καὶ ποιῶν αὐτά, ὅτι σὺ **ἐκφεύξει** τὸ κρίμα τοῦ θυ; 049 33 131 365 489 910 927 999 1243 1506 1735 1874 1881*
[T]λογίζῃ δὲ τοῦτο ὦ ανε ὁ κρίνων τοὺς τὰ τοιαῦτα πράσσοντας 424

[↓1352 1424 1448 1505 1506 1573 1611 1738 1739 1836 1837 1854 1881 1891 2125 2344 2400 2412 2495 2815 **uwτ** Er[1]
[↓205 209 226 323 326 365 424 440 460 517 547 618 796 910 927 945 999 1175 1241 1242 1243 1245 1270 1315 1319
4 ἢ τοῦ πλούτου τῆς χρηστότητος αὐτοῦ καὶ τῆς ἀνοχῆς καὶ τῆς μακροθυμίας B ℵ A C D G K Ψ 056
4 ἢ τοῦ πλούτου τῆς χρηστότητος αὐτοῦ καὶ ἀνοχῆς καὶ τῆς μακροθυμίας 2147 [↑1 6 33 69 104
4 **εἰ** τοῦ πλούτου τῆς χρηστότητος αὐτοῦ καὶ τῆς ἀνοχῆς καὶ τῆς μακροθυμίας 131
4 ἢ τοῦ πλούτου τῆς χρηστότητος αὐτοῦ καὶ τῆς **μακροθυμίας καὶ τῆς ἀνοχῆς** 1734
4 ἢ τοῦ πλούτου τῆς χρηστότητος καὶ τῆς μακροθυμίας 614
4 ἢ τοῦ πλούτου τῆς **χρηστότιτος** αὐτοῦ καὶ τῆς ἀνοχῆς καὶ τῆς μακροθυμίας P
4 ἢ τοῦ πλούτου τῆς **χριστότιτος** αὐτοῦ καὶ τῆς ἀνοχῆς καὶ τῆς μακροθυμίας 1646
4 ἢ τοῦ πλούτου τῆς **χριστότητος** αὐτοῦ καὶ τῆς **ἀνοχεῖς** καὶ τῆς μακροθυμίας 2464 [↓1827 1874
4 ἢ τοῦ πλούτου τῆς **χριστότητος** αὐτοῦ καὶ τῆς ἀνοχῆς καὶ τῆς μακροθυμίας L 049 88 330 489 1735

[↓1448 1505 1506 1573 1611 1734 1735 1738 1739 1827 1854 1874 1881 1891 2125 2147 2344 2400 2495 2815
[↓323 326[c] 424 440 489 517 547 614 796 910 927 945 1175 1241 1242 1243 1245 1270 1315 1319 1352 1424
καταφρονεῖς, ἀγνοῶν ὅτι τὸ χρηστὸν τοῦ θυ εἰς μετάνοιάν σε ἄγει; B A C D K L P Ψ 049 056 1 6
καταφρονεῖς, ἀγνοῶν ὅτι τὸ χρηστὸν τοῦ θυ εἰς μετάνοιάν ἄγει; 131 [↑69 88 104 205 209 226
ἀγνοῶν ὅτι τὸ χρηστὸν τοῦ θυ εἰς μετάνοιάν σε ἄγει; 326* 1837
καταφρονεῖς, **ἀγνωὸν** ὅτι τὸ χρηστὸν τοῦ θυ εἰς μετάνοιάν **ἐνάγει**; 33
καταφρονεῖς, **ἀγνωῶν** ὅτι τὸ χρηστὸν τοῦ θυ εἰς μετάνοιάν σε ἄγει; 330 460 618
καταφρονεῖς, **ἀγνῶν** ὅτι τὸ χρηστὸν τοῦ θυ εἰς μετάνοιάν σε ἄγει; G
καταφρονεῖς, ἀγνοῶν ὅτι **τὸν** χρηστὸν τοῦ θυ εἰς μετάνοιάν σε ἄγει; 2412
καταφρονῆς, ἀγνοῶν ὅτι τὸ χρηστὸν τοῦ θυ εἰς μετάνοιάν σε ἄγει; 999
καταφρονῆς, **ἀγνωῶν** ὅτι τὸ χρηστὸν τοῦ θυ εἰς μετάνοιάν σε ἄγει; 1646
καταφρονῖς, ἀγνοῶν ὅτι τὸ χρηστὸν τοῦ θυ εἰς μετάνοιάν σε ἄγει; ℵ
καταφρονεῖς, ἀγνοῶν ὅτι τὸ **χριστὸν** τοῦ θυ εἰς μετάνοιάν σε ἄγει; 365 1836
καταφρονεῖς, **ἀγνοὸν** ὅτι τὸ **χριστὸν** τοῦ θυ εἰς μετάνοιάν σε ἄγει; 2464
καταφρονεῖς, ἀγνοῶν ὅτι τὸ χρηστὸν τοῦ θεοῦ εἰς μετάνοιάν σε ἄγει; **uwτ** Er[1]

[↓1739 1827 1836 1837 1854 1874 1881 1891 2125 2147 2344 2400 2412 2495 2815 **uwτ** Er[1]
[↓1175 1241 1242 1243 1245 1270 1319 1352 1424 1448 1505 1506 1573 1611 1646 1734 1738
[↓104 131 205 209 226 323 326 330 365 424 440 460 489 517 547 614 618 796 910 927 945 999
5 κατὰ δὲ τὴν σκληρότητά σου καὶ ἀμετανόητον καρδίαν θησαυρίζεις B ℵ A D G P Ψ 049 056 1 6 33 69
5 κατὰ δὲ τὴν σκληρότητά σου καὶ ἀμετανόητον καρδίαν **θησαυρίζῃς** K 1315
5 κα··· ······ ········ ··················· ········ ······· ····················· ··················· ················ C
5 κατὰ δὲ τὴν **σκληρώτητά** σου καὶ ἀμετανόητον καρδίαν θησαυρίζεις L 88 1735 2464

lac. 2.3-5 𝔓[10] 𝔓[46] 𝔓[113] F 0172 1982 **2.2-3** 0172 **2.5** C

E 2.4 2 Pe 3.9, 15 **5** Dt 9.27

Errata: 2.4 Ti D συνειδήσεως : συνιδήσεως D

σεαυτῷ ὀργὴν ἐν ἡμέρᾳ ὀργῆς καὶ ἀποκαλύψεως δικαιοκρισίας τοῦ B ℵ* D^{*,1} G 1506
σεαυτῷ ὀργὴν ἐν ἡμέρᾳ ὀργῆς καὶ **ἀνταποδώσεως** δικαιοκρισίας τοῦ A [↑1734 **uwτ**
σεαυτῶι ὀργὴν ἐν ἡμέρᾳ ὀργῆς καὶ ἀποκαλύψεως **τῆς** δικαιοκρισίας τοῦ 209 796 945
σεαυτῶ ὀργὴν ἐν ἡμέρᾳ ὀργῆς καὶ ἀποκαλύψεως **τῆς** δικαιοκρισίας τοῦ 205 323
σεαυτῶι ὀργὴν ἐν ἡμέρᾳ ὀργῆς καὶ ἀποκαλύψεως **καὶ** δικαιοκρισίας τοῦ 1 1270
σεαυτῶι ὀργὴν ἐν ἡμέραι ὀργῆς καὶ ἀποκαλύψεως **καὶ** δικαιοκρισίας τοῦ 1739 1891
σεαυτῷ ὀργὴν ἐν ἡμέρᾳ ὀργῆς καὶ ἀποκαλύψεως **καὶ** δικαιοκρισίας 1243 1448
σεαυτῷ ὀργὴν ἐν ἡμέρᾳ ὀργῆς καὶ ἀποκαλύψεως **καὶ** **δικαιοκρησίας** τοῦ 1735
ἑαυτῷ ὀργὴν ἐν ἡμέρᾳ ὀργῆς καὶ ἀποκαλύψεως **καὶ** δικαιοκρισίας τοῦ 056 88 131 365
σεαυτῷ ὀργὴν ἐν ἡμέρᾳ ὀργῆς αὐτοῦ καὶ ἀποκαλύψεως **καὶ** δικαιοκρισίας τοῦ 1319[↑1245 1836
σεαυτῷ ἐν ἡμέρᾳ ὀργῆς καὶ ἀποκαλύψεως **καὶ** δικαιοκρισίας τοῦ 326 [↑1881
σεαυτῶν ἐν ἡμέρᾳ ὀργῆς καὶ ἀποκαλύψεως **καὶ** δικαιοκρισίας τοῦ 1837
σεαυτῷ ὀργὴν ἐν ἡμέρᾳ ὀργῆς καὶ ἀποκαλύψεως **καὶ** δικαιοκρισίας τοῦ ℵ^{c} D^{2} K L P Ψ 049
6 33 69 104 226 330 424 440 460 489 517 547 614 618 910 927 999 1175 1241 1242 1315 1352
1424 1505 1573 1611 1646 1738 1827 1854 1874 2125 2147 2344 2400 2412 2464 2495 2815 Er^{1}

θ̅υ̅ 6 ὃς ἀποδώσει ἑκάστῳ κατὰ τὰ ἔργα αὐτοῦ· 7 τοῖς μὲν καθ' ὑπομὴν B*
θ̅υ̅ 6 **ἀποδοῦναι** ἑκάστῳ κατὰ τὰ ἔργα αὐτοῦ· 7 Cl IV 135.3
θ̅υ̅ 6 ὃς **ἀποδόσει** ἑκάστῳ κατὰ τὰ ἔργα αὐτοῦ· 7 τοῖς μὲν καθ' **ὑπομονὴν** 1646 1874 2464
θ̅υ̅ 6 .... ἑκάστῳ κατὰ τὰ ἔργα αὐτοῦ· 7 τοῖς μὲν καθ' **ὑπομονὴν** 2400
θ̅υ̅ 6 ὃς ἀποδώσει ἑκάστῳ 7 88
θ̅υ̅ 6 ὃς ἀποδώσει ἑκάστῳ τὰ ἔργα αὐτοῦ· 7 τοῖς μὲν καθ' **ὑπομονὴν** 517
θ̅υ̅ 6 ὃς ἀποδώσει ἑκάστῳ κατὰ τὰ ἔργα· 7 τοῖς μὲν καθ' **ὑπομονὴν** 1319
θ̅υ̅ 6 ὃς ἀποδώσει ἑκάστῳ κατὰ τὰ ἔργα αὐτοῦ· 7 τοῖς μὲν γὰρ καθ' **ὑπομονὴν** 1506
θεοῦ 6 ὃς ἀποδώσει ἑκάστῳ κατὰ τὰ ἔργα αὐτοῦ· 7 τοῖς μὲν καθ' **ὑπομονὴν** **uwτ** Er^{1}
θ̅υ̅ 6 ὃς ἀποδώσει ἑκάστῳ κατὰ τὰ ἔργα αὐτοῦ· 7 τοῖς μὲν καθ' **ὑπομονὴν** B^{c} ℵ A P D G K L Ψ
049 056 1 6 33 69 104 131 205 209 226 323 326 330 365 424 440 460 489 547 614 618 796
910 927 945 999 1175 1241 1242 1243 1245 1270 1315 1352 1424 1448 1505 1573 1611 1734
1735 1738 1739 1827 1836 1837 1854 1881 1891 2125 2147 2344 2412 2495 2815

[↓1352 1448 1573 1646 1734 1739 1827 1854 1881 1891 2125 2147 2344 2400 2412 2815 **τ** Er^{1}
[↓205 209 226 323 330 424 440 489 517 547 614 796 910 927 945 999 1242 1245 1270 1315
ἔργου ἀγαθοῦ δόξαν καὶ τιμὴν καὶ ἀφθαρσίαν ζητοῦσι ζωὴν αἰώνιον, B Ψ 049 1 6 104 131
ἔργου ἀγαθοῦ δόξαν καὶ τιμὴν καὶ ἀφθαρσίαν **ζωῆς** **αἰώνιου**, 1505 2495
.... 88
ἔργου ἀγαθοῦ δόξαν καὶ τιμὴν καὶ ἀφθαρσίαν **ἐπιζητοῦσι** ζωὴν αἰώνιον, 056 1611
ἔργου ἀγαθοῦ δόξαν καὶ **τειμὴν** καὶ **ἀφθαρσείαν** **ζητοῦσιν** ζωὴν αἰώνιον, D*
ἔργον **ἀγαθὸν** δόξαν καὶ τιμὴν καὶ ἀφθαρσίαν **ζητοῦσιν** ζωὴν αἰώνιον, 365
ἔργον **ἀγαθὸν** δόξαν καὶ τιμὴν καὶ ἀφθαρσίαν **ζητοῦσι** ζωὴν αἰώνιον, 1506
ἔργου ἀγαθοῦ δόξαν καὶ τιμὴν καὶ ἀφθαρσίαν **ζητοῦσιν** ζωὴν αἰώνιον, ℵ A D^{1,2} G K L P 33 69
326 460 618 1175 1241 1243 1319 1424 1735 1738 1836 1837 1874 2464 **uw**

lac. 2.5-7 𝔓^{10} 𝔓^{46} 𝔓^{113} C F 0172 1982

C 2.6 τελ 326 1837

E 2.6 Ps 62.12; 110.5; Pr 24.12; Si r 16.14; Mt 16.27; Jn 5.29; 2 Co 5.10 ; Re 6.17; Zph 1.14-17; 2 Co 11.15; 2 Ti 4.14; Re 2.23

8 τοῖς δὲ ἐξ ἐρειθίας καὶ ἀπειθοῦσιν τῇ ἀληθείᾳ πειθομένοις δὲ τῇ B*
8 τοῖς δὲ ἐξ **ἐρειθείας** καὶ ἀπειθοῦσιν τῇ ἀληθείᾳ πειθομένοις δὲ τῇ B^c
8 τοῖς δὲ ἐξ ἐρειθίας καὶ **ἀπειθοσειν** τῇ **ἀληθίᾳ** πειθομένοις δὲ τῇ G*
8 τοῖς δὲ ἐξ ἐρειθίας καὶ **ἀπειθοῦσειν** τῇ **ἀληθίᾳ** πειθομένοις δὲ τῇ G^c
8 τοῖς δὲ ἐξ **ἐριθείας** καὶ **ἀπιθοῦσι** τῇ **ἀληθίᾳ** **πιθομένοις** δὲ τῇ ℵ*
8 τοῖς δὲ ἐξ **ἐριθείας** καὶ **ἀπειθοῦσι** τῆι ἀληθείαι πειθομένοις δὲ τῆι 1739
8 τοῖς δὲ ἐξ **ἐριθείας** καὶ **ἀπειθοῦσι** τῇ ἀληθείᾳ πειθομένοις δὲ τῇ **u**
8 τοῖς δὲ ἐξ **ἐριθίας** καὶ **ἀπιθοῦσιν** τῇ ἀληθείᾳ πειθομένοις δὲ τῇ D*
8 τοῖς δὲ ἐξ **ἐριθίας** καὶ **ἀπειθοῦσι** τῇ ἀληθείᾳ πειθομένοις δὲ τῇ **w**
8 τοῖς δὲ ἐξ **ἐριθείας** **ἀπειθοῦσι** τῇ ἀληθείᾳ πειθομένοις δὲ τῇ 1881
8 τοῖς δὲ ἐξ **ἐρηθείας** καὶ ἀπειθοῦσιν μὲν τῇ ἀληθείᾳ πειθομένοις δὲ τῇ 1836
8 τοῖς δὲ ἐξ **ἐρειθείας** καὶ ἀπειθοῦσιν μὲν τῇ ἀληθείᾳ πειθομένοις δὲ τῇ 1175 1874
8 τοῖς δὲ ἐξ **ἐριθείας** καὶ ἀπειθοῦσιν μὲν τῇ ἀληθείᾳ πειθομένοις δὲ τῇ K 1735 1837
8 τοῖς δὲ ἐξ **αἱρεθίας** καὶ ἀπειθοῦσιν μὲν τῇ ἀληθείᾳ πειθομένοις δὲ τῇ 33
8 τοῖς δὲ ἐξ **ἐρηθείας** καὶ **ἀπηθοῦσιν** μὲν τῇ ἀληθείᾳ **πηθομένοις** δὲ τῇ 2464
8 τοῖς δὲ ἐξ **ἐριθείας** καὶ **ἀπιθοῦσιν** μὲν τῇ ἀληθείᾳ **πιθομένοις** δὲ τῇ P
8 τοῖς δὲ ἐξ **ἐριθείας** καὶ **ἀπιθοῦσιν** μὲν τῇ ἀληθείᾳ πειθομένοις δὲ τῇ D^2
8 τοῖς δὲ ἐξ **ἐρειθείας** καὶ **ἀπιθοῦσι** μὲν τῇ ἀληθείᾳ πειθομένοις δὲ τῇ 1611
8 τοῖς δὲ ἐξ **ἐριθείας** καὶ **ἀπιθοῦσι** μὲν τῇ **ἀληθίᾳ** **πιθομένοις** δὲ τῇ $ℵ^c$
8 τοῖς δὲ ἐξ **ἐρηθείας** καὶ **ἀπειθοῦσι** μὲν τῇ ἀληθείᾳ πειθομένοις δὲ τῇ A 104 614
8 τοῖς δὲ ἐξ **ἐρηθείας** καὶ **ἀπειθοῦσι** μὲν τῇ ἀληθείᾳ **πειθομένοι** δὲ τῇ 365
8 τοῖς δὲ ἐξ **ἐριθίας** καὶ **ἀπειθοῦσι** μὲν τῇ ἀληθείᾳ πειθομένοις δὲ τῆι 1270
8 τοῖς δὲ ἐξ **ἐριθείας** καὶ **ἀπειθοῦσι** μὲν τῆι ἀληθείαι πειθομένοις δὲ τῆι 424 1734
8 τοῖς δὲ ἐξ **ἐριθείας** καὶ **ἀπειθοῦσι** μὲν τῆι **ἀλιθείαι** πειθομένοις δὲ τῆι 1891
8 τοῖς δὲ ἐξ **ἐριθίας** καὶ **ἀπειθοῦσι** μὲν τῇ ἀληθείᾳ πειθομένοις δὲ τῇ Ψ 1319* 1573
8 τοῖς δὲ ἐξ **ἐριθείας** καὶ **ἀπειθοῦσι** μὲν τῇ ἀληθείᾳ πειθομένοις δὲ τῆι 945
8 **τῆς** δὲ ἐξ **ἐριθείας** καὶ **ἀπειθοῦσι** μὲν τῇ ἀληθείᾳ πειθομένοις δὲ τῇ 69*
8 ....**θοῦσι** μὲν τῇ ἀληθείᾳ πειθομένοις δὲ τῇ 88
8 τοῖς δὲ ἐξ **ἐριθείας** καὶ **ἀπειθοῦσι** μὲν τῇ ἀληθείᾳ **πειθομένους** δὲ τῇ 330 1424 1827
8 τοῖς δὲ ἐξ **ἐριθείας** καὶ **ἀπειθοῦσι** μὲν τῇ **ἀθείᾳ** **πειθωμένοις** δὲ τῇ 1646*
8 τοῖς δὲ ἐξ **ἐριθείας** καὶ **ἀπειθοῦσι** μὲν τῇ ἀληθείᾳ **πειθωμένοις** δὲ τῇ 1646^c
8 τοῖς δὲ ἐξ **ἐριθείας** καὶ **ἀπειθοῦσι** μὲν τῇ ἀληθείᾳ **πειθομεν** δὲ τῇ 1738
8 τοῖς δὲ ἐξ **ἐριθείας** καὶ **ἀπειθοῦσι** μὲν τῇ ἀληθείᾳ πειθομένοις δὲ τῇ L 049 056 1 6 69^c 131 205 209 226 323 326 440 460 489 517 547 618 796 910 927 999 1241 1242 1243 1245 1315 1319^c 1352 1448 1505 1506 1854 2125 2147 2344 2400 2412 2495 2815 **τ** Er^1

ἀδικίᾳ ὀργὴ καὶ θυμός. **9** θλῖψις καὶ στενοχωρία ἐπὶ πᾶσαν ψυχὴν B ℵ D^1 G 69 104 330 [↑1319 1573
ἀδικίαι ὀργὴ καὶ θυμός. **9** θλῖψις καὶ στενοχωρία ἐπὶ πᾶσαν ψυχὴν 326 [↑1739 1837
ἀδικίᾳ ὀργὴ καὶ θυμός. **9** θλῖψις καὶ **στενοχορία** ἐπὶ πᾶσαν ψυχὴν 1506 [↑1881 **uw**
ἀδικείᾳ ὀργὴ καὶ θυμός. **9** **θλῖψεις** καὶ στενοχωρία ἐπὶ πᾶσαν ψυχὴν A D*
ἀδικείᾳ **θυμὸς** καὶ **ὀργή**. **9** **θλῆψις** καὶ **στενοχορεία** ἐπὶ πᾶσαν ψυχὴν 2464
ἀδικίᾳ **θυμὸς** καὶ **ὀργή**. **9** **θλῖψεις** καὶ στενοχωρία ἐπὶ πᾶσαν ψυχὴν 131 489
ἀδικίαι **θυμὸς** καὶ **ὀργή**. **9** θλῖψις καὶ στενοχωρία ἐπὶ πᾶσαν ψυχὴν 424 1270 1734 1891
ἀδικίᾳ **θυμὸς** καὶ **ὀργή**. **9** καὶ θλῖψις καὶ στενοχωρία ἐπὶ πᾶσαν ψυχὴν 226^c 1827
ἀδικίᾳ **θυμὸς** καὶ **ὀργή**. **9** καὶ **θλῆψις** καὶ στενοχωρία ἐπὶ πᾶσαν ψυχὴν 1735
ἀδικίᾳ **θυμὸς** καὶ **ὀργή**. **9** καὶ **θλῖψης** καὶ **στενοχορία** ἐπὶ πᾶσαν ψυχὴν 365
ἀδικίᾳ **θυμὸς** καὶ **ὀργή**. **9** θλῖψις καὶ **στενοχορία** ἐπὶ πᾶσαν ψυχὴν 1874 2125
δικίᾳ **θυμὸς** καὶ **ὀργή**. **9** **θλῆψις** καὶ **στενοχορία** ἐπὶ πᾶσαν ψυχὴν 1646
ἀδικίᾳ **θυμὸς** καὶ **ὀργή**. **9** θλῖψις καὶ στενοχωρία ἐπὶ πᾶσαν ψυχὴν D^2 K L P Ψ 049 056 6 33 1 88 205 209 226* 323 440 460 517 547 614 618 796 910 927 945 999 1175 1241 1242 1243 1245 1315 1352 1424 1448 1505 1611 1738 1836 1854 2147 2344 2400 2412 2495 2815 **τ** Er^1

---

lac. 2.8-9 $𝔓^{10}$ $𝔓^{46}$ $𝔓^{113}$ C F 0172 1982

E 2.8 Phl 1.17; Ro 1.18; Jn 3.36 **9** 2 Th 1.8; Ro 1.7, 16; Is 28.22

Errata: 2.8 Ti D^c ἐρειθίας ; ἐριθείας D^c

ἀνθρώπου τοῦ κατεργαζομένου τὸ κακόν, Ἰουδαίου τε πρῶτον καὶ Ἕλληνος· B D **uwτ** Er[1]

ἀνθρώπου τοῦ κατεργαζομένου τὸ κακον, **Ἰουδαίω** τε πρῶτον καὶ **Ἑλλήνη**· G

ἀνθρώπου τοῦ κατεργαζομένου τὸ κακον, **Ἰουδαίω** τε πρῶτον καὶ **Ἑλλήνι**· 69

ανο̅υ̅ κατεργαζομένου τὸ κακόν, Ἰουδαίου τε πρῶτον καὶ Ἕλληνος· 999

ανο̅υ̅ τοῦ κατεργαζομένου τὸ κακον, **Ἰουδαίω** τε πρῶτον καὶ **Ἕλληνι**· 1 131

ανο̅υ̅ τοῦ κατεργαζομένου τὸ κακον, **Ἰουδαίω** τε πρῶτον καὶ Ἕλληνος 365 460 1175[c] 1836

ανο̅υ̅ τοῦ κατεργαζομένου τὸ κακον, **Ἰουδαίω** τε πρῶτον καὶ ....νος 1175*

ανο̅υ̅ τοῦ κατεργαζομένου τὸ κακόν, 1505 2495

ανο̅υ̅ τοῦ κατεργαζομένου τὸ κακόν, Ἰουδαίου· 326[c]

ανο̅υ̅ τοῦ **κατεργαζομένους** τὸ κακόν, Ἰουδαίου τε πρῶτον καὶ Ἕλληνος· 440

ανο̅υ̅ τοῦ **κατεργαζωμένου** τὸ **κακών**, Ἰουδαίου τε **πρότον** καὶ **Ἕληνος**· 1646*

ανο̅υ̅ τοῦ **κατεργαζωμένου** τὸ κακόν, Ἰουδαίου τε **πρότον** καὶ **Ἕληνος**· 1646[c]

ανο̅υ̅ τοῦ **κατεργαζωμένου** τὸ κακόν, **Ἰουδαίω** τε πρῶτον καὶ **Ἕληνος**· 2464

ανο̅υ̅ τοῦ κατεργαζομένου τὸ κακόν, Ἰουδαίου τε πρῶτον καὶ Ἕλληνος· ℵ A K L P Ψ 049 056 6 33 88 104 205 209 226 323 326* 330 424 489 517 547 614 618 796 910 927 945 1241 1242 1243 1245 1270 1315 1319 1352 1424 1448 1506 1573 1611 1734 1735 1738 1739 1827 1837 1854 1874 1881 1891 2125 2147 2344 2400 2412 2815

10 δόξα δὲ καὶ τειμὴ καὶ εἰρήνη παντὶ τῷ ἐργαζομένῳ τὸ ἀγαθόν, Ἰουδαίῳ B D*

10 δόξα δὲ καὶ **τιμὴ** καὶ εἰρήνη παντὶ τῶι ἐργαζομένῳ τὸ ἀγαθόν, Ἰουδαίῳ 945 1270

10 δόξα καὶ **τιμὴ** καὶ εἰρήνη παντὶ τῷ ἐργαζομένῳ τὸ ἀγαθόν, Ἰουδαίῳ 326 614 1448 1837

10 δόξα δὲ καὶ **τιμὴ** καὶ εἰρήνη παντὶ τῷ ἐργαζομένωι τὸ ἀγαθόν, Ἰουδαίωι 1734

10 δόξα δὲ καὶ **τιμὴ** καὶ εἰρήνη παντὶ τῶι ἐργαζομένωι τὸ ἀγαθόν, Ἰουδαίω 424

10 δόξα δὲ καὶ **τιμὴ** καὶ εἰρήνη παντὶ τῶι ἐργαζομένωι τὸ ἀγαθόν, Ἰουδαίωι 1739 1891

10 δόξα δὲ καὶ **εἰρήνη** καὶ **τιμὴ** παντὶ τῷ ἐργαζομένῳ τὸ ἀγαθόν, Ἰουδαίῳ 1827

10 δόξα δὲ καὶ εἰρήνη παντὶ τῷ ἐργαζομένῳ τὸ ἀγαθόν, Ἰουδαίῳ 1874

10 δόξα δὲ καὶ **τιμὴ** καὶ **εἰρείνη τῷ ἐργαζομένῳ τὸ ἀγαθὸν παντί**, Ἰουδαίῳ G

10 δόξα δὲ καὶ **τιμὴ** καὶ εἰρήνη παντὶ τῷ ἐργαζομένῳ τὸ **ἀγαθιόν**, Ἰουδαίῳ 049

10 δόξα δὲ καὶ **τιμὴ** καὶ εἰρήνη παντὶ τῷ ἐργαζομένῳ τὸ **ἀγαθῶν**, Ἰουδαίῳ 330

10 δόξα δὲ καὶ **τιμὴ** καὶ **εἰρήνι** παντὶ **τὸ** ἐργαζομένῳ τὸ ἀγαθόν, Ἰουδαίῳ K

10 δόξα δὲ καὶ **τιμὴ** καὶ εἰρήνη παντὶ **τὸ** ἐργαζομένῳ **τῷ** ἀγαθόν, Ἰουδαίῳ 1646

10 δόξα δὲ καὶ **τιμὴ** καὶ εἰρήνη παντὶ **τὸ** **ἐργαζωμένῳ** τὸ ἀγαθόν, Ἰουδαίῳ 2464

10 δόξα δὲ καὶ **τιμὴ** καὶ εἰρήνη παντὶ τῷ ἐργαζομένῳ τὸ ἀγαθόν, Ἰουδαίῳ ℵ A D[1.2] L P Ψ 056 1 6 33 69 88 104 131 205 209 226 323 365 440 460 489 517 547 618 796 910 927 999 1175 1241 1242 1243 1245 1315 1319 1352 1424 1505 1506 1573 1611 1735 1738 1836 1854 1881 2125 2147 2344 2400 2412 2495 2815 **uwτ** Er[1]

---

lac. 2.9-10 𝔓[10] 𝔓[46] 𝔓[113] C F 0172 1982

C 2.9 τελ ε̅ 1 2464 | τελ 330 489 1175 1245 2400 | τε της ε̅ 614 927 1242 1573 2147 2412 | τελ της α̅ 1315 | τελ της δ̅ 547 | τε κρισεως του εκατου μη φυλασσοντων τα νομημο 1448 **10** κ, β̅ αδελφοι δοξα και τιμη L | αρχ D 104 547 | αρχ κ,υ β̅ Ψ | αρχ κ,υ β̅ 049 | αρχ δ̅ 1 | αρχ κ,υριακ β̅ 209 | αρχ κ,υ β̅ αδ,ε δοξα και τιμη και ειρηνη 226 | αρχ κ,υ β̅ αδ,ε δοξα και τιμη 326 | αρχ κ,υ β̅ 330 | αρχ 424 | τελ της ε̅ και αρχ της κ,ε β̅ κ,ε ξ̅ της 440 | β̅ της κρισεως κατα του ιη̅λ του μη φυλασσοντ τα νομιμα 440 | αρχ κ,υ β̅ μετ της ν̅ 460 | αρχ κ,υ β̅ αδ,ε δοξα και τιμη 489 | αρχ κ,υ β̅ αδ,ε δοξα 517 | αρχ κ,υριακ β̅ προς ρωμαιους αδελφοι δοξα και τιμη και ειρηνη παντ 614 | κ,υ β̅ αρχ αδ,ε δοξ και τι 796 | β̅ της κρισεως της κατα του ιη̅λ του μη φυλασσοντος τα νομιμα 796 | αρχ κ,υζ β̅ αδ,ε δ,ο και τιμ 927 | λ,ο και κ,υ β̅ προς ρω αδ,ε δοξα και τιμη 945 | αρχ κ,υ β̅ 1175 | αρχ κ,υριακ α̅ 1242 | αρχ 1245 | αρχ τη β̅ 1243 | β̅ περι κρισεως της κατα ιη̅λ της μη φυλασσοντ τα νομισμ 1270 | αρχ κ,υ β̅ κ,τ β̅ απο τ ν̅ αδ,ε δοξα και τι 1270 | αρχ κ,υ β̅ κ,ε πβ̅ 1315 | αρχ κ,υ β̅ αδ,ε δοξα και τιμη και ειρηνη παντι τω εργαζαμενω 1448 | αρχ κ,υριακ β̅ αδ,ε δοξα και τιμη και ειρηνη 1573 | β̅ περι κρισεως της κατα του ιη̅λ. του μη φουλασσοντος τα νομιμα 1734 | κ,υ β̅ μετ την ν̅ 1735 | περι κρισεως τη κατα του ιη̅λ. του μη φυλα εγενετο τα νομιμα 1739 | τομη δ̅ | κ,ε ε̅ 1739 | κ,υ β̅ ο αποστολος πρ ωμ αδελφοι δοξα και τιμη ειρηνη 1739 | κ,ε π̅ αδ,ε 1827 | κ,υ β̅ απο της ν̅ 1836 | β̅ περι κρισεως της κατα ιη̅λ του μη φυλασσοντος τα νομιμα 1836| αρχ κ,υ β̅ αδ,ε δοξα και τιμη και ειρηνη 1837 | αρχ αδελφοι δοξα δε και τιμη και ειρηνη 1891 | αρχ τη β̅ κ,υ αδ,ε δοξα και τιμη 2147 | κ,υ β̅ αδ,ε δ,οξ 2400 | αρχ τη β̅ της κ,υριακ προς ρωμαιους αδελφοι δοξα και τιμη και ειρηνη 2412 | αρχ κυριακη: β̅ κ,εμη αδελφοι δοξη κ, τη παρα τς α εβδ κ,ε ν̅θ 2464

D 2.10 δ̅ D 1 | β̅ 226 440 1270 1734 1836

E 2.9 2 Th 1.8; Ro 1.7, 16; Is 28.22

τε πρῶτον καὶ Ἕλληνι· 11 οὐ γάρ ἐστιν προσωπολημψία παρὰ τῷ θ̅ω̅. B ℵ G
τε πρῶτον καὶ Ἕλ········ 11 οὐ γάρ ἐστιν προσωπολημ······· παρὰ τῷ θ̅ω̅. A
τε πρῶτον καὶ Ἕλληνι· 11 οὐ γάρ ἐστιν προσωπολημψία παρὰ τῷ θεῷ. **uw**
τε πρῶτον καὶ Ἕλληνι· 11 οὐ γάρ ἐστιν **προσωπολιψία** παρὰ τῷ θ̅ω̅. 1735
τε πρῶτον καὶ Ἕλληνι· 11 οὐ γάρ ἐστιν **προσωποληψία** παρὰ τῷ θ̅ω̅. D[2] K L P Ψ 33 326 489 1175
τε πρῶτον καὶ Ἕλληνι· 11 οὐ γάρ ἐστιν προσωπολημψία παρὰ θ̅ω̅. D* [↑1241 1424 1506 1827
τε πρῶτον καὶ Ἕλληνι· 11 οὐ γάρ **ἐστι** **προσωποληψία** παρὰ θ̅ω̅. 1245 [↑1836 1874 1881
τε πρῶτον καὶ Ἕλληνι· 11 οὐ γάρ **ἐστι** **προσωπολιψία** παρὰ τῷ θ̅ω̅. 365
τε πρῶτον καὶ **Ἕλην**ι· 11 οὐ γάρ ἐστιν **προσωπολιψία** παρὰ τῷ θ̅ω̅. 2464
τε **πρότον** καὶ Ἕλληνι· 11 οὐ γάρ ἐστιν **προσωπωλυψία** παρὰ τῷ θ̅ω̅. 1646
τε πρῶτον καὶ Ἕλληνι· 11 οὐ γάρ **ἐστι** **προσωποληψία** παρὰ τῶι θ̅ω̅ι. 424 945 1270 1734 1739 1891
τε πρῶτον καὶ Ἕλληνι· 11 οὐ γάρ **ἐστι** **προσοποληψία** παρὰ τῷ θεῷ. 614
τε πρῶτον καὶ Ἕλληνι· 11 οὐ γάρ **ἐστι** **προσωποληψία** παρὰ τῷ θεῷ. **τ** Er[1]
τε πρῶτον καὶ Ἕλληνι· 11 οὐ γάρ **ἐστι** **προσωληψία** παρὰ τῷ θ̅ω̅. 209
πρῶτον καὶ Ἕλληνι· 11 οὐ γάρ **ἐστι** **προσωποληψία** παρὰ τῶι θ̅ω̅ι. 517
τε πρῶτον καὶ **Ἕλληνὴ**· 11 οὐ γάρ **ἐστι** **προσωποληψία** παρὰ τῷ θ̅ω̅. 1243
τε πρῶτον καὶ Ἕλληνι· 11 οὐ γάρ **ἐστι** **προσοποληψία** παρὰ τῷ θ̅ω̅. 1319 2412
τε πρῶτον καὶ Ἕλληνι· 11 οὐ γάρ **ἐστι** **προσωποληψία** παρὰ τῷ θ̅ω̅. 049 056 1 6 69 88 104 131 205 226 323 330 440 460 547 618 796 910 927 999 1242 1315 1352 1448 1505 1573 1611 1738 1837 1854 2125 2147 2344 2400 2495 2815

[↓1735 1738 1827 1836 1837 1854 1881 2125 2344 2400 2412 2464 2495 2815 **uwτ** Er[1]
[↓796 910 927 999 1175 1241 1242 1315 1319 1352 1424 1448 1505 1506 1573 1611 1734
[↓Ψ 049[c] 056 1 6 33 69 104 131 205 209 226 323 326 330 365 424 440 460 489 547 614 618
γ̅ 12 ὅσοι γὰρ ἀνόμως ἥμαρτον, ἀνόμως καὶ ἀπολοῦνται, καὶ ὅσοι ⸆ἐν νόμῳ B ℵ D K L P
12 ὅσοι γὰρ ἀνόμως **ἥμαρτων**, ἀνόμως καὶ ἀπολοῦνται, καὶ ὅσοι ἐν νόμῳ 2147
12 ὅσοι γὰρ **ἀνόμος** ἥμαρτον, ἀνόμως καὶ ἀπολοῦνται, καὶ ὅσοι ἐν νόμῳ 049* 88 1245
12 **ὅσι** γὰρ **ἀνόμος** ἥμαρτον ἥμαρτον, **ἀνόμος** καὶ ἀπολοῦνται, καὶ **ὥσοι** **ἐ** νόμῳ 1646*
12 **ὅσι** γὰρ **ἀνόμος** ἥμαρτον, **ἀνόμος** καὶ ἀπολοῦνται, καὶ **ὥσοι** **ἐ** νόμῳ 1646[c]
12 ὅσοι γὰρ **ἀνόμος** ἥμαρτον, **ἀνόμος** καὶ **ἀπωλοῦνται**, καὶ ὅσοι ἐν νόμῳ 1243
12 ὅσοι γὰρ ἀνόμως ἥμαρτον, ἀνόμως καὶ **ἀπωλοῦνται**, καὶ ὅσοι ἐν νόμῳ 1874*
12 ὅσοι γὰρ ἀνόμως ἥμαρτον, ἀνόμως καὶ **ἀπωλοῦντε**, καὶ ὅσοι ἐν νόμῳ 1874[c]
12 ὅσοι γὰρ ἀνόμως ἥμαρτον, ἀνόμως καὶ ἀπολοῦνται, καὶ ὅσοι ἐν **ονόμῳ** G
12 ὅσοι γὰρ ἀνόμως ἥμαρτον, ἀνόμως καὶ ἀπολοῦνται, καὶ ὅσοι ἐν νόμωι 517 945 1270
12 ὅσοι γὰρ ἀνόμ······ ἥμαρτον, ἀνόμως καὶ ἀπολου·········, καὶ ὅσοι ἐν νόμῳ A [↑1739 1891

⸆ἀνόμως ἥμαρτον, ἀνόμως καὶ ἀπολοῦνται, καὶ ὅσοι 1573

ἥμαρτον, διὰ νόμου κριθήσονται· 13 οὐ γὰρ οἱ ἀκροαταὶ νόμου δίκαιοι B ℵ A D[2] G Ψ **uw**
··················· ······· ·······μου κρι··············ται· 13 οὐ········ ···· ···κροαṭ···· ············ ····και···· 𝔓113
ἥμαρτον, διὰ νόμου κριθήσονται· 13 οὐ γὰρ οἱ ἀκροαταὶ **μου** δίκαιοι D*
ἥμαρτον, διὰ νόμου κριθήσονται· 13 οὐ γὰρ οἱ ἀκροαταὶ νόμου δίκαιοι 1175
ἥμαρτον, διὰ νόμου **κριθήσοντε**· 13 οὐ γὰρ οἱ ἀκροαταὶ νόμου δίκαιοι 1739 1874
ἥμαρτον, διὰ νόμου **κριθήσοντε**· 13 οὐ γὰρ οἱ **ἀκροατὲ** τοῦ νόμου δίκαιοι 2464
ἥμαρτον, διὰ νόμου κριθήσονται· 13 οὐ γὰρ οἱ **ἀκροατὲ** τοῦ νόμου δίκαιοι 460 618 1243
ἥμαρτον, διὰ νόμου κριθήσονται· 13 οὐ γὰρ οἱ **ἀκροταὶ** τοῦ νόμου δίκαιοι 1646*
ἥμαρτον, διὰ νόμου **κριθήσον**· 13 οὐ γὰρ οἱ ἀκροαταὶ τοῦ νόμου δίκαιοι 365
ἥμαρτον, διὰ νόμου κριθήσονται· 13 P
ἥμαρτον, διὰ νόμου κριθήσονται· 13 οὐ γὰρ οἱ ἀκροαταὶ τοῦ νόμου **δικαιωθήσονται** 2344
ἥμαρτον, διὰ νόμου κριθήσονται· 13 οὐ γὰρ οἱ ἀκροαταὶ τοῦ νόμου **δίκαι** 326* [↓104 131 205 209
ἥμαρτον, διὰ νόμου κριθήσονται· 13 οὐ γὰρ οἱ ἀκροαταὶ τοῦ νόμου δίκαιοι K L 049 056 1 6 33 69 88 226 323 326[c] 330 424 440 489 517 547 614 796 910 927 945 999 1241 1242 1245 1270 1315 1319 1352 1424 1448 1505 1506 1573 1611 1646[c] 1734 1735 1738 1827 1836 1837 1854 1881 1891 2125 2147 2400 2412 2495 2815 **τ** Er[1]

---

lac. 2.10-13 𝔓10 𝔓46 C F 0172 1982 **2.10-11** 𝔓113

C 2.12 γ̅ περικρισεως της κατα ιη̅λ του μη φυλασοντος τα νομιμα κ,υ β̅ αδ,ε δοξα και τιμη και ειρηνη παντι 1 | β̅ περικρισεως της κατα (+του 1245) ιη̅λ του μη φυλασσοντος τα νομημα (νομι- 1245) 1175 1245 1245 | εωθ β̅ ηχ α̅ 1242 | γ̅ περὶ κρίσεως κατὰ τὸν ιη̅λ τοῦ μὴ φυλάσσοντος τὰ νόμημα 1315 | β̅ περικρισεως της κατα ιη̅λ του μη φυλασσοντος τα νομιμα 1874 | τελ 330 **13** αρχ τη γ̅ 330 | αρχ 1243

D 2.12 γ̅ B 1 1315 | β̅ 1175 1245 1891 2464

E 2.11 Dt 10.17; 2 Chr 19.7; Ac 10.34; ; Ga 2.6; Eph 6.9; Col 3.25; 1 Pe 1.17; Js 2.1; 2 Chr 19.7 **13** Mt 7.21; Js 1.22, 25; 1 Jn 3.7; Js 4.11

παρὰ θω̄, ἀλλ' οἱ ποιηταὶ νόμου δικαιωθήσονται. 14 ὅταν γὰρ B D* Cl I 95.3; II
παρὰ θεῷ, ἀλλ' οἱ ποιηταὶ νόμου δικαιωθήσονται. 14 ὅταν γὰρ [uw] [↑44.4
14 ὅταν γὰρ P
παρὰ θω̄, ἀλλ' οἱ **ποιητὲ** νόμου δικαιωθήσονται. 14 ὅταν γὰρ 1874*
παρὰ τῷ θω̄, ἀλλ' οἱ ποιηταὶ νόμου δικαιωθήσονται. 14 ὅταν γὰρ ℵ A 104 1175
παρὰ τῶι θω̄ι, ἀλλ' οἱ ποιηταὶ νόμου δικαιωθήσονται. 14 ὅταν γὰρ 1739
παρὰ τῷ θεῷ, ἀλλ' οἱ ποιηταὶ νόμου δικαιωθήσονται. 14 ὅταν γὰρ [uw]
παρὰ τῷ θω̄, ἀλλ' οἱ ποιηταὶ νόμου **δικαιωθήσοντε**. 14 ὅταν γὰρ 1874c
παρὰ τῷ θω̄, ἀλλ' οἱ ποιηταὶ νόμου **δικαιοθήσονται**. 14 ὅταν γὰρ 1506 1836
παρὰ τῷ θω̄, **ἀλλὰ** ποιηταὶ νόμου δικαιωθήσονται παρὰ θω̄. 14 ὅταν **δὲ** τὰ G
παρὰ τῷ θω̄, ἀλλ' οἱ ποιηταὶ τοῦ νόμου δικαιωθήσονται. 14 ὅταν γὰρ τὰ 6 489 999
παρὰ θω̄, ἀλλ' οἱ ποιηταὶ τοῦ νόμου δικαιωθήσονται. 14 ὅταν γὰρ 056
παρὰ τῷ θω̄, ἀλλ' οἱ **ποιητὲ** τοῦ νόμου δικαιωθήσονται. 14 ὅταν γὰρ 2464
παρὰ τῷ θω̄, ἀλλ' οἱ ποιηταὶ τοῦ νόμου **δικαιοθήσονται**. 14 ὅταν γὰρ 1646 2147 2495
παρὰ τῶι θω̄, ἀλλ' οἱ ποιηταὶ τοῦ νόμου δικαιωθήσονται. 14 ὅταν γὰρ 945
παρὰ τῶι θω̄ι, ἀλλ' οἱ ποιηταὶ τοῦ νόμου δικαιωθήσονται. 14 ὅταν γὰρ 424 517 1270
παρὰ τῷ θεῷ, ἀλλ' οἱ ποιηταὶ τοῦ νόμου δικαιωθήσονται. 14 ὅταν γὰρ τ Er1 [↑1891
παρὰ τῷ θω̄, ἀλλ' οἱ **ποιειταὶ** τοῦ νόμου δικαιωθήσονται. 14 ὅταν γὰρ 1243 1735
παρὰ **τοῦ θῡ**, ἀλλ' οἱ ποιηταὶ τοῦ νόμου δικαιωθήσονται. 14 ὅταν γὰρ 1315
παρὰ τῷ θω̄, ἀλλ' οἱ ποιηταὶ τοῦ νόμου δικαιωθήσονται. 14 ὅταν γὰρ D2 K L Ψ 049 1 33 69 88 131 205 209 226 323 326 330 365 440 460 547 614 618 796 910 927 1241 1242 1245 1319 1352 1424 1448 1505 1573 1611 1734 1738 1827 1837 1854 1881 2125 2344 2400 2412 2815

ἔθνη τὰ μὴ νόμον ἔχοντα φύσει τὰ τοῦ νόμου ποιῶσιν, B ℵ A 104 326 365 1573 1739 1837 **uw** Cl I 95.3;
ἔθνη τὰ μὴ νόμον ἔχοντα φύσει τὰ τοῦ νόμου **ποιοῦσι**, 88 330 [↑II 44.4
ἔθνη τὰ μὴ νόμον **ἔχωντα** φύσει τὰ τοῦ νόμου **ποιοῦσι**, 1646
ἔθνη τὰ μὴ νόμον ἔχοντα φύσει τὰ τοῦ νόμου **ποιοῦσιν**, D* 6 424c 1243 1175 1319 1506 1836 1874 1881
ἔθνη τὰ μὴ νόμον ἔχοντα φύσει τὰ τοῦ νόμου **ποιοῦσειν**, G [↓1738 1827 1891* 2147 2344 2412 2464 2495
ἔθνη τὰ μὴ νόμον ἔχοντα φύσει τὰ τοῦ νόμου **ποιεῖ**, K L P 1 33 131 614 999 1241 1245 1424 1505 1735
ἔθνη τὰ μὴ νόμον ἔχοντα φύσει τὰ τοῦ νόμου **ποιῆι**, 1891c
ἔθνη τὰ μὴ νόμον ἔχοντα φύσει τὰ τοῦ νόμου **ποιῆ**, D2 Ψ 049 056 69 205 209 226 323 424* 440 460 489 517 547 618 796 910 927 945 1242 1270 1315 1352 1448 1611 1734 1854 2125 2400 2815 τ Er1

οὗτοι νόμον μὴ ἔχοντες ἑαυτοῖς εἰσιν νόμος· B ℵ A D K L P 049 33 326 460 1175 1243 1315 1424
οἱ τουοῦτοι νόμον μὴ ἔχοντες ἑαυτοῖς εἰσιν νόμος· G [↑1506 1646 1735 1837 1854 1874 **uw**
οὗτοι νόμον μὴ ἔχοντες ἑαυτοῖς **ἦσιν** νόμος 2464
οὗτοι νόμον μὴ ἔχοντες ἑαυτοῖς **εἰσι** **νόμης**· 330
οὗτοι νόμον μὴ ἔχοντες ἑαυτοῖς **εἰσι** νόμος· Ψ 056 1 6 69 88 104 131 205 209 226 323 365 424 440 489 517 547 614 618 796 910 927 945 999 1241 1242 1245 1270 1319 1352 1448 1505 1573 1611 1734 1738 1739 1827 1836 1881 1891 2125 2147 2400 2412 2495 2815 τ Er1 Cl I 95.3; II 44.4

15 οἵτινες ἐνδείκνυνται τὸ ἔργον τοῦ νόμου γραπτὸν B D K L P Ψ 049 056 1 6 33 69 88 104 131 205 209
15 **οἵτεινες ἐνδίγνυνται** τὸ ἔργον τοῦ νόμου γραπτὸν A [↑226 323 326 330 365 424 440 460 489
15 οἵτινες **ἐνδίκνυνται** τὸ ἔργον τοῦ νόμου γραπτὸν ℵ G 1243 [↑547 614 618 796 910 927 945 999 1175
15 οἵτινες **ἐνδείκνυται** τὸ ἔργον τοῦ νόμου γραπτὸν 1505 [↑1241 1242 1245 1270 1315 1319 1352
15 οἵτινες **ἐνδείκνυντε** τὸ ἔργον τοῦ νόμου γραπτὸν 1874 [↑1424 1448 1573 1611 1506 1646 1734
15 οἵτινες **ἐνδίκνυντε** τὸ ἔργον τοῦ νόμου γραπτὸν 2464 [↑1735 1738 1739 1836 1837 1854 1881
15 οἵτινες ἐνδείκνυνται τὸ ἔργον τοῦ νόμου **γραπτῶν** 517 [↑1891 2125 2147 2400 2412 2495 2815
15 οἵτινες ἐνδείκνυνται τὸ ἔργον τοῦ **θῡ** γραπτὸν 1827 [↑**uwτ** Er1

lac. 2.13-15 𝔓10 𝔓46 C F 0172 1982 **2.14-15** 𝔓113 **2.15** 2344 (illeg.)

C 2.14 αρχ τη ϛ εβδ αδ,ε οταν εθνη τα μη νομ εχοντ 1 | αρχ τη ϛ της α εβδ. αδ,ε οταν εθνη τα μη νομον εχοντ 226 | υπ 330 | αρχ της ϛ της α 440 | αρχ τη ϛ της α σεβδ αδ,ε οταν 489 | αρχ ϛ 547 | αρχ της παρας της α εβδ. αδελφοι οταν τω εθνη τα 614 | αρχ τη παρ, 1175 | αρχ τη ϛ της α εβδ αδ,ε 927 | αρχ τη ϛ 1242 | αρχ τη β της β εβδ κ,ε πζ 1315 | αρχ τη ϛ της α εβδ. αδ,ε οταν εθνη τα μη νομον 1573 | κ,υ ϛ τη ϛ της α εβδ: ο αποστολ πρ ρωμ. αδελφοι οταν εθνη τα μη νομον εχοντες 1739 | αρχ τη π,α της α εβδ αδ,ε οταν γαρ εθνη τα 2147 | αρχ της πα,ρασ της α εβδ αδελφοι οταν τα εθνη τα μη νομον 2412

D 2.14 δ 489 927 | ε 226

E 2.13 Mt 7.21; Js 1.22, 25; 1 Jn 3.7; Js 4.11 **14** Ac 10.35 **15** Jr 31.33; Is 51.7

ἐν ταῖς καρδίαις αὐτῶν, συνμαρτυρούσης αὐτῶν τῆς συνειδήσεως καὶ B* ℵ^c A w
ἐν ταῖς **καρδίες** αὐτῶν, συνμαρτυρούσης αὐτῶν τῆς συνειδήσεως καὶ ℵ*
ἐν ταῖς καρδίαις αὐτῶν, **συνμαρτυρούσις** αὐτῶν τῆς **συνιδήσεως** καὶ 2464
ἐν ταῖς καρδίαις αὐτῶν, **συμαρτυρούσης** αὐτῶν τῆς συνειδήσεως καὶ Er[1]
ἐν ταῖς καρδίαις αὐτῶν, **συμμαρτυρούσης τῆς συνιδήσεως αὐτῶν** καὶ D G
ἐν ταῖς καρδίαις αὐτῶν, **συμμαρτυρούσης αὐτῷ** τῆς συνειδήσεως καὶ 330
ἐν ταῖς καρδίαις αὐτῶν, **συμμαρτυρούσης αὐτοῖς** τῆς συνειδήσεως καὶ 1735
ἐν ταῖς καρδίαις αὐτῶν, **συμμαρτυρούσης** αὐτῶν τῆς **συνηδήσεως** καὶ 056 1243 1506 1646^c 1874
ἐν **τὲς** καρδίαις αὐτῶν, **συμμαρτυρούσης** αὐτῶν τῆς **συνηδήσεως** καὶ 1646* [↓104 131 205 209
ἐν ταῖς καρδίαις αὐτῶν, **συμμαρτυρούσης** αὐτῶν τῆς συνειδήσεως καὶ B^c K L P Ψ 049 1 6 33 69 88
226 323 326 365 424 440 460 489 517 547 614 618 796 910 927 945 999 1175 1241 1232 1245 1270 1315 1319 1352
1424 1448 1505 1573 1611 1734 1738 1739 1827 1836 1837 1854 1881 1891 2125 2147 2400 2412 2495 2815 **uτ**

[↓1505 1506 1573 1611 1734 1735 1738 1739 1827 1836 1854 1874 1891 2125 2400 2412 2495 2815 **uwτ** Er[1]
[↓424 440 460 489 517 547 614 618 796 910 927 945 999 1175 1241 1242 1243 1245 1270 1315 1319 1352 1448
μεταξὺ ἀλλήλων τῶν λογισμῶν κατηγορούντων ἢ καὶ ἀπολογουμένων, B ℵ A D K L Ψ 049^c 056 1
μεταξὺ ἀλλήλων τῶν λογισμῶν κατηγορούντων ἢ καὶ ἀπολογου............. P [↑6 33 69 88 104 205
μεταξὶ ἀλλήλων τῶν λογισμῶν κατηγορούντων ἢ καὶ ἀπολογουμένων, 1646 [↑209 226 323 365
μεταξὺ ἀλλήλων τῶν λογισμῶν κατηγορούντων καὶ ἀπολογουμένων, 326 1837
μεταξὺ ἀλλήλων τῶν λογισμῶν κατηγορούντων **οἱ** καὶ ἀπολογουμένων, 131
μεταξὺ ἀλλήλων τῶν λογισμῶν **κατηγορούντον** ἢ καὶ ἀπολογουμένων, 049*
μεταξὺ ἀλλήλων κατηγορούντων ἢ καὶ ἀπολογουμένων, 1424
μεταξὺ ἀλλήλων **τὸν λογισμὸν** κατηγορούντων ἢ καὶ ἀπολογουμένων, 1881
μεταξὺ **ἀλήλων τὸν λογισμὸν** κατηγορούντων ἢ καὶ ἀπολογουμένων, 2464
μεταξὺ ἀλλήλων τῶν **λογισμοῖς** κατηγορούντων ἢ καὶ ἀπολογουμένων, 330
μεταξὺ ἀλλήλων τῶν **διαλογισμῶν** κατηγορούντων ἢ καὶ ἀπολογουμένων, G
μεταξὺ ἀλλήλων **κατηγορούντων τῶν λογισμῶν** ἢ καὶ ἀπολογουμένων, 2147

16 ἐν ᾗ ἡμέρᾳ κρινει ὁ θς τὰ κρυπτὰ τῶν ἀνθρώπων κατὰ τὸ εὐαγγέλιόν B*
16 ἐν ᾗ ἡμέρᾳ **κρίνει** ὁ θς τὰ κρυπτὰ τῶν ἀνθρώπων κατὰ τὸ εὐαγγέλιόν B^c
16 ἐν ᾗ ἡμέρᾳ **κρινεῖ** ὁ θεὸς τὰ κρυπτὰ τῶν ἀνθρώπων κατὰ τὸ εὐαγγέλιόν [w]
16 ἐν **ἡμέρα ᾗ** κρινει ὁ θς τὰ κρυπτὰ τῶν ανων κατὰ τὸ εὐαγγέλιόν A
16 ἐν **ἡμέρα ᾗ** **κρινεῖ** ὁ θς τὰ κρυπτὰ τῶν ανων κατὰ τὸ εὐαγγέλιόν 88 1506
16 ἐν **ἡμέρα ᾗ** **κρινεῖ** ὁ θεὸς τὰ κρυπτὰ τῶν ἀνθρώπων κατὰ τὸ εὐαγγέλιόν [w]
16 ἐν **ἡμέρα ὅταν** **κρινεῖ** ὁ θς τὰ κρυπτὰ τῶν ανων κατὰ τὸ εὐαγγέλιόν 2400
16 ἐν **ἡμέρα ὅτε** κρινει ὁ θς τὰ κρυπτὰ τῶν ανων κατὰ τὸ εὐαγγέλιόν ℵ D*
16 ἐν **ἡμέρα ὅτε** **κρίνῃ** ὁ θς τὰ κρυπτὰ τῶν ανων κατὰ τὸ εὐαγγέλιόν Ψ 1243
16 ἐν **ἡμέρα ὅτε** **κρίνει** ὁ θς τὰ κρυπτὰ τῶν ανων κατὰ τὸ εὐαγγέλιόν 1315
16 ἐν **ἡμέρα ὅτε** **κρίνει** ὁ θς τὰ **ἐργὰ** τῶν ανων κατὰ τὸ εὐαγγέλιόν 1646
16 ἐν **ἡμέρα ὅτε** **κρίνει** ὁ θεὸς τὰ κρυπτὰ τῶν ἀνθρώπων κατὰ τὸ εὐαγγέλιόν **u**[**w**] Er[1]
16 ἐν **ἡμέρα ὅτε** **κρινῖ** ὁ θς .... G
16 ἐν **ἡμέρα ὅτε** **κρινεῖ** ὁ θεὸς τὰ κρυπτὰ τῶν ἀνθρώπων κατὰ τὸ εὐαγγέλιόν K τ
16 ἐν **ἡμέραι ὅτε** **κρινεῖ** ὁ θς τὰ κρυπτὰ τῶν ανων κατὰ τὸ εὐαγγέλιόν 1734 1739 1891
16 ἐν **ἡμέρα ὅτε** **κρινεῖ** ὁ θς τὰ κρυπτὰ τῶν ἀνθρώπων κατὰ τὸ εὐαγγέλιόν 1270 2495
16 ἐν **ἡμέρα ὅτε ὅτε κρινεῖ** ὁ θς τὰ κρυπτὰ τῶν ανων κατὰ τὸ εὐαγγέλιόν 365*
16 ἐν **ἡμέρα ὅτε** **κρινεῖ** ὁ θς τὰ κρυπτὰ τῶν ανων κατὰ τὸ εὐαγγέλιόν D^2 L 049 056 1 6
33 69 104 131 205 209 226 323 326 330 365^c 424 440 460 489 517 547 614 618 796 910 927 945 999 1175 1241 1242
1245 1319 1352 1424 1448 1505 1573 1611 1735 1738 1827 1836 1837 1854 1874 1881 2125 2147 2412 2464 2815

μου διὰ χυ ιυ. B ℵ*
μου διὰ χυ. 1836
μου διὰ Χριστοῦ Ἰησοῦ. **u**[**w**]
μου διὰ **Ἰησοῦ Χριστοῦ**. **τ** Er[1]
διὰ **Ἰησοῦ χυ**. 69 [↓2400 2412 2464 2495 2815 [**w**]
μου διὰ **ιυ χυ** τοῦ κυ ἡμῶν. D [↓1646 1734 1735 1738 1739 1827 1837 1854 1881 1891 2125 2147
μου διὰ **ιυ χυ** τοῦ 88 [↓1243 1245 1270 1315 1319 1352 1424 1448 1505 1506 1573 1611
μου διὰ α **ιυ χυ**. 1874 [↓460 489 517 547 614 618 796 910 927 945 999 1175 1241 1242
μου διὰ ιυ χυ. ℵ^c A K L Ψ 049 056 1 6 33 104 131 205 209 226 323 326 330 365 424 440

lac. 2.15-16 𝔓[10] 𝔓[46] 𝔓[113] C F 0172 1982 2344 (illeg.) **2.16** P

C 2.16 τελ κ,υ 1 330 | τε της κ,υριακ 326 440 517 614 1242 1315 1573 1837 2147 2412 | τελ L 049 104 209 226 424 1175 1241 1245 1448 1891 | τε κ,υ β 1739

D 2.14 δ 489 927 | ε 226

E 2.15 Jr 31.33; Is 51.7 **16** 2 Ti 2.8; Lk 8.17; 1Co 4.5; Ro 16.25; Ac 10.42

Errata: 2.16 na 6 1241 κρίνει : κρινεῖ 6 1241

The Jews and the Law

17 Εἰ δὲ	σὺ Ἰουδαῖος	ἐπονομάζῃ	καὶ ἐπαναπαύῃ		νόμῳ	καὶ καυχᾶσαι	B ℵ A D[1] Ψ 88
17 Εἰ δὲ	σὺ Ἰουδαῖος	ἐπονομάζῃ	καὶ ἐπαναπαύῃ		νόμῳ	καὶ **καυχᾶσε**	D* [↑uw 104
17 Εἰ δὲ	σὺ Ἰουδαῖος	ἐπονομάζῃ	καὶ ἐπαναπαύηι	τῶι	νόμωι	καὶ καυχᾶσαι	1 [↑Cl I 174.1
17 Εἰ δὲ	σὺ Ἰουδαῖος	ἐπονομάζηι	καὶ ἐπαναπαύῃ	τῶι	νόμωι	καὶ καυχᾶσαι	1270
17 Εἰ δε	σὺ Ἰουδαῖος	ἐπονομάζῃ	καὶ ἐπαναπαύῃ	τῷ	νόμῳ	καὶ καυχᾶσαι	999 1245 1448
17 Εἰ δὲ	σὺ Ἰουδαῖος	**ἐπονομάζει**	καὶ ἐπαναπαύῃ	τῷ	νόμῳ	καὶ καυχᾶσαι	1315 [↑1836
17 Εἰ δὲ	σὺ Ἰουδαῖος	**ἐπονομάζει**	καὶ **ἐπαναπαύει**		νόμῳ	καὶ καυχᾶσαι	1506
17 Εἰ δὲ	σὺ Ἰουδαῖος	**ἐπονομάζει**	καὶ **ἐπαναπαύει**	τῷ	νόμῳ	καὶ καυχᾶσαι	2147
17 **Εἴδε**	σὺ Ἰουδαῖος	ἐπονομάζῃ	καὶ **ἐπαναπαύει**	τῷ	νόμῳ	καὶ καυχᾶσαι	K
17 **Ἡ δε**	σὺ Ἰουδαῖος	**ἐπονομάζει**	καὶ ἐπαναπαύῃ	τῷ	νόμῳ	καὶ **καυχᾶσε**	1243
17 **Ἡ δε**	σὺ Ἰουδαῖος	ἐπονομάζῃ	καὶ ἐπαναπαύῃ	τῷ	νόμῳ	καὶ καυχᾶσαι	1352
17 **Ἴδε**	σὺ Ἰουδαῖος	ἐπονομάζηι	καὶ ἐπαναπαύηι	τῶι	νόμωι	καὶ καυχᾶσαι	945 1891
17 **Ἴδε**	σὺ Ἰουδαῖος	ἐπονομάζῃ	καὶ ἐπαναπαύῃ	τῶι	νόμωι	καὶ καυχᾶσαι	424
17 **Ἴδε**	σὺ Ἰουδαῖος	ἐπονομάζηι	καὶ ἐπαναπαύῃ	τῶι	νόμωι	καὶ καυχᾶσαι	1734
17 **Ἴδε**	σὺ Ἰουδαῖος	**ἐποναμάζῃ**	καὶ ἐπαναπαύῃ	τῷ	νόμῳ	καὶ καυχᾶσαι	489
17 **Ἴδε**	σὺ Ἰουδαῖος	ἐπονομάζῃ	καὶ **ἐπαναύῃ**	τῷ	νόμῳ	καὶ καυχᾶσαι	1735
17 **Ἴδε**	σὺ Ἰουδαῖος	ἐπονομάζῃ	καὶ **ἐπαναπαύει**	τῷ	νόμῳ	καὶ καυχᾶσαι	2464
17 **Ἴδε**	σὺ Ἰουδαῖος	ἐπονομάζῃ	καὶ **ἐπαναπαύει**		νόμῳ	καὶ καυχᾶσαι	6
17 **Ἴδε**	σὺ Ἰουδαῖος	ἐπονομάζηι	καὶ ἐπαναπαύηι		νόμωι	καὶ καυχᾶσαι	1739
17 **Ἴδε**	σὺ Ἰουδαῖος	ἐπονομάζῃ	καὶ ἐπαναπαύῃ	τῷ	νόμῳ	καὶ **καυχᾶσε**	L 2125
17 **Ἴδε**	σὺ Ἰουδαῖος	ἐπονομάζῃ	καὶ ἐπαναπαύῃ	τῷ	νόμωι	καὶ καυχᾶσαι	517
17 **Ἴδε**	σὺ **Ἰουδαίως**	ἐπονομάζῃ	καὶ ἐπαναπαύῃ	τῷ	νόμῳ	καὶ καυχᾶσαι	1175
17 **Ἴδε**	σὺ Ἰουδαῖος	**ἐπονομάζει**	καὶ **ἐπαναπαύει**	τῷ	νόμῳ	καὶ καυχ.........	33
17 **Ἴδε**	σὺ Ἰουδαῖος	**ἐπονομάζει**	καὶ **ἐπαναπαύει**	τῷ	νόμῳ	καὶ **καυχᾶσε**	131 1874
17 **Ἴδε**	σὺ Ἰουδαῖος	**ἐπονομάζει**	καὶ ἐπαναπαύῃ	τῷ	νόμῳ	καὶ καυχᾶσαι	326[c] 1505 1837
17 **Ἴδε**	**σοὶ** Ἰουδαῖος	**ἐπονομάζει**	καὶ ἐπαναπαύῃ	τῷ	νόμῳ	καὶ καυχᾶσαι	1646
17 **Ἴδε**	σὺ Ἰουδαῖος	ἐπονομάζῃ	καὶ ἐπαναπαύῃ	τῷ	νόμῳ	καὶ καυχᾶσαι	D[2] 049 056 69 205 209 226 323 326* 330 365 440 460 547 614 618 796 910 927 1241 1242 1319 1424 1573 1611 1738 1827 1854 1881 2400 2412 2495 2815 **τ** Er[1]

ἐν	θ̅ω̅	18 καὶ γεινώσκεις	τὸ θέλημα		καὶ δοκιμάζεις	τὰ διαφέροντα	B D*
ἐν	θ̅ω̅	18 καὶ **γινώσκεις**	τὸ θέλημα		καὶ **δοκιμάζης**	τὰ διαφέροντα	614 618 1319
ἐν	θ̅ω̅	18 καὶ **γινώσκις**	τὸ θέλημα		καὶ δοκιμάζεις	τὰ διαφέροντα	ℵ
ἐν	θεῷ	18 καὶ **γινώσκεις**	τὸ θέλημα		καὶ δοκιμάζεις	τὰ διαφέροντα	A **uwτ** Er[1]
ἐν	θ̅ω̅ι	18 καὶ **γινώσκεις**	τὸ θέλημα		καὶ δοκιμάζεις	τὰ διαφέροντα	424 517 1270 1739
ἐν	θ̅ω̅	18 καὶ **γινώσκεις**	**τῷ** θέλημα		καὶ δοκιμάζεις	τὰ διαφέροντα	1874* [↑1891
.....	......	18 καὶ **γινώσκεις**	τὸ θέλημα		....ζεις	τὰ διαφέροντα	33
ἐν	θεῷ	18 καὶ **γιγνώσκεις**	τὸ θέλημα	τοῦ θεοῦ	καὶ δοκιμάζεις	τὰ διαφέροντα	Cl I 174 1
ἐν	θ̅ω̅ι	18 καὶ **γινώσκεις**	τὸ θέλημα		καὶ **γινώσκεις**	τὰ διαφέροντα	945
ἐν τῷ	θ̅ω̅	18 καὶ **γινώσκεις**	τὸ θέλημα		καὶ **γινώσκεις**	τὰ διαφέροντα	323
ἐν τῷ	θ̅ω̅	18 καὶ **γινώσκεις**	τὸ θέλημα		καὶ δοκιμάζεις	τὰ διαφέροντα	1315 2147
ἐν	θ̅ω̅	18 καὶ **γινόσκεις**	τὸ θέλημα		καὶ **δοκημάζεις**	τὰ διαφέροντα	2464
ἐν	θ̅ω̅	18 καὶ **γινώσκεις**	τὸ θέλημα		καὶ δοκιμάζεις	τὰ διαφέροντα	D[1.2] K L Ψ 049 056 1 6 69 88 104 131 205 209 226 326 330 365 440 460 489 547 796 910 927 999 1175 1241 1242 1243 1245 1352 1424 1448 1505 1506 1573 1611 1646 1734 1735 1738 1827 1836 1837 1854 1874[c] 1881 2125 2400 2412 2495 2815

lac. 2.17-18 𝔓[10] 𝔓[46] 𝔓[113] C F G P 0172 1982 2344 (illeg.)

C 2.17 β̅ η κρισεως της κ̲α̲τα ιη̅λ̅ του μη φυλασσοντος τα νομιμα 049 | αρχ της γ̅ 330 | αρξ 330 | κ,υ ι̅ 517 | γ περι υπερ ο χ̅ς̅ ιη̅λ̅ του τυγχανοντ της επαγγελιας 796 1270

D 2.17 β̅ 049 | γ̅ 1270

E 2.17 Mic 3.11 **18** Phl 1.10; Lk 12.47

Errata: 2.17 na K Εἰ δέ : Εἴδε K

[↓1738 1739 1827 1836 1837 1874 1891 2125 2147 2400 2412 2815 **uwτ** Er[1] Cl I 174 1
[↓927 945 999 1175 1241 1242 1270 1315 1319 1352 1424 1448 1506 1573 1611 1734 1735
[↓L Ψ 049 056 1 6 88 104 131 205 209 226 323 326 424 440 460 489 547 614 618 796 910

κατηχούμενος ἐκ τοῦ νόμου, **19** πέποιθάς τε σεαυτὸν ὁδηγὸν εἶναι τυφλῶν, φῶς τῶν ἐν B ℵ A D K
κατηχούμενος ἐκ τοῦ νόμου, **19** πέποιθάς τε **σεαυτῶν** ὁδηγὸν εἶναι τυφλῶν, φῶς τῶν ἐν 1646
κατηχούμενος ἐκ τοῦ νόμου, **19** πέποιθάς σεαυτὸν ὁδηγὸν εἶναι τυφλῶν, φῶς τῶν 330 1881
κατηχούμενος ἐκ τοῦ νόμου, **19** πέποιθάς τε σεαυτὸν ὁδηγὸν εἶναι τυφλῶν, φῶς τῶν 1245
κατηχούμενος ἐκ τοῦ νόμου, **19** πέποιθάς σεαυτὸν ὁδηγὸν εἶναι τυφλῶν, φῶς τῶν ἐν 1505 2495
κατηχούμενος ε…… …… **19**…… …… …… …… ……τυφλῶν, φῶς τῶν ἐν 33
κατηχούμενος ἐκ τοῦ νόμου, **19** πέποιθάς τε σεαυτὸν **ὁδιγῶν** εἶναι τυφλῶν, φῶς τῶν ἐν 1243
κατηχούμενος ἐκ τοῦ νόμου, **19** **πέπυθάς** τε σεαυτὸν **ὁδηγῶν** εἶναι τυφλῶν, φῶς τῶν ἐν 2464 [↓1854
κατηχούμενος ἐκ τοῦ νόμου, **19** πέποιθάς τε σεαυτὸν **ὁδηγῶν** εἶναι τυφλῶν, φῶς τῶν ἐν 69 365 517

[↓1739 1827 1836 1837 1854 1891 2125 2147 2400 2412 2495 2815 **uwτ** Er[1] Cl I 174 1
[↓945 999 1175 1241 1242 1270 1315 1319 1352 1424 1448 1505[c] 1506 1573 1734 1735 1738
[↓056 1 6 69 88 131 205 209 226 323 326 365 424 440 460 489 517 547 614 618 796 910 927

σκότει, **20** παιδευτὴν ἀφρόνων, διδάσκαλον νηπίων, ἔχοντα τὴν μόρφωσιν B D K L Ψ
…… **20**…… …… διδάσκαλον νηπίων, ἔχοντα τὴν μόρφωσιν 2344
σκότει, **20** παιδευτὴν ἀφρόνων, διδάσκαλον νηπίων, ἔχοντα μόρφωσιν 1881
σκότει, **20** παιδευτὴν **ἀφρόνον**, διδάσκαλον νηπίων, ἔχοντα τὴν μόρφωσιν 1505*
σκότει, **20** **πεδευτὴν** **ἀφρόνον**, διδάσκαλον **νηπίον**, ἔχοντα τὴν **μόρφοσιν** 1243
σκότει, **20** παιδευ…… …… …… …… …… …… ……φωσιν 33
σκότει, **20** παιδευτὴν ἀφρόνων, **διδάσκαλων** νηπίων, ἔχοντα τὴν μόρφωσιν 049
σκότει, **20** παιδευτὴν ἀφρόν…… …… …… …… μόρφωσιν 1611
σκότει, **20** **πεδευτὴν** ἀφρόνων ἔχοντα τὴν μόρφωσιν A [↓1874
σκότι, **20** παιδευτὴν ἀφρόνων, διδάσκαλον νηπίων, ἔχοντα τὴν μόρφωσιν ℵ 104 1646
σκότι, **20** παιδευτὴν ἀφρόνων, διδάσκαλον **νιπίων**, ἔχοντα τὴν **μόρφοσιν** 2464
ἐσκότει, **20** παιδευτὴν ἀφρόνων, διδάσκαλον νηπίων, ἔχοντα τὴν μόρφωσιν 330
ἐσκοτισμένων, **20** παιδευτὴν ἀφρόνων, διδάσκαλον νηπίων, ἔχοντα τὴν μόρφωσιν 1245

[↓1352 1424 1448 1505 1506 1573 1734 1735 1738 1836 1837 1854 1881 2125 2344 2400 2495 2815 **uwτ** Er[1]
[↓69 104 131 205 209 226 323 326 330 365 440 460 489 547 618 796 927 999 1175 1241 1242 1245 1315 1319

τῆς γνώσεως καὶ τῆς ἀληθείας ἐν τῷ νόμῳ· **21** ὁ οὖν διδάσκων ἕτερον B ℵ A D Ψ 049 056 6
τῆς γνώσεως καὶ τῆς ἀληθείας ἐν τῷ νόμῳ· **21** Cl I 174 1
τῆς γνώσεως καὶ τῆς ἀληθεία…… …… …… **21**…… …… …… 33
τῆς γνώσε…… …… …… ἀληθείας ἐν τῷ νόμῳ· **21** ὁ οὖν διδάσκων ἕτερον 1611
τῆς γνώσεως καὶ τῆς ἀληθείας ἐν τῶι νόμωι· **21** ὁ οὖν διδάσκων ἕτερον 424 517 945 1270
τῆς γνώσεως καὶ τῆς ἀληθείας ἐν τῷ νόμῳ· **21** ὁ οὖν **διδιδάσκων** ἕτερον 910 [↑1739 1891
τῆς γνώσεως καὶ τῆς ἀληθείας ἐν τῷ νόμῳ· **21** ὁ οὖν **διδάσκον** ἕτερον K 1243 2147 2464
τῆς γνώσεως καὶ τῆς ἀληθείας ἐν τῷ νόμῳ· **21** ὁ οὖν **διδάσκον** τὸν ἕτερον 1874
τῆς γνώσεως καὶ τῆς ἀληθείας ἐν τῷ νόμῳ· **21** ὁ οὖν διδάσκων τὸν ἕτερον L 1 88 1827
καὶ τῆς γνώσεως τῆς ἀληθείας ἐν τῷ νόμῳ· **21** ὁ οὖν διδάσκων ἕτερον 614 2412
τῆς γνώσεως καὶ τῆς **ἀλληθείας** ἐν **τὸ** νόμῳ· **21** ὁ οὖν **διδάσκον** ἕτερον 1646

lac. 2.18-21 𝔓10 𝔓46 𝔓113 C F G P 0172 1982 **2.18-19** 2344 (illeg.)

C 2.21 αρχ τη γ̄ της β̄ εβδ αδ͵ε ο ουν διδασκων 326 1837

E 2.18 Phl 1.10; Lk 12.47 **19** Mt 15.14; Lk 18.9 **20** 2 Ti 3.15; Jn 3.10 **21** Ps 50.16-21; Mt 23.3-4

[↓1424 1448 1505 1505 1573 1611 1734 1735 1738 1739 1836 1837 1854 1874^{c} 1891 2125 2412 2400 2412 2495 **uwτ** Er^{1}

[↓88 131 209^{c} 226 323 326 330 365 424 440 460 489 517 547 614 618 910 927 945 999 1175 1241 1242 1245 1270 1319

σεαυτὸν οὐ διδάσκεις; ὁ κηρύσσων μὴ κλέπτειν κλέπτεις; **22** ὁ λέγων B A $D^{1.2}$ K L Ψ 056 6 69

σεαυτὸν οὐ διδάσκεις; ὁ **κηρύσσον** μὴ κλέπτειν κλέπτεις; **22** ὁ λέγων 2147

σεαυτὸν οὐ διδάσκεις; ὁ **κηρύττων** μὴ κλέπτειν κλέπτεις; **22** ὁ λέγων 1827

....δάσκεις; ὁ κηρύσσων μὴ κλέπτειν κλε.......... **22** 33

σαυτὸν οὐ διδάσκεις; ὁ κηρύσσων μὴ κλέπτειν κλέπτεις; **22** ὁ λέγων 1352

σεαυτὸν οὐ διδάσκεις; ὁ κηρύσσων μὴ **βλέπειν βλέπεις**; **22** ὁ λέγων 205

σεαυτὸν οὐ διδάσκεις; **22** ὁ λέγων 049 1

σεαυτὸν οὐ διδάσκεις; ὁ **λέγων** μὴ κλέπτειν κλέπτεις; **22** ὁ **κηρύσσων** 209* 796

σεαυτὸν οὐ διδάσκεις; ὁ κηρύσσων μὴ κλέπτειν **κλέπεις**; **22** ὁ λέγων D*

σεαυτὸν οὐ διδάσκεις; ὁ **κυρίσον** μὴ κλέπτειν κλέπτεις; **22** ὁ λέγων 1646

σεαυτὸν οὐ διδάσκεις; ὁ **κηρύσον** μὴ **κλέπτιν κλέπτεις**; **22** ὁ **λέγον** 2464

σεαυτὸν οὐ διδάσκεις; ὁ κηρύσσων μὴ **κλέπτιν κλέπτις**; **22** ὁ λέγων א

σεαυτὸν οὐ διδάσκεις; ὁ κηρύσσων μὴ **κλέπτην** κλέπτεις; **22** ὁ λέγων 104

σεαυτὸν οὐ διδάσκεις; ὁ **κηρύσσον** μὴ **κλέπτην κλέπτης**; **22** ὁ λέγων 1243

σεαυτὸν οὐ διδάσκεις; ὁ κηρύσσων μὴ **κλέπτην κλέπτης**; **22** ὁ λέγων 1874*

σεαυτὸν οὐ διδάσκεις; ὁ κηρύσσων μὴ κλέπτειν **κλέπτης**; **22** ὁ λέγων 1315

σεαυτὸν οὐ διδάσκεις; ὁ κηρύσσων μὴ **κλέπειν** κλέπτεις; **22** ὁ λέγων 2815

σεαυτὸν οὐ διδάσκεις; ὁ κηρύσσων μὴ **κλέπων** κλέπτεις; **22** ὁ λέγων 1881

[↓1506 1611 1734 1738 1739 1827 1836 1837 1854 1874 1891 2125 2344 2400 2412 2495 2815 **uwτ** Er^{1}

[↓205 209 226 323 365 424 460 489 517 547 614 618 796 927 999 1175 1241 1242 1270 1315^{c} 1352 1424 1448

μὴ μοιχεύειν μοιχεύεις; ὁ βδελυσσόμενος τὰ εἴδωλα ἱεροσυλεῖς; B D K^{c} L Ψ 056 1 6 69 88 131

....μενος τὰ εἴδωλα ἱεροσυλεῖς; 33

μὴ μοιχεύειν **μοιχεύης**; ὁ βδελυσσόμενος τὰ εἴδωλα ἱεροσυλεῖς; 104

μὴ μοιχεύειν **μοιχεύης**; ὁ βδελυσσόμενος τὰ εἴδωλα **ἱεροσυλῆς**; 1319

μὴ μοιχεύειν μοιχεύεις; ὁ βδελυσσόμενος τὰ εἴδωλα **ἱερωσυλεῖς**; 049

μὴ μοιχεύειν μοιχεύεις; ὁ βδελυσσόμενος τὰ **ἴδωλα ἱεροσωλεῖς**; A*

μὴ μοιχεύειν μοιχεύεις; ὁ **βδελησόμενος** τὰ εἴδωλα **ἱερωσυλεῖς** 1646

μὴ μοιχεύειν μοιχεύεις; ὁ **βδελλυσσόμενος** τὰ εἴδωλα ἱεροσυλεῖς; 326 910

μὴ μοιχεύειν μοιχεύεις; ὁ **βδελλυσσόμενος** τὰ **εἴδολα** ἱεροσυλεῖς; 1735

μὴ μοιχεύειν μοιχεύεις; **οὐδὲ λυσσόμενος** τὰ εἴδωλα ἱεροσυλεῖς; 945

μὴ μοιχεύειν μοιχεύεις; ὁ βδελυσσόμενος τὰ **εἴδολα** ἱεροσυλεῖς; 1243 1505 1573

μὴ μοιχεύειν μοιχεύεις; ὁ βδελυσσόμενος τὰ **ἴδωλα** ἱεροσυλεῖς; א A^{c}

μὴ **μιχεύειν** μοιχεύεις; ὁ βδελυσσόμενος τὰ εἴδωλα ἱεροσυλεῖς; 2147

μὴ **μυχεύειν** μοιχεύεις; ὁ βδελυσσόμενος τὰ εἴδωλα ἱεροσυλεῖς; 1315*

μὴ **μυχεύειν μυχεύεις**; ὁ **βδελυσόμενος** τὰ εἴδωλα ἱεροσυλεῖς; 2464

μὴ **μοιχεύων** μοιχεύεις; ὁ βδελυσσόμενος τὰ εἴδωλα ἱεροσυλεῖς; 1881

μὴ **μοιχεύεις** μοιχεύεις; ὁ βδελυσσόμενος τὰ εἴδωλα ἱεροσυλεῖς; 1245

μὴ **μοιχεύσεις** μοιχεύεις; ὁ βδελυσσόμενος τὰ εἴδωλα ἱεροσυλεῖς; 330

μὴ **μοιχεύσης** μοιχεύεις; ὁ βδελυσσόμενος τὰ εἴδωλα ἱεροσυλεῖς; 440

μὴ **μοιχειν** μοιχεύεις; ὁ βδελυσσόμενος τὰ εἴδωλα ἱεροσυλεῖς; K*

23 ὃς ἐν νόμῳ καυχᾶσαι, διὰ τῆς παραβάσεως τοῦ νόμου τὸν θ̅ν̅ ἀτειμάζεις· B D*

23 ὃς ἐν νόμῳ καυχᾶσαι, διὰ τῆς παραβάσεως τοῦ νόμου τὸν θεὸν **ἀτιμάζεις**· **uwτ** Er^{1}

23 ὃς ἐν νόμῳ καυχᾶσαι, διὰ τῆς **παραβασάσεως** τοῦ νόμου τὸν θ̅ν̅ **ἀτιμάζεις**· A

23 ὃς ἐν νόμωι καυχᾶσαι, διὰ τῆς παραβάσεως τοῦ νόμου τὸν θ̅ν̅ **ἀτιμάζεις**· 424 517 1734

23 **ὡς** ἐν νόμῳ καυχᾶσαι, διὰ τῆς παραβάσεως τοῦ νόμου τὸν θ̅ν̅ **ἀτιμάζεις**· 1735 [↑1739

23 **ὡς** ἐν νόμῳ **καυχᾶσε**, διὰ τῆς παραβάσεως τοῦ νόμου τὸν θ̅ν̅ **ἀτιμάζεις**· 1874 [↑1891

23 ὃς ἐν νόμῳ **καυχᾶσε**, διὰ τῆς παραβάσεως τοῦ νόμου τὸν θ̅ν̅ **ἀτιμάζεις**· L 1243 2125*

23 ὃς .... τὸν θ̅ν̅ **ἀτιμάζεις**· 33

23 ὃς ἐν νόμῳ καυχᾶσαι, διὰ τῆς παραβάσεως τοῦ νόμου τὸν θ̅ν̅ **ἀτιμάζης**· 1319

23 ὃς **ἐνόμῳ** καυχᾶσαι, διὰ τῆς παραβάσεως τοῦ νόμου τὸν θ̅ν̅ **ἀτιμάζεις**· 1424

23 **ὃν** ἐν νόμῳ καυχᾶσαι, διὰ τῆς παραβάσεως τοῦ νόμου τὸν θ̅ν̅ **ἀτιμάζεις**· 2412 [↓056 1 6 69

23 ὃς ἐν νόμῳ καυχᾶσαι, διὰ τῆς παραβάσεως τοῦ νόμου τὸν θ̅ν̅ **ἀτιμάζεις**· א $D^{1.2}$ K Ψ 049 88 104 131 205 209 226 323 326 330 365 440 460 489 547 614 618 796 910 927 945 999 1175 1241 1242 1245 1270 1315 1352 1448 1505 1506 1573 1611 1646 1738 1827 1836 1837 1854 1881 2125^{c} 2147 2344 2400 2464 2495 2815

---

lac. 2.21-23 $𝔓^{10}$ $𝔓^{46}$ $𝔓^{113}$ C F G P 0172 1982

E 2.21 Ps 50.16-21; Mt 23.3-4 **22** Ac 19.37

Errata: 2.21 Ti D κλέπτεις : κλέπεις D

[↓1352 1448 1573 1611 1734 1738 1739 1827 1854 1881 1891 2344 2400 2412 2815
[↓209 226 323 330 365 424 440 460 489 547 614 618 927 945 1242 1270 1315 1319
24 τὸ γὰρ ὄνομα τοῦ θ̅υ̅ δι᾽ ὑμᾶς βλασφημεῖται ἐν τοῖς ἔθνεσι, καθὼς B 056 6 88 104 131 205
24 τὸ γὰρ ὄνομα τοῦ θεοῦ δι᾽ ὑμᾶς βλασφημεῖται ἐν τοῖς ἔθνεσι, καθὼς **τ** Er^1
24 τὸ γὰρ ὄνομα τοῦ θ̅υ̅ βλασφημεῖται ἐν τοῖς ἔθνεσι, καθὼς 1
24 τὸ γὰρ ὄνομα τοῦ θ̅υ̅ δι᾽ ὑμᾶς βλασφημεῖται ἐν τοῖς ἔθνεσι, **καθὸς** 1646
24 τὸ γὰρ ὄνομα τοῦ θεοῦ δι᾽ ὑμᾶς βλασφημεῖται ἐν τοῖς **ἔθνεσιν**, καθὼς **uw**
24 τὸ γὰρ ὄνομα τοῦ θ̅υ̅ δι᾽ ὑμᾶς **βλασφητει** ἐν τοῖς **ἔθνεσιν**, καθὼς 1837
24 τὸ γὰρ ὄνομα τοῦ .... τοῖς **ἔθνεσιν**, ... 33
24 τὸ γὰρ ὄνομα τοῦ θ̅υ̅ δι᾽ ὑμᾶς **βλασφημεῖτε** ἐν τοῖς **ἔθνεσιν**, καθὼς 1874
24 τὸ γὰρ ὄνομα τοῦ θ̅υ̅ δι᾽ ὑμᾶς **βλασφημεῖτε** ἐν τοῖς ἔθνεσι, καθὼς 2147
24 τὸ γὰρ ὄνομα τοῦ θ̅υ̅ δι᾽ ὑμᾶς **βλασφημῆται** ἐν τοῖς **ἔθνεσιν**, καθὼς 1243 1735
24 τὸ γὰρ ὄνομα τοῦ θ̅υ̅ δι᾽ ὑμᾶς **βλασφημῖται** ἐν τοῖς **ἔθνεσιν**, καθὼς ℵ
24 τὸ γὰρ ὄνομα τοῦ θ̅υ̅ **βλασφημεῖται δι᾽ ὑμᾶς** ἐν τοῖς ἔθνεσι, καθὼς 999
24 τὸ γὰρ ὄνομα τοῦ θεοῦ δι᾽ **αὐτοὺς** βλασφημεῖται Cl III 107.2
24 τὸ γὰρ ὄνομα τοῦ θ̅υ̅ δι᾽ **ἡμᾶς** βλασφημεῖται ἐν τοῖς ἔθνεσι, καθὼς 1245 1505 2495
24 **τοῦτο** γὰρ ὄνομα τοῦ θ̅υ̅ δι᾽ **ὑμῶν** βλασφημεῖται ἐν τοῖς ἔθνεσι, καθὼς 796
24 τὸ γὰρ ὄνομα τοῦ θ̅υ̅ δι᾽ **ὑμῶν** **βλασφημῆται** ἐν τοῖς **ἔθνεσιν**, καθὼς 2464
24 τὸ γὰρ ὄνομα τοῦ θ̅υ̅ δι᾽ ὑμᾶς βλασφημεῖται ἐν τοῖς **ἔθνεσιν**, καθὼς A D K L Ψ 049 69 326 517 910 1175 1241 1424 1506 1836 2125

[↓1448 1506 1573 1611 1734 1738 1827 1837 1854 1874^c 2400 2412 2495 2815 **uwτ** Er^1
[↓226 323 365 424 489 547 614 618 910 927 945 999 1175 1241 1242 1245 1270 1315 1352
γέγραπται. 25 περιτομὴ μὲν γὰρ ὠφελεῖ ἐὰν νόμον πράσσῃς· ἐὰν δὲ B A D^2 K L Ψ 056 1 88 205 209
γέγραπται. 25 περιτομὴ μὲν γὰρ ὠφελεῖ ἐὰν νόμον πράσσῃς· ἐὰν 104
γέγραπται. 25 περιτομὴ μὲν γὰρ ὠφελεῖ ἐὰν νόμον **πράσεις·** ἐὰν δὲ 1646
γέγραπται. 25 περιτομὴ μὲν γὰρ **ὀφελεῖ** ἐὰν νόμον **πράσσεις**· ἐὰν δὲ 049 330 2147
γέγραπται. 25 περιτομὴ μὲν **ὀφελεῖ** ἐὰν νόμον **πράσσεις**· ἐὰν δὲ 1319
γέγραπται. 25 περιτομὴ μὲν ὠφελεῖ ἐὰν νόμον πράσσῃς· ἐὰν δὲ 69
γέγραπται. 25 περιτομὴ μὲν γὰρ **ὀφελῆ** ἐὰν νόμον πράσσῃς· ἐὰν δὲ 1243
γέγραπται. 25 περιτομὴ μὲν γὰρ **ὀφελη** ἐὰν νόμον **πράσις**· ἐὰν δὲ 2464*
γέγραπται. 25 περιτομὴ μὲν γὰρ **ὀφειλῆ** ἐὰν νόμον πράσσῃς· ἐὰν δὲ 33
γέγραπται. 25 περιτομὴ μὲν γὰρ **ὀφελεῖ** ἐὰν νόμον πράσσῃς· ἐὰν δὲ 460 1891
γέγραπται. 25 περιτομὴ μὲν γὰρ **ὀφελεῖ** ἐὰν νόμον **πράσις**· ἐὰν δὲ 2464^c
γέγραπται. 25 περιτομὴ μὲν γὰρ ὠφελεῖ ἐὰν νόμον **πράσῃς**· ἐὰν δὲ 440 1874*
γέγραπται. 25 περιτομὴ μὲν γὰρ ὠφελεῖ ἐὰν νόμον πράσσεις· ἐὰν δὲ 517 1739
γέγραπται. 25 περιτομὴ μὲν γὰρ ὠφελεῖ ἐὰν νόμον **πράσσεις**· ἐὰν δὲ 6 131 326 1424 1505 1735 1836
γέγραπται. 25 περιτομὴ γὰρ ὠφελεῖ ἐὰν νόμον πράσσῃς· ἐὰν δὲ 796 [↑1881 2125 2344
γέγραπται. 25 περιτομὴ μὲν γὰρ ὠφελεῖ ἐὰν νόμον **φυλάσσῃς**· ἐὰν δὲ D*
γέγραπται. 25 περιτομὴ μὲν γὰρ **ὠφελῖ** ἐὰν νόμον πράσσῃς· ἐὰν δὲ ℵ

[↓1735 1738 1836 1837 1854 1874 1881 1891 2125 2147 2344 2400 2412 2464 2815 **uwτ** Er^1
[↓945 999 1175 1241 1242 1243 1270 1315 1319 1352 1424 1448 1505 1506 1573 1611 1734
[↓056 1 6 69 88 104 131 205 209^c 226 323 326 330 365 424 440 489 517 547 614 796 910 927
παραβάτης νόμου ᾖς, ἡ περιτομή σου ἀκροβυστία γέγονεν. 26 ἐὰν οὖν B ℵ A D K L Ψ 049
παραβάτης νόμου **εἶ**, ἡ περιτομή σου ἀκροβυστία γέγονεν. 26 ἐὰν οὖν 33
παραβάτης νόμου ᾖς, ἡ περιτομή σου ἀκροβυστία γέγονεν. 26 ἐὰν 056* 460 618
.... ἡ περιτομή σου ἀκροβυστία γέγονεν. 26 ἐὰν οὖν G
παραβάτης νόμου ᾖις, ἡ περιτομή σου ἀκροβυστία γέγονεν. 26 ἐὰν οὖν 1739
παραβάτης νόμου ᾖς, ἡ περιτομή σου ἀκροβυστία γέγονεν. 26 ἐὰν **δὲ** 1245
παραβάτης νόμου ᾖς, ἡ περιτομή σου ἀκροβυστία **γέγονε**. 26 **Ὅταν** οὖν 1827
παραβάτης νόμου ᾖς, ἡ περιτομή σου **ἀκρωβυστία** γέγονεν. 26 ἐὰν οὖν 1646
παραβάτης τοῦ νόμου ᾖς, ἡ περιτομή σου ἀκροβυστία γέγονεν. 26 ἐὰν οὖν 2495

lac. 2.24-26 $\mathfrak{P}^{10}$ $\mathfrak{P}^{46}$ $\mathfrak{P}^{113}$ C F P 0172 1982 **2.24-25** G

C 2.24 ησαιου 104 1270 1734 1739 | β̅ ησαιοου προφητου 1874

D 2.25 β̅ B

E 2.24 Is 52.5; Ez 36.20; 2 Pe 2.2 **25** Ga 5.3; 1 C0 7.19; Jr 4.4; 9.25

ἡ ἀκροβυστία τὰ δικαιώματα τοῦ νόμου φυλάσσῃ, οὐχ ἡ ἀκροβυστία B ℵ Ψ 1506 1734 1735 **uw**
ἡ ἀκροβυστία τὰ δικαιώματα τοῦ νόμου φυλάσσῃ, ······· ἡ **ἀκροβυστεία** A
ἡ ἀκροβυστία 1836
ἡ ἀκροβυστία τὰ δικαιώματα τοῦ νόμου **φυλάσσει**, **οὐχὴ** ἡ ἀκροβυστία 1243
ἡ ἀκροβυστία τὰ δικαιώματα τοῦ νόμου φυλάσσῃ, **οὐχὴ** ἡ ἀκροβυστία 618
ἡ ἀκροβυστία **δικαίωμα** τοῦ νόμου φυλάσσῃ, **οὐχεὶ** ἡ ἀκροβυστία G
ἡ **κροβυστία** τὰ δικαιώματα τοῦ 2464*
ἡ **κροβυστία** τὰ δικαιώματα τοῦ νόμου φυλάσσῃ, **οὐχὶ** ἡ ἀκροβυστία 2464^{c}
ἡ ἀκροβυστία τὰ δικαιώματα τοῦ νόμου **φυλάσσει**, **οὐχὶ** ἡ ἀκροβυστία L 049 326 1175 1241 1315
ἡ ἀκροβυστία τὰ **διόματα** τοῦ νόμου **φυλάσει**, **οὐχὶ** ἡ ἀκροβυστία 1646 [↑1319 1837 1874
ἡ ἀκροβυστία τὰ δικαιώματα τοῦ νόμου **φυλάττη**, **οὐχὶ** ἡ ἀκροβυστία 1827 [↑1881 2147
ἡ ἀκροβυστία τὰ δικαιώματα τοῦ νόμου φυλάσσηι, **οὐχὶ** ἡ ἀκροβυστία 1739 1891
ἡ ἀκροβυστία τὰ δικαιώματα τοῦ νόμου φυλάσσῃ, **οὐχὶ** ἡ ἀκροβυστία D K 056 1 6 33 69 88 104 131
205 209 226 323 330 365 424 440 460 489 517 547 614 796 910 927 945 999 1242 1245
1270 1352 1424 1448 1505 1573 1611 1738 1854 2125 2344 2400 2412 2495 2815 **τ** Er^{1}

[Cl I 95.3 τῆς ἀκροβυστίας τὰ δικαιώματα τοῦ νόμου φυλασσούσης]

αὐτοῦ εἰς περιτομὴν λογισθήσεται; **27** καὶ κρινει ἡ ἐκ φύσεως ἀκροβυστία B ℵ L
αὐτοῦ εἰς περιτομὴν λογισθήσεται; **27** καὶ κρινει ἡ ἐκ φύσεως **ἀκροβυστεία** D*
αὐτοῦ εἰς περιτομὴν λογισθήσεται; **27** καὶ κρινει ἡ ἐκ φύσεως ἀκροβυστία D^{1}
αὐτοῦ εἰς ·········ιτομὴν λογισθήσεται; **27** ········ κρινει ἡ ἐκ φύσεως ἀκρο······στία A
αὐτοῦ εἰς περιτομὴν **λογεισθήσεται**; **27** καὶ κρινει G
αὐτοῦ περιτομὴν λογισθήσεται; **27** καὶ **κρινῆ** ἡ ἐκ φύσεως ἀκροβυστία 1243
αὐτοῦ εἰς περιτομὴν λογισθήσεται; **27** καὶ **κρινῆ** ἡ ἐκ φύσεως ἀκροβυστία 2147
omit **27** 2464*
αὐτοῦ εἰς περιτομὴν **μετατραπήσεται**; **27** καὶ **κρινεῖ** ἡ ἐκ φύσεως ἀκροβυστία 104
αὐτοῦ εἰς περιτομὴν **λογησθήσεται**; **27** καὶ **κρινεῖ** ἡ ἐκ φύσεως ἀκροβυστία 1735
αυ εἰς περιτομὴν λογισθήσεται; **27** καὶ **κρινεῖ** ἡ ἐκ φύσεως ἀκροβυστία 1646
αὐτοῦ εἰς **περιπομὴν** λογισθήσεται; **27** καὶ **κρινεῖ** ἡ ἐκ φύσεως ἀκροβυστία 1319
αὐτοῦ εἰς περιτομὴν λογισθήσεται; **27** καὶ **κρινεῖ** ἡ ἐκ φύσεως ἡ ἀληθεια ἀκροβυστία 1424*
εἰς περιτομὴν λογισθήσεται; **27** καὶ **κρινεῖ** ἡ ἐκ φύσεως ἀκροβυστία 365^{c} 2815
αὐτοῦ εἰς περιτομὴν λογισθήσεται; **27** καὶ **κρινεῖ** ἡ ἐκ φύσεως ἀκροβυστία D^{2} K Ψ
049 056 1 6 33 69 88 131 205 209 226 323 326 330 365* 424 440 460 489 517 547 614 618 796
910 927 945 999 1175 1241 1242 1245 1270 1315 1352 1424^{c} 1448 1505 1506 1573 1611 1734
1738 1739 1827 1836 1837 1854 1874 1881 1891 2125 2344 2400 2412 2464^{c} 2495 **uwτ** Er^{1}

[↓1735 1738 1739 1827 1836 1854 1874 1881 1891 2125 2147 2344 2400 2412 2464^{c} 2495 2815 **uwτ** Er^{1}
[↓999 1175 1241 1242 1243 1245 1270 1315 1319 1352 1424 1448 1505 1506 1573 1611 1646^{c} 1734
[↓6 33 69 88 104 131 205 209 226 323 326 330 365 424 440 460 489 517 547 614 618 796 910 927 945
τὸν νόμον τελοῦσα σὲ τὸν διὰ γράμματος καὶ περιτομῆς παραβάτην νόμου. B ℵ A D$^{1.2}$ K L Ψ 049 056 1
τὸν νόμον τελοῦσα σὲ τὸν διὰ **γράματος** καὶ περιτομῆς παραβάτην νόμου. D*
τὸν νόμον τελοῦσα σὲ τὸν διὰ γράμματος καὶ περιτομῆς **παραβάτης** νόμου. 646* 1837
σὲ τὸν διὰ γράμματος καὶ περιτομῆς παραβάτην νόμου. 2464*
τὸν νόμον τελοῦσα σὲ τὸν διὰ γράμματος καὶ περιτομῆς **ταραβάτην** νόμου. G

lac. 2.26-27 𝔓^{10} 𝔓^{46} 𝔓^{113} C F P 0172 1982

C 2.27 τελ ϛ̄ 1 | τελ 226 330 1243 1448 | τελ της ε̄ 326 | τε της γ̄ 1837

E 2.26 Ga 5.6; Lv 18.5; Dt 30.16 **27** Mt 12.41-42; Lk 11.31-32

[↓1424 1448 1505 1573 1611 1735 1738 1827 1836 1837 1854 1874 1881 2125 2400 2412 2495 2815 **uwτ** Er[1]
[↓056 1 6 69 88 104 131 205 209 226 323 326 365 440 460 489 547 618 927 1175 1241 1242 1243 1319 1352
28 οὐ γὰρ ὁ ἐν τῷ φανερῷ Ἰουδαῖός ἐστιν οὐδὲ ἡ ἐν τῷ φανερῷ ἐν σαρκὶ B ℵ A D K L Ψ 049
28 οὐ γὰρ ὁ ἐν τῷ φανερῷ Ἰουδαῖός ἐστιν οὐδὲ ἐν τῷ φανερῷ ἐν σαρκὶ 330
28 οὐ γὰρ ὁ ἐν τῷ φανερῷ Ἰουδαῖός οὐδὲ ἡ ἐν τῷ φανερῷ ἐν σαρκὶ 910
28 οὐ γὰρ ὁ ἐν τῷ φανερῷ Ἰουδαῖός ἐστιν οὐδὲ ἡ ἐν **τὸ** φανερῷ ἐν σαρκὶ 2464
28 οὐ γὰρ ὁ ἐν ἐν τῷ φανερῷ Ἰουδαῖός ἐστιν οὐδὲ ἡ ἐν τῷ φανερῷ ἐν **σαρκεὶ** G*
28 οὐ γὰρ ὁ ἐν τῷ φανερῷ Ἰουδαῖός ἐστιν οὐδὲ ἡ ἐν τῷ φανερῷ ἐν **σαρκεὶ** G[c]
28 οὐ γὰρ ὁ ἐν τῶι φανερῶι Ἰουδαῖός ἐστιν οὐδὲ ἡ ἐν τῶι φανερῶι ἐν σαρκὶ 424 1270 1739 1891
28 οὐ γὰρ ὁ ἐν τῶι φανερῶι Ἰουδαῖός ἐστιν οὐδὲ ἡ ἐν τῶι φανερῷ ἐν σαρκὶ 945
28 οὐ γὰρ ὁ ἐν τῶι φανερῶι Ἰουδαῖός ἐστιν οὐδὲ ἡ ἐν τῶ φανερῷ ἐν σαρκὶ 517 1734
28 οὐ γὰρ ὁ ἐν τῷ φανερῷ ἐν σαρκὶ 796
28 οὐ γὰρ ὁ ἐν **τὸ** φανερῷ Ἰουδαῖός ἐστιν οὐδὲ ἡ ἐν τῷ **νόμῳ** ἐν σαρκὶ 1646*
28 οὐ γὰρ ὁ ἐν **τὸ** φανερῷ Ἰουδαῖός ἐστιν οὐδὲ ἡ ἐν τῷ φανερῷ ἐν σαρκὶ 1646[c]
28 οὐ γὰρ ὁ ἐν τῷ φανερῷ Ἰουδαῖός ἐστιν οὐδὲ ἡ ἐν τῷ φανερῷ σαρκὶ 2147 [↓1506 2344
28 οὐ γὰρ ἐν τῷ φανερῷ Ἰουδαῖός ἐστιν οὐδὲ ἡ ἐν τῷ φανερῷ ἐν σαρκὶ 33 614 999 1245 1315

[↓1448 1505 1506 1573 1611 1735 1738 1827 1837 1854 1874 1881 2125 2147 2344 2400 2412 2495 2815 **uwτ** Er[1]
[↓326 330 365 424 440 460 489 547 614 618 796 910 927 999 1175 1241 1242 1243 1245 1315 1319 1352 1424
περιτομή, **29** ἀλλ᾽ ὁ ἐν τῷ κρυπτῷ Ἰουδαῖος, καὶ περιτομὴ καρδίας ἐν B ℵ A D[2] K L Ψ 049 6 33 69 88
περιτομή, **29** **ἀλ᾽** ὁ ἐν **τὸ** κρυπτῷ Ἰουδαῖος, καὶ περιτομὴ καρδίας ἐν 1646 [↑104 131 205 209 226 323
περιτομή, **29** ἀλλ᾽ ὁ ἐν **τὸ** κρυπτῷ Ἰουδαῖος, καὶ περιτομὴ καρδίας ἐν 2464
.... **29** .... ···ạὶ π··········μὴ κα·········· .... 𝔓[113]
περιτομή, **29** ἀλλ᾽ ὁ ἐν τῷ κρυπτῷ Ἰουδαῖος, καὶ περιτομὴ **καδίας** ἐν 1
περιτομή, **29** καρδίας ἐν 1836
περιτομή, **29** ἀλλ᾽ ὁ ἐν τῷ κρυπτῶι Ἰουδαῖος, καὶ περιτομὴ καρδίας ἐν 056
περιτομή, **29** ἀλλ᾽ ὁ ἐν τῶι κρυπτῶι Ἰουδαῖος, καὶ περιτομὴ καρδίας ἐν 1270 1734 1739 1891
περιτομή, **29** ἀλλ᾽ ὁ ἐν τῶι κρυπτῶ Ἰουδαῖος, καὶ περιτομὴ καρδίας ἐν 517
περιτομή, **29** ἀλλ᾽ ὁ ἐν κρυπτῶι Ἰουδαῖος, καὶ περιτομὴ καρδίας ἐν 945
περιτομή, **29** **ἀλλὰ** ὁ ἐν τῷ κρυπτῷ Ἰουδαῖος, καὶ περιτομὴ καρδίας ἐν D*
περιτομή, **29** **ἀλλὰ** ὁ ἐν τῷ κρυπτῷ Ἰουδαῖος, καὶ περιτομὴ καρδίας **ὃς** G

πνεύματι οὐ γράμματι, οὗ ὁ ἔπαινος οὐκ ἐξ ἀνθρώπων ἀλλὰ ἐκ τοῦ θ̅υ̅. B
πνεύματι οὐ γράμματι, οὗ ὁ ἔπαινος οὐκ ἐξ ἀνθρώπων **ἀλλ᾽** ἐκ τοῦ θεοῦ. **uwτ** Er[1]
πν̅εύματι οὐ γράμματι, οὗ ὁ ἔπαινος οὐκ ἐξ ἀν̅ων **ἀλλ᾽** ἐκ τοῦ θ̅υ̅. 69
···ν̅ι̅ οὐ··············ι, οὗ················ ···ὐκ···· ················ ······ ···· ······ ···· 𝔓[113]
π̅ν̅ι̅ οὐ γράμματι, οὗ ὁ **ἔπαι** οὐκ ἐξ ἀνθρώπων **ἀλλ᾽** ἐκ τοῦ θ̅υ̅ εστιν. D*
π̅ν̅ι̅ οὐ γράμματι, οὗ ὁ ἔπαινος οὐκ ἐξ ἀνθρώπων **ἀλλ᾽** ἐκ τοῦ θ̅υ̅ εστιν D[1]
π̅ν̅ι̅ οὐ γράμματι, οὗ ὁ ἔπαινος οὐκ ἐξ ἀνθρώπων **ἀλλ᾽** ἐκ τοῦ θ̅υ̅. D[2] 618 999 1175 1611
π̅ν̅ι̅ οὐ **γράμματει**, οὗ ὁ ἔπαινος οὐκ ἐξ ἀνθρώπων **ἀλλ᾽** ἐκ θ̅υ̅. G [↑1854
π̅ν̅ι̅ οὐ γράμματι, οὗ ὁ ἔπαινος οὐκ ἐξ ἀν̅ω̅ν **ἀλλ᾽** ἐκ θ̅υ̅. 2147 2495
π̅ν̅ι̅ οὐ γράμματι, οὗ ὁ **ἔπενος** οὐκ ἐξ ἀν̅ω̅ν **ἀλλ᾽** ἐκ θ̅υ̅. 1243
π̅ν̅ι̅ οὐ γράμματι, οὗ ἔπαινος οὐκ ἐξ ἀν̅ω̅ν **ἀλ᾽** ἐκ θ̅υ̅. 1646
π̅ν̅ι̅ οὐ γράμματι, οὗ ἔπαινος οὐκ ἐξ ἀν̅ω̅ν **ἀλλ᾽** ἐκ τοῦ θ̅υ̅. 056 326 424 440 1270*
π̅ν̅ι̅ οὐ **γράματι**, οὗ ὁ ἔπαινος οὐκ ἐξ ἀν̅ω̅ν **ἀλλ᾽** ἐκ τοῦ θ̅υ̅. 205 [↑1837
π̅ν̅ι̅ οὗ ὁ ἔπαινος οὐκ ἐξ ἀν̅ω̅ν **ἀλλ᾽** ἐκ τοῦ θ̅υ̅. 1241
π̅ν̅ι̅ οὐ γράμματι, οὗ ὁ ἔπαινος οὐκ ἐξ ἀν̅ω̅ν **ἀλλ᾽** **ἀπὸ** τοῦ θ̅υ̅. 2344
π̅ν̅ι̅ οὐ γράμματι, οὗ ὁ ἔπαινος οὐκ ἐξ ἀν̅ω̅ν **ἀλλ᾽** ἐκ τοῦ θ̅υ̅. ℵ A K L Ψ 049 1 6 33
88 104 131 209 226 323 330 365 460 489 517 547 614 796 910 927 945 1242 1245 1270[c] 1315 1319 1352
1424 1448 1505 1506 1573 1734 1735 1738 1739 1827 1836 1874 1881 1891 2125 2400 2412 2464 2815

---

lac. 2.28-29 𝔓[10] 𝔓[46] C F P 0172 1982 **2.28** 𝔓[113]

C 2.28 αρχ ς̅ τη β̅ της β̅ εβδ. αδ,ε ου γαρ εν τω φανερω ιουδ 1 | αρχ τη β̅ της β̅ εβδ. αδ,ε ου γαρ εν τω φανερω ιουδαιος 226 αρχ τη δ̅ της β̅ εβδ αδ,ε ου γαρ ο εν τω φανε 326 | αρχ τη δ̅ 330 | αδ,ε ουχ κ,υ 517 | αρχ 547 | αρχ της β̅ εβδ β. αδελφοι ουχ ο εν τω φανερω 614 | αρχ τη β̅ της β̅ εβδ αδ,ε ουχι ο εν τω 927 | αρχ τη β̅ της β̅ εβδ: αδ,ε ουχ ο εν τωι φανερωι ιουδ 945 | αρχ τη β̅ της β̅ εβδ 1175 | αρχ β̅ 1242 | αρχ 1245 | τη β̅ τῆς β̅ εβδμαδ αρχ 1315 | αρχ τη β̅ της αβ̅εβδ. αδ,ε ου γαρ ο εν τω φανερω ιουδαιος εστιν 1448 | αρχ β̅ 1739 | τελ 489 517 927 1175 1245 | τε της β̅ 614 1827 | τε 945 | τε της ς 547 1242 | τε της παρ,ασ 2412 | αρχ τη β̅ της ς̅ εβδ. αδ,ε ουχ εν τω φανερω ιουδ 1573 | αρχ τη δ̅ της β̅ εβδ αδ,ε ου γαρ ο εν τω φανερω 1837 | αρχ τη β̅ της β̅ εβδ πρ ρωμ αδ,ε ουχ ο εν τω φανερω ιουδ 2147 | αρχ της β̅ εβδ β̅ αδελφοι ουχ ο εν τω φανερω ιουδαιος εστι 2412 | αρχ τη β̅ της γ̅ εβδ 2464 | τε 2147 **29** αρχ τη ζ̅ της α εβδ αδ,ε αλλ ο εν τω κρυπτω 489 | κ,ε ζ̅ 1739 | (post ιουδαιος) τελος της β̅ 1315 | (post ιουδαιος) τε ς 2464

E 2.28 Jn 7.24; 8.15, 39 **29** Dt 30.6; Jr 4.4; 9.25-26; Ac 7.51; Col 2.11; 1 Co 4.5; 2 Co 10.18; Jn 5.44

δ 3:1 Τί οὖν τὸ περισσὸν τοῦ Ἰουδαίου ἢ τίς ἡ ὠφέλια τῆς περιτομῆς; B* ℵ^{c} D* 104 **w**
3:1 Τί οὖν τὸ περισσὸν τοῦ Ἰουδαίου ἢ τίς ἡ **ὀφέλεια** τῆς περιτομῆς; 33 88 1874 1881 2147
3:1 Τί οὖν τὸ **περισὸν** τοῦ Ἰουδαίου ἢ τίς ἡ **ὀφέλεια** τῆς περιτομῆς; 1646 2464
3:1 Τί οὖν τὸ περισσὸν τοῦ Ἰουδαίου ἢ τίς ὠφέλια τῆς περιτομῆς; ℵ*
3:1 Τί οὖν τὸ περισσὸν τοῦ Ἰουδαίου ἢ **τείς** ὠφέλια τῆς περιτομῆς; G
3:1 Τί οὖν τὸ περισσὸν τοῦ Ἰουδαίου ἢ τίς **τομῆς**; 1243
3:1 Τί οὖν τὸ περισσὸν τοῦ Ἰουδαίου ἢ τίς **ὠφέλεια** τῆς περιτομῆς; 1 323 999 1241 2400
3:1 Τί οὖν περισσὸν τοῦ Ἰουδαίου ἢ τίς **ὠφέλεια** τῆς περιτομῆς; 1505 2495
3:1 Τί οὖν τὸ περισσὸν τοῦ Ἰουδαίου **καὶ** τις ἡ **ὠφέλεια** τῆς περιτομῆς; 1242 1827
3:1 Τί οὖν τὸ περισσὸν τοῦ Ἰουδαίου ἢ τίς ἡ **ὠφέλεια** τῆς περιτομῆς; B^{c} A D^{2} K L Ψ 049 056 6 69 131 205 209 226 326 330 365 424 440 460 489 517 547 614 618 796 910 927 945 1175 1245 1270 1315 1319 1352 1424 1448 1506 1573 1611 1734 1735 1738 1739 1836 1837 1854 1891 2125 2344 2412 2815 **uτ** Er^{1}

2 πολὺ κατὰ πάντα τρόπον. πρῶτον μὲν ὅτι ἐπιστεύθησαν τὰ λόγια B D* G 365 1242 1270 1319
2 πολὺ κατὰ πάντα τρόπον. πρῶτον μὲν ὅτι **ἐπιστεύθη** τὰ λόγια Ψ [↑1506 1573 1734
2 πολὺ κατὰ πάντα τρόπον. πρῶτον μὲν ὅτι ἐπιστεύθησαν τὰ **λόγεια** 2464* [↑1827 2344 [**uw**]
2 πολὺ κατὰ πάντα τρόπον. πρῶτον μὲν γὰρ ὅτι ἐπιστεύθησαν τὰ **λόγεια** 2464^{c}
2 πολὺ κατὰ πάντα τρόπον. **πρῶτοι** γὰρ ἐπιστεύθησαν τὰ λόγια 6 1739
2 πολὺ κατὰ πάντα τρόπον. πρῶτον γὰρ ἐπιστεύθησαν τὰ λόγια 424^{c}
2 πολὺ κατὰ πάντα τρόπον. πρῶτον γὰρ ὅτι ἐπιστεύθησαν τὰ λόγια 1881
2 πολὺ κατὰ πάντα τρόπον. πρῶτον μὲν γὰρ ὅτι **ἐπιστεύθηισαν** τὰ λόγια 330
2 πολὺ κατὰ πάντα τρόπον. πρῶτον μὲν γὰρ ὅτι **ἐπίστευσαν** τὰ λόγια 1352
2 **πολλὴ** κατὰ πάντα τρόπον. πρῶτον μὲν γὰρ ὅτι ἐπιστεύθησαν τὰ λόγια 547
2 **πολλὺ** κατὰ πάντα τρόπον. πρῶτον μὲν γὰρ ὅτι ἐπιστεύθησαν τὰ λόγια 2147
2 πολὺ κατὰ πάντα τρόπον. **πρότον** μὲν γὰρ ὅτι ἐπιστεύθησαν τὰ λόγια 1646
2 πολὺ κατὰ πάντα τρόπον. πρῶτον μὲν γὰρ ὅτι ἐπιστεύθησαν τὰ λόγια ℵ A D^{c2} K L 049 056 1 33 69 88 104 131 205 209 226 323 326 424* 440 460 489 517 614 618 796 910 927 945 999 1175 1241 1243 1245 1315 1424 1448 1505 1611 1735 1738 1836 1837 1854 1874 1891 2125 2400 2412 2495 2815 [**uw**]**τ** Er^{1}

[↓1505 1506 1573 1611 1734 1735 1738 1827 1836 1854 1874 1891 2125 2344 2400 2412 2495
[↓1 6 69 131 205 209 226 365 424 440 489^{c} 517 547 910 927 999 1175 1241 1243 1270 1352 1448
τοῦ θυ̅. 3 τί γάρ; εἰ ἠπίστησάν τινες, μὴ ἡ ἀπιστία αὐτῶν τὴν πίστιν B ℵ D G L Ψ 056
τοῦ θυ̅. 3 τί γάρ; εἰ ἠπίστησάν τινες, μὴ γὰρ ἡ ἀπιστία αὐτῶν τὴν πίστιν 1242
τοῦ θυ̅. 3 τί γάρ; εἰ ἠπίστησάν τινες, μὴ ἡ ἀπιστία αὐτῶν τὴν **δόξαν** 323 945
τοῦ θυ̅. 3 τί γάρ; εἰ ἠπίστησάν τινες, μὴ ἡ ἀπιστία αὐτῶν τὴν **τοῦ θυ̅** 1739 1881
τοῦ θεοῦ. 3 τί γάρ; εἰ ἠπίστησάν τινες, μὴ ἡ ἀπιστία αὐτῶν τὴν πίστιν **uwτ** Er^{1}
τοῦ θυ̅. 3 τί γάρ; ἠπίστησάν τινες, μὴ ἀπιστία αὐτῶν τὴν πίστιν 330
τοῦ θυ̅. 3 τί γάρ; εἰ ἠπίστησάν τινες, μὴ ἡ **ἀπιστί** αὐτῶν τὴν πίστιν 1424
τοῦ θυ̅. 3 τί γάρ; εἰ ἠπίστησάν τινες, μὴ ἡ **ἀπιστεία** αὐτῶν τὴν πίστιν K 049 88 104 460
τοῦ θυ̅. 3 τί γάρ; εἰ ἠπίστησάν τινες, μὴ ἡ **ἀπιστεία** αὐτῶν τὴν **πήστιν** 33 [↑1315 2147
τοῦ θυ̅. 3 τί γάρ; εἰ ἠπίστησάν τινες, μὴ ἡ **ἀπειστεία** αὐτῶν τὴν **πίστην** 618 [↑2464
τοῦ θυ̅. 3 τί γάρ; εἰ ἠπίστησάν τινες, μὴ ἡ ἀπιστία αὐτῶν τὴν **πίστην** 614 796 1245 1646
τοῦ θυ̅. 3 τί γάρ; **ἠπίστεισάν** τινες, μὴ ἡ **ἀπιστεία** αὐτῶν τὴν πίστιν 1319 [↑2815
τοῦ θυ̅. 3 τί γάρ; εἰ **ἠπείθησάν** τινες, μὴ ἡ **ἀπιστεία** αὐτῶν τὴν πίστιν A
τοῦ θυ̅. 3 τί γάρ; εἰ **ἠπίστισάν** τινες, μὴ ἡ ἀπιστία αὐτῶν τὴν πίστιν 489*
τοῦ θυ̅. 3 τί γάρ; εἰ καὶ **ἠπίστεσάν** τινες, μὴ ἡ ἀπιστία αὐτῶν τὴν πίστιν 326*
τοῦ θυ̅. 3 τί γάρ; εἰ καὶ ἠπίστησάν τινες, μὴ ἡ ἀπιστία αὐτῶν τὴν πίστιν 326^{c} 1837

lac. 3.1-3 𝔓^{10} 𝔓^{46} 𝔓^{113} C F P 0172 1982

C 3.1 (γ̅ 424) περὶ ὑπεροχῆς ιη̅λ τοῦ τυγχάνοντος τῆς ἐπαγγελίας 049 424 1270 | κ,ε γ̅ 209 | τη β̅ της α̅ εβδ. αδ ε ου χς εμ τ φαμε 796 | γ̅ περι υπεροχεις ιη̅λ του συγχανον ης επαγγελειας 1175 | γ̅ περι υπεροχης ιη̅λ του τυγχανοντος της επαγγελιας 1739 1874 | γ̅ περι υπεροχης ιη̅λ του τυγχανοντο της επαγεμας 1836 | τελ 330

D 3.1 δ̅ B | ανα νδ̅ ζ̅ 614 | γ̅ 049 424 1175 1270 1836 1854

E 3.2 Dt 4.7-8; Ps 103.7; 147.19-20; Ro 9.4 Ac 3.26; 1 Th 2.4; 1 Pe 4.11 **3** Ro 9.6; 11.29; 2 Ti 2.13

τοῦ θυ καταργήσει; 4 μὴ γένοιτο· γεινέσθω δὲ ὁ θς ἀληθής, πᾶς δὲ B D*
τοῦ θυ **καταργήση**; 4 μὴ γένοιτο· **γενέσθω** δὲ ὁ θς ἀληθής, πᾶς δὲ L 1891
τοῦ θυ καταργήσει; 4 μὴ γένοιτο· **γενέσθω** δὲ ὁ θς ἀληθής, πᾶς δὲ 1241 1424 1448
τοῦ θυ καταργήσει; 4 μὴ γένοιτο· **ἔστω γὰρ** ὁ θς ἀληθής, πᾶς δὲ G
τοῦ θυ καταργήσει; 4 πᾶς δὲ 049
τοῦ θυ **καταργείση**; 4 μὴ γένοιτο· **γινέσθω** δὲ ὁ θς ἀληθής, πᾶς δὲ 131
τοῦ θυ καταργήσει; 4 μὴ γένοιτο· **γινέσθω** δὲ θς ἀληθής, πᾶς δὲ 460 1506
τοῦ θυ **καταργήση**; 4 μὴ γένοιτο· **γινέσθω** δὲ θς ἀληθής, πᾶς δὲ 618
τοῦ θυ **καταργήση**; 4 μὴ γένοιτο· **γινέσθω** δὲ ὁ θς ἀληθής, πᾶς δὲ Ψ 226 323 440 999 1245 1315
τοῦ θυ **καταργήση**; 4 μὴ γένοιτο· **γινέσθω** δὲ ὁ θς **ἀληθείς**, πᾶς δὲ ὁ 1243
πίστιν **καταργήση**; 4 μὴ γένοιτο· **γινέσθω** δὲ ὁ θς ἀληθής, πᾶς δὲ 1881
πίστιν καταργήσει; 4 μὴ γένοιτο· **γινέσθω** δὲ ὁ θς ἀληθής, πᾶς δὲ 1739
τοῦ θεοῦ καταργήσει; 4 μὴ γένοιτο· **γινέσθω** δὲ ὁ θεὸς ἀληθής, πᾶς δὲ **uwτ** Er^{1} [↓2464
τοῦ θυ καταργήσει; 4 μὴ γένοιτο· **γινέσθω** δὲ ὁ θς **ἀληθείς**, πᾶς δὲ 88 1175 1735 1837 1874*
τοῦ θυ καταργήσει; 4 μὴ γένοιτο· **γινέσθω** δὲ ὁ θς **ἀλληθής**, πᾶς δὲ 1646
τοῦ θυ καταργήσει; 4 μὴ γένοιτο· **γινέσθω** δὲ ὁ θς ἀληθής, πᾶς δὲ ℵ A D$^{1.2}$ K 056 1 6 33 69 104
205 209 326 330 365 424 489 517 547 614 796 910 927 945 1242 1270 1319 1352 1505
1573 1611 1734 1738 1827 1836 1854 1874^{c} 2125 2147 2344 2400 2412 2495 2815

ἄνθρωπος ψεύστης, καθάπερ γέγραπται· B [↓2412 2464 2495 2815
ανος ψεύστης, καθάπερ γέγραπται· Ψ [↓1836 1837 1854 1874 1881 1891 2125 2147 2344 2400
ἄνθρωπος ψεύστης, καθάπερ **γέγραπτε**· ℵ [↓1505 1506 1573 1611 1646 1734 1735 1738 1739 1827
ἄνθρωπος ψεύστης, **καθὼς** γέγραπται· D G **uwτ** Er^{1} [↓1241 1242 1243 1245 1270 1315 1319 1352 1424 1448
ανος **ψεύδης**, **καθὼς** γέγραπται· 365 [↓460 489 517 547 614 618 796 910 927 945 999 1175
ανος ψεύστης, **καθὼς** γέγραπται· A K L 049 056 1 6 33 69 88 104 131 205 209 226 323 326 330 424 440

Ὅπως ἂν δικαιωθῇς ἐν τοῖς λόγοις σου B ℵ A D G Ψ 049 056 1 6 69 104 131 205 209 226 326 330
Ὅπως ἂν **δικαιωθῆις** ἐν τοῖς λόγοις σου 424 1734 1891 [↑489 517 547 796 910 927 945 1241 1242
Ὅπως ἂν **δικαιοθῇς** ἐν τοῖς λόγοις σου 460 618 [↑1270 1315 1352 1448 1573 1611 1735 1738
Ὅπως ἂν **δικαιοθῇς** ἐν τοῖς **λόγις** σου 1245 [↑1739 1827 1836 1837 1854 1874 2125 2147
Ὅπως **δικαιοθῇς** ἐν τοῖς λόγοις σου 2495 [↑2344 2815 **uwτ** Er^{1}
Ὅπως **δικαιωθεὶς** ἐν τοῖς λόγοις σου 1505 [↓1646 1881 2400 2412 2464
Ὅπως ἂν **δικαιωθεὶς** ἐν τοῖς λόγοις σου K L 33 88 323 365 440 614 999 1175 1243 1319 1424 1506

καὶ νεικήσῃς ἐν τῷ κρείνεσθαί σε. B
καὶ **νεικήσεις** ἐν τῷ **κρείνεσθέ** σε. D*
καὶ **νικήσης** ἐν τῶι **κρίνεσθαί** σε. 056 945 1270
καὶ **νεικήσης** ἐν τῷ **κρίνεσθαί** **σαι**. G
καὶ **νικήσεις** ἐν **τὸ** **κρίναισθέ** **σαι**. 1646
καὶ **νικήσεις** ἐν **τὸ** **κρίνεσθαί** σε. 2464 [↓2400 **uw**
καὶ **νικήσεις** ἐν τῷ **κρίνεσθαί** σε. ℵ A D$^{1.2}$ K 049 6 88 104 326 611 1319 1424 1837 2125
καὶ **νικήσεις** ἐν τῶι **κρίνεσθαί** σε. 424 [↓2147 2344 2412 2495 2815 **τ** Er^{1}
καὶ **νικήσηις** ἐν τῶι **κρίνεσθαί** σε. 1734 1739 1891 [↓1738 1827 1836 1854 1874 1881
καὶ **νικήσις** ἐν τῷ **κρίνεσθαί** σε. 33 [↓1243 1245 1315 1352 1448 1505 1573 1735
καὶ **νικήσις** ἐν **κρίνεσθαί** σε. 1506 [↓547 614 618 796 910 927 999 1175 1241 1242
καὶ **νικήσης** ἐν τῷ **κρίνεσθαί** σε. L Ψ 1 69 131 205 209 226 323 330 365 440 460 489 517

---

lac. 3.3-4 $\mathfrak{P}^{10}$ $\mathfrak{P}^{46}$ $\mathfrak{P}^{113}$ C F P 0172 1982

C 3.4 εν ψαλμω ν ℵ | ψ ν 049 | γ ψαλμ η 33 | ψαλμ ν 209 517 1175 1270 1739 1854 | αρχ τη ε 330 | ψαλμου μ 1874 | Σα α ζ,τ εις τ αρχ της πρ ρω. αδ,ε χαρις υμιν ειρ 945 | κ,υ α μετ της ν. αδ,ε οι αγ παντ: ζ,τ εις τ πτο εβρα 945 | τελ 326 330 1243

D 3.4 δ 1175

E 3.4 Ps 116.11; 51.4 **5** Ro 1.7; 6.19; 1 C0 9.8; 15.32; Ga 3.15

[↓326 1175 1241 1424 1506 1836 1837 1874 2400

5 εἰ δὲ ἡ ἀδικία ἡμῶν θ̅υ̅ δικαιοσύνην συνίστησιν, τί ἐροῦμεν; μὴ ἄδικος B ℵ A D K Ψ 056 69

5.... ....μῶν θ̅υ̅ δικαιοσύνην συνίστησιν, τί ἐροῦμεν; μὴ ἄδικος P

5 εἰ δὲ ἡ ἀδικία ἡμῶν θεοῦ δικαιοσύνην συνίστησιν, τί ἐροῦμεν; μὴ ἄδικος **uw** Cl I 69.1

5 εἰ δὲ ἡ ἀδικία ἡμῶν θ̅υ̅ δικαιοσύνην **συνίστησι**, τί ἐροῦμεν; μὴ **ἀδίκως** 460

5 εἰ δὲ ἡ ἀδικία ἡμῶν θεοῦ δικαιοσύνην **συνίστησι**, τί ἐροῦμεν; μὴ ἄδικος **τ**

5 εἰ δὲ ἡ ἀδικία ἡμῶν θεοῦ δικαιοσύνην **συίστησι**, τί ἐροῦμεν; μὴ ἄδικος Er[1]

5 εἰ δὲ ἡ ἀδικία ἡμῶν θ̅υ̅ δικαιοσύνην **συνήστησι**, τί ἐροῦμεν; μὴ ἄδικος 365 1646

5 εἰ δὲ ἡ ἀδικία ἡμῶν **δικαιοσύνην θ̅υ̅** συνίστησιν, τί ἐροῦμεν; μὴ ἄδικος G

5 εἰ δὲ ἡ ἀδικία ἡμῶν **δικαιοσύνην θ̅υ̅ συνίστησι**, τί ἐροῦμεν; μὴ ἄδικος 1827

5 **ἡ** δὲ ἡ ἀδικία ἡμῶν **δικαιοσύνην θ̅υ̅ συνίστησι**, τί ἐροῦμεν; μὴ ἄδικος 2147

5 **ἡ** δὲ ἡ **ἀδικεία ὑμῶν** θ̅υ̅ **δικαιωσύνην** συνίστησιν, τί ἐροῦμεν; μὴ ἄδικος 2464

5 **ἡ** δὲ ἡ ἀδικία ἡμῶν θ̅υ̅ δικαιοσύνην **συνίστησι**, τί ἐροῦμεν; μὴ ἄδικος 1

5 **ἡ** δὲ ἡ ἀδικία ἡμῶν θ̅υ̅ δικαιοσύνην **συνίστισιν**, τί ἐροῦμεν; μὴ ἄδικος 1319

5 **ἡ** δὲ ἀδικία ἡμῶν θ̅υ̅ δικαιοσύνην συνίστησιν, τί ἐροῦμεν; μὴ ἄδικος 33 88

5 **ἡ** δὲ ἀδικία ἡμῶν θ̅υ̅ δικαιοσύνην **συνήστησιν**, τί ἐροῦμεν; μὴ ἄδικος 1735

5 **ἡ** δὲ ἀδικία ἡμῶν θ̅υ̅ δικαιοσύνην **συνίστησι**, τί ἐροῦμεν; μὴ ἄδικος 614 1315

5 εἰ δὲ ἀδικία ἡμῶν θ̅υ̅ δικαιοσύνην **συνίστησι**, τί ἐροῦμεν; μὴ ἄδικος 104 945 999

5 εἰ δὲ **ἀληθεία** ἡμῶν θ̅υ̅ δικαιοσύνην **συνίστησι**, τί ἐροῦμεν; μὴ ἄδικος 131

5 εἰ δὲ ἀδικία ἡμῶν θ̅υ̅ δικαιοσύνην **συνήστησιν**, τί ἐροῦμεν; μὴ ἄδικος 1243

5 εἰ δὲ ἀδικία ἡμῶν θ̅υ̅ **δικαιοσύνη** συνίστησιν, τί ἐροῦμεν; μὴ ἄδικος 1245

5 εἰ δὲ ἀδικία ἡμῶν θ̅υ̅ δικαιοσύνην συνίστησιν, τί ἐροῦμεν; μὴ ἄδικος 049

5 εἰ δὲ ἡ ἀδικία ἡμῶν θ̅υ̅ δικαιοσύνην **συνίστησι**, τί ἐροῦμεν; μὴ ἄδικος L 6 205 209 226 323 330 424 440 489 517 547 618 796 910 927 1242 1270 1352 1448 1505 1573 1611 1734 1738 1739 1854 1881 1891 2125 2344 2412 2495 2815

ὁ θ̅ς̅ ὁ ἐπιφέρων τὴν ὀργήν; κατὰ ἄνθρωπον λέγω. 6 μὴ γένοιτο· ἐπεὶ B ℵ[c] D[2] G 69

ὁ θ̅ς̅ ὁ ἐπιφέρων τὴν ὀργὴν αὐτοῦ; κατὰ ἄνθρωπον λέγω. 6 μὴ γένοιτο· ἐπεὶ ℵ*

ὁ θεὸς ὁ ἐπιφέρων τὴν ὀργήν; κατὰ ἄνθρωπον λέγω. 6 μὴ γένοιτο· ἐπεὶ **uwτ** Er[1]

ὁ θ̅ς̅ ὁ ἐπιφέρων τὴν ὀργήν; κατὰ ἄνθρωπον λέγω. 6 μὴ γένοιτο· **ἐπὶ** D*

ὁ θ̅ς̅ ὁ ἐπιφέρων τὴν ὀργήν; κατὰ α̅ν̅ο̅ν̅ λέγω. 6 μὴ γένοιτο· **ἐπὶ** 330 2464

ὁ θ̅ς̅ ὁ **ἐπιφέρον** τὴν ὀργήν; κατὰ α̅ν̅ο̅ν̅ λέγω. 6 μὴ γένοιτο· **ἐπὶ** 1646

ὁ θεὸς ὁ ἐπιφέρων τὴν ὀργήν; 6 μὴ γένοιτο· Cl I 69.1

ὁ θ̅ς̅ ὁ ἐπιφέρων τὴν ὀργήν κατὰ **τῶν α̅ν̅ω̅ν̅**. 6 μὴ γένοιτο· ἐπεὶ 1739[mg]

ὁ θ̅ς̅ ὁ ἐπιφέρων τὴν ὀργήν κατὰ α̅ν̅ο̅ν̅. 6 μὴ γένοιτο· ἐπεὶ 1874

ὁ θ̅ς̅ ὁ **φέρων** τὴν ὀργήν; κατὰ α̅ν̅ο̅ν̅ λέγω. 6 μὴ γένοιτο· ἐπεὶ 209*

ὁ θ̅ς̅ ἐπιφέρων τὴν ὀργήν; κατὰ α̅ν̅ο̅ν̅ λέγω. 6 μὴ γένοιτο· ἐπεὶ 614 999 1270 1352

ὁ θ̅ς̅ **ἐπιφέρον** τὴν ὀργήν; κατὰ α̅ν̅ο̅ν̅ λέγω. 6 μὴ γένοιτο· ἐπεὶ 1175

ὁ θ̅ς̅ ὁ **ἐπιφέρον** τὴν ὀργήν; κατὰ α̅ν̅ο̅ν̅ λέγω. 6 μὴ γένοιτο· ἐπεὶ 1243 2147

ὁ θ̅ς̅ ὁ ἐπιφέρων τὴν ὀργήν; κατὰ α̅ν̅ο̅ν̅ λέγω. 6 μὴ γένοιτο· ἐπεὶ A K L P Ψ 6 104 049 056 1 33 88 131 205 209[c] 226 323 326 365 424 440 460 489 517 547 618 796 910 927 945 1241 1242 1245 1315 1319 1424 1448 1505 1506 1573 1611 1734 1735 1738 1739* 1827 1836 1837 1854 1881 1891 2125 2344 2400 2412 2495 2815

---

lac. 3.5-6 𝔓[10] 𝔓[46] 𝔓[113] C F 0172 1982

C 3.5 αρχ τη ε̅ της β̅ εβδ αδ,ε ει δε αδικια 326 | αρχ Σα β̅ 330 | τομη ε̅ τη β̅ της β̅ εβδ. ο αποστολ πρ ρωμ. αδελφοι κρινει η εκφυσει ακροβυστια 1739

πῶς κρεινει ὁ θς τὸν κόσμον; 7 εἰ γὰρ ἡ ἀλήθεια τοῦ θυ ἐν τῷ ἐμῷ B*
πῶς **κρινει** ὁ θς τὸν κόσμον; 7 εἰ **δὲ** ἡ ἀλήθεια τοῦ θυ ἐν τῷ ἐμῷ A 1573
πῶς **κρινι** ὁ θς τὸν κόσμον; 7 εἰ **δὲ** ἡ **ἀλήθια** τοῦ θυ ἐν τῷ ἐμῷ ℵ
πῶς **κρινει** ὁ θς τὸν κόσμον; 7 εἰ γὰρ ἡ **ἀλήθια** τοῦ θυ ἐν τῷ ἐμῷ G
πῶς **κρινει** ὁ θς τὸν κόσμον; 7 εἰ γὰρ ἡ ἀλήθεια τοῦ θυ ἐν τῷ ἐμῷ L
πῶς **κρινει** ὁ θς τὸν κόσμον; 7 εἰ γὰρ **εἰ** ἀλήθεια τοῦ θυ ἐν τῷ ἐμῷ 33
πω **κρινει** ὁ θς τὸν κόσμον; 7 εἰ γὰρ ἡ ἀλήθεια τοῦ θυ ἐν τῷ ἐμῷ D*
πῶς **κρινει** ὁ θς τὸν κόσμον; 7 **η** γὰρ ἡ ἀλήθεια τοῦ θυ ἐν τῷ ἐμῷ P 131
πῶς **κρινει** ὁ θς τὸν κόσμον; 7 **η** γὰρ ἡ ἀλήθεια τοῦ θυ ἐν **τὸ** 2464*
πῶς **κρινει** ὁ θς τὸν κόσμον; 7 **η** γὰρ ἡ ἀλήθεια τοῦ θυ ἐν **τὸ** ἐμῷ 2464^{c}
πῶς **κρείνει** ὁ θς τὸν κόσμον; 7 εἰ γὰρ ἡ ἀλήθεια τοῦ θυ ἐν τῷ ἐμῷ B^{c}
πῶς **κρινεῖ** ὁ θεὸς τὸν κόσμον; 7 εἰ **δὲ** ἡ ἀλήθεια τοῦ θεοῦ ἐν τῷ ἐμῷ **u[w]**
πῶς **κρινεῖ** ὁ θς τὸν κόσμον; 7 εἰ **δὲ** ἡ ἀλήθεια τοῦ θυ ἐν τῶι ἐμῶι 1270
πῶς **κρινεῖ** ὁ θς τὸν κόσμον; 7 εἰ γὰρ ἀλήθεια τοῦ θυ ἐν τῷ ἐμῷ 049 056 1837
πῶς **κρινεῖ** ὁ θς τὸν κόσμον; 7 εἰ γὰρ ἡ ἀλήθεια τοῦ θυ ἐν τῷ 2400
πῶς **κρινεῖ** ὁ θς τὸν κόσμον; 7 εἰ γὰρ ἡ ἀλήθεια τοῦ θυ ἐν τῶι ἐμῶι 424 945 1734 1739 1891
πῶς **κρινεῖ** ὁ θς τὸν κόσμον; 7 εἰ γὰρ ἡ ἀλήθεια τοῦ θυ ἐν τῶ ἐμῶι 517
πῶς **κρινεῖ** ὁ θεὸς τὸν κόσμον; 7 εἰ γὰρ ἡ ἀλήθεια τοῦ θεοῦ ἐν τῷ ἐμῷ **[w]τ** Er^{1}
πῶς **κρινεῖ** ὁ θς τὸν κόσμον; 7 εἰ γὰρ ἡ ἀλήθεια τοῦ θυ ἐν τῷ **κόσμῳ** 2344
πῶς **κρινεῖ** ὁ θς τὸν κόσμον; 7 εἰ γὰρ ἡ ἀλήθεια τοῦ ἐν τῷ ἐμῷ 1424
πῶς **ὁ θς** **κρινεῖ** τὸν κόσμον; 7 εἰ γὰρ ἡ ἀλήθεια τοῦ θυ ἐν τῷ ἐμῷ 104
πῶς **κρίνει** ὁ θς τὸν κόσμον; 7 εἰ γὰρ ἡ ἀλήθεια τοῦ θυ ἐν τῷ ἐμῷ D^{2} K*
πῶς **κρίνει** ὁ θς τὸν κόσμον; 7 εἰ γὰρ ἡ **ἀλλήθεια** τοῦ θυ ἐν **τὸ** ἐμῷ 1646
πῶς **κρίνει** ὁ θς τὸν κόσμον; 7 εἰ **δὲ** ἡ ἀλήθεια τοῦ θυ ἐν τῷ ἐμῷ 365 1506
πῶς **κρίνη** ὁ θς τὸν κόσμον; 7 **ἢ** γὰρ ἡ ἀλήθεια τοῦ θυ ἐν τῷ ἐμῷ 1243
πῶς **κρινεῖ** ὁ θς τὸν κόσμον; 7 εἰ γὰρ ἡ ἀλήθεια τοῦ θυ ἐν τῷ ἐμῷ K^{c} Ψ 1 6 69 88 205 209 226 323 326 330 440 460 489 547 614 618 796 910 927 999 1175 1241 1242 1245 1315 1319 1352 1448 1505 1611 1735 1738 1827 1836 1854 1874 1881 2125 2147 2412 2495 2815

[↓1424 1448 1506 1611 1738 1739 1827 1836 1837 1854 1874 1881 1891 2125 2147 2344 2400 2495 **uwτ**
[↓1 6 33 69 88 104 131 205 209 226 323 326 330 424 489 517 547 614 796 910 927 945 999 1245 1270 1315 1352
ψεύσματι ἐπερίσσευσεν εἰς τὴν δόξαν αὐτοῦ, τί ἔτι κἀγὼ ὡς ἁμαρτωλὸς B ℵ A D K L P Ψ 049 056
ψεύσματι ἐπερίσσευσεν εἰς τὴν δόξαν αὐτοῦ, τί **ἐστι** κἀγὼ ὡς ἁμαρτωλὸς 460
ψεύσματι **ἐπερίσευσεν** εἰς τὴν δόξαν αὐτοῦ, τί **ἐστι** κἀγὼ ὡς ἁμαρτωλὸς 618
ψεύσματι **ἐπερίσευσεν** εἰς τὴν δόξαν αὐτοῦ, τί ἔτι κἀγὼ ὡς **ἁμαρτολὸς** 2464
ψεύσματι **ἐπερίεσευσεν** εἰς τὴν δόξαν αὐτοῦ, τί ἔτι κἀγὼ ὡς ἁμαρτωλὸς 1175
ψεύσματι **ἐπεριέσσευσεν** εἰς τὴν δόξαν αὐτοῦ, τί ἔτι κἀγὼ ὡς ἁμαρτωλὸς 440 1573 1734 1735
ψεύσματι ἐπερίσσευσεν εἰς τὴν δόξαν αὐτοῦ, τί **ἔτει** κἀγὼ ὡς ἁμαρτωλὸς G
ψεύσματι ἐπερίσσευσεν εἰς τὴν δόξαν αὐτοῦ, τί ἔτι **ὡς ἁμαρτωλὸς κἀγὼ** 1243
ψεύσματι ἐπερίσσευσεν εἰς τὴν δόξαν αὐτοῦ, τί ἔτι **ὡς ἁμαρτωλὸς ἐγὼ** 2815 Er^{1}
ψεύσματι ἐπερίσσευσεν εἰς τὴν δόξαν αὐτοῦ, τί ἔτι κἀγὼ ἁμαρτωλὸς 1242
ψεύσματι **περίσσευσεν** εἰς τὴν δόξαν αὐτοῦ, τί ἔτι κἀγὼ ὡς ἁμαρτωλὸς 1319
ψεύσματι **περιέσσευσεν** εἰς τὴν δόξαν αὐτοῦ, τί ἔτι κἀγὼ ὡς ἁμαρτωλὸς 365
ψέσματι **περίεσσευσεν** εἰς τὴν δόξαν αὐτοῦ, τί ἔτι κἀγὼ ὡς ἁμαρτωλὸς 1505
ψεύματι **ἐπερίσευσεν** εἰς τὴν δόξαν αὐτοῦ, τί ἔτι κἀγὼ ὡς **ἁμαρτολὸς** 1646
ψεύματι **ἐπερίσσευσεν** εἰς τὴν δόξαν αὐτοῦ, τί ἔτι κἀγὼ ὡς **ἁμαρτολὸς** 2412
ψεύδει ἐπερίσσευσεν εἰς τὴν δόξαν αὐτοῦ, τί ἔτι κἀγὼ ὡς ἁμαρτωλὸς 1241

lac. 3.6-7 $\mathfrak{P}^{10}$ $\mathfrak{P}^{46}$ $\mathfrak{P}^{113}$ C F 0172 1982

κρείνομαι; 8 καὶ μὴ καθὼς βλασφημούμεθα καθώς φασίν τινες ἡμᾶς B
κρείνομαι; 8 καὶ μὴ καθὼς βλασφημούμεθα καὶ καθώς φασίν τινες ἡμᾶς D*
κρίνομαι; 8 καὶ μὴ καθὼς βλασφημούμεθα καθώς φασίν τινες ἡμᾶς 1270
κρίνομαι; 8 καὶ μὴ καθὼς βλασφημούμεθα καθώς **φασί** τινες ἡμᾶς K 326 1315 1837 [w]
κρίνομαι; 8 καὶ μὴ καθὼς βλασφημούμεθα καὶ καθώς **φασείν** τινὲς ἡμᾶς G [↓1175 1424
κρίνομαι; 8 καὶ μὴ καθὼς βλασφημούμεθα καὶ καθώς φασίν τινες ἡμᾶς ℵ A D$^{1.2}$ L 33 131
κρίνωμαι; 8 καὶ μὴ καθὼς βλασφημούμεθα καὶ καθώς φασίν τινες ἡμᾶς 1874 [↑1506 1735
κρίνωμαι; 8 καὶ μὴ καθὼς **βλαφημούμεθα** καὶ καθώς φασίν τινες ἡμᾶς P [↑1836 **u**[w]
κρίνωμαι; 8 καὶ μὴ καθὼς βλασφημούμεθα καὶ καθώς **φυσί** τινες ἡμᾶς 1611
8 καὶ μὴ καθὼς βλασφημούμεθα καὶ καθώς **φασί** τινες ἡμᾶς Cl III 39.1
κρίνομαι; 8 καὶ μὴ **καθὸς** βλασφημούμεθα καὶ καθώς **φασί** τινες ἡμᾶς 1243
κρίνομαι; 8 καὶ μὴ **κακῶς** βλασφημούμεθα καὶ καθώς **φασί** τινες ἡμᾶς 1827
κρίνομαι; 8 καὶ μὴ καθὼς βλασφημούμεθα καὶ οὐ καθώς **φασί** τινες ἡμᾶς 056
κρίνομαι; 8 καὶ μὴ καθὼς βλασφημούμεθα καὶ καθώς **φασί** τινες 323
κρίνομαι; 8 καὶ καθὼς βλασφημούμεθα καὶ καθώς φασίν **ἡμᾶς τινες** 1881*
κρίνομαι; 8 καὶ μὴ καθὼς βλασφημούμεθα καὶ καθώς φασίν **ἡμᾶς τινες** 1739 1881^{c}
κρίνομαι; 8 καὶ μὴ καθὼς βλασφημούμεθα καὶ καθώς **φασί** τινες **ὑμᾶς** 1319
κρίνομαι; 8 καὶ μὴ καθὼς βλασφημούμεθα καὶ καθώς φασίν **τιναις** ἡμᾶς 2464
κρίνομαι; 8 καὶ μὴ καθὼς βλασφημούμεθα καὶ καθώς φασίν ἡμᾶς 2495
κρίνομαι; 8 καὶ μὴ καθὼς βλασφημούμεθα καὶ **φασί** τινες ἡμᾶς 1891*
κρίνομαι; 8 καὶ μὴ καθὼς **εὐκοφαντούμεθα** καὶ **φασί** τινες ἡμᾶς 1891^{c}
κρίνομαι; 8 καὶ μὴ καθὼς **βλασφημώμεθα** καὶ καθώς **φασί** τινες ἡμᾶς 945
κρίνομαι; 8 καὶ μὴ καθὼς **βλασφημούμαιθα** καὶ καθώς φασίν τινες ἡμᾶς 1646
κρίνομαι; 8 καὶ μὴ καθὼς βλασφημούμεθα καὶ καθώς **φασί** τινες ἡμᾶς Ψ 049 1 6 69 88 104
205 209 226 330 365 424 440 460 489 517 547 614 618 796 910 927 999 1241 1242
1245 1352 1448 1505 1573 1734 1738 1854 2125 2147 2344 2400 2412 2815 **τ** Er^{1}

[↓L P Ψ 056 1 33 88 131 323 326 424 460 1175 1241 1245 1319 1424 1506 1836 1837 1874* 2125 **uw** Cl III 39.1
λέγειν ὅτι Ποιήσωμεν τὰ κακά, ἵνα ἔλθῃ τὰ ἀγαθά; ὧν τὸ κρίμα ἔνδικόν ἐστιν. B A D^{2} K
λέγειν ὅτι Ποιήσωμεν τὰ κακά, ἵνα ἔλθηι τὰ ἀγαθά; ὧν τὸ κρίμα ἔνδικόν ἐστιν. 1739
λέγειν ὅτι Ποιήσωμεν κακά, ἵνα ἔλθῃ τὰ ἀγαθά; ὧν τὸ κρίμα ἔνδικόν ἐστιν. D* 1646
λέγειν ὅτι Ποιήσωμεν τὰ κακά, ἵνα **ἔλθει** τὰ ἀγαθά; ὧν τὸ κρίμα ἔνδικόν ἐστιν. 1874^{c} 2464
λέγειν ὅτι Ποιήσωμεν τὰ κακά, ἵνα ἔλθῃ τὰ ἀγαθά; ὧν **τῷ** κρίμα ἔνδικόν ἐστιν. 618
λέγειν ὅτι Ποιήσωμεν τὰ κακά, ἵνα ἔλθῃ τὰ ἀγαθά; ὧν **τῷ** κρίμα ἔνδικόν **ἐστι**. 2147
λέγειν ὅτι Ποιήσωμεν τὰ κακά, ἵνα ἔλθηι τὰ ἀγαθά; ὧν τὸ κρίμα ἔνδικόν **ἐστι**. 1891
λέγειν ὅτι Ποιήσωμεν τὰ κακά, ἵνα ἔλθῃ ἐφ' ἡμὰς τὰ ἀγαθά; ὧν τὸ κρίμα ἔνδικόν **ἐστι**. 330
λέγειν **τι** Ποιήσωμεν τὰ κακά, ἵνα ἔλθῃ ἐφ' ἡμὰς τὰ ἀγαθά; ὧν τὸ κρίμα ἔνδικόν ἐστιν. 1735
λέγειν ὅτι **Ποιήσομεν** τὰ κακά, ἵνα ἔλθῃ ἐφ' ἡμὰς τὰ ἀγαθά; ὧν τὸ κρίμα ἔνδικόν ἐστιν. 69
λέγειν ὅτι **Ποιήσομεν** τὰ κακά, ἵνα ἔλθῃ τὰ ἀγαθά; **ὂν** τὸ κρίμα ἔνδικόν ἐστιν. 1243
λέγειν ὅτι **Ποιήσομεν** τὰ κακά, ἵνα ἔλθῃ τὰ ἀγαθά; ὧν τὸ κρίμα ἔνδικόν **ἐστι**. 796 1881
λέγειν **Ποιήσομεν** τὰ κακά, ἵνα ἔλθῃ τὰ ἀγαθά; ὧν τὸ κρίμα ἔνδικόν **ἐστι**. 2344
λέγειν Ποιήσωμεν τὰ κακά, ἵνα ἔλθῃ τὰ ἀγαθά; ὧν τὸ κρίμα ἔνδικόν ἐστιν. 1827
λέγιν Ποιήσωμεν τὰ κακά, ἵνα ἔλθῃ τὰ ἀγαθά; ὧν τὸ κρίμα ἔνδικόν ἐστιν. G
λέγιν ὅτι Ποιήσωμεν τὰ κακά, ἵνα ἔλθῃ τὰ ἀγαθά; ὧν τὸ κρίμα ἔνδικόν ἐστιν. ℵ
λέγειν ὅτι Ποιήσωμεν τὰ κακά, ἵνα ἔλθῃ τὰ ἀγαθά; ὧν τὸ κρίμα ἔνδικόν **ἐστι**. 049 6 104
205 209 226 365 440 489 517 547 614 910 927 945 999 1242 1270 1315
1352 1448 1505 1573 1611 1734 1738 1854 2400 2412 2495 2815 **τ** Er^{1}

---

lac. 3.7-8 𝔓^{10} 𝔓^{46} 𝔓^{113} C F 0172 1982

C 3.8 στιχ ρν 1175

E 3.8 Ro 6.1

Not Even One Human Being is Righteous

[↓1352 1424 1448 1573 1734 1738 1739 1827 1854 1881 2125 2147 2344 2815 **uwτ** Er[1]
[↓69 88 209 226 323 326[c] 424 440 517 547 910 945 1175 1241 1243 1245[c] 1270 1315 1319

9 Τί οὖν; προεχόμεθα; οὐ πάντως· προῃτιασάμεθα γὰρ Ἰουδαίους B ℵ K 056 1 6 33
9 Τί οὖν; προεχόμεθα; οὐ πάντως· προηιτιασάμεθα γὰρ Ἰουδαίους 1891
9 Τί οὖν; προεχόμεθα; προῃτιασάμεθα γὰρ Ἰουδαίους P
9 Τί οὖν; προεχόμεθα; οὐ πάντως· προῃτιασάμεθα Ἰουδαίους 1611
9 Τί οὖν; προεχόμεθα; οὐ πάντως δέ· προῃτιασάμεθα γὰρ Ἰουδαίους 999
9 Τί οὖν; προεχόμεθα; οὐ πάντως· **πρωῃτιασάμεθα** γὰρ Ἰουδαίους 2464
9 Τί οὖν; προεχόμεθα; οὐ πάντως· **προῃτιμασάμεθα** γὰρ Ἰουδαίους 205
9 Τί οὖν; προεχόμεθα; οὐ πάντως· **προῃτοιμασάμεθα** γὰρ Ἰουδαίους 1242
9 Τί οὖν; προεχόμεθα; οὐ πάντως· **προῃτοιμασάμασαμεθα** γὰρ Ἰουδαίους 2400
9 Τί οὖν; προεχόμεθα; οὐ πάντως· **προῃτησάμεθα** γὰρ Ἰουδαίους 131 614 1836
9 Τί οὖν; προεχόμεθα; οὐ πάντως· **προῃτισάμεθα** γὰρ Ἰουδαίους 326* 796 1837
9 Τί οὖν; προεχόμεθα; οὐ **πάντος**· προῃτιασάμεθα γὰρ Ἰουδαίους 460 1646
9 Τί οὖν; προεχόμεθα; οὐ **πάντος**· προηιτιασάμεθα γὰρ Ἰουδαίους 618
9 Τί οὖν; προεχόμεθα; οὐ **πάντων**· προῃτιασάμεθα γὰρ Ἰουδαίους 365
9 Τί οὖν; προεχόμεθα; **περισσόν**; προῃτιασάμεθα γὰρ Ἰουδαίους Ψ
9 Τί οὖν; **κατέχομεν** **περισσόν**; **ῃτιασάμεθα** γὰρ Ἰουδαίους 1505 2495
9 Τί οὖν; **προκατέχομεν** **περισσόν**; **ῃτιασάμεθα** Ἰουδαίους D*
9 Τί οὖν; **προκατέχομεν** **περισσόν**; **ῃτειασάμεθα** γὰρ Ἰουδαίους G
9 Τί οὖν; **προκατέχομεν** **περισσόν**; **οὐ πάντως**· **ᾐτιασάμεθα** γὰρ Ἰουδαίους 104
9 Τί οὖν; **προκατέχομεν** **περισσόν**; **προῃτησάμεθα** γὰρ Ἰουδαίους 1735
9 Τί οὖν; **προεχώμεθα**; οὐ πάντως· προῃτιασάμεθα γὰρ Ἰουδαίους A L 489 927
9 Τί οὖν; **προερχόμεθα**; οὐ πάντως· **προῃτησάμεθα** γὰρ Ἰουδαίους 2412
9 Τί οὖν; **προσερχόμεθα**; οὐ πάντως· προῃτιασάμεθα γὰρ Ἰουδαίους 049 1245* 1874
9 Τί οὖν; **προκατεχόμεθα**; οὐ πάντως· προῃτιασάμεθα γὰρ Ἰουδαίους D[2]
9 Τί οὖν; **προσευχόμεθα**; οὐ πάντως· προῃτιασάμεθα γὰρ Ἰουδαίους 330

τε καὶ Ἕλληνας πάντας ὑπὸ ἁμαρτίαν εἶναι, B 1242
τε καὶ Ἕλληνας πάντας **ἐφ᾽** ἁμαρτίαν εἶναι, 1734
τε πρῶτον καὶ Ἕλληνας πάντας **ὑφ᾽** ἁμαρτίαν εἶναι, A [↓1270 1352 1424 1738 1891 2125 2400 2815 Er[1]
τε καὶ Ἕλληνας πάντας **ὑφ᾽** ἁμαρτίαν εἶναι, 056 1 104 226[c] 323 460 517 547 618 910 1243 1245
τε καὶ **Ἕλινας** πάντας **ὑφ᾽** ἁμαρτίαν εἶναι, 2464
τε καὶ Ἕλληνας πάντας **ὑφ᾽** **ἁμαρτίας** εἶναι, 1319
τε καὶ Ἕλληνας **ἅπαντας** **ὑφ᾽** ἁμαρτίαν εἶναι, G
τε καὶ Ἕλληνας **ὑφ᾽ ἁμαρτίαν πάντας** εἶναι, 1739
τε καὶ Ἕλληνας πάντας **ὑφ᾽** ἁμαρτίαν εἶναι, ℵ D K L P Ψ 049 6 33 69 88 131 205 209 226* 326 330 365 424 440 489 614 796 927 945 999 1175 1241 1315 1448 1505 1573 1611 1646 1735 1827 1836 1837 1854 1874 1881 2147 2344 2412 2495 **uwτ**

[↓1739 1827 1836 1837 1854 1874 1881 2147 2344 2412 2464 2495 **uwτ**
[↓945 999 1175 1241 1242 1315 1319 1448 1505 1573 1611 1646 1735

10 καθὼς γέγραπται ὅτι B ℵ A D G K L P Ψ 049 6 33 69 88 131 205 209 226* 326 330 365 424 440 489 614 796 927
10 καθὼς γέγραπται 056 1 104 226[c] 323 460 517 547 618 910 1243 1245 1270 1352 1424 1734 1738 1891 2125 2400 2815 Er[1]

---

lac. 3.9-10 𝔓10 𝔓46 𝔓113 C F 0172 1982 1506 (illeg.)

C 3.9 περὶ χάριτος δι᾽ ἧς μόνον ἄνοι δικαιοῦνται 049 33 1270 | περι χαριτι διηγμον ανοι δικαιονται ου κατα ετιος αλλα κατα θυ δο······· οτι μου ο αβρααμ 796 | δ περι χαριτος διησαν οι μονον δικαιουνται ου κατα γενος δια κεκριμενως. αλλα κατα θυ δοσιν ις ο τιμω κατα ον αβρααμ τυπον 1734 | δ περι χαριτος δι ης ου μονον ανοι δικαιουνται ου κατα γενος δια κεκρυμμενως αλλα κατα θυ δωσιν ισω τιμως κατα τον αβρααμ τυπον 1836 | δ περι χαριτος δι ης μονοι ανοι δικαιουντε ου κατα γενος δια κεκριμενος (-νως 1874[c]) αλλα κατα θυ δοσιν ισο τιμως κατα τον αβρααμ τυπον 1874 | στιχοι ρη 1874 | (post παντως) τελ 330 | (ante προητι.) αρχ 330 | τελ 326 1243 1837 **10** αρχ τη ϛ της β εβδ αδ,ε οτι ουκ εστι δικαιο 326 1837 | ψαλμω ιε καὶ νβ ℵ 209 | ψαλμ ιγ 326 517 1270 | ψαλμ νβ 1734 1739 | ψαλμ ιγ και νβ 049 1175 1854 | ψαλμου ιγ και νβ 1874

D 3.9 δ 096 796 1175 1270 1734 1836 1891

E 3.9 Ro 1.18-2.24; 3.23 **10-12** Ps 14.1-3; 53.1-3; Ec 7.20

Errata: 3.9 ubs Ψ προκατέχομεν περισσόν : προεχόμεθα περισσόν Ψ
3.9 na ubs 104 προκατέχομεν περισσόν [προῃτιασάμεθα] : προκατέχομεν περισσόν οὐ πάντως [ᾐτιασάμεθα] 104

Οὐκ ἔστιν δίκαιος οὐδὲ εἷς, B ℵ A D^{c2} G K L P Ψ 049 1 33 88 131 1175 1611 1646 1735 1836
Οὐκ ἔστιν δίκαιος εἷς, 1241 [↑1854 1874 **uw**
Οὐκ ἔστιν δίκαιος **οὐ** εἷς, D*
Οὐκ ἔστιν δίκαιος **οὐδ** εἷς, 1424 [↓2125 2147 2344 2400 2412 2815 **τ** Er^1
Οὐκ ἔστιν δίκαιος **οὐδαὶ** εἷς, 2464 [↓1352 1448 1505 1573 1734 1738 1739 1827 1837 1881 1891
Οὐκ οὐκ **ἔστι** δίκαιος οὐδὲ εἷς, 2495 [↓614 618 796 910 927 945 999 1242 1243 1245 1270 1315 1319
Οὐκ **ἔστι** δίκαιος οὐδε εἷς, 056 6 69 104 205 209 226 323 326 330 365 424 440 460 489 517 547

11 οὐκ ἔστιν συνίων, B A G 1241 [**w**] [↓2400 2412 2464 2495 2815 **u**[**w**]**τ** Er^1
11 οὐκ ἔστιν ὁ **συνείων**, D* [↓1735 1738 1739 1827 1836 1837 1854 1874 1881 1891 2125 2344
11 οὐκ ἔστιν ὁ **συνήων**, 1646* [↓1245 1270 1315 1319 1352 1424 1448 1505 1573 1611 1646^c 1734
11 οὐκ ἔστιν ὁ **συνήον**, 2147 [↓440 460 489 517 547 614 618 796 910 927 945 999 1175 1242 1243
11 οὐκ ἔστιν ὁ συνίων, ℵ D$^{1.2}$ K L P Ψ 049 056 1 6 33 69 88 104 131 205 209 226 323 326 330 365 424

οὐκ ἔστιν ζητῶν τὸν θ̅ν̅. B
οὐκ ἔστιν ζητῶν τὸν θεόν. [**w**] [↓1881 1891 2125 2147 2344 2400 2412 2495 2815
οὐκ ἔστιν **ἐκζητῶν** τὸν θ̅ν̅. G [↓1734 1735 1738 1739 1827 1836 1837 1854 1874
οὐκ ἔστιν ὁ **ἐκζητῶν** τὸν θεόν. **u**[**w**]**τ** Er^1 [↓1270 1319 1352 1424 1448 1505 1573 1611 1646
οὐκ **ἔστην** ὁ **ἐκζητῶν** τὸν θ̅ν̅. 618 [↓910 927 945 999 1175 1241 1242 1243 1245
οὐκ ἔστιν ὁ **ἐκζητὸν** τὸν θ̅ν̅. 1315 2464 [↓326 330 365 424 440 460 489 517 547 614 796
οὐκ ἔστιν ὁ **ἐκζητῶν** τὸν θ̅ν̅. ℵ A D K L P Ψ 049 056 1 6 33 69 88 104 131 205 209 226 323

12 πάντες ἐξέκλειναν ἅμα ἠχρεώθησαν· B* A D*
12 πάντες **ἐξέκλιναν** ἅμα ἠχρεώθησαν· ℵ G **uw**
12 πάντες ἐξέκλειναν ἅμα **ἠχρειώθησαν**· B^c D^2
12 πάντες **ἐξέκλιναν** ἅμα καὶ **ἠχρειώθησαν**· 1734
12 πάντες **ἐξέκλιναν** ἅμα καὶ **ἠχρηώθησαν**· 1319
12 πάντες **ἐξέκλιναν** ἅμα **ἠχριώθησαν**· L P 33 69 88 323 330 1243 1315 1735 2400
12 πάντες **ἐξέκλιναν** ἅμα **ἠχριόθησαν**· 2464
12 πάντες **ἐξέκληναν** ἅμα **ἠχρειώθησαν**· 2125 2147
12 πάντες **ἐξέκλιναν** **ἆμα** **ἠχρειώθησαν**· 1837
12 πάντες **ἐξέκλιναν** ἅμα **ἠχρειώθησαν**· K Ψ 049 056 1 6 104 131 205 209 226 326 365 424 440 460 489 517 547 614 618 796 910 927 945 999 1175 1241 1242 1245 1270 1352 1424 1448 1505 1573 1611 1646 1738 1739 1827 1836 1854 1874 1881 1891 2344 2412 2495 2815 **τ** Er^1

οὐκ ἔστιν ποιῶν χρηστότητα, B A G K L P Ψ 049 88 910 1175 1424 1836 1854 1874 [**w**]
οὐκ ἔστιν ὁ ποιῶν χρηστότητα, ℵ D 326 1837 **u**[**w**]
οὐκ ἔστιν ποιῶν **χρηστότιτα**, 1241 2147
οὐκ ἔστιν **ποιὸν** **χριστότιτα**, 2464
οὐκ ἔστιν ποιῶν **χριστότητα**, 1243 1646
οὐκ ἔστιν ποιῶν **χρηστότηταν**, 131 [↓2344 2400 2412 2495 2815 **τ** Er^1
οὐκ ἔστιν ποιῶν **χρηστοτότητα**, 33 [↓1573 1611 1734 1735 1738 1739 1827 1881 1891 2125
οὐκ **ἔστι** ποιῶν **χριστότητα**, 618 1315 [↓796 927 945 999 1242 1245 1270 1319 1352 1448 1505
οὐκ **ἔστι** ποιῶν χρηστότητα, 056 1 6 69 104 205 209 226 323 330 365 424 440 460 489 517 547 614

ἕως ἑνός. B 6 424^c 1739 [**uw**]
οὐκ ἔστιν ἕως **αἰνός**. ℵ A [↓440 460 489 517 547 614 618 796 910 927 945 999 1175 1241 1242
οὐκ ἔστιν ἕως ἑνός. D G K L P Ψ 049 056 1 33 69 88 104 131 205 209 226 323 326 330 365 424* 1243 1245 1270 1315 1319 1352 1424 1448 1505 1573 1611 1646 1734 1735 1738 1827 1836 1837 1854 1874 1881 1891 2125 2147 2344 2400 2412 2464 2495 2815 [**uw**]**τ** Er^1

13 τάφος ἀνεῳγμένος ὁ λάρυγξ αὐτῶν, B ℵ D L Ψ 1 6 69 205 209 226 323 424 440 517 547 614 796 910
13 τάφος ἀνεῳιγμένος ὁ λάρυγξ αὐτῶν, 1891 [↑927 945 999 1245 1270 1315 1319 1352 1424 1448
13 τάφος ἀνεῳγμένος ·· .... αὐτῶν, 2344 [↑1505 1573 1611 1734 1735 1739 1827 1836 1854
13 τάφος **ἀνεογμένος** ὁ λάρυγξ αὐτῶν, 2147 2464 [↑2400 2412 2495 2815 **uwτ** Er^1
13 τάφος **ἀνεογμένος** ὁ **λάρυξ** αὐτῶν, 131 1646
13 **τάφως** ἀνεῳγμένος ὁ **λάρυξ** αὐτῶν, 049
13 τάφος ἀνεῳγμένος ὁ **λάρυξ** αὐτῶν, A K P 056 33 88 104 326 330 365 460 489 618 1175 1241 1242
13 τάφος ἀνεῳγμένος ὁ **λάρυνξ** αὐτῶν, G [↑1243 1738 1837 1874 1881 2125

lac. 3.10-13 𝔓^{10} 𝔓^{46} 𝔓^{113} C F 0172 1982 1506 (illeg.)

C 3.12 ψαλμ ε̅ 049 517 1270 1739 **E 3.10-12** Ps 14.1-3; 53.1-3; Ec 7.20 **13** Ps 5.9; 10.7; 140.3; Ga 2,16

Errata: 3.10 na txt γινέσθω δέ : G ἔστω δέ; ἔστω γάρ G **3.10 Ti** D οὐδ' εἷς : οὐ εἷς D*
3.12 antf ℵ A οὐκ ἔστιν ἕως ἑνός : οὐκ ἔστιν ἕως αἰνός ℵ A

ταῖς γλώσσαις αὐτῶν ἐδολιοῦσαν, B ℵ A D K L P 049 056 1 6 33 69 88 104 131 205 209 226 323 326
omit 2147 [↑330 365 424 440 460 489 517 547 614 618 796 910 927
ταῖς γλώσσαις αὐτῶν **ἐδωλιοῦσαν**, 1646 [↑945 999 1175 1241 1242 1243 1270 1315 1319 1352
ταῖς γλώσσαις αὐτῶν **δολιοῦσαν**, Ψ [↑1424 1448 1505 1573 1611 1734 1735 1738 1739 1827
ταῖς γλώσσαις αὐτῶν **ἐδολειοῦσαν**, G 2464 [↑1837 1854 1874 1881 1891 2125 2344 2400 2412 2495
ταῖς γλώσσαις αὐτῶν ἐδολιοῦσαν, κρίνων αὐτοὺς ὁ θ̅ς̅ 1245 1836 [↑2815 **uwτ** Er^{1}

ἰὸς ἀσπίδων ὑπὸ τὰ χείλη αὐτῶν· B A D K L P Ψ 049 056 1 6 33 69 88 104 205 209 226 323
ἰὸς **ἀσπίδον** ὑπὸ τὰ **χήλη** αὐτῶν· 1243 [↑326 365 424 440 460 489 517 547 614 618 796
ἰὸς **ἀσπίδος** ὑπὸ τὰ χείλη αὐτῶν· 330 2344 [↑910 927 945 999 1175 1241 1242 1245 1270
omit 2147 [↑1315 1319 1352 1424 1448 1505 1573 1611
ἰὸς ἀσπίδων ὑπὸ τὰ **χήλει** αὐτῶν· 131 [↑1734 1735 1738 1739 1827 1836 1837 1854
ἰὸς ἀσπίδων ὑπὸ τὰ **χήλοι** αὐτῶν· 1646 [↑1874 1881 1891 2125 2400 2412 2464 2495
ἰὸς ἀσπίδων ὑπὸ τὰ **χίλη** αὐτῶν· ℵ [↑2815 **uwτ** Er^{1}
ἰὸς **ἀσπείδων** ὑπὸ τὰ **χίλη** αὐτῶν· G

14 ὧν τὸ στόμα αὐτῶν ἀρᾶς καὶ πικρίας γέμει, B 33 88 1646 [**w**]
14 ὧν τὸ στόμα ἀρᾶς καὶ πικρίας **γέμη**, D* 1243
14 ὧν τὸ **μα** ἀρᾶς καὶ πικρίας γέμει, 2495*
14 ὧν τὸ στόμα ἀρᾶς καὶ πικρίας γέμει, ℵ A D$^{1.2}$ G K L P Ψ 049 056 1 6 69 104 131 205 209 226 323 326 330 365 424 440 460 489 517 547 614 618 796 910 927 945 999 1175 1241 1242 1245 1270 1315 1319 1352 1424 1448 1505 1573 1611 1734 1735 1738 1739 1827 1836 1837 1854 1874 1881 1891 2125 2147 2344 2400 2412 2464 2495^{c} 2815 **u**[**w**]**τ** Er^{1}

15 ὀξεῖς οἱ πόδες αὐτῶν ἐκχέαι αἷμα, B ℵ A D G K L P Ψ 056 1 6 33 69 88 131 205 209 226 323 330 424
15 ὀξεῖς **ὐ** πόδες αὐτῶν ἐκχέαι αἷμα, 049 365 2464 [↑440 460 489 517 547 614 618 796 910 927 945 999
15 ὀξεῖς οἱ πόδες αὐτῶν **ἐκχέε** αἷμα, 104 2400 [↑1175 1241 1242 1243 1245 1270 1315 1319 1352
15 ὀξεῖς οἱ πόδες αὐτῶν **ἐκχαῖε** αἷμα, 326 1837 [↑1448 1573 1611 1646 1734 1735 1739 1827 1836
15 ὀξεῖς οἱ πόδες αὐτῶν **ἐκχαίαι** αἷμα, 1738 [↑1854 1874 1881 1891 2125 2147 2412 2815 **uwτ**
15 ὀξεῖς οἱ πόδες αὐτῶν **ἐκχέειν** αἷμα, 1505 2495 [↑Er^{1}
15 ὀξεῖς οἱ πόδες αὐτῶν, 1424
15 ὀξεῖς 2344

[↓1448 1505 1734 1738 1739 1827 1837 1854 1881^{c} 1891 2125 2400 2412 2495 2815 **uwτ** Er^{1} Cl I 175.1
[↓323 326 330 424 440 460 489 517 547 614 618 796 910 927 945 999 1175 1241 1242 1245 1270 1315 1352
16 σύντριμμα καὶ ταλαιπωρία ἐν ταῖς ὁδοῖς αὐτῶν, B ℵ A D G K L Ψ 049 056 1 6 88 209 226
16 **σύντριμα** καὶ ταλαιπωρία ἐν ταῖς ὁδοῖς αὐτῶν, 69
16 **σύντριμα** καὶ **ταλεπορείαν** ἐν ταῖς ὁδοῖς αὐτῶν, 2464
16 **σύντριμα** καὶ **ταλεπορία** ἐν **τοῖς** ὁδοῖς αὐτῶν, 1646
16 **σύντριμα** καὶ **ταλαιπορία** ἐν ταῖς ὁδοῖς αὐτῶν, 131
16 **σύμτριμμα** καὶ **ταλαιπορία** ἐν ταῖς ὁδοῖς αὐτῶν, 1836
16 σύντριμμα καὶ **ταλαιπορία** ἐν ὁδοῖς αὐτῶν, 1424
16 σύντριμμα καὶ **ταλαιπορία** ἐν ταῖς ὁδοῖς αὐτῶν, 1611 1735 1874 1881*
16 σύντριμμα καὶ **ταλαιπορίαν** ἐν ταῖς ὁδοῖς αὐτῶν, 1319
16 σύντριμμα καὶ **ταλαιπωρίαν** ἐν ταῖς ὁδοῖς αὐτῶν, 104 365 1573
16 σύντριμμα καὶ **ταλεπωρία** ἐν ταῖς ὁδοῖς αὐτῶν, 205 2147
16 σύντριμμα καὶ **ταλεπορία** **ἐ** ταῖς ὁδοῖς αὐτῶν, P*
16 σύντριμμα καὶ **ταλεπορία** ἐν ταῖς ὁδοῖς αὐτῶν, P^{c} 33 1243
16 .... αὐτῶν, 2344

17 καὶ ὁδὸν εἰρήνης οὐκ ἔγνωσαν. B A D K L P Ψ 049 056 1 6 33 69 88 104 131 205 209 226 323 326
17 καὶ ὁδὸν εἰρήνης οὐκ **ἔγνοσαν**. 1891 [↑330 365 424 440 460 489 517 547 614 618 796 910 927
17 καὶ **ὁδοὺς** εἰρήνης οὐκ ἔγνωσαν. 1505 2495 [↑945 999 1175 1241 1242 1243 1245 1270 1315 1319
17 καὶ **ὁδῶν** εἰρήνης οὐκ ἔγνωσαν. 2464 [↑1352 1424 1448 1573 1611 1646 1735 1738 1739 1827
17 καὶ ὁδὸν εἰρήνης οὐκ **ἐπέγνωσαν**. 1734 [↑1836 1837 1854 1874 1881 2125 2147 2344 2400 2412
17 καὶ ὁδὸν **ἰρήνης** οὐκ ἔγνωσαν. ℵ G [↑2815 **uwτ** Er^{1} Cl 108.17

lac. 3.13-17 $\mathfrak{P}^{10}$ $\mathfrak{P}^{46}$ $\mathfrak{P}^{113}$ C F 0172 1982 **3.13-16** 1506 (illeg.)

C 3.14 ησαιου 049 517 | ε̅ ησαιου 33 | παροιμι 1739 **15** γωρ τουτο ουχ ευρηται που κειται 1739 | ησαιου 1175 1270 1854 **16** τε της β̅ 1573 **17** ψαλμ λ̅ε̅ 1739

D 3.15 ε̅ 1175

E 3.13 Ps 5.9; 10.7; 140.3; Ga 2,16 **14** Ro 10.7 **15** Lk 1.79 **15-17** Is 59.7-8; Pr 1.16

18 οὐκ ἔστιν φόβος θ̅υ̅ ἀπέναντι τῶν ὀφθαλμῶν αὐτῶν. B ℵ A D K L P 049 1 33 88 910 1175
18 οὐκ ἔστιν φόβος θεοῦ ἀπέναντι τῶν ὀφθαλμῶν αὐτῶν. **uw** [↑1424 1735 1836 1854 1874
18 οὐκ ἔστιν φόβος θ̅υ̅ ἀπέναντι τῶν ὀφθαλμῶν **αὐτοῦ**. Ψ
18 ὅτι οὐκ ἔστιν φόβος θ̅υ̅ ἀπέναντι τῶν ὀφθαλμῶν αὐτῶν. 1241
18 οὐκ ἔστιν φόβος θ̅υ̅ **ἀπαίναντι** τῶν ὀφθαλμῶν αὐτῶν. 2464
18 οὐκ ἔστιν φόβος θ̅υ̅ **ἀπέναντει** τῶν ὀφθαλμῶν αὐτῶν. G
18 οὐκ ἔστιν φόβος **κ̅υ̅** ἀπέναντι τῶν **ὀφθαμῶν** αὐτῶν. 1646
18 οὐκ **ἔστι** φόβος **κ̅υ̅** ἀπέναντι τῶν ὀφθαλμῶν αὐτῶν. 1242
18 οὐκ **ἔστι** φόβος ἀπέναντι τῶν ὀφθαλμῶν αὐτῶν. 999*
18 οὐκ **ἔστι** φόβος θεοῦ ἀπέναντι τῶν ὀφθαλμῶν αὐτῶν. **τ** Er[1] Cl I 175.1
18 καὶ οὐκ **ἔστι** φόβος θ̅υ̅ ἀπέναντι τῶν ὀφθαλμῶν αὐτῶν. 1270
18 οὐκ **ἔστι** φόβος θ̅υ̅ ἀπέναντι τῶν ὀφθαλμῶν **αὐτὸν**. 2815
18 οὐκ **ἔστι** φόβος θ̅υ̅ ἀπέναντι τῶν ὀφθαλμῶν αὐτῶν.ᵀ 056 6 69 104 131 205 209 226 323 326 330 365 424 440 460 489 517 547 614 618 796 927 945 999[c] 1243 1245 1315 1319 1352 1448 1505 1573 1611 1734 1738 1739 1827 1837 1881 1891 2125 2147 2344 2400 2412 2495

ᵀτοῦ εὑρεῖν τὴν ἀνομίαν αὐτοῦ καὶ μισῆσαι 1611 (cj.)

[↓1315 1319 1352 1424 1448 1505 1506 1573 1738 1836 1837 1854 2125 2147 2344 2400 2412 2495 2815 **uwτ** Er[1]
[↓049 056 1 6 33 69 104 205 209 226 323 326 330 365 440 489 547 614 796 910 927 999 1175 1241 1242 1245
19 Οἴδαμεν δὲ ὅτι ὅσα ὁ νόμος λέγει τοῖς ἐν τῷ νόμῳ λαλεῖ, ἵνα πᾶν στόμα φραγῇ B ℵ[c] A D[2] L P Ψ
19 Οἴδαμεν δὲ ὅτι ὅσα ὁ νόμος λέγει τοῖς ἐν νόμῳ λαλεῖ, ἵνα πᾶν στόμα φραγῇ 1881
19 Οἴδαμεν δὲ ὅτι ὅσα ὁ νόμος λέγει τοῖς ἐν τῷ νόμωι λαλεῖ, ἵνα πᾶν στόμα φραγῇ 517
19 Οἴδαμεν δὲ ὅτι ὅσα ὁ νόμος λέγει τοῖς ἐν **τὸ** νόμῳ λαλεῖ, ἵνα πᾶν στόμα φραγη 2464
19 Οἴδαμεν δὲ **ὅτ** ὅσα ὁ νόμος λέγει τοῖς ἐν **τὸ** νόμῳ λαλεῖ, ἵνα πᾶν στόμα φραγῇ 1646
19 Οἴδαμεν δὲ **ὅτ** ὅσα ὁ νόμος λέγει τοῖς ἐν τῷ **νόμ ἐλέγει**, ἵνα πᾶν στόμα φραγῇ K*
19 Οἴδαμεν δὲ ὅτι ὅσα ὁ νόμος λέγει τοῖς ἐν τῷ **νόμ ἐλέγει**, ἵνα πᾶν στόμα φραγῇ K[c]
19 Οἴδαμεν δὲ ὅτι ὅσα ὁ νόμος λέγει τοῖς ἐν τῷ νόμῳ **λεγεῖ**, ἵνα πᾶν στόμα φραγῇ D*
19 Οἴδαμεν δὲ ὅτι ὅσα ὁ νόμος λέγει τοῖς ἐν τῷ νόμῳ **λέγει**, ἵνα πᾶν στόμα φραγῇ G
19 ....μῳ **λέγει**, ἵνα πᾶν στόμα φραγῇ F
19 Οἴδαμεν ὅτι ὅσα ὁ νόμος **λέγι** τοῖς ἐν τῷ νόμῳ λαλεῖ, ἵνα πᾶν στόμα φραγῇ 1243
19 Οἴδαμεν ὅτι ὅσα ὁ νόμος λέγει τοῖς ἐν τῷ νόμῳ λαλεῖ, ἵνα πᾶν στόμα φραγῇ 1827 [↓1735
19 Οἴδαμεν δὲ ὅτι ὅσα ὁ νόμος λέγει τοῖς ἐν τῷ νόμῳ λαλεῖ, ἵνα πᾶν στόμα **φραγεῖ** 88 131 460 618
19 .... ὅτι ὅσα ὁ νόμος λέγει τοῖς ἐν τῷ νόμῳ λαλεῖ, ἵνα πᾶν στόμα φραγῇ 1611 [↑1874
19 Οἴδαμεν δὲ ὅτι ὅσα ὁ νόμος λέγει τοῖς ἐν τῶι νόμῳ λαλεῖ, ἵνα πᾶν στόμα φραγῇ 945 1734
19 Οἴδαμεν δὲ ὅτι ὅσα ὁ νόμος λέγει τοῖς ἐν τῷ νόμῳ λαλεῖ, ἵνα πᾶν στόμα φραγῆι 1739
19 Οἴδαμεν δὲ ὅτι ὅσα ὁ νόμος λέγει τοῖς ἐν τῶι νόμωι λαλεῖ, ἵνα πᾶν στόμα φραγῆι 424 1891
19 Οἴδαμεν δὲ ὅτι ὅσα ὁ νόμος λέγει τοῖς ἐν τῶι νόμωι λαλεῖ, ἵνα πᾶν στόμα φραγῇ 1270
19 Οἴδαμεν δὲ ὅτι ὅσα ὁ νόμος **λάλει** τοῖς ἐν τῷ νόμῳ λαλεῖ, ἵνα πᾶν στόμα φραγῇ ℵ*

---

lac. 3.18-19 𝔓10 𝔓46 𝔓113 C 0172 1982 **3.18** F

C 3.18 αρχ Σα β̅ αδ,ε οιδαμεν δε οτι οσα ο νομ 326 | τελ β̅ 1 489 547 1573 1739 1827 | τελ της β̅ 614 1315 1827 2412 | τελ 226 326 330 440 517 796 927 945 999 1175 1243 1245 1448 2464 | τε της ς̅ 1242 1837 **19** Σα β̅ αδελφοι οιδαμεν οτι F | αρχ Σα β̅ μετ τω αγιω παντω Ψ | αρχ Σα β 049 | αρχ Σα β̅ αδ,ε οιδαμεν οτι οσα ο νομος λεγει 1 | ε̅ περι χαριτι δι ης μονον ανοι δικαιουνται ου κατα γεμος διακεκριμενω αλλα κατα θ̅υ̅ δοσιν κατα τον του αβρααμ τυπον 1 | αρχ σαβατ β̅ 209 | αρχ Σα β̅ αδ,ε οιδαμεν οτι οσα ο νομος λεγει 226 | αρχ 330 | της β̅ και αρχ γ̅ εβδ κ,ε ξ̅θ̅ 440 | αρχ Σα ς̅ αδ,ε οιδαμεν οτι 489 | Σα β̅ της β̅ αδ,ε οιδαμεν 517 | αρχ δ̅ 547 | αρχ του Σα β̅ προς ρωμαιους αδελοι οιδαμεν οτι οσα ο νομος λεγει τοις εν τω 614 | Σα β̅ 618 | αρχ 424 796 1448 | Σα β̅ αδ,ε οιδαμεν οι οσα ο νομος 927 | αρχ Σα β̅ προς ρω: οιδαμεν οτι οσα ο νομ λεγ 945 | αρχ Σα β̅ 1175 | αρχ Σα ς̅ ξ̅α̅ 1242 | αρχ Σα β̅ κ,ε 1243 | αρχ 1245 | αρχ Σα β̅ κ,ε ξ̅α̅ απο τ ια αδ,ε οιδαμεν 1270 | αρχ Σα β̅ κ,ε π̅θ̅ 1315 | αρχ Σα β̅ αδ,ε οιδαμεν οτι οσα ο νομος 1573 | Σα β̅ μετ την ν̅ 1735 | τη ς̅ της β̅ εβδ ο αποστολ πρ ρωμ αδελφοι οιδαμεν δε οτι οσα ο νομος 1739 | αρχ Σα β̅ κ,ε π̅γ̅ αδ,ε 1827 | Σα β̅ α̅ τοπο της ρ̅ω̅ 1836 | αρχ Σα β̅ αδ,ε οιδαμεν δε οτι οσα 1837 | αρχ αδελφοι οιδαμεν οτι οσα ο νομος λεγει 1891 | αρχ τω Σα της β̅ εβδ αδ,ε οιδαμεν οτι οσα ο νομος 2147 | αρχ του Σα β̅πρ ρωμ αδελφοι οιδμεν οτι οσα ο νομος λ,γ τοις εν 2412 | αρχ Σα β̅ κ,ε ξω αδελφοι οιδα δωμεν οτι οσοι ο γομ 2464

D 3.18 ζ̅ 1573 **19** ζ̅ 1 226 | η̅ 517 1739 | ι̅ 927

E 3.18 Ps 36.1

[↓1424 1448 1506 1611 1735 1738 1827 1836 1837 1854 1874 1881 2125 2147 2344 2400 2412 2815
[↓88 104 205 209 226 323 326 460 489 547 614 618 796 910 927 999 1175 1241 1242 1245 1315 1352
καὶ ὑπόδικος γένηται πᾶς ὁ κόσμος τῷ θω· **20** διότι ἐξ ἔργων νόμου οὐ B ℵ A K L P Ψ 056 1 6 33 69
καὶ ὑπόδικος γένηται πᾶς ὁ κόσμος τῷ θω· **20** διότι ἐξ **ἔρνγων** νόμου οὐ 1646
καὶ ὑπόδικος γένηται πᾶς ὁ κόσμος τῷ θω· **20** διότι ἐξ **ἔργω** νόμου οὐ 049
καὶ ὑπόδικος γένηται πᾶς ὁ κόσμος τῷ θω· **20** διότι ἐξ **ἔργον** νόμου οὐ 1243
καὶ **ὑπόδικως γένητε** πᾶς ὁ κόσμος τῷ θω· **20** διότι ἐξ **ἔργον** νόμου οὐ 2464
καὶ ὑπόδικος **γένητε** πᾶς ὁ κόσμος τῷ θω· **20** διότι ἐξ ἔργων νόμου οὐ 131
καὶ ὑπόδικος γένηται πᾶς ὁ κόσμος τῷ θω· **20** **διὸ** ἐξ ἔργων νόμου οὐ 1505 2495
καὶ ὑπόδικος γένηται ὁ κόσμος τῷ θω· **20** διότι ἐξ ἔργων νόμου οὐ 365 1319 1573
καὶ ὑπόδικος γένηται πᾶς ὁ κόσμος τῶι θω· **20** διότι ἐξ ἔργων νόμου οὐ 945
καὶ ὑπόδικος γένηται πᾶς ὁ κόσμος τῷ θω· **20** διότι ἐξ ἔργων νόμου 330
καὶ ὑπόδικος γένηται πᾶς ὁ κόσμος τῶι θωι· **20** διότι ἐξ ἔργων νόμου 1734
καὶ ὑπόδικος γένηται πᾶς ὁ κόσμος τῶι θωι· **20** διότι ἐξ ἔργων νόμου οὐ 424 517 1270 1739 1891
καὶ ὑπόδικος γένηται πᾶς ὁ κόσμος τῷ θεῷ· **20** διότι ἐξ ἔργων νόμου οὐ **uwτ** Er^{1}
καὶ ὑπόδικος γένηται πᾶς ὁ κόσμος τῷ θω· **20** διότι ἐξ **ἔρχων** νόμου οὐ 440
καὶ ὑπόδικος γένηται πᾶς ὁ κόσμος τῷ θω· **20** διότι **οὐ δικαιωθήσεται** D F G

[↓1611 1738 1739 1836 1837 1854 1874 1881 1891 2125 2344 2400 2412 2495 2815 **uwτ** Er^{1}
[↓424 440 517 547 614 910 999 1175 1241 1242 1243 1245 1270 1315 1352 1424 1448 1573
δικαιωθήσεται πᾶσα σὰρξ ἐνώπιον αὐτοῦ, B ℵ A K L P Ψ 049 056 1 6 33 69 88 104 226 326 330
δικαιωθήσεται πᾶσα σὰρξ **ἐνόπιον** αὐτοῦ, 1646
δικαιωθήσεται πᾶσα σὰρξ ἐνώπιον ἐνώπιον αὐτοῦ, 1505
δικαιοθήσεται πᾶσα σὰρξ ἐνώπιον αὐτοῦ, 131 460 618
δικαιοθήσεται πᾶσα σὰρξ **ἐνόπιον** **τοῦ θυ**, 2464
δικαιωθήσεται πᾶσα σὰρξ ἐνώπιον **τοῦ θυ**, 205 209 323 365 489 796 927 945 1319 1506 1735 2147
δικαιωθήσεται πᾶσα σάρξ, 1827
omit 1734
ἐξ ἔργων νόμου πᾶσα σὰρξ ἐνώπιον αὐτοῦ, D G
ἐξ ἔργων νόμου πᾶσα σὰρξ **ἐνόπιον** αὐτοῦ, F

διὰ γὰρ νόμου ἐπίγνωσις ἁμαρτίας. B ℵ A D K L P Ψ 049 056 1 6 33 69 88 104 131 205 209 226 323 326 330
διὰ νόμου ἐπίγνωσις ἁμαρτίας. Cl IV 9.6 [↑365 424 440 460 489 517 547 614 618 796 910 927 945 999
διὰ γὰρ νόμου **γνῶσις** ἁμαρτίας. Cl II 34.4 [↑1175 1241 1242 1245 1270 1315 1352 1424 1448 1505 1506
διὰ γὰρ νόμου **ἐγνώσεις** ἁμαρτίας. 1243 [↑1611 1646 1735 1738 1739 1827 1836 1837 1854 1874 1881
ἐπίγνωσις ἁμαρτίας. 1734 [↑1891 2125 2344 2400 2412 2464 2495 2815 **uwτ** Er^{1}
omit 1319 1573
διὰ γὰρ νόμου **ἐπίγνωσης** ἁμαρτίας. 2147
διὰ γὰρ νόμου **ἐπιγνώσεως** ἁμαρτίας. F G

Righteousness Only through Faith in Jesus Christ

[↓1734 1735 1738 1739 1827 1836 1837 1854 1874 1891 2125 2147 2412 2400 2412 2495 2815
[↓910 945 999 1175 1241 1242 1243 1245 1270 1315 1319 1352 1424 1448 1505 1506 1573 1646
[↓K L Ψ 049 056 1 6 69 88 104 131 205 209 226 323 326 330 365 424 440 460 517 547 614 618 796
21 Νυνὶ δὲ χωρὶς νόμου δικαιοσύνη θυ^{T} πεφανέρωται μαρτυρουμένη B D$^{1.2}$ G^{c}
21 Νυνὶ δὲ χωρὶς νόμου **δικαιωσύνη** θυ πεφανέρωται μαρτυρουμένη 33
21 Νυνὶ δὲ χωρὶς νόμου δικαιοσύνη τοῦ θυ πεφανέρωται μαρτυρουμένη F
21 Νυνὶ δὲ χωρὶς νόμου δικαιοσύνη θυ πεφανέρωται ἐκ πίστεως μαρτυρουμένη 1881
21 .... νόμου δικαιοσύνη θυ πεφανέρω....... 1611
21 **Νῦν** δὲ χωρὶς νόμου δικαιοσύνη θυ πεφανέρωται μαρτυρουμένη 489 927
21 **Νυνεὶ** δὲ χωρὶς νόμου δικαιοσύνη θυ πεφανέρωται μαρτυρουμένη ℵ
21 **Νυνεὶ** δὲ χωρὶς νόμου δικαιοσύνη θυ πεφανέρωται **μαρτυρομένη** ℵ D*
21 Νυνὶ δὲ χωρὶς νόμου δικαιοσύνη θεοῦ πεφανέρωται μαρτυρουμένη **uwτ** Er^{1}
21 Νυνὶ δὲ χωρὶς νόμου δικαιοσύνη θεοῦ πεφανέρωται Cl I 73.2
21 Νυνὶ δὲ **χωρεὶς** νόμου δικαιοσύνη θυ πεφανέρωται μαρτυρουμένη A
21 Νυνὶ δὲ **χορεὶς** νόμου δικαιοσύνη θυ **πεφανέροτε** μαρτυρουμένη 2464
21 Νυνὶ δὲ χωρὶς νόμου δικαιοσύνη θυ **πεφανέροται** μαρτυρουμένη P

^{T}διὰ πίστεως ιηυ χρυ εἰς πάντας καὶ ἐπὶ πάντας G*

---

lac. 3.19-21 𝔓^{10} 𝔓^{46} 𝔓^{113} C 0172 1982

C 3.20 ε περι χαριτος δι ης μονης ανοι δικαιουνται 1739 | Σα β αδ,ε κ,ε ης γ 1827

E 3.20 Ps 143.2; Ga 2.16; Ro 7.7 **21** Ro 3.28; 1.17; Ps 71.2, 15-16, 19, 24; Is 51.5-6, 8; 1 Jn 1.2; Ac 10.43

Reading	Witnesses
ὑπὸ τοῦ νόμου καὶ τῶν προφητῶν, 22 δικαιοσύνη δὲ θυ διὰ πίστεως	B
ὑπὸ τοῦ νόμου καὶ τῶν προφητῶν, 22 δικαιοσύνη δὲ θεοῦ διὰ πίστεως	[w]
ὑπὸ τοῦ νόμου καὶ τῶν προφητῶν, 22 δικαιοσύνη δὲ θυ διὰ πίστεως **ἐν**	A
ὑπὸ τοῦ νόμου καὶ τῶν προφητῶν, 22 δικαιοσύνη θυ διὰ πίστεως ιυ	796 1245
ὑπὸ τοῦ νόμου καὶ τῶν προφητῶν, 22 δικαιοσύνη δὲ θεοῦ διὰ πίστεως Ἰησοῦ	**u**[**w**]**τ** Er[1]
22 δικαιοσύνη δὲ θεοῦ διὰ πίστεως Ἰησοῦ	Cl I 73.2
ὑπὸ τοῦ νόμου καὶ τῶν προφητῶν, 22 δικαιοσύνη δὲ θεοῦ διὰ πίστεως ιυ	1646 1891
....μου καὶ τῶν προφη......... 22 .... θυ διὰ πίστεως ιυ	1611
.... καὶ τῶν προφητῶν, 22 δικαιοσύνη δὲ θυ διὰ πίστεως ιυ	C
ὑπὸ τοῦ νόμου καὶ τῶν προφητῶν, 22 δικαιοσύνη δὲ θυ διὰ πίστεως ιηυ	F G
ὑπὸ τοῦ νόμου καὶ τῶν προφητῶν, 22 **δικαιωσύνη** δὲ θυ διὰ πίστεως ιυ	33
ὑπὸ τοῦ νόμου τῶν προφητῶν, 22 δικαιοσύνη δὲ θυ διὰ πίστεως ιυ	69*
ὑπὸ νόμου καὶ τῶν προφητῶν, 22 δικαιοσύνη δὲ θυ διὰ πίστεως ιυ	6
ὑπὸ τοῦ νόμου καὶ τῶν προφητῶν, 22 δικαιοσύνη δὲ διὰ πίστεως ιυ	460 618 1738
ὑπὸ τοῦ νόμου καὶ τῶν προφητῶν, 22 δικαιοσύνη δὲ θυ πεφανέρωται διὰ πίστεως ιυ	517*
ὑπὸ τοῦ νόμου καὶ τῶν προφητῶν, 22 δικαιοσύνη δὲ θυ	910
ὑπὸ τοῦ νόμου καὶ **τὸν** προφητῶν, 22 δικαιοσύνη δὲ θυ διὰ πίστεως ιυ	1243
ὑπὸ τῶν προφητῶν, 22 δικαιοσύνη δὲ θυ διὰ πίστεως ιυ	1319
ὑπὸ τοῦ νόμου καὶ τῶν προφητῶν, 22 δικαιοσύνη δὲ θυ διὰ πίστεως ιυ	ℵ D K L P Ψ 049 056 1 69[c] 88 104 131 205 209 226 323 326 330 365 424 440 489 517[c] 547 614 927 945 999 1175 1241 1242 1270 1315 1352 1424 1448 1505 1506 1573 1734 1735 1739 1827 1836 1837 1854 1874 1881 2125 2147 2344 2400 2412 2464 2495 2815

Reading	Witnesses
χυ εἰς πάντας τοὺς πιστεύοντας. οὐ γάρ ἐστιν διαστολή,	B ℵ* C P Ψ 1506
Χριστοῦ εἰς πάντας τοὺς πιστεύοντας. οὐ γάρ ἐστιν διαστολή,	**u w**
χω ιυ εἰς πάντας τοὺς πιστεύοντας. οὐ γάρ ἐστιν διαστολή,	A
χω εἰς πάντας τοὺς πιστεύοντας. οὐ γάρ **ἐστι** διαστολή,	796 [↓1881
χυ εἰς πάντας τοὺς πιστεύοντας. οὐ γάρ **ἐστι** διαστολή,	6 88 104 424[c] 1270
Χριστοῦ εἰς πάντας τοὺς πιστεύοντας. οὐ γάρ **ἐστι** διαστολή,	Cl I 73.2
χυ εἰς πάντας καὶ ἐπὶ πάντας τοὺς πιστεύοντας. οὐ γάρ ἐστιν διαστολή,	ℵ[c] D K 33 131 1175
χρυ εἰς πάντας καὶ ἐπὶ πάντας τοὺς πιστεύοντας. οὐ γάρ ἐστιν διαστολή,	F G [↑1241 1424
Χριστοῦ εἰς πάντας καὶ ἐπὶ πάντας τοὺς πιστεύοντας. οὐ γάρ **ἐστι** διαστολή,	**τ** Er[1] [↑1646 1735
εἰς πάντας καὶ ἐπὶ πάντας τοὺς πιστεύοντας. οὐ γάρ **ἐστι** διαστολή,	910 [↑1836 1874
χυ εἰς πάντας καὶ ἐπὶ πάντας τοὺςπιστεύοντας. οὐ γάρ **ἐστι** **αστολή**,	614* [↑2464
χυ εἰς πάντας καὶ ἐπὶ πάντας τοὺς **πιστεύσαντας**. οὐ γάρ **ἐστι** διαστολή,	1734
χυ εἰς πάντας καὶ ἐπὶ πάντας **τοὺ** πιστεύοντας. οὐ γάρ **ἐστι** διαστολή,	049*
χυ εἰς πάντας καὶ ἐπὶ πάντας τοὺς πιστεύοντας. οὐ γάρ **ἐστι** **διστολή**,	2412
χυ εἰς πάντας καὶ ἐπὶ πάντας τοὺς πιστεύοντας. οὐ γάρ **ἐστι** διαστολή,	L 049[c] 056 1 69 205 209 226 323 326 330 365 424* 440 460 489 517 547 614[c] 618 927 945 999 1242 1243 1245 1315 1319 1352 1448 1505 1573 1611 1738 1739 1827 1837 1854 1891 2125 2147 2344 2400 2495 2815

[↓1734 1735 1738 1739 1827 1836 1837 1854 1881 1891 2125 2344 2400 2412 2495 2815
[↓796 927 945 999 1175 1241 1242 1245 1270 1319 1352 1424 1448 1505 1506 1573 1611
[↓056 1 6 33 69 88 104 131 205 209 226 323 326 365 424 440 460 489 517 547 614 618

Reading	Witnesses
23 πάντες γὰρ ἥμαρτον καὶ ὑστεροῦνται τῆς δόξης τοῦ θυ 24 δικαιούμενοι	B ℵ A C D K L P Ψ
23 πάντες γὰρ ἥμαρτον καὶ ὑστεροῦνται τῆς δόξης τοῦ θεοῦ 24 δικαιούμενοι	**uwτ** Er[1]
23 πάντες γὰρ ἥμαρτον καὶ ὑστεροῦνται τῆς **δόξις** τοῦ θυ 24 δικαιούμενοι	1646
23 πάντες γὰρ ἥμαρτον καὶ **οὑστεροῦνται** τῆς δόξης τοῦ θυ 24 δικαιούμενοι	1315
23 πάντες γὰρ ἥμαρτον καὶ ὑστεροῦνται τῆς δόξης τοῦ θυ 24 δικαιούμενοι δὲ	1243
23 πάντες γὰρ **ἥμαρτων** καὶ ὑστεροῦνται τῆς δόξης τοῦ θυ 24 δικαιούμενοι	330 910
23 πάντες γὰρ **ἥμαρτων** καὶ **οἱστεροῦνται** τῆς δόξης τοῦ θυ 24 δικαιούμενοι	2464
23 πάντες γὰρ ἥμαρτον καὶ ὑστεροῦνται τῆς δόξης τοῦ θυ 24 **διξκαιούμαινοι**	F*
23 πάντες γὰρ ἥμαρτον καὶ ὑστεροῦνται τῆς δόξης τοῦ θυ 24 **δικαιούμαινοι**	F[c] G
23 πάντες γὰρ ἥμαρτον καὶ **ὑστεροῦντε** τῆς δόξης τοῦ θυ 24 δικαιούμενοι	049 1874 2147

lac. 3.21-24 𝔓10 𝔓46 𝔓113 0172 1982

E 3.21 Ro 3.28; 1.17; Ps 71.2, 15-16, 19, 24; Is 51.5-6, 8; 1 Jn 1.2; Ac 10.43 **22** Ro 1.17; 10.12; Ga 2.16 **23** Ro 3.9; 3.12 **24** Eph 2.8; Ro 5.1; Eph 2.8; Tit 3.7; Ro 8.23; Col 1.14; Eph 1.7, 14; 4.30; Ps 130.7

Errata: 3.22 na 2464 εἰς πάντας : εἰς πάντας καὶ ἐπὶ πάντας 2464 (**antf** correct)
3.22 antf 049 τοὺς πιστεύοντας : τοὺ πιστεύοντας 049*

[↓1242 1243 1245 1315 1319 1352 1424 1448 1505 1506 1573 1611 1735 1827 1837 1854 2125 2344 2400 2412 2495 2815
[↓K L P Ψ 049 056 1 6 33 69 88 104 131 205 209 226 323 326 330 365 440 460c 489 547 614 796 910 927 945 999 1241

δωρεὰν τῇ αὐτοῦ χάριτι διὰ τῆς ἀπολυτρώσεως τῆς ἐν χω ιυ· **25** ὃν προέθετο B ℵ A C D
δωρεὰν τῇ αὐτοῦ χάριτι διὰ τῆς ἀπολυτρώσεως τῆς ἐν Χριστῷ Ἰησοῦ· **25** ὃν προέθετο **uwτ** Er[1]
δωρεὰν τῇ αὐτοῦ χάριτι διὰ τῆς ἀπολυτρώσεως τῆς ἐν χω ιυ· **25** ὃν **προεθετω** 2464
δωρεὰν τῇ αὐτοῦ **χάριτη** διὰ τῆς ἀπολυτρώσεως τῆς ἐν χω ιυ· **25** ὃν **προέθετω** 1646*
δωρεὰν τῇ αὐτοῦ **χάριτη** διὰ τῆς ἀπολυτρώσεως τῆς ἐν χω ιυ· **25** ὃν **πρότον ἔθετω** 1646c
δωρεὰν τῇ αὐτοῦ χάριτι διὰ τῆς ἀπολυτρώσεως τῆς ἐν χω ιυ· **25** ὃν **τρόπον ἔθετο** 1881
δωραιὰν τῇ αὐτοῦ χάριτι διὰ τῆς ἀπολυτρώσεως τῆς ἐν χρω ιηυ· **25** ὃν προέθετο F
δωραιὰν τῇ αὐτοῦ χάριτι διὰ τῆς ἀπολυτρώσεως τῆς ἐν χρω ιυ· **25** ὃν προέθετο G
δωραιὰν τῇ αὐτοῦ χάριτι διὰ τῆς ἀπολυτρώσεως τῆς ἐν χω ιυ· **25** ὃν προέθετο 1175
δωρεὰν τῇ αὐτοῦ χάριτι διὰ τῆς **ἀπολυτρόσεως** τῆς ἐν χω ιυ· **25** ὃν προέθετο 1874 2147
δωρεὰν τῇ αὐτοῦ χάριτι διὰ τῆς ἀπολυτρώσεως τῆς ἐν χωι ιυ· **25** ὃν προέθετο 517 1270
δωρεὰν τῇ αὐτοῦ χάριτι διὰ τῆς ἀπολυτρώσεως ἐν χω ιυ· **25** ὃν προέθετο 460* 1738
δωρεὰν τῇ αὐτοῦ χάριτι διὰ τῆς ἀπολυτρώσεως ἐν χωι ιυ· **25** ὃν προέθετο 618
δωρεὰν τῇ αὐτοῦ χάριτι διὰ τῆς ἀπολυτρώσεως **ιυ** **χυ**· **25** ὃν προέθετο 1836
δωρεὰν τῆι αὐτοῦ χάριτι διὰ τῆς ἀπολυτρώσεως τῆς ἐν χωι ιυ· **25** ὃν προέθετο 424 1734 1739 1891

ὁ θς εἱλαστήριον διὰ τῆς πίστεως ἐν τῷ ἑαυτοῦ αἵματι εἰς ἔνδιξιν τῆς B*
ὁ θς **ἱλαστήριον** διὰ τῆς πίστεως ἐν τῷ ἑαυτοῦ αἵματι εἰς **ἔνδειξιν** τῆς Bc
ὁ θς **ἱλαστήριον** διὰ πίστεως ἐν τῶι ἑαυτοῦ αἵματι εἰς **ἔνδειξιν** τῆς 1739
ὁ θς **ἱλαστήριον** διὰ πίστεως ἐν τῷ ἑαυτοῦ αἵματι εἰς **ἔνδειξιν** τῆς 1881
ὁ θς **ἱλαστήριον** διὰ πίστεως ἐν ἑαυτοῦ αἵματι εἰς **ἔνδειξιν** τῆς 1506c
ὁ θς **ἱλαστήριον** διὰ πίστεως ἐν **αυτοῦ** αἵματι εἰς **ἔνδειξιν** τῆς 1506*
ὁ θς **ἱλαστήριον** διὰ τῆς πίστεως ἐν τῷ **αἵματι αὐτοῦ** εἰς **ἔνδειξιν** τῆς 69
ὁ θς **ἱλαστήριον** διὰ πίστεως ἐν τῷ **αἵματι αὐτοῦ** εἰς **ἔνδειξιν** τῆς 1319
ὁ θς εἱλαστήριον διὰ πίστεως ἐν τῷ **αὐτοῦ** αἵματι εἰς ἔνδιξιν τῆς D*
ὁ θς **ἱλαστήρειον** διὰ πίστεως ἐν τῷ **αὐτοῦ** αἵματι εἰς ἔνδιξιν τῆς F G
ὁ θς **ἱλαστήριον** διὰ πίστεως ἐν τῷ **αὐτοῦ** αἵματι εἰς ἔνδιξιν τῆς D[1] 104
ὁ θς **ἱλαστήριον** διὰ πίστεως ἐν τῷ **αὐτοῦ** αἵματι εἰς ἔνδιξιν τῆς ℵ
ὁ θς **ἱλαστήριον** ἐν τῷ **αὐτοῦ** αἵματι εἰς ἔνδιξιν τῆς A
ὁ θς **ἱλαστήριον** διὰ πίστεως ἐν τῶι **αὐτοῦ** αἵματι εἰς **ἔνδειξιν** τῆς 424c [↓1827 2147
ὁ θς **ἱλαστήριον** διὰ πίστεως ἐν τῷ **αὐτοῦ** αἵματι εἰς **ἔνδειξιν** τῆς C* 6 88 365 1505 1573
ὁ θς **ἱλαστήριον** διὰ πίστεως ἐν τῷ **αὐτοῦ** αἵματι εἰς **ἔνδειξιν** τῆς 2495
ὁ θεὸς **ἱλαστήριον** διὰ πίστεως ἐν τῷ **αὐτοῦ** αἵματι εἰς **ἔνδειξιν** τῆς **[uw]** [↓1734 1891
ὁ θς **ἱλαστήριον** διὰ τῆς πίστεως ἐν τῶι **αὐτοῦ** αἵματι εἰς **ἔνδειξιν** τῆς 056 424* 517 945 1270
ὁ θς **ἱλαστήριον** διὰ τῆς πίστεως ἐν τῷ **αὐτοῦ** αἵματι εἰς ἔνδιξιν τῆς D[2] 1243 1735
ὁ θς **ἱλαστήριον** διὰ τῆς πίστεως ἐν **τὸ** **αὐτοῦ** αἵματι εἰς **ἔνδειξιν** τῆς 618
ὁ θς **ἱλαστηριον** διὰ τῆς πίστεως ἐν τῷ **αὐτοῦ** αἵματι εἰς **ἔνδιξιν** τῆς 1646c
ὁ θς **ἱλασθήριον** διὰ τῆς πίστεως ἐν τῷ **αὐτοῦ** αἵματι εἰς **ἔνδειξιν** τῆς 1241
ὁ θς **ἱλασριονριον** διὰ τῆς πίστεως ἐν τῷ **αὐτοῦ** αἵματι εἰς **ἔνδιξιν** τῆς 1646*
ὁ θεὸς **ἱλαστήριον** διὰ τῆς πίστεως ἐν τῷ **αὐτοῦ** αἵματι εἰς **ἔνδειξιν** τῆς **[uw]τ** Er[1]
ὁ θς **ἱλαστήριον** διὰ τῆς πίστεως ἐν τῷ **αὐτοῦ** αἵματι εἰς **ἔνδειξιν** τῆς Cc K L P Ψ 049 1 33 131 205 209 226 323 326 330 440 460 489 547 614 796 910 927 999 1175 1242 1245 1315 1352 1424 1448 1611 1738 1836 1837 1854 1874 2125 2344 2400 2412 2464 2815

[↓1424 1448 1505 1506 1573 1734 1738 1739 1827 1854 1874 1881 1891 2125 2400 2412 2464 2495 2815 **uwτ** Er[1]
[↓104 131 205 209 226 323 330 365 424 517 547 614 618 910 796 927c 945 999 1175 1242 1243 1270 1315c 1319 1352

δικαιοσύνης αὐτοῦ διὰ τὴν πάρεσιν τῶν προγεγονότων B ℵ A C D K L P Ψ 88
δικαιοσύνης αὐτοῦ διὰ τὴν πάρεσιν τῶν **προγεγονώτων** 460 [↑049 056 1 6 69
δικαιοσύνης αὐτοῦ διὰ τὴν **πάραισιν** τῶν προγεγονότων 927* 1735c
δικαιοσύνης αὐτοῦ διὰ τὴν **παρέσνεσιν** τῶν προγεγονότων 489
δικαιοσύνης αὐτοῦ διὰ τὴν **παραίνεσιν** τῶν προγεγονότων 1241 1735*
δικαιοσσύνης αὐτοῦ διὰ τὴν πάρεσιν τῶν προγεγονότων 1646
δικαιωσύνης αὐτοῦ διὰ τὴν πάρεσιν τῶν **προγεγονώτων** 2147
δικαιοσύνης αὐτοῦ ἐν τῷ νῦν καιρῷ, διὰ τὴν **πόρωσιν** τῶν προγεγονότων 1836
δικαιωσύνης αὐτοῦ ἐν τῷ νῦν καιρῷ, 33
δικαιοσύνης αὐτοῦ ἐν τῷ καιρῷ, 1245
δικαιοσύνης αὐτοῦ ἐν τῷ νῦν καιρῷ, F G 326 440 1315* 1611 1837 2344

lac. 3.24-25 𝔓10 𝔓46 𝔓113 0172 1982

C 3.25 ησαιου 1837 1874

E 3.24 Eph 2.8; Ro 5.1; Eph 2.8; Tit 3.7; Ro 8.23; Col 1.14; Eph 1.7, 14; 4.30; Ps 130.7 **25** Lv 16.13-15; He 9.5; 1 Jn 2.2; Ro 5.9; Eph 1.7; 1 Co 11.25

ἁμαρτημάτων **26** ἐν τῇ ἀνοχῇ τοῦ θῦ, πρὸς τὴν ἔνδειξιν τῆς δικαιοσύνης αὐτοῦ B C P 330^{c} 1270
ἁμαρτημάτων **26** ἐν τῇ ἀνοχῇ τοῦ θῦ, πρὸς τὴν ἔνδειξιν δικαιοσύνης αὐτοῦ 330* [↑1506
ἁμαρτημάτων **26** ἐν τῆι ἀνοχῆι τοῦ θῦ, πρὸς τὴν ἔνδειξιν τῆς δικαιοσύνης αὐτοῦ 1739
ἁμαρτημάτων **26** ἐν τῇ ἀνοχῇ τοῦ θεοῦ, πρὸς τὴν ἔνδειξιν τῆς δικαιοσύνης αὐτοῦ **u w**
ἁμαρτημάτων **26** ἐν τῇ ἀνοχῇ τοῦ θεοῦ, πρὸς τὴν ἔνδειξιν Cl I 73.2
ἁμαρτημάτων **26** ἐν τῇ ἀνοχῇ τοῦ θῦ, τὴν ἔνδειξιν τῆς δικαιοσύνης αὐτοῦ^{T} 1881
ἁμαρτημάτων **26** ἐν τῇ ἀνοχῇ τοῦ θῦ, πρὸς τὴν **ἔνδιξιν** τῆς δικαιοσύνης αὐτοῦ ℵ A D*
ἁμαρτημάτων **26** ἐν τῇ ἀνοχῇ τοῦ θῦ, πρὸς **ἔνδιξιν** τῆς δικαιοσύνης αὐτοῦ D^{2}
omit **26** F G 33 326 440 1245 1315* 1611 1837 2344
ἁμαρτημάτων **26** ἐν τῇ ἀνοχῇ τοῦ **χῦ**, πρὸς ἔνδειξιν τῆς δικαιοσύνης αὐτοῦ 1
ἁμαρτημάτων **26** ἐν τῆι ἀνοχῇ τοῦ θῦ, πρὸς ἔνδειξιν τῆς δικαιοσύνης αὐτοῦ 945
ἁμαρτημάτων **26** ἐν τῆι ἀνοχῆι τοῦ θῦ, πρὸς ἔνδειξιν τῆς δικαιοσύνης αὐτοῦ 424 1734 1891
ἁμαρτημάτων **26** ἐν τῇ ἀνοχῇ τοῦ θεοῦ, πρὸς ἔνδειξιν τῆς δικαιοσύνης αὐτοῦ **τ** Er^{1}
ἁμαρτημάτων **26** ἐν τῇ ἀνοχῇ τοῦ θῦ, πρὸς ἔνδειξιν τῆς δικαιοσύνης **αὐτῷ** 517
ἁμαρτιμάτων **26** ἐν τῇ ἀνοχῇ τοῦ θῦ, πρὸς **ἔνδειξην** τῆς δικαιοσύνης αὐτοῦ 1243
ἁμαρτιμάτων **26** ἐν τῇ ἀνοχῇ τοῦ θῦ, πρὸς **ἔνξιν** τῆς δικαιοσύνης αὐτοῦ 1646* [↓2464
ἁμαρτιμάτων **26** ἐν τῇ ἀνοχῇ τοῦ θῦ, πρὸς ἔνδειξιν τῆς δικαιοσύνης αὐτοῦ 1646^{c} 1836 2147
ἁμαρτημάτων **26** ἐν τῇ ἀνοχῇ τοῦ θῦ, πρὸς ἔνδειξιν τῆς δικαιοσύνης αὐτοῦ K L Ψ 049 056 6 69 88 104 131 205 209 226 323 365 460 489 547 614 618 796 910 927 999 1175 1241 1242 1315^{c} 1319 1352 1424 1448 1505 1573 1735 1738 1827 1854 1874 2125 2400 2412 2495 2815

^{T}διὰ τὴν πάρεσιν τῶν προγεγονότων ἁμαρτημάτων ἐν τῇ ἀνοχῇ τοῦ θῦ, πρὸς τὴν ἔνδειξιν τῆς δικαιοσύνης αὐτοῦ 1881

[↓323 489 547 927 1175 1241 1242 1243 1352 1424 1505 1735 1836 1854 1874 1881 2125 2495
ἐν τῷ νῦν καιρῷ, εἰς τὸ εἶναι αὐτὸν δίκαιον καὶ δικαιοῦντα τὸν B ℵ A C K P 049 6 88 104 209
ἐν τῷ **νυνὶ** καιρῷ, εἰς τὸ εἶναι αὐτὸν δίκαιον καὶ δικαιοῦντα τὸν 330
εἰς τὸ εἶναι αὐτὸν δίκαιον καὶ δικαιοῦντα τὸν 33 326 440 1245 1315* 1611
τοῦ εἶναι αὐτὸν δίκαιον καὶ δικαιοῦντα τὸν Cl V 2.3 [↑1837 2344
εἰς τὸ εἶναι αὐτὸν δίκαιον δικαιοῦντα τὸν F G
ἐν τῷ νῦν καιρῷ, εἰς τὸ εἶναι αὐτὸν δίκαιον δικαιοῦντα τὸν 796
ἐν τῷ νῦν καιρῷ, εἰς τὸ εἶναι αὐτὸν δίκαιον καὶ **δικαιοῦν** τὸν D*
ἐν τῶι νῦν καιρῶι, εἰς τὸ εἶναι αὐτὸν δίκαιον καὶ δικαιοῦντα τὸν 424 1270 1734 1739 1891
ἐν τῷ νῦν καιρῶι, εἰς τὸ εἶναι αὐτὸν δίκαιον καὶ δικαιοῦντα τὸν 056 517 945
ἐν τῷ νῦν καιρῷ καὶ εἰς τὸ εἶναι αὐτὸν δίκαιον καὶ δικαιοῦντα τὸν 460 618
ἐν τῷ καιρῷ, εἰς τὸ εἶναι αὐτὸν δίκαιον καὶ δικαιοῦντα τὸν 1506 1646*
ἐν τῷ νῦν καιρῷ, εἰς **τὸν** εἶναι αὐτὸν δίκαιον καὶ δικαιοῦντα τὸν 205 365
ἐν **τὸ** νῦν καιρῷ, εἰς τὸ εἶναι αὐτὸν δίκαιον καὶ δικαιοῦντα τὸν 2147
ἐν τῷ νῦν καιρῷ, εἰς τὸ εἶναι αὐτὸν δίκαιον καὶ δικαιοῦντα τὸν D$^{1.2}$ L Ψ 1 69 131 226 614 910 999 1315^{c} 1319 1448 1573 1646^{c} 1738 1827 2400 2412 2464 2815 **uwτ** Er^{1}

ἐκ πίστεως ιῦ. B ℵ A C K P 049 6 88 104 205 209 323 365 424 489 517 547 796 927 1175 1241 1242
ἐκ πίστεως Ἰησοῦ. 226 **uwτ** Er^{1} [↑1243 1270 1315* 1352 1424 1505 1734 1735 1739 1836 1854 1874
ἐκ πίστεως. F G [↑1881 2125 2495
ἐκ πίστεως ιῦ χῦ. 1245
ἐκ πίστεως **Ἰησοῦν.** 69 Cl V 2.3
ἐκ **πίστεστεως** **ιν**. 618 [↓1646 1738 1827 1837 1891 2147 2344 2400 2412 2464 2815
ἐκ πίστεως **ιν**. D L Ψ 056 1 33 131 326 330 440 460 614 910 945 999 1315^{c} 1319 1448 1506 1573 1611

---

lac. 3.25-26 ^{10}𝔓^{46} 𝔓^{113} 0172 1982

C 3.26 τελ Ψ 049 104 326 330 460 489 618 796 927 1175 1243 1245 1448 1739 1836 2147 | τε σα 1 | τε του β̄ Σα 614 | τε του Σα 440 547 1242 | τελος του σαββατ 1351 | υπ τε του β̄ Σα 2412

E 3.25 Lv 16.13-15; He 9.5; 1 Jn 2.2; Ro 5.9; Eph 1.7; 1 Co 11.25

Errata: 3.26 na ubs 1881 Ἰησοῦν : Ἰησοῦ 1881

[↓1352 1424 1448 1505 1573 1738 1739 1827 1836 1854 1881 1891 2344 2400 2464 2815 **uwτ** Er[1]
[↓056 1 69 131 205 209 226 323 330 365 424 460 517 547 614 618 796 910 945 1175 1242 1245 1270 1319
27 Ποῦ οὖν ἡ καύχησις; ἐξεκλείσθη. διὰ ποίου νόμου; τῶν ἔργων; B C D² K L P Ψ 049
27 Ποῦ οὖν ἡ **καύχησεις**; ἐξεκλείσθη. διὰ ποίου νόμου; τῶν ἔργων; A
27 Ποῦ οὖν ἡ καύχησις σου; ἐξεκλείσθη. διὰ ποίου νόμου; τῶν ἔργων; F G
27 Ποῦ ἡ καύχησις; ἐξεκλείσθη. διὰ ποίου νόμου; τῶν ἔργων; 6
27 Ποῦ οὖν καύχησις; ἐξεκλείσθη. διὰ ποίου νόμου; τῶν ἔργων; 489 927
27 Ποῦ οὖν ἡ καύχησις; ἐξεκλείσθη. διὰ ποίου νόμου; διὰ τῶν ἔργων; 999
27 Ποῦ οὖν ἡ καύχησις; ἐξεκλείσθη. διὰ ποίου **ο** νόμου; 1506
27 .... ἡ καύχησις; ἐξεκλείσθη. διὰ ποίο··· ....ν ἔργων; 1611
27 Ποῦ οὖν ἡ καύχησις; ἐξεκλείσθη. 1734
27 Ποῦ οὖν ἡ **καύχις**; ἐξεκλείσθη. διὰ ποίου νόμου; τῶν ἔργων; 1874
27 **Πῶς** οὖν ἡ καύχησις; ἐξεκλείσθη. διὰ ποίου νόμου; τῶν ἔργων; 440
27 **Πῶς** οὖν ἡ καύχησις; **ἐξεκλύσθη**. διὰ ποίου νόμου; τῶν ἔργων; 1315
27 Ποῦ οὖν ἡ καύχησις; **ἐξεκλείσθης**. διὰ **πίου** νόμου; τῶν ἔργων; 2147
27 Ποῦ οὖν ἡ καύχησις; **ἐνεκλείσθη**. διὰ ποίου νόμου; τῶν ἔργων; 2495
27 Ποῦ οὖν ἡ **καύχησης**; **ἐξεκυλήσθη**. διὰ ποίου νόμου; **τὸν ἔργον**; 1243
27 Ποῦ οὖν ἡ καύχησις; **ἐξεκλίσθη**. διὰ ποίου νόμου; τῶν ἔργων; ℵ D* 33 104
27 Ποῦ οὖν ἡ καύχησις; **ἐξεκλίσθη**. διὰ **ποῖον** νόμου; τῶν ἔργων; 326 1837
27 Ποῦ οὖν ἡ καύχησις; **ἐξεκλήθη**. διὰ ποίου νόμου; τῶν ἔργων; 1646
27 Ποῦ οὖν ἡ καύχησις; **ἐξεκλήσθη**. διὰ ποίου νόμου; τῶν ἔργων; 1735 2125 2412
27 omit 1241
27 88

οὐχί, ἀλλὰ διὰ νόμου πίστεως. **28** λογιζόμεθα οὖν δικαιοῦσθαι πίστει B C [**w**]
οὐχί, ἀλλὰ διὰ νόμου πίστεως. **28** **λογιζώμεθα** οὖν δικαιοῦσθαι **πίστι** D²
οὐχί, ἀλλὰ διὰ νόμου πίστεως. **28** λογιζόμεθα **γὰρ** δικαιοῦσθαι **πίστι** D¹
οὐχί, ἀλλὰ διὰ νόμου πίστεως. **28** λογιζόμεθα **γὰρ** δικαιοῦσθαι **πίστι** ℵ
οὐχί, ἀλλὰ διὰ νόμου πίστεως. **28** λογιζόμεθα **γὰρ** δικαιοῦσθαι πίστει A 326 1270 1739 1837
οὐ, ἀλλὰ διὰ νόμου πίστεως. **28** **λογειζόμεθα** **γὰρ** δικαιοῦσθαι **ἄρθρωπον** F G [↑**u**[w]
οὐκ, ἀλλὰ νόμου πίστεως. **28** λογιζόμεθα **γὰρ** δικαιοῦσθαι **πίστι** D*
ἀλλὰ διὰ νόμου πίστεως. **28** λογιζόμεθα **γὰρ** δικαιοῦσθαι πίστει 1506 [↓1319 1573 1881
οὐχί, ἀλλὰ διὰ νόμου πίστεως. **28** λογιζόμεθα **γὰρ πίστει δικαιοῦσθαι** Ψ 205 209 323 365 945
οὐχί, ἀλλὰ διὰ νόμου πίστεως. **28** **λογιζώμεθα** οὖν **πίστει δικαιοῦσθαι** K P 049 1175 2464
οὐχί, ἀλλὰ διὰ νόμου ·πίσ········ **28** λογιζόμεθα οὖν **πίστει δικαιοῦσθαι** 1611
οὐχή, ἀλλὰ διὰ νόμου πίστεως. **28** λογιζόμεθα οὖν **πίστει δικαιοῦσθε** 1243
οὐχή, ἀλλὰ διὰ νόμου πίστεως. **28** λογιζόμεθα οὖν **πίστει δικαιοῦσθαι** 1646
28 λογιζόμεθα οὖν **πίστει δικαιοῦσθαι** 1241 1734
.... **28**...................... οὖν **πίστει δικαιοῦσθαι** 88
οὐχί, ἀλλὰ διὰ νόμου πίστεως. **28** λογιζόμεθα οὖν **πίστει δικαιοῦσθαι** L 056 1 6 33 69 104 131
226 330 424 440 460 489 517 547 614 618 796 910 927 999 1242 1245 1315 1352 1424 1448
1505 1735 1738 1827 1836 1854 1874 1891 2125 2147 2344 2400 2412 2495 2815 **τ** Er[1]

---

lac. 3.27-28 𝔓10 𝔓46 𝔓113 0172 1982

C 3.27 αρχ 1 | αρχ κ,ε ξβ 440 | δ περι χαριτ θν δι ης μοι ανοι δικαιουνται. ουου κατ γενος διακεκριται αλλα κατα θν δ,ου ιω τιμως κατα τον αβρααμ υπος 440 | υπ β 614 | τε τη ϛ 226 | τε 1735 1891 **28** αρχ Σα γ Ψ 1241 | Σα γ αδελφοι λογιζομεθαν ουν L | αρχη Σα γ αδ,ε λογιζομεθα πιστει δικαιουσθαι 1 | αρχ 104 | αρχ σαβατ γ 209 | αρχ Σα γ αδ,ε λογιζομεθα πιστει δικαι | αρχ Σα γ 460 | Σα γ αδ,ε λογιζομεθα 326 517 | αρχ 547 | Σα γ 618 | αρχ Σα γ αδ,ε λογιζομεθα 489 796 | αρχ του β Σα ου γ προς ρωμαιους αδελφοι λογιζομεθα πιστει δικαιουσθαι 614 | αρχ Σα γ αδ,ε λογιζομεθα πιστει 927 | αρχ Σα α προς Ρω. αδ,ε λογιζομεθα πιστει δικαιουσθε 945 | αρχ 424 1175 1245 | αρχ Σα γ ζϛ 1242 | αρχ τη γ 1243 | αρχ Σα γ ἄπ τ ν αδ,ε λογιζομεθα 1270 | αρχ Σαββατον γ 1315 | αρχ κ,ε ϛ 1315 | αρχ τη γ αδ,ε λογιζομεθα πιστει 1448 | αρχ Σα γ αδ,ε λογιζομεθα πιστει 1573 | Σα γ μετ την ν 1735 | κ,ε θ αρχ Σα γ πρ ρωμ αδελφοι λογιζομεθα πιστει δικ,ουσθαι ανον χωρις εργων νομου 1739 | αρξ Σα γ απο το ν 1836 | αρχ Σα γ αδ,ε λογιζομεθα 1837 | αρχ Σα της γ εβδ αδ,ε λογιζομεθα πιστει 2147 | αρχ Σα π 2464 | αρχ του Σα γ πρ ρωμ αδελφοι λογιζομεθα πιστει δικαιουσθαι 2412

D 3.28 ζ 489 1270 | η 226 | δ 440 | θ 517

E 3.27 1 Co 1.29, 31; 3.21; Eph 2.9; Ro 8.2 **28** Ga 2.16

ἄρθρωπον	χωρὶς	ἔργων νόμου.	29 ἢ	Ἰουδαίων ὁ θς	μόνων;	B*
ἄρθρωπον	χωρὶς	ἔργων νόμου.	29 ἢ	Ἰουδαίων ὁ θς	**μόνος**;	D
ἄνθρωπον	χωρὶς	ἔργων νόμου.	29 ἢ	Ἰουδαίων ὁ θς	μόνων;	B^{c} 945 [↓1352 1739^{c} 2815
ἄνθρωπον	χωρὶς	ἔργων νόμου.	29 ἢ	Ἰουδαίων ὁ θεὸς	μόνων;	[w] [↓796 927 1242 1270*
ανον	χωρὶς	ἔργων νόμου.	29 ἢ	Ἰουδαίων ὁ θς	μόνων;	88 205 209 323 330 440 489
			29 ἢ	Ἰουδαίων **μόνων** ἐστιν	**ὁ θεὸς**;	Cl V 18.8
			29 ἢ	Ἰουδαίων **μόνων**	**ὁ θεὸς**;	Cl V 134.2
διὰ πίστεως	χωρὶς	ἔργων νόμου.	29 ἢ	Ἰουδαίων ὁ θς	**μόνον**;	F G
ἄνθρωπον	χωρὶς	ἔργων νόμου.	29 ἢ	Ἰουδαίων ὁ θς	**μόνον**;	ℵ 1241
ἄνθρωπον	χωρὶς	ἔργων νόμου.	29 ἢ	Ἰουδαίων ὁ θεὸς	**μόνον**;	u[w] τ Er^{1}
ανον	**χωρεὶς**	ἔργων νόμου.	29 ἢ	Ἰουδαίων ὁ θς	**μόνον**;	A
ανον	**χωρεὶς**	**ἔργον** νόμου.	29 ἢ	Ἰουδαίων ὁ θς	**μόνον**;	2464
ανον	....	..ργων νόμου.	29 ἢ	Ἰουδαίων ὁ θς	**μόνον**;	1611
ανον	χωρὶς	νόμου.	29 ἢ	Ἰουδαίων ὁ θς	**μόνον**;	1
ανον	χωρὶς	**ἔργον** νόμου.	29 ἢ	Ἰουδαίων ὁ θς	**μόνον**;	1243
ανον	**χορὶς**	ἔργων νόμου.	29 ἢ	Ἰουδαίων ὁ θς	**μόνον**;	1646^{c}
ανον	**χορὶς**	ἔργων νόμου.	29	Ἰουδαίων ὁ θς	**μόνον**;	1646*
ανον	χωρὶς	ἔργων νόμου.	29	Ἰουδαίων ὁ θς	**μόνον**;	1837
ανον	χωρὶς	ἔργων νόμου.	29	Ἰουδαίων ὁ θς	**νόμον**;	326*
ανον	χωρὶς	ἔργων νόμου.	29 **μὴ**	Ἰουδαίων ὁ θς	**νόμον**;	326^{c}
ανον	χωρὶς	ἔργων νόμου.	29 **εἰ**	Ἰουδαίων ὁ θς	**νόμον**;	131
ανον	χωρὶς	ἔργων νόμου.	29 ἢ	Ἰουδαίων ὁ θς	**μόνον**;	C K L P Ψ 049 056 6 33 69 104 226 365 424 460 517 547 614 618 910 999 1175 1245 1270^{c} 1315 1319 1424 1448 1505 1506 1573 1734 1735 1738 1739* 1827 1836 1854 1874 1881 1891 2125 2147 2344 2400 2412 2495

οὐχὶ	καὶ ἐθνῶν;	ναὶ καὶ ἐθνῶν,	30 εἴπερ	εἷς ὁ θς	ὃς	δικαιώσει	B ℵ* A^{c} C D^{1} 1739
οὐχὶ	καὶ ἐθνῶν;	ναὶ καὶ ἐθνῶν,	30 εἴπερ	εἷς ὁ θεός	ὃς	δικαιώσει	**u w**
οὐχὶ	καὶ ἐθνῶν;	ναὶ καὶ ἐθνῶν,	30 **εἴερ**	εἷς ὁ θς	ὃς	δικαιώσει	A* [↓1827 1837
οὐχὶ	καὶ ἐθνῶν;	ναὶ καὶ ἐθνῶν,	30 **ἐπείπερ**	εἷς ὁ θς	ὃς	δικαιώσει	ℵ^{c} D^{2} 104 326 1505
οὐχὶ	καὶ ἐθνῶν;	ναὶ καὶ ἐθνῶν,	30 **ἐπείπερ**	εἷς θς	ὃς	δικαιώσει	D* [↑1881 2400
οὐχὶ	καὶ **Ἑλλήνων**	ναὶ καὶ ἐθνῶν,	30 εἴπερ	εἷς ὁ θεός			Cl V 18.8 [↑2495
οὐχὶ	καὶ ἐθνῶν;						Cl V 134.2
οὐχὲ	καὶ ἐθνῶν;	ναὶ καὶ ἐθνῶν,	30 **ἐπείπερ**	εἷς ὁ θς	ὃς	δικαιώσει	F G
οὐχὶ	καὶ ἐθνῶν;	ναὶ καὶ ἐθνῶν,	30 **ἐπείπερ**	**ὁ θς εἷς**	ὃς	δικαιώσει	489
οὐχὶ δὲ	καὶ ἐθνῶν;	ναὶ καὶ ἐθνῶν,	30 **ἐπείπερ**	**ὁ θς εἷς**	ὃς	δικαιώσει	927
οὐχὶ δὲ	καὶ ἐθνῶν;	ναὶ καὶ ἐθνῶν,	30 **ἐπείπερ**	εἷς ὁ θεός	ὃς	δικαιώσει	τ Er^{1}
οὐχὶ δὲ	καὶ ἐθνῶν;	ναὶ καὶ ἐθνῶν,	30 **ἐπίπερ**	εἷς ὁ θς	ὃς	δικαιώσει	1646
οὐχὶ δὲ	καὶ ἐθνῶν;	ναὶ καὶ ἐθνῶν,	30 **ἐπίπερ**	εἷς ὁ θς	ὃς	**δικαιόσει**	1735
οὐχὶ δὲ	καὶ ἐθνῶν;	ναὶ καὶ ἐθνῶν,	30 **ἐπείπερ**	εἷς ὁ θς	ὃς	**δικαιόσει**	910 2464
οὐχὶ δὲ	καὶ ἐθνῶν;	ναὶ καὶ ἐθνῶν,	30 εἴπερ	εἷς θς	ὃς	δικαιώσει	365 1319 1573
οὐχὶ δὲ	καὶ ἐθνῶν;		30 εἴπερ	εἷς ὁ θς	ὃς	δικαιώσει	6 1506
οὐχὶ δὲ	καὶ ἐθνῶν;		30 **ἐπείπερ**	εἷς ὁ θς	ὃς	δικαιώσει	049 1836
οὐχὶ δὲ	καὶ ἐθνῶν;		30 **ἐπείπερ**	εἷς ὁ θς	**ὡς**	δικαιώσει	2147
οὐχὶ	καὶ ἐθνῶν;		30 **ἐπείπερ**	εἷς ὁ θς	ὃς	δικαιώσει	330
οὐχὶ	καὶ ἐθνῶν;	ναὶ καὶ ἐθνῶν,	30 **ἐπειδήπερ**	εἷς ὁ θς	ὃς	δικαιώσει	K
οὐχὶ δὲ	καὶ ἐθνῶν;	ναὶ καὶ ἐθνῶν,	30 **ἐπείπερ**	εἷς ὁ θς	ὃς καὶ	δικαιώσει	1175^{c} 1874
.....χὶ δὲ	καὶ ἐθνῶν;	ναὶ καὶ ἐθνῶν,	30 **ἐπείπερ**	εἷς ὁ θς	ὃς	δικαιώσει	1611
καὶ οὐχὶ	ἐθνῶν;	ναὶ καὶ ἐθνῶν,	30 **ἐπείπερ**	εἷς ὁ θς	ὃς	δικαιώσει	209*
οὐχὶ δὲ	καὶ ἐθνῶν;	ναὶ καὶ ἐθνῶν,	30 **ἐπείπερ**	εἷς ὁ θς	ὃς	δικαιώσει	L P Ψ 056 1 33 69 88 131 205 209^{c} 226 323 424 440 460 517 547 614 618 796 945 999 1175* 1241 1242 1243 1245 1270 1315 1352 1424 1448 1734 1738 1854 1891 2125 2344 2412 2815

lac. 3.28-30 𝔓^{10} 𝔓^{46} 𝔓^{113} 0172 1982

E 3.28 Ga 2.16 **29** Ro 10.12 **30** 1 Co 8.6; Ro 4.11-12; Dt 6.4; Ga 3.20; Ro 4.11-12

[↓1505 1611 1646 1734 1735 1739 1827 1836 1837 1854 1874 1891 2125 2147 2344 2400 2412 2495 2815 **uwτ** Er[1]
[↓205 209[c] 226 323 326 365 424 440 489 547 614 910 927 945 999 1175 1241 1242 1243 1245 1270 1319 1424 1448
περιτομὴν ἐκ πίστεως καὶ ἀκροβυστίαν διὰ τῆς πίστεως. **31** νόμον οὖν B ℵ C D F G K[c] L P Ψ 049
περιτομὴν ἐκ πίστεως καὶ **ἀκροβυστείαν** διὰ τῆς πίστεως. **31** νόμον οὖν A 2464 [↑056 1 6 33 69 88
περιτομὴν ἐκ πίστεως καὶ ἀκροβυστίαν διὰ τῆς πίστεως. **31** **νόμου** οὖν K*
περιτομὴν ἐκ πίστεως καὶ ἀκροβυστίαν **ἐκ** πίστεως. **31** νόμον οὖν 104
περιτομὴν ἐκ πίστεως **31** νόμον οὖν 131 796 1573
περιτομὴν ἐκ πίστεως καὶ ἀκροβυστίαν διὰ πίστεως. **31** νόμον οὖν 209* 460 618 1506 1738
περιτομὴν ἐκ πίστεως καὶ ἀκροβυστίαν διὰ τῆς πίστεως. **31** **νόμων** οὖν 330 [↑1881
περιτομὴν ἐκ πίστεως καὶ ἀκροβυστίαν διὰ τῆς πίστεως ιν̅. **31** νόμον οὖν 517
περιτομὴν ἐκ πίστεως καὶ ἀκροβυστίαν διὰ τῆς πίστεως. **31** 1315 1352

καταργοῦμεν διὰ τῆς πίστεως; μὴ γένοιτο· ἀλλὰ νόμον ἱστάνομεν. B ℵ* A C D[1] 104 1506 **uw**
καταργοῦμεν διὰ τῆς πίστεως; μὴ γένοιτο· ἀλλὰ νόμον **στάνομεν**. F G
καταργοῦμεν διὰ τῆς πίστεως; μὴ γένοιτο· ἀλλὰ νόμον **περιστάνομεν**. D*
καταργοῦμεν διὰ τῆς πίστεως; μὴ γένοιτο· ἀλλὰ νόμον **συνιστῶμεν**. 33 88* 2344
καταργοῦμεν διὰ τῆς πίστεως; μὴ γένοιτο· ἀλλὰ νόμον **συνιστόμεν**. 88[c] 1735
καταργοῦμεν διὰ τῆς πίστεως; μὴ γένοιτο· ἀλλὰ νόμον **ἑστάνομεν**. 330
καταργοῦμεν διὰ τῆς πίστεως; μὴ γένοιτο· ἀλλὰ νόμον **εἱστῶμεν**. 460 618
καταργοῦμεν διὰ τῆς πίστεως; μὴ γένοιτο· ἀλλὰ νόμον **ἵσταμεν**. 6 1739 1874*
καταργοῦμεν διὰ τῆς πίστεως; μὴ γένοιτο· ἀλλὰ νόμον **ἱστόμεν**. 1646[c] 2464
καταργοῦμεν διὰ τῆς πίστεως; μὴ γένοιτο· ἀλλὰ νόμον **ἱστόμαιν**. 1646*
μὴ γένοιτο· ἀλλὰ νόμον **ἱστῶμεν**. 1315 1352
καταργοῦμεν διὰ τῆς πίστεως; μὴ γένοιτο· ἀλλὰ καὶ νόμον **ἱστῶμεν**. 1505 2495
καταργοῦμεν διὰ τῆς πίστεως; μὴ γένοιτο· ἀλλὰ νόμον **ἱστῶμεν**. ℵ[c] D[2] K L P Ψ 049 056 1 69
131 205 209 226 323 326 365 424 440 489 517 547 614 796 910 927 945 999 1175 1241 1242 1243 1245 1270
1319 1424 1448 1573 1611 1734 1738 1827 1836 1837 1854 1874[c] 1881 1891 2125 2147 2400 2412 2815 **τ** Er[1]

Abraham, Precursor of the Righteousness by Faith

ε̅ **4:1** Τί οὖν ἐροῦμεν Ἀβραὰμ τὸν προπάτορα ἡμῶν κατὰ B [w]
4:1 Τί οὖν ἐροῦμεν εὑρηκέναι Ἀβραὰμ τὸν προπάτορα ἡμῶν κατὰ ℵ* A C* 330 999 1506 **u**[w]
4:1 Τί οὖν ἐροῦμεν εὑρηκέναι Ἀβραὰμ τὸν προπάτορα πρα̅ ἡμῶν κατὰ 365
4:1 Τί οὖν ἐροῦμεν **εὑρικέναι** Ἀβραὰμ τὸν προπάτορα ἡμῶν κατὰ 1319*
4:1 Τί οὖν ἐροῦμεν **εὑρικέναι** Ἀβραὰμ τὸν **πρα̅** ἡμῶν κατὰ 1319[c]
4:1 Τί οὖν ἐροῦμεν εὑρηκέναι Ἀβραὰμ τὸν **πάτερα** ἡμῶν κατὰ ℵ[c] C[c] D F G
4:1 Τί οὖν ἐροῦμεν εὑρηκέναι Ἀβραὰμ τὸν **πρα̅** ἡμῶν κατὰ Ψ 1573
4:1 Τί οὖν ἐροῦμεν **Ἀβραὰμ** **τὸν πρα̅** ἡμῶν κατὰ 1739
4:1 Τί οὖν ἐροῦμεν **Ἀβραὰμ** **τὸν πάτερα** **ἡμῶν εὑρηκέναι** κατὰ 1 69 **τ** Er[1]
4:1 Τί οὖν ἐροῦμεν **Ἀβραὰμ** **τὸν πρα̅** **ἡμῶν εὑρηκέναι** **κα** 1836
4:1 Τί οὖν ἐροῦμεν **Ἀβραὰμ** **τὸν πρα̅** **ἡμῶν εὑρικέναι** κατὰ L 1243 1874
4:1 Τί οὖν ἐροῦμεν **Ἀβραὰμ** **τὸν πρα̅** **ἡμῶν** κατὰ 6
4:1 Τί οὖν ἐροῦμεν **Ἀβραὰμ** **τὸν πρα̅** **ἡμῶν ρηκαίνε** κατὰ 1646*
4:1 Τί οὖν ἐροῦμεν **Ἀβραὰμ** **τὸν πρα̅** **ἡμῶν ηρηκαίνε** κατὰ 1646[c]
4:1 Τί οὖν ἐροῦμεν **Ἀβραὰμ** **τὸν πρα̅** **ἡμῶν εὑρηκαίναι** κατὰ 2464
4:1 Τί οὖν ἐροῦμεν **Ἀβραὰμ** **τὸν πρα̅** **ἡμῶν εὑρηκέναι** κατὰ K P 049 056 33 88 104 131
205 209 226 323 326 424 440 460 489 517 547 614 618 796 910 927 945 1175 1241 1242 1245 1270 1315 1352
1424 1448 1505 1611 1734 1735 1738 1827 1837 1854 1881 1891 2125 2147 2344 2400 2412 2495 2815

---

lac. 3.30-4.1 𝔓10 𝔓46 𝔓113 0172 1982

C 3.30-4.1 προς ρωμ φυλλ, κ̅ φυλλ ς̅ κ,ε δ̅ 209 | τομο ς̅ 1739 | τη ζ̅της β̅ εβδ. ο αποστ πρ ρωμ αδελφοι τω εργω, ζωμ 1739 **3** αδ,ε γεγραπ τη γ̅ της γ̅ εβδ 1243 | αρχ τη β̅ της γ̅ εβδ αδ,ε τι γαρ η γ 1837 | γενεσεως ℵ 209 517 1175 1270 1854 1874

D 4.1 ε̅ B

E 3.30 1 Co 8.6; Ro 4.11-12; Dt 6.4; Ga 3.20; Ro 4.11-12 **31** Mt 5.17; Ro 4.3; 8.4

Errata: 4.1 na 6 Ἀβραὰμ τὸν προπάτορα ἡμῶν : Ἀβραὰμ τὸν πρα̅ ἡμῶν 6
4.1 na 365 εὑρηκέναι Ἀβραὰμ τὸν προπάτορα ἡμῶν : 1—4 πρα̅ ἡμῶν 365

[↓1505 1506 1611 1734 1735 1738 1739 1827 1837 1854 1874 1891 2125 2147 2344 2400 2412 2495 2815 **uwτ** Er[1]
[↓365 424 440 460 489 517 547 614 618 796 910 927 999 1175 1241 1242 1245 1270 1315 1319 1352 1424 1448
σάρκα; **2** εἰ γὰρ Ἀβραὰμ ἐξ ἔργων ἐδικαιώθη, ἔχει καύχημα, ἀλλ' οὐ B ℵ A C D G K L P Ψ 049[c]
σάρκα; **2** **ἡ** γὰρ Ἀβραὰμ ἐξ ἔργων ἐδικαιώθη, ἔχει καύχημα, ἀλλ' οὐ 2464 [↑056 1 6 33 69 104 131
σάρκα; **2** εἰ γὰρ **Ἀβρὰμ** ἐξ ἔργων ἐδικαιώθη, ἔχει καύχημα, ἀλλ' οὐ 049* [↑205 209 226 326 330
2 εἰ γὰρ Ἀβραὰμ ἐξ ἔργων ἐδικαιώθη, ἔχει καύχημα, ἀλλ' οὐ 1836
σάρκα; **2** εἰ γὰρ Ἀβραὰμ ἐξ ἔργων ἐδικαιώθη, **ἔχη** καύχημα, ἀλλ' οὐ 88 1573 1881
σάρκα; **2** εἰ γὰρ Ἀβραὰμ ἐξ **ἔργον** ἐδικαιώθη, **ἔχη** καύχημα, ἀλλ' οὐ 1646
σάρκα; **2** εἰ γὰρ Ἀβραὰμ ἐξ **ἔργον** ἐδικαιώθη, ἔχει καύχημα, **ἀλλὰ** οὐ F
σάρκα; **2** εἰ γὰρ Ἀβραὰμ ἐξ **ἔργον** ἐδικαιώθη, ἔχει καύχημα, ἀλλ' οὐ 1243
σάρκα; **2** εἰ γὰρ Ἀβραὰμ **ἐκ πίστεως** ἐδικαιώθη, ἔχει καύχημα, ἀλλ' οὐ 323 945

πρὸς θ̅ν̅. **3** τί γὰρ ἡ γραφὴ λέγει; Ἐπίστευσεν δὲ Ἀβραὰμ τῷ θ̅ῷ̅ B ℵ A C
πρὸς θ̅ν̅. **3** τί γὰρ ἡ γραφὴ λέγει; Ἐπίστευσεν Ἀβραὰμ τῷ θ̅ῷ̅ D* F[c] G
πρὸς θ̅ν̅. **3** τί γὰρ γραφὴ λέγει; Ἐπίστευσεν Ἀβραὰμ τῷ θ̅ῷ̅ F*
πρὸς τὸν θ̅ν̅ **3** τί γὰρ ἡ γραφὴ λέγει; Ἐπίστευσεν Ἀβραὰμ τῷ θ̅ῷ̅ 440
πρὸς τὸν θ̅ν̅. **3** τί γὰρ ἡ γραφὴ λέγει; Ἐπίστευσεν δὲ Ἀβραὰμ τῷ θ̅ῷ̅ D[2] K L P Ψ 049 33 326 910
πρὸς τὸν θ̅ν̅. **3** τί γὰρ ἡ γραφὴ **λέγη**; Ἐπίστευσεν δὲ Ἀβραὰμ τῷ θ̅ῷ̅ 1646 [↑1175 1241 1424
πρὸς τὸν θ̅ν̅. **3** τί γὰρ ἡ γραφὴ λέγει; Ἐπίστευσεν δὲ Ἀβραὰμ τῶι θ̅ῶ̅ι 1739 [↑1506 1735 1836
πρὸς τὸν θ̅ν̅. **3** **τῆ** γὰρ ἡ γραφὴ λέγει; Ἐπίστευσεν δὲ Ἀβραὰμ τῷ θ̅ῷ̅ 1243 [↑1874 2125 2464
πρὸς θεόν. **3** τί γὰρ ἡ γραφὴ λέγει; Ἐπίστευσεν δὲ Ἀβραὰμ τῷ θεῷ **uw**
πρὸς θ̅ν̅. **3** τί γὰρ ἡ γραφὴ λέγει; **Ἐπίστευσε** δὲ Ἀβραὰμ τῷ θ̅ῷ̅ 1245 1573
πρὸς τὸν θ̅ν̅. **3** τί γὰρ ἡ γραφὴ λέγει; **Ἐπίστευσε** δὲ Ἀβραὰμ 1611
πρὸς τὸν θ̅ν̅. **3** τί γὰρ ἡ γραφὴ λέγει; **Ἐπίστευσε** δὲ Ἀβραὰμ τῶι θ̅ῶ̅ι 424 945 1891
πρὸς τὸν θ̅ν̅. **3** τί γὰρ ἡ γραφὴ λέγει; **Ἐπίστευσε** δὲ Ἀβραὰμ τῶ θ̅ῶ̅ι 517 1270
πρὸς τὸν θ̅ν̅. **3** τί γὰρ ἡ γραφὴ λέγει; **Ἐπίστευσε** δὲ Ἀβραὰμ 796
πρὸς τὸν θ̅ν̅. **3** τί γὰρ ἡ **τροφὴ** λέγει; **Ἐπίστευσε** δὲ Ἀβραὰμ τῷ θ̅ῷ̅ 365 [↓999 1242 1315 1319
πρὸς τὸν θεόν. **3** τί γὰρ ἡ γραφὴ λέγει; **Ἐπίστευσε** δὲ Ἀβραὰμ τῷ θεῷ τ Er[1] [↓489 547 614 618 927
πρὸς τὸν θ̅ν̅. **3** τί γὰρ ἡ γραφὴ λέγει; **Ἐπίστευσε** δὲ **τῷ θ̅ῷ̅ Ἀβραὰμ** 69 1505 2495 [↓323 330 460
πρὸς τὸν θ̅ν̅. **3** τί γὰρ ἡ γραφὴ λέγει; **Ἐπίστευσε** δὲ Ἀβραὰμ τῷ θ̅ῷ̅ 056 1 6 88 104 131 205 209 226
1352 1448 1734 1738 1827 1837 1854 1881 2147 2344 2400 2412 2815

καὶ ἐλογίσθη αὐτῷ εἰς δικαιοσύνην. **4** τῷ δὲ ἐργαζομένῳ ὁ μισθὸς οὐ B*
ἐλογίσθη γὰρ αὐτῷ εἰς δικαιοσύνην. **4** Cl V 4.1
καὶ ἐλογίσθη αὐτῷ **ἡ δικαιοσύνη**. **4** τῷ δὲ ἐργαζομένῳ 796
.... **4** 1611
καὶ ἐλογίσθη αὐτῷ εἰς δικαιοσύνην. **4** τῶι δὲ ἐργαζομένωι 517 1734
καὶ ἐλογίσθη αὐτῶι εἰς δικαιοσύνην. **4** τῶι δὲ ἐργαζομένω 424
καὶ ἐλογίσθη αὐτῶι εἰς δικαιοσύνην. **4** τῶι δὲ ἐργαζομένωι 1270 1739 1891
καὶ ἐλογίσθη αὐτῷ εἰς δικαιοσύνην. **4** τῷ **γὰρ** ἐργαζομένῳ 1827 2344
καὶ **ἐλογείσθη** αὐτῷ εἰς **διακαιοσύνην**. **4** τῷ δὲ ἐργαζομένῳ F
καὶ **ἐλογείσθη** αὐτῷ εἰς δικαιοσύνην. **4** τῷ δὲ ἐργαζομένῳ G
καὶ ἐλογίσθη αὐτῷ εἰς δικαιοσύνην. **4** **τὸ** δὲ ἐργαζομένῳ K 1646
καὶ ἐλογίσθη αὐτῷ εἰς **δικαιωσύνην**. **4** τῷ δὲ ἐργαζομένῳ P
καὶ ἐλογίσθη αὐτῷ εἰς **δικαιωσύνην**. **4** **τὸ** δὲ ἐργαζομένῳ 33
καὶ ἐλογίσθη αὐτῷ εἰς δικαιοσύνην. **4** τῷ δὲ **ἐργαζωμένῳ** 1175 1506 2464
καὶ ἐλογίσθη αὐτῷ εἰς δικαιοσύνην. **4** τῷ δὲ ἐργαζομένῳ B[c] ℵ A C D L Ψ 049 056 1 6
69 88 104 131 205 209 226 323 326 330 365 440 460 489 547 614 618 910 927 945 999 1241 1242 1243 1245 1315
1319 1352 1424 1448 1505 1573 1735 1738 1836 1837 1854 1874 1881 2125 2147 2400 2412 2495 2815 **uwτ** Er[1]

---

lac. 4.1-4 𝔓[10] 𝔓[46] 𝔓[113] 0172 1982

C 4.1 τελ Σαβτ 1 | τε του γ̅ Σα̅ 614 | τελο L 049 104 ¦ τελ Ψ 209 226 330 618 796 927 945 1175 1241 1242 1243 1245 1448 1735 1874 | τε του Σα 517 | τελ του Σα 326 1837 1315 1573 2147 | τε Σα γ̅ 1739 | τελ του γ̅ 1827 | τελ β̅ 547 | τε του γ̅ Σα 2412 **4** αρχ τη γ̅ η της βθ' εβδομαδος αδ,ε τω εγαζομενω ο μισθος 1 | αρχ τη̅ της β̅ εβδ. αδ,ε τω εργαζομενω ο μισθος 226 | αρχ τη β̅ της γ̅ εβδ 330 | αρχ τη γ της του Σα 440 | αδ,ε τω τη γ 517 | αρχ 547 | αρχ τη γ̅ της α̅ εβδ. αδ,ε τω ερ 489 | αρχ της γ̅ προς ρωμαιους αδελφοι τω εργαζομενω ο μισθος ου λογιζεται 614 | αρχ τη γ̅ της β̅ εβδ. αδ,ε τω εργαζομεω ο μισ 796 | αρχ τη γ̅ της β̅ εβδ αδ,ε τω εργαζομενω 927 | αδ,ε τη β̅ της εν θ̅ 1243 | αρχ τη γ̅ της β̅ εβδ προς ρωμ αδ,ε τω εργαζομενω ο μισθος 945 | αρχ τη γ̅ 1175 | σα γ̅ 1241 | αρχ τη γ̅ 1242 | αρχ 1245 | αρχ τη γ̅ της β̅ εβδ κ,ε ϙ β̅ 1315 | περὶ χάριτος θ̅υ̅ δι' ἧς μόνον ἄ̅ν̅οι δικαιοῦνται οὐ κατὰ τὸ γένος διακρινομένων ἀλλὰ κατὰ θ̅υ̅ δόσιν εἰσοτίμως κατὰ τὸν ἀβραὰμ τύπον 1315 | αρχ τη γ̅ της β̅ αδ,ε τω εραζομενω ο μισθος ου λογιζεται κατα χαριν αλλα 1448 | αρχ τη γ̅ ρης ς̅ εβδ. αδ,ε τω εγαζομενω 1573 | γενεσεως 1739 | κ,ε ι̅ αρχ γ̅ 1739 | αρχ τη β̅ της β̅ εβδ πρ ρωμ αδ,ε τω εργαζομενω ο μισθος 2147 | αρχ τη γ̅ Σα πρ ρωμ αδελφοι τω εργαζομενω ο μισθος ου λογι 2412 **D 4.3** ς̅ 1175 **4** η̅ 489 927 | αν,α ν̅ε̅ θ̅ 614 **7** λ̅α̅ 1175

E 4.3 Gn 15.6; Ga 3.6; Js 2.23 **4** Ro 11.6

λογίζεται κατὰ χάριν ἀλλὰ κατὰ ὀφείλημα, τῷ δὲ μὴ ἐργαζομένῳ ὁ μισθὸς B*
.. .. 1611
ὁ μισθὸς B^{c} ℵ A C D F G K L P Ψ 049
056 1 6 33 69 88 104 131 205 209 226 323 326 330 365 424 440 460 489 517 547 614 618 796 910 927
945 999 1175 1241 1242 1243 1245 1270 1315 1319 1352 1424 1448 1505 1506 1573 1646 1734 1735
1738 1739 1827 1836 1837 1854 1874 1881 1891 2125 2147 2344 2400 2412 2464 2495 2815 **uwτ** Er^{1}

[↓1245 1315 1319 1352 1424 1448 1506 1573 1734 1735 1738 1827 1836 1854 1881 2125 2147 2344 2412 **uw**
[↓056 1 6 69 104 131 209 226 326 330 365 424 440 460 489 547 614 618 796 910 927 945 999 1175 1241 1242
οὐ λογίζεται κατὰ χάριν ἀλλὰ κατὰ ὀφείλημα, **5** τῷ δὲ μὴ ἐργαζομένῳ B C F G K L P Ψ
049 οὐ λογίζεται κατὰ χάριν ἀλλὰ **καὶ** ὀφείλημα, **5** τῷ δὲ μὴ ἐργαζομένῳ 205
οὐ λογίζεται κατὰ χάριν ἀλλὰ κατὰ ὀφείλημα, **5** τῷ δὲ ἐργαζομένῳ 33
οὐ **λογίσθησεται** κατὰ χάριν ἀλλὰ κατὰ ὀφείλημα, **5** **τὸ** δὲ **ἐργαζομένο** 1646*
οὐ **λογίσθησεται** κατὰ χάριν ἀλλὰ κατὰ ὀφείλημα, **5** **τὸ** δὲ μὴ **ἐργαζομένο** 1646^{c}
οὐ λογίζεται κατὰ χάριν ἀλλὰ κατὰ ὀφείλημα, **5** τῷ δὲ μὴ ἐργαζομένωι 1270
οὐ λογίζεται κατὰ χάριν ἀλλὰ κατὰ ὀφείλημα, **5** τῶι δὲ μὴ ἐργαζομένωι 1739 1891
οὐ λογίζεται κατὰ χάριν ἀλλὰ κατὰ ὀφείλημα, **5** τῶι δὲ μὴ ἐργαζομένω 517
....ζεται κατὰ χάριν ἀλλὰ κατὰ ὀφείλημα, **5** τῷ δὲ μὴ ἐργαζομένῳ 1611
οὐ λογίζεται κατὰ χάριν ἀλλὰ κατὰ τὸ ὀφείλημα, **5** τῷ δὲ μὴ ἐργαζομένῳ 2815 **τ** Er^{1}
οὐ **λογίζετε** κατὰ χάριν ἀλλὰ κατὰ ὀφείλημα, **5** τῷ δὲ μὴ ἐργαζομένῳ A
οὐ λογίζεται κατὰ χάριν ἀλλὰ κατὰ **ὀφείλειμα**, **5** τῷ δὲ μὴ ἐργαζομένῳ 1874
οὐ λογίζεται κατὰ χάριν ἀλλὰ κατὰ **ὀφείλην**, **5** τῷ δὲ μὴ ἐργαζομένῳ 1505 2495
οὐ λογίζεται κατὰ χάριν ἀλλὰ κατὰ **ὀφ**, **5** τῷ δὲ μὴ ἐργαζομένῳ 323
οὐ λογίζεται κατὰ χάριν ἀλλὰ κατὰ **ὀφίλημα**, **5** τῷ δὲ **ἐργαζωμένῳ** 2464
οὐ λογίζεται κατὰ χάριν ἀλλὰ κατὰ **ὀφίλημα**, **5** τῷ δὲ μὴ ἐργαζομένῳ ℵ D^{2} 88 1837
οὐ λογίζεται κατὰ χάριν ἀλλὰ **κατ'** **ὀφίλεμα**, **5** τῷ δὲ μὴ ἐργαζομένῳ D^{1}
οὐ λογίζεται κατὰ χάριν ἀλλὰ κατὰ **ὀφίλεμα**, **5** τῷ δὲ μὴ ἐργαζομένῳ D*
οὐ λογίζεται κατὰ χάριν ἀλλὰ κατὰ **ὀφέλημα**, **5** **τὸ** δὲ μὴ ἐργαζομένῳ 1243
οὐ λογίζεται κατὰ χάριν ἀλλὰ κατὰ **ὄφλημα**, **5** τῷ δὲ μὴ ἐργαζομένῳ 2400

[↓1505 1506 1573 1611 1734 1738 1739 1827 1837 1854 1874 1881 1891 2125 2344 2400 2412 2495 2815 **uwτ** Er^{1}
[↓323 326 330 365 424 440 460 489 517 547 614 796 910 927 945 999 1175 1241 1242 1245 1270 1319 1352 1424 1448
πιστεύοντι δὲ ἐπὶ τὸν δικαιοῦντα τὸν ἀσεβῆ λογίζεται ἡ πίστις B C D$^{1.2}$ K L P Ψ 049 056 1 6 33
πιστεύοντι δὲ ἐπὶ τὸν δικαιοῦντα τὸν ἀσεβῆ λογίζεται **αὐτοῦ εἰς** 1315 [↑69 88 104 205 209 226
πιστεύοντι δὲ ἐπὶ τὸν δικαιοῦντα τὸν ἀσεβῆ λογίζεται ἡ **πίστεις** 618
πιστεύοντι δὲ ἐπὶ τὸν δικαιοῦντα τὸν ἀσεβῆ λογίζεται ἡ **πίστης** 1735
πιστεύοντι δὲ ἐπὶ τὸν δικαιοῦντα τὸν ἀσεβῆ **λογήζεται** ἡ **πίστης** 1646
πιστεύοντι δὲ ἐπὶ τὸν δικαιοῦντα τὸν ἀσεβῆ **λογίζετε** ἡ πίστις A
πιστεύοντα δὲ ἐπὶ τὸν δικαιοῦντα τὸν ἀσεβῆ **λογίζετε** ἡ πίστις 1243
πιστεύοντι δὲ ἐπὶ τὸν δικαιοῦντα τὸν ἀσεβῆ λογίζεται δὲ ἡ πίστις 1836
πιστεύοντι δὲ ἐπὶ τὸν δικαιοῦντα τὸν **ἀσεβεῖ** λογίζεται ἡ πίστις 131
πιστεύοντι δὲ ἐπὶ τὸν δικαιοῦντα τὸν **ἀσεβεῖ** λογίζεται ἡ **πίστης** 2147
πιστεύοντι δὲ ἐπὶ τὸν δικαιοῦντα τὸν **ἀσεβεῖ** λογίζεται ἡ **πίστεις** 2464
πιστεύοντι δὲ ἐπὶ τὸν δικαιοῦντα τὸν **ἀσεβῆν** λογίζεται ἡ πίστις ℵ D* F^{c} G
πιστεύοντι δὲ ἐπὶ τὸν **δικαιῦντα** τὸν **ἀσεβῆν** λογίζεται ἡ πίστις F*

---

lac. 4.4-5 𝔓^{10} 𝔓^{46} 𝔓^{113} 0172 1982

E 4.4 Ro 11.6 **5** Ro 11.6; Ga 2.16

αὐτοῦ εἰς δικαιοσύνην· **6** καθάπερ καὶ Δαυεὶδ λέγει τὸν μακαρισμὸν B **w**
αὐτοῦ εἰς δικαιοσύνην· **6** **καθὼς** καὶ ὁ Δαυεὶδ λέγει τὸν μακαρισμὸν D
αὐτοῦ εἰς δικαιοσύνην· **6** **καθὼς** καὶ ὁ **Δαυὶδ** λέγει τὸν μακαρισμὸν F G
αὐτοῦ εἰς δικαιοσύνην· **6** καθάπερ καὶ **Δαυὶδ** λέγει τὸν μακαρισμὸν 226 1506 **u**
αὐτοῦ εἰς δικαιοσύνην· **6** καθάπερ καὶ **Δαβὶδ** λέγει τὸν μακαρισμὸν **τ** Er[1]
αὐτοῦ εἰς δικαιοσύνην· **6** καθάπερ καὶ δα̅δ λέγει τὸν **μακρισμὸν** 1573
······τοῦ εἰς δικαιοσύνην· **6** καθάπερ καὶ ······· λέγει τὸν μακαρισμὸν 1611
αὐτοῦ εἰς δικαιοσύνην· **6** καθάπερ καὶ δα̅δ λέγει τὸν μακαρισμὸν 33
αὐτοῦ εἰς δικαιοσύνην· **6** καθάπερ δα̅δ λέγει τὸν μακαρισμὸν 1243
δικαιοσύνην ἡ πίστις· **6** καθάπερ καὶ δα̅δ λέγει τὸν μακαρισμὸν 1315
εἰς δικαιοσύνην· **6** καθάπερ καὶ δα̅δ λέγει τὸν μακαρισμὸν 547
αὐτῷ εἰς δικαιοσύνην· **6** καθάπερ καὶ δα̅δ λέγει τὸν μακαρισμὸν 2815
αὐτοῦ εἰς δικαιοσύνην· **6** **κάπερ** γὰρ καὶ δα̅δ λέγει τὸν μακαρισμὸν 1646*
αὐτοῦ εἰς δικαιοσύνην· **6** καθάπερ γὰρ καὶ δα̅δ λέγει τὸν μακαρισμὸν 1646c 1735
αὐτοῦ εἰς **δικαιωσύνην**· **6** καθάπερ καὶ δα̅δ λέγει τὸν μακαρισμὸν 2147
αὐτοῦ εἰς δικαιοσύνην· **6** καθάπερ καὶ δα̅δ λέγει τὸν μακαρισμὸν ℵ A C K L P Ψ 049 056 1 6 69 88 104 131 205 209 323 326 330 365 424 440 460 489 517 614 618 796 910 927 945 999 1175 1241 1242 1245 1270 1319 1352 1424 1448 1505 1734 1738 1739 1827 1836 1837 1854 1874 1881 1891 2125 2344 2400 2412 2464 2495

τοῦ ἀνθρώπου ᾧ ὁ θ̅ς̅ λογίζεται δικαιοσύνην χωρὶς ἔργων· B ℵ D 365
τοῦ ἀνθρώπου ᾧ ὁ θεὸς λογίζεται δικαιοσύνην χωρὶς ἔργων· **uwτ** Er[1]
τοῦ αν̅ο̅υ̅ ᾧ ὁ θ̅ς̅ **λογίζετε** δικαιοσύνην **χωρεὶς** ἔργων· A
τοῦ αν̅ο̅υ̅ ᾧ ὁ θ̅ς̅ **λογείζεται** δικαιοσύνην χωρὶς ἔργων· F G
τοῦ αν̅ο̅υ̅ ᾧ ὁ θ̅ς̅ **λογίωζεται** δικαιοσύνην χωρὶς ἔργων· 1646*
τοῦ αν̅ο̅υ̅ ᾧ ὁ θ̅ς̅ λογίζεται εἰς δικαιοσύνην χωρὶς ἔργων· P 1 999 1175 1245 1836 1874
τοῦ αν̅ο̅υ̅ ᾧ ὁ θ̅ς̅ λογίζεται εἰς δικαιοσύνην χωρὶς ἔργων νόμου· 88 [↑2344 2464
τοῦ αν̅ο̅υ̅ ᾧ ὁ θ̅ς̅ λογίζεται εἰς δικαιοσύνην ἔργων· 049
τοῦ αν̅ο̅υ̅ ᾧ ὁ θ̅ς̅ λογίζεται εἰς **δικαιωσύνην** χωρὶς ἔργων· 33
τοῦ αν̅ο̅υ̅ ᾧ ·· ···· ··········ζεται εἰς δικαιοσύνην χωρὶς ἔργων· 1611
τοῦ αν̅ο̅υ̅ ᾧι ὁ θ̅ς̅ λογίζεται δικαιοσύνην χωρὶς ἔργων· 326 424 517 1270 1739
τοῦ αν̅ο̅υ̅ ᾧ ὁ θ̅ς̅ λογίζεται δικαιοσύνην χωρὶς **ἔργον**· 1243
τοῦ αν̅ο̅υ̅ **οὗ** ὁ θ̅ς̅ λογίζεται δικαιοσύνην χωρὶς ἔργων· 1506
τοῦ αν̅ο̅υ̅ ᾧ ὁ θ̅ς̅ λογίζεται δικαιοσύνην χωρὶς ἔργων· C K L Ψ 056 6 69 104 131 205 209 226 323 330 440 460 489 547 614 618 796 910 927 945 1241 1242 1315 1319 1352 1424 1448 1505 1573 1646c 1734 1735 1738 1827 1837 1854 1881 1891 2125 2147 2400 2412 2495 2815

7 Μακάριοι ὧν ἀφέθησαν αἱ ἀνομίαι B ℵ A C D K L P Ψ 049 056 1 6 33 69 88 104 131 205 209 226 323
7 Μακάριοι ὧν **ἀφήθησαν** αἱ ἀνομίαι 927* [↑326 330 365 424 440 460 517 547 614 618 796 910 927c 945
7 Μακάριοι ὧν ἀφέθησαν αἱ **ἄνομαι** F G [↑999 1175 1241 1242 1243 1245 1270 1315 1319 1352 1424
7 Μακάριοι ὧν **ἀφείθησαν** αἱ ἀνομίαι 1827 [↑1448 1505 1506 1573 1611 1646 1734 1735 1738 1739 1836
7 **Μακάριον** ὧν **ἀφήθησαν** αἱ ἀνομίαι 489 [↑1837 1854 1874 1881 1891 2125 2147 2344 2400 2412 2464
[↑2495 2815 **uwτ** Er[1]

[↓1734 1738 1739 1827 1836c 1837 1854 1874 1891 2125 2147 2344 2400 2412 2495 2815 **uwτ** Er[1]
[↓614 618 796 910 927 945 999 1175 1241 1242 1245 1270 1315 1319 1424 1448 1505 1573 1611 1646
καὶ ὧν ἐπεκαλύφθησαν αἱ ἁμαρτίαι· B ℵ A C D F G K L P Ψ 049 056 1 6 33 69 88 104 205
καὶ ὧν ἐπεκαλύφθησαν αἱ **ἀνομίαι**· 1735 1836* [↑209 226 323 326 424 460 489 517 547
καὶ ὧν **ἀπεκαλύφθησαν** αἱ ἁμαρτίαι· 131 330 365 440 1243 1352 1506 1881
καὶ καὶ ὧν ἐπεκαλύφθησαν αἱ ἁμαρτίαι· 2464

lac. 4.5-7 𝔓10 𝔓46 𝔓113 0172 1982

C 4.6 τε 1175 **7** ψαλμω λ̅κ̅ ℵ | ψαλμ λ̅α̅ 049 209 517 1175 1270 1734 1739 1854 1874 | τελ της β̅ 326 1837 | τελ 330

D 4.7 λ̅α̅ 1175

E 4.5 Ro 11.6; Ga 2.16 **7-8** Ps 32.1-2

8 μακάριος ἀνὴρ οὗ οὐ μὴ λογίσηται κ̅ς̅ ἁμαρτίαν. B ℵ* D* 1739 1854*
8 μακάριος ἀνὴρ οὗ οὐ μὴ λογίσηται κύριος ἁμαρτίαν. **u w**
8 μακάριος ἀνὴρ οὗ οὐ μὴ **λογείσηται** κς ἁμαρτίαν. G
8 μακάριος ἀνὴρ οὗ μὴ λογίσηται κς ἁμαρτίαν. 1506
8 μακάριος ἀνὴρ **ὃ** οὐ μὴ λογίσηται κς ἁμαρτίαν. 6 2147 [↓1573 1874
8 μακάριος ἀνὴρ **ᾧ** οὐ μὴ **λογίσεται** κς ἁμαρτίαν. K P 049 365 910 1175
8 μακάριος ἀνὴρ **ᾧ** οὐ μὴ **λογήσητε** κς ἁμαρτίαν. 1735 2464
8 μακάριος ἀνὴρ **ᾧ** οὐ μὴ **λογήσηται** κς ἁμαρτίαν. L 226 330 440 460 1243
8 καὶ μακάριος ἀνὴρ **ᾧ** οὐ μὴ **λογήσηται** κς ἁμαρτίαν. 323 [↑1315 1319* 1836
8 μακάριος ἀνὴρ **ᾧ** οὐ μὴ **λογήσειται** κς ἁμαρτίαν. 33 1319^{c}
8 μακάριος ἀνὴρ **ᾧ** οὐ μὴ **λογείσηται** κς ἁμαρτίαν. F
8 μακάριος ἀνὴρ **ᾧι** οὐ μὴ **λογίσηιται** κς ἁμαρτίαν. 1891
8 μακάριος ἀνὴρ ὃς οὐκ ἐπορεύθη **ᾧ** οὐ μὴ **λογίσεται** κς ἁμαρτίαν. 1646*
8 μακάριος ἀνὴρ **ᾧ** οὐ μὴ **λογίσεται** κς ἁμαρτίαν. 1646^{c}
8 μακάριος ἀνὴρ **ᾧ** οὐ μὴ **λογίσητε** κς ἁμαρτίαν. A 2125
8 **omit** 326 999* 1837
8 μακάριος ἀνὴρ **ᾧ** οὐ μὴ λογίσηται κύριος ἁμαρτίαν. 1424 **τ** Er^{1}
8 μακάριος ἀνὴρ ..... οὐ μὴ λογίσηται κς ἁμαρτίαν. 1270
8 μακάριος ἀνὴρ **ᾧι** οὐ μὴ λογίσηται κς ἁμαρτίαν. 424
8 μακάριος ἀνὴρ **ᾧ** οὐ μὴ λογίσηται κς ἁμαρτίαν. ℵ^{c} C D^{2} Ψ 056 1 69 88 104 131 205 209 489 517 547 614 618 796 927 945 999^{c} 1241 1242 1245 1352 1448 1505 1611 1734 1738 1827 1854^{c} 1881 2344 2400 2412 2495 2815

[↓1315 1319 1352 1424 1448 1573 1611 1734 1735 1739 1836 1837 1854 2125 2344 2412 2815 **uwτ** Er^{1}
[↓049 056 6 33 69 88 104 131 205 209^{c} 226 326 365 424 440 547 614 910 945 999 1175 1241 1242 1245 1270
9 ὁ μακαρισμὸς οὖν οὗτος ἐπὶ τὴν περιτομὴν ἢ καὶ ἐπὶ τὴν ἀκροβυστίαν; B ℵ A G K L P Ψ
9 ὁ μακαρισμὸς οὖν οὗτος ἐπὶ τὴν περιτομὴν μόνον ἢ καὶ ἐπὶ τὴν ἀκροβυστίαν; D
9 ὁ μακαρισμὸς οὖν οὗτος ἐπὶ τὴν περιτομὴν ἢ καὶ **εἰς** τὴν ἀκροβυστίαν; C
9 ὁ μακαρισμὸς οὖν οὗτος ἐπὶ τὴν περιτομὴν ἢ καὶ **περὶ** τὴν ἀκροβυστίαν; 1505 2495
9 ὁ μακαρισμὸς οὗτος ἐπὶ τὴν περιτομὴν ἢ καὶ ἐπὶ τὴν ἀκροβυστίαν; 1243 1506
9 ὁ μακαρισμὸς οὖν οὗτος ἐπὶ τὴν περιτομὴν καὶ ἐπὶ τὴν ἀκροβυστίαν; 330 460 489 618 796
9 ὁ μακαρισμὸς οὖν οὗτος ἐπὶ τὴν περιτομὴν καὶ ἐπὶ τὴν ἀκροβυστίαν; 1738 [↑1827 1874
9 ὁ μακαρισμὸς οὖν **οὑτῶς** ἐπὶ τὴν περιτομὴν ἢ καὶ ἐπὶ τὴν **ἀκροβυστήαν**; 1646
9 ὁ μακαρισμὸς οὖν **αὐτοὺς** ἐπὶ τὴν **πεπιτομὴν** ἢ καὶ ἐπὶ τὴν ἀκροβυστίαν; F
9 ὁ μακαρισμὸς οὖν οὗτος ἐπὶ τὴν περιτομὴν ἢ ἐπὶ τὴν ἀκροβυστίαν; 1 209* 323 517 927 1881 1891 2147 2400 2464

λέγομεν γάρ· Ἐλογίσθη τῷ Ἀβραὰμ ἡ πίστις εἰς δικαιοσύνην. B ℵ D* 1881 **uw**
λέγομεν γάρ· Ἐλογίσθη τῶι Ἀβραὰμ ἡ πίστις εἰς δικαιοσύνην. 1739
λέγομεν γάρ ὅτι Ἐλογίσθη τῶι Ἀβραὰμ ἡ πίστις εἰς δικαιοσύνην. 424 945 1270 1734 1891
λέγωμεν γάρ Ἐλογίσθη τῷ Ἀβραὰμ ἡ πίστις εἰς δικαιοσύνην. 1827
λέγωμεν γάρ ὅτι Ἐλογίσθη τῷ Ἀβραὰμ ἡ πίστις εἰς δικαιοσύνην. 326 1175 1505 1837
λέγωμεν γάρ ὅτι Ἐλογίσθη τῷ Ἀβραὰμ ἡ **πίστης** εἰς δικαιοσύνην. 049 104 131
λέγωμεν γάρ ὅτι Ἐλογίσθη **τὸ** Ἀβραὰμ ἡ **πίστεις** εἰς δικαιοσύνην. 2464
λέγωμεν γάρ ὅτι Ἐλογίσθη τῷ Ἀβραὰμ ἡ **πίστης** εἰς **δικαιωσύνην**. 2147
λέγωμεν γάρ ὅτι **Ἐλογήσθη** τῷ Ἀβραὰμ ἡ **πίστης** εἰς δικαιοσύνην. 1646
λέγομεν γάρ ὅτι Ἐλογίσθη τῷ Ἀβραὰμ ἡ **πίστης** εἰς δικαιοσύνην. 614 1735
λέγομεν γάρ ὅτι **Ἐλογείσθη** τῷ Ἀβραὰμ ἡ πίστις εἰς δικαιοσύνην. F G
λέγομεν **οὖν** ὅτι Ἐλογίσθη τῷ Ἀβραὰμ ἡ πίστις εἰς δικαιοσύνην. 2815
λέγομεν γάρ ὅτι Ἐλογίσθη τῷ Ἀβραὰμ εἰς δικαιοσύνην. K 1319
.... γάρ ὅτι Ἐλογίσθη τῷ Ἀβραὰμ .. ..σύνην. 2344
λέγομεν γάρ ὅτι Ἐλογίσθη **ἡ πίστις τῷ Ἀβραὰμ** εἰς δικαιοσύνην. 489 927
λέγωμεν γάρ ὅτι Ἐλογίσθη τῷ Ἀβραὰμ **εἰς δικαιωσύνην ἡ πίστις**. 33
λέγομεν γάρ ὅτι Ἐλογίσθη τῷ Ἀβραὰμ ἡ πίστις εἰς δικαιοσύνην. A C D$^{1.2}$ L P Ψ 056 1 6 69 88 205 209 226 323 330 365 440 460 517 547 618 796 910 999 1241 1242 1243 1245 1315 1352 1424 1448 1506 1573 1611 1738 1836 1854 1874 2125 2400 2412 2495 **τ** Er^{1}

---

lac. 4.8-9 𝔓^{10} 𝔓^{46} 𝔓^{113} 0172 1982

C 4.8 αρχ τη γ̅ 330 | τε 209 | στιχ σ̅ 1175 1836 **9** αρχ τη γ̅ της γ̅ εβδ αδ,ε ο μακαρισ 326 | αρχ τη γ̅ της γ̅ εβδ αδ,ε ο μακαρισμος ουν 1837

E 4.7-8 Ps 32.1-2 **9** Gn 15.6; Ro 4.3; Ga 3.6;Js 2.23

Errata: 4.8 na 1506 txt οὗ correct, but οὐ omitted

[↓1735 1738 1739 1827 1836 1854 1874[c] 1881 2125 2147 2400 2464 2495 2815 **uwτ** Er[1]
[↓999 1175 1241 1242 1243 1245 1270 1315 1319[c] 1352 1424 1448 1505 1506 1573 1611 1734
[↓056 1 6 33 69[c] 88 205 209[c] 226 323 330 365 424 440 460 489 517 547 618 796 910 927 945

10 πῶς οὖν ἐλογίσθη;	ἐν περιτομῇ	ὄντι	ἢ	ἐν ἀκροβυστίᾳ;	οὐκ ἐν	B ℵ A C K L P Ψ 049
10 πῶς οὖν ἐ············	···· ··········τομῇ	ὄντι	ἢ	ἐν ἀκροβυστίᾳ;	οὐκ ἐν	2344
10 πῶς οὖν ἐλογίσθη;	ἐν περιτομῇ	ὄντι		ἐν ἀκροβυστίᾳ;	οὐκ ἐν	1319*
10 πῶς οὖν ἐλογίσθη αὐτῷ;	ἐν περιτομῇ	ὄντι	ἢ	ἐν ἀκροβυστίᾳ;	οὐκ ἐν	104
10 πῶς οὖν ἐλογίσθη;	ἐν περιτομῇ	ὄντι	ἢ	ἐν ἀκροβυστίᾳ;		69* 209* 326 614 1837
10 πῶς οὖν ἐλογίσθη;	ἐν περιτομῇ	**ὄντως**	ἢ	ἐν ἀκροβυστίᾳ;		131 [↑1874* 2412
10 πῶς οὖν **ἐλογείσθη**;	ἐν περιτομῇ		ἢ	ἐν ἀκροβυστίᾳ;	οὐκ ἐν	G
10 πῶς οὖν **ἐλογείσθη**;	ἐν περιτομῇ		ἢ	ἐν **ἀκροβυσίᾳ**;	οὐκ ἐν	F
10 πῶς οὖν ἐλογίσθη;	ἐν περιτομῆι	ὄντι	ἢ	ἐν **ἀκροβυστίαι**;	οὐκ ἐν	1891
10 πῶς οὖν ἐλογίσθη;	ἐν περιτομῇ	ὄντι	ἢ	ἐν **ἀκροβυστῆᾳ**;	οὐκ ἐν	1646
10 πῶς οὖν ἐλογίσθη;	ἐν περιτομῇ	ὄντι	ἢ	ἐν **ἀκροβυστείᾳ**;	οὐκ ἐν	D*
10 πῶς οὖν ἐλογίσθη;	ἐν περιτομῇ	ὄντι	ἢ καὶ	ἐν **ἀκροβυστείᾳ**;	οὐκ ἐν	D[1]
10 πῶς οὖν ἐλογίσθη;	ἐν περιτομῇ	ὄντι	ἢ καὶ	ἐν ἀκροβυστίᾳ;	οὐκ ἐν	D[2]

περιτομῇ	ἀλλ᾽ ἐν ἀκροβυστίᾳ·	**11** καὶ	σημεῖον	ἔλαβεν	περιτομῆς	B C[c] D[1.2] F G K L P Ψ 049 33 796
περιτομῇ	ἀλλ᾽ ἐν **ἀκροβυστείᾳ**·	**11** καὶ	σημεῖον	ἔλαβεν	περιτομῆς	D* [↑910 1175 1241 1424 1646
περιτομῇ	ἀλλ᾽ ἐν **ἀκροβυστείᾳ**·	**11** καὶ	σημεῖον	ἔλαβεν	**περιτομὴν**	A [↑1735 1836 2125 **u**[**w**]
περιτομῇ	ἀλλ᾽ ἐν ἀκροβυστίᾳ·	**11** καὶ	σημεῖον	ἔλαβεν	**περιτομὴν**	C* 1506 [**w**]
omit		**11**				69*
περιτομῇ	ἀλλ᾽ ἐν ἀκροβυστίᾳ·	**11** καὶ	**σημῖον**	ἔλαβεν	περιτομῆς	ℵ
περιτομῇ	**ἀλ᾽** ἐν ἀκροβυστίᾳ·	**11** καὶ	**σημῖον**	ἔλαβεν	περιτομῆς	2464
περιτομῇ	ἀλλ᾽ ἐν ἀκροβυστίᾳ·	**11** καὶ	**σιμεῖων**	ἔλαβεν	περιτομῆς	1874[c]
		11 καὶ	**σιμεῖων**	ἔλαβεν	περιτομῆς	1874*
		11 καὶ	σημεῖον	ἔλαβεν	περιτομῆς	326 1837
		11 καὶ	σημεῖον	**ἔλαβε**	περιτομῆς	131 209* 614 2412
περιτομῇ	ἀλλ᾽ ἐν ἀκροβυστίαι·	**11** καὶ	σημεῖον	**ἔλαβε**	**περιτομὴν**	6 1881
περιτομῆι	ἀλλ᾽ ἐν ἀκροβυστίαι·	**11** καὶ	σημεῖον	**ἔλαβε**	**περιτομὴν**	424 1739
περιτομῆι	ἀλλ᾽ ἐν ἀκροβυστίαι·	**11** καὶ	σημεῖον	**ἔλαβε**	**περιτομῆς**	1891 [↓547 618 927 945 999
περιτομῇ	ἀλλ᾽ ἐν ἀκροβυστίαι·	**11** καὶ	σημεῖον	**ἔλαβε**	περιτομῆς	1270 [↓330 365 440 460 489 517
περιτομῇ	ἀλλ᾽ ἐν ἀκροβυστίᾳ·	**11** καὶ	σημεῖον	**ἔλαβε**	περιτομῆς	056 1 69[c] 88 104 205 209[c] 226 323

1242 1243 1245 1315 1319 1352 1448 1505 1573 1611 1734 1738 1827 1854 2147 2344 2400 2495 2815 **τ** Er[1]

σφραγεῖδα		τῆς δικαιοσύνης	τῆς πίστεως τῆς	ἐν τῇ	B
σφραγεῖδα	διὰ	τῆς δικαιοσύνης	τῆς πίστεως τῆς	ἐν	F G
σφραγῖδα		τῆς δικαιοσύνης	τῆς πίστεως τῆς	ἐν	D 056 1 323 330 424* 440 517 1245
σφραγῖδα		δικαιοσύνης	τῆς πίστεως τῆς	ἐν τῇ	A 1243 [↑1270 1315 1734 2400
σφραγῖδα		τῆς δικαιοσύνης	τῆς πίστεως τῆς	ἐν τῆι	1739 1891
σφραγῖδα		τῆς δι························	τῆς πίστεως	ἐν τῇ	33
σφραγῖδα		τῆς δικαιοσύνης	τῆς πίστεως	ἐν τῇ	1874
σφραγῖδα τῆς περιτομῆς		τῆς δικαιοσύνης	τῆς πίστεως τῆς	ἐν τῇ	L
omit					69*
τῆς περιτομῆς σφραγῖδα		τῆς δικαιοσύνης	τῆς πίστεως τῆς	ἐν τῇ	69[c]
σφαγῖδα		τῆς δικαιοσύνης	τῆς πίστεως τῆς	ἐν τῇ	365
σφραγῖδα		τῆς **δικαιωσύνης**	τῆς πίστεως τῆς	ἐν τῇ	2125
σφραγῖδα		τῆς δικαιοσύνης	τῆς πίστεως τῆς	ἐν τῇ	ℵ C K P Ψ 049 6 88 104 131 205 209

226 326 424[c] 460 489 547 614 618 796 910 927 945 999 1175 1241 1242 1319 1352 1424 1448 1505 1506 1573 1611 1646 1735 1738 1827 1836 1837 1854 1881 2147 2344 2412 2464 2495 2815 **uwτ** Er[1]

---

lac. 4.10-11 𝔓[10] 𝔓[46] 𝔓[113] 0172 1982 **4.11** 614

E 4.11 Gn 17.10-11; Eph 1.13

ἀκροβυστίᾳ, εἰς τὸ εἶναι αὐτὸν πατέρα πάντων τῶν πιστευόντων δι' B ℵ D1.2 **uwτ**
ἀκροβυστίᾳ, εἰς τὸ εἶναι αὐτὸν πρα πάντων τῶν πιστευ·········· ···· 33
ἀκροβυστίᾳ, εἰς τὸ εἶναι αὐτὸν πρα πάντων τῶν **πιστευσάντων** δι' 1424
ἀκροβυστίᾳ, εἰς τὸ εἶναι αὐτὸν πρα πάντων τῶν **πιστευόντον** δι' 1874
ἀκροβυστίᾳ, εἰς τὸ εἶναι πατέρα πάντων τῶν πιστευόντων δι' Er1
ἀκροβυστίᾳ, εἰς τὸ εἶναι αὐτὸν πατέρα πάντων τῶν πιστευόντων **διὰ** D* G
ἀκροβυστίᾳ, εἰς τὸ εἶναι αὐτὸν πατέρα πάντων **τῶς** πιστευόντων **διὰ** F
ἀκροβυστίᾳ, εἰς τὸ εἶναι αὐτὸν πρα πάντων τῶν πιστευόντων **διὰ** 489 945 1611 1881*
ἀκροβυστείᾳ, εἰς τὸ εἶναι αὐτὸν πρα πάντων τῶν πιστευόντων **διὰ** A [↓440
ἀκροβυστείᾳ, εἰς τὸ εἶναι **αὐτων** πρα πάντων τῶν **πιστευώντων** **διὰ** τῆς 2464[↓326 330 365 424
ἀκροβυστήᾳ, εἰς τὸ εἶναι αὐτὸν πρα πάντων τῶν πιστευόντων δι' 618 [↓205 209 226 323
εἰς τὸ εἶναι αὐτὸν πρα πάντων τῶν πιστευόντων δι' 69* [↓69c 88 104 131
ἀκροβυστίᾳ, εἰς τὸ εἶναι αὐτὸν πρα πάντων τῶν πιστευόντων δι' C K L P Ψ 049 056 1 6
460 517 547 614 796 910 927 999 1175 1241 1242 1243 1245 1270 1315 1319 1352 1448 1505 1506 1573
1646 1734 1735 1738 1739 1827 1836 1837 1854 1881c 1891 2125 2147 2344 2400 2412 2495 2815

ἀκροβυστίας, εἰς τὸ λογισθῆναι αὐτοῖς τὴν δικαιοσύνην, **12** καὶ B Ψ 205 209 1243 1827
ἀκροβυστίας, εἰς τὸ λογισθῆναι **αὐτὸν** δικαιοσύνην, **12** καὶ 330 [↑2815* [**w**]
ἀκροβυστίας, εἰς τὸ λογισθῆναι αὐτοῖς δικαιοσύνην, **12** καὶ ℵ* 6 424c 1506 1739
ἀκροβυστίας, εἰς τὸ λογισθῆναι αὐτοῖς εἰς δικαιοσύνην, **12** καὶ 1881 [↑[**uw**]
ἀκροβυστείας, εἰς τὸ λογισθῆναι αὐτοῖς εἰς δικαιοσύνην, **12** καὶ A
ἀκροβυστείας, εἰς τὸ **λογισθῆνε** αὐτοῖς τὴν δικαιοσύνην, **12** καὶ 2464
··················τίας, εἰς τὸ λογισ·········· ······ ·······οῖς τὴν **δικαιωσύνην**, **12** καὶ 33
ἀκροβυστίας, εἰς τὸ λογισθῆναι καὶ αὐτοῖς τὴν δικαιοσύνην, **12** καὶ C* D2 796 [**u**]**τ** Er1
ἀκροβυστίας, εἰς τὸ λογισθῆναι καὶ αὐτοῖς δικαιοσύνην, **12** καὶ ℵc Cc D* 365 1573
ἀκροβυστίας, εἰς τὸ λογισθῆναι καὶ αὐτοῖς εἰς δικαιοσύνην, **12** καὶ 1319
ἀκροβυστίας, εἰς τὸ λογισθῆναι καὶ αὐτοῖς εἰς τὴν δικαιοσύνην, **12** καὶ 424*
ἀκροβυστίας, εἰς τὸ λογισθῆναι καὶ ············ ······ ·························· **12**······ 614
ἀκροβυστίας, εἰς τὸ **λογησθῆναι** καὶ αὐτοῖς τὴν δικαιοσύνην, **12** καὶ 1735
ἀκροβυστίας, εἰς τὸ **λογεισθῆναι** καὶ αὐτοῖς τὴν δικαιοσύνην, **12** καὶ F G
ἀκροβυστείας, εἰς τὸ λογισθῆναι καὶ αὐτοῖς τὴν δικαιοσύνην, **12** καὶ 489
ἀκροβυστίας, εἰς τὸ λογισθῆναι καὶ αὐτοῖς τὴν δικαιοσύνην, **12** καὶ K L P 049 056 1 69 88
104 131 226 323 326 440 460 517 547 618 910 927 945 999 1175 1241 1242 1245 1270 1315 1352 1424
1448 1505 1611 1646 1734 1738 1836 1837 1854 1874 1891 2125 2147 2344 2400 2412 2495 2815c

πατέρα περιτομῆς τοῖς οὐκ ἐκ περιτομῆς μόνον ἀλλὰ καὶ τοῖς στοιχοῦσιν B ℵc C D **u**[**w**]
πατέρα περιτομῆς μόνον ἀλλὰ καὶ τοῖς στοιχοῦσιν ℵ*
πατέρα περιτομῆς τοῖς οὐκ ἐκ περιτομῆς μόνον ἀλλὰ στοιχοῦσιν [**w**]
πρα περιτομῆς········ ······ ······ ··················ῆς μόνον ἀλλὰ······· ········ ·················σιν 33
πατέρα περιτομῆς τοῖς οὐκ ἐκ περιτομῆς μόνον ἀλλὰ καὶ τοῖς **στοιχοῦσειν** G
πατέρα περιτομῆς τοῖς οὐκ ἐκ περιτομῆς μόνον ἀλλὰ καὶ τοῖς **στοιχοῦσι** 796 **τ** Er1
πατέρα περιτομῆς τοῖς οὐκ ἐκ **περητομῆς** μόνον ἀλλὰ καὶ τοῖς **στοιλοῦσειν** F
πρα περιτομῆς τοῖς οὐκ ἐκ περιτομῆς μόνον ἀλλὰ καὶ τοῖς στοιχοῦσιν A K 1175 1315 1506
πρα περιτομῆς τοῖς οὐκ ἐκ περιτομῆς μόνον ἀλλὰ καὶ **τοῦ** στοιχοῦσιν 1874* [↑1874c
πρα περιτομῆς τοῖς οὐκ ἐκ περιτομῆς μόνον ἀλλὰ καὶ τοῖς **συστοιχοῦσι** 2400
πρα περιτομῆς τοῖς οὐκ ἐκ περιτομῆς μόνον ἀλλὰ καὶ τοῖς **στυχοῦσιν** P
πρα περιτομῆς τοῖς οὐκ ἐκ περιτομῆς μόνον ἀλλὰ καὶ τοῖς **στυχοῦσι** 1 104 1424 1646
πρα περιτομῆς **οὐ** **τοῖς** ἐκ περιτομῆς μόνον ἀλλὰ καὶ τοῖς **στυχοῦσι** 69* 1319*
πρα περιτομῆς **οὐ** **τοῖς** ἐκ περιτομῆς μόνον ἀλλὰ καὶ τοῖς **στοιχοῦσι** 69c 88 365 1270 1319c
πρα περιτομῆς **οὐ** **τοῖς** ἐκ περιτομῆς μόνον ἀλλὰ τοῖς **στοιχοῦσι** 1573 [↑1505 2495
πρα περιτομῆς τοῖς οὐκ ἐκ περιτομῆς μόνον ἀλλὰ καὶ τοῖς **στοιχοῦσι** Lc 424
πρα περιτομῆς τοῖς οὐκ ἐκ περιτομῆς μόνον ἀλλὰ καὶ **τοῖ** **στοιχοῦσι** 910
μόνον ἀλλὰ καὶ τοῖς **στοιχοῦσι** 1245
πρα περιτομῆς τοῖς οὐκ ἐκ περιτομῆς μόνον ἀλλὰ καὶ τοῖς **στιχοῦσι** 326 1837 2147
πρα περιτομῆς τοῖς οὐκ ἐκ περιτομῆς μόνον ἀλλὰ καὶ ἐν τοῖς **τοιχοῦσιν** 2464
πρα περιτομῆς τοῖς οὐκ ἐκ περιτομῆς μόνον ἀλλὰ καὶ τοῖς **τοιχοῦσι** L*
πρα περιτομῆς τοῖς οὐκ ἐκ περιτομῆς **νόμον** ἀλλὰ καὶ τοῖς **τοιχοῦσι** 049
πρα περιτομῆς τοῖς οὐκ ἐκ περιτομῆς μόνον ἀλλὰ καὶ τοῖς **τυχοῦσιν** 1241 1735
πρα περιτομῆς τοῖς οὐκ ἐκ περιτομῆς μόνον ἀλλὰ καὶ τοῖς **τυχοῦσι** 6 131 330 1243 1836
πρα περιτομῆς **τῆς** οὐκ ἐκ περιτομῆς μόνον ἀλλὰ καὶ τοῖς **στοιχοῦσι** 205 [↑1891 2125
πρα περιτομῆς τοῖς οὐκ ἐκ περιτομῆς μόνον ἀλλὰ τοῖς **στοιχοῦσι** 1827
πρα περιτομῆς τοῖς οὐκ ἐκ περιτομῆς μόνον ἀλλὰ καὶ τοῖς **στοιχοῦσι** Ψ 056 209 226 323 440
460 489 517 547 618 927 945 999 1242 1352 1448 1611 1734 1738 1739 1854 1881 2344 2412 2815

lac. 4.11-12 𝔓10 𝔓46 𝔓113 0172 614 1982

E 4.11 Gn 17.10-11; Eph 1.13 **12** 2 Co 12.18; 1 Pe 2.21; Mt 3.9

Errata: 4.11 na 424* εἰς δικαιοσύνην : εἰς τὴν δικαιοσύνην 424*

τοῖς ἴχνεσιν τῆς ἐν ἀκροβυστίᾳ πίστεως B ℵ^{c} C^{c} **uw**
τοῖς ἴχνεσιν τῆς ἐν **ἀκροβυστίας** πίστεως C*
τοῖς ἴχνεσιν τῆς ἐν ἀκροβυστίᾳ πίστεως A 1506
τοῖς ἴχνεσιν τῆς ἐν ἀκροβυστίᾳ ℵ*
τοῖς **ἴχνεσι** τῆς ἐν τῇ ἀκροβυστίᾳ πίστεως 104 1827 **τ**
τοῖς **ἴχνεσι** τῆς ἐν ἀκροβυστίᾳ πίστεως 69 326 1319 1739 1837 1881
τοῖς **ἴχνεσι** **τοῖς** ἐν ἀκροβυστίαι πίστεως 365
τοῖς **ἴχνεσι** τῆς ἐν **ἀκροβυστείᾳ** πίστεως 1573
τοῖς **ἴχνεσειν** τῆς ἐν ἀκροβυστίᾳ πίστεως F G
τοῖς ἴχνεσιν τῆς πίστεως τῆς ἐν ἀκροβυστίᾳ πίστεως D*
τοῖς ἴχνεσιν τῆς πίστεως τῆς ἐν τῇ ἀκροβυστίᾳ πίστεως D^{2}
τοῖς ἴχνεσιν τῆς πίστεως τῆς ἐν ἀκροβυστίᾳ 424* 2125
τοῖς ἴχνεσιν τῆς πίστεως τῆς ἐν τῇ ἀκροβυστίᾳ K L 424^{c} 1175 1735 2464
τοῖς ἴχνεσιν τῆς πίστεως **τοῖς** ἐν τῇ ἀκροβυστία P
τοῖς **ἴχνεσι** τῆς πίστεως **τοῖς** ἐν τῇ ἀκροβυστία 049 1505 2495
τοῖς **ἴχνεσι** τῆς πίστεως **τοῖς** ἐν ἀκροβυστίαι 2400 2815 Er^{1}
τοῖς **ἴχνεσι** **τοῖς** πίστεως τῆς ἐν τῇ ἀκροβυστίᾳ 2147
τοῖς **ἴχνεσι** τῆς πίστεως τῆς ἐν τῇ α..................... 33
τοῖς **ἴχνεσι** τῆς πίστεως ἐν τῇ ἀκροβυστίᾳ 1874
τοῖς **ἴχνεσι** τῆς πίστεως τῆς ἐν ἀκροβυστίᾳ Ψ 056 323 547 910 1243 1270 1315 1352 1448
τοῖς **ἴχνεσι** τῆς πίστεως τῆς ἐν τῆι ἀκροβυστίαι 945 [↑1611 1734 1891 2412
τοῖς **ἴχνεσι** τῆς πίστεως τῆς ἐν τῇ ἀκροβυστίᾳ 1 6 88 131 205 209 226 330 440 460 489 517 618 796 927 999 1241 1242 1245 1424 1646 1738 1836 1854 2344

τοῦ πατρὸς ἡμῶν Ἀβραάμ. B ℵ C D **uwτ** Er^{1}
τοῦ προς ἡμῶν Ἀβραάμ. F G
....μῶν Ἀβραάμ. 33
τοῦ πρς ἡμῶν Ἀβραάμ. A K L P Ψ 049 056 1 6 69 88 104 131 205 209 226 323 326 330 365 424 440 460 489 517 547 618 796 910 927 945 999 1175 1241 1242 1243 1245 1270 1315 1319 1352 1424 1448 1505 1506 1573 1611 1646 1734 1735 1738 1739 1827 1836 1837 1854 1874 1881 1891 2125 2147 2344 2400 2412 2464 2495 2815

The Promise of God Realized Only through Faith

[↓1245 1315 1352 1448 1505 1573 1611 1646 1738 1836 1837 1854 1874 1881 2125 2344 2400 2495 2815 **uwτ** Er^{1}
[↓049 056 6 69 88 104 205 209 226 323 330 365 440 460 489 517 547 618 796 910 927 945 999 1175 1241 1242
13 Οὐ γὰρ διὰ νόμου ἡ ἐπαγγελία τῷ Ἀβραὰμ ἢ τῷ σπέρματι αὐτοῦ, B ℵ^{c} C D F G K L P Ψ
13....... .... ἡ ἐπαγγελία τῷ Ἀβραὰμ ἢ τῷ σπέρματι .... 33 [↓1506 1735 2147
13 Οὐ γὰρ διὰ νόμου ἡ ἐπαγγελία τῷ Ἀβραὰμ ἢ **τὸ** σπέρματι αὐτοῦ, 326 1243 1319 1424
13 Οὐ γὰρ διὰ νόμου ἡ **ἐπαγγελεία** τῷ Ἀβραὰμ ἢ **τὸ** σπέρματι αὐτοῦ, 2464
13 Οὐ γὰρ διὰ νόμου ἡ **ἐπαγγελεία** τῷ Ἀβραὰμ ἢ τῷ σπέρματι αὐτοῦ, A
13 Οὐ γὰρ διὰ νόμου ἡ ἐπαγγελία τῷ Ἀβραὰμ τῷ σπέρματι αὐτοῦ, ℵ*
13 Οὐ γὰρ νόμου ἡ ἐπαγγελία τῷ Ἀβραὰμ ἢ τῷ σπέρματι αὐτοῦ, 1
13 Οὐ γὰρ διὰ νόμου ἐπαγγελία τῷ Ἀβραὰμ ἢ τῷ σπέρματι αὐτοῦ, 131
13 Οὐ γὰρ διὰ νόμου ἡ ἐπαγγελία τῶι Ἀβραὰμ ἢ τῶι σπέρματι αὐτοῦ, 424 1270 1739 1891
13 Οὐ γὰρ διὰ νόμου ἡ ἐπαγγελία τῷ Ἀβραὰμ ἢ τῶι σπέρματι αὐτοῦ, 1734
13 Οὐ γὰρ διὰ νόμου ἡ ἐπαγγελία τῷ Ἀβραὰμ **καὶ** τῷ σπέρματι αὐτοῦ, 1827
13 **Οὔτε** γὰρ διὰ νόμου ἡ ἐπαγγελία τῷ Ἀβραὰμ ἢ τῷ σπέρματι αὐτοῦ, 2412

lac. 4.12-13 𝔓^{10} 𝔓^{46} 𝔓^{113} 0172 614 1982

C 4.13 αρχτη δ̄ της β̄ εβδομαδος αδ,ε ου δια νομου η επαγγελια τω αβρααμ 1 | αρχ τη δ̄ της β̄ εβδ. αδ,ε ου δια νομου η επαγγελια 226 | αρχ τη δ̄ της γ εβδ αδ,ε ου γαρ δια νομου 326 | αρχ τη δ̄ 330 | αρχ τη δ̄ της ᾱ εβδ αδ,ε ου δια νομου 489 | τη δ̄ αδ,ε ου 517 | αρχ 547 | αρχ τη δ̄ της β̄ εβδ αδ,ε δια νομου η ε 796 | αρχ τη δ̄ της β̄ εβδ αδ,ε ου δια νομου 927 | αρχ τη δ̄ 1175 | αρχ τη δ̄ 1242 | αρχ τη γ̄ της ε̄ εβδ αναγ 1243 | αρχ 1245 | αρχ τη δ̄ της β̄ εβδ. κ,ε ϙβ̄ 1315 | αρχ ου γαρ δια νομου η επαγγελια τω αβρααμ 1448 | αρχ τη δ̄ της β̄ εβδ αδ,εδ ου δια νομου η επαγγελια 1573 | κ,ε ιᾱ αρχ δ̄ τη δ̄ της β̄ εβδ ο αποστ πρ ρωμ αδελφοι ου δια νομου η δπαγγελια τω 1739 | αρχ τη δ̄ της γ̄ εβδ αδ,ε ου γαρ δια νομου 1837 | αρχ τη δ̄ της β̄ εβδ αδ,ε ου δια νομου η επαγγελια 2147 | αρχ τη δ̄ της β̄ εβδ αδελφοι ου δια νομου η επαγγελια 2412 | αρξου γ̄ 2464 | αρχ τη δ̄ της β̄ εβδ κ,ε δ̄ 2464

D 4.13 ζ̄ 226 | θ̄ 489 927 | ιᾱ 517 547 2464

E 4.12 2 Co 12.18; 1 Pe 2.21; Mt 3.9 **13** Gn 18.18; 22.17-18; Ga 3.29; He 11.7

τὸ κληρονόμον αὐτὸν εἶναι κόσμου, ἀλλὰ διὰ δικαιοσύνης πίστεως. B ℵ A C D 365 1319
τὸ κληρονόμον αὐτὸν εἶναι κόσμου, ἀλλὰ δικαιοσύνης πίστεως. G^c [↑1573 1739
τὸ κληρονόμον εἶναι κόσμου, ἀλλὰ δικαιοσύνης πίστεως. 1506 [↑1881 **uw**
το κληρονόμον εἶναι τοῦ κόσμου, ἀλλὰ διὰ δικαιοσύνης πίστεως. 1891
.... διὰ **δικαιωσύνης** πίστεως. 33
τὸ κληρονόμον εἶναι τοῦ κόσμου, ἀλλὰ διὰ **δικαιωσύνης** πίστεως. 2147
τὸ κληρονόμον αὐτὸν εἶναι κόσμου, ἀλλὰ διὰ **δικαιοσύνην** πίστεως. 330
τὸ κληρονόμον αὐτὸν εἶναι τοῦ κόσμου, ἀλλὰ διὰ **δικαιοσύνην** πίστεως. 1505 2495
τὸ κληρονόμον αὐτὸν εἶναι κόσμου, ἀλλὰ **δικαιοσύνην** πίστεως. F
τὸ κληρονόμον αὐτὸν εἶναι κόσμου, ἀλλὰ **διακαιοσύνης** πίστεως. G*
τὸ κληρονόμον αὐτὸν εἶναι τοῦ κόσμου, ἀλλὰ καὶ διὰ δικαιοσύνης πίστεως. 1242
τὸν κληρονόμον αὐτὸν εἶναι τοῦ κόσμου, ἀλλὰ διὰ δικαιοσύνης πίστεως. 796
τὸν κληρονόμον **εἶναι αὐτὸν** τοῦ κόσμου, ἀλλὰ διὰ δικαιοσύνης πίστεως. 1837
τὸ κληρονόμον **εἶναι αὐτὸν** τοῦ κόσμου, ἀλλὰ διὰ δικαιοσύνης πίστεως. K 326
τὸ κληρονόμον **εἶναι αὐτὸν** τοῦ κόσμου, ἀλλὰ δικαιοσύνης πίστεως. 2344
τὸ κληρονόμον αὐτὸν εἶναι τοῦ κόσμου, ἀλλὰ δικαιοσύνης πίστεως. 131 1836
τὸ κληρονόμον αὐτὸν εἶναι τοῦ κόσμου, ἀλλὰ διὰ δικαιοσύνης πίστεως. L P Ψ 049 056 1 6 69
88 104 205 209 226 323 424 440 460 489 517 547 618 910 927 945 999 1175 1241 1243 1245 1270
1315 1352 1424 1448 1611 1646 1734 1735 1738 1827 1854 1874 2125 2400 2412 2464 2815 **τ** Er^1

[↓1319 1352 1424 1448 1505 1506 1573 1611 1646 1734 1739 1827 1854 1881^c 1891 2125 2344 2400 2495 **uwτ**
[↓69 88 104 205 209 226 323 424 440 489 517 547 796 910 927 945 999 1175 1241 1242 1243 1245 1270 1315
14 εἰ γὰρ οἱ ἐκ νόμου κληρονόμοι, κεκένωται ἡ πίστις καὶ κατήργηται B ℵ A C D P Ψ 1 6
14 εἰ γὰρ οἱ ἐκ νόμου καὶ κληρονόμοι, κεκένωται ἡ πίστις καὶ κατήργηται 330
14 εἰ γὰρ οἱ ἐκ νό....... .... πίστις 33
14 εἰ γὰρ οἱ ἐκ νόμου κληρονόμοι, κεκένωται ἡ πίστις **κὲ** κατήργηται 056
14 εἰ γὰρ οἱ ἐκ νόμου κληρονόμοι, κεκένωται ἡ πίστις καὶ **κατείργηται** 131
14 εἰ γὰρ οἱ ἐκ νόμου κληρονόμοι, κεκένωται ἡ πίστις καὶ **κατήργειται** 326 1837 1874
14 εἰ γὰρ οἱ ἐκ νόμου κληρονόμοι, κεκένωται ἡ **πίστης** καὶ κατήργηται 1735
14 εἰ γὰρ οἱ ἐκ νόμου κληρονόμοι, **ἐκκεκένωται** ἡ πίστις καὶ κατήργηται 2815 Er^1
14 εἰ γὰρ οἱ ἐκ νόμου κληρονόμοι, **κεκένωτε** ἡ πίστις καὶ κατήργηται 1881*
14 εἰ γὰρ οἱ ἐκ νόμου κληρονόμοι, **καικένωται** ἡ **πίστης** καὶ κατήργηται 049
14 εἰ γὰρ οἱ ἐκ νόμου **κληρωνόμοι, καικένοται** ἡ **πίστεις** καὶ **κατήργητε** 2464
14 εἰ γὰρ οἱ ἐκ νόμου κληρονόμοι, **καικαίνωται** ἡ πίστις καὶ κατήργηται F G
14 εἰ γὰρ οἱ ἐκ νόμου κληρονόμοι, **κεκαίνωται** ἡ πίστις καὶ κατήργηται K 1738
14 εἰ γὰρ οἱ ἐκ νόμου κληρονόμοι, **κεκένοται** ἡ πίστις καὶ κατήργηται L
14 εἰ γὰρ οἱ ἐκ νόμου κληρονόμοι, **κεκαίνοται** ἡ πίστις καὶ κατήργηται 460
14 εἰ γὰρ οἱ ἐκ νόμου κληρονόμοι, **κεκαίνοται** ἡ **πίστεις** καὶ κατήργηται 618
14 εἰ γὰρ **ἡ** ἐκ νόμου κληρονόμοι, **κεκαίνοται** ἡ **πίστης** καὶ κατήργηται 2147
14 **οἱ** γὰρ οἱ ἐκ νόμου κληρονόμοι, κεκένωται ἡ πίστις καὶ κατήργηται 365 2412
14 εἰ γὰρ **εἰ** ἐκ νόμου κληρονόμοι, κεκένωται ἡ πίστις καὶ κατήργηται 1836

ἡ ἐπαγγελία· **15** ὁ γὰρ νόμος ὀργὴν κατεργάζεται· οὗ δὲ οὐκ ἔστι B 104 1242 1270 1827
ἡ ἐπαγγελία· **15** ὁ γὰρ νόμος ὀργὴν κατεργάζεται· οὗ δὲ οὐκ **ἔστιν** ℵ* C 1506 **uw**
ἡ **ἐπαγγελεία**· **15** ὁ γὰρ νόμος ὀργὴν **κατ...............τε**· οὗ δὲ οὐκ **ἔστιν** A [↓1836 1854 1874 2125
ἡ ἐπαγγελία· **15** ὁ γὰρ νόμος ὀργὴν **κατεργάζετε**· οὗ **γὰρ** οὐκ **ἔστιν** D 1243 [↓1424 1646 1735
ἡ **ἐπαγγελεία**· **15** ὁ γὰρ νόμος ὀργὴν κατεργάζεται· οὗ **γὰρ** οὐκ **ἔστιν** 2464 [↓618 1175 1315
ἡ ἐπαγγελία· **15** ὁ γὰρ νόμος ὀργὴν κατεργάζεται· οὗ **γὰρ** οὐκ **ἔστιν** ℵ^c K L P Ψ 049 88 131 460
ἡ ἐπαγγελία· **15** ὁ γὰρ ὁ νόμος ὀργὴν κατεργάζεται· οὗ **γὰρ** οὐκ **ἔστιν** 326 1837
ἡ **παγγελία**· **15** ὁ γὰρ νόμος ὀργὴν κατεργάζεται· **ποῦ** **γὰρ** οὐκ **ἔστιν** F*
ἡ ἐπαγγελία· **15** ὁ γὰρ νόμος ὀργὴν κατεργάζεται· **ποῦ** **γὰρ** οὐκ **ἔστιν** F^c G
ἡ ἐπαγγελία· **15** ὁ γὰρ νόμος ὀργὴν κα.......................... 33
ἡ ἐπαγγελία· **15** ὁ γὰρ νόμος ὀργὴν κατεργάζεται· οὗ **γὰρ** οὐκ ἔστι 056 1 6 69 205 209 226 323
330 365 424 440 489 517 547 796 910 927 945 999 1241 1245 1319 1352 1448 1505
1573 1611 1734 1738 1739 1881 1891 2147 2344 2400 2412 2495 2815 **τ** Er^1

lac. 4.13-15 𝔓^10 𝔓^46 𝔓^113 0172 614 1982

C 4.14 ησαιου 1270

E 4.13 Gn 18.18; 22.17-18; Ga 3.29; He 11.7 **14** Ga 3.18 **15** Ro 1.18; 3.20; 5.13; 7.8; Ga 3.19

[↓1739 1827 1836 1837 1854 1874 1881 1891 2125 2147 2344 2412 2400 2815 **uwτ** Er^1
[↓1241 1242 1243 1245 1270 1315 1319 1352 1424 1448 1506 1573 1611 1646^c 1734 1735
[↓6 69 88 104 205 209 226 323 326 330 365 424 440 489 517 547 796 910 927 945 999 1175
νόμος οὐδὲ παράβασις. **16** διὰ τοῦτο ἐκ πίστεως, ἵνα κατὰ χάριν, B C D^2 K L P Ψ 049 056 1
νόμος οὐδὲ παράβασις. **16** διὰ τοῦτο οὐκ ἐκ πίστεως, ἵνα κατὰ χάριν, 460 618 1738
.... **16** διὰ τοῦτο ἐκ πίστεως, ἵνα κατὰ χάριν, 33
νόμος οὐδὲ παράβασις. **16** διὰ τοῦτο ἐκ πίστεως **ιυ**, ἵνα κατὰ χάριν, D*
νόμος οὐδὲ παράβασις. **16** διὰ τοῦτο ἐκ πίστεως, ἵνα **ἠ** κατὰ χάριν, 1505 2495
νο······ οὐδὲ **παράβασεις**. **16** διὰ το····· ἐκ πίστεως, ἵνα **ἠ** κατὰ χ········ A
νόμος οὐδὲ **παράβασεις**. **16** διὰ τοῦτο ἐκ πίστεως, ἵνα κατὰ χάριν, F G 131 2464
νόμος οὐδὲ **παράβασης**. **16** διὰ τοῦτο ἐκ πίστεως, ἵνα κατὰ χάριν, 1646*
νόμος οὐδὲ παράβασις. **16** διὰ τοῦτο ἐκ πίστεως, **εἵνα** κατὰ χάριν, ℵ

[↓1352 1424 1448 1573 1611 1735 1738 1827 1837 1854 1881 2125 2147 2344 2400 2412 2815 **uwτ** Er^1
[↓6 88 104 131 205 209 226 323 326 440 460 489 517 547 618 796 910 927 1175 1241 1242 1245 1319
εἰς τὸ εἶναι βεβαίαν τὴν ἐπαγγελίαν παντὶ τῷ σπέρματι, οὐ τῷ ἐκ B ℵ C D K L P Ψ 049 056 1
.... ········τι, οὐ τῷ ἐκ 33
εἰς τὸ εἶναι βεβαίαν τὴν ἐπαγγελίαν παντὶ τῶι σπέρματι, οὐ τῷ ἐκ 424
εἰς τὸ εἶναι βεβαίαν τὴν ἐπαγγελίαν παντὶ τῶι σπέρματι, οὐ τῶι ἐκ 945 1270 1739 1891
εἰς τὸ εἶναι βεβαίαν τὴν ἐπαγγελίαν παντὶ τῷ σπέρματι, οὐ τῶι ἐκ 1734
εἰς τὸ εἶναι βεβαίαν τὴν ἐπαγγελίαν παντὶ τῷ σπέρματι, οὐ **τοῦ** ἐκ 1243
εἰς τὸ εἶναι βεβαίαν τὴν ἐπαγγελίαν παντὶ τῷ σπέρματι, οὐ **τὸ** ἐκ 69 330 365 999 1315 1836
εἰς τὸ εἶναι βεβαίαν τὴν ἐπαγγελίαν παντὶ **τὸ** σπέρματι, οὐ **το** ἐκ 1506 1646 1874
εἰς τὸ εἶναι βεβαίαν τὴν **ἐπαγγελείαν** παντὶ **τὸ** σπέρματι, οὐ τῷ ἐκ 2464
εἰς τὸ εἶναι βεβαίαν τὴν ·········**γελείαν** παντὶ τῷ σπέρμ·······, οὐ τῷ ἐκ A
εἰς τὸ εἶναι **βαιβαίαν** τὴν **ἐπαγγελείαν** **παντεὶ** τῷ σπέρματι, οὐ τῷ ἐκ F G
εἰς τὸ εἶναι βεβαίαν τὴν ἐπαγγελίαν παντὶ τῷ **πιστεύοντι**, οὐ τῷ ἐκ 1505 2495

τοῦ νόμου μόνον ἀλλὰ καὶ τῷ ἐκ πίστεως Ἀβραάμ, ὅς ἐστιν πατὴρ B ℵ D* **uw**
τοῦ νόμου ἀλλὰ τῷ ἐκ πίστεως Ἀβραάμ, ὅς ἐστιν πρ F
τοῦ νόμου ἀλλὰ τῷ ἐκ πίστεως Ἀβραάμ, ὅς ἐστιν πηρ G
τοῦ νόμου ἀλλὰ καὶ τῷ ἐκ πίστεως Ἀβραάμ, ὅς **ἐστι** πηρ 1352
τοῦ νόμου μόνον ἀλλὰ καὶ τῷ ἐκ πίστεως Ἀβραάμ, ὅς **ἐστι** πατὴρ **τ** Er^1
τοῦ νόμου μόνον ἀλλὰ καὶ τῷ ἐκ πίστεως Ἀβραάμ, ὅς ἐστιν πηρ K P 1175 1424 1735 1836
τοῦ νόμου ἐστιν μόνον ἀλλὰ καὶ τῷ ἐκ πίστεως Ἀβραάμ, ὅς ἐστιν πατὴρ $D^{1.2}$ [↑1874
τοῦ νόμου μόνο·· ἀλλὰ καὶ τῷ ἐκ πίστεως Ἀβρα·····, ὅς ἐστιν πηρ A
νόμου μόνον ἀλλὰ καὶ τῷ ἐκ πίστεως Ἀβραάμ, ὅς ἐστιν πηρ 1827
τοῦ νόμου μόνον ἀλλὰ καὶ 33
τοῦ νόμου μόνον ἀλλὰ καὶ **τὸ** ἐκ πίστεως Ἀβραάμ, **ὡς** ἐστιν πηρ 1646
τοῦ νόμου μόνον ἀλλὰ **τὸ** ἐκ πίστεως Ἀβραάμ, ὅς ἐστιν πηρ 1506
τοῦ νόμου μόνον ἀλλὰ καὶ **τὸ** ἐκ πίστεως Ἀβραάμ, ὅς ἐστιν πηρ 2464
τοῦ νόμου μόνον ἀλλὰ καὶ **τὸ** ἐκ πίστεως Ἀβραάμ, ὅς **ἐστι** πηρ 1 910 999 1243
τοῦ νόμου μόνον ἀλλὰ καὶ **τὸν** ἐκ πίστεως Ἀβραάμ, ὅς **ἐστι** πηρ 618 1738
τοῦ νόμου μόνον ἀλλὰ καὶ **τὸ** ἐκ πίστεως Ἀβραάμ, ὅς **ἐστι** **πάντων** 330
τοῦ νόμου μόνον ἀλλὰ καὶ τῶι ἐκ πίστεως Ἀβραάμ, ὅς **ἐστι** πηρ 424* 945 1739 1891
νόμου μόνον ἀλλὰ καὶ τῶι ἐκ πίστεως Ἀβραάμ, ὅς **ἐστι** πηρ 424^c
νόμου μόνον ἀλλὰ καὶ τῷ ἐκ πίστεως Ἀβραάμ, ὅς **ἐστι** πατὴρ 69
νόμου μόνον ἀλλὰ καὶ τῷ ἐκ πίστεως Ἀβραάμ, ὅς **ἐστι** πηρ 6 88 104 323 1241
τοῦ νόμου μόνον καὶ τῷ ἐκ πίστεως Ἀβραάμ, ὅς **ἐστι** πηρ 365
τοῦ νόμου μόνον ἀλλὰ καὶ τῷ ἐκ πίστεως Ἀβραάμ, ὅς **ἐστι** πηρ C L Ψ 049 056 131 205 209
226 326 440 460 489 517 547 796 927 1242 1245 1270 1315 1319 1448 1505
1573 1611 1734 1837 1854 1881 2125 2147 2344 2400 2412 2495 2815

lac. 4.15-16 $\mathfrak{P}^{10}$ $\mathfrak{P}^{46}$ $\mathfrak{P}^{113}$ 0172 614 1982

E 4.15 Ro 1.18; 3.20; 5.13; 7.8; Ga 3.19 **16** Ga 3.7, 29

πάντων ἡμῶν, **17** καθὼς γέγραπται ὅτι Πατέρα πολλῶν ἐθνῶν B ℵ D F^c G **uwτ** Er^1
πάντων ἡμῶν, **17** καθὼς γέγραπται ὅτι **πολλῶν Πατέρα** ἐθνῶν 69
πάντων ἡμῶν, **17** **καθὸς** γέγραπται ὅτι Πατέρα πολλῶν ἐθνῶν F*
πάντων ἡμῶν, **17** καθὼς γέγραπται πρα πολλῶν ἐθνῶν 1827
πάντων ἡμῶν, **17** καθὼς γέγραπται ὅτι πρα πολλῶν 1
.... **17** καθὼς γέγραπται ὅτι πρα πολλῶν ἐθνῶν 33
ἡμῶν πηρ, **17** καθὼς γέγραπται ὅτι πρα πολλῶν ἐθνῶν 330
ἡμῶν, **17** καθὼς γέγραπται ὅτι πρα πολλῶν ἐθνῶν 1175
πάντων, **17** καθὼς γέγραπται ὅτι πρα πολλῶν ἐθνῶν 1270*
πάντων ἡμῶν, **17** καθὼς γέγραπται ὅτι πρα **πολῶν** ἐθνῶν 2464
πάντων ἡμῶν, **17** καθὼς γέγραπται ὅτι πρα πολλῶν .... 1506 [↓209 226 323 326 365 424 440
πάντων ἡμῶν, **17** καθὼς γέγραπται ὅτι πρα πολλῶν ἐθνῶν A C K L P Ψ 049 056 6 88 104 131 205
460 489 517 547 618 796 910 927 945 999 1241 1242 1243 1245 1270^c 1315 1319 1352 1424 1448 1505 1573
1611 1646 1734 1735 1738 1739 1836 1837 1854 1874 1881 1891 2125 2147 2344 2400 2412 2495 2815

τέθεικά σε, κατέναντι οὗ ἐπίστευσεν θυ τοῦ ζῳοποιοῦντος τοὺς B A C D^{1.2} P Ψ 618 910 1175 1241
τέθεικά σε, κατέναντι οὗ ἐπίστευσεν θεοῦ τοῦ ζῳοποιοῦντος τοὺς **uw** [↑1836 1854 2125
.... οὗ ἐπίστευσεν θυ τοῦ ζῳοποιοῦντος τοὺς 1506
τέθεικά σε, κατέναντι οὗ **ἐπίστευσαν** θυ τοῦ ζῳοποιοῦντος τοὺς D*
τέθεικά σε, κατέναντι οὗ **ἐπίστευσας θω** τοῦ ζῳοποιοῦντος τοὺς F G
τέθικά σε, κατέναντι οὗ ἐπίστευσεν θυ τοῦ ζῳοποιοῦντος τοὺς ℵ
τέθηκά σε, κατέναντι οὗ ἐπίστευσεν θυ τοῦ ζῳοποιοῦντος τοὺς K L 049 33 460 1424 1735 1874
τέθηκά σε, κατέναντι οὗ **ἐπίστευσαι** θυ τοῦ ζῳοποιοῦντος τοὺς 2147^c [↑2464
τέθηκά σε, κατέναντι οὗ **ἐπίστευσαι** θυ ζῳοποιοῦντος τοὺς 2147*
τέθηκά σε, κατέναντι οὗ **ἐπίστευσε** θυ τοῦ ζῳοποιοῦντος τοὺς 88 326 365 999 1243 1315 1319
τέθηκά σε, κατέναντι οὗ **ἐπίστευσε** θυ τοῦ **ζωοποιοῦντως** τοὺς 1646 [↑1573 1611 1837 1891
τέθεικά σε, κατέναντι οὗ **ἐπίστευσε** θεοῦ τοῦ ζῳοποιοῦντος τοὺς **τ** Er^1
τέθεικά σε, κατέναντι οὗ **ἐπίστευσε** __ τοῦ ζῳοποιοῦντος τοὺς 6 [↓330 424 440 489 517 547 796
τέθεικά σε, κατέναντι οὗ **ἐπίστευσε** θυ τοῦ ζῳοποιοῦντος τοὺς 056 1 69 104 131 205 209 226 323
927 945 1242 1245 1270 1352 1448 1505 1734 1738 1739 1827 1881 2344 2400 2412 2495 2815

[↓1505 1573 1611 1646 1734 1735 1739 1827 1836 1854 1874 1881 2125 2147 2344 2400 2412 2495 2815 **uwτ** Er^1
[↓104 131 205 209 226 323 365 424 440 489 517 547 796 910 927 945 999 1175 1241 1242 1245 1315 1319 1424 1448
νεκροὺς καὶ καλοῦντος τὰ μὴ ὄντα ὡς ὄντα. **18** ὃς παρ' ἐλπίδα B ℵ A C D F G K L P Ψ 049
νεκροὺς καὶ καλοῦντος τὰ μὴ ὄντα ὡς ὄντα. **18** .... 1506 [↑056 1 6 33 69 88
νεκροὺς καὶ καλοῦντος τὰ μὴ ὄντα **εἰς** ὄντα. **18** 'Αβραὰμ ὃς παρ' ἐλπίδα 326 1837
νεκροὺς καὶ καλοῦντος τὰ **μὶ** ὄντα ὡς ὄντα. **18** ὃς παρ' ἐλπίδα 2464 [↓1891
νεκροὺς καὶ **λαλοῦντος** τὰ μὴ ὄντα ὡς ὄντα. **18** ὃς παρ' ἐλπίδα 460 618 1270 1352 1738
νεκροὺς καὶ καλοῦντος τὰ μὴ ὄντα ὡς ὄντα. **18** ὃς παρ' ἐλπίδα 'Αβραὰμ 330 1243

ἐπ' ἐλπίδι ἐπίστευσεν εἰς τὸ γενέσθαι αὐτὸν πατέρα πολλῶν B ℵ D^2 **uwτ** Er^1
ἐπ' ἐλπίδι ἐπίστευσεν εἰς τὸ γενέσθαι πρα πολλῶν 1836
ἐπ' ἐλπίδι εἰς τὸ γενέσθαι αὐτὸν πρα πολλῶν 330*
ἐπ' ἐλπίδι **ἐπίστευσε** εἰς τὸ γενέσθαι αὐτὸν πρα πολλῶν 440 1319*
ἐπ' ἐλπίδι ἐπίστευσεν εἰς τὸ **εἶναι** αὐτὸν πρα πολλῶν 1505 1881 2495
ἐφ' ἐλπίδι ἐπίστευσεν εἰς τὸ γενέσθαι αὐτὸν πρα πολλῶν C*
ἐφ' ἐλπίδι ἐπίστευσεν εἰς τὸ γενέσθαι αὐτὸν πατέρα πολλῶν D*
ἐφ' ἐλπίδει ἐπίστευσεν εἰς τὸ γενέσθαι αὐτὸν πρα πολλῶν F G
ἐπ' **ἐλπίδη ἐπίστευσαν** εἰς τὸ γενέσθαι αὐτὸν πρα πολλῶν 1243
ἐπ' **ἐλπίδη** ἐπίστευσεν εἰς τὸ **γεννέσθαι** αὐτὸν πρα **πολων** 1646
ἐπ' **ἐλπίδη** ἐπίστευσεν εἰς τὸ γενέσθαι αὐτὸν πρα **πολῶν** 2464
ἐλπίδι ἐπίστευσεν εἰς τὸ γενέσθαι αὐτὸν πρα πολλῶν 1891
ἐπίστευσεν εἰς τὸ γενέσθαι **αὐτῶν** πρα πολλῶν 104
ἐπ' ἐλπίδι ἐπίστευσεν εἰς τὸ γενέσθαι αὐτὸν πρα πολλῶν A C^c K L P Ψ 049 056 1 6 33 69 88
131 205 209 226 323 326 330^c 365 424 460 489 517 547 618 796 910 927 945 999 1175 1241 1242 1245 1270 1315
1319^c 1352 1424 1448 1573 1611 1734 1735 1738 1739 1827 1837 1854 1874 2125 2147 2344 2400 2412 2815

---

lac. 4.16-18 𝔓^10 𝔓^46 𝔓^113 0172 614 1982 **4.18** 1506 (illeg.)

C 4.17 γενεσεως ℵ P 209 517 1175 1270 1734 1739 1854 1874 | (post οντα^2) τευσεν F | τελ 330 1243

D 4.17 η 1175 **18** θ 1175

E 4.16 Ga 3.7, 29 **17** Gn 17.5; Is 48.13; 1 Co 1.28 **18** Gn 15.5

[↓1739 1827 1836 1837 1854 1874 1881 1891 2125 2147 2344 2400 2495 2815 **uwτ** Er^{1}
[↓1175 1241 1242 1243 1245 1270 1315 1319 1352 1424 1448 1505 1573 1611 1646 1734 1735
[↓33 69 88 104 131 205 209* 226 323 326 330 365 424 460^{c} 489 517 547 796 910 927 945 999
ἐθνῶν κατὰ τὸ εἰρημένον· Οὕτως ἔσται τὸ σπέρμα σου,^{T} **19** καὶ B ℵ A C D^{2} F G L P Ψ 049 056 1 6
κατὰ τὸ εἰρημένον· Οὕτως ἔσται τὸ σπέρμα σου, **19** καὶ 460* 618 1738
ἐθνῶν κατὰ τὸ εἰρημένον· ἔσται τὸ σπέρμα, **19** καὶ 440*
ἐθνῶν κατὰ τὸ εἰρημένον· Οὕτως ἔσται τὸ σπέρμα, **19** καὶ 440^{c}
ἐθνῶν κατὰ τὸ **γεγραμμένον**· Οὕτως ἔσται τὸ σπέρμα σου, **19** καὶ K
ἐθνῶν κατὰ τὸ εἰρημένον· Οὕτως **ται** τὸ σπέρμα σου, **19** καὶ D*
ἐθνῶν κατὰ τὸ εἰρημένον· **19** καὶ 2412
ἐθνῶν κατὰ τὸ **ἠρημένον**· Οὕτως ἔσται τὸ **σπέρματι** σου, **19** καὶ 2464

^{T}ὡς αἱ ἀστέρες τοῦ οὐνου καὶ τὸ ἄμμον τῆς θαλάσσις F
^{T}ὡς αἱ ἀστέρες τοῦ οὐνου καὶ τὸ ἄμμον τῆς θαλάσεις G
^{T}ὡς τὰ ἀστέρα τοῦ οὐνου καὶ ὡς ἡ ἄμμος τῆς θαλάσσις 205
^{T}ὡς τὰ ἀστέρες τοῦ οὐνου καὶ τὸ ἄμμον τῆς θαλάσσις 209^{c}

μὴ ἀσθενήσας τῇ πίστει κατενόησεν τὸ ἑαυτοῦ σῶμα B [**uw**]
μὴ ἀσθενήσας τῆι πίστει **κατενόησε** τὸ ἑαυτοῦ σῶμα 1739
μὴ ἀσθενήσας τῇ **πίστι** κατενόησεν τὸ ἑαυτοῦ σῶμα ἤδη ℵ
μὴ ἀσθενήσας τῇ πίστει κατενόησεν τὸ ἑαυτοῦ σῶμα ἤδη A C 1836 [**uw**]
μὴ ἀσθενήσας τῇ πίστει **κατενόησε** τὸ ἑαυτοῦ σῶμα ἤδη 6 1319*
μὴ **ἀπιστήσας** τῇ πίστει **κατενόησε** τὸ ἑαυτοῦ σῶμα ἤδη 365 1573
μὴ ἀσθενήσας τῆι πίστει **κατενόησε** τὸ ἑαυτοῦ σῶμα ἤδη 424^{c}
μὴ ἀσθενήσας ἐν τῇ πίστει οὐ κατενόησεν τὸ ἑαυτοῦ σῶμα ἤδη D*
μὴ ἀσθενήσας ἐν τῇ **πίστι** οὐ **κατενησεν** τὸ ἑαυτοῦ **σόμα** F*
μὴ ἀσθενήσας ἐν τῇ **πίστι** οὐ κατενόησεν τὸ ἑαυτοῦ σῶμα F^{c} G
μὴ ἀσθενήσας τῇ πίστει οὐ **κατενόησε** τὸ ἑαυτοῦ σῶμα 1881
μὴ ἀσθενήσας τῇ πίστει οὐ κατενόησεν τὸ ἑαυτοῦ σῶμα ἤδη D$^{1.2}$ K L Ψ 049 460 618 910 1175
μὴ ἀσθενήσας τῇ πίστει οὐ κατενόησεν τὸ ἑαυτοῦ σῶμα **ἰδεῖν** 1424 [↑1241 1854 1874
μὴ ἀσθενήσας τῇ πίστει οὐ κατενόησεν τὸ ἑαυτοῦ σῶμα **ἤδει** 33
μὴ ἀσθενήσας τῇ πίστει οὐ κατενόησεν τὸ ἑαυτοῦ σῶμα **ἤδην** P
μὴ ἀσθενήσας τῇ πίστει οὐ κατενόησεν μὲν τὸ ἑαυτοῦ σῶμα ἤδη 1735
μὴ ἀσθενήσας τῇ πίστει οὐ **κατενώησεν** τὸ ἑαυτοῦ σῶμα ἤδη 2464
μὴ ἀσθενήσας τῇ πίστει οὐ **κατενόησαι** τὸ ἑαυτοῦ σῶμα **ἤδει** 2147
μὴ ἀσθενήσας τῇ ....**ησε** τὸ ἑαυτοῦ σῶμα ἤδη 1611
μὴ ἀσθενήσας τῆι πίστει οὐ **κατενόησε** τὸ ἑαυτοῦ σῶμα ἤδη 424* 945 1891
μὴ **ἀσθενήσης** τῇ πίστει οὐ **κατενόησε** τὸ ἑαυτοῦ σῶμα ἤδη 69*
μὴ ἀσθενήσας τῇ πίστει οὐ **κατενόησε** τὸ ἑαυτοῦ σῶμα **ἤδιν** 1243
μὴ τῇ πίστει οὐ **κατενόησε** τὸ ἑαυτοῦ σῶμα ἤδη 1319^{c}
μὴ **ἀσθαινίσας** τῇ **πίστη** οὐ **κατενόησε** τὸ ἑαυτοῦ σῶμα ἤδη 1646 [↓323 326 330 440 489 517
μὴ ἀσθενήσας τῇ πίστει οὐ **κατενόησε** τὸ ἑαυτοῦ σῶμα ἤδη 056 1 69^{c} 88 104 131 205 209 226
547 796 927 999 1242 1245 1270 1315 1352 1448 1505 1734 1738 1827 1837 2125 2344 2400 2412 2495 2815 **τ** Er^{1}

[↓1573 1611 1734 1738 1739 1827 1836 1837 1854 1881 1891 2125 2147 2344 2400 2412 2495 2815 **uwτ** Er^{1}
[↓326 330 424 440 460 489 517 547 796 910 927 945 1175 1241 1242 1245 1270 1315 1319 1352 1424 1448
νενεκρωμένον, ἑκατονταετής που ὑπάρχων, καὶ τὴν νέκρωσιν B ℵ A C D$^{1.2}$ K L P Ψ 049 1 6 33 69
νενεκρωμένον, **ἑκατονετής** που ὑπάρχων, καὶ τὴν νέκρωσιν 999 [↑88 104 131 205 209 226 323
νενεκρωμένον, **ἑκατονταετές** που ὑπάρχων, καὶ τὴν νέκρωσιν 1505
νεκρωμένον, ἑκατονταετής που ὑπάρχων, καὶ τὴν νέκρωσιν 365
νενεκρομένον, ἑκατονταετής που ὑπάρχων, καὶ τὴν **νέκροσιν** 1243
νενεκρομένον, ἑκατονταετής που ὑπάρχων, καὶ τὴν **ἔκροσην** 1646
νενεκρομένον, ἑκατονταετής που ὑπάρχων, καὶ τὴν νέκρωσιν 1735 1874
νενεκρομένον, ἑκατονταετής που **ὑπάρχον**, καὶ τὴν νέκρωσιν 2464
νενεκρωμένον, ἑκατονταετής που **ὑπάρχον**, καὶ τὴν νέκρωσιν 056 618
νενεκρωμένον, **ἑκατονταaιτής** που **ὑπάρχον**, καὶ τὴν **νέκρωσειν** F*
νενεκρωμένον, **ἑκατονταaιτής** που ὑπάρχων, καὶ τὴν **νέκρωσειν** F^{c} G
νενεκρωμένον, ἑκατονταετής που **ὑπάρχει**, καὶ τὴν νέκρωσιν D*

lac. 4.18-19 𝔓^{10} 𝔓^{46} 𝔓^{113} 0172 614 1506 (illeg.) 1982

C 4.18 γενεσεως ℵ P 049 209 1175 1270 1836 1854 1874 | αρχ τη ε̅ της γ̅ εβδ αδ,ε Αβρααμ ος πα 326 1837 | αρχ τη ε̅ 330 | αρχ 796

E 4.18 Gn 15.5 **19** Gn 17.17; He 11.11

Errata: 4.19 na ubs 33 ἤδη : ἤδει 33

[↓1448 1505 1573 1611 1646 1734 1735 1738 1739 1827 1837 1854 1874[c] 1881 1891 2125 2344 2400 2412 2495 2815
[↓205 209 226 323 326 330 365 424 440 489 517 547 796 910 927 945 999 1241 1242 1243 1270 1319 1352 1424
τῆς μήτρας Σάρρας· **20** εἰς δὲ τὴν ἐπαγγελίαν τοῦ θ̅υ̅ οὐ διεκρίθη B ℵ C D K P Ψ 056 1 6 69 88 104
τῆς μήτρας Σάρρας· **20** εἰς τὴν ἐπαγγελίαν τοῦ θ̅υ̅ οὐ διεκρίθη F G
τῆς μήτρας Σάρρας· **20** εἰς δὲ τὴν ἐπαγγελίαν θ̅υ̅ οὐ διεκρίθη 33 1175 1874*
τῆς μήτρας Σάρρας· **20** εἰς δὲ τὴν **ἐπαγγελείαν** τοῦ θ̅υ̅ οὐ διεκρίθη A
τῆς μήτρας Σάρρας· **20** εἰς δὲ **τῇ** **ἐπαγγελίᾳ** τοῦ θ̅υ̅ οὐ διεκρίθη 1836
τῆς μήτρας Σάρρας· **20** εἰς δὲ τὴν ἐπαγγελίαν τοῦ θεοῦ οὐ διεκρίθη 460 618 **uwτ** Er[1]
τῆς μήτρας Σάρρας· **20** εἰς δὲ τὴν ἐπαγγελίαν τοῦ θ̅υ̅ **οὐδὲ** διεκρίθη 1315
τῆς μήτρας **Σάρας**· **20** εἰς δὲ τὴν ἐπαγγελίαν τοῦ θ̅υ̅ οὐ διεκρίθη L 049 131 1245 2147
τῆς μήτρας **Σάρας**· **20** εἰς δὲ τὴν **ἐπαγγελείαν** τοῦ θ̅υ̅ οὐ **διεκρήθη** 2464

τῇ ἀπιστίᾳ ἀλλὰ ἐνεδυναμώθη τῇ πίστει, δοὺς δόξαν τῷ θ̅ω̅ B
τῇ ἀπιστίᾳ ἀλλὰ ἐνεδυναμώθη τῇ πίστει, δοὺς δόξαν τῷ θεῷ **w**
τῇ ἀπιστίᾳ **ἀλλ'** ἐνεδυναμώθη τῇ **πίστι**, δοὺς δόξαν τῷ θ̅ω̅ ℵ
τῆι ἀπιστίᾳ **ἀλλ'** ἐνεδυναμώθη τῆι πίστει, δοὺς δόξαν τῶι θ̅ω̅ 945
τῇ ἀπιστίᾳ **ἀλλ'** ἐνεδυναμώθη τῇ πίστει, δοὺς δόξαν τῶι θ̅ω̅ι 1 517 1270
τῆι ἀπιστίαι **ἀλλ'** ἐνεδυναμώθη τῆι πίστει, δοὺς δόξαν τῶι θ̅ω̅ι 424 1739 1891
τῆι ἀπιστίᾳ **ἀλλ'** ἐνεδυναμώθη τῆι πίστει, δοὺς δόξαν τῶ θ̅ω̅ 1734
τῇ ἀπιστίᾳ **ἀλλ'** ἐνεδυναμώθη τῇ πίστει, δοὺς δόξαν τῷ θ̅ω̅ D[1.2]
τῇ ἀπιστίᾳ **ἀλλ'** ἐνεδυναμώθη τῇ πίστει, δοὺς δόξαν τῷ θεῷ **uτ** Er[1]
τῇ **ἀπιστείᾳ** **ἀλλ'** ἐνεδυναμώθη τῇ πίστει, δοὺς δόξαν τῷ θ̅ω̅ A D* L P 049 056 33 104 460 1735
τῇ **ἀπιστείᾳ** **ἀλλ'** **ἐνεδυναμώθει** τῇ πίστει, δοὺς δόξαν τῷ θ̅ω̅ 618 [↑1874 2147 2464
τῇ ἀπιστίᾳ **ἀλλ'** **ἐδυναμώθη** τῇ **πίστι**, δοὺς δόξαν τῷ θ̅ω̅ F G
τῇ ἀπιστίᾳ **ἀλλ'** **ἐδυναμόθη** τῇ πίστει, δοὺς δόξαν τῷ θ̅ω̅ 1243
τῇ ἀπιστίᾳ **ἀλλ'** **ἐνδυναμώθη** τῇ πίστει, δοὺς δόξαν τῷ θ̅ω̅ 69
τῇ ἀπιστίᾳ **ἀλλ'** ἐνεδυναμώθη τῇ πίστει, δοὺς δόξαν τῷ θ̅ω̅ C K Ψ 6 88 131 205 209 226 323 326
330 365 440 489 547 796 910 927 999 1175 1241 1242 1245 1315 1319 1352 1424 1448
1505 1573 1611 1646 1738 1827 1836 1837 1854 1881 2125 2344 2400 2412 2495 2815

21 καὶ πληροφορηθεὶς ὅτι ὃ ἐπήγγελται δυνατός ἐστιν καὶ B ℵ A D L Ψ 056 33 1175 1424
21 καὶ **πλιρωφορηθεὶς** ὅτι ὃ ἐπήγγελται δυνατός ἐστιν καὶ P [↑1827 1836[c] 2464 **uw**
21 καὶ **πληρωφορηθεὶς** ὅτι ὃ ἐπήγγελται δυνατός **ἐστι** καὶ 131 2412
21 καὶ **πληρωφορηθεὶς** ὅτι ὃ ἐπήγγελται δυνατός ἐστιν καὶ 1836*
21 καὶ **πληρωφορηθεὶς** ὅτι ὃ **ἐπιγγιλατοι** δυνατός ἐστιν καὶ 1646
21 καὶ **πληροφοριθεὶς** ὅτι ὃ ἐπήγγελται δυνατός **ἐστι** καὶ 049 88 489 927
21 καὶ **πληροφοριθεὶς** δυνα ὅτι ὃ ἐπήγγελται δυνατός ἐστιν καὶ 1874*
21 καὶ **πληροφοριθεὶς** ὅτι ὃ ἐπήγγελται δυνατός ἐστιν καὶ 1874[c]
21 καὶ **πληροφοριθεὶς** ὅτι ὃ **ἐπίγγελται** δυνατός ἐστιν καὶ 1243
21 καὶ **πληροφοριθεὶς** ὃ ἐπήγγελται δυνατός **ἐστι** καὶ 1319
21 καὶ πληροφορηθεὶς ὃ ἐπήγγελται ὁ θ̅ς̅ δυνατός **ἐστι** καὶ 330
21 καὶ πληροφορηθεὶς ὅτι ὃ ἐπήγγελται ὁ θ̅ς̅ δυνατός **ἔσται** καὶ 1505 2495
21 καὶ πληροφορηθεὶς ὅτι ἐπήγγελται δυνατός **ἐστι** καὶ 1245*
21 καὶ πληροφορηθεὶς ὅτι ὃ **ἐπίγγελται** δυνατός ἐστιν καὶ 1735
21 καὶ πληροφορηθεὶς ὅτι ὃ **ἐπίγγελται** δυνατός **ἐστι** καὶ 2147
21 πληροφορηθεὶς ὅτι ὃ **ἐπίγγελται** δυνατός ἐστιν καὶ F G [↓618 796 910 945 999 1241
21 καὶ πληροφορηθεὶς ὅτι ὃ **ἐπήλγγελται** δυνατός **ἐστι** καὶ 365 [↓326 424 440 460 517 547
21 καὶ πληροφορηθεὶς ὅτι ὃ ἐπήγγελται δυνατός **ἐστι** καὶ C K 1 6 69 104 205 209 226 323
1242 1245[c] 1270 1315 1352 1448 1573 1611 1734 1738 1739 1837 1854 1881 1891 2125 2344 2400 2815 **τ** Er[1]

ποιῆσαι. **22** διὸ ἐλογίσθη αὐτῷ εἰς δικαιοσύνην. B D* F G [**uw**]
ποιῆσαι. **22** διὸ καὶ ἐλογίσθη αὐτῶι εἰς δικαιοσύνην. 424 945 1270 1739 1891
ποιεῖσαι. **22** **διότι** καὶ ἐλογίσθη αὐτῷ εἰς δικαιοσύνην. 1735
ποιῆσαι. **22** διὸ καὶ **ἐλογείσθη** αὐτῷ εἰς δικαιοσύνην. 2464
.... **22** .... καὶ ἐλογίσθη αὐτῷ εἰς δικαιοσύνην. 2344
ποιῆσαι. **22** διὸ καὶ ἐλογίσθη αὐτῷ εἰς δικαιοσύνην. ℵ A C D[1.2] K L P Ψ 049 056 1 6 33 69 88 104
131 205 209 226 323 326 330 365 440 460 489 517 547 618 796 910 927 999 1175 1241 1242 1243 1245 1315 1319 1352
1424 1448 1505 1573 1611 1646 1734 1738 1827 1836 1837 1854 1874 1881 2125 2147 2400 2412 2495 2815 [**uw**]**τ** Er[1]

lac. 4.19-22 𝔓[10] 𝔓[46] 𝔓[113] 0172 614 1506 (illeg.) 1982

E 4.19 Gn 17.17; He 11.11 **20** He 6.13-15; Lk 17.18 **20-21** Mt 21.21; Mk 11.23 **21** Ro 14.5; Col 4.21 **22** Gn 15.6; Ro 4.3

[↓1319 1352 1448 1505 1611 1646 1734 1738 1827 1837 1854 1881 2125 2147 2400 2495 2815 **uwτ** Er[1]
[↓88 104 131[c] 205 209 226 323 326 330 365 440 460 489 547 618 796 910 927 999 1175 1242 1315
23 Οὐκ ἐγράφη δὲ δι' αὐτὸν μόνον ὅτι ἐλογίσθη αὐτῷ B ℵ A C K L P Ψ 049 056 1 6 33 69
23 ....γράφη δὲ δι' αὐτὸν μόνον .... αὐτῷ 2344
23 Οὐκ ἐγράφη δὲ δι' αὐτὸν μόνον ὅτι καὶ ἐλογίσθη αὐτῷ 1243
23 Οὐκ ἐγράφη δὲ δι' αὐτὸν μόνον ὅτι ἐλογίσθη **αὐτό** 131*
23 Οὐκ ἐγράφη δὲ δι' αὐτὸν μόνον ὅτι ἐλογίσθη αὐτῶι 424 517 945 1270 1739 1891
23 Οὐκ **ἐγράφει** δὲ δι' αὐτὸν μόνον ὅτι ἐλογίσθη αὐτῷ 1245 1424 1573 1735 1836 1874 2412
23 Οὐκ **αἰγράφη** δὲ δι' αὐτὸν μόνον ὅτι ἐλογίσθη αὐτῷ 2464
23 Οὐκ ἐγράφη δὲ **μόνον δι' αὐτὸν** ὅτι ἐλογίσθη αὐτῷ D*
23 Οὐκ ἐγράφη δὲ **μόνον δι' αὐτὸν** ὅτι **ἐλογείσθε** αὐτῷ F
23 Οὐκ ἐγράφη δὲ **μόνον δι' αὐτὸν** ὅτι **ἐλογείσθη** αὐτῷ G
23 Οὐκ ἐγράφη δὲ **μόνον δι' αὐτὸν** ὅτι ἐλογίσθη αὐτῷ εἰς δικαιοσύνην. D[2]
23 Οὐκ ἐγράφη δὲ δι' αὐτὸν μόνον ὅτι ἐλογίσθη αὐτῷ εἰς δικαιοσύνην. 1241

[↓1646 1734 1735 1738 1739 1836 1837 1854 1874 1881 1891 2125 2147 2400 2412 2495 2815 **uwτ** Er[1]
[↓547 618 796 910 927 945 999 1175 1241 1242 1243 1245 1270 1315 1319 1352 1424 1448 1505 1573 1611
24 ἀλλὰ καὶ δι' ἡμᾶς, οἷς μέλλει λογίζεσθαι, τοῖς πιστεύουσιν B A D K L Ψ 049 056[c] 1 6 33 69 88
24 ἀλλὰ καὶ δι' ἡμᾶς, ...γίζεσθαι, τοῖς πιστεύουσιν 2344 [↑104 205 209 226 323 330
24 ἀλλὰ καὶ δι' **ὑμᾶς**, οἷς μέλλει λογίζεσθαι, τοῖς πιστεύουσιν .... 326* [↑365 424 440 460 489 517
24 ἀλλὰ καὶ δι' **ὑμᾶς**, οἷς μέλλει λογίζεσθαι, τοῖς πιστεύουσιν 326[c]
24 ἀλλὰ δι' ἡμᾶς, οἷς μέλλει λογίζεσθαι, τοῖς πιστεύουσιν 056*
24 ἀλλὰ καὶ δι' ἡμᾶς, οἷς **μέλει** λογίζεσθαι, τοῖς πιστεύουσιν 131 2464
24 ἀλλὰ καὶ δι' ἡμᾶς, οἷς **μέλλι** λογίζεσθαι, τοῖς πιστεύουσιν C
24 ἀλλὰ καὶ δι' ἡμᾶς, οἷς **μέλλη** λογίζεσθαι, τοῖς πιστεύουσιν P
24 ἀλλὰ καὶ δι' ἡμᾶς, οἷς μέλλει **λογίζεσθε**, τοῖς πιστεύουσιν ℵ 1827
24 ἀλλὰ καὶ δι' ἡμᾶς, οἷς μέλλει **λογείζεσθαι**, τοῖς **πιστεύουσειν** F G

[↓1352 1448 1505 1573 1611 1646 1734 1735 1738 1739 1827 1837 1854 1874 1881 1891 2125 2147 2400 2412 2495
[↓104 131 205 209 323 326 365 424[c] 440 460 489 517 547 618 796 927 945 999 1175 1241 1242 1245 1270 1315
ἐπὶ τὸν ἐγείραντα ιν τὸν κν ἡμῶν ἐκ νεκρῶν, B D[1.2] F G K L P Ψ 049 056 1 6 33 88
.... τὸν κν ἡμῶν ἐκ νεκρῶν, 2344
ἐπὶ τὸν **ἐγήραντα** ιν τὸν κν ἡμῶν ἐκ νεκρῶν, 1319 2464
ἐπὶ **τὸ** ἐγείραντα ιν **χν** τὸν κν ἡμῶν ἐκ νεκρῶν, 1243
ἐπὶ τὸν ἐγείραντα ιν **χν** τὸν κν ἡμῶν ἐκ νεκρῶν, 330 424* 2815
ἐγείραντα ιν **χν** τὸν κν ἡμῶν ἐκ νεκρῶν, 1836
ἐπεὶ τὸν ἐγείραντα ιν τὸν κν ἡμῶν ἐκ νεκρῶν, D*
ἐπὶ τὸν **ἐγείροντα** ιν τὸν κν ἡμῶν ἐκ νεκρῶν, A 910
ἐπὶ τὸν **ἐγίραντα** ιν τὸν κν ἡμῶν ἐκ νεκρῶν, ℵ C
ἐπὶ τὸν ἐγείραντα Ἰησοῦν τὸν κν ἡμῶν ἐκ νεκρῶν, 69 226 1424
ἐπὶ τὸν ἐγείραντα Ἰησοῦν τὸν κύριον ἡμῶν ἐκ νεκρῶν, **uwτ** Er[1c]
ἐπὶ τὸν ἐγείραντα Ἰησοῦν Χριστὸν τὸν κύριον ἡμῶν ἐκ νεκρῶν, Er[1.*]

[↓1448 1505 1573 1734 1735 1739 1827 1837 1854 1881 1891 2125 2400 2412 2464 2495 2815 **uwτ** Er[1]
[↓104 205 209 226 323 326 365 424 440 489 517 547 796 927 945 999 1175 1241 1242 1270 1315 1319 1352
25 ὃς παρεδόθη διὰ τὰ παραπτώματα ἡμῶν καὶ ἠγέρθη διὰ τὴν B ℵ A C D F G K L P Ψ 056 1 6 69
25 ὃς παρεδόθη διὰ τὰ παραπτώματα ἡμῶν 049
25 ὃς παρεδόθη διὰ τὰ **παραπτόματα** ἡμῶν καὶ ἠγέρθη διὰ τὴν 131
25 ὃς παρεδόθη διὰ τὰ **πηραπτώματα** ἡμῶν καὶ ἠγέρθη διὰ τὴν 1874
25 ὃς παρεδόθη διὰ **τὰς ἁμαρτίας** ἡμῶν καὶ ἠγέρθη διὰ τὴν 1243
25 ....δόθη διὰ τὰ παραπτώματα .... καὶ ἠγέρθη διὰ τὴν 1611
25 .... τὰ παραπτώματα 2344
25 ὃς **παρεδώθη** διὰ τὰ παραπτώματα ἡμῶν καὶ ἠγέρθη διὰ τὴν 33 88 1245 1424 1646 1836 2147
25 ὃς καὶ παρεδόθη διὰ τὰ παραπτώματα ἡμῶν καὶ ἠγέρθη διὰ τὴν 330 1738
25 **ὡς** καὶ **παρεδώθη** διὰ τὴν 460
25 **ὡς** καὶ **παρεδώθη** διὰ τὰ παραπτώματα ἡμῶν καὶ ἠγέρθη διὰ τὴν 618
25 **ὡς** **παρεδώθη** διὰ τὰ παραπτώματα ἡμῶν καὶ ἠγέρθη διὰ τὴν 910

---

lac. 4.23-25 𝔓[10] 𝔓[46] 𝔓[113] 0172 614 1506 (illeg.) 1982

C 4.24 τελ δ 489 927 **25** τελ 226 326 330 440 796 1175 1243 1245 1448 1837 2464 | τελ της δ 1 517 547 1242 1315 2147 2412 | τε δ 1573 | τε β 1739

D 4.23 γ B

E 4.23 1 Co 9.10 **23-24** Ro 15.4 **24** 1 Pe 1.21; Ro 8.11; 10.9; Eph 1.20 **25** Is 53.4-5; 1 Co 15.17; Ro 8.32; 5.18

δικαίωσιν ἡμῶν. B A C D* K L P Ψ 056c 1 6 69 104 205 209 226 323 326 330 365 424 440 460 489 517 547 618
omit 049 [↑796 927 999 1175 1241 1242 1245 1270 1319 1352 1424 1448 1505 1573 1611 1738
δικαίων ἡμῶν. 056 [↑1739 1827 1836 1837 1854 1874 1881 1891 2125 2400 2412 2495 **uwτ**
δικαίωσειν ἡμῶν. F G
δικαίοσιν ἡμῶν. 910 1735 2464
δικαιωσίνην ἡμῶν. D2
δικαιωσύνην ἡμῶν. 33 2147
δικαιοσύνην ἡμῶν. 88 131 945 1243 1315 1646 1734 2815 Er1
δικέωσιν ἡμῶν. ℵ

The Results of Justification by Faith

[↓517 796 910 945 999 1175 1243 1270 1448 1735 1827 1874 1891 2147 2400 2412
ς̅ **5**:**1** Δικαιωθέντες οὖν ἐκ πίστεως εἰρήνην ἔχωμεν πρὸς τὸν θ̅ν̅ B* ℵ* A C D K L 049 056 33 69 226
5:**1** Δικαιωθέντες οὖν ἐκ πίστεως εἰρήνην **ἔχομεν** πρὸς τὸν θεὸν **uwτ** Er1
5:**1** Δικαιωθέντες οὖν ἐκ πίστεως **ἰρήνην** **ἔχομεν** πρὸς τὸν θ̅ν̅ F G
5:**1** **Δικαιοθέντες** οὖν ἐκ πίστεως εἰρήνην **ἔχομεν** πρὸς τὸν θ̅ν̅ 131
5:**1** Δικαιωθέντες οὖν ἐκ πίστεως εἰρήνην **ἔχομεν** πρὸς τὸν θ̅ν̅ Bc ℵc P Ψ 1 6 88 104 205 209 323 326 330 365 424 440 460 489 547 618 927 1241 1242 1245 1315 1319 1352 1424 1505 1573 1611 1646 1734 1738 1739 1836 1837 1854 1881 2125 2464 2495 2815

[↓1448 1505 1573 1611 1646 1734 1738 1739 1827 1837 1854 1874 1881 1891 2125 2147 2400 2412 2495 2815
[↓330 365 424 440c 460 489 517 547 618 796 910 927 945 999 1175 1241 1242 1243 1245 1270 1315 1319 1352
διὰ τοῦ κ̅υ̅ ἡμῶν ι̅υ̅ χ̅υ̅ **2** δι᾽ οὗ καὶ τὴν προσαγωγὴν B ℵ A C D K L P Ψ 049 056 1 6 69 88
.... **2** δι᾽ οὗ καὶ τὴν προσαγωγὴν 1506 [↑104 131 205 209 226 323 326
διὰ τοῦ κ̅υ̅ ἡμῶν ι̅υ̅ χ̅υ̅ **2** δι᾽ οὗ καὶ προσαγωγὴν 440*
διὰ τοῦ κ̅υ̅ .... χ̅υ̅ **2** δι᾽ οὗ καὶ τὴν προσαγωγὴν 33
διὰ τοῦ κ̅υ̅ ἡμῶν ι̅υ̅ **2** δι᾽ οὗ καὶ τὴν προσαγωγὴν 1836
διὰ τοῦ κ̅υ̅ ἡμῶν ι̅υ̅ χ̅υ̅ **2** δι᾽ οὗ καὶ τὴν **προσαγωγὶν** F G
διὰ τοῦ κ̅υ̅ ἡμῶν ι̅υ̅ χ̅υ̅ **2** δι᾽ οὗ καὶ τὴν **προσαγωγεὶν** 2464
διὰ τοῦ κ̅υ̅ ἡμῶν ι̅υ̅ χ̅υ̅ **2** δι᾽ οὗ καὶ τὴν **προσαγογὴν** 1735
διὰ τοῦ κυρίου ἡμῶν ι̅υ̅ χ̅υ̅ **2** δι᾽ οὗ καὶ τὴν προσαγωγὴν 1424
διὰ τοῦ κυρίου ἡμῶν Ἰησοῦ Χριστοῦ **2** δι᾽ οὗ καὶ τὴν προσαγωγὴν **uwτ** Er1

---

lac. 4.25-5.2 𝔓10 𝔓46 𝔓113 0172 614 1982 **5.1** 1506 (illeg.) **5.1-2** 2344 (illeg.)

C 5.1 αρχ κ,υ γ̅ Ψ 049 330 460 | περι̃ τῆς ἀποκειμένης ἐλπίδος 049 1270 | αρχ ι̅α̅ κ,υ της γ̅ αδελφοι δικαιωθεντες εκ πιστεως ειρη 1 | ς̅ περι αποκειμεν και ελπιδος 1 | αρχ κ,ε ς 209 ¦ προς ρωμ φυλλ κ̅ φυλλ ς̅ κ,ε ε̅ 209 | αρχ κ,υ γ̅ αδ,ε δικαιωθεντες εκ πιστεως 226 | αρχ κ,υ γ αδ,ε δικαιωθεντ 326 | αρχ κ,υ γ κ,ε ξ̅γ̅ 424 | της δ̅ και αρχ της κ,ε γ̅ κ,ε ξ̅γ̅ 440 | αρχ κ,υ γ̅ 460 | αρχ κ,ψ γ̅ αδ,ε δικαιωθεντες 489 | αρχ τη ια παρα ωρα γ̅ αδ,ε ετι χς 489 | αρχ κ,υ ι̅ αδ,ε δικαιωθεντες 517 | αρχ 547 | αρχ ε̅ περι της αποκειμενος ελπιδος της λα̅ 796 | αρχ κ,υ ξ̅ γ̅ αδ,ε δικαιωθεντες εκ πιστεως 927 | αρχ κ,υ γ προς ρωμ: αδ,ε δικαιωθ εκ πιστεως 945 | αρχ κ,υριακ γ ζ̅γ̅ 1242 | αρχ κ,υ γ̅ 1241 | εωθ γ ηχ β̅ 1242 | αρχ 1243 | αρχ 1245 | αρχ Σα γ̅ κ,υ γ̅ απο σαβ αδ,ε δοκιωθεντες 1270 | αρχ κ,υ γ κ,ε ϙ̅γ̅ 1315 | ς περι̃ τῆς ἀποκειμένης ἐλπίδος 1315 | αρχ κ,υ γ̅ αφχὲ δικαιωθεντες εκ πιστεως 1573 | ε περι της επικειμενος ελπιδας 1734 | αρχ κ,υ γ̅ κ,ε ι̅β̅ αδελφοι δικ,ωθεντες εκ πιστεως ειρηνη ο χς 1739 | κ,ε ς̅ περι της αποκειμενος ελπιδος 1739 | αρχ κ,υ το απο της ν̅ 1836 | ε̅ περι της αποκειμενης ελπιδος 1836 | αρχ κ,υ γ̅ αδ,ε δικαιωθεντες 1837 | αρχ αδελφοι δικαιωθεντες εκ πιστεως 1891 | τε του γ̅ 1739 | αρχ κ,υ γ̅ αδ,ε δικαιωθεντες εκ πιστεως ειρηνην 2147 | κ,υ γ̅ προς ρωμαιους αδελφοι δικαιωθεντες εκ πιστεως 2412 | αρχ κ,υριακ γ̅ κ,ε εβδ προς ρωμαιους αδελφοι δικαιω 2464

D 5.1 ς̅ B 1 1315 | ι̅α̅ 226 | ι̅β̅ 517 2464 | ι̅ 927 | ζ 1175 | ε̅ 424 1270 1734 1826

E 4.25 Is 53.4-5; 1 Co 15.17; Ro 8.32; 5.18 **5.1** Ro 3.24, 28; Ga 2.16; Is 32.17; 53.5; Jn 16.33 **2** Eph 2.18; 3.12; 1 Pe 5.12; Col 1.27; Tit 2.13; Ro 8.18, 30

Errata: 5.1 antf 614 εἰρήνην ἔχομεν : εἰρήνην ἔχωμεν 614 (this phrase is in a lacuna beginning at 4.11 after λογισθῆναι καί and continues to the phrase ἐπ᾽ ἐλπίδι τῆς δόξης at 5.2).

5.1 antf 2344 εἰρήνην ἔχομεν : illeg. 2344 (**antf** cites 2344 for a number of the chosen variants where the manuscript I have used is impossible to read because of mold. Either the collator for **antf** had a better copy of the original to collate from or the reader assumed a certain reading because of thetendencies of the scribe toward a certain type of text).

ἐσχήκαμεν εἰς τὴν χάριν ταύτην ἐν ᾗ ἑστήκαμεν καὶ B D G [**uw**]
ἐσχέκαμεν εἰς **τὶν** χάριν ταύτην ἐν ᾗ ἑστήκαμεν καὶ F*
ἐσχήκαμεν εἰς **τὶν** χάριν ταύτην ἐν ᾗ ἑστήκαμεν καὶ F^{c}
ἐσχήκαμεν τῇ **πίστη** εἰς τὴν χάριν ταύτην ἐν ᾗ **ἑστῆμεν** καὶ 1646*
ἐσχήκαμεν τῇ **πίστη** εἰς τὴν χάριν ταύτην ἐν ᾗ ἑστήκαμεν καὶ 1646^{c}
ἐσχήκαμεν τῇ **πίστι** εἰς τὴν χάριν ταύτην ἐν ᾗ ἑστήκαμεν καὶ ℵ*
ἐσχήκαμεν ἐν τῇ **πίστι** εἰς τὴν χάριν ταύτην ἐν ᾗ ἑστήκαμεν καὶ ℵ^{c}
ἐσχήκαμεν ἐν τῇ πίστει εἰς τὴν **χαρὰν** ταύτην ἐν ᾗ ἑστήκαμεν καὶ A
ἐσχήκαμεν ἐν τῇ πίστει εἰς τὴν χάριν ταύτην ἐν ᾗ ἑστήκαμεν καὶ 88 547
ἐσχήκαμεν τῆι πίστει εἰς τὴν χάριν ταύτην ἐν ᾗ ἑστήκαμεν καὶ 945 1734
ἐσχήκαμεν τῆι πίστει εἰς τὴν χάριν ταύτην ἐν ἧι ἑστήκαμεν καὶ 424 1739 1891
ἐσχήκαμεν τῇ πίστει εἰς τὴν χάρ···· ··············· ···· ·· ································ ········ 1611
ἐσχήκαμεν τῇ πίστει εἰς τὴν χάριν ταύτην ἐν ᾗ **ἑστίκαμεν** καὶ 1735 2147
ἐσχήκαμεν τῇ πίστει εἰς τὴν χάριν ἐν ᾗ ἑστήκαμεν καὶ 1874
ἐσχήκαμεν καὶ 365
ἐσχήκαμεν τῇ πίστει εἰς τὴν χάριν ταύτην ἐν **εἷ** ἑστήκαμεν καὶ 2464
ἐσχήκαμεν τῇ πίστει εἰς τὴν χάριν ταύτην ἐν ᾗ ἑστήκαμεν καὶ C K L P Ψ 049 056 1 6 33 69 104 131 205 209 226 323 326 330 440 460 489 517 618 796 910 927 999 1175 1241 1242 1243 1245 1270 1315 1319 1352 1424 1448 1505 1506 1573 1738 1827 1836 1837 1854 1881 2125 2400 2412 2495 2815 [**uw**]**τ** Er^{1}

[↓1245 1270 1352 1424 1448 1505 1573 1734 1738 1739 1827 1836 1837 1854 1874 1891 2125 2400 2412 2495 2815
[↓33 69 88 104 131 205 209 226 323 326 330 365 424 440 460 517 547 618 796 910 927^{c} 945 999 1175 1241 1242
καυχώμεθα ἐπ' ἐλπίδι τῆς δόξης τοῦ θυ̅. **3** οὐ μόνον δέ, ἀλλὰ καὶ B ℵ A C D^{2} P Ψ 056 1 6
καυχώμεθα ἐπ' ἐλπίδι τῆς δόξης τοῦ θεοῦ. **3** οὐ μόνον δέ, ἀλλὰ καὶ **uwτ** Er^{1}
καυχώμεθα ἐπ' **ἐλπίδα** τῆς δόξης τοῦ θυ̅. **3** οὐ μόνον δέ, ἀλλὰ καὶ K
καυχώ··········· ····· ··············· ······· ··········· ········ ······ **3** ····· μόνον δέ, ἀλλὰ καὶ 1611
······························ ἐπ' ἐλπίδι τῆς δόξης τοῦ θυ̅. **3** οὐ μόνον δέ, ἀλλὰ καὶ 614
καυχώμεθα **3** 489 927* 1881
καυχόμεθα ἐπ' ἐλπίδι τῆς δόξης τοῦ θυ̅. **3** οὐ **μόν** δέ, ἀλλὰ καὶ 1646*
καυχόμεθα ἐπ' ἐλπίδι τῆς δόξης τοῦ θυ̅. **3** οὐ μόνον δέ, ἀλλὰ καὶ L 049 1243 1315 1319
καυχόμετα **ἐφ'** ἐλπίδι τῆς **δόξες** τοῦ θυ̅. **3** οὐ μόνον δέ, ἀλλὰ καὶ F* [↑1506 1646^{c} 1735
καυχόμετα **ἐφ'** ἐλπίδι τῆς δόξης τοῦ θυ̅. **3** οὐ μόνον δέ, ἀλλὰ καὶ F^{c} [↑2147 2464
καυχώμεθα **ἐφ'** ἐλπίδι τῆς δόξης τοῦ θυ̅. **3** οὐ μόνον δέ, ἀλλὰ καὶ G
καυχώμεθα **ἐφ'** ἐλπίδι τῆς δόξης τοῦ θυ̅. **3** οὐ μόνον δὲ τοῦτο, ἀλλὰ καὶ D*
καυχώμεθα **ἐφ'** ἐλπίδι τῆς δόξης τοῦ θυ̅. **3** οὐ μόνον δέ, ἀλλὰ καὶ D^{1}

καυχώμενοι ἐν ταῖς θλίψεσιν, εἰδότες ὅτι ἡ θλῖψις ὑπομονὴν B C 365 1573 [**w**]
καυχόμενοι ἐν ταῖς **θλίψεσι**, εἰδότες ὅτι ἡ θλῖψις ὑπομονὴν 1319
ἡ θλῖψις ὑπομονὴν Cl IV 145.1
καυχόμεθα ἐν ταῖς θλίψεσιν, εἰδότες ὅτι ἡ θλῖψις ὑπομονὴν L 1315
καυχόμεθα ἐν ταῖς **θλήψεσιν**, εἰδότες ὅτι ἡ θλῖψις ὑπομονὴν 1735
καυχόμεθα ἐν ταῖς **θλήψεσιν**, εἰδότες ὅτι ἡ **θλῆψις** ὑπομονὴν 1646
καυχόμεθα ἐν ταῖς **θλήψεσιν**, εἰδότες ὅτι ἡ **θλῆψης** ὑπομονὴν 1243
καυχόμεθα ἐν ταῖς **θλήψεσιν**, εἰδότες ὅτι ἡ **θλήψεις** ὑπομονὴν 2147
καυχόμετα ἐν ταῖς θλίψεσιν, εἰδότες ὅτι ἡ **θλῖψεις** ὑπομονὴν F
ἐν ταῖς θλίψεσιν, εἰδότες ὅτι ἡ θλῖψις ὑπομονὴν 489 927* 1881
χαυχώμεθα ἐν ταῖς θλίψεσιν, εἰδότες ὅτι ἡ θλῖψις ὑπομονὴν ℵ
καυχώμεθα ἐν ταῖς θλίψεσιν, · εἰδότες ὅτι ἡ θλῖψις ὑπομονὴν 1448*
καυχώμεθα ἐν ταῖς θλίψεσιν, εἰδότες ὅτι ἡ **θλῖψεις** ὑπομονὴν A D
καυχώμεθα ἐν ταῖς θλίψεσιν, εἰδότες ὅτι ἡ **θλῖψεις** ὑπομονὴν G
καυχώμεθα ἐν ταῖς **θλήψεσιν**, εἰδότες ὅτι ἡ θλῖψις ὑπομονὴν 049 460 1175
καυχώμεθα ἐν ταῖς **θλήψεσιν**, εἰδότες ὅτι ἡ **θλῆψις** ὑπομονὴν 33
καυχώμεθα ἐν ταῖς **θλίψεσι**, εἰδότες ὅτι ἡ θλῖψις ὑπομονὴν 131
καυχώμεθα ἐν **τὲς** θλίψεσιν, εἰδότες ὅτι ἡ **θλῆψις** ὑπομονὴν 618
καυχώμεθα ἐν ταῖς θλίψεσιν, **ἠδότες** ὅτι ἡ **θλῆψις** ὑπομονὴν 2464
καυχώμεθα ἐν ταῖς θλίψεσιν, εἰδότες ὅτι ἡ θλῖψις ὑπομονὴν K P Ψ 056 1 6 69 88 104 205 209 226 323 326 330 424 440 517 547 614 796 910 927^{c} 945 999 1241 1242 1245 1270 1352 1424 1448^{c} 1505 1506 1611 1734 1738 1739 1827 1836 1837 1854 1874 1891 2125 2400 2412 2495 2815 **u**[**w**]**τ** Er^{1}

lac. 5.2-3 𝔓10 𝔓46 𝔓113 0172 1982 2344 (illeg.) **5.2** 614

E 5.2 Eph 2.18; 3.12; 1 Pe 5.12; Col 1.27; Tit 2.13; Ro 8.18, 30 **3** Js 1.2-4; 1 Pe 1.5-7; 2 Co 12.9; 4.17

Errata: 5.2 antf F ἐσχήκαμεν : ἐσχέκαμεν F *
5.2 antf 2344 ἐσχήκαμεν τῇ πίστει εἰς τὴν χάριν : illeg. 2344
5.2 antf txt τὴν προσαγωγὴν ἐσχήκαμεν τῇ πίστει εἰς τὴν χάριν ταύτην : 614 ἐσχήκαμεν τῇ πίστει εἰς τὴν χάριν (this phrase is in a lacuna beginning at 4.11 after λογισθῆναι καί and continues to the phrase ἐπ' ἐλπίδι τῆς δόξης at 5.2).

[↓1739 1827 1836 1837 1854 1874 1891 2125 2147 2400 2412 2495 2815 **uwτ** Er[1] Cl I V 145.1
[↓1241 1242 1243 1270 1315 1319 1352 1424 1448 1505 1506 1573 1611 1646 1734 1735 1738
[↓69 88 104 131 205 209 226 323 326 330 365 424 440 460 517 547 614 796 910 927 945 1175
κατεργάζεται, **4** ἡ δὲ ὑπομονὴ δοκιμήν, ἡ δὲ δοκιμὴ ἐλπίδα. B ℵ C D[1.2] L P Ψ 049 056 1 6
4 ἡ **γὰρ** ὑπομονὴ δοκιμήν, ἡ δὲ δοκιμὴ ἐλπίδα. Cl II 134.4
κατεργάζεται, **4** ἡ δὲ ὑπομονὴ δοκιμήν, 1881
κατεργάζεται, **4** ἡ δὲ ὑπομονὴ δοκιμήν, ἡ δὲ δοκιμὴ **ἐλπίδαν**. 1245
κατεργάζεται, **4** ἡ δὲ ὑπομονὴ δοκιμήν, **εἰ** δὲ δοκιμὴ ἐλπίδα. K
κατεργάζεται, **4** ἡ δὲ ὑπομονὴ **δικαιωσύνην**, ἡ δὲ δοκιμὴ ἐλπίδα. 33
κατεργάζεται, **4** ἡ δὲ ὑπομονὴ **δοκημήν**, ἡ δὲ δοκιμὴ ἐλπίδα. 618
κατεργάζεται, **4** ἡ δὲ **ἡπομονὴ δοκημήν**, ἡ δὲ δοκιμὴ ἐλπίδα. 999
κατεργάζεται, **4** ἡ δὲ **ὑπομονὶ δοκημείν**, ἡ δὲ **δοκειμὴ** ἐλπίδα. 2464
κατεργάζεται, **4** ἡ δὲ ὑπομονὴ **δοκειμήν**, ἡ δὲ **δοκειμὴ** ἐλπίδα. F G
κατεργάζεται, **4** ἡ δὲ ὑπομονὴ δοκιμήν, ἡ δὲ ἡ δοκιμὴ ἐλπίδα. 489
κατε··········ται, **4** ἡ δὲ ὑπομονὴ δοκιμήν, ·· ···· δοκιμὴ ἐλπίδα. A
κατεργάζετε, **4** ἡ δὲ ὑπομονὴ δοκιμήν, ἡ δὲ δοκιμὴ ἐλπίδα. D*

[↓1352 1424 1448 1505 1573 1646 1734 1735 1738 1739 1836 1854 1874[c] 1881 1891 2400 2412 2495 2815
[↓88 205 209 226 323 330 365 424 460 517 547 614 618 796 910 927 945 1175 1241 1242 1243 1245 1270 1315
5 ἡ δὲ ἐλπὶς οὐ καταισχύνει, ὅτι ἡ ἀγάπη τοῦ θυ ἐκκέχυται B ℵ C D[1.2] F G L P Ψ 049 056 1 6 69
5 ἡ δὲ ἐλπὶς οὐ καταισχύνει, ὅτι ἡ ἀγάπη τοῦ θεοῦ ἐκκέχυται **uwτ** Er[1] Cl II 134.4
5 ἡ δὲ ἐλπὶς οὐ καταισχύνει, Cl IV 145.1
5 **εἰ** δὲ ἐλπὶς οὐ καταισχύνει, ὅτι ἡ ἀγάπη τοῦ θυ ἐκκέχυται K
5 ἡ δὲ ἐλ······ ····· καταισχύνει, ὅτι ἡ ἀγάπη τοῦ θυ ························ 1611
5 ἡ δὲ **ἐλπεὶς** οὐ καταισχύνει, ὅτι ἡ ἀγάπη τοῦ θυ ἐκκέχυται D*
5 ἡ δὲ ἐλπὶς ···· καταισχύνει, ὅτι ἡ ἀγάπη ··οῦ θυ ἐκκέχυται A
5··· ····· ············ ····· ····························· ὅτι ἡ ἀγάπη τοῦ θυ ἐκκέχυται 2344
5 ἡ δὲ ἐλπὶς οὐ **κατεσχύνει**, ὅτι ἡ ἀγάπη τοῦ θυ ἐκκέχυται 2147
5 ἡ δὲ ἐλπὶς οὐ **κατεσχύνει**, ὅτι ἡ ἀγάπη τοῦ θυ **ἐκκέχυτε** 2464
5 ἡ δὲ ἐλπὶς οὐ **καταισχύνη**, ὅτι ἡ ἀγάπη τοῦ θυ ἐκκέχυται 33 104 440 1506 999 1319 1827 1837
5 ἡ δὲ ἐλπὶς οὐ **καταισχύνη**, **ὅτη** ἡ ἀγάπη τοῦ θυ ἐκκέχυται 131 [↑1874* 2125
5 ἡ δὲ ἐλπὶς οὐ **καταισχύνηι**, ὅτι ἡ ἀγάπη τοῦ θυ ἐκκέχυται 326
5 ἡ δὲ ἐλπὶς οὐ **κακαταισχύνει**, ὅτι ἡ ἀγάπη τοῦ θυ ἐκκέχυται 489

ἐν ταῖς καρδίαις ἡμῶν διὰ πνεύματος ἁγίου τοῦ δοθέντος ἡμῖν. B D[1.2] 69 **uwτ** Er[1] Cl II 134.4
ἐν ταῖς καρδίαις ἡμῶν διὰ πνεύματος ἁγίου τοῦ δοθέντος **ἡμεῖν**. D*
ἐν ταῖς καρδίαις ἡμῶν διὰ ······ ············ ······ ······················ ἡμῖν. 1611
ἐν ταῖς **καρδίες** ἡμῶν διὰ πνς ἁγίου τοῦ δοθέντος ἡμῖν. ℵ[c]
ἐν ταῖς **καρδίες** **ὑμῶν** διὰ πνς ἁγίου τοῦ δοθέντος ἡμῖν. ℵ*
ἐν ταῖς καρδίαις **ὑμῶν** διὰ πνς ἁγίου τοῦ δοθέντος ἡμῖν. 33 927* 1245 1854
ἐν ταῖς καρδίαις **ὑμῶν** διὰ πνς ἁγίου τοῦ δοθέντος **ὑμῖν**. 2464 [↓131 205 209 226 323 326 330
ἐν ταῖς καρδίαις ἡμῶν διὰ πνς ἁγίου τοῦ δοθέντος ἡμῖν. A C F G K L P Ψ 049 056 1 6 88 104
365 424 440 460 489 517 547 614 618 796 910 927[c] 945 999 1175 1241 1242 1243 1270 1315 1319 1352 1424 1448
1505 1506 1573 1646 1734 1735 1738 1739 1827 1836 1837 1874 1881 1891 2125 2147 2344 2400 2412 2495 2815

lac. 5.3-5 𝔓[10] 𝔓[46] 𝔓[113] 0172 1982 **5.3-4** 2344 (illeg.)

C 5.5 τελ 326 1837

E 5.3 Js 1.2-4; 1 Pe 1.5-7; 2 Co 12.9; 4.17 **5** Ps 22.5; 25.20; He 6.18-19; Ac 2.17; 1 Jn 4.13

6 εἴ γε χς ὄντων ἡμῶν ἀσθενῶν ἔτι κατὰ καιρὸν ὑπὲρ B
6 εἴ γε Χριστὸς ὄντων ἡμῶν ἀσθενῶν ἔτι κατὰ καιρὸν ὑπὲρ [w]
6 **ἔτι** **δὲ** χς ὄντων ἡμῶν ἀσθενῶν κατὰ καιρὸν ὑπὲρ L
6 **εἰς τι γὰρ** χς ὄντων ἡμῶν ἀσθενῶν ἔτι κατὰ καιρὸν ὑπὲρ D[1]
6 **εἰς τι γὰρ** χρς ὄντων ἡμῶν ἀσθενῶν **αἴτει** κατὰ καιρὸν ὑπὲρ F G
6 **ἔτι** **γὰρ** χς ὄντων ἡμῶν ἀσθενῶν ἔτι κατὰ καιρὸν ὑπὲρ ℵ A C D* 104 365 1241 1319
6 **ἔτι** **γὰρ** .... κατὰ καιρὸν ὑπὲρ 1611 [↑1506 1573
6 **ἔτι** **γὰρ** Χριστὸς ὄντων ἡμῶν ἀσθενῶν ἔτι κατὰ καιρὸν ὑπὲρ **u**[w]
6 **ἔτι** **γὰρ** Χριστὸς ὄντων ἡμῶν ἀσθενῶν κατὰ καιρὸν ὑπὲρ 489 927 **τ** Er[1]
6 **ἔτι** **γὰρ** χς ὄντων ἡμῶν ἀσθενῶν κατὰ **καιρῶν** ὑπὲρ 618
6 **ἔτι** **γὰρ** ὁ χς ὄντων ἡμῶν ἀσθενῶν κατὰ **καιρῶν** ὑπὲρ 1243
6 **ἔτι** **γὰρ** ὁ χς ὄντων ἡμῶν ἀσθενῶν κατὰ καιρὸν ὑπὲρ 2147
6 **ἔδι** **γὰρ** χς ὄντων ἡμῶν ἀσθενῶν κατὰ καιρὸν ὑπὲρ 910
6 **ἔτη** **γὰρ** χς ὄντων ἡμῶν ἀσθενῶν κατὰ καιρὸν ὑπὲρ 2464
6 **ἔτι** **γὰρ** χς ὄντων ἡμῶν ἀσθενῶν κατὰ καιρὸν ὑπὲρ D[2] K P Ψ 049 056 1 6 33 69 88
131 205 209 226 323 326 330 424 440 460 517 547 614 796 945 999 1175 1242 1245 1270 1315 1352 1424
1448 1505 1646 1734 1735 1738 1739 1827 1836 1837 1854 1874 1881 1891 2125 2344 2400 2412 2495 2815

[↓517 910 1175 1241 1424[c] 1506 1646 1735 1836 1837 1854 1874 1891 2125 2344 2464 **uw**
ἀσεβῶν ἀπέθανεν. **7** μόλις γὰρ ὑπὲρ δικαίου τις ἀποθανεῖται· B A D K L P Ψ 049 69 88 323 424
ἀσεβῶν ἀπέθανεν. **7** μόλις γὰρ ὑπὲρ δικαίου τις **ἀποθανῆται**· 1243
ἀσεβῶν ἀπέθανεν. **7** μόλις γὰρ ὑπὲρ δικαίου τις **ἀποθανεῖτε**· 33
ἀσεβῶν ἀπέθανεν. **7** μόλις γὰρ ὑπὲρ δικαίου τις **ἀποθανείτει**· C
ἀσεβῶν ἀπέθανεν. **7** μόλις γὰρ ὑπὲρ δικαίου τις **ἀποθανῖται**· ℵ[c]
ἀσεβῶν ἀπέθανεν. **7** **μόγις** γὰρ ὑπὲρ δικαίου τις **ἀποθανῖται**· ℵ*
ἀσεβῶν ἀπέθανεν. **7** **μόγις** γὰρ ὑπὲρ δικαίου τις ἀποθανεῖται· 1739
ἀσεβῶν ἀπέθανεν. **7** **μόλεις** γὰρ ὑπὲρ δικαίου τις ἀποθανεῖται· F G
ἀσεβῶν ἀπέθανεν. **7** **μόλι** γὰρ ὑπὲρ δικαίου τις ἀποθανεῖται· 1424*
ἡμῶν ἀπέθανεν. **7** μόλις γὰρ ὑπὲρ δικαίου τις ἀποθανεῖται· 460 618 1738
ἀσεβῶν **ἀπέθανε**. **7** μόλις γὰρ καὶ ὑπὲρ δικαίου τις ἀποθανεῖται· 1245
ἀσεβῶν **ἐπέθανε**. **7** μόλις γὰρ ὑπὲρ δικαίου τις ἀποθανεῖται· 1319 [↓365 440 489 547 614 796 927
ἀσεβῶν **ἀπέθανε**. **7** μόλις γὰρ ὑπὲρ δικαίου τις ἀποθανεῖται· 056 1 6 104 131 205 209 226 326 330
945 999 1242 1270 1315 1352 1448 1505 1573 1611 1734 1827 1881 2147 2400 2412 2495 2815 **τ** Er[1]

ὑπὲρ γὰρ τοῦ ἀγαθοῦ τάχα τις καὶ τολμᾷ ἀποθανεῖν· **8** συνίστησιν B A D F G K Ψ 1175 1241 1424
ὑπὲρ γὰρ τοῦ ἀγαθοῦ τάχα τις καὶ τολμᾷ **ἀποθανῖν**· **8** συνίστησιν ℵ [↑1874 **uw**
ὑπὲρ γὰρ τοῦ ἀγαθοῦ τάχα **καὶ** **τολμᾷ** **τις** ἀποθανεῖν· **8** συνίστησιν 1506
ὑπὲρ γὰρ τοῦ ἀγαθοῦ τάχα τις καὶ τολμᾷ ἀποθανεῖν· **8** **συνήστησιν** 33 1735
ὑπὲρ γὰρ τοῦ ἀγαθοῦ τάχα τις καὶ τολμᾷ ἀποθανεῖν· **8** **συνήστησι** 88 131 365 999 1836
ὑπὲρ γὰρ τοῦ ἀγαθοῦ τάχα τις καὶ τολμᾷ ἀποθανεῖν· **8** **συνήστησι** 1646
ὑπὲρ γὰρ τοῦ ἀγαθοῦ τάχα τις καὶ τολμᾷ ἀποθανεῖν· **8** **συνείστησιν** 2464
ὑπὲρ γὰρ τοῦ ἀγαθοῦ τάχα τις καὶ τολμᾷ ἀποθανεῖν· **8** **συνίστισι** 049 1319
ὑπὲρ γὰρ τοῦ ἀγαθοῦ τάχα τις καὶ τολμᾷ ἀποθανεῖν· **8** **συνίστησε** 330
8 **συνίστησι** 1243
ὑπὲρ **τοῦ** **ἀγαθοῦ** **γὰρ** τάχα τις καὶ τολμᾷ ἀποθανεῖν· **8** **συνίστησι** 1827
ὑπὲρ τοῦ ἀγαθοῦ τάχα τις καὶ τολμᾷ ἀποθανεῖν· **8** **συνίστησι** L 614 1739 2412 2815
ὑπὲρ γὰρ τοῦ ἀγαθοῦ τάχα τις τολμᾷ ἀποθανεῖν· **8** **συνίστησι** 69
ὑπὲρ γὰρ τοῦ ἀγαθοῦ τάχα τις καὶ τολμᾷ .... **8** **συνίστησι** 1611
ὑπὲρ γὰρ τοῦ ἀγαθοῦ τάχα τις καὶ τολμᾷ ἀποθανεῖν· **8** **συνίστησι** C P 056 1 6 104 205 209 226 323
326 424 440 460 489 517 547 618 796 910 927 945 1242 1245 1270 1315 1352 1448
1505 1573 1734 1738 1837 1854 1881 1891 2125 2147 2344 2400 2495 **τ** Er[1]

---

lac. 5.6-8 𝔓[10] 𝔓[46] 𝔓[113] 0172 1982

C 5.6 ιβ ωρ γ της μεγα τινα ασκαλησεν αδ,ε χς οντων ημων 1 | αρχ 209 460 | αρχ ωρ γ τη μγ παρασκ,ε 326 | αρχ τη α ωρ. τη μεγα πρ,κ κ εις τ α ωραν. αδ,ε χς οντων ημων ασθενων 226 | αρχ τη αγ´ και μθ´ παρ,α ωρα γ 330 | αρχ ωρ γ της μγ ς 440 | αρχ της μεγα παρ,ας αδ,ε χς οντ υμων λεγειν ων κατ καιρον 614 | αρχ 547 | αρχ τη μγλ παρα ως γ αδ,ε ετι χς οντων ημων 927 | αρχ αναγν,ω κ,υ γ 1175 | αρχ φρ γ της μεγ ς 1242 | η αγ μγλ παρ,α ως γ κ,υ ε 1243 | αρχ ωρα α της μγλ παρ,ακ,ε ϙδ 1315 | αρχ κυριακ γ θεντος αδ,ε δικαιω 1448 | κ,υ γ μετ την ν 1735 | αρχ γ ωρ αδελφ ετι γαρ χς οντων ημων 1739 | τη μ,γλ παρα α 1739 | αρχ ωρ γ τη μγ πα,α κ,ε ιβ 1837 | αρχ τη μεγλ παρ,α ωρς αδ,ε ετι χς οντων ημων ασθενων 2147 | αρχ της μ,γλ παρ,ασ 2412 | αρχ τη γ της ····· προς ρωμιους 2464 **8** τομο ζ 1739

E 5.6 Ro 4.5; 1 Pe 3.18 **8** Ro 14.15; 1 Co 8.11; Jn 3.16; 1 Jn 4.10; 1 Th 5.10

δὲ τὴν ἑαυτοῦ ἀγάπην εἰς ἡμᾶς,	ὅτι	ἔτι	ἁμαρτωλῶν	ὄντων	B
δὲ τὴν ἑαυτοῦ ἀγάπην εἰς ἡμᾶς ὁ θς,	ὅτι	ἔτι	ἁμαρτωλῶν	**ἡμῶν**	1424 1505 2495
δὲ τὴν ἑαυτοῦ ἀγάπην **ὁ θς εἰς ἡμᾶς**,	ὅτι	ἔτι	ἁμαρτωλῶν	**ἡμῶν**	L 1241
δὲ τὴν ἑαυτοῦ ἀγάπην **ὁ θς εἰς ἡμᾶς**,	ὅτι	ἔτι	ἁμαρτωλῶν	ὄντων	D^{*,2} 1827
δὲ τὴν ἑαυτοῦ ἀγάπην **ὁ θς εἰς ἡμᾶς**,	ὅτι εἰ	ἔτι	ἁμαρτωλῶν	ὄντων	D^{1}
δὲ τὴν ἑαυτοῦ ἀγάπην **ὁ θς εἰς ἡμᾶς**,	ὅτι εἰ	**αἴτει**	ἁμαρτωλῶν	ὄντων	F G
δὲ τὴν ἑαυτοῦ ἀγάπην εἰς ἡμᾶς ὁ θεός,	ὅτι	ἔτι	ἁμαρτωλῶν	ὄντων	**uwτ** Er^{1}
δὲ τὴν ἑαυτοῦ ἀγάπην εἰς ἡμᾶς ὁ θς,	ὅτι		ἁμαρτωλῶν	ὄντων	131 460 618 1836* 2147
δὲ τὴν **αὐτοῦ** ἀγάπην εἰς ἡμᾶς ὁ θς,	ὅτι	ἔτι	ἁμαρτωλῶν	ὄντων	365
δὲ τὴν ἑαυτοῦ ἀγάπην εἰς ἡμᾶς ὁ θς,	ὅτι	ἔτι	**ἁμαρτολῶν**	ὄντων	1874 2464
δὲ τὴν ἑαυτοῦ ἀγάπην εἰς ἡμᾶς ὁ θς,	ὅτι	ἔτι	**ἡμῶν**	ὄντων	2344
δὲ τὴν ἑαυτοῦ ἀγάπην εἰς ἡμᾶς ὁ θς,	ὅτι	ἔτι	ἁμαρτωλῶν	ὄντων	ℵ A C K P Ψ 049 056 1 6 33 69 88 104 205 209 226 323 326 330 424 440 489 517 547 614 796 910 927 945 999 1175 1242 1243 1245 1270 1315 1319 1352 1448 1506 1573 1611 1646 1734 1735 1738 1739 1836^{c} 1837 1854 1881 1891 2125 2400 2412 2815

[↓326 424 460 517 618 910 1175 1243 1506 1735 1738 1836 1837 1854 1874 2125

ἡμῶν	χς	ὑπὲρ ἡμῶν ἀπέθανεν.	9 πολλῷ	οὖν μᾶλλον	B ℵ A C D^{2} K P Ψ 049 33 69 88
ἡμῶν	χς	ὑπὲρ ἡμῶν ἀπέθανεν.	9 πολλῶι	οὖν μᾶλλον	1739
ἡμῶν	χς	ὑπὲρ ἡμῶν ἀπέθανεν.	9 πολλῷ	μᾶλλον	D*
ἡμῶν	χρς	ὑπὲρ ἡμῶν ἀπέθανεν.	9 πολλῷ	μᾶλλον	F G
ἡμῶν	Χριστὸς	ὑπὲρ ἡμῶν ἀπέθανεν.	9 πολλῷ	οὖν μᾶλλον	**u w**
ἡμῶν	χς	ὑπὲρ ἡμῶν ἀπέθανεν.	9 πολλῷ	οὖν **μᾶλων**	1646^{c}
ἡμῶν	χς	ὑπὲρ ἡμῶν ἀπέθανεν.	9 **πολῷ**	οὖν **μᾶλων**	1646*
ἡμῶν	χς	ὑπὲρ ἡμῶν ἀπέθανεν.	9 **πολῷ**	οὖν **μᾶλον**	2464
ἁμαρτωλῶν	χς	ὑπὲρ ἡμῶν ἀπέθανεν.	9 πολλῷ	οὖν μᾶλλον	2344
ὄντων	χς	ὑπὲρ ἡμῶν ἀπέθανεν.	9 πολλῷ	οὖν μᾶλλον	L 1241 1424^{c}
ὄντων	χς	ὑπὲρ ἡμῶν ἀπέθανεν.	9 πολλῷ	οὖν μᾶλλον ········	1424*
ὄντων	χς	ὑπὲρ ἡμῶν **ἀπέθανε**.	9 πολλῷ	**νῦν** μᾶλλον	1505 2495
ἡμῶν	Χριστὸς	ὑπὲρ ἡμῶν **ἀπέθανε**.	9 πολλῷ	οὖν μᾶλλον	323 **τ** Er^{1}
ἡμῶν	χς	ὑπὲρ ἡμῶν **ἀπέθανε**.	9 **πολλῶν**	οὖν μᾶλλον	056 330
ὑμῶν	χς	ὑπὲρ ἡμῶν **ἀπέθανε**.	9 πολλῷ	οὖν μᾶλλον	1319
ἡμῶν	χς	ὑπὲρ ἡμῶν **ἀπέθανε**.	9 πολλῷ	οὖν μᾶλλον	1 6 104 131 205 209 226 365 440 489 547 614 796 927 945 999 1242 1245 1270 1315 1352 1448 1573 1611 1734 1827 1881 1891 2147 2400 2412 2815

[↓1315 1319 1352 1424 1505 1573 1611 1854 1874^{c} 2125 2147 2344 2400 2412 2495 2815 **uwτ** Er^{1}
[↓88 104 205 209 226 323 330 365 440 460^{c} 489 517 547 796 910 927 999^{c} 1175 1241 1242 1243 1245

δικαιωθέντες νῦν	ἐν τῷ	αἵματι αὐτοῦ	σωθησόμεθα	δι᾽ αὐτοῦ	B ℵ A C D F G K L P Ψ 056 1 6 33 69
δικαιωθέντες	ἐν τῷ	αἵματι αὐτοῦ	σωθησόμεθα	δι᾽ αὐτοῦ	326 1827 1837
δικαιωθέντες **νυνὶ**	ἐν τῷ	αἵματι αὐτοῦ	σωθησόμεθα	δι᾽ αὐτοῦ	1836
δικαιωθέντες νῦν	ἐν τῷ	αἵματι αὐτοῦ			460* 618 1738
δικαιωθέντες νῦν	ἐν τῷ	αἵματι	σωθησόμεθα	δι᾽ αὐτοῦ	1448
δικαιωθέντες νῦν	ἐν τῷ	αἵματι αὐτοῦ	σωθησόμεθα		999*
δικαιωθέντες νῦν	ἐν τῶι	αἵματι αὐτοῦ	σωθησόμεθα	δι᾽ αὐτοῦ	424 945 1734 1739 1891
δικαιοθέντες νῦν	ἐν τῷ	αἵματι αὐτοῦ	σωθησόμεθα	δι᾽ αὐτοῦ	1506
δικαιοθέντες νῦν	ἐν τῷ	αἵματι αὐτοῦ	**σωθησώμεθα**	δι᾽ αὐτοῦ	131
δικαιωθέντες νῦν	ἐν τῷ	αἵματι αὐτοῦ	**σωθησώμεθα**	δι᾽ αὐτοῦ	049 1270 1735 1646 1874* 2464
δικαιωθέντες νῦν	ἐν τῷ	αἵματι αὐτοῦ	**σοθησόμεθα**	δι᾽ αὐτοῦ	614
δικαιωθέντες νῦν	ἐν τῷ	αἵματι **τοῦ χυ**	σωθησόμεθα	δι᾽ αὐτοῦ	1881

[↓1735 1739 1827 1836 1837 1854 1874 1881 1891 2125 2147 2344 2400 2412 2464 2495 2815 **uwτ** Er^{1}
[↓796 910 927 945 999 1175 1241 1242 1243 1245 1270 1315 1319 1424 1448 1505 1506 1573 1611 1646 1734

ἀπὸ	τῆς ὀργῆς.	B ℵ A C D F G K L P Ψ 049 056 1 6 33 69 88 104 131 205
ἀπὸ	τῆς **γῆς**.	365 [↑209 226 323 326 330 424 440 460^{c} 489 517 547 614
ἀπὸ τῆς μελλούσης κολάσεως δῆλον ὅτι	τῆς ὀργῆς.	1352
omit.		460* 618 1738

lac. 5.8-9 𝔓^{10} 𝔓^{46} 𝔓^{113} 0172 1982

C 5.9 τε 1448

E 5.8 Ro 14.15; 1 Co 8.11; Jn 3.16; 1 Jn 4.10; 1 Th 5.10 **9** Ro 1.18; 2.5, 8; 3.25; 1 Co 11.25; 1 Th 1.10

Errata: 5.8 antf 1611 ὁ θεὸς εἰς ἡμᾶς : 3 4 1 2 1611

10 εἰ γὰρ ἐχθροὶ ὄντες κατηλλάγημεν τῷ θω B ℵ A C D K L P Ψ 049 056 1 6 33 69 88 104 131 205 209 226
10 εἰ γὰρ ἐχθροὶ ὄντες κατηλλάγημεν 326 1837 [↑323 330 440 460c 489 547 614 796 910 927
10 **οἱ** γὰρ ἐχθροὶ ὄντες κατηλλάγημεν τῷ θω 365 1315 2412 [↑999 1241 1242 1243 1245 1270 1319 1352
10 εἰ γὰρ ἐχθροὶ ὄντες κατηλλάγημεν τῶι θω 945 [↑1424 1448 1505 1506 1573 1611 1735 1827
10 εἰ γὰρ ἐχθροὶ ὄντες κατηλλάγημεν τῶι θῶι 424 517 1734 1739 1891 [↑1836 1854 1874 1881 2125 2147
10 εἰ γὰρ ἐχθροὶ ὄντες κατηλλάγημεν τῷ θεῷ **uwτ** Er1 [↑2344 2400 2495 2815
10 εἰ γὰρ **ἐκθροὶ** ὄντες κατηλλάγημεν τῷ θω F G
10 εἰ γὰρ ἐχθροὶ ὄντες **κατηλλάγιμεν** τῷ θω 1175
10 εἰ γὰρ ἐχθροὶ ὄντες **κατηλάγημεν** τῷ θω 1646
10 **ἠ** γὰρ ἐχθροὶ ὄντες **κατειλάγημεν** τῷ θω 2464
10 omit. 460* 618 1738

[↓1424 1448 1505 1506 1573 1611 1734 1735 1837 1854 1881 1891 2344 2400 2412 2495 2815 **uwτ** Er1
[↓226 323 326 330 365 424 440 460c 489 547 614 796 927 945 999 1175c 1241 1242 1243 1315 1319 1352
διὰ τοῦ θανάτου τοῦ υἱοῦ αὐτοῦ, πολλῷ μᾶλλον καταλλαγέντες B ℵ D G 056 1 6 33 69 205 209
διὰ τοῦ θανάτου τοῦ υἱοῦ, πολλῷ μᾶλλον καταλλαγέντες 88
διὰ τοῦ θανάτου τοῦ υἱοῦ αὐτοῦ, πολλῷ μᾶλλον **καταλαγέντες** 131
διὰ τοῦ θανάτου τοῦ υἱοῦ αὐτοῦ, πολλῶι μᾶλλον καταλλαγέντες 517 1270
διὰ τοῦ θανάτου τοῦ υἱοῦ **ἑαυτοῦ**, πολλῷ μᾶλλον καταλλαγέντες 1175*
διὰ τοῦ θανάτου αὐτοῦ, πολλῷ μᾶλλον καταλλαγέντες 1245 2147
διὰ τοῦ θανάτου τοῦ υἱοῦ αὐτοῦ, πολλῷ **μᾶλλων** καταλλαγέντες 049
διὰ θανάτου τοῦ υἱοῦ αὐτοῦ, πολλῷ μᾶλλον καταλλαγέντες F
διὰ τοῦ θανάτου τοῦ υἱοῦ αὐτοῦ, **πολλο** μᾶλλον καταλλαγέντες 1646
διὰ τοῦ θανάτου τοῦ υἱοῦ αὐτοῦ, πολλῷ οὖν μᾶλλον καταλλαγέντες 1827
διὰ τοῦ θανάτου τοῦ υυ αὐτοῦ, πολλῷ οὖν μᾶλλον καταλλαγέντες 1836
διὰ τοῦ θανάτου τοῦ υυ αὐτοῦ, πολλῶι μᾶλλον καταλλαγέντες 1739
διὰ τοῦ θανάτου τοῦ υυ αὐτοῦ, πολλῷ μᾶλλον καταλλαγέντες C K L P Ψ 104 910 1874 2125
διὰ τοῦ θανάτου τοῦ υυ αὐτοῦ, **πολῷ** **μᾶλον** **καταλαγέντες** 2464
διὰ τοῦ A
omit. 460* 618 1738

[↓1448 1505 1506 1573 1611 1734 1735 1738 1827 1837 1854 1874c 1881 2125 2344 2412 2495 2815 **uwτ** Er1
[↓209 226 323 326 330 365 440 460 489 517 614 796 910 927 999 1175 1241 1242 1243 1245 1315 1319 1352 1424
σωθησόμεθα ἐν τῇ ζωῇ αὐτοῦ· **11** οὐ μόνον δέ, ἀλλὰ καὶ B ℵ C D2 P Ψ 056 1 6 33 69 104 205
σωθησόμεθα ἐν τῇ ζωῇ αὐτοῦ· **11** οὐ μόνον δέ, ἀλλὰ 547
σωθησόμεθα ἐν τῆι ζωῇ αὐτοῦ· **11** οὐ μόνον δέ, ἀλλὰ καὶ 945
σωθησόμεθα ἐν τῆι ζωῆι αὐτοῦ· **11** οὐ μόνον δέ, ἀλλὰ καὶ 424 1270 1739
σωθησόμεθα ἐν τῇ ζωῇ αὐτοῦ· **11** οὐ μόνον δὲ τοῦτο, ἀλλὰ καὶ D* Fc G
σωθησόμεθα ἐν τῇ ζωῇ αὐτοῦ· **11** οὐ μόνον δὲ **τοτο**, ἀλλὰ καὶ F*
ζητώμεθα ἐν τῇ ζωῇ αὐτοῦ· **11** οὐ μόνον δέ, ἀλλὰ καὶ 2400
σωθησώμεθα ἐν τῇ ζωῇ αὐτοῦ· **11** οὐ μόνον δέ, ἀλλὰ καὶ K L 049 88 131 618 1646 1874*
σωθησώμεθα ἐν τῆι ζωῆι αὐτοῦ· **11** οὐ μόνον δέ, ἀλλὰ καὶ 1891 [↑2147 2464
σωθησώμεθα τῇ **ἐκείνου** **χάριτι**· **11** οὐ μόνον δέ, ἀλλὰ καὶ 1836
omit **11** A

lac. 5.10-11 𝔓10 𝔓46 𝔓113 0172 1982

C 5.10 αρχ τη ε της β εβδομαδος αδ,ε εχθροι οντες κατηλλαγημεν 1 | αρχ τη ε της β εβδ. αδ,ε ει εχθροι οντες κατηλ 226 | αρχ της ε 440 | ε περι της αποκειμενης ελπιδ 440 | τη ε αδ,ε ει 517 | αρχ 547 | αρχ τη ε της β εβδ. προς ρωμαιους αδελφοι ει εχθροι οντες 614 | αρχ κ,υ γ αδ,ε δικαιωθεν εκ πι 796 | αρχ τη ε της β εβδ αδ,ε ει εχθροι οντες 927 | αρχ τη ε της β εβδ: προς ρωμ: αδ,ε ει εχθροι οντες κατηλλαγ 945 | αρχ τη ε 1175 | αρχ 1245 | αρχ τη ε της β εβδ κ,ε ϘΕ 1315 | αρχ ωρα ακ της εβδ παρα,ης αδ,ε χς οντων ημων 1573 | αρχ ε κ,ε ιγ 1739 | τελ κ,υ 489 | τε της γ κ,υριακ 614 | αρχ τη ε 1242 | τη ε της β εβδ ο αποστολ πρ ρωμ αδελφοι οι γαρ εχθροι οντες καταλλαγημεν 1739 | αρχ τη ε της β εβδ αδ,ε ει εχθροι οντες κατηλλαγημεν 2147 | τε 796 1245 1735 | τελο 945 | τε κ,υριακ 1242 | τελ της κυριακ 1315 | αρχ τη ε της β εβδ. αδ,ε ει εχθροι οντες καταλλαγημεν τω θω 1448 | αρχ τη ε της β εβδ πρ ρωμαιους αδελφοι οι γαρ εχθροι οντες κα 2412 | αρχ τη δ ····· κ,ε ξε αδελφοι ει γαρ εχθροι οντες 2464 | τελ της κ,ε 440 | τε της γ ωρ 1739 | τελ Ψ 049 209 326 330 927 1175 1241 1836 1837 1891 | τε της κ,υ 226 517 517 | τελ κ, της μγλ παρᾶ 547 | τε κ,υ και της μγλ παρ,α 2147 | τε της γ κ,υριακ και της μ,γλ παρ,ασ 2412 **11** αρχ 460 1175

D 5.10 ιβ 226 | ε 440 | ιγ 517 547

E 5.10 Ro 8.7-8; 2 Co 5.18; Col 1.21-22

καυχώμενοι ἐν τῷ θῷ διὰ τοῦ κυ ἡμῶν ιυ B 1881ᶜ [w]
καυχώμενοι ἐν τῶι θῶι διὰ τοῦ κυ ἡμῶν ιυ 1739
καυχώμενοι ἐν τῶι θῶι διὰ τοῦ κυ ἡμῶν ιυ χυ 056 424 517 1270 1734 1891
καυχώμενοι ἐν τῷ θῷ διὰ τοῦ κυρίου ἡμῶν ιυ χυ 1424
καυχώμενοι ἐν τῷ θεῷ διὰ τοῦ κυρίου ἡμῶν Ἰησοῦ Χριστοῦ **u[w]τ**
καυχώμενοι ἐν τῷ θεῷ διὰ τοῦ κυρίου **ὑμῶν** Ἰησοῦ Χριστοῦ Er[1]
κυ ἡμῶν ιυ χυ A
καυχώμεθα ἐν τῶ θῶ διὰ τοῦ κυ ἡμῶν ιυ χυ L 104 205 209 226 330 365 460 618 1241
καυχώμεθα ἐν τῶ θῶ διὰ τοῦ κυ ἡμῶν Ἰησοῦ χυ 69 [↑1242 1319 1448 1573 1738 1827
καυχώμεθα ἐν τῶι θῶι διὰ τοῦ κυ ἡμῶν ιυ χυ 945 [↑2125 2147 2344 2464
καυχόμεθα ἐν τῶ θῶ διὰ τοῦ κυ ἡμῶν ιυ χυ 1735
καυχῶμεν ἐν τῷ θῷ διὰ τοῦ κυ ἡμῶν ιυ χρυ F G
καυχόμενοι ἐν τῷ θῷ διὰ τοῦ κυ ἡμῶν ιυ χυ 131 326 999 1243 1315 1646
καυχώμενοι ἐν τῷ θῷ διὰ τοῦ κυ ἡμῶν ιυ χυ ℵ C D K P Ψ 049 1 6 33 88 323 440 489 547 614 796 910 927 1175 1245 1352 1505 1506 1611 1836 1837 1854 1874 1881* 2400 2412 2495 2815

δι' οὗ νῦν τὴν καταλλαγὴν ἐλάβομεν. B ℵ A C D G K L P Ψ 049 056 1 6 69 88 104 131 205 209 226 323
δι' οὗ νῦν τὴν καταλλαγὴν **ἐλάβωμεν**. 33 [↑326 424 440 460 489 517 547 614 618 796 910 927 945
δι' οὗ νῦν τὴν **καταλλαγὲν** ἐλάβομεν. F [↑999 1175 1241 1245 1270 1315 1352 1424 1448 1505
δι' οὗ νῦν τὴν **καταλαγὴν** **ἐλάβομε**. 1646 [↑1506 1611 1734 1735 1738 1739 1827 1836 1837 1854
δι' οὗ νῦν τὴν **καταλαγεὶν** ἐλάβομεν. 2464 [↑1874 1891 2125 2147 2344 2400 2412 2495 2815 **uwτ**
δι' οὗ τὴν καταλλαγὴν ἐλάβομεν. 1242 1881 [↑Er[1]
δι' οὗ **καὶ** τὴν καταλλαγὴν **ἐσκηκαμεν**. 1319 1573
δι' οὗ νῦν **καὶ** τὴν καταλλαγὴν ἐλάβομεν 330 1243
δι' οὗ νῦν τὴν καταλλαγὴν ἐλάβομεν. καὶ τὴν καταλλαγὴν ἐσχηκαμεν. 365

The Contrast between Adam and Christ

12 Διὰ τοῦτο ὥσπερ δι' ἑνὸς ἀνθρώπου ἡ ἁμαρτία εἰς τὸν B ℵ 69ᶜ 424 **uwτ** Er[1] Cl
12 ········ ········το ὥσπερ δι' ἑνὸς ανου ἡ ἁμαρτία εἰς τὸν C [↑III 64.2
12 Διὰ τοῦτο ὥσπερ δι' ἑνὸς θανάτου ἀνθρώπου ἡ ἁμαρτία εἰς τὸν 69*
12 Διὰ τοῦτο ὥσπερ δι' ἑνὸς **ἀνθρόπου** ἡ ἁμαρτία εἰς τὸν 618
12 Διὰ τοῦτο ὥσπερ **διὰ** ἑνὸς ανου ἡ ἁμαρτία εἰς τὸν 1735
12 Διὰ τοῦτο ὥσπερ δι' ἑνὸς ανου ἡ ἁμαρτία ······ ······ 1611
12 Διὰ τοῦτο ὥσπερ αἱ δι' ἑνὸς ανου ἡ ἁμαρτία εἰς τὸν 323
12 Διὰ τοῦτο ὥσπερ ἑνὸς ανου ἡ **ἁμαρτίαν** εἰς τὸν 365
12 Διὰ **τοῦτω** ὥσπερ δι' ἑνὸς ανου ἡ ἁμαρτία εἰς τὸν 1874
12 Διὰ τοῦτο ··············· ····· ·········· ·········· ·· ················ ······ ······ 1506
12 Διὰ τοῦτο ὥσπερ δι' ἑνὸς ανου **εἰς τὸν κόσμον ἡ** D F G
12 omit 2344 [↓33 88 104 131
12 Διὰ τοῦτο ὥσπερ δι' ἑνὸς ανου ἡ ἁμαρτία εἰς τὸν A K L P Ψ 049 056 1 6 205 209 226 326 330 440 460 489 517 547 614 796 910 927 945 999 1175 1241 1242 1243 1245 1270 1315 1319 1352 1424 1448 1505 1573 1646 1734 1738 1739 1827 1836 1837 1854 1881 1891 2125 2147 2400 2412 2464 2495 2815

---

lac. 5.11-12 𝔓10 𝔓46 𝔓113 0172 1982

C 5.11 τε τη ωρ 226 | τε της γ ωρ της γ' κ,ε 440 | της μ,γα παρ,ας 614 | τελ της ωρας 1315 | υπ κ,υ 1573 | τε του ς 1242 **12** περὶ της (- 104 1270) εἰσαγωγῆς τοῦ πρὸς σρίαν ἡμῶν ἀνου ἰυ χυ· ἀντὶ τοῦ πεσόντος ἐξ ἀρχῆς τοῦ γηγενοῦς ἀδάμ 049 104 1270 | αρχ τη ς της γ εβδ αδ,ε ωσπερ δε ενος 326 | αρχ τη ς 330 | ς περι εισαγωγ του προς σριαν εν,ω ακου ιυ χυ αντι του πεσοντ εξ αρτου 440 | ζ περὶ εἰσαγωγῆς τοῦ πρὸς σρίαν ἡμῶν ἀνου ἰυ χυ· ἀντὶ τοῦ πεσόντος ἐξ ἀρχῆς τοῦ γένους ἀδάμ 1315 | κ,ε ζ περι της εισαγαγης του προς σριαν ημων ανου ιυ χυ 1739 | αρχ αναγ κ, α εκ 1836 | ς περι εισαγωγης του προωριαν ημων ανου ιυ χυ αντι του πεσοντος ανου αδαμ 1836 | αρχ τη ς της γ εβδ αδ,ε δια τουτο ωσπερ δι ενος 1837 | ς περὶ εἰσαγωγῆς τοῦ πρὸς σρίαν ἡμῶν ἀνου ἰυ χυ· ἀντὶ τοῦ πεσόντος ἐξ ἀρχῆς τοῦ γηγενοῦς ἀδάμ 1175 1874

D 5.12 ς 440 1175 1270 1734 1854 1874 | ζ 1315

E 5.12 Gn 2.17; 3.6, 19; Ro 3.23; 6.23; 4.15

[↓796 910 927 999c 1175 1241 1243 1270 1424 1573 1646 1836 1854 1874 1891 2125 2147 2464 **uw**
κόσμον εἰσῆλθεν καὶ διὰ τῆς ἁμαρτίας ὁ θάνατος, καὶ οὕτως εἰς B ℵ A K L P Ψ 049 056 33 69 131
.....σμον εἰσῆλθεν καὶ διὰ τῆς ἁμαρτίας ὁ θάνατος, ... οὕτως εἰς C [↑226 323 326 365 424 460 489
.... καὶ διὰ τῆς ἁμαρτίας ὁ θάνατος, καὶ οὕτως εἰς 1506
κόσμον εἰσῆλθεν καὶ διὰ τῆς ἁμαρτίας ὁ θάνατος, εἰς Cl III 64.2
κόσμον εἰσῆλθεν καὶ διὰ τῆς ἁμαρτίας ὁ θάνατος, οὕτως εἰς 1735
κόσμον εἰσῆλθεν καὶ διὰ τῆς ἁμαρτίας ὁ θάνατος, καὶ **οὕτος** εἰς 618
κόσμον εἰσῆλθεν καὶ διὰ τῆς ἁμαρτίας ὁ θάνατος, **οὕτως καὶ** εἰς 1837
ἁμαρτία εἰσῆλθεν καὶ διὰ τῆς ἁμαρτίας ὁ θάνατος, καὶ οὕτως εἰς D
ἁμαρτία εἰσῆλθεν καὶ διὰ τῆς ἁμαρτίας θάνατος, καὶ οὕτως εἰς F G
.... **εἰσῆλθε** καὶ διὰ 1611
κόσμον **εἰσῆλθε** καὶ διὰ τῆς ἁμαρτίας ὁ θάνατος, οὕτως εἰς 1242
κόσμον **εἰσῆλθε** καὶ διὰ **τὴν ἁμαρτίαν** ὁ θάνατος, καὶ οὕτως εἰς 2815 Er[1]
κόσμον **εἰσῆλθε** καὶ διὰ τῆς ἁμαρτίας θάνατος, καὶ οὕτως εἰς 1505 2495
omit 2344
κόσμον **εἰσῆλθε** καὶ διὰ τῆς ἁμαρτίας ὁ θάνατος, καὶ οὕτως εἰς 1 6 88 104 205 209 330 440 517
547 614 945 999* 1245 1315 1319 1352 1448 1734 1738 1739 1827 1881 2400 2412 **τ**

πάντας ἀνθρώπους ὁ θάνατος διῆλθεν, ἐφ' ᾧ πάντες ἥμαρτον· B ℵ 69 **uwτ** Er[1]
πάντας ἀνθρώπους διῆλθεν, ἐφ' ᾧ πάντες ἥμαρτον· D Cl III 64.2
πάντας ανους διῆλθεν, ἐφ' ᾧ πάντες ἥμαρτον· F G 1505 2495
πάντας ανους ὁ θάνατος διῆλθεν, ἐφ' ὧι πάντες ἥμαρτον· 424 1270 1739 1891
.... τας ανους ὁ θάνατος δι............. .... πάντες ἥμαρτον· 1611
πάντας ανους ὁ θάνατος διῆλθεν, ἐφ' ᾧ πάντες· 1573
πάντας ανους ὁ θάνατος διῆλθεν, ἐφ' ᾧ πάντες **ἥμαρτων**· 33 1175
πάντας ανους ὁ θάνατος διῆλθεν, ἐφ' **ὃ** πάντες ἥμαρτον· 1646
πάντας ανους ὁ θάνατος **διῆλθε**, ἐφ' ᾧ πάντες ἥμαρτον· 330 796 999 1319
πάντας ανους **διῆλθεν ὁ θάνατος**, ἐφ' ᾧ πάντες ἥμαρτον· Ψ 1735
πάντας ανους ὁ θάνατος **εἰσῆλθεν**, ἐφ' ᾧ πάντες ἥμαρτον· 1881
πάντα ανους ὁ θάνατος διῆλθεν, ἐφ' ᾧ πάντες ἥμαρτον· 1241
omit 2344
πάντας ανους ὁ θάνατος διῆλθεν, ἐφ' ᾧ πάντες ἥμαρτον· A C K L P 049 056 1 6 88 104 205 131
209 226 323 326 365 440 460 489 517 547 614 618 910 927 945 1242 1243 1245 1315 1352
1424 1448 1506 1734 1738 1827 1836 1837 1854 1874 2125 2147 2400 2412 2464 2815

---

lac. 5.12 𝔓10 𝔓46 𝔓113 0172 1982

E 5.12 Gn 2.17; 3.6, 19; Ro 3.23; 6.23; 4.15

[↓1319[c] 1424 1448 1573 1611 1735 1738 1836 1837 1854 1874 2412 **uτ** Er[1]
[↓205 209[c] 226 323 326 424 440 460 547 614 618 796 910 927 999 1175[c] 1242
13 ἄχρι γὰρ νόμου ἁμαρτία ἦν ἐν κόσμῳ, ἁμαρτία δὲ οὐκ ἐλλογεῖται B K L P Ψ 1 6 104 131
13 ἄχρι γὰρ νόμου ἁμαρτία **ν** ἐν κόσμῳ, ἁμαρτία δὲ οὐκ ἐλλογεῖται C [↓1881 2125 2147
13 ἄχρι γὰρ νόμου ἁμαρτία ἦν ἐν τῷ κόσμῳ, ἁμαρτία δὲ οὐκ ἐλλογεῖται 489 1241 1245 1352
13 ἄχρι γὰρ νόμου ἁμαρτία ἦν ἐν κόσμωι, ἁμαρτία δὲ οὐκ ἐλλογεῖται 517 945 1270 1734
13 ἄχρι γὰρ νόμου ἡ ἁμαρτία ἦν ἐν κόσμῳ, ἁμαρτία δε οὐκ ἐλλογεῖται 1827 1891 [↑1739
13 ἄχρι γὰρ νόμου ἁμαρτία ἦν ἐν κόσμῳ, ... 1506
13 ἄχρι γὰρ νόμου ἁμαρτία ἦν ἐν **κόσμον**, ἁμαρτία δὲ οὐκ ἐλλογεῖται 365
13 ἄχρι γὰρ νόμου ἁμαρτία ἐν κόσμῳ, ἁμαρτία δὲ οὐκ ἐλλογεῖται 1175*
13 ἄχρι γὰρ νόμου ἁμαρτία ἦν ἐν κόσμῳ, ἁμαρτία **γὰρ** οὐκ ἐλλογεῖται 056
13 **ἄχρη** γὰρ νόμου ἁμαρτία ἦν ἐν κόσμῳ, ἁμαρτία δὲ οὐκ ἐλλογεῖται 88
13 **ἄχρη** γὰρ νόμου ἁμαρτία ἦν ἐν κόσμῳ, **ἁμαρτί** δὲ οὐκ ἐλλογεῖται 1646
13 **ἄχρη** γὰρ νόμου ἁμαρτία ἦν ἐν κόσμῳ, ἁμαρτία δὲ οὐκ **ἐλλογεῖτε** 33
13 **ἄχρη** γὰρ νόμου ἁμαρτία ἦν ἐν κόσμῳ, ἁμαρτία δὲ οὐκ **ἐλλογῆτε** 1243
13 ἄχρι γὰρ νόμου ἁμαρτία ἦν ἐν κόσμῳ, ἁμαρτία δὲ οὐκ **ἐλλογεῖτο** 1505 2495
13 ἄχρι γὰρ νόμου ἁμαρτία ἦν ἐν κόσμῳ, ἁμαρτία δὲ οὐκ **ἐλλογείτω** 1315
13 ἄχρι γὰρ νόμου ἁμαρτία ἦν ἐν κόσμῳ, ἁμαρτία δὲ οὐκ **ἐλλλογεῖται** 1319*
13 ἄχρι γὰρ νόμου ἁμαρτία ἦν ἐν κόσμῳ, ἁμαρτία δὲ οὐκ **ἐνλλογεῖται** 69 2815
13 ἄχρι γὰρ νόμου ἁμαρτία ἦν ἐν **κόμῳ**, ἁμαρτία δὲ οὐκ **ἐνλογῖται** F*
13 ἄχρι γὰρ νόμου ἁμαρτία ἦν ἐν κόσμῳ, ἁμαρτία δὲ οὐκ **ἐνλογῖται** F[c] G
13 ἄχρι γὰρ νόμου ἁμαρτία ἦν ἐν κόσμῳ, ἁμαρτία δὲ οὐκ **ἐνλογεῖται** D
13 ἄχρι γὰρ νόμου ἁμαρτία ἦν ἐν κόσμῳ, ἁμαρτία δὲ οὐκ **ἐνελόγειτο** ℵ*
13 ἄχρι γὰρ νόμου ἁμαρτία ἦν ἐν κόσμῳ, ἁμαρτία δὲ οὐκ **ἐνελόγειται** ℵ[c1]
13 ἄχρι γὰρ νόμου ἁμαρτία ἦν ἐν κόσμῳ, ἁμαρτία δὲ οὐκ **εὐλογεῖται** 049
13 ἄχρι νόμου ἁμαρτία ἦν ἐν κόσμῳ, ἁμαρτία δὲ οὐκ **ἐλογεῖται** 209*
13 ἄχρι νόμου ἁμαρτία ἦν ἐν κόσμῳ, Cl IV 9.6
13 ἄχρι γὰρ νόμου ἁμαρτία ἦν ἐν κόσμῳ, ἁμαρτία δὲ οὐκ **ἐλογεῖτο** 330
13 ἄχρι γὰρ νόμου ἁμαρτία ἦν ἐν κόσμῳ, ἁμαρτία δὲ οὐκ **ἐλογῆται** 2464
13 ἄχρι γὰρ νόμου ἁμαρτία ἦν ἐν κόσμῳ, ἁμαρτία δὲ οὐκ **ἐλλογᾶται** ℵ[c2] **w**
13 ἄχρι γὰρ νόμου ἁμαρτία ἦν ἐν κόσμῳ, ἁμαρτία δὲ οὐκ **ἐλλόγατο** A
13 ἄχρι γὰρ νόμου ἁμαρτία ἦν ἐν τῷ κόσμῳ, ἁμαρτία δὲ οὐκ **ἐλογίζετο** 2400
13 omit 2344

μὴ ὄντος νόμου, **14** ἀλλὰ ἐβασίλευσεν ὁ θάνατος ἀπὸ Ἀδὰμ μέχρι B D **uw**
14 **καὶ** ἐβασίλευσεν ὁ θάνατος ἀπὸ Ἀδὰμ μέχρι Cl III 64.2
μὴ **ὄντως** νόμου, **14** **ἀλλ᾽** ἐβασίλευσεν ὁ θάνατος ἀπὸ Ἀδὰμ μέχρι K 326 330 1424 1646 1836
μὴ **ὄντως** νόμου, **14** **ἀλλ᾽** ἐβασίλευσεν ὁ θάνατος ἀπὸ Ἀδὰμ **ἕως** 365 [↑1837 1874*
μὴ **ὄντως** νόμου, **14** **ἀλλ᾽** ἐβασίλευσεν ὁ θάνατος ἀπὸ Ἀδὰμ μέχρι καὶ 999
μὴ ὄντος νόμου, **14** **ἀλλ᾽** ἐβασίλευσεν ἀπὸ τοῦ Ἀδὰμ μέχρι 1827
μὴ ὄντος νόμου, **14** **ἀλλ᾽** **ἐβασείλευσεν** ὁ θάνατος ἀπὸ Ἀδὰμ μέχρι G
μὴ ὄντος νόμου, **14** **ἀλλ᾽** ἐβασίλευσεν ὁ θάνατος ἀπὸ Ἀδὰμ **μέχρη** 1243
μὴ ὄντος νόμου, **14** **ἀλλ᾽** ἐβασίλευσεν ὁ θάνατος ἀπὸ Ἀδὰμ **μέχρις** 205
omit 2344 [↓6 33 69 88 104
μὴ ὄντος νόμου, **14** **ἀλλ᾽** ἐβασίλευσεν ὁ θάνατος ἀπὸ Ἀδὰμ μέχρι ℵ A C F L P Ψ 049 056 1
131 209 226 323 424 440 460 489 517 547 614 618 796 910 927 945 1175 1241 1242 1245 1270 1315 1319 1352 1448
1505 1506 1573 1611 1734 1735 1738 1739 1854 1874[c] 1881 1891 2125 2147 2400 2412 2464 2495 2815 **τ** Er[1]

---

lac. 5.13-14 𝔓[10] 𝔓[46] 𝔓[113] 0172 1982

E 5.14 1 Co 15.21-22, 45

Μωϋσέως καὶ ἐπὶ τοὺς μὴ ἁμαρτήσαντας ἐν τῷ ὁμοιώματι τῆς B 365 1573 2495^{c}

Μωϋσέως Cl III 64.2

Μωσέως καὶ ἐπὶ τοὺς μὴ **ἁμαρτίσαντας** ἐν τῷ ὁμοιώματι τῆς 1735

Μωϋσέος καὶ ἐπὶ τοὺς μὴ ἁμαρτήσαντας ἐν τῷ ὁμοιώματι τῆς 1505

Μωϋσέος καὶ ἐπὶ τοὺς ἁμαρτήσαντας **ἐπὶ** τῷ ὁμοιώματι τῆς 614 2412

Μωϋσέος καὶ ἐπὶ τοὺς μὴ ἁμαρτήσαντας **ἐπὶ** τῷ ὁμοιώματι τῆς 226 1242 1881 2147

Μωσέως καὶ ἐπὶ τοὺς μὴ **ἁμαρτίσαντας** **ἐπὶ** τῷ ὁμοιώματι τῆς ἁμαρ 1646*

Μωσέως καὶ ἐπὶ τοὺς μὴ **ἁμαρτίσαντας** **ἐπὶ** τῷ ὁμοιώματι τῆς 1646^{c}

Μωσέως καὶ ἐπὶ τοὺς μὴ ἁμαρτήσαντας **ἐπὶ** τῶι ὁμοιώματι τῆς 945 1739^{c}

Μωσέως καὶ ἐπὶ τοὺς μὴ ἁμαρτήσαντας **ἐπὶ** τῷ ὁμοιώματι τῆς A P Ψ 056 205 209 323 440 547 2125

Μωσέως καὶ ἐπὶ τοὺς ἁμαρτήσαντας **ἐπὶ** τῷ ὁμοιώματι τῆς 1315 [↑2815 **τ** Er^{1}

Μωσέως ἐπὶ τοὺς ἁμαρτήσαντας **ἐπὶ** τῶ ὁμοιώματι τῆς 6

Μωσέως ἐπὶ τοὺς ἁμαρτήσαντας **ἐπὶ** τῶι ὁμοιώματι τῆς 424^{c}

Μωσέως ἐπὶ τοὺς ἁμαρτήσαντας **ἐπὶ** τῶι ὁμοιώματι τῆς 1739*

omit 2344

Μωϋσέως ἐπὶ τους μὴ **ἁμαρτίσαντας** **ἐπὶ** **τὸ** ὁμοιώματι τῆς 1243

Μωϋσέως καὶ ἐπὶ τοὺς μὴ **ἁμαρτίσαντας** **ἐπὶ** τῷ ὁμοιώματι τῆς 910 1175 1241 1611 1836 1874

Μωϋσέως καὶ ἐπὶ τοὺς ἁμαρτήσαντας **ἐπὶ** τῷ ὁμοιώματι τῆς 2495*

Μωϋσέως καὶ ἐπὶ τοὺς μὴ ἁμαρτήσαντας **ἐπὶ** τῶι ὁμοιώματι τῆς 424* 1270 1734 1891

Μωϋσέως καὶ ἐπὶ τοὺς μὴ ἁμαρτήσαντας **ἐπὶ** **τὸ** ὁμοιώματι τῆς 2464

Μωϋ··σέως καὶ ἐπὶ τοὺς μὴ ἁμαρτήσαντας **ἐπὶ** τῷ ὁμοιώματι τῆς C*

Μωϋσέως καὶ ἐπὶ τοὺς μὴ ἁμαρτήσαντας **ἐπὶ** τῷ ὁμοιώματι τῆς ℵ C^{c} D F G K L 049 1 33 69 88 104 131 326 330 460 489 517 618 796 927 999 1245 1319 1352 1424 1448 1506 1738 1827 1837 1854 2400 **uw**

[↓1448 1505 1573 1611 1734 1738 1739 1837 1854 1881 1891 2125 2147 2400 2412 2495 2815 **τ** Er^{1}

[↓365 424 440 460 489 517 547 614 618 796 910 927 945 999 1241 1242 1243 1245 1270 1319 1352

παραβάσεως Ἀδάμ ὅς ἐστι τύπος τοῦ μέλλοντος. B Ψ 049 056 1 6 69 88 104 131 205 209 226 323 326 330

παραβάσεως τοῦ Ἀδάμ ὅς ἐστι τύπος τοῦ **μέλωντος**. 1315

παραβάσεως Ἀδάμ ὅς **ἐστιν** τύπος τοῦ **μέλωντος**. 1646

παραβάσεως Ἀδάμ ὅς **ἐστιν** τύπος τοῦ **μέλοντος**. 2464

omit 2344 [↓2815 **τ** Er^{1}

παραβάσεως Ἀδάμ ὅς **ἐστιν** τύπος τοῦ μέλλοντος. ℵ A C D F G K L P 33 1175 1424 1506 1735 1827 1836

15 Ἀλλ' οὐχ ὡς τὸ παράπτωμα, οὕτως τὸ χάρισμα· εἰ γὰρ τῷ B [**w**]

15 Ἀλλ' οὐχ ὡς τὸ παράπτωμα, οὕτως καὶ τὸ χάρισμα· εἰ γὰρ 614 1827 2412

15 Ἀλλ' οὐχ ὡς τὸ παράπτωμα, οὕτως καὶ τὸ χάρισμα· εἰ γὰρ **τὸ** K 049 88 323 999 1175

15 Ἀλλ' οὐχ **ὃς** τὸ παράπτωμα, οὕτως καὶ τὸ χάρισμα· εἰ γὰρ **τὸ** 1243 [↑1315 1424 1505

15 Ἀλλ' οὐχ ὡς τὸ **παράπτομα**, οὕτως καὶ τὸ χάρισμα· **ἢ** γαρ **τὸ** 2464 [↑1506 1611 1874

15 Ἀλλ' οὐχ ὡς τὸ παράπτωμα, **οὕτω** καὶ τὸ χάρισμα· εἰ γὰρ **τὸ** τῷ 1245 [↑2147 2400

15 Ἀλλ' οὐχ ὡς τὸ παράπτωμα, **οὕτω** καὶ τὸ χάρισμα· εἰ γὰρ τῶι 1891

15 Ἀλλ' οὐχ ὡς τὸ παράπτωμα, **οὕτω** καὶ τὸ χάρισμα· εἰ γὰρ τῷ 104 205 1242 1448 **τ**

15 Ἀλλ' οὐχ ὡς τὸ παράπτωμα, **οὗτος** καὶ τὸ χάρισμα· εἰ γὰρ τῷ F

15 Ἀλλ' οὐχ ὡς **τῷ** παράπτωμα, οὕτως καὶ τὸ χάρισμα· εἰ γὰρ τῷ 1646

15 Ἀλλ' οὐχ ὡς τὸ παράπτωμα, οὕτως καὶ τὸ χάρισμα· εἰ γὰρ τῶι 424 1270 1739

15 Ἀλλ' οὐχ ὡς τὸ παράπτωμα ἡμῶν, οὕτως καὶ τὸ χάρισμα· εἰ γὰρ τῷ 1836

15 Ἀλλ' οὐχ ὡς τὸ παράπτωμα, οὕτως καὶ τὸ χάρισμα· **ἢ** γὰρ τῷ 460

15 Ἀλλ' οὐχ ὡς τὸ παράπτωμα, οὕτως καὶ τὸ χάρισμα· εἰ γὰρ τῷ ℵ A C D G L P Ψ 056 1 6 33 69 131 209 226 326 330 365 440 489 517 547 618 796 910 927 945 1241 1319 1352 1573 1734 1735 1738 1837 1854 1881 2125 2344 2495 2815 **u**[**w**] Er^{1}

---

lac. 5.14-15 $\mathfrak{P}^{10}$ $\mathfrak{P}^{46}$ $\mathfrak{P}^{113}$ 0172 1982

C 5.14 τελ 330 796 1243 1837 | τελ της ς̅ 326 **15** αρχ τη β̅ της δ̅ εβδ αδ,ε αλλ ουχ ως το παρα 326 1837 | αρχ τη β̅ της δ̅ εβδ 330 | αρχ τη πα της α̅ εβδ αδ,ε ει τω του ενος πα 796 | τη β̅ της δ̅ κ,υ κ̅ εβδ 1243

E 5.14 1 Co 15.21-22, 45 **15** 1 Ti 2.5; Is 53.11-12

[↓1827 1836 1837 1854 1874 1881 1891 2125 2147 2344 2400 2412 2495 2815 **uwτ** Er[1]
[↓1175 1241 1242 1243 1245 1270 1315 1319 1352 1424 1448 1505 1506 1573 1611 1646 1734 1735
[↓056 1 33 69 88 104 131 205 209 226 323 326 330 365 424 440 489 517 547 614 796 910 927 945 999
τοῦ ἑνὸς παραπτώματι οἱ πολλοὶ ἀπέθανον, πολλῷ μᾶλλον ἡ χάρις τοῦ B ℵ C D G K L P Ψ 049
τοῦ ἑνὸς ἡ χάρις τοῦ 460 618 1738
τοῦ ἑνὸς παραπτώματι πολλοὶ ἀπέθανον, πολλῷ μᾶλλον ἡ χάρις τοῦ 6
τοῦ ἑνὸς παραπτώματι οἱ πολλοὶ ἀπέθανον, πολλῶι μᾶλλον ἡ χάρις τοῦ 1739
τοῦ ἑνὸς **παραπτόματι** οἱ πολλοὶ ἀπέθανον, πολλῷ μᾶλλον ἡ χάρις τοῦ F
τοῦ ἑνὸς παραπτώματι οἱ πολλοὶ ἀπέθανον, πολλῷ οὖν μᾶλλον ἡ χάρις τοῦ A
τοῦ ἑνὸς παραπτώματι οἱ **πολοὶ** ἀπέθανον, **πολῷ** **μᾶλον** **τὸ** **χάρισμα** τοῦ 2464

θυ καὶ ἡ δωρεὰ ἐν χάριτι τῇ τοῦ ἑνὸς ἀνθρώπου ιυ χυ εἰς B ℵ D L P
θεοῦ καὶ ἡ δωρεὰ ἐν χάριτι τῇ τοῦ ἑνὸς ἀνθρώπου Ἰησοῦ Χριστοῦ εἰς **uwτ**
θεοῦ καὶ ἡ δωρεὰ ἐν χάριτι τοῦ ἑνὸς ἀνθρώπου Ἰησοῦ Χριστοῦ εἰς Er[1]
θυ καὶ ἡ δωρεὰ ἐν χάριτι τοῦ ἑνὸς ἀνθρώπου Ἰησοῦ χυ εἰς 69
θυ καὶ ἡ δωρεὰ ἐν χάριτι τοῦ ἑνὸς ανου ιυ χυ εἰς 323 1646 1827 1874 1891*
θυ .... ἐν χάριτι τῇ τοῦ ἑνὸς ανου ιυ χυ εἰς 1611 [↑2815
θυ καὶ ἡ δωρεὰ ἐν χάριτι τῆι τοῦ ἑνὸς ανου ιυ χυ εἰς 1270 1734 1891[c]
θυ καὶ ἡ δωρεὰ ἐν χάριτι τῇ τοῦ ἑνὸς ανου Ἰησοῦ χυ εἰς 226
θυ καὶ ἡ δωρεὰ ἐν χάριτι τῆι τοῦ ἑνὸς ανου **χυ** **ιυ** εἰς 1739
θυ καὶ ἡ δωρεὰ ἐν **χάρητι** τῇ τοῦ ἑνὸς ανου ιυ χυ εἰς 049
θυ καὶ ἡ δωρεὰ ἐν **τῇ** **χάριτι** τοῦ ἑνὸς ανου ιυ χυ εἰς 460 618 1738
θυ καὶ ἡ **δωραιὰ** χάριτι τῇ τοῦ ἑνὸς ανου ιυ χυ εἰς F G
θυ καὶ ἡ **δωραιὰ** ἐν χάριτι τῇ τοῦ ἑνὸς ανου ιυ χυ εἰς 88 1175
θυ καὶ ἡ **δωραιὰ** ἐν **χάριτη** τῇ τοῦ ἑνὸς ανου ιυ χυ εἰς K
θυ καὶ ἡ **δωραιὰ** ἐν **χάρητι** τῇ τοῦ ἑνὸς ανου ιυ χυ εἰς 2464
θυ καὶ ἡ **δορεὰ** ἐν χάριτι τῇ τοῦ ἑνὸς ανου ιυ χυ εἰς 1243
θυ καὶ ἡ δωρεὰ ἐν χάριτι τῇ τοῦ ἑνὸς ανου ιυ χυ ᵀ εἰς A C Ψ 056 1 6 33 104 131 205
209 326 330 365 424 440 489 517 547 614 796 910 927 945 999 1241 1242 1245 1315 1319
1352 1424 1448 1505 1506 1573 1735 1836 1837 1854 1881 2125 2147 2344 2400 2412 2495

ᵀἀρ' οὖν ὡς δι' ἑνὸς παραπτώματος 1881

[↓323 424 517 999 1175 1241 1245 1424 1506 1735 1739 1827 2125 2147 2344 **uw**
τοὺς πολλοὺς ἐπερίσσευσεν. **16** καὶ οὐχ ὡς δι' ἑνὸς ἁμαρτήσαντος τὸ B ℵ A C K L P 049 056 33 69 88
τοὺς πολλοὺς ἐπερίσσευσεν. **16** καὶ οὐχ ὡς ἑνὸς ἁμαρτήσαντος τὸ 460
τοὺς πολλοὺς ἐπερίσσευσεν. **16** καὶ οὐχ ὡς δι' ἑνὸς ἁμαρτήσαντος **τῷ** 1874
τοὺς πολλοὺς ἐπερίσσευσεν. **16** καὶ οὐχ ὡς δι' ἑνὸς **ἁμαρτίσαντος** τὸ 910 1836
τοὺς πολλοὺς ἐπερίσσευσεν. **16** καὶ οὐχ **ὃς** δι' ἑνὸς **ἁμαρτίσαντος** το 1243
τοὺς πολλοὺς ἐπερίσσευσεν. **16** καὶ οὐχ ὡς δι' ἑνὸς **ἁμαρτήματος** τὸ D G
τοὺς πολλοὺς ἐπερίσσευσεν. **16** καὶ **οὐκ** ὡς δι' ἑνὸς **ἁμαρτήματος** τὸ F
τοὺς πολλοὺς **περίεσσευσεν**. **16** καὶ οὐχ ὡς δι' ἑνὸς ἁμαρτήσαντος τὸ Ψ 326 1837
τοὺς πολλοὺς **περιέσσευσε**. **16** καὶ οὐχ ὡς δι' ἑνὸς ἁμαρτήσαντος τὸ 365 1505 1319 1734
τοὺς πολλοὺς **περίσσευσε**. **16** καὶ οὐχ ὡς δι' ἑνὸς ἁμαρτήσαντος τὸ 330 1573 2495
τοὺς πολλοὺς **ἐπερίσσεσε**. **16** καὶ οὐχ ὡς δι' ἑνὸς ἁμαρτήσαντος τὸ 2412
τοὺς πολλοὺς **ἐπερίσευσεν**. **16** καὶ οὐχ ὡς δι' ἑνὸς ἁμαρτήσαντος τὸ 131 1881
τοὺς πολλοὺς **ἐπερίσευσεν**. **16** καὶ οὐχ ὡς ἑνὸς ἁμαρτήσαντος τὸ 618
τοὺς πολλοὺς **ἐπερίσσευσε**. **16** καὶ οὐχ ὡς ἑνὸς ἁμαρτήσαντος τὸ 1738
τοὺς πολλοὺς **ἐπερίσευσεν**. **16** καὶ οὐχ ὡς δι' ἑνὸς **ἁμαρτίσαντος** τὸ 1646
τοὺς **πολοὺς** **ἐπερίσευσεν**. **16** καὶ οὐχ ὡς δι' ἑνὸς **ἁμαρτίσαντος** τὸ 2464
τοὺς **πολοὺς** **ἐπερίσσευσε**. **16** καὶ οὐχ ὡς δι' ἑνὸς ἁμαρτήσαντος τὸ 489
τοὺς πολλοὺς **ἐπερίσσευσε**. **16** καὶ οὐχ ὡς δι' ἑνὸς ἁμαρτήσαντος τὸ 1 6 104 205 209 226 440 547 614
796 927 945 1242 1270 1315 1352 1448 1611 1854 1891 2400 2815 **τ** Er[1]

lac. 5.15-16 𝔓[10] 𝔓[46] 𝔓[113] 0172 1982

E **5.15** 1 Ti 2.5; Is 53.11-12 **16** Jn 8.34

[↓1738 1739 1836 1837 1854 1874 1881 1891 2125 2147 2344 2400 2412 2464 2815 **uwτ** Er[1]
[↓927 945 1175 1241 1242 1245 1270 1315 1319 1352 1424 1448 1506 1573 1611 1646 1734 1735
[↓056 1 6 33 69 104 131 205 209 226 323 326 330 365 424 440 460 489 517 547 614 618 796 910

δώρημα· τὸ μὲν γὰρ κρίμα ἐξ ἑνὸς εἰς κατάκριμα, τὸ δὲ χάρισμα ἐκ B ℵ A C D K L P Ψ 049
δώρημα· τὸ μὲν γὰρ κρίμα ἐξ ἑνὸς εἰς κατάκριμα, τὸ χάρισμα ἐκ 1505 2495
δώρημα· τὸ μὲν γὰρ κρίμα **ἐκ** ἑνὸς εἰς κατάκριμα, τὸ δὲ χάρισμα ἐκ 1243
δώρημα· τὸ μὲν γὰρ κρίμα ἐξ ἑνὸς······ ························· ····· ······················ ····· 88
δόρημα· τὸ μὲν κρίμα ἐξ ἑνὸς εἰς κατάκριμα, τὸ δὲ χάρισμα ἐκ 999
δόρημα τὸ μὲν **κρήμα** ἐξ ἑνὸς εἰς κατάκριμα, τὸ δὲ χάρισμα ἐκ G*
δώρημα τὸ μὲν **κρήμα** ἐξ ἑνὸς εἰς κατάκριμα, τὸ δὲ χάρισμα ἐκ G[c]
δώρημα· τὸ μὲν **κρήμα** ἐξ ἑνὸς εἰς **κατάκρημα**, τὸ δὲ χάρισμα ἐκ F
δώρημα· τὸ μὲν γὰρ **κατάκριμα** ἐξ ἑνὸς εἰς κατάκριμα, τὸ δὲ χάρισμα ἐκ 1827

[↓1270 1315 1352 1448 1506 1573 1735 1738 1827 1836 1854 2147 2344 2412 2495 2815 **u[w]τ** Er[1]
[↓33 69 104 131 205 209 226 323 326[c] 330 365 440 489 517 547 614 796 910 927 1175 1241 1242 1245

πολλῶν παραπτωμάτων εἰς δικαίωμα. **17** εἰ γὰρ τῷ τοῦ ἑνὸς παραπτώματι B ℵ C L P Ψ 056 6
πολλῶν παραπτωμάτων εἰς δικαίωμα. **17** εἰ γὰρ τῶι τοῦ ἑνὸς παραπτώματι 424 945 1891
πολλῶν **ἁρματημάτων** εἰς δικαίωμα. **17** εἰ γὰρ τῷ τοῦ ἑνὸς παραπτώματι 1
πωλλῶν παραπτωμάτων εἰς δικαίωμα. **17** εἰ γὰρ τῶι τοῦ ἑνὸς παραπτώματι 1734
πολλῶν παραπτ·········των εἰς δικαίωμα. **17** εἰ γὰρ τῷ τοῦ ἑνὸς ······························ 1611
πολῶν παραπτωμάτων εἰς δικαίωμα. **17** εἰ γὰρ τῷ τοῦ ἑνὸς παραπτώματι 618
πολῶν παραπτωμάτων εἰς δικαίωμα. **17** **ἠ** γὰρ **τὸ** τοῦ ἑνὸς παραπτώματι 2464
πολλῶν παραπτωμάτων εἰς δικαίωμα. **17** εἰ γὰρ **τὸ** τοῦ ἑνὸς **παραπτόματι** 1243
πολλῶν παραπτωμάτων εἰς δικαίωμα ζωῆς. **17** εἰ γὰρ **ἐν τῷ ἑνὶ** παραπτώματι D*
πολλῶν παραπτωμάτων εἰς δικαίωμα. **17** εἰ γὰρ **ἐν τῷ ἑνὶ** παραπτώματι D[2]
πολλῶν παραπτωμάτων εἰς δικαίωμα. **17** εἰ γὰρ **ἐν ἑνὶ** παραπτώματι A
πολλῶν παραπτωμάτων εἰς δικαίωμα. **17** εἰ γὰρ **ἐν εἱνεὶ παραπτώμα** F
πολλῶν παραπτωμάτων εἰς δικαίωμα. **17** εἰ γὰρ **ἐν ἑνεὶ παραπτώμα** G
·················· ·························· ······ ························· **17**····· ········ ······ ······· ·········· · ······························ 88
πολλῶν παραπτωμάτων εἰς δικαίωμα. **17** εἰ γὰρ **ἐν** ἑνὸς παραπτώματι 1739 1881 [w]
πολλῶν παραπτωμάτων εἰς δικαίωμα. **17** εἰ γὰρ **τὸ** τοῦ ἑνὸς παραπτώματι K 049 326* 460 999 1319 1424 1505 1646 1837 1874 2125 2400

lac. 5.16-17 𝔓[10] 𝔓[46] 𝔓[113] 0172 1982

C 5.16 τελ ε̅ 1 489 1573 1739 2464 | τελ της ε̅ 547 614 1242 1315 | τε 229 927 945 1175 1245 1448 2147 | τε της ε̅ 2412 **17** αρχ τη παραπ της β̅ εβδομαδος αδ,ε ει τω του ενος παραπτωματι 1 | αρχ τη ϛ̅ της α̅ εβδ αδ,ε ει τω του ενος 489 | αρχ της παρ,ας της β̅ εβδ αδ,ε ει τω ου ενος παραπτωματι ο θα 614 | αρχ μεθ εορτ της χ̅υ̅ γεννη: προς ρωμ: αδ,ε ει τω του ενος παραπτωμ 945 | αρχ τη ϛ της β̅ εβδ αδ,ε ει τω του ενος παραπτωματι 927 | αρχ τη παρ,α της α̅ εβδ 1175 | αρχ τη ϛ 1242 | αρχ τη β̅ της β̅ εβδ κ,ε ϙβ̅ 1315 | αρχ περι της οφειλομενος μετα τη πιστει πραξεις αγαθης 1448 | αρχ τ γ της ϛ εβδ αδ,ε ει τω του ενος παραπτωματι 1573 | κ,ε ι̅δ̅ αρχ ϛ̅ τη ϛ̅ της β̅ εβδ πρ ρωμ αδελφοι ει δε ενος παραπτωματι ο θανατος εβασιλ 1739 | κ,ε ζ̅ περι της οφειλομεν επι τη πιστει πραξεως αγαθος 1739 | το ρητον του υπομνηματος λαβοντες εχει ομοιως και τα πολλα τω ν παλαιων αντιγραφων αυτοι δε δι ολης σχεδον της εξηγησεως λαμβανοντες μεμνητ 1739 | τελ 440 1243 | τε της ε̅ 517 | αρχ τη παρα της ε̅ εβδ τη π,α ης ϛ κ,ε εβδ προς ρωμαιους αδελφοι ουχ 2464 | αρχ τη ϛ̅ της β̅ εβδ. αδ,ε ει τω του ενος παρα 226 | αρχ της ϛ 440 | τη ϛ̅ αδ,ε ει 517 | αρχ 1245 | ζ̅ περι της οφειλομενης επι τη πιστει πραξεως αγαθης1245 | κ,υ πε αδ,ε 1827 | αρχ της παρ,α̅ της β̅ εβδ αδ,ε ει τω του ενοςπαραπτωματι 2147 | αρχ της παρ,ασ̅ 2412 | (ante οι την) αρχ 330

D 5.17 ι̅γ̅ 1 226 | ι̅δ̅ 517 547 | α,α ν̅ϛ̅ ι̅γ̅ 614 | ζ̅ 1245

E 5.16 Jn 8.34 **17** Re 20.4

[↓460 910 1175 1241 1424 1506 1836 1837 **uw**
ὁ θάνατος ἐβασίλευσεν διὰ τοῦ ἑνός, πολλῷ μᾶλλον οἱ τὴν περισσείαν B ℵ C D L Ψ 056 33 326 424
θάνατος ἐβασίλευσεν διὰ τοῦ ἑνός, πολλῷ μᾶλλον οἱ τὴν περισσείαν 1243
ὁ θάνατος **ἐβασίλευε** διὰ τοῦ ἑνός, πολλῷ μᾶλλον οἱ τὴν περισσείαν 1505 2495
.. ..**λευσε** διὰ τοῦ ἑνός, πολλῷ μᾶλλον ....αν 1611
ὁ θάνατος ἐβασίλευσεν διὰ τοῦ ἑνός, πολλῷ μᾶλλον οἱ τὴν **περρισσείαν** 049
ὁ θάνατος ἐβασίλευσεν διὰ τοῦ ἑνός, πολλῷ μᾶλλον οἱ τὴν **περησσίαν** 1735
ὁ θάνατος ἐβασίλευσεν διὰ τοῦ ἑνός, πολλῷ μᾶλλον οἱ τὴν **περισσίαν** A F G K P 1874^c
ὁ θάνατος ἐβασίλευσεν διὰ τοῦ ἑνός, πολλῷ μᾶλλον οἱ τὴν **περισίαν** 1646
ὁ θάνατος ἐβασίλευσεν διὰ τοῦ ἑνός, **πολλο** μᾶλλον οἱ τὴν **περισσίαν** 1874*
ὁ θάνατος ἐβασίλευσεν διὰ τοῦ ἑνός, **πολῷ** **μᾶλον** οἱ τὴν **περισίαν** 2464
.. .. 88
ὁ θάνατος **ἐβασίλευσε** διὰ τοῦ ἑνός, πολλῷ **μᾶλον** οἱ τὴν περισσείαν 1352
ὁ θάνατος **ἐβασίλευσε** διὰ τοῦ ἑνός, πολλῶι **διὰ** τὴν περισσείαν 1270*
ὁ θάνατος **ἐβασίλευσε** διὰ τοῦ ἑνός, πολλῶι μᾶλλον **διὰ** τὴν περισσείαν 1270^c
ὁ θάνατος **ἐβασίλευσε** διὰ τοῦ ἑνός, πολλῶι μᾶλλον οἱ τὴν περισσείαν 1739
ὁ **θάνατο** **ἐβασίλευσε** διὰ τοῦ ἑνός, πολλῷ μᾶλλον οἱ τὴν περισσείαν 1315*
ὁ θάνατος **ἐβασίλευσε** διὰ τοῦ ἑνός, πολλῷ μᾶλλον οἱ τὴν **περισίαν** 131 618
ὁ θάνατος **ἐβασίλευσε** διὰ τοῦ ἑνός, πολλῷ μᾶλλον οἱ τὴν **περισσίαν** 489 927 1319 1573
ὁ θάνατος **ἐβασίλευσε** διὰ τοῦ ἑνός, πολλῷ μᾶλλον **ἡ** τὴν **περισσίαν** 365
ὁ θάνατος **ἐβασίλευσε** διὰ τοῦ ἑνός, πολλῷ μᾶλλον **ἡ** τὴν **περισσείαν** 2147
ὁ θάνατος **ἐβασίλευσε** διὰ τοῦ ἑνός, πολλῷ μᾶλλον οἱ τὴν περισσείαν 1 6 69 104 205 209 226 323
330 440 517 547 614 796 945 999 1242 1245 1315^c 1448 1734 1738 1827 1854 1881 1891 2125 2344 2400 2412 2815 **τ** Er[1]

τῆς χάριτος καὶ τῆς δικαιοσύνης λαμβάνοντες ἐν ζωῇ B [w]
τῆς χάριτος καὶ τῆς δωρεᾶς καὶ τῆς δικαιοσύνης λαμβάνοντες ἐν ζωῇ Ψ 330 365 1319 1505 1573
τῆς χάριτος καὶ τῆς δωρεᾶς καὶ τῆς **δικαιωσύνης** λαμβάνοντες ἐν ζωῇ 1611 [↑1735 2495
τῆς χάριτος καὶ **τήν δωρεὰν** τῆς δικαιοσύνης λαμβάνοντες ἐν ζωῇ 6 104 424 1448 2400
τῆς χάριτος καὶ τῆς δωρεᾶς τῆς δικαιοσύνης λαμβάνοντες ἐν ζωῇι 945 1739 1891
τῆς χάριτος καὶ τῆς δωρεᾶς τῆς δικαιοσύνης λαμβάνοντες ἐν τῇ ζωῇ L 489 927 1836 1874
τῆς χάριτος καὶ τῆς **δωραιᾶς** τῆς δικαιοσύνης λαμβάνοντες ἐν τῇ ζωῇ 1175
τῆς χάριτος καὶ τῆς δωρεᾶς τῆς **δικαιωσύνης** λαμβάνοντες ἐν τῇ ζωῇ 33
.... δωρεᾶς τῆς δι............ .... ἐν τῇ ζωῇ 88
.... δωρεᾶς τῆς.......................... .... ζωῇ 𝔓46
τῆς χάριτος καὶ τῆς δωρεᾶς λαμβάνοντες ἐν ζωῇ C
τῆς χάριτος καὶ τῆς **δωραιᾶς** τῆς δικαιοσύνης **λαμβοντες** ἐν ζωῇ F G
τῆς χάριτος καὶ τῆς δωρεᾶς τῆς δικαιοσύνης **λαβόντες** ἐν ζωῇ 1881
τῆς χάριτος καὶ τῆς δωρεᾶς τῆς δικαιοσύνης **λλαμβάνοντες** ἐν ζωῇ 1646 [↓2815 **u**[**w**]**τ** Er[1]
τῆς χάριτος καὶ τῆς **δορεᾶς** τῆς δικαιοσύνης λαμβάνοντες ἐν ζωῇ 1243 [↓2344 2412 2464
τῆς χάριτος καὶ δωρεᾶς τῆς δικαιοσύνης λαμβάνοντες ἐν ζωῇ 1315 [↓1854 2125 2147
τῆς χάριτος καὶ τῆς δωρεᾶς τῆς δικαιοσύνης λαμβάνοντες ἐν ζωῇ ℵ A D K P 049 056 1 69 131
205 209 226 323 326 440 460 517 547 614 618 796 910 999 1241 1242 1245 1270 1352 1424 1506 1734 1738 1827 1837

lac. 5.17 𝔓10 𝔓46 𝔓113 0172 1982

C 5.17 τελ 1836 | τε της β̄ 1837 | (post μαλλον) τελ 330

D 5.17 ιγ̄ 1 226 | ιδ̄ 517 547 | α,α νς̄ ιγ̄ 614 | ζ 1245

E 5.17 Re 20.4

Errata: 5.17 ubs 𝔓46 τῆς δωρεᾶς : ..... δωρεᾶς 𝔓46
5.17 ubs C cites τῆς δωρεᾶς, but not omission of τῆς δικαιοσύνης

βασιλεύσουσιν	διὰ τοῦ ἑνὸς	χυ	ιυ.	18	Αρα	οὖν ὡς δι'	B
βασιλεύσουσιν	διὰ τοῦ ἑνὸς	Χριστοῦ	Ἰησοῦ.	18	῎**Αρα**	οὖν ὡς δι'	[w]
βασ......	....	......	......	18	Αρα	οὖν ὡς δι'	𝔓46
βασιλεύσουσιν	διὰ τοῦ ἑνὸς	ιυ	χυ.	18	Αρα	οὖν ὡς δι'	ℵ A D* F G L
βασιλεύσουσι	διὰ τοῦ ἑνὸς	ιυ	χυ.	18	Αρα	οὖν ὡς δι'	C 104
βασιλεύουσιν	διὰ τοῦ ἑνὸς	ιυ	χυ.	18	Αρα	οὖν ὡς δι'	P 049
βασιλεύουσι	διὰ τοῦ ἑνὸς	**Ἰησοῦ**	**Χριστοῦ**.	18	᾽**Αρα**	οὖν ὡς δι'	Er1 [↓1874
βασιλεύσουσιν	διὰ τοῦ ἑνὸς	ιυ	χυ.	18	᾽**Αρα**	οὖν ὡς δι'	Dc 326 1243 1506 1837
βασιλεύσουσι	διὰ τοῦ ἑνὸς	ιυ	χυ.	18	᾽**Αρα**	οὖν ὡς δι'	69 205 209 365 1319c
βασιλεύουσιν	διὰ τοῦ ἑνὸς	ιυ	χυ.	18	᾽**Αρα**	οὖν ὡς δι'	1315 [↑2412
βασιλεύουσι	διὰ τοῦ ἑνὸς	ιυ	χυ.	18	᾽**Αρα**	οὖν ὡς δι'	1 440 460 1319* 1827
βασιλεύσουσιν	διὰ τοῦ ἑνὸς	ιυ	χυ.	18	῎**Αρρα**	οὖν ὡς δι'	2464
βασιλεύσουσιν	διὰ τοῦ ἑνὸς	ιυ	χυ.	18	῎**Αρα**	οὖν ὡς δι'	K 056 910 1175 1735
βασιλεύσουσιν	διὰ τοῦ ἑνὸς	ιυ	χυ.	18	῎**Αρα**	οὖν ὡς διὰ τοῦ	1241 [↑1836
βασιλεύσουσιν	διὰ τοῦ ἑνὸς	**Ἰησοῦ**	**Χριστοῦ**.	18	῎**Αρα**	οὖν ὡς δι'	u[w]
βασιλεύουσιν	διὰ τοῦ ἑνὸς	ιυ	χυ.	18	῎**Αρα**	οὖν ὡς δι'	33 1424
βασιλεύουσι	διὰ τοῦ ἑνὸς	ιυ	χυ.	18	῎**Αρα**	οὖν ὡς δι'	618 1242 1245 1352 1505
βασιλεύουσι	διὰ τοῦ ἑνὸς	ιυ	χυ.	18	῎**Αρα**	οὖν **ὅς** δι'	330 [↑1738 1854 2495
βασιλεύσουσι	διὰ τοῦ ἑνὸς	**Ἰησοῦ**	**Χριστοῦ**.	18	῎**Αρα**	οὖν ὡς δι'	τ
βασιλεύσουσι	διὰ τοῦ ἑνὸς	ιυ	χυ.	18	῎**Αρ'**	οὖν ὡς δι'	1739
βασιλεύσουσι	....	ιυ	χυ.	18	῎**Αρα**	οὖν ὡς δ..	88
βασιλεύσουσι	διὰ τοῦ ἑνὸς ανου	ιυ	χυ.	18	῎**Αρα**	οὖν ὡς δι'	1270
βασιλεύσουσι	**τῇ** τοῦ ἑνὸς	ιυ	χυ.	18	῎**Αρα**	οὖν ὡς δι'	547
βασιλεύσουσι	διὰ τοῦ ἑνὸς	ιυ	χυ.	18	῎**Αρα**	οὖν ὡς δι'	Ψ 6 131 226 323 424 489 517 614 796 927 945 999 1448 1573 1611 1646 1734 1881 1891 2125 2147 2400 2815

ἑνὸς	παραπτώματος	εἰς πάντας ἀνθρώπους	εἰς κατάκριμα,	οὕτως	B ℵc D uw
ἑνὸ..	....	......τας ἀνθρώπους	ε....	......	𝔓46
ἑνὸς	παραπτώματος	εἰς πάντας ἀνθρώπους	εἰς κατάκριμα,	**οὕτω**	τ
ἑνὸς	**παράπτωμα**	εἰς πάντας ἀνθρώπους	εἰς κατάκριμα,	**οὕτω**	69
ἑνὸς ἀνθρώπου	παραπτώματος	εἰς πάντας ἀνθρώπους	εἰς κατάκριμα,	οὕτως	ℵ*
ἑνὸς τὸ	παραπτώματος	εἰς πάντας ἀνθρώπους	εἰς κατάκριμα,	οὕτως	Er1
ἑνὸς τὸ	**παράπτομα**	εἰς πάντας **ἀνθρόπους**	εἰς κατάκριμα,	**οὗτος**	F
ἑνὸς τὸ	**παράπτωμα**	εἰς πάντας ανους	εἰς κατάκριμα,	οὕτως	G
ἑνὸς ανου τὸ	**παράπτωμα**	εἰς πάντας ανους	εἰς κατάκριμα,	οὕτως	1836
ἑνὸς	παραπτώματος	εἰς πάντας ανους **εἰσῆλθε τὸ**	κατάκριμα,	οὕτως	1315
ἑνὸς	παραπτώματος	εἰς πάντας ανους	εἰς κατάκριμα,	**οὕτω**	104 205 209 330 517
......	....ματος	εἰς πάντας ανους	εἰς κατάκριμα,	οὕτως	88 [↑547 1242 1245
ἑνὸς	παραπτώματος	εἰς πάντας ανους	κατάκριμα,	οὕτως	910 [↑1505 1891 2495
ἑνὸς	παραπτώματος	εἰς πάντας ανους	εἰς κατάκριμα,	οὕτως	1424*
ἑνὸς	**παραπώματος**	εἰς πάντας ανους	εἰς κατάκριμα,	οὕτως	2412
ἑνὸς					1506
ἑνὸς	παραπτώματος	εἰς πάντας ανους			049 460 618 1738
ἑνὸς	παραπτώματος	εἰς πάντας ανους	εἰς κατάκριμα,	οὕτως	A C K L P Ψ 056 1 6 33 131 226 323 326 365 424 440 489 614 796 927 945 999 1175 1241 1243 1270 1319 1352 1424c 1448 1573 1611 1646 1734 1735 1739 1827 1837 1854 1874 1881 2125 2147 2400 2464 2815

lac. 5.17-18 𝔓10 𝔓113 0172 1982 2344 (illeg.)

C 5.17 τελ 1836 | τε της β 1837 | (post μαλλον) τελ 330 **18** αρχ 547 | αρχ τη γ της δ εβδ αδ,ε ἄρα ουν ως δι ενος 1837

E 5.17 Re 20.4 **18** 1 Co 15.21-22; Jn 8.36; 1 Pe 2.24

καὶ δι᾽ ἑνὸς δικαιώματος εἰς πάντας ἀνθρώπους εἰς δικαίωσιν ζωῆς· **19** ὥσπερ B ℵ 1315 1319
.... δι᾽ ἑνὸς δικαιώματ.... .... εἰς δικαίωσιν ζωῆς· **19** ὥσπ.... 𝔓^{46} [↑**uwτ** Er^1
καὶ δι᾽ ἑνὸς δικαιώματος εἰς πάντας ανους εἰς δικαίωσιν ζωῆς· **19** ὥσπερ 1243
καὶ δι᾽ ἑνὸς δικαιώματος εἰς πάντας ανους εἰς **δικαίωμα** ζωῆς· **19** ὥσπερ 1734
καὶ δι᾽ ἑνὸς δικαιώματος εἰς πάντας ανους εἰς **δικαίοσιν** ζωῆς· **19** ὥσπερ 2464
καὶ δι᾽ ἑνὸς **δικαιόματος** εἰς πάντας ανους εἰς δικαίωσιν ζωῆς· **19** ὥσπερ 2147
δικαιόματος εἰς πάντας ανους εἰς δικαίωσιν ζωῆς· **19** ὥσπερ 1506
καὶ δι᾽ ἑνὸς δικαιώματος εἰς δικαίωσιν ζωῆς· **19** ὥσπερ 1881
εἰς δικαίωσιν ζωῆς· **19** ὥσπερ 049 460 618
καὶ δι᾽ ἑνὸς τὸ **δικαίωμα** εἰς πάντας ἀνθρώπους εἰς δικαίωσιν ζωῆς· **19** ὥσπερ D [↑1738
καὶ δι᾽ ἑνὸς καὶ **δικαίωμα** εἰς πάντας ανους εἰς δικαίωσιν ζωῆς· **19** ὥσπερ F
καὶ δι᾽ ἑνὸς τὸ **δικαίωμα** εἰς πάντας ανους εἰς δικαίωσιν ζωῆς· **19** ὥσπερ G 69
καὶ δι᾽ ἑνὸς .... δικαιώματος εἰς πάντας ανους εἰς δικαίωσιν ζωῆς· **19** ὥσπερ 1424* [↓056
καὶ δι᾽ ἑνὸς δικαιώματος εἰς πάντας ανους εἰς δικαίωσιν ζωῆς· **19** ὥσπερ A C K L P Ψ 6
1 33 88 104 131 205 209 226 323 326 330 365 424 440 489 517 547 614 796 910 927 945 999 1175 1241 1242 1245
1270 1352 1424^c 1448 1505 1573 1611 1646 1735 1739 1827 1836 1837 1854 1874 1891 2125 2400 2412 2495 2815

γὰρ διὰ τῆς παρακοῆς τοῦ ἑνὸς ἀνθρώπου ἁμαρτωλοὶ κατεστάθησαν οἱ B ℵ D 424 **uwτ**
γὰρ διὰ τῆς παρακοῆς τοῦ ἑνὸς ανου ἁμαρτωλοὶ **καθεστάθημεν** οἱ 69 1241
γὰρ διὰ τῆς παρακοῆς τοῦ ἑνὸς ἀνθρώπου ἁμαρτωλοὶ **καθεστάθημεν** οἱ Er^1
....κοῆς τοῦ ἑνὸς ἀνθρώπου ....**στησαν** οἱ 𝔓^{46}
γὰρ διὰ τῆς παρακοῆς τοῦ ἑνὸς ανου ἁμαρτωλοὶ **καθεστήκασιν** οἱ 614 999 2147 2412
διὰ τῆς παρακοῆς τοῦ ἑνὸς ανου ἁμαρτωλοὶ **καθεστήκαμεν** οἱ 1243
γὰρ διὰ τῆς παρακοῆς τοῦ ἑνὸς ανου ἁμαρτωλοὶ **καθεστήκαμεν** οἱ 2815
γὰρ διὰ τῆς παρακοῆς τοῦ ἑνὸς ανου ἁμαρτωλοὶ **κατεσστάθησαν** οἱ C
γὰρ διὰ τῆς **ὑπαρακοῆς** τοῦ ἑνὸς ανου ἁμαρτωλοὶ κατεστάθησαν οἱ 049*
γὰρ διὰ τῆς **παρακωῆς** τοῦ ἑνὸς ανου **ἁμαρτωλλοὶ** κατεστάθησαν οἱ 1646
γὰρ διὰ τῆς **παρακωῆς** τοῦ ἑνὸς ανου ἁμαρτωλοὶ κατεστάθησαν οἱ 2464
γὰρ διὰ τῆς παρακοῆς τοῦ ἑνὸς ανου ἁμαρτωλοὶ κατεστάθησαν οἱ A F G K L P Ψ 049^c 056 1
6 33 88 104 131 205 209 226 323 326 330 365 440 460 489 517 547 618 796 910 927 945 1175 1242 1245 1270 1315
1319 1352 1424 1448 1505 1506 1573 1611 1734 1735 1738 1739 1827 1836 1837 1854 1874 1881 1891 2125 2400 2495

[↓1505 1506 1573 1611 1646 1734 1735 1738 1739 1827 1836 1837 1854 1881 2125 2147 2400 2412 2815 **uw** Er^1
[↓Ψ 049 056 1 6 88 131 209 226* 323 326 330 424 440 489 614 796 910 927 945 1175 1241 1270 1352 1424 1448
πολλοί, οὕτως καὶ διὰ τῆς ὑπακοῆς τοῦ ἑνὸς δίκαιοι κατασταθήσονται B ℵ A C D$^{1.2}$ K L P
πολλοί, οὕτως ....ῆς τοῦ ἑνὸς δίκαιοι κατ.............................. 𝔓^{46}
πολλοί, οὗτος καὶ διὰ τῆς ὑπακοῆς τοῦ ἑνὸς δίκαιοι κατασταθήσονται 1243
πολλοί, **οὗτος** καὶ διὰ τῆς ὑπακοῆς τοῦ ἑνὸς δίκαιοι κατασταθήσονται 1319
πολλοί, οὕτως καὶ διὰ τῆς ὑπακοῆς τοῦ ἑνὸς ἀνθρώπου δίκαιοι κατασταθήσονται D*
πολλοί, οὕτως καὶ διὰ τῆς ὑπακοῆς τοῦ ἑνὸς δίκαιοι **καταστάθησαν** 1315
πολλοί, οὕτως καὶ διὰ τῆς ὑπακοῆς τοῦ ἑνὸς δίκαιοι **καταστήσονται** 999
πολλοί, οὕτως καὶ διὰ τῆς ὑπακοῆς τοῦ ἑνὸς δίκαιοι **κατασταθίσονται** 33
πολλοί, οὕτως καὶ διὰ τῆς ὑπακοῆς τοῦ ἑνὸς δίκαιοι **κατασταθήσοντε** 460 618 1874
πολοί, οὕτως καὶ διὰ τῆς ὑπακοῆς τοῦ ἑνὸς δίκαιοι **κατασταθήσοντε** 2464
πολλοί, **ουτος** καὶ διὰ τῆς **τοῦ ἑνὸς ανου ὑπακοῆς** δίκαιοι **κατεσταθήσονται** F
πολλοί, οὕτως καὶ διὰ τῆς **τοῦ ἑνὸς ανου ὑπακοῆς** δίκαιοι κατασταθήσονται G
πολλοί, **οὗτω** καὶ διὰ ὑπακοῆς τοῦ ἑνὸς δίκαιοι κατασταθήσονται 69 [↓1891 2495 **τ**
πολλοί, **οὗτω** καὶ τῆς ὑπακοῆς τοῦ ἑνὸς δίκαιοι κατασταθήσονται 104 [↓1242 1245
πολλοί, **οὗτω** καὶ διὰ τῆς ὑπακοῆς τοῦ ἑνὸς δίκαιοι κατασταθήσονται 205 226^c 365 517 547

lac. 5.18-19 𝔓^{10} 𝔓^{113} 0172 1982 2344 (illeg.)

D 5.19 ζ B

E 5.18 1 Co 15.21-22; Jn 8.36; 1 Pe 2.24 **19** Is 53.11

[↓1352 1448 1505 1506 1573 1611 1734 1827 1836 1837 1854 1881 2125 2400 2412 2495 2815 **uwτ** Er^1
[↓1 6 69 88 104 209 226 323 326 330 365 424 489 547 614 796 910 927 945 999 1241 1242 1243 1245 1270

οἱ πολλοί. ζ	**20** νόμος δὲ	παρεισῆλθεν,	ἵνα πλεονάσῃ	τὸ παράπτωμα·	B ℵ A C K^c P Ψ 049 056
··· πολλοί.	**20** νόμος δὲ	··········· ················	·· ···· ··· ·············η	τὸ παράπτω·····˙	𝔓^{46}
πολλοί.	**20** νόμος δὲ	παρεισῆλθεν,	ἵνα πλεονάσῃ	τὸ παράπτωμα·	205
οἱ πολλοί.	**20** νόμος **γὰρ**	παρεισῆλθεν,	ἵνα πλεονάσῃ	τὸ παράπτωμα·	L
οἱ πολλοί.	**20** νόμος δὲ	παρεισῆλθεν,	ἵνα πλεονάσῃ	τὸ παράπτωμα·	F^c
οἱ πολλοί.	**20** νόμος δὲ	παρεισῆλθεν,	ἵνα πλεονάσηι	τὸ παράπτωμα·	1739 1891
οἱ πολλοί.	**20** νόμος δὲ	παρεισῆλθεν,	ἵνα πλεονάσῃ	τὸ **ἁμάρτημα**·	440 517
οἱ πολλοί.	**20** νόμος δὲ	παρεισῆλθεν,	ἵνα πλεονάσῃ	τὸ **ἁμάρτημα**··	1315
οἱ πολλοί.	**20** νόμος δὲ	παρεισῆλθεν,	ἵνα πλεονάσῃ	τὸ **παράπτομα**·	F*
οἱ πολλοί.	**20** νόμος δὲ	παρεισῆλθεν,	ἵνα πλεονάσῃ	**τῷ** παράπτωμα·	1175
οἱ πολλοί.	**20** νόμος δὲ	παρεισῆλθεν,	ἵνα **πλεονεκτήσῃ**	**τῷ** παράπτωμα·	460 618
οἱ πολλοί.	**20** νόμος δὲ	παρεισῆλθεν,	ἵνα **πλεονεκτήσῃ**	τὸ παράπτωμα·	1738
οἱ πολλοί.	**20** νόμος δὲ	παρεισῆλθεν,	ἵνα **πλεωνάσῃ**	τὸ παράπτωμα·	1646
οἱ **πολοί**.	**20** νόμος δὲ		ἵνα **πλεωνάσει**	τὸ παράπτωμα·	2464*
οἱ **πολοί**.	**20** νόμος δὲ	παρεισῆλθεν,	ἵνα **πλεωνάσει**	τὸ παράπτωμα·	2464^c
οἱ πολλοί.	**20** νόμος δὲ	παρεισῆλθεν,	ἵνα **πλεονάσει**	τὸ παράπτωμα·	33 131 1319^c 1424 1735
οἱ πολλοί.	**20** νόμος δὲ	**παρεισῆλθε**,	ἵνα **πλεονάσει**	τὸ παράπτωμα·	1319* [↑1874 2147
οἱ πολλοί.	**20** νόμος δὲ	**παρισῆλθεν**,	ἵνα πλεονάσῃ	τὸ παράπτωμα·	D
οἱ πολλοί.	**20** νόμος δὲ	**παριεισῆλθεν**,	ἵνα πλεονάσῃ	τὸ παράπτωμα·	K*
οἱ πολλοί.	**20** νόμος δὲ	**ἐπαρεισῆλθεν**,	ἵνα πλεονάσῃ	τὸ παράπτωμα·	G

[↓1319 1352 1424 1448 1505 1506 1573 1611 1734 1738 1739 1827 1854 1891 2125 2400 2412 2495 2815 **uwτ** Er^1
[↓056 1 6 69 88 104 205^c 209 226 323 424 440 460 517 547 614 796 910^c 927 945 999 1175 1241 1242 1243 1270 1315

οὗ	δὲ ἐπλεόνασεν	ἡ ἁμαρτία,	ὑπερεπερίσσευσεν	ἡ χάρις,	**21** ἵνα ὥσπερ	B ℵ A C D K L P Ψ 049
·····	······ ····························	ἡ ἁμαρτία,	··	·· ············	**21** ········ ὥσπερ	𝔓^{46}
οὗ	δὲ ἐπλεόνασεν	ἡ ἁμαρτία,	ὑπερεπερίσσευσεν	ἡ χάρις,	**21** ἵνα **ὥσεπερ**	1245
ὅπυυ	δὲ ἐπλεόνασεν	ἡ ἁμαρτία,	ὑπερεπερίσσευσεν	ἡ χάρις,	**21** ἵνα ὥσπερ	F G
οὗ	δὲ ἐπλεόνασεν	ἡ ἁμαρτία,	**ὑπερεπερίσευσεν**	ἡ χάρις,	**21** ἵνα ὥσπερ	131 205* 618 910*
οὗ	δὲ **ἐπλεώνασεν**	ἡ ἁμαρτία,	**ὑπερεπερίσευσεν**	ἡ χάρις,	**21** ἵνα ὥσπερ	1646 [↑1881 2147
οὗ	δὲ **ἐπλεώνασεν**	ἡ ἁμαρτία,	**ὑπερπερίσσευσεν**	ἡ χάρις,	**21** ἵνα ὥσπερ	33
οὗ	δὲ **ἐπλεώνασεν**	ἡ ἁμαρτία,	**ὑπερπερίεσευσεν**	ἡ χάρις,	**21** ἵνα ὥσπερ	2464
οὗ	δὲ ἐπλεόνασεν	ἡ ἁμαρτία,	**ὑπερπερίσσευσεν**	ἡ χάρις,	**21** ἵνα ὥσπερ	326 1837 1874
οὗ	δὲ ἐπλεόνασεν	ἡ ἁμαρτία,	**ὑπερπερίεσσευσεν**	ἡ χάρις,	**21** ἵνα ὥσπερ	330 365 1735 1836
οὗ	δὲ ἐπλεόνασεν	ἡ ἁμαρτία,	**ὑπερεπεριέσσευσεν**	ἡ χάρις,	**21** ἵνα ὥσπερ	489
·····	····· ····························	·· ······················	··	·· ············	**21** ἵνα ὥσπερ	1982

[↓469 614 618 796 927^c 1175 1241 1243 1315 1319^c 1448 1505 1506 1735 1738 1836 1854 1982 2400 2412 2815 **uw** Er^1

ἐβασίλευσεν ἡ	ἁμαρτία ἐν τῷ	θανάτῳ,	οὕτως καὶ ἡ χάρις	βασιλεύσῃ	B ℵ A C D P 049^c 69 88
ἐβα······················ ··	······················ ····· ········	··················ωι	οὕτως καὶ ἡ χάρις	···································	𝔓^{46} [↑209 226 323 460
ἐβασίλευσεν ἡ	ἁμαρτία ἐν τῶι	θανάτωι,	οὕτως καὶ ἡ χάρις	βασιλεύσῃ	056 424 945
ἐβασίλευσεν ἡ	ἁμαρτία ἐν τῷ	θανάτωι,	οὕτως καὶ ἡ χάρις	βασιλεύσῃ	1270
ἐβασίλευσεν ἡ χαρι	ἁμαρτία ἐν τῷ	θανάτῳ,	οὕτως καὶ ἡ χάρις	βασιλεύσῃ	049*
ἐβασίλευσεν ἡ	ἁμαρτία ἐν	θανάτῳ,	οὕτως καὶ ἡ χάρις	βασιλεύσῃ	F G
ἐβασίλευσεν ἡ	ἁμαρτία ἐν	θανάτῳ,	οὕτως καὶ ἡ χάρις	**βασιλεύει**	1319*
ἐβασίλευσεν ἡ	ἁμαρτία ἐν τῷ	θανάτῳ,	οὕτως καὶ ἡ χάρις	**βασιλεῦσι**	927*
ἐβασίλευσεν ἡ	ἁμαρτία ἐν τῷ	θανάτῳ,	**οὗτος** καὶ ἡ χάρις	βασιλεύσῃ	1874^c
ἐβασίλευσεν ἡ	ἁμαρτία ἐν τῷ	θανάτῳ,	**οὗτος** καὶ ἡ χάρις	**βασιλεύσει**	1874*
ἐβασίλευσεν ἡ	ἁμαρτία ἐν τῶι	θανάτωι,	οὕτως καὶ ἡ χάρις	**βασιλεύσει**	1734 1739 1891
ἐβασίλευσεν ἡ	ἁμαρτία ἐν τῷ	θανάτῳ,	**οὕτω** καὶ ἡ χάρις	**βασιλεύσει**	104 1611 2495
ἐβασίλευσεν ἡ	ἁμαρτία ἐν τῷ	θανάτῳ,	**οὕτω** καὶ ἡ χάρις	βασιλεύσῃ	33 205 547 1242 1245
ἐβασίλευσεν ἡ	ἁμαρτία ἐν τῶι	θανάτωι,	**οὕτω** καὶ ἡ χάρις	βασιλεύσῃ	517 [↑1352 1827 τ
ἐβασίλευσεν ἡ	ἁμαρτία ἐν τῷ	θανάτῳ,	οὕτως καὶ ἡ χάρις	**βασιλεύσει**	K L Ψ 1 6 131 326 330

365 440 910 999 1424 1573 1646 1837 1881 2125 2147 2464

lac. 5.19-21 𝔓^{10} 𝔓^{113} 0172 2344 (illeg.) **5.19-20** 1982

C 5.19 τε 1175 **20** αρχ 1175 | ζ περι της οφειλομενος επι τη πιστει πραξεως αγαθου 1734 | ζ περι της οφειλομενος επι τη πιστει πραξεως αγαθης: τω αγιω σαββατ 1874

D 5.20 ζ 1734

E 5.19 Is 53.11 **20** Ro 4.15; 7.8; Ga 3.19; 1 Ti 1.14 **21** Ro 6.23; 7.5

διὰ δικαιοσύνης εἰς ζωὴν αἰώνιον διὰ χυ ιυ τοῦ κυ ἡμῶν. B
....σύνης εἰς ζωὴν αἰώ......... .... τοῦ κυ ἡμῶν. $\mathfrak{P}^{46}$
διὰ τῆς δικαιοσύνης εἰς ζωὴν αἰώνιον διὰ ιυ χυ τοῦ κυ ἡμῶν. 440 489 999 1448
διὰ δικαιοσύνης εἰς ζωὴν αἰώνιον διὰ **Ἰησοῦ Χριστοῦ** τοῦ κυρίου ἡμῶν. **uwτ**
διὰ δικαιοσύνης εἰς ζωὴν αἰώνιον διὰ **Ἰησοῦ Χριστοῦ**. Er^1
διὰ δικαιοσύνης εἰς ζωὴν αἰώνιον διὰ **ιηυ** χυ τοῦ κυ ἡμῶν. G
διὰ δικαιοσύνης εἰς ζωὴν αἰώνιον διὰ ιυ χυ τοῦ **θυ** ἡμῶν. 365
διὰ **δικαιοσύνην** εἰς ζωὴν αἰώνιον διὰ ιυ χυ τοῦ κυ ἡμῶν. 049
διὰ **δικαιωσύνην** εἰς ζωὴν αἰώνιον διὰ ιυ χυ τοῦ κυ ἡμῶν. 1243
διὰ **δικαιωσύνης** εἰς ζωὴν αἰώνιον διὰ ιυ χυ τοῦ κυ ἡμῶν. 33 1315 2464
διὰ **δικαιοσύννης** εἰς ζωὴν αἰώνιον διὰ ιυ χυ τοῦ κυ ἡμῶν. 1646
διὰ δικαιοσύνης εἰς ζωὴν αἰώνιον. 2125
διὰ δικαιοσύνης εἰς ζωὴν αἰώνιον διὰ **τοῦ κυ ἡμῶν ιυ χυ**. 88 1424
διὰ δικαιοσύνης εἰς ζωὴν αἰώνιον διὰ ιυ χυ τοῦ κυ ἡμῶν. ℵ A C D F K L P Ψ 056
1 6 69 104 131 205 209 226 323 326 330 424 460 517 547 614 618 796 910 927 945 1175 1241 1242 1245 1270 1319
1352 1505 1506 1573 1611 1734 1735 1738 1739 1827 1836 1837 1854 1874 1881 1891 1982 2147 2400 2412 2495 2815

Baptism, a Dying and Rising with Christ to a New Life

[↓440 1241 1242 1245 1315 1506 1837 **uwτ**
6:1 Τί οὖν ἐροῦμεν; ἐπιμένωμεν τῇ ἁμαρτίᾳ, ἵνα ἡ χάρις πλεονάσῃ; B A C D G Ψ 104 326 424^c
6:1 Τί οὖν ἐρ.............. .... τῇ ἁμαρτίᾳ, ἵνα ἡ χάρις .... $\mathfrak{P}^{46}$
6:1 Τί οὖν **ἐρεῦμεν**; ἐπιμένωμεν τῇ ἁμαρτίᾳ, ἵνα ἡ χάρις πλεονάσῃ; F
6:1 Τί οὖν ἐροῦμεν; ἐπιμένωμεν τῇ ἁμαρτίᾳ, ἵνα ἡ χάρις **πλεονάσει**; 1874*
6:1 Τί οὖν ἐροῦμεν; **ἐπιμένομεν** τῇ ἁμαρτίᾳ, ἵνα ἡ χάρις **πλεονάσει**; 460 1243 1874^c 2464
6:1 Τί οὖν ἐροῦμεν; **ἐπιμένομεν** τῆι ἁμαρτίαι, ἵνα ἡ χάρις πλεονάσηι; 1891 [↓618 1175 1738
6:1 Τί οὖν ἐροῦμεν; **ἐπιμένομεν** τῇ ἁμαρτίᾳ, ἵνα ἡ χάρις πλεονάσῃ; ℵ K P 049 1 131 330 424*
6:1 Τί οὖν ἐροῦμεν; **ἐπιμένομεν** τῇ **ἁμαρτί**, ἵνα ἡ χάρις πλεονάσῃ; 1646 [↑1836 2815
6:1 Τί οὖν ἐροῦμεν; **ἐπιμείνομεν** τῇ ἁμαρτίᾳ, ἵνα ἡ χάρις πλεονάσῃ; 6 365 1573 1881
6:1 Τί οὖν ἐροῦμεν; **ἐπιμείνομεν** τῆι ἁμαρτίᾳ, ἵνα ἡ χάρις πλεονάσηι; 1739
6:1 Τί οὖν ἐροῦμεν; **ἐπιμείνομεν** τῇ ἁμαρτίᾳ, ἵνα ἡ χάρις **πλεονάσει**; 1319
6:1 Τί οὖν ἐροῦμεν; **ἐπιμείνωμεν** τῇ ἁμαρτίᾳ, ἵνα ἡ χάρις **πλεονάσει**; 1735
6:1 Τί οὖν ἐροῦμεν; **ἐπιμείνωμεν** τῇ ἁμαρτίᾳ, ἵνα ἡ χάρις **πλεωνάσει**; 33
6:1 Τί οὖν ἐροῦμεν; **ἐπιμείνωμεν** τῇ ἁμαρτίᾳ, ἵνα ἡ χάρις πλεονάσῃ; L 88 1827
6:1 Τί ἐροῦμεν; **ἐπιμείνωμεν** τῇ ἁμαρτίᾳ, ἵνα ἡ χάρις πλεονάσῃ; 489 927
6:1 Τί οὖν ἐροῦμεν; **ἐπιμενοῦμεν** τῇ ἁμαρτίᾳ, ἵνα ἡ χάρις **πλεονάσει**; 1424 2147
6:1 Τί ἐροῦμεν; **ἐπιμενοῦμεν** τῇ ἁμαρτίᾳ, ἵνα ἡ χάρις πλεονάσῃ; 2400
6:1 Τί οὖν ἐροῦμεν; **ἐπιμενοῦμεν** τῆι ἁμαρτίαι, ἵνα ἡ χάρις πλεονάσῃ; 056 945
6:1 Τί οὖν ἐροῦμεν; **ἐπιμενοῦμεν** τῆι ἁμαρτίᾳ, ἵνα ἡ χάρις πλεονάσῃ; 1270
6:1 Τί οὖν ἐροῦμεν; **ἐπιμενοῦμεν** τῇ ἁμαρτίᾳ, ἵνα ἡ χάρις πλεονάσηι; 1734
6:1 Τί οὖν **αἰροῦμεν**; **ἐπιμενοῦμεν** τῇ ἁμαρτίᾳ, ἵνα ἡ χάρις πλεονάσῃ; 1505
6:1 Τί οὖν ἐροῦμεν; **ἐπιμενοῦμεν** τῇ ἁμαρτίᾳ, ἵνα ἡ χάρις πλεονάσῃ; 69 205 209 226 323 517
547 614 796 910 999 1352 1448 1611 1854 1982 2125 2147 2495 Er^1

---

lac. 5.21-6.1 $\mathfrak{P}^{10}$ $\mathfrak{P}^{113}$ 0172 2344 (illeg.)

C 5.21-6.1 ζ περὶ τῆς ὀφειλομένης ἐπὶ τῇ πίστει πράξεως ἀγαθῆς 049 440 1175 1270 | κ,ε ς 209 | αρχ τω αγ μγ Σα εστ: προς ρωμ: αδ,ε οσοι βαπτισθημ εις χν ιν 945 | η περὶ τῆς ὀφειλομένης ἐπὶ τῇ πίστει πράξεως ἀγαθῆς 1315 | σχο ου μονον επερισσευσεν αλλα και υπερεπερισσευσεν η χαρις οπου γεγονεν πλεονας μου αμαρτιας ωσπερ και επι την οις δακρυει νιψας α τους ποδους ιυ και ζητητε ει επι πανθ ον τιν' ο οπου περισσευειν αμα νικω ει η του θυ χαρις 1739 τελ 330 945 | στιχοι τ 1175 1874 | τε λ,ο της β 1315

D 6.1 ζ 049 440 1175 1270 | η 1315

E 5.21 Ro 6.23; 7.5 **6.1** Ro 3.5-8

Errata: 6.1 **na** 1881 ἐπιμένομεν : ἐπιμείνομεν 1881

[↓1315 1352 1448 1505 1573 1738 1827 1854 1881 1982 2147 2412 2495 2815 **uwτ** Er[1]
[↓056 1 6 69 131 205 209 226 323 440 489 517 547 796 910 927 999 1175 1241 1242 1245

2 μὴ γένοιτο.	οἵτινες	ἀπεθάνομεν	τῇ ἁμαρτίᾳ,	πῶς ἔτι	ζήσομεν	ἐν αὐτῇ;	B ℵ A D K P
2	οἵτινες	ἀπεθάνομεν	τῇ ἁμαρτίᾳ,	πῶς ἔτι	ζήσομεν	ἐν αὐτῇ;	Cl III 75.3
2 μὴ γένοιτο.	οἵτινες	ἀπεθάνομεν	τῇ ἁμαρτίᾳ,	πῶς	ζήσομεν	ἐν αὐτῇ;	1319
2 μὴ γένοιτο.	οἵτινες	ἀπεθάνομεν	τῆι ἁμαρτίᾳ,	πῶς ἔτι	ζήσομεν	ἐν αὐτῇ;	424 1270
2 μὴ γένοιτο.	οἵτινες	ἀπεθάνομεν	τῆι ἁμαρτίᾳ,	πῶς ἔτι	ζήσομεν	ἐν αὐτῆι;	945
2 μὴ γένοιτο.	οἵτινες	ἀπεθάνομεν	τῆι ἁμαρτίαι,	πῶς ἔτι	ζήσομεν	ἐν αὐτῆι;	1739
2 μὴ γένοιτο.	οἵτινες	ἀπεθάνομεν	τῆι ἁμαρτίᾳ,	πῶς ἔτι	ζήσομεν	αὐτῆι;	1734
2 μὴ **γέννοιτο**.	οἵτινες	ἀπεθάνομεν	τῇ ἁμαρτίᾳ,	πῶς ἔτι	ζήσομεν	ἐν αὐτῇ;	1646
2 μὴ γένοιτο.	οἵτινες	**ἀπεθάνωμεν**	τῇ ἁμαρτίᾳ,	πῶς ἔτι	ζήσομεν	ἐν αὐτῇ;	1611
2 μὴ γένοιτο.	οἵτινες	**ἀπεθάναμεν**	τῇ ἁμαρτίᾳ,	πῶς ἔτι	ζήσομεν	ἐν αὐτῇ;	614
2 μὴ γένοιτο.	οἵτινες	**ἀπέθανον ἐν**	τῇ ἁμαρτίᾳ,	πῶς ἔτι	ζήσομεν	ἐν αὐτῇ;	2400
2 μὴ γένοιτο.	οἵτινες	ἀπεθάνομεν	τῇ ἁμαρτίᾳ,	πῶς ἔτι	**ζήσομεθα**	ἐν αὐτῇ;	104
2 μὴ γένοιτο.	οἵτινες	ἀπεθάνομεν	τῇ ἁμαρτίᾳ,	πῶς ἔτι	**ζῶμεν**	ἐν αὐτῇ;	330
2 ....το.	οἵτινες	ἀπεθάνομ........	....	.... ἔτι	**ζήσωμεν**	ἐν α........	$\mathfrak{P}^{46}$
2 μὴ γένοιτο.	οἵτινες	ἀπεθάνομεν	τῇ ἁμαρτίᾳ,	πῶς **ἔτη**	**ζήσωμεν**	ἐν αὐτῇ;	2464
2 μὴ γένοιτο.	οἵτινες γὰρ	ἀπεθάνομεν	τῇ ἁμαρτίᾳ,	πῶς **ἔτει**	**ζήσωμεν**	ἐν αὐτῇ;	G
2 μὴ γένοιτο.	**ὅτινες** γὰρ	**ἀνεθάνομεν**	τῇ ἁμαρτίᾳ,	πῶς **εἴτει**	**ζήσωμεν**	ἐν αὐτῇ;	F
2 μὴ **γένοιτω**.	οἵτινες	ἀπεθάνομεν	τῇ ἁμαρτίᾳ,	πῶς ἔτι	**ζήσωμεν**	ἐν αὐτῇ;	618
2 μὴ γένοιτο.	οἵτινες	ἀπεθάνομεν	τῇ ἁμαρτίᾳ,	πῶς ἔτι	**ζήσωμεν**	αὐτῇ;	88
2 μὴ γένοιτο.	οἵτινες	**ἀπεθάνωμεν**	τῇ ἁμαρτίᾳ,	πῶς ἔτι	**ζήσωμεν**	ἐν αὐτῇ;	L 33
2 μὴ γένοιτο.	οἵτινες	ἀπεθάνομεν	τῆι ἁμαρτίαι,	πῶς ἔτι	**ζήσωμεν**	ἐν αὐτῆι;	1891
2 μὴ γένοιτο.	οἵτινες	ἀπεθάνομεν	τῇ ἁμαρτίᾳ,	πῶς ἔτι	**ζήσωμεν**	ἐν αὐτῇ;	C Ψ 049 326 365 460 1243 1424 1506 1735 1836 1837 1874 2125

lac. 6.2 $\mathfrak{P}^{10}$ $\mathfrak{P}^{113}$ 0172 2344 (illeg.)

C 6.2 τελ ς̄ 489 1242 1573 1739 | τε της παρ,ας̄ 1 614 2412 | τελ 226 326 796 1175 1245 1448 1827 1837 1881 2147 | τε της ς̄ 517

E 6.2 1 Pe 4.1; Col 3.3

Errata: 6.2 **na** 1241 ζήσωμεν : ζήσομεν 1241

3 ἢ ἀγνοεῖτε ὅτι, ὅσοι ἐβαπτίσθημεν εἰς χν, εἰς τὸν B 1827
3 .. ..βαπτίσθημεν ε... .... 𝔓46
3 ἢ ἀγνοεῖτε ὅτι, ὅσοι ἐβαπτίσθημεν εἰς Χριστὸν, εἰς τὸν [w]
3 ἢ ἀγνοεῖτε ὅτι, ὅσοι ἐβαπτίσθημεν εἰς Χριστὸν Ἰησοῦν, εἰς τὸν **u**[**w**]**τ** Er[1]
3 ἢ ἀγνοεῖτε ὅτι, ὅσοι ἐβαπτίσθημεν εἰς χν Ἰησοῦν, εἰς τὸν 69
3 ἢ ἀγνοεῖτε ὅτι, ὅσοι **ἐβαπτίσθητε** εἰς χν ιν, εἰς τὸν 1874*
3 ἢ ἀγνοεῖτε ὅτι, ὅσοι **εἰς χν ἐβαπτίσθημεν**, 104*
3 ἢ ἀγνοεῖτε ὅτι, ὅσοι **εἰς χν ἐβαπτίσθημεν**, εἰς τὸν 104c
3 ἢ ἀγνοεῖτε ὅτι, ὅσοι ἐβαπτίσθημεν εἰς **ιν χν** εἰς τὸν 440
3 ... . εἰς χν ιν, εἰς τὸν 2344
3 ἢ **ἠγνοῆται** ὅτι, ὅσοι ἐβαπτίσθημεν εἰς χν ιν, εἰς τὸν 1243
3 ἢ **ἀγνοῆτε** ὅτι, ὅσοι ἐβαπτίσθημεν εἰς χν ιν, εἰς τὸν 1319 1611
3 ἢ **ἀγνοεῖται** ὅτι, ὅσοι ἐβαπτίσθημεν εἰς χν ιν, εἰς τὸν F G 131* 1506
3 ἢ **ἀγνωῆται** ὅτι, ὅσοι ἐβαπτίσθημεν εἰς χν ιν, εἰς τὸν 2464
3 ἢ **ἀγνωεῖται** ὅτι, ὅσοι ἐβαπτίσθημεν εἰς χν ιν, εἰς τὸν 1646
3 **εἰ** **ἀγνωεῖτε** ὅτι, ὅσοι ἐβαπτίσθημεν εἰς χν ιν, εἰς τὸν 33
3 ἢ **ἀγνωεῖτε** ὅτι, ὅσοι ἐβαπτίσθημεν εἰς χν ιν, εἰς τὸν 618 1891
3 ἢ **ἀγνωεῖτε** ὅτι, ὅσοι **εἰς χν ἐβαπτίσθημεν**, εἰς τὸν 460
3 ἢ **ἀγνοεῖται** ὅτι, ὅσοι **εἰς χν ἐβαπτίσθημεν**, εἰς τὸν 1735
3 ἢ ἀγνοεῖτε ἀδελφοί, ὅτι, ὅσοι **εἰς χν ἐβαπτίσθημεν**, εἰς τὸν 326 1837
3 ἀδελφοί, ὅσοι **εἰς χν ιν ἐβαπτίσθημεν**, εἰς τὸν 1836
3 ἢ ἀγνοεῖτε ἀδελφοί, ὅτι, ὅσοι ἐβαπτίσθημεν εἰς χν ιν, εἰς τὸν 1505 2495
3 ἢ ἀγνοεῖτε ὅτι, ὅσοι ἐβαπτίσθημεν εἰς χν ιν, εἰς τὸν ℵ A C D K L P Ψ 049 056 1 6 88 131c 205 209 226 323 330 365 424 489 517 547 614 796 910 927 945 999 1175 1241 1242 1245 1270 1315 1352 1424 1448 1573 1734 1738 1739 1854 1874c 1881 1982 2125 2147 2400 2412 2815

[↓1573 1611 1646 1734 1735 1738 1827 1836 1837 1854 1874 1881 1982 2125 2147 2400 2412 2464 2495 2815 **uwτ** Er[1]
[↓330 365 440 460 489 547 614 618 796 910 927 999 1175 1241 1242 1243 1245 1315 1319 1352 1424 1448 1505 1506
θάνατον αὐτοῦ ἐβαπτίσθημεν; 4 συνετάφημεν οὖν αὐτῷ διὰ τοῦ B ℵ A C D F G K L P Ψ 049 056 6 33 69
4 συνετάφημεν οὖν αὐτῷ διὰ τοῦ 104* [↑88 104c 131 205 209 226 323 326
θάνατον αὐτοῦ ἐβαπτίσθημεν; 4 συνετάφημεν οὖν αὐτῶι διὰ τοῦ 1 424 517 945 1270 1739 1891
....βαπτι................. 4 .... 𝔓46
θάνατον αὐτοῦ ἐβαπτίσθη......... 4 2344

lac. 6.3-4 𝔓10 𝔓46 𝔓113 0172

C 6.3 αρχ τω αγιω Σα εσπερας Ψ | αρχ τω αγιω μεγαλω σαβ εβδ· αδ,ε οσοι εβαπτισθημεν 1 | αρχ τω αγιω σαββατ 209 | αρχ αγ, και μεγα Σα εσπαρ, αδ,ε οσοι εβαπτισθημεν εις χν ιν 226 | αρχ τω αγιω Σα εσπ αδ,ε οσοι εις χν εβαπτ 326 | αρχ τω μγλ' Σα εις τ' λειτουργιαν 330 | αρχ τα μγ α ς λ,ει 440 | αρχ τω αγ κ, ηγα' Σα εσπ,. αδ,ε οσοι εις 489 | αρχ ω αγιω Σα εσπε 517 | αρχ 547 | αρχ τω αγ' και μ,γλ Σα εσπα, εις τ λητρ' αδελφοι οσοι εις χν εβαπτ 614 | αρχ τη μγλ Σα εις τ λειτρ αδ,ε οσοι εις χν ε 796 | αρχ τω αγ και μγλ Σα εσπ αδ,ε οσοι εις χν εβαπτισθημεν 927 | αρχ τω αγιω εσπερεις 1175 | αρχ τη μγλ Σα εις τ λ,ειτρ 1242 | αρχ τω αγ και μγλ Σα εις τη λ κ,ε ζ 1243 | αρχ 1245 1881 | αρχ τω αγιω Σα εγπ αδ,ε οσοι εις χν εβαπτ 1270 | αρχ τω αγ και μγλ Σα εις την λειτουργ κ,ε ϙζ 1315 | αρχ τω αγιω και μοι ση εις τ λητουργ αδ,ε οσοι εβαπτισθημεν εις χν 1448 | αρχ τη μγλ Σα εωθ αδ,ε η αγνοειτε 1573 | α τω αγιω Σα εσπε αδ,ε οσοι εις χν εβαπτισθημεν 1735 | αρχ τω αγιω Σα ιε 1739 | Σα δ τω απω σα ειπ: πρ ρωμαιος αδελφοιοσοι εβαπτισθημεν εις χν ιυ 1739 | αρχ κ,ε ς αδ,ε 1827 | αρχ τω αγαιω Σα εσπειρας εις τ λειτουγιαν 1836 | ζ περι της οφειλονης επι τη πιστει πραξεως αγαθης 1836 | αρχ τω αγιω Σα εσπ αδ,ε οσοι εις χν εβαπτι 1837 | αρχ αδελφοι οσοι εβαπτισθημεν εις χν ιν 1891 | τω αγ κ, μγλ Σα επερ αδ,ε οσα εις χν εβα 2147 | εσπρ τω αγ και μ,γλ Σα αδ,ε οσοι εβαπτισθημεν εις χν εις τον θανατον 2412 | αρχ τω μεγαλω σαββατω επεσ 2464

D 6.3 ιδ 1 226 | ιγ 489 927 | αν,α νζ ιδ 614 | ιε 517 1739 | θι 1739

E 6.3 Ga 3.27; Mk 10.38; Col 2.12 **4** Col 2.12; 1 Pe 1.3; Ro 7.6; 2 Co 5.17

[↓1735 1738 1739 1827 1837 1854 1874 1881 1891 1982 2125 2400 2412 2464 2495 2815
[↓945 999 1175 1241 1242 1243 1270c 1315 1319 1352 1424 1448 1505 1506 1573 1611 1734
[↓6 69 88 104 131 205 209 226 323 326 365 424 440 460 489 517 547 614 618 796 910 927
βαπτίσματος εἰς τὸν θάνατον, ἵνα ὥσπερ ἠγέρθη χς ἐκ νεκρῶν B ℵ A C D2 L Ψ 056 1
βαπτίσματος εἰς θάνατον, ἵνα ὥσπερ ἠγέρθη χς ἐκ νεκρῶν D* F G
.... εἰς τὸν θάνατον, ἵνα ὥσπερ ἠγέρθη χς ἐκ νεκρῶν 2344
βαπτίσματος εἰς τὸν θάνατον, ἵνα ὥσπερ ἠγέρθη **ὁ** χς ἐκ νεκρῶν 1646
βαπτίσματος εἰς τὸν **θάνανατον**, ἵνα ὥσπερ ἠγέρθη χς ἐκ νεκρῶν 049
βαπτίσματος εἰς τὸν θάνατον, ἵνα ὥσπερ ἠγέρθη Χριστὸς ἐκ νεκρῶν **uwτ** Er1
βαπτίσματος εἰς τὸν θάνατον, ἵνα ὥσπερ **ἐγέρθη** χς ἐκ νεκρῶν P
βαπτίσματος............ εἰς τὸν θάνατον, ἵνα ὥσπερ ἠγέρθη χς ἐκ νεκρῶν 1270*
βαπτίσματος αὐτοῦ εἰς τὸν θάνατον, **ἣν** ὥσπερ ἠγέρθη χς ἐκ νεκρῶν 33
βαπτίσματος εἰς τὸν θάνατον, **ἵν'** ὥσπερ ἠγέρθη χς ἐκ νεκρῶν K 1245 1836
βαπτίσματος εἰς θάνατον, **ἵν'** ὥσπερ **χς ἠγέρθη** ἐκ νεκρῶν 330
βαπτίσματος εἰς τὸν θάνατον, ἵνα ὥσπερ **ὁ χς ἠγέρθη** ἐκ νεκρῶν 2147

διὰ τῆς δόξης τοῦ πατρός, οὕτως καὶ ἡμεῖς ἐν καινότητι ζωῆς B D **uw**
διὰ τῆς δόξης τοῦ πρς, οὕτως καὶ............ ... . ζωῆς 1611
διὰ τῆς δόξης τοῦ **πνς**, οὕτως καὶ ἡμεῖς ἐν καινότητι ζωῆς 945
διὰ τῆς δόξης τοῦ πατρός, οὕτως καὶ **ἡμῖς** ἐν καινότητι ζωῆς ℵ
διὰ τῆς δόξης τοῦ πρς, οὕτως καὶ ἡμεῖς ἐν **καινώτητι** ζωῆς 999 1874
διὰ τῆς δόξης τοῦ πρς, οὕτως καὶ ἡμεῖς ἐν **κενότητι** ζωῆς C 049
διὰ τῆς δόξης τοῦ πρς, οὕτως καὶ ἡμεῖς ἐν **κενότιτη** ζωῆς 1646
διὰ τῆς δόξης τοῦ πρς, οὕτως καὶ ἡμεῖς **ἐγκαινότητι** ζωῆς 460 618 1424
διὰ τῆς δόξης τοῦ πρς, οὕτως καὶ ἡμεῖς **ἐγκενότητι** ζωῆς 2464
διὰ τῆς δόξης τοῦ πρς, **οὕτω** καὶ ἡμεῖς ἐν **καινόματι** ζωῆς 1352
διὰ τῆς δόξης τοῦ πρς, **οὕτω** καὶ ἡμεῖς ἐν καινότητι ζωῆς 88 104 205 547 1242 1243 1245 1891 2495
διὰ τῆς δόξης τοῦ πατρός, **οὕτω** καὶ ἡμεῖς ἐν καινότητι ζωῆς **τ** Er1 [↑2815
διὰ τῆς δόξης τοῦ πρς, οὕτως καὶ ἡμεῖς ἐν καινότητι ζωῆς A F G K L P Ψ 056 1 6 33 69 131 209 226 323 326 330 365 424 440 489 517 614 796 910 927 1175 1241 1270 1315 1319 1448 1505 1506 1573 1734 1735 1738 1739 1827 1836 1837 1854 1881 1982 2125 2147 2344 2400 2412

[↓1315 1319 1448 1506 1573 1611 1735 1827 1836 1837 1854 1874 1982 2125 2147 2400 2412 2815 **uwτ** Er1
[↓104 131 205 209 226 323 326 365 440 460 489 517 547 614 796 910 927 999 1175 1241 1242 1245 1270
περιπατήσωμεν. **5** εἰ γὰρ σύμφυτοι γεγόναμεν τῷ ὁμοιώματι τοῦ B ℵ A C K L P Ψ 049 056 1 6 69
περιπατήσωμεν. **5** εἰ γὰρ σύμφυτοι γεγόναμεν τῶι ὁμοιώματι τοῦ 424 945 1739 1891
περιπατήσωμεν. **5** εἰ γὰρ σύμφυτοι γεγόναμεν τῷ **ὀνόματι** τοῦ 1352
περιπατήσωμεν. **5** εἰ γὰρ σύμφυτοι **γεγώναμεν** τῷ ὁμοιώματι τοῦ 618
περιπατήσωμεν. **5** **ἢ** γὰρ σύμφυτοι **γεγώναμεν** τῷ **ὁμυώματι** τοῦ 2464
περιπατήσωμεν. **5** εἰ γὰρ **σύμφοιτοι** γεγόναμεν τῷ ὁμοιώματι τοῦ 33 88 1424 1505 1734 1738 2344
περιπατήσωμεν. **5** εἰ γὰρ **σύμφοιτω** γεγόναμεν τῷ ὁμοιώματι τοῦ 330
περιπατήσωμεν. **5** εἰ γὰρ **σύνφυτοι** γεγόναμεν τῷ ὁμοιώματι τοῦ D F G
περιπατίσωμεν. **5** εἰ γὰρ **σύφυτοι** γεγόναμεν τῷ ὁμοιώματι τοῦ 1646
περιπατήσομεν. **5** εἰ γὰρ **σύμφοιτοι** γεγόναμεν τῷ ὁμοιώματι τοῦ 2495
περιπατήσομεν. **5** εἰ γὰρ σύμφυτοι γεγόναμεν τῷ ὁμοιώματι τοῦ 1243 1881

θανάτου αὐτοῦ, ἀλλὰ καὶ τῆς ἀναστάσεως ἐσόμεθα· **6** καὶ τοῦτο B
.... αὐτοῦ, ἀλ...... ....εθ..... **6** .... ῦτο 𝔓46
θανάτου αὐτοῦ, ἀλλὰ καὶ τῆς ἀναστά.......... ....εθα· **6** τοῦτο 33
6 **τοῦτο** **δὲ** Cl IV 51.1
θανάτου αὐτοῦ, ἀλλὰ καὶ τῆς ἀναστάσεως ἐσόμεθα· **6** **τοῦτο** **δὲ** 2125
θανάτου αὐτοῦ, ἀλλὰ καὶ τῆς ἀναστάσεως ἐσόμεθα· **6** 1506 [↓1837 2147
θανάτου αὐτοῦ, ἀλλὰ καὶ τῆς ἀναστάσεως **ἐσώμεθα**· **6** τοῦτο 049 326 1243 1646 1738
θανάτου αὐτοῦ, ἀλλὰ καὶ τῆς ἀναστάσεως **ἐσώμεθα**· **6** **τούτω** 618 2464
θανάτου, ἀλλὰ καὶ τῆς ἀναστάσεως **ἐσώμεθα**· **6** τοῦτο 1836
θανάτου, ἀλλὰ καὶ τῆς ἀναστάσεως ἐσόμεθα· **6** τοῦτο 1891
θανάτου, ἀλλὰ καὶ τῆς ἀναστάσεως **αὐτοῦ** **ἐσώμεθα**· **6** τοῦτο 1735
θανάτου αὐτοῦ, ἀλλὰ καὶ τῆς ἀναστάσεως **αὐτοῦ** ἐσόμεθα· **6** τοῦτο 330
θανάτου αὐτοῦ, **ἅμα** καὶ τῆς ἀναστάσεως **αὐτοῦ** **ἐσόμαιθα**· **6** τοῦτο G
θανάτου αὐτοῦ, **ἅμα** καὶ τῆς **ἀνασθάσεως** **αὐτοῦ** **ἐσόμαιθα**· **6** τοῦτο F
θανάτου αὐτοῦ, ἀλλὰ καὶ τῆς ἀναστάσεως ἐσόμεθα **6** τοῦτο ℵ A C D K L P Ψ 056 1 6 69 88 104 131 205 209 226 323 365 424 440 460 489 517 547 614 796 910 927 945 999 1175 1241 1242 1245 1270 1315 1319 1352 1424 1448 1505 1573 1611 1734 1739 1827 1854 1874 1881 1982 2344 2400 2412 2495 2815 **uwτ** Er1

lac. 6.4-6 𝔓10 𝔓113 0172 **6.4-5** 𝔓46

E 6.4 Col 2.12; 1 Pe 1.3; Ro 7.6; 2 Co 5.17 **5** Phl 3.10-11 **6** Ga 2.19; 5.24

γεινώσκοντες ὅτι ὁ παλαιὸς ἡμῶν ἄνθρωπος συνεσταυρώθη, ἵνα B D*
ὅτι ὁ παλαιὸς ἡμῶν ἄνθρωπος συνεσταυρώθη, ἵνα Cl III 75.3
.... παλαι..... ἡμῶν ....ρώθη, ἵνα 𝔓46
γινώσκοντες ὅτι ὁ παλαιὸς ἡμῶν ἄνθρωπος συνεσταυρώθη, ἵνα ℵ D1.2 **uwτ** Er1
γινώσκοντες ὅτι ὁ παλαιὸς ἡμῶν ἄνθρωπος συνεστρώθη, ἵνα 1319 1738
γινώσκοντες ὅτι ὁ παλαιὸς ἡμῶν **ἄνθροπος** συνεστρώθη, ἵνα 618
γινώσκοντες ὅτι ὁ παλαιὸς ἡμῶν ανος συνεσταυρώθη, ἵνα A C F G K P Ψ 049 6 69 424 440 460
γινώσκοντες ὅτι ὁ παλαιὸς ανος συνεσταυρώθη, ἵνα L [↑489 517 547 796 927 1175 1245
γινώσκον...... .... παλαιὸς ἡμῶν ανος συνεσταυρώθη, ἵνα 33 [↑1270 1352 1424 1611 1739 1854
γινώσκοντες ὅτι ὁ .... 88 [↑1874 1891 1982 2125 2344
γινόσκοντες ὅτι ὁ παλαιὸς ἡμῶν ανος συνεσταυρώθη, ἵνα 2464
ὅτι ὁ παλαιὸς ἡμῶν ανος συνεστρώθη, ἵνα 1506
γινώσκομεν ὅτι ὁ παλαιὸς **ἄνθρωπος ἡμῶν** **συνεσταύρωται**, ἵνα Cl IV 51.1
γινώσκοντες ὅτι ὁ παλαιὸς ἡμῶν ανος συνεστρώθη, ἵνα 056 1 104 131 205 209 226 323 326 330 365 614 910 945 999 1241 1242 1243 1315 1448 1505 1573 1646 1734 1735 1827 1836 1837 1881 2147 2400 2412 2495 2815

[↓1611 1646 1734 1735 1738 1827 1836 1837 1854 1881 1982 2125 2147 2344 2412 2495 2815 **uwτ** Er1 Cl IV 51.1
[↓326 330 440 460 489 547 614 618 910 927 999 1175 1241 1242 1243 1245 1315 1319 1352 1424 1448 1505 1506 1573
καταργηθῇ τὸ σῶμα τῆς ἁμαρτίας, τοῦ μηκέτι δουλεύειν ἡμᾶς τῇ B ℵ C D F G K L P Ψ 049 1 6 69
καταρ......... ....αρτίας, τοῦ μηκέτι .... 𝔓46 [↑104 131 205 209 226 323
καταργηθῇ τὸ σῶμα τῆς ἁμαρτίας, Cl III 75.3
καταργηθῇ τὸ σῶμα τῆς ἁμαρτίας, τοῦ μηκέτι δουλεύειν **ὑμᾶς** τῇ 365
καταρ......... τὸ σῶμα τῆς ἁμαρτίας, το.. ....λεύειν ἡμᾶς τῇ 33
καταργηθῇ τὸ σῶμα τῆς ἁμαρτίας, τοῦ **μὴ** δουλεύειν ἡμᾶς τῇ 2400
καταργηθῇ τὸ σῶμα τῆς ἁμαρτίας, τοῦ μηκέτι δουλεύειν ἡμᾶς τῆι 056 517 1270
καταργηθῆι τὸ σῶμα τῆς ἁμαρτίας, τοῦ μηκέτι δουλεύειν ἡμᾶς τῇ 424
καταργηθῆι τὸ σῶμα τῆς ἁμαρτίας, τοῦ μηκέτι δουλεύειν ἡμᾶς τῆι 1739 1891
καταργηθῇ τὸ σῶμα τῆς ἁμαρτίας,ᵀ τοῦ μηκέτι δουλεύειν ἡμᾶς τῇ 796
καταργιθῇ τὸ σῶμα τῆς ἁμαρτίας, τοῦ μηκέτι δουλεύειν ἡμᾶς τῇ 1874
καταργηθεῖ **τῷ** σῶμα τῆς ἁμαρτίας, τοῦ **μηκέτη** δουλεύειν ἡμᾶς τῇ 2464
καταργησῇ τὸ σῶμα τῆς ἁμαρτίας, τοῦ μηκέτι δουλεύειν ἡμᾶς τῇ A 945
.... 88

ᵀεἰ δὲ ἀπεθάνομεν σὺν χω̄, πιστεύομεν 796

[↓1611 1646 1734 1735 1738 1827 1836 1837 1854 1874 1881 1982 2344 2400 2412 2495 2815 **uwτ** Er1
[↓460 489 517 547 614 796 910 927 945 999 1175 1241 1242 1245 1315 1319 1352 1424 1448 1505 1573
ἁμαρτίᾳ· 7 ὁ γὰρ ἀποθανὼν δεδικαίωται ἀπὸ τῆς ἁμαρτίας. B ℵ A C D F G K L P Ψ 049 056 1 6 33 69
.. μαρτίᾳ· 7 ὁ γὰρ ἀποθανὼν .... ἀπὸ τῆς ἁμαρτίας. 𝔓46 [↑104 205 209 226 323 326 330 424 440
ἁμαρτίᾳ· 7 Cl IV 51.1
ἁμαρτίαι· 7 ὁ γὰρ ἀποθανὼν δεδικαίωται ἀπὸ τῆς ἁμαρτίας. 1270 1739 1891
ἁμαρτίᾳ· 7 ὁ γὰρ ἀποθανὼν **δεδικαίωτε** ἀπὸ τῆς ἁμαρτίας. 131 2125
ἁμαρτίᾳ· 7 ὁ γὰρ **ἀποθανὸν** **δεδικαίοτε** ἀπὸ τῆς ἁμαρτίας. 618 2464
ἁμαρτίᾳ· 7 ὁ γὰρ **ἀποθανὸν** **δεδικαίοται** ἀπὸ τῆς ἁμαρτίας. 2147
ἁμαρτίᾳ· 7 ὁ γὰρ ἀποθανὼν **δεδικαίοται** ἀπὸ τῆς ἁμαρτίας. 1506
ἁμαρτίᾳ· 7 ὁ γὰρ **ἀποθανὸν** δεδικαίωται ἀπὸ τῆς ἁμαρτίας. 1243
ἁμαρτίας· 7 ὁ γὰρ ἀποθανὼν δεδικαίωται ἀπὸ τῆς ἁμαρτίας. 365
.... 7 88

lac. 6.6-7 𝔓10 𝔓113 0172

E 6.6 Ga 2.19; 5.24 **7** 1 Pe 4.1; Ac 13.39

8 εἰ δὲ ἀπεθάνομεν σὺν χω, πιστεύομεν ὅτι καὶ συνζήσομεν B ℵ A D 6 999 1175 1319
8 εἰ δὲ ἀπεθάνομεν σὺν Χριστῷ, πιστεύομεν ὅτι καὶ συνζήσομεν **w** [↑1573 1738
8 ... .νομεν σὺν χω, **πιστεύωμεν** ὅτι καὶ συνζήσο...... 33
8 εἰ **γὰρ** .... σὺν **χρω,** πιστεύομεν ὅτι ....μεν 𝔓46
8 εἰ **γὰρ** ἀπεθάνομεν σὺν χρω, πιστεύομεν ὅτι καὶ **συνζησόμεθα** F G
8 εἰ **γὰρ** ἀπεθάνομεν τῶι χω, πιστεύομεν ὅτι καὶ **συζήσομεν** 945
8 εἰ δὲ ἀπεθάνομεν σὺν χω, **πιστεύσωμεν** ὅτι καὶ **συνζήσωμεν** 1735
8 εἰ δὲ ἀπεθάνομεν σὺν χω, **πιστεύωμεν** ὅτι καὶ **συνζήσωμεν** 326 1837
8 εἰ δὲ **ἀπεθάνωμεν** σὺν χω, **πιστεύωμεν** ὅτι καὶ **συνζήσωμεν** 131
8 εἰ δε ἀπεθάνομεν σὺν χω, πιστεύομεν ὅτι καὶ **συνζήσωμεν** K 049 104 460 1836 2464
8 εἰ δὲ **ἀποθάνομεν** σὺν χω, πιστεύομεν ὅτι καὶ **συνζήσωμεν** 618
8 εἰ δὲ **ἀποθάνομεν** σὺν χω, πιστεύομεν ὅτι καὶ συνζήσομεν 1243
8 εἰ δὲ **ἀποθάνωμεν** σὺν χω, πιστεύομεν ὅτι καὶ συνζήσομεν 1424
8 εἰ δὲ **ἀποθάνωμεν** σὺν χω, πιστεύομεν ὅτι καὶ **συζήσωμεν** 2344
8 εἰ δὲ **ἀποθάνομεν** σὺν χω, πιστεύομεν ὅτι καὶ **συζήσωμεν** 1646
8 εἰ δὲ ἀπεθάνομεν σὺν χωι, πιστεύομεν ὅτι καὶ **συζήσωμεν** 1891
8 εἰ δὲ ἀπεθάνομεν σὺν χω, πιστεύομεν ὅτι καὶ **συζήσωμεν** C P 330 614 1874 2125
8 εἰ δὲ ἀπεθάνομεν σὺν χω, πιστεύομεν ὅτι καὶ **ζησόμεθα** 1245
8...... 88
8 εἰ δὲ ἀπεθάνομεν **ἐν** χω, πιστεύομεν ὅτι καὶ **συζήσομεν** 1448 2815
8 εἰ ἀπεθάνομεν σὺν χω, πιστεύομεν ὅτι καὶ **συζήσομεν** 1827
8 εἰ δὲ ἀπεθάνομεν σὺν χωι, πιστεύομεν ὅτι καὶ **συζήσομεν** 517 1270 1739 1982
8 εἰ δὲ ἀπεθάνομεν σὺν Χριστῷ, πιστεύομεν ὅτι καὶ **συζήσομεν** **uτ** Er1
8 εἰ δὲ ἀπεθάνομεν σὺν χω, πιστεύομεν ὅτι καὶ **συζήσομεν** L Ψ 056 1 69 205 209 226
323 365 424 440 489 547 796 910 927 1241 1242 1315 1352 1505 1506 1611 1734 1854 1881 2147 2400 2412 2495

[↓1448 1505 1506 1573 1611 1646 1734 1735 1738 1827 1836 1837 1854 1881 1982 2125 2344 2412 2464 2495 2815
[↓104 205 209 226 323 326 330 365 440 460 547 614 618 796 910 999 1175 1241 1242 1243 1245 1319 1352 1424
αὐτῷ, **9** εἰδότες ὅτι χς ἐγερθεὶς ἐκ νεκρῶν οὐκέτι ἀποθνήσκει, B ℵ A C D^2 K L P Ψ 131
αὐτῷ, **9** εἰδότες ὅτι χ... ....ὐκέτι ἀποθνήσκε... 𝔓46 [↑049^c 056 1 6 69
.... **9** εἰδότες ὅτι χς ἐγε.......... ....κέτι ἀποθνήσκει, 33
αὐτῶι, **9** εἰδότες ὅτι χς ἐγερθεὶς ἐκ νεκρῶν οὐκέτι ἀποθνήσκει, 424 517 945 1270 1739
αὐτῷ, **9** εἰδότες ὅτι χς **ἐξεγερθεὶς** ἐκ νεκρῶν οὐκέτι ἀποθνήσκει, 049* [↑1891
αὐτῷ, **9** εἰδότες ὅτι Χριστὸς ἐγερθεὶς ἐκ νεκρῶν οὐκέτι ἀποθνήσκει, **uwτ** Er1
αὐτῷ, **9** εἰδότες ὅτι ὁ χς ἐγερθεὶς ἐκ νεκρῶν οὐκέτι ἀποθνήσκει, 489 927
αὐτῷ, **9** **εἰδώτες** ὅτι χς ἐγερθεὶς ἐκ νεκρῶν οὐκέτι ἀποθνήσκει, 2147
αὐτῷ, **9** **εἰδώτες** ὅτι χς ἐγερθεὶς ἐκ νεκρῶν οὐκέτι **ἀποθνίσκει,** 1874
αὐτῷ, **9** εἰδότες ὅτι χς ἐγερθεὶς ἐκ νεκρῶν οὐκέτι **ἀποθνίσκει,** 1315^c
αὐτῷ, **9** εἰδότες ὅτι ις χς ἐγερθεὶς ἐκ νεκρῶν οὐκέτι **ἀποθνίσκει,** 1315*
αὐτῷ, **9** εἰδότες ὅτι χς ἐγερθεὶς ἐκ νεκρῶν οὐκέτι **θνήσκει,** 2400
.... **9**............. 88
τῷ χρω, **9** εἰδότες ὅτι χς ἐγερθεὶς ἐκ νεκρῶν οὐκέτι **ἀποθνήσκι,** F G
τῷ χω, **9** εἰδότες ὅτι χς **ἐγερθὶς** ἐκ νεκρῶν οὐκέτι ἀποθνήσκει, D*

lac. 6.8-9 𝔓10 𝔓113 0172

E 6.8 1 Th 4.17; 1 Ti 2.11

Errata: 6.8 na K 326 συζήσωμεν : συνζήσωμεν K 326

[↓365 440 489 517 547 796 927 1242 1245 1315 1352 1448 1505 1573 1827 1881 1982 2400 2495 2815 **τ** Er[1]
θάνατος αὐτοῦ οὐκέτι κυριεύει. **10** ὃ γὰρ ἀπέθανε, τῇ ἁμαρτίᾳ B 6 69 104 131 209 226 323
.... κυριεύει. **10** ὃ γὰρ ἀ.............. .... 𝔓46
θάνατος αὐτοῦ οὐκέτι κυ.......... **10** .. ..ε, τῇ ἁμαρτ.... 33
θάνα...... ....κέτι κυριεύει. **10** ὃ γὰρ ἀπέθανε, ... 1611
θάνατος αὐτοῦ οὐκέτι κυριεύει. **10** ὃ γὰρ ἀπέθανε, τῆι ἁμαρτίᾳ 424 945 1270
θάνατος αὐτοῦ οὐκέτι κυριεύει. **10** ὃ γὰρ ἀπέθανε, τῆι ἁμαρτίαι 1739 1891
θάνατος αὐτοῦ οὐκέτι **κυριεύσει**. **10** ὃ γὰρ ἀπέθανε, τῇ ἁμαρτίᾳ 614 999 1319 2147 2344 2412
.... **10** .. .. τῇ ἁμαρτίᾳ 88
θάνατος **αὐτῷ** οὐκέτι κυριεύει. **10** ὃ γὰρ **ἀπέθανεν**, τῇ ἁμαρτίᾳ 326* 1837
θάνατος **αὐτῷ** οὐκέτι κυριεύει. **10** ὃ γὰρ **ἀπέθανεν**, ἐν τῇ ἁμαρτίᾳ 330
θάνατος αὐτοῦ **οὐκ ἔτι κυριεύσι**. **10** ὃ γὰρ **ἀπέθανεν**, τῇ ἁμαρτίᾳ D[c2]
θάνατος αὐτοῦ **οὐκέτει** κυριεύει. **10** ὃ γὰρ **ἀπέθανεν**, τῇ ἁμαρτίᾳ F G
θάνατος αὐτοῦ **οὐκέτη** κυριεύει. **10** ὃ γὰρ **ἀπέθανεν**, τῇ ἁμαρτίᾳ 1646
θάνατος αὐτοῦ **οὐκέτη κυριεύσει**. **10** ὃ γὰρ **ἀπέθανεν**, τῇ ἁμαρτίᾳ 2464
θάνατος αὐτοῦ **οὐ κατακυριεύσει**. **10** ὃ γὰρ **ἀπέθανεν**, τῇ ἁμαρτίᾳ 205
θάνατος αὐτοῦ οὐκέτι κυριεύει. **10** ὃ γὰρ **ἀπέθανεν**, τῇ ἁμαρτίᾳ ℵ A C D* K L P Ψ 049 056 1 326[c] 460 618 910 1175 1241 1243 1424 1506 1734 1735 1738 1836 1854 1874 2125 **uw**

ἀπέθανεν ἐφάπαξ· ὃ δὲ ζῇ, ζῇ τῷ θῷ. **11** οὕτως καὶ ὑμεῖς λογίζεσθαι B A D K 049 056 131 326 618 [↑1175 1506 1646 [↑2147 2464
.....έθανεν ἐφάπαξ· .. .. **11** ....ως καὶ ὑμε... .... 𝔓46
ἀπέθανεν ἐφάπαξ· ὃ δὲ ζῇ, ζῇ τῷ θῷ. **11** **οὗτος** καὶ ὑμεῖς λογίζεσθαι 1243
ἀπέθανεν ἐφάπαξ· ὃ δὲ ζῇ, ζῇ τῷ θῷ. **11** οὕτως καὶ **ὑμῖς** λογίζεσθαι G
ἀπέθανεν ἐφάπαξ· ὃ δὲ ζῇ, ζῇ τῷ θῷ. **11** **οὗτος** καὶ **ὑμῖς** λογίζεσθαι F
ἀπέθανεν ἐφάπαξ· ὃ δὲ ζῇ, ζῇ τῷ θῶ. **11** οὕτως καὶ **ἡμεῖς** λογίζεσθαι 1827
ἀπέθανεν ἐφάπαξ· ὃ δὲ ζῇ, **τῷ θῷ ζῇ**. **11** οὕτως καὶ ὑμεῖς λογίζεσθαι 1735
ἀπέθανεν ἐφάπαξ· ὃ δὲ ζῇ, **τῷ θῷ ζῇ**. **11** οὕτως καὶ ὑμεῖς **λογίζεσθε** 1505 2495
ἀπέθανεν ἐφάπαξ· ὃ δὲ ....τῷ θῶ. **11** οὕτως καὶ ὑμεῖς **λογίζεσθε** 1611
ἀπέθανεν ἐφάπαξ· ὃ δὲ ζῇ τῷ θῶ. **11** οὕτως καὶ ὑμεῖς **λογίζεσθε** 1573
ἀπέθανεν ἐφάπαξ· ὃ δὲ ζῇ, ζῇ τῷ θῶ. **11** οὕτως καὶ **ἡμεῖς** **λογίζεσθε** 489 614 1319
ἀπέθανεν ἐφάπαξ· ὃ δὲ ζῇ, ζῇ τῶι θῶ. **11** οὕτως καὶ **ἡμεῖς** **λογίζεσθε** 1424
ἀπέθανεν ἐφάπαξ· ὃ δὲ ζῇ, ζῇ τῶι θῶ. **11** οὕτως καὶ ὑμεῖς **λογίζεσθε** 945
ἀπέθανεν ἐφάπαξ· ὃ δὲ ζῇ, ζῇ τῶι θῶι. **11** οὕτως καὶ ὑμεῖς **λογίζεσθε** 424 1270 1734 1739
ἀπέθανεν ἐφάπαξ· ὃ δὲ ζῇ, ζῇ τῶ θῶι. **11** οὕτως καὶ ὑμεῖς **λογίζεσθε** 1982
ἀπέθανεν ἐφάπαξ· ὃ δὲ ζῇ, ζῇ τῷ θεῷ. **11** οὕτως καὶ ὑμεῖς **λογίζεσθε** **uw** Er[1]
.... ἐφάπαξ· ὃ δὲ ζῇ, ζῇ τῷ θῶ. **11** οὕτως καὶ ὑ......... 33
ἀπέθεναν ἐφάπαξ· ὃ δὲ ζῇ, ζῇ τῷ θῶ. **11** οὕτως καὶ ὑμεῖς **λογίζεσθε** 910
ἀπέθανεν ἐφάπαξ· ὃ δὲ ζῇ, ζῇ τῶι θῶι. **11** **οὗ** καὶ ὑμεῖς **λογίζεσθε** 1891*
ἀπέθανεν ἐφάπαξ· ὃ δὲ ζῇ, ζῇ τῷ θῶ. **11** **οὕτω** καὶ ὑμεῖς **λογίζεσθε** 88 104 205 1242 1352
ἀπέθανεν ἐφάπαξ· ὃ δὲ ζῇ, ζῇ τῶι θῶι. **11** **οὕτω** καὶ ὑμεῖς **λογίζεσθε** 517 1891[c]
ἀπέθανεν ἐφάπαξ· ὃ δὲ ζῇ, ζῇ τῷ θεῷ. **11** **οὕτω** καὶ ὑμεῖς **λογίζεσθε** **τ**
ἀπέθανεν ἐφάπαξ· ὃ δὲ ζῇ, ζῇ τῷ θῶ. **11** **καὶ οὕτως** ὑμεῖς **λογίζεσθε** 1245
ἀπέθανεν ἐφάπαξ· ὃ δὲ ζῇ, ζῇ τῷ θῶ. **11** οὕτως καὶ ὑμεῖς **λογίζεσθε** ℵ C L P Ψ 1 6 69 209 226 323 330 365 440 460 547 796 927 999 1241 1315 1448 1738 1836 1837 1854 1874 1881 2125 2344 2400 2412 2815

---

lac. 6.9-11 𝔓10 𝔓113 0172

C 6.10 αρχ 1448 | τελ μεγαλ 1 | τελ 209 1837 **11** αρχ Σα δ Ψ 209 1241 | Σα δ αδελφοι υμεις L | αρχ Σα δ αδ,ε υμεις λογιζεσθε εαυτους 1 | αρχ Σα δ αδ,ε ουτως λογιζεσθε εαυτους 226 | αρχ Σα ϛ του μγλ 330 | αρχ του Σα δ κ,ε ξε του μγλ Σα 440 | αδ,ε Σα δ 517 | αρχ 547 | αρχ τον δ Σα. τη το β Σα ο πθ φυλ, β. τη δε β κ,υριακ εις τον ε της α εβδ 614 | αρχ Σα δ αδ,ε ουτως υμεις λο 796 | αρχ Σα δ αδ,ε ου ουτως και λογιζεσθε εαυτους 927 | υπ εις τ προγειλω και αρξου κ,ε η 927 | αρχ Σα δ προς ρωμ: αδ,ε ουτως και υμεις λογιζεσθε 945 | αρχ υπ 1175 | η επαναλληψις περι της εν χαριι ζωης 1175 | αρχη Σα δ ζε 1242 | αρχ 1245 | αρχ υπ θανατου εαυτου ο θανατος του χυ ιυ 1270 | αρχ σαββατον δκ,ε ϙη 1315 | ζε Σα α απο τ ν αδ,ε ουτως υμεις λογι 1270 | υπ 1573 | αρχ σα δ αδ,ε ουτω λογιζεσθε εαυτους 1573 | Σα α μετ την ν 1735 | αρχ ια δ τα τω μγλ Σα εσκ κ,ε ιϛ 1739 | αρχ Σα δ αδ,ε ουτως κ, υμεις 1837 | αρχ Σα δ 1836 1874 | αρχ τω Σα της δ εβδ αδ,ε ουτως και υμεις λογι 2147 | αρχ της α Σα αδελφοι ουτως και υμεις λογιζεσθε 2412 | αρχ Σα δικ,..... προς ρωμαιους αδελφοι ουτως και υμεις 2464

D 6.11 ιε 1 226 | ιϛ 517 547 | ιδ 927 | η 1175 | ζε 1270

E 6.10 He 9.26-28; 1 Pe 3.18; Ga 2.19 **11** 2 Co 5.15; 1 Pe 2.24

ἑαυτοὺς εἶναι νεκροὺς μὲν τῇ ἁμαρτίᾳ ζῶντας δὲ τῷ θῶ ἐν B ℵ* C 104 365 1319 1506 1573 1881
ἑαυτοὺς εἶναι νεκροὺς μὲν τῇ ἁμαρτίᾳ ζῶντας δὲ τῷ θεῷ ἐν [u]w
ἑαυτοὺς εἶναι νεκροὺς μὲν τῆι ἁμαρτίαι ζῶντας δὲ τῶι θῶι ἐν 1739
ἑαυτοὺς νεκροὺς μὲν τῇ ἁμαρτίᾳ ζῶντας δὲ τῷ θῶ ἐν D* F G 1424 2344
ἑαυτοὺς νεκροὺς μὲν τῇ ἁμαρτίᾳ ζῶντας δὲ τῷ θεῷ ἐν A [u]
....οὺς μὲν τῇ ἁμα........ ....ν 𝔓46
ἑαυτοὺς .... ζῶντας δὲ τῷ θῶ ἐν 33
ἑαυτοὺς **νεκροὺς μὲν εἶναι** τῇ ἁμαρτίαι ζῶντας δὲ τῶι θῶι ἐν 517
ἑαυτοὺς **νεκροὺς μὲν εἶναι** τῇ ἁμαρτία ζῶντας δὲ τῶι θῶι ἐν 1270
ἑαυτοὺς **νεκροὺς μὲν εἶναι** τῆι ἁμαρτίαι ζῶντας δὲ τῶι θῶι ἐν 424 945 1891
ἑαυτοὺς **νεκροὺς μὲν εἶναι** τῇ ἁμαρτίᾳ ζῶντας δὲ τῷ θεῷ ἐν τ Er1
ἑαυτοὺς **νεκροὺς μὲν εἶναι** τῇ ἁμαρτίᾳ ζῶντας δὲ τῷ θῶ ἐν ℵc D2 K L P Ψ 049 056 1 6 69 88 131 205 209 226 323 326 330 440 460 489 547 614 618 796 910 927 999 1175 1241 1242 1243 1245 1315 1352 1448 1505 1611 1646 1734 1735 1738 1827 1836 1837 1854 1874 1982 2125 2147 2400 2412 2464 2495 2815

χῶ ιυ. B A D Ψ
χῶι ιυ. 1739*
χρω ιηυ. 𝔓46 F G
Χριστῷ Ἰησοῦ. u w
χῶ τῷ κῶ ἡμῶν. 104
χῶ ιυ τῷ **κυ** ἡμῶν. 945
χῶ ιυ τῶι κῶι ἡμῶν 424
χῶι ιυ τῶι κῶι ἡμῶν. 517 1270 1891 [↓2344 2400 2412 2464 2495 2815
χῶι ιυ τῷ κω ἡμῶν. 1734 [↓1738 1739c 1827 1836 1837 1854 1874 1881 1982 2125 2147
Χριστῷ Ἰησοῦ τῷ Κυρίῳ ἡμῶν. τ [↓1315 1319 1352 1424 1448 1505 1506 1573 1611 1646 1735
Χριστῷ Ἰησοῦ τῷ Κυρίῳ **ὑμῶν**. Er1 [↓547 614 618 796 910 927 999 1175 1241 1242 1243 1245
χω ιυ τῷ κω ἡμῶν. ℵ C K L P 049 056 1 6 33 69 88 131 205 209 226 323 326 330 365 440 460 489

Sin No Longer has Dominion over Those Brought from Death to Life

[↓1448 1505 1506 1573 1611 1734 1735 1827 1837 1854 1874 1881 1982 2344 2400 2412 2464 2815 **uwτ** Er1
[↓205 209 226 323 326 330 365 440 489 547 614 796 910 927 999 1175 1241 1242 1243 1245 1315 1319 1352 1424
η̄ **12** Μὴ οὖν βασιλευέτω ἡ ἁμαρτία ἐν τῷ θνητῷ ὑμῶν σώματι εἰς τὸ B ℵ A C D K L
12 Μὴ οὖν βα.......... .. .. α ἐν τῷ θνητῷ ὑμῶν .... 𝔓46 [↑P Ψ 049
12 .... σώματι εἰς τὸ 33 [↑056 1 6 69
12 μὴ οὖν Μὴ οὖν βασιλευέτω ἡ ἁμαρτία ἐν τῷ θνητῷ ὑμῶν σώματι εἰς τὸ 1646 [↑88 104
12 Μὴ οὖν βασιλευέτω ἡ ἁμαρτία ἐν τῷ **θνιτῷ** ὑμῶν σώματι εἰς τὸ 1836
12 Μὴ οὖν βασιλευέτω ἡ ἁμαρτία ἐν τῶι θνητῷ ὑμῶν σώματι εἰς τὸ 1738
12 Μὴ οὖν βασιλευέτω ἡ ἁμαρτία ἐν τῶι θνητῶι ὑμῶν σώματι εἰς τὸ 424 517 1739
12 Μὴ οὖν βασιλευέτω ἡ ἁμαρτία ἐν τῷ θνητῶι ὑμῶν σώματι εἰς τὸ 1270 [↑1891
12 Μὴ οὖν βασιλευέτω ἡ ἁμαρτία ἐν τῶι θνητῶι **σώματι ἡμῶν** καὶ εἰς τὸ 945
12 Μὴ οὖν βασιλευέτω ἡ ἁμαρτία ἐν τῷ θνητῷ **ἡμῶν** σώματι εἰς τὸ 460 2125 2495
12 Μὴ οὖν **βασιλευέτο** ἡ ἁμαρτία ἐν τῷ θνητῷ **ἡμῶν** σώματι εἰς **τῷ** 618
12 Μὴ οὖν **βασιλευέτο** ἡ ἁμαρτία ἐν τῷ θνητῷ **ἡμῶν** σώματι εἰς τὸ 2147
12 Μὴ οὖν **βασιλευέτο** ἡ ἁμαρτία ἐν τῷ θνητῷ ὑμῶν σώματι εἰς τὸ 131
12 Μὴ οὖν **βασειλευέτω** ἡ ἁμαρτία ἐν τῷ θνητῷ ὑμῶν σώματι εἰς τὸ F G

lac. 6.11-12 𝔓10 𝔓113 0172

C 6.12 Σα δ̄ 1175 | αρχ μγλ Σα 1243 | αρχ αδελφοι μη βασιλευετω η αμαρτια εν τ 1891

D 6.12 η̄ B

E 6.11 2 Co 5.15; 1 Pe 2.24 **12** Ga 4.7

Errata: 6.11 Ti D νεκροὺς μέν : νεκροὺς μὲν εἶναι Dc2
6.11 antf 945 ἐν Χριστῷ Ἰησοῦ τῷ Κυρίῳ ἡμῶν : ἐν Χριστῷ Ἰησοῦ τῷ Κυρίου ἡμῶν 945

ὑπακούειν ταῖς ἐπιθυμίαις αὐτοῦ, 13 μηδὲ παριστάνετε τὰ μέλη B ℵ A C* 6 326 365
··πακούειν αὐτῇ, 13 **καὶ** πα·········· ····· ·······η 𝔓46 [↑424 1573
ὑπακούειν αὐτῇ, 13 μηδὲ παριστάνετε τὰ μέλη D [↑1739 1881
ἐπακούειν αὐτῇ 13 μηδὲ παριστάνετε τὰ μέλη F G [↑**u w**
13 μηδὲ παριστάνετε τὰ μέλη Cl III 75.3
ὑπακούειν ταῖς ἐπιθυμίαις αὐτοῦ, 13 μηδὲ παριστάνετε τὰ μέλη 1837
ὑπακούειν αὐτῇ ἐν ταῖς ἐπιθυμίαις ·········· 13 ········ παριστάνετε τὰ μέλη 1611
ὑπακούειν αὐτῆι ἐν ταῖς ἐπιθυμίαις αὐτοῦ, 13 μηδὲ παριστάνετε τὰ μέλη 1270 1891
ὑπακούειν αὐτῇ ἐν ταῖς ἐπιθυμίαις αὐτοῦ, 13 **μὴ δὲ** παριστάνετε τὰ μέλη 1854
ὑπακούειν αὐτῇ ἐν ταῖς ἐπιθυμίαις αὐτοῦ, 13 **μὴ** παριστάνετε τὰ μέλη 999
ὑπακούειν αὐτῇ ἐν ταῖς ἐπιθυμίαις **αὐτῆς**, 13 μηδὲ παριστάνετε τὰ μέλη 796
ὑπακούειν αὐτῇ ἐν ταῖς **ἐπιθυμίας** αὐτοῦ, 13 μηδὲ παριστάνετε τὰ μέλη K
ὑπακούειν **αὐτοῦ** ἐν ταῖς ·························· ·············· 13 ········· ························· ··· ·········· 33
ὑπακούειν **αὐτοῦ** ἐν ταῖς ἐπιθυμίαις αὐτοῦ, 13 μηδὲ παριστάνετε τὰ μέλη 2344
ὑπακούειν **αὐτὴν** ἐν ταῖς ἐπιθυμίαις αὐτοῦ, 13 μηδὲ παριστάνετε τὰ μέλη 049c 1
ὑπακούειν **αὐτῷ** ἐν ταῖς ἐπιθυμίαις αὐτοῦ, 13 μηδὲ παριστάνετε τὰ μέλη 323 2400*
ὑπακοὴν αὐτῇ ἐν ταῖς ἐπιθυμίαις αὐτοῦ, 13 μηδὲ παριστάνετε τὰ μέλη 1836
ὑπακούειν αὐτῇ ἐν ταῖς ἐπιθυμίαις αὐτοῦ, 13 μηδὲ παριστάνετε τὰ **μέλει** 1735
ὑπακούειν αὐτῇ ἐν ταῖς ἐπιθυμίαις αὐτοῦ, 13 μηδὲ παριστάνετε τὰ **μέλλη** 517
ὑπακούειν αὐτῇ ἐν ταῖς ἐπιθυμίαις αὐτοῦ, 13 μηδὲ παριστάνετε τὰ **βάλη** 69*
ὑπακούειν αὐτῇ ἐν ταῖς ἐπιθυμίαις αὐτοῦ, 13 μηδὲ **παραστάνετε** τὰ μέλη 489
ὑπακούειν αὐτῇ ἐν ταῖς ἐπιθυμίαις αὐτοῦ, 13 μηδὲ **παριστάναιτε** τὰ μέλη 1874c
ὑπακούειν αὐτῇ ἐν ταῖς ἐπιθυμίαις αὐτοῦ, 13 μηδὲ **παραστάνεται** τὰ μέλη 131*
ὑπακούειν αὐτῇ ἐν ταῖς ἐπιθυμίαις αὐτοῦ, 13 μηδὲ **παρηστάνεται** τὰ μέλη 1243
ὑπακούειν αὐτῇ ἐν ταῖς ἐπιθυμίαις αὐτοῦ, 13 μηδὲ **παριτίνετε** τὰ μέλη 2125
ὑπακούειν **αὐτοῦ** ἐν ταῖς ἐπιθυμίαις αὐτοῦ, 13 μηδὲ **παριστάνητε** τὰ μέλη 2147
ὑπακούειν αὐτῇ ἐν ταῖς ἐπιθυμίαις αὐτοῦ, 13 μηδὲ **παριστᾶτε** τὰ μέλη 1352
ὑπακούειν αὐτῇ ἐν ταῖς ἐπιθυμίαις αὐτοῦ, 13 μηδὲ **παριστάναι** τὰ μέλη 1874*
ὑπακούειν αὐτῇ ἐν ταῖς ἐπιθυμίαις αὐτοῦ, 13 μηδὲ **παριστάνε** τὰ μέλη 205
ὑπακούειν **αὐτὴν** ἐν ταῖς ἐπιθυμίαις **αὐτῆς**, 13 μηδὲ **παριστάνε** τὰ μέλη 049*
ὑπακούειν αὐτῇ ἐν ταῖς ἐπιθυμίαις **αὐτῆς**, 13 μηδὲ **παρεστάνετε** τὰ μέλη 1827
ὑπακούειν ταῖς ἐπιθυμίαις αὐτοῦ, 13 μηδὲ **παρεστάνετε** τὰ μέλη 330
ὑπακούειν ταῖς ἐπιθυμίαις αὐτοῦ, 13 μηδὲ **παριστάνεται** τὰ μέλη 1319 1506 [↓2464
ὑπακούειν αὐτῇ ἐν ταῖς ἐπιθυμίαις αὐτοῦ, 13 μηδὲ **παριστάνεται** τὰ μέλη 460 1245 1424 1646
ὑπακούειν αὐτῇ ἐν **τὲς** ἐπιθυμίαις αὐτοῦ, 13 μηδὲ **παριστάνεται** τὰ μέλη 618 [↓104 131c 209
ὑπακούειν αὐτῇ ἐν ταῖς ἐπιθυμίαις αὐτοῦ, 13 μηδὲ παριστάνετε τὰ μέλη Cc L P Ψ 056 69c 88
226 440 547 614 910 927 945 1175 1241 1242 1315 1448 1505 1734 1738 1982 2400c 2412 2495 2815 **τ** Er1

lac. 6.12-13 𝔓10 𝔓113 0172

E 6.12 Ga 4.7 **13** Ro 12.1; 6.19; Eph 2.5; 5.14

Errata: 6.12 antf ubs K αὐτῇ ἐν ταῖς ἐπιθυμίαις αὐτοῦ : 1—3 ἐπιθυμίας 5 K
6.12 antf ubs 365 ταῖς ἐπιθυμίαις αὐτῶν : ταῖς ἐπιθυμίαις αὐτοῦ 365 (correct in **na**)
6.12 antf 049 αὐτῇ ἐν ταῖς ἐπιθυμίαις αὐτῆς : 1—4 αὐτοῦ 049c
6.12 antf 1 αὐτῇ ἐν ταῖς ἐπιθυμίαις αὐτῆς : αυτην 2—4 αὐτοῦ 1
6.12 antf na ubs 33 αὐτοῦ ἐν ταῖς ἐπιθυμίαις αὐτοῦ : **αὐτοῦ** ἐν ταῖς ························ ··········· 33
6.12 antf 1611 αὐτῇ ἐν ταῖς ἐπιθυμίαις αὐτοῦ : αὐτῇ ἐν ······· ························ ··········· 1611

ὑμῶν ὅπλα ἀδικίας τῇ ἁμαρτίᾳ, ἀλλὰ παραστήσατε ἑαυτοὺς τῷ θω ὡσεὶ ἐκ B ℵ A C Ψ 88
ὑμῶν ὅπλα ἀδικίας τῇ ἁμαρτίᾳ, ἀλλὰ παραστήσατε ἑαυτοὺς τῷ θεῷ ὡσεὶ ἐκ **uw** [↑1319* 1573
ὑμῶν ὅπλα ἀδικίας· ... . ···αραστήσατε ἑαυτοὺς τ··· .... 𝔓46 [↑1881
ὑμῶν ὅπλα ἀδικίας τῇ ἁμαρτίᾳ, Cl III 75.3
ὑμῶν ὅπλα ἀδικίας τῆι ἁμαρτίαι, ἀλλὰ παραστήσατε ἑαυτοὺς τῶι θῶι ὡσεὶ ἐκ 424c
ὑμῶν **ὅπλω** ἀδικίας τῇ ἁμαρτίᾳ, ἀλλὰ παραστήσατε ἑαυτοὺς τῷ θω ὡσεὶ ἐκ 104
ὑμῶν ὅπλα ἀδικίας τῇ ἁμαρτίᾳ, ἀλλὰ παραστήσατε **αὐτοὺς** τῷ θω ὡσεὶ ἐκ 1506
ὑμῶν ὅπλα ἀδικίας τῇ ἁμαρτίᾳ, ἀλλὰ παραστήσατε ἑαυτοὺς τῷ θω ὡσεὶ 6 365
ὑμῶ ὅπλα ἀδικίας τῇ ἁμαρτίᾳ, ἀλλὰ παραστήσατε ἑαυτοὺς τῷ θω **ὡς** 1243
ὑμῶν ὅπλα ἀδικίας τῇ ἁμαρτίᾳ, ἀλλὰ παραστήσατε ἑαυτοὺς τῷ θω **ὡς** 489 796 1242 1245
.... ὅπλα ἀδικίας τῇ ἁμαρτίᾳ, ἀλλὰ παραστήσατε ἑαυτοὺς τῷ θω **ὡς** ἐκ 33 [↑1505 2495
ὑμῶν ὅπλα ἀδικίας τῆι ἁμαρτίαι, ἀλλὰ παραστήσατε ἑαυτοὺς τῷ θω **ὡς** ἐκ 056
ὑμῶν ὅπλα ἀδικίας τῆι ἁμαρτίαι, ἀλλὰ παραστήσατε ἑαυτοὺς τῷ θω **ὡς** ἐκ 1734
ὑμῶν ὅπλα ἀδικίας τῆι ἁμαρτίαι, ἀλλὰ παραστήσατε ἑαυτοὺς τῶι θῶι **ὡς** ἐκ 1739 1891
ὑμῶν ὅπλα ἀδικίας τῆι ἁμαρτίαι, ἀλλὰ παραστήσατε ἑαυτοὺς τῶι θῶι **ὡς** ἐκ 424*
ὑμῶν ὅπλα ἀδικίας τῇ ἁμαρτίᾳ, ἀλλὰ παραστήσατε ἑαυτοὺς τῶι θῶι **ὡς** ἐκ 517 945
ὑμῶν ὅπλα ἀδικίας τῇ ἁμαρτίᾳ, ἀλλὰ παραστήσατε ἑαυτοὺς τῶ θῶι **ὡς** ἐκ 1270
ὑμῶν ὅπλα ἀδικίας τῇ ἁμαρτίᾳ, ἀλλὰ παραστήσατε ἑαυτοὺς θω **ὡς** ἐκ 618
ὑμῶν ὅπλα ἀδικίας τῇ ἁμαρτίᾳ, ἀλλὰ **παραστήσαται** ἑαυτοὺς τῷ θω **ὡς** ἐκ F G K 049 131
ὑμῶν ὅπλα **ἀδικείας** τῇ ἁμαρτίᾳ, ἀλλὰ **παραστήσαται** ἑαυτοὺς τῷ θω **ὡς** ἐκ 2464
ὑμῶν ὅπλα ἀδικίας τῇ ἁμαρτίᾳ, ἀλλὰ παραστήσατε ἑαυτοὺς τῷ θεῷ **ὡς** ἐκ **τ** Er1
ὑμῶν ὅπλα ἀδικίας τῇ ἁμαρτίᾳ, ἀλλὰ παραστήσατε ἑαυτοὺς τῷ θω **ὡς** ἐκ D L P 1 69 205 209
226 323 326 330 440 460 547 614 910 927 999 1175 1241 1315 1319c 1352 1424 1448
1611 1646 1735 1738 1827 1836 1837 1854 1874 1982 2125 2147 2344 2400 2412 2815

νεκρῶν ζῶντας καὶ μέλη ὑμῶν ὅπλα δικαιοσύνης τῷ θω. **14** ἁμαρτία B
νεκρῶν ζῶντας καὶ τὰ μέλη ὑμῶν ὅπλα δικαιοσύνης τῷ θεῷ. **14** ἁμαρτία **uwτ** Er1
14 ἁμαρτία Cl II 64.4; III 61.1
.... ·····**ντες** καὶ τὰ μέλη ὑμῶ· .... θω. **14** **ἁμαρτί** 𝔓46
νεκρῶν **ζῶντες** καὶ τὰ μέλη ὑμῶν ὅπλα δικαιοσύνης τῷ θῳ. **14** ἁμαρτία D* F G
νεκρῶν ζῶντας καὶ τὰ μέλη ὑμῶν ὅπλα **δικαιωσύνης** τῷ θῳ. **14** ἁμαρτία 33 1315 2464
νεκρῶν ζῶντας καὶ τὰ μέλη ὑμῶν ὅπλα δικαιοσύνης τῶι θῶι. **14** ἁμαρτία 424 1270 1739 1891
νεκρῶν ζῶντας καὶ τὰ μέλη ὑμῶν ὅπλα δικαιοσύνης τῶι θῳ. **14** ἁμαρτία 945
νεκρῶν ζῶντας καὶ τὰ μέλη **ἡμῶν** ὅπλα δικαιοσύνης τῷ θῳ. **14** ἁμαρτία 460
νεκρῶν ζῶντας καὶ τὰ μέλη **ἡμῶν** ὅπλα δικαιοσύνης τῷ θῳ. **14** **ἁμαρτήα** 618
νεκρῶν ζῶντας καὶ τὰ **μέλλη** ὑμῶν ὅπλα δικαιοσύνης τῶι θῶι. **14** ἁμαρτία 517
νεκροὺς ζῶντας καὶ τὰ μέλη ὑμῶν ὅπλα δικαιοσύνης τῷ θῳ. **14** ἁμαρτία 365 [↓049 056 1 6
νεκρῶν ζῶντας καὶ τὰ μέλη ὑμῶν ὅπλα δικαιοσύνης τῷ θῳ. **14** ἁμαρτία ℵ A C D1 K L P Ψ
69 88 104 131 205 209 226 323 326 330 440 489 547 614 796 910 927 999 1175 1241 1242 1243 1245 1319 1352 1424 1448
1505 1506 1573 1611 1646 1734 1735 1738 1827 1836 1837 1854 1874 1881 1982 2125 2147 2344 2400 2412 2495 2815

γὰρ ὑμῶν οὐ κυριεύσει· οὐ γάρ ἐστε ὑπὸ νόμον ἀλλὰ ὑπὸ χάριν. B Cc **uw**
γὰρ ὑμῶ· 𝔓46
γὰρ ὑμῶν κυριεύσει· οὐ γάρ ἐστε ὑπὸ νόμον ἀλλὰ ὑπὸ χάριν. C* (cj)
γὰρ ὑμῶν οὐ κυριεύσει· οὐ γάρ **ἐσταὶ** ὑπὸ νόμον ἀλλὰ ὑπὸ χάριν. D* G
γὰρ ὑμῶν οὐ **κιριεύσει**· οὐ γάρ **ἐσταὶ** ὑπὸ νόμον ἀλλὰ ὑπὸ χάριν. F
γὰρ ὑμῶν **οὐκέτι** κυριεύσει· οὐ γάρ ἐστε ὑπὸ νόμον ἀλλὰ ὑπὸ χάριν. ℵ
γὰρ ὑμῶν **οὐκέτι** κυριεύσει· οὐ γάρ ἐστε ὑπὸ νόμον **ἀλλ᾽** ὑπὸ χάριν. K
γὰρ ὑμῶν οὐ κυριεύσει· οὐ γάρ **ἐσταὶ** ὑπὸ νόμον **ἀλλ᾽** ὑπὸ χάριν. 131
γὰρ ὑμῶν οὐ κυριεύσει· οὐ γάρ **ἐσταὶ** ὑπὸ νόμον **ἀλ᾽** ὑπὸ χάριν. 2464
γὰρ ὑμῶν οὐ κυριεύσει· οὐ γάρ **ἐσταὶ** ὑπὸ νόμον **ἀλλ᾽** ὑπὸ χάριν. 1243
γὰρ ὑμῶν οὐ κυριεύσει· οὐ γάρ **ἐσταὶ** ὑπὸ νόμον **ἀλλ᾽** **ὑπ᾽** χάριν. 1735
γὰρ ὑμῶν οὐ **κυριεύσῃ**· οὐ γάρ **ἐσταὶ** ὑπὸ νόμον **ἀλλ᾽** ὑπὸ χάριν. 049 33
γὰρ ὑμῶν **οὐκέτι** **κυριεύσῃ**· οὐ γάρ ἐστε ὑπὸ νόμον **ἀλλ᾽** ὑπὸ χάριν. 1827
γὰρ ὑμῶν οὐ **κυριεύσῃ**· οὐ γάρ **ἐστὲ** ὑπὸ νόμον **ἀλλ᾽** ὑπὸ χάριν. 1506
γὰρ ὑμῶν οὐ **κυριεύσῃ**· οὐ γάρ **ἐστιν** ὑπὸ νόμον **ἀλλ᾽** ὑπὸ χάριν. 1245
γὰρ ὑμῶν οὐ **κυριεύει**· οὐ γάρ ἐστε ὑπὸ νόμον **ἀλλ᾽** ὑπὸ χάριν. 104 326 1837
γὰρ οὐ κυριεύσει· οὐ γάρ ἐστε ὑπὸ νόμον **ἀλλ᾽** ὑπὸ χάριν. 1874* [↓330 365 424 440
γὰρ ὑμῶν οὐ κυριεύσει· οὐ γάρ ἐστε ὑπὸ νόμον **ἀλλ᾽** καὶ ὑπὸ χάριν. 1646 [↓205 209 226 323
γὰρ ὑμῶν οὐ κυριεύσει· οὐ γάρ ἐστε ὑπὸ νόμον **ἀλλ᾽** ὑπὸ χάριν. A D2 L P Ψ 056 1 6 69 88
460 489 517 547 614 618 796 910 927 945 999 1175 1241 1242 1270 1315 1319 1352 1424 1448 1505 1573 1611
1734 1738 1739 1836 1854 1874c 1881 1891 1982 2125 2147 2344 2400 2412 2495 2815 **τ** Er1 Cl II 64.4; III 61.1

lac. 6.13-14 𝔓10 𝔓113 0172

E 6.13 Ro 12.1; 6.19; Eph 2.5; 5.14 **14** 1 Jn 3.6; Ga 5.18

From Slaves of Sin to Slaves of Righteousness

[↓365 517 999 1175 1245 1315^c 1424 1573 1646 1735 1739 1874 1891 2125 2147 2344 **uw** Cl III 61.2
15 Τί οὖν; ἁμαρτήσωμεν, ὅτι οὐκ ἐσμὲν ὑπὸ νόμον B ℵ C A D K L P Ψ 049 056 33 69 88 131 326 330
15 omit 440 1241 1315* 1448* 1837
15 Τί οὖν; **ἡμαρτήσαμεν**, **ὅτει** οὐκ ἐσμὲν ὑπὸ νόμον F G
15 Τί οὖν; **ἁμαρτίσωμεν**, ὅτι οὐκ ἐσμὲν ὑπὸ νόμον 104 910 1243 1506 1836 2464
15 Τί οὖν; **ἁμαρτίσομεν**, ὅτι οὐκ ἐσμὲν ὑπὸ νόμον 489
15 Τί οὖν; **ἁμαρτήσομεν**, ὅτι οὐκ ἐσμὲν ὑπὸ νόμον 1 6 205 209 226 323 424 460 547 614 618 796 927
945 1242 1270 1319 1352 1448^c 1505 1611 1734 1738 1827 1854 1881 1982 2400 2412 2495 2815 **τ** Er^1

ἀλλὰ ὑπὸ χάριν; μὴ γένοιτο. B ℵ C **uw**
ἀλλὰ ὑπὸ χάριν; μὴ γένοιτο. F
ἀλλὰ ὑπὸ **χάρειν**; μὴ γένοιτο. G
μὴ γένοιτο. 440 1241 1315* 1448* 1837
ἀλ' ὑπὸ χάριν; μὴ γένοιτο. 2464
ἀλλ' ὑπὸ χάριν; μὴ γένοιτο. A D K L P Ψ 049 056 1 6 33 69 88 104 131 205 209 226 323 326 330 365 424 460
489 517 547 614 618 796 910 927 945 999 1175 1242 1243 1245 1270 1315^c 1319 1352 1424 1448^c 1505 1506 1573 1611
1646 1735 1734 1738 1739 1827 1836 1854 1874 1881 1891 1982 2125 2147 2344 2400 2412 2495 2815 **τ** Er^1 Cl III 61.2

[↓1245 1315 1319 1424 1448 1505 1573 1611 1734 1738 1837 1854 1874^c 1982 2125 2400 2495 2815 **uwτ** Er^1
[↓Ψ 056 1 6 69 88 104 131 205 209 226 323 326 330 365 440 460 489 547 618 796 910 927 945 999 1175 1241 1242
16 οὐκ οἴδατε ὅτι ᾧ παριστάνετε ἑαυτοὺς δούλους εἰς ὑπακοήν, B ℵ A C K L P
(16 οὐκ **ὔδατε** ὅτι ᾧ παριστάνετε ἑαυτοὺς δούλους εἰς ὑπακοήν, E)
16 οὐκ **ὔδατε** ὅτι **ὃ** παριστάνετε ἑαυτοὺς δούλους εἰς **ὑπακωείν**, 2464
16 οὐκ οἴδατε ὅτι **ὃ** παριστάνετε ἑαυτοὺς δούλους εἰς ὑπακοήν, 1881
16 οὐκ οἴδατε **ὃ** **παριστάνεται** ἑαυτοὺς δούλους εἰς ὑπακοήν, 1506
16 οὐκ οἴδατε ᾧ **παριστάνεται** ἑαυτοὺς εἰς ὑπακοὴν ὅτι 33
16 οὐκ οἴδατε ᾧ παριστάνετε ἑαυτοὺς δούλους εἰς ὑπακοήν, 1827
16 οὐκ οἴδατε ὅτι ᾧ παριστάνετε ἑαυτοὺς εἰς ὑπακοήν, 614 2344 2412
16 οὐκ οἴδατε ὅτι παριστάνετε ἑαυτοὺς δούλους εἰς ὑπακοήν, 1874*
16 οὐκ οἴδατε ὅτι ᾧ παριστάνετε τὰ μέλη ὑμῶν **ἑαυτῶν** **δοῦλα** εἰς ὑπακοήν, 1836 [↓1739
16 οὐκ οἴδατε ὅτι ὧι παριστάνετε ἑαυτοὺς δούλους εἰς ὑπακοήν, 424 517 1270
16 **ἢ** οὐκ οἴδατε ὅτι ᾧ παριστάνετε ἑαυτοὺς δούλους εἰς ὑπακοήν, D* [↑1891
16 **ἢ** οὐκ **οἴδαται** **ὅτει** ᾧ **παρειστάννεται** ἑαυτοὺς δούλους εἰς **ὑπακονή**, F
16 **ἢ** οὐκ **οἴδαται** ὅτι ᾧ **παρειστάννεται** ἑαυτοὺς δούλους εἰς ὑπακοήν, G
16 οὐκ **οἴδαται** ὅτι ᾧ **παριστάνεται** ἑαυτοὺς δούλους εἰς ὑπακοήν, 1646
16 οὐκ οἴδατε ὅτι ᾧ **παριστάνεται** ἑαυτοὺς δούλους εἰς ὑπακοήν, D^2 049 1735
16 οὐκ οἴδατε ὅτι ᾧ **παρηστάνεται** ἑαυτοὺς δούλους εἰς ὑπακοήν, 1243 [↑2147
16 οὐκ οἴδατε ὅτι ᾧ **παριστᾶτε** ἑαυτοὺς δούλους εἰς ὑπακοήν, 1352

[↓1315 1319 1352 1448 1573 1611 1734 1738 1836 1837 1854 1982 2125 2147 2344 2400 2412 2815 **uwτ** Er^1
[↓88 104 131 205 209 226 323 326* 330 365 440 460 489 547 614 618 796 910 927 945 999 1175 1241 1242 1245
δοῦλοί ἐστε ᾧ ὑπακούετε, ἤτοι ἁμαρτίας εἰς θάνατον ἢ ὑπακοῆς εἰς B ℵ C K L P 056 1 69
δοῦλοί ἐστε ὧι ὑπακούετε, ἤτοι ἁμαρτίας εἰς θάνατον ἢ ὑπακοῆς εἰς 424 517 1270 1891
δοῦλοί ἐστε ᾧ ὑπακούετε, ἤτοι ἁμαρτίας εἰς θάνατον ἢ **ὑπακοὴν** εἰς 1827
δοῦλοί ἐστε ᾧ ὑπακούετε, ἤτοι ἁμαρτίας ἢ ὑπακοῆς εἰς D
δοῦλοί ἐστε ᾧ ὑπακούετε, **ἢ τῇ ἁμαρτία** εἰς θάνατον **ἢ τῇ** ὑπακοῆς εἰς 326^c
δοῦλοί ἐστε **οὗ** ὑπακούετε, **ἢ τῇ ἁμαρτία** εἰς θάνατον ἢ ὑπακοῆς εἰς 1881
δοῦλοί ἐστε **οὗ** ὑπακούετε, ἤτοι ἁμαρτίας ἢ ὑπακοῆς εἰς 1739*
δοῦλοί ἐστε **οὗ** ὑπακούετε, ἤτοι ἁμαρτίας εἰς θάνατον ἢ ὑπακοῆς εἰς Ψ 6 1739^{mg}
δοῦλοί ἐστε **οὗ** ὑπακούετε, ἤτοι ἁμαρτίας εἰς θάνατον **ἤτοι** ὑπακοῆς εἰς 1505 2495
δοῦλοί ἐστε ᾧ ὑπακούετε, **εἴτοι** ἁμαρτίας εἰς θάνατον ἢ ὑπακοῆς εἰς 1424
δοῦλοί ἐστε ᾧ **ὑπακούεται**, ἤτοι ἁμαρτίας εἰς θάνατον ἢ ὑπακοῆς εἰς 049 1646
δοῦλοί ἐστε **ὃ** **ὑπακούεται**, ἤτοι ἁμαρτίας εἰς θάνατον ἢ ὑπακοῆς εἰς 1506
δοῦλοί **ἐσται** **ὃ** ὑπακούετε, ἤτοι ἁμαρτίας εἰς θάνατον ἢ **ὑπακωῆς** εἰς 2464
δοῦλοί **ἐσται** ᾧ ὑπακούετε, ἤτοι ἁμαρτίας εἰς θάνατον ἢ εἰς ὑπακοῆς εἰς A 1874
δοῦλοί **ἐσται** ᾧ ὑπακούετε, ἤτοι ἁμαρτίας εἰς θάνατον ἢ εἰς **ὑπακοὴν** εἰς 33
δοῦλοί **ἐσται** ᾧ **ὑπακούεται**, ἤτοι **ἁμαρτείας** εἰς θάνατον ἢ ὑπακοῆς εἰς F G
δοῦλοί **ἐσται** ᾧ **ὑπακούεται**, ἤτοι ἁμαρτίας εἰς θάνατον ἢ ὑπακοῆς εἰς 1735
δοῦλοί **ἐσται** ᾧ **ὑπακούεται**, **ἤτι** ἁμαρτίας εἰς θάνατον ἢ ὑπακοῆς εἰς 1243

lac. 6.15-16 𝔓^{10} 𝔓^{46} 𝔓^{113} 0172

E 6.15 Ro 5.17, 21 **16** Jn 8.34; 2 Pe 2.19; Ro 7.25

[↓1424 1448 1505 1506 1573 1611 1734 1735 1827 1836 1837 1854 1874 1881 1982 2125 2344 2400 2412 2495 2815
[↓Ψ 049 1 6 69 88 104 131 205 209 226 323 326 330 365 440 460 489 547 614 796 910 927 1175 1242 1243 1315 1352

δικαιοσύνην;	17 χάρις	δὲ τῷ θ̅ῳ̅	ὅτι ἦτε	δοῦλοι	τῆς ἁμαρτίας	ὑπηκούσατε	B ℵ C D K L
δικαιοσύνην;	17 χάρις	δὲ τῷ θ̅ῳ̅	ὅτι **ἦται**	δοῦλοι	τῆς ἁμαρτίας	ὑπηκούσατε	P
δικαιωσύνην;	17 χάρις	δὲ τῷ θ̅ῳ̅	ὅτι ἦτε	δοῦλοι	τῆς ἁμαρτίας	ὑπηκούσατε	33 2147
δικαιοσύνην;	17 χάρις	δὲ τῷ θ̅ῳ̅	ὅτι ἦτε	**δοῦλλοι**	τῆς ἁμαρτίας	ὑπηκούσατε	1646
δικαιοσύνην;	17 χάρις	δὲ τῷ θ̅ῳ̅	ὅτι ἦτε	**δούλη**	τῆς ἁμαρτίας	ὑπηκούσατε	1245
δικαιοσύνην;	17 χάρις	δὲ τῷ θ̅ῳ̅	**ὅτε** ἦτε	δοῦλοι	τῆς ἁμαρτίας	ὑπηκούσατε	618 1738
δικαιοσύνην;	17 χάρις	δὲ τῷ θ̅ῳ̅	ὅτι **ὅτε** ἦμεν	δοῦλοι	τῆς ἁμαρτίας	ὑπηκούσατε	1241
δικαιοσύνην;	17 χάρις	δὲ τῷ θ̅ῳ̅	ὅτι ἦτε	δοῦλοι	τῆς ἁμαρτίας	**ὑπηκούσαται**	A 2464
δικαιοσίνην;	17 **χάρεις**	δὲ τῷ θ̅ῳ̅	**ὅτει** ἦτε	**δολοι**	τῆς ἁμαρτίας	**ὑπηκούσαται**	F*
δικαιοσύνην;	17 **χάρεις**	δὲ τῷ θ̅ῳ̅	**ὅτει** ἦτε	δοῦλοι	τῆς ἁμαρτίας	**ὑπηκούσαται**	F[c]
δικαιοσύνην;	17 **χάρεις**	δὲ τῷ θ̅ῳ̅	**ὅτει** ἦτε	δοῦλοι	τῆς **ἁμαρτείας**	**ὑπηκούσαται**	G
δικαιοσύνην;	17 χάρις	δὲ τῷ θ̅ῳ̅	ὅτι ἦτε	δοῦλοι	τῆς ἁμαρτίας	**ὑπακούσατε**	999 1319
δικαιοσύνην;	17 χάρις	δὲ τῷ θεῷ	ὅτι ἦτε	δοῦλοι	τῆς ἁμαρτίας	ὑπηκούσατε	**uwτ** Er[1]
δικαιοσύνην;	17 χάρις	δὲ τῷ θ̅ῳ̅ι	ὅτι ἦτε	δοῦλοι	τῆς ἁμαρτίας	ὑπηκούσατε	056 945
δικαιοσύνην;	17 χάρις	δὲ τῶι θ̅ῳ̅ι	ὅτι ἦτε	δοῦλοι	τῆς ἁμαρτίας	ὑπηκούσατε 1270 1739 1891	424 517

[↓1319 1352 1448 1505 1573 1611 1734 1739 1827 1854 1874[c] 1891 1982 2125 2147 2344 2400 2412 2495 2815 **uwτ** Er[1]
[↓049 056 1 6 88 104 131 205 209 226 323 330 365 424 440 489 517 547 614 910 927 945 999 1241 1242 1270 1315[c]

δὲ ἐκ	καρδίας εἰς ὃν παρεδόθητε	τύπον διδαχῆς,	18 ἐλευθερωθέντες δὲ	B ℵ[c] D K L Ψ
δὲ ἐκ	καρδίας εἰς ὃν παρεδόθητε	τύπον διδαχῆς,	18 ἐλευθερωθέντες **οὖν**	ℵ* C[c]
δὲ ἐκ	καρδίας εἰς ὃν παρεδόθητε	τύπον διδαχῆς,	18 ἐ.............................. **οὖν**	C*
δὲ ἐκ καθαρὰς	καρδίας εἰς ὃν παρεδόθητε	τύπον διδαχῆς,	18 ἐλευθερωθέντες δὲ	A [↓1506 1837
δὲ ἐκ	καρδίας εἰς ὃν παρεδόθητε	τύπον διδαχῆς,	18 ἐλευθερωθέντες	69 326 1245
δὲ ἐκ	καρδίας εἰς ὃν παρεδόθητε	τύπον διδαχῆς,	18 **ἐλευθεροθέντες**	1243
δὲ **ἐ**	καρδίας εἰς ὃν παρεδόθητε	τύπον διδαχῆς,	18 ἐλευθερωθέντες δὲ	1315*
δὲ ἐκ	καρδίας εἰς **ὃ** παρεδόθητε	τύπον διδαχῆς,	18 ἐλευθερωθέντες δὲ	460 618 1738
ἐκ	καρδίας εἰς ὃν παρεδόθητε	τύπον διδαχῆς,	18 ἐλευθερωθέντες δὲ	796 1874*
δὲ ἐκ	καρδίας εἰς ὃν **παρεδώθητε** εἰς	τύπον διδαχῆς,	18 ἐλευθερωθέντες δὲ	33
δὲ ἐκ	καρδίας εἰς ὃν **παρεδώθητε**	τύπον διδαχῆς,	18 ἐλευθερωθέντες δὲ	1175 1424
δὲ **ἐ**	καρδίας εἰς ὃν **παρεδώθητε**	τύπον διδαχῆς,	18 ἐλευθερωθέντες δὲ	1646 [↑1836
δὲ ἐκ	καρδίας εἰς ὃν **παρεδώθηται**	τύπον διδαχῆς,	18 ἐλευθερωθέντες	1735 [↑1881
δὲ ἐκ	καρδίας εἰς ὃν **παραδόθηται**	τύπον διδαχῆς,	18 ἐλευθερωθέντες δὲ	F
δὲ ἐκ	καρδίας εἰς ὃν **παρεδόθηται**	τύπον διδαχῆς,	18 ἐλευθερωθέντες δὲ	G P 2464

lac. 6.16-18 𝔓[10] 𝔓[46] 𝔓[113] 0172

C 6.17 τελ Σα 1 489 547 1739 | τελ Ψ 049 104 226 326 330 440 517 796 927 945 1175 1241 1243 1245 1573 1448 1836 1874 1891 2147 2412 | τε του δ̅ Σα 1242 1315 | τελ του Σα 1827 1837 **18** αρχ κ,υ δ̅ Ψ | κ, δ̅ αδελφοι ελευθερωθεντες L | αρχ αδ, 049 | αρχ κ,υ δ̅ αδ,ε ελευθερωθεντες απο 1 | αρχ 104 | αρχ κ,υ δ̅. αδ,ε ελευθερωθεντες απο της 226 | αρχ κ,υ δ̅ εβδ αδ,ε ελευθερωθεντ 326 | αρχ κ,υ δ̅ 330 | αρχ του Σα ϛ̅ αρχ της δ̅ κ,υ 440 | η̅ αναγγεληψις περι της εν χαριτι ζως 440 | αρχ κ,υ δ̅ αδ,ε 489 | αρχ κ,υ δ̅ του Σα αδ,ε 517 | αρχ 547 | αρχ της δ̅ κ,υριακ δ̅ α,δε ελευθερωθ απο της αμαρτιας εδουλωθ 614 | αρχ κ,υ δ̅ αδ,ε ελευθερω 796 | αρχ κ,υξ δ̅ αδ,ε ελευθερωθεντες απο 927 | αρχ κ,υ δ̅ 1175 | αρχ κ,υριακ δ̅ εωθινον δ̅ ηχ γ̅ 1242 | αρχ κ,υ δ̅ 1243 | αρχ 1245 | αρχ κ,υ τεταρτ κ,ε ϙ̅θ̅ 1315 | κ,υ δ̅ μετ την ν 1735 | ι̅ζ̅ κ,ε θ̅ επαναληψις περι της ευχαριτι ζωης 1739 | αρχ κ,υ α απο της ν̅ 1836 | αρχ κ,υ δ̅ αδ,ε ελευθερωθεντες 1837 | αρχ αδελφοι ελευθερωθενες απο της αμαρτιας 1891 | τη κ,υ της δ̅ εβδ πρ ρωμ αδ,ε ελευθερωθεντες απο της 2147 | αρχ της δ̅ κ,υριακ δ̅ 2412 | αρχ κ,υριακ δ̅ κ,ε α προς ρωμαιους αδελφοι ελευθερω 2464

D 6.18 ι̅ϛ̅ 1 226 | η 440 | ι̅ε̅ 489

E 6.16 Jn 8.34; 2 Pe 2.19; Ro 7.25 **18** Jn 8.32; 1 Pe 2.24 Ro 3.5

[↓326 489 517 547 910 927 1175 1241 1243 1319 1424 1505 1506 1611 1836 1837 1854 1874 1982 2125 2344 **uwτ** Er^{1}
ἀπὸ τῆς ἁμαρτίας ἐδουλώθητε τῇ δικαιοσύνῃ. **19** ἀνθρώπινον λέγω διὰ B ℵ A C D K L 049
ἀπὸ τῆς ἁμαρτίας ἐδουλώθητε τῇ δικαιοσύνῃ. **19** ἀνθρώπινον **δι** λέγω διὰ 226* [↓6 104 131
ἀπὸ τῆς ἁμαρτίας ἐδουλώθητε τῇ δικαιοσύνῃ. **19**........................ .... 88 [↑205 209 226^{c}
ἀπὸ τῆς ἁμαρτίας ἐδουλώθητε τῆι δικαιοσύνῃ. **19** ἀνθρώπινον λέγω διὰ 424 1270
ἀπὸ τῆς ἁμαρτίας ἐδουλώθητε τῆι δικαιοσύνηι. **19** ἀνθρώπινον λέγω διὰ 1734
ἀπὸ τῆς ἁμαρτίας ἐδουλώθητε τῇ **δικαιωσύνῃ**. **19** ἀνθρώπινον λέγω διὰ 33
ἀπὸ τῆς ἁμαρτίας **ἐδουλώθηται** τῇ δικαιοσύνῃ. **19** ἀνθρώπινον λέγω διὰ P
ἀπὸ τῆς ἁμαρτίας **ἐδουλώθηται** τῇ δικαιοσύνῃ. **19** **ἀνθρόπινον** λέγω διὰ 1646
ἀπὸ τῆς **ἁμαρτείας** **εἰδουλώθηται** **τῆς** δικαιοσύνῃ. **19** **ἀνθρώπεινον** λέγω διὰ F
ἀπὸ τῆς **ἁμαρτείας** **ἐδουλώθηται** τῇ δικαιοσύνῃ. **19** **ἀνθρώπεινον** λέγω **δειὰ** G
ἀπὸ τῆς **ἀαμαρτίας** **ἐδουλώθηται** τῇ δικαιοσύνῃ. **19** ἀνθρώπινον λέγω διὰ 1735
ἀπὸ τῆς ἁμαρτίας ἐδουλώθητε τῆι δικαιοσύνηι. **19** ανινον λέγω διὰ 1891
ἀπὸ τῆς ἁμαρτίας ἐδουλώθητε τῇ δικαιοσύνῃ. **19** ανινον λέγω διὰ Ψ 056 1 69 323 330
365 440 460 614 618 796 945 999 1242 1245 1315 1352 1448 1573 1738 1739 1827 1881 2147 2400 2412 2464 2495 2815

[↓1739 1827 1836 1837 1854 1874 1881 1891 2125 2147 2344 2400 2412 2495 2815 **uwτ** Er^{1}
[↓1175 1241 1242 1243 1245 1270 1319 1352 1424 1448 1505 1506 1573 1611 1646 1734 1738
[↓1 6 104 131 209 226 323 326 330 365 424 440 460 489 517 547 618 796 910 927 945 999
τὴν ἀσθένειαν τῆς σαρκὸς ὑμῶν. ὥσπερ γὰρ παρεστήσατε τὰ μέλη ὑμῶν δοῦλα B A C L Ψ 049^{c} 056
τὴν ἀσθένειαν τῆς σαρκὸς ὑμῶν. ὥσπερ γὰρ παρεστήσατε τὰ **βέλη** ὑμῶν δοῦλα 69
τὴν ἀσθένειαν τῆς σαρκὸς ὑμῶν. ὥσπερ γὰρ **παρεστήσαται** τὰ μέλη ὑμῶν **δουλεύειν** F G
τὴν ἀσθένειαν τῆς σαρκὸς ὑμῶν. ὥσπερ γὰρ **παρεστήσαται** τὰ **μέλει** ὑμῶν δοῦλα 2464 [↓1735
τὴν **ἀσθένιαν** τῆς σαρκὸς ὑμῶν. ὥσπερ γὰρ παρεστήσατε τὰ μέλη ὑμῶν δοῦλα ℵ D K P 049* 33 205
τὴν ἀσθένειαν τῆς σαρκὸς **ἡμῶν**. ὥσπερ γὰρ παρεστήσατε τὰ μέλη ὑμῶν δοῦλα 614 1315
.... 88
τὴν ἀσθένειαν τῆς σαρκὸς ὑμῶν. 1982

τῇ ἀκαθαρσίᾳ καὶ τῇ ἀνομίᾳ, οὕτως B
τῇ ἀκαθαρσίᾳ καὶ τῇ ἀνομίᾳ, **οὕτω** [**w**]
τῇ ἀκαθαρσίᾳ καὶ τῇ ἀνομίᾳ εἰς τὴν ἀνομίαν, **οὕτω** 104 205 326 440 517 547
τῆι ἀκαθαρσίᾳ καὶ τῆι ἀνομίᾳ εἰς τὴν ἀνομίαν, **οὕτω** 056 424 [↑1242 1315 1352
τῆι ἀκαθαρσίαι καὶ τῆι ἀνομίαι εἰς τὴν ἀνομίαν, **οὕτω** 1891 [↑1506 1573 1827
τῇ ἀκαθαρσίᾳ καὶ τῆι ἀνομίαι εἰς τὴν ἀνομίαν, **οὕτω** 1734 [↑1837 1881 2125 **τ**
τῇ δικαιοσύν ἀκαθαρσίᾳ καὶ τῇ **ἁμαρτίᾳ** εἰς τὴν ἀνομίαν, **οὕτω** 1319*
τῇ ἀκαθαρσίᾳ καὶ τῇ **ἁμαρτίᾳ** εἰς τὴν ἀνομίαν, **οὕτω** 1319^{c}
τῇ **ἀκαθαρσείᾳ** καὶ τῇ **ἀνομείᾳ** εἰς τὴν **ἀνομείαν**, **οὕτω** F G
omit 69
τῇ ἀκαθαρσίᾳ καὶ τῇ ἀνομίᾳ εἰς τὴν ἀνομίαν, **οὕτος** 2464
τῇ ἀκαθαρσίᾳ καὶ τῇ ἀνομίᾳ εἰς τὴν ἀνομίαν, **οὕτω** καὶ 365
τῇ ἀκαθαρσίᾳ καὶ τῇ ἀνομίᾳ εἰς τὴν ἀνομίαν, οὕτως καὶ K 2400 Er^{1}
τῇ ἀκαθαρσίᾳ εἰς τὴν ἀνομίαν, οὕτως 1836*
τῇ ἀκαθαρσίᾳ καὶ **τῆς** **ἀνομίας** εἰς τὴν ἀνομίαν, οὕτως 049*
τῆι ἀκαθαρσίᾳ καὶ τῆι ἀνομίᾳ εἰς τὴν ἀνομίαν, οὕτως 945 1739
τῆι ἀκαθαρσίᾳ καὶ τῆι ἀνομίαι εἰς τὴν ἀνομίαν, οὕτως 1270
.... ἀνομίαν, οὕτως 88
τῇ ἀκαθαρσίᾳ καὶ τῇ ἀνομίᾳ εἰς τὴν ἀνομίαν, οὕτως ℵ A C D L P Ψ 049^{c} 1 6 33
131 209 226 323 330 460 489 614 618 796 910 927 999 1175 1241 1243 1245 1424
1448 1505 1611 1646 1735 1738 1836^{c} 1854 1874 2147 2344 2412 2495 2815 **u**[**w**]

[↓1827 1836 1837 1854 1874 1881 2125 2147 2344 2400 2412 2495 2815 **uwτ** Er^{1}
[↓1241 1242 1243 1245 1315 1319 1424 1448 1505 1506 1573 1611 1646 1735 1738
[↓131 205 209 226 323 326 330 365 440 489 517 547 614 796 910 927 945 999 1175
νῦν παραστήσατε τὰ μέλη ὑμῶν δοῦλα τῇ δικαιοσύνῃ εἰς ἁγιασμόν. B ℵ C D K L P Ψ 1 6 88
νῦν παραστήσατε τὰ μέλη ὑμῶν δοῦλα τῆι δικαιοσύνηι εἰς ἁγιασμόν. 056 424 1734 1739 1891
τῇ δικαιοσύνῃ εἰς ἁγιασμόν. 69
παραστήσατε τὰ μέλη ὑμῶν δοῦλα τῇ δικαιοσύνῃ εἰς ἁγιασμόν. 104
νῦν παραστήσατε τὰ μέλη ὑμῶν δοῦλα τῇ δικαιοσύνῃ εἰς **ἁγιασμών**. 049^{c} 618
νῦν παραστήσατε τὰ μέλη ὑμῶν εἰς **ἁγιασμών**. 049*
νῦν παραστήσατε τὰ μέλη ὑμῶν δοῦλα τῇ **δικαιωσύνῃ** εἰς ἁγιασμόν. 33
νῦν παραστήσατε τὰ μέλη ὑμῶν δοῦλα τῆι **ἁγιωσύνῃ** εἰς ἁγιασμόν. 1270
νῦν παραστήσατε τὰ μέλη ὑμῶν **ὅπλα** τῇ δικαιοσύνῃ εἰς ἁγιασμόν. A
νῦν **παρεστήσατε** τὰ μέλη ὑμῶν δοῦλα τῇ δικαιοσύνῃ εἰς ἁγιασμόν. 460 1352
νῦν **παραστήσαται** τὰ μέλη ὑμῶν **δουλεύειν** τῇ δικαιοσύνῃ εἰς **ἁγειασμόν**. F G
νῦν **παραστήσαται** τὰ μέλη ὑμῶν δοῦλα τῇ δικαιοσύνῃ εἰς ἁγιασμόν. 2464

---

lac. 6.18-19 $\mathfrak{P}^{10}$ $\mathfrak{P}^{46}$ $\mathfrak{P}^{113}$ 0172 **6.19** 1982

E 6.18 Jn 8.32; 1 Pe 2.24 Ro 3.5 **19** Ro 12.1; 1 Th 4.3, 7; 2 Th 2.13; He 12.14

[↓1836 1837 1854 1874 1881 2125 2147 2344 2400 2412 2464 2495 2815 **uwτ** Er^{1} Cl IV 11.3
[↓1175 1242 1245 1270 1315 1319 1352 1448 1505 1506 1573 1611 1646 1734 1735 1738
↓88 104 131 205 209 226 323 326 330 365 440 460 489 517 547 614 618 796 910 927 999

20 ὅτε γὰρ δοῦλοι ἦτε τῆς ἁμαρτίας, ἐλεύθεροι ἦτε$^{\top}$ τῇ δικαιοσύνῃ. B ℵ A C D K 049 056 1 6 69
20 ὅτε γὰρ δοῦλοι ἦτε τῆς ἁμαρτίας, ἐλεύθεροι ἦτε τῆι δικαιοσύνηι. 424 945 1739 1891
20 ὅτε γὰρ δοῦλοι ἦτε τῆς ἁμαρτίας, ἐλεύθεροι ἦτε τῇ **δικαιωσύνῃ**. 33
20 ὅτε γὰρ δοῦλοι ἦτε τῆς ἁμαρτίας, ἐλεύθεροι ἦτε τῇ **διδικαιοσύνῃ**. 1424
20 ὅτε γὰρ δοῦλοι ἦτε τῆς ἁμαρτίας, **ἐλεύθηροι** ἦτε τῇ δικαιοσύνῃ. F*
20 ὅτε γὰρ δοῦλοι ἦτε τῆς **ἁμαρτέας**, **ἐλεύθηροι** ἦτε τῇ δικαιοσύνῃ. F^{c}
20 ὅτε γὰρ δοῦλοι ἦτε τῆς **ἁμαρτείας**, ἐλεύθεροι ἦτε τῇ δικαιοσύνῃ. G
20 ὅτε γὰρ δοῦλοι **ἦται** τῆς ἁμαρτίας, ἐλεύθεροι ἦτε τῇ δικαιοσύνῃ. P
20 ὅτε γὰρ δοῦλοι **εἶ τε** τῆς ἁμαρτίας, ἐλεύθεροι ἦτε τῇ δικαιοσύνῃ. 1243
20 ὅτε γὰρ **ἦτε δοῦλοι** τῆς ἁμαρτίας, ἐλεύθεροι ἦτε τῇ δικαιοσύνῃ. L Ψ 1241 1827

$^{\top}$τῆς ἁμαρτίας, ἐλεύθεροι ἦτε 1

21 τίνα οὖν καρπὸν εἴχετε τότε; ἐφ' οἷς νῦν ἐπαισχύνεσθε, τὸ μὲν γὰρ τέλος B 2495
21 τίνα οὖν καρπὸν εἴχετε τότε; ἐφ' οἷς νῦν **ἐπεσχύνεσθε**, τὸ γὰρ τέλος ℵ* P 1243
21 τίνα οὖν καρπὸν εἴχετε τότε; ἐφ' οἷς νῦν **ἐπεσχύνεσθε**, τὸ μὲν γὰρ τέλος ℵ^{c} 1505
21 τίνα οὖν καρπὸν εἴχετε **πότε**; ἐφ' οἷς νῦν **ἐπεσχύνεσθαι**, τὸ μὲν γὰρ τέλος D*
21 τίνα οὖν καρπὸν εἴχετε τότε; ἐφ' οἷς νῦν **ἐπεσχύνεσθαι**, τὸ μὲν γὰρ τέλος D^{1}
21 τίνα οὖν καρπὸν εἴχετε τότε; ἐφ' οἷς νῦν **ἐπεσχύνεσθαι**, τὸ γὰρ τέλος 2147
21 τίνα οὖν καρπὸν **εἴχεται** τότε; ἐφ' οἷς νῦν **ἐπεσχύνεσθαι**, τὸ γὰρ τέλος 2464
21 τίνα οὖν καρπὸν **εἴχεται** τότε; ἐφ' οἷς νῦν **ἐπαισχύνεσθαι**, τὸ μὲν γὰρ τέλος F^{c} G
21 **τήνα** οὖν καρπὸν **εἴχεται** τότε; ἐφ' οἷς νῦν **ἐπαισχύνεσθαι**, τὸ μὲν γὰρ τέλος F*
21 τίνα οὖν καρπὸν **εἴχεται** τότε; ἐφ' οἷς νῦν **ἐπαισχύνεσθαι**, τὸ γὰρ τέλος 131
21 τίνα οὖν καρπὸν εἴχετε τότε; ἐφ' οἷς νῦν **ἐπαισχύνεσθαι**, τὸ γὰρ τέλος D^{2} 049^{c} 618 1319^{c}
21 τίνα οὖν καρπὸν **ἤχετε** τότε; ἐφ' οἷς νῦν **ἐπαισχύνεσθαι**, τὸ γὰρ τέλος 1245 [↑1506
21 τίνα οὖν καρπὸν **ἔχετε** τότε; ἐφ' οἷς νῦν **ἐπαισχύνεσθαι**, τὸ γὰρ τέλος 33
21 τίνα καρπὸν εἴχετε τότε; ἐφ' οἷς νῦν **ἐπαισχύνεσθαι**, τὸ γὰρ τέλος 1319*
21 τίνα οὖν καρπὸν εἴχετε τότε; ἐφ' οἷς νῦν **ἐπαισχύνεσθαι**, τὸ γὰρ τέλος 049* 460 1735
21 τίνα οὖν καρπὸν **εἴχεται** τότε; ἐφ' οἷς νῦν **ἐπαισχύναισθε**, τὸ γὰρ τέλος 1646
21 τίνα καρπὸν εἴχετε; ἐφ' οἷς νῦν ἐπαισχύνεσθε, τὸ γὰρ τέλος 999
21 τίνα οὖν καρπὸν εἴχετε; ἐφ' οἷς νῦν ἐπαισχύνεσθε, τὸ γὰρ τέλος 326 1837 2344
21 τίνα οὖν καρπὸν εἴχετε τότε; ἐφ' οἷς νῦν ἐπαισχύνεσθε, τὸ γὰρ τέλος A C K L Ψ 056 1 6 69 88 104 205 209 226 323 330 365 424 440 489 517 547 614 796 910 927 945 1175 1241 1242 1270 1315 1352 1424 1448 1573 1611 1734 1738 1739 1827 1836 1854 1874 1881 1891 2125 2400 2412 2815 **uwτ** Er^{1} Cl IV 11.3

ἐκείνων θάνατος. **22** νυνεὶ δέ ἐλευθερωθέντες B D*$^{.1}$
ἐκείνων θάνατος **ἐστείν**. **22** νυνεὶ δέ ἐλευθερωθέντες F G
ἐκείνων θάνατος. **22** **νῦν** δέ ἐλευθερωθέντες 205 209 323 796 945 Cl IV 11.3
ἐκίνων θάνατος. **22** **νυνὶ** δέ ἐλευθερωθέντες ℵ
ἐκείνον θάνατος. **22** **νυνὶ** δέ ἐλευθερωθέντες 049* 460 1243 1735 1874
.... θάνατος. **22** **νυνὶ** δέ ἐλευθερω.............. 1611
22 **νυνὶ** δέ ἐλευθερωθέντες Cl II 134.3
ἐκείνων θάνατος. **22** **νυνὶ** 1506
ἐκείνων θάνατος. **22** **νυνὶ** δέ **ἐλευθεροθέντες** 1175 [↓326 330 365 424 440 489 517 547 614 618
ἐκείνων θάνατος. **22** **νυνὶ** δέ ἐλευθερωθέντες A C D^{2} K L P Ψ 049^{c} 056 1 6 33 69 88 104 131 226 910 927 999 1241 1242 1245 1270 1315 1319 1352 1424 1448 1505 1573 1646 1734 1738 1739 1827 1836 1837 1854 1881 1891 2125 2147 2344 2400 2412 2464 2495 2815 **uwτ** Er^{1}

---

lac. 6.20-22 𝔓^{10} 𝔓^{46} 𝔓^{113} 0172 1982

C 6.22 τη δ̅ ο αποστολ αδελφοι ελευθερωθεντες απο της αμαρτιας 1739

E 6.20 Jn 8.34 **21** Ez 16.61, 63; Ro 7.5; 8.6, 13 **22** Ro 6.18; 1 Pe 1.9

[↓1424 1448 1505 1573 1735 1738 1827 1836 1837 1854 1874 1881 2125 2147 2400 2412 2495 2815 Er[1]
[↓131 205 209 226 323 326 330 365 440 460 489 547 614 618 927 999 1175 1241 1242 1245 1315 1319 1352
ἀπὸ τῆς ἁμαρτίας δουλωθέντες δὲ τῷ θῷ ἔχετε τὸν καρπὸν B ℵ A C D K L P Ψ 056 1 6 33 69 88 104
ἀπὸ τῆς ἁμαρτίας δουλωθέντες δὲ τῷ θῷ ἔχετε **τῷ** καρπὸν 049
ἀπὸ τῆς ἁμαρτίας δουλωθέντες δὲ τῷ θῷ **ἔχεται** τὸν καρπὸν F G 1646 2464
.... ἔχετε τὸν καρπὸν 1506
.... δὲ τῷ θῷ ἔχετε τὸν καρ....... 1611
ἀπὸ τῆς ἁμαρτίας δουλωθέντες δὲ τῶ θῶι ἔχετε τὸν καρπὸν 517
ἀπὸ τῆς ἁμαρτίας δουλωθέντες δὲ τῶι θῶι ἔχετε τὸν καρπὸν 424 945 1270 1734 1739 1891
ἀπὸ τῆς ἁμαρτίας δουλωθέντες δὲ τῷ θεῷ ἔχετε τὸν καρπὸν **uwτ** Cl IV 11.3; II 134.3
ἀπὸ τῆς ἁμαρτίας **δουλοθέντες** δὲ τῷ θῷ ἔχετε τὸν καρπὸν 796 1243
ἀπὸ τῆς ἁμαρτίας **δουλοθέντες** δὲ τῷ θῷ ἔχετε **τε** τὸν καρπὸν 910
ὑπὸ τῆς ἁμαρτίας δουλωθέντες δὲ τῷ θῷ ἔχετε τὸν καρπὸν 2344

[↓1739 1827 1836 1837 1854 1881 1891 2125 2400 2412 2464 2495 2815 **uwτ** Er[1] Cl IV 11.3; II 134.3
[↓1175 1241 1242 1243 1245 1270 1315 1319 1352 1424 1448 1505 1506 1573 1646 1734 1735 1738
[↓88 104 131 205 209 226 323 326 330 365 424 440 460 489 517 547 614 618 796 910 927 945 999
ὑμῶν εἰς ἁγιασμόν, τὸ δὲ τέλος ζωὴν αἰώνιον. **23** τὰ γὰρ ὀψώνια B ℵ A C D K L Ψ 049 056 1 6 69
ὑμῶν εἰς **ἁγειασμόν**, τὸ δὲ τέλος ζωὴν αἰώνιον. **23** τὰ γὰρ ὀψώνια F G
ὑμῶν εἰς ἁγιασμόν, τὸ δὲ τέλος ζωὴν αἰώνιον. **23** P
ὑμῶν εἰς ἁγιασμόν, τὸ δὲ τέλος εἰς ζωὴν αἰώνιον. **23** τὰ γὰρ ὀψώνια 33
ὑμῶν εἰς ἁγιασμόν, τὸ δὲ τέλος εἰς ζωὴν **23** 2344
ὑμῶν εἰς ἁγιασμόν, τὸ δὲ τέλος ζωὴν αἰώνιον. **23** τὰ γὰρ **ὀψόνια** 1874 2147
.........ν εἰς ἁγιασμόν, τὸ δὲ τέλος ζωὴν αἰώνιον. **23** τὰ γὰρ ὀψώνια 1611

[↓1735 1738 1739 1827 1836 1837 1854 1874c 1881 2125 2147 2400 2412 2464 2495 2815
[↓910 927 945 999 1175 1241 1242 1243 1245 1315 1319 1352 1448 1505 1506 1573 1611 1646
[↓056 1 6 33 88 104 131 205 209 226 323 326 330 365 424 440 460 489 517 547 614 618 796
τῆς ἁμαρτίας θάνατος, τὸ δὲ χάρισμα τοῦ θυ ζωὴ αἰώνιος ἐν χω ιυ B ℵ A C D K L Ψ 049
τῆς ἁμαρτίας θάνατος, **αὐτὸ** δὲ χάρισμα τοῦ θυ ζωὴ αἰώνιος ἐν χω ιυ 1424
τῆς ἁμαρτίας θάνατος, τὸ δὲ χάρισμα τοῦ θυ ζωὴ αἰώνιος ἐν χω Ἰησοῦ 69
ἐν χω ιυ P
τῆς ἁμαρτίας θάνατος, τὸ δὲ χάρισμα τοῦ θου ζωὴ αἰώνιος ἐν χρω ιυ F
τῆς ἁμαρτίας θάνατος, τὸ δὲ χάρισμα τοῦ θυ ζωὴ αἰώνιος ἐν χρω ιυ G
τῆς ἁμαρτίας θάνατος, **τῶ** δὲ χάρισμα τοῦ θυ ζωὴ αἰώνιος ἐν χω ιυ 1874*
τῆς ἁμαρτίας θάνατος, τὸ δὲ χάρισμα τοῦ θυ ζωὴ αἰώνιος ἐν χωι ιυ 1270 1734 1891
τῆς ἁμαρτίας θάνατος, τὸ δὲ χάρισμα τοῦ θεοῦ ζωὴ αἰώνιος ἐν Χριστῷ Ἰησοῦ **uwτ** Er[1] Cl IV 11.3

τῷ κω ἡμῶν. B ℵ A C D F G K L P Ψ 049 056 1 6 33 88 104 131 205 209 226 323 326 330 365 440 460 489 547
τῶι κωι ἡμῶν. 424 517 1270 1739 1891 [↑614 618 796 910 927 945 999 1175 1241 1242 1243 1245 1315 1319
τῷ κυρίῳ ἡμῶν. 1424 **uwτ** Er[1] Cl IV 11.3 [↑1352 1448 1505 1506 1573 1611 1646 1734 1735 1738 1827 1836 1837
τῷ κω **ὑμῶν**. 69 2412 [↑1854 1874 1881 2125 2147 2400 2464 2495 2815

lac. 6.22-23 𝔓10 𝔓46 𝔓113 0172 1982 **6.23** 2344

C 6.23 αρχ τη ς της γ εβδ αδ,ε γινωσκ 489 | αρχ κ,υ δ προς ρωμ αδ,ε ελευθερωθεντες απο της αμαρτιας 945 | τελ κ,υ 489 | τε 796 945 | τε της κ,υριακ 1242 | αρχ τη β της γ εβδ. αδ,ε τοις γινωσκουσιν ομλ λαλω. οτι ο νομος. περι της υιον ομου και ουχ κρισε δια των αμαρτιων 1448 **23** τελ Ψ 049 104 209 226 330 618 927 1241 1243 1245 1448 1735 1836 1891 2147 2464 | τελ κ,υ 1 547 | τελ της κ,υριακ 326 517 1315 1573 | στιχ τν 1175

E 6.22 Ro 6.18; 1 Pe 1.9 **23** Ro 5.12, 15, 21

An Analogy from Marriage

7:1 Ἢ ἀγνοεῖτε, ἀδελφοί, γεινώσκουσιν γὰρ νόμον λαλῶ, ὅτι ὁ νόμος B D*
7:1 Ἢ ἀγνοεῖτε, ἀδελφοί, **γινώσκουσιν** γὰρ νόμον λαλῶ, ὅτι ὁ νόμος ℵ C D² K 1175 1836
7:1 ... . ·· δελφοί, **γινώσκουσιν** γὰρ νόμον .... ·· νόμος 2344 [↑1874ᶜ **uw**
7:1 Ἢ ἀγνοεῖτε, ἀδελφοί, **γινώσκουσιν** οἱ γὰρ νόμον λαλῶ, ὅτι ὁ νόμος 489
7:1 Ἢ **ἀγνοεῖται**, ἀδελφοί, **γινώσκουσιν** γὰρ νόμον λαλῶ, ὅτι ὁ νόμος A 1506
7:1 Ἢ **ἀγνωεῖτε**, ἀδελφοί, **γινώσκουσιν** γὰρ νόμον λαλῶ, ὅτι ὁ νόμος 1874*
7:1 Ἢ **ἀγνωῆτε**, ἀδελφοί, **γινόσκουσιν** γὰρ νόμον λαλῶ, ὅτι ὁ νόμος 33
7:1 Ἢ **ἀγνωῆτε**, ἀδελφοί, **γινόσκουσιν** γὰρ νόμον λαλῶ, ὅτι ὁ νόμος 2464
7:1 Ἢ **ἀγνοῆτε**, ἀδελφοί, **γινώσκουσιν** γὰρ νόμον λαλῶ, ὅτι ὁ νόμος 1735
7:1 Ἢ **ἀγνοῆτε**, ἀδελφοί, **γινώσκουσι** γὰρ νόμον λαλῶ, ὅτι ὁ νόμος 056 1319
7:1 Ἢ **ἀγνοεῖται**, ἀδελφοί, **γεινώσκοσιν** γὰρ νόμον λαλῶ, **ὅτει** ὁ νόμος F G
7:1 Ἢ ἀγνοεῖτε, ἀδελφοί, **γιγνώσκουσι** γὰρ νόμον λαλῶ, ὅτι ὁ νόμος L
7:1 Ἢ **ἀγνωεῖτε**, ἀδελφοί, **γινώσκουσι** γὰρ νόμον λαλῶ, ὅτι ὁ νόμος 460 618 1891
7:1 Ἢ **ἀγνωεῖται**, ἀδελφοί, **γινώσκουσι** γὰρ νόμον λαλῶ, ὅτι ὁ νόμος 1646
7:1 Ἢ **ἀγνοεῖται**, ἀδελφοί, **γινώσκουσι** γὰρ νόμον λαλῶ, ὅτι ὁ νόμος 049
7:1 **Εἰ** ἀγνοεῖτε, ἀδελφοί, **γινώσκουσι** γὰρ νόμον λαλῶ, ὅτι ὁ νόμος P 131
7:1 Ἢ γὰρ ἀγνοεῖτε, ἀδελφοί, **γινώσκουσι** γὰρ νόμον λαλῶ, ὅτι ὁ νόμος 1424
7:1 ἀγνοεῖτε, ἀδελφοί, **γινώσκουσι** γὰρ νόμον λαλῶ, ὅτι ὁ νόμος 1573 2412
7:1 Ἢ ἀγνοεῖτε, ἀδελφοί, **γινώσκουσι** νόμον λαλῶ, ὅτι ὁ νόμος 2815
7:1 Ἢ ἀγνοεῖτε, ἀδελφοί, **γινώσκουσι** γὰρ νόμον λαλῶ, ὅτι ὁ νόμος Ψ 1 6 69 88 104
205 209 226 323 326 330 365 424 440 517 547 614 796 910 927 945 999 1241 1242 1243 1245 1270
1315 1352 1448 1505 1611 1734 1738 1739 1827 1837 1854 1881 2125 2147 2400 2495 **τ** Er¹

κυριεύει τοῦ ἀνθρώπου ἐφ' ὅσον χρόνον ζῇ; **2** ἡ γὰρ ὕπανδρος γυνὴ τῷ B ℵ 1319 **uwτ**
κυριεύει το·· .... ἐφ' ὅσον χρόνον ζῇ; **2** ἡ γὰρ ....δρος γυνὴ τῷ A [↑Er¹
2 ἡ γὰρ ὕπανδρος γυνὴ τῷ Cl III 80.1
κυριεύει τοῦ ανου ἐφ' ὅσον χρόνον ζῇ; **2** ἡ γὰρ ὕπανδρος γυνὴ τῶι 424 517 945 1270
κυριεύει τοῦ ανου ἐφ' ὅσον χρόνον ζῇ ὁ ἀνὴρ αὐτῆς; **2** ἡ γὰρ ὕπανδρος γυνὴ τῷ 1735 [↑1739 1891
κυριεύῃ τοῦ ανου ἐφ' ὅσον χρόνον ζῇ; **2** ἡ γὰρ ὕπανδρος γυνὴ τῷ 056
κυριεύει ἐφ' ὅσον χρόνον ζῇ; **2** ἡ γὰρ **ἤπανδρος** γυνὴ τῷ 1243
κυριεύει τοῦ ανου ἐφ' ὅσον χρόνον ζῇ; **2** ἡ γὰρ ὕπανδρος γυνὴ **τὸ** 1646
κυριεύει τοῦ ανου ἐφ' ὅσον .... **2** ἡ γὰρ ὕπανδρος γυνὴ τῷ 2344
κυριεύει τοῦ ανου ἐφ' ὅσον χρόνον ζῇ; **2** ἡ γὰρ ὕπανδρος γυνὴ τῷ C D F G K L P Ψ
049 1 6 33 69 88 104 131 205 209 226 323 326 330 365 440 460 489 547 614 618 796 910 927 999 1175 1241 1242 1245
1315 1352 1424 1448 1505 1573 1611 1734 1738 1827 1836 1837 1854 1874 1881 2125 2147 2400 2412 2464 2495 2815

lac. 7.1-2 𝔓¹⁰ 𝔓⁴⁶ 𝔓¹¹³ 0172 1982 **7.2** 1506 (illeg.)

C 7.1 η ἐπανάληψις περὶ τῆς ἐν χάριτι ζωῆς 049 1270 | αρχ τη β της γ εβδ. αδ,ε οις γινωσκουσι νομον 1 | κ,ε ζ 209 | αρχ η β της γ εβδ. αδ,ε τοις γινωσκουσι νομον λαλω 226 | αρχ τη δ της δ εβδ αδ,ε γινωσκι γαρ 326 | αρχ τη δ 330 | αρχ τε της κ,υ και αρχ της β 440 | τη β της γ αδ,ε τοις γινωσκουσι 517 | αρχ 547 | αρχ της γ εβδ γ τη β προς ρωμαιους αδελφοι γινωκου 614 | αρχ τη β της γ εβδ αδ,ε τη γ γινωσκ,ου νομον 796 | η επαναγ τ εν χαριτι ζωης 796 | αρχ τη β η γ εβδομαδος αγνοιτε γινωσκουσιν νομον λαλω 927 | αρχ τη β της γ αδ,ε προς ρωμαιους 1175 | αρχ της μγλ εβδμ γ 1242 | αρχτη δ της δ εβδ 1243 | αρχ 1245 1881 | αρχ τη β της γ εβδ κ,ε ρ 1315 | θ ἐπανάληψις περὶ τῆς ἐν χάριτι ζωῆς 1315 | αρχ τη β της γ εβδ. αδ,ε τοις γινωσκουσι νομον λαλω οτι ο νομος περι της υπο νομου κaακρισε δια των αμαρτιων 1448 | αρχ τη ς της γ εβδ αδ,ε τοις γινωσκουσιν ο νομος 1573 | η επαναλυψις περι της εν χαριτι ζωης 1734 | κ,ε ιη αρχ τη ς της γ εβδ ο αποστολ πρ ρωμ αδελφοι γινωσκουσιν γαρ νομος λαλω 1739 | αρχ τη δ της δ εβδ αδ,ε γινωσκουσι γαρ 1837 | αρχ τη β της γ εβδ αδ,ε γινωσκουσι νομου λαλω 2147 | αρχ της γ εβδ πρ ρωμ αδελφοι γινωσκουσι γαρ νο 2412 | τη γ της γ εβδ κ,ε οα προς ρωμαιους αδελφοι η αγνοειτε 2464

D 7.1 η 049 796 1734 | ιζ 1 226 | ιη 517

E 7.2 1 Co 7.39

[↓1315 1319 1352 1424 1448 1505 1573 1611 1734 1738 1827 1837 1854 2147 2400 2412 2495 **uwτ** Er^{1}
[↓056 1 6 33 69 88 104 205 209 226 323 326 365 440 460 489 547 614 796 910 927 999 1175 1241 1242 1245
ζῶντι ἀνδρὶ δέδεται νόμῳ· ἐὰν δὲ ἀποθάνῃ ὁ ἀνήρ, κατήργηται B ℵ C D K P Ψ 049
ζῶντι ἀνδρὶ δέδεται νόμῳ· Cl III 80.1
ζῶντι ἀνδ···· ·····δεται νόμῳ· ἐὰν δὲ ἀποθ········ ὁ ἀνήρ, κατήργηται A
ζῶντι ·············· ····δεται νόμῳ· ἐὰν δὲ ἀποθάνῃ ·· ············ κατήργηται 2344
ζῶντι ἀνδρὶ δέδεται νόμωι· ἐὰν δὲ ἀποθάνῃ ὁ ἀνήρ, κατήργηται 517 945 1270
ζῶντι ἀνδρὶ δέδεται νόμωι· ἐὰν δὲ ἀποθάνηι ὁ ἀνήρ, κατήργηται 1739 1891
ζῶντι ἀνδρὶ δέδεται νόμω· ἐὰν δὲ ἀποθάνηι ὁ ἀνήρ, κατήργηται 424
ζῶντι ἀνδρὶ δέδεται νόμῳ· ἐὰν δὲ ἀποθάνῃ ὁ ἀνήρ, **κατήργητε** 1735 2125
ζῶντι ἀνδρὶ δέδεται νόμῳ· ἐὰν δὲ καὶ ἀποθάνῃ ὁ ἀνήρ, κατήργηται 2815
ζῶντι ἀνδρὶ δέδεται νόμῳ· ἐὰν δὲ καὶ ἀποθάνῃ ὁ ἀνήρ αὐτῆς, κατήργηται 1243
ζῶντι ἀνδρὶ δέδεται νόμῳ· ἐὰν δὲ ἀποθάνῃ ὁ ἀνήρ αὐτῆς, 1881
ζῶντει ἀνδρὶ δέδεται νόμῳ· ἐὰν δὲ ἀποθάνῃ ὁ ἀνήρ, κατήργηται F G
ζῶντη ἀνδρὶ δέδεται νόμῳ· ἐὰν δὲ ἀποθάνῃ ὁ ἀνήρ, **κατήργητι** 618
ζόντι ἀνδρὶ δέδεται νόμῳ· ἐὰν δὲ **ἀποθάνει** ὁ ἀνήρ, κατήργηται 1646
ζόντι ἀνδρὶ δέδεται νόμῳ· ἐὰν δὲ **ἀποθάνει** ὁ ἀνήρ, κατήργηται 2464
ζῶντι ἀνδρὶ δέδεται νόμῳ· ἐὰν δὲ **ἀποθάνει** ὁ ἀνήρ, κατήργηται L 1836
ζῶντι ἀνδρὶ δέδεται νόμῳ· ἐὰν δὲ **ἀποθάνει** ὁ ἀνήρ, **κατήργειται** 1874
ζῶντι ἀνδρὶ **δέδοται** νόμῳ· ἐὰν δὲ ἀποθάνῃ ὁ ἀνήρ, κατήργηται 330
ζῶντι ἀνδρὶ **δέδετε** νόμῳ· ἐὰν δὲ ἀποθάνῃ ὁ ἀνήρ, κατήργηται 131

ἀπὸ τοῦ νόμου τοῦ ἀνδρός. **3** αρα οὖν ζῶντος τοῦ ἀνδρὸς B ℵ C D P Er^{1}
ἀπὸ τοῦ νόμου τοῦ ἀνδρός. **3** αρα οὖν ·········τος τοῦ ἀνδρὸς A
ἀπὸ τοῦ νόμου ἀνδρός. **3** αρα οὖν ζῶντος τοῦ ἀνδρὸς F
ἀπὸ τοῦ νόμου τοῦ ἀνδρός. **3** αρα οὖν ζῶντος $\overline{χρ}$ τοῦ ἀνδρὸς G
ἀπὸ τοῦ νόμου τοῦ ἀνδρός. **3** **ἀρα** οὖν ζῶντος τοῦ ἀνδρὸς 049
ἀπὸ τοῦ νόμου τοῦ ἀνδρός. **3** **ἆρα** οὖν ζῶντος τοῦ ἀνδρὸς 1 6 104 209 326 365 489 517 927 1241
ἀπὸ τοῦ νόμου τοῦ ἀνδρός. **3** 1854* [↑1245 1315 1319 1738 1827
ἀπὸ τοῦ νόμου τοῦ ἀνδρός. **3** **ἄρ'** οὖν ζῶντος τοῦ ἀνδρὸς 1739 [↑1837 1874 2344
3 **ἄρ'** οὖν ζῶντος τοῦ ἀνδρὸς 1881
ἀπὸ τοῦ νόμου τοῦ ἀνδρός. **3** **ἄρα** οὖν τοῦ ζῶντος τοῦ ἀνδρὸς 131
ἀπὸ τοῦ νόμου τοῦ ἀνδρός. **3** **ἄρα** ζῶντος τοῦ ἀνδρὸς 1836
ἀπὸ τοῦ νόμου τοῦ ἀνδρός. **3** **ἄρα** οὖν ζῶντος τοῦ ἀνδρὸς K L Ψ 056 33 69 88 205 226 323 330 424 440 460 547 614 618 796 910 945 999 1175 1242 1243 1270 1352 1424 1448 1505 1573 1611 1646 1734 1735 1854^{c} 1891 2125 2147 2400 2412 2464 2495 2815 **uwτ**

μοιχαλὶς χρηματίσει ἐὰν γένηται ἀνδρὶ ἑτέρῳ· B C K 056 1 6 69 88 104 205 209 226 323 326*
μοιχαλὶς χρηματίσει ἐὰν γένηται ἀνδρὶ **ἑταίρῳ**· ℵ [↑424 440 460 489 517 547 910 927 1175
μοιχαλὶς χρηματίσει ἐὰν γένηται ἀνδρὶ ἑτέρωι· 1270 [↑1243 1245 1315 1424 1611 1739 1837
μοιχαλὶς χρηματίσει ἡ γυνὴ ἐὰν γένηται ἀνδρὶ ἑτέρῳ· A [↑1854 1881 2147 2344 2400 2412 2815
μοιχαλὶς **χριματίσει** ἐὰν γένηται ἀνδρὶ ἑτέρῳ· P [↑Er^{1}
μοιχαλὶς **χρηματίσῃ** ἐὰν γένηται ἀνδρὶ ἑτέρῳ· Ψ
μοιχαλὶς **χρηματήσει** ἐὰν γένηται ἀνδρὶ ἑτέρῳ· 999 1836 2125
μοιχαλὶς **χρηματίζει** ἐὰν γένηται ἀνδρὶ ἑτέρῳ· 330 614 796 945 1242 1319 1352 1448 1505
μοιχαλὴς χρηματίσει ἐὰν γένηται ἀνδρὶ ἑτέρῳ· 049 131 1646 [↑1573 1734 1827 2495 **uwτ**
μοιχαλὴς **χρηματήσει** ἐὰν γένηται ἀνδρὶ ἑτέρῳ· 1874
μοιχαλλὶς χρηματίσει ἐὰν γένηται ἀνδρὶ ἑτέρῳ· 326^{c} 1241 1891
μοιχαλλὶς **χρηματήσει** ἐὰν **γένητε** ἀνδρὶ ἑτέρῳ· 1735
μοιχαλλὶς **χρηματίσῃ** ἐὰν γένηται ἀνδρὶ ἑτέρῳ· L
μοιχαλλὶς **χρηματίζει** ἐὰν γένηται ἀνδρὶ ἑτέρῳ· 365
μυχαλῆς **χριματήσει** ἐὰν **γένητε** ἀνδρὶ ἑτέρῳ· 2464
μυχαλὶς **χρηματήσει** ἐὰν γένηται ἀνδρὶ ἑτέρῳ· 618 1738
μυχαλλὶς χρηματίσει ἐὰν γένηται ἀνδρὶ ἑτέρῳ· 33
χρηματίσει **μοιχαλὶς** ἐὰν γένηται ἀνδρὶ ἑτέρῳ· D
χρηματίσει **μοιχαλεὶς** ἐὰν γένηται ἀνδρὶ ἑτέρῳ· F G

---

lac. 7.2-3 $\mathfrak{P}^{10}$ $\mathfrak{P}^{46}$ $\mathfrak{P}^{113}$ 0172 1506 (illeg.) **7.2** 1982

E 7.2 1 Co 7.39

[↓1424 1448 1505 1611 1734 1738 1739 1827 1837 1854 1874 1881 2125 2147 2344 2400 2412 2495 2815 **uwτ** Er^{1}
[↓131 205 209 226 323 326 330 440 460 489 517 547 614 618 796 910 927 945 999 1241 1242 1243 1245 1315 1352

ἐὰν δὲ ἀποθάνῃ	ὁ ἀνήρ,	ἐλευθέρα ἐστὶν	ἀπὸ τοῦ νόμου,	B ℵ C K L P Ψ 049 056 1 6 69 88 104
ἐὰν δὲ ἀποθα·····	ὁ ἀνήρ,	ἐλευθέρα ἐστὶν	ἀπὸ τοῦ νόμου,	A
ἐὰν δὲ ἀποθάνηι	ὁ ἀνήρ,	ἐλευθέρα ἐστὶν	ἀπὸ τοῦ νόμου,	424 1891
········ ···· ἀποθάνῃ	ὁ ἀνήρ,	ἐλευθέρα ἐστὶν	ἀπὸ τοῦ νόμου,	1982
ἐὰν δὲ ἀποθάνῃ	ὁ ἀνήρ,	ἐλευθέρα ἐστὶν	**ἐκ** τοῦ νόμου,	365 1319 1573
ἐὰν δὲ **ἀποθάνει**	ὁ ἀνήρ,	ἐλευθέρα ἐστὶν	ἀπὸ τοῦ νόμου,	1175 1646 1735 1836 2464
ἐὰν δὲ ἀποθάνῃ	ὁ ἀνὴρ αὐτῆς,	ἐλευθέρα ἐστὶν	ἀπὸ τοῦ νόμου,	D F
ἐὰν δὲ ἀποθάνῃ	ὁ ἀνὴρ αὐτῆς,	ἐλευθέρα **ἐστεὶν**	ἀπὸ τοῦ νόμου,	G
ἐὰν δὲ ἀποθάνῃ	ὁ ἀνήρ,	ἐλευθέρα ἐστὶν	ἀπὸ τοῦ νόμου τοῦ ἀνδρὸς,	33
omit				1270

[↓1424 1448 1505 1573 1611 1734 1739 1836 1837 1854 1874 1881 1982 2125 2400 2412 2495 2815 **uwτ** Er^{1}
[↓69 88 104 131 205 209 226 323 326* 424 440 460^{c} 489 517 547 614 796 910 927 945 1175 1242 1315 1352

τοῦ	μὴ εἶναι αὐτὴν	μοιχαλίδα	γενομένην	B ℵ A C D K P Ψ 049* 056 1 6
τοῦ	εἶναι αὐτὴν	μοιχαλίδα	γενομένην	1646
τοῦ	μὴ εἶναι αὐτὴν εκ τοῦ νόμου	μοιχαλίδα	γενομένην	1319
τοῦ ἀνδρὸς	μὴ εἶναι αὐτὴν	μοιχαλίδα	**γενομένῳ**	330
τοῦ ἀνδρὸς τοῦ	μὴ εἶναι αὐτὴν	μοιχαλίδα	γενομένην	2344
	μὴ εἶναι αὐτὴν	μοιχαλίδα	γενομένην	999 1245
τοῦ	μὴ εἶναι αὐτὴν	**μοιχαλλίδα**	γενομένην	L 049^{c} 33 326^{c} 365 1241 1735
τοῦ	μὴ εἶναι αὐτὴν	**μοιχαλείδα**	γενομένην	F G [↑1891
τοῦ	μὴ εἶναι αὐτὴν	**μυχαλίδα**	γενομένην	2147 2464
τοῦ	μὴ εἶναι αὐτὴν	**μοιχαλήδα ἐὰν**	**γένηται**	1243
τοῦ	μὴ εἶναι **ταύτην**	μοιχαλίδα	γενομένην	1827
omit				460* 618 1270 1738

[↓1505 1573 1611 1646 1734 1739 1836 1837 1854 1881 1891 1982 2125 2344 2400 2412 2464 2495 2815 **uwτ** Er^{1}
[↓326 330 365 424 440 460^{c} 489 517 547 614 796 910 927 945 999 1175 1241 1242 1243 1245 1315 1352 1424 1448

ἀνδρὶ ἑτέρῳ.	**4** ὥστε, ἀδελφοί μου, καὶ ὑμεῖς	B A C D K L P Ψ 049 1 6 33 69 88 104 131 205 209 226 323
ἀνδρὶ ἑτέρῳ.	**4** ὥστε, ἀδελφοί μου,	1827
ἀνδρὶ ἑτέρῳ.	**4** ὥστε, ἀδελφοί μου, καὶ **ἡμεῖς**	1319 2147
	4 ὥστε, ἀδελφοί μου, καὶ ὑμεῖς	460* 618 1270 1738
ἀνδρὶ ἑτέρῳ.	**4** ὥστε καὶ ὑμεῖς	056
ἀνδρὶ ἑτέρῳ.	**4** ὥστε, ἀδελφοί **μοι**, καὶ ὑμεῖς	F G
ἑτέρῳ.	**4** ὥστε, ἀδελφοί μου, καὶ ὑμεῖς	1874
ἀνδρὶ ἑτέρῳ.	**4** ὥστε **καὶ ὑμεῖς**, **ἀδελφοί μου**,	1735
ἀνδρὶ **ἑταίρῳ**.	**4** ὥστε **καὶ ὑμεῖς**, **ἀδελφοί μου**,	ℵ

[↓1315 1319 1352 1448 1505 1573 1611 1738 1836 1837 1854 1874 1881 1982 2125 2344 2400 2412 2495 2815
[↓33 69 88 104 131 205 209 226 323 326 330 365 440 460 489 547 614 796 910 927 999 1175 1241 1242 1245

ἐθανατώθητε	τῷ	νόμῳ	διὰ τοῦ σώματος τοῦ	χυ,	εἰς τὸ	B ℵ^{c} A C D K L Ψ 056^{c} 1 6
ἐθανατώθητε	τῷ	νόμῳ	διὰ τοῦ σώματος τοῦ	χρυ,	εἰς τὸ	ℵ*
ἐθανατώθητε οὖν	τῷ	νόμῳ	διὰ τοῦ σώματος τοῦ	Χριστοῦ,	εἰς τὸ	Cl III 84.4
ἐθανατώθητε	τῷ	νόμῳ	διὰ τοῦ σώματος τοῦ	Χριστοῦ,	εἰς τὸ	**uwτ**
ἐθανατώθητε	τῷ	νόμῳ		__	εἰς τὸ	Cl III 80.2
ἐθανατώθητε	**τὸ**	νόμῳ	διὰ τοῦ σώματος τοῦ	χυ,	εἰς τὸ	618
ἐθανατώθητε	τῷ	νόμῳ	τοῦ σώματος τοῦ	χυ,	εἰς τὸ	049
ἐθανατώθητε	τῷ	νόμῳ	διὰ τοῦ σώματος τοῦ	χυ,	ὁ εἰς τὸ	056*
ἐθανατώθητε	τῶι	νόμωι	διὰ τοῦ σώματος τοῦ	χυ,	εἰς τὸ	424 1270 1734 1739 1891
ἐθανατώθητε	τῷ	νόμωι	διὰ τοῦ σώματος τοῦ	χυ,	εἰς τὸ	517 945
ἐθανατώθητε	τῷ	νόμῳ	διὰ τοῦ σώματος τοῦ Ἰησου	Χριστοῦ,	εἰς τὸ	Er^{1}
ἐθανατόθηται	τῷ	**μῳ**	διὰ τοῦ σώματος τοῦ	χυ,	εἰς τὸ	1646*
ἐθανατόθηται	τῷ	νόμῳ	διὰ τοῦ σώματος τοῦ	χυ,	εἰς τὸ	1646^{c}
ἐθανατώθηται	τῷ	νόμῳ	διὰ τοῦ σώματος τοῦ	χυ,	εἰς τὸ	F G P
ἐθανατώθηται	τῷ	νόμῳ	διὰ τοῦ σώματος τοῦ	χυ,	εἰς τὸ	1735
ἐθανατόθητε	τῷ	νόμῳ	διὰ τοῦ σώματος τοῦ	χυ,	εἰς τὸ	1243 2464
ἐθανατώθητε **ὑμεῖς**	τῷ	νόμῳ	διὰ τοῦ σώματος τοῦ	χυ,	εἰς τὸ	1827
ἀπεθάνετε	τῷ	νόμῳ	διὰ τοῦ σώματος τοῦ	χυ,	εἰς τὸ	1424
ἐθανατώθημεν	τῷ	νόμῳ	διὰ τοῦ σώματος τοῦ	χυ,	εἰς τὸ	2147
ἐθανατώθημεν	τῷ	νόμῳ	διὰ τοῦ σώματος τοῦ	Χριστοῦ,	εἰς τὸ	Cl III 83.5

---

lac. 7.3-4 𝔓^{10} 𝔓^{46} 𝔓^{113} 0172 1506 (illeg.)

E 7.4 Col 2.14; 1 Co 10.16; 2 Co 5.15; Col 1.10

[↓1573 1611 1646 1738 1836 1837 1854 2125 2344 2400 2412 2815 **uwτ** Er^{1} Cl III 83.5
[↓056 33 104 131 226 323 326 330 365 460 489 547 614 910 927 999 1243 1319 1352 1448
γενέσθαι ὑμᾶς ἑτέρῳ, τῷ ἐκ νεκρῶν ἐγερθέντι, ἵνα καρποφορήσωμεν B ℵ A C D K Ψ 049
γενέσθαι ὑμᾶς ἑτέρῳ, τῷ ἐκ νεκρῶν ἐγερθέντι, Cl III 80.2; 84.4
γενέσθε ὑμᾶς ἑτέρῳ, τῷ ἐκ νεκρῶν ἐγερθέντι, ἵνα καρποφορήσωμεν 69
γενέσθαι ὑμᾶς ἑτέρῳ, τῶι ἐκ νεκρῶν ἐγερθέντι, ἵνα καρποφορήσωμεν 424 945
γενέσθαι ὑμᾶς ἑτέρωι, τῶι ἐκ νεκρῶν ἐγερθέντι, ἵνα καρποφορήσωμεν 1734 1739 1891
γενέσθαι ὑμᾶς ἑτέρῳ, τῷ ἐκ **νεκρῷ** ἐγερθέντι, ἵνα καρποφορήσωμεν 796
γενέσθαι ὑμᾶς ἑτέρῳ, τῷ ἐκ νεκρῶν **ἐγερθέντῃ**, ἵνα καρποφορήσωμεν 618
γενέσθαι ὑμᾶς ἑτέρῳ, τῷ ἐκ νεκρῶν **ἐγερθέντει**, ἵνα **καρποφορέσωμεν** F G
γενέσθαι ὑμᾶς ἑτέρῳ, τῷ ἐκ νεκρῶν ἐγερθέντι, ἵνα **καρποφορίσωμεν** L 1735
γενέσθαι ὑμᾶς ἑτέρῳ, ἐκ νεκρῶν ἐγερθέντι, ἵνα **καρποφορίσωμεν** 1874
γενέσθαι ὑμᾶς ἀνδρὶ ἑτέρῳ, τῷ ἐκ νεκρῶν ἐγερθέντι, ἵνα καρποφορήσωμεν 1 440 1242 1245
γενέσθαι ὑμᾶς ἀνδρὶ ἑτέρωι, τῷ ἐκ νεκρῶν ἐγερθέντι, ἵνα καρποφορήσωμεν 517 [↑1827 1982
γενέσθαι ὑμᾶς ἀνδρὶ ἑτέρῳ, τῷ ἐκ νεκρῶν ἐγερθέντι, ἵνα **καρποφορήσομεν** 1315
γενέσθαι ὑμᾶς ἑτέρῳ, τῷ ἐκ νεκρῶν ἐγερθέντι, ἵνα **καρποφορήσομεν** P 6 88 1175
γενέσθαι **ἡμᾶς** ἑτέρῳ, τῷ ἐκ νεκρῶν ἐγερθέντι, ἵνα **καρποφορήσομεν** 2147
γενέσθαι **ἡμᾶς** ἑτέρῳ, τῷ ἐκ νεκρῶν ἐγερθέντι, ἵνα καρποφορήσωμεν 205 209
γενέσθαι ὑμᾶς ἑτέρωι, τῶι ἐκ νεκρῶν **ἀναστάντι**, ἵνα καρποφορήσωμεν 1270
γενέσθαι ὑμᾶς ἑτέρῳ, τῷ ἐκ νεκρῶν **ἀναστάντι**, ἵνα καρποφορήσωμεν 1424 1505 1881 2495
γενέσθαι ὑμᾶς **ἑτέρῳ ἀνδρί**, τῷ ἐκ νεκρῶν ἐγερθέντι, ἵνα καρποφορήσωμεν 1241
γενέσθω ὑμᾶς ἑτέρῳ, τῷ ἐκ νεκρῶν ἐγερθέντι, ἵνα καρποφορήσωμεν 2464

[↓1734 1735 1738 1827 1836 1837 1854 1874 1982 2125 2344 2400 2412 2495 2815
[↓796 910 927 999 1241 1242 1243 1245 1315 1319 1352 1424 1448 1505 1573 1611 1646
[↓Ψ 049 056 1 33 69 88 104 205 209 226 323 326 330 365 440 460 489 547 614 618
τῷ θ̅ῳ̅. **5** ὅτε γὰρ ἦμεν ἐν τῇ σαρκί, τὰ παθήματα τῶν ἁμαρτιῶν τὰ διὰ B ℵ A C D$^{1.2}$ K L P
τῷ θεῷ. **5** ὅτε γὰρ ἦμεν ἐν τῇ σαρκί, τὰ παθήματα τῶν ἁμαρτιῶν τὰ διὰ **uwτ** Er^{1}
τῷ θ̅ῳ̅. **5** ὅτε γὰρ ἦμεν ἐν σαρκί, τὰ παθήματα τῶν ἁμαρτιῶν τὰ διὰ 1881
τῷ θ̅ῳ̅. **5** ὅτε γὰρ ἂν ἦμεν ἐν τῇ σαρκί, τὰ παθήματα τῶν ἁμαρτιῶν τὰ διὰ 6
τῷ θ̅ῳ̅. **5** ὅτε γὰρ ἦμεν ἐν τῇ σαρκί, τὰ **παθήμετα** τῶν ἁμαρτιῶν τὰ διὰ 1175
τῷ θ̅ῳ̅. **5** ὅτε γὰρ ἦμεν ἐν τῇ σαρκί, τὰ **πάθη μετὰ** τῶν ἁμαρτιῶν τὰ διὰ 131
τῷ θ̅ῳ̅. **5** ὅτε γὰρ ἦμεν ἐν τῇ σαρκί, τὰ **πάθη** τῶν ἁμαρτιῶν τὰ διὰ 2147
τῷ θ̅ῳ̅. **5** ὅτε γὰρ ἦμεν τῇ **σαρκεί**, τὰ παθήματα τῶν **ἁμαρτειῶν** τὰ διὰ F G
τῷ θ̅ῳ̅. **5** ὅτε γὰρ ἦμεν ἐν τῇ **σαρκῇ**, τὰ παθήματα τῶν ἁμαρτιῶν τὰ διὰ 2464
τῶ θ̅ω̅ι. **5** ὅτε γὰρ ἦμεν ἐν τῇ σαρκί, τὰ παθήματα τῶν ἁμαρτιῶν τὰ διὰ 517
τῶι θ̅ω̅ι. **5** ὅτε γὰρ ἦμεν ἐν τῆι σαρκί, τὰ παθήματα τῶν ἁμαρτιῶν τὰ διὰ 424 945 1270 1739
τῷ θ̅ῳ̅. **5** ὅτε γὰρ **ἤμην** ἐν τῇ σαρκί, τὰ παθήματα τῶν ἁμαρτιῶν τὰ διὰ D* [↑1891
τῷ θεῷ. **5** Cl III 83.5

[↓1424 1448 1573 1611 1646 1734 1738 1827 1854 1881 1982 2125 2147 2400 2412 2815 **uwτ** Er^{1}
[↓88 131 205 209 226 323 365 440 460 489 547 614 618 796 910 927 945 999 1241 1242 1243 1319 1352
τοῦ νόμου ἐνηργεῖτο ἐν τοῖς μέλεσιν ἡμῶν, εἰς τὸ καρποφορῆσαι τῷ B ℵ A C K L P Ψ 049 056 1 6 69
τοῦ νόμου ἐνηργεῖτο ἐν τοῖς μέλεσιν ἡμῶν, εἰς τὸ **καρποφορεῖν** τῷ 33 2344
τοῦ νόμου ἐνηργεῖτο ἐν τοῖς μέλεσιν ἡμῶν, εἰς τὸ καρποφορῆσαι τῶι 424 517 1270 1739 1891
τοῦ νόμου ἐνηργεῖτο ἐν τοῖς μέλεσιν **ὑμῶν**, εἰς τὸ καρποφορῆσαι **τὸν** 330
τοῦ νόμου ἐνηργεῖτο ἐν τοῖς μέλεσιν **ὑμῶν**, εἰς τὸ καρποφορῆσαι τῷ 1505 2495
τοῦ νόμου **ἐνηργείτω** ἐν τοῖς μέλεσιν ἡμῶν, εἰς τὸ καρποφορῆσαι τῷ 326 1315 1837
τοῦ νόμου **ἐνηργῆτω** ἐν τοῖς μέλεσιν ἡμῶν, εἰς τὸ **καρποφορῆσε** τῷ 2464
τοῦ νόμου **ἐνειργεῖτο** ἐν τοῖς μέλεσιν ἡμῶν, εἰς τὸ καρποφορῆσαι τῷ 104
τοῦ νόμου **ἐνεργεῖτε** ἐν τοῖς μέλεσιν ἡμῶν, εἰς τὸ καρποφορῆσαι τῷ 1245
τοῦ νόμου **ἐνεργεῖτο** ἐν τοῖς μέλεσιν ἡμῶν, εἰς τὸ καρποφορῆσαι τῷ D 1175 1836 1874^{c}
τοῦ νόμου **ἠνεργεῖτο** ἐν τοῖς μέλεσιν ἡμῶν, εἰς τὸ **καρποφορέσαι** τῷ F G
τοῦ νόμου **ἐνεργεῖτο** ἐν τοῖς μέλεσιν ἡμῶν, εἰς τὸ **καρποφορῖσαι** τῷ 1874*
τοῦ νόμου **ἐνεργεῖτο** ἐν τοῖς μέλεσιν **ὑμῶν**, εἰς τὸ καρποφορῆσαι τῷ 1735

lac. 7.4-5 𝔓^{10} 𝔓^{46} 𝔓^{113} 0172 1506 (illeg.)

E 7.4 Col 2.14; 1 Co 10.16; 2 Co 5.15; Col 1.10 **5** Ro 5.21; 7.7, 25; 8.6, 13; 1 Co 15.56

θανάτῳ· 6 νυνεὶ δὲ κατηργήθημεν ἀπὸ τοῦ νόμου ἀποθανόντες ἐν ᾧ B
θανάτῳ· 6 νυνεὶ δὲ κατηργήθημεν ἀπὸ τοῦ νόμου **τοῦ θανάτου** ἐν ᾧ D*
θανάτῳ· 6 **νῦν** δὲ κατηργήθημεν ἀπὸ τοῦ νόμου **τοῦ θανάτου** ἐν ᾧ F G
θανάτῳ· 6 **νῦν** δὲ κατηργήθημεν ἀπὸ τοῦ νόμου ἀποθανόντες ἐν ᾧ K 049 2495
θανάτῳ· 6 **νυνὴ** δὲ κατηργήθημεν ἀπὸ τοῦ νόμου ἀποθανόντες ἐν ᾧ 2147
θανάτῳ· 6 **νυνὶ** δὲ κατηργήθημεν ἀπὸ τοῦ νόμου **τοῦ θανάτου** ἐν ᾧ D²
θανάτωι· 6 **νυνὶ** δὲ κατηργήθημεν ἀπὸ τοῦ νόμου ἀποθανόντες ἐν ᾧ 424 517 945
θανάτωι· 6 **νυνὶ** δὲ κατηργήθημεν ἀπὸ τοῦ νόμου ἀποθανόντες ἐν ὧι 1270 1739 1891
θανάτῳ· 6 **νυνὶ** δὲ κατηργήθημεν ἀπὸ τοῦ νόμου **ἀποθανώντες** ἐν ᾧ 999 1506
θανάτῳ· 6 **νυνὶ** δὲ **κατηργήθημην** ἀπὸ τοῦ νόμου ἀποθανόντες ἐν ᾧ C
θάνατον· 6 **νυνὶ** δὲ κατηργήθημεν ἀπὸ τοῦ νόμου ἀποθανόντες ἐν ᾧ καὶ 330 [↓104 131 205 209 226
θανάτῳ· 6 **νυνὶ** δὲ κατηργήθημεν ἀπὸ τοῦ νόμου ἀποθανόντες ἐν ᾧ ℵ A L P Ψ 056 1 6 33 69 88
323 326 365 440 460 489 547 614 618 796 910 927 1175 1241 1242 1243 1245 1315 1319 1352 1424 1448 1505
1573 1611 1646 1734 1735 1738 1827 1836 1837 1854 1874 1881 1982 2125 2344 2400 2412 2464 2815 **uwτ** Er¹

κατειχόμεθα, ὥστε δουλεύειν ἐν καινότητι πνεύματος καὶ οὐ B [**w**]
κατειχόμεθα, ὥστε δουλεύειν ἐν **καινότητει** πνς καὶ οὐ F G
κατηχόμεθα, ὥστε δουλεύειν ἡμᾶς ἐν καινότητι πνς καὶ οὐ 049 326 614 999 1243 1734
κατειχώμεθα, ὥστε δουλεύειν ἡμᾶς ἐν καινότητι πνς καὶ οὐ 1241 [↑1735 1837 2147 2412
κατηχώμεθα, ὥστε δουλεύειν ἡμᾶς ἐν καινότητι πνς καὶ οὐ 33
κατηχώμεθα, ὥστε δουλεύειν ἡμᾶς ἐν **κενώτητι** πνς καὶ οὐ 1874
κατιχόμεθα, ὥστε δουλεύειν ἡμᾶς ἐν καινότητι πνς καὶ οὐ 2464
κατειχόμεθα, ὥστε δουλεύειν ἡμᾶς ἐν **κενότητι** πνς καὶ οὐ D* 1646
κατειχόμεθα, ὥστε δουλεύειν ἡμᾶς ἐν **καινώτητι** πνς καὶ οὐ L^c
κατειχόμεθα, ὥστε δουλεύειν ἡμᾶς ἐν **καινώτι** πνς καὶ οὐ L*
κατειχόμεθα, ὥστε δουλεύειν ἡμᾶς ἐν καινότητι πνεύματος καὶ οὐ **u**[**w**]**τ**
κατειχόμεθα, ὥστε δουλεύειν **ὑμᾶς** ἐν καινότητι πνεύματος καὶ οὐ Er¹
κατειχόμεθα, ὥστε δουλεύειν **ὑμᾶς** ἐν καινότητι πνς καὶ οὐ 1505
κατειχόμεθα, ὥστε δουλεύειν **ὑμᾶς** ἐν καινότητι **τοῦ** πνς καὶ οὐ 2495
κατειχόμεθα, ὥστε δουλεύειν ἡμᾶς ἐν **καινότητητι** πνς καὶ οὐ 1836
κατειχόμεθα, ὥστε δουλεύειν ἡμᾶς **ἐγκαινότητι** πνς καὶ οὐ 1424
κατειχόμεθα, ὥστε δουλεύειν ἡμᾶς καινότητι πνς καὶ οὐ 88
κατειχόμεθα, ὥστε δουλεύειν ἡμᾶς ἐν καινότητι πνς καὶ οὐ ℵ A C D^{1.2} K P Ψ 056 1 6 69
104 131 205 209 226 323 330 365 424 440 460 489 517 547 618 796 910 927 945 1175 1242 1245 1270
1315 1319 1352 1448 1506 1573 1611 1738 1739 1827 1854 1881 1891 1982 2125 2344 2400 2815

παλαιότητι γράμματος. B ℵ A C D^{1.2} F G K L P Ψ 049 056 1 6 33 69 88 104 131 205 209 226 323 326 330 365 424
παλαιότιτη γράματος. 1646 [↑440 460 489 517 547 614 618 796 910 927 945 999 1241 1242 1243 1245 1270
παλαιότιτι γράμματος. 1315 [↑1319 1352 1424 1448 1505 1506 1573 1611 1734 1738 1739 1827 1836 1837
παλεότητι γράμματος. D* [↑1854 1874 1881 1891 1982 2125 2147 2344 2400 2412 2495 2815 **uwτ** Er¹
παλεώτητι γράμματος. 2464
παλαιώτητι γράμματος. 1175 1735

The Interrelationship of Sin and the Law

[↓1506 1573 1611 1734 1735 1738 1739 1837 1854 1881 1891 1982 2125 2147 2400 2412 2464 2495 2815 **uwτ** Er¹
[↓326 330 365 424 440 460 517 547 614 618 796 910 945 999 1241 1243 1245 1270 1315 1319 1352 1424 1448 1505
7 Τί οὖν ἐροῦμεν; ὁ νόμος ἁμαρτία; μὴ γένοιτο· ἀλλὰ τὴν ἁμαρτίαν B ℵ A C D G K L P Ψ 049 056
7 Τί ἐροῦμεν; ὁ νόμος ἁμαρτία; μὴ γένοιτο· ἀλλὰ τὴν ἁμαρτίαν Cl III 76.2 [↑1 6 69 104 131
7 Τί οὖν ἐροῦμεν; ὁ νόμος ἁμαρτία; μὴ **γένητο**· ἀλλὰ τὴν ἁμαρτίαν 1646 [↑205 209 226 323
7 Τί οὖν **ἐρεύομεν**; ὁ νόμος ἁμαρτία; μὴ γένοιτο· ἀλλὰ τὴν ἁμαρτίαν F [↓1836 1874 2344
7 Τί οὖν ἐροῦμεν; ὅτι ὁ νόμος ἁμαρτία; μὴ γένοιτο· ἀλλὰ τὴν ἁμαρτίαν 33 88 489 927 1175 1242 1827

lac. 7.6-7 𝔓¹⁰ 𝔓⁴⁶ 𝔓¹¹³ 0172

C 7.7 θ̅ περι της (- 1245) υπο νομου κατακρειςας (κατακρισεως 049 424 440 1175 1245 1270 1836 1874) δια την αμαρτιαν 049 424 440 1175 1245 1270 1734 1836 1874 | αρχ τη ε̅ της δ̅ εβδ αδ,ε τι ουν ερουμεν 326 1837 | θ̅ επαν αληψις περι της εν χαριτι ζωης 1836 | θ̅ περι της υπ νομου κατακρισεως δια τ́ 1836 αρχ τη ε̅ 330 | αρχ η ε̅ της δ̅ εβδ κ,υ σαβ 1243 | τελ 326 330 1837

D 7.7 θ̅ 049 424 1175 1245 1270 1734 1854

E 7.6 Ro 8.1-2; 6.2, 4, 21; Ga 3.23; Ro 6.4; 2.29; 2 Co 3.6 **7** Ro 3.20; Ex 20.17; Dt 5.21; 4 Mac 2.5; Ro 13.9

[↓1448 1505 1573 1611 1646 1734 1739 1827 1854 1881 1982 2344 2495 2815 **uwτ** Er^{1} Cl III 76.2
[↓69 88 104 131 205 209 226 323 365 440 489 547 796 910 927 999 1175 1242 1270 1319 1352 1424
οὐκ ἔγνων εἰ μὴ διὰ νόμου· τήν τε γὰρ ἐπιθυμίαν οὐκ ᾔδειν εἰ μὴ ὁ νόμος B A^{c} C D K P Ψ 1 6 33
οὐκ ἔγνων εἰ μὴ διὰ νόμου· τήν τε γὰρ ἐπιθυμίαν οὐκ **ᾔδιν** εἰ μὴ ὁ νόμος ℵ
οὐκ ἔγνων εἰ μὴ διὰ νόμου· τήν τε γὰρ ἐπιθυμίαν οὐκ **ᾔδην** εἰ μὴ ὁ νόμος 614 1243 1315 1874
οὐκ ἔγνων εἰ **μὶ** διὰ νόμου· τήν τε γὰρ ἐπιθυμίαν οὐκ **ᾔδην** εἰ μὴ ὁ νόμος 1245^{c}
οὐκ ἔγνων εἰ **μὶ** διὰ νόμου· τήν τε γὰρ ἐπιθυμίαν οὐκ **εἴδην** **ἰ** μὴ ὁ νόμος 049
οὐκ ἔγνων εἰ **μὶ** διὰ νόμου· τήν τε γὰρ ἐπιθυμίαν οὐκ **εἴδην** εἰ μὴ ὁ νόμος 1245*
οὐκ ἔγνων εἰ **μὶ** διὰ νόμου· τήν τε γὰρ ἐπιθυμίαν οὐκ ᾔδειν εἰ μὴ ο νόμος 2125
οὐκ ἔγνων εἰ **μὶ** διὰ νόμου· τήν τε γὰρ ἐπιθυμίαν οὐκ ᾔδειν εἰ **μὶ** ὁ νόμος 2464
οὐκ ἔγνων εἰ μὴ διὰ νόμου· τήν τε γὰρ ἐπιθυμίαν οὐκ **εἴδεν** εἰ μὴ ὁ νόμος 056
οὐκ ἔγνων εἰ μὴ διὰ νόμου· τήν τε γὰρ ἐπιθυμίαν οὐκ **εἴδον** εἰ μὴ ὁ νόμος 330
οὐκ ἔγνων εἰ μὴ διὰ νόμου· τήν τε γὰρ ἐπιθυμίαν οὐκ **εἴδειν** εἰ μὴ ὁ **λόγος** L
οὐκ ἔγνων εἰ μὴ διὰ νόμου· τήν τε γὰρ ἐπιθυμίαν οὐκ **εἴδειν** εἰ μὴ ὁ νόμος 326 1837
οὐκ ἔγνων εἰ μὴ διὰ νόμου· τήν γὰρ ἐπιθυμίαν οὐκ **εἴδειν** εἰ **μὶ** ὁ νόμος 1506
οὐκ ἔγνων εἰ μὴ διὰ νόμου· τήν γὰρ ἐπιθυμίαν οὐκ ᾔδειν εἰ μὴ ὁ νόμος F^{c} G
οὐκ ἔγνων εἰ μὴ διὰ νόμου· τήν τε ἐπιθυμίαν οὐκ ᾔδειν εἰ μὴ ὁ νόμος 1241 1735
οὐκ ἔγνων εἰ μὴ διὰ νόμου· τήν τε γὰρ ἐπιθυμίαν οὐκ ᾔιδειν εἰ μὴ ὁ νόμος 424 517 945 1891
οὐκ ἔγνων εἰ μὴ διὰ τοῦ νόμου· τήν τε γὰρ ἐπιθυμίαν οὐκ ᾔδειν εἰ μὴ ὁ νόμος 2147 2400
οὐκ **ἔγνωτε** εἰ μὴ διὰ τοῦ νόμου· τήν τε γὰρ ἐπιθυμίαν οὐκ ᾔδειν εἰ μὴ ὁ νόμος 1836
οὐκ **ἔγνω** εἰ μὴ διὰ νόμου· τήν τε γὰρ ἐπιθυμίαν οὐκ ᾔδειν εἰ μὴ ὁ νόμος A*
οὐκ **ἔγνως** εἰ μὴ διὰ νόμου· τήν τε γὰρ ἐπιθυμίαν οὐκ ᾔδειν εἰ μὴ ὁ νόμος 2412
οὐκ ἔγνων εἰ μὴ διὰ νόμου· τήν γὰρ **ἐπυθυμίαν** οὐκ ᾔδειν εἰ μὴ ὁ νόμος F*
οὐκ ἔγνων εἰ μὴ διὰ νόμου· τήν τε γὰρ **ἁμαρτίαν** οὐκ ᾔδειν εἰ μὴ ὁ νόμος 1738
οὐκ ἔγνων **ἢ** μὴ διὰ νόμου· τήν τε γὰρ **ἁμαρτίαν** οὐκ ᾔδειν εἰ μὴ ὁ νόμος 460 618

[↓1827 1837 1854 1874 1881 1891 1982 2125 2147 2344 2400 2412 2464 2495 2815 **uwτ** Er^{1}
[↓1175 1241 1242 1245 1270 1315 1319 1352 1424 1448 1505 1506 1573 1611 1734 1738 1739^{c}
[↓33 69 88 104 131 209^{c} 226 323 326 330 365 424 440 460 489 517 547 614 618 910 927 945 999
ἔλεγεν· Οὐκ ἐπιθυμήσεις. **8** ἀφορμὴν δὲ λαβοῦσα ἡ ἁμαρτία διὰ τῆς B ℵ A C D^{2} L Ψ 049 056 1 6
ἔλεγεν· Οὐκ ἐπιθυμήσεις. **8** Cl III 76.2
ἔλεγεν· Οὐκ ἐπιθυμήσεις. **8** ἀφορμὴν λαβοῦσα ἡ **ἁμαρτεία** διὰ τῆς D*
ἔλεγεν· Οὐκ ἐπιθυμήσεις. **8** ἀφορμὴν λαβοῦσα ἡ ἁμαρτία διὰ τῆς 1739*
ἔλεγεν ὅτι Οὐκ ἐπιθυμήσεις. **8** ἀφορμὴν δὲ λαβοῦσα ἡ ἁμαρτία διὰ τῆς 205 209*
ἔλεγεν· Οὐκ **ἐπιθυμίσεις**. **8** **ἀφορ** δὲ λαβοῦσα ἡ ἁμαρτία διὰ τῆς 1646*
ἔλεγεν· Οὐκ **ἐπιθυμίσεις**. **8** ἀφορμὴν δὲ λαβοῦσα ἡ ἁμαρτία διὰ τῆς 1646^{c}
ἔλεγεν· Οὐκ **ἐπιθυμήσις**. **8** ἀφορμὴν δὲ λαβοῦσα ἡ ἁμαρτία διὰ τῆς 796 1243
ἔλεγεν· Οὐκ **ἐπιθυμήσης**. **8** ἀφορμὴν δὲ λαβοῦσα ἡ ἁμαρτία διὰ τῆς K P 1735
ἔλεγεν· Οὐκ **ἐπειθυμήσις**. **8** ἀφορμὴν δὲ λαβοῦσα ἡ ἁμαρτία διὰ τῆς F G
ἔλεγεν· Οὐκ **ἐπεθυμήσεις**. **8** ἀφορμὴν δὲ λαβοῦσα ἡ ἁμαρτία διὰ τῆς 1836

ἐντολῆς κατηργάσατο ἐν ἐμοὶ πᾶσαν ἐπιθυμίαν· χωρὶς γὰρ νόμου B D P 049 88 131 226 326 330
χωρὶς νόμου Cl IV 9.6 [↑614 1175 1243 1424
ἐντολῆς κατηργάσατο ἐν ἐμοὶ πᾶσαν ἐπιθυμίαν· χωρὶς γὰρ **ννόμου** 1646 [↑1837 1874 2125 2464
ἐντολῆς κατηργάσατο ἐν ἐμοὶ πᾶσαν ἐπιθυμίαν· χωρὶς γὰρ νόμου ἡ 1735
ἐντολῆς **κατειργάτασο** ἐν ἐμοὶ πᾶσαν ἐπιθυμίαν· χωρὶς γὰρ νόμου 1242
ἐντολῆς **κατιργάσατο** ἐν **εἰμοὶ** πᾶσαν ἐπιθυμίαν· χωρὶς γὰρ νόμου F
ἐντολῆς **κατιργάσατο** ἐν ἐμοὶ πᾶσαν ἐπιθυμίαν· χωρὶς γὰρ νόμου G
ἐντολῆς 69*
ἐντολῆς **κατειργάσατω** ἐν ἐμοὶ πᾶσαν ἐπιθυμίαν· χωρὶς γὰρ νόμου 618
ἐντολῆς **κατειργήσατο** ἐν ἐμοὶ πᾶσαν ἐπιθυμίαν· χωρὶς γὰρ νόμου 1319
ἐντολῆς **κατειργάσατο** ἐν ἐμοὶ πᾶσαν ἐπιθυμίαν· χωρὶς γὰρ νόμου ἡ $ℵ^{c}$ 1505 2495
ἐντολῆς **κατειργάσατο** ἐμοὶ πᾶσαν ἐπιθυμίαν· χωρὶς γὰρ νόμου 1506
ἐντολῆς **κατειργάσατο** ἐν ἐμοὶ πᾶσαν ἐπιθυμίαν· χωρὶς γὰρ νόμου ℵ* A C K L Ψ 056 1 6 33 69^{c} 104
205 209 323 365 424 440 460 489 517 547 796 910 927 945 999 1241 1245 1270 1315 1352 1448 1573
1611 1734 1738 1739 1827 1836 1854 1881 1891 1982 2147 2344 2400 2412 2815 **uwτ** Er^{1}

---

lac. 7.7-8 $\mathfrak{P}^{10}$ $\mathfrak{P}^{46}$ $\mathfrak{P}^{113}$ 0172

C 7.8 ωρα 1739

E 7.7 Ro 3.20; Ex 20.17; Dt 5.21; 4 Mac 2.5; Ro 13.9 **8** Ro 4.15; 5.13; Js 1.14

ἁμαρτία νεκρά. **9** ἐγὼ δὲ ἔζην χωρὶς νόμου ποτέ, ἐλθούσης δὲ τῆς B
ἁμαρτία νεκρά. **9** ἐγὼ δὲ ἔζην χωρὶς νόμου ποτέ, ἐλθούσης δὲ τῆς Cl IV 9.6
ἁμαρτία νεκρά. **9** ἐγὼ δὲ **ἔζων** **χωρεὶς** νόμου ποτέ, ἐλθούσης δὲ τῆς A
ἁμαρτία νεκρά. **9** ἐγὼ **ἔζων** χωρὶς νόμου ποτέ, ἐλθούσης δὲ τῆς 1827
ἁμαρτεία νεκρὰ **ἦν**. **9** ἐγὼ δὲ **ἔζων** χωρὶς νόμου ποτέ, ἐλθούσης δὲ τῆς F G
ἁμαρτία **ἦν νεκρά**. **9** ἐγὼ δὲ **ἔζων** χωρὶς νόμου ποτέ, ἐλθούσης δὲ τῆς K
ἁμαρτία νεκρά. **9** ἐγὼ δὲ **ἔζουν** χωρὶς νόμου ποτέ, ἐλθούσης δὲ τῆς 33 131
omit **9** 69*
ἁμαρτία νεκρά. **9** ἐγὼ δὲ **ἔζων** χωρὶς νόμου, ἐλθούσης δὲ τῆς 69[c]
ἁμαρτία **νεκράς**. **9** ἐγὼ δὲ **ἔζων** χωρὶς νόμου ποτέ, ἐλθούσης δὲ τῆς 1245
ἁμαρτία νεκρά. **9** ἐγὼ δὲ **ἔζων** χωρὶς νόμου ποτέ, **ἐλθούσις** δὲ τῆς 2464 [↓326 330 365 424 440
ἐπιθυμία νεκρά. **9** ἐγὼ δὲ **ἔζων** χωρὶς νόμου ποτέ, ἐλθούσης δὲ τῆς 2344 [↓104 205 209 226 323
ἁμαρτία νεκρά. **9** ἐγὼ δὲ **ἔζων** χωρὶς νόμου ποτέ, ἐλθούσης δὲ τῆς ℵ C D L P Ψ 049 056 1 6 88
460 489 517 547 614 618 796 910 927 945 999 1175 1241 1242 1243 1270 1315 1319 1352 1424 1448 1505 1506 1573
1611 1646 1734 1735 1738 1739 1836 1837 1854 1874 1881 1891 1982 2125 2147 2400 2412 2495 2815 **uwτ** Er[1]

[↓1573 1611 1734 1739 1827 1836 1837 1854 1874 1881 1891 1982 2125 2147 2344 2400 2412 2495 2815 **uwτ** Er[1]
[↓365 424 440 460 489 517 547 614 796 910 927 945 1175 1241 1242 1243 1245 1270 1315 1352 1424 1448 1505 1506
ἐντολῆς ἡ ἁμαρτία ἀνέζησεν, **10** ἐγὼ δὲ ἀπέθανον καὶ εὑρέθη μοι B ℵ A C D K P Ψ 049 056 1 6 33
ἐντολῆς ἡ ἁμαρτία ἀνέζησεν, **10** ἐγὼ ἀπέθανον καὶ εὑρέθη μοι 1646 [↑69[c] 88 104 131 205 209
ἐντολῆς ἡ ἁμαρτία **ἐνέζησεν**, **10** ἐγὼ δὲ ἀπέθανον καὶ εὑρέθη μοι 618 1738 [↑226 323 326 330
ἐντολῆς ἡ ἁμαρτία **ἐνέζησε**, **10** ἐγὼ δὲ ἀπέθανον καὶ εὑρέθη μοι 1319
ἡ ἁμαρτία ἀνέζησεν, **10** ἐγὼ δὲ ἀπέθανον καὶ εὑρέθη μοι 69*
ἐντολῆς ἡ ἁμαρτία ἀνέζησεν, **10** ἐγὼ δὲ **ἀνέθανον** καὶ εὑρέθη μοι L
ἐντολῆς ἡ ἁμαρτία **ἀνέζησε**, **10** ἐγὼ δὲ ἀπέθανον καὶ εὑρέθη μοι 999
ἐντολῆς ἡ **ἁμαρτεία** ἀνέζησεν, **10** ἐγὼ δὲ ἀπέθανον καὶ εὑρέθη μοι F[c] G
ἐντολῆς ἡ **ἁμαρτεία** ἀνέζησεν, **10** ἐγὼ δὲ ἀπέθανον καὶ **εὑρέθε** μοι F*
ἐντολῆς ἡ ἁμαρτία ἀνέζησεν, **10** ἐγὼ δὲ ἀπέθανον καὶ **ηὑρέθη** μοι 1735
ἐντολῆς ἡ ἁμαρτία ἀνέζησεν, **10** ἐγὼ δὲ ἀπέθανον καὶ **εὑρέθην** μοι 2464

[↓1734 1735 1738 1739 1827 1836 1837 1854 1874[c] 1881 1891 1982 2125 2344 2400 2495[c] 2815 **uwτ** Er[1]
[↓365* 424 440 489 547 796 910 927 945 1175 1241 1242 1245 1270 1319 1352 1424[c] 1448 1573 1611 1646
ἡ ἐντολὴ ἡ εἰς ζωήν, αὕτη εἰς θάνατον· **11** ἡ γὰρ ἁμαρτία ἀφορμὴν B ℵ A C D G K P Ψ 049 056 1 33 88
ἡ ἐντολὴ ἡ εἰς ζωήν, αὕτη εἰς θάνατον· **11** ἡ γὰρ **ἁμαρτεία** ἀφορμὴν F[c] [↑104 205 209 226 323 326 330
ἡ ἐντολὴ ἡ εἰς ζωήν, αὕτη εἰς θάνατον· **11** ἡ γὰρ ἁμαρτία **ἀφρμὴν** F*
ἡ ἐντολὴ εἰς ζωήν, αὕτη εἰς θάνατον· **11** ἡ γὰρ ἁμαρτία ἀφορμὴν L 6 69 131 365[c] 460 517 614 618 999
1243 1315 1424* 1505 1506 1874* 2147 2412 2464 2495*

λαβοῦσα διὰ τῆς ἐντολῆς ἐξηπάτησέν με καὶ δι᾽ αὐτῆς ἀπέκτεινεν. B A C D K L Ψ 049 33 326 910
λαβοῦσα διὰ τῆς .... ἐξηπάτησέν με καὶ δι᾽ αὐτῆς **ἀπέκτινεν**. P [↑1175 1241 1243 1424 1506
λαβοῦσα διὰ τῆς ἐντολῆς ἐξηπάτησέν **μαι** καὶ δι᾽ αὐτῆς **ἀπέκτινεν**. F G [↑1836 1837 1854 2125 **uw**
λαβοῦσα διὰ τῆς ἐντολῆς ἐξηπάτησέν με καὶ δι᾽ αὐτῆς **ἀπέκτινεν**. ℵ 2464
λαβοῦσα διὰ τῆς ἐντολῆς ἐξηπάτησέν με καὶ δι᾽ αὐτῆς **ἀπέκτηνέν με**. 1735
λαβοῦσα διὰ τῆς ἐντολῆς **ἐξηπάτισέν** με καὶ δι᾽ αὐτῆς ἀπέκτεινεν. 1646 1874
λαβοῦσα διὰ τῆς ἐντολῆς **ἐξηπάτισέ** με καὶ δι᾽ αὐτῆς ἀπέκτεινεν. 330 2147
λαβοῦσα διὰ τῆς ἐντολῆς **ἐξεπάτησέ** με καὶ δι᾽ αὐτῆς **ἀπέκτεινε**. 056
λαβοῦσα διὰ τῆς ἐντολῆς **ἐξηπάτησέ** με καὶ δι᾽ αὐτῆς ἀπέκτεινεν. 1 6 69 88 104 131 205 209 226
323 365 424 440 460 489 517 547 614 618 796 927 945 999 1242 1245 1270 1315 1319 1352
1448 1505 1573 1611 1734 1738 1739 1827 1881 1891 1982 2344 2400 2412 2495 2815 **τ** Er[1]

---

lac. 7.8-11 𝔓[10] 𝔓[46] 𝔓[113] 0172

E 7.8 Ro 4.15; 5.13; Js 1.14 **9** Js 1.15 **10** Lv 18.5 **11** Gn 2.17; 3.13; He 3.13; 2 Co 11.3 **12** Ro 7.16; 1 Ti 1.8

[↓1573 1611 1646 1734 1735 1738 1739 1827 1837 1854 1874 1881 1891 1982 2125 2400 2412 2495 **uwτ** Er[1] Cl I 73.3
[↓424 440 460 489 517 547 614 618 910 927 945 999 1175 1241 1242 1245 1270 1315 1319 1352 1424 1448 1505 1506
12 ὥστε ὁ μὲν νόμος ἅγιος καὶ ἡ ἐντολὴ ἁγία καὶ δικαία καὶ ἀγαθή. B ℵ A C D K L P Ψ 049 056 1 6 33
12 ὁ μὲν νόμος ἅγιος καὶ ἡ ἐντολὴ ἁγία καὶ δικαία καὶ ἀγαθή. Cl III 84.1 [↑69 88 104 131 205
12 ὥστε ὁ μὲν νόμος ἅγιος καὶ ἡ .... ἁγία καὶ δικαία καὶ ἀγαθή. 2344 [↑209 226 323 330 365
12 **ὅστε** ὁ μὲν νόμος ἅγιος καὶ ἡ ἐντολὴ ἁγία καὶ δικαία καὶ ἀγαθή. 326 2464
12 ὥστε ὁ **μὲ** νόμος ἅγιος καὶ ἡ ἐντολὴ ἁγία καὶ ἀγαθή. 1243
12 ὥστε ὁ μὲν νόμος ἅγιος καὶ ἡ ἐντολὴ ἁγία καὶ ἀγαθή. 2815
12 ὥστε ὁ μὲν νόμος ἅγιος καὶ ἡ ἐντολὴ δικαία καὶ ἀγαθή. 1836
12 ὥστε ὁ μὲν νόμος ἅγιος καὶ ἐντολὴ ἁγία καὶ δικαία καὶ ἀγαθή. 796
12 ὥστε ὁ νόμος ἅγιος καὶ ἡ ἐντολὴ ἁγία καὶ δικαία καὶ ἀγαθή. 2147
12 ὥστε ὁ μὲν νόμος **ἅγειος** καὶ ἡ ἐντολὴ ἁγία καὶ δικαία καὶ ἀγαθή. F G

13 Τὸ οὖν ἀγαθὸν ἐμοὶ ἐγένετο θάνατος; μὴ γένοιτο· B ℵ D 330 1573 **uw**
13 Τὸ οὖν ἀγαθὸν ἐμοὶ ἐγένετο θάνατος; μὴ γένοιτο· C 365 1319 1739 1881
13 Τὸ οὖν ἀγαθὸν ἐμοὶ ἐγένετο θάνατος; μὴ γένοιτο· A
13 Τὸ οὖν ἀγαθὸν ἐμοὶ θάνατος; **μὲ** γένοιτο· F
13 Τὸ οὖν ἀγαθὸν ἐμοὶ θάνατος; μὴ γένοιτο· G
13 Τὸ οὖν ἀγαθὸν ἐμοὶ **γέγονε** θάνατος; μὴ **γένητο**· 1646
13 Τὸ οὖν ἀγαθὸν ἐμοὶ **γέγονε** θάνατος; μὴ γένοιτο· 2344
13 Τὸ οὖν ἀγαθὸν ἐμοὶ **γέγωνεν** θάνατος; μὴ γένοιτο· 618
13 Τὸ οὖν ἀγαθὸν ἐμοὶ **γέγονεν** θάνατος; μὴ γένοιτο· 796 1175 1424
13 Τὸ οὖν ἀγαθὸν ἐμοὶ **γέγονεν** θάνατος; μὴ γένοιτο· K L Ψ 33 326 460 910 1241 1837
13 Τὸ οὖν **ἀγαθὼν** ἐμοὶ **γέγονεν** θάνατος; μὴ γένοιτο· 1874 [↑2464
13 Τὸ οὖν ἀγαθὸν ἐμοὶ **γέγονεν** πρόξενος **θανάτου**; μὴ γένοιτο· 1836
13 **Τί** οὖν ἀγαθὸν ἐμοὶ **γέγονεν** θάνατος; μὴ γένοιτο· 1735
13 Τὸ οὖν ἀγαθὸν **ἐν** ἐμοὶ ἐγένετο θάνατος; μὴ γένοιτο· 1270
13 **Τί** οὖν τὸ ἀγαθὸν **ἐν** ἐμοὶ **γέγονε** θάνατος; μὴ γένοιτο· 2147
13 **Τί** οὖν τὸ ἀγαθὸν ἐμοὶ ἐγένετο θάνατος; μὴ γένοιτο· P
13 Τὸ οὖν ἀγαθὸν ἐμοὶ **γέγονεν** θάνατος; μὴ γένοιτο· ἀλλὰ 1506
13 Τὸ οὖν ἀγαθὸν ἐμοὶ **γέγονε** θάνατος; μὴ γένοιτο· 049 056 1 6 69 88 104 131 205
209 226 323 424 440 489 517 547 614 927 945 999 1242 1243 1245 1315 1352 1448 1505
1611 1646 1734 1738 1827 1854 1891 1982 2125 2344 2400 2412 2495 2815 **τ** Er[1]

[↓88 326 330 440 460 517 910 1241 1243 1245 1352 1506 1734 1738 1836 1837 1854 1874 1982 2125 2400 2815 **uwτ** Er[1]
ἀλλὰ ἡ ἁμαρτία, ἵνα φανῇ ἁμαρτία, διὰ τοῦ ἀγαθοῦ μοι κατεργαζομένη B ℵ D K L Ψ 049 1 6
ἀλλὰ ἡ ἁμαρτία, ἵνα φανῇ η ἁμαρτία, διὰ τοῦ ἀγαθοῦ μοι κατεργαζομένη 33 131 424* 1315 1573
ἵνα φανῇ ἁμαρτία, Cl III 84.1
ἀλλὰ ἡ ἁμαρτία, ἵνα **φανερωθῇ** ἁμαρτία, διὰ τοῦ ἀγαθοῦ μοι κατεργαζομένη 547
ἀλλὰ ἡ ἁμαρτία, ἵνα **φανεῖ** ἁμαρτία, διὰ τοῦ ἀγαθοῦ μοι **κατεργαζωμένη** 2464
ἀλλὰ ἡ **μαρτία**, ἵνα φανῇ ἁμαρτία, διὰ τοῦ ἀγαθοῦ μοι κατεργαζομένη 618
ἀλλὰ ἡ ἁμαρτία, ἵνα φανῆι ἁμαρτία, διὰ τοῦ ἀγαθοῦ μοι κατεργαζομένη 424[c] 1891
.... ἡ ἁμαρτία, ἵνα φανῇ ἁμαρ......, διὰ τοῦ ἀγαθοῦ μοι κατερ..... ζομένη A
ἀ....... 2344
ἀλλ' ἡ ἁμαρτία, ἵνα **φανεῖ** ἁμαρτία, διὰ τοῦ ἀγαθοῦ μοι κατεργαζομένη 1646
ἀλλ' ἡ ἁμαρτία, ἵνα φανῇ ἁμαρτία, ἀγαθοῦ μοι κατεργαζομένη 1270*
ἀλλ' ἡ **ἁμαρτεία**, ἵνα φανῇ ἁμαρτία, διὰ τοῦ ἀγαθοῦ μοι κατεργαζομένη F* G
ἀλλ' ἡ **ἁμαρτεία**, ἵνα φανῇ **ἁμαρτεία**, διὰ τοῦ ἀγαθοῦ μοι κατεργαζομένη F[c]
ἀλλ' ἡ ἁμαρτία, ἵνα **ἁμαρτία φανῇ**, διὰ τοῦ ἀγαθοῦ μοι κατεργαζομένη 1827
ἀλλ' ἡ ἁμαρτία, ἵνα φανῆι ἁμαρτία, διὰ τοῦ ἀγαθοῦ μοι κατεργαζομένη 1739
ἀλλ' ἡ ἁμαρτία, ἵνα φανῇ ἁμαρτία, διὰ τοῦ ἀγαθοῦ μοι **κατεργάζεται** 1735
ἀλλ' ἡ ἁμαρτία, ἵνα μὴ φανῇ ἡ ἁμαρτία, διὰ τοῦ ἀγαθοῦ μοι κατεργαζομένη 1319
ἀλλ' ἡ ἁμαρτία, ἵνα φανῇ ἁμαρτία, διὰ τοῦ ἀγαθοῦ μοι κατεργαζομένη C P 056 69 104 205
209 226 323 365 489 614 796 927 945 999 1175 1242 1270[c] 1424 1448 1505 1611 1881 2147 2412 2495

lac. 7.12 -13 𝔓[10] 𝔓[46] 𝔓[113] 0172

C 7.13 ια περι του εμ ανθρωπινη φυσει παθων αδυνατ ποιουντων την προς νομον συμφωνιαν 1 | αρχ τη γ της γ εβδ αδ,ε οιδαμεν οτι ο νομος πνικος 1 | θ περι ης υπο νομου κατακρισεως δια την αμαριαν 1175 1245 | ι περι των εν ανθρωπινη (ανινη 1245) φυσει παθων αδυνατον ποιουντων την προς νομον συμφωνιαν 1836 | (post αγαθου) τε 1270

E 7.12 Ro 7.16; 1 Ti 1.8 **13** Ro 5.20; 1 Co 15.56; Ro 4.15

[↓1739 1827 1836 1837 1854 1874 1881 1891 1982 2125 2147 2400 2412 2495 2815 **uwτ** Er[1]
[↓945 999 1175 1241 1242 1243 1245 1270 1319 1352 1424 1448 1505 1506 1573 1734 1735 1738
[↓056 6 33 69 88 104 131 205 209 226 323 326 330 365 424 440 489 517 547 614 796 910 927
θάνατον, ἵνα γένηται καθ' ὑπερβολὴν ἁμαρτωλὸς ἡ ἁμαρτία διὰ τῆς ἐντολῆς. B ℵ A C K L P Ψ 049
θάνατον, ἵνα **γένοιτε** καθ' ὑπερβολὴν ἁμαρτωλὸς ἡ ἁμαρτία διὰ τῆς ἐντολῆς 1315
θάνατον, ἵνα γένηται καθ' ὑπερβολὴν **ἁμαρτολὸς** ἡ ἁμαρτία διὰ τῆς ἐντολῆς 460 618 1646 2464
θάνατον, ἵνα γένηται καθ' ὑπερβολὴν **ἁμαρτα** ἡ ἁμαρτία διὰ τῆς ἐντολῆς. 1
θάνατον, ἵνα γένηται καθ' ὑπερβολὴν ἁμαρτω········ ·· ··················· ······· ······· ἐντολῆς. 1611
θάνατον, ἵνα γένηται καθ' ὑπερβολὴν **ἡ ἁμαρτία ἁμαρτωλὸς** διὰ τῆς ἐντολῆς. D F* G
θάνατον, ἵνα γένηται καθ' ὑπερβολὴν **ἡ ἁμαρτεία ἁμαρτωλὸς** διὰ τῆς ἐντολῆς F[c]

The Conflict Within between the Law of Sin and the Law of God

14 οἴδαμεν γὰρ ὅτι ὁ νόμος πνευματικός ἐστιν, ἐγὼ δὲ σάρκινός εἰμι B 69 1734 1854 **uwτ** Er[1]
14 οἴδαμεν γὰρ ὅτι ὁ νόμος πν̅ι̅κός ἐστιν, ἐγὼ δὲ σάρκινός εἰμι ℵ* C Ψ 6 424 440 1270
14 **οἶδα μὲν** γὰρ ὅτι ὁ νόμος πν̅ι̅κός ἐστιν, ἐγὼ δὲ σάρκινός εἰμι 33 [↑1448 1506 1739
14 **οἴδαμην** γὰρ **ὅτει** ὁ νόμος πνευματικός **ἐστειν**, ἐγὼ δὲ σάρκινός **εἰμει** F [↑1881 2125
14 οἴδαμεν γὰρ **ὅτει** ὁ νόμος πνευματικός **ἐστειν**, ἐγὼ δὲ σάρκινός **εἰμει** G
14 οἴδαμεν **δὲ** ὅτι ὁ νόμος πνευματικός ἐστιν, ἐγὼ δὲ σάρκινός εἰμι D
14 οἴδαμεν **δὲ** ὅτι ὁ νόμος πν̅ι̅κός ἐστιν, ἐγὼ δὲ σάρκινός εἰμι A
14 οἴδαμεν **δὲ** ὅτι ὁ νόμος πν̅ι̅κός ἐστιν, ἐγὼ δὲ **σάρκικός** εἰμι L 365
14 οἴδαμεν **δὲ** ὅτι ὁ νόμος πνευματικός ἐστιν, ἐγὼ δὲ **σάρκικός** εἰμι 1735
14 οἴδαμεν γὰρ ὅτι ὁ νόμος πνευματικός ἐστιν, ἐγὼ δὲ **σάρκικός** εἰμι 326 1837
14 οἴδαμεν γὰρ ὅτι ὁ νόμος πν̅ι̅κός, ἐγὼ δὲ **σάρκικός** εἰμι 1175
14 οἴδαμεν γὰρ ὅτι ὁ νόμος πν̅ι̅κός ἐστιν, ἐγὼ δὲ **σάρκικός ἠμει** 618
14 οἴδαμεν γὰρ ὅτι ὁ νόμος πν̅ι̅κός ἐστιν, ἐγὼ δὲ **σάρκικός εἰ μὴ μὶ** 1243
14 οἴδαμεν γὰρ ὅτι ὁ νόμος πν̅ι̅κός ἐστιν, ἐγὼ δὲ **σάρκικός εἰμοί** 1646
14 οἴδαμεν γὰρ ὅτι ὁ νόμος πν̅ι̅κός ἐστιν, ἐγὼ δὲ **σάρκικός** εἰμι ℵ[c] K P 049 056 1 88 104
131 205 209 226 323 330 460 489 517 547 614 796 910 927 945 999 1241 1242 1245 1315 1319
1352 1424 1505 1573 1611 1738 1827 1836 1874 1891 1982 2147 2400 2412 2464 2495 2815

πεπραμένος ὑπὸ τὴν ἁμαρτίαν. **15** ὃ γὰρ κατεργάζομαι οὐ γεινώσκω· B D* G
πεπραμένος ὑπὸ τὴν **ἁμαρτείαν**. **15** ὃ γὰρ κατεργάζομαι οὐ **γενώσκω**· F[c]
πεπραμένος ὑπὸ τὴν ἁμαρτίαν. **15** ὃ κατεργάζομαι οὐ **γινώσκω**· 999
πεπραγμένος ὑπὸ τὴν ἁμαρτίαν. **15** ὃ γὰρ κατεργάζομαι οὐ **γινώσκω**· 6
πεπρ···μένοις ὑπὸ τὴν ἁμαρτίαν. **15** ὃ γὰρ κατεργάζομαι οὐ **γινώσκω**· 1874*
πεπραμμένος ὑπὸ τὴν ἁμαρτίαν. **15** ὃ γὰρ κατεργάζομαι οὐ **γινώσκω**· 330 1424
πεπραμένος ὑπὸ τὴν ἁμαρτίαν. **15** ὃ γὰρ κατεργάζομαι οὐ **γενόσκο**· F*
πεπραμένος ὑπὸ τὴν ἁμαρτίαν. **15** ὃ γὰρ **κατεργαζόμενος** **γινόσκω**· 1243
πεπραμένος ὑπὸ τὴν ἁμαρτίαν. **15** ὃ γὰρ **κατεργάζωμε** οὐ **γινόσκω**· 2464
πεπραμένος ὑπὸ τὴν ἁμαρτίαν. **15** ὃ γὰρ κατεργάζομαι οὐ **γινώσκο**· 1646 2147
πεπραμένος ὑπὸ τὴν ἁμαρτίαν. **15** ὃ γὰρ κατεργάζομαι οὐ **γινώσκω**· ℵ A C D[1.2] K L P Ψ 049
056 1 33 69 88 104 131 205 209 226 323 326 365 424 440 460 489 517 547 614 618 796 910
927 945 1175 1241 1242 1245 1270 1315 1319 1352 1448 1505 1506 1573 1611 1734 1735
1738 1739 1827 1836 1837 1854 1874[c] 1881 1891 1982 2125 2400 2412 2495 2815 **uwτ** Er[1]

---

lac. 7.13-15 𝔓[10] 𝔓[46] 𝔓[113] 0172 2344 (illeg.)

C 7.13 τελ β̅ 1 | τελ 226 330 440 489 517 796 927 945 999 1175 1243 1245 1448 2147 | τελ της ε̅ 326 1837 | τε της β̅ 547 614 1315 1573 | τε της ϛ̅ 1242 | τε ϛ̅ 1739 2464 **14** ι̅ περὶ τῶν ἐν ἀνθρωπίνη (ανινα 440 1270) φύσει παθῶν ἀδύνατον ποιούντων τὴν πρὸς νόμον συμφωνίαν 049 440 1270 | αρχ τη γ̅ ης γ̅ εβδ αδ,ε οιδαμεν οτι ο νομος πν̅ι̅κος εστιν 226 | αρχ τη ϛ̅ της δ̅ εβδ αδ,ε οιδαμεν γαρ οτι 326 | αρχ τη παρ,ακ 330 | τη β̅ κ, αρχ της γ̅ 440 | αρχ τη γ̅ της γ̅ εβδ αδ,ε οιδαμεν οτι 489 | τη γ̅ της β̅ αδ,ε οιδαμεν 517 | αρχ 547 | αρχ τη γ̅ της γ̅ εβδ. προς ρωμαιους αδελφοι οιδαμεν οτι ο νομος 614 | αρχ τη γ̅ της γ̅ εβδ αδ,ε οιδαμεν οτι ο νομος 796 | ι̅ περι των εν ανιην φυσει παθων 796 | αρχ τη γ̅ της γ̅ εβδ αδ,ε οιδαμεν οτι ο νομος πν̅ι̅κος 927 | αρχ τηι γ̅ της γ̅ εβδ: προς ρωμ: αδ,ε οιδαμεν οτι ο νομος πν̅ι̅κος 945 | αρχ τη γ̅ 1175 1242 | αρχ τη παρ,α της δ̅ εβδ χ,ς ισ 1243 | αρχ 1245 | αρχ τη γ̅ της γ̅ εβδ κ,ε ρα 1315 | ι̅α̅ περὶ τῶν ἐν ἀνι νη φύσει παθῶν ἀδύνατον ποιούντων τὴν πρὸ νόμου συμφωνίαν 1315 | αρχ τη γ̅ της ε̅ εβδ αδ,ε οιδαμεν γαρ οτι ο νομος πν̅ι̅κος εστιν 1448 | αρχ τη γ̅ της γ̅ εβδ αδ,ε οιδαμεν οτι ο νομος πν̅ι̅κος 1573 | κ,ε ι̅θ̅ αρχ τη γ̅ της γ̅ εβδ ο αποστολ αδελφοι οιδαμεν οτι ο νομος πν̅ι̅κος 1739 | ι̅ περι της υπο νομον κατα κρισεως 1739 | ι̅ περὶ τὸν (τῶν 1175) ἐν ἀνθρωπίνη φύσει παθῶν ἀδύνατον ποιούντων τὴν πρὸς νόμον συμφωνίαν 1175 1874 | αρχ τη ϛ̅ της δ̅ εβδ αδ,ε οιδαμεν γαρ οτι 1837 | αρχ τη γ̅ της γ̅ εβδ πρ ρωμαιους αδελφοι οιδαμεν οτι ο νομος 2147 | αρχ τη γ̅ της γ̅ εβδ προς ρωμ αδελφοι οιδαμεν οτι ο νομος 2412 | αρχ τη γ̅ της γ̅ εδ κ,ε ο̅β̅ αδελφοι οιδαμεν 2464

D 7.14 ι̅η̅ 1 226 | ι̅ζ̅ 489 | αν,α ν̅ε̅ ι̅η̅ 614 | ι̅ 440 796 1175 1270 | ι̅θ̅ 517 | θ̅ 1175 | ι̅α̅ 1315

E 7.13 Ro 5.20; 1 Co 15.56; Ro 4.15 **14** Ro 7.14; 8.7; Ps 51.5; 2 Co 10.3; Jn 3.6

οὐ γὰρ ὃ θέλω τοῦτο πράσσω, ἀλλ' ὃ μεισῶ B
οὐ γὰρ ὃ θέλω **τούτῳ** πράσσω, ἀλλ' ὃ μεισῶ 33
οὐ γὰρ ὃ θέλω πράσσω, ἀλλ' ὃ μεισῶ D*
οὐ γὰρ ὃ θέλω **παράσσω**, ἀλλ' ὃ μεισῶ F G
οὐ γὰρ ὃ θέλω πράσσω, ἀλλ' ὃ **μισῶ** D^2
οὐ γὰρ ὃ θέλω τοῦτο πράσσω, **ἀλλὰ** ὃ **μισῶ** ℵ
οὐ γὰρ ὃ θέλω **τούτῳ** πράσσω, ἀλλ' ὃ **μισῶ** 999 1874^c
οὐ γὰρ ὃ θέλω **τούτῳ** πράσσω, ἀλλ' **ὦ** **μισῶ** 104 1874*
οὐ γὰρ ὃ θέλω τοῦτο πράσσω, ἀλλ' **ᾧ** **μισῶ** 547^c 1735 2147
οὐ γὰρ ὃ θέλω τοῦτο **ποιῶ**, ἀλλ' **ὦ** **μισῶ** 1319
οὐ γὰρ ὃ θέλω τοῦτο **ποιῶ**, ἀλλ' ὃ **μισῶ** 056 69 365 1352 1573 1734 1982
οὐ γὰρ ὃ θέλω ἀγαθὸν τοῦτο πράσσω, ἀλλ' ὃ **μισῶ** πονηρὸν 205 [↑2125
οὐ γὰρ ὃ θέλω τοῦτο καὶ **πράσω**, ἀλλ' ὃ **μησῶ** 2464
οὐ γὰρ ὃ **θέλο** τοῦτο **πράσο**, ἀλλ' ὃ **μισό** 1646
οὐ γὰρ **ᾧ** θέλω τοῦτο **πράτγω**, ἀλλ' ὃ **μισῶ** 460
οὐ γὰρ **ᾧ** θέλω **τούτω** **πράτγω**, ἀλλ' ὃ **μισῶ** 618
οὐ γὰρ ὃ θέλω τοῦτο **πράττω**, ἀλλ' ὃ **μισῶ** 1738
οὐ γὰρ ὃ θέλω τοῦτο πράσσω, ἀλλ' ὃ **μισῶ** A C K L P Ψ 049 1 6 88 131 209 226 323 326 330 424 440 489 517 547* 614 796 910 927 945 1175 1241 1242 1243 1245 1270 1315 1424 1448 1505 1506 1611 1739 1827 1836 1837 1854 1881 1891 2400 2412 2495 2815 **uwτ** Er^1

τοῦτο ποιῶ. **16** εἰ δὲ ὃ οὐ θέλω B ℵ A C D F K P 1 6 131 205 209 226 323 330 424 440 460 489
τοῦτο ποιῶ. **16** εἰ δὲ ὃ οὐ θέλω ἐγὼ Ψ 049 104 326 1837 1854 [↑517 547 614 796 910 927 945 999
τοῦτο ποιῶ. **16** L 1175 1738 1874* [↑1241 1243 1245 1270 1315 1424 1448
τοῦτο ποιῶ. **16** εἰ δὲ ὃ θέλω 88 [↑1505 1506 1611 1646 1735 1739 1827
τοῦτο ποιῶ. **16** εἰ δὲ **ᾧ** οὐ θέλω 1243 [↑1836 1874^c 1881 1891 2147 2400 2412
τούτῳ ποιῶ. **16** εἰ δὲ ὃ οὐ θέλω 33 618 [↑2464 2495 2815 **uwτ** Er^1
τούτω ὁ ποιῶ **16** εἰ δὲ ὃ οὐ θέλω G
τούτω **πράσσω**. **16** εἰ δὲ ὃ οὐ θέλω 1573
τοῦτο **πράσσω**. **16** εἰ δὲ ὃ οὐ θέλω 056 69 365^c 1319^c 1352 1734 1982 2125
τοῦτο **πράσσω**. **16** εἰ δὲ οὐ θέλω 365*
τοῦτο **πράσω**. **16** εἰ δὲ ὃ οὐ θέλω 1319*

τοῦτο ποιῶ, σύμφημι τῷ νόμῳ ὅτι καλός. **17** νυνεὶ δὲ οὐκέτι ἐγὼ B
τοῦτο ποιῶ, **σύνφημι** τῷ νόμῳ ὅτι καλός. **17** νυνεὶ δὲ οὐκέτι ἐγὼ D*
τοῦτο ποιῶ, **συνφήμει** τῷ νόμῳ ὅτι **καλόν ἐστιν**. **17** νυνεὶ δὲ **οὐκέτει** ἐγὼ F G
τοῦτο ποιῶ, **σύνφημι** τῷ νόμῳ ὅτι καλός. **17** **νυνὶ** δὲ οὐκέτι ἐγὼ ℵ D^2 **w**
τοῦτο ποιῶ, **σύμφημοι** τῷ νόμῳ ὅτι καλός. **17** **νυνὶ** δὲ οὐκέτι ἐγὼ 2147
τοῦτο ποιῶ, **ἔμφημι** τῷ νόμῳ ὅτι καλός. **17** **νυνὶ** δὲ οὐκέτι ἐγὼ 489
τοῦτο ποιῶ, σύμφημι τῷ νόμῳ ὅτι καλός. **17** **νυνὶ** δὲ οὐκέτι **κατεργάζομαι** 33
τούτω ποιῶ, σύμφημι τῷ νόμῳ ὅτι καλός. **17** **νυνὶ** δὲ οὐκέτι ἐγὼ C 205 614 2412 2464
τούτω ποιῶ, σύμφημι τῷ νόμῳ ὅτι καλός. **17** **νυνὶ** δὲ οὐκέτι **ἑαυτὸς** 1506
τοῦτο ποιῶ, σύμφημι τῷ νόμῳ ὅτι **καλῶς**. **17** **νυνὶ** δὲ οὐκέτι ἐγὼ 131* 999
σύμφημι τῷ νόμῳ ὅτι **καλῶς**. **17** **νυνὶ** δὲ οὐκέτι L
σύμφημι τῷ νόμῳ ὅτι **17** οὐκέτι ἐγὼ 1175
σύμφημι τῷ νόμῳ ὅτι καλός. **17** **νυνὶ** δὲ οὐκέτι ἐγὼ 1738 1874*
τοῦτο ποιῶ, σύμφημι τῷ νόμῳ ὅτι καλός. **17** **νυνὶ** δὲ **οὐκ** ἐγὼ 323
τοῦτο **ποιὸ**, σύμφημι τῷ νόμῳ ὅτι καλός. **17** **νυνὶ** δὲ οὐκέτι ἐγὼ 1646 [↓1739 1891
τοῦτο ποιῶ, σύμφημι τῶι νόμωι ὅτι καλός. **17** **νυνὶ** δὲ οὐκέτι ἐγὼ 424 945 1270 1734
τοῦτο ποιῶ, σύμφημι τῷ νόμῳ ὅτι καλός. **17** **νυνὶ** δὲ οὐκέτι ἐγὼ A K P Ψ 049 056 1 6 69 88 104 131^c 209 226 326 330 365 440 460 517 547 618 796 910 927 1241 1242 1243 1245 1315 1319 1352 1424 1448 1505 1573 1611 1735 1827 1836 1837 1854 1874^c 1881 1982 2125 2400 2495 2815 **uτ** Er^1

---

lac. 7.15-17 𝔓^{10} 𝔓^{46} 𝔓^{113} 0172 2344 (illeg.)

C 7.16 ια περι των εν τη ανινη φυσει παθων 1739

E 7.16 Ro 7.12

κατεργάζομαι αὐτὸ ἀλλα ἡ ἐνοικοῦσα ἐν ἐμοὶ ἁμαρτία. **18** οἶδα γὰρ B **w**
18 οἶδα γὰρ Cl III 76.3
κατεργάζομαι αὐτὸ **ἀλλ᾽** ἡ ἐνοικοῦσα ἐν ἐμοὶ ἁμαρτία. **18** οἶδα γὰρ ℵ 1270
κατεργάζομαι **αὐτῷ** **ἀλλ᾽** ἡ **κοῦσα** ἐν ἐμοὶ ἁμαρτία. **18** οἶδα γὰρ 131*
κατεργάζομαι **αὐτῷ** **ἀλλ᾽** ἡ **οἰκοῦσα** ἐν ἐμοὶ ἁμαρτία. **18** οἶδα γὰρ 131ᶜ 205 209* 999*
ἀλλ᾽ ἡ **οἰκοῦσα** ἐν ἐμοὶ ἁμαρτία. **18** Cl III 76.4
κατεργάζομαι αὐτὸ ἀλλὰ ἡ **οἰκοῦσα** ἐν ἐμοὶ ἁμαρτία. **18** οἶδα γὰρ D* **u**
κατεργάζομαι αὐτὸ ἀλλὰ ἡ **οἰκοῦσα** ἐν ἐμοὶ **ἁμαρτεία**. **18** οἶδα γὰρ F G
ἐργάζομαι αὐτὸ **ἀλλ᾽** ἡ **οἰκοῦσα** ἐν ἐμοὶ ἁμαρτία. **18** οἶδα γὰρ 1 1245 1611
αὐτῷ **ἐγὼ** ἀλλὰ ἡ **οἰκοῦσα** ἐν ἐμοὶ ἁμαρτία. **18** οἶδα γὰρ 33
κατεργάζομε **αὐτῷ** **ἀλλ᾽** ἡ **οἰκοῦσα** ἐν ἐμοὶ ἁμαρτία. **18** οἶδα γὰρ 460 618
κατεργάζωμε **αὐτῷ** **ἀλλ᾽** ἡ **οἰκοῦσα** ἐν ἐμοὶ ἁμαρτία. **18** οἶδα γὰρ 2464
κατεργάζομαι **αὐτῷ** **ἀλλ᾽** ἡ **οἰκοῦσα** ἐν ἐμοὶ ἁμαρτία. **18** οἶδα γὰρ 1175 1315 1319 2147
κατεργάζωμαι **αὐτῷ** **ἀλλ᾽** ἡ **οἰκοῦσα** ἐν ἐμοὶ ἁμαρτία. **18** οἶδα γὰρ 1735 1874*
κατεργάζωμαι αὐτὸ **ἀλλ᾽** ἡ **οἰκοῦσα** ἐν ἐμοὶ ἁμαρτία. **18** οἶδα γὰρ 1874ᶜ
κατεργάζομαι αὐτὸ **ἀλλ᾽** ἡ **οἰκοῦσα** ἐν ἐμοὶ ἁμαρτία. **18** οἶδα **δὲ** 1827
κατεργάζομαι αὐτὸ **ἀλλ᾽** ἡ **οἰκοῦσα** ἐν ἐμοὶ ἁμαρτία. **18** 88
κατεργάζομαι αὐτὸ **ἀλλ᾽** ἡ **κοῦσα** ἐν ἐμοὶ ἁμαρτία. **18** οἶδα γὰρ 1506
κατεργάζομαι αὐτὸ **ἀλλ᾽** ἡ **οἰκοῦσα** ἐν ἐμοὶ ἁμαρτία. **18** οἶδα γὰρ A C D² K L P Ψ 049 056 6 69 104 209ᶜ 226 323 326 330 365 424 440 489 517 547 614 796 910 927 945 999ᶜ 1241 1242 1243 1352 1424 1448 1505 1573 1646 1734 1738 1739 1836 1837 1854 1881 1891 1982 2125 2400 2412 2495 2815 **τ** Er¹

[↓1505 1506 1573 1611 1646 1734 1735 1738 1836 1854 1874 1881 1982 2125 2147 2412 2464 2495 2815 **uwτ** Er¹
[↓323 330 365 424 440 460 489 517 547 614 796 910 927 999 1175 1241 1242 1243 1245 1315 1319 1352 1424 1448
ὅτι οὐκ οἰκεῖ ἐν ἐμοί, τοῦτ᾽ ἔστιν ἐν τῇ σαρκί μου, ἀγαθόν· τὸ γὰρ B ℵ A C D K L P Ψ 049 1
ὅτι οὐκ οἰκεῖ ἐν ἐμοί, τοῦτ᾽ ἔστιν ἐν τῇ σαρκί μου, ἀγαθόν· Cl III 76.3 [↑6 33 69 104
οὐκ οἰκεῖ ἐν τῇ σαρκί μου, ἀγαθόν· Cl III 76.4 [↑131 205 209
ὅτι οὐκ οἰκεῖ ἐν ἐμοί, τοῦτ᾽ ἔστιν ἐν τῇ σαρκί μου, **ἀγαθών** τὸ γὰρ 618 [↑226
.... 88
ὅτι οὐκ οἰκεῖ ἐν ἐμοὶ ἀγαθόν· τὸ γὰρ 1827
ὅτι οὐκ οἰκεῖ ἐν ἐμοί, τοῦτ᾽ ἔστιν ἐν τῆι σαρκί μου, ἀγαθόν· τὸ γὰρ 056 945 1270 1739 1891
ὅτι οὐκ **εἰκοὶ** ἐν ἐμοί, τοῦτ᾽ ἔστιν ἐν τῇ σαρκί μου, ἀγαθόν· τὸ γὰρ 326 1837
ὅτι οὐκ **οὐκεῖ** ἐν ἐμοί, τοῦτ᾽ ἔστιν ἐν τῇ σαρκί μου, ἀγαθόν· τὸ γὰρ 2400
ὅτι οὐκ οἰκεῖ ἐν ἐμοί, τοῦτ᾽ **ἔστειν** ἐν τῇ **σαρκεί** μου, τὸ ἀγαθόν· τὸ γὰρ F
ὅτει οὐκ οἰκεῖ ἐν ἐμοί, τοῦτ᾽ **ἔστειν** ἐν τῇ **σαρκεί** μου, τὸ ἀγαθόν· τὸ γὰρ G

---

lac. 7.17-18 𝔓¹⁰ 𝔓⁴⁶ 𝔓¹¹³ 0172 2344 (illeg.)

E 7.18 Gn 6.5; 8.21

θέλειν παράκειταί μοι, τὸ δὲ κατεργάζεσθαι τὸ καλὸν οὔ· **19** οὐ B A 6 424ᶜ 1739
θέλιν παράκειταί μοι, τὸ δὲ **κατεργάζεσθε** τὸ καλὸν οὔ· **19** οὐ ℵ [↑1881 **uw**
θέλιν παράκειταί μοι, τὸ δὲ κατεργάζεσθαι τὸ καλὸν οὔ· **19** οὐ C
θέλειν παράκειταί μοι, τὸ δὲ κατεργάζεσθαι τὸ καλὸν οὐ **γινώσκω**· **19** οὐ 1319 1573
θέλειν παράκειταί μοι, τὸ δὲ κατεργάζεσθαι τὸ καλὸν **οὐχ** εὑρίσκω· **19** 489 927
θέλειν παράκειταί μοι, τὸ δὲ κατερ.................... ... καλὸν **οὐχ** εὑρίσκω· **19** οὐ 1611
θέλειν παράκειταί μοι, τὸ δὲ κατεργάζεσθαι καλὸν **οὐχ** εὑρίσκω· **19** οὐ 1836
θέλην παράκηταί μοι, τὸ δὲ κατεργάζεσθαι τὸ καλὸν **οὐχ** εὑρίσκω· **19** οὐ 1243
θέλην παράκειταί μοι, τὸ δὲ κατεργάζεσθαι τὸ καλὸν **οὐχ** εὑρίσκω· **19** οὐ 1874
θέλειν παράκειταί μοι, τὸ δὲ κατεργάζεσθαι τὸ **ἀγαθὸν** **οὐχ** εὑρίσκω· **19** οὐ 1505 1891 2495
θέλειν παράκειταί μοι, τὸ **γὰρ** κατεργάζεσθαι τὸ **ἀγαθὸν** **οὐχ** εὑρίσκω· **19** οὐ G
θέλειν παράκειταί μοι, τὸ **γὰρ** κατεργάζεσθαι τὸ **ἀγοθὸν** **οὐκ** εὑρίσκω· **19** οὐ F*
θέλειν παράκειταί μοι, τὸ **γὰρ** κατεργάζεσθαι τὸ **ἀγαθὸν** **οὐκ** εὑρίσκω· **19** οὐ Fᶜ
θέλειν παράκειταί μοι, τὸ δὲ κατεργάζεσθαι με τὸ καλὸν **οὐκ** εὑρίσκω· **19** οὐ 049*
θέλειν παράκειταί μοι, τὸ δὲ κατεργάζεσθαι τὸ καλὸν **οὐκ** εὑρίσκω· **19** οὐ 33 1506
θέλειν παράκειταί μοι, τὸ δὲ κατεργάζεσθαι με τὸ καλὸν **οὐχ** εὑρίσκω· **19** οὐ 049ᶜ
θέλειν παράκειταί μοι, τὸ δὲ κατεργάζεσθαι με τὸ **καλλὸν** **οὐχ** εὑρίσκω· **19** οὐ 1646
....γάζεσθαι τὸ καλὸν **οὐχ** εὑρίσκω· **19** οὐ 88
θέλειν παράκειταί μοι, **19** 365
θέλειν παράκειταί μοι, τὸ δὲ **κατεργάζεσθε** τὸ καλὸν **οὐχ** εὑρίσκω· **19** οὐ 460 618
θέλειν **παράκειτέ** μοι, τὸ δὲ **κατεργάσασθαι** τὸ καλὸν **οὐχ** εὑρίσκω· **19** οὐ 2147
θέλειν **παράκειτέ** μοι, τὸ δὲ κατεργάζεσθαι τὸ καλὸν **οὐχ** εὑρίσκω· **19** οὐ 2464
θέλειν παράκειταί μοι, τὸ δὲ κατεργάζεσθαι τὸ καλὸν **οὐχ** εὑρίσκω· **19** οὐ D K L P Ψ 056 1 69 104 131 205 209 226 323 326 330 424* 440 517 547 614 796 910 945 999 1175 1241 1242 1245 1270 1315 1352 1424 1448 1734 1735 1738 1827 1837 1854 1982 2125 2400 2412 2815 **τ** Er[1]

γὰρ ὃ θέλω ποιῶ ἀγαθόν, ἀλλὰ ὃ οὐ θέλω κακὸν τοῦτο πράσσω. B ℵ D* **uw**
γὰρ ὃ ....ῶ ἀγαθόν, **ἀλλ'** ὃ οὐ θέλω κακὸν .... πράσσω. 1611
ἀλλ' ὃ οὐ θέλω κακὸν τοῦτο πράσσω. 489 927
γὰρ ὃ θέλω τοῦτο ποιῶ ἀγαθόν, **ἀλλ'** ὃ οὐ θέλω κακὸν τοῦτο πράσσω. C 1505 2495
γὰρ ὃ θέλω ποιῶ ἀγαθόν, **ἀλλ'** ὃ **μείσω** κακὸν τοῦτο πράσσω. F
γὰρ ὃ θέλω ποιῶ ἀγαθόν, **ἀλλ'** ὃ κακὸν τοῦτο πράσσω. G
γὰρ **ὧ** θέλω ποιῶ ἀγαθόν, **ἀλλ'** ὃ οὐ θέλω κακὸν **τούτω** πράσσω. 460
γὰρ **ὧ** θέλω ποιῶ **ἀγαθῶν**, **ἀλλ'** ὃ οὐ θέλω κακὸν **τούτω** πράσσω. 618
γὰρ ὃ οὐ θέλω ποιῶ ἀγαθόν, **ἀλλ'** ὃ οὐ θέλω κακὸν τοῦτο πράσσω. 1881
γὰρ ὃ θέλω ποιῶ ἀγαθόν, **ἀλλ'** ὃ οὐ θέλω κακὸν τοῦτο **πράσω**. 1646 2464
γὰρ ὃ θέλω ποιῶ ἀγαθόν, **ἀλλ'** **ὧ** οὐ θέλω κακὸν τοῦτο πράσσω. 2147
omit 365 [↓33 69 88 104 131 205
γὰρ ὃ θέλω ποιῶ ἀγαθόν, **ἀλλ'** ὃ οὐ θέλω κακὸν τοῦτο πράσσω. A D[1.2] K L P Ψ 049 056 1 6 209 226 323 326 330 424 440 517 547 614 796 910 945 999 1175 1241 1242 1243 1245 1270 1315 1319 1352 1424 1448 1506 1573 1734 1735 1738 1739 1827 1836 1837 1854 1874 1891 1982 2125 2400 2412 2815 **τ** Er[1]

20 εἰ δὲ ὃ οὐ θέλω τοῦτο ποιῶ, οὐκέτι ἐγὼ κατεργάζομαι B C D 104 1241 1243 1319 1424 1506
20 εἰ δὲ ὃ οὐ θέλω τοῦτο ποιῶ, οὐκέτι κατεργάζομαι 440 [↑1573 1735 1738 [**uw**]
20 εἰ δὲ ὃ οὐ θέλω τοῦτο ποιῶ, **οὐκέτει** ἐγὼ κατεργάζομαι F G
20 εἰ δὲ ὃ οὐ θέλω τοῦτο ποιῶ, οὐκέτι ἐγὼ **κατεργάζωμαι** 2464
20 εἰ δὲ **ὧ** οὐ θέλω τοῦτο ποιῶ, οὐκέτι ἐγὼ κατεργάζομαι 460 618
20 εἰ δὲ **ὧ** οὐ θέλω **ἐγὼ** τοῦτο ποιῶ, οὐκέτι ἐγὼ κατεργάζομαι 1646
20 εἰ δὲ ὃ οὐ θέλω **τοῦτο ἐγὼ** ποιῶ, οὐκέτι ἐγὼ κατεργάζομαι 1242 Cl III 77.1
20 εἰ δὲ ὃ **ἐγὼ οὐ θέλω τούτω** ποιῶ, οὐκέτι ἐγὼ κατεργάζομαι 489
20 εἰ δὲ ὃ **ἐγὼ οὐ θέλω** τοῦτο ποιῶ, οὐκέτι ἐγὼ κατεργάζομαι 927
20 omit 365
20 εἰ δὲ ὃ οὐ θέλω ἐγὼ τοῦτο ποιῶ, οὐκέτι ἐγὼ κατεργάζομαι ℵ A K L P Ψ 049 056 1 6 33 69 88 131 205 209 226 323 326 330 424 517 547 614 795 910 945 999 1175 1245 1270 1315 1352 1448 1505 1611 1734 1739 1827 1836 1837 1854 1874 1881 1891 1982 2125 2147 2400 2412 2495 2815 [**uw**]**τ** Er[1]

---

lac. 7.18-20 𝔓[10] 𝔓[46] 𝔓[113] 0172 2344 (illeg.)

C 7.18 τελ 330 **19** αρχ τη ϛ̄ της δ̄ εβδ 330 **20** στιχ ῡ 1175 **D 7.18** ῑ 1245 **E 7.18** Gn 6.5; 8.21

Errata: 7.18 na ubs F 33 οὐχ εὑρίσκω : οὐκ εὑρίσκω F 33 (correct in **antf**)
7.18 antf 1506 οὐχ εὑρίσκω : οὐκ εὑρίσκω 1506
7.18 antf 2344 οὐχ εὑρίσκω : illeg. 2344
7.18 antf 517 οὐ γισνώσκω : οὐχ εὑρίσκω 517
7.18 antf 424 οὐ εὑρίσκω : οὐ εὑρίσκω 424*; οὐ 424ᶜ

αὐτὸ ἀλλὰ ἡ οἰκοῦσα ἐν ἐμοὶ ἁμαρτία. 21 Εὑρίσκω αρα τὸν νόμον, B ℵ D*

αὐτὸ **ἀλλ᾽** ἡ οἰκοῦσα ἐν ἐμοὶ ἁμαρτία. 21 Εὑρίσκω αρα τὸν νόμον, A C D^{1} L P

αὐτὸ **ἀλλ᾽** ἡ **ἰοκοῦσα** ἐν ἐμοὶ **ἁμαρτεία**. 21 Εὑρίσκω αρα τὸν νόμον, F

αὐτὸ **ἀλλ᾽** ἡ οἰκοῦσα ἐν ἐμοὶ **ἁμαρτεία**. 21 Εὑρίσκω αρα τὸν νόμον, G

αὐτὸ **ἀλλ᾽** ἡ οἱ οἰκοῦσα ἐν ἐμοὶ ἁμαρτία. 21 Εὑρίσκω **ἆρα** τὸν νόμον, 614

αὐτὸ **ἀλλ᾽** ἡ οἰκοῦσα ἐν ἐμοὶ ἁμαρτία. 21 Εὑρίσκω **ἆρα** τὸν νόμον, D^{2} 1 88 104 326 517 1738

αὐτῷ **ἀλλ᾽** ἡ οἰκοῦσα ἐν ἐμοὶ ἁμαρτία. 21 Εὑρίσκω **ἆρα** τὸν νόμον, 131 [↑1837 2412

αὐτῷ **ἀλλ᾽** ἡ οἰκοῦσα ἐν ἐμοὶ ἁμαρτία. 21 **ἄρα** τὸν νόμον, 049

omit 21 365

αὐτὸ ἀλλὰ ἡ οἰκοῦσα ἐν ἐμοὶ ἁμαρτία. 21 Εὑρίσκω **ἄρα** τὸν νόμον, **u w**

αὐτῷ **ἀλλ᾽** ἡ οἰκοῦσα ἐν ἐμοὶ ἁμαρτία. 21 Εὑρίσκω **ἄρα** τὸν νόμον, 33 618 1175 1243 1315 1319^{c}

αὐτῷ **ἀλλ᾽** οἰκοῦσα ἐν ἐμοὶ ἁμαρτία. 21 Εὑρίσκω **ἄρα** τὸν νόμον, 1319* [↑1424 1874* 2464

αὐτὸ **ἀλλ᾽** ἡ **κοῦσα** ἐν ἐμοὶ ἁμαρτία. 21 Εὑρίσκω **ἄρα** τὸν νόμον, 460 1506

αὐτὸ **ἀλλ᾽** ἡ οἰκοῦ...... ... .τία. 21 Εὑρίσκω **ἄρα** 2344

αὐτὸ **ἀλλ᾽** ἡ οἰκοῦσα ἐν ἐμοὶ ἁμαρτία. 21 Cl III 77.1

αὐτὸ **ἀλλ᾽** ἡ οἰκοῦσα ἐν ἐμοὶ ἁμαρτία. 21 Εὑρίσκω **ἄρα** τὸν νόμον, K Ψ 056 6 69 205 209 226 323 330 424 440 489 547 796 910 927 945 999 1241 1242 1245 1270 1352 1448 1505 1573 1611 1646 1734 1735 1739 1827 1836 1854 1874^{c} 1881 1891 1982 2125 2147 2400 2495 2815 **τ** Er^{1}

[↓1352 1448 1505 1611 1646 1734 1735 1738 1827 1836 1837 1854 1881 1982 2125 2412 2495 **uwτ**

[↓1 6 33 69 88 205 209 226 323 330 440 489 517 547 614 796 910 927 945 999 1241 1242 1245 1315 1319

τῷ θέλοντι ἐμοὶ ποιεῖν τὸ καλόν, ὅτι ἐμοὶ τὸ κακὸν παράκειται· B ℵ A C D K L P 049 056

τῷ θέλοντι ἐμοὶ ποιεῖν τὸ καλόν, ὅτι ἐμοὶ μὲν τὸ κακὸν παράκειται· 326

τῶι θέλοντι ἐμοὶ ποιεῖν τὸ καλόν, ὅτι ἐμοὶ τὸ κακὸν παράκειται· 424 1270 1739 1891

τὸ θέλοντι ἐμοὶ ποιεῖν τὸ καλόν, ὅτι ἐμοὶ τὸ κακὸν παράκειται· 1243 1506 2464

τὸ θέλοντι ἐμοὶ **ποιεῖ** τὸ καλόν, ὅτι ἐμοὶ τὸ κακὸν παράκειται· 460

τὸ θέλοντι ἐμοὶ **ποιῇ** τὸ καλόν, ὅτι ἐμοὶ τὸ **κακῶν** **παράκειτε**· 618

τῷ θέλοντι ἐμοὶ ποιεῖν τὸ καλόν, ὅτι ἐμοὶ τὸ κακὸν **παράκειτε**· 131 2147

τῷ θέλοντί **μοι** ποιεῖν τὸ καλόν, ὅτι ἐμοὶ τὸ κακὸν παράκειται· 104 1424

τῷ θέλοντι ἐμοὶ **τὸ καλόν ποιεῖν**, ὅτι ἐμοὶ τὸ κακὸν παράκειται· Ψ

.... **ἐν** ἐμοὶ ποιεῖν τὸ.............. .... παράκειται· 2344

τῷ θέλοντι **ἐν** ἐμοὶ ποιεῖν τὸ καλόν, ὅτι ἐμοὶ τὸ κακὸν παράκειται· 2400

τῷ θέλοντι **ἐν** ἐμοὶ ποιεῖν τὸ καλόν, ὅτι ἐμοὶ τὸ κακὸν παράκειται· 2815

τῷ θέλοντι **ποιεῖν ἐμοὶ** τὸ καλόν, ὅτι ἐμοὶ τὸ κακὸν **παπαράκειται**· 1874*

τῷ θέλοντι **ποιεῖν ἐμοὶ** τὸ καλόν, ὅτι ἐμοὶ τὸ κακὸν παράκειται· 1874^{c}

ὅτι ἐν ἐμοὶ τὸ κακὸν παράκειται· 365

τῷ θέλοντι ἐμοὶ ποιεῖν τὸ κακόν παράκειται· 1175

τῷ **θέλοντει** ἐμοὶ ποιεῖν τὸ καλόν, F G

τῷ **θέλωντι** ἐμοὶ ποιεῖν τὸ καλόν, ὅτι ἐμοὶ τὸ κακὸν παράκειται· Er^{1}

τῷ **μέλλοντι** ἐμοὶ ποιεῖν τὸ καλόν, ὅτι ἐμοὶ τὸ κακὸν παράκειται· 1573

22 συνήδομαι γὰρ τῷ νόμῳ τοῦ νοος κατὰ τὸν ἔσω ἄνθρωπον, B

22 συνήδομαι γὰρ τῷ νόμῳ τοῦ **θῦ** κατὰ τὸν ἔσω ἄνθρωπον, ℵ D

22 συνήδομαι .... κατὰ τὸν 1611

22 συνήδομαι γὰρ τῶι νόμῳ τοῦ **θῦ** κατὰ τὸν ἔσω ανον, 945

22 συνήδομαι γὰρ τῶι νόμωι τοῦ **θῦ** κατὰ τὸν ἔσω ανον, 424 517 1270 1734 1739 1891

22 συνήδομαι γὰρ τῷ νόμῳ τοῦ **θεοῦ** κατὰ τὸν ἔσω ἄνθρωπον, **uwτ** Er^{1}

22 **συνέδομαι** γὰρ τῷ νόμῳ τοῦ **θῦ** κατὰ τὸν ἔσω ανον, G*

22 **συνείδομαι** γὰρ τῷ νόμῳ τοῦ **θῦ** κατὰ τὸν ἔσω ανον, L 33 326 330 1505 1836 1837 2147

22 **συνείδομαι** γὰρ **τὸ** νόμῳ τοῦ **θῦ** κατὰ τὸν ἔσω ανον, 2464

22 **συνήδομε** γὰρ τῷ νόμῳ τοῦ **θῦ** κατὰ τὸν ἔσω ανον, P

22 **συνήδομε** γὰρ **τὸν νόμον** τοῦ **θῦ** κατὰ τὸν ἔσω ανον, 618

22 συνήδομαι γὰρ τῷ νόμῳ **θοῦ** **θῦ** κατὰ τὸν ἔσω ανον, 6*

22 συνήδομαι γὰρ **τὸν νόμον** τοῦ **θῦ** κατὰ τὸν ἔσω ανον, 460

22 **συνέδομαι** γὰρ **τὸ** νόμῳ τοῦ **θῦ** κατὰ τὸν ἔσω ανον, 1243

22......................... .... **θῦ** κατὰ τὸν 2344

22 συνήδομαι γὰρ τῷ νόμῳ τοῦ **θῦ** κατὰ τὸν ἔσω ανον, A C F G^{c} K Ψ 049 056 1 6^{c} 69 88 104 131 205 209 226 323 365 440 489 547 614 796 910 927 999 1175 1241 1242 1245 1315 1319 1352 1424 1448 1506 1573 1646 1735 1738 1827 1854 1874 1881 1982 2125 2400 2412 2495 2815

---

lac. 7.20-22 $\mathfrak{P}^{10}$ $\mathfrak{P}^{46}$ $\mathfrak{P}^{113}$ 0172

C 7.21 αρχ τη δ̄ της γ̄ εβδ αδ,ε ευρισκω αρα τον νομον 1 | αρχ τη β̄ της ε̄ εβδ αδ,ε ευρισκω ἆρα 1837

E 7.22 Eph 3.16

23 βλέπω δὲ ἕτερον νόμον ἐν τοῖς μέλεσίν μου ἀντιστρατευόμενον B ℵ A C D K L P 88 326 910 1175
23 βλέπω δὲ ἕτερον νόμον ἐν τοῖς μέλεσίν μου ....τευόμενον 33 [↑1241 1243 1424 1506 1646
23 βλέπω ἕτερον νόμον ἀντιστρατευόμενον 1827[↑1735 1836 1837 1854 1874
23 βλέπω δὲ ἕτερον νόμον ἐν τοῖς .... 2344[↑2464 **uw**
23 **βλέπο** δὲ ἕτερον νόμον ἐν τοῖς **μέλεσεὶν** **μοι** ἀντιστρατευόμενον F
23 βλέπω δὲ ἕτερον νόμον ἐν τοῖς **μέλεσεὶν** μου ἀντιστρατευόμενον G
23 .... **μέλεσί** μου ἀντιστρατευόμενον 1611
23 βλέπω δὲ ἕτερον νόμον ἐν τοῖς **μέλεσί** μου **ἀντεστρατευόμενον** 131
23 βλέπω δὲ **νόμον ἕτερον** ἐν τοῖς **μέλεσί** μου ἀντιστρατευόμενον 2147
23 βλέπω δὲ ἕτερον νόμον ἐν τοῖς **μέλεσί** μου ἀντιστρατευόμενον Ψ 049 056 1 6 69 104 205 209 226 323 330 365 424 440 460 489 517 547 614 618 796 927 945 999 1242 1245 1270 1315 1319 1352 1448 1505 1573 1734 1738 1739 1881 1891 1982 2125 2400 2412 2495 2815 **τ** Er[1]

τῷ νόμῳ τοῦ νοός μου καὶ αἰχμαλωτίζοντά με ἐν τῷ νόμῳ τῆς B ℵ D K Ψ 33 88 489 999
τῷ νόμῳ τοῦ νοός μου καὶ αἰχμαλωτίζοντά με ἐν τῷ νόμῳ τῆς 69 131 927 1175 1245
τῶι νόμωι τοῦ νοός μου καὶ αἰχμαλωτίζοντά με ἐν τῶι νόμωι τῆς 424* [↑1315 1646 1881
τῷ νοός μου καὶ αἰχμαλωτίζοντά με ἐν τῷ νόμῳ τῆς 440 [↑1611 1836 1874
αἰχμαλωτίζει με ἐν τῷ νόμῳ τῆς Cl III 77.1 [↑**u**[**w**]
τῷ νόμῳ τοῦ νοός μου καὶ **αἰχμαλωτείζοντά** **μαι** ἐν τῷ νόμῳ τῆς F G
τῷ νόμῳ τοῦ νοός μου καὶ **αἰχμαλοτίζοντά** με ἐν τῷ νόμῳ τῆς P 049 1 1735
τὸν νόμον τοῦ νοός μου καὶ **αἰχμαλοτίζοντά** με τῶι νόμῳ τῆς 1734
τῷ νόμῳ τοῦ νοός μου καὶ **αἰχμαλοτίζοντά** με τῷ νόμῳ τῆς 1506
τὸ νόμῳ τοῦ νοός μου καὶ **αἰχμαλοτήζοντά** με τῷ νόμῳ τῆς 1243
τῷ νόμῳ τοῦ νοός μου καὶ **ἐχμαλωτίζοντά** με τῷ νόμῳ τῆς 330
τῷ νόμῳ τοῦ νοός μου καὶ **ἐχμαλοτίζωντά** με **τὸ** νόμῳ τῆς 2464
τῷ νόμῳ τοῦ νοός μου καὶ **αἰχμαλωτίζωντά** με τῷ νόμῳ τῆς 910
τῷ νόμῳ τοῦ νοός μου καὶ **αἰχμαλωτήζοντά** με τῷ νόμῳ τῆς 460
τῷ νόμῳ τοῦ **νοώς** μου καὶ **αἰχμαλωτήζοντά** με τῷ νόμῳ τῆς 618
καὶ αἰχμαλωτίζοντά τῷ νόμῳ τοῦ νοός μου A
τῶι νόμωι τοῦ νοός μου καὶ αἰχμαλωτίζοντά με τῶι νόμωι τῆς 424[c] 1270 1739 1891
τῶι νόμῳ τοῦ νοός μου καὶ αἰχμαλωτίζοντά με τῶι νόμῳ τῆς 945
τῷ νόμῳ τοῦ νοός μου καὶ αἰχμαλωτίζοντά **μαι** τῷ νόμῳ τῆς 1424 [↓365 517 547
τῷ νόμῳ τοῦ νοός ....τά με τῷ νόμῳ τῆς 2344 [↓226 323 326
τῷ νόμῳ τοῦ νοός μου καὶ αἰχμαλωτίζοντά με τῷ νόμῳ τῆς C L 056 6 104 205 209 614 796 1241 1242 1319 1352 1448 1505 1573 1738 1827 1837 1854 1982 2125 2147 2400 2412 2495 2815 [**w**]**τ** Er[1]

ἁμαρτίας τῷ ὄντι ἐν τοῖς μέλεσίν μου. 24 ταλαίπωρος ἐγὼ ἄνθρωπος· B ℵ **uw**
24 ταλαίπωρος ἐγὼ ἄνθρωπος· Cl III 18.2
ἁμαρτίας τῷ ὄντι ἐν τοῖς μέλεσίν μου. 24 **ταλέπωρος** ἐγὼ ανος· D*
ἁμαρτίας τῷ ὄντι ἐν τοῖς μέλεσίν μου. 24 **ταλέπορος** ἐγὼ ανος· 1243 1506
ἁμαρτίας τῷ ὄντι ἐν τοῖς μέλεσίν μου. 24 **ταλέπορος** γὰρ ἐγὼ ανος· 2464
ἁμαρτίας τῷ ὄντι ἐν τοῖς μέλεσίν μου. 24 **ταλαίπορος** ἐγὼ ἄνθρωπος· 1735
ἁμαρτίας τῷ ὄντι ἐν τοῖς μέλεσίν μου. 24 **ταλαίπορος** ἐγὼ ανος· 1646 1836 1874
ἁμαρτίας τῷ ὄντι .... 24 .... C*
ἁμαρτίας τῷ ὄντι ....σίν μου. 24 ταλαίπωρος ἐγὼ ανος· C[c]
ἁμαρτίας τῷ ὄντι ἐν τοῖς μέλεσίν μου. 24 ταλαίπωρος ἐγὼ ανος· D[1] K L P 326 910 1175
τῷ ὄντι ἐν τοῖς μέλεσίν μου. 24 ταλαίπωρος ἐγὼ ανος· A [↑1241 1424 1837
ἁμαρτίας τῷ **ὄντει** ἐν τοῖς μέλεσίν μου. 24 ταλαίπωρος ἐγὼ ανος· F* G
ἁμαρτείας τῷ **ὄντει** ἐν τοῖς μέλεσίν μου. 24 ταλαίπωρος ἐγὼ ανος· F[c]
ἁμαρτι..... .... ὄντι ἐν τοῖς μέλεσίν μου. 24 **ταλέπορος** ἐγὼ ανος· 33
ἁμαρτίας τῷ ὄντι ἐν τοῖς **μέλεσί** μου. 24 **ταλέπωρος** ἐγὼ ανος· 618
ἁμαρτίας τῷ ὄντι ἐν τοῖς **μέλεσί** μου. 24 **ταλαίπορός** ἐγὼ ανος· 049 131 205
ἁμαρτίας τῷ ὄντι ἐν τοῖς **μέλεσί** μου. 24 **ταλαίπορός** **εἰμι** ανος· 1827
ἁμαρτίασι τῶι ὄντι ἐν τοῖς **μέλεσί** μου. 24 ταλαίπωρος ἐγὼ ανος· 424
ἁμαρτίας τῶι ὄντι ἐν τοῖς **μέλεσί** μου. 24 ταλαίπωρος ἐγὼ ανος· 517 945 1734 1739 1891
ἁμαρτίας τῶι ὄντι ἐν τοῖς **μέλεσί** μου. 24 ταλαίπωρος ἐγὼ ἄνθρωπος· 1270
ἁμαρτίας τῷ ὄντι ἐν τοῖς **μέλεσί** μου. 24 ταλαίπωρος ἐγὼ ἄνθρωπος· 1611 **τ** Er[1]
ἁμαρτίας τῷ ὄντι ἐν τοῖς **μέλεσί** μου. 24 ταλαίπωρος ἐγὼ ἄνθρωπος· Cl III 77.1
.... τοῖς **μέλεσί** μου. 24 2344
ἁμαρτίας τῷ ὄντι ἐν τοῖς **μέλεσί** μου. 24 ταλαίπωρος ἐγὼ ανος· Ψ 056 1 6 69 88 104 209 226 323 330 365 440 460 489 547 614 796 927 999 1242 1245 1315 1319 1352 1448 1505 1573 1738 1854 1881 1982 2125 2147 2400 2412 2495 2815

lac. 7.23-24 𝔓10 𝔓46 𝔓113 0172 **7.24** C*

E 7.23 Ro 7.25; Ga 5.17; Js 4.1; 1 Pe 2.11

Errata: 7.23 na 365 ἐν τῷ νόμῳ : τῷ νόμῳ 365

τίς με ῥύσεται ἐκ τοῦ σώματος τοῦ θανάτου τούτου; 25 χάρις B [w]
τίς με ῥύσεται ἐκ τοῦ σώματος τοῦ θανάτου τούτου; 25 Cl III 18.2; III 77.1
τίς με ῥύσεται ἐκ τοῦ σώματος τοῦ θανάτου τούτου; 25 χάρις **δὲ** ℵ^c Ψ 88 104 365 1319 **u**
τίς με ῥύσεται ἐκ τοῦ σώματος τοῦ .... τούτου; 25 χάρις **δὲ** C^c
τίς με ῥύσεται ἐκ τοῦ σώματος τοῦ θα........ ....του; 25 χάρις **δὲ** 33
τίς με **ῥύσετε** ἐκ τοῦ σώματος τοῦ θανάτου τούτου; 25 χάρις **δὲ** 1506
τίς με ῥύσεται ἐκ τοῦ σώματος τοῦ θανάτου; 25 χάρις **δὲ** 1573
τίς με ῥύσεται ἐκ τοῦ .... τούτου; 25 χάρις **δὲ** 2344
τίς με ῥύσεται ἐκ τοῦ σώματος τοῦ θανάτου τούτου; 25 **ἡ χάρις** D
τίς **μαι** ῥύσεται ἐκ τοῦ σώματος τοῦ θανάτου τούτου; 25 **ἡ χάρις** F G
τίς **μαι** ῥύσεται ἐκ τοῦ σώματος τοῦ θανάτου τούτου; 25 **εὐχαριστῶ** 326 1837
τίς με ῥύσεται ὁ ἐκ τοῦ σώματος τοῦ θανάτου τούτου; 25 **εὐχαριστῶ** 999
τίς με **ῥύσαιτε** ἐκ τοῦ σώματος τοῦ θανάτου τούτου; 25 **εὐχαριστῶ** 2400
τίς με **ῥύσαται** ἐκ τοῦ σώματος τοῦ θανάτου τούτου; 25 **εὐχαριστῶ** 618
τίς με **ῥρύσεται** ἐκ τοῦ σώματος τοῦ θανάτου τούτου; 25 **εὐχαριστῶ** 1646
τίς με ῥύσεται ἐκ τοῦ σώματος τοῦ θανάτου τούτου; 25 **εὐχαριστῶ δὲ** 1270
τίς με ῥύσεται ἐκ τοῦ σώματος τοῦ θανάτου τούτου; 25 **εὐχαριστῶ** ℵ* A K L P 049 056 1 6 69 131 205 209 226 323 330 424 440 460 489 517 547 614 796 910 927 945 1175 1241 1242 1243 1245 1315 1352 1424 1448 1505 1611 1734 1735 1738 1739 1827 1836 1854 1874 1881 1891 1982 2125 2147 2412 2464 2495 2815 [**w**]**τ** Er[1]

τῷ θω διὰ ιυ χυ τοῦ κυ ἡμῶν. αρα οὖν αὐτὸς ἐγὼ B ℵ A L* P
τῷ θω διὰ ιυ χυ τοῦ κυ ἡμῶν. αρα .... αὐτὸς ἐγὼ C^c
τοῦ θυ διὰ ιυ χυ τοῦ κυ ἡμῶν. αρα **ἐγὼ αὐτὸς** D*
τοῦ θυ διὰ ιυ χυ τοῦ κυ ἡμῶν. αρα οὖν **ἐγὼ αὐτὸς** D^{1.2}
κυ διὰ ιηυ χρυ τοῦ κυ ἡμῶν. αρα οὖν αὐτὸς ἐγὼ F G
τῷ θω διὰ ιυ χυ τοῦ κυ ἡμῶν. **ἄρα** οὖν αὐτὸς ἐγὼ L^c 88 104 131 365 1319 1738 1837
τῶι θω διὰ ιυ χυ τοῦ κυ ἡμῶν. **ἄρα** οὖν αὐτὸς ἐγὼ 326 [↑1854 1874
τῷ θω διὰ ιυ χυ τοῦ κυ ἡμῶν. **ἄρ** οὖν αὐτὸς ἐγὼ 1646
τῶι θω διὰ ιυ χυ τοῦ κυ ἡμῶν. **ἄρα** οὖν αὐτὸς ἐγὼ 945
τῶ θωι διὰ ιυ χυ τοῦ κυ ἡμῶν. **ἄρα** οὖν αὐτὸς ἐγὼ 517 1270
τῶι θωι διὰ ιυ χυ τοῦ κυ ἡμῶν. **ἄρα** οὖν αὐτὸς ἐγὼ 424 1734 1739 1891
.... κυ ἡμῶν. **ἄρα** οὖν 2344
τῷ θω διὰ ιυ χυ κυ ἡμῶν. **ἄρα** οὖν αὐτὸς ἐγὼ 2147*
τῷ θω διὰ ιυ χυ τοῦ κυρίου ἡμῶν. **ἄρα** οὖν αὐτὸς ἐγὼ 69 1424
τῷ θεῷ διὰ Ἰησοῦ Χριστοῦ τοῦ κυρίου ἡμῶν. **ἄρα** οὖν αὐτὸς ἐγὼ **uwτ** Er[1]
τῷ θω διὰ **τοῦ κυ ἡμῶν** **ιυ χυ**. **ἄρα** οὖν αὐτὸς ἐγὼ 2400
τῷ θω διὰ ιυ χυ τοῦ κυ ἡμῶν. **ἄρα** οὖν αὐτὸς ἐγὼ K Ψ 049 056 1 6 33 205 209 226 323 330 440 460 489 547 614 618 796 910 927 999 1175 1241 1242 1243 1245 1315 1352 1448 1505 1506 1573 1611 1735 1827 1836 1881 1982 2125 2147^c 2412 2464 2495 2815

lac. 7.24-25 𝔓^10 𝔓^46 𝔓^113 C* 0172

C 7.25 ια περι της αποδυσεως των φυσικω παθων (παθηματων 440) δια της προς το πνα συναφειας 440 1836 | ια περὶ ἀποδύσεως τῶν φυσικῶν παθημάτων διὰ τῆς πρὸς θν ἀσυμφωνίας 1175 1874 | περὶ τῆς ἀποδύσεως τῶν φυσικῶν παθημάτων διὰ τῆς πρὸς τὸ πνα συμφωνίας 049 1270

D 7.25 ια 440 1175 1270

E 7.25 Ro 6.17; 8.2, 10; 1 Co 15.57; 2 Co 2.14; 8.16; 9.15; 7 23

[↓1352 1424 1448 1506 1611 1646 1735 1738 1827 1854 1874 1982 2125 2400 2412 2815
[↓88 104 131 205 209 226 323 365 440 489 547 614 796 910 927 999 1241 1242 1315 1319
τῷ μὲν νοῒ δουλεύω νόμῳ θυ τῇ δὲ σαρκὶ νόμῳ ἁμαρτίας. B ℵ^c D^{1.2} K L Ψ 056 1 6 69
.... δουλεύω νόμῳ θυ τῇ δὲ 2344
δουλεύω τῷ μὲν νοῒ νόμῳ θυ τῇ δὲ σαρκὶ νόμῳ ἁμαρτίας. 1505 2495
τῷ μὲν νοῒ μου δουλεύω νόμῳ θυ τῇ δὲ σαρκὶ νόμῳ ἁμαρτίας. 1881
τῷ μὲν νοῒ δουλεύω **τῷ** νόμῳ ἁμαρτίας. 618
τὸ μὲν νοῒ δουλεύω νόμῳ θυ τῇ δὲ σαρκὶ νόμῳ ἁμαρτίας. 049 326 1175 1837^c 2464
τὸν μὲν νοῒ δουλεύω νόμῳ θυ τῇ δὲ σαρκὶ νόμῳ ἁμαρτίας. 1837*
τὸ μὲν **νοὴ** δουλεύω νόμῳ θυ τῇ δὲ σαρκὶ νόμῳ ἁμαρτίας. 1243
τῷ μὲν νοῒ δουλεύω νόμῳ θυ **τῷ** δὲ σαρκὶ νόμῳ ἁμαρτίας. P
.... νοῒ δουλεύω νόμῳ θυ τῇ δὲ σαρκὶ νόμῳ ἁμαρτίας. C^c
τῷ μὲν νοῒ **δουλεύων** νόμῳ θυ τῇ δὲ σαρκὶ νόμῳ ἁμαρτίας. 330 460 1245 1836
τῷ μὲν νοῒ **δουλεύο** νόμῳ θυ τῇ δὲ σαρκὶ νόμῳ ἁμαρτίας. 2147
τῷ μὲν νοῒ δουλεύω νόμωι θυ τῆι δὲ σαρκὶ νόμῳ ἁμαρτίας. 1734
τῷ μὲν νοῒ δουλεύω νόμῳ θου τῇ δὲ σαρκὶ νόμῳ ἁμαρτίας. 1573
τῶι μὲν νοῒ δουλεύω νόμῳ θυ τῇ δὲ σαρκὶ νόμῳ ἁμαρτίας. 945
τῶι μὲν νοῒ δουλεύω νόμωι θυ τῇ δὲ σαρκὶ νόμῳ ἁμαρτίας. 517
τῶι μὲν νοῒ δουλεύω νόμωι θυ τῇ δὲ σαρκὶ νόμωι ἁμαρτίας. 424 1270
τῶι μὲν νοῒ δουλεύω νόμωι θυ τῆι δὲ σαρκὶ νόμωι ἁμαρτίας. 1891
τῶι μὲν νοῒ μου δουλεύω νόμωι θυ τῆι δὲ σαρκὶ νόμωι ἁμαρτίας. 1739
τῷ μὲν **νοεῒ** δουλεύω νόμῳ θυ τῇ δὲ σαρκὶ νόμῳ ἁμαρτίας. A D*
τῷ μὲν **νωῒ** δουλεύω .... δὲ σαρκὶ νόμῳ ἁ.................. 33
τῷ **νοεῒ** δουλεύω νόμῳ θυ τῇ δὲ **σαρκεὶ** νόμῳ **ἁμαρτείας**. F G
τῷ νοῒ δουλεύω νόμῳ θυ τῇ δὲ σαρκὶ νόμῳ ἁμαρτίας. ℵ*
τῷ μὲν νοῒ δουλεύω νόμῳ θεοῦ τῇ δὲ σαρκὶ νόμῳ ἁμαρτίας. **uwτ** Er^1

The Freedom of the Life of the Spirit in Christ Jesus

8:**1** Οὐδὲν αρα νῦν κατάκριμα τοῖς ἐν χω ιυ. B ℵ* A D^1 L* P
8:**1** Οὐδὲν αρα νῦν κατάκριμα τοῖς ἐν χρω ιηυ. F G
8:**1** Οὐδὲν αρα κατάκριμα τοῖς ἐν χω ιυ. D*
8:**1** Οὐδὲν **ἄρα** νῦν κατάκριμα τοῖς ἐν χω ιυ. D^2 L^c 88 104 326 365^c 489
8:**1** Οὐδὲν **ἄρα** νῦν κατάκριμα νῦν κατάκριμα τοῖς ἐν χω ιυ. 365* [↑927 1319 1424
8:**1** Οὐδὲν **ἄρα** νῦν κατάκριμα **τῆς** ἐν χω ιυ. 131 2412 [↑1506 1837 1874
8:**1** Οὐδὲν **ἄρα** νῦν κατάκριμα **τῆς** ἐν χω ιυ. 614 1836*
8:**1** Οὐδὲν **ἄρα** νῦν κατάκριμα ἐν χω ιυ. 6 424^c 1881
8:**1** Οὐδὲν **ἄρα** νῦν κατάκριμα ἐν χωι ιυ. 1739
8:**1** Οὐδὲν **ἄρα** νῦν κατάκριμα τοῖς ἐν Χριστῷ Ἰησοῦ. **uwτ** Er^1
8:**1** Οὐδὲν **ἄρα** **κατάκριμα νῦν** τοῖς ἐν χω ιυ. Ψ 1735 1827
8:**1** Οὐδὲν **ἄρα** κατάκριμα τοῖς ἐν χω ιυ. 205 517
8:**1** .... **ἄρα** νῦν κατάκριμα τοῖς ἐν χω ιυ. 33
8:**1** Οὐδὲν **ἄρα** νῦν κατάκριμα τοῖς ἐν χωι ιυ. 1270 1891
8:**1** Οὐδὲν **ἄρα** ἦν νῦν κατάκριμα τοῖς ἐν χω ιυ. 1982
8:**1** Οὐδὲν **ἄρα** νῦν κατάκριμα τοῖς ἐν χω ιυ. K 049 056 1 69 209 226
323 330 424* 440 460 547 618 796 910 945 999 1175 1241 1242 1243 1245 1315
1352 1448 1505 1573 1611 1646 1734 1738 1836^c 1854 2125 2147 2400 2464 2495 2815

---

lac. 7.25-8.1 𝔓^10 𝔓^46 𝔓^113 C* 0172 **8.1** 2344 (illeg.)

C 8.1 κ͵ε η 209 | αρχ της δ προς ρωμαιους αδελφοι ο νομος του πνς της ζωης εν 614 | περι της αποδυσεως των φυσικων παθων 796 | αρχ τη δ της γ εβδ: προς ρωμ: αδ͵ε ο νομος του πνς της ζωης εν χω ιυ 945 | της το μεθ εορτ της χυ γε 945

D 8.1 ια 796

E 7.25 Ro 6.17; 8.2, 10; 1 Co 15.57; 2 Co 2.14; 8.16; 9.15; 7 23 **8.1** Ro 8.31-39;5.16; Jn 5.24

[↓1505 1661 1734 1735 1738 1836 1837 1854 1874 1891 1982 2125 2147 2400 2412 2464 2495 2815 (see vs. **4**)
[↓326 330 424* 440 460 489 517 547 614 618 796 910 927 945 999 1175 1241 1242 1245 1270 1315 1352 1424 1448
μὴ κατὰ σάρκα περιπατοῦσιν ἀλλὰ κατὰ πνα. ℵ^c D^2 K L P 049 056 1 69 88 104 131 205 209 226 323
μὴ κατὰ ·········· ·········πατοῦσιν ἀλ···· ·········· ········ 33
μὴ κατὰ σάρκα **περιπατοῦσι** ἀλλὰ κατὰ πνα. 1646 2464
μὴ κατὰ σάρκα περιπατοῦσιν ἀλλὰ κατὰ πνεῦμα. τ Er[1]
μὴ κατὰ σάρκα περιπατοῦσιν. A D[1] Ψ 1243 1319 1573
τοῖς κατὰ σάρκα περιπατοῦσιν. 365
τοῖς μὴ κατὰ σάρκα περιπατοῦσιν ἀλλὰ κατὰ πνα. 1827

2 ὁ γὰρ νόμος τοῦ πνεύματος τῆς ζωῆς ἐν χω ιυ ἠλευθέρωσέν B
2 ὁ γὰρ νόμος τοῦ πνεύματος τῆς ζωῆς ἐν χω ιυ **ἠλευθέρωσέ** 69
2 ὁ γὰρ νόμος τοῦ πνεύματος ἠλευθέρωσέν Cl III 77.2
2 ὁ γὰρ νόμος τοῦ πνεύματος τῆς ζωῆς ἐν Χριστῷ Ἰησοῦ ἠλευθέρωσέν **u w**
2 ὁ γὰρ νόμος τοῦ πνεύματος τῆς ζωῆς ἐν Χριστῷ Ἰησοῦ **ἠλευθέρωσέ** τ Er[1]
2 ὁ γὰρ νόμος τοῦ πνς τῆς ζωῆς ἐν χωι ιυ **ἠλευθέρωσέ** 1270 1891
2 ὁ γὰρ νόμος τοῦ πνατος τῆς ζωῆς ἐν χω ιυ **ἠλευθέρωσέ** 1646
2 ὁ γὰρ νόμος τοῦ πνς τῆς ζωῆς ἐν χωι ιυ ἠλευθέρωσέν 1739
2 ὁ γὰρ νόμος τοῦ πνς τῆς ζωῆς τῆς ἐν χω ιυ ἠλευθέρωσέν 1836 [↓1874 2125 2464
2 ·· ······· ····μος τοῦ πνς τῆς ζωῆς ἐν χω ιυ ἠλευθέ············ 33 [↓1506 1735 1837 1854
2 ὁ γὰρ νόμος τοῦ πνς τῆς ζωῆς ἠλευθέρωσέν K [↓1175 1241 1243 1424
2 ὁ γὰρ νόμος τοῦ πνς τῆς ζωῆς ἐν χω ιυ ἠλευθέρωσέν ℵ A C^c D L P Ψ 049 326 910
2 ὁ γὰρ νόμος τοῦ πνς τῆς ζωῆς ἐν χω ιυ **ἠλευθέρωσαί** 999 2412^c
2 ὁ γὰρ νόμος τοῦ πνς τῆς ζωῆς ἐν χρω ιηυ **ἐλευθέροσέν** F
2 ὁ γὰρ νόμος τοῦ πνς τῆς ζωῆς ἐν χρω ιυ **ἐλευθέρωσέν** G
2 ὁ γὰρ νόμος τοῦ πνς τῆς ζωῆς ἐν χω ιυ **ἠλευθέρωσέ** 056 1 6 88 104 131 205 209 226 323 330 365 424 440 460 489 517 547 614 618 796 927 945 1242 1245 1315 1319 1352 1448 1505 1573 1611 1734 1738 1827 1881 1982 2147 2400 2412 2495 2815

σε ἀπὸ τοῦ νόμου τῆς ἁμαρτίας καὶ τοῦ θανάτου. B ℵ 1739* **u**[**w**]
····· ·········· ······· ············ ····· ····················· ······· ······ θανάτου. 33
σαι ἀπὸ τοῦ νόμου τῆς ἁμαρτίας καὶ τοῦ θανάτου. F*
σαι ἀπὸ τοῦ νόμου τῆς **ἁμαρτείας** καὶ τοῦ θανάτου. F^c
σαι ἀπὸ τοῦ νόμου τῆς ἁμαρτίας καὶ τοῦ θανάτου. G
ἡμᾶς ἀπὸ τοῦ νόμου τῆς ἁμαρτίας καὶ τοῦ θανάτου. Ψ [↓1874 2125[**w**] Cl III 77.2
μαι ἀπὸ τοῦ νόμου τῆς ἁμαρτίας καὶ τοῦ θανάτου. 2464 [↓1506 1735 1739^c 1836 1837 1854
με ἀπὸ τοῦ νόμου τῆς ἁμαρτίας καὶ τοῦ θανάτου. A D K L P 049 326 910 1175 1241 1243 1424
με ἀπὸ τοῦ νόμου τῆς ἁμαρτίας ······· ······ ················· C^c
με ἀπὸ τοῦ νόμου τῆς ἁμαρτίας καὶ τοῦ θανάτου. 999 2412^c
με ἀπὸ τοῦ νόμου καὶ τῆς ἁμαρτίας καὶ τοῦ θανάτου. 2815
με ἀπὸ τοῦ νόμου τῆς ἁμαρτίας καὶ τοῦ θανάτου. 056 1 6 69 88 104 131 205 209 226 323 330 365 424 440 460 489 517 547 614 618 796 927 945 1242 1245 1270 1315 1319 1352 1448 1505 1573 1611 1646 1734 1738 1827 1881 1891 1982 2147 2400 2412* 2495 τ Er[1]

---

lac. 8.1-2 𝔓[10] 𝔓[46] 𝔓[113] C* 0172 2344 (illeg.)

C 8.1 τελ 330 **2** αρχ τη δ της γ εβδ. αδ,ε ο νομος του πνς της ζωης 226 | αρχ τη γ 330 | αρχ της δ 440 | αρχ τη δ τη γ εβδ αδ,ε ο νομος 489 | αδ,ε ο της δ της γ 517 | μ,τ δ, του ην αδ,ε το αδυνατιον του 614 ¦ αν,α νε ιθ 614 | αρχ τη δ της γ εβδ αδ,ε ο νομος του πρς 796 | αρχ τη δ 1175 | αρχ 1245 | ια περι αποδ, των φυσικων παθηματων δια της προς πνα συμφωνιας 1245 | αρχ τη δ της γ εβδ κ,ε ρβ 1315 | αρχ τη δ της γ εβδ. αδ,ε ο νομος του πνς της ζωης εν χω ιυ 1448 | ια περι εποδ,ω των φυσικων παθων δια της αγιου πνς συμφωνιας 1448 | κ,ε κ αρχ τη δ της γ εβδ ο αποστολ αδελφοι ο νομος ου πνς της ζωης εν χω ιυ 1739 | αρχ 1836 | αρχ τη δ της γ εβδ πρ ρωμαιους αδ,ε ο νομος του πνς ηλευθε 2147 | τη δ της γ εβδ κ,ε ογ αδελφοι ο νομος του πνς 2464 | αρχ τη δ προς ρωμ αδελφοι ο νομος το πνς της ζωης εν χω ιυ 2412 | τελ γ 1 489 | τε της γ 440 547 614 1242 | τελ 226 326 517 927 945 1175 1448 1837 2464 | τελ της γ ει δ,ε κη μεθ εορτον 1315 | τε της γ 2412

D 8.2 ιθ 226 | κ 517 | ιη 927

E 8.1 Ro 8.31-39;5.16; Jn 5.24 **2** Ro 7.23, 24; 3.27; Js 1.25; Ga 3.21; 2 Co 3.17; Ro 7.23

Errata: 8.1 antf 1 omit μὴ κατὰ σάρκα περιπατοῦσιν ἀλλὰ κατὰ πνεῦμα : add, not omit 1
8.1 na 365 μὴ κατὰ σάρκα περιπατοῦσιν : τοῖς κατὰ σάρκα περιπατοῦσιν 365 (correct in **antf**)
8.1 antf 6 μὴ κατὰ σάρκα περιπατοῦσιν ἀλλὰ κατὰ πνεῦμα : **omit** 6 (correct in **na**)
8.1 antf 1573 μὴ κατὰ σάρκα περιπατοῦσιν ἀλλὰ κατὰ πνεῦμα : 1—4 1573
8.1 antf 1646 μὴ κατὰ σάρκα περιπατοῦσιν : 1—4 ἀλλὰ κατὰ πνεῦμα 1646
8.1 antf 2344 κατὰ σάρκα περιπατοῦσιν ἀλλὰ κατὰ πνεῦμα : illeg. 2344

[↓1505 1573 1611 1734 1735 1738 1827 1836 1854 1874 1881 1982 2125 2147 2400 2412 2495 2815 **uwτ** Er[1]
[↓205 209 226 323 330 365 440 489 517 547 614 796 910 927 945 999 1241 1242 1245 1315 1319 1352 1424 1448
3 τὸ γὰρ ἀδύνατον τοῦ νόμου ἐν ᾧ ἠσθένει διὰ τῆς σαρκός, B ℵ A C D[2] F G K L P Ψ 049 1 6 69 88 104
3 τὸ γὰρ ἀδύνατον τοῦ νόμου ἐν ᾧ ἠσ......... 33
3 τὸ γὰρ ἀδύνατον τοῦ νόμου ἐν ῶι ἠσθένει διὰ τῆς σαρκός, 056 424 1270 1739 1891
3 τὸ γὰρ **δύνατον** τοῦ νόμου ἐν ᾧ ἠσθένει διὰ τῆς σαρκός, 131
3 τὸ γὰρ ἀδύνατον τοῦ νόμου ἐν **ὁ** ἠσθένει διὰ τῆς σαρκός, 1646
3 τὸ γὰρ ἀδύνατον τοῦ νόμου ἐν ᾧ **εἰσθένει** διὰ τῆς σαρκός, 460 618 2464
3 τὸ γὰρ ἀδύνατον τοῦ νόμου ἐν ᾧ **ἠσθένι** διὰ τῆς σαρκός, D*
3 τὸ γὰρ ἀδύνατον τοῦ νόμου ἐν ᾧ **ἠσθένη** διὰ τῆς σαρκός, 326 1175 1243 1506 1837

[↓945 999 1242 1245 1270 1315 1319 1352 1448 1505 1506 1573 1611 1734 1827 1881 1891 2400 2412 2495 2815
ὁ θς τὸν ἑαυτοῦ υἱὸν πέμψας ἐν ὁμοιώματι σαρκὸς ἁμαρτίας B C D[1.2] 056 69 88 209 365 424
ὁ θς τὸν ἑαυτοῦ υἱὸν **πένψας** ἐν ὁμοιώματι σαρκὸς ἁμαρτίας D* [↑440 489 547 614 796 927
ὁ θς τὸν ἑαυτοῦ __ πέμψας ἐν ὁμοιώματι σαρκὸς ἁμαρτίας 205
ὁ θς τὸν ἑαυτοῦ ιν πέμψας ἐν ὁμοιώματι σαρκὸς ἁμαρτίας 517 1854
ὁ θς τὸν ἑαυτοῦ υν πέμψας ὁμοιώματι σαρκὸς ἁμαρτίας 1836
ὁ θς τὸν **αὐτοῦ** υν πέμψας ἐν ὁμοιώματι σαρκὸς ἁμαρτίας ℵ[c] 618 1738
ὁ θς τὸν **αὐτοῦ** υἱὸν πέμψας ἐν ὁμοιώματι σαρκὸς ἁμαρτίας 460
ὁ θεὸς τὸν ἑαυτοῦ υἱὸν πέμψας ἐν ὁμοιώματι σαρκὸς ἁμαρτίας **uwτ** Er[1]
ὁ θς τὸν ἑαυτοῦ **πέμψας υἱὸν** ἐν ὁμοιώματι σαρκὸς ἁμαρτίας 326 1837
ὁ θς τὸν ἑαυτοῦ υἱὸν πέμψας ἐν **ὁμοιότητι** σαρκὸς ἁμαρτίας 330
.. .. **ὡμοιώματι** σαρκὸς ἁμαρτίας 33 [↓2464
ὁ θς τὸν ἑαυτοῦ υν πέμψας ἐν **ὡμοιώματι** σαρκὸς ἁμαρτίας 1735 [↓1874 1982 2125 2147
ὁ θς τὸν ἑαυτοῦ υἱὸν πέμψας ἐν **ὁμοιώματει** σαρκὸς **ἁμαρτείας** G [↓1243 1424 1646 1739
ὁ θς τὸν **ἑυαυτου** υἱὸν πέμψας ἐν **ὁμοιώματε** σαρκὸς **ἁμαρτείας** F [↓226 323 910 1175 1241
ὁ θς τὸν ἑαυτοῦ υν πέμψας ἐν ὁμοιώματι σαρκὸς ἁμαρτίας ℵ* A K L P Ψ 049 1 6 104 131

καὶ περὶ ἁμαρτίας κατέκρεινε τὴν ἁμαρτίαν ἐν τῇ σαρκί, B
καὶ περὶ ἁμαρτίας **κατέκρινεν** τὴν ἁμαρτίαν ἐν τῇ σαρκί, A C D K L P Ψ 049 326 618 910 1175
κατέκρινεν τὴν ἁμαρτίαν ἐν τῇ σαρκί, 460 1836 [↑1241 1243 1245 1506 1735
[διὰ τοῦ υἱοῦ ὁ θεὸς] **κατέκρινεν** τὴν ἁμαρτίαν ἐν τῇ σαρκί, Cl III 77.2 [↑1738 1837 1874 2125
καὶ περὶ ἁμαρτίας **κατέκρινεν** τὴν ἁμαρτίαν ἐν τῆι σαρκί, 1739 [↑2464 **u**
καὶ περὶ ἁμαρτίας **κατέκρινεν** τὴν ἁμαρτίαν ἐν σαρκί, 1646
καὶ περὶ ἁμαρτίας **κατέκρινεν** ἐν τῇ σαρκί, 131
καὶ περὶ **ἁμαρτείας** **κατέκρινεν** τὴν **ἁμαρτείαν** ἐν τῇ σαρκί, F G
καὶ περὶ ἁμαρτίας **κατέκρινεν** τὴν ἁμαρτίαν ἐν τῇ σαρκὶ αὐτοῦ, 1424
καὶ περὶ ἁμαρ......... 33
καὶ περὶ ἁμαρτίας **κατέκρινε** τὴν ἁμαρτίαν ἐν τῆι σαρκί, 424 945 1270 1734* 1891
κατέκρινε τὴν ἁμαρτίαν ἐν τῆι σαρκί, 1734[c] [↓2147 2400 2412 2495 **wτ** Er[1]
καὶ περὶ ἁμαρτίας **κατέκρινε** τὴν ἁμαρτίαν τῇ σαρκί, 205 [↓1573 1611 1827 1854 1881 1982
καὶ περὶ ἁμαρτίας **κατέκρινε** τὴν ἁμαρτίαν ἐν τῇ .... 365 [↓1242 1315 1319 1352 1448 1505
καὶ περὶ ἁμαρτίας **κατέκρινε** τὴν ἁμαρτίαν ἐν σαρκί, 2815 [↓489 517 547 614 796 927 999
καὶ περὶ ἁμαρτίας **κατέκρινε** τὴν ἁμαρτίαν ἐν τῇ σαρκί, ℵ 056 1 6 69 88 104 209 226 323 330 440

4 ἵνα τὸ δικαίωμα τοῦ νόμου πληρωθῇ ἐν ἡμῖν τοῖς μὴ κατὰ B ℵ A C D G K L P Ψ 049 056 1 6 69 88 104
4 ἵνα τὸ δικαίωμα τοῦ νόμου πληρωθῇ ἐν ἡμῖν 1506 [↑131 205 209 226 323 326 330 440
4 ἵνα τὸ δικαίωμα τοῦ νόμου πληρωθῇ ἐν ἡμῖν τοῖς κατὰ 1646* [↑460 489 517 547 614 618 796 910
4 ἵνα τὸ **δικαίομα** τοῦ νόμου πληρωθῇ ἐν ἡμῖν τοῖς κατὰ 2464* [↑927 945 999 1175 1241 1242 1245
4 ἵνα τὸ **δικαίομα** τοῦ νόμου πληρωθῇ ἐν ἡμῖν τοῖς μὴ κατὰ 2464[c] [↑1270 1315 1319 1352 1448 1505
4 .... τὸ δικαίωμα τοῦ νόμου πληρωθῇ ἐν ἡμῖν .... 33 [↑1573 1611 1646[c] 1735 1738 1827
4 ἵνα **τῶ** δικαίωμα τοῦ νόμου πληρωθῇ ἐν ἡμῖν τοῖς μὴ κατὰ F[c] [↑1836 1837 1854 18741881 1982
4 ἵνα **τῶ** δικαίωμα τοῦ νόμου **πλερωθῇ** ἐν ἡμῖν τοῖς μὴ κατὰ F* [↑2125 2147 2400 24122495 2815
4 ἵνα τὸ δικαίωμα τοῦ νόμου **πληροθῇ** ἐν **ἡμὴν** τοῖς μὴ κατὰ 1243 [↑**uwτ** Cl III 77.2
4 ἵνα τὸ δικαίωμα τοῦ νόμου πληρωθῆι ἐν ἡμῖν τοῖς μὴ κατὰ 424 1734 1739 1891
4 ἵνα τὸ δικαίωμα τοῦ νόμου πληρωθῇ ἐν **ὑμῖν** τοῖς μὴ κατὰ 1424 Er[1]

lac. 8.3-4 𝔓[10] 𝔓[46] 𝔓[113] 0172 2344 (illeg.) **8.4** 365

C 8.3 αρχ τη δ ζς 1242 | αρχ τη δ της γ εβδ αδ,ε ο νομος του πνς της ζωης 1573 | αρχ ιθ 1 | τη κν δε κ βρ, αδ,ε το αδυνατιον του νομου 226 | αρχ τη γ της ε εβδ αδ,ε το γαρ αδυνατ 326 | αρχ τη δ τη" γ εβδ αδ,ε ο νομος του πνς 927 | ια περι αποδυσεως των φυσικων παθημα τω δια της προς το πνα συμφωνιας 1734 | αρχ τη γ της ε εβδ αδ,ε το γαρ αδυνατον 1837 | τε γ 1573 1739 | τελ 1245

D 8.3 ιη 927 | ια 1245 1734 1891

E 8.3 Ac 13.38; 15.10; Jn 1.14; Phl 2.7; He 2.17; 4.15; 7.18; Ro 8.32; Ga 4.4; Phl 2.7; He 2.17; 4.15; 2 Co 5.21; He 13.12
4 Ga 5.16, 25; Ro 4.13; Jo 3.6

σάρκα περιπατοῦσιν ἀλλὰ κατὰ πνεῦμα. 5 οἱ γὰρ κατὰ σάρκα B **uwτ** Er[1]
5 **ὅτι οἱ** κατὰ σάρκα Cl III 78.1
σάρκα περιπατοῦσιν ἀλλὰ κατὰ πνεῦμα. 5 Cl III 77.2
σάρκα περιπατοῦσιν ἀλλὰ κατὰ πνα. 5 489
.... πνα. 5 οἱ γὰρ κατὰ σάρκα 33
σάρκαν περιπατοῦσιν ἀλλὰ κατὰ πνα. 5 οἱ γὰρ κατὰ σάρκα 131
σάρκα **περιπατοῦσι** ἀλλὰ κατὰ πνα. 5 οἱ γὰρ κατὰ σάρκα 1319 1646
σάρκα **περειπατοῦσειν** ἀλλὰ κατὰ πνα. 5 οἱ γὰρ κατὰ σάρκα F G [↓104 205 209 226 323 326 330
σάρκα περιπατοῦσιν ἀλλὰ κατὰ πνα. 5 οἱ γὰρ κατὰ σάρκα ℵ A C D K L P Ψ 049 056 1 6 69 88
424 440 460 517 547 614 618 796 910 927 945 999 1175 1241 1242 1243 1245 1270 1315 1352 1424 1448 1505 1506
1573 1611 1734 1735 1738 1739 1827 1836 1837 1854 1874 1881 1891 1982 2125 2147 2400 2412 2464 2495 2815

ὄντες τὰ τῆς σαρκὸς φρονοῦσιν, οἱ δὲ κατὰ πνεῦμα τὰ τοῦ πνεύματος. B **uwτ** Er[1]
ὄντες τὰ τῆς σαρκὸς **φρονοῦσι**, οἱ δὲ κατὰ πνα τὰ τοῦ πνς. P 460 618 1270 1646
τὰ τοῦ πνς. 489
ὄντες τὰ τῆς σαρκὸς **φρονοῦσειν**, οἱ δὲ κατὰ πνα τὰ τοῦ πνς. F G
ὄντες τὰ τῆς 33
ζῶντες τὰ τῆς σαρκὸς φρονοῦσιν, Cl III 78.1
περιπατουντες τὰ τῆς σαρκὸς φρονοῦσιν, οἱ δὲ κατὰ πνα τὰ τοῦ πνς. 927
περιπατουντες τὰ τῆς σαρκὸς **φρονουνοῦσιν**, οἱ δὲ κατὰ πνα τὰ τοῦ πνς. 1891
ὄντες τὰ τῆς σαρκὸς φρονοῦσιν, οἱ δὲ κατὰ πνα τὰ τοῦ πνς. ℵ A C D K L Ψ 049
056 1 6 69 88 104 131 205 209 226 323 326 330 424 440 517 547 614 796 910 945 999
1175 1241 1242 1243 1245 1315 1319 1352 1424 1448 1505 1506 1573 1611 1734 1735
1738 1739 1827 1836 1837 1854 1874 1881 1982 2125 2147 2400 2412 2464 2495 2815

6 τὸ γὰρ φρόνημα τῆς σαρκὸς θάνατος, τὸ δὲ φρόνημα τοῦ πνεύματος B 69 1319 **uwτ** Er[1]
6 τὸ γὰρ φρόνημα τῆς σαρκὸς θάνατος, Cl III 78.1
6 τὸ γὰρ φρόνημα τῆς σαρκὸς 049
6..... ......ρ φρόνημα τῆς σαρκὸς **θάννατος**, τὸ δὲ φρόνημα τοῦ πνς 33
6 τὸ γὰρ **φρόνιμα** τῆς σαρκὸς θάνατος, τὸ δὲ **φρόνιμα** τοῦ πνς 1270 1505
6 τὸ γὰρ **καταφρόνημα** τῆς σαρκὸς θάνατος, τὸ δὲ φρόνημα τοῦ πνς 205
6 τὸ **δὲ** φρόνημα τῆς σαρκὸς θάνατος, τὸ δὲ φρόνημα τοῦ πνς 1739 [↓6 88 104 131 209
6 τὸ γὰρ φρόνημα τῆς σαρκὸς θάνατος, τὸ δὲ φρόνημα τοῦ πνς ℵ A C D F G K L P Ψ 056 1
226 323 326 330 424 440 460 489 517 547 614 618 796 910 927 945 999 1175 1241 1242 1243 1245 1315 1352 1424 1448
1506 1573 1611 1646 1734 1735 1738 1827 1836 1837 1854 1874 1881 1891 1982 2125 2147 2400 2412 2464 2495 2815

[↓1734 1735 1738 1739 1827 1836 1837 1854 1874 1881 1891 1982 2125 2147 2400 2412 2464 2495 2815
[↓547 614 618 796 910 927 945 999 1175 1241 1242 1243 1245 1315 1319 1352 1424 1448 1506 1573 1646
ζωὴ καὶ εἰρήνη[T]· 7 διότι τὸ φρόνημα τῆς σαρκὸς ἔχθρα εἰς θν, B ℵ A C D K L P Ψ 056 1 6 33 69 88 104
ζωὴ καὶ εἰρήνη· 7 διότι τὸ **φρόνιμα** τῆς σαρκὸς ἔχθρα εἰς θν, 1270 1505 [↑131 205 209 226 323 326
7 ἔχθρα εἰς θν, 049 [↑330 424 440 460 489 517
ζωὴ καὶ **ἰρήνη**· 7 **ὅτι** τὸ φρόνημα τῆς σαρκὸς **ἔκθρα** εἰς θν, F G
.... εἰρήνη· 7 διότι τὸ φρόνημα τῆς σαρκὸς ἔχθρα εἰς θν, 1611
ζωὴ καὶ εἰρήνη· 7 διότι τὸ φρόνημα τῆς σαρκὸς ἔχθρα εἰς θεόν, **uwτ** Er[1]
7 διότι τὸ φρόνημα τῆς σαρκὸς ἔχθρα εἰς θεόν, Cl IV 45.4
7 **καὶ** τὸ φρόνημα τῆς σαρκὸς ἔχθρα εἰς θεόν, Cl IIII 78.1

[T] διὰ ιυ χυ τοῦ κυ ἡμῶν 33

---

lac. 8.4-7 𝔓10 𝔓46 𝔓113 0172 365 2344 (illeg.)

C 8.5 ιβ περὶ τῆς ἀποδύσεως τῶν φυσικῶν παθηματῶν διὰ τῆς πρὸς τὸ πνα συναφείας 1315 | κ,ε ϛ περι της αποδ,υ των φυσικων παθηματων 1739 | Σα ε ο αποστολ πρ ρωμ αδελφοι οσα πνι θυ διαγονται 1739 **6** ια περι αποδυσεως των φυσικων παθηματων δια της προς το πνα συναφειας 424

D 8.6 ια 424

E 8.4 Ga 5.16, 25; Ro 4.13; Jo 3.6 **6** Ro 6.21; 7.5; 8.13; Ga 6.8 **7** Js 4.4; Mt 12.34; Jn 8.43; 12.39

[↓1352 1424 1448 1505 1573 1611 1734 1735 1738 1827 1836 1837 1854 1874 1881^{c} 1982 2125 2147 2412 2495 2815
[↓69^{c} 88 104 205 209 226 323 326 330 440 489 517 547 614 796 910 927 945 999 1175 1241 1242 1245 1315 1319
τῷ γὰρ νόμῳ τοῦ θυ οὐχ ὑποτάσσεται, οὐδὲ γὰρ δύναται· B ℵ A C D G F K P Ψ 049 056 1 6 33
τῷ γὰρ **τῷ** νόμω τοῦ θυ οὐχ ὑποτάσσεται, οὐδὲ γὰρ δύναται· 2400
τῷ γὰρ νόμῳ **τῶ** τοῦ θυ οὐχ **ὑποτάσεται**, οὐδὲ γὰρ δύναται· 1646
τῷ γὰρ νόμῳ τοῦ θυ οὐχ **ὑποτάσεται**, οὐδὲ γὰρ δύναται· 1881*
τῷ γὰρ νόμῳ τοῦ θυ οὐχ **ὑποτάσεται**, οὐδὲ γὰρ **δύνατε**· 2464
τῷ γὰρ νόμῳ τοῦ θυ οὐχ ὑποτάσσεται, οὐδὲ γὰρ **δύνατε**· 131
τῷ γὰρ νόμῳ τοῦ θυ οὐχ ὑποτάσσεται, **οὔτε** γὰρ δύναται· L
τῷ γὰρ νόμῳ τοῦ θυ οὐχ ὑποτάσσεται, **οὐ** γὰρ δύναται· 69*
τῶι γὰρ νόμωι τοῦ θυ οὐχ ὑποτάσσεται, οὐδὲ γὰρ δύναται· 424 1270 1739 1891
τῷ γὰρ νόμῳ τοῦ θεοῦ οὐχ ὑποτάσσεται, οὐδὲ γὰρ δύναται· **uwτ** Cl IV 45.4
τῷ γὰρ νόμῳ τοῦ θεοῦ οὐχ ὑποτάσσεται, Cl III 78.1
τὸ γὰρ νόμῳ τοῦ θυ οὐχ ὑποτάσσεται, οὐδὲ γὰρ δύναται· 460 1243 1506
τὸ γὰρ νόμῳ τοῦ θυ οὐχ **ὑποτάσεται**, οὐδὲ γὰρ δύναται· 618
τὸ γὰρ νόμῳ τοῦ θεοῦ οὐχ ὑποτάσσεται, οὐδὲ γὰρ δύναται· Er^{1}

[↓1424 1448 1505 1573 1611 1646 1734 1739 1827 1836 1854 1874* 1982 2125 2147 2400 2412 2464 2495 2815
[↓88 104 131 205 209 226 323 330 424 440 460 489 517 547 614 796 910 927 999 1175 1241 1242 1245 1315 1319
8 οἱ δὲ ἐν σαρκὶ ὄντες θω ἀρέσαι οὐ δύνανται. B ℵ A C K L P Ψ 049 056 1 6 33 69^{c}
8 οἱ δὲ ἐν σαρκὶ ὄντες θεῷ ἀρέσαι οὐ δύνανται. **uwτ** Er^{1} Cl III 78.1; III 45.4
8 οἱ δὲ ἐν σαρκὶ ὄντες θῶι ἀρέσαι οὐ δύνανται. 1270 1891
8 οἱ δὲ ἐν σαρκὶ ὄντες **τῷ** θω ἀρέσαι οὐ δύνανται. D 1735
8 οἱ δὲ ἐν σαρκὶ ὄντες **σαρκὶ ὄντες** θω ἀρέσαι οὐ δύνανται. 1506
8 οἱ δὲ ἐν **σαρκεὶ** ὄντες θω ἀρέσαι οὐ δύνανται. F G
8 οἱ δὲ σαρκὶ ὄντες θω **ἀρέσε** οὐ δύνανται. 1243
8 οἱ δὲ ἐν σαρκὶ ὄντες θω ἀρέσαι οὐ **δύναντε**. 1874^{c}
8 θεῷ ἀρέσαι οὐ **δύναται**. Cl VII 71.4
8 οἱ δὲ ἐν σαρκὶ ὄντες **χω** ἀρέσαι οὐ δύνανται. 945
8 οἱ **γὰρ** ἐν σαρκὶ ὄντες θω ἀρέσαι οὐ δύνανται. 326^{c}
8 **οἶδε** **γὰρ** ἐν σαρκὶ ὄντες θω ἀρέσαι οὐ δύνανται. 326*
8 **οἱ δὲ γὰρ** ἐν σαρκὶ ὄντες θω ἀρέσαι οὐ δύνανται. 1837
8 omit 69* 618 1352 1738 1881

9 ὑμεῖς δὲ οὐκ ἐσταὶ ἐν σαρκὶ ἀλλὰ ἐν πνεύματι, εἴπερ πνεῦμα B*
9 ὑμεῖς δὲ οὐκ ἐσταὶ ἐν σαρκὶ **ἀλλ᾽** ἐν πνι, εἴπερ πνα A P 049 33 1646 1874
9 **ὑμῖς** δὲ οὐκ ἐσταὶ ἐν **σαρκεὶ** **ἀλλ᾽** ἐν πνι, εἴπερ πνα F G
9 ὑμεῖς δὲ οὐκ **ἐστὲ** ἐν **σαρκεῖ** **ἀλλ᾽** ἐν πνι, εἴπερ πνα 910
9 ὑμεῖς δὲ οὐκ **ἐστὲ** ἐν σαρκὶ **ἀλλ᾽** ἐν πνεύματι, εἴπερ πνεῦμα **τ** Er^{1} Cl III 78.2
9 ὑμεῖς **γὰρ οὐκέτι** **ἐστὲ** ἐν σαρκὶ **ἀλλ᾽** ἐν πνεύματι, Cl II 125.6
9 ὑμεῖς δὲ οὐκ **ἐστὲ** ἐν σαρκὶ **ἀλλ᾽** **ἐ** πνι, εἴπερ πνα C*
9 ὑμεῖς δὲ οὐκ **ἐστὲ** ἐν σαρκὶ **ἀλλ᾽** ἐν πνι, **ἐπιπερ** πνα 2464
9 ὑμεῖς δὲ οὐκ **ἐστὲ** ἐν σαρκὶ εἴπερ πνα 326 1837
9 ὑμεῖς δὲ οὐκ **ἐστὲ** ἐν σαρκὶ ἀλλὰ ἐν πνεύματι, εἴπερ πνεῦμα B^{c} **uw**
9 ὑμεῖς δὲ οὐκ **ἐστὲ** ἐν σαρκὶ ἀλλὰ ἐν πνι, εἴπερ πνα ℵ
9 **ὑμῖς** δὲ οὐκ **ἐστὲ** ἐν σαρκὶ ἀλλὰ ἐν πνι, εἴπερ πνα D*
9 **ὑμῖς** δὲ οὐκ **ἐστὲ** ἐν σαρκὶ **ἀλλ᾽** ἐν πνι, εἴπερ πνα D^{1} [↓104 131 205 209 226
9 ὑμεῖς δὲ οὐκ **ἐστὲ** ἐν σαρκὶ **ἀλλ᾽** ἐν πνι, εἴπερ πνα C^{c} D^{2} K L Ψ 056 1 6 69 88
323 330 424 440 460 489 517 547 614 618 796 927 945 999 1175 1241 1242 1243 1245 1270 1315 1319 1352 1424
1448 1505 1506 1573 1611 1734 1735 1738 1739 1827 1836 1854 1881 1891 1982 2125 2147 2400 2412 2495 2815

lac. 8.7-9 𝔓10 𝔓46 𝔓113 0172 365 2344 (illeg.)

C 8.7 τελ 1 226 326 1837 **8** αρχ πλ᾽του αδ,ε κ 1 | μηδε κ,ερ, κη αδ,ε το αδυνατον του νομου ιαννου αρ, δ᾽ αδελφ οι εν σαρκι οντες 1 | αρχ ιαννου αυ δ αδ,ε οι εν σαρκι οντες 226 | αρχ τη δ της ε εβδ αδ,ε οι εν σαρκι οντες 326 | αρχ τη δ 330 | αρχ 547 | αρχ ···· ουδε αδ,ε οι εν σαρκοι οντες τω θω αρεσαι 614 | αρχ μεθ εορτ των φωτ: προς ρωμ: αδ,ε οι εν σαρκι οντες 945 | αρχ τη δ της ε εβδ αδ,ε οι δε εν σαρκι οντ 1837 | αρχ μημι ιαμνοχαριω δ προ εορτ 1315 | αρχ μζ ιδη,ου δ 2147 **9** τομο ι 1739

E 8.7 Js 4.4; Mt 12.34; Jn 8.43; 12.39 **8** Ro 7.14 **9** 1 Co 3.16; 12.3; 1 Jn 3.24; 1 Co 3.23; 15.23; Ga 5.24

θυ οἰκεῖ ἐν ὑμῖν. εἰ δέ τις πνεῦμα χυ οὐκ ἔχει, B
θυ **ἐνοικεῖ** ἐν ὑμῖν. εἰ δέ τις πνα χυ οὐκ ἔχει, 796 2495
θυ οἰκεῖ ἐν ὑμῖν. εἰ δέ τις πνα **οὐκ ἔχει χυ**, 69
θυ οἰκεῖ ἐν ὑμῖν. εἰ δέ τις πνα **θυ** οὐκ ἔχει, 326 440 614 999 1315 1837 2412
θυ οἰκεῖ ἐν **ὑμεῖν**. εἰ δέ τις πνα χυ οὐκ ἔχει, D*
θεοῦ οἰκεῖ ἐν ὑμῖν. εἰ δέ τις πνεῦμα Χριστοῦ οὐκ ἔχει, **uwτ** Er[1] Cl III 78.2
θυ **οἰκεῖν** ἐν **ἡμῖν**. εἰ δέ τις πνα χυ οὐκ ἔχει, 1836
θυ οἰκεῖ ἐν ὑμῖν. εἰ δέ τις πνα χυ οὐ· .... C*
θυ οἰκεῖ ἐν ὑμῖν. εἰ δέ **της** πνα χρυ οὐκ ἔχει, F
οἰκεῖ ἐν ὑμῖν. εἰ δέ τις πνα χυ οὐκ ἔχει, 88
θυ **οὐκ εἶ** ἐν ὑμῖν. εἰ δέ τις πνα **θυ** οὐκ ἔχει, 6
θυ οἰκεῖ ἐν ὑμῖν. εἰ δέ **τίνες** πνα **θυ** οὐκ ἔχει, 330
θυ οἰκεῖ ἐν **ἡμῖν**. εἰ δέ τις πνα χυ οὐκ ἔχει, 1646
θυ οἰκεῖ ἐν ὑμῖν. εἰ δέ τις πνα χυ οὐκ ἔχει, ℵ A C[c] D[1.2] G K L P Ψ 049 056 1 33 104 131 205 209 226 323 424 460 489 517 547 618 910 927 945 1175 1241 1242 1243 1245 1270 1319 1352 1424 1448 1505 1506 1573 1611 1734 1735 1738 1739 1827 1854 1874 1881 1891 1982 2125 2147 2400 2464 2815

[↓1738 1739 1827 1836 1837 1854 1874 1881 1982 2125 2147 2400 2412 2464 2495 2815
[↓1175 1241 1242 1243 1245 1270 1315 1319 1352 1424 1448 1505 1506 1573 1611 1734 1735
[↓33 69 88 104 131 205 209 226 323 326 424 440 460 489 517 547[c] 614 618 910 927 945 999

οὗτος οὐκ ἔστιν αὐτοῦ. **10** εἰ δὲ χς ἐν ὑμῖν, τὸ μὲν σῶμα B ℵ A C[c] D K L P Ψ 049 056 1 6
οὗτος οὐκ ἔστιν αὐτοῦ. **10** εἰ δὲ Χριστὸς ἐν ὑμῖν, τὸ μὲν σῶμα **uwτ** Cl III 77.3; 78.2
10 εἰ δὲ Χριστὸς ἐν ὑμῖν, τὸ μὲν σῶμα Cl IV 45.5
οὗτος οὐκ **ἔστι** αὐτοῦ. **10** εἰ δὲ Χριστὸς ἐν ὑμῖν, τὸ μὲν σῶμα Er[1]
....κ ἔστιν αὐτοῦ. **10** εἰ δὲ χς ἐν ὑμῖν, τὸ μὲν σῶμα C*
οὗτος οὐκ ἔστιν αὐτοῦ. **10** τὸ μὲν σῶμα ἐστιν F G
οὗτος οὐκ ἔστιν αὐτοῦ. **10** **ὁ** δὲ χς ἐν ὑμῖν, τὸ μὲν σῶμα 330
οὐκ ἔστιν αὐτοῦ. **10** εἰ δὲ χς ἐν ὑμῖν, τὸ μὲν σῶμα 547*
οὕτως οὐκ ἔστιν αὐτοῦ. **10** εἰ δὲ χς ἐν ὑμῖν, τὸ μὲν σῶμα 796
οὗτος οὐκ ἔστιν αὐτοῦ. **10** εἰ δὲ χς ἐν **ηὑμῖν**, τὸ μὲν σῶμα 1646
οὗτος οὐκ ἔστιν αὐτοῦ. **10** εἰ δὲ χς οἰκεῖ ἐν ὑμῖν, τὸ μὲν σῶμα 1891

νεκρὸν διὰ ἁμαρτίαν τὸ δὲ πνεῦμα ζωὴ διὰ δικαιοσύνην. B **uw** Er[1]
νεκρὸν διὰ ἁμαρτίαν τὸ δὲ πνα ζωὴ διὰ δικαιοσύνην. A C D[2] K 1 460 517 547 910 1175 1242
νεκρὸν διὰ τὴν ἁμαρτίαν τὸ δὲ πνεῦμα ζωὴ διὰ δικαιοσύνην. 69 [↑1611 1735 1874
νεκρὸν διὰ τὴν ἁμαρτίαν τὸ δὲ πνα ζωὴ διὰ δικαιοσύνην. 326 1270 1837 2815
νεκρὸν διὰ ἁμαρτίαν τὸ δὲ πνα **ζῆ** διὰ δικαιοσύνην. F[c] G 1891
νκρὸν διὰ ἁμαρτίαν τὸ δὲ πνα **ζῆ** διὰ δικαιοσύνην. F*
νεκρὸν **δι'** ἁμαρτίαν τὸ δὲ πνεῦμα ζωὴ διὰ δικαιοσύνην. **τ** Cl III 78.2; IV 45.5
νεκρὸν **δι'** ἁμαρτίαν Cl III 77.3
νεκρὸν **δι'** ἁμαρτίαν τὸ δὲ πνα ζωὴ διὰ **δικαιωσύνην**. 33 2147
νεκρὸν **δι'** ἁμαρτίαν τὸ δὲ πνα ζωὴ διὰ **δικαιωσύνη**. 1315
νεκρὸν **δι'** ἁμαρτίαν τὸ δὲ πνα ζωὴ **καὶ** **δικαιοσύνη**. 440
νεκρῶν **δι'** ἁμαρτίαν τὸ δὲ πνα ζωὴ διὰ δικαιοσύνην. 1243
νεκρὸν **δι'** ἁμαρτίαν τὸ δὲ πνα ζωὴ διὰ δικαιοσύνην. ℵ D* L P Ψ 049 056 6 88 104 131 205 209 226 323 330 424 489 614 618 796 927 945 999 1241 1245 1319 1352 1424 1448 1505 1506 1573 1646 1734 1738 1739 1827 1836 1854 1881 1982 2125 2400 2412 2464 2495

---

lac. 8.9-10 𝔓[10] 𝔓[46] 𝔓[113] 0172 365 2344 (illeg.)

C 8.9 (ante ει δε) τε λ,ο του μεθ εορτ 1315

E 8.9 1 Co 3.16; 12.3; 1 Jn 3.24; 1 Co 3.23; 15.23; Ga 5.24 **10** Ga 2,20; Col 1.27; 2 Co 13.5; Jn 17.23;1 P 4.6

11 εἰ δὲ τὸ πνεῦμα τοῦ ἐγείραντος τὸν ιν ἐκ νεκρῶν B
11 εἰ δὲ τὸ πνεῦμα τοῦ ἐγείραντος τὸν Ἰησοῦν ἐκ νεκρῶν **u w**
11 εἰ δὲ τὸ πνα τοῦ ἐγείραντος τὸν ιν ἐκ νεκρῶν A 440 1505 2495
11 εἰ δὲ τὸ πνα τοῦ **ἐγίραντος** τὸν ιν ἐκ νεκρῶν ℵ*
11 εἰ δὲ τὸ πνα τοῦ ἐγείραντος τὸν ιν **οὐκ** 6
11 εἰ δὲ τὸ πνα τοῦ ἐγείραντος τὸν ιν 1739 1881
11 εἰ δὲ τὸ πνα τοῦ ἐγείραντος ιν 424^{c} 1319 1573 2147
11 εἰ δὲ τὸ πνα τοῦ ἐγείραντος ιν νεκρῶν 796
11 εἰ δὲ τὸ πνα τοῦ **ἐγίραντος** ιν ἐκ νεκρῶν ℵ^{c}
11 εἰ δὲ τὸ πνα τοῦ **ἐγίραντος** ιν ἐκ νεκρῶν F^{c} G
11 εἰ δὲ τὸ πνα τοῦ **ἐγίραντος** ιν ἐκ **νεκρον** F*
11 εἰ δὲ τὸ πνα τοῦ **ἐγήραντος** ιν ἐκ νεκρῶν 2464
11 **ἠ** δὲ τὸ πνα τοῦ ἐγείραντος ιν ἐκ νεκρῶν 460 618
11 εἰ δὲ τὸ πνεῦμα τοῦ ἐγείραντος Ἰησοῦν ἐκ νεκρῶν **τ** Er^{1}
11 εἰ δὲ τὸ πνα τοῦ ἐγείραντος Ἰησοῦν ἐκ νεκρῶν 69
11 εἰ δὲ τὸ πνα τοῦ ἐγείραντος ιν χν ἐκ νεκρῶν 1270
11 τὸ πνεῦμα τοῦ ἐγείραντος **ἐκ νεκρῶν Ἰησοῦν** Cl III 77.3
11 εἰ δὲ τὸ πνα τοῦ ἐγείραντος **ἡμᾶς** ἐκ νεκρῶν 1506
11 εἰ δὲ τὸ πνα τοῦ ἐγείραντος ιν ἐκ νεκρῶν C D K L P Ψ 049 056 1 33 88 104 131 205 209 226 323 326 330 424* 489 517 547 614 910 927 945 999 1175 1241 1242 1243 1245 1315 1352 1424 1448 1611 1646 1734 1735 1738 1827 1836 1837 1854 1874 1891 1982 2125 2400 2412 2815

οἰκεῖ ἐν ὑμῖν, ὁ ἐγείρας χν ἐκ νεκρῶν ζῳοποιήσει B D^{2} F G 1319 1573
οἰκεῖ ἐν ὑμῖν, **ὃς** ζῳοποιήσει Cl III 77.3 [↑1854
οἰκεῖ ἐν ὑμῖν, ὁ ἐγείρας **ιν** **χν** ἐκ νεκρῶν **ζῳοποιήση** 104
οἰκεῖ ἐν ὑμῖν, ὁ ἐγείρας **ἐκ νεκρῶν ιν** **χν** ζῳοποιήσει C
οἰκεῖ ἐν ὑμῖν, ὁ ἐγείρας **ἐκ νεκρῶν** Χριστὸν **Ἰησοῦν** ζῳοποιήσει **w**
οἰκεῖ ἐν ὑμῖν, ὁ ἐγείρας **ἐκ νεκρῶν** χν **ιν** ζῳοποιήσει ℵ*A 1243 1739 1881
οἰκεῖ ἐν ὑμῖν, ὁ ἐγείρας **ἐκ νεκρῶν** χν **ιν** **ζῳοποιήση** 1506
οἰκεῖ ἐν ὑμῖν, ὁ ἐγείρας χν **ιν** ἐκ νεκρῶν ζῳοποιήσει D*
οἰκεῖ ἐν ὑμῖν, ὁ ἐγείρας **τὸν** **κν** ζῳοποιήσει 1827
ζῳοποιήσει 2464
οἰκεῖ ἐν ὑμῖν, ὁ ἐγείρας **αὐτὸν** ἐκ νεκρῶν ζῳοποιήσει 1270
οἰκεῖ ἐν ὑμῖν, ὁ ἐγείρας Χριστὸν ἐκ νεκρῶν ζῳοποιήσει **u**
οἰκεῖ ἐν ὑμῖν, ὁ ἐγείρας **τὸν** Χριστὸν ἐκ νεκρῶν ζῳοποιήσει ℵ^{c} **τ** Er^{1}
οἰκεῖ ἐν ὑμῖν, ὁ ἐγείρας **τὸν** χν ἐκ νεκρῶν **ζῳοποιήσας** 056
οἰκεῖ ἐν ὑμῖν, ὁ ἐγείρας **τὸν** χν ἐκ τῶν νεκρῶν **ζῳοποιήση** 049
οἰκεῖ ἐν ὑμῖν, ὁ ἐγείρας **τὸν** χν ἐκ νεκρῶν **ζῳοποιήση** 88 2400
οἰκεῖ ἐν **ἡμῖν**, ὁ ἐγείρας **τὸν** χν ἐκ νεκρῶν ζῳοποιήσει 618 1738
οἰκεῖ ἐν ὑμῖν, ὁ ἐγείρας **τὸν** χν ἐκ νεκρῶν ζῳοποιήσει K L P Ψ 1 6 33 69 131 205 209 226 323 326 330 424 440 460 489 517 547 614 796 910 927 945 999 1175 1241 1242 1245 1315 1352 1424 1448 1505 1611 1646 1734 1735 1836 1837 1874 1891 1982 2125 2147 2412 2495 2815

καὶ τὰ θνητὰ σώματα ὑμῶν διὰ τὸ ἐνοικοῦν αὐτοῦ B D F G K L P* Ψ 049 056 1 6 33 131 205 209
καὶ τὰ θνητὰ **ὑμῶν σώματα** διὰ τὸ ἐνοικοῦν αὐτοῦ 517 [↑226323 330 424 440 460 489 547 618 927
καὶ τὰ θνητὰ **ὑμῶν σώματα** διὰ **τοῦ ἐνοικοῦντος** αὐτοῦ 1270 [↑945 1175 1241 1242 1245 1352 1424
καὶ τὰ θνητὰ σώματα ὑμῶν διὰ τὸ ἐνοικοῦν **αὐτὸ** 2400 [↑1611^{c} 1646 1734 1738 1827 1854 1874
καὶ τὰ θνητὰ σώματα ὑμῶν διὰ τὸ ἐνοικοῦν 1611* [↑1982 2125 2147 2464 2815 **τ** Er^{1}
καὶ τὰ θνητὰ σώματα ὑμῶν διὰ τὸ ἐνοικοῦν **αὐτῷ** 614 999 1836 2412
τὰ θνητὰ σώματα ὑμῶν διὰ τὸ ἐνοικοῦν **ἐν αὐτῷ** 796
τὰ θνητὰ σώματα ὑμῶν διὰ τὸ ἐνοικοῦν αὐτοῦ 1739 1881 [**w**]
τὰ θνητὰ σώματα ὑμῶν διὰ **τοῦ ἐνοικοῦντος** αὐτοῦ ℵ A 326
τὰ θνητὰ σώματα **ἡμῶν** διὰ **τοῦ ἐνοικοῦντος** **πνς** 1837 [↓Cl III 77.3
καὶ τὰ θνητὰ σώματα ὑμῶν διὰ **τοῦ ἐνοικοῦντος** **αὐτοὶ** C* [↓1506 1573 1735 1891 2495 **u**[**w**]
καὶ τὰ θνητὰ σώματα ὑμῶν διὰ **τοῦ ἐνοικοῦντος** αὐτοῦ C^{c} P^{c} 69 88 104 910 1243 1315 1319 1448 1505

---

lac. 8.11 𝔓10 𝔓46 𝔓113 0172 365 2344 (illeg.)

E 8.11 Ro 4.24; 1 Co 6.14; 15.45; 2 Ti 1.14

Errata: 8.11 na 1739 1881 correctly reports omission of τόν ante Ἰησοῦν, but fails to report omission of ἐκ νεκρῶν post Ἰησοῦν
8.11 antf 2344 τὸν χριστὸν ἐκ νεκρῶν : illeg. 2344
8.11 antf 999 τὸ ἐνοικοῦν αὐτοῦ πνεῦμα ἐν ὑμῖν : 1 2 αυτω 4—6 999
8.11 antf 1611 τοῦ ἐνοικοῦντος αὐτοῦ πνεύματος ἐν ὑμῖν : διὰ τὸ ἐνοικοῦν πνεῦμα ἐν ὑμῖν 1611*; διὰ τὸ ἐνοικοῦν αὐτοῦ πνεῦμα ἐν ὑμῖν 1611^{c}
8.11 antf ubs C αὐτοῦ : αὐτοί (Ti C*; **na** correct)
8.11 antf 2344 τὸ ἐνοικοῦν αὐτοῦ πνεῦμα ἐν ὑμῖν : illeg. 2344

πνεῦμα ἐν ὑμῖν. B [w]τ Er[1]
αὐτου ἐν ὑμῖν. 1837
πνς ἐν ὑμῖν. ℵ A C P[c] 69 326 910 1243 1270 1315 1448 1505 1506 1573 1735 1891 2495
πνεύματος ἐν ὑμῖν. 1319 **u**[w] Cl III 77.3
πνα ἐν ὑμῖν. D F G K L P* Ψ 049 056 1 6 33 88 104 131 205 209 226 323 330 424 440 460 489 517 547 614 618 796 927 945 999 1175 1241 1242 1245 1352 1424 1611 1646 1734 1738 1739 1827 1836 1854 1874 1881 1982 2125 2147 2400 2412 2464 2815

12 Αρα οὖν, ἀδελφοί, ὀφειλέται ἐσμέν οὐ τῇ σαρκὶ τοῦ κατὰ σάρκα B C D[1] L* Er[1]
12 Αρα οὖν, ἀδελφοί, **ὀφιλέται** ἐσμέν οὐ τῇ σαρκὶ τοῦ κατὰ σάρκα ℵ P
12 Αρα οὖν, ἀδελφοί, **ὀφιλέται** ἐσμέν οὐ τῇ **σαρκεὶ** τοῦ κατὰ σάρκα F G
12 Αρα οὖν, ἀδελφοί, **ὀφιλέτε** ἐσμέν οὐ τῇ σαρκὶ τοῦ κατὰ σάρκα A D*
12ˀ **Ἀρα** οὖν, ἀδελφοί, ὀφειλέται ἐσμέν οὐ τῇ σαρκὶ τοῦ κατὰ σάρκα L[c] 1 88 104 326 1319 1506
12 **Ἄῤ** οὖν, ἀδελφοί, ὀφειλέται ἐσμέν οὐ τῇ σαρκὶ τοῦ κατὰ σάρκα 1646 1881 [↑1837 1874
12 **Ἄῤ** οὖν, ἀδελφοί, ὀφειλέται ἐσμέν οὐ τῆι σαρκὶ τοῦ κατὰ σάρκα 1739
12 **Ἀρα** οὖν, ἀδελφοί, ὀφειλέται ἐσμέν οὐ τῇ σαρκὶ τοῦ κατὰ σάρκα 2412
12 **Ἄρα** οὖν, ἀδελφοί, ὀφειλέται ἐσμέν οὐ τῆι σαρκὶ τοῦ κατὰ σάρκα 945 1734 1891
12 **Ἄρα** οὖν, ἀδελφοί, ὀφειλέται ἐσμέν οὐ τῇ σαρκὶ **τῇ** κατὰ σάρκα 69*
12 **Ἄρα** οὖν, ἀδελφοί, **ὀφειλέτε** ἐσμέν οὐ τῇ σαρκὶ τοῦ κατὰ σάρκα 209* 330 2147
12 **Ἄρα** οὖν, ἀδελφοί, ὀφειλέται ἐσμέν οὐ **τι** σαρκὶ τοῦ κατὰ σάρκα 618
12 **Ἄρα** οὖν, ἀδελφοί, ὀφειλέται ἐσμέν οὐ τῇ σαρκὶ τοῦ κατὰ σάρκα D[2] K Ψ 049 056 6 33 69[c] 131 205 209[c] 226 323 424 440 460 489 517 547 614 796 910 927 999 1175 1241 1242 1243 1245 1270 1315 1352 1424 1448 1505 1573 1611 1735 1738 1827 1836 1854 1982 2125 2400 2464 2495 2815 **uwτ** Cl III 78.3

[↓Er[1] Cl III 78.3
ζῆν, **13** εἰ γὰρ κατὰ σάρκα ζῆτε, μέλλετε ἀποθνήσκειν· εἰ δὲ πνεύματι B 1319 **uwτ**
ζῆν, **13** εἰ γὰρ κατὰ σάρκα ζῆτε, μέλλετε ἀποθνήσκειν· Cl IV 45.6
ζῆν, **13** εἰ γὰρ κατὰ τὰ σάρκα ζῆτε, μέλλετε ἀποθνήσκειν· εἰ δὲ πνι 999
ζῆν, **13** εἰ γὰρ κατὰ σάρκα **ζῆται**, μέλλετε ἀποθνήσκειν· εἰ δὲ πνι 88
ζῆν, **13** εἰ γὰρ κατὰ σάρκα **ζῆται**, **μέλλεται** ἀποθνήσκειν· εἰ δὲ πνι P 1735
ζῆν, **13** εἰ γὰρ κατὰ σάρκα **ζῆται**, **μέλλεται** **ἀποθνήσκι**· εἰ δὲ πνι F
ζῆν, **13** εἰ γὰρ κατὰ σάρκα **ζῆται ζῆται**, **μέλλεται** **ἀποθνήσκιν**· εἰ δὲ πνι G
ζῆν, **13** εἰ γὰρ κατὰ σάρκα **ζῆται**, **μέλεται** ἀποθνήσκειν· εἰ δὲ πνι 1646
ζῆν, **13** εἰ γὰρ κατὰ σάρκα ζῆτε, **μέλλεται** **ἀποθνίσκειν**· εἰ δὲ πνι 1874
ζῆν, **13** **ἢ** γὰρ κατὰ σάρκα **ζῆται**, **μέλεται** **ἀποθνήσκην**· εἰ δὲ πνι 2464
ζῆν, **13** **ἢ** γὰρ κατὰ σάρκα ζῆτε, **μέλλεται** ἀποθνήσκειν· εἰ δὲ πνι 618
ζῆν, **13** εἰ γὰρ κατὰ σάρκα ζῆτε, **μέλλεται** ἀποθνήσκειν· εἰ δὲ πνι 326 440 1837
ζῆν, **13** εἰ κατὰ σάρκα ζῆτε, **μέλλεται** ἀποθνήσκειν· εἰ δὲ πνι 049
ζῆν, **13** εἰ κατὰ σάρκα ζῆτε, μέλλετε ἀποθνήσκειν· εἰ δὲ πνι 1245
ζῆν, **13** εἰ γὰρ κατὰ σάρκα ζῆτε, μέλλετε πάλιν ἀποθνήσκειν· εἰ δὲ πνι 1827
ζῆν, **13** εἰ γὰρ κατὰ σάρκα ζῆ. τί μέλλετε καὶ ἀποθνήσκειν· εἰ δὲ πνι 330
ζῆν, **13** εἰ γὰρ κατὰ σάρκα ζῆτε, **μέλετε** ἀποθνήσκειν· εἰ δὲ πνι 2125
ζῆν, **13** **ἢ** γὰρ κατὰ σάρκα ζῆτε, μέλλετε ἀποθνήσκειν· εἰ δὲ πνι 460
ζῆν, **13** εἰ γὰρ κατὰ σάρκα ζῆτε, μέλλετε ἀποθνήσκειν· εἰ δὲ πνι ℵ A C D K L Ψ 056 1 6 33 69 104 131 205 209 226 323 424 489 517 547 614 796 910 927 945 1175 1241 1242 1243 1270 1315 1352 1424 1448 1505 1506 1573 1611 1734 1738 1739 1836 1854 1881 1891 1982 2147 2400 2412 2495 2815

lac. 8.11-13 𝔓10 𝔓46 𝔓113 0172 365 2344 (illeg.)

C 8.11 τελ 326 1836 **13** λ,ε και ἐξτρ αγι ευφημι1735

E 8.11 Ro 4.24; 1 Co 6.14; 15.45; 2 Ti 1.14 **12** Ro 8.5; 6.7, 18; Eph 4.22-24 **13** Ga 6.8; Col 3.9; Ga 5.24

τὰς πράξεις τοῦ σώματος θανατοῦτε, ζήσεσθε. **14** ὅσοι γὰρ πνεύματι B 69 **uwτ** Er[1] Cl III 78.3
τὰς πράξεις τοῦ σώματος θανατοῦτε, ζήσεσθε. **14** ὅσοι πνι 614 2412
τὰς πράξεις τοῦ σώματος θανατοῦτε, **ζήσεσθαι**. **14** ὅσοι γὰρ πνι A 460 489 927 1506 1874*
τὰς πράξεις τοῦ σώματος θανατοῦτε, **ζήσεσθαι**. **14** ὅσοι πνι 1646 [↑1881 2147
τὰς **πράξις** τοῦ σώματος θανατοῦτε, **ζήσεσθαι**. **14** ὅσοι γὰρ πνι 2464
τὰς **πράξις** τοῦ σώματος θανατοῦτε, ζήσεσθε. **14** ὅσοι γὰρ πνι ℵ
τὰς **πράξις** **τῆς σαρκὸς** θανατοῦτε, ζήσεσθε. **14** ὅσοι γὰρ πνι D
τὰς **πράξις** **τῆς σαρκὸς** θανατοῦτε, **ζήσεσθαι**. **14** ὅσοι γὰρ πνι F G
τὰς πράξεις τοῦ σώματος **θανατοῦται**, **ζήσεσθαι**. **14** ὅσοι γὰρ πνι 33 1243
τὰς πράξεις τοῦ σώματος **θανατοῦται**, ζήσεσθε. **14** ὅσοι γὰρ πνι 1270 1836
τὰς πράξεις τοῦ σώματος θανατοῦτε καὶ ζήσεσθε. **14** ὅσοι γὰρ πνι Ψ
τὰς πράξεις τοῦ σώματος θανατοῦτε, ζήσεσθε. **14** **ὅσυ** γὰρ πνι 618
τὰς πράξεις τοῦ **σώ** **θαντοῦτε**, ζήσεσθε. **14** ὅσοι γὰρ πνι 1424*
τὰς πράξεις τοῦ **πνς** θανατοῦτε, ζήσεσθε. **14** ὅσοι γὰρ πνι 1
τὰς πράξεις τοῦ σώματος θανατοῦτε, ζήσεσθε. **14** ὅσοι γὰρ πνι C K L P 049 056 6 88 104 131 205 209 226 323 326 330 424 440 517 547 796 910 945 999 1175 1241 1242 1245 1315 1319 1352 1424[c] 1448 1505 1573 1611 1734 1735 1738 1739 1827 1837 1854 1874[c] 1891 1982 2125 2400 2495 2815

θυ ἄγονται, οὗτοι υἱοί εἰσιν θῦ. **15** οὐ γὰρ ἐλάβετε πνεῦμα δουλείας B
15 οὐ γὰρ ἐλάβετε πνεῦμα δουλείας Cl III 79.4
θυ ἄγονται, οὗτοι υἱοὶ **εἴσειν** θυ. **15** οὐ γὰρ **ἐλάβεται** πνα **δουλεγίας** F
θυ ἄγονται, οὗτοι υἱοὶ **εἴσειν** θυ. **15** οὐ γὰρ **ἐλάβεται** πνα δουλείας G
θυ ἄγονται, οὗτοι υἱοὶ **θυ** **εἰσιν**. **15** οὐ γὰρ ἐλάβετε πνα **δουλίας** ℵ D*
θυ ἄγονται, οὗτοι υἱοὶ **θυ** **εἰσιν**. **15** οὐ γὰρ ἐλάβετε πνα δουλείας A C D[2] 88 1319 1506
θεοῦ ἄγονται, οὗτοι υἱοὶ **θεοῦ** **εἰσιν**. **15** οὐ γὰρ ἐλάβετε πνεῦμα δουλείας **uw** [↑1573 1739
θυ ἄγονται, οὗτοι **εἰσιν θυ** **υἱοί**. **15** οὐ γὰρ ἐλάβετε πνα δουλείας 326
θυ ἄγονται, οὗτοι **εἰσιν υἱοὶ** θεοῦ. **15** οὐ γὰρ ἐλάβετε πνα δουλείας 1424
θεοῦ ἄγονται, οὗτοι **εἰσιν υἱοὶ** θεοῦ. **15** οὐ γὰρ ἐλάβετε πνεῦμα δουλείας **τ** Er[1]
θεοῦ ἄγονται, οὗτοι **εἰσιν υἱοὶ** θεοῦ. **15** Cl III 78.3
θυ ἄγονται, οὗτοι **εἰσιν υἱοὶ** θυ. **15** οὐ γὰρ **ἐλάβεται** πνα δουλείας 049[c] 460 618 910
θυ ἄγονται, οὗτοι **ἤσιν υἱοὶ** θυ. **15** οὐ γὰρ **ἐλάβεται** πνα δουλείας 2464 [↑1646 1735
θυ ἄγονται, οὗτοι **εἰσιν υἱοὶ** θυ. **15** οὐ γὰρ **ἐλάβεται** πνα **δουλίας** 049*
θυ ἄγονται, οὗτοι **εἰσιν υἱοὶ** θυ. **15** οὐ γὰρ ἐλάβετε πνα **δειλίας** 1836
θυ **ἄγοντε**, οὗτοι **εἰσιν υἱοὶ** θυ. **15** οὐ γὰρ ἐλάβετε πνα **δουλίας** 1874
θυ ἄγονται, οὗτοι **εἰσιν υἱοὶ** θυ. **15** οὐ γὰρ ἐλάβετε πνα **δουλίας** P
θυ ἄγονται, οὗτοι **εἰσιν υἱοὶ** θυ. **15** οὐ γὰρ ἐλάβετε πνα 1854*
θυ ἄγονται, οὗτοι **εἰσιν υἱοὶ τοῦ** θυ. **15** οὐ γὰρ ἐλάβετε πνα δουλείας 1891*
θυ ἄγονται, οὗτοι **εἰσιν υἱοὶ** θυ. **15** οὐ γὰρ ἐλάβετε πνα δουλείας K L Ψ 056 1 6 33 69 104 131 205 209 226 323 330 424 440 489 517 547 614 796 927 945 999 1175 1241 1242 1243 1245 1270 1315 1352 1448 1505 1611 1734 1738 1827 1837 1854[c] 1881 1891[c] 1982 2125 2147 2400 2412 2495 2815

lac. 8.13-15 𝔓[10] 𝔓[46] 𝔓[113] 0172 365 2344 (illeg.)

C 8.13 τελ ιαννου αρα τε δ 1 | τε της δ 517 614 1242 1573 2147 | τελ 330 796 927 945 1175 1245 1448 | τε δ 226 1739 | τελ τ 1315 **14** αρχ Σα ε Ψ 049 1175 1241 | Σα ε κ, εις τν αγιαν ········ αδελφοι οσοι L | ιγ επαναληψ περι της αποκειμενης τοις αγιοις δοξης . Σα ε αδ,οι οσοι πνι θυ 1 | αρχ 104 209 | προς ρωμ φυλλ, κ φυλλ,ι κ,ε η 209 | αρχ Σα ε. αδ,ε οσοι πνι θυ αγονται ουτοι 226 | αρχ Σα ε εις ····· ευφυμι αδ,ε οσοι πνι θυ αγοντ 326 | αρχ Σα ε 330 | αρχ κ,ε ξζ Σα ε 424 | αρχ κ,ε ξξ 440 | αρχ Σα ι 460 | Σα ε το αυτ και εις μρ αδ,ε 517 | αρχ 547 | της Σα ε και τε ης δ | αρχ Σα ε προς ρωμαιους αδελφοι οσοι πνι θυ αγονται 614 | Σα ε 618 | αρχ Σα ε αδ,ε οσοι πνι θυ αγονται ουτοι 796 | αρχ Σα ε αδ,ε οσοι πνι θυ αγονται 927 | αρχ Σ ε: προς ρωμ: αδ,ε: οσοι θυ πνι αγονται ουτοι εις υιος 945 | αρχ Σα ε ξζ 1242 | αρχ Σα ε κ,υ χσ 1243 | αρχ 1245 | Σα ε απο τ ν αδ,ε οσοι πνι λ,ε δε και εις τ ευφρ΄ 1270 | αρχ Σα ε κ,ε ργ 1315 | αρχ Σα ε οσοι πνι θυ 1448 | αρχ σα ε αδ,ε οσοι πνι θυ αγοναι 1537 | Σα ε μετ την ν 1735 | αρχ Σα ε 1739 | Σα ε απο της ν 1836 | αρχ Σα ε κ, τς αγιας ευφηρει αδ,ε οσοι πνι θυ αγοντ 1837 | αρχ αδελφοι οσοι πνι θυ αγονται 1891 | αρχ Σα της εβδ πρ ρωμαιους αδελφοι οσοι πνι θυ αγοντ 2147 | αρχ Σα ε κ,ε ο δ αδελφοι οσοι πνι θυ α 2464 | τελ της δ 547 1837 | τελ της δ 326

D 8.14 κ 1 | ιβ 440 | ιθ 927 | ξς 1270 | κα 1739

E 8.13 Ga 6.8; Col 3.9; Ga 5.24 **14** Ga 5.18; Dt 14.1 **15** Ro 8.23; 2 Ti 1.7; Ga 4.5-6; Eph 1.5; Mk 14.36; 1 Jn 4.18; 5.10; 3.1; Ga 3.26, 29

πάλιν εἰς φόβον ἀλλὰ ἐλάβετε πνεῦμα υἱοθεσίας ἐν ᾧ κράζομεν, Αββα B **u** Cl III 79.4
....ετε πνεῦμα υἱοθεσίας ἐν ᾧ κράζομεν, · .... 𝔓^{46}
πάλιν εἰς φόβον ἀλλὰ ἐλάβετε πνα υἱοθεσίας ἐν ᾧ κράζομεν, Αββα ℵ A C 1505
πάλιν εἰς φόβον ἀλλὰ ἐλάβετε πνεῦμα υἱοθεσίας, ἐν ᾧ κράζομεν Αββα [**w**]
πάλιν εἰς φόβον ἀλλὰ ἐλάβετε πνεῦμα υἱοθεσίας· ἐν ᾧ κράζομεν Αββα [**w**]
πάλιν εἰς φόβον ἀλλὰ ἐλάβετε πνα υἱοθεσίας ἐν ᾧ κράζομεν, **Αβα** 2495
πάλιν εἰς φόβον **ἀλλ᾽** ἐλάβετε πνεῦμα υἱοθεσίας ἐν ᾧ κράζομεν, **Αβα** 69
πάλιν εἰς φόβον **ἀλλ᾽** ἐλάβετε πνεῦμα υἱοθεσίας ἐν ᾧ κράζομεν, Αββα **τ** Er^{1}
πάλιν εἰς φόβον **ἀλλ᾽** **ἐλάβεται** πνα υἱοθεσίας ἐν ᾧ κράζομεν, Αββα 049 460 618 1506 1646
πάλειν εἰς φόβον **ἀλλ᾽** **ἐλάβεται** πνα **υἱοθεσείας** ἐν ᾧ κράζομεν, Αββα F G
πάλιν εἰς φόβον **ἀλλ᾽** **ἐλάβεται** πνα **υἱωθεσίας** ἐν ᾧ **κράζωμεν**, Αββα 1735
πάλιν εἰς φόβον **ἀλλ᾽** **ἐλάβεται** πνα υἱοθεσίας ἐν ᾧ **κράζωμεν**, Αββα 2464
πάλιν εἰς φόβον **ἀλλ᾽** ἐλάβετε πνα υἱοθεσίας ἐν ᾧ **κράζωμεν**, Αββα 910 1175 1874 2147
υἱοθεσίας ἐν ᾧ κράζομεν, Αββα 1854*
πάλιν εἰς φόβον **ἀλλ᾽** **ἐλάτετε** πνα υἱοθεσίας ἐν ᾧ κράζομεν, Αββα L
εἰς φόβον **ἀλλ᾽** ἐλάβετε πνα υἱοθεσίας ἐν ᾧ κράζομεν, Αββα Ψ 33 326 1837
πάλιν εἰς φόβον **ἀλλ᾽** ἐλάβετε πνα υἱοθεσίας ἐν ὧι κράζομεν, Αββα 424 1270 1891 1982
πάλιν εἰς φόβον **ἀλλ᾽** ἐλάβετε πνα υἱοθεσίας ἐν ᾧ κράζομεν, Αββα D K P 056 1 6 88 104 131 205 209 226 323 330 440 489 517 547 614 796 927 945 999 1241 1242 1243 1245 1315 1319 1352 1424 1448 1573 1611 1734 1738 1739 1827 1836 1854^{c} 1881 2125 2400 2412 2815

ὁ πατήρ **16** αὐτὸ τὸ πνεῦμα συνμαρτυρεῖ τῷ πνεύματι ἡμῶν ὅτι ἐσμὲν B*
ὁ πατήρ **16** Cl III 79.4
ὁ πατήρ **16** αὐτὸ τὸ πνα συνμαρτυρεῖ τῷ .... ἡμῶν ὅτι ἐσμὲν 𝔓^{46}
ὁ πηρ **16** αὐτὸ τὸ πνα συνμαρτυρεῖ τῷ πνι ἡμῶν ὅτι ἐσμὲν ℵ A
ὁ πηρ **16** ὥστε αὐτὸ τὸ πνα συνμαρτυρεῖ τῷ πνι ἡμῶν ὅτι ἐσμὲν D
ὁ πατήρ· **16** αὐτὸ τὸ πνεῦμα συνμαρτυρεῖ τῷ πνεύματι ἡμῶν ὅτι ἐσμὲν [**w**]
ὁ πατήρ, **16** αὐτὸ τὸ πνεῦμα συνμαρτυρεῖ τῷ πνεύματι ἡμῶν ὅτι ἐσμὲν [**w**]
ὁ πατήρ **16** αὐτὸ τὸ πνα **συνμαρτυρῖ** τῷ πνι ἡμῶν **ὅτει** ἐσμὲν F G
ὁ πηρ **16** αὐτὸ τὸ πνα **μαρτυρεῖ** τῷ πνι ἡμῶν ὅτι ἐσμὲν 1
ὁ πηρ **16** αὐτὸ τὸ πνα **συμμαρτυρείτω** τῷ πνι ἡμῶν ὅτι ἐσμὲν 1315 [↓1891
ὁ πηρ **16** αὐτὸ τὸ πνα **συμμαρτυρεῖ** τῶι πνι ἡμῶν ὅτι ἐσμὲν 424 945 1270
ὁ πατήρ **16** αὐτὸ τὸ πνεῦμα **συμμαρτυρεῖ** τῷ πνεύματι ἡμῶν ὅτι ἐσμὲν B^{c} **τ** [↑1739
ὁ πατήρ **16** αὐτὸ τὸ πνεῦμα **συμμαρτυροῖ** τῷ πνεύματι ἡμῶν ὅτι ἐσμὲν Er^{1}
ὁ πατήρ. **16** αὐτὸ τὸ πνεῦμα **συμμαρτυρεῖ** τῷ πνεύματι ἡμῶν ὅτι ἐσμὲν **u**
ὁ πηρ **16** αὐτὸ τὸ πνεῦμα **συμμαρτυρεῖ** τῷ πνι ἡμῶν ὅτι ἐσμὲν 1319
ὁ πατήρ **16** αὐτὸ τὸ πνα **συμμαρτυρεῖ** τῷ πνι ἡμῶν ὅτι ἐσμὲν 1982
ὁ πηρ **16** **αὐτὸ γὰρ** τὸ πνα **συμμαρτυρεῖ** τῷ πνι ἡμῶν ὅτι ἐσμὲν 1827
ὁ πηρ **16** **αὐτὸς** τὸ πνα **συμμαρτυρεῖ** τῷ πνι ἡμῶν ὅτι ἐσμὲν 33
ὁ πηρ **16** **αὐτῷ** τὸ πνα **συμμαρτυρεῖ** τῷ πνι ἡμῶν ὅτι ἐσμὲν 2464
ὁ πηρ **16** **αὐτῷ τῷ** πνα **συμμαρτυρεῖ** τῷ πνι ἡμῶν ὅτι ἐσμὲν 618*
ὁ πηρ **16** αὐτὸ **τῷ** πνα **συμμαρτυρεῖ** τῷ πνι ἡμῶν ὅτι ἐσμὲν 618^{c}
ὁ πηρ **16** αὐτὸ τὸ πνα **συμμαρτυρεῖ** **τὸ** πνι ἡμῶν ὅτι ἐσμὲν 1874
ὁ πηρ **16** αὐτὸ τὸ πνα **συμμαρτυρεῖ** τῷ πνεύματι ἡμῶν ὅτι ἐσμὲν 69
ὁ πηρ **16** αὐτὸ τὸ πνα **συμμαρτυρεῖ** τῷ πνι ἡμῶν ὅτι ἐσμὲν C K L P Ψ 049 056 6 88 104 131 205 209 226 323 326 330 440 460 489 517 547 614 796 910 927 999 1175 1241 1242 1243 1245 1352 1424 1448 1505 1506 1573 1611 1646 1734 1735 1738 1836 1837 1854 1881 2125 2147 2400 2412 2495 2815

[↓1611 1646 1734 1735 1738 1739 1827 1836 1837 1854 1874 1881 1891 1982 2125 2147 2400 2412 2464 2495 2815
[↓489 517 547 614 796 910 927 945 999 1175 1241 1242 1243 1245 1270 1315 1319 1352 1424 1448 1505 1506 1573
τέκνα θυ. **17** εἰ δὲ τέκνα, καὶ κληρονόμοι· κληρονόμοι μὲν θυ B ℵ A C D^{2} K L P 049 056 1 6
τέκνα θυ. **17** εἰ δὲ τέκνα, καὶ κληρονόμοι· κληρονόμοι 460 [↑33 69 88 104 131 205 209
τέκνα θυ. **17** εἰ δὲ τέκνα, καὶ κληρονόμοι· F G [↑226 323 326 330 424 440
τέκνα θυ. **17** Ψ
τέκνα θυ. **17** εἰ δὲ τέκνα, ... κληρονόμοι θυ 𝔓^{46}
τέκνα θεοῦ. **17** εἰ δὲ τέκνα, καὶ κληρονόμοι· κληρονόμοι μὲν θεοῦ, **uwτ** Er^{1}
τέκνα θυ. **17** εἰ δὲ τέκνα, καὶ **κληρωνόμοι** **κληρωνόμοι** 618
τέκνα θυ. **17** εἰ δὲ τέκνα, καὶ **συνκληρονόμοι**· κληρονόμοι μὲν θυ D*

---

lac. 8.15-17 𝔓^{10} 𝔓^{113} 0172 365 2344 (illeg.) **8.15** 𝔓^{46}

E 8.15 Ro 8.23; 2 Ti 1.7; Ga 4.5-6; Eph 1.5; Mk 14.36; 1 Jn 4.18; 5.10; 3.1; Ga 3.26, 29 **16** 2 Co 1.22 **17** Ga 4.7; Re 21.7; Mk 12.7; He 1.2; 2 Ti 2.3. 12; 1 Pe 4.13; 2 Co 4.10

συνκληρονόμοι δὲ χυ, εἴπερ συνπάσχομεν ἵνα καὶ συνδοξασθῶμεν. B* ℵ D
συνκληρονόμοι δὲ Χριστοῦ, εἴπερ συνπάσχομεν ἵνα καὶ συνδοξασθῶμεν. **w**
εἴπερ συνπάσχομεν ἵνα καὶ συνδοξασθῶμεν, Cl IV 45.6
δὲ χρυ, εἴπερ συνπάσχομεν ἵνα καὶ συνδοξασθῶμεν. G
δὲ χρυ, εἴπερ **σινπάσχομεν** ἵνα καὶ συνδοξασθῶμεν. F
δὲ θυ, εἴπερ **συμπάσχομεν** ἵνα καὶ συνδοξασθῶμεν. 460
δὲ χυ, εἴπερ **συμπάσχωμεν** ἵνα καὶ συνδοξασθῶμεν. 618
συνκληρονόμοι δὲ χυ, εἴπερ **συμπάσχομεν** ἵνα καὶ συνδοξασθῶμεν. L 1573
συνκληρονόμοι δὲ χυ, εἴπερ **συμπάσχωμεν** ἵνα καὶ συνδοξασθῶμεν. P 326 1506 1735 1837
συνκληρονόμοι δὲ χυ, εἴπερ **συνπάσχωμεν** ἵνα καὶ συνδοξασθῶμεν. A
συνκληρονόμοι δὲ χυ, ...ρ **πάσχομεν** ἵνα συνδοξασθῶμεν. 𝔓46
συνκληρωνόμοι δὲ χυ, εἴπερ **συμπάσχομεν** ἵνα καὶ συνδοξασθῶμεν. 2464
συγκληρόμοι δὲ χυ, εἴπερ **συμπάσχομεν** ἵνα καὶ **συνδοξασθόμεν**. 1646*
συγκληρονόμοι δὲ χυ, εἴπερ συνπάσχομεν ἵνα καὶ συνδοξασθῶμεν. C
συγκληρονόμοι δὲ χυ, εἴπερ **πάσχομεν** ἵνα καὶ συνδοξασθῶμεν. 104 945 2147
συγκληρονόμοι δὲ χυ, εἴπερ **συμπάσχωμεν** ἵνα καὶ συνδοξασθῶμεν. 049 056 33 1505 1739
συγκληρονόμοι δὲ χυ, εἴπερ **συμπάχωμεν** ἵνα καὶ συνδοξασθῶμεν. 69 [↑1874 2495
συγκληρονόμοι δὲ Χριστοῦ, εἴπερ **συμπάσχομεν** ἵνα καὶ συνδοξασθῶμεν. **uτ** Er1
συγκληρονόμοι χυ, εἴπερ **συμπάσχομεν** ἵνα καὶ συνδοξασθῶμεν. 1245*
συγκληρονόμοι δὲ χυ, εἴπερ **συμπάσχομεν** ἵνα καὶ **συνδοξασθόμεν**. 1646c
συγκληρονόμοι δὲ χυ, εἴπερ **συμπάσχομεν** ἵνα καὶ συνδοξασθῶμεν. Bc K Ψ 1 6 88 131 205 209 226 323 330 424 440 489 517 547 614 796 910 927 999 1175 1241 1242 1243 1245c 1270 1315 1319 1352 1424 1448 1611 1734 1738 1827 1836 1854 1881 1891 1982 2125 2400 2412 2815

ὡς συγκληρονόμοι Χριστοῦ. Cl IV 45.6

The Expectation of Glory

[↓1827 1836 1837 1854 1874 1881 1891 1982 2125 2147 2400 2412 2495 2815 **uwτ** Er1 Cl IV 45.6
[↓1241 1242 1243 1245 1270 1315 1319 1352 1448 1505 1506 1573 1611 1646 1734 1735 1738 1739
[↓88 104 131 205 209 226 323 326 330 424 440 460 489 517 547 614 618 910 927 945 999 1175
18 Λογίζομαι γὰρ ὅτι οὐκ ἄξια τὰ παθήματα τοῦ νῦν καιροῦ πρὸς B ℵ C D K L Ψ 049 056 1 6 33 69
18 Λογι........αι γὰρ ὅτι οὐκ ἄξια τὰ παθήματα τοῦ νῦν ....οῦ πρὸς 𝔓46
18 **Λογίζωμε** γὰρ ὅτι οὐκ ἄξια τὰ παθήματα τοῦ νῦν καιροῦ πρὸς 2464
18 **Λογειζόμαι** γὰρ ὅτι οὐκ ἄξια τὰ παθήματα τοῦ νῦν καιροῦ πρὸς F G
18 **Λογιζόμεθα** γὰρ ὅτι οὐκ ἄξια τὰ παθήματα τοῦ νῦν καιροῦ πρὸς 796 1424
18 Λογίζομαι **δὲ** ὅτι οὐκ ἄξια τὰ παθήματα τοῦ νῦν καιροῦ πρὸς A P

[↓1424 1448 1506 1573 1611 1734 1738 1739 1836 1837 1854 1874 1881 1891 1982 2125 2147 2412 2815 **uwτ** Er1
[↓209 226 323 326 330 424 440 460 489 517 547 614 618 796 910 927 945 999 1175 1242 1245 1270 1315 1319 1352
τὴν μέλλουσαν δόξαν ἀποκαλυφθῆναι εἰς ἡμᾶς. **19** ἡ γὰρ ἀποκαραδοκία B ℵ A C D K L P Ψ 049
τὴν μέλλουσαν δόξαν ἀπο........υφθῆναι εἰς ἡμᾶς. **19** ἡ γὰρ ἀποκαραδοκία 𝔓46 [↑056 1 6 33 69 88
τὴν μέλλουσαν δόξαν ἀποκαλυφθῆναι εἰς ἡμᾶς. **19** Cl IV 45.6 [↑104 131 205
τὴν μέλλουσαν δόξαν ἀποκαλυφθῆναι εἰς ἡμᾶς. **19** **εἰ** γὰρ ἀποκαραδοκία 1243
τὴν **μέλουσαν** δόξαν ἀποκαλυφθῆναι εἰς ἡμᾶς. **19** ἡ γὰρ **ἀποκαραδωκία** 1646
τὴν **μέλουσαν** δόξαν ἀποκαλυφθῆναι εἰς ἡμᾶς. **19** ἡ γὰρ **ἀποκαραδοκεία** 2464
τὴν μέλλουσαν δόξαν ἀποκαλυφθῆναι εἰς **ὑμᾶς**. **19** ἡ γὰρ ἀποκαραδοκία 1241
τὴν μέλλουσαν δόξαν **ἀποκαλυπτεσθαι** εἰς **ὑμᾶς**. **19** ἡ γὰρ ἀποκαραδοκία 2495
τὴν μέλλουσαν δόξαν **ἀποκαλυπτεσθαι** εἰς ἡμᾶς. **19** ἡ γὰρ ἀποκαραδοκία 1505 1735
τὴν μέλλουσαν δόξαν **ἀποκαλυψθῆναι** εἰς ἡμᾶς. **19** ἡ γὰρ ἀποκαραδοκία F G
τὴν μέλλουσαν **ἀποκαλυφθῆναι δόξαν** εἰς ἡμᾶς. **19** ἡ γὰρ ἀποκαραδοκία 1827 2400

---

lac. 8.17-19 𝔓10 𝔓113 0172 365 2344 (illeg.)

C 8.17 τε του προς ορτ´ των φωτων 614 2412 **18** ιβ επαναληψις (-λιψις 1874) περι της αποκειμενης αγιοις δοξης 1175 1245 1270 1734 1874 | κ,ε ιγ επαναλη τις περι της αποκειμενης τοις αγιοις δοξης 1739 | ιβ επαν αληψις περι της αποκειμενης αγιοις δοξης 1836

D 8.18 ιβ 796 1245 1270 1734 1854 2464

E 8.17 Ga 4.7; Re 21.7; Mk 12.7; He 1.2; 2 Ti 2.3. 12; 1 Pe 4.13; 2 Co 4.10 **18** 2 Co 4.10-11, 17 **19** Col 3.4; Ga 5.5

[↓1505 1506 1573 1611 1646 1734 1827 1836 1837 1854 1874 1881 1982 2125 2147 2400 2412 2495 2815
[↓131 205 209 226 323 326 330 440 489 517 547 614 796 927 945 999 1175 1241 1245 1315 1319 1352 1424 1448
τῆς κτίσεως τὴν ἀποκάλυψιν τῶν υἱῶν τοῦ θυ̅ ἀπεκδέχεται. **20** τῇ γὰρ B ℵ A C D K L P Ψ 049^{c}
······ κτίσεως τὴν ἀποκάλυψιν τῶν υἱῶν ········ ····· ἀπεκδέχεται. **20** τῇ γὰρ 𝔓^{46} [↑056 1 6 88 104
τῆς κτίσεως τὴν ἀποκάλυψιν τῶν υἱῶν τοῦ θεοῦ ἀπεκδέχεται. **20** τῇ γὰρ **uwτ** Er^{1}
τῆς κτίσεως τὴν ἀποκάλυψιν τῶν υἱῶν τοῦ θυ̅ ἀπεκδέχεται. **20** τῆι γὰρ 424 1270 1739 1891
τῆς κτίσεως τὴν ἀποκάλυψιν **τὸν** υ̅ν̅ τοῦ θυ̅ ἀπεκδέχεται. **20** τῇ γὰρ 618 1735
τῆς κτίσεως τὴν ἀποκάλυψιν τῶν υἱῶν τοῦ θυ̅ ἀπεκδέχεται. **20** τῇ 1243
τῆς κτίσεως τὴν ἀποκάλυψιν τῶν υἱῶν τοῦ θυ̅ **ἐκδέχεται**. **20** τῇ γὰρ 049* 910
τῆς **κτήσεως** τὴν ἀποκάλυψιν τῶν υἱῶν τοῦ θυ̅ ἀπεκδέχεται. **20** τῇ γὰρ 33
τες κτείσεως τὴν **ἀποκάλυψν** τῶν υἱῶν θυ̅ ἀπεκδέχεται. **20** τῇ γὰρ F
τῆς **κτείσεως** τὴν ἀποκάλυψιν τῶν υἱῶν θυ̅ ἀπεκδέχεται. **20** τῇ γὰρ G
τῆς **πίστεως** τὴν ἀποκάλυψιν τῶν υἱῶν τοῦ θυ̅ ἀπεκδέχεται. **20** τῇ γὰρ 69 460 1242
τῆς **πίστεως** τὴν ἀποκάλυψιν **τὸν** υ̅ν̅ τοῦ θυ̅ ἀπεκδέχεται. **20** τῇ γὰρ 1738
τῆς **πίστεως** τὴν ἀποκάλυψιν τῶν υἱῶν τοῦ θυ̅ **ἀπεγδέχεται**. **20** τῇ γὰρ 2464

ματαιότητι ἡ κτίσις ὑπετάγη, οὐχ ἑκοῦσα ἀλλὰ διὰ τὸν ὑποτάξαντα, ἐφ' B* ℵ **uw**
ματαιότητι ·· ·····σις ὑπετάγη, οὐχ ἑκοῦσα ἀλλὰ διὰ τὸν ···············ξαντα, ἐφ' 𝔓^{46}
ματαιότητι ἡ **κτίσεις** ὑπετάγη, οὐχ ἑκοῦσα ἀλλὰ διὰ τὸν ὑποτάξαντα, **ἐπ'** A
ματαιότητι ἡ **κτήσις** ὑπετάγη, οὐχ ἑκοῦσα ἀλλὰ διὰ τὸν ὑποτάξαντα, **ἐπ'** 1735
ματαιότητι ἡ **κτίσης** ὑπετάγη, οὐχ ἑκοῦσα ἀλλὰ διὰ **τὸ** ὑποτάξαντα, **ἐπ'** 796*
ματαιότητι ἡ **κτίσης** ὑπετάγη, οὐχ ἑκοῦσα ἀλλὰ διὰ τὸν ὑποτάξαντα, **ἐπ'** 796^{c} 2464
ματαιότητι ἡ **κτήσης** ὑπετάγη, οὐχ ἑκοῦσα ἀλλὰ διὰ τὸν ὑποτάξαντα, **ἐπ'** 1315
ματαιότητι ἡ κτίσις ὑπετάγη, **οὐκ** ἑκοῦσα ἀλλὰ διὰ τὸν ὑποτάξαντα, **ἐπ'** 33 1175 1836
ματαιότητι ἡ κτίσις **ὑπετάγει**, **οὐκ** ἑκοῦσα ἀλλὰ διὰ τὸν ὑποτάξαντα, **ἐπ'** 1874
ματαιότητι ἡ κτίσις **ὑπετάγει**, οὐχ ἑκοῦσα ἀλλὰ διὰ τὸν ὑποτάξαντα, **ἐπ'** 88
ματαιότητι ἡ κτίσις ὑπετάγη, οὐχ **ἠκοῦσα** ἀλλὰ διὰ τὸν ὑποτάξαντα, **ἐπ'** 1646
φθορᾶι ἡ κτίσις ὑπετάγη, οὐχ ἑκοῦσα ἀλλὰ διὰ τὸν ὑποτάξαντα, **ἐπ'** 424^{c}
ματαιότητη ἡ κτίσις **ὑπετάγην**, οὐχ ἑκοῦσα ἀλλὰ διὰ τὸν ὑποτάξαντα, **ἐπ'** 1243
ματαιότητη ἡ **κτίσεις** ὑπετάγη, **οὐ θελοῦσα** ἀλλὰ διὰ τὸν ὑποτάξαντα, ἐφ' F* G
ματαιότητη ἡ **κτείσεις** ὑπετάγη, **οὐ θελοῦσα** ἀλλὰ διὰ τὸν ὑποτάξαντα, ἐφ' F^{c}
ματεότητι ἡ κτίσις ὑπετάγη, ······ ················ ἀλλὰ διὰ τὸν ὑποτάξαντα, ἐφ' D*
ματεότητι ἡ κτίσις ὑπετάγη, οὐχ ἑκοῦσα ἀλλὰ διὰ τὸν ὑποτάξαντα, **ἐπ'** D^{2}
ματαιώτητι ἡ κτίσις ὑπετάγη, οὐχ ἑκοῦσα ἀλλὰ διὰ τὸν ὑποτάξαντα, **ἐπ'** 1270
ματαιότητι ἡ κτίσις ὑπετάγη, οὐχ ἑκοῦσα ἀλλὰ διὰ τὸν ὑποτάξαντα, **ἐπ'** B^{c} C K L P Ψ 049 056 1 6 69 104 131 205 209 226 323 326 330 424* 440 460 489 517 547 614 618 910 927 945 999 1241 1242 1245 1319 1352 1424 1448 1505 1506 1573 1611 1734 1738 1739 1827 1837 1854 1881 1891 1982 2125 2147 2400 2412 2495 2815 **τ** Er^{1}

[↓1448 1505 1506 1573 1734 1738 1739 1827 1836 1837 1854 1881 1891 1982 2400 2412 2495 2815 **uwτ** Er^{1}
[↓104 131 205 209 226 323 326 424 440 517 547 614 796 910 927 945 999 1175 1242 1245 1270 1315 1319 1352 1424
ἐλπίδι **21** ὅτι καὶ αὐτὴ ἡ κτίσις ἐλευθερωθήσεται ἀπὸ τῆς δουλείας τῆς B D^{2} K L Ψ 056 1 6
ἐλπίδι **21** ὅτι καὶ αὐτὴ ἡ κ̣τ̣ι̣······ ··············ρωθήσεται ἀπὸ τῆς δουλείας τῆς 𝔓^{46} [↑33 69 88
ἐλπίδι **21** ὅτι καὶ αὐτὴ ἡ κτίσις ἐλευθερωθήσεται ἀπὸ τῆς **δουλίας** τῆς C P 460 489 1646
ἐλπίδι **21** καὶ αὐτὴ ἡ κτίσις ἐλευθερωθήσεται ἀπὸ τῆς δουλείας τῆς 1241 [↑1874 2147
ἐλπίδι **21** ὅτι καὶ········· ·· κτίσις ἐλευθερωθήσεται ἀπὸ τῆς δουλείας τῆς 1611
ἐλπίδι **21** ὅτι καὶ αὐτὴ ἡ **κτίσεις** ἐλευθερωθήσεται ἀπὸ τῆς δουλείας τῆς A
ἐλπίδι **21** ὅτι καὶ αὐτὴ ἡ **κτήσις** ἐλευθερωθήσεται ἀπὸ τῆς **δουλήας** τῆς 618
ἐλπίδι **21** ὅτι καὶ αὐτὴ ἡ **κτήσις** ἐλευθερωθήσεται ἀπὸ τῆς **δουλίας** τῆς 1735
ἐλπίδι **21 διότι** καὶ αὐτὴ ἡ κτίσις ἐλευθερωθήσεται ἀπὸ τῆς **δουλίας** τῆς ℵ D*
ἐλπίδι **21 διότι** καὶ αὐτὴ ἡ κτίσις ἐλευθερωθήσεται ἀπὸ τῆς δουλείας τῆς 330
ἐλπίδι **21 ἀλλὰ** καὶ αὐτὴ ἡ κτίσις ἐλευθερωθήσεται ἀπὸ τῆς δουλείας τῆς 2125
ἐλπίδη **21** ὅτι καὶ **αὐτῆ** ἡ κτίσις ἐλευθερωθήσεται ἀπὸ τῆς **δουλίας** τῆς 1243
ἐλπίδη **21** ὅτι καὶ **αὐτῆ** ἡ **κτίσης** ἐλευθερωθήσεται ἀπὸ τῆς δουλείας τῆς 2464
ἐλπίδει **21** ὅτι καὶ αὐτὴ ἡ κτίσις ἐλευθερωθήσεται ἀπὸ τῆς δουλείας τῆς 049
ἐλπείδει **21 διότει** καὶ αὐτὴ κτίσις ἐλευθερωθήσεται ἀπὸ τῆς δουλείας τῆς F* G
ἐλπείδει **21 διότει** καὶ αὐτὴ **κτείσεις** ἐλευθερωθήσεται ἀπὸ τῆς δουλείας τῆς F^{c}

---

lac. 8.19-21 𝔓^{10} 𝔓^{113} 0172 365 2344 (illeg.)

E 8.19 Col 3.4; Ga 5.5 **20** Ro 1.21; Gn 3.17-19; Eph 4.17; Gn 3.17-19 Ec 1.2 **21** 2 Pe 3.13; 1 Jn 3.2

Errata: 8.20 **na** Ψ ἐφ' ἐλπίδι : ἐπ' ἐλπίδι Ψ

[↓1611 1646 1734 1735 1738 1739 1827 1836 1837 1854 1874 1881 1891 1982 2125 2147 2412 2464 2495 2815
[↓424 440 460 489 517 547 614 618 910 927 945 999 1175 1242 1245 1270 1315 1319 1352 1424 1448 1505 1506 1573
φθορᾶς εἰς τὴν ἐλευθερίαν τῆς δόξης τῶν τέκνων τοῦ θυ. **22** οἴδαμεν γὰρ B ℵ C D G K L P Ψ 049 056
φθορᾶς εἰς τὴν ἐλευθερίαν τῆς δόξης τέκνων τοῦ θυ. **22** οἴδαμεν γὰρ 209 [↑1 6 33 69 88 104 131
φθορᾶς εἰς τὴν ἐλευθερίαν τῶν τέκνων τοῦ θυ. **22** οἴδαμεν γὰρ 2400 [↑205 226 323 326 330
φθορᾶς εἰς τὴν ἐλευθερίαν τῆς δόξης τῶν τέκνων τοῦ θεοῦ. **22** οἴδαμεν γὰρ **uwτ** Er[1]
φθορᾶς εἰς τὴν **ἐλευθεραν τες** δόξης τῶν τέκνων τοῦ θυ. **22** οἴδαμεν γὰρ F
φθορᾶς εἰς τὴν ἐλευθερίαν τῆς δόξης τῶν **τέκνον** τοῦ θυ. **22** οἴδαμεν γὰρ 1243
φθορᾶς εἰς τὴν ἐλευθερίαν τῆς δόξης τῶν τέκνων τοῦ θυ. **22** οἴδαμεν **δὲ** A 1241
φθορᾶς εἰς τὴν ἐλευθερίαν τῆς δόξης τῶν **υἱῶν** τοῦ θυ. **22** οἴδαμεν **δὲ** 796
.... **22**.................. .... 𝔓46

ὅτι πᾶσα ἡ κτίσις συνστενάζει καὶ συνωδείνει ἄχρι τοῦ νῦν· **23** οὐ B
ὅτι πᾶσα ἡ κτ̣ί̣σ̣ι̣ς ....άζει καὶ συνωδείνει ἄχρι τοῦ ν̣ῦ̣ν̣· **23**...... 𝔓46
ὅτι πᾶσα ἡ κτίσις συνστενάζει καὶ **συνωδίνει** ἄχρι τοῦ νῦν· **23** οὐ D* 104 326 1735
ὅτι πᾶσα ἡ κτίσις συνστενάζει καὶ **συνωδίνει** ἄχρι τοῦ νῦν· **23** οὐ **w** [↑1837
ὅτι πᾶσα ἡ κτίσις συνστενάζει καὶ **συνωδίνη** ἄχρι τοῦ νῦν· **23** οὐ 1506
ὅτι πᾶσα ἡ **κτίσης** συνστενάζει καὶ **συνοδίνει** ἄχρι τοῦ νῦν· **23** οὐ 1243[c]
ὁ πᾶσα ἡ **κτίσης** συνστενάζει καὶ **συνοδίνει** ἄχρι τοῦ νῦν· **23** οὐ 1243*
ὅτι πᾶσα ἡ κτίσις συνστενάζει καὶ **συνωδήνει** ἄχρι τοῦ νῦν· **23** οὐ 33
ὅτι πᾶσα ἡ κτίσις **στενάζει** καὶ **συνωδίνει** ἄχρι τοῦ νῦν· **23** οὐ 323 945 1448
ὅτει πᾶσα ἡ **κτείσεις** συνστενάζει καὶ **ὀδύνει** ἄχρι τοῦ νῦν· **23** οὐ F G
ὅτι πᾶσα ἡ κτίσις **συσστενάζει** καὶ **συνωδίνει** ἄχρι τοῦ νῦν· **23** οὐ 049
ὅτι πᾶσα ἡ κτίσις **συστενάζει** καὶ **συνοδίνει** ἄχρι τοῦ νῦν· **23** οὐ 1315 1836 1874
ὅτι πᾶσα ἡ κτίσις **συστενάζει** καὶ **συνοδύνει** ἄχρι τοῦ νῦν· **23** οὐ 2147 [↑2464
ὅτι πᾶσα ἡ κτίσις **συστενάζει** καὶ **συνωδίνη** ἄχρι τοῦ νῦν· **23** οὐ 489
ὅτι πᾶσα ἡ κτίσις **συστενάζει** καὶ **συνωδύνει** ἄχρι τοῦ νῦν· **23** οὐ 999 1505 1827
ὅτι πᾶσα ἡ κτίσις **συστενάζει** καὶ **συννωδίνει** ἄχρι τοῦ νῦν· **23** οὐ 1175
ὅτι πᾶσα ἡ **κτίσεις** **συστενάζει** καὶ **συνωδίνει** ἄχρι τοῦ νῦν· **23** οὐ A
ὅτι πᾶσα κτίσις **συστενάζει** καὶ **συνωδίνει** ἄχρι τοῦ νῦν· **23** οὐ 796 1241
ὅτι πᾶσα ἡ κτίσις **συστενάζει** καὶ **συνωδίνει** ἄχρι τοῦ νῦν καιροῦ· **23** οὐ 2400
ὅτι πᾶσα ἡ κτίσις **συστενάζει** καὶ **συνωδίνει** ἄχρι **τὸ** νῦν· **23** οὐ L
ὅτι πᾶσα ἡ κτίσις **συστενάζει** καὶ **συνωδίνει** ἄχρι τοῦ νῦν· **23** οὐ ℵ C D[2] K P Ψ 056
1 6 69 88 131 205 209 226 330 424 440 460 517 547 614 618 910 927 1242 1245 1270 1319 1352
1424 1573 1611 1646 1734 1738 1739 1854 1881 1891 1982 2125 2412 2495 2815 **uτ** Er[1]

---

lac. 8.21-23 𝔓10 𝔓113 0172 365 2344 (illeg.)

C 8.21 τε της του Σα 049 | τελ Σα 1 489 547 1739 1836 2147 2464 | τελος του ε Σα 614 2412 | τελ Ψ 226 330 440 796 945 1245 1243 1270 1315 1448 1735 1891 | τελ του Σα 326 517 1242 1573 1837 | στιχ υν 1836 1874 **22** ιβ ἐπανάληψις περὶ τῆς ἀποκειμένης ἁγίοις δόξης 049 | αρχ τη ε της γ εβδ αδ,ε οιδαμεν οτι πασα κτισις 1 | αρχ η ε της γ εβδ. αδ,ε οιδαμεν οτι πασα η κτισις 226 | αρχ τη ε της ε εβδ αδ,ε οιδαμεν οτι και αυτη 326 | αρχ τη ε της ε εβδ 330 | τη ε και της γ εβδ και αρχ τη ε 440 | αρχ τη ε της γ εβδ 489 | τη ε αδ,ε 517 | αρχ 547 | αρχ τη ε της γ εβδ. προς ρωμαιους αδελφοι οιδαμεν οτι πασα η κτισις 614 | αρχ τη ε της γ εβδ. αδ,ε οιδαμεν οτι πασα 796 | αρχ τη ε της β εβδ αδ,ε 927 | αρχ τη ε της γ εβδ: προς ρωμ. αδ,ε οιδαμεν οτι πασα η κτισις 945 | αρχ τη ε της γ εβδ,ο 1175 | αρχ τη ε της ε εβδ κ,ε νν 1243 | αρχ 1245 | αρχ τη ε 1242 | αρχ του σαββατου τη ε της γ εβδ κ,ε ρδ 1315 | αρχ επανλογισ περι της αποκειμενης εις δοξα 1448 | αρχ τη ε της γ εβδ αδ,ε οιδαμεν οτι πασα η κτισις 1573 | κ,ε κβ αρχ τη ε της γ εβδ ο αποστολ πρ ρωμ αδελφοι οιδαμεν οτι πασα η κτισις 1739 | αρχ τη ε της ε εβδ αδ,ε οιδαμεν γαρ οι 1837 | αρχ τη ε της γ εβδ αδ,ε οιδαμεν οτι πνα η κτισις 2147 | τη ε της γ εβδ κ,ε οε αδελφοι οιδαμεν 2464

D 8.22 ιβ 049 | κα 1 226 | κβ 517 547 | κ 927

E 8.21 2 Pe 3.13; 1 Jn 3.2 **23** 2 Co 5.2-4; 1.22; Ga 5.5; Ro 8.15; 3.24

μόνον δέ, ἀλλὰ καὶ αὐτοὶ τὴν ἀπαρχὴν τοῦ πνεύματος ἔχοντες, B [w]
μόνον δέ, ἀλλὰ καὶ **ἡμῖς** αὐτοὶ τὴν ἀπαρχὴν τοῦ πνς ἔχοντες, D*
μόνον δέ, ἀλλὰ καὶ **ἡμεῖς** αὐτοὶ τὴν ἀπαρχὴν τοῦ πνς ἔχοντες, D^{2} G
μόνο δέ, ἀλλὰ καὶ **ἡμεῖς** αὐτοὶ τὴν ἀπαρχὴν **τοι** πνς ἔχοντες, F*
μόνον δέ, ἀλλὰ καὶ **ἡμεῖς** αὐτοὶ τὴν ἀπαρχὴν **τοι** πνς ἔχοντες, F^{c}
μόνον δέ, ἀλλὰ καὶ **αὐτοὶ ἡμεῖς** τὴν ἀπαρχὴν τοῦ πνς ἔχοντες, 88 1243
μόνον δέ, ἀλλὰ καὶ **αὐτοὶ ἡμεῖς** οἱ τὴν ἀπαρχὴν τοῦ πνς ἔχοντες, 104
.... ἀλλὰ τὴν ἀπαρχὴν τοῦ πνεύματος.................. .....εῖς 𝔓^{46} [↓1739 1881
μόνον δέ, ἀλλὰ καὶ αὐτοὶ τὴν ἀπαρχὴν τοῦ πνς ἔχοντες, ἡμεῖς ℵ A C Ψ 1506
μόνον δέ, ἀλλὰ καὶ αὐτοὶ τὴν ἀπαρχὴν τοῦ πνεύματος ἔχοντες, ἡμεῖς **u**[**w**]
μόνον δέ, ἀλλὰ καὶ αὐτοὶ τὴν ἀπαρχὴν τοῦ πνεύματος ἔχοντες, καὶ ἡμεῖς 69 2495 **τ** Er^{1}
μόνον δέ, ἀλλὰ καὶ αὐτοὶ οἱ τὴν ἀπαρχὴν τοῦ πνς ἔχοντες, καὶ ἡμεῖς 056 6 131 424*
μόνον δέ, ἀλλὰ καὶ αὐτοὶ οἱ τὴν ἀπαρχὴν ἔχοντες, καὶ ἡμεῖς 440* [↑440^{c} 460
μόνον δέ, ἀλλὰ καὶ αὐτοὶ τὴν ἀπαρχὴν τοῦ πνς **ἔχωντες**, καὶ ἡμεῖς 1646 [↑618 1315
μόνον δέ, ἀλλὰ καὶ αὐτοὶ τὴν ἀπαρχὴν τοῦ πνς ἔχοντες, καὶ **αὐτοὶ** 1837 [↑1738
μόνον δέ, ἀλλὰ καὶ αὐτοὶ τὴν ἀπαρχὴν τοῦ πνς ἔχοντες, καὶ ἡμεῖς K L P 049 1 33 205
209 226 323 326 330 424^{c} 489 517 547 614 796 910 927 945 999 1175 1241 1242 1245 1270 1319 1352
1424 1448 1505 1573 1611 1734 1735 1827 1836 1854 1874 1891 1982 2125 2147 2400 2412 2464 2815

καὶ αὐτοὶ ἐν ἑαυτοῖς στενάζομεν υἱοθεσίαν ἀπεκδεχόμενοι, τὴν B ℵ A C 88 104 1739 1881 **uw**
καὶ αὐτοὶ ἐν ἑαυτοῖς στενάζο....... ....εχόμενοι, τὴν 𝔓^{46}
καὶ αὐτοὶ στενάζομεν υἱοθεσίαν ἀπεκδεχόμενοι, τὴν 1506
καὶ αὐτοὶ ἐν ἑαυτοῖς στενάζομεν **υἱωθεσίαν** ἀπεκδεχόμενοι, τὴν 1243
αὐτοὶ ἐν **αὐτοῖς** στενάζομεν ἀπεκδεχόμενοι, τὴν F G
αὐτοὶ ἐν ἑαυτοῖς στενάζομεν **υἱοθεσίας** ἀπεκδεχόμενοι, τὴν 489 1315
ἐν ἑαυτοῖς στενάζομεν **υἱοθεσίας** ἀπεκδεχόμενοι, τὴν 1245
ἐν **αὐτοῖς** στενάζομεν υἱοθεσίαν ἀπεκδεχόμενοι, τὴν 1
ἐν ἑαυτοῖς στενάζομεν υἱοθεσίαν ἀπεκδεχόμενοι, τὴν 326^{c} 1319 1424 1573
αὐτοὶ ἐν ἑαυτοῖς **συνστενάζομεν** ἀπεκδεχόμενοι, τὴν D*
αὐτοὶ ἐν ἑαυτοῖς στενάζομεν ἀπεκδεχόμενοι, τὴν D^{2} 614
αὐτοὶ ἐν ἑαυτοῖς στενάζομεν **υἱωθεσίαν** ἀπεκδεχόμενοι, τὴν 1735
αὐτοὶ ἐν **αὐτοῖς** στενάζομεν υἱοθεσίαν ἀπεκδεχόμενοι, τὴν 049 131
αὐτοὶ ἐν ἑαυτοῖς **στενάζωμεν** υἱοθεσίαν **ἀπεγδεχόμενοι**, τὴν 2464
ἡμεις ἐν ἑαυτοῖς στενάζομεν υἱοθεσίαν ἀπεκδεχόμενοι, τὴν 1837
αὐτοὶ ἐν ἑαυτοῖς στενάζομεν υἱοθεσίαν ἀπεκδεχόμενοι, τὴν K L P Ψ 056 6 33 69 205 209 226
323 326* 330 424 440 460 517 547 618 796 910 927 945 999 1175 1241 1242 1270 1352 1448 1505
1611 1646 1734 1738 1827 1836 1854 1874 1891 1982 2125 2147 2400 2412 2495 2815 **τ** Er^{1}

[↓1506 1573 1611 1734 1735 1738 1827 1836 1837 1854 1874^{c} 1881 1982 2125 2147 2400 2412 2464 2495 2815 **uwτ** Er^{1}
[↓323 326 330 440 460 489 517 547 614 910 927 945 999 1175 1241 1242 1245 1270 1315 1319 1352 1424 1448 1505
ἀπολύτρωσιν τοῦ σώματος ἡμῶν. **24** τῇ γὰρ ἐλπίδι ἐσώθημεν· ἐλπὶς B ℵ A C D K L Ψ 049 056 1
ἀπολύτρωσιν .... ἡμῶν. **24** τῇ γὰρ ἐλπίδι ἐσώθη........ .... 𝔓^{46} [↑6 33 69 88 104 131
24 τῇ γὰρ ἐλπίδι ἐσώθημεν· ἐλπὶς Cl IV 46.2 [↑205 209 226
ἀπολύτρωσιν τοῦ σώματος ἡμῶν. **24** τῇ γὰρ ἐλπίδι ἐσώθημεν· **ἐλπὴς** 618
ἀπολύτρωσιν τοῦ σώματος ἡμῶν. **24** τῇ **γὰσρ** **ἐλπίδει** ἐσώθημεν· ἐλπὶς F*
ἀπολύτρωσιν τοῦ σώματος ἡμῶν. **24** τῇ γὰρ **ἐλπίδει** ἐσώθημεν· ἐλπὶς F^{c} G P
ἀπολύτρωσιν τοῦ σώματος ἡμῶν. **24** τῇ γὰρ **ἐλπίδιδι** ἐσώθημεν· ἐλπὶς 1874*
ἀπολύτρωσιν τοῦ σώματος ἡμῶν. **24** τῆι γὰρ ἐλπίδι ἐσώθημεν· ἐλπὶς 424 1739 1891
ἀπαλλαγὴν τοῦ σώματος ἡμῶν. **24** τῇ γὰρ ἐλπίδι ἐσώθη· ἐλπὶς 796
ἀπωλύτρωσιν τοῦ σώματος ἡμῶν. **24** τῇ γὰρ **ἐλπίδη** ἐσώθημεν· ἐλπὶς 1243
ἀπολύτροσιν τοῦ σώματος ἡμῶν. **24** τῇ γὰρ **ἐλπίδη** ἐσώθημεν· ἐλπὶς 1646

---

lac. 8.23-24 𝔓^{10} 𝔓^{113} 0172 365 2344 (illeg.)

E 8.23 2 Co 5.2-4; 1.22; Ga 5.5; Ro 8.15; 3.24 **24** 2 Co 5.7; 4.18; He 11.1

Errata: 8.23 na has 104 twice: καὶ αὐτοὶ ἡμεῖς οἱ and καὶ αὐτοί. Latter reading is correct.
8.23 antf 326 καὶ ἡμεῖς αὐτοί : καὶ ἡμεῖς αὐτοι 326*; καὶ ἡμεῖς 326^{c}
8.23 antf 489 καὶ ἡμεῖς αὐτοί : καὶ αὐτοί 489
8.23 antf 2344 καὶ ἡμεῖς αὐτοί : illeg. 2344
8.23 antf 1243 1735 υἱοθεσίαν : υἱωθεσίαν 1243 1735
8.23 antf 2344 υἱοθεσίαν : illeg. 2344

δὲ βλεπομένη οὐκ ἔστιν ἐλπίς· ὃ γὰρ βλέπει τίς ἐλπίζει; B* **u**[**w**]
....επομένη οὐκ ἔστιν ἐλ....... .. ..ι τίς ἐλπίζει; 𝔓46
δὲ βλεπομένη οὐκ ἔστιν ἐλπίς· ὃ γὰρ βλέπει τις, τί ἐλπίζει; Bc 796 1874
δὲ βλεπομένη οὐκ ἔστιν ἐλπίς· ὃ γὰρ **βλέπι** τις, τί ἐλπίζει; D
δὲ βλεπομένη οὐκ ἔστιν ἐλπίς· ὃ γὰρ βλέπει τις καὶ **ὑπομένει**; ℵ* 1739mg [**w**]
δὲ βλεπομένη οὐκ ἔστιν ἐλπίς· ὃ γὰρ βλέπει τις καὶ ἐλπίζει; 1243* 1739*
δὲ βλεπομένη οὐκ ἔστιν ἐλπίς· ὃ γὰρ βλέπει τις, **τοῦτο** καὶ ἐλπίζει; 131 1734
δὲ βλεπομένη οὐκ ἔστιν ἐλπίς· ὃ γὰρ **βλέπη** τις, **τοῦτο** καὶ **ἐλπίζοι**; 1646
θε ἡ βλεπομένη οὐκ **ἔστειν** ἐλπίς· ὃ γὰρ βλέπει **τεις, τεί** **ἐλπείζει**; F
δὲ ἡ βλεπομένη οὐκ **ἔστειν** ἐλπίς· ὃ γὰρ βλέπει **τεις, τεί** **ἐλπείζει**; G
δὲ ἡ βλεπομένη οὐκ ἔστιν ἐλπίς· ὃ γὰρ βλέπει τις, τί καὶ ἐλπίζει; 056
δὲ βλεπομένη οὐκ ἔστιν ἐλπίς· ὃ γὰρ βλέπει τις, τί καὶ **ἐλπίζι**; ℵc
δὲ βλεπομένη οὐκ ἔστιν ἐλπίς· ὃ γὰρ **βλέπι** τις, τί καὶ ἐλπίζει; C
δὲ βλεπομένη οὐκ ἔστιν ἐλπίς· ὃ γὰρ **βλέπη** τις, τί καὶ ἐλπίζει; 618
δὲ βλεπομένη οὐκ ἔστιν ἐλπίς· ὃ γὰρ βλέπει τις, τί καὶ **ἐλπίζῃ**; 2464 [↓330 424 440 460 489
δὲ βλεπομένη οὐκ ἔστιν ἐλπίς· ὃ γὰρ βλέπει τις, τί καὶ **ὑπομένει**; A [↓205 209 226 323 326
δὲ βλεπομένη οὐκ ἔστιν ἐλπίς· ὃ γὰρ βλέπει τις, τί καὶ ἐλπίζει; K L P Ψ 049 1 6 33 69 88 104
517 547 614 910 927 945 999 1175 1241 1242 1243c 1245 1270 1315 1319 1352 1424 1448 1505 1506 1573
1611 1735 1738 1827 1836 1837 1854 1881 1891 1982 2125 2147 2400 2412 2495 2815 [**w**]**τ** Er1 Cl IV 46.2

[↓1646 1734 1735 1738 1739 1827 1836 1837 1854 1881 1891 1982 2125 2147 2400 2412 2815 **uwτ** Er1 Cl 269.12f.
[↓424 440 489 517 547 614 796 910 927 945 999 1175 1241 1242 1243 1245 1270c 1319 1352 1424 1448 1506 1573
25 εἰ δὲ ὃ οὐ βλέπομεν ἐλπίζομεν, δι᾽ ὑπομονῆς ἀπεκδεχόμεθα. B ℵ A Cc D G K L P Ψ 056 1 6 33 69 88
25 εἰ δὲ ὃ οὐ βλ.............. ...., δι᾽ ὑπομονῆς ạ.......................... 𝔓46 [↑104 131 205 209 226 323 326 330
25 εἰ δὲ ὃ οὐ βλέπομεν, δι᾽ ὑπομονῆς ἀπεκδεχόμεθα. 1270* 1505 2495
25 εἰ δὲ ὃ οὐ βλέπομεν ἐλπίζομεν, δι᾽ **ὑπομνῆς** ἀπεκδεχόμεθα. F
25 εἰ δὲ οὐ βλέπομεν ἐλπίζομεν, δι᾽ ὑπομονῆς ἀπεκδεχόμεθα. C* 1315
25 εἰ δὲ ὃ οὐ βλέπομεν **ἐλπίζωμεν**, δι᾽ ὑπομονῆς ἀπεκδεχόμεθα. 460 618
25 **ἢ** δὲ ὃ οὐ βλέπομεν **ἐλπίζωμεν**, δι᾽ ὑπομονῆς **ἀπεγδεχόμεθα**. 2464
25 εἰ δὲ ὃ οὐ **βλέπωμεν** **ἐλπίζωμεν**, δι᾽ ὑπομονῆς ἀπεκδεχόμεθα. 1874*
25 εἰ δὲ ὃ οὐ **βλέπωμεν** ἐλπίζομεν, δι᾽ ὑπομονῆς ἀπεκδεχόμεθα. 049 1874c
25 εἰ δὲ ὃ οὐ βλέπομεν ἐλπίζομεν, δι᾽ ὑπομονῆς ἀπεκδεχο.......... 1611

All Things Work Together for Good

26 Ὡσαύτως δὲ καὶ τὸ πνεῦμα συναντιλαμβάνεται τῇ ἀσθενείᾳ B **uw**
26 Ὡσαύτως δὲ καὶ τὸ πνα συναντιλαμβάνεται τῆι ἀσθενείᾳ 1270
26 Ὡσαύτως δὲ καὶ τὸ πνα συναντιλαμβάνεται τῆι ἀσθενείαι 1739
26 Ὡσαύτως δὲ καὶ τὸ πνα συναντιλαμβάνεται τῇ ἀσθενείᾳ 1881
26 Ὡσαύτως δὲ καὶ τὸ πνα συναντιλαμβάνεται τῇ **ἀσθενίᾳ** D*
26 Ὡσαύτως δὲ καὶ τὸ πνα συναντιλαμβάνεται τῇ ἀσθενείᾳ ℵ C D2 69 104 330
26 Ὡσαύτως δὲ καὶ τὸ πνα συναντιλαμβάνεται **τῆς** **ἀσθενείας** 1506
26 Ὡσαύτως δὲ καὶ τὸ πνεῦμα συναντιλαμβάνεται **ταῖς** **ἀσθενείαις** **τ** Er1
26 Ὡσαύτως δὲ καὶ τὸ πνα **συναντιλαμβάνετε** τῇ ἀσθενείᾳ A
26 Ὡσαύτως δὲ καὶ τὸ πνα **συναντιλαμβάνετε** **ταῖς** **ἀσθενείαις** 1573
26 .... τιλαμβάνεται **ταῖς** **ἀσθενείαις** 1611
26 Ὡσαύτως δὲ καὶ τὸ πνα συναντιλαμβάνεται **ταῖς** **ἀσθενίαις** P 88 205 1175 1836
26 Ὡσαύτως δὲ καὶ τὸ πνα **συναντιλαβάνεται** **ταῖς** **ἀσθενίαις** 1646 [↑1874
26 Ὡσαύτως δὲ καὶ αὐτὸ τὸ πνα **συναντιλαμβάννεται** **ταῖς** **ἀσθενίαις** 1735
26 Ὡσαύτως δὲ τὸ πνα συναντιλαμβάνεται **ταῖς** **ἀσθενίαις** 33 323
26 **Ὡσαύτος** δὲ καὶ τὸ πνα συναντιλαμβάνεται **ταῖς** **ἀσθενείαις** 131 460 1837 2147
26 **Ὡσαύτος** δὲ καὶ τὸ πνα **συναντιλαμβάνετε** **ταῖς** **ἀσθενείαις** 1243
26 **Ὡσαύτος** δὲ καὶ τὸ πνεῦμα **συναντειλαμβάνεται** **τῆς** **δεήσεως** F G
26 **Ὡσαύτος** δὲ καὶ τὸ πνα **συναντειλαμβάνεται** **ταῖς** **ἀσθενείαις** 2464
26 **Ὡσαύτος** δὲ καὶ τὸ πνα **συναντηλαμβάνεται** **τα τες** **ἀσθενείαις** 618
26 Ὡσαύτως δὲ καὶ τὸ πνα συναντιλαμβάνεται **ταῖς** **ἀσθενείαις** K L Ψ 049 056 1 6
209 226 326 424 440 489 517 547 614 796 910 927 945 999 1241 1242 1245 1315 1319
1352 1424 1448 1505 1734 1738 1827 1854 1891 1982 2125 2400 2412 2495 2815

---

lac. 8.24-26 𝔓10 𝔓113 0172 365 2344 (illeg.) **8.26** 𝔓46

E **8.24** 2 Co 5.7; 4.18; He 11.1 **25** Ga 5.5 **26** Jud 20; 1 Co 14.15; Is 28.11; Ro 8.34; He 7.25; Mk 8.12; 2 Co 12.4

Errata: 8.26 na D* τῇ ἀσθενείᾳ : Dc not shown (D* omits ἡμῶν)
8.26 antf 1270 τῇ ἀσθενείᾳ : τῆς ἀσθενείᾳ 1270
8.26 antf 618 ταῖς ἀσθενείαις : τα τες ἀσθενείαις 618
8.26 antf 1175 1646 ταῖς ἀσθενείαις : ταῖς ἀσθενίαις 1175 1646
8.26 antf 2344 ταῖς ἀσθενείαις : 2344 (illeg.)

ἡμῶν· τὸ γὰρ τί προσευξώμεθα καθὸ δεῖ οὐκ οἴδαμεν, ἀλλ' αὐτὸ τὸ B A C 326 1739 1837 𝛕
ἡμῶν· τὸ γὰρ τί προσευξώμεθα καθὸ δεῖ οὐκ οἴδαμεν, **ἀλλὰ** αὐτὸ τὸ ℵ **u w**
ἡμῶν· τὸ γὰρ τί προσευξώμεθα καθὸ δεῖ οὐκ οἴδαμεν, ἀλλ' **αὐτῷ** τὸ 1874* 2464
ἡμῶν· τὸ γὰρ τί **προσευχόμεθα** καθὸ δεῖ οὐκ **ἰὄδαμεν**, **ἀλλὰ** αὐτὸ τὸ F
ἡμῶν· τὸ γὰρ τί **προσευχόμεθα** καθὸ δεῖ οὐκ οἴδαμεν, **ἀλλὰ** αὐτὸ τὸ G
ἡμῶν· τὸ γὰρ τί **προσευξόμεθα** καθὸ δεῖ οὐκ οἴδαμεν, **ἀλλὰ** αὐτὸ τὸ D² L 049 1 33 226 330 460 910
ἡμῶν· τὸ γὰρ τί **προσευξόμεθα** καθὸ δεῖ οὐκ οἴδαμεν, **ἀλλὰ** **αὐτῷ** τὸ 2147 [↑1241 1245 1315 1646
ἡμῶν· τὸ γὰρ τί **προσευξόμεθα** καθὸ δεῖ οὐκ οἴδαμεν, ἀλλ' αὐτὸ 489 [↑1735 1738 1854 1891
τὸ γὰρ τί **προσευξόμεθα** καθὸ δεῖ οὐκ οἴδαμεν, **ἀλλὰ** αὐτὸ τὸ D* [↑2400 2815
ἡμῶν· τὸ γὰρ τί **προσευξόμεθα** **καθῶ** δεῖ οὐκ οἴδαμεν, **ἀλλὰ** αὐτὸ τὸ 618
ἡμῶν· τὸ γὰρ τί **προσευξόμεθα** καθὸ **δὴ** οὐκ οἴδαμεν, ἀλλ' αὐτὸ τὸ 1243 1424 1506 1881
ἡμῶν· τὸ γὰρ τί **προσευξόμεθα** καθὸ δεῖ οὐκ οἴδαμεν, **ἀλ'** αὐτὸ τὸ 205
ἡμῶν· τὸ γὰρ τί **προσευξόμεθα** καθὸ δεῖ οὐκ οἴδαμεν, ἀλλ' αὐτὸ τὸ K P Ψ 056 6 69 88 104 131 209 323 424 440 517 547 614 796 927 945 999 1175 1242 1270 1319 1352 1448 1505 1573 1611 1734 1827 1836 1874ᶜ 1982 2125 2412 2495 Er¹

πνεῦμα ὑπερεντυγχάνει στεναγμοῖς ἀλαλήτοις· **27** ὁ δὲ ἐραυνῶν τὰς B **u w**
.... **27** ὁ δὲ ἐραυνῶν τὰς 𝔓⁴⁶
πν̅α̅ ὑπερεντυγχάνει στεναγμοῖς ἀλαλήτοις· **27** ὁ δὲ ἐραυνῶν τὰς ℵ* [↓1881
πν̅α̅ ὑπερεντυγχάνει ὑπὲρ ἡμων στεναγμοῖς ἀλαλήτοις· **27** ὁ δὲ ἐραυνῶν τὰς ℵᶜ [↓1573 1739
πν̅α̅ ὑπερεντυγχάνει στεναγμοῖς ἀλαλήτοις· **27** ὁ δὲ **ἐρευνῶν** τὰς A D G 6 424ᶜ
πν̅α̅ ὑπερεντυγχάνει στεναγμοῖς ἀλαλήτοις· **27** ὁ δὲ **ἐρευνῶν** **τὰ** F [↑1319 1506
πν̅α̅ ὑπερεντυγχάνει ὑπὲρ ἡμων στεναγμοῖς **ἀλλαλήτοις**· **27** ὁ δὲ **ἐρευνῶν** τὰς 1 618 1245
πν̅α̅ ὑπερεντυγχάνει ὑπὲρ ἡμων στεναγμοῖς **ἀλλαλήτοις**· **27** ὁ δὲ **ἐρευνὸν** τὰς 1646
πν̅α̅ ὑπερεντυγχάνει ὑπὲρ ἡμων στεναγμοῖς ἀλαλήτοις· **27** ὁ δὲ **ἐρευνὸν** τὰς 1243 2147 2495ᶜ
πν̅α̅ ὑπερεντυγχάνει ὑπὲρ ἡμων στεναγμοῖς ἀλαλήτοις· **27** ὁ δὲ **ἐρρευνῶν** τὰς C*
πνεῦμα ὑπερεντυγχάνει ὑπὲρ ἡμων στεναγμοῖς ἀλαλήτοις· **27** ὁ δὲ **ἐρευνῶν** τὰς 𝛕 Er¹
πν̅α̅ ὑπερεντυγχάνει ὑπὲρ ἡμων στεναγμοῖς ἀλαλήτοις· **27** ὁ δὲ **εὑρενῶν** τὰς 049
πν̅α̅ **ὑπερεντυγχάνη** ὑπὲρ ἡμων στεναγμοῖς ἀλαλήτοις· **27** ὁ δὲ **ἐρευνῶν** τὰς 33 1837
πν̅α̅ ὑπερεντυγχάνει ὑπὲρ ἡμων στεναγμοῖς ἀλαλήτοις· **27** ὁ δὲ **ἐρευνῶν** τὰς Cᶜ K L P Ψ 056 69 88 104 131 205 209 226 323 326 330 424* 440 460 489 517 547 614 796 910 927 945 999 1175 1241 1242 1270 1315 1352 1424 1448 1505 1611 1734 1735 1738 1827 1836 1854 1874 1891 1982 2125 2400 2412 2464 2495* 2815

καρδίας οἶδεν τί τὸ φρόνημα τοῦ πνεύματος, ὅτι κατὰ θ̅ν̅ ἐντυγχάνει B
καρδίας οἶδεν τ·· ···· φρόνημα τοῦ πνς, ὅτι κατὰ θ̅ν̅ ἐντυ··χάνει 𝔓⁴⁶
καρδίας οἶδεν τί τὸ φρόνημα τοῦ πνς, ὅτι κατὰ θ̅ν̅ ἐντυγχάνει A C D G K P Ψ 049 1 6 88
καρδίας οἶδεν τί τὸ φρόνημα τοῦ **πις**, ὅτι κατὰ θ̅ν̅ ἐντυγχάνει F [↑326 424 1175 1241
καρδίας οἶδεν τί τὸ φρόνημα τοῦ πνεύματος, ὅτι κατὰ θεὸν ἐντυγχάνει **u w** [↑1245 1352 1424
καρδίας οἶδεν τί τὸ φρόνημα τοῦ πνς, ὅτι κατὰ θ̅ν̅ **ἐντυγχάνι** ℵ [↑1506 1573 1611
καρδίας οἶδεν τί τὸ φρόνημα τοῦ πνς, ὅτι κατὰ θ̅ν̅ **ἐντυγχάνη** 1243 [↑1646 1735 1739
καρδίας οἶδεν τί τὸ φρόνημα τοῦ πνς, ὅτι κατὰ θ̅ν̅ **ἐντυγχάννη** 33 [↑1836 1837 1854
καρδίας **ὗδεν** τὸ φρόνημα τοῦ πνς, ὅτι κατὰ θ̅ν̅ ἐντυγχάνει 2464 [↑1874 2125
καρδίας **οἶδε** τί τὸ φρόνημα τοῦ πνεύματος, ὅτι κατὰ θεὸν ἐντυγχάνει 𝛕 Er¹
καρδίας **οἶδε** τί τὸ φρόνημα τοῦ πνς, ὅτι **τὰ** θ̅ν̅ ἐντυγχάνει 056*
καρδίας **οἶδε** τὸ φρόνημα τοῦ πνς, ὅτι κατὰ θ̅ν̅ ἐντυγχάνει 1881
καρδίας **οἶδε** τί τὸ **φρόνιμα** τοῦ πνς, ὅτι κατὰ θ̅ν̅ ἐντυγχάνει 1270
καρδίας **οἶδε** τί τὸ **φρόνιμα** τοῦ πνς, ὅτι κατὰ θ̅ν̅ **ὑπερεντυγχάνει** 1505
καρδίας οἶδεν τί τὸ φρόνημα τοῦ πνς, ὅτι κατὰ θ̅ν̅ **ὑπερεντυγχάνει** L
καρδίας **οἶδε** τί τὸ φρόνημα τοῦ πνς, ὅτι κατὰ θ̅ν̅ **ὑπερεντυγχάνει** 2400 2495 [↑226 323 330
καρδίας **οἶδε** τί τὸ φρόνημα τοῦ πνς, ὅτι κατὰ θ̅ν̅ ἐντυγχάνει 056ᶜ 69 104 131 205 209 440 460 489 517 547 614 618 796 910 927 945 999 1242 1315 1319 1448 1734 1738 1827 1891 1982 2147 2412 2815

lac. 8.26-27 𝔓¹⁰ 𝔓¹¹³ 0172 365 2344 (illeg.) **8.26** 𝔓⁴⁶

C 8.26 τε 1735 **27** Σα ζ̅ 1735 | τελ ε̅ 1 489 1739 2147 | τελ 226 440 796 927 945 1175 1245 1448 | τελ της ε̅ 517 547 1242 1315 1573 1837 2412 | στοχ υ̅ν̅ 1175

E 8.26 Jud 20; 1 Co 14.15; Is 28.11; Ro 8.34; He 7.25; Mk 8.12; 2 Co 12.4 **27** 1 Co 4.5; Re 2.23; Ps 139.1; 1 Co 4.5

[↓1424 1448 1505 1573 1611 1734 1738 1827 1854 1891 1982 2125 2147 2400 2412 2495 2815
[↓88 104 131 205 226 323 326 330 424 440 517 547 910 945 999 1241 1242 1270 1315 1319 1352

ὑπὲρ ἁγίων. ια 28 οἴδαμεν δὲ ὅτι τοῖς ἀγαπῶσι τὸν θν πάντα συνεργεῖ B C Ψ 049 056 69
28 οἴδαμεν δὲ ὅτι τοῖς ἀγαπῶσι τὸν θεὸν πάντα συνεργεῖ Cl IV 46.1
ὑπὲρ ἁγίων. 28 οἴδαμεν δὲ ὅτι τοῖς ἀγαπῶσι τὸν θεὸν πάντα συνεργεῖ **wτ** Er[1]
ὑπὲρ τῶν ἁγίων. 28 οἴδαμεν δὲ ὅτι τοῖς ἀγαπῶσι τὸν θν πάντα συνεργεῖ 1
ὑπὲρ ἁγίων. 28 οἴδαμεν **γὰρ** ὅτι τοῖς ἀγαπῶσι τὸν θν πάντα συνεργεῖ 6 614 1739 1881
ὑπὲρ ἁγίων. 28 οἴδαμεν δὲ ὅτι τοῖς ἀγαπῶσι τὸν θν πάντα **συνεργῆ** 1646
ὑπὲρ ἁγίων. 28 **ἴδαμεν** δὲ ὅτι τοῖς ἀγαπῶσι τὸν θν πάντα συνεργεῖ 1837
ὑπὲρ **ἡμῶν**. 28 οἴδαμεν δὲ ὅτι τοῖς ἀγαπῶσι τὸν θν πάντα συνεργεῖ 489 927
ὑπὲρ **ἡμῶν**. 28 οἴδαμεν δὲ ὅτι τοῖς **ἀγαπῶσιν** τὸν θν πάντα συνεργεῖ 33
ὑπὲρ ἁγίων. 28 οἴδαμεν δὲ ὅτι το.... **ἀγαπῶσιν** τὸν θν **πᾶν** συνεργεῖ 𝔓46
ὑπὲρ ἁγίων. 28 οἴδαμεν δὲ ὅτι τοῖς **ἀγαπῶσιν** τὸν θεὸν πάντα συνεργεῖ **u**
ὑπὲρ **ἁγείων**. 28 οἴδαμεν δὲ ὅτι τοῖς **ἀγαπῶσιν** τὸν θν πάντα συνεργεῖ G
ὑπὲρ **ἁγείων**. 28 **ἴδαμεν** δὲ ὅτι τοῖς **ἀγανῶσις** τὸν θν πάντα **σινεργεῖ** F
ὑπὲρ ἁγίων. 28 οἴδαμεν δὲ ὅτι τοῖς **ἀγαπῶσιν** τὸν θν **πάντας** συνεργεῖ 618 1245
ὑπὲρ ἁγίων. 28 οἴδαμεν δὲ ὅτι τοῖς **ἀγαπῶσιν** τὸν τὸν θν πάντα συνεργεῖ 1243
ὑπὲρ ἁγίων. 28 οἴδαμεν δὲ ὅτι τοῖς **ἀγαπῶσιν** τὸν θν πάντα **ἀνεργεῖ** 1874*
ὑπὲρ ἁγίων. 28 οἴδαμεν δὲ ὅτι τοῖς **ἀγαπῶσιν** τὸν θν πάντα **ἐνεργεῖ** 1874c
ὑπὲρ ἁγίων. 28 οἴδαμεν δὲ ὅτι τοῖς **ἀγαπόσι** τὸν θν πάντα συνεργεῖ 2464
ὑπὲρ ἁγίων. 28 οἴδαμεν δὲ ὅτι τοῖς **ἀγαπῶσιν** τὸν θν πάντα συνεργεῖ ℵ A D K L P 209 460 796 1175 1506 1735 1836

ὁ θς εἰς ἀγαθόν, τοῖς κατὰ πρόθεσιν κλητοῖς οὖσιν. 29 ὅτι οὓς B A
ὁ θ... ...... ἀγαθόν, τοῖς κατὰ πρόθεσιν κλητοῖς ου...... 29 ὅτι οὓς 𝔓46
ὁ θεὸς εἰς ἀγαθόν, τοῖς κατὰ πρόθεσιν κλητοῖς οὖσιν. 29 ὅτι οὓς [**w**]
εἰς τὸ ἀγαθόν, τοῖς κατὰ πρόθεσιν κλητοῖς οὖσιν. 29 ὅτι οὓς 049 1 226 460 489 945 999 1245
ἐς τὸ ἀγαθόν, τοῖς κατὰ πρόθεσιν κλητοῖς οὖσιν. 29 ὅτι οὓς 927 [↑1270 1448 1646 1827
εἰς τὸ ἀγαθόν, τοῖς κατὰ πρόθεσιν κλητοῖς **οὖσι**. 29 ὅτι οὓς 1738 Cl IV 46.1 [↑1854 1891
εἰς τὸ ἀγαθόν, τοῖς κατὰ **πρόθεσι** κλητοῖς οὖσιν. 29 ὅτι οὓς L 1611
εἰς ἀγαθόν, τοῖς κατὰ **πρόθεσι** κλητοῖς οὖσιν. 29 ὅτι οὓς 1315 1505 1881* 2400
εἰς ἀγαθόν, τοῖς κατὰ πρόθεσιν κλητοῖς **οὖσι**. 29 ὅτι οὓς 2147
εἰς ἀγαθόν, τοῖς κατὰ πρόθεσιν κλητοῖς οὖσιν. 29 ὅτι οὓς ℵ C D F G K P Ψ 056 6 33 69 88 104 131 205 209 323 326 330 424 440 517 547 614 618 796 910 1175 1241 1242 1243 1319 1352 1424 1506 1573 1734 1735 1739 1836 1837 1874 1881c 1982 2125 2412 2464 2495 2815 **u**[**w**]**τ** Er[1]

[Cl Paid. III 20.5 τοὺς κατὰ πρόθεσιν κλητοῖς προένω]

---

lac. 8.27-29 𝔓10 𝔓113 0172 365 2344 (illeg.)

C 8.28 αρχ εν μνημ, του αγιου τρυφωνος και εις λοιπους μαρτυρ Ψ | εις μρμρ αδελφοι οιδαμεν οτι L | αρχ εις μρμρ αδ,ε οιδαμεν οτι τοις αγαπωσι 1 | αρχ 104 | κ,ε εις μαρτυς 209 | αρχ εις βρβρ αδ,ε οιδαμεν οτι τοις αγαπωσι τον θν 226 | αρχ κ,ε ξη εις μρ 424 | αρχ της ε κ,ε ξη του αγ βρβαντ και τη β της σα 440 | αρχ του αγ πρ τρυφω και εις λοιπους πρπρ· αδ,ε οιδαμεν οτι 489 | αρχ εις μρμρ 517 | αρχ 547 | αρχ μη φε΄ α΄ του αγ τρυφω. αδ,ε των αγαπων 796 | αρχ του αγι τρυφω: αδ,ε οιδαμεν οτι τοις αγαπ τον θν 945 | κ,υ ε τον ει γιν τιφονο 1175 | αρχ 1241 | αρχ εις μρ ξη 1242 | αρξ αδ,ε μη φασι α του α τρυφω και εις λοιπ μαρτυρ 1243 | αρχ της αγ θε΄ κα,αγ αδ,ε τοις αγαπ 1270 | αρχ εις μρμρ κ,ε ρε 1315 | αρχ μη φρυρουρ, αλ ..... προς τρυφωνος αδ,ε τοις αγαπωσι τον θν πα 1448 | αρχ εις μαρτυ. αδ,ε οιδαμεν οτι τοις αγαπωσι 1573 | κ,ε κγ αρχ ο αποστολ πρ ρωμαιους αδελφοι τοις αγαποσι τον θν 1739 | αρχ του αγιου μρτρυ φυννος και λειτι ουν μρμρ οιδαμεν δε οτι τοις 1836 | αρχ λδ εις τ αγιον τρυφωνα και εις λοιπ αδ,ε τοις αγαπωσι 1837 | αρχ αδελφοι τοις αγαπωσι τον θν 1891 | αρχ ο αυτος εις τ αγα κινδυνοτι και των συν αυτων και τον ασ,τρυθωνα και λοιπ 2412

D 8.28 ια B | αρη κβ 1 | κβ 226 | κα 489 927 | κγ 517 1739

E 8.27 1 Co 4.5; Re 2.23; Ps 139.1; 1 Co 4.5 **28** Ro 2.10; 1 Co 2.9; 8.3; Js 1.12; 2.5; Eph 1.11; 3.11 29 Col 1.18; He 1.6 **29** 1 Pe 1.2; Eph 1.5; Phl 3.21; Col 1.18 2 Th 2.13-14

[↓1854 **uw** Cl IV 46.1
προέγνω, καὶ προώρισεν συμμόρφους τῆς εἰκόνος τοῦ υἱοῦ αὐτοῦ, εἰς τὸ B A D 049 517 1241
[ὁ θεὸς] συμμόρφους τῆς εἰκόνος τοῦ υἱοῦ αὐτοῦ, ὥρισεν εἰς τὸ Cl Paid. III 20.5
προέγνω, καὶ προώρισεν συμμόρφους τοῦ υἱοῦ αὐτοῦ, εἰς τὸ 1243
προέγνω, καὶ **προόρισεν** συμμόρφους τῆς εἰκόνος τοῦ υἱοῦ αὐτοῦ, εἰς τὸ 33
προέγνω, καὶ **προόρησεν** συμμόρφους τῆς εἰκόνος τοῦ υυ αὐτοῦ, εἰς τὸ 2464
προέγνω, καὶ **προόρισε** συμμόρφους τῆς εἰκόνος τοῦ υἱοῦ αὐτοῦ, εἰς τὸ 1270
προέγνω, καὶ **προώρεισεν** **συνμόρφους** τῆς **ἰκόνος** τοῦ υἱοῦ αὐτοῦ, εἰς τὸ F G
προέγνω, καὶ προώρισεν συμμόρφους τῆς εἰκόνος τοῦ υυ αὐτοῦ, εἰς τὸ C K P Ψ 1175 2125
προέγνω, καὶ προώρισεν συμμόρφους τῆς εἰκόνος τοῦ υυ αὐτοῦ, εἰς τὸ 1836
προέγνω, καὶ προώρισεν συμμόρφους τῆς **εἰκώνος** τοῦ υυ αὐτοῦ, εἰς τὸ 1874
προέγνω, καὶ **προώρισε** συμμόρφους τῆς εἰκόνος τοῦ υἱοῦ αὐτοῦ ιυ χυ, εἰς τὸ 999 1315
προέγνω, καὶ **πρωώρισε** συμμόρφους τῆς εἰκόνος τοῦ υἱοῦ αὐτοῦ, εἰς τὸ 614
προέγνω, καὶ προώρισεν συ⋯μόρφους τῆς εἰκόνος τοῦ υιυ αὐτοῦ, ε⋯ ⋯ 𝔓[46]
προέγνω, καὶ προώρισεν **συνμόρφους** τῆς εἰκόνος τοῦ υἱοῦ αὐτοῦ, εἰς τὸ ℵ
προέγνω, καὶ **προώρησε** συμμόρφους τῆς εἰκόνος τοῦ υἱοῦ αὐτοῦ, εἰς τὸ 1611 2147
προέγνω, καὶ **προώρησεν** συμμόρφους τῆς εἰκόνος τοῦ υυ αὐτοῦ, εἰς τὸ L 910 1424
προέγνω, καὶ **προώρησεν** συμμόρφους τῆς εἰκόνος τοῦ υἱοῦ αὐτοῦ, εἰς τὸ 326 1506 1646 1837
προέγνω, καὶ **προώρησεν** συμμόρφους τῆς εἰκόνος τοῦ υἱοῦ αὐτοῦ, εἰς τὸ 1735
προέγνω, καὶ **προώρισε** **συμμόρφου** τῆς εἰκόνος τοῦ υἱοῦ αὐτοῦ, εἰς τὸ 1245
προέγνω, καὶ **προώρισε** συμμόρφους τῆς εἰκόνος τοῦ υἱοῦ αὐτοῦ, εἰς τὸ 056 1 6 69 88 104
131 205 209 226 323 330 424 440 460 489 547 618 796 927 945 1242 1319 1352
1448 1505 1573 1734 1738 1739 1827 1881 1891 1982 2400 2412 2495 2815 **τ** Er[1]

εἶναι αὐτὸν πρωτότοκον ἐν πολλοῖς ἀδελφοῖς· **30** οὓ δὲ προώρισεν, B* Cl Paid. III 20.5
εἶναι αὐτὸν πρωτότοκον ἐν πολλοῖς ⋯⋯ φοῖς· **30** **οὓς** δὲ προώρισεν, 𝔓[46]
εἶναι καὶ αὐτὸν **προτότοκον** ἐν πολλοῖς ἀδελφοῖς· **30** **οὓς** δὲ προώρισεν, 1735
εἶναι αὐτὸν **προτότοκον** ἐν πολλοῖς ἀδελφοῖς· **30** **οὓς** δὲ προώρισεν, 1874
εἶναι αὐτὸν πρωτότοκον ἐν πολλοῖς ἀδελφοῖς· **30** **οὓς** δὲ προώρισεν, B[c] ℵ C D K L P Ψ 049 6 69
εἶναι πρωτότοκον ἐν πολλοῖς ἀδελφοῖς· **30** **οὓς** δὲ προώρισεν, 1836 [↑326 424 910 1175
εἶναι αὐτὸν πρωτότοκον ἐν πολλοῖς ἀδελφοῖς· **30** **οὓς** δὲ **προέγνω**, A [↑1241 1424 1837 1854
εἶναι αὐτὸν πρωτότοκον ἐν πολλοῖς ἀδελφοῖς· **30** ⋯⋯ ⋯ ⋯⋯⋯ 88 [↑**uw** Cl IV 46.1
εἶναι αὐτὸν πρωτότοκον ἐν πολλοῖς ἀδελφοῖς· **30** **οὓς** δὲ **προώρεισεν**, F G
εἶναι αὐτὸν πρωτότοκον ἐν πολλοῖς ἀδελφοῖς· **30** **οὓς** δὲ **πρωώρισε**, 614
εἶναι αὐτὸν **προτότοκον** ἐν πολλοῖς ἀδελφοῖς· **30** **οὓς** δὲ **προώρισε**, 460 1646
εἶναι αὐτὸν **προτότοκον** ἐν πολλοῖς ἀδελφοῖς· **30** **οὓς** δὲ **προώρησεν**, 1506
εἶναι αὐτὸν **προτότοκον** ἐν **πολοῖς** ἀδελφοῖς· **30** **οὓς** δὲ **προόρησεν**, 2464
εἶναι αὐτὸν πρωτότοκον ἐν πολλοῖς ἀδελφοῖς· **30** **οὓς** δὲ **προόρησεν**, 33 1243
εἶναι αὐτὸν πρωτότοκον ἐν πολλοῖς ἀδελφοῖς· **30** **οὓς** **καὶ** **προώρισε**, 1827
εἶναι αὐτὸν πρωτότοκον ἐν πολλοῖς ἀδελφοῖς· **30** **οὓς** δὲ **πρώρισε**, 2125*
εἶναι αὐτὸν πρωτότοκον ἐν πολλοῖς ἀδελφοῖς· **30** **οὓς** δὲ **προώρισε**, 056 1 104 131 205 209 226
323 330 440 489 517 547 618 796 927 945 999 1242 1245 1270 1315 1319 1352 1448 1505
1573 1611 1734 1738 1739 1881 1891 1982 2125[c] 2147 2400 2412 2495 2815 **τ** Er[1]

---

lac. 8.29-30 𝔓[10] 𝔓[113] 0172 365 2344 (illeg.)

E 8.29 1 Pe 1.2; Eph 1.5; Phl 3.21; Col 1.18 2 Th 2.13-14 **30** 1 Co 6.11; 2 Co 3.18

[↓049 33 326 424 910 1175 1241 1243 1424 1646 1735 1837 1854 1874 2464 **uw**
τούτους καὶ ἐκάλεσεν· καὶ οὓς ἐκάλεσεν, τούτους καὶ ἐδικαίωσεν· οὓς δὲ B C D G K L P Ψ
τούτους καὶ ἐκάλεσεν· καὶ οὓς ἐκάλεσεν, τούτους καὶ **ἐδικάωσεν**· οὓς δὲ F
τούτους καὶ ἐκάλεσεν· καὶ οὓς καὶ ἐκάλεσεν, τούτους καὶ ἐδικαίωσεν· οὓς δὲ 1836
τούτους καὶ ἐκάλεσεν· καὶ οὓς ἐκάλεσεν, τούτους καὶ **ἐδίκωσεν**· οὓς δὲ ℵ
τούτους καὶ ἐκάλεσεν· καὶ οὓς ἐκάλεσεν, τούτους καὶ ἐδικαίωσεν· **καὶ οὓς** A
τούτους καὶ ἐκάλεσεν· καὶ οὓς **ἐκάλεσε**, τούτους καὶ **ἐδικαίοσεν**· **καὶ οὓς** 618
τούτους καὶ ἐκάλεσεν· καὶ οὓς **ἐκάλεσε**, τούτους καὶ **ἐδικαίωσε**· 460
τούτους καὶ ἐκάλεσεν· καὶ οὓς **ἐκάλεσε**, τούτους καὶ ἐδικαίωσεν· οὓς δὲ 2147
τούτους καὶ ἐκάλεσεν· **οὓς δὲ** **ἐκάλεσε**, τούτους καὶ ἐδικαίωσεν· οὓς δὲ 69
τούτους καὶ ἐκάλεσεν· **οὓς δὲ** ἐκάλεσεν, τούτους καὶ ἐδικαίωσεν· οὓς δὲ Cl I 73.2
τούτους καὶ ἐ·····λεσεν· **ου καὶ** ἐκάλεσεν, τούτους κα·· ·····καίωσεν· οὓς δὲ 𝔓^{46}
τούτους καὶ **ἐκέλασεν**· καὶ οὓς ἐκάλεσεν, τούτους καὶ ἐδικαίωσεν· οὓς δὲ 1506
.... οὓς δὲ 88
τούτους καὶ **ἐκάλεσε**· καὶ οὓς **ἐκάλεσε**, τούτους καὶ **ἐδικαίωσε**· **καὶ οὓς** 1738
τούτους καὶ **ἐκάλεσε**· καὶ οὓς **ἐκάλεσε**, τούτους καὶ **ἐδικαίωσε**· οὓς δὲ 489
τούτους καὶ **ἐκάλεσε**· **οὓς δὲ** **ἐκάλεσε**, τούτους καὶ **ἐδικαίωσε**· οὓς δὲ 1827
τούτους καὶ **ἐκάλεσε**· καὶ οὓς **ἐκάλεσε**, τούτους καὶ **ἐδικαίωσε**· 330 1245
τούτους καὶ **ἐκάλεσε**· καὶ οὓς **ἐκάλεσε**, 1319
τούτους καὶ **ἐκάλεσε**, τούτους καὶ ἐδικαίωσεν· οὓς δὲ 796 1505 2495
τούτους καὶ **ἐκάλεσαι**· καὶ οὓς ἐκάλεσεν, τούτους καὶ ἐδικαίωσεν· οὓς δὲ 1315
τούτους καὶ **ἐκάλεσε**· καὶ οὓς **ἐκάλεσε**, τούτους καὶ ἐδικαίωσεν· οὓς δὲ 056 1 6 104 131
205 209 226 323 440 517 547 614 927 945 999 1242 1270 1352 1448
1573 1611 1734 1739 1881 1891 1982 2125 2400 2412 2815 **τ** Er^1

ἐδικαίωσεν, τούτους καὶ ἐδόξασεν. B ℵ A C D F G K L P Ψ 049 33 88 326 910 1175 1241 1243 1315 1424 1506
ἐδικαίωσεν, τούτου·· ······· ἐδόξασεν. 𝔓^{46} [↑1735 1836 1837 1854 1874 2464 **uw**
τούτους καὶ ἐδόξασεν. 460
τούτους καὶ **ἐδόξασε**. 330 1245 1319
ἐδικαίωσεν, τούτους καὶ **ἐδόξασε**. 1646
ἐδικαίωσε, τούτους καὶ ἐδόξασεν. 424 517 618 796 999 1611 1734 1739 1881 1891 2125 2147 Cl IV 46.1
ἐδικαίωσε, τούτους καὶ **ἐδόξασε**. 056 1 6 69 104 131 205 209 226 323 440 489 547 614 927 945 1242 1270
1352 1448 1505 1573 1738 1827 1982 2400 2412 2495 2815 **τ** Er^1

The Love of God in Christ Jesus

[↓1735 1738 1739 1827 1836 1837 1854 1874 1881 1891 1982 2125 2147 2400 2412 2464 2495 2815
[↓999 1175 1241 1242 1243 1245 1270 1315 1319 1352 1424 1448 1505 1506 1573 1611 1646^c 1734
[↓33 69 88 104 131 205 209 226 323 326 330 424 440 460 489 517 547 614 618 796 910 927 945
31 Τί οὖν ἐροῦμεν πρὸς ταῦτα; εἰ ὁ θς ὑπὲρ ἡμῶν, τίς καθ' ἡμῶν; B ℵ A C D G K L P Ψ 049 056 1 6
31 Τί οὖν ἐροῦμεν πρὸς τα······· ····· ·· ····· ὑπὲρ ἡμῶν, τίς καθ' ἡμῶν; 𝔓^{46}
31 Τί οὖν ἐροῦμεν πρὸς ταῦτα; εἰ ὁ θς ὑπὲρ ἡμῶν, **της** καθ' ἡμῶν; F
31 Τί οὖν ἐροῦμεν πρὸς ταῦτα; εἰ ὁ θς ὑπὲρ ἡμῶν, **τί** καθ' ἡμῶν; 1646*
31 Τί οὖν ἐροῦμεν πρὸς ταῦτα; εἰ ὁ θεὸς ὑπὲρ ἡμῶν, τίς καθ' ἡμῶν; **uwτ** Er^1

---

lac. 8.30-31 𝔓^{10} 𝔓^{113} 0172 2344 (illeg.) **8.31** 365

E 8.30 1 Co 6.11; 2 Co 3.18 **31** Ps 118.6

32 ὅς γε τοῦ ἰδίου υἱοῦ οὐκ ἐφείσατο ἀλλὰ ὑπὲρ ἡμῶν πάντων B **uw**
32 .... υ̅ι̅υ̅ οὐκ ἐφείσατο ἀλλὰ ὑπὲρ .... 𝔓^{46}
32 ὅς γε τοῦ ἰδίου υ̅υ̅ οὐκ ἐφείσατο **ἀλλ᾽** ὑπὲρ ἡμῶν πάντων K L P Ψ 104 1175 1874
32 ὅς γε τοῦ ἰδίου υ̅ι̅υ̅ οὐκ ἐφείσατο **ἀλλ᾽** ὑπὲρ ἡμῶν 440 [↑2125
32 ὅς γε τοῦ ἰδίου υἱοῦ οὐκ ἐφείσατο **ἀλλ᾽** ὑπὲρ ἡμῶν πάντων A C 618 1319^{c}
32 ὅς γε τοῦ ἰδίου υἱοῦ οὐκ ἐφείσατο ὑπὲρ ἡμῶν πάντων πάντων 1646*
32 ὅς γε τοῦ ἰδίου υἱοῦ οὐκ **ἐφίσατο** ἀλλὰ ὑπὲρ ἡμῶν πάντων ℵ
32 ὅς γε τοῦ ἰδίου υἱοῦ οὐκ **ἐφήσατο** **ἀλλ᾽** ὑπὲρ ἡμῶν πάντων 1506 2147
32 ὅς γε τοῦ **ἠδίου** υ̅υ̅ οὐκ **ἐφήσατο** **ἀλ᾽** ὑπὲρ ἡμῶν πάντων 2464
32 ὅς γε τοῦ **υἱοῦ τοῦ ἰδίου** οὐκ ἐφείσατο **ἀλλ᾽** ὑπὲρ ἡμῶν πάντων 205
32 **ὥς** γε τοῦ υἱοῦ οὐκ ἐφείσατο **ἀλλ᾽** ὑπὲρ ἡμῶν πάντων 1319*
32 **ὥς** γε τοῦ ἰδίου υ̅υ̅ οὐκ ἐφείσατο **ἀλλ᾽** ὑπὲρ ἡμῶν πάντων 1424
32 ὅς γε **οὐδὲ** τοῦ ἰδίου υἱοῦ ἐφείσατο **ἀλλ᾽** ὑπὲρ ἡμῶν πάντων D^{2}
32 ὃς **οὐδὲ** τοῦ ἰδίου υἱοῦ **ἐφίσατο** ἀλλὰ ὑπὲρ ἡμῶν πάντων D*
32 ὃς **οὐδὲ** **υἱοῦ ἰδίου** ἐφείσατο ἀλλὰ ὑπὲρ ἡμῶν πάντων F G
32 ὃς **οὐδὲ** τοῦ ἰδίου υἱοῦ **ἐφίσατο** **ἀλλ᾽** ὑπὲρ ἡμῶν πάντων D^{1}
32 ὅς **δὲ** τοῦ ἰδίου υἱοῦ οὐκ ἐφείσατο **ἀλλ᾽** ὑπὲρ ἡμῶν πάντων 6 1245 1739 1881
32 **ὥστε** τοῦ ἰδίου υἱοῦ οὐκ **ἐφήσατο** **ἀλλ᾽** ὑπὲρ ἡμῶν πάντων 1243
32 ὅς τοῦ ἰδίου υἱοῦ οὐκ ἐφείσατο **ἀλλ᾽** ὑπὲρ ἡμῶν πάντων 424^{c}
32 ὅς γε τοῦ ἰδίου υἱοῦ οὐκ ἐφείσατο **ἀλλ᾽** ὑπὲρ ἡμῶν πάντων 049 056 1 33 69 88 131 209 226 323 326 330 365 424* 460 489 547 614 796 910 927 945 999 1241 1242 1270 1315 1352 1448 1505 1573 1611 1646^{c} 1734 1735 1738 1827 1836 1837 1854 1891 1982 2400 2412 2495 2815 **τ** Er^{1}

[↓1573 1611 1646^{c} 1734 1735 1738 1739 1827 1854 1874 1982 2125 2147 2400 2495 2815 **uwτ** Er^{1}
[↓6 131 205 209 226 323 365 440 460 489 517 547 796 910 927 1175 1242 1245 1352 1424 1448 1505
παρέδωκεν αὐτόν, πῶς οὐχὶ καὶ σὺν αὐτῷ τὰ πάντα ἡμῖν χαρίσεται; B ℵ A C D^{2} K P 056 1
.........δωκεν αὐτὸν πάντων, πῶς .... αὐτῷ **ἡμεῖν τὰ πάντα** χαρίσε..... 𝔓^{46}
παρέδωκεν αὐτόν, πῶς οὐχὶ καὶ τὰ πάντα ἡμῖν χαρίσεται; 1646*
παρέδωκεν αὐτόν, πῶς οὐχὶ καὶ σὺν αὐτῶι τὰ πάντα ἡμῖν χαρίσεται; 424 945 1270 1891
παρέδωκεν αὐτόν, πῶς οὐχὶ καὶ σὺν αὐτῷ πάντα ἡμῖν χαρίσεται; D* G
παρέδωκεν **αὐτών**, πῶς οὐχὶ καὶ σὺν αὐτῷ πάντα ἡμῖν χαρίσεται; F [↑1506 2412
παρέδωκεν **ἑαυτόν**, πῶς οὐχὶ καὶ σὺν αὐτῷ τὰ πάντα ἡμῖν χαρίσεται; L 614 999 1241 1315
παρέδωκεν αὐτόν, πῶς οὐχὶ καὶ σὺν αὐτῷ τὰ πάντα ἡμῖν **χαρίσειται**; 33
παρέδωκεν αὐτόν, πῶς οὐχὶ καὶ σὺν αὐτῷ τὰ πάντα ἡμῖν **χαρίσηται**; Ψ 88 104 326 330
παρέδωκεν αὐτόν, πῶς οὐχὶ καὶ σὺν αὐτῷ τὰ πάντα **χαρίσηται**; 1881 [↑1836
παρέδωκεν αὐτόν, πῶς οὐχὶ καὶ σὺν αὐτῷ τὰ πάντα ἡμῖν **χαρήσεται**; 69
παρέδωκεν αὐτόν, πῶς οὐχὶ καὶ σὺν αὐτῷ τὰ πάντα ἡμῖν **χαρήσηται**; 1243 1837
παρέδωκεν **ἑαυτών**, πῶς οὐχὶ καὶ σὺν αὐτῷ τὰ πάντα **ὑμῖν** **χαρήσεται**; 049
παρέδοκεν αὐτόν, πῶς οὐχὶ καὶ σὺν αὐτῷ τὰ πάντα ἡμῖν **χαρήσεται**; 2464
παρέδοκεν αὐτόν, πῶς οὐχὶ καὶ σὺν αὐτῷ τὰ πάντα ἡμῖν χαρίσεται; 618
παρέδωκας αὐτόν, πῶς οὐχὶ καὶ σὺν αὐτῷ τὰ πάντα ἡμῖν χαρίσεται; 1319

33 τίς ἐγκαλέσει κατὰ ἐκλεκτῶν θ̅υ̅; θ̅ς̅ ὁ δικαιῶν· 34 τίς ὁ κατακρεινων; B*
33 ....λέσει κατὰ ἐκλεκτῶν θ̅υ̅; θ̅ς̅ .... 34 ...... ὁ κατακρεινων; ἅμα δὲ 𝔓^{46}
33 τίς ἐγκαλέσει κατὰ ἐκλεκτῶν θ̅υ̅; θ̅ς̅ ὁ δικαιῶν· 34 τίς ὁ **κατακρίνον**; 1646 2147 2464
33 τίς ἐγκαλέσει κατὰ ἐκλεκτῶν θ̅υ̅; θ̅ς̅ ὁ δικαιῶν· 34 τίς ὁ **κατακρινων**; ℵ A C
33 τίς **ἐνκαλέσει** κατὰ ἐκλεκτῶν θ̅υ̅; θ̅ς̅ ὁ δικαιῶν· 34 τίς ὁ **κατακρινων**; D F G
33 τίς **ἐγκαλέση** κατὰ ἐκλεκτῶν θ̅υ̅; θ̅ς̅ ὁ δικαιῶν· 34 τίς ὁ **κατακρίνων**; 6
33 τίς **ἐγκαλέσι** κατὰ **ἐκλεκτὸν** θ̅υ̅; θ̅ς̅ ὁ δικαιῶν· 34 τίς ὁ **κατακρίνων**; 618
33 τίς ἐγκαλέσει κατὰ ἐκλεκτῶν θεοῦ; θεὸς ὁ δικαιῶν· 34 τίς ὁ **κατακρινῶν**; **uwτ**
33 τίς ἐγκαλέσει κατὰ ἐκλεκτῶν θεοῦ; θεὸς ὁ δικαιῶν· 34 τίς ὁ **κατακρίνων**; Er^{1}
33 τίς ἐγκαλέσει κατὰ ἐκλεκτῶν θ̅υ̅; .... 34 .... P
33 τίς ἐγκαλέσει κατὰ **ἐκλεκτὸν** θ̅υ̅; θ̅ς̅ ὁ δικαιῶν· 34 τίς ὁ **κατακρίνων**; 460 1243 1738
33 τίς ἐγκαλέσει κατὰ ἐκλεκτῶν **αὐτοῦ**; θ̅ς̅ ὁ δικαιῶν· 34 τίς ὁ **κατακρίνων**; 1319
33 τίς ἐγκαλέσει κατὰ ἐκλεκτῶν θ̅υ̅; **ὁ** θ̅ς̅ ὁ δικαιῶν· 34 τίς ὁ **κατακρίνων**; 1506 [↓1 33 69 88
33 τίς ἐγκαλέσει κατὰ ἐκλεκτῶν θ̅υ̅; θ̅ς̅ ὁ δικαιῶν· 34 τίς ὁ **κατακρίνων**; B^{c} K L Ψ 049 056 104 131 205 209 226 323 326 330 365 424 440 489 517 547 614 796 910 927 945 999 1175 1241 1242 1245 1270 1315 1352 1424 1448 1505 1573 1611 1734 1735 1739 1827 1836 1837 1854 1874 1881 1891 1982 2125 2400 2412 2495 2815

lac. 8.32-33 𝔓^{10} 𝔓^{113} 0172 2344 (illeg.)

E 8.32 Ro 8.3; Jn 3.16; Gn 22.16; Ro 4.25 **33** Is 50.8

Errata: 8.32 na D ὃς οὐδὲ τοῦ ἰδίου υἱοῦ : ὅς γε οὐδὲ τοῦ ἰδίου υἱοῦ D^{2}

χς ὁ ἀποθανών, μᾶλλον δὲ ἐγερθείς, ὃς καὶ ἐστιν B 489 927 1448

Χριστὸς Ἰησοῦς ὁ ἀποθανών, μᾶλλον δὲ ἐγερθείς, ὅς καί ἐστιν [u]

χς ις ὁ ἀποθανών, μᾶλλον δὲ **ἐγερθίς**, ὅς καί ἐστιν ℵ^c

χρς .... ··ᾶλλον δὲ καὶ ἐγερθείς, ὃς κα·· 𝔓46

χς ις ὁ ἀποθανών, μᾶλλον δὲ καὶ ἐγερθείς, ὃς καὶ ἐστιν L 6 365 1319 1505 1573

χς ις ἀποθανών, μᾶλλον δὲ καὶ ἐγερθείς, ὃς καὶ ἐστιν 2495

χς ις ὁ ἀποθανών, μᾶλλον δὲ καὶ **ἐγερθίς**, ὅς καί ἐστιν F G

χς ις ὁ ἀποθανών, μᾶλλον δὲ καὶ ἐγερθείς ἐκ νεκρῶν, ὅς καί ἐστιν 104

χς ις ὁ ἀποθανών, μᾶλλον δὲ καὶ ἐγερθεις ἐκ νεκρῶν, ὅς καὶ ἐστιν Ψ

χς ις ὁ ἀποθανών, μᾶλλον δὲ ἐγερθείς ἐκ νεκρῶν, ὅς καί ἐστιν 33 1243

χς ὁ ἀποθανών, μᾶλλον δὲ ἐγερθείς ἐκ νεκρῶν, ὅς καί ἐστιν 326 1837

χς ις ὁ ἀποθανών, μᾶλλον δὲ **ἐγερθίς** ἐκ νεκρῶν, ὅς ἐστιν ℵ*

χς ις ὁ ἀποθανών, μᾶλλον δὲ ἐγερθείς ἐκ νεκρῶν, ὅς ἐστιν A C

Χριστὸς Ἰησοῦς ὁ ἀποθανών, μᾶλλον δὲ ἐγερθείς ἐκ νεκρῶν, ὅς ἐστιν [w]

χς ὁ ἀποθανών, μᾶλλον δὲ ἐγερθείς ἐκ νεκρῶν, ὅς ἐστιν 1506

χς ὁ ἀποθανών, μᾶλλον δὲ καὶ ἐγερθείς ἐκ νεκρῶν, ὅς καί ἐστιν 88 330

χς ὁ ἀποθανών, μᾶλλον δὲ καὶ ἐγερθείς, 1739 1881

χς ὁ ἀποθανών, μᾶλλον δὲ καὶ ἐγερθείς, ὃς ἐστιν 131 424 440 460 547 618

χς ὁ ἀποθανών, μᾶλλον δὲ ἐγερθείς, ὃς ἐστιν 323 [↑796 945 1242

Χριστὸς ὁ ἀποθανών, μᾶλλον δὲ ἐγερθείς, ὃς ἐστιν [w] [↑1315 1734 1738

Χριστὸς ὁ ἀποθανών, μᾶλλον δὲ ἐγερθείς, ὃς καί ἐστιν [u] [↑1836 2125

χς ὁ ἀποθανών, **μᾶλον** δὲ καὶ ἐγερθείς, ὃς καὶ ἐστιν 2464

χς ὁ ἀποθανών, μᾶλλον δὲ καὶ **ἐγερθής**, ὃς καὶ ἐστιν 1646

Χριστὸς ὁ ἀποθανών, μᾶλλον δὲ καὶ ἐγερθείς, ὃς καί ἐστιν **τ** Er[1]

χς ὁ ἀποθανών, μᾶλλον δὲ καὶ ἐγερθείς, ὃς καὶ ἐστιν D K 049 056 1 69 205 209 226 517 614 910 999 1175 1241 1245 1270 1352 1424 1611 1735 1827 1854 1874 1891 1982 2147 2400 2412 2815

ἐν δεξιᾷ θυ, ὃς καὶ ἐντυγχάνει ὑπὲρ ἡμῶν. **35** τίς ἡμᾶς B 440

....ιᾶ τοῦ θυ, ὃς καὶ ἐντυγχάνει .... **35** ...... ··μᾶς 𝔓46

ἐν δεξιᾷ τοῦ θυ, ὃς καὶ ἐντυγχάνει ὑπὲρ ἡμῶν. **35** τίς ἡμ····· A

ἐν δεξιᾷ τοῦ θεοῦ, ὃς καὶ ἐντυγχάνει ὑπὲρ ἡμῶν. **35** τίς ἡμᾶς **uwτ** Er[1]

ἐν δεξιᾶι τοῦ θυ, ὃς καὶ ἐντυγχάνει ὑπὲρ ἡμῶν. **35** τίς ἡμᾶς 1891

ἐν δεξιᾷ τοῦ θυ, ὃς ἐντυγχάνει ὑπὲρ ἡμῶν. **35** τίς ἡμᾶς 796

ἐν δεξιᾷ τοῦ θυ, καὶ ἐντυγχάνει ὑπὲρ ἡμῶν. **35** τίς ἡμᾶς 1735

ὃς καὶ ἐντυγχάνει ὑπὲρ ἡμῶν. **35** τίς ἡμᾶς 1739 1881

ἐν δεξιᾷ τοῦ θυ, ὃς καὶ **ἐντυγχάνη** ὑπὲρ ἡμῶν. **35** τίς ἡμᾶς C* 33

ἐκ δεξιὸν τοῦ θυ, ὃς καὶ **ἐντυγχάνη** ὑπὲρ ἡμῶν. **35** τίς ἡμᾶς 1243

ἐν **δεξειᾷ** τοῦ θυ, ὃς καὶ ἐντυγχάνει **ὑπερεὶ** ἡμῶν. **35** τίς οὖν ἡμᾶς F

ἐν **δεξειᾷ** τοῦ θυ, ὃς καὶ ἐντυγχάνει **περεὶ** ἡμῶν. **35** τίς οὖν ἡμᾶς G [↓104 131 205 209 226 323

ἐν δεξιᾷ τοῦ θυ, ὃς καὶ ἐντυγχάνει ὑπὲρ ἡμῶν. **35** τίς ἡμᾶς ℵ C^c D K L Ψ 049 056 1 6 69 88 326 330 365 424 460 489 517 547 614 618 910 927 945 999 1175 1241 1242 1245 1270 1315 1319 1352 1424 1448 1505 1506 1573 1611 1646 1734 1738 1827 1836 1837 1854 1874 1982 2125 2147 2400 2412 2464 2495 2815

lac. 8.33-35 𝔓10 𝔓113 0172 2344 (illeg.) **8.34-35** P

C 8.34 Σα μ´ ταυτα ο αληθης χριστιανος 1739 | αρχ εις βρβρ αδελφοι 1836 **35** ιγ περι της οφειλομενης (οφιλ- 1874) αγαπης χω (χυ 424) 049 424 1175 1245 1270 1836 1874 | ιδ περὶ τῆς ὀφειλομένης ἀγάπης χ ω 1315 | αρχ εις μρμρ 460

D 8.35 ιγ 424 1270 2464

E 8.33 Is 50.8 **34** Jb 34.29; 1 Pe 3.13; Eph 1.20; Ps 110.1; 1 Jn 2.1; Col 3.1; He 7.25; 9.24 **35** Ro 8.37, 39; 5.5; 2 Co 5.14; Ro.2.9; 5.3; 2 Co 12.10; 11.26-28

Errata: 8.34 na 1506 κατακρινῶν : κατακρίνων 1506

8.34 antf 1241 1242 μᾶλλον δὲ ἐγερθείς : μᾶλλον δὲ καὶ ἐγερθείς 1241 1242 (**na** and **ubs** omit καί in txt, but do not show any variants)

8.34 antf 1506 μᾶλλον δὲ καὶ ἐγερθείς : μᾶλλον δὲ ἐγερθείς ἐκ νεκρῶν 1506

8.34 antf 2344 μᾶλλον δὲ καὶ ἐγερθείς : 2344 (illeg.)

8.34 antf 2464 μᾶλλον δὲ καὶ ἐγερθείς : μᾶλον δὲ καὶ ἐγερθείς 2464

8.34 na 𝔓46vid Χριστου : lac. 𝔓46

χωρίσει ἀπὸ τῆς ἀγάπης τοῦ θυ; τῆς ἐν χω̅ ιυ̅ θλεῖψις ἢ στενοχωρία ἢ B
χωρίσει ἀπὸ τῆς ἀγά······ ····· ····· ··········ψις ἢ στενοχωρία 𝔓46
χωρίσει ἀπὸ τῆς ἀγάπης τοῦ θυ; **θλῖψις** ἢ στενοχωρία ἢ ℵ 365 1352 1854 1982
χωρίσει ἀπὸ τῆς ἀγάπης τοῦ θεοῦ; **θλῖψις** ἢ στενοχωρία ἢ [w] Er1 [↑2400
······**ρίση** ἀπὸ τῆς ἀγάπης τοῦ ····· **θλῖψις** ἢ στενοχωρία ἢ A
χωρήσει ἀπὸ τῆς ἀγάπης τοῦ θυ; **θλῖψις** ἢ στενοχωρία ἢ 326 330 1506 1837 2125
χωρήσει ἀπὸ τῆς ἀγάπης τοῦ χυ; **θλίψεις** ἢ στενοχωρία G
χωρήσει ἀπὸ τῆς **ἀγάπη** τοῦ χυ; **θλίψεις** ἢ **στενχαωρία** F*
χωρήσει ἀπὸ τῆς ἀγάπης τοῦ χυ; **θλίψεις** ἢ **στενχαωρία** Fc
χωρήσει ἀπὸ τῆς ἀγάπης τοῦ χυ; **θλῖψις** ἢ στενοχωρία ἢ 1505 1646 1735 2147
χωρήσει ἀπὸ τῆς ἀγάπης τοῦ χυ; **θλῆψις** ἢ **στενοχορία** ἢ 33 [↑2464
χωρήσει ἀπὸ τῆς ἀγάπης τοῦ χυ; **θλήψης** ἢ **στενοχωρεία** ἢ 1243
χωρήσει ἀπὸ τῆς ἀγάπης τοῦ χυ; **θλῖψις** ἢ **στενωχωρία** ἢ 1836*
χωρίσει ἀπὸ τῆς ἀγάπης τοῦ χυ; **θλῖψις** ἢ στενοχωρία D*
χωρίσει ἀπὸ τῆς ἀγάπης τοῦ Χριστοῦ; **θλῖψις** ἢ στενοχωρία ἢ **u[w]τ**
χωρίσει ἀπὸ τῆς ἀγάπης τοῦ χυ; **θλίψεις** ἢ στενοχωρία ἢ 1315
χωρίσει ἀπὸ τῆς ἀγάπης τοῦ χυ; **θλῖψις** ἢ στενοχωρία ἢ C D2 K L Ψ 049 056 1 6 69 88 104 131 205 209 226 323 424 440 460 489 517 547 614 618 796 910 927 945 999 1175 1241 1242 1245 1270 1319 1424 1448 1573 1611 1734 1738 1739 1827 1836c 1874 1881 1891 2412 2495 2815

διωγμὸς ἢ λειμὸς ἢ γυμνότης ἢ κίνδυνος ἢ μάχαιρα; **36** καθὼς B F G
36 **καθάπερ** Cl IV 47.5
διω········ ·· ·············· ·· ··················· ·· ············υνο·· ·· ······················ **36** ·············· 𝔓46
διωγμὸς ἢ **λοιμὸς** ἢ γυμνότης ἢ κίνδυνος ἢ μάχαιρα; **36** καθὼς 6
····ωγμὸς ἢ **λιμὸς** ἢ γυμνό······ ἢ κίνδυνος ἢ μάχαιρα; **36** καθὼ·· A
διωγμὸς ἢ **λιμὸς** ἢ **γυμνώτης** ἢ κίνδυνος ἢ μάχαιρα; **36** καθὼς 33 131 460 618 1611 1735
διωγμὸς ἢ **λιμὸς** ἢ **γυμνώτις** ἢ κίνδυνος ἢ μάχαιρα; **36** καθὼς 104
διωγμὸς ἢ **λιμὸς** ἢ **γυμνότις** ἢ κίνδυνος ἢ μάχαιρα; **36** καθὼς L 1837 1874
διωγμὸς ἢ **λιμὸς** ἢ γυμνότης ἢ μάχαιρα; **36** καθὼς 910 1424
διωγμὸς ἢ μάχαιρα; **36** καθὼς 1
διογμὸς ἢ **λιμὸς** ἢ γυμνότης ἢ κίνδυνος ἢ μάχαιρα; **36** καθὼς 1175 1243
διογμὸς ἢ **λιμὸς** ἢ **γυμνώτης** ἢ κίνδυνος ἢ μάχαιρα; **36** καθὼς 2147
διογμὸς ἢ **λιμὸς** ἢ **γυμνότις** ἢ κίνδυνος ἢ μάχαιρα; **36** καθὼς 2464
················· ·· **λιμὸς** ··· ················ ·· κίνδυνος ἢ μάχαιρα; **36** καθὼς 2344
λιμὸς ἢ **διωγμὸς** ἢ γυμνότης ἢ κίνδυνος ἢ μάχαιρα; **36** καθὼς 489 927 1827
μάχαιρα ἢ διωγμὸς ἢ λιμὸς ἢ γυμνότης ἢ κύνδυνος; **36** καθὼς 1319
διωγμὸς ἢ **λιμὸς** ἢ γυμνότης ἢ κίνδυνος ἢ μάχαιρα; **36** καθὼς ℵ C D K Ψ 049 056 69 88 205 209 226 323 326 330 365 424 440 517 547 614 796 945 999 1241 1242 1245 1270 1315 1352 1448 1505 1506 1573 1646 1734 1738 1739 1836 1854 1881 1891 1982 2125 2400 2412 2495 2815 **uwτ** Er1

[↓1881 1891 1982 2125 2147 2400 2412 2464 2495 2815 **uwτ** Er1 Cl IV 47.5
[↓1505 1506 1573 1611 1646 1734 1735 1738 1739 1827 1836 1837 1854 1874
γέγραπται ὅτι B ℵ A C D F G K L Ψ 049 056 1 6 33 69 88 104 131 205 209 226 323 326 330 365 424 440 460 489 517
······················ ······ 2344 [↑547 614 618 796 910 927 945 999 1175 1241 1242 1243 1245 1270 1315 1319 1352 1424 1448

Ἕνεκεν σοῦ θανατούμεθα ὅλην τὴν ἡμέραν, B ℵ A D F G L Ψ 1 6 33 69 88 131 326 460 489* 517 618
Ἕνεκεν σοῦ θανατούμεθα, 049 [↑910 1175 1241 1424 1505 1646 1734 1739 1836
Ἕνεκεν σοῦ θανατούμεθα ·········· ······ ἡμέραν, 2344 [↑1837 1854 1874 1891c 2495 **uw** Cl IV 47.5
Ἕνεκα σοῦ θανατούμεθα ὅλην τὴν ἡμέραν, C K 056 104 205 209 226 323 330 365 424 440 489c 547 614 796 927 945 999 1242 1243 1245 1270 1315 1319 1352 1448 1506 1573 1611 1735 1738 1827 1881 1891* 1982 2125 2147 2400 2412 2464 2815 **τ** Er1

ἐλογίσθημεν ὡς πρόβατα σφαγῆς. B ℵ A C D K L Ψ 049 056 1 6 33 69 88 104 131 205 209 226
ἐλογίσθημεν ὡς πρόβατα **σφαγεῖς**. 460 [↑323 326 330 365 424 440 489 517 547 614 618
ἐλογίσθημεν ὡς πρό·········· ·············· 2344 [↑796 910 927 945 999 1175 1241 1242 1243 1245
ἐλογείσθημεν ὡς πρόβατα σφαγῆς. F G [↑1270 1315 1319 1352 1448 1505 1506 1573 1611
ἐλογήσθημεν ὡς πρόβατα **σφαγίς**. 1646 2464 [↑1734 1735 1738 1739 1827 1836 1837 1854 1874
ἐλογίσμεν ὡς πρόβατα σφαγῆς. 1424 [↑1881 1891 1982 2125 2147 2400 2412 2495 2815
[↑**uwτ** Er1 Cl IV 47.5

---

lac. 8.35-36 𝔓10 𝔓113 P 0172 P **8.36** 𝔓46 **8.35** 2344 (illeg.)

C 8.36 ψαλμου μγ̅ 049 209 1175 1734 1739 1854 1874

E 8.35 Ro 8.37, 39; 5.5; 2 Co 5.14; Ro.2.9; 5.3; 2 Co 12.10; 11.26-28 **36** Ps 44.2; 1 Co 4.9; 15.30-31; 2 Co 4.10-11; Mt 10.16; Zch 11.4

Errata: 8.35 ubs A Χριστου : lac. A

37 ἀλλ' ἐν τούτοις πᾶσιν ὑπερνεικῶμεν διὰ τοῦ ἀγαπήσαντος ἡμᾶς. B
37 ....κῶμεν διὰ τοῦ ἀγαπήσαντος ἡμα̃·· 𝔓^{46}
37 ἀλλ' ἐν τούτοις πᾶσιν ὑπερνεικῶμεν διὰ **τὸν ἀγαπήσαντα** ἡμᾶς. F G
37 ἀλλ' ἐν τούτοις πᾶσιν **ὑπερνικῶμεν** διὰ **τὸν ἀγαπήσαντα** ἡμᾶς. D
37 ἀλλ' ἐν τούτοις πᾶσιν **ὑπερνικῶμεν** διὰ τοῦ **ἠγαπήσαντος** ἡμᾶς χ̅υ̅. 326^{c}
37 ἀλλ' ἐν τούτοις πᾶσιν **ὑπερνικῶμεν** διὰ τοῦ ἀγαπήσαντος ἡμᾶς χ̅υ̅. 326* 1837
37 ἀλλ' ἐν τούτοις πᾶσιν **ὑπερνικόμεν** διὰ τοῦ ἀγαπήσαντος ἡμᾶς χ̅υ̅. 2464
37 ἀλλ' τούτοις πᾶσιν **ὑπερνικῶμεν** διὰ τοῦ ἀγαπήσαντος ἡμᾶς. 131 460
37 ἀλλ' ἐν τούτοις **πᾶσι** **ὑπερνικῶμεν** διὰ τοῦ ἀγαπήσαντος ἡμᾶς. 330
37 ἀλλ' ἐν τούτοις πᾶσιν **ὑπερνικῶμεν** διὰ τοῦ ἀγαπήσαντος 2495
37 ἀλλ' ἐν τούτοις πᾶσιν **ὑπερνικῶμε**··· διὰ τοῦ ἀγαπήσαντος ἡμᾶς. 1646* [↓365 424 440 489 517
37 ἀλλ' ἐν τούτοις πᾶσιν **ὑπερ**...................... διὰ τοῦ ἀγαπήσαντος ἡμᾶς. 2344 [↓88 104 205 209 226 323
37 ἀλλ' ἐν τούτοις πᾶσιν **ὑπερνικῶμεν** διὰ τοῦ ἀγαπήσαντος ἡμᾶς. ℵ A C K L Ψ 049 056 1 6 33 69
547 614 618 796 910 927 945 999 1175 1241 1242 1243 1245 1270 1315 1319 1352 1424 1448 1505 1506 1573 1611
1646^{c} 1734 1735 1738 1739 1827 1836 1854 1874 1881 1891 1982 2125 2147 2400 2412 2815 **uwτ** Er^{1} Cl IV 47.5

[↓1734 1735 1738 1739 1827 1837 1854 1881 1891 1982 2125 2147 2400 2412 2495 2815 **uwτ** Er^{1} Cl IV 96.1
[↓323 330 365 424 440 460 489^{c} 517 614 796 945 999 1175 1242 1243 1245 1270 1319 1352 1424 1448 1573
38 πέπεισμαι γὰρ ὅτι οὔτε θάνατος οὔτε ζωὴ οὔτε ἄγγελοι B A C K L Ψ 049 1 6 69 131 205 209 226
38 πέπεισμαι .... θάνατος οὔτε ζωὴ οὔτε ἄγγελοι 2344
38 πέπεισμαι γὰρ ὅτι οὔτε **ζωὴ** οὔτε **θάνατος** οὔτε ἄγγελοι 547
38 πέπεισμαι γὰρ ὅτι 618
38 ····· **πισμαι** γὰρ ὅτι οὔτε θάνατος οὔτε ζωὴ οὔτε ἄγγελοι 𝔓^{46}
38 **πέπισμαι** γὰρ ὅτι οὔτε θάνατος οὔτε ζωὴ οὔτε ἄγγελοι ℵ 88 104 1241 1506 1611 1836
38 **πέποιθα** γὰρ ὅτι οὔτε θάνατος οὔτε ζωὴ οὔτε ἄγγελοι 056
38 **πέπεισμε** γὰρ ὅτι οὔτε θάνατος οὔτε ζωὴ οὔτε ἄγγελοι 326 910 1315 1505 1874 2464
38 **πέπεισμε** γὰρ ὅτι **οὔτες** θάνατος οὔτε ζωὴ οὔτε ἄγγελοι 1646
38 **ἔπεισμαι** γὰρ ὅτι οὔτε θάνατος οὔτε ζωὴ οὔτε ἄγγελοι 489* 927
38 **πέπισμε** γὰρ ὅτι οὔτε θάνατος οὔτε ζωὴ οὔτε ἄγγελοι 33
38 **πέπισμαι** γὰρ ὅτι οὔτε θάνατος οὔτε ζωὴ οὔτε **ἄνγελος** F G
38 **πέπισμε** γὰρ ὅτι οὔτε θάνατος οὔτε ζωὴ οὔτε **ἄγγελος** οὔτε ἐξουσία D*
38 **πέπισμαι** γὰρ ὅτι οὔτε θάνατος οὔτε ζωὴ οὔτε **ἄγγελος** οὔτε ἐξουσία D$^{\sigma 2}$

[↓1319 1505 1506 1573 1739 1881 2495 **uw**
οὔτε ἀρχαὶ οὔτε ἐνεστῶτα οὔτε μέλλοντα οὔτε δυνάμεις B ℵ A D^{2} G 69 365
1243
οὔτε ἀρχαὶ οὔτε τὰ ἐνεστῶτα Cl IV 96.1
οὔτε **ἀρχια** οὔτε ἐνεστῶτα οὔτε μέλλοντα οὔτε **δινάμεις** F
οὔτε ἀρχαὶ οὔτε ἐνεστῶτα οὔτε μέλλοντα οὔτε **δυνάμις** D*
οὔτε ἀρχαὶ ού οὔτε ἐνεστῶτα οὔτε μέλλοντα οὔτε **δυνάμις** 𝔓^{46}
οὔτε ἀρχαὶ οὔτε ἐξουσίαι οὔτε ἐνεστῶτα οὔτε μέλλοντα οὔτε δυνάμεις C 104
οὔτε ἀρχαὶ οὔτε **δυνάμεις** οὔτε **ἐξουσίαι** οὔτε **ἐνεστῶτα** οὔτε **μέλλοντα** 1245
οὔτε ἀρχαὶ οὔτε ἐξουσίαι οὔτε **δυνάμεις** οὔτε **ἐνεστῶτα** οὔτε **μέλλοντα** οὔτε ζωὴ οὔτε 1836*
οὔτε ἀρχαὶ οὔτε ἐξουσίαι οὔτε **δυνάμεις** οὔτε **ἐνεστῶτα** οὔτε **μέλλοντα** 1 330 460 618 1270
οὔτε ἀρχαὶ οὔτε **δυνάμεις** οὔτε **ἐνεστῶτα** 614 [↑1315 1735 1738
οὔτε ἀρχαὶ οὔτε **δυνάμεις** οὔτε **ἐνεστῶτα** Ψ [↑1836^{c}
οὔται ἀρχαὶ οὔτε **δυνάμεις** οὔτε **ἐνεστῶτα** οὔτε **μέλλοντα** 33
οὔτε ἀρχαὶ οὔτε **δυνάμεις** οὔτε **ἐνεστότα** οὔτε **μέλλοντα** 1646
οὔτε ἀρχαὶ οὔτε **δυνάμεις** οὔτε **ἐνεστότα** οὔτε **μέλοντα** 2464
οὔτε .... οὔτε **δυνάμεις** οὔτε **ἐνεστῶτα** οὔτε **μέλλοντα** 2344
οὔτε ἀρχαὶ οὔτε **δυνάμεις** οὔτε **ἐνεστῶτα** οὔτε **μέλλοντα** K L 049 056 6 88 131
205 209 226 323 326 424 440 489 517 547 796 910 927 945 999 1175 1241 1242 1352
1424 1448 1611 1734 1827 1837 1854 1874 1891 1982 2125 2147 2400 2412 2815 **τ** Er^{1}

---

lac. 8.37-38 𝔓^{10} 𝔓^{113} P 0172

C 8.37 ι̅γ̅ περι π̅ν̅ς̅ οφειλομεν ησαιας π̅ν̅ς̅ χω̅ 796

D 8.37 ι̅γ̅ 049 1175 1245 1836 1874

E 8.37 Jn 16.33; Re 12.11 **38** Ro 14.14; 15.14; 1 Co 3.22

Errata: 8.37-9.9 Kenyon 𝔓^{46} omits transcription for this leaf

[↓1573 1734 1735 1738 1739 1827 1854 1874 1881 1891 1982 2125 2147 2344 2400 2412 2815 **uwτ** Er[1] Cl IV 96.2

[↓226 323 365 424 440 489 517 547 614 618 796 910 927 945 999 1175 1241 1242 1245 1270 1315 1352 1424 1448

39 οὔτε ὕψωμα οὔτε βάθος οὔτε τις κτίσις ἑτέρα δυνήσεται ἡμᾶς χωρίσαι B ℵ C K L 1 6 88 104

39 οὔτε ὕψωμα οὔτε βάθος οὔτε κτίσις ἑτέρα δυνήσε······· ἡμᾶς χωρίσαι 𝔓[46] [↑131 205 209

39 οὔτε ὕψωμα οὔτε βάθος οὔτε κτίσις ἑτέρα δυνήσεται ἡμᾶς χωρίσαι D 1505 2495

39 οὔτε ὕψωμα οὔτε βάθος οὔτε **κτείσεις** ἑτέρα δυνήσεται ἡμᾶς **λωρείσαι** F G

39 οὔτε ὕψωμα οὔτε βάθος οὔτε τις **κτίσεις** ἑτέρα δυνήσεται ἡμᾶς χωρίσαι A

39 οὔτε ὕψωμα οὔτε βάθος οὔτε τις **κτίσης** ἑτέρα δυνήσεται ἡμᾶς **χωρήσαι** 1646

39 οὔτε ὕψωμα οὔτε βάθος οὔτε τις **κτίσεις** ἑτέρα **δυνήσητε** ἡμᾶς **χωρήση** 1243

39 οὔτε ὕψωμα οὔτε βάθος οὔτε τις **κτίσεως** ἑτέρα **δυνήσηται** ἡμᾶς χωρίσαι 1319

39 οὔτε ὕψωμα οὔτε βάθος οὔτε τις κτίσις ἑτέρα **δυνήσηται** ἡμᾶς **χωρήσαι** 330 1836

39 οὔτε ὕψωμα οὔτε βάθος οὔτε τις κτίσις ἑτέρα **δύναται** ἡμᾶς **χωρήσαι** 33

39 οὔτε ὕψωμα οὔτε βάθος οὔτε τις κτίσις ἑτέρα δυνήσεται ἡμᾶς **χωρήσαι** 049 056 326 1506 1611

39 οὔτε βάθος οὔτε τις κτίσις ἑτέρα **δύναται** ἡμᾶς χωρίσαι Ψ [↑1837 2464

39 οὔτε ὕψωμα οὔτε βάθος οὔτε **τῆς** κτίσις ἑτέρα δυνήσεται ἡμᾶς χωρίσαι 460

39 οὔτε ὕψωμα οὔτε βάθος οὔτε **τι** κτίσις ἑτέρα δυνήσεται ἡμᾶς χωρίσαι 69

[↓1573 1611 1735 1738 1827 1836 1837 1854 1874 1881 1982 2125 2147 2344 2400 2412 2464 2495 2815

[↓460 489 517 547 614 618 796 910 927 945 999 1175 1241 1242 1243 1245 1315 1319 1352 1448 1505 1506

ἀπὸ τῆς ἀγάπης τοῦ θυ τῆς ἐν χω ιυ τῷ κω ἡμῶν. B ℵ D K Ψ 049 056 1 6 33 69 88 104 131 205

ἀπὸ τῆς ἀγάπης τοῦ __ τῆς ἐν χω ιυ τῷ κω ἡμῶν. 1646 [↑209 226 323 326 330 365 440

ἀπὸ τῆς ἀγάπης τοῦ θυ τῆς ἐν χω ιυ τῷ κυρίῳ ἡμῶν. L 1424

ἀπὸ τῆς ἀγάπης τοῦ θυ τῆς ἐν χω ιυ τῶι κω ἡμῶν. 1270

ἀπὸ τῆς ἀγάπης τοῦ θυ τῆς ἐν χωι ιυ τῶι κωι ἡμῶν. 424 1734 1734 1891

ἀπὸ τῆς ἀγάπης τοῦ θυ τῆς ἐν **χρω** **ιηυ** τῶι κω ἡμῶν. 𝔓[46]

ἀπὸ τῆς ἀγάπης τοῦ θεοῦ τῆς ἐν Χριστῷ Ἰησοῦ τῷ κυρίῳ ἡμῶν. **uwτ** Er[1] Cl IV 96.2

ἀπὸ τῆς ἀγάπης τοῦ θυ τῆς ἐν χω ιυ **τοῦ** **κυ** ἡμῶν. A C

ἀπὸ τῆς ἀγάπης τοῦ θυ τῆς ἐν χρω ιηυ **τοῦ** **κυ** ἡμῶν. F G

---

lac. 8.39 𝔓[10] 𝔓[113] P 0172

C 8.39 τελ L Ψ 104 209 226 330 424 440 489 796 945 999 1241 1243 1245 1735 1739 | τε μρμρ 1 | τε των μρμρ 614 1315 1573 | τελ 326 517 1448 1891 2147 2464 | τελ του αγι 547

E 8.39 Eph 1.22-23; Ro 8.35; Jn 17.26

God's Election of Israel

9:1 Ἀλήθειαν λέγω ἐν χω, οὐ ψεύδομαι, συνμαρτυρούσης B* ℵ A C D² 326

9:1 Ἀλήθειαν λέγω ἐν **χρω**, οὐ ψεύδομαι, συνμαρτυρούσης 𝔓⁴⁶

9:1 **Ἀλήθιαν** λέγω ἐν χω **ιυ**, οὐ ψεύδομαι, συνμαρτυρούσης D*

9:1 **Ἀλήθιαν** λέγω ἐν χρω **ιηυ**, οὐ ψεύδομαι, συνμαρτυρούσης F

9:1 **Ἀλήθιαν** λέγω ἐν χρω **ιυ**, οὐ ψεύδομαι, συνμαρτυρούσης G

9:1 **Ἀλλήθειαν** λέγω ἐν χω, οὐ ψεύδομαι, συνμαρτυρούσης 2464

9:1 Ἀλήθειαν λέγω ἐν Χριστῷ, οὐ ψεύδομαι, συνμαρτυρούσης **w**

9:1 Ἀλήθειαν λέγω ἐν Χριστῷ, οὐ ψεύδομαι, **συμμαρτυρούσης** **uτ** Er¹

9:1 Ἀλήθειαν λέγω ἐν χωι, οὐ ψεύδομαι, **συμμαρτυρούσης** 517 1734 1739 1891

9:1 Ἀλήθειαν λέγω ἐν χω, οὐ ψεύδομαι, **συμμαρτυρούσεις** 1315

9:1 Ἀλήθειαν λέγω ἐν χω, οὐ ψεύδομαι, **συμμαρτυρούσις** 1735

9:1 Ἀλήθειαν λέγω ἐν χω, οὐ **ψεύδωμαι**, **συμμαρτυρούσης** 1874 [↓104 131 205 209 226

9:1 Ἀλήθειαν λέγω ἐν χω, οὐ ψεύδομαι, **συμμαρτυρούσης** Bᶜ K L Ψ 049 056 1 6 33 69 88 323 330 365 424 440 460 489 547 614 618 796 910 927 945 999 1175 1241 1242 1243 1245 1270 1319 1352 1424 1448 1505 1506 1573 1611 1646 1738 1827 1836 1837 1854 1881 1982 2125 2147 2344 2400 2412 2495 2815

μοι τῆς συνειδήσεώς μου ἐν πνεύματι ἁγίῳ, **2** ὅτι λύπη μοί ἐστιν B **uw**

μοι τῆς συνειδήσεώς μου ἐν πνεύματι ἁγίῳ, **2** ὅτι λύπη μοί **ἐστι** **τ** Er¹

μοι τῆς **συνειδίσεώς** μου ἐν πνι ἁγίῳ, **2** ὅτι λύπη μοί **ἐστι** 1611

μοι τῆς **συνηδήσεώς** μου ἐν πνι ἁγίω, **2** ὅτι λύπη μοί **ἐστι** 1245

μοι τῆς **συνηδήσεώς** μου ἐν πνι ἁγίωι, **2** ὅτι λύπη μοί **ἐστι** 1270

μοι τῆς **συνηδήσεώς** μου ἐν πνι ἁγίω, **2** ὅτι λύπη μοί ἐστιν 33 1243 1874

μοι τῆς **συνηδήσεώς** ἐν πνι ἁγίω, **2** ὅτι λύπη μοί ἐστιν 1506

μοι τῆς **συνιδήσεώς** ἐν πνι ἁγίω, **2** ὅτι ···· ···ύπη ἐστιν 𝔓⁴⁶

μοι τῆς **συνιδήσεώς** μου ἐν πνι ἁγίω, **2** ὅτι λύπη μοί ἐστιν D* 2464

μοι τῆς **συνιδήσεώς** μου **σὺν** πνι **ἀγείω**, **2** ὅτι λύπη μοί ἐστιν G [↓1827 1836 1837 1854

μοι τῆς **συιδέσεώς** μου **σὺν** πνι **ἀγείω**, **2** ὅτι λύπη μοί ἐστιν F [↓1175 1319 1424 1646 1735

μοι τῆς συνειδήσεώς μου ἐν πνι ἁγίῳ, **2** ὅτι λύπη μοί ἐστιν ℵ A D² K L Ψ 049 1 326 460 618

μοι τῆς συνειδήσεώς μου ἐν πνι ἁγίῳ, **2** ὅτι **μοι λύπή** **ἐστι** 440·

μοι τῆς συνειδήσεώς μου ἐν πνι ἁγίῳ, **2** ὅτι λύπη μοί **ἐστι** C 056 6 69 88 104 131 205 209 226 323 330 365 424 489 517 547 614 796 910 927 945 999 1241 1242 1315 1352 1448 1505 1573 1734 1738 1739 1881 1891 1982 2125 2147 2344 2400 2412 2495 2815

---

lac. 9.1-2 𝔓¹⁰ 𝔓¹¹³ P 0172

C 9.1 Σα ς αδελφοι L | (ιε 440; ιδ 1245)περὶ ἐκ πτώσεως ἰηλ τοῦ ἀποβληθέντος καὶ κλήσεως ἀληθοῦς τοῦ ἐκλεχθέντος μετὰ ἐθνῶν 049 104 440 1245 | αρχ Σα βκ,ε ρβ 1315 | ιε περι εκ πτωσεως του αποβληθεντος ιηλ 1 | αρχ Σα ς αδ,ε αληθειαν λε 326 | αρχ 547 | ιδ περι εκ πτωσεως ιηλ του αποβληθεντος καὶ κλήσεται ἐπ ἀληθοὺς του εκλεχθεντος μετα εθνων 1175 1270 | αρχ τω ε της ς εβδ αδ,ε αληθειαν λεγ ου ψευδομαι 1 | αρχ 104 | αρχ κ,ε θ σαββατ ς 209 | αρχ Σα ς αδ,ε αληθειαν λεγω εν χω 226 | αρχ Σα ς 330 2464 | αρχ κ,ε ξθ Σα ς 424 | κ,ε ξθ της αγ μαμτ και των λοιπων μομ και αρχ της ς Σα ι 440 | αρχ Σα ς 460 | αρχ Σα α αδ,ε αληθ 489 | αδ,ε Σα ς 517 | αρχ Σα ς προς ρωμαιους αδελφοι αληθειαν λεγω εν χω ου ψευδομαι 614 | Σα ς 618 | αρχ Σα ς αδ,ε αληθ λ,γ εν 796 | περι εκ πιστεως ιηλ του αποβληθ και κλησεως του αληθειας του εκλεχθεντος μετα των εθνων 796 | αρχ Σα β αδ,ε αληθ λεγω εν χω 927 | αρχ Σα ς προς ρωμ: αδ,ε αληθ λεγω εν χω ου ψευομαι 945 | αρχ αναγνων γ Σα ς 1175 | αρχ Σα ς 1241 | αρχ αψ Σα ς 1243 | αρχ 1245 | ιε περὶ ἐκ πτώσεως ἰηλ τοῦ ἀποβληθέντος καὶ περὶ κλήσεως τῆς ἀληθοῦς ἐκλεχθέντος μετὰ ἐθνῶν 1315 | Σα ς απο ν αδ,ε αληθ 1270 | αρχ Σα ς 1448 | αρχ σα ς αδ,ε αληθειαν λεγω 1573 | Σ ζ 1735 | τομο ιδ ος ου φεεται 1739 | κ,ε κδ αρχ Σα ς τη ς της γ εβδ ο αποστολ πρ ρωμ αδελφοι ουχ οιον δε οτι εκ πεπτωκεν και ο λογος 1739 | Σα ς ο αποστολ πρ ρωμ αδελφοι αληθειαν λεγω εν χω 1739 | Σα ς 1836 | ιδ περὶ ἐκ πτώσεως ἰηλ τοῦ ἀποβληθέντος καὶ κλήσεως τοῦ ἀληθοῦς τοῦ ἐκλεχθέντος μετὰ ἐθνῶν 1874 | αρχ αδελφοι αληθειαν λεγω 1891 | αρχ Σα της ς εβδ αδ,ε αληθ λεγω ου ψευδομαι συμμαρτυρου 2147

D 9.1 κγ 1 226 | κα 489 517 | ιδ 440 796 1175 1245 1270 1854 | κδ 226 547 1739 | κβ 927 | ιε 1315

E 9.1 1 Ti 2.7; 2 Co 11.31; Ro 2.15

μεγάλη καὶ ἀδιάλιπτος ὀδύνη τῇ καρδίᾳ μου. 3 ηὐχόμην γὰρ B* ℵ
μεγάλη καὶ ἀδιάλιπτος ὀδύνη τῇ καρδίᾳ μου. 3 **εὐχόμην** γὰρ D*
μεγάλη καὶ **ἀδειάλειπτος** ....νη τῇ καρδίᾳ μου. 3 ηὐχόμην γὰρ 𝔓^{46}
μεγάλη καὶ **ἀδιάλειπτος** ὀδύνη τῇ καρδίᾳ μου. 3 ηὐχόμην γὰρ B^{c} A F G Ψ 1505 1735
μεγάλη καὶ **ἀδιάλειπτως** **ὀδύνει** τῇ καρδίᾳ μου. 3 ηὐχόμην γὰρ αὐτὸς 326 1837 [↑2495 **uw**
μεγάλη καὶ **ἀδιάλειπτος** ὀδύνη τῆι καρδίαι μου. 3 ηὐχόμην γὰρ αὐτὸς 1739
μεγάλη καὶ **ἀδιάλειπτος** ὀδύνη τῇ καρδίᾳ μου. 3 ηὐχόμην γὰρ αὐτὸς C 69 104 547 1881
μεγάλη καὶ **ἀδιάλειπτος** ὀδύνη τῇ καρδίᾳ μου. 3 ηὐχόμην αὐτὸς 1827 [↑2125 **τ** Er^{1}
μεγάλη καὶ **ἀδιάληπτος** ὀδύνη τῇ καρδίᾳ μου. 3 ηὐχόμην γὰρ αὐτὸς 056 365^{c} 440 1243
μεγάλη καὶ **ἀδιάληπτος** ὀδύνη τῇ καρδίᾳ μου. 3 ηὐχόμην .... 88 [↑1270 1315 1506
μεγάλη καὶ **ἀδιάλειπτος** ὀδύνη **τῆς** **καρδίας** μου. 3 ηὐχόμην γὰρ αὐτὸς 2147 [↑1982 2815
μεγάλη καὶ **ἀδιάλειπτος** ὀδύνη **τῆς** **καρδίας** μου. 3 **εὐχόμην** γὰρ αὐτὸς K 33 614 999 1175
μεγάλη καὶ **ἀδιάαλλειπτος** ὀδύνη τῇ...... καρδίᾳ μου. 3 **εὐχόμην** γὰρ αὐτὸς 1646* [↑1836 1874^{c}
μεγάλη καὶ **ἀδιάαλλειπτος** ὀδύνη τῇ καρδίᾳ μου. 3 **εὐχόμην** γὰρ αὐτὸς 1646^{c} [↑2344 2412
μεγάλη καὶ **ἀδιάλιπτος** ὀδύνη **τῆς** **καρδίας** μου. 3 **εὐχόμην** γὰρ αὐτὸς 1874*
μεγάλη καὶ **ἀδιάληπτος** ὀδύνη τῇ καρδίᾳ μου. 3 **εὐχόμην** γὰρ αὐτὸς L 2464
μεγάλη **ἀδιάληπτος** ὀδύνη τῇ καρδίᾳ μου. 3 **εὐχόμην** γὰρ αὐτὸς 460 618
μεγάλη καὶ **ἀδιάληπτος** ὀδύνη τῇ καρδίᾳ μου. 3 **εὐχόμην** γὰρ **ἐγὼ** 2400
μεγάλη καὶ **ἀδιάλειπτος** ὀδύνη τῇ καρδίᾳ μου. 3 **εὐχόμην** γὰρ D^{2}
μεγάλη καὶ **ἀδιάλειπτος** ὀδύνη τῆι καρδία μου. 3 **εὐχόμην** γὰρ αὐτὸς 424 1891
μεγάλη καὶ **ἀδιάλειπτος** ὀδύνη ἐν τῇ καρδίᾳ μου. 3 **εὐχόμην** γὰρ αὐτὸς 796
μεγάλη καὶ **ἀδιάλειπτος** **ὀδύνηι** τῆι καρδίαι μου. 3 **εὐχόμην** γὰρ αὐτὸς 1734
μεγάλη καὶ **ἀδιάλειπτος** ὀδύνη τῇ καρδίᾳ μου. 3 **εὐχόμην** γὰρ αὐτὸς 049 1 6 131 205 209
226 323 330 365* 489 517 910 927 945 1241 1242 1245 1319 1352 1424 1448 1573 1611 1738 1854

ἀνάθεμα εἶναι αὐτὸς ἐγὼ ἀπὸ τοῦ χυ ὑπὲρ τῶν B*
ἀνάθεμα εἶναι αὐτὸς ἐγὼ ἀπὸ τοῦ **χρυ** ὑπὲρ .... ἀδελφῶν τῶν 𝔓^{46}
ἀνάθεμα εἶναι αὐτὸς ἐγὼ ἀπὸ τοῦ χυ ὑπὲρ τῶν ἀδελφῶν μου τῶν B^{c} A 1735 2495
εἶναι **ἀνάθεμα** αὐτὸς ἐγὼ ἀπὸ τοῦ χυ ὑπὲρ τῶν ἀδελφῶν μου τῶν ℵ
ἀνθεμα εἶναι αὐτὸς ἐγὼ ἀπὸ τοῦ χρυ υπερ τῶν ἀδελφῶν μου τῶν F
ἀνάθεμα εἶναι αὐτὸς ἐγὼ ἀπὸ τοῦ Χριστοῦ ὑπὲρ τῶν ἀδελφῶν μου τῶν **uw**
ἀνάθεμα εἶναι αὐτὸς ἐγὼ **ὑπὸ** τοῦ χυ ὑπὲρ τῶν ἀδελφῶν μου τῶν D^{2}
ἀνάθεμα εἶναι αὐτὸς ἐγὼ **ὑπὸ** τοῦ χυ ὑπὲρ τῶν ἀδελφῶν μου τῶν 1505
ἀνάθεμα εἶναι αὐτὸς ἐγὼ **ὑπὸ** τοῦ χυ ὑπὲρ τῶν ἀδελφῶν μου τῶν D*
ἀνάθεμα εἶναι αὐτὸς ἐγὼ **ὑπὸ** τοῦ χυ ὑπὲρ τῶν ἀδελφῶν μου τῶν G
ἀνάθεμα εἶναι αὐτὸς ἐγὼ **ὑπὲρ** τοῦ χυ ὑπὲρ τῶν ἀδελφῶν μου τῶν Ψ
.... 88
ἐγὼ **ἀνάθεμα** **εἶναι** ἀπὸ τοῦ Χριστοῦ ὑπὲρ τῶν ἀδελφῶν μου τῶν **τ** Er^{1}
ἐγὼ **ἀνάθεμα** **εἶναι** ἀπὸ χυ ὑπὲρ τῶν ἀδελφῶν μου τῶν 104 1827
ἐγὼ **ἀνάθεμα** **εἶναι** ὑπὲρ τῶν ἀδελφῶν μου τῶν 1836
ἐγὼ **ἀνάθεμα** **εἶναι** ἀπὸ τοῦ χυ ὑπὲρ τῶν **ἀδεφῶν** μου τῶν 33
ἐγὼ **ἀνάθεμα** **εἶναι** ἀπὸ τοῦ χυ ὑπὲρ πάντων τῶν ἀδελφῶν μου τῶν 330
ἐγὼ **ἀνάθεμα** **εἶναι** ἀπὸ τοῦ χυ ὑπὲρ τῶν **ἀδελφόν** μου τῶν 1243
ἀνάθεμα **εἶναι** ἀπὸ τοῦ χυ ὑπὲρ τῶν ἀδελφῶν μου τῶν 205
αὐτὸς **ἀνάθεμα** **εἶναι** ἀπὸ τοῦ χυ ὑπὲρ τῶν ἀδελφῶν μου τῶν 2400 [↓69 131 209
ἐγὼ **ἀνάθεμα** **εἶναι** ἀπὸ τοῦ χυ ὑπὲρ τῶν ἀδελφῶν μου τῶν C K L 049 056 1 6
226 323 326 365 424 440 460 489 517 547 614 618 796 910 927 945 999 1175 1241 1242 1245 1270 1315 1319 1352
1424 1448 1506 1573 1611 1646 1734 1738 1739 1837 1854 1874 1881 1891 1982 2125 2147 2344 2412 2464 2815

lac. 9.2-3 𝔓^{10} 𝔓^{113} P 0172

E 9.3 1 Co 16.22; Ex 32.32; 1 Jn 3.16; Ro 16.7, 11, 21

συγγενῶν μου κατὰ σάρκα, 4 οἵτινές εἰσιν Ἰσραηλεῖται, ὧν ἡ υἱοθεσία B ℵ w
συγγενῶν μου κατὰ σάρκα, 4 **οἵτεινές** εἰσιν Ἰσραηλεῖται, ὧν A
συνγενῶν μου κατὰ σάρκα, 4 οἵτινές εἰσιν Ἰσραηλεῖται, ὧν ἡ υἱοθεσία $\mathfrak{P}^{46c}$
συνγενῶν μου κατὰ σάρκα, 4 οἵτινές εἰσιν Ἰσραηλεῖται, ὧν ἡ **υἱοθεσίαν** $\mathfrak{P}^{46*}$
συνγενῶν τῶν κατὰ σάρκα, 4 οἵτινές **εἴσειν** Ἰσραηλεῖται, ὧν **υἱοθεσεία** F
συνγενῶν τῶν κατὰ σάρκα, 4 **ὅτεινές** **εἴσειν** Ἰσραηλεῖται, ὧν **υἱοθεσεία** G
συγγενῶν τῶν κατὰ σάρκα, 4 οἵτινές εἰσιν **Ἰστραηλεῖται**, ὧν ἡ υἱοθεσία D*
συγγενῶν μου τῶν κατὰ σάρκα, 4 οἵτινές εἰσιν **Ἰστραηλῖται**, ὧν ἡ υἱοθεσία D^2
συγγενῶν μου τῶν κατὰ σάρκα, 4 οἵτινές εἰσιν **Ἰσραηλῖται**, ὧν ἡ υἱοθεσία 1315 2147 2815
συγγενῶν μου κατὰ σάρκα, 4 οἵτινές εἰσιν **Ἰηλῖται**, ὧν ἡ υἱοθεσία 205 547 796 945
συγκενῶν μου κατὰ σάρκα, 4 οἵτινές εἰσιν **Ἰηλῖται**, ὧν ἡ υἱοθεσία 1827
συγγενῶν μου κατὰ σάρκα, 4 οἵτινές εἰσιν **Ἰσραιλῖται**, ὧν ἡ υἱοθεσία 33
συγγενῶν μου κατὰ σάρκα, 4 οἵτινές εἰσιν **Ἰσραηλῖται**, ὧν ἡ **υἱωθεσία** 1735
συγγενῶν μου κατὰ σάρκα, 4 οἵτινές εἰσιν **Ἰσραηλῖται**, ὧν ἡ **ὑοθεσία** L 1874
συνγενῶν μου κατὰ σάρκα, 4 οἵτινές **ἦσιν** **Ἰσραηλῖται**, ὧν ἡ **οἰοθεσία** 2464
συνγενῶν μου κατὰ σάρκα, 4 οἵτινές εἰσιν **Ἰσραηλῖται**, ὧν ἡ υἱοθεσία 049
συγγενῶν μου κατὰ σάρκα, 4 οἵτινές εἰσιν **Ἰσραηλῖται**, ὧν υἱοθεσία 2344 2400
.... 4 .... **Ἰσραηλῖται**, ὧν ἡ υἱοθεσία 88
συγγενῶν μου κατὰ σάρκα, 4 οἵτινές **Ἰσραηλῖται**, ὧν ἡ υἱοθεσία 460 618
συγγενῶν μου κατὰ σάρκα, 4 οἵτινές εἰσιν **Ἰσραηλῖται**, ὧν ἡ υἱοθεσία C K Ψ 056 1 6 69
104 131 209 226 323 326 330 365 424 440 489 517 614 910 927 999 1175 1241 1242 1243 1245 1270 1319 1352
1424 1448 1505 1506 1573 1611 1646 1734 1738 1739 1836 1837 1854 1881 1891 1982 2125 2412 2495 **uτ** Er^1

καὶ ἡ δόξα καὶ ἡ διαθήκη καὶ ἡ νομοθεσία καὶ ἡ λατρεία καὶ αἱ ἐπαγγελίαι, B
καὶ ἡ δόξα καὶ ἡ διαθήκη καὶ ἡ ν··μοθεσία καὶ λατρεία καὶ ἐπαγγελί··· $\mathfrak{P}^{46}$
καὶ ἡ δόξα καὶ ἡ διαθήκη καὶ ἡ νομοθεσία καὶ ἡ λατρεία καὶ **ἡ** **ἐπαγγελία**, D^2
καὶ ἡ δόξα καὶ ἡ διαθήκη καὶ ἡ νομοθεσία καὶ ἡ **λατρία** καὶ **ἡ** **ἐπαγγελία**, D*
καὶ ἡ δόξα καὶ ἡ διαθήκη καὶ ἡ νομοθεσία καὶ ἡ **λατρία** καὶ **ἡ** **παγγελεία**, G
καὶ ἡ δόξα καὶ ἡ διαθήκη καὶ ἡ νομοθεσία καὶ ἡ **λατρία** καὶ **ἐπαγγελία**, F*
καὶ ἡ δόξα καὶ ἡ διαθήκη καὶ ἡ **νομοθησία** καὶ ἡ **λατρία** καὶ **ἐπαγγελία**, F^c
καὶ ἡ δόξα καὶ ἡ **λατρία** καὶ αἱ ἐπαγγελίαι, L
omit A
καὶ ἡ δόξα καὶ **αἱ** **διαθῆκαι** καὶ ἡ νομοθεσία καὶ ἡ **λατρία** καὶ ἐπαγγελίαι, 1175
καὶ ἡ δόξα καὶ **αἱ** **διαθῆκαι** καὶ ἡ νομοθεσία καὶ ἡ λατρεία καὶ ἐπαγγελίαι, 1506 1874* 1982
καὶ ἡ δόξα καὶ **αἱ** **διαθῆκαι** καὶ ἡ νομοθεσία καὶ ἡ **λατρία** καὶ **αἰπαγγελίαι**, 1315 1646
καὶ ἡ δόξα καὶ **αἱ** **διαθῆκαι** καὶ ἡ νομοθεσία καὶ ἡ **λατρία** καὶ αἱ ἐπαγγελίαι, 1 33 1738
καὶ ἡ δόξα καὶ **αἱ** **διαθῆκαι** καὶ ἡ νομοθεσία καὶ ἡ λατρεία καὶ αἱ **ἐπαγγελείαι**, 049
καὶ ἡ δόξα καὶ **αἱ** **διαθῆκαι** καὶ ἡ νομοθεσία καὶ ἡ **λατρία** καὶ αἱ **ἐπαγγελείαι**, 2147 2464
καὶ ἡ δόξα καὶ **ἐ** **διαθῆκαι** καὶ ἡ νομοθεσία καὶ ἡ **λατρία** καὶ αἱ **ἐπαγγελλίαι**, 618
καὶ ἡ δόξα καὶ **αἱ** **διαθῆκαι** καὶ ἡ νομοθεσία καὶ ἡ λατρεία καὶ αἱ **παγγελίαι**, 910
.... **διαθῆκαι** καὶ ἡ νομοθεσία καὶ ἡ λατρεία καὶ αἱ ἐπαγγελίαι, 1245*
καὶ ἡ δόξα καὶ **αἱ** **διαθῆκαι** καὶ ἡ νομοθεσία καὶ ἡ λατρεία καὶ αἱ **παγγελίαι**, 1424 [↓88 104 131
καὶ ἡ δόξα καὶ **αἱ** **διαθῆκαι** καὶ ἡ νομοθεσία καὶ ἡ λατρεία καὶ αἱ ἐπαγγελίαι, ℵ C K Ψ 056 6 69
205 209 226 323 326 330 365 424 440 460 489 517 547 614 796 927 945 999 1241 1242 1243 1245^c 1270 1319 1352 1448
1505 1573 1611 1734 1735 1739 1827 1836 1837 1854 1874^c 1881 1891 2125 2344 2400 2412 2495 2815 **uwτ** Er^1

5 ὧν οἱ πατέρες καὶ ἐξ ὧν ὁ χς τὸ κατὰ σάρκα, ὁ ὢν ἐπὶ πάντων B ℵ D 796
5 ····· ··· πατέρες καὶ ἐξ ὧν ὁ χρς **ὁ** κατὰ σάρ······· ·· ······ ἐπὶ πάντων $\mathfrak{P}^{46}$
5 ὧν πατέρες ἐξ ὧν ὁ χρς κατὰ σάρκα, ὁ ὢν ἐπὶ πάντων F G
5 οἱ πρες καὶ ἐξ ὧν ὁ χς τὸ κατὰ σάρκα, ὁ ὢν ἐπὶ πάντων A
5 ὧν οἱ πατέρες καὶ ἐξ ὧν ὁ Χριστὸς τὸ κατὰ σάρκα, ὁ ὢν ἐπὶ πάντων **u[w]τ** Er^1
5 ὧν οἱ πατέρες καὶ ἐξ ὧν ὁ Χριστὸς τὸ κατὰ σάρκα· ὁ ὢν ἐπὶ πάντων **[w]**
5 ὧν οἱ πρες καὶ ἐξ ὧν **τὸ κατὰ σάρκα** χς, ὁ ὢν ἐπὶ πάντων 999
5 ὧν οἱ πρες καὶ ἐξ ὧν ὁ χς **τὰ** κατὰ σάρκα, ὁ ὢν ἐπὶ πάντων C*
5 ὧν οἱ πρες καὶ ἐξ ὧν ὁ χς τὸ κατὰ σάρκα, ὁ ὢν ἐπὶ **πάντας** 131
5 ὧν οἱ πρες καὶ ἐξ ὧν χς τὸ κατὰ σάρκα, ὁ ὢν ἐπὶ πάντων 330
5 ὧν οἱ πρες καὶ ἐξ ὧν χς **τῶ** κατὰ σάρκα, ὁ ὢν ἐπὶ πάντων 2147
5 ὧν οἱ πρες καὶ ἐξ ὧν ὁ χς τὸ κατὰ σάρκα, ὁ ὢν **εὐλογητὸς** 326 1837
5 ὧν οἱ πρες καὶ ἐξ ὧν ὁ χς τὸ σάρκα, ὁ ὢν ἐπὶ πάντων 2344 [↓205 209 226 323 365 424
5 ὧν οἱ πρες καὶ ἐξ ὧν ὁ χς τὸ κατὰ σάρκα, ὁ ὢν ἐπὶ πάντων C^c K L Ψ 049 056 1 6 33 69 88 104
440 460 489 517 547 614 618 910 927 945 1175 1241 1242 1243 1245 1270 1315 1319 1352 1424 1448 1505 1506
1573 1611 1646 1734 1735 1738 1739 1827 1836 1854 1874 1881 1891 1982 2125 2400 2412 2464 2495 2815

---

lac. 9.3-5 $\mathfrak{P}^{10}$ $\mathfrak{P}^{113}$ P 0172

Errata: 9.4 **na** G ἐπαγγελία : ἡ παγγελία G
Errata: 9.4 **na** $\mathfrak{P}^{46vid}$ ἐπαγγελία : ἐπαγγελί··· $\mathfrak{P}^{46}$

E 9.3 1 Co 16.22; Ex 32.32; 1 Jn 3.16; Ro 16.7, 11, 21 **4** Ex 4.22; 16.10; 2 Co 3.7; Dt 7.6; 14.1-2; 2 Co 11.22; Ro 9.8-9; Hos 11.1 **5** Ro 1.3; Mt. 1.1-16; Lk 3.23-38; Jn 1.1; 3.31; Ps 41.13; Eph 4.6; Ro 1.25; 2 Co 11.31

θς εὐλογητὸς εἰς τοὺς αἰῶνας,	ἀμήν.	B ℵ A C D F G K L Ψ 049 056 1 6 69 88 104 131 205 209 226 323 330 365	
ἐπὶ πάντων θς εἰς τοὺς αἰῶνας,	ἀμήν.	326 1837	[↑424 440 460 489 517 547 614 618 796 910 927 945 999 1175
θς εὐλογητὸς εἰς τοὺς αἰῶνας.		1319	[↑1241 1242 1243 1245 1270 1315 1352 1424 1448 1505 1506
θς εὐλογητὸς εἰς του ········	ἀμὴν.	$\mathfrak{P}^{46}$ 33	[↑1573 1611 1646 1734 1735 1738 1739 1827 1836 1854 1874
θεὸς εὐλογητὸς εἰς τοὺς αἰῶνας,	ἀμήν.	**uwτ** Er^1	[↑1881 1891 1982 2125 2147 2344 2400 2412 2464 2495 2815

[↓1646 1734 1735 1738 1739 1827 1836 1837 1854 1874 1881 1891 1982 2125 2147 2344 2400 2412 2464 2495 2815
[↓460 489 517 547 614 796 910 927 945 999 1175 1241 1242 1270 1315 1319 1352 1424 1448 1505 1506 1573 1611

ιβ 6 Οὐχ οἷον δὲ ὅτι	ἐκπέπτωκεν ὁ λόγος τοῦ θυ.	οὐ γὰρ πάντες	B ℵ A D F G K L Ψ 049 056 1 6	
6 Οὐχ οἷον δὲ ὅτι οἷον	ἐκπέπτωκεν ὁ λόγος τοῦ θυ.	οὐ γὰρ πάντες	365	[↑33 69 88 104 131 205 209
6 Οὐχ οἷον δὲ ὅτι	**ἐκπέπτοκεν** ὁ λόγος τοῦ θυ.	οὐ γὰρ πάντες	1243	[↑226 323 326 330 424 440
6 Οὐχ **οἱ** δὲ ὅτι	ἐκπέπτωκεν ὁ λόγος τοῦ θυ.	οὐ γὰρ πάντες	1245	
6 Οὐχ οἷον δὲ ὅτι	ἐκπέπτωκεν ὁ λόγος τοῦ θεοῦ.	οὐ γὰρ πάντες	**uwτ** Er^1	
6 Οὐχ οἷον δὲ **τι**	ἐκπέπτωκεν ὁ λόγος τοῦ θυ.	**οἱ** γὰρ πάντες	618	
6 Οὐχ οἷον δὲ	ἐκπέπτωκεν ············ τοῦ θυ.	οὐ γὰρ πάντες	$\mathfrak{P}^{46}$	

οἱ ἐξ Ἰσραὴλ οὗτοι	Ἰσραήλ·	**7** οὐδ' ὅτι εἰσὶν σπέρμα Ἀβραάμ	B **uw**
οἱ ἐξ Ἰσραὴλ ········	Ἰσραήλ·	**7** **οὐθ'** ὅτι εἰσὶν σπέρμα Ἀβ········	$\mathfrak{P}^{46}$
οἱ ἐξ Ἰσραὴλ οὗτοι	Ἰσραήλ·	**7** οὐδ' ὅτι **εἰσὶ** σπέρμα Ἀβραάμ	**τ** Er^1
οἱ ἐξ Ἰσραὴλ οὗτοι	ιηλ·	**7** οὐδ' ὅτι **εἰσὶ** σπέρμα Ἀβραάμ	1891
οἱ ἐξ Ἰσραὴλ οὗτοι	ιηλ·	**7** **οὐδὲ** ὅτι **εἰσὶ** σπέρμα Ἀβραάμ	1611
οἱ ἐξ ιηλ οὗτοι	ιηλ·	**7** **οὐδὲ** ὅτι εἰσὶν σπέρμα Ἀβραάμ	1646
οἱ ἐξ ιηλ ········	······	**7** οὐδ' ὅτι εἰσὶν σπέρμα Ἀβραάμ	33
οἱ ἐξ ιηλ οὗτοι	ιηλ·	**7** οὐδ' ὅτι εἰσὶν σπέρμα Ἀβραάμ	ℵ A K L 049 326 910 1175^c
οἱ ἐξ ιηλ οὗτοι		**7** οὐδ' ὅτι εἰσὶν σπέρμα Ἀβραάμ	1175* [↑1424 1506 1836
οἱ ἐξ ιηλ		**7** οὐδ' ὅτι εἰσὶν σπέρμα Ἀβραάμ	1243 [↑1854 1874 2464
οἱ ἐξ ιηλ οὗτοι	**Ἰσραηλεῖται**·	**7** οὐδ' ὅτι εἰσὶν σπέρμα Ἀβραάμ	D*
οἱ ἐξ Ἰσραὴλ οὗτοι	**Ἰσραηλεῖται**·	**7** οὐδ' ὅτι εἰσὶν σπέρμα Ἀβραάμ	F G
οἱ ἐξ ιηλ οὗτοι	**Ἰσραηλῖται**·	**7** οὐδ' ὅτι εἰσὶν σπέρμα Ἀβραάμ	D^2
οἱ ἐξ ιηλ οὗτοι	**Ἰσραηλῖται**·	**7** οὐδ' ὅτι **εἰσὶ** σπέρμα Ἀβραάμ	614 999 2147 2412
οἱ ἐξ Ἰσραὴλ οὗτοι	**Ἰσραιλῖται**·	**7** οὐδ' ὅτι **εἰσὶ** σπέρμα Ἀβραάμ	88
οἱ ἐξ ιηλ οὗτοι εἰσὶν	**Ἰσραηλίτες**·	**7** οὐδ' ὅτι **εἰσὶ** σπέρμα Ἀβραάμ	330
οἱ ἐξ ιηλ οὗτοι	Ἰσραήλ·	**7** οὐδ' ὅτι εἰσὶν σπέρμα Ἀβραάμ οὐ	1837
οἱ ἐξ ιηλ οὗτοι	**ιηλιται**·	**7** οὐδ' ὅτι **εἰσὶ** σπέρμα Ἀβραάμ	1881^c
οἱ ἐξ ιηλ οὗτοι υἱοὶ	ιηλ·	**7** οὐδ' ὅτι **εἰσὶ** σπέρμα Ἀβραάμ	1735
ἐξ ιηλ οὗτοι	ιηλ·	**7** οὐδ' ὅτι **εἰσὶ** σπέρμα Ἀβραάμ	1245 1738
οἱ ἐξ ιηλ οὗτοι	ιηλ·	**7** οὐδ' ὅτι **εἰσὶ** **τέκνα** Ἀβραάμ	1241
οἱ ἐξ ιηλ οὗτοι	ιηλ·	**7** οὐδ' ὅτι **εἰσὶ** σπέρμα Ἀβραάμ	Ψ 056 1 6 69 104 131 205 209 226 323 365 424 440 460 489 517 547 618 796 927 945 1242 1270 1315 1319 1352 1448 1505 1573 1734 1739 1827 1881* 1982 2125 2344 2400 2495 2815

lac. 9.5-7 $\mathfrak{P}^{10}$ $\mathfrak{P}^{113}$ P 0172 **9.6-8** C

C 9.5 τελο L 104 | τελ Σα 1 489 547 2147 | τε του Σα 614 1242 1315 1573 | τελ 049 226 326 330 424 517 618 796 945 1241 1243 1245 1448 1836 1837 1874 1891 | τε Σα ϛ 1739 | στιχοι φ 1874 **6** αρχ τη ϛ της γ εβδ αδελφ ουκ εκπεπτωκεν ο λογος 1 | αρχ τη ϛ της γ εβδ αδ,ε ουκ εκπεπτωκεν ο λογος του θυ 226 | αρχ τη ϛ της ε εβδ αδ,ε ουχ οιον δε 326 | ιδ περι εκπτωσεως του αποβληθη ιηλ και κλησεως του αληθους του εκλεκθεντος μ, εθν, 424 | αρχ τη ϛ της γ τ 440 | αρχ τη ϛ της γ εβδ αδ,ε ουχ οιον οτι εκ 489 | αρχ τη ϛ τπι Σα αδ,ε 517 | αρχ 547 | αχ της παρ,ας της γ εβδ. προς ρωμαιους αδελφοι ουχ οιον οτι εκπεπτωκεν 614 | αρχ τη περι του γ εβδ αδ,ε ουχ οιον εκπεπτωκ 796 | αρχ τη π,α της γ εβδ προς ρωμ: αδ,ε ουχ οιον δε οτι εκ πιστεως 945 | αρχ τη ϛ 1242 | αρχ 1245 | αρχ τη β της γ εβδομαδ κ,ε ρζ 1315 | αρχ τη γ της γ εβδ. αδ,ε ουχ οιον εκπεπτωκεν ο λογος του θυ 1448 | αρχ τη ϛ της ε εβδ αδ,ε ουχ οιον δε 1837 | (ante ου γαρ) αρχ τη γ της γ εβδ αδ,ε ουχ οιον οτι εκπεπτωκεν 1573 | κ,ε κε αρχ ϛ περι εκ πτωσεως του αποβληθεντος ιηλ και κλησεως αληθους 1739 | αδ,ε 1881 | αρχ π,α της γ εβδ αδ,ε ουχ οιον οτι εκπεπτωκεν ο λογος του 2147 |(ante ου γαρ) αρχ τω πνς της γ εβδ κ,ε οη αδελφοι ······ οιδα 2464 **7** γενεσεως 049 1854 | ια γενεσεως 1874

D 9.6 ιβ B | κδ 1 | κγ 489 | αν,α νβ ηβ 614 | κε 517 | ιδ 424

E 9.5 Ro 1.3; Mt. 1.1-16; Lk 3.23-38; Jn 1.1; 3.31; Ps 41.13; Eph 4.6; Ro 1.25; 2 Co 11.31 **6** Nu 23.19; Ro 2.28 **7** Gn 21.12; He 11.18

[↓1424 1448 1611 1646 1734 1735 1738 1739 1827 1836 1837 1854 1874 1881 1891 2125 2344 2400 2464 2815 **uwτ** Er1
[↓1 6 88 104 131 205 209 226 323 326 424 440 460 489 517 547 618 796 910 927 945 1175 1242 1245 1270 1315 1352

πάντες	τέκνα,	ἀλλ'· Ἐν Ἰσαὰκ	κληθήσεταί σοι σπέρμα.	**8** τοῦτ' ἔστιν,	οὐ τὰ	B* A K L 049 056
·········τες	τέκνα,	ἀλλ'· Ἐν **Ἰσὰκ**	································ σπέρμα.	**8** τοῦτ' ἔστιν,	οὐ τὰ	𝔓46
πάντες	τέκνα,	ἀλλ'· Ἐν **Ἰσὰκ**	κληθήσεταί σοι σπέρμα.	**8** τοῦτ' ἔστιν,	οὐ τὰ	ℵ* D
πάντες	τέκνα,	ἀλλ'· Ἐν **Ἰσὰκ**	κληθήσεταί σοι σπέρμα.	**8** **τοῦ** ἔστιν,	οὐ τὰ	G
πάντες	τέκνα,	ἀλλ'· Ἐν Ἰσαὰκ	κληθήσεταί σοι σπέρμα.	**8** **τοῦ** ἔστιν,	οὐ τὰ	F
πάντες	τέκ·····	········ ····· ··············	κληθήσεταί σοι σ···············	**8** ·······τ' ἔστιν,	οὐ τὰ	33
πάντες καὶ **σπέρμα**,		ἀλλ'· Ἐν Ἰσαὰκ	κληθήσεταί σοι σπέρμα.	**8** τοῦτ' ἔστιν,	οὐ τὰ	1241
πάντες	τέκνα,	ἀλλ'· **Ἐ** Ἰσαὰκ	κληθήσεταί σοι σπέρμα.	**8** τοῦτ' ἔστιν,	οὐ τὰ	1243
πάντες	τέκνα,	ἀλλ'· Ἐν Ἰσαὰκ	κληθήσεταί σοι σπέρμα.	**8** τοῦτ' ἔστιν, ὅτι οὐ		2495
πάντες	τέκνα,	ἀλλ'· Ἐν Ἰσαὰκ	κληθήσεταί σοι σπέρμα.	**8** τοῦτ' ἔστιν, ὅτι	οὐ τὰ	Bc ℵc Ψ 69 330 365 614 999 1319 1505 1506 1573 1982 2147 2412

[↓1505 1506 1573 1611 1646 1734 1735 1738 1739 1827 1836 1837 1854 1874 1891 2125 2344 2400 2412 2495 2815
[↓226 323 326 330 424 440 460 517 547 614 618 796 910 927 999 1175 1241 1242 1243 1270 1315 1319 1424 1448

τέκνα τῆς	σαρκὸς ταῦτα	τέκνα τοῦ θυ	ἀλλὰ τὰ	τέκνα τῆς	ἐπαγγελίας	B ℵ D K L Ψ 049 1 6 88
τ·········· ·····	················· ταῦτα	τέκνα τοῦ θυ	ἀλλ·· ····	············· ·····	ἐπαγγελίας	𝔓46 [↑104 131 205 209
τέκνα τῆς	σαρκὸς ταῦτα	τέκνα τοῦ θυ	ἀλλὰ τὰ	τέκνα τῆς	**ἐπαγγελείας**	A 2464
τέκνα τῆς	σαρκὸς ταῦτα τὰ	τέκνα τοῦ θυ	ἀλλὰ τὰ	τέκνα τῆς	ἐπαγγελίας	365
τέκνα τῆς	σαρκὸς ταῦτα	τέκνα τοῦ θυ	ἀλλὰ τὰ τὰ	τέκνα τῆς	ἐπαγγελίας	2147
τέκνα τῆς	σαρκὸς ταῦτα	············· ······· ·····	ἀλλὰ τὰ	τέκνα ······	·····················ας	33
τέκνα τῆς	σαρκὸς ταῦτα	τέκνα θυ	ἀλλὰ τὰ	τέκνα τῆς	**ἐπαγγελείας**	F G
τέκνα τῆς	σαρκὸς ταῦτα	τέκνα θυ	ἀλλὰ τὰ	τέκνα τῆς	ἐπαγγελίας	056 69 945 1245
τέκνα τῆς	σαρκὸς ταῦτα	τέκνα τοῦ θυ	ἀλλὰ	τέκνα τῆς	ἐπαγγελίας	489 [↑1352 1881
τέκνα τῆς	σαρκὸς ταῦτα	τέκνα τοῦ θεοῦ	ἀλλὰ τὰ	τέκνα τῆς	ἐπαγγελίας	**uwτ** Er1 [↑1982

[↓1611 1734 1735c 1738 1739 1827 1836 1837 1854 1881 1891 1982 2125 2147 2344 2400 2412 2495 2815 **uwτ** Er1
[↓424 440 460 489 517 547 614 618 796 910 927 945 1241 1242 1245 1270 1315 1319 1352 1424 1448 1505 1506 1573

λογίζεται	εἰς σπέρμα.	**9** ἐπαγγελίας	γὰρ	ὁ λόγος οὗτος	Κατὰ τὸν	B ℵ L Ψ 056 1 6 69 88 104
λογίζε······	····· ····················	**9** ··········γελίας	γὰρ	ὁ λόγος ···········	··········· ······	𝔓46 [↑131 205 209 226 323
λογίζεται	εἰς σπέρμα.	**9** ἐπαγγελίας	γὰρ	ὁ λόγος **οὗτως**·	Κατὰ τὸν	1175 1874 [↑326 330 365
λογίζεται	**εἰ** σπέρμα.	**9** ἐπαγγελίας	γὰρ	ὁ λόγος **οὗτως**·	Κατὰ τὸν	049
λογίζεται	**εἰ** σπέρμα.	**9** ἐπαγγελίας	γὰρ κὰρ	ὁ λόγος **οὗτως**·	Κατὰ τὸν	1646
λογίζεται	**εἰ** σπέρμα.	**9** ἐπαγγελίας	γὰρ	ὁ λόγος οὗτος·	Κατὰ τὸν	K 999 1735*
λογίζεται	**εἰ** σπέρμα.	**9** **ἐπαγγελείας**	γὰρ	ὁ λόγος οὗτος·	Κατὰ τὸν	2464
λογίζεται	σπέρμα.	**9** ἐπαγγελίας	γὰρ	ὁ λόγος οὗτος·	Κατὰ τὸν	1243
λογίζεται	εἰς σπέρμα.	**9** ἐπαγγελίας	γὰρ	·· ············· ···········	··········· ·····	33
λογείζεται	εἰς σπέρμα.	**9** **ἐπαγγελείας**	γὰρ	ὁ λόγος οὗτος·	Κατὰ τὸν	F G
λογίζετε	εἰς σπέρμα.	**9** **ἐπαγγελείας**	γὰρ	ὁ λόγος οὗτος·	Κατὰ τὸν	A
λογίζετε	εἰς σπέρμα.	**9** ἐπαγγελίας	γὰρ	λόγος οὗτος·	Κατὰ τὸν	D

---

lac. 9.7-9 𝔓10 𝔓113 C P 0172

C 9.9 γενεσεως 049 209 517 1739 1854 | ιβ γενεσεως 1175 | β γενεσεως 1874

E 9.7 Gn 21.12; He 11.18 **8** Ga 4.23; Ro 9.4; 4.13; 15.8 **9** Gn 18.10, 14

Errata: 9.8 **na** 104 τοῦτ' ἔστιν ὅτι : τοῦτ' ἔστιν 104
Errata: 9.9 **Ti** D ὁ λόγος : λόγος D

[↓1352 1424 1448 1505 1573 1611 1735 1738 1837 1881 1982 2147 2400 2412 2495 2815 **uwτ** Er^1
[↓205 209 226 323 326 330 365 440 489 547 614 796 910 927 999 1241 1242 1243 1245 1315 1319
καιρὸν τοῦτον ἐλεύσομαι καὶ ἔσται τῇ Σάρρᾳ υἱός. **10** οὐ μόνον δέ, B A F G L 056 1 69 88
....ν ἐ̣λ̣ε̣ύ̣σ̣... .... **10** ..... μόνον δέ, $\mathfrak{P}^{46}$
....σομαι καὶ ἔσται τῇ Σάρρᾳ υἱός. **10** οὐ μόνον δέ, 33
καιρὸν τοῦτον ἐλεύσομαι καὶ ἔσται τῇ Σάρρᾳ υ̅ς̅. **10** οὐ μόνον δέ, K Ψ 049 6 131 2125
καιρὸν τοῦτον **ἐλεύσωμαι** καὶ ἔσται τῇ Σάρρᾳ υἱός. **10** οὐ μόνον δέ, 1646
καιρὸν τοῦτον **ἐλεύσωμαι** καὶ ἔσται τῇ Σάρρα υ̅ς̅. **10** οὐ μόνον δέ, 1874
καιρὸν τοῦτον **ἐλεύσωμαι** καὶ ἔσται τῇ **Σάρᾳ** υ̅ς̅. **10** οὐ μόνον δέ, 2464
καιρῶν τοῦτον **ἐλεύσωμε** καὶ ἔσται τῇ Σάρρᾳ υἱός. **10** οὐ μόνον δέ, 618*
καιρὸν τοῦτον **ἐλεύσωμε** καὶ ἔσται τῇ Σάρρᾳ υἱός. **10** οὐ μόνον δέ, 618^c
καιρὸν τοῦτον ἐλεύσομαι πρός σε καὶ ἔσται τῇ Σάρρᾳ υ̅ς̅. **10** οὐ μόνον δέ, 104 1836
καιρὸν τοῦτον ἐλεύσομαι πρός σε καὶ ἔσται τῇ **Σάρρας** υι̅ς̅. **10** οὐ μόνον δέ, 1506
καιρὸν τοῦτον ἐλεύσομαι πρός σε καὶ ἔσται τῇ Σάρρᾳ υἱός. **10** οὐ μόνον δέ, 460
καιρὸν τοῦτον ἐλεύσομαι καὶ ἔσται τῆι Σάρρᾳ υἱός. **10** οὐ μόνον δέ, 945 1270 1734 1891
καιρὸν τοῦτον ἐλεύσομαι καὶ ἔσται τῇ Σάρρᾳ υἱός. **10** οὐ **μόνο** δέ, 1827
καιρὸν τοῦτον ἐλεύσομαι καὶ ἔσται τῆι Σάρρα υ̅ς̅. **10** οὐ μόνον δέ, 424
καιρὸν τοῦτον ἐλεύσομαι καὶ ἔσται τῆι Σάρραι υ̅ς̅. **10** οὐ μόνον δέ, 1739
καιρὸν τοῦτον ἐλεύσομαι καὶ ἔσται τῇ Σάρραι υι̅ς̅. **10** οὐ μόνον δέ, 517 2344
καιρὸν τοῦτον ἐλεύσομαι καὶ ἔσται τῆι Σάρραι υι̅ς̅. **10** οὐ μόνον δέ, 1854
καιρὸν τοῦτον ἐλεύσομαι καὶ **ἔστε** τῇ Σάρρᾳ υἱός. **10** οὐ μόνον δέ, ℵ D
καιρὸν τοῦτον ἐλεύσομαι καὶ **ἔστε** τῇ Σάρρᾳ υ̅ς̅. **10** οὐ μόνον δέ, 1175

ἀλλὰ καὶ Ῥεβέκκα ἐξ ἑνὸς κοίτην ἔχουσα, Ἰσαὰκ τοῦ πατρὸς ἡμῶν· B ℵ **uwτ** Er^1
ἀλλὰ καὶ Ῥεβέκκα ἐξ ἑ...... κοίτην ἔχουσα, **Ἰσὰκ** τοῦ π̣α̣τρὸς ἡμῶν· $\mathfrak{P}^{46}$
ἀλλὰ καὶ Ῥεβέκκα ἐξ ἑνὸς κοίτην ἔχουσα, **Εἰσὰκ** τοῦ π̅ρ̅ς̅ ἡμῶν· D*
ἀλλὰ καὶ Ῥεβέκκα ἐξ ἑνὸς κοίτην ἔχουσα, **Ἰσὰκ** τοῦ π̅ρ̅ς̅ ἡμῶν· $D^{1.2}$
....ἀκ τοῦ π̅ρ̅ς̅ ἡμῶν· 33
ἀλλὰ καὶ **Ῥεβέκα** ἐξ ἑνὸς κοίτην ἔχουσα, Ἰσαὰκ τοῦ π̅ρ̅ς̅ ἡμῶν· 131* 796 999* 1424 1506 1646
ἀλλὰ καὶ **Ῥεβέκα** ἐξ ἑνὸς **κύτης** ἔχουσα, Ἰσαὰκ τοῦ π̅ρ̅ς̅ ἡμῶν· 2464 [↑1881
ἀλλὰ καὶ **Ῥεβέκκαν** ἐξ ἑνὸς κοίτην ἔχουσα, Ἰσαὰκ τοῦ π̅ρ̅ς̅ ἡμῶν· 69
ἀλλὰ καὶ Ῥεβέκκα ἐξ ἑνὸς κοίτην ἔχουσα, **τοῦ π̅ρ̅ς̅ ἡμῶν Ἰσαάκ·** 1827
ἀλὰ καὶ Ῥεβέκκα ἐξ ἑνὸς κοίτην **ἔχου,** Ἰσαὰκ τοῦ π̅ρ̅ς̅ ἡμῶν· 1874*
ἀλὰ καὶ Ῥεβέκκα ἐξ ἑνὸς κοίτην ἔχουσα, Ἰσαὰκ τοῦ π̅ρ̅ς̅ ἡμῶν· 1874^c
ἀλλὰ καὶ Ῥεβέκκα **ἡ** ἐξ ἑνὸς κοίτην ἔχουσα, Ἰσαὰκ τοῦ π̅ρ̅ς̅ ἡμῶν· 6 424
ἀλλὰ καὶ ἡ Ῥεβέκκα ἐξ **ἑνὸν** κοίτην ἔχουσα, Ἰσαὰκ τοῦ π̅ρ̅ς̅ ἡμῶν· 910 [↓131^c 205 209 226 323
ἀλλὰ καὶ Ῥεβέκκα ἐξ ἑνὸς κοίτην ἔχουσα, Ἰσαὰκ τοῦ π̅ρ̅ς̅ ἡμῶν· A F G K L Ψ 049 056 1 88 104
326 330 365 440 460 489 517 547 614 618 927 945 999^c 1175 1241 1242 1243 1245 1270 1315 1319 1352 1448
1505 1573 1611 1734 1735 1738 1739 1836 1837 1854 1891 1982 2125 2147 2344 2400 2412 2495 2815

---

lac. 9.9-10 $\mathfrak{P}^{10}$ $\mathfrak{P}^{113}$ C P 0172

C 9.9 γενεσεως 049 209 517 1739 1854 | ι̅β̅ γενεσεως 1175 | β̅ γενεσεως 1874

E 9.9 Gn 18.10, 14 **10** Gn 25.21

Errata: 9.10-22 Kenyon $\mathfrak{P}^{46}$ omits transcription for this leaf

[↓1319^{c} 1506 1573 1739 1881 **uw**
11 μήπω γὰρ γεννηθέντων μηδὲ πραξάντων τι ἀγαθὸν ἢ φαῦλον, ἵνα ἡ B ℵ A 6 69 424^{c}
11 **μήτε** γὰρ γεννηθέντων μηδὲ πραξάντων τι ἀγαθὸν ἢ φαῦλον, ἵνα ἡ 365
11 **μήπο** γὰρ γεννηθέντων αὐτῶν μηδὲ πραξάντων **τὴ** ἀγαθὸν ἢ φαῦλον, ἵνα ἡ 1243
11 **μὴ πώς** γὰρ γεννηθέντων μηδὲ πραξάντων τι ἀγαθὸν ἢ φαῦλον, ἵνα ἡ 1319*
11 **μὴ πώς** γὰρ γεννηθέντων μηδὲ πραξάντων τι ἀγαθὸν ἢ **κακόν**, ἵνα η 1175
11 **μήπο** γὰρ γεννηθέντων μηδὲ πραξάντων τι ἀγαθὸν ἢ **κακόν**, ἵνα ἡ 910
11 **μήπο** γὰρ γεννηθέντων **ἢ** πραξάντων τι ἀγαθὸν ἢ **κακόν**, ἵνα ἡ F
11 μήπω γὰρ γεννηθέντων **ἢ** πραξάντων τι ἀγαθὸν ἢ **κακόν**, ἵνα ἡ G
11 μήπω γὰρ **γενηθέντων** μηδὲ πραξάντων τι ἀγαθὸν ἢ **κακόν**, ἵνα ἡ D* 618 2464
11 μήπω γὰρ γεννηθέντων μηδὲ πραξάντων τι ἀγαθὸν ἢ τί **κακόν**, ἵνα ἡ 614 999 2147
11 μήπω γὰρ γεννηθέντων **μήτε** πραξάντων τι ἀγαθὸν ἢ **κακόν**, ἵνα ἡ 1874 [↑2412
11 μήπω γὰρ γεννηθέντων μηδὲ πραξάντων τι ἀγαθὸν ἢ **κακόν**, ἵνα **μὴ** 2400
11 μήπω γὰρ γεννηθέν······· ········ ························ ·· ··············· ·· ··············· ······ ἡ 33
11 μήπω γὰρ γεννηθέντων αὐτῶν μηδὲ πραξάντων τι ἀγαθὸν ἢ **κακόν**, ἵνα ἡ 104
11 μήπω γὰρ γεννηθέντων μηδὲ πραξάντων τι ἀγαθὸν ἵνα ἡ 1505 1891 2495
11 μήπω γεννηθέντων μηδὲ πραξάντων τι ἀγαθὸν ἢ **κακόν**, ἵνα ἡ 326 1837
11 μήπω γεννηθέντων μηδὲ πραξάντων **ἀγαθὸν τι** ἢ **κακόν**, **ἵν'** ἡ 1827
11 μήπω γὰρ γεννηθέντων μηδὲ πραξάντων τι ἀγαθὸν ἢ **κακόν**, ······ ·· 2344
11 μήπω γὰρ γεννηθέντων μηδὲ πραξάντων τι ἀγαθὸν ἢ **κακόν**, ἵνα ἡ 𝔓^{46} D$^{1.2}$ K L Ψ
049 056 1 88 131 205 209 226 323 330 424* 440 460 489 517 547 796 927 945 1241 1242 1245
1270 1315 1352 1424 1448 1611 1646 1734 1735 1738 1836 1854 1982 2125 2815 **τ** Er^{1}

[↓1352 1424 1448 1505 1506 1573 1611 1734 1738 1739 1827 1837^{c} 1854 1874 1881 1891^{c} 1982 2412 2495
[↓104 131 205 209 226 323 326 330 365 440 517 547 614 796 910^{c} 927 945 999 1175 1242 1245 1270 1315 1319
κατ' ἐκλογὴν πρόθεσις τοῦ θ̅υ̅ μένη, **12** οὐκ ἐξ ἔργων ἀλλ' ἐκ B ℵ D^{2} K L Ψ 049 056 69 88
κατ' ἐκλογὴν πρόθεσις τοῦ θεοῦ μένη, **12** οὐκ ἐξ ἔργων ἀλλ' ἐκ **uw**
κατ' **ἐκλογὴ** πρόθεσις τοῦ θ̅υ̅ μένη, **12** οὐκ ἐξ ἔργων ἀλλ' ἐκ D*
······· ἐκλογὴν πρόθεσις τοῦ θ̅υ̅ μένη, **12** οὐ· ······ ··············· ········· ····· 2344
κατ' ἐκλογὴν πρόθεσις τοῦ θ̅υ̅ μένηι, **12** οὐκ ἐξ ἔργων ἀλλ' ἐκ 424
τ' ἐκλογὴν πρόθεσις τοῦ θ̅υ̅ μένη, **12** οὐκ ἐξ ἔργων ἀλλ' ἐκ 910*
κατ' ἐκλογὴν πρόθεσις του τοῦ θ̅υ̅ μένη, **12** οὐκ ἐξ ἔργων ἀλλ' ἐκ 460
κατ' ἐκλογὴν **πρόθεσης** του τοῦ θ̅υ̅ μένη, **12** οὐκ ἐξ ἔργων ἀλλ' ἐκ 618
κατ·· ἐκλογὴν **πρόθεσεις** τοῦ θ̅υ̅ μέν····· **12** ········ ἐξ ἔργων ἀλλ' ἐκ A
κατ' **ἐλλογὴν** πρόθεσις τοῦ θ̅υ̅ μένη, **12** οὐκ ἐξ ἔργων ἀλλ' ἐκ 2400
κατ' ἐκλογὴν **τοῦ θ̅υ̅** **πρόθεσις** μένη, **12** οὐκ ἐξ ἔργων ἀλλ' ἐκ 1891*
κατ' ἐκλογὴν **τοῦ θεοῦ** **πρόθεσις** μένη, **12** οὐκ ἐξ ἔργων ἀλλ' ἐκ 2815 **τ** Er^{1}
κατ' ἐκλογὴν **πρόφασις** τοῦ θ̅υ̅ **μένει**, **12** οὐκ ἐξ ἔργων ἀλλ' ἐκ 6
κατ' ἐκλογὴν **προαίρεσις** τοῦ θ̅υ̅ **μένει**, **12** οὐκ ἐξ ἔργων ἀλλ' ἐκ 1241
κατ' ἐκλογὴν πρόθεσις τοῦ θ̅υ̅ **μένει**, **12** ········ ····· ··············· ·········· ····· 33
κατ' **ἐγλωγὴν** πρόθεσις τοῦ θ̅υ̅ **μένει**, **12** οὐκ ἐξ ἔργων **ἀλ'** ἐκ 2464
κατ' ἐκλογὴν πρόθεσις τοῦ θ̅υ̅ **μένει**, **12** οὐκ ἐξ ἔργων ἀλλ' ἐκ 1 489 1646 1735 1836 1837*
·····τ' ἐκλογὴν πρόθεσις τοῦ θ̅υ̅ **μένει**, **12** οὐκ ἐξ ἔργων ἀλλ' ἐκ P [↑2125
κατ' ἐκλογὴν πρόθεσις τοῦ θ̅υ̅ **μείνει**, **12** οὐκ ἐξ **ἔργον** ἀλλ' ἐκ 1243
κατ' ἐκλογὴν **πρόθεσεις** τοῦ θ̅υ̅ **μείνη**. **12** οὐκ ἐξ ἔργων ἀλλ' ἐκ F G
κατ' **ἐγλογὴ** πρόθεσις τοῦ θ̅υ̅ **μείνη**. **12** οὐκ ἐξ ἔργων **ἀλ'** ἐκ 𝔓^{46}
κατ' ἐκλογὴν πρόθεσις **μένει** **τοῦ θ̅υ̅**, **12** οὐκ ἐξ ἔργων ἀλλ' ἐκ 2147

---

lac. 9.11-12 𝔓^{10} 𝔓^{113} C 0172

E 9.12 Gn 25.23

[↓517 910 927 1315 1319 1424 1505 1573 1735 1837 2495 **uw**
τοῦ καλοῦντος, ἐρρέθη αὐτῇ ὅτι Ὁ μείζων δουλεύσει τῷ ἐλάσσονι, B* ℵ^{c} 226 365 440^{c} 489
τοῦ καλοῦντος, ἐρρέθη ὅτι Ὁ μείζων δουλεύσει τῷ ἐλάσσονι, 𝔓^{46}
τοῦ καλοῦντος, ἐρρέθη ὅτι Ὁ **μίζων** δουλεύσει τῷ ἐλάσσονι, D*
τοῦ καλοῦντος, ἐρρέθη αὐτῇ ὅτι Ὁ μείζων δουλεύσει τῶι ἐλάσσονι, 1270
τοῦ καλοῦντος, ἐρρέθη αὐτῇ ὅτι Ὁ μείζων **δουλεύσῃ** τῷ ἐλάσσονι, 104
τοῦ καλοῦντος, ἐρρέθη αὐτῆι ὅτι Ὁ μείζων δουλεύσει τῷ ἐλάσσονι, 1 326
τοῦ καλοῦντος, ἐρρέθη αὐτῇ ὅτι Ὁ μείζων δουλεύσει τῷ **ἐλάσσωνι**, K 440*
τοῦ καλοῦντος, ἐρρέθη αὐτῇ ὅτι Ὁ μείζων δουλεύσει τῷ **ἐλάσσονει**, F G 1506
τοῦ καλοῦντος, ἐρρέθη γὰρ αὐτῇ ὅτι Ὁ **μίζων** δουλεύσει τῷ ἐλάσσονι, P
τοῦ καλοῦντος, ἐρρέθη γὰρ αὐτῇ ὅτι Ὁ μείζων δουλεύσει τῷ ἐλάσσονι, Ψ
τοῦ καλοῦντος, ἐρρέθη γὰρ αὐτῇ ὅτι Ὁ **μείζον** δουλεύσει **τὸ** ἐλάσσονι, 1243
τοῦ καλοῦντος, ἐρρέθη γὰρ **αὕτη** ὅτι Ὁ μείζων δουλεύσει τῷ ἐλάσσονι, 2400
τοῦ καλοῦντος, ἐρρέθη αὐτῇ ὅτι Ὁ μείζων δουλεύσει τῷ **ἐλάττονι**, 205 209 323 796 1827
τοῦ καλοῦν·····ς, ἐρρέθη αὐτῇ ὅτι Ὁ μείζων ·····υλεύσει τῷ ἐλάσσονι, A
τοῦ καλοῦντος, ἐρρέθη αὐτῇ ὅτι Ὁ **μείζον** δουλεύσει τῷ ἐλάσσονι, ℵ* 1836
τοῦ καλοῦντος, ἐρρέθη αὐτῇ ὅτι Ὁ μείζων δουλεύσει τῷ **ἐλάσονι**, 1646
τοῦ καλοῦντος, ἐρρέθη αὐτῇ ὅτι Ὁ **μείζον** δουλεύσει τῷ **ἐλάσσονει**, 1874
τοῦ καλοῦντος, ἐρρέθη **αὐτῷ** ὅτι Ὁ μείζων **δουλεύσῃ** τῷ ἐλάσσονι, 88
τοῦ καλοῦντος, ἐρρέθη **αὐτῷ** ὅτι Ὁ μείζων δουλεύσει τῷ **ἐλάττονι**, 945
τοῦ καλοῦντος, ἐρρέθη **αὐτοῖς** ὅτι Ὁ μείζων δουλεύσει τῷ **ἐλάσσωνι**, 1245
τοῦ καλοῦντος, **ἐρέθη** αὐτῇ ὅτι Ὁ **μίζων** δουλεύσει τῷ **ἐλάσωνη**, 2464
τοῦ καλοῦντος, **ἐρέθη** αὐτῇ ὅτι Ὁ μείζων δουλεύσει τῷ ἐλάσσονι, 330
τοῦ καλοῦντος, **ἐρήθη** αὐτῇ ὅτι Ὁ μείζων δουλεύσει τῷ ἐλάσσονι, 614
τοῦ καλοῦντος, **ἐρρήθει** αὐτῇ ὅτι Ὁ μείζων δουλεύσει τῷ **ἐλάττονι**, 6
τοῦ καλοῦντος, **ἐρρήθη** αὐτῇ ὅτι Ὁ μείζων δουλεύσει τῷ **ἐλάττονι**, 1242
τοῦ καλοῦντος, **ἐρρήθη** αὐτῆι ὅτι Ὁ μείζων δουλεύσει τῶι ἐλάσσονι, 424 1739
τοῦ καλοῦντος, **ἐρρήθη** αὐτῆι ὅτι ὅτι Ὁ μείζων δουλεύσει τῶι ἐλάσσονι, 1891
······· ··················· ·················· ·········· ὅτι Ὁ μείζων δουλεύσει τῷ ἐλάσσονι, 33
τοῦ καλοῦντος, **ἐρρήθη** αὐτῇ Ὁ μείζων δουλεύσει τῷ ἐλάσσονι, 618 1738
τοῦ καλοῦντος, **ἐρρήθη** αὐτῇ ὅτι Ὁ μείζων **δουλεύσῃ** τῷ ἐλάσσονι, L 1175
τοῦ καλοῦντος, **ἐρρήθη** αὐτῇ ὅτι Ὁ **μείζον** **δουλεύσῃ** τῷ ἐλάσσονι, 2147
τοῦ καλοῦντος, **ἐρρήθη** αὐτῇ ὅτι Ὁ μείζων δουλεύσει τῷ ἐλάσσονι, B^{c} D^{2} 049 056 69 131
460 547 999 1241 1352 1448 1611 1734 1854 1881 1982 2125 2412 2815 **τ** Er^{1}

13 καθάπερ γέγραπται· B [**w**]
13 **κα**······· ·····················: 33 [↓1315 1319 1352 1424 1448 1505 1506 1573 1611 1734 1735 1738 1739 1827
13 **καθὸς** γέγραπται· 1646 [↓460 489 517 547 614 618 796 910 927 945 999 1175 1241 1242 1243 1245 1270
13 **καθὼς** γέγραπται· 𝔓^{46} ℵ A D F G K L P Ψ 049 056 1 6 69 88 104 131 205 209 226 323 326 330 365 424 440
1836 1837 1854 1874 1881 1891 1982 2125 2147 2400 2412 2464 2495 2815 **u**[**w**]**τ** Er^{1}

[↓1836 1837 1854 1874 1881 1891 1982 2125 2147 2400 2412 2464 2495 2815 **uwτ** Er^{1}
[↓1270 1315 1319 1352 1424 1448 1505 1506 1573 1611 1646 1734 1735 1738 1739 1827
Τὸν Ἰακὼβ ἠγάπησα, B 𝔓^{46} ℵ A D G K L P Ψ 049 056 1 6 69 88 104 131 205 209 226 323 326 330 365 424
Τὸν **Ἰασὸβ** ἠγάπησα, F [↑440 460 489 517 547 614 618 796 910 927 945 999 1175 1241 1242 1243 1245
······· ·············· ··················· 33

τὸν δὲ Ἠσαῦ ἐμείσησα. B 𝔓^{46} A G
τὸν δὲ **Ἐσαῦ** ἐμείσησα. F
τὸν δὲ Ἠσαῦ **ἐμήσησα.** 1243 1735
τὸν δὲ **Ἰσαῦ** **ἐμίσησα.** 69 131 460 1270 1315 1874 2147
······ ···· Ἠσαῦ **ἐμίσησα.** 33 [↓517 547 614 618 796 910 927 945 999 1175 1241 1242 1245 1319
τὸν δὲ Ἠσαῦ **ἐμίσησα.** ℵ D K L P Ψ 049 056 1 6 88 104 205 209 226 323 326 330 365 424 440 489
1352 1424 1448 1505 1506 1573 1611 1646 1734 1738 1739 1827 1836 1837
1854 1881 1891 1982 2125 2400 2412 2464 2495 2815 **uwτ** Er^{1}

---

lac. 9.12-13 𝔓^{10} 𝔓^{113} C 0172 2344 (illeg.)

C 9.12 γεν,ε 1270 1739 | ιγ γενεσεως 1175 | ιγ γενεσεως ιδ 1836 | γεν,ε μαλαχ 1891 **13** μαλαχιου 049 517 1270 1739 1854 | μαλαχιου ιθ 1836 | ιδ μαλαχιου 33 1175 1874 | ιδ περι εκ πτωσεως ιηλ του αποβληθεντος και κλησεως του αληθους ου εκλεχθενος μετα εθνων 1836 | τελ 326 | τελ της ϛ 1837

E 9.12 Gn 25.23 **13** Mal 1.2-3

[↓1506 1573 1611 1646 1735 1738 1827 1836 1837 1854 1874 1881 1982 2125 2147 2400 2412 2464 2815
[↓365 440 460 489 547 614 618 796 910 927 999 1175 1241 1242 1243 1245 1315 1319 1352 1424 1448 1505
14 Τί οὖν ἐροῦμεν; μὴ ἀδικία παρὰ τῷ θ̅ω̅; μὴ γένοιτο. B 𝔓46 ℵ A D2 K L P Ψ 049 1 6 69 88 104
14 **οὐ** ἀδικία παρὰ τῷ θεῷ; Cl I 89.3 [↑131 205 209 226 323 326 330
14 [οὐδὲ γάρ ἐστιν] ἀδικία παρὰ τῷ θεῷ; Cl IV 170.3
14 Τί οὖν ἐροῦμεν; μὴ 33
14 Τί οὖν ἐροῦμεν; μὴ ἀδικία παρὰ τῶι θ̅ω̅ι; μὴ γένοιτο. 424 517 945 1270 1734 1739 1891
14 Τί οὖν ἐροῦμεν; μὴ ἀδικία παρὰ τῷ θεῷ; μὴ γένοιτο. **uwτ** Er1
14 Τί οὖν ἐροῦμεν; μὴ ἀδικία παρὰ θ̅ω̅; μὴ γένοιτο. D* 056 2495
14 Τί οὖν ἐροῦμεν; μὴ **ἀδικεία** παρὰ θ̅ω̅; μὴ γένοιτο. F G

15 τῷ Μωσῆ γὰρ λέγει· B* D
15 τῷ **Μωσεῖ** γὰρ λέγει· Bc
15 τῶι **Μωσεῖ** γὰρ λέγει· 1739
15 τῷ **Μωϋσεῖ** γὰρ λέγει· 𝔓46 ℵ F G **uw**
15 τῷ **Μωϋσῇ** γὰρ λέγει· P 15061881
15 ....· 33
15 τῷ **γὰρ** **Μωσῆ** λέγει· A Ψ 1735 **τ** Er1
15 τῷ **γὰρ** **Μωσεῖ** λέγει· 6 1242
15 τῷ **γὰρ** **Μωϋσεῖ** λέγει· 049 88 104 205 460 517 618 1241 1319 1573 1611 1854 1874
15 τῶι **γὰρ** **Μωϋσεῖ** λέγει· 1270 1734
15 τῶι **γὰρ** **Μωϋσηῖ** λέγει· 1891 [↓1836 1837 1982 2125 2147 2400 2412 2464 2495 2815
15 τῶι **γὰρ** **Μωϋσῆ** λέγει· 424 [↓1175 1243 1245 1315 1352 1424 1448 1505 1646 1738 1827
15 τῷ **γὰρ** **Μωϋσῇ** λέγει· K L 056 1 69 131 209 226 323 326 330 365 440 489 547 614 796 910 927 945 999

[↓1827 1836 1837 1854 1874 1881 1891 1982 2125 2147 2400 2412 2464 2495 2815 **uwτ** Er1
[↓1242 1243 1245 1270 1315 1319 1352 1424 1448 1505 1506 1573 1611 1646 1734 1735 1738 1739
Ἐλεήσω ὃν ἂν ἐλεῶ B 𝔓46 ℵ A D F G K L P Ψ 049 056 6 33 69 88 104 131 205 209 226 323 326 330 365
[ἐλεῶν] Ἐλεήσω ὃν ἂν ἐλεῶ Cl IV 33.7 [↑365 424 440 460 489 517 547 614 618 796 910 927 945 999 1175 1241
Ἐλεήσω ὃν ἐλεῶ 1

καὶ οἰκτειρήσω ὃν ἂν οἰκτείρω. B 𝔓46 A F K L Ψ 049 056 1 6 88 104 205 131 209 226
καὶ οἰκτειρήσω ὃν ἂν οἰκτείρωι. 1270 [↑323 326 365 424 440 460 489 517 547 614 618
καὶ οἰκτειρήσω ὃν οἰκτείρω. 330 [↑796 910 927 945 999 1175 1241 1242 1245 1315
καὶ οἰκτειρήσω ὃν ἂν **οἰκτειρήσω** . 69 [↑1352 1424 1448 1505 1506 1573 1611 1646 1734
καὶ **οἰκτειρωήσω** ὃν ἂν οἰκτείρω. G [↑1735 1738 1739 1827 1836 1837 1854 1874 1881
καὶ **οἰκτιρήσω** ὃν ἂν **οἰκτίρω**. ℵ **u** [↑1891 1982 2125 2400 2412 2815 **wτ** Er1
καὶ **οἰκτιρήσω** ὃν ἂν οἰκτείρω. D 1319
καὶ **οἰκτηρήσω** ὃν ἂν **οἰκτήρω**. P 2464
καὶ **οἰκτηρήσω** ὃν ἂν οἰκτείρω. 1243 2495
καὶ **οἰκτηρίσω** ὃν ἂν οἰκτείρω. 33 2147

---

lac. 9.14-15 𝔓10 𝔓113 C 0172 2344 (illeg.)

C 9.14 αρχ τη β̅ της ϛ̅ εβδ αδ͵ε τι ουν ερουμεν 326 εξοδου β̅ 1836 | αρχ τη β̅ της ϛ̅ εβδ αδ͵ε τι ουν ερουμεν 1837 | ιε εξοδου 517 1175 1874 | Σα γ̅ τη κ͵ε ξ̅β̅ κυριακ γ̅ ζη κ͵ε εδω προς ρωμαιους 2464 **15** της εξοδου 049 | εξοδου 33 1270 1739 1854 | της εξοδου γ̅ 1836

E 9.14 Dt 32.4; Mt 20.13 **15** Ex 33.19

16 αρα οὖν οὐ τοῦ θέλοντος οὐδὲ τοῦ τρέχοντος ἀλλὰ τοῦ ἐλεῶντος B* ℵ A D* P
16 αρα οὖν οὐ τοῦ θέλοντος οὐδὲ τοῦ τρέχοντος ἀλλὰ τοῦ **εὐδοκοῦντος** L*
16 αρα οὖν οὐ τοῦ θέλοντος οὐδὲ τοῦ τρέχοντος ἀλλὰ τοῦ **ἐλαιῶντος** F G
16 αρα οὖν οὐ τοῦ θέλοντος οὐδὲ τοῦ τρέχοντος ἀλλὰ τοῦ **ἐλεοῦντος** Er[1]
16 αρα οὖν οὐ τοῦ **τρέχοντος** οὐδὲ τοῦ **θέλοντος** ἀλλὰ τοῦ ἐλεῶντος 𝔓46
16 **ἀρα** οὖν οὐ τοῦ **τρέχοντος** οὐδὲ τοῦ **θέλοντος** ἀλλὰ τοῦ **ἐλεοῦντος** 1506
16 **ἀρα** οὖν οὐ τοῦ θέλοντος οὐδὲ τοῦ τρέχοντος ἀλλὰ τοῦ **ἐλεοῦντος** 88 104 365 1245 1319c
16 **ἀρα** οὖν οὐ τοῦ θέλοντος οὐδὲ τρέχοντος ἀλλὰ τοῦ **ἐλεοῦντος** 1319*
16 **ἀρα** οὖν οὐ τοῦ θέλοντος οὐδὲ τοῦ τρέχοντος ἀλλὰ τοῦ **εὐδοκοῦντος** Lc
16 **ἀρα** οὖν οὐ τοῦ θέλοντος οὐδὲ τοῦ τρέχοντος ἀλλὰ τοῦ **ἐλεούνωντο** 489
16 **ἀρα** οὖν οὐ τοῦ θέλοντος οὐδὲ τοῦ τρέχοντος ἀλλὰ τοῦ **ἐλεοῦντος** 1 1874
16 **ἀρα** οὖν οὐ τοῦ θέλοντος οὐδὲ τοῦ τρέχοντος ἀλλὰ τοῦ ἐλεῶντος D2 326 1837
16 **ἄρα** οὖν οὐ τοῦ θέλοντος οὐδὲ τοῦ τρέχοντος ἀλλὰ τοῦ ἐλεῶντος 1735 **uw**
16 **ἄρα** οὖν οὐ τοῦ θέλοντος οὐδὲ τοῦ τρέχοντος ἀλλὰ τοῦ **ἐλεόντος** Bc
16 **ἄρα** οὖν οὐ τοῦ θέλοντος **οὐ** τοῦ τρέχοντος ἀλλὰ τοῦ **ἐλεοῦντος** 614 2400
16 **ἄρα** οὖν οὐ τοῦ **τρέχοντος** οὐδὲ τοῦ **θέλοντος** ἀλλὰ τοῦ **ἐλεοῦντος** 460 618 1738
16 **ἄρα** οὖν οὐ τοῦ θέλοντος οὐδὲ τοῦ τρέχοντος ἀλλὰ τοῦ **ἐλεοῦντος** K Ψ 049 056 6 33 69 131 205 209 226 323 330 424 440 517 547 796 910 927 945 999 1175 1241 1242 1243 1270 1315 1352 1424 1448 1505 1573 1611 1646 1734 1739 1827 1836 1854 1881 1891 1982 2125 2147 2412 2464 2495 2815 **τ**

[↓1424 1448 1505 1506 1573 1611 1735 1738 1836 1837 1854 1874 1881 1982 2125 2147 2400 2412 2495 2815
[↓131 205 209 226 323 326 330 365 440 489 517c 547 614 796 910 927 999 1175 1241 1242 1243 1315 1319 1352
θ̅υ̅. 17 λέγει γὰρ ἡ γραφὴ τῷ Φαραὼ ὅτι Εἰς αὐτὸ τοῦτο ἐξήγειρά σε B ℵ A D Fc G K L P Ψ 049*
‥υ̅. 17 λέγει ······· ·· ··········ἡ τῷ Φαραὼ ὅτι Εἰς ····τὸ τοῦτο ἐξήγειρά σε· 𝔓46 [↑056 1 6 33 69 88 104
θ̅υ̅. 17 λέγει γὰρ ἡ γραφὴ τῷ Φαραὼ ὅτι Εἰς αὐτὸ τοῦτο **ἐξήγηρά** σε· 1646
θ̅υ̅. 17 λέγει γὰρ ἡ γραφὴ τῷ Φαραὼ ὅτι Εἰς αὐτὸ τοῦτο **ἐξηρά** σε· 1245
θ̅υ̅. 17 λέγει γὰρ ἡ γραφὴ Φαραὼ ὅτι Εἰς αὐτὸ τοῦτο ἐξήγειρά σε· 517*
θ̅υ̅. 17 λέγει γὰρ ἡ γραφὴ τῷ **Φραὼ** ὅτι Εἰς αὐτὸ τοῦτο ἐξήγειρά σε· F
θ̅υ̅. 17 λέγει γὰρ ἡ γραφὴ τῷ Φαραὼ Εἰς αὐτὸ τοῦτο ἐξήγειρά σε· 1827
θ̅υ̅. 17 λέγει γὰρ ἡ γραφὴ τῶι Φαραὼ ὅτι Εἰς αὐτὸ τοῦτο ἐξήγειρά σε· 424
θ̅υ̅. 17 λέγει γὰρ ἡ γραφὴ τῶι Φαραὼι ὅτι Εἰς αὐτὸ τοῦτο ἐξήγειρά σε· 945 1270 1739 1891
θ̅υ̅. 17 λέγει γὰρ ἡ γραφὴ τῶι Φαραὼι ὅτι Εἰς τοῦτο ἐξήγειρά σε· 1734
θ̅υ̅. 17 λέγει γὰρ ἡ γραφὴ τῷ Φαραὼ ὅτι Εἰς **αὐτῷ** τοῦτο ἐξήγειρά σε· 049c 460
θ̅υ̅. 17 λέγει γὰρ ἡ γραφὴ τῷ Φαραὼ ὅτι Εἰς **αὐτῷ** τοῦτο **ἐξήγηρά** **σαι**· 2464
θεοῦ. 17 λέγει γὰρ ἡ γραφὴ τῷ Φαραὼ ὅτι Εἰς **αὐτῷ** τοῦτο **ἐξήγηρά** σε· 618
θεοῦ. 17 λέγει γὰρ ἡ γραφὴ τῷ Φαραὼ ὅτι Εἰς αὐτὸ τοῦτο ἐξήγειρά σε· **uwτ** Er[1]

[↓1573 1611 1734 1738 1827 1854 1874 1881c 1891 1982 2400 2412 2495 2815 **uwτ** Er[1]
[↓131 205 209 226 323 365 424 489 517 547 614 796 910 927 945 1242 1243c 1352 1448 1506
ὅπως ἐνδείξωμαι ἐν σοὶ τὴν δύναμίν μου καὶ ὅπως διαγγελῇ τὸ ὄνομά μου B D K 049 056 1
ὅπως ἐνδείξω······· ἐν σοὶ τὴν δύναμίν μου καὶ ὅπως ·········· ··ελῇ τὸ ὄνομά μου 𝔓46c
ὅπως **ἐνδείξο**······· ἐν σοὶ τὴν δύναμίν μου καὶ ὅπως ··········ελῇ τὸ ὄνομά μου 𝔓46*
ὅπως **ἐνδίξωμαι** ἐν σοὶ τὴν δύναμίν μου καὶ ὅπως διαγγελῇ τὸ ὄνομά μου ℵ A 330
ὅπως ἐνδείξωμαι ἐν σοὶ τὴν δύναμίν μου καὶ ὅπως ἂν διαγγελῇ τὸ ὄνομά μου G
ὅπως ἐνδείξωμαι ἐν σοὶ τὴν δύναμίν μου καὶ **ὅπω** διαγγελῇ τὸ ὄνομά μου 1243 1505
ὅπως ἐνδείξωμαι ἐν σοὶ τὴν δύναμίν μου καὶ ὅπως διαγγελῆι τὸ ὄνομά μου 1739
ὅπως ἐνδείξωμαι ἐν σοὶ τὴν **δύναμήν** μου καὶ ὅπως **διαγγελεῖ** τὸ ὄνομά μου 1646
ὅπως ἐνδείξωμαι ἐν σοὶ τὴν δύναμίν μου καὶ ὅπως **διαγγελλῇ** τὸ ὄνομά μου 1245 [↓2125
ὅπως ἐνδείξωμαι ἐν σοὶ τὴν δύναμίν μου καὶ ὅπως **διαγγειλῇ** τὸ ὄνομά μου 69 [↓1319
ὅπως ἐνδείξωμαι ἐν σοὶ τὴν δύναμίν μου καὶ ὅπως **διαγγελεῖ** τὸ ὄνομά μου 440 999 1315
ὅπως **ἐνδείξομε** ἐν σοὶ τὴν δύναμίν μου καὶ ὅπως διαγγελῇ τὸ ὄνομά μου 460 618
ὅπως **ἐνδείξομαι** ἐν σοὶ τὴν δύναμίν μου καὶ ὅπως διαγγελῇ τὸ ὄνομά μου Ψ 6 104 1270
ὅπως **ἐνδείξομαι** ···· ······· ······· ················· ········ ······· ·········· ················· ···· ············· μου 88 [↑1836 1837
ὅπως **ἐνδείξομαι** ἐν σοὶ τὴν **δίναμίν** μου καὶ ὅπως ἂν διαγγελῇ τὸ ὄνομά μου F [↑1881*
ὅπως **ἐνδείξομαι** ἐν σοὶ τὴν **δύναμήν** μου καὶ ὅπως **διαγγελθῇ** τὸ ὄνομά μου 1735
ὅπως **ἐνδείξομαι** ἐν σοὶ τὴν **δύναμήν** μου καὶ ὅπως **διαγγελεῖ** τὸ ὄνομά μου 2464
ὅπως **ἐνδείξομαι** ἐν σοὶ τὴν δύναμίν μου καὶ ὅπως **διαγγελεῖ** τὸ ὄνομά μου L P 1241 2147
ὅπως ἂν **ἐνδείξομαι** ἐν σοὶ τὴν δύναμίν μου καὶ ὅπως ἂν **διαγγελεῖ** τὸ ὄνομά μου 1424
ὅπως **ἐνδείξομαι** ἐν σοὶ τὴν δύναμίν μου καὶ ὅπως **διαγγειλῇ** τὸ ὄνομά μου 33 326
ὅπως **ἐνδίξομαι** ἐν σοὶ τὴν δύναμίν μου καὶ ὅπως διαγγελῇ τὸ ὄνομά μου 1175

lac. 9.16-17 𝔓10 𝔓113 C 0172 2344 (illeg.)

C 9.17 εξοδου 209 1270 1734 1854 | ι̅ς̅ εξοδου 33 1175 1874 | της εξοδου 2464

D 9.17 ι̅ζ̅ 2464

E 9.16 Eph 2.8; Tit 3.5; Is 49.10 **17** Ex 9.16

ἐν πάσῃ τῇ γῇ. **18** αρα οὖν ὃν θέλει ἐλεεῖ, ὃν δὲ θέλει σκληρύνει. B ℵ A P Er^{1}
ἐν πάσῃ τῇ γῇ. **18** αρα ······· ·· ν θέλει **ἐλέα**, ὃν δὲ θέλει σκληρύνει. 𝔓^{46}
ἐν πάσῃ τῇ γῇ. **18** αρα οὖν θέλει ἐλεεῖ, ὃν δὲ θέλει σκληρύνει. L*
ἐν πάσῃ τῇ γῇ. **18** αρα οὖν ὃν θέλει **ἐλαία**, ὃν δὲ θέλει σκληρύνει. F G
ἐν πάσῃ τῇ γῇ. **18** αρα οὖν ὃν θέλει ὁ θς **ἐλέα**, ὃν δὲ θέλει σκληρύνει. D*
ἐν πάσῃ τῇ γῇ. **18** αρα οὖν ὃν θέλει ὁ θς ἐλεεῖ, ὃν δὲ θέλει σκληρύνει. D^{2}
ἐν πάσῃ τῇ γῇ. **18** **ἆρα** οὖν θέλει ἐλεεῖ, ὃν δὲ θέλει σκληρύνει. L^{c}
ἐν πάσῃ τῇ γῇ. **18** **ἆρα** οὖν ὃν θέλει ἐλεεῖ, ὃν δὲ **θέλῃ** σκληρύνει. 1 910 [↓1874 1881
ἐν πάσῃ τῇ γῇ. **18** **ἆρα** οὖν ὃν θέλει ἐλεεῖ, ὃν δὲ θέλει σκληρύνει. 6 88 104 460 1315
ἐν πάσῃ τῇ γῇ. **18** **ἆρα** οὖν ὃν **θέλῃ** ἐλεεῖ, ὃν δὲ θέλει σκληρύνει. 1424 [↑1319 1836
ἐν πάσῃ τῇ γῇ. **18** **ἆρα** οὖν ὃν **θέλῃ** ἐλεεῖ, ὃν δὲ **θέλῃ** σκληρύνει. 1506 2400
ἐν **πάσι** τῇ γῇ. **18** **ἆρα** οὖν ὃν θέλει ἐλεεῖ, ὃν θέλει σκληρύνει. 326
ἐν **πάσι** τῇ γῇ. **18** **ἆρα** οὖν ὃν θέλει ἐλεεῖ, ὃν δὲ θέλει σκληρύνει. 1837
ἐν πάσῃ τῇ γῇ. **18** ἄρα οὖν ὃν θέλει ὁ θς ἐλεεῖ, ὃν δὲ θέλει σκληρύνει. 517^{c} 999
ἐν πάσῃ τῇ γῇ. **18** ἄρα οὖν ὃν θέλει ἐλεεῖ, ὃν δὲ θέλει **σκληρύνῃ**. 614
ἐν πάσῃ τῇ γῇ. **18** ἄρα οὖν ὃν θέλει ἐλεεῖ, ὃν δὲ **θέλῃ** **σκληρύνῃ**. 1243
ἐν πάσῃ τῇ γῇ. **18** ἄρα οὖν ὃν θέλει ἐλεεῖ, ὃν δὲ **θέλῃ** σκληρύνει. K 489 927 1352
ἐν πάσῃ τῇ γῇ. **18** ἄρα οὖν ὃν **θέλῃ** ἐλεεῖ, ὃν δὲ **θέλῃ** σκληρύνει 330 618
ἐν πάσῃ τῇ γῇ. **18** ἄρα οὖν ὃν **ἂν** **θέλῃ** ἐλεεῖ, ὃν δὲ **θέλῃ** σκληρύνει. 33 1242
ἐν πάσῃ τῇ γῇ. **18** ἄρα οὖν ὃν **ἂν** **θέλῃ** **ἐλεῇ**, ὃν δὲ θέλει σκληρύνει. 1734
ἐν πάσῃ τῇ γῇ. **18** ἄρα οὖν ὃν **ἂν** θέλει ἐλεεῖ, ὃν δὲ θέλει σκληρύνει. 131
ἐν πάσῃ τῇ γῇ. **18** ἄρα οὖν ὃν **ἂν** θέλει ἐλεεῖ, ὃν δὲ θέλει **σκηρύνει**. 2125
ἐν πάσῃ τῇ γηῖ. **18** ἄρα οὖν ὃν θέλει ἐλεεῖ, ὃν δὲ θέλει σκληρύνει. 945
ἐν πάσηι τῆι γηῖ. **18** ἄρα οὖν ὃν θέλει ἐλεεῖ, ὃν δὲ θέλει σκληρύνει. 424 1739 1891
ἐν τῇ γῇ. **18** ἄρα οὖν ὃν θέλει ἐλεεῖ, ὃν δὲ θέλει σκληρύνει. 049
ἐν πάσῃ τῇ γῇ. **18** ἄρα οὖν ὃν θέλει ἐλεεῖ, ὃν θέλει σκληρύνει. 1245
ἐν πάσῃ τῇ γῇ. **18** ἄρα οὖν ὃν **θέλε** ἐλεεῖ, ὃν δὲ θέλει σκληρύνει. 1505
ἐν **πάσι** τῇ γῇ. **18** ἄρα οὖν ὃν θέλει ἐλεεῖ, ὃν δὲ θέλει σκληρύνει. 2147
ἐν **πάσει** τῇ γῇ. **18** ἄρα οὖν ὃν θέλει ἐλεεῖ, ὃν δὲ θέλει **σκληροίνει**. 2464
ἐν πάσῃ τῇ γῇ. **18** ἄρα οὖν ὃν θέλει ἐλεεῖ, ὃν δὲ οὐ θέλει σκληρύνει. 2495
ἐν πάσῃ τῇ γῇ. **18** ἄρα οὖν ὃν θέλει ἐλεεῖ, ὃν δὲ θέλει σκληρύνει. Ψ 056 69 205 209 226 323 365 440 517* 547 796 1175 1241 1270 1448 1573 1611 1646 1735 1738 1827 1854 1982 2412 2815 **uwτ**

---

lac. 9.17-18 𝔓^{10} 𝔓^{113} C 0172 2344 (illeg.)

C 9.18 αρχ ατη β της δ εβδ αδ,ε ον θελ ο θς ελεει ον δε θελ 1 | αρχ τη β της δ εβδ αδ,ε ον θελει ο θς ελεει 226 | αρχ της β εβδ δ 440 | αρχ τη ϛ της δ εβδ αδ,ε ον θελ 489 | τη β της δ αδελφοι 517 | αρχ 547 | αρχ της β ζητ΄ του γ Σα εις εβδ β της προς ρωμαιους ωσαυτως και την κ,υριακ εις την αυτην γ αδ,ε ον θελω ο θς ελεει 614 | αρχ τη β της δ εβδ. ον θελ ο θς ελεει 796 | αρχ τη β της δ εβδ αδ,ε ον θελει ο θς ελεει 927 | αρχ Σα γ κ,υ γ ζ,τ ο πισθ 945 | αρχ τη β της δ εβδ,ο προς ρωμαιους 1175 | αρχ τη ϛ εβδμ δ 1242 | αρχ τη β της δ εβδ κ,ε ρη 1315 | αρα οτι κγ απεστιν εκ πτωσις δια της εις αγνοιαν των λειψε και και τ μη αρνο ζητων του καρπου 1448 | αρχ τη ϛ της δ εβδ. αδ,ε ον θελει ο θς ελεει 1573 | κ,ε κϛ αρχ τη ϛ της δ εβδ ο αποστολ προ ρωμ αδελφοι αρα ουν ον θελει ελεει ον δε θελει 1739 | αρχ τη ϛ της δ εβδ κ,ε οθ αδελφοι αρα ουν ον θελει 2464

D 9.18 κε 1 226 | κδ 489 927 | κϛ 517

E 9.17 Ex 9.16 **18** Ex 4.21;7.3; 9.12; 14.4, 17

God's Wrath and Mercy

19 Ἐρεῖς μοι οὖν· Τί οὖν ἔτι μέμφεται; τῷ γὰρ βουλήματι αὐτοῦ τίς B [**u**]
19 .... μοι οὖν· Τί οὖν ἔτι μέμφεται; τῶ γὰρ ....ματι αὐτοῦ τίς 𝔓^{46}
19 Ἐρεῖς μοι οὖν· Τί ἔτι μέμφεται; τῷ γὰρ βουλήματι αὐτοῦ τίς A P 69 88 365 999 1243
19 Ἐρεῖς μοι οὖν· Τί ἔτι μέμφεται; τῶι γὰρ βουλήματι αὐτοῦ τίς 945 1739 [↑1319 1505
19 Ἐρεῖς μοι οὖν· Τί ἔτι **μέμφειται**; **τὸ** γὰρ βουλήματι αὐτοῦ τίς 1506 [↑1573 2495 [**u**]**w**
19 **Ἐρῖς** μοι οὖν· Τί ἔτι μέμφεται; τῷ γὰρ βουλήματι αὐτοῦ τίς ℵ
19 **Ἐρῖς** **οὖν μοι**· Τί οὖν ἔτι **μέμφετε**; τῷ γὰρ βουλήματι αὐτοῦ τίς D*
19 Ἐρεῖς **οὖν μοι**· Τί οὖν ἔτι **μέμφετε**; τῷ γὰρ βουλήματι αὐτοῦ τίς D^{2}
19 Ἐρεῖς **οὖν μοι**· Τί οὖν **ἔτει** μέμφεται; τῷ γὰρ **βουλήματει** αὐτοῦ τίς G
19 Ἐρεῖς **οὖν μοι**· Τί οὖν **ἔτει** **μένφεται**; **τὸ** γὰρ **βουλήματει** αὐτοῦ τίς F
19 Ἐρεῖς **οὖν μοι**· Τί ἔτι μέμφεται; **τὸ** γὰρ βουλήματι αὐτοῦ τίς 618 2147
19 Ἐρεῖς **οὖν μοι**· Τί **ἔτη** μέμφεται; **τὸ** γὰρ βουλήματι αὐτοῦ τίς 2464
19 Ἐρεῖς **οὖν μοι**· Τί **ὅτι** μέμφεται; τῷ γὰρ βουλήματι αὐτοῦ τίς 049 1881
19 Ἐρεῖς **οὖν μοι**· Τί **αἴτι** μέμφεται; τῷ γὰρ **βουλείτι** αὐτοῦ τίς 1646*
19 Ἐρεῖς **οὖν μοι**· Τί **αἴτι** μέμφεται; τῷ γὰρ βουλήματι αὐτοῦ τίς 1646^{c}
19 Ἐρεῖς **οὖν μοι**· Τί ἔτι μέμφεται; τῶι γὰρ βουλήματι αὐτοῦ τίς 424 517 1734 1891
19 Ἐρεῖς **οὖν μοι**· Τί ἔτι μέμφεται; τῷ γὰρ **θελήματι** αὐτοῦ τίς 1 547 1245
19 **Ἐρεῖ** **οὖν μοι**· Τί ἔτι μέμφεται; τῷ γὰρ βουλήματι αὐτοῦ τίς 910
19 Ἐρεῖς **οὖν μοι**· Τί μέμφεται; τῷ γὰρ βουλήματι αὐτοῦ τίς 1175
19 Ἐρεῖς **οὖν μοι**· Τί ἔτι μέμφεται; τῷ γὰρ βουλήματι αὐτοῦ τίς K L Ψ 056 6 33 104 131 205 209 226 323 326 330 440 460 489 614 796 927 1241 1242 1270 1315 1352 1424 1448 1611 1735 1738 1827 1836 1837 1854 1874 1982 2125 2400 2412 2815 **τ** Er^{1}

ἀνθέστηκεν; **20** ὦ ἄνθρωπε, μενοῦν σὺ τίς εἶ ὁ ἀνταποκρεινόμενος B
ἀνθέστηκεν; **20** ὦ ἄνθρωπε, **μενοῦνγε** σὺ τίς εἶ ὁ **ἀνταποκρινόμενος** ℵ* A **uw**
ἀνθέστηκεν; **20** ὦ ανε, **μενοῦνγε** σὺ τίς εἶ ὁ **ἀνταποκρινόμενος** 69 1506 1739 1881
ἀνθέστηκεν; **20** ὦ ἄνθρω..... ....ίς εἶ ὁ **ἀνταποκρινόμενος** 𝔓^{46}
ἀνθέστηκεν; **20** ὦ ἄνθρωπε, σὺ τίς εἶ ὁ **ἀνταποκρινόμενος** F G
ἀνθέστηκεν; **20** ὦ ανε, σὺ τίς εἶ ὁ **ἀνταποκρινόμενος** D* [↓440 460 1175 1241 1243
ἀνθέστηκεν; **20** **μενοῦνγε, ὦ ανε,** σὺ τίς εἶ ὁ **ἀνταποκρινόμενος** D^{2} K L P Ψ 049 056 33 88 326
ἀνθέστηκε; **20** **μενοῦνγε, ὦ ανε,** σὺ τίς ὁ **ἀνταποκρινόμενος** 1 [↑1424 1646^{c} 1735 1836
ἀνθέστηκεν; **20** **μενοῦνγε, ὦ ανε,** σὺ τίς εἶ ὁ ὁ **ἀνταποκρινόμενος** 1646* [↑1854 1874 1891 2125
ἀνθέστικεν; **20** **μενοῦνγε, ὦ ανε,** σὺ τίς εἶ ὁ **ἀνταποκρινόμενος** 2147 2464
.... **20** .... σὺ τίς 2344
ἀνθέστηκεν; **20** **μενοῦνγε, ὦ ἄνθρωπε,** σὺ τίς εἶ ὁ **ἀνταποκρινόμενος** ℵ^{c} 1837
ἀνθέστηκε; **20** **μενοῦνγε, ὦ ἄνθρωπε,** σὺ τίς εἶ ὁ **ἀνταποκρινόμενος** 104 1319 **τ** Er^{1}
ἀνθέστηκε; **20** **μενοῦνγε, ὦ ανε,** σὺ τίς εἶ ὁ **ἀνταποκρινόμενος** 6 131 205 209 226 323 330 365 424 489 517 547 614 618 796 910 927 945 999 1242 1245 1270 1315 1352 1448 1505 1573 1611 1734 1738 1827 1982 2400 2412 2495 2815

lac. 9.19-20 𝔓^{10} 𝔓^{113} C 0172 **9.19** 2344 (illeg.)

C 9.19 αρχ 1245 | τελ 226 489 796 927 945 1175 1245 1448 1837 | τε της αρ,α 517 | τελ της ς 547 | τε ης πε 614 | τε ς 1242 2464 | τελ της β 1315 **20** αρχ τη γ της ς εβδ αδ,ε συ τις ει ο ανταπ 326 1837

E 9.20 Is 29.16; 45.9; Wsd 12.12

[↓1448 1505 1506 1573 1611 1738 1827 1836 1837 1854 1874* 1881 1982 2125 2400 2412 2495 2815
[↓69 88 104 205 209 226 323 326 365 440 489 547 614 796 910 927 999 1175 1241 1242 1245 1319 1424
τῷ θω; μὴ ἐρεῖ τὸ πλάσμα τῷ πλάσαντι· Τί με ἐποίησας οὕτως; B ℵ A K L P Ψ 049 1 6
τῶ θω; ···· ·········· ···· ··λάσμα τῷ πλάσαντι· **αυ** Τί····· ····················· ······τως; 𝔓46*
τῶ θω; ···· ·········· ···· ··λάσμα τῷ πλάσαντι· Τί····· ····················· ······τως; 𝔓46c
τῷ θω; μὴ ἐρεῖ τὸ πλάσμα τῷ πλάσαντι· Τί με **ἐπλάσας** οὕτως; D
τὸ θω; μὴ ἐρεῖ τὸ πλάσμα τῷ **πλάσαντει**· Τί **μαι** ἐποίησας οὕτως; F
τῷ θω; μὴ ἐρεῖ τὸ πλάσμα τῷ **πλάσαντει**· Τί **μαι** ἐποίησας οὕτως; G
τῷ θω; μὴ ἐρεῖ **τῷ** πλάσμα τῷ πλάσαντι· Τί με ἐποίησας οὕτως; 131 460 1315 2147
τῷ θω; μὴ ἐρεῖ **τῷ** πλάσμα τῷ πλάσαντι· Τί με ἐποίησας; 618
τῷ θω; μὴ ἐρεῖ **τῷ** πλάσμα τῷ πλάσαντι· Τί με ἐποίησας **οὕτος**; 1243
τῷ θω; μὴ **εέρεῖ** **τῷ** πλάσμα τῷ πλάσαντι· Τί με ἐποίησας οὕτώς; 1735
τῷ θω; μὴ ἐρεῖ τὸ πλάσμα **τὸ** πλάσαντι· Τί με ἐποίησας οὕτως; 056 33 330 1646 2464
τῶι θωι; μὴ ἐρεῖ τὸ πλάσμα τῶι πλάσαντι· Τί με ἐποίησας οὕτως; 424 945 1739 1891
τῶι θωι; μὴ ἐρεῖ τὸ πλάσμα τῷ πλάσαντι· Τί με ἐποίησας οὕτως; 517
τῶι θωι; μὴ ἐρεῖ **τῶι** πλάσμα τῷ πλάσαντι· Τί με ἐποίησας οὕτως; 1270
τῷ θω; μὴ ἐρεῖ τὸ πλάσμα τῷ **πλάσματι**· Τί με ἐποίησας οὕτως; 1352
τῷ θω; μὴ ἐρεῖ τὸ πλάσμα τῷ **ποιήσαντι**· Τί με ἐποίησας οὕτως; 1734
τῷ θω; μὴ ἐρεῖ τὸ πλάσμα τῷ πλάσαντι λέγων· Τί με ἐποίησας οὕτως; 1874c
τῷ θεῷ; μὴ ἐρεῖ τὸ πλάσμα τῷ πλάσαντι· Τί με ἐποίησας οὕτως; **uwτ** Er1
······ ······· ····· ἐρεῖ τὸ πλάσμα τῷ πλάσαντι· ····· ······ ······················ οὕτως; 2344

[↓1448 1505 1506 1573 1611 1734 1735 1739 1827 1854 1874 1881 1891 1982 2125 2400 2412 2464 2495 2815 **uwτ** Er1
[↓6 69 88 104 131 209 226 323 365 424 440 489 517 547 614 796 910 945 999 1175 1241 1242 1245 1270 1315 1319 1352
21 ἢ οὐκ ἔχει ἐξουσίαν ὁ κεραμεὺς τοῦ πηλοῦ ἐκ τοῦ αὐτοῦ φυράματος B ℵ A D K L Ψ 33
21 ἢ οὐκ ἔχει ἐξουσίαν ὁ κε················ ······· ······οῦ ἐκ τοῦ αὐτοῦ φυράματος 𝔓46 [↑049 056 1
21 ἢ οὐκ ἔχει **ἐξουσείαν** ὁ κεραμεὺς τοῦ πηλοῦ ἐκ τοῦ αὐτοῦ φυράματος F G
21 ἢ οὐκ **ἔχῃ** ἐξουσίαν ὁ κεραμεὺς τοῦ πηλοῦ ἐκ τοῦ αὐτοῦ φυράματος P
21 ἢ οὐκ ἔχει **ἐέξουσίαν** ὁ κεραμεὺς τοῦ πηλοῦ ἐκ τοῦ αὐτοῦ φυράματος 1646
21 ἢ οὐκ ἔχει ἐξουσίαν ὁ κ················ ······· πηλοῦ ἐκ τοῦ αὐτοῦ φυράμα······ 2344
21 ἢ **οὐ** ἔχει ἐξουσίαν ὁ κεραμεὺς τοῦ πηλοῦ ἐκ τοῦ αὐτοῦ φυράματος 205
21 ἢ οὐκ ἔχει ἐξουσίαν ὁ κεραμεὺς ἐκ τοῦ αὐτοῦ φυράματος 1424c
21 ἢ οὐκ ἔχει ἐξουσίαν ὁ κεραμεὺς τοῦ πηλοῦ······ ἐκ τοῦ αὐτοῦ φυράματος 1424*
21 ἢ οὐκ ἔχει ἐξουσίαν ὁ κεραμεὺς τοῦ πηλοῦ ἐκ τοῦ αὐτοῦ αὐτοῦ φυράματος 1243
21 ἢ οὐκ ἔχει ἐξουσίαν ὁ **κερα** τοῦ πηλοῦ ἐκ τοῦ αὐτοῦ φυράματος 927
21 ἢ οὐκ ἔχει ἐξουσίαν ὁ κεραμεὺς τοῦ **πιλοῦ** ἐκ τοῦ αὐτοῦ φυράματος 326 1837
21 ἢ οὐκ ἔχει ἐξουσίαν ὁ κεραμεὺς τοῦ **πιλοῦ** ἐκ τοῦ φυράματος 2147
21 ἢ οὐκ ἔχει ἐξουσίαν ὁ κεραμεὺς τοῦ **πυλοῦ** ἐκ τοῦ αὐτοῦ φυράματος 330
21 ἢ οὐκ ἔχει ἐξουσίαν ὁ **καιραμεὺς** τοῦ πηλοῦ ἐκ τοῦ αὐτοῦ φυράματος 1836
21 ἢ οὐκ ἔχει **ὁ κεραμεὺς τοῦ πηλοῦ ἐξουσίαν** ἐκ τοῦ αὐτοῦ φυράματος 460 618 1738

ποιῆσαι ὃ μὲν εἰς τειμὴν σκεῦος ὃ δὲ εἰς ἀτειμίαν; **22** εἰ δὲ θέλων ὁ θς B
ποιῆσε ὃ μὲν εἰς τειμὴν σκεῦος ὃ δὲ εἰς **ἀτιμίαν**; **22** εἰ δὲ θέλων ὁ θς D*
················ ·· ······· ····· ··**ιμὴν** σκεῦος ὃ δὲ εἰς ····················· **22**···· ····· ············ ·· θς 𝔓46
ποιῆσαι ὃ μὲν εἰς **τιμὴν** σκεῦος ὃ δὲ εἰς **ἀτιμίαν**; **22** εἰ δὲ θέλων ὁ θεὸς **uwτ** Er1
ποιῆσαι ὃ μὲν εἰς **τιμὴν** σκεῦος ὃ δὲ εἰς **ἀτειμείαν**; **22** εἰ δὲ θέλων ὁ θς F G
ποιῆσαι ὃ μὲν εἰς **τιμὴν** σκεῦος ὃ δὲ εἰς **ἀτιμίαν**; **22** θέλων ὁ θς 6
ποιῆσαι ὃ μὲν εἰς **τιμὴν** σκεῦος ὃ δὲ εἰς **ἀτιμίαν**; **22** εἰ θέλων ὁ θς 440
ποιῆσαι ὃ μὲν εἰς **τιμὴν** σκεῦος ὃ δὲ εἰς **ἀτιμίαν**; **22** εἰ δὲ **θέλον** ὁ θς 460 1243c 2147 2464
ποιῆσαι ὃ μὲν εἰς **τιμὴν** σκεῦος ὃ δὲ **ἀτιμίαν**; **22** εἰ δὲ **θέλον** ὁ θς 1243*
ποιῆσαι ὃ μὲν εἰς **τιμὴν** **σκέμους** ὃ δὲ εἰς **ἀτιμίαν**; **22** εἰ δὲ **θέλον** ὁ θς 618 [↓131 205 209 226
················ ὃ μὲν εἰς **τιμὴν** σκεῦος ὃ δὲ εἰς ················ **22**····· ····· θέλων ὁ θς 2344 [↓056 1 33 69 88
ποιῆσαι ὃ μὲν εἰς **τιμὴν** σκεῦος ὃ δὲ εἰς **ἀτιμίαν**; **22** εἰ δὲ θέλων ὁ θς ℵ A D1.2 K L P Ψ 049 104
323 326 330 365 424 489 517 547 614 796 910 927 945 999 1175 1241 1242 1245 1270 1315 1319 1352 1424 1448 1505
1506 1573 1611 1646 1734 1735 1738 1739 1827 1836 1837 1854 1874 1881 1891 1982 2125 2400 2412 2495 2815

---

lac. 9.20-22 𝔓10 𝔓113 C 0172

E 9.20 Is 29.16; 45.9; Wsd 12.12 **21** Jr 18.6; Wsd 15.7; 2 Ti 2.20 **22** Jr 50.25; Is 13.5

[↓1734 1735 1738 1739 1827 1836 1837 1854 1874 1881 1891 1982 2125 2147 2400 2412 2495 2815 **uwτ** Er^1
[↓547 614 618 796 910 927 945 999 1175 1241 1242 1245 1270 1315 1319 1352 1424 1448 1505 1506 1573 1611
ἐνδείξασθαι τὴν ὀργὴν καὶ γνωρίσαι τὸ δυνατὸν αὐτοῦ ἤνεγκεν ἐν B D^2 K Ψ 056 1 6 33 69 88 104
ἐνδείξασθαι τ··· ··· ··· ··· ··· υνατὸν αὐτ··· ἤνεγκεν ἐν 𝔓^{46} [↑131 209 226 323 326 330
ἐνδείξασθαι τὴν ὀργὴν··· ··· τὸ δυνατὸν αὐτοῦ ἤνεγκεν ἐν 2344 [↑365 424 440 460 489 517
ἐνδείξασθαι τὴν ὀργὴν καὶ γνωρίσαι τὸ δυνατὸν ἤνεγκεν ἐν 205
ἐνδείξασθαι τὴν ὀργὴν καὶ **γνωρίσε** τὸ δυνατὸν αὐτοῦ **εἴνεγκεν** ἐν 2464
ἐνδείξασθαι τὴν ὀργὴν καὶ **γνωρήσαι** τὸ δυνατὸν αὐτοῦ ἤνεγκεν ἐν L P 049 1646
ἐνδείξασθε τὴν ὀργὴν καὶ **γνωρήσαι** τὸ δυνατὸν αὐτοῦ ἤνεγκεν ἐν 1243
ἐνδείξασθε τὴν ὀργὴν καὶ γνωρίσαι τὸ δυνατὸν αὐτοῦ ἤνεγκεν ἐν ℵ A
ἐνδίξασθαι τὴν ὀργὴν καὶ γνωρίσαι τὸ δυνατὸν αὐτοῦ ἤνεγκεν ἐν D*
ἐνδίξασθαι τὴν ὀργὴν καὶ **γνωρείσαι** τὸ δυνατὸν αὐτοῦ ἐν F G

πολλῇ μακροθυμίᾳ σκεύη ὀργῆς κατηρτισμένα εἰς ἀπώλειαν, 23 ἵνα B 69 326 1837
···λλῇ μ·· κροθυμίᾳ ··· ὀργῆς κατ···σμένα εἰς ἀπώλεια·· 23··· ἵνα 𝔓^{46} [↑**w**
πολλῆι μακροθυμίᾳ σκεύη ὀργῆς κατηρτισμένα εἰς ἀπώλειαν, 23 καὶ ἵνα 945
πολλῆι μακροθυμίαι σκεύη ὀργῆς κατηρτισμένα εἰς ἀπώλειαν, 23 καὶ ἵνα 1739 1891
πολλῇ μακροθυμίᾳ σκεύη ὀργῆς κατηρτισμένα εἰς **ἀπώλιαν**, 23 καὶ ἵνα ℵ D* 1506
πολλῇ μακροθυμίᾳ σκεύη ὀργῆς κατηρτισμένα εἰς **ἀπόλιαν**, 23 καὶ ἵνα P
πολλῇ μακροθυμίᾳ σκεύη ὀργῆς κατηρτισμένα εἰς **ἀπόλειαν**, 23 καὶ ἵνα L 1175
πολλῇ μακροθυμίᾳ σκεύη ὀργῆς **κατηρτησμένα** εἰς **ἀπόλειαν**, 23 καὶ ἵνα 1243
πολλῇ μακροθυμίᾳ σκεύη ὀργῆς **κατηρτησμένα** εἰς **ἀπώλειαν**, 23 καὶ ἵνα 1319
πολλῇ μακροθυμίᾳ εἰς σκεύη ὀργῆς **κατηρτεισμένα** εἰς ἀπώλειαν, 23 καὶ ἵνα F G
πολλῇ μακροθυμίᾳ σκεύη ὀργῆς **κατιρτισμένα** εἰς ἀπώλειαν, 23 καὶ ἵνα 056
πολλῇ μακροθυμίᾳ σκεύη ὀργῆς **καταρτισμένα** εἰς ἀπώλειαν, 23 καὶ ἵνα 1315
πολλῇ μακροθυμίᾳ σκεύη ὀργῆς **κατηρτισμαίνα** εἰς ἀπώλειαν, 23 καὶ ἵνα 1646
πολλῇ αὐτοῦ μακροθυμίᾳ σκεύη ὀργῆς **κατηραμένα** εἰς ἀπώλειαν, 23 καὶ ἵνα 460
πολλῇ μακροθυμίᾳ σκεύη ὀργῆς **κατηραμένα** εἰς ἀπώλειαν, 23 καὶ ἵνα 618 1738
πολ··· ···θυμίᾳ σκεύη ὀργῆς κατηρτισμένα εἰς ἀπώλειαν, 23 καὶ ἵνα 2344
πολλῇ μακροθυμίᾳ σκεύη ὀργῆς κατηρτισμένα ··· ··· 23··· ··· 1982
πολλῇ μακροθυμίᾳ **σκεῦος** ὀργῆς κατηρτισμένα εἰς ἀπώλειαν, 23 ἵνα 6
πολῇ μακροθυμίᾳ **σκεύει** ὀργῆς κατηρτισμένα εἰς **ἀπόλειαν**, 23 καὶ ἵνα 2464
πολλῇ μακροθυμίᾳ **σκεύει** ὀργῆς κατηρτισμένα εἰς ἀπώλειαν, 23 καὶ ἵνα 2147
πολλῇ μακροθυμίᾳ σκεύη ὀργῆς κατηρτισμένα εἰς ἀπώλειαν, 23 καὶ ἵνα A D^2 K Ψ 049
1 33 88 104 131 205 209 226 323 330 365 424 440 489 517 547 614 796 910 927 999 1241 1242 1245 1270
1352 1424 1448 1505 1573 1611 1734 1735 1827 1836 1854 1874 1881 2125 2400 2412 2495 2815 **uτ** Er^1

[↓1241 1242 1245 1270 1319 1352 1424 1448 1573 1738 1827 1854 1881 2125 2344 2400 2815 **uwτ** Er^1
[↓049 056 1 6 69 88 104 131 205 209 226 323 330 365 424 440 460 489 517 547 618 796 910 945 1175
γνωρίσῃ τὸν πλοῦτον τῆς δόξης αὐτοῦ ἐπὶ σκεύη ἐλέους ἃ προητοίμασεν B ℵ A D K Ψ
γνωρίσηι τὸν πλοῦτον τῆς δόξης αὐτοῦ ἐπὶ σκεύη ἐλέους ἃ προητοίμασεν 1734 1739
γνωρίσῃ τὸν πλοῦ··· ··· ··· ··· ἐπὶ σκεύη ἐλέους ἃ προητοίμασεν 1611 [↑1891
γνωρίσῃ τὸν πλοῦτον τῆς δόξης αὐτοῦ ἐπὶ σκεύη **ἐλαίους** ἃ προητοίμασεν L
γνωρίσῃ τὸν πλοῦτον τῆς δόξης αὐτοῦ ἐπὶ σκεύη ἐλέους ἃ **προητήμασεν** 2495
γνωρίσῃ **τὸ πλοῦτος** τῆς δόξης αυ··· ἐπὶ σκεύη ἐλέους ἃ προητοίμασεν 𝔓^{46}
γνωρείσῃ **τὸ πλοῦτος** τῆς δόξης αὐτοῦ ἐπὶ σκεύη **ἐλαίους** ἃ προητοίμασεν F
γνωρείσῃ **τὸ πλοῦτος** τῆς δόξης αὐτοῦ ἐπὶ σκεύη **ἐλαίους** οὓς ἃ προητοίμασεν G
γνωρήσῃ τὸν πλοῦτον τῆς δόξης αὐτοῦ ἐπὶ σκεύη ἐλέους ἃ προητοίμασεν 326
γνωρήσῃ τὸν πλοῦτον τῆς δόξης αὐτοῦ ἐπὶ σκεύη ἐλέους ἃ **προητίμασεν** 1837
γνωρήσῃ τὸν πλοῦτον τῆς **χρηστότητος** αὐτοῦ ἐπὶ σκεύη ἐλέους ἃ προητοίμασεν P
γνωρήσῃ τὸν πλοῦτον τῆς δόξης αὐτοῦ ἐπὶ **σκεύει** ἐλέους ἃ **προητοίμσεν** 2147*
γνωρήσῃ τὸν πλοῦτον τῆς δόξης αὐτοῦ ἐπὶ **σκεύει** ἐλέους ἃ προητοίμασεν 2147^c
γνωρήσι τὸν πλοῦτον τῆς δόξης αὐτοῦ ἐπὶ σκεύη ἐλέους ἃ **προητοίμασι** 1646
γνωρήσει τὸν πλοῦτον τῆς δόξης αὐτοῦ ἐπὶ σκεύη ἐλέους ἃ προητοίμασεν 1243 1506
γνωρήσει τὸν πλοῦτον τῆς δόξης αὐτοῦ ἐπὶ **σκεύει** ἐλέους ἃ **προητύμασεν** 2464 [↑1735
γνωρίσει τὸν πλοῦτον τῆς δόξης αὐτοῦ ἐπὶ σκεύη ἐλέους ἃ **προητήμασεν** 999 2412
γνωρίσει τὸν πλοῦτον τῆς δόξης αὐτοῦ ἐπὶ σκεύη ἐλέους ἃ προητοίμασεν 33 614 927
1315 1505 1836 1874

lac. 9.22-23 𝔓^{10} 𝔓^{113} C 0172 **9.23** 1982

E 9.22 Jr 50.25; Is 13.5 **23** Eph 1.3-12; Ro 11.33; Eph 1.18; 3.16; Col 1.27; Phl 4.19

Errata: 9.23 ubs 𝔓^{46} καὶ ἵνα : ··· ἵνα 𝔓^{46}

[↓1573 1611 1646 1738 1739 1836 1837 1854 1874 1881 1891 2125 2147 2344 2400 2412 2464 2495 2815 **uwτ** Er[1]
[↓365 424 440 460 489 517 547 614 618 796 910 927 945 999 1175 1241 1242 1270 1315 1319 1352 1424 1448 1506
εἰς δόξαν; **24** οὓς καὶ ἐκάλεσεν ἡμᾶς οὐ μόνον ἐξ Ἰουδαίων ἀλλὰ καὶ B ℵ A D F G K L P Ψ 049[c]
εἰς ·····ξαν; **24** οὓς καὶ ἐκάλεσεν ἡμᾶς οὐ μόνον ····· Ἰουδαίων ἀλλὰ καὶ 𝔓46 [↑6 33 69 88 131 205
εἰς δόξαν; **24** οὓς καὶ ἐκάλεσεν ἡμᾶς οὐ μόνον ἐξ Ἰουδαίων ἀλλὰ 104[↑209 226 323 326 330
εἰς δόξαν; **24** οὓς καὶ ἐκάλεσεν ἡμᾶς οὐ μόνον ἐξ **Ἰοδαίων** ἀλλὰ καὶ 049*
εἰς δόξαν; **24** οὓς καὶ ἐκάλεσεν ἡμᾶς οὐ μόνον ἐξ **Ἰουδαίον** ἀλλὰ καὶ 1243 1505
εἰς δόξαν ἡμῶν; **24** οὓς καὶ ἐκάλεσεν ἡμᾶς οὐ μόνον ἐξ Ἰουδαίων ἀλλὰ καὶ 1735
εἰς δόξαν αὐτοῦ; **24** οὓς καὶ ἐκάλεσεν ἡμᾶς οὐ μόνον ἐξ Ἰουδαίων ἀλλὰ καὶ 056 1 1245 1734 1827

ἐξ ἐθνῶν, **25** ὡς καὶ τῷ Ὡσηὲ λέγει, B
ἐξ ἐθνῶν, **25** ὡς ········ τῷ **Ὡση** **ἐλέγει**, 𝔓46*
ἐξ ἐθνῶν, **25** ὡς ········ τῷ **Ὡση** **ἐλέγεν**, 𝔓46c
ἐξ ἐθνῶν, **25** ὡς καὶ ἐν τῷ **Ὡση** λέγει, F G
ἐξ ἐθνῶν, **25** ὡς καὶ ἐν τῷ **Ὡσε** λέγει, P
ἐξ ἐθνῶν, **25** ὡς καὶ ἐν **Ὡσιὲ** λέγει, Ψ
ἐξ ἐθνῶν, **25** ὡς καὶ ἐν τῷ **Ὡσιὲ** λέγει, 330 1424 1738 1874 2147 2344 2464
ἐξ ἐθνῶν, **25** ὡς καὶ ἐν τῷ **Ὀσηὲ** λέγει, K 1315 1506
ἐξ ἐθνῶν, **25** ὡς καὶ ἐν τῷ **Ὀσιὲ** λέγει, 460 618
ἐξ ἐθνῶν, **25** **ὃς** καὶ ἐν τῷ **Ὀσιὲ** λέγει, 1837
ἐξ ἐθνῶν, **25** **ὃς** καὶ ἐν τῷ Ὡσηὲ λέγει, 326
ἐξ ἐθνῶν, **25** ὡς καὶ ἐν τῷ Ὡσηὲ **λέγι**, ℵ
ἐξ ἐθνῶν, **25** ὡς καὶ ἐν τῶι Ὡσηὲ λέγει, 424 945 1734 1739 1891
ἐθνῶν, **25** ὡς καὶ ἐν τῷ Ὡσηὲ λέγει, 1175
ἐξ ἐθνῶν, **25** ὡς καὶ ἐν τῷ Ὡσηὲ λέγει, A D L 049 056 1 6 33 69 88 104 131 205 209 226 323 365 440 489
517 547 614 796 910 927 999 1241 1242 1243 1245 1270 1319 1352 1448 1505
1573 1611 1646 1735 1827 1836 1854 1881 2125 2400 2412 2495 2815 **uwτ** Er[1]

[↓1738 1739 1827 1836 1837 1854 1874 1881 1891 2125 2147 2344 2400 2412 2464 2495 2815 **uwτ** Er[1]
[↓999 1175 1241 1242 1243 1245 1270 1315[c] 1319 1352 1424 1448 1505 1506 1573 1611 1646 1734 1735
Καλέσω τὸν οὐ λαόν μου λαόν μου B ℵ A D F G K L P Ψ 049 056 1 6 33 69 88 104 131 205 209 226 323
Καλέσω τὸν οὐ λαόν ······· λαόν μου 𝔓46 [↑326 330 365 424 440 460 489 517 547 614 618 796 910 927 945
Καλέσω τὸν λαόν μου λαόν μου 1315*

[↓1827 1836 1837 1854 1874 1881 1891 2125 2147 2344 2400 2412 2464 2815 **uwτ** Er[1]
[↓1245 1270 1315 1319 1352 1424 1448 1505 1506 1573 1611 1646 1734 1735 1738 1739
καὶ τὴν οὐκ ἠγαπημένην ἠγαπημένην· B ℵ A D F G K L P Ψ 056 1 6 69 88 104 131 205 209 226
καὶ τὴν οὐκ ἠγαπημέν····· ἠγαπημένην· 𝔓46 [↑323 326 330 365 424 440 460 489 517 547 614
καὶ τὴν **ἠγαπημένην οὐκ** ἠγαπημένην· 049 33 [↑618 796 910 927 945 999 1175 1241 1242 1243
καὶ τὴν οὐκ ἠγαπημένην ἠγαπημένην μου· 2495

lac. 9.23-25 𝔓10 𝔓113 C 0172 1982

C 9.25 ωσηε 049 209 517 1270 1739 1854 | ιζ ωσηε α 1836 | οσιε 1837 | ιζ ωσιε 1175 1874

E 9.23 Eph 1.3-12; Ro 11.33; Eph 1.18; 3.16; Col 1.27; Phl 4.19 **24** Ro 10.12; Ac 9.15; Ro 1.6; 1 Pe 2.10 **25** Hos 2.23

26 καὶ ἔσται ἐν τῷ τόπῳ οὗ ἐρρέθη· Οὐ λαός μου ὑμεῖς, B* [**w**]
26 καὶ ἔσται ἐν τῷ τόπῳ οὗ ἐρρέθη αὐτοῖς· Οὐ λαός μου ὑμεῖς, ℵ^{c} A K P 1 33 88 131 205 209 226
26 καὶ ἔσται ἐν τῷ τόπῳ **ᾧ** ἐρρέθη αὐτοῖς· Οὐ λαός μου ὑμεῖς, ℵ* [↑326 330 365 489 927 1175
26 καὶ **ἔστε** ἐν τῷ τόπῳ οὗ ἐρρέθη αὐτοῖς· Οὐ λαός μου **ὑμῖς**, D* [↑1243 1319 1505 1506 1573
26 καὶ ἔσται ἐν τῷ τόπῳ οὗ ἐρρέθη αὐτοῖς· **Ὁ** λαός μου ὑμεῖς, 104 [↑1734 1735 1827 1836 1837
26 καὶ ἔσται ἐν τῷ τόπῳ οὗ ἐρρέθη αὐτοῖς· Οὐ λαός μου **ἐμεῖς**, 1245 [↑2400 2495 **u**[**w**]
26 καὶ ἔσται ἐν τῶι τόπῳ οὗ ἐρρέθη αὐτοῖς· Οὐ λαός μου ὑμεῖς, 1270
26 καὶ ἔσται τῷ τόπῳ οὗ ἐρρέθη αὐτοῖς· Οὐ λαός μου ὑμεῖς, 1874
26 καὶ ἔσται ἐν τῷ τόπῳ ..... **ἐὰν κληθήσονται**· Οὐ λαός μου 𝔓^{46}
26 καὶ ἔσται ἐν τῷ τόπῳ οὗ **ἂν κληθήσονται**· Οὐ λαός μου **ὑμῖς**, F G
26 καὶ ἔσται ἐν τῷ τόπῳ οὗ **ἂν ῥηθὴ** αὐτοῖς· Οὐ λαός μου ὑμεῖς, Ψ
26 καὶ ἔσται ἐν τῷ τόπῳ οὗ **ἐρέθη** αὐτοῖς· Οὐ λαός μου ὑμεῖς, 910 2344
26 καὶ **ἔστε** ἐν τῷ τόπῳ οὗ **ἐρέθη** αὐτοῖς· Οὐ λαός μου ὑμεῖς, 2464
26 καὶ ἔσται ἐν τῷ τόπῳ οὗ **ἐρρήθη**· Οὐ λαός μου ὑμεῖς, B^{c}
26 καὶ ἔσται ἐν τόπῳ οὗ **ἐρρήθη** αὐτοῖς· Οὐ λαός μου ὑμεῖς, 796
26 καὶ ἔσται ἐν τῶι τόπῳ οὗ **ἐρρήθη** αὐτοῖς· Οὐ λαός μου ὑμεῖς, 517 945
26 καὶ ἔσται ἐν τῶι τόπωι οὗ **ἐρρήθη** αὐτοῖς· Οὐ λαός μου ὑμεῖς, 424 1739 1891
26 καὶ ἔσται ἐν τῷ τόπῳ οὗ **ἐρρήθη αὐτῆς**· Οὐ λαός μου ὑμεῖς, 1646
26 καὶ ἔσται ἐν τῷ τόπῳ οὗ **ἐρρήθη** αὐτοῖς· Οὐ λαός μου ὑμεῖς, D^{2} L 049 056 6 69 323 440 460 547 614 618 999 1241 1242 1315 1352 1424 1448 1611 1738 1854 1881 2125 2147 2412 2815 **τ** Er^{1}

ἐκεῖ κληθήσονται υἱοὶ θῦ ζῶντος. B ℵ A D F G K L 049 056 6 33 69 88 104 131 205 209
ἐκεῖ κλ............ται υἱοὶ θῦ ζῶντος. 𝔓^{46} [↑226 323 326 330 365 424 440 460 489
ἐκεῖ κληθήσονται υἱοὶ θεοῦ ζῶντος. 1 **uwτ** Er^{1} [↑517 547 614 796 910 927 945 999 1175
ἐκεῖ κληθήσονται οὗτοι υἱοὶ θῦ ζῶντος. P [↑1241 1242 1245 1270 1315 1319 1352
ἐκεῖ κληθήσονται αὐτοὶ υἱοὶ θῦ ζῶντος. 1243 1735 [↑1424 1448 1506 1573 1611 1646 1734
ἐκεῖ **κληθήσοντε** υἱοὶ θῦ ζῶντος. 618 [↑1738 1739 1827 1836 1837 1854 1874
αὐτοὶ κληθήσονται υἱοὶ θῦ ζῶντος. Ψ 1505 2495 [↑1881 1891 2125 2147 2344 2400 2412
[↑2464 2815

27 Ἠσαΐας δὲ κράζει ὑπὲρ τοῦ Ἰσραήλ· Ἐὰν ᾖ ὁ ἀριθμὸς τῶν υἱῶν B **uwτ** Er^{1}
27 Ἠσαΐας δὲ κράζ.... .... τοῦ Ἰσραήλ· Ἐὰν ᾖ ὁ ἀριθμὸς τῶν υἱῶν 𝔓^{46}
27 Ἠσαΐας δὲ κράζει ὑπὲρ τοῦ Ἰσραήλ· Ἐὰν ᾖ ὁ **ἀρειθμὸς** τῶν υἱῶν F G
27 Ἠσαΐας δὲ κράζει ὑπὲρ τοῦ Ἰσραήλ· Ἐὰν ἦι ὁ ἀριθμὸς τῶν υἱῶν 1837
27 Ἠσαΐας δὲ κράζει ὑπὲρ τοῦ ιηλ· Ἐὰν ᾖ ὁ ἀριθμὸς **τοῦ** 056
27 Ἠσαΐας δὲ κράζει ὑπὲρ τοῦ ιηλ· Ἐὰν ἦι ὁ ἀριθμὸς τῶν υἱῶν 326 424 945 1734 1739 1891
27 Ἠσαΐας δὲ κράζει ὑπὲρ τοῦ ιηλ· Ἐὰν ᾖ ὁ ἀριθμὸς 614
27 Ἠσαΐας δὲ κράζει ὑπὲρ τοῦ ιηλ· Ἐὰν ᾖ ὁ ἀριθμὸς **τὸν υν** 618
27 Ἠσαΐας δὲ **κράζη** ὑπὲρ τοῦ ιηλ· Ἐὰν ᾖ ὁ ἀριθμὸς τῶν υἱῶν 910
27 Ἠσαΐας δὲ **κράζη περὶ** τοῦ ιηλ· Ἐὰν ᾖ ὁ ἀριθμὸς τῶν υἱῶν 1506
27 Ἠσαΐας δὲ κράζει **περὶ** τοῦ ιηλ· Ἐὰν ᾖ ὁ ἀριθμὸς τῶν υἱῶν 2400
27 Ἠσαΐας κράζει ὑπὲρ τοῦ ιηλ· Ἐὰν ᾖ ὁ ἀριθμὸς τῶν υἱῶν 1646 1827
27 **Ἰσαΐας** δὲ κράζει ὑπὲρ τοῦ ιηλ· Ἐὰν ᾖ ὁ ἀριθμὸς τῶν υἱῶν 1874
27 Ἠσαΐας δὲ κράζει ὑπὲρ τοῦ ιηλ· Ἐὰν **εἰ** ὁ ἀριθμὸς τῶν υἱῶν 2147
27 Ἠσαΐας δὲ κράζει ὑπὲρ τοῦ ιηλ· Ἐὰν **εἰ** ὁ ἀριθμὸς τῶν υν 2464
27 Ἠσαΐας δὲ κράζει ὑπὲρ τοῦ ιηλ· Ἐὰν **ἦν** ὁ ἀριθμὸς τῶν υἱῶν 1241
27 Ἠσαΐας δὲ κράζει ὑπὲρ τοῦ ιηλ· Ἐὰν ᾖ ὁ ἀριθμὸς τῶν υἱῶν ℵ A D K L P Ψ 049 1 6 33 69 88 104 131 205 209 226 323 330 365 440 460 489 517 547 796 927 999 1175 1242 1243 1245 1270 1315 1319 1352 1424 1448 1505 1573 1611 1735 1738 1836 1854 1881 2125 2344 2412 2495 2815

---

lac. 9.26-27 𝔓^{10} 𝔓^{113} C 0172 1982

C 9.26 τελ 326 **27** αρχ τη δ της ς εβδ αδ,ε εαν η ο αριθμος 326 ησαιου 209 326 517 1270 | ιη ησαιου ι 1836 | ιη ησαιου προφ,τ 33 | ιη ησαιου 1175 1874 2464

D 26 κς 1 226

E 9.26 Hos 1.10 **27** Ro 11.5

Errata: 9.26 **na** Ψ ἐρρέθη αὐτοῖς : ἂν ῥηθὴ αὐτοῖς Ψ
Errata: 9.26 **na** 1881 ἐρρέθη αὐτοῖς : ἐρρηθὴ αὐτοῖς 1881

Ἰσραὴλ ὡς ἡ ἄμμος τῆς θαλάσσης, τὸ ὑπόλιμμα σωθήσεται· B* w
ιηλ ὡς ἡ ἄμμος τῆς θαλάσσης, τὸ ὑπόλιμμα σωθήσεται· ℵ*
ιηλ ὡς ἡ ἄμμος τῆς θαλάσσης, τὸ **ὑπόλειμμα** σωθήσεται· A 1739^{c}
Ἰσραὴλ ὡς ἡ ἄμμος τῆς θαλάσσης, τὸ **ὑπόλειμμα** σωθήσεται· B^{c} **u**
Ἰ............ ὡς ἡ ἄμμος τῆς θαλάσσης, τὸ **κατάλιμμα** ....σεται· $\mathfrak{P}^{46}$
ιηλ ὡς ἡ ἄμμος τῆς θαλάσσης, τὸ **κατάλιμμα** σωθήσεται· ℵ^{c} 1735 1837
Ἰσραὴλ ὡς ἡ ἄμμος τῆς θαλάσσης, τὸ **κατάλιμμα** σωθήσεται· F G
ιηλ **ὡσεὶ** ἄμμος τῆς θαλάσσης, τὸ **κατάλιμμα** σωθήσεται· 88
ιηλ **ὡσεὶ** ἄμμος τῆς θαλάσσης, τὸ **κατάλειμμα** σωθήσεται· 056 323 424 1245 1270 1611 2125
ιηλ **ὡσεὶ** ἄμμος τῆς θαλάσσης, τὸ **κατάλημμα** σωθήσεται· 104 330 1243 2400
ιηλ ὡς ἡ ἄμμος τῆς θαλάσσης, τὸ **κατάλημμα** σωθήσεται· 33 460 618 1738
ιηλ ὡς ἡ ἄμμος τῆς θαλάσσης, τὸ **εγκατάλημμα** σωθήσεται· 1506
ιηλ ὡς ἡ ἄμμος τῆς θαλάσσης, τὸ **κατάλυμμα** σωθήσεται· 6
ιηλ ὡς ἡ ἄμμος τῆς θαλάσσης, τὸ **κατάλειμα** σωθήσεται· 796 1242
ιηλ ὡς ἡ **ἄμως** τῆς **θαλάσης**, τὸ **κατάλειμα** σωθήσεται· 2464
ιηλ ὡς ἡ ἄμμος τῆς **θαλάσης**, τὸ **κατάλειμα** σωθήσεται· 1646
τῆς θαλάσσης, τὸ **κατάλειμμα** σωθήσεται· 614
ιηλ ὡς ἡ **ἄμος** τῆς θαλάσσης, τὸ **κατάλειμμα** σωθήσεται· 1
Ἰσραὴλ ὡς ἡ ἄμμος τῆς θαλάσσης, τὸ **κατάλειμμα** σωθήσεται· **τ** Er^{1}
ιηλ ὡς ἡ ἄμμος τῆς θαλάσσης, τὸ **κατάλειμμα** σωθήσεται· D K L P Ψ 049 69 131 205 209 226 326 365 440 489 517 547 910 927 945 999 1175 1241 1315 1319 1352 1424 1448 1505 1573 1734 1739* 1827 1836 1854 1874 1881 1891 2147 2344 2412 2495 2815

28 λόγον γὰρ συντελῶν καὶ συντέμνων B ℵ* A 6 424^{c} 1506 1739 1881 **uw**
28 λόγον γὰρ συντελῶν καὶ συντ........... $\mathfrak{P}^{46}$
28 λόγον γὰρ συντελῶν καὶ συντέμνων ἐν δικαιοσύνη **ὅτει** λόγον F G
28 λόγον γὰρ συντελῶν καὶ συντέμνων ἐν **δικαιωσύνη** ὅτι λόγον 33 2147
28 λόγον γὰρ συντελῶν καὶ **συντέμνον** ἐν δικαιοσύνη ὅτι λόγον 1243 1874
28 λόγον γὰρ συντελῶν καὶ συντέμνων ἐν δικαιοσύνῃ ὅτι λόγον 1891 [↓205 209 226 323 326 330 365
28 λόγον γὰρ συντελῶν καὶ συντέμνων ἐν δικαιοσύνη ὅτι λόγον ℵ^{c} D K L P Ψ 049 056 1 69 88 104 131 424* 440 460 489 517 547 614 618 796 910 927 945 999 1175 1241 1242 1245 1270 1315 1319 1352 1424 1448 1505 1573 1611 1646 1734 1735 1738 1827 1836 1837 1854 2125 2344 2400 2412 2464 2495 2815 **τ** Er^{1}

ποιήσει ὁ κς ἐπὶ τῆς γῆς. B
ποιήσει κς ἐπὶ τῆς γῆς. $\mathfrak{P}^{46}$ ℵ* A 6 424^{c} 1739 1881
ποιήση κς ἐπὶ τῆς γῆς. 1506
ποιήσει κς συντετμημένον ἐπὶ τῆς γῆς. 945*
ζοιήσει κς συμτετμημένον ἐπὶ τῆς γῆς. 945^{c} (? ζ above π, but no alteration of ποιησει)
συντετμημένον ποιήσει κύριος ἐπὶ τῆς γῆς. 1424 **τ** Er^{1} (see Is. **10.22**f.)
ποιήσει κύριος ἐπὶ τῆς γῆς. **uw**
συντετμημένον ποιήσει κς ὁ θς ἐπὶ τῆς γῆς. 1270 [↓330 365 424* 440 460 489 517 547 614 618 796 910 927
συντετμημένον ποιήσει κς ἐπὶ τῆς γῆς. ℵ^{c} D F G K L P Ψ 049 056 1 33 69 88 104 131 205 209 226 323 326 999 1175 1241 1242 1243 1245 1315 1319 1352 1448 1505 1573 1611 1646 1734 1735 1738 1827 1836 1837 1854 1874 1891 2125 2147 2344 2400 2412 2464 2495 2815 (see Is. **10.22**f.)

lac. 9.27-28 $\mathfrak{P}^{10}$ $\mathfrak{P}^{113}$ C 0172 1982

C 9.29 αρχ δεκ,ερ λιμε θεορτ αδ,ε ει μη κς σαβαωθ 1 | αρχ δεκερ, λ καθ εορτ αδ,ε ει μη κς σαβαωθ 226 | αρχ μεθ εορτ των χυ γ,ε 945 | (ante ει μη) αρχ μη δ,ε κθ μεθ εορτ 1315 | αρχ δεκ,ερ χη μεθ εορτον αδ,ε ει μη κς σαβαωθ 1573 | αρχ 1739 | αρχ τη δ της ς εβδ αδ,ε εαν η ο αριθμος 1837 | ιθ ησαιου δ 1836 | ιθ ησαιου 33 1175 1874 2464 | ησαιου 1270 1837

E 9.27 Ro 11.5 **27-28** Is 10.22-23; Hos 1.10 **29** Is 1.9; Mt 10.15

Errata: 9.27 antf B ὑπόλειμμα : ὑπόλιμμα B*; ὑπόλειμμα B^{c}
9.27 antf ℵ* ὑπόλειμμα; ℵ^{c} κατάλειμμα : ℵ* ὑπόλιμμα; ℵ κατάλιμμα
9.27 antf F G 1837 καταλειμμα : καταλιμμα F G 1837
9.27 antf 1738 καταλειμμα : καταλημμα 1738
9.27 antf 1646 καταλειμμα : καταλειμα 1646
9.27 antf 1506 εγκαταλειμμα : εγκαταλημμα 1506
9.28 antf 945 συντέμνων ἐν δικαιοσύνη ὅτι λόγον συντετμημένον ποιήσει κύριος : 1—5 7 8 6 945*; 1—5 ζοιήσει 8 συμτετμημένον 945^{c}
9.28 antf 2147 ἐν δικαιοσύνη ὅτι λόγον συντετμημένον : ἐν δικαιωσύνη ὅτι λόγον συντετμημένον 2147

29 καὶ καθὼς προείρηκεν Ἡσαΐας· B ℵ A D K L P Ψ 049 056 1 6 33 88 104 131 205 209 226 323 326 330 424
29 καὶ καθὼς προ……………… Ἡσαΐας· 𝔓46 [↑440 460 489 517 547 614 618 796 910 927 945 999 1175 1241
29 καὶ **καθὸς** προείρηκεν Ἡσαΐας· 1243 2464 [↑1242 1245 1270 1315 1352 1424 1448 1505 1506 1611 1646
29 καθὼς προείρηκεν Ἡσαΐας· 1874 [↑1734 1735 1739 1827 1836 1837 1854 1881 1891 2125 2147
29 καὶ καθὼς **προεῖπεν** Ἡσαΐας· 1738 [↑2344 2400 2412 2495 2815 **uwτ** Er1
29 καὶ καθὼς **προήρηκεν** Ἡσαΐας· 69
29 καὶ καθὼς **προίρηηκεν** Ἡσαΐας· F*
29 καὶ καθὼς **προίρηκεν** Ἡσαΐας· Fc G
29 καὶ καθὼς **εἴρηκεν** Ἡσαΐας· 365 1319 1573

Εἰ μὴ κς Σαβαὼθ ἐγκατέλιπεν ἡμῖν σπέρμα, B Ψ 049 056 1 69 88 131 205 209 226 323
Εἰ μὴ κύριος Σαβαὼθ ἐγκατέλιπεν ἡμῖν σπέρμα, **uwτ** Er1 [↑326 424 440 489 517 547 614
Εἰ μὴ κς Σαβαὼθ ἐγκατέλιπεν **ὑμῖν** σπέρμα, 6 [↑96 910 927 945 999 1241 1242
Εἰ μὴ κς **Σαββαὼθ** ἐγκατέλιπεν ἡμῖν σπέρμα, 618 [↑1245 1270 1315 1352 1448
Εἰ μὴ κς ἐγκατέλιπεν ἡμῖν σπέρμα, 365 1827 [↑1505 1734 1738 1891 1836
Εἰ μὶ κς Σαβαὼθ ἐγκατέλιπεν ἡμῖν σπέρμα, 1319c 1837 [↑1854 2125 2412 2495 2815
Εἰ μὶ κς ὁ θς ἐγκατέλιπεν ἡμῖν σπέρμα, 1243
Εἰ μὴ κς ὁ θς Σαβαὼθ **ἐγκατέλειπεν** ἡμῖν σπέρμα, 33
Εἰ μὴ κύριος Σαβαὼθ **ἐγκατέλειπεν** ἡμῖν σπέρμα, 1424
Εἰ μὶ κς Σαβαὼθ **ἐγκατέλειπεν** ἡμῖν σπέρμα, 1319* 2464
Εἰ μὴ κς Σαβαὼθ **ἐγκατέλειπεν** ἡμῖν σπέρμα, A K L P 460 1175 1506 1573 1611 1646 1735
Εἰ μὴ κς Σαβαὼθ **ἐγκατέλειπε** σπέρμα, 104 [↑1739 1874 1881 2147 2344
Εἰ μὴ κς Σαβαὼθ ὦ **ἐνκατέλειπεν** ἡμῖν σπέρμα, F G
Εἰ μὴ κς Σαβαὼθ **ἐνκατέλειπεν** ἡμῖν σπέρμα, D2
Εἰ μὴ κς Σαβαὼθ **ἐνκατέλειπε**……… σπέρμα, 𝔓46
Εἰ μὴ κς Σαβαὼθ **ἐνκατέλιπεν** ἡμῖν σπέρμα, ℵ D*
Εἰ μὴ κς Σαβαὼθ **κατέλιπεν** ἡμῖν σπέρμα, 330 2400

ὡς Σόδομα ἂν ἐγενήθηθεν B*
ὡς Σόδομα ἂν **ἐγενή**………**ν** 𝔓46
ὡς Σόδομα ἂν **ἐγεννήθημεν** 1243 1245 1646 1735 1827
ὡς Σόδομα ἂν 1836
ὡς **Σώδομα** ἂν **ἐγενήθημεν** 1874* 2464 [↓326 330 365 424 440 460 489 517 547 614 618 796 910
ὡς Σόδομα ἂν **ἐγενήθημεν** Bc ℵ A D F G K L P Ψ 049 056 1 6 33 69 88 104 131 205 209 226 323
927 945 999 1175 1241 1242 1270 1315 1319 1352 1424 1448 1505 1506 1573 1611 1734
1738 1739 1837 1854 1874c 1881 1891 2125 2147 2344 2400 2412 2495 2815 **uwτ** Er1

[↓1573 1611 1646c 1734 1738 1739 1827 1854 1891 2412 2815 **uwτ** Er1
καὶ ὡς Γόμορρα ἂν ὡμοιώθημεν. B ℵ D K Ψ 049 1 6 69 104 131 205 209 226 365 424 440 489 517
ὡμοιώθημεν. 1836 [↑547 796 910 927 945 1241 1245 1315 1424 1448 1505
καὶ ὡς **Γόμορα** ἂν ὡμοιώθημεν. 323 330 1242 1646* 2125 2344
……… …… Γόμορρα ἂν **ὁμοιώθημεν**. 𝔓46
καὶ ὡς Γόμορρα ἂν **ὁμοιώθημεν**. A G L P 056 33 88 326 460 618 999 1175 1243 1270 1319 1506
καὶ ὡς **Γόμορα** ἂν **ὁμοιώθημεν**. 1881 [↑1735 1837 2147 2400 2495
καὶ ὡς **Γόμορα** ἂν **ὁμυώθημεν**. 2464
καὶ ὡς **Γόμρρα** ἂν **ὁμοιώθημεν**. F
καὶ ὡς **Γόμμορα** ἂν **ὁμοιώθημεν**. 1874*
καὶ ὡς **Γόμμορρα** ἂν **ὁμοιώθημεν**. 1874c
omit 614 1352

---

lac. 9.29 𝔓10 𝔓113 C 0172 1982

C 9.29 αρχ δεκ,ερ λιμε θεορτ αδ,ε ει μη κς σαβαωθ 1 | αρχ δεκερ, λ καθ εορτ αδ,ε ει μη κς σαβαωθ 226 | αρχ μεθ εορτ των χυ γ,ε 945 | (ante ει μη) αρχ μη δ,ε κθ μεθ εορτ 1315 | αρχ δεκ,ερ χη μεθ εορτον αδ,ε ει μη κς σαβαωθ 1573 | αρχ 1739 | αρχ τη δ της ϛ εβδ αδ,ε εαν η ο αριθμος 1837 | ιθ ησαιου δ 1836 | ιθ ησαιου 33 1175 1874 2464 | ησαιου 1270 1837

E 9.29 Is 1.9; Mt 10.15

The Law a Stumblingblock for Israel

[↓1505 1573 1611 1646 1734 1738 1739 1827 1836 1837 1854 1881 1891 2125 2344 2400 2412 2495 2815 **uwτ** Er[1]
[↓424 440 460 489 517 547 614 618 796 927 945 999 1175 1241 1242 1243 1245 1270 1315 1319 1352 1424 1448

30 Τί οὖν ἐροῦμεν;	ὅτι ἔθνη τὰ μὴ διώκοντα	δικαιοσύνην	B ℵ A D[1.2] K L Ψ 049 056 1 6
30 Τί οὖν ε···············	····· ἔθνη τὰ μὴ διώκοντα	δικαιοσύν····	𝔓46 [↑69 88 104 131 205 209
30 Τί οὖν ἐροῦμεν; ὅτι ἔθνη	ὅτι ἔθνη τὰ μὴ διώκοντα	δικαιοσύνην	D* [↑226 323 326 330 365
30 Τί οὖν ἐροῦμεν;	ὅτι ἔθνη τὰ μὴ διώκοντα	**δικαισύνην**	1506
30 Τί οὖν ἐροῦμεν;	ὅτι ἔθνη τὰ μὴ διώκοντα	**δικαιωσύνην**	P 33 1874 2147
30 Τί οὖν ἐροῦμεν;	ὅτι ἔθνη τὰ μὴ **διόκοντα**	**δικαιωσύνην**	2464
30 Τί οὖν ἐροῦμεν;	ὅτι ἔθνη τὰ μὴ **διώτοντα**	δικαιοσύνην	910
30 Τί οὖν ἐροῦμεν;	ὅτι ἔθνη τὰ μὴ **διώκωντα**	δικαιοσύνην	1735
30 Τί οὖν ἐροῦμεν;	ὅτι ἔθνη τὰ μὴ **δηώκοντα**	δικαιοσύνην	F G

[↓Ψ 049 88 910 1241 1243 1424 1506 1646 1735 1836 1854 1874[c] 2125 **uw**

κατέλαβεν	δικαιοσύνην,	δικαιοσύνην δὲ τὴν ἐκ πίστεως,	B ℵ A D F L
···········λαβεν τὴν	δικαιοσύνην,	δι···························· ····· τὴν ἐκ πίστεως,	𝔓46
κατέλαβεν τὴν	δικαιοσύνην,	δικαιοσύνην δὲ **τῆς** ἐκ πίστεως,	G
κατέλαβεν	**δικαιοσύνη**,	δικαιοσύνην δὲ τὴν ἐκ πίστεως,	K 1175
κατέλαβεν	**δικαιωσύνη**,	**δικαιωσύνην** δὲ τὴν ἐκ πίστεως,	33
κατέλαβεν	**δικαιωσύνην**,	**δικαιωσύνην** δὲ τὴν ἐκ πίστεως,	P
κατέλαβεν	**δικαιωσύνην**,	δικαιοσύνην δὲ τὴν ἐκ πίστεως,	2464
κατέλαβεν	δικαιοσύνην,	**δικαιωσύνην** δὲ τὴν ἐκ πίστεως,	1874*
κατέλαβε	**δικαιοσύνη**,	δικαιοσύνην δὲ τὴν ἐκ πίστεως,	330 2400
δικαιοσύνη	**κατέλαβε**,	δικαιοσύνην δὲ τὴν ἐκ πίστεως,	326 1837
κατέλαβε	δικαιοσύνην κατέλαβε δικαιοσύνην,	δικαιοσύνην δὲ τὴν ἐκ πίστεως,	2147
κατέλαβε	δικαιοσύνην,	δικαιοσύνην δὲ τὴν ἐκ πίστεως,	056 1 6 69 104

131 205 209 226 323 365 424 440 460 489 517 547 614 618 796 927 945 999 1242 1245 1270 1315 1319 1352 1448 1505 1573 1611 1734 1738 1739 1891 1827 1881 2344 2412 2495 2815 **τ** Er[1]

31 Ἰσραὴλ	δὲ διώκων	νόμον	δικαιοσύνης	εἰς νόμον	οὐκ	B D G **uw**
31 Ἰσραὴλ	δὲ διώκων	νόμον	δικαιοσύνης	εἰς νόμον δικαιοσύνης	οὐκ	**τ** Er[1]
31 **Ἰσραὲλ**	δὲ διώκων	νόμον	δικαιοσύνης	εἰς νόμον δικαιοσύνης	οὐκ	F
31 Ἰσρ·······	··· ·················	············	δικαιοσύνης	εἰς νόμ····	········	𝔓46
31 ιηλ	δὲ διώκων	νόμον	δικαιοσύνης	εἰς νόμον	οὐκ	ℵ* A 6 424[c] 1506 1739
31 ιηλ	δὲ **δι····ώκον**	νόμον	δικαιοσύνης		οὐκ	1646*
31 ιηλ	δὲ **διώκον**	νόμον	δικαιοσύνης		οὐκ	33 1646[c]
31 ιηλ	δὲ διώκων	νόμον	δικαιοσύνης		οὐκ	440 999
31 ιηλ	δὲ διώκων	**δικαιωσύνης νόμον**		εἰς νόμον **δικαιωσύνης**	οὐκ	P
31 ιηλ	δὲ διώκων	**δικαιοσύνης νόμον**		εἰς νόμον δικαιοσύνης	οὐκ	1735
31 ιηλ	δὲ διώκων		**δικαιοσύνην**	εἰς νόμον δικαιοσύνης	οὐκ	489 927
31 ιηλ	δὲ **διώκον**	νόμον	**δικαιωσύνης**	εἰς νόμον δικαιοσύνης	οὐκ	104 2147
31 ιηλ	δὲ **διώκον**	νόμον	δικαιοσύνης	εἰς νόμον δικαιοσύνης	οὐκ	326 460 618 1175 1243
31 ιηλ	δὲ **διόκον**	νόμον	δικαιοσύνης	εἰς νόμον δικαιοσύνης	οὐκ	2464 [↑1505 1874
31 ιηλ	δὲ διώκων	**νόμων**	δικαιοσύνης	εἰς νόμον δικαιοσύνης	οὐκ	049 1319
31 ιηλ	δὲ διώκων	νόμον	δικαιοσύνης	εἰς νόμον δικαιοσύνης	οὐκ	ℵ[c] K L Ψ 056 1 69 88 131

205 209 226 323 330 365 424* 517 547 614 796 910 945 1241 1242 1245 1270 1315 1352 1424 1448 1573 1611 1734 1738 1827 1836 1837 1854 1881 1891 2125 2344 2400 2412 2495 2815

lac. 9.30-31 𝔓10 𝔓113 C 0172 1982

C 9.30 ιε οτι η την απιστιας η εκ πιστεως δια της εῖ αγιοι αγκαταληψεως. και την αβρααμ εξοντος αυτων κηρυγμα 796 | κ,ε ιε οτι κατα απιστιαν και εκ πτωσις δια της αγνοιαν εγκαταλειψει 440 1739 | ιε οτι κατα απιστειαν η εκπτωσις δια της εις αγνοιαν εγκαταλειψεως και του μη αρμοζοντος αυτοις κηρυγματος 424 1270 1836 | στιχ φν 1175 | ις περι του σκοπου καθ ον εξεβληθησαν ωστε δευτεραεοι επαν ελθειν ζηλω ων προτιμηθεντων εθνων συμταχθεντων τω πιστω ιηλ 1836

D 9.30 ιε 424 440 796 1270 1891 2464

E 9.30 Ro 10.20 **31** Wsd 2.11; Ro 10.2-3; 11.7

Errata: 9.31 **na** 2464 νόμον : νόμον δικαιοσύνης 2464

ἔφθασεν. 32 διὰ τί; ὅτι οὐκ ἐκ πίστεως ἀλλ' ὡς ἐξ ἔργων· B ℵ* A 424^{c} 1739 **uw**
.... 32 .... ὅ̣τ̣ι̣ ο̣ὐ̣κ̣ ἐκ .... 𝔓^{46}
ἔφθασε. 32 διὰ τί; **διό τι** οὐκ ἐκ πίστεως ἀλλ' ὡς ἐξ ἔργων· 1881
ἔφθασε. 32 διὰ τί; ὅτι οὐκ ἐκ πίστεως ἀλλ' ὡς ἐξ ἔργων· 6
ἔφθοχεν. 32 διὰ **τεί**; **ὅτει** οὐκ ἐκ **πίστως** ἀλλ' ὡς ἐξ **ἔργον**· F
ἔφθασεν. 32 διὰ **τεί**; **ὅτει** οὐκ ἐκ πίστεως ἀλλ' ὡς ἐξ ἔργων· G
ἔφθασεν. 32 διὰ τί; ὅτι οὐκ ἐκ πίστεως ἀλλ' ὡς ἐξ **ἔργον** νόμου· 460 618 1243
ἔφθασεν. 32 διὰ τί; ὅτι οὐκ ἐκ πίστεως ἀλλ' ἐξ ἔργων νόμου· 1874 2344 [↓326 424* 517
ἔφθασεν. 32 διὰ τί; ὅτι οὐκ ἐκ πίστεως ἀλλ' ὡς ἐξ ἔργων νόμου· ℵ^{c} D K L P Ψ 049 056 1 33 69 88
εὔφωθασεν. 32 διὰ τί; ὅτι οὐκ ἐκ πίστεως ἀλλ' ὡς ἐξ ἔργων νόμου· 1646* [↑796 910 945 1175 1241
εὔφθασεν. 32 διὰ τί; ὅτι οὐκ ἐκ πίστεως ἀλλ' ὡς ἐξ ἔργων νόμου· 1646^{c} [↑1424 1506 1735 1738
ἔφθασε. 32 διὰ τί; ὅτι οὐκ ἐκ πίστεως ἀλλ' ἐξ ἔργων νόμου· 2400 [↑1827 1836 1837 1854
ἔφθασε. 32 διὰ τί; ὅτι οὐκ **ἐ** πίστεως ἀλλ' ὡς ἐξ ἔργων νόμου· 1505 [↑2125 2464
ἔφθασε. 32 διὰ τί; ὅτι οὐκ ἐκ πίστεως ἀλλ' ὡς ἐξ ἔργων νόμου· 104 131 205 209 226 323 330
365 440 489 547 614 927 999 1242 1245 1270 1315 1319 1352 1448 1573 1611 1734 1891 2147 2412 2495 2815 **τ** Er^{1}

προσέκοψαν τῷ λίθῳ τοῦ προσκόμματος, 33 καθὼς γέγραπται· B A D* G 1506 1881 **u**[**w**]
προσέκοψαν τῶι λίθωι τοῦ προσκόμματος, 33 καθὼς γέγραπται· 1739
..................ψαν τ̣ῷ̣ λίθω .... 33 .... 𝔓^{46}
προσέκοψεν τῷ λίθῳ τοῦ προσκόμματος, 33 καθὼς γέγραπται· ℵ*
προσέκοφαν τῷ λίθῳ τοῦ προσκόμματος, 33 καθὼς γέγραπται· F
προσέκοψαν ἐν τῷ λίθῳ τοῦ προσκόμματος, 33 καθὼς γέγραπται· ℵ^{c} [**w**]
προσέκοψαν γὰρ τῶι λίθωι τοῦ προσκόμματος, 33 καθὼς γέγραπται· 424 945 1270 1734 1891
προσέκοψε γὰρ τῷ λίθῳ τοῦ προσκόμματος, 33 καθὼς γέγραπται· 365 1319 1573
προσέκοψαν γὰρ τῷ λίθῳ τοῦ **προσκόματος**, 33 καθὼς γέγραπται· 049* 1505* 1646*
προσέκοψαν γὰρ **τὸ** λίθῳ τοῦ **προσκόματος**, 33 καθὼς γέγραπται· 2464
προσέκοψαν γὰρ τῷ λίθῳ τοῦ **προσσκόμματος**, 33 καθὼς γέγραπται· 1738
προσέκοψαν γὰρ τῷ λίθῳ τοῦ προσκόμματος, 33 440 1245
προσέκοψαν γὰρ τῷ λίθῳ τοῦ προσκόμματος, 33 **καθὰ** γέγραπται· 1827
προσέκοψαν γὰρ τῷ λίθῳ τοῦ προσκόμματος, 33 καθὼς γέγραπται· D^{2} K L P Ψ 049^{c} 056 1 6 33
69 88 104 131 205 209 226 323 326 330 460 489 517 547 614 618 796 910 927 999 1175 1241 1242 1243 1315
1352 1424 1448 1505^{c} 1611 1646^{c} 1735 1836 1837 1854 1874 2125 2147 2344 2400 2412 2495 2815 **τ** Er^{1}

Ἰδοὺ τίθημι ἐν Σειὼν λίθον προσκόμματος καὶ πέτραν σκανδάλου, B D
Ἰδοὺ τίθημι ἐν **Σιὼ** λίθον προσκόμματος καὶ πέτραν σκανδάλου, A 1352
Ἰδοὺ τίθημι ἐν **Σιὼν** λίθον προσκόμματος καὶ **πέτρα** σκανδάλου, 1735
Ἰδοὺ τίθημι ἐν **Σιὼν** λίθον **προσκόματος** καὶ πέτραν σκανδάλου, 330 1242 2464
Ἰδοὺ τίθημι ἐν **Σιὼν** λίθον **προσσκόμματος** καὶ πέτραν σκανδάλου, 1738
καὶ πέτραν σκανδάλου, 440 1245
Ἰδοὺ **τίθημη** ἐν **Σιὼν** λίθον προσκόμματος καὶ πέτραν σκανδάλου, 1243
Ἰδοὺ **τίθημη** ἐν **Σιὼν** λίθον **προσκόματος** καὶ **πέτρα** σκανδάλου, 1646
Ἰδοὺ **τίθημοι** ἐν **Σιὼν** λίθον προσκόμματος καὶ πέτραν σκανδάλου, 131 1827 2147
Ἰδοὺ **τίθιμει** ἐν Σειὼν **λίθων** προσκόμματος καὶ πέτραν **σκανδόλου**, F
Ἰδοὺ **τίθιμει** ἐν Σειὼν λίθον προσκόμματος καὶ πέτραν σκανδάλου, G
Ἰδοὺ **τίθειμι** ἐν **Σιὼν** λίθον προσκόμματος καὶ πέτραν σκανδάλου, 1505
Ἰδοὺ τίθημι ἐν **Σιὼν** λίθον^{T} προσκόμματος καὶ πέτραν σκανδάλου, ℵ K L P Ψ 049 056 1 6
33 69 88 104 205 209 226 323 326 365 424 460 489 517 547 614 618 796 910 927 945 999 1175 1241 1270 1315 1319
1424 1448 1506 1573 1611 1734 1735 1739 1836 1837 1854 1874 1881 1891 2125 2344 2400 2412 2495 2815 **uwτ** Er^{1}

^{T}ἀκρογονιαίον ἐν τήμον καὶ λίθον 33
^{T}ἀκρογονιαίον ἐν τίμον καὶ λίθον 2344

---

lac. 9.31-33 𝔓^{10} 𝔓^{113} C 0172 1982 **9.33** 𝔓^{46}

C 9.32 κ̄ ησαιου 33 1175 1874 1881 **33** ησαιου 049 104 209 326 517 1270 1734 1836 1837 1874

E 9.31 Wsd 2.11; Ro 10.2-3; 11.7 **32** Is 8.14 **33** Is 28.16; 8.14; Mt 21.42; Ro 10.11; 1 P 2.6,8

Errata: 9.31 **na** 2464 νόμον : νόμον δικαιοσύνης 2464

καὶ ὁ πιστεύων ἐπ' αὐτῷ οὐ καταισχυνθήσεται. B ℵ A 1506 1881 **uw**
καὶ ὁ πιστεύων ἐπ' αὐτῷ οὐ μὴ **κατεσχύνθη**. D*
καὶ ὁ πιστεύων ἐπ' αὐτῷ οὐ μὴ **καταισχύνθη**. D[1.2] G
καὶ **ἐπιστεύων** ἐπ' αὐτῷ οὐ μὴ **καταισχύνθη**. F
καὶ πᾶς ὁ πιστεύων ἐπ' αὐτῷ οὐ **κατεσχυνθήσεται**. 2147
καὶ πᾶς ὁ **πιστεύον** ἐπ' αὐτῷ οὐ **κατεσχυνθήσεται**. 2464
καὶ πᾶς ὁ **πιστεύον** ἐπ' αὐτῷ οὐ καταισχυνθήσεται. 460 618
καὶ πᾶς ὁ **πιστεύον** **εἰς αὐτὸν** οὐ καταισχυνθήσεται. 1243
καὶ πᾶς ὁ πιστεύων **εἰς αὐτὸν** οὐ καταισχυνθήσεται. 1 1836
καὶ πᾶς ὁ πιστεύων ἐπ' **τῷ** οὐ καταισχυνθήσεται. P*
καὶ πᾶς ὁ πιστεύων ἐπ' αὐτῷ οὐ μὴ καταισχυνθήσεται. 104 1646
καὶ πᾶς ὁ πιστεύων ἐπ' αὐτῶι οὐ καταισχυνθήσεται. 424 945 1270 1739 1891
καὶ πᾶς ὁ πιστεύων ἐπ' αὐτῷ οὐ καταισχυνθήσεται. K L P[c] Ψ 049 056 6 33 69 88 131 205 209 226 323 326 330 365 440 489 517 547 614 796 910 927 999 1175 1241 1242 1245 1315 1319 1352 1424 1448 1505 1573 1611 1734 1735 1738 1827 1837 1854 1874 2125 2344 2400 2412 2495 2815 **τ** Er[1]

10:1 Ἀδελφοί, ἡ μὲν εὐδοκία τῆς ἐμῆς καρδίας καὶ ἡ δέησις B ℵ D Ψ 1319* 1573 1739
10:1 ....ν εὐδοκία τῆς ἐμῆς καρ···ίας καὶ ἡ δέησις 𝔓[46] [↑1881* **uw**
10:1 Ἀδελφοί, ἡ μὲν εὐδοκία τῆς ἐμῆς καρδίας καὶ ἡ δέησίς μου P
10:1 Ἀδελφοί, ἡ μὲν οὖν εὐδοκία τῆς ἐμῆς καρδίας καὶ ἡ δέησις 1505 2495
10:1 Ἀδελφοί, ἡ μὲν εὐδοκεία τῆς ἐμῆς καρδίας καὶ ἡ **δαιηεις** F
10:1 Ἀδελφοί, ἡ μὲν εὐδοκεία τῆς ἐμῆς καρδίας καὶ ἡ **δαίησις** G
10:1 Ἀδελφοί, ἡ μὲν εὐδοκία τῆς ἐμῆς καρδίας καὶ ἡ **δέησεις** A
10:1 Ἀδελφοί, ἡ μὲν εὐδοκία τῆς ἐμῆς καρδίας καὶ ἡ **δέησεις** **ἡ** 1874
10:1 Ἀδελφοί, ἡ μὲν εὐδοκία τῆς ἐμῆς καρδίας καὶ ἡ **δέησης** **ἡ** 618 1646 1735[c]
10:1 Ἀδελφοί, ἡ μὲν **δοκία** τῆς ἐμῆς καρδίας καὶ ἡ **δέησης** **ἡ** 1735*
10:1 Ἀδελφοί, ἡ μὲν **ἐπιθυμία** τῆς ἐμῆς καρδίας καὶ ἡ δέησις **ἡ** 6 424[c]
10:1 Ἀδελφοί, ἡ μὲν εὐδοκία τῆς **ἐῆς** καρδίας καὶ ἡ δέησις **ἡ** 1243
10:1 Ἀδελφοί, ἡ μὲν **εὐδοκεία** τῆς **ἐμεῖς** καρδίας καὶ ἡ δέησις **ἡ** 2464
10:1 Ἀδελφοί, ἡ μὲν εὐδοκία τῆς ἐμῆς καρδίας καὶ ἡ δέησις **ἡ** K L 049 056 1 33 69 88 104 131 205 209 226 323 326 330 365 424* 440 460 489 517 547 614 796 910 927 945 999 1175 1241 1242 1245 1270 1315 1319[c] 1352 1424 1448 1506 1611 1734 1738 1827 1836 1837 1854 1881[c] 1891 2125 2147 2344 2400 2412 2815 **τ** Er[1]

---

lac. 9.33-10.1 𝔓[10] 𝔓[113] C 0172 1982

C 9.33 τελ β 1 | τε και του δεκ,ερ 1 | τελ ϛ 489 1739 | τελ 226 326 330 440 517 796 927 945 1175 1243 1245 1448 1837 2147 | τελ της β 547 | τε της ϛ 1242 | τελος της β και του μεθ εορτου 1315 | τε της δο 1573 | ιϛ περι του σκοπου καθ ον εξεβληθησαν ωστε δευτεραεοι επαν ελθειν ζηλω ων προτιμηθεντων εθνων συμταχθεντων τω πιστω ιηλ 1836 **10.1** αρχ κ,υ ε Ψ 049 209 | αρχ κ,υ ε αδ,ε η ευδοκια της εμης καρδιας 226 | κ,υ ε αδελφοι L | αρχ κ,υ ε αδ,ε η ευδοκια της εμης καρδιας και η δεησις 1 | κ,υ ε 104 | κ,υ ε αδ,ε η μεν ευδοκια 326 | αρχ κ,υ ε 330 | αρχ κ,υ ε 489 | αρχ της β κ,υ ε 517 | αρχ κ,υξ ε 927 | αρχ κ,υ ε προς ρωμ. αδ,ε η μεν ευδοκια της εμης καρδιας και η δεησις 945 | αρχ κ,υ β 1175 | αρχ κ,υ ε 1241 | αρχ κ,ριακ ε εωθινου ε ηχ δ 1242 | αρχ κ,ε ε κ,ε κη 1243 | αρχ 1245 | κ,υ ε απο τ νι αδ,ε η μεν ευδοκια 1270 | ιε οτι κατα απιστιαν η εκπτωσις δια της εις αγνοιαν εγκαταληψεως . και του μη αρμοζοντος αυτοις κηρυγματος 1245 | αρχ κ,υ ε κ,ε ρθ 1315 | αρχ κ,υριακ ε: κ,υ ε αδ,ε η μεν ευδοκια της εμης καρδιας και η δεη 1448 | αρχ κ,υ ε αδ,ε η ευδοκεια της εμης 1573 | κ,υ ε μετ την ν 1735 | αρχ κ,υ ε ο αποστολ πρ ρωμ αδελφοι η μεν ευδοκια της εμης καρδιας 1739 | κ,υ ε 1836 | αρχ κ,ε ε αδ,ε η μεν ευδοκια 1837 | αρχ αδελφοι 1891 | αρχ κ,υ ε αδ,ε η μεν ευδοκια της εμης 2147 | αρχ κ,ριακ ε κ,ε π αδελφοι η μεν ευδοκια 2464

D 10.1 κε 489 927 | αρχ κ,υ ε 796 | κζ 226 517 547 1739 | κη 226 | ιε 1245

E 9.33 Is 28.16; 8.14; Mt 21.42; Ro 10.11; P 2.6,8

πρὸς τὸν θν ὑπὲρ αὐτῶν εἰς σωτηρίαν. 2 μαρτυρῶ γὰρ αὐτοῖς ὅτι ζῆλον B ℵ* A D 365
πρὸς τὸν θν ὑπὲρ αυ··ῶν εἰς σωτηρίαν. 2 μαρτυρῶ γὰρ αὐτοῖς ···τι ζῆλον 𝔓46
2 ὅτι ζῆλον Cl II 42.4
πρὸς τὸν θν ὑπὲρ αὐτῶν εἰς σωτηρίαν. 2 μαρτυρῶ γὰρ αὐτοῖς **ὅτει** ζῆλον F G
πρὸς τὸν θεὸν ὑπὲρ αὐτῶν εἰς σωτηρίαν. 2 μαρτυρῶ γὰρ αὐτοῖς ὅτι ζῆλον **uw**
πρὸς τὸν θν ὑπὲρ αὐτῶν εἰς σριαν. 2 μαρτυρῶ γὰρ αὐτοῖς ὅτι ζῆλον 6 1319* 1573
πρὸς τὸν θν ὑπὲρ **αὐτὸν** εἰς σριαν. 2 μαρτυρῶ γὰρ αὐτοῖς ὅτι ζῆλον 1506 [↑1739
πρὸς θν ὑπὲρ αὐτῶν εἰς σριαν. 2 μαρτυρῶ γὰρ αὐτοῖς ὅτι ζῆλον 1881
πρὸς τὸν θν ὑπὲρ αὐτῶν ἐστιν εἰς σριαν. 2 μαρτυρῶ γὰρ αὐτοῖς ὅτι ζῆλον ℵc P Ψ 33 88
πρὸς τὸν θν ὑπὲρ αὐτῶν ἐστιν εἰς σριαν. 2 μαρτυρῶ········ ·····τοῖς ὅτι ζῆλον 2344 [↑1505
πρὸς τὸν θεὸν ὑπὲρ **τοῦ Ἰσραήλ** ἐστιν εἰς σωτηρίαν. 2 μαρτυρῶ γὰρ αὐτοῖς ὅτι ζῆλον **τ** Er1 [↑2495
πρὸς τὸν θν ὑπὲρ **τοῦ ιηλ** εἰς σριαν. 2 μαρτυρῶ γὰρ αὐτοῖς ὅτι ζῆλον 1319c 1827
πρὸς τὸν θν ὑπὲρ **τοῦ ιηλ** ἐστιν εἰς σωτηρίαν. 2 μαρτυρῶ γὰρ αὐτοῖς ὅτι ζῆλον 796 1245 1424
πρὸς τὸν θν ὑπὲρ **τοῦ ιηλ** ἐστιν **ἡ σωτηρία**. 2 μαρτυρῶ γὰρ αὐτοῖς ὅτι ζῆλον 69
πρὸς τὸν θν ὑπὲρ **τοῦ ιηλ** ἐστιν **ἡ σρια**. 2 μαρτυρῶ γὰρ αὐτοῖς ὅτι ζῆλον 205
πρὸς θν ὑπὲρ **τοῦ ιηλ** ἐστιν εἰς σριαν. 2 μαρτυρῶ γὰρ αὐτοῖς ὅτι ζῆλον 440
πρὸς τὸν θν ὑπὲρ **τοῦ ιηλ** ἐστιν εἰς σριαν. 2 μαρτυρῶ γὰρ **αὐτος** ὅτι ζῆλον 1646*
πρὸς τὸν θν ὑπὲρ **τοῦ ιηλ** ἐστιν εἰς σριαν. 2 μαρτυρῶ γὰρ αὐτοῖς ὅτι ζῆλον K L 049 056 1
104 131 209 226 323 326 330 424 460 489 517 547 614 618 910 927 945 999 1175 1241 1242 1243 1270
1315 1352 1448 1611 1646c 1734 1735 1738 1836 1837 1854 1874 1891 2125 2147 2400 2412 2464 2815

[↓131 205 209 226 323 330 365 424 440 489 517 547 614 796 910 927 945 999 1175 1241 1242 1243 1245 1270 1315
[↓1319c 1352 1424 1448 1505 1506 1573 1611 1734 1738 1739 1827 1836 1854 1881 2125 2147 2400 2412 2495 2815
θυ ἔχουσιν ἀλλ' οὐ κατ' ἐπίγνωσιν· 3 ἀγνοοῦντες γὰρ τὴν τοῦ θυ B ℵ D K L P Ψ 049 1 6 69 88
θυ ἔχουσιν ἀλλ' οὐ κατ' ἐπί·····ωσιν· 3 ἀγνοοῦντες γὰρ τὴν τοῦ θυ 𝔓46
θυ ἔχουσιν ἀλλ' οὐ········ ·······γνωσιν· 3 ἀγνοοῦντες γὰρ τὴν τοῦ····· 2344
θεοῦ ἔχουσιν ἀλλ' οὐ κατ' ἐπίγνωσιν· 3 ἀγνοοῦντες γὰρ τὴν τοῦ θεοῦ **uwτ** Er1 Cl II 42.4
θυ ἔχουσιν ἀλλ' οὐ κατ' **ἐπείγνωσιν**· 3 ἀγνοοῦντες γὰρ τὴν τοῦ θυ G
θυ ἔχουσιν ἀλλ' οὐ κατ' **ἐπείγνωσιν**· 3 **ἀγνοούντης** γὰρ τὴν τοῦ θυ F
θυ ἔχουσιν ἀλλ' οὐ κατ' ἐπίγνωσιν· 3 **ἀγνωοῦντες** γὰρ τὴν τοῦ θυ 33 104 326 460 618 1735 1837
θυ ἔχουσιν ἀλλ' οὐ κατ' **ἐπίγνωσην**· 3 **ἀγνωοῦντες** γὰρ τὴν τοῦ θυ 1646 [↑1891
θυ ἔχουσιν ἀλλ' οὐ κατ' **ἐπήγνωσιν**· 3 ἀγνοοῦντες γὰρ τὴν τοῦ θυ 2464
θυ **ἔχουσι** ἀλλ' οὐ κατ' ἐπίγνωσιν· 3 ἀγνοοῦντες γὰρ τὴν τοῦ θυ 1319*
θυ **ἔχωσιν** ἀλλ' οὐ κατ' ἐπίγνωσιν· 3 ἀγνοοῦντες γὰρ τὴν τοῦ θυ 056
ἔχουσιν ἀλλ' οὐ κατ' ἐπίγνωσιν· 3 ἀγνοοῦντες γὰρ τὴν τοῦ θυ 1874
θυ ἔχουσιν ἀλλ' οὐ κατ' ἐπίγνωσιν· 3 ἀγνοοῦντες **δὲ** τὴν τοῦ θυ A

δικαιοσύνην καὶ τὴν ἰδίαν ζητοῦντες στῆσαι, τῇ δικαιοσύνῃ B A D2 P 365 1319c
δικαιοσύνην τὴν ἰδίαν ζητοῦντες στῆσαι, τῇ δικαιοσύνῃ 1319* [↑1506 1573
δικαιοσύνην καὶ τὴν ἰδίαν ζητοῦντες στῆσαι, τῆι δικαιοσύνηι 1739 [↑1881 [**u**]**w**
δικαιοσύν καὶ τὴν ἰδίαν ζητοῦντες στῆσαι, τῇ δικαιοσύνῃ D* [↑Cl II 42.4
δι·····ιοσύνην καὶ τὴν ἰδίαν δικαιοσύνην ··ητοῦντες στῆσαι, τῇ δικαιοσύνῃ 𝔓46
δικαιοσύνην καὶ τὴν ἰδίαν δικαιοσύνην ζητοῦντες στῆσαι, τῆι δικαιοσύνῃ 424 1270 1734
δικαιοσύνην καὶ τὴν ἰδίαν δικαιοσύνην ζητοῦντες στῆσαι, τῇ δικαιοσύνηι 945
δικαιοσύνην καὶ τὴν ἰδίαν δικαιοσύνην ζητοῦντες στῆσαι, τῆι δικαιοσύνηι 1891
δικαιοσύνην ζητοῦντες στῆσαι, τῇ δικαιοσύνῃ 460c 618 1836
δικαιωσύνην καὶ τὴν ἰδίαν δικαιοσύνην ζητοῦντες στῆσαι, τῇ δικαιοσύνῃ 33 1874
δικαιωσύνην καὶ τὴν ἰδίαν **δικαιωσύνην** ζητοῦντες στῆσαι, τῇ δικαιοσύνῃ 2147
δικαιοσύνην καὶ τὴν ἰδίαν **δικαιοσύνης** ζητοῦντες **στῖσαι**, τῇ **δικαιοσιύνην** F*
δικαιοσύνην καὶ τὴν ἰδίαν **δικαιοσύνης** ζητοῦντες **στῖσαι**, τῇ δικαιοσύνῃ Fc
δικαιοσύνην καὶ τὴν ἰδίαν δικαιοσύνην ζητοῦντες **στῖσαι**, τῇ δικαιοσύνῃ G
δικαιοσύνην καὶ τὴν ἰδίαν δικαιοσύνην ζητοῦντες **στῆναι**, τῇ δικαιοσύνῃ 056
δικαιοσύνην καὶ τὴν ἰδίαν δικαιοσύνην ζητοῦντες στῆσαι, τῇ δικαιοσύνῃ 2464
δικαιοσύνην καὶ τὴν ἰδίαν **ζητοῦντες δικαιοσύνην** στῆσαι, τῇ δικαιοσύνῃ 69
omit 460*
··············σύνην καὶ τὴν ἰδίαν δικαιοσύνην ζ··············τες στῆσαι, **τὴν δικαιοσύνην** 2344
δικαιοσύνην καὶ τὴν ἰδίαν δικαιοσύνην ζητοῦντες στῆσαι, τῇ δικαιοσύνῃ ℵ K L Ψ 049 1 6 88
104 131 205 209 226 323 326 330 440 489 517 547 614 796 910 927 999 1175 1241 1242 1243 1245
1315 1352 1424 1448 1505 1611 1646 1735 1738 1827 1837 1854 2125 2400 2412 2495 2815 [**u**]**τ** Er1

---

lac. 10.1-3 𝔓10 𝔓113 C 0172 1982

E 10.2 Ac 22.3 **3** Ro 1.17; 9.31-32; Lk 16.15; 18.9; Phl 3.9; Ro 3.21-22; 9.31-32

Errata: 10.1 na 1506 αὐτῶν : αὐτόν 1506 **10.3 na** F txt δικαιοσύνην : δικαιοσύνης F
10.3 antf 460c 618 HOM.TEL. δικαιοσύνην ZU δικαιοσύνην : δικαιοσύνην ζητοῦντες στῆσαι, τῇ δικαιοσύνῃ 460c 618

[↓1573 1611 1734 1735 1738 1739 1827 1836 1837 1854 1874 1881 1891 2125 2147 2400 2412 2464 2495 2815
[↓489 517 547 614 618 796 910 927 945 999 1241 1242 1243 1245 1270 1319 1352 1424 1448 1505 1506 1646
τοῦ θυ οὐχ ὑπετάγησαν· ιγ 4 τέλος γὰρ νόμου χς εἰς δικαιοσύνην B ℵ A D K L P Ψ 049 056
τοῦ θυ ·····χ ὑπετάγησαν· 4 τέλος γὰρ νόμου χρς ······ δικαιοσύνην 𝔓46 [↑1 6 33 69 88 104
τοῦ θυ οὐχ ὑπετάγησαν· 4 τέλος γὰρ νόμου χρς εἰς δικαιοσύνην F [↑131 205 209 226 323
τοῦ θυ οὐχ **ὑπερτάγησαν**· 4 τέλος γὰρ νόμου χρς εἰς δικαιοσύνην G [↑326 330 424 440 460c
τοῦ θυ οὐχ **ὑπωτάγησαν**· 4 τέλος γὰρ νόμου χς εἰς δικαιοσύνην 1175*
τοῦ θυ οὐχ **ὑποτάγησαν**· 4 τέλος γὰρ νόμου χς εἰς δικαιοσύνην 1175c
τοῦ θυ οὐ·· ···πετάγησαν· 4 τέλος γὰρ νόμου χς εἰς δικ······σύνην 2344
τοῦ θυ οὐχ ὑπετάγησαν· 4 τέλος γὰρ νόμου ὁ χς εἰς δικαιοσύνην 365
τοῦ θυ **ὑχ** ὑπετάγησαν· 4 τέλος γὰρ νόμου χς εἰς δικαιοσύνην 1315
οὐχ ὑπετάγησαν· 4 τέλος γὰρ νόμου χς εἰς δικαιοσύνην 460
τοῦ θεοῦ οὐχ ὑπετάγησαν· 4 τέλος γὰρ νόμου Χριστὸς εἰς δικαιοσύνην **uwτ** Er1 Cl II 42.5

παντὶ τῷ πιστεύοντι. B 𝔓46 ℵ A D K L P Ψ 049 056 1 6 33 69 88 104 131 205 209 226 323 326 330 365 440 460
παντὶ τῶι πιστεύοντι. 424 945 1270 1734 1739 1891 [↑489 517 547 614 796 910 927 999 1175 1241 1242 1243
παντὶ **τὸ** πιστεύοντι. 618 1646 [↓1245 1315 1319 1352 1424 1448 1505 1506 1573 1611
παντὶ τῷ **πιστεύον**. 1881 [↑1735 1738 1827 1836 1837 1854 1874* 2125 2147 2344
παντεὶ τῷ **πιστεύοντει**. F G [↑2400 2412 2495 2815 **uwτ** Er1 Cl II 42.5
παντὶ τῷ **πιστεύωντι**. 1874c 2464

God's Salvation is for All Humankind

5 Μωϋσῆς γὰρ γράφει τὴν δικαιοσύνην τὴν ἐκ νόμου ὅτι B ℵc [u]
5 ·····ωϋσῆς γὰρ γράφει τὴν δικαιοσύνην ······· ἐκ τοῦ νόμου ὅτι 𝔓46
5 Μωϋσῆς γὰρ **γράφη** τὴν δικαιοσύνην τὴν ἐκ τοῦ νόμου ὅτι 460 618 796 1243 1319 1738
5 Μωϋσῆς γὰρ γράφει τὴν δικαιοσύνην τὴν ἐκ τοῦ νόμου 424c 1827
5 Μωϋσῆς γὰρ γράφει τὴν δικαιοσύνην ἐκ τοῦ νόμου ὅτι 440
5 Μωϋσῆς γράφει τὴν δικαιοσύνην τὴν ἐκ τοῦ νόμου ὅτι 1175 1646
5 Μωϋσῆς **γράφη** τὴν **δικαιωσύνην** τὴν ἐκ τοῦ νόμου ὅτι 33c
5 Μωϋσῆς **γράφη** ὅτι τὴν **δικαιωσύνην** τὴν ἐκ τοῦ νόμου ὅτι 33*
5 Μωϋσῆς γὰρ **γράφη** τὴν **δικαιωσύνην** τὴν ἐκ τοῦ νόμου ὅτι 2147
5 Μωϋσῆς γὰρ γράφει ὅτι τὴν δικαιοσύνην τὴν ἐκ νόμου ℵ* **w**
5 Μωϋσῆς γὰρ γράφει ὅτι τὴν δικαιοσύνην τὴν ἐκ τοῦ νόμου 6 1881
5 Μωϋσῆς ······· ·······φει ὅτι τὴν δικαιοσύνην τὴν ἐκ τοῦ νόμου ὅτι 2344
5 **Μωσῆς** γὰρ γράφει ὅτι τὴν δικαιοσύνην τὴν ἐκ **πίστεως** A
5 **Μωσῆς** γὰρ γράφει ὅτι τὴν δικαιοσύνην **τῆς** ἐκ τοῦ νόμου D*
5 **Μωσῆς** γὰρ γράφει ὅτι τὴν δικαιοσύνην τὴν ἐκ τοῦ νόμου 1739
5 **Μωσῆς** γὰρ **γράφη** ὅτι τὴν δικαιοσύνην τὴν ἐκ τοῦ νόμου 1506
5 **Μωσῆς** γὰρ **γράφη** τὴν δικαιοσύνην τὴν ἐκ τοῦ νόμου ὅτι 1735
5 **Μωσῆς** γὰρ γράφει τὴν δικαιοσύνην τὴν ἐκ νόμου ὅτι Ψ
5 **Μωσῆς** γὰρ γράφει τὴν δικαιοσύνην τὴν ἐκ τοῦ νόμου ὅτι D2 P 104 226 1241 1270 1734
5 **Μωϋσὲς** γὰρ γράφει τὴν δικαιοσύνην τὴν **ἐχ** τοῦ νόμου **ὅτει** F* [↑2464 **τ** Er1
5 Μωϋσῆς γὰρ γράφει τὴν δικαιοσύνην τὴν **ἐχ** τοῦ νόμου **ὅτει** Fc
5 **Μωϋσεῆς** γὰρ γράφει τὴν δικαιοσύνην τὴν ἐκ τοῦ νόμου **ὅτει** G
5 Μωϋσῆς γὰρ γράφει τὴν δικαιοσύνην τὴν ἐκ τοῦ νόμου ὅτι K L 049 056 1 69 88 131 205 209 323 326 330 365 424* 489 517 547 614 910 927 945 999 1242 1245 1315 1352 1424 1448 1505 1573 1611 1836 1837 1854 1874 1891 2125 2400 2412 2495 2815 [u]

lac. 10.3-5 𝔓10 𝔓113 C 0172 1982

C 10.5 ιε οτι κατα απιστιαν η εκπτωσις δια της εις αγνοιαν καταληψεως. και του μη αρμοζοντος αυτοις κηρυγματος 1734 | αραδια 049 | (κα 33 1874) δευτερονομος και ιεζεκιηλ (+ η αυτη 1739) 049 33 1734 1739 1854 1874 | δευερονομου 1270 | ιεζεκιηλ 1270

D 10.4 ιγ B 5 ιε 1734

E 10.3 Ro 1.17; 9.31-32; Lk 16.15; 18.9; Phl 3.9; Ro 3.21-22; 9.31-32 **4** Mt. 5.17; Jn 1.17; 3.18; He 8.13; 1 Co 1.30 **5** Lv 18.5; Ga 3.12; Jn 1.17; Ac 13.39; Ro 2.13

Errata: 10.5 na F txt τὴν δικαιοσύνην τὴν ἐκ τοῦ νόμου ὅτι : 1—3 ἐχ 5 6 ὅτει F

ὁ ποιήσας αὐτὰ ἄνθρωπος ζήσεται ἐν αὐτῇ. **6** ἡ δὲ ἐκ πίστεως δικαιοσύνη B
ὁ ποιήσας ἄνθρωπος ζήσεται ἐν αὐτῇ. **6** ἡ δὲ ἐκ πίστεως δικαιοσύνη ℵ* **w**
ὁ ποιήσας ανος ζήσεται ἐν αὐτῇ. **6** ἡ δὲ ἐκ πίστεως δικαιοσύνη A 1506
ὁ ποιήσας ανος ζήσεται ἐν αὐτῆι. **6** ἡ δὲ ἐκ πίστεως δικαιοσύνη 1739
ὁ ποιήσας αὐτὰ ανος ζήσεται ἐν αὐτῇ. **6** ἡ δὲ ἐκ πίστεως δικαιοσύνη 1881
ὁ ποιήσας **ταῦτα** ανος ζήσεται ἐν αὐτῇ. **6** ἡ δὲ ἐκ πίστεως **δικαιωσύνη** 33
ὁ ποιήσας **ταῦτα** ἄνθρωπος ζήσεται ἐν **αὐτοῖς**. **6** ἡ δὲ ἐκ πίστεως δικαιοσύνη 69
ὁ ποιήσας αὐτὰ ἄνθρω...... ζήσεται ἐν **αὐτοῖς**. **6** ἡ δὲ ἐκ πίστεως ....αιοσύνη 𝔓46
ὁ ποιήσας αὐτὰ ἄνθρωπος ζήσεται ἐν **αὐτοῖς**. **6** ἡ δὲ ἐκ πίστεως δικαιοσύνη ℵc 796 1245 1319 1448
ὁ ποιήσας αὐτὰ ανος ζήσεται ἐν **αὐτῷ**. **6** ἡ δὲ ἐκ πίστεως δικαιοσύνη 1352 [↑**uτ** Er1
ὁ ποιήσας ανος ζήσεται ἐν **αὐτοῖς**. **6** ἡ δὲ ἐκ πίστεως δικαιοσύνη D 6 424c
ὁ ποιήσας αὐτὰ ζήσεται ἐν **αὐτοῖς**. **6** ἡ δὲ ἐκ πίστεως δικαιοσύνη F G
ὁ ποιήσας αὐτὰ ανος ζήσεται ἐν **αὐτοῖς**. **6 εἰ** δὲ ἐκ πίστεως δικαιοσύνη 460 618 [↓104 131 205
ὁ ποιήσας αὐτὰ ανος ζήσεται ἐν **αὐτοῖς**. **6** ἡ δὲ ἐκ πίστεως δικαιοσύνη K L P Ψ 049 056 1 88
209 226 323 326 330 365 424* 440 489 517 547 614 910 927 945 999 1175 1241 1242 1243 1270 1315 1424 1505
1573 1611 1646 1734 1735 1738 1827 1836 1837 1854 1874 1891 2125 2147 2344 2400 2412 2464 2495 2815

οὕτως λέγει· Μὴ εἴπῃς ἐν τῇ καρδίᾳ σου· Τίς ἀναβήσεται εἰς τὸν οὐρανόν; B ℵ D G 056 33 69 1738
οὕτως λέγει· Μὴ εἴπῃς ἐν τῇ ....ίᾳ σου· Τίς ἀναβήσεται εἰς τὸν οὐρανόν; 𝔓46 [↑1854 **uw** Er1
οὕτως λέγει· Μὴ **εἴπις** ἐν τῇ καρδίᾳ σου· Τίς ἀναβήσεται εἰς τὸν οὐρανόν; F
οὕτως λέγει· Μὴ εἴπηις ἐν τῆι καρδία σου· Τίς ἀναβήσεται εἰς τὸν ουνον; 424 1270
οὕτως λέγει· Μὴ εἴπηις ἐν τῆι καρδίαι σου· Τίς ἀναβήσεται εἰς τὸν ουνον; 1739
οὕτω λέγει· Μὴ εἴπῃς ἐν τῇ καρδίᾳ σου· Τίς ἀναβήσεται εἰς τὸν ουνον; K 104 131 205 517 2400
οὕτω λέγει· Μὴ εἴπῃς ἐν τῆι καρδίαι σου· Τίς ἀναβήσεται εἰς τὸν ουνον; 1734 1891
οὕτω λέγει· Μὴ εἴπῃς ἐν τῇ καρδίᾳ σου· Τίς ἀναβήσεται εἰς τὸν οὐρανόν; **τ**
οὕτος λέγει· Μὴ **εἴπεις** ἐν τῇ καρδίᾳ σου· Τίς ἀναβήσεται εἰς τὸν ουνον; 2464
.... Μὴ εἴπῃς ἐν τῇ καρδίᾳ σου· Τίς ἀναβ.............. ...... τὸν ουνον; 2344
οὕτως λέγει· Μὴ εἴπῃς ἐν τῇ καρδίᾳ σου· Τίς ἀναβήσεται εἰς τὸν ουνον; A L P Ψ 049 1 6 88 209
226 323 326 330 365 440 460 489 547 614 618 796 910 927 945 999 1175 1241 1242 1243 1245 1315 1319
1352 1424 1448 1505 1506 1573 1611 1646 1735 1827 1836 1837 1874 1881 2125 2147 2412 2495 2815

[↓326 330 440 910 945 999 1175 1241 1243 1315 1319 1424 1735 1836 1837 1854 1874
τοῦτ᾽ ἔστιν χν καταγαγεῖν· **7** ἤ· Τίς καταβήσεται εἰς τὴν ἄβυσσον; B ℵ A D F G K L P Ψ 049 1 33
.... ἔστιν χν καταγαγεῖν· **7** ἤ· Τίς καταβη............ εἰς τὴν ἄβυσσον; 𝔓46
τοῦτ᾽ ἔστιν Χριστὸν καταγαγεῖν· **7** ἤ· Τίς καταβήσεται εἰς τὴν ἄβυσσον; **uw**
τοῦτ᾽ **ἔστην** χν καταγαγεῖν· **7** ἤ· Τίς καταβήσεται εἰς τὴν ἄβυσσον; 2464
τοῦτ᾽ ἔστιν χν καταγαγεῖν· **7** ἤ· Τίς καταβήσεται εἰς τὴν **ἄβησσον**; 1506
τοῦτ᾽ ἔστιν χν **καταγαγῆν**· **7** ἤ· Τίς καταβήσεται εἰς τὴν **ἄβυσον**; 1646
τοῦτ᾽ **ἔστι** χν **καταγαγῆν**· **7** ἤ· Τίς καταβήσεται εἰς τὴν ἄβυσσον; 2147
τοῦτ᾽ **ἔστι** χν **καταγεῖν**· **7** ἤ· Τίς καταβήσεται εἰς τὴν ἄβυσσον; 1881
τοῦτ᾽ **ἔστι** χν καταγ........ **7** .. ..βυσσον; 2344 [↓489 517 547 614 618
τοῦτ᾽ **ἔστι** Χριστὸν καταγαγεῖν· **7** ἤ· Τίς καταβήσεται εἰς τὴν ἄβυσσον; **τ** Er1 [↓226 323 365 424 460
τοῦτ᾽ **ἔστι** χν καταγαγεῖν· **7** ἤ· Τίς καταβήσεται εἰς τὴν ἄβυσσον; 056 6 69 88 104 131 205 209
796 927 1242 1245 1270 1352 1448 1505 1573 1611 1734 1738 1739 1827 1891 2125 2412 2400 2495 2815

lac. 10.5-7 𝔓10 𝔓113 C 0172 1982

C 10.6 δευτερονομος 1739 1854 1881 | κβ δευτερονομιου 1874

E 10.5 Lv 18.5; Ga 3.12; Jn 1.17; Ac 13.39; Ro 2.13 **6** Jn 3.13; Pr 30.4 **6-8** Dt 9.4; 30.12-14 **7** Ps 107.26; Ps 71.20; 1 Pe 3.19

Errata: 10.5 na 33 ποιήσας αὐτὰ : ποιήσας ταυτα 33*

τοῦτ' ἔστιν χ̅ν̅ ἐκ νεκρῶν ἀναγαγεῖν. 8 ἀλλὰ τί λέγει; B ℵ A K L P Ψ 330 460 618 796
τοῦτ' ἔστιν χ̅ν̅ ἐκ νε·········· ἀναγαγεῖν. 8 ἀλλὰ τί λέγει; 𝔓46 [↑910 945 1175 1241 1424
τοῦτ' ἔστιν χ̅ν̅ ἐκ νεκρῶν ἀναγαγεῖν. 8 ἀλλὰ τί **λέγεις**; 999 [↑1506 1827 1836 1854
τοῦτ' ἔστιν Χριστὸν ἐκ νεκρῶν ἀναγαγεῖν. 8 ἀλλὰ τί λέγει; **uw** [↑1874 2464[c]
τοῦτ' ἔστιν χ̅ν̅ **ἐκκ** νεκρῶν ἀναγαγεῖν. 8 ἀλλὰ τί λέγει; 049 1646
τοῦτ' ἔστιν χ̅ν̅ ἀναγαγεῖν. 8 ἀλλὰ τί λέγει; 1243
τοῦτ' ἔστιν χ̅ν̅ ἐκ νεκρῶν ἀναγαγεῖν. 8 2464*
τοῦτ' ἔστιν χ̅ν̅ ἐκ νεκρῶν ἀναγαγεῖν. 8 ἀλλὰ τί **ἡ γραφὴ λεγεί**; F
τοῦτ' ἔστιν χ̅ν̅ ἐκ νεκρῶν **ἀναγγαγεῖν**. 8 ἀλλὰ τί **ἡ γραφὴ λεγεί**; G
τοῦτ' ἔστιν χ̅ν̅ **ἀναγαγεῖν ἐκ νεκρῶν**. 8 ἀλλὰ τί λέγει ἡ γραφή; 1319*
τοῦτ' ἔστιν χ̅ν̅ ἐκ νεκρῶν ἀναγαγεῖν. 8 ἀλλὰ τί λέγει ἡ γραφή; D 33 326 1319[c] 1573 1611 1735
τοῦτ' **ἔστι** χ̅ν̅ ἐκ νεκρῶν **ἀγαγεῖν**. 8 ἀλλὰ τί λέγει ἡ γραφή; 1 [↑1837
τοῦτ' **ἔστι** χ̅ν̅ ἐκ νεκρῶν ἀναγαγεῖν. 8 ἀλλὰ τί λέγει ἡ γραφή; 88 104 365 1245
τοῦτ' **ἔστι** χ̅ν̅ ἐκ νεκρῶν························ 8 ·········· τί λέγει; ἡ γραφή; 2344
τοῦτ' **ἔστι** χ̅ν̅ ἐκ νεκρῶν **ἀγαγεῖν**. 8 ἀλλὰ τί λέγεί; 1505 2412 2495
τοῦτ' **ἔστι** χ̅ν̅ ἐκ νεκρῶν **ἀγαγεῖν**. 8 ἀλλὰ τί λέγει; 614 1315 2400
τοῦτ' **ἔστι** Χριστὸν ἐκ νεκρῶν ἀναγαγεῖν. 8 ἀλλὰ τί λέγει; **τ** Er[1]
τοῦτ' **ἔστι** χ̅ν̅ **ἀναγαγεῖν ἐκ νεκρῶν**. 8 ἀλλὰ τί λέγει; 226*
τοῦτ' **ἔστι** χ̅ν̅ ἐκ νεκρῶν ἀναγαγεῖν. 8 ἀλλὰ τί λέγει; 056 6 69 131 205 209 226[c] 323
424 440 489 517 547 927 1242 1270 1352 1448 1734 1738 1739 1881 1891 2125 2147 2815

Ἐγγύς σου τὸ ῥῆμά ἐστιν B ℵ A K L P Ψ 049 056 1 33 69 88 104 131 205 209 226 323 326 330 424
Ἐγγύς σου τὸ ·········· ἐστιν 𝔓46 [↑440 460 489 517 547 614 618 796 910 927 999 1175 1241
Ἐγγύς σου····· ·········· ·········· 2344 [↑1242 1243 1245 1270 1315 1319 1352 1424 1448 1506
Ἐγγύς σου τὸ ῥῆμά 1505 2495 [↑1573 1611 1734 1735 1738 1827 1836 1837 1854 1874
Ἐγγύς σου τὸ ῥῆμά **ἐστι** 365 945 [↑1891 2125 2147 2400 2412 2815 **uwτ** Er[1]
Ἐγγύς σου τὸ ῥῆμά **ἐστι** σθόδρα 6 1739 1881
Ἐγγύσου τὸ ῥῆμά ἐστιν 1646
Ἐγγοίς σου **τῶ** ῥῆμά ἐστιν 2464
Ἐγγύς σου **ἐστιν τὸ ῥῆμά** D F G

ἐν τῷ στόματί σου καὶ ἐν τῇ καρδίᾳ σου, B ℵ A D G K L P Ψ 049 056 1 6 69 88 104 131 205 209
ἐν τῷ στόματί σου καὶ ἐν τῇ ················ ········ 𝔓46 [↑226 323 326 330 365 440 460 489 547
···· ·· ···· στόματί σου καὶ ἐν τῇ καρ········ ········· 2344 [↑614 618 796 927 945 1175 1241 1242
ἐν τῷ στόματί σου καὶ τῇ καρδίᾳ σου, 910 [↑1243 1245 1315 1319 1352 1424 1448
ἐν **τὸ** στόματί σου καὶ ἐν τῇ καρδίᾳ σου, 33 1646 2464 [↑1506 1573 1611 1735 1738 1827 1836
ἐν τῷ στόματί σου καὶ ἐν **τι** καρδίᾳ σου, F [↑1837 1854 1874 1881 2125 2147 2400
ἐν τῶι στόματί σου καὶ ἐν τῇ καρδίαι σου, 517 1891 [↑2412 2815 **uwτ** Er[1]
ἐν τῶι στόματί σου καὶ ἐν τῆι καρδίᾳ σου, 1270
ἐν τῶι στόματί σου καὶ ἐν τῆι καρδίαι σου, 424 1734 1739
ἐν τῷ **καρδίᾳ** σου καὶ ἐν τῇ **στόματι** σου, 999
ἐν τῷ στόματί **μου** καὶ ἐν τῇ καρδίᾳ **μου**, 1505 2495

τοῦτ' ἔστιν τὸ ῥῆμα τῆς πίστεως ὃ κηρύσσομεν. 9 ὅτι ἐὰν ὁμολογήσῃς τὸ ῥῆμα B [**w**]
τοῦτ' ἔστιν τὸ ῥῆμα τῆς πίστεως ὃ **κηρύσσωμεν**. 9 ὅτι ἐὰν ὁμολογήσῃς τὸ ῥῆμα 1735
τοῦτ' ἔστιν τὸ ῥῆμα τῆς πίστεως ὃ **κηρύσσωμεν**. 9 ὅτι ἐὰν ὁμολογήσῃς P 1836
τοῦτ' ἔστιν τὸ ῥῆμα τῆς πίστεως **ὧ** **κηρύσσωμεν**. 9 ὅτι ἐὰν ὁμολογήσῃς 460 618
τοῦτ' ἔστιν τὸ ῥῆμα τῆς πίστεως ὃ **κηρύσσωμεν**. 9 ὅτι ἐὰν **ὁμολογήσεις** 1874
τοῦτ' **ἔστην** τὸ ῥῆμα τῆς πίστεως ὃ **κηρύσσωμεν**. 9 ὅτι ἐὰν **ὁμολογήσις** 33
·····ῦτ' ἔστιν τὸ ῥῆμα τῆς πίστεως ·· ················σομεν. 9 ὅτι ἐὰν ὁμολογήσῃς 𝔓46
τοῦτ' ἔστιν τὸ ῥῆμα τῆς πίστεως ὃ κηρύσσομεν. 9 ὅτι ἐὰν ὁμολογήσῃς ℵ A D F G K L Ψ 049 326
τοῦτ' ἔστιν **τὸν** ῥῆμα τῆς πίστεως ὃ κηρύσσομεν. 9 ὅτι ἐὰν **ὁμολογήσις** 1506 [↑330 910 945
τοῦτ' ἔστιν τὸ ῥῆμα τῆς πίστεως ὃ **κηρύσομεν**. 9 ὅτι ἐὰν **ὁμολογήσεις** 1646 2464 [↑1175 1241
τοῦτ' **ἔστι** τὸ ῥῆμα τῆς πίστεως ὃ κηρύσσομεν. 9 ὅτι ἐὰν **ὁμολογήσεις** 1881* 2400 [↑1424 1837
τοῦτ' **ἔστι** τὸ ῥῆμα τῆς πίστεως ὃ **κηρύσσωμεν**. 9 ὅτι ἐὰν ὁμολογήσῃς 104 [↑1854 **u**[**w**]
τοῦτ' **ἔστι** τὸ ῥῆμα τῆς πίστεως **ὧ** κηρύσσομεν. 9 ὅτι ἐὰν ὁμολογήσῃς 1738
τοῦτ' **ἔστι** τὸ ῥῆμα τῆς πίστεως ὃ κηρύσσομεν. 9 ὅτι ἐὰν ὁμολογήσῃις 424 1734 1739
τοῦτ' **ἔστη** τὸ ῥῆμα τῆς πίστεως ὃ κηρύσσομεν. 9 ὅτι ἐὰν ὁμολογήσῃς 1243
τοῦτ' **ἔστι** τὸ ῥῆμα τῆς πίστεως ὃ κη······················ 9 ὅτι ἐὰν ὁμολογήσῃς 2344
τοῦτ' **ἔστι** τὸ ῥῆμα τῆς πίστεως ὃ κηρύσσομεν. 9 ὅτι ἐὰν ὁμολογήσῃς 056 1 6 69 88 131 205 209
226 323 365 440 489 517 547 614 796 927 999 1242 1245 1270 1315 1319 1352
1448 1505 1573 1611 1827 1881[c] 1891 2125 2147 2412 2495 2815 **τ** Er[1] Cl IV 99.1

lac. 10.7-9 𝔓10 𝔓113 C 0172 1982

C 10.8 δευτερονομος 209 1270 1739 1854 | κ̅γ̅ δευτερονομιου 1174 1874

E 10.7 Ps 107.26; Ps 71.20; 1 Pe 3.19 **8** Dt 30.14 **9** 1 Co 12.3; 2 Co 4.5; Phl 2.11; Col 2.6; Ro 4.24

ἐν τῷ στόματί σου ὅτι κς ις B 1506
ἐν τῷ ....ν χρν $\mathfrak{P}^{46}$
τῷ στόματί σου κύριος Ἰησοῦς Cl IV 99.1
ἐν τῷ στόματί σου κύριος Ἰησοῦς [w]
ἐν τῷ στόματί σου κν ιν χν A 056
ἐν τῷ στόματί σου **κύριον Ἰησοῦν** u[w]τ Er^{1}
ἐν τῶι στόματί σου κν ιν 424 945 1270 1734 1739 1891
ἐν **τὸ** στόματί σου κν ιν 1874 2464
ἐν τῷ στόματί σου καὶ ἐν τῇ καρδίᾳ σου κν ιν 440
ἐν τῷ **στόμα** κν ιν 618
ἐν τῷ στόματί σου κν ιν ℵ D F G K L P Ψ 049 1 6 33 69 88 104 131 205 209 226 323 326 330 365 460 489 517 547 614 796 910 927 999 1175 1241 1242 1243 1245 1315 1319 1352 1424 1448 1505 1573 1611 1646 1735 1738 1827 1836 1837 1854 1881 2125 2147 2344 2400 2412 2495 2815

καὶ πιστεύσῃς ἐν τῇ καρδίᾳ σου ὅτι B ℵ A D F^{c} G K L Ψ 049 056 1 6 88 104 131 205 209 226 323 326 330
καὶ πιστεύσῃς ἐν τῇ .... $\mathfrak{P}^{46}$ [↑365 440 489 547 614 796 910 927 945 999 1175 1241
καὶ πιστεύσῃς ἐν τῆι καρδίαι σου ὅτι 517 [↑1242 1243 1245 1315 1319 1352 1424 1448 1505 1506
καὶ πιστεύσῃς ἐν τῆι καρδία σου ὅτι 424 1270 1891 [↑1573 1611 1646 1734 1735 1738 1836 1837 1854 1874
καὶ πιστεύσῃις ἐν τῆι καρδίαι σου ὅτι 1739 [↑2147 2344 2412 2495 2815 **uwτ** Er^{1} Cl IV 99.1
καὶ πιστεύσῃς ὅτι 1827
καὶ πιστεύσῃς ἐν τῇ **καρδίας** σου ὅτι 460 618
καὶ **πιστεύεις** ἐν τῇ καρδίᾳ σου ὅτι P
καὶ **πιστεύσες** ἐν τῇ καρδίᾳ σου ὅτι F*
καὶ **πιστεύσις** ἐν τῇ καρδίᾳ σου ὅτι 33
καὶ **πιστεύσεις** ἐν τῇ καρδίᾳ σου ὅτι 69 1881 2125 2400 2464

[↓1424 1448 1506 1573 1611 1734 1735 1739 1827 1836 1854 1881 2125 2147 2344 2400 2412 2495 2815
[↓69 88 104 131 226 323 330 365 424 460 517 547 614 945 999 1175 1241 1242 1243 1245 1319 1352
ὁ θς αὐτὸν ἤγειρεν ἐκ νεκρῶν, σωθήσῃ· **10** καρδίᾳ γὰρ πιστεύεται B ℵ D G K L Ψ 049 056 33 ··
....τὸν ἤγειρεν ἐκ νε......... .... **10** ....α γὰρ πιστεύεται $\mathfrak{P}^{46}$
ὁ θεὸς αὐτὸν ἤγειρεν ἐκ νεκρῶν, σωθήσῃ· **10** καρδίᾳ γὰρ πιστεύεται **uwτ** Er^{1}
ὁ θς αὐτὸν ἤγειρεν **ἐκκ** νεκρῶν, σωθήσῃ· **10** καρδίᾳ γὰρ πιστεύεται 1646
ὁ θς αὐτὸν ἤγειρεν ἐκ νεκρῶν, σωθήσηι· **10** καρδίᾳ γὰρ πιστεύεται 1270 1891
ὁ θς αὐτὸν ἤγειρεν ἐκ νεκρῶν, σωθήσῃ· **10** καρδίᾳ γὰρ **πιστεύετε** 1505
ὁ θς αὐτὸν **ἤγηρεν** ἐκ νεκρῶν, σωθήσῃ· **10** καρδίᾳ γὰρ **πιστεύετε** 618
ὁ θς αὐτὸν **ἤγηρεν** ἐκ νεκρῶν, **σωθήσι**· **10** καρδίᾳ γὰρ πιστεύεται 2464
ὁ θς αὐτὸν ἤγειρεν ἐκ νεκρῶν, **σωτήσῃ**· **10** καρδίᾳ γὰρ πιστεύεται F
ὁ θς αὐτὸν ἤγειρεν ἐκ νεκρῶν, **σωθήσει**· **10** καρδίᾳ γὰρ πιστεύεται 1874
αὐτὸν ὁ θς ἤγειρεν ἐκ νεκρῶν, **σωθήσει**· **10** καρδίᾳ γὰρ πιστεύεται 326
αὐτὸν ὁ θς ἤγειρεν ἐκ νεκρῶν, σωθήσῃ· **10** καρδίᾳ γὰρ πιστεύεται 1837
ὁ θς **ἔγειρεν αὐτὸν** ἐκ νεκρῶν, σωθήσῃ· **10** καρδίᾳ γὰρ πιστεύεται 205
ὁ θς **ἤγιρεν αὐτὸν** ἐκ νεκρῶν, σωθήσῃ· **10** καρδίᾳ γὰρ πιστεύεται P
ὁ θς **ἤγηρεν αὐτὸν** ἐκ νεκρῶν, **σωθήσει**· **10** καρδίᾳ γὰρ πιστεύεται 1315
ὁ θεὸς **ἤγειρεν αὐτὸν** ἐκ νεκρῶν, σωθήσῃ· **10** καρδίᾳ **μὲν** πιστεύεται Cl IV 99.1 [↓927 1738
ὁ θς **ἤγειρεν αὐτὸν** ἐκ νεκρῶν, σωθήσῃ· **10** καρδίᾳ γὰρ πιστεύεται A 1 6 209 440 489 796 910

lac. 10.9-10 $\mathfrak{P}^{10}$ $\mathfrak{P}^{113}$ C 0172 1982

C 10.8 δευτερονομος 209 1270 1739 1854 | κγ δευτερονομιου 1174 1874

E 10.7 Ps 107.26; Ps 71.20; 1 Pe 3.19 **8** Dt 30.14 **9** 1 Co 12.3; 2 Co 4.5; Phl 2.11; Col 2.6; Ro 4.24

Errata: 10.9 na ubs $\mathfrak{P}^{46}$ ἐν τῷ στόματί σου κύριον Ἰησοῦν Χριστόν : ἐν τῷ ....ν χρν $\mathfrak{P}^{46}$

10.9 ubs does not report 326 from 10.9 and on

εἰς δικαιοσύνην, στόματι δὲ ὁμολογεῖται εἰς σωτηρίαν. **11** λέγει γὰρ B ℵ A D 69 1424 **uwτ** Er^{1}
εἰς δικαιοσύνην, στόματι δὲ ὁμολογεῖται εἰς σωτηρίαν. **11** λέγει **γοῦν** Cl IV 99.1
11 λέγει **γοῦν** Cl IV 48.3
εἰς…… …… ……ται εἰς σω…… **11**…… 𝔓^{46}
εἰς δικαιοσύνην, **στόματει** δὲ ὁμολογεῖται εἰς σωτηρίαν. **11** λέγει γὰρ F G
εἰς **δικαιωσύνην**, στόματι δὲ ὁμολογεῖται εἰς σωτηρίαν. **11** λέγει γὰρ 33
εἰς **δικαιωσύνην**, στόματι ὁμολογεῖται εἰς σρ̅ια̅ν. **11** λέγει γὰρ 2147
εἰς σρ̅ια̅ν. **11** λέγει γὰρ 1854
εἰς δικαιοσύνην, **στόμα** δὲ ὁμολογεῖται εἰς σρ̅ια̅ν. **11** λέγει γὰρ P
εἰς δικαιοσύνην, στόματι δὲ ὁμολογεῖται **εἰ** σρ̅ια̅ν. **11** λέγει γὰρ 618
εἰς δικαιοσύνην, στόματι δὲ **ὁμολογῆται** εἰς σρ̅ια̅ν. **11** λέγει γὰρ 1175 1646
εἰς δικαιοσύνην, στόματι δὲ **ὁμολογῆτε** εἰς σρ̅ια̅ν. **11** λέγει γὰρ 2464
εἰς δικαιοσύνην, στόματι δὲ **ὁμολογεῖτε** εἰς σρ̅ια̅ν. **11** λέγει γὰρ 1243
εἰς δικαιοσύνην, στόματι δὲ ὁμολογεῖται εἰς σρ̅ια̅ν. **11** λέγει γὰρ K L Ψ 049 056 1 6 88 104 131 205 209 226 323 326 330 365 440 424 460 489 517 547 614 796 910 927 945 999 1241 1242 1245 1270 1315 1319 1352 1448 1505 1506 1573 1611 1734 1735 1738 1739 1827 1836 1837 1874 1881 1891 2125 2344 2400 2412 2495 2815

[↓1424 1448 1505 1506 1573 1611 1735 1738 1836 1837 1854 1874 2125 2344 2400 2412 2495 2815 **uwτ** Er^{1}
[↓104 131 209 226 323 326 330 365 440 489 547 614 796 910 927 999 1175 1241 1242 1243 1245 1315 1319 1352
ἡ γραφή· Πᾶς ὁ πιστεύων ἐπ' αὐτῷ οὐ καταισχυνθήσεται. **12** οὐ γάρ B A K L P Ψ 049 056 1 6 69 88
ἡ γραφή· Πᾶς ὁ πιστεύων ἐπ' αὐτῷ οὐ καταισχυνθήσεται. **12** Cl IV 48.3; IV 99.1
…… …… πιστεύων …… …… …… …… **12**…… …… 𝔓^{46}
ἡ γραφή· Πᾶς ὁ πιστεύων ἐπ' αὐτῶι οὐ καταισχυνθήσεται. **12** οὐ γάρ 424 517 1270 1739 1891
ἡ γραφή· Πᾶς ὁ πιστεύων ἐπ' αὐτῷ οὐ **κατεσχυνθήσεται**. **12** οὐ γάρ ℵ 205 2147
ἡ γραφή· Πᾶς ὁ πιστεύων ἐπ' αὐτῷ οὐ μὴ **κατεσχυνθήσεται**. **12** οὐ γάρ D*
ἡ γραφή· Πᾶς ὁ πιστεύων ἐπ' αὐτῷ οὐ μὴ καταισχυνθήσεται. **12** οὐ γάρ D^{2} F G
ἡ γραφή· Πᾶς ὁ πιστεύων **εἰς αὐτὸν** οὐ καταισχυνθήσεται. **12** οὐ γάρ 945 1827
ἡ γραφή· Πᾶς ὁ πιστεύων ἐπ' **αὐτὸν** οὐ καταισχυνθήσεται. **12** οὐ γάρ 1646 1881
ἡ γραφή· Πᾶς ὁ **πιστεύον** ἐπ' αὐτῷ οὐ καταισχυνθήσεται. **12** οὐ γάρ 33 460 618
ἡ γραφή· Πᾶς ὁ **πιστεύον** ἐπ' αὐτῷ οὐ **κατεσχυνθήσεται**. **12** οὐ γάρ 2464
Πᾶς ὁ πιστεύων ἐπ' αὐτῷ οὐ καταισχυνθήσεται. **12** οὐ γάρ 1734

ἔστιν διαστολὴ Ἰουδαίου τε καὶ Ἕλληνος, ὁ γὰρ αὐτὸς κ̅ς̅ πάντων, B ℵ A G K L P Ψ 049 33 945
…… …… …… …… …… …… …… …… …… 𝔓^{46} [↑1175 1241 1506 1646
ἔστιν διαστολὴ **Ἰουδιαίου** τε καὶ **Ἕλλενος**, ὁ γὰρ αὐτὸς κ̅ς̅ πάντων, F* [↑1735 1827 1836 1854
ἔστιν διαστολὴ **Ἰουδαίω** καὶ **Ἕλληνι**, ὁ γὰρ αὐτὸς κ̅ς̅ πάντων, D [↑1874
ἔστιν διαστολὴ Ἰουδαίου τε καὶ **Ἕληνος**, ὁ γὰρ αὐτὸς κ̅ς̅ πάντων, 2464
ἔστιν διαστολὴ Ἰουδιαίου τε καὶ Ἕλληνος, ὁ γὰρ αὐτὸς κ̅ς̅ πάντων, F^{c}
ἔστιν διαστολὴ Ἰουδαίου τε καὶ Ἕλληνος, ὁ γὰρ αὐτὸς κύριος πάντων, 1 1424 **uw**
ἐν τῇ διαστολὴ Ἰουδαίου τε καὶ Ἕλληνος, ὁ γὰρ αὐτὸς κ̅ς̅ πάντων, 330 2400
ἔστι διαστολὴ Ἰουδαίου τε καὶ Ἕλληνος, ὁ γὰρ αὐτὸς κύριος πάντων, **τ** Er^{1}
ἔστι διαστολὴ Ἰουδαίου τε καὶ Ἕλληνος, ὁ γὰρ αὐτὸς κ̅ς̅ **πάντας**, 1319
ἔστι διαστολὴ Ἰουδαίου τε καὶ Ἕλληνος, ὁ γὰρ αὐτὸς κ̅ς̅ πάντων, 056 6 69 88 104 131 205 209 226 323 326 365 424 440 460 489 517 547 614 618 796 910 927 999 1242 1243 1245 1270 1315 1352 1448 1505 1573 1611 1734 1738 1739 1837 1881 1891 2125 2147 2344 2412 2495 2815

lac. 10.10-12 𝔓^{10} 𝔓^{113} C 0172 1982

C 10.10 τελ κ,ε̅ 1 489 | τε της κ,υριακ 614 1242 1315 1573 2412 | τελ L Ψ 049 209 226 326 440 796 927 1175 1241 1243 1245 1270 1735 1837 1891 | τελ της κ,υ 517 | τελ κ,υ 547 1739 | τε κ,υριακ 2464 **11** αρχ τη γ̅ της δ̅ εμβ αδ,ε λεγει η γραφη πας ο πιστευων 1 | αρχ τη γ̅ της δ̅ εβδ. αδ,ε λεγει η γραφη πας ο πιστεων επ αυτω ου καταισχυνθησεται 226 | αρχ τη ε̅ της ς εβδ αδ,ε πας ο πιστευων 326 1837 | της κ,υ ε αρχ της γ 440 | αρχ 489 | τη γ αδ,ε λεγει εις αποπο 517 | αρχ τη ε̅ της δ̅ εβδ. αδ,ε λ,ε η γραφη πας ο 796 | αρχ τη γ της δ̅ εβδ αδ,ε λεγει η γραφη πας ο πιστευων 927 | αρχ τη γ̅ 1175 | αρχ 1245 1881 | αρχ τη δ̅ της δ εβδ κ,ε ρι 1315 | (ante πας) αρχ τη γ̅ 1242 ¦ αρχ τη γ̅ της δ̅ εβδ αδ,ε λεγει η γραφη πας ο πιστευων επι τω θ̅ω̅ ου καταισ 1573 | αρχ τη γ της δ̅ εβδ ο αποστολ ρωμ αδελφοι λεγει η γραφη πας ο πιστευων τω θ̅ω̅, ουκ αισχυνθησεται 1739 | ησαιου 049 33 209 517 1270 1734 1739 1854 1881 | κατα ησαιου 1836 | κ̅δ̅ ησαιου 1175 1874 | αρχ τη γ̅ της δ̅ εβδ αδ,οι λεγει η γραφη πας ο πιστευων 2147 | αρχ τη γ̅ της δ̅ εβδ 2464 | ησαιου κ̅π̅ 2464 | τε κ,υ 2147 **12** δευτερονομου 209 | αρχ τη γ̅ της δ̅ εβδ. προς ρωμαιους αδελφοι ουκ εστι διαστολη ιουδαιου 614 | αρχ αδ,ε 927 | κ,υριακ ε̅ πρ ρωμ 2412 | αρχ τη γ της δ̅ πρ ρωμ αδελφοι ουκ εστι διαστολη ιουδαιου 2412 | τη γ 2464

D 10.11 κ̅ς̅ 489 | κ̅η̅ 1 517 1739

E 10.11 Is 28.16; Ro 9.33 **12** Ro 3.22, 29; Ac 10.34; 15.9; Ga 3.28;Ro 9.5, 23

[↓1734 1738 1739 1827 1836 1837 1854 1874 1881 1891 2125 2147 2344 2412 2495 2815 **uwτ** Er1
[↓945 999 1175 1241 1242 1243 1245 1270 1315c 1319 1352 1424 1448 1505 1506 1573 1611
[↓P Ψ 049 1 6 33 104 131 205 209 226 323 326 330 365 424 440 489 517 547 614 796 910 927
πλουτῶν εἰς πάντας τοὺς ἐπικαλουμένους αὐτόν· **13** Πᾶς γὰρ ὃς ἂν B ℵ A D K L
πλουτῶν εἰς πάντας τοὺς ἐπικαλουμένους αὐτ····· **13** ········ γὰρ ὃς **ἐὰν** 𝔓46
πλουτῶν εἰς πάντας τοὺς ἐπικαλουμένους αὐτόν· **13** Πᾶς γὰρ ὃς **ἐὰν** 056 69 88
πλουτῶν εἰς πάντας τοὺς ἐπικαλουμένους αὐτόν· **13** Πᾶς γὰρ ὃς 1315*
πλουτῶν εἰς πάντας τοὺς ἐπικαλουμένους αὐτόν· **13** Πᾶς γὰρ **ὧς** ἂν 460 618
πλουτῶν εἰς πάντας τοὺς ἐπικαλουμένους **αὐτῶν**· **13** Πᾶς γὰρ ὃς ἂν 2464
πλουτῶν εἰς πάντας τοὺς **ἐπεικαλομένους** αὐτόν· **13** Πᾶς γὰρ ὃς ἂν F*
πλουτῶν εἰς πάντας τοὺς **ἐπεικαλουμένους** αὐτόν· **13** Πᾶς γὰρ ὃς ἂν Fc G
πλουτῶν εἰς πάντας τοὺς **ἐνπικαλουμένους** αὐτόν· **13** Πᾶς γὰρ ὃς ἂν 1646
πλουτῶν εἰς πάντας τοὺς **ἐνκαλουμένους** αὐτόν· **13** Πᾶς γὰρ ὃς ἂν 2400
πλουτῶν εἰς πάντας καὶ ἐπὶ πάντας τοὺς ἐπικαλουμένους αὐτόν· **13** Πᾶς γὰρ ὃς ἂν 1735

ἐπικαλέσηται τὸ ὄνομα κυ σωθήσεται. B 𝔓46 ℵ L P Ψ 049 056 1 6 33 69 88 104 131 205 209 226 323
ἐπικαλέσηται τὸ ὄνομα κυρίου σωθήσεται. K **uwτ** Er1 [↑326 330 365 424 440 489 517 547 614 796 910
ἐπεικαλέσηται τὸ ὄνομα κυ σωθήσεται. F G [↑927 945 999 1175 1241 1242 1245 1270 1315
ἐπικαλέσητε τὸ ὄνομα κυ σωθήσεται. A D 460 1881* [↑1319 1352 1424 1448 1505 1506 1573 1611
ἐπηκαλέσητε τὸ ὄνομα κυ σωθήσεται. 618 [↑1734 1735 1738 1739 1827 1836 1837 1854
ἐπικαλέσηιται τὸ ὄνομα κυ σωθήσεται. 1891 [↑1874 1881c 2125 2147 2344 2400 2412 2495 2815
ἐπικαλέσεται τὸ ὄνομα κυ σωθήσεται. 1646
ἐπικαλέσειται τὸ ὄνομα κυ σωθήσεται. 2464
ἐπικαλέσηται **τῷ** ὄνομα κυ σωθήσεται. πῶς οὖν ἐπικαλέσηται ὁ ὄνομα κυ σωθήσεται. 1243

How Beautiful are the Feet

14 Πῶς οὖν ἐπικαλέσωνται εἰς ὃν οὐκ ἐπίστευσαν; πῶς δὲ B ℵ A D 1245 **uw**
14 Πῶς οὖν ἐπικαλέσωνται εἰς ὃν οὐκ ἐπίστευσαν; ἢ πῶς δὲ F G
14 Πῶ·· οὖν **ἐπικαλέσονται** εἰς ὃν οὐκ ἐπίστευσαν; πῶς δὲ 𝔓46
14 Πῶς οὖν **ἐπικαλέσονται** εἰς ὃν οὐκ ἐπίστευσαν; 326 1837
14 Πῶς οὖν **ἐπικαλέσονται** εἰς ὃν οὐκ ἐπίστευσαν; πῶς δὲ καὶ 2147
14 Πῶς οὖν **ἐπικαλέσοντε** εἰς ὃν οὐκ ἐπίστευσαν; πῶς δὲ 618 2464 [↓205 209 226 323 330 365
14 Πῶς οὖν **ἐπικαλέσονται** εἰς ὃν οὐκ ἐπίστευσαν; πῶς δὲ K L P Ψ 049 056 1 6 33 69 88 104 131
424 440 460 489 517 547 614 796 910 927 945 999 1175 1241 1242 1243 1270 1315 1319 1352 1424 1448 1505 1506
1573 1611 1646 1734 1735 1738 1739 1827 1836 1854 1874 1881 1891 2125 2344 2400 2412 2495 2815 **τ** Er1 Cl II 25.2

πιστεύσωσιν οὗ οὐκ ἤκουσαν; πῶς δὲ ἀκούσωσιν χωρὶς κηρύσσοντος; B ℵc 460 1424 1735
πιστεύσωσιν **ὃ** οὐκ ἤκουσαν; πῶς δὲ **ἀκούσωνται** χωρὶς κηρύσσοντος; 𝔓46 [↑**uw**
πιστεύσωσιν οὗ οὐκ ἤκουσαν; πῶς δὲ **ἀκούσονται** χωρὶς κηρύσσοντος; ℵ* D K 1739
πιστεύσωσιν οὗ οὐκ ἤκουσαν; πῶς δὲ **ἀκούσονται** **ἄνευ** κηρύσσοντος; P
πιστεύσωσιν οὗ οὐκ ἤκουσαν; πῶς δὲ **ἀκούσωσι** χωρὶς κηρύσσοντος; 1 1245 1611
πιστεύσωσιν οὗ οὐκ **ἦσαν**; πῶς δὲ **ἀκούσωσι** χωρὶς κηρύσσοντος; Ψ
πιστεύσωσιν οὗ οὐκ ἤκουσαν; πῶς δὲ **ἀκούσουσι** χωρὶς κηρύσσοντος; 618 1738
ἐπιστεύσωσιν οὗ οὐκ ἤκουσαν; πῶς δὲ **ἀκούσονται** χωρὶς κηρύσσοντος; F [↓2495
ἐπιπιστεύσωσιν οὗ οὐκ ἤκουσαν; πῶς δὲ **ἀκούσονται** χωρὶς κηρύσσοντος; G [↓1505 1881
πιστεύσουσιν **ὃ** οὐκ ἤκουσαν; πῶς δὲ **ἀκούσονται** χωρὶς κηρύσσοντος; 6 [↓1270 1319
πιστεύσουσιν οὗ οὐκ ἤκουσαν; πῶς δὲ **ἀκούσονται** χωρὶς κηρύσσοντος; 104 365 424c 1243
πιστεύουσιν οὗ οὐκ ἤκουσαν; πῶς δὲ **ἀκούσονται** χωρὶς κηρύσσοντος; 1506 1573
πιστεύουσιν οὗ οὐκ ἤκουσαν; πῶς δὲ **ἀκούσωσι** χωρὶς κηρύσσοντος; 614 2412
πῶς δὲ **ἀκούσονται** χωρὶς κηρύσσοντος; 326 1837
πιστεύσουσιν οὗ οὐκ ἤκουσαν; πῶς δὲ ἀκούσωσιν χωρὶς κηρύσσοντος; 33 88 1241 1836 1874
πιστεύσουσιν οὗ οὐκ ἤκουσαν; πῶς δὲ ἀκούσωσιν χωρὶς **κηρύσοντος**; 2464
πιστεύσουσιν οὗ οὐκ ἤκουσαν; πῶς δὲ ἀκούσωσιν **χωρεὶς** κηρύσσοντος; A
πιστεύσουσιν οὗ οὐκ ἤκουσαν; χωρὶς **κηρύσοντος**; 1646
πιστεύσουσιν οὗ οὐκ ἤκουσαν; πῶς δὲ **ἀκούει** χωρὶς κηρύσσοντος; 056 [↓1827 2400
πιστεύσουσιν οὗ οὐκ ἤκουσαν; πῶς δὲ **ἀκούσωσι** χωρὶς κηρύσσοντος; 69 131 330 999 1315
πιστεύσουσιν οὗ οὐκ ἤκουσαν; πῶς δὲ **ἀκούσουσιν** χωρὶς κηρύσσοντος; L 796 910 1175
πιστεύσουσιν οὗ οὐκ ἤκουσαν; πῶς δὲ **ἀκούσουσι** χωρὶς κηρύσσοντος; 049 205 209 226 323
424* 440 489 517 547 927 945 1242 1352 1448 1734 1854 1891 2125 2147 2344 2815 **τ** Er1 Cl II 25.2

lac. 10.12-14 𝔓10 𝔓113 C 0172 1982

C 10.12 τελ 330 **13** ιωηλ 049 33 209 326 517 1739 1837 1854 | κε ιωηλ α 1836 | κε ιωηλ 1175 1874 | αρχ τη ς και εις αποπο 330 **D 10.13** κε 2464

E 10.12 Ro 3.22, 29; Ac 10.34; 15.9; Ga 3.28;Ro 9.5, 23 **13** Jl 2.32; 1 Co 1.2

15 πῶς δὲ κηρύξωσιν ἐὰν μὴ ἀποσταλῶσιν; καθάπερ B [w]
15 πῶς δὲ κηρύξωσιν ἐὰν μὴ ἀποσταλῶσιν; **καθὼς** ℵ A D K L P Ψ 33 88 326 796 1245 1270 1424
15 .... μὴ ἀποσταλῶσιν; **καθὼς** C [↑1573 1611 1735 1836 1837 1874 2344
15 πῶς δὲ κηρύξωσιν ἐὰν μὴ **ἀποσταλοῦσιν**; **καθὼς** 1506 [↑2412 2464 **u**[**w**]
15 πῶς δὲ **κηρύξωσι** ἐὰν μὴ **ἀποσταλῶσι**; **καθὼς** 𝔓46
15 πῶς δὲ κηρύξωσιν ἐὰν μὴ **ἀποσταλῶσι**; **καθὼς** 1 104 323 330 365 1315 1646 1739 1881 2400
15 πῶς δὲ **ἐκηρύσσουσιν** ἐὰν μὴ ἀποσταλῶσιν; **καθὼς** F G [↑2495 Cl II 25.2
15 πῶς δὲ **κηρύξουσιν** ἐὰν μὴ ἀποσταλῶσιν; **καθὼς** 049 614 999
15 πῶς δὲ **κηρύξουσιν** ἐὰν μὴ ἀποσταλῶσιν; **καθὼς** 69 424 517 910 1175 1241 1243 2125 2147
15 πῶς δὲ **κηρύξουσιν** ἐὰν μὴ **ἀποσταλλῶσι**; **καθὼς** Er[1]
15 πῶς δὲ **κηρύξουσιν** ἐὰν μὴ **ἀποσταλῶσι**; **καθὼς** 056 6 131 205 209 226 440 460 489 547 618 927 945 1242 1319 1352 1448 1505 1734 1738 1827 1854 1891 2815 **τ**

γέγραπται· Ὡς ὡραῖοι οἱ πόδες τῶν εὐαγγελιζομένων B 𝔓46 A C 056 460 1270 1506 1739 1836 1881 **uw**
γέγραπται· Ὡς **ὡρέοι** οἱ πόδες τῶν εὐαγγελιζομένων ℵ* [↑Cl II 25.2
γέγραπται· Ὡς **ὡρέοι** οἱ πόδες τῶν εὐαγγελιζομένων **ἰρήνην** τῶν εὐαγγελιζομένων ℵc
γέγραπται· Ὡς ὡραῖοι οἱ πόδες τῶν εὐαγγελιζομένων **ἰρήνην** εὐαγγελιζομένων F G
γέγραπται· Ὡς **ὡρεοι** οἱ πόδες τῶν εὐαγγελιζομένων εἰρήνην τῶν εὐαγγελιζομένων D*
γέγραπται· Ὡς ὡραῖοι οἱ πόδες τῶν εὐαγγελιζομένων εἰρήνην **τῶ** εὐαγγελιζομένων 796
γέγραπται· Ὡς ὡραῖοι οἱ πόδες τῶν **εὐαγγελιζωμένων** εἰρήνην τῶν **εὐαγγελιζομένον** 618
γέγραπται· Ὡς ὡραῖοι οἱ πόδες τῶν **εὐαγγελιζωμένων** εἰρήνην τῶν **εὐαγγελιζωμένων** 2464
γέγραπται· Ὡς ὡραῖοι οἱ πόδες τῶν εὐαγγελιζομένων ἀγαθα εἰρήνην τῶν εὐαγγελιζομένων 910*
γέγραπται· Ὡς ὡραῖοι οἱ πόδες τῶν εὐαγγελιζομένων εἰρήνην τῶν εὐαγγελιζομένων 910c
γέγραπται· Ὡς ὡραῖοι οἱ πόδες τῶν **εὐαγγελιζομένον** 1243
γέγραπται· Ὡς ὡραῖοι οἱ πόδες τῶν εὐαγγελιζομένων εἰρήνην τῶν εὐαγγελιζομένων D2 K L P Ψ 049 1 6 33 69 88 104 131 205 209 226 323 326 330 365 424 440 489 517 547 614 910c 927 945 999 1175 1241 1242 1245 1315 1319 1352 1424 1448 1505 1573 1611 1646 1734 1735 1738 1827 1837 1854 1874 1891 2125 2147 2344 2400 2412 2495 2815 **τ** Er[1]

ἀγαθά. 16 Ἀλλ᾽ οὐ πάντες ὑπήκουσαν B A C D* F G P 1505 1738 1739 1881 2495 [**u**]**w**
ἀγαθά. 16 Ἀλλ᾽ οὐ πάντες **οἰπίκουσαν** 618
ἀγαθά. 16 Ἀλλ᾽ οὐ πάντες ὑπήκουσαν ἐν ℵc
τὰ ἀγαθά. 16 Ἀλλ᾽ οὐ πάντες ὑπήκουσαν ἐν ℵ*
τὰ ἀγαθά. 16 **Ἀλλὰ** πάντες ὑπήκουσαν 1646*
τὰ ἀγαθά. 16 Ἀλλ᾽ οὐ πάντες **ἐπίστευσαν** 945
τὰ ἀγαθά. 16 Ἀλλ᾽ οὐ πάντες **ὑπηκούσονται** Ψ
ἀγαθά. 16 Ἀλλ᾽ οὐ πάντες **ὑπίκουσαν** 1506
τὰ ἀγαθά. 16 Ἀλλ᾽ οὐ πάντες **ὑπίκουσαν** 2464
τὰ ἀγαθά. 16 Cl II 25.2
τὰ ἀγαθά. 16 Ἀλλ᾽ οὐ πάντες ὑπήκουσαν 𝔓46 D1.2 K L 049 056 1 6 33 69 88 104 131 205 209 226 323 326 330 365 424 440 460 489 517 547 614 796 910 927 999 1175 1241 1242 1243 1245 1270 1315 1319 1352 1424 1448 1573 1611 1646c 1734 1735 1827 1836 1837 1854 1874 1891 2125 2147 2344 2400 2412 2815 [**u**]**τ** Er[1]

---

lac. 10.15-16 𝔓10 𝔓113 0172 1982

C 10.15 ναουμ και ησαιου 209 | ησαιου σημυμ 1734 | (κς 1874) ναουμ και ησαιου η αυτ 1739 1874 | κς (- 1854) ναουμ και ησαιου 049 1836 1854 | ναουμ 1241 1270 **16** ησαιου 209 1270 1837 | κς ησαιου 1175 | κζ ησαιου 1874

E 10.15 Is 52.7; Nah 1.15; Eph 6.15 **16** Is 53.1; Jn 12.38; Ga 3.2, 5

Errata: 10.15 na ubs ℵc τῶν εὐαγγελιζομένων εἰρήνην : ἰρήνην τῶν εὐαγγελιζομένων ℵc
10.15 na antf F τῶν εὐαγγελιζομένων εἰρήνην τῶν εὐαγγελιζομένων : 1 2 ἰρήνην 5 F (does not indicate omission of τῶν2)
10.15 antf 326 lac. τῶν εὐαγγελιζομένων εἰρήνην : not lacking
10.15 antf 910* omit τῶν εὐαγγελιζομένων εἰρήνην τῶν εὐαγγελιζομένων : ἀγαθα τῶν εὐαγγελιζομένων εἰρήνην τῶν εὐαγγελιζομένων 910* (scribe writes ἀγαθά, erases, and continues with entire phrase)

τῷ εὐαγγελίῳ. Ἠσαΐας γὰρ λέγει· κε, τίς ἐπίστευσεν B ℵ A C D K L P Ψ 049 6 33
τῷ εὐαγγελίῳ. Ἠσαΐας γὰρ λέγει· κε, **τῆς** ἐπίστευσεν 1243 [↑326 1175 1241 1506
τῶι εὐαγγελίωι. Ἠσαΐας γὰρ λέγει· κε, τίς ἐπίστευσεν 1739 [↑1646 1837 1854 2125
τῷ εὐαγγελίῳ. Ἠσαΐας γὰρ λέγει· Κύριε, τίς ἐπίστευσεν 1424 **uw** [↑2147 2464
τῷ εὐαγγελίῳ. Ἠσαΐας γὰρ λέγει· τίς ἐπίστευσεν 910
τῷ εὐαγγελίῳ. **καθὼς γέγραπται ἐν τῷ Ἠσαΐα·** κε, τίς ἐπίστευσεν 𝔓46
τῷ εὐαγγελίῳ. Ἠσαΐας γὰρ λέγει· κε, . **ἐπίστευσαν** 69*
τοῦ εὐαγγελίου. Ἠσαΐας γὰρ λέγει· κε, τίς ἐπίστευσεν F G 1735 1836 1874
τοῦ εὐαγγελίου. Ἠσαΐας γὰρ λέγει· κε, τίς **ἐπίστευσε** 2400
τῶι εὐαγγελίωι. Ἠσαΐας γὰρ λέγει· κε, τίς **ἐπίστευσε** 424 517 1270 1891
τῷ εὐαγγελίῳ. Ἠσαΐας γὰρ λέγει· ....**στευσε** 2344
τῷ εὐαγγελίῳ. Ἠσαΐας γὰρ λέγει· Κύριε, τίς **ἐπίστευσε** τ Er1
τῷ εὐαγγελίῳ. Ἠσαΐας γὰρ λέγει· κε, τίς **ἐπίστευσε** 056 1 69c 88 104 131 205 209
226 323 330 365 440 460 489 547 614 618 796 927 945 999 1242 1245 1315
1319 1352 1448 1505 1573 1611 1734 1738 1827 1881 2412 2495 2815

τῇ ἀκοῇ ἡμῶν; **17** αρα ἡ πίστις ἐξ ἀκοῆς, ἡ δὲ ἀκοὴ διὰ ῥήματος B 𝔓46 ℵ A C D* L* P Er1
17 [ἡ μὲν γὰρ] πίστις ἐξ ἀκοῆς, ἡ δὲ ἀκοὴ διὰ ῥήματος Cl II 25.2
τῇ ἀκοῇ ἡμῶν; **17** αρα ἡ πίστις ἐξ ἀκοῆς, ἡ δὲ ἀκοὴ διὰ ῥήματος D1 [↓1874 1881
τῇ ἀκοῇ ἡμῶν; **17** αρα οὖν ἡ πίστις ἐξ ἀκοῆς, ἡ δὲ ἀκοὴ διὰ ῥήματος F G [↓1424 1506 1837
τῇ ἀκοῇ ἡμῶν; **17 ἆρα** ἡ πίστις ἐξ ἀκοῆς, ἡ δὲ ἀκοὴ διὰ ῥήματος D2 Lc 88 104 326 517 1315
τῇ ἀκοῇ ἡμῶν; **17 ἆρα** οὖν ἡ πίστις ἐξ ἀκοῆς, ἡ δὲ ἀκοὴ διὰ ῥήματος 69 365 1319
τῇ ἀκοῇ ἡμῶν; **17 ἄρα** οὖν ἡ πίστις ἐξ ἀκοῆς, ἡ δὲ ἀκοὴ διὰ ῥήματος 614 1352 1573 1735 2412
τῇ ἀκοῇ ἡμῶν; **17 ἄρα** οὖν ἡ **πίστης** ἐξ ἀκοῆς, ἡ δὲ ἀκοὴ διὰ ῥήματος 2147
τῇ ἀκοῇ ἡμῶν; **17 ἄρα** οὖν ἡ **πίστεις** ἐξ ἀκοῆς, ἡ δὲ ἀκοὴ διὰ ῥήματος 1243
τῇ ἀκοῇ ἡμῶν; **17 ἄρα** ἡ **πίστεις** ἐξ ἀκοῆς, ἡ δὲ ἀκοὴ διὰ ῥήματος 618
τῇ ἀκοῇ ἡμῶν; **17 ἄρα** ἡ **πίστης** ἐξ ἀκοῆς, δὲ ἀκοὴ διὰ ῥήματος 1646*
τῇ ἀκοῇ ἡμῶν; **17 ἄρα** ἡ **πίστης** ἐξ ἀκοῆς, ἡ δὲ ἀκοὴ διὰ ῥήματος 1646c
τῆι ἀκοῆι ἡμῶν; **17 ἄρα** ἡ πίστις ἐξ ἀκοῆς, ἡ δὲ ἀκοὴ διὰ ῥήματος 424 1739 1891
τῇ ἀκοῆι ἡμῶν; **17 ἄρα** ἡ πίστις ἐξ ἀκοῆς, ἡ δὲ ἀκοὴ διὰ ῥήματος 945
τῇ ἀκοῇ ἡμῶν; **17 ἄρα** ἡ πίστις .... ἡ δὲ ἀκοὴ διὰ ῥήματος 2344
τῇ ἀκοῇ ἡμῶν; **17 ἄρα** ἡ πίστις ἐξ **ἀκωῆς**, ἡ δὲ ἀκοὴ διὰ ῥήματος 2464
τῇ ἀκοῇ ἡμῶν;T **17 ἄρα** ἡ πίστις ἐξ ἀκοῆς, ἡ δὲ ἀκοὴ διὰ ῥήματος K Ψ 049 056 1 6 33 131 205
209 226 323 330 440 460 489 547 796 910 927 999 1175 1241 1242 1245 1270
1448 1505 1611 1734 1738 1827 1836 1854 2125 2400 2495 2815 **uwτ**

Tκαὶ ὁ βραχίων κυ τινι ἀπεκαλύφθη 104 547

χυ. **18** ἀλλὰ λέγω, μὴ οὐκ ἤκουσαν; μενοῦνγε· B ℵ* C 6 1243 1270c 1506 1739
χρυ. **18** ἀλλὰ λέγω, μὴ οὐκ ἤκουσαν; μενοῦνγε· 𝔓46
χυ. **18** ἀλλὰ γὰρ λέγω, μὴ οὐκ ἤκουσαν; μενοῦνγε· 1270*
Χριστοῦ. **18** ἀλλὰ λέγω, μὴ οὐκ ἤκουσαν; μενοῦνγε· **uw**
18 ἀλλὰ λέγω, μὴ οὐκ ἤκουσαν; F G
χυ. **18** ἀλλὰ λέγω, μὴ οὐκ **ἤκουσα**; μενοῦνγε· D*
θυ. **18** ἀλλὰ λέγω, μὴ οὐκ **ἤκουσα**; μενοῦνγε· D1.2
Θεοῦ. **18** ἀλλὰ λέγω, μὴ οὐκ ἤκουσαν; μενοῦνγε· τ Er1
Θεοῦ. **18** Cl II 25.2
θυ. **18** ἀλλὰ λέγω, μὴ οὐκ ἤκουσαν; μενοῦνγε, ὦ ανε, 1735
θυ. **18** ....· K
θυ. **18** ἀλλὰ λέγω, μὴ οὐκ **ἦσαν**; μενοῦνγε· 049
θυ. **18** ἀλ..... .... οὐκ ἤκουσαν; μενοῦνγε· 2344
θυ. **18** ἀλλὰ λέγω, μὴ οὐκ ἤκουσαν; μενοῦνγε· ℵc A L P Ψ 056 1 33 69 88 104 131 205 209 226
323 326 330 365 424 440 460 489 517 547 614 618 796 910 927 945 999 1175 1241 1242 1245 1315 1319 1352 1424
1448 1505 1573 1611 1646 1734 1738 1827 1836 1837 1854 1874 1881 1891 2125 2147 2400 2412 2464 2495 2815

lac. 10.16-18 𝔓10 𝔓113 0172 1982 **10.18** K

C 10.16 ησαιου 209 1270 1837 | κς ησαιου 1175 | κζ ησαιου 1874 **17** τελ 326 1837 **18** αρχ τη ς της ς εβδ αδ,ε μενουνγε 326 | αρχ τη παρ,αι της ς εβδ αδ,ε μενουνγε 1837 | ψαλμ εμ Ψ | ψαλμ 049 326 | ψαλμ ιμ 209 | κζ ψαλμ ιη 1175 | κθ δευτερ, γ 1836 | ψαλμ ς 1837 | ψα ιν 1854 | κη ψαλμου ιν 1874

E 10.16 Is 53.1; Jn 12.38; Ga 3.2, 5 **17** Jn 17.8, 20 **18** Ps 19.4; Mk 13.10; Mt 24.14

Errata: 10.18 Ti D ἤκουσαν : ἤκουσα D

[↓1735 1738 1739 1827 1836 1837 1854 1874 1881 1891 2125 2147 2400 2412 2464 2495 2815 **uwτ** Er^{1}
[↓910 927 945 999 1175 1241 1242 1243 1245 1270 1315 1319 1352 1424 1448 1505 1573 1611 1646 1734
Εἰς πᾶσαν τὴν γῆν ἐξῆλθεν ὁ φθόγγος αὐτῶν B ℵ A C D$^{1.2}$ G L P Ψ 049 056 1 6 33 69 88
ἐξῆλθεν [γὰρ] ὁ φθόγγος αὐτῶν Cl Paid. II 61.3 [↑104 131 205 209 226 323
Εἰς πᾶ······· ······· γῆν ἐξῆλθεν ὁ φθόγγος αὐτῶν 2344 [↑326 330 365 424 440 460
Εἰς πᾶσαν τὴν γῆν ἐξῆλθεν ὁ **φθόγος** αὐτῶν 1506 [↑489 517 547 614 618 796
Εἰς πᾶσαν τὴν γῆν ἐξῆλθεν ὁ **φεόγγος** αὐτῶν F
Εἰς πᾶσαν γὰρ τὴν γῆν ἐξῆλθεν ὁ φθόγγος αὐτῶν D*
Εἰς πᾶσαν τὴν γῆν ἐξῆλθεν ὁ φθόγγος αὐ······· 𝔓^{46}

[↓1738 1739 1827 1836 1837 1854 1874 1881 1891 2125 2147 2400 2412 2464 2495 2815 **uwτ** Er^{1}
[↓910 927 945 999 1175 1241 1242 1243 1245 1270 1315 1319 1352 1424 1448 1505 1573 1611 1734 1735
καὶ εἰς τὰ πέρατα τῆς οἰκουμένης τὰ ῥήματα αὐτῶν.^{T} B ℵ A C D F G L P Ψ 049 056 1 6 33
······ ····· τὰ πέρατα τῆς οἰκουμένης τὰ ῥήματα αὐτῶν. 𝔓^{46} [↑69 88 104 131 205 209 226
καὶ εἰς τὰ πέρατα τα τῆς οἰκουμένης τὰ ῥήματα αὐτῶν. 618 [↑323 326 330 365 424 440
καὶ εἰς τὰ πέρατα τῆς οἰκουμένης τὰ ῥήματα **αὐτόν**. 1506 [↑460 489 517 547 614 796
καὶ εἰς τὰ πέρατα τῆς οἰκουμένης τὰ **ῥρήματα** αὐτῶν. 1646
καὶ εἰς ····· ················ ····· οἰκουμένης τὰ ῥήματα ················ 2344
ἐπὶ τὰ πέρατα τῆς **γῆς**. Cl Paid. II 61.3

^{T}ἀλλὰ λέγω, μὴ οὐκ ἤκουσαν μενοῦνγε εἰς πάσαν τὴν γῆν ἐξῆλθεν ὁ φθόγγος αὐτῶν καὶ εἰς τὰ πέρατα τῆς οἰκουμένης τὰ ῥήματα αὐτῶν. 1881

19 ἀλλὰ λέγω, μὴ Ἰσραὴλ οὐκ ἔγνω; πρῶτος Μωϋσῆς λέγει· B 𝔓^{46} G **uw**
19 ἀλλὰ λέγω, μὴ ιηλ οὐκ ἔγνω; πρῶτος Μωϋσῆς λέγει· ℵ C P 69 104 326 365 614^{c}
19 ἀλλὰ **λέγο**, μὴ Ἰσραὴλ οὐκ ἔγνω; πρῶτος Μωϋσῆς λέγει· F [↑1243 1270^{c} 1319
19 ἀλλὰ γὰρ λέγω, μὴ ιηλ οὐκ ἔγνω; πρῶτος Μωϋσῆς λέγει· 1270* [↑1506 1573 1837
19 ἀλλὰ λέγω, μὴ ιηλ οὐκ ἔγνω; πρῶτος Μωϋσῆς γὰρ λέγει· 2400
19 ἀλλὰ λέγω, μὴ ιηλ οὐκ ἔγνω; πρῶτος **Μωσῆς** λέγει· A D$^{*.2}$ 1739
19 ἀλλὰ λέγω, μὴ ιηλ οὐκ ἔγνω; πρῶτος **Μωσῆς** γὰρ λέγει· 330
19 ἀλλὰ λέγω, μὴ ιηλ **πρῶτος οὐκ ἔγνω**; Μωϋσῆς γὰρ λέγει· 1881
19 ἀλλὰ λέγω, μὴ **οὐ γινώσκω ιηλ**; πρῶτος Μωϋσῆς λέγει· 205
19 ἀλλὰ λέγω, μὴ **οὐ ἔγνω ιηλ**; πρῶτος Μωϋσῆς λέγει· 440
19 ἀλλὰ λέγω, μὴ **οὐκ ἔγνω ιηλ**; πρῶτος **Μωσῆς** λέγει· D^{1} Ψ 6 226^{c} 1735
19 ἀλλὰ λέγω, μὴ **οὐκ ἔγνω Ἰσραὴλ**; πρῶτος **Μωσῆς** λέγει· **τ** Er^{1}
19 ἀλλὰ λέγω, μὴ **οὐκ ἔγνω ιηλ**; πρῶτος **Μωϋσεῖς** λέγει· 056
19 ἀλλὰ λέγω, μὴ **οὐκ ἔγνω ιηλ**; **πρότος** Μωϋσῆς λέγει· 1646
19 ·········· λέγω, μὴ **οὐκ ἔγνω ιηλ**; πρῶτος Μ·············· λέγει· 2344
19 ἀλλὰ λέγω, μὴ **οὐκ ἔγνω ιηλ**; πρῶτος Μωϋσῆς λέγει· L 049 1 33 88 131 209 226* 323 424 460 489 517 547 614* 618 796 910 927 945 999 1175 1241 1242 1245 1315 1352 1424 1448 1505 1611 1734 1738 1827 1836 1854 1874 1891 2125 2147 2412 2464 2495 2815

Ἐγὼ παραζηλώσω ὑμᾶς ἐπ᾽ οὐκ ἔθνει, B A D^{2} P Ψ 049 056 1 6 33 88 104 131 205 209 226 323
Ἐγὼ παραζηλώσω ἐπ᾽ οὐκ ἔθνε·· 𝔓^{46} [↑365 424 440 517 547 614^{c} 796 910 945 999
Ἐγὼ παραζηλώσω ὑμᾶς ἐπ᾽ οὐκ **ἔθνι**, ℵ* D* [↑1242 1245 1270 1352 1424 1448 1505 1506
Ἐγὼ παραζηλώσω **αὐτοὺς** ἐπ᾽ οὐκ **ἔθνι**, ℵ^{c} [↑1573 1611 1734 1738 1739 1827 1854 1881
Ἐγὼ παραζηλώσω **αὐτοὺς** ἐπ᾽ οὐκ ἔθνει, C 1315 [↑1891 2147 2344 2412 2495 2815 **uwτ** Er^{1}
Ἐγὼ παραζηλώσω **αὐτοὺς** ἐπ᾽ οὐκ **ἔθνη**, 1837 [↑Cl II 43.1
Ἐγὼ παραζηλώσω **ἡμᾶς** ἐπ᾽ οὐκ **ἔθνη**, 1319
Ἐγὼ γὰρ παραζηλώσω ὑμᾶς ἐπ᾽ οὐκ **ἔθνη**, 69
Ἐγὼ **παραζηλόσω** ὑμᾶς ἐπ᾽ οὐκ **ἔθνη**, 1874
Ἐγὼ παραζηλώσω ὑμᾶς ἐπ᾽ οὐκ **ἔθνη**, F G L 326 460 489 614* 618 927 1241 1243 1646 1735
Ἐγὼ **παραζηλῶ** ὑμᾶς ἐπ᾽ οὐκ **ἔθνη**, 330 1175 2400 [↑1836 2125 2464

lac. 10.18-19 𝔓^{10} 𝔓^{113} K 0172 1982

C 10.18 ψαλμ εμ Ψ | ψαλμ 049 326 | ψαλμ ιμ 209 | κζ ψαλμ ιη 1175 | κθ δευτερ, γ 1836 | ψαλμ ς 1837 | ψα ιν 1854 | κη ψαλμου ιν 1874 **19** δευτερονομος 049 209 326 1241 1270 1734 1837 1854 | κθ δευτερονομιου | κθ δευτερονομιου 1175 1874

E 10.18 Ps 19.4; Mk 13.10; Mt 24.14 **19** Dt 32.21; Ro 11.11, 14

ἐπ' ἔθνει ἀσυνέτῳ παροργιῶ ὑμᾶς. B A C D^{2} Ψ 33 69 910 1739 2344 2400 **uw** Cl II 43.1
ἐ·· ··θνει ἀσυνέτῳ παροργιῶ ὑμᾶς. 𝔓^{46}
ἐπὶ ἔθνει ἀσυνέτωι παροργιῶ ὑμᾶς. 1270 1891
ἐπὶ ἔθνει ἀσυνέτῳ **παρωργιῶ** ὑμᾶς. 440 1881
ἐπ' ἔθνει ἀσυνέτῳ **παρωργιῶ** ὑμᾶς. 1836
ἐπ' ἔθνει ἀσυνέτῳ παροργιῶ **αὐτούς**. 104 [↓1827 1854 2125 2147 2412 2815 **τ** Er^{1}
ἐπὶ ἔθνει ἀσυνέτῳ **παρωργιῶ** **αὐτούς**. 1315 [↓1352 1424 1448 1506 1573 1611 1734 1738
ἐπὶ ἔθνει ἀσυνέτῳ παροργιῶ **αὐτούς**. 2495 [↓614 796 927 945 999 1241 1242 1243 1245
ἐπὶ ἔθνεῖ ἀσυνέτῳ παροργιῶ ὑμᾶς. P 049 056 1 88 131 205 209 226 365 424 489 517 547
ἐπὶ **ἔθνη** ἀσυνέτῳ παροργιῶ ὑμᾶς. L 6 323 326 1319 1735 1837 2464
ἐπὶ **ἔθνη** **ἀσυνέτο** παροργιῶ ὑμᾶς. 460
ἐπὶ **ἔθνη** **ἀσυνέτο** παροργιῶ **ἡμᾶς**. 618
ἐπὶ **ἔθνη** ἀσυνέτῳ παροργιῶ **ἡμᾶς**. 1646
ἐπὶ **ἔθνη** ἀσυνέτῳ παροργιῶ **αὐτούς**. 1505
ἐπ' **ἔθνι** ἀσυνέτῳ παροργιῶ **αὐτούς**. ℵ^{c}
ἐπ' **ἔθνι** ἀσυνέτῳ παροργιῶ ὑμᾶς. ℵ* D*
ἐπὶ **ἔθνι** ἀσυνέτῳ **παροργειῶ** ὑμᾶς. F G
ἐπ' **ἔθνη** ἀσυνέτῳ παροργιῶ ὑμᾶς. 330 1175 1874

20 Ἠσαΐας δὲ ἀποτολμᾷ καὶ λέγει· B ℵ A C L P Ψ 049 056 1 6 33 69 104 131 205 209 226 323 326 330 365 424
20 Ἠσαΐας ···ὲ ·········τολμᾷ καὶ λέγει· 𝔓^{46} [↑440 460 489 517 547 614 618 796 910 927 945 999 1175 1241 1242
20 Ἠσαΐας····· ························ ········ ············· 88 [↑1243 1245 1270 1315 1319 1352 1424 1448 1505 1506 1573 1611
20 Ἠσαΐας δὲ λέγει· D F G [↑1646 1734 1735 1738 1739 1827 1836 1837 1854 1874 1881 1891
[↑2125 2147 2344 2400 2412 2464 2495 2815 **uwτ** Er^{1}

Εὑρέθην ἐν τοῖς ἐμὲ μὴ ζητοῦσιν, B D* 1506 [**uw**]
Εὑρέθην ἐν τοῖς ἐμὲ μὴ ζ··τοῦσιν, 𝔓^{46}
Εὑρέθην ἐν τοῖς **ἐμαὶ** μὴ ζητοῦσιν, F G
Εὑρέθην τοῖς ἐμὲ μὴ ζητοῦσιν, 1315^{c}
Εὑρέθην τοῖς μὴ ζητοῦσιν, 1874*
··················· ········· ······· ····· ······················ 88
Εὑρέθη τοῖς ἐμὲ μὴ ζητοῦσιν, L 330 618 1243 1738 2400
Ηὑρέθην τοῖς ἐμὲ μὴ ζητοῦσιν, 1735
Εὑρέθην τοῖς ἐμὲ ζητοῦσιν, 049 205 440 999 1315*
Εὑρέθην τοῖς ἐμὲ **ζητοῦσι**, 1319
Εὑρέθην τοῖς ἐμὲ μὴ **ζητοῦσι**, 1646
Εὑρέθην τοῖς ἐμὲ μὴ ζητοῦσιν, ℵ A C D$^{1.2}$ P Ψ 056 1 6 33 69 104 131 209 226 323 326 365 424 460 489 517 547 614 796 910 927 945 1175 1241 1242 1245 1270 1352 1424 1448 1505 1573 1611 1734 1739 1827 1836 1837 1854 1874^{c} 1881 1891 2125 2147 2344 2412 2464 2495 2815 [**uw**]**τ** Er^{1} Cl II 43.2

ἐμφανὴς ἐγενόμην ἐν τοῖς ἐμὲ μὴ ἐπερωτῶσιν. B D* 1506 [**w**]
ἐμφανὴς ἐγενόμην τοῖς ἐμὲ μ·· ······ρωτῶσιν. 𝔓^{46} [↓910 927 1175 1241 1243 1319 1424
ἐμφανὴς ἐγενόμην τοῖς ἐμὲ μὴ ἐπερωτῶσιν. ℵ A C D$^{1.2}$ L P Ψ 33 69 326 424 489 517 796
··················· ························ ········· ········ μὴ ἐπερωτῶσιν. 88 [↑1739 1827 1836 1837 1874 1891
ἐμφανὴς ἐγενόμην τοῖς ἐμὲ μὴ **ἐπιζητοῦσι**. 330 2400 [↑2125 2344 **u**[**w**]
ἐνφανὴς ἐγενόμην τοῖς **ἐμαὶ** μὴ ἐπερωτῶσιν. F G
ἐμφανεὶς ἐγενόμην τοῖς ἐμὲ μὴ ἐπερωτῶσιν. 460 618 1735 2147 2464 [↓547 614 945 999
ἐμφανὴς ἐγενόμην τοῖς ἐμὲ μὴ **ἐπερωτῶσι**. 049 056 1 6 104 131 205 209 226 323 365 440 1242 1245 1270 1315 1352 1448 1505 1573 1611 1646 1734 1738 1854 1881 2412 2495 2815 **τ** Er^{1} Cl II 43.2

lac. 10.19-20 𝔓^{10} 𝔓^{113} K 0172 1982

C 10.19 δευτερονομος 049 209 326 1241 1270 1734 1837 1854 | κ̅θ̅ δευτερονομιου | κ̅θ̅ δευτερονομιου 1175 1874 **20** ναουμ ϛ ησαιου 1 | κ̅θ̅ ησαιου 1175 | π̅ λ̅ ησαιου η̅ 1836 | ησαιου 209 326 1241 1270 1854 | λ̅ ησαιου 1175 1874

E 10.19 Dt 32.21; Ro 11.11, 14 **20** Is 65.1; Ro 9.30

Errata: 10.20 na D* omit ἀποτολμᾷ καί (mark for insertion post δέ, but not found in margin; see Ti)

21 πρὸς δὲ τὸν Ἰσραὴλ λέγει· Ὅλην τὴν ἡμέραν ἐξεπέτασα τὰς χεῖράς B F G **uwτ** Er[1]
21 ἐξεπέτασα τὰς χεῖράς Cl II 43.2
21 πρὸς δὲ τὸν Ἰσραὴλ λέγει· Ὅλ····· τὴν ἡμέραν ἐξεπέτασα τὰς χεῖράς 𝔓46
21 πρὸς δὲ τὸν ιη̅λ **λέγι**· Ὅλην τὴν ἡμέραν ἐξεπέτασα τὰς χεῖράς ℵ
21 πρὸς δὲ τὸν ιη̅λ λέγει· Ὅλην τὴν ἡμέραν ἐξεπέτασα πρός σε τὰς χεῖράς 1352
21 πρὸς δὲ τὸν ιη̅λ λέγει· Ὅλην τὴν ἡμέραν **διεπέτασα** πρός σε τὰς χεῖράς 460 618 1735
21 πρὸς δὲ τὸν ιη̅λ λέγει· Ὅλην τὴν ἡμέραν **διεπέτασα** τὰς χεῖράς 547 1738
21 πρὸς δὲ τὸν ιη̅λ λέγει· Ὅλην τὴν ἡμέραν **ἐξεπέτασσα** τὰς χεῖράς 910
21 πρὸς δὲ τὸν ιη̅λ ············ Ὅλην τὴν ἡμέραν ἐξεπέτασα τὰς ·············· 2344 [↓33 69 88 104 131
21 πρὸς δὲ τὸν ιη̅λ λέγει· Ὅλην τὴν ἡμέραν ἐξεπέτασα τὰς χεῖράς A C D L P Ψ 049 056 1 6
205 209 226 323 326 330 365 424 440 489 517 614 796 927 945 999 1175 1241 1242 1243 1245 1270 1315 1319 1424
1448 1505 1506 1573 1611 1646 1734 1739 1827 1836 1837 1854 1874 1881 1891 2125 2147 2400 2412 2464 2495 2815

[↓1646 1734 1735 1738 1739 1827 1836 1837 1854 1874 1881 1891 2125 2147 2400 2412 2495 2815 **uwτ** Er[1]
[↓547 614 618 796 910 927 945 999 1175 1241 1242 1243 1245 1270 1315 1319 1352 1424 1448 1505 1573 1611
μου πρὸς λαὸν ἀπειθοῦντα καὶ ἀντιλέγοντα. B A C L Ψ 049 056 1 6 69 88 104
μου π······ ········ ἀπειθοῦντα καὶ ἀντιλέγοντα. 𝔓46 [↑131 205 209 226 323 326
μου πρὸς λαὸν ἀπειθοῦντα. F G [↑330 424 440 460 489 517
μου πρὸς λαὸν ἀπει··············· ······ ἀντιλέγοντα. 33
μου πρὸς τὸν λαὸν ἀπειθοῦντα καὶ ἀντιλέγοντα. 365
μου ὅλην τὴν ἡμέραν **ἐπὶ** λαὸν ἀπειθοῦντα καὶ ἀντιλέγοντα. Cl II 43.2
μου **ἐπὶ** λαὸν **ἀπιθοῦντα** καὶ **λέγοντα.** D*
μου **ἐπὶ** λαὸν **ἀπιθοῦντα** καὶ ἀντιλέγοντα. D[1.2]
μου πρὸς λαὸν **ἀπιθοῦντα** καὶ ἀντιλέγοντα. ℵ P
μου πρὸς λαὸν **ἀπηθοῦντα** καὶ **ἀντειλέγοντα**. 2464
μου πρὸς λαὸν **ἀντιλέγοντα** καὶ **ἀπιθοῦντα**. 1506

Israel's Rejection is not Final

[↓1611 1734 1739 1827 1836 1837 1854 1881 1891 2125 2147 2400 2412 2495 2815
[↓927 945 999 1175 1241 1242 1243 1245 1270 1315 1319 1352 1424 1448 1505 1506 1573
[↓Ψ 056 6 69 88 104 131 205 209 226 323 326 330 365 424 460 489 517 547 614 796 910
11:**1** Λέγω οὖν, μὴ ἀπώσατο ὁ θ̅ς̅ τὸν λαὸν αὐτοῦ; μὴ B ℵ* C D[2] L P
11:**1** Λέγω οὖν, μὴ ἀπώσατο ὁ θεὸς τὸν λαὸν αὐτοῦ; μὴ **uwτ** Er[1]
11:**1** ············ ······· ···· ἀπώσατο ὁ θ̅ς̅ τὸν λαὸν αὐτοῦ; μὴ 33
11:**1** Λέγω οὖν, μὴ ἀπώσατο **κ̅ς̅** τὸν λαὸν αὐτοῦ; μὴ 1 1738
11:**1** Λέγω οὖν, μὴ ἀπώσατο ὁ **κ̅ς̅** λαὸν αὐτοῦ; μὴ 618
11:**1** Λέγω οὖν, μὴ **ἀπώσατω** ὁ θ̅ς̅ τὸν λαὸν αὐτοῦ; μὴ 440
11:**1** Λέγω οὖν, μὴ **ἀπόσατω** ὁ θ̅ς̅ τὸν λαὸν αὐτοῦ; μὴ 1735 2464
11:**1** Λέγω οὖν, μὴ **ἀπόσατο** ὁ θ̅ς̅ τὸν λαὸν αὐτοῦ; μὴ 049 1874
11:**1** Λέγω οὖν, μὴ γὰρ **ἀπόσατο** ὁ θ̅ς̅ τὸν λαὸν αὐτοῦ; μὴ 1646
11:**1** Λέγω οὖν, μὴ ἀπώσατο ὁ θ̅ς̅ τὸν λαὸν αὐτοῦ ὃν προέγνω; μὴ ℵ[c] A D*
11:**1** Λέγω οὖ··· ····· ἀπώσατο ὁ θ̅ς̅ **τὴν κληρονομίαν** αὐτ······ ···· προέγνω; μὴ 𝔓46
11:**1** Λέγω οὖν, μὴ ἀπώσατο ὁ θ̅ς̅ **τὴν κληρονομείαν** αὐτοῦ; μὴ F G

lac. 10.21-11.1 𝔓10 𝔓113 K 0172 1982 **11.1** 2344 (illeg.)

C 10.21-11.1 κ,ε ι̅ζ̅ περι των συναχθεντων τω πιστω ιη̅λ 1739 | ι̅ς̅ περὶ τοῦ σκοποῦ καθ' ὃν ἐξεβλήθησαν. ὥστε δεύτεροι (-ρον 424) ἐπανελθεῖν ζηλωτῶν προτιμηθέντων ἐθνῶν συνταχθέντων τω πιστῶ ιη̅λ 424 440 1270 1874 | ι̅ζ̅ περὶ τοῦ σκοποῦ καθ' ὃν ἐξεβλήθησαν ὥστε δεύτερον ἐπανελθεῖν ζήμυτῶν προτιμηθέντων ἐθνῶν συναχθέντων τῶ πάλαι ιη̅λ 1315 | κ̅ε̅ ησαιου 1 | λ̅α̅ ησαιου 1874

D 11.1 ϛ̅ B | ι̅ϛ̅ 424 440 1175 1270 1891 | λ̅β̅ 1874

E 10.21 Is 65.2; Ac 13.45; 28.24 **11.1** 2 Co 11.22; Phl 3.5; Jr 31.37 **1-2** 1 Sm 12.22; Ps 94.14

Errata: 11.1 na 𝔓46 ην προέγνω : ···· προέγνω 𝔓46

γένοιτο· καὶ γὰρ ἐγὼ Ἰσραηλείτης εἰμί, ἐκ σπέρματος Ἀβραάμ, φυλῆς B A w
γένοιτο καὶ γὰρ ἐγ·· .... εἰμί, ἐκ σπ·········τος Ἀβραάμ, ·········· 𝔓[46]
γένοιτο καὶ γὰρ ἐγὼ **Ἰσδραηλείτης** εἰμί, ἐκ σπέρματος Ἀβραάμ, φυλῆς ℵ
γένοιτο· καὶ γὰρ ἐγὼ **Ἰηλίτης** εἰμί, ἐκ σπέρματος Ἀβραάμ, **φιλῆς** 209
γένοιτο· καὶ γὰρ ἐγὼ **Ἰηλίτης** εἰμί, ἐκ σπέρματος Ἀβραάμ, φυλῆς 205 460 796 945 1352 1827
γένητο· καὶ γὰρ ἐγὼ **Ἰηλτης** **εἰμοί**, ἐκ σπέρματος Ἀβραάμ, φυλῆς 1646
γένοιτο· καὶ γὰρ ἐγὼ **Ἰσραηλήτις** εἰμί, ἐκ σπέρματος Ἀβραάμ, φυλῆς 131
γένοιτο· ······ ······ ······· ·········**ηλίτης** εἰμί, ἐκ ······················ ·······αάμ, φυλῆς 33
γένοιτο· καὶ γὰρ **Ἰσραηλίτης** εἰμί, ἐκ σπέρματος Ἀβραάμ, φυλῆς 440
γένοιτω καὶ γὰρ ἐγὼ **Ἰσραηλίτης** εἰμί, ἐκ σπέρματος Ἀβραάμ, φυλῆς 618
γένοιτο· καὶ γὰρ ἐγὼ **Ἰσραηλίτης** **ἐμεί**, ἐκ σπέρματος Ἀβραάμ, φυλῆς F
γένοιτο· καὶ γὰρ ἐγὼ **Ἰσραηλίτης** **εἰμεί**, ἐκ σπέρματος Ἀβραάμ, φυλῆς G
γένοιτο καὶ γὰρ ἐγὼ **Ἰσραηλήτης** **εἰμή**, ἐκ σπέρματος Ἀβραάμ, φυλῆς 1243 2147
γένοιτο· καὶ γὰρ ἐγὼ **Ἰσραηλίτης** εἰμί, ἐκ σπέρματος Ἀβραάμ, φυλῆς L Ψ 1 104 226 323 326 614
γένοιτο· καὶ γὰρ ἐγὼ **Ἰσραηλίτης** εἰμί, ἐκ σπέρματος Ἀβραάμ, φυλῆς C D P 049 056 6 69 88 330 365 424 489 517 547 910 927 999 1175 1241 1242 1245 1315 1270 1319 1424 1448 1505 1506 1573 1611 1734 1735 1738 1739 1836 1837 1854 1874 1881 1891 2125 2400 2412 2464 2495 2815 **uτ** Er[1]

Βενιαμ. 2 οὐκ ἀπώσατο ὁ θς τὸν λαὸν αὐτοῦ ὃν προέγνω. ἢ οὐκ B*
··········**αμείν**. 2 ····κ ἀπώ·········· ·· ···· ······· ··········· ············ ···· ····················· ·· ······· 𝔓[46]
Βενιαμείν. 2 οὐκ ἀπώσατο ὁ θς τὸν λαὸν αὐτοῦ ὃν προέγνω. ἢ οὐκ B[c] ℵ A C 69 88
Βενιαμείν. 2 οὐκ ἀπώσατο ὁ θς τὸν ·········· ··········· ···· προέγνω. ·· ······· 33
Βενιαμείν. 2 οὐκ ἀπώσατο ὁ θεὸς τὸν λαὸν αὐτοῦ ὃν προέγνω. ἢ οὐκ w
Βενιαμήν. 2 οὐκ ἀπώσατο ὁ θς τὸν λαὸν αὐτοῦ ὃν προέγνω. ἢ οὐκ L Ψ 1 104 226 323
Βενιαμήν. 2 οὐκ ἀπώσατο ὁ θς τὸν λαὸν αὐτοῦ ὃν προέγνω. οὐκ 614 [↑326 1245
Βενιαμήν. 2 οὐκ **ἀπόσατο** ὁ θς τὸν λαὸν αὐτοῦ ὃν προέγνω. ἢ οὐκ 1874 [↑1315 1424
Βενιααμίν. 2 οὐκ ἀπώσατο ὁ θς τὸν λαὸν αὐτοῦ ὃν προέγνω. ἢ οὐκ 330 [↑1506 1735
Βενιαμίν. 2 οὐκ **ἀππώσατο** ὁ θς τὸν λαὸν αὐτοῦ ὃν προέγνω. ἢ οὐκ F[c] G [↑1837
Βενιαμίν. 2 οὐκ **ἀπόσατο** ὁ θς **τῶν** λαὸν αὐτοῦ ὃν προέγνω. ἢ οὐκ 1646*
Βενιαμίν. 2 οὐκ **ἀπόσατο** ὁ θς τὸν λαὸν αὐτοῦ ὃν προέγνω. ἢ οὐκ 1646[c] 2464
Βενιαμίν. 2 οὐκ ἀπώσατο ὁ θς τὸν λαὸν αὐτοῦ ὃν **πρωέγνω.** ἢ οὐκ 618 2147
Βενιαμίν. 2 οὐκ ἀπώσατο ὁ θς τὸν λαὸν αὐτοῦ ὃν **ἔγνω**. ἢ οὐκ 1573
Βενιαμίν. 2 οὐκ ἀπώσατο ὁ θς τὸν λαὸν αὐτοῦ ὃν αὐτοῦ ὃν προέγνω. ἢ οὐκ 1881*
Βενιαμίν. 2 οὐκ ἀπώσατο ὁ θς τὸν λαὸν αὐτοῦ ὃν προέγνω. οὐκ 1270[c] 2412
Βενιαμίν. 2 οὐκ ἀπώσατο ὁ θεὸς τὸν λαὸν αὐτοῦ ὃν προέγνω. ἢ οὐκ **uτ** Er[1]
Βενιαμίν. 2 οὐκ ἀπώσατο ὁ θς τὸν λαὸν αὐτοῦ ὃν προέγνω. ἢ οὐκ D F* P 049 056 6 131 205 209 365 424 440 460 489 517 547 796 910 927 945 999 1175 1241 1242 1243 1270* 1319 1352 1448 1505 1611 1734 1738 1739 1827 1836 1854 1881[c] 1891 2125 2400 2495 2815

lac. 11.1-2 𝔓[10] 𝔓[113] K 0172 1982 2344 (illeg.)

C 11.1 κε ησαιου 1 | λα ησαιου 1874 **2** (post προέγνω) τελ ζ 489 ¦ τε της γ 517 547 614 1242 1315 1573 2412 | τε γ 1 1739 | τελ 226 440 927 1245 1448 2147 2464 | τελ της ς 326 1837 | (ante ἢ οὐκ) αρχ τη β της ζ εβδ αδ,ε η ουκ οιδατε εκ ηλια 326 ¦ αρχ τη β της ζ εβδ αδ,ε η ουκ οιδατε 1837 | αρχ τη δ της δ εβδ αδ,ε ουκ οιδατε εν ηλια τι λεγ 1 ¦ αρχ τη δ της δ εβδ αδ,ε ουκ οιδατε εν ηλια τι λεγει η γραφη 226 ¦ αρχ τη β της ζ εβδ 330 ¦ τη γ αρχ της δ 440 ¦ αρχ τη δ της δ εβδ αδ,ε ουκ οι 489 ¦ αρχ 547 ¦ αρχ τη δ της δ εβδ κ,ε ρι α 1315 | τη δ αδ,ε 517 | αρχ τη δ της δ εβδ. προς ρωμαιους αδελφοι ουκ οιδατε εν ηλιηια τι λεγει 614 | αρχ τη δ της α εβδ. αδ,ε ουκ οιδατε εν ηλια 796 | ις περι του σκοπου καθ ον εξ εβληθη εισ······ επαντιθειν ζηλω 796 | αρχ τη δ της δ εβδ αδ,ε ουκ οιδατε εν ηλια τι λεγει 927 | αρχ τη δ 1242 | αρχ 1245 | αρχ τη δ της δ εβδ. αδ,ε ουκ οιδατε εν ηλια τι λεγει η γραφη 1448 | αρχ τη δ της δ εβδ. αδ,ε ουκ οιδατε εν ηλια τι 1573 | ις περι του σκοτου καθ ον εξεβληθησαν. ωστε δευτερον επαν ελθειν ζηλω των προτιμηθεντων εθνων συνταχθεντων τω πιστεως ιηλ 1734 | κ,ε κγ αρχ τη δ της δ εβδ αποστολ π ρωμ αδελφοι ουκ οιδατε εν ηλια τι λεγει 1739 | βασιλε γ 1734 1739 | αρχ τη δ της δ εβδ αδ,ε ουκ οιδατε εν ηλια τη λεγει 2147 | αρχ τη δ της δ εβδ πρ ρωμ αδελφοι ουκ οιδατε εκ ηλικιου τι 2412 | τη δ της δ εδ κ,ε πε αδελφοι η ουκ οιδατε 2464

D 11.1 ς B | ις 424 440 1175 1270 1891 | λβ 1874 **2** κθ 1 517 547 | κζ 489 | δ 614 | ις 796 | λζ 927 | ιβ 1734 | κθ 1739

E 11.1 2 Co 11.22; Phl 3.5; Jr 31.37 **1-2** 1 Sm 12.22; Ps 94.14

οἴδατε ἐν Ἠλείᾳ τί λέγει ἡ γραφή, ὡς ἐντυγχάνει τῷ θω κατὰ τοῦ ισλ; B
.... 𝔓46
οἴδατε ἐν Ἠλείᾳ τί λέγει ἡ γραφή, ὡς ἐντυγχάνει τῷ θεῷ κατὰ τοῦ Ἰσραήλ; w
οἴδαται ἐν Ἠλείᾳ τί **λέγι** ἡ γραφή, ὡς ἐντυγχάνει τῷ θω κατὰ τοῦ ισηλ; F G
οἴδατε ἐν **Ἠλίᾳ** τί λέγει ἡ γραφή, ὡς ἐντυγχάνει τῷ θω κατὰ τοῦ ιηλ; ℵc A C D Ψ 6 365 1573
οἴδατε ἐν **Ἠλίᾳ** τί λέγει ἡ γραφή, ὡς ἐντυγχάνει τῶι θῶι κατὰ τοῦ ιηλ; 424c 1739
οἴδαται ἐν **Ἠλίᾳ** τί λέγει ἡ γραφή, ὡς ἐντυγχάνει τῷ θω κατὰ τοῦ ιηλ; P
οἴδατε ἐν **Ἠλίᾳ** τί λέγει ἡ γραφή, ὡς ἐντυγχάνει τῷ θεῷ κατὰ τοῦ Ἰσραήλ; u
οἴδατε ἐν **Ἠλίᾳ** τί λέγει ἡ γραφή, **ὅς** ἐντυγχάνει τῷ θω κατὰ τοῦ ιηλ 1505 1881 2495
οἴδατε ἐν **Ἠλίᾳ** τί λέγει ἡ γραφή, **ὅς ἐντυγχάννι** τῷ θω κατὰ τοῦ **ηλ**· 1243
οἴδατε ἐν **Ἠλίᾳ** τί λέγει ἡ γραφή, **ὅς ἐντυγχάνη** τῷ θω κατὰ τοῦ ιηλ 1506
οἴδατε ἐν **Ἠλίᾳ** λέγει ἡ γραφή, ὡς **ἐντυγχάνη** τῷ θω κατὰ τοῦ ιηλ 1319*
....**ίᾳ** τί λέγει ἡ γραφή, **ὅς ἐντυγχάνη** τῷ θω 33
οἴδατε ἐν **Ἰλίᾳ** τί λέγει ἡ γραφή, ὡς ἐντυγχάνει τῷ θω κατὰ τοῦ ιηλ λέγων; 69 [↓1837
οἴδατε ἐν **Ἠλίᾳ** τί λέγει ἡ γραφή, ὡς **ἐντυγχάνη** τῷ θω κατὰ τοῦ ιηλ λέγων; 326 330 1319c
οἴδατε ἐν **Ἠλίᾳ** τί λέγει ἡ γραφή, ὡς ἐντυγχάνει τῶι θῶι κατὰ τοῦ ιηλ λέγων; 424* 517 1270
οἴδατε ἐν **Ἠλίᾳ** τί λέγει ἡ γραφή, ὡς ἐντυγχάνει **αὐτῷ** κατὰ τοῦ ιηλ λέγων; 547 [↑1891
οἴδατε ἐν **Ἠλίᾳ** τί λέγει ἡ γραφή, ὡς ἐντυγχάνει τῶι θω κατὰ τοῦ ιηλ λέγων; 945
οἴδατε ἐν **Ἠλίᾳ** τί λέγεί, ὡς ἐντυγχάνει τῷ θω κατὰ τοῦ ιηλ λέγων; 910
ὔδαται ἐν **Ἠλίᾳ** τί λέγει ἡ γραφή, ὡς ἐντυγχάνει τῷ θω κατὰ τοῦ ιηλ λέγων; 2464
οἴδατε ἐν **Ἠλίᾳ** τί λέγει ἡ γραφή, ὡς ἐντυγχάνει τῷ θεῷ κατὰ τοῦ Ἰσραήλ; λέγων τ Er1
οἴδατε ἐν **Ἠλίᾳ** τί λέγει ἡ γραφή, ὡς ἐντυγχάνει τῷ θω κατὰ τοῦ ιηλ λέγων; ℵ* L 049 056 1
88 104 131 205 209 226 323 440 460 489 614 618 796 927 999 1175 1241 1242 1245 1315
1352 1424 1448 1611 1646 1734 1735 1738 1827 1836 1854 1874 2125 2147 2400 2412 2815

3 κε, τοὺς προφήτας σου ἀπέκτειναν, τὰ θυσιαστήριά σου κατέσκαψαν, B A 326 1739
3..... ....στήριά σου κατέσκαψαν, 𝔓46 [↑1837 1827
3 κε, τοὺς προφήτας σου **ἀπέκτιναν**, τὰ θυσιαστήριά σου κατέσκαψαν, ℵ C P [↑1881
3 κε, τοὺς προφήτας σου **ἀπέκτιναν**, καὶ τὰ θυσιαστήριά σου κατέσκαψαν, D* 2464
3..... .... **ἀπέκτιναν**, τὰ θυσιαστήριά σου κατέσκαψαν, 33
3 κε, τοὺς **προφέτας** σου **ἀπέκτιναν**, τὰ **θυσειαστήρειά** σου κατέσκαψαν, F
3 κε, τοὺς προφήτας σου **ἀπέκτιναν**, τὰ **θυσειαστήρειά** σου κατέσκαψαν, G
3 κε, τοὺς προφήτας σου ἀπέκτειναν, καὶ τὰ **θυσιαστήριάς** σου κατέσκαψαν, 049
3 κε, τοὺς προφήτας σου ἀπέκτειναν, καὶ τὰ θυσιαστήριά σου **κατέσκαψα**, 330
3 κε, τοὺς προφήτας σου ἀπέκτειναν, καὶ τὰ θυσιαστήριά σου **κατέστρεψαν**, 618 1738
3 κε, τοὺς προφήτας σου ἀπέκτειναν, καὶ **ται** θυσιαστήριά σου κατέσκαψαν, 1646
3 Κύριε, τοὺς προφήτας σου ἀπέκτειναν, τὰ θυσιαστήριά σου κατέσκαψαν, u w
3 Κύριε, τοὺς προφήτας σου ἀπέκτειναν, καὶ τὰ θυσιαστήριά σου κατέσκαψαν, τ Er1
3 κε, τοὺς προφήτας σου ἀπέκτειναν, καὶ τὰ θυσιαστήριά σου κατέσκαψαν, D2 L Ψ 056 1 6
69 88 104 131 205 209 226 323 365 424 440 460 489 517 547 614 796 910 927 945 999 1175 1241 1242 1243 1245 1270
1315 1319 1352 1424 1448 1505 1506 1573 1611 1734 1735 1836 1854 1874 1891 2125 2147 2400 2412 2495 2815

κἀγὼ ὑπελίφθην μόνος καὶ ζητοῦσιν τὴν ψυχήν μου. 4 ἀλλὰ τί B* ℵ D*
.... ψυχήν μου. 4 ἀλλὰ τί 33
καὶ ἐγὼ ὑπελίφθην μόνος καὶ ζητοῦσιν τὴν ψυχήν μου. 4 ἀλλὰ τί D1
καὶ ἐγὼ **ὑπελείφθην** μόνος καὶ **ζητοῦσι** τὴν ψυχήν μου. 4 ἀλλὰ τί Ψ
κἀγὼ **ὑπελείφθην** μόνος καὶ ζητοῦσιν τὴν ψυχήν μου. 4 ἀλλὰ τί Bc 𝔓46 D2 A L P 049 460 618 910
κἀγὼ **ὑπελείφθην** μόνος καὶ **ζητοῦσειν** τὴν ψυχήν μου. 4 ἀλλὰ τί F G [↑1175 1424 1735 1836 2464
καὶ **ὑπελείφθην** μόνος καὶ **ζητοῦσι** τὴν ψυχήν μου. 4 ἀλλὰ τί 1827 [↑u w
καὶ **μόνος ὑπελείφθην** καὶ **ζητοῦσι** τὴν ψυχήν μου. 4 ἀλλὰ τί 2400
κἀγὼ **μόνος ὑπελείφθην** καὶ ζητοῦσιν τὴν ψυχήν μου. 4 ἀλλὰ τί 330
κἀγὼ **ὑπελήφθης** μόνος καὶ ζητοῦσιν τὴν ψυχήν μου. 4 ἀλλὰ τί 1506
κἀγὼ **ὑπελήφθην** μόνος καὶ **ζητοῦσι** τὴν ψυχήν μου. 4 ἀλλὰ τί 88 323 365 440 1243 1315 1319
κἀγὼ **ὑπελήφθην** μόνος καὶ ζητοῦσιν τὴν ψυχήν μου. 4 ἀλλὰ τί 1874 [↑1573 2147
κἀγὼ **ὑπελήφθειν** μόνος καὶ **ζητοῦσι** τὴν ψυχήν μου. 4 ἀλλὰ τί 1245
κἀγὼ **ὑπελείφθην** μόνος καὶ **ζητοῦσι** τὴν ψυχήν μου. 4 ἀλλὰ τί C 056 1 6 69 104 131 205 209 226
326 424 489 517 547 614 796 927 945 999 1241 1242 1270 1352 1448 1505
1611 1646 1734 1738 1739 1837 1854 1881 1891 2125 2412 2495 2815 τ Er1

---

lac. 11.2-4 𝔓10 𝔓113 K 0172 1982 2344 (illeg.)

C 11.3 βασιλειων γ 049 | βασιλειων 209 1270 | κβ βασιλει γ α 1836 | βασιλει γ 1854 | λα βασιλειων γ 1175 | λγ βασιλειων 1874

E 11.1-2 1 Sm 12.22; Ps 94.14 **3** 1 Kgs 19.10, 14 **4** 1 Kgs 19.18

Errata: 11.2 na 1175 Ἰσραήλ : Ἰσραήλ λέγων 1175

λέγει αὐτῷ ὁ χρηματισμός; Κατέλιπον ἐμαυτῷ ἑπτακισχειλίους ἄνδρας, B
λέγει αὐτῶ ὁ χρηματισμός; **Κατέλειπον** ἐμαυτῶ ἑπτακισχειλίους ἄνδρας, 𝔓46
λέγει αὐτῷ ὁ χρηματισμός; **Κατέλειπον** ἐμαυτ··· ·········κισχειλίους ἄνδρας, A
λέγει αὐτῶ ὁ χρηματισμός; **Κατέλειπον** ἐμαυτῶ **ἑπτακισχιλίους** ἄνδρας, C F G P 88 104 326 460
λέγει αὐτῶι ὁ χρηματισμός; **Κατέλειπον** ἐμαυτῶι **ἑπτακισχιλίους** ἄνδρας, 1739 [↑618 1175 1319
λέγει αὐτῷ ὁ **χριματισμός**; **Κατέλειπον** ἐμαυτῷ **ἑπτακισχιλίους** ἄνδρας, L [↑1424 1573 1611
λέγει αὐτῷ ὁ **χριματησμός**; **Κατέλειπον** ἐμαυτῷ **ἑπτακισχιλίους** ἄνδρας, 2464 [↑1646 1735 1836
λέγει αὐτῷ ὁ χρηματισμός ··················· ··············· ································· ············ 33 [↑1837 1874 2125
λέγει αὐτῷ ὁ χρηματισμός; **Κατέληψα** ἐμαυτῷ **ἑπτακισχιλίους** ἄνδρας, 1506
λέγει αὐτῷ ὁ χρηματισμός; **Κατέλιπων** **ἑπτακισχιλίους** ἄνδρας, 056
λέγει αὐτῷ ὁ **χριματισμός**; Κατέλιπον ἐμαυτῷ **ἑπτακισχιλίους** ἄνδρας, 2147
λέγει ὁ χρηματισμός; Κατέλιπον ἐμαυτῷ **ἑπτακισχιλίους** ἄνδρας, 365
λέγει αὐτῷ ὁ **χρησμός**; Κατέλιπον ἐμαυτῷ **ἑπτακισχιλίους** ἄνδρας, 440
λέγει αὐτῶι ὁ χρηματισμός; Κατέλιπον ἐμαυτῶι **ἑπτακισχιλίους** ἄνδρας, 517 945 1270 1891
λέγει αὐτῷ ὁ χρηματισμός; Κατέλιπον **αὐτῷ** **ἑπτακισχιλίους** ἄνδρας, 614 547 2412
λέγει αὐτῷ ὁ χρηματισμός; Κατέλιπον **ἐμαυτὸ** **ἑπτακισχιλίους** ἄνδρας, 1243
λέγω αὐτῷ ὁ χρηματισμός; Κατέλιπον ἐμαυτῷ **ἑπτακισχιλίους** ἄνδρας, 1245 [↓209 226 323 330
λέγει αὐτῷ ὁ χρηματισμός; Κατέλιπον ἐμαυτῷ **ἑπτακισχιλίους** ἄνδρας, ℵ D Ψ 049 1 6 69 131
205 424 489 796 910 927 999 1241 1242 1315 1352 1448 1505 1734 1738 1827 1854 1881 2400 2495 2815 **uwτ** Er1

[↓1352 1448 1573 1611 1827 1836 1837 1854 1874 2147 2400 2412 2815 **uwτ** Er1
[↓104 131 205 209 226 330 365 489 517 614 796 910 927 999 1175 1241 1242 1315
οἵτινες οὐκ ἔκαμψαν γόνυ τῇ Βάαλ. **5** οὕτως οὖν καὶ ἐν τῷ νῦν B 𝔓46 ℵ C D* Ψ 049 1 6 69 88
οἵτινες οὐκ ἔκαμψαν γόνυ τῇ Βάαλ. **5** οὕτως καὶ ἐν τῷ νῦν 056 460 547 618 1505 1738 2495
····τινες οὐκ ἔκαμψαν γόνυ τῇ Βάαλ. **5** οὕτως········ ······ ······ ······ ······· 33
οἵτινες οὐκ ἔκαμψαν γόνυ τῇ Βάαλ. **5** οὕτως οὖν ἐν τῷ νῦν 323 1881
οἵτινες οὐκ ἔκαμψαν γόνυ τῆι Βάαλ. **5** οὕτως οὖν καὶ ἐν τῶι νῦν 424 945 1270 1739 1891
οἵτινες οὐκ ἔκαμψαν γόνυ τῇ Βάαλ. **5** οὕτως οὖν καὶ ἐν τῶι νῦν 1734
οἵτινες οὐκ ἔκαμψαν τὸ γόνυ τῇ Βάαλ. **5** οὕτως οὖν καὶ ἐν τῷ νῦν 440
οἵτινες οὐκ ἔκαμψαν γόνυ τῇ Βάαλ. **5** οὕτως **νῦν** καὶ ἐν τῷ νῦν 1319
οἵτινες οὐκ ἔκαμψαν γόνυ **τι** Βάαλ. **5** οὕτως οὖν καὶ ἐν τῷ νῦν L
οἵτινες οὐκ ἔκαμψαν γόνυ **τὸ** Βάαλ. **5** **οὗτος** οὖν καὶ ἐν τῷ νῦν F
οἵτινες οὐκ ἔκαμψαν γόνυ **τῷ** Βάαλ. **5** οὕτως οὖν καὶ ἐν τῷ νῦν G
οἵτινες οὐκ ἔκαμψαν **γόνοι** τῇ Βάαλ. **5** οὕτως οὖν καὶ ἐν τῷ νῦν D2 P 326 1245 1424 1735 2125
οἵτινες οὐκ ἔκαμψαν **γώνοι** τῇ Βάαλ. **5** οὕτως οὖν καὶ ἐν τῷ νῦν 1243 1506
οἵτινες οὐκ ἔκαμψαν **γώνοι** **τι** Βάαλ. **5** οὕτως οὖν καὶ ἐν τῷ νῦν 2464
οἵτινες οὐκ **ἔψαν** **γώνυ** τῇ Βάαλ. **5** οὕτως οὖν καὶ ἐν τῷ νῦν 1646
οἵτ····· οὐκ ἔκαμψαν **τόνυ** τῇ Β······· **5** οὕτως οὖν καὶ ἐν τῷ νῦν A

lac. 11.4-5 𝔓10 𝔓113 K 0172 1982 2344 (illeg.)

C 11.4 λ̅ϛ̅ βασιλειων γ̅ 1175 | λ̅δ̅ βασιλειων 1874

E 11.4 1 Kgs 19.18 **5** Ro 9.27

καιρῷ	λῖμμα	κατ' ἐκλογὴν	χάριτος	γέγονεν·	**6** εἰ δὲ χάριτι,	οὐκέτι	B ℵ C 88 **w**
....	....	....	..........τος	γέγονεν·	**6** εἰ δὲ χάριτι,	οὐκέτι	33
καιρῷ	λῖμμα	κατ' **ἐκλογῆς**	χάριτος	γέγονεν·	**6** εἰ δὲ χάριτι,	οὐκέτι	D*
καιρῷ	λῖμμα	κατ' **ἐγλογὴν**	χάριτος	γέγονεν·	**6** εἰ δὲ **χάρις**,	**οὐκ**	𝔓[46]
καιρῷ	**λεῖμμα**	κατ' ἐκλογὴν	χάριτος	γέγονεν·	**6** εἰ δὲ χάριτι,	**οὐκ**	614 1734 1881 2412
καιρῷ	λῖμμα	κατ' ἐκλογὴν	χάριτος	γέγονεν·	**6** εἰ δὲ χάριτι,	**οὐκ** ἔστιν	2400
καιρῷ	λῖμμα	κατ' ἐκλογὴν	**χάριστος**	γέγονεν·	**6** εἰ δὲ **χάριστι**,	**οὐκέτει**	F
καιρῷ	λῖμμα	κατ' ἐκλογὴν	χάριτος	γέγονεν·	**6** εἰ δὲ χάριτι,	**οὐκέτει**	G
καιρῷ		κατ' ἐκλογὴν	χάριτος	γέγονεν·	**6** εἰ δὲ χάριτι,	οὐκέτι	1242
καιρῷ	λῖμμα	κατ' ἐκλογὴν	χάριτος	γέγονεν·	**6** εἰ δὲ χάριτι,	οὐκέτι	D[1] 1352
.......ρῷ	λῖμμα	κατ' ἐκλογὴν	χάρ.......	γέγονεν·	**6** εἰ δὲ χάριτι,	οὐκέτ··	A
καιρῶι	**λῆμμα**	κατ' ἐκλογὴν	χάριτος	γέγονεν·	**6** εἰ δὲ χάριτι,	οὐκέτι	056 1270
καιρῶ	**λῆμμα**	κατ' ἐκλογὴν	χάριτος	γέγονεν·	**6** εἰ δὲ χάριτι,	οὐκέτι	1243
καιρῶ	**λῆμμα**	κατ' ἐκλογὴν	χάριτος	γέγονεν·	**6**.....	....	1506
καιρῷ	**λεῖμα**	κατ' **ἐκλογεὶν**	**χάριτι**	**γέγωνεν**·	**6** εἰ δὲ χάριτι,	οὐκέτι	2464
καιρῷ	**λεῖμμα**	κατ' ἐκλογὴν	χάριτος	**γέγωνεν**·	**6** εἰ δὲ **χάριτη**,	οὐκέτι	618
καιρῷ	**λεῖμμα**	κατ' ἐκλογὴν	χάριτος	γέγονεν·	**6** εἰ δὲ **χάριτη**,	οὐκέτι	1874
καιρῷ	**λεῖμμα**	κατ' ἐκλογὴν	χάριτος	**γέγονε**·	**6** εἰ δὲ **χάριτη**,	οὐκέτι	1646
καιρῷ	**λεῖμμα**	κατ' ἐκλογὴν	χάριτος	**γέγονε**·	**6** εἰ δὲ χάριτι,	οὐκέτι	1827
καιρῷ	**λεῖμμα**	κατ' ἐκλογὴν	χάριτος		**6**		1245
καιρῶι	**λεῖμμα**	κατ' ἐκλογὴν	χάριτος	γέγονεν·	**6** εἰ δὲ χάριτι,	οὐκέτι	517 1739 1891
καιρῷ	**λεῖμμα**	κατ' ἐκλογὴν	χάριτος	γέγονεν·	**6** εἰ δὲ χάριτι,	οὐκέτι	D[2] L P Ψ 049 1 6 69 104 131 205 209 226 323 326 330 365 424 440 460 489 547 796 910 927 945 999 1175 1241 1315 1319 1424 1448 1505 1573 1611 1735 1738 1836 1837 1854 2125 2147 2495 2815 **ut** Er[1]

ἐξ ἔργων,	ἐπεὶ ἡ χάρις οὐκέτι γείνεται χάρις.	εἰ δὲ ἐξ ἔργων οὐκέτι	B
ἐξ ἔργων,	ἐπεὶ ἡ χάρις οὐκέτι γείνεται χάρις.		𝔓[46] F G
ἐξ ἔργων,	ἐπεὶ ἡ χάρις οὐκέτι **γίνεται** χάρις.		C D[2] P 1739 **uw**
ἐξ ἔργων,	ἐπεὶ ἡ χάρις **οὐ** **γίνεται** χάρις.	1881	
ἐξ ἔργων,	**ἐπὶ** ἡ χάρις οὐκέτι **γίνεται** χάρις.	D[1]	
ἐξ ἔργων,	**ἐπὶ** ἡ χάρις οὐκέτι γείνεται χάρις.	ℵ* A D*	
ἐξ ἔργων,	**ἐπὶ** ἡ χάρις οὐκέτι γείνεται χάρις.	εἰ δὲ ἐξ ἔργων οὐκέτι ἐστιν	ℵ[c]
ἐξ ἔργων,	**ἐπὶ** ἡ χάρις οὐκέτι **γίνεται** χάρις.	εἰ δὲ ἐξ ἔργων οὐκέτι ἐστιν	1175* 1646
ἐξ ἔργων,	**ἐπὶ** ἡ χάρις οὐκέτι **γίνετε** χάρις.	εἰ δὲ ἐξ ἔργων οὐκέτι ἐστὶ	1243
ἐξ ἔργων,	οὐκέτι ἐστι		365
	οὐκέτι **γίνεται** χάρις.	εἰ δὲ ἐξ ἔργων οὐκέτι ἐστι	1245
ἐξ ἔργων,	ἐπεὶ ἡ χάρις οὐκέτι **ἐστιν** χάρις.	εἰ δὲ ἐξ ἔργων οὐκέτι **γίνεται**	1735
ἐξ ἔργων,	ἐπεὶ ἡ χάρις οὐκέτι **χάρις γίνεται**.	εἰ δὲ ἐξ ἔργων οὐκέτι ἐστι	1270
ἐξ ἔργων νόμου,	ἐπεὶ ἡ χάρις οὐκέτι **χάρις γίνεται**.	εἰ δὲ ἐξ ἔργων οὐκέτι ἐστι	1505
ἐξ ἔργων νόμου,	ἐπεὶ ἡ χάρις οὐκέτι **χάρις γίνεται**.	εἰ δὲ ἐξ ἔργων οὐκέτι **χάρις**	2495
ἐξ ἔργων,	ἐπεὶ ἡ χάρις οὐκέτι **γίνεται** χάρις.	εἰ δὲ ἐξ ἔργων οὐκέτι ἐστιν	L Ψ 910 1175[c] 1241
ἐξ ἔργων,	....	....	33 [↑1424 1836
ἐξ **ἔργον**,	ἐπεὶ χάρις οὐκέτι **γίνετε** χάρις.	εἰ δὲ ἐξ ἔργων οὐκέτι ἐστι	460 [↑1874
ἐξ ἔργων,	ἐπεὶ ἡ χάρις οὐκέτι **γίνετε** χάρις.	εἰ δὲ ἐξ ἔργων οὐκέτι ἐστι	618
ἐξ ἔργων,	ἐπεὶ ἡ χάρις οὐκέτι **γίνεται** χάρις.	**ἡ** δὲ ἐξ ἔργων οὐκέτι ἐστι	1315
ἐξ ἔργων,	ἐπεὶ ἡ χάρις οὐκέτι **γίνεται** χάρις.	**ἡ** δὲ ἐξ ἔργων οὐκέτι ἐστιν	326 1837 2464
ἐξ ἔργων,ᵀ	ἐπεὶ ἡ χάρις οὐκέτι **γίνεται** χάρις.	εἰ δὲ ἐξ ἔργων οὐκέτι ἐστι	049 056 1 6 69 88 104 131 205 209 226 323 330 424 440 489 517 547 614 796 927 945 999 1242 1319 1352 1448 1573 1611 1734 1738 1827 1854 1891 2125 2147 2400 2412 2815 **τ** Er[1]

ᵀοὐκέτι ἐστι χάρις **ἐπεὶ** τὸ ἔργον οὐκέτι ἐστιν **ἔργον** 796

lac. 11.5-6 𝔓[10] 𝔓[113] K 0172 1982 2344 (illeg.) **E 11.5** Ro 9.27 **6** Ro 9.11; 4.4, 6; Ga 2.16; 3.18

Errata 11.6 na ubs B ἐπει[2] : ἐπί B* ; ἐπεί B[c] **11.6 antf** B ἐπει[2] : ἐπί B* ; ἐπεί B[c]

11.6 antf 365 ἐπεὶ ἡ χάρις οὐκέτι γίνεται χάρις ADD. ἐπεὶ τὸ ἔργον οὐκέτι ἐστιν ἔργον : Problem is a homot. in initial statement. 365 has only [εἰ δὲ χάριτι, οὐκέτι ἐξ ἔργων,] οὐκέτι ἐστι χάρις ἐπεὶ τὸ ἔργον οὐκέτι ἐστιν ἔργον for the entire verse. **na** has the correct reading.

11.6 antf 326 lac. εἰ δὲ ἐξ ἔργων οὐκέτι ἐστιν χάρις ἐπεὶ τὸ ἔργον οὐκέτι ἐστιν ἔργον : no lac.; txt reads ἡ δὲ ἐξ ἔργων οὐκέτι ἐστιν χάρις ἐπεὶ τὸ ἔργον οὐκέτι ἐστιν ἔργον 326 (**ubs** must also have lac., since 326 not reported for this variant). **na** reports 326 at 11.13 and **ubs** at 11.16, so the wrong reporting of a lac. for 326 in editions **antf, na,** and **ubs** extends somewhere before 10.15 to 11.13.

11.6 antf 796 ἐπεὶ ἡ χάρις οὐκέτι γίνεται χάρις εἰ δὲ ἐξ ἔργων οὐκέτι ἐστι χάρις : οὐκέτι ἐστι χάρις ἐπεὶ τὸ ἔργον οὐκέτι ἐστιν ἔργον ἐπεὶ ἡ χάρις οὐκέτι γίνεται χάρις. εἰ δὲ ἐξ ἔργων οὐκέτι ἐστι χάρις 796 (note that the phrase, οὐκέτι ἐστι χάρις ἐπεὶ τὸ ἔργον οὐκέτι ἐστιν ἔργον, occurs out of sequence earlier in the sentence with additions).

11.6 antf 2344 ἐπεὶ τὸ ἔργον οὐκέτι ἐστιν ἔργον : illeg. 2344

11.6 antf 1315 1837 εἰ δὲ ἐξ ἔργων : ἡ δὲ ἐξ ἔργων 1315 1837

χάρις ἐπὶ τὸ ἔργον οὐκέτι ἐστιν χάρις. **7** τί οὖν; ὃ ἐπιζητεῖ B*
χάρις **ἐπεὶ** τὸ ἔργον οὐκέτι ἐστιν χάρις. **7** τί οὖν; ὃ ἐπιζητεῖ B[c]
χάρις **7** τί οὖν; ὃ ἐπιζητεῖ 796
7 τί οὖν; ὃ ἐπιζ··τεῖ A
7 τί οὖν; ὃ ἐπιζητεῖ 𝔓[46] ℵ* C D P 1739 1881
7 τί οὖν; ὃ **ἐπεζηται** F [↑**uw**
7 τί οὖν; ὃ **ἐπεζητεῖ** G
χάρις **ἐπεὶ** τὸ ἔργον **οὐκ ἐστιν ἔτι ἔργον ἐπεί**. **7** τί οὖν; ὃ **ἐπεζητεῖ** 1836
χάρις **ἐπεὶ** τὸ ἔργον οὐκέτι ἐστιν **ἔργον**. **7** τί οὖν; ὃ **ἐπεζητεῖ** 104
χάρις **ἐπεὶ** τὸ ἔργον οὐκέτι ἐστιν **ἔργον**. **7** τί οὖν; ὃ **ἐπεζητεῖ** 1242
χάρις **ἐπεὶ** τὸ ἔργον οὐκέτι ἐστιν **ἔργον**. **7** τί οὖν; ὃ **ἐπιζητῆ** 1319
χάρις **ἐπεὶ** τὸ ἔργον οὐκέτι ἐστιν **ἔργων**. **7** τί οὖν; ὃ ἐπιζητεῖ 1735
χάρις **ἐπεὶ** τὸ ἔργον οὐκέτι ἐστιν **ἔργον**. **7** τί οὖν; ἐπιζητεῖ Ψ 131 049
....κέτι ἐστιν **ἔργον**. **7** τί οὖν; ὃ ἐπιζητεῖ 33
χάρις ἐπὶ τὸ ἔργον οὐκέτι ἐστιν **ἔργον**. **7** τί οὖν; ὃ ἐπιζητεῖ 1175*
χάρις ἐπὶ τὸ **ἔργων** οὐκέτι ἐστιν **ἔργον**. **7** τί οὖν; ὃ ἐπιζητεῖ 1646
χάρις **ἐπεὶ** τὸ ἔργον οὐκέτι ἐστιν **ἔργον**. **7** τί οὖν; ὃ ἐπιζητεῖ **ὁ** 440 1315
χάρις **ἐπεὶ** τὸ ἔργον οὐκέτι ἐστιν **ἔργον**. **7** τί ἐστιν οὖν; ὃ ἐπιζητεῖ 2464
ἐστιν ἐπεὶ τὸ ἔργον οὐκέτι ἐστιν **ἔργον**. **7** τί οὖν; ὃ ἐπιζητεῖ 2495
χάρις **ἐπεὶ τῷ** ἔργον οὐκέτι ἐστιν **ἔργον**. **7** τί οὖν; ὃ ἐπιζητεῖ 2147
χάρις **ἐπεὶ** τὸ ἔργον οὐκέτι ἐστιν **ἔργον**. **7** τί οὖν; ὃ ἐπιζητεῖ ℵ[c] L 056 1 6 69 88 205 209 226 323 326 330 365 424 460 489 517 547 614 618 910 927 945 999 1175[c] 1241 1243 1245 1270 1352 1424 1448 1505 1573 1611 1734 1738 1827 1837 1854 1874 1891 2125 2400 2412 2815 **τ** Er[1]

Ἰσραήλ, τοῦτο οὐκ ἐπέτυχεν, ἡ δὲ ἐκλογὴ ἐπέτυχεν· οἱ δὲ λοιποὶ B G **uwτ** Er[1]
Ἰσραήλ, τοῦτο οὐκ ἐπέτυχεν, ἡ δὲ ἐκλογὴ **ἐπτυχεν**· οἱ δὲ λοιποὶ F
Ἰσ··αήλ, τοῦτο **ὃ** οὐκ ἐπέτυχεν, ἡ δὲ **ἐγλογὴ** ἐπέτυχεν· οἱ δὲ λοιποὶ 𝔓[46]
ιη̅λ, τοῦτο **ὃ** οὐκ ἐπέτυχεν, ἡ δὲ **ἐγλογὴ οὐκ** ἐπέτυχεν· οἱ δὲ λοιποὶ Ψ
ιη̅λ, τοῦτο **ὃ** οὐκ ἐπέτυχεν, ἡ δὲ **ἐγλογὴ** ἐπέτυχεν· οἱ δὲ λοιποὶ 2495
ιη̅λ, **τούτου** οὐκ ἐπέτυχεν, ἡ δὲ ἐκλογὴ ἐπέτυχεν· οἱ δὲ λοιποὶ 056 205 209 226 323 547 796
ιη̅λ, τοῦτο οὐκ ἐπέτυχεν, ἡ δὲ λοιποὶ 614 [↑945 1242
ιη̅λ, τοῦτο οὐκ ἐπέτυχεν, οἱ δὲ λοιποὶ 33 326 365 1739* 1837 1874
ιη̅λ, **τούτω** οὐκ ἐπέτυχεν, ἡ δὲ ἐκλογὴ ἐπέτυχεν· οἱ δὲ λοιποὶ 1827 [↑2412
ιη̅λ, **τούτου** οὐκ ἐπέτυχεν, ἡ δὲ ἐκλογὴ ἐπέτυχεν· οἱ δὲ λοιποὶ 330 1424
ιη̅λ, **τούτου** οὐκ **ἐπέτυχε**, ἡ δὲ ἐκλογὴ ἐπέτυχεν· οἱ δὲ λοιποὶ 2400
ιη̅λ, **τούτου** οὐκ **ἔτυχεν**, ἡ δὲ ἐκλογὴ ἐπέτυχεν· οἱ δὲ λοιποὶ 2815
ιη̅λ, τοῦτο οὐκ **ἐπίτυχεν**, ἡ δὲ ἐκλογὴ ἐπέτυχεν· οἱ δὲ λοιποὶ 1505
ιη̅λ, τοῦτο οὐκ **ἐπίτυχεν**, ἡ δὲ ἐκλογὴ **ἐπίτυχεν**· οἱ δὲ λοιποὶ 131
ιη̅λ, τοῦτο οὐκ ἐπέτυχεν, ἡ δὲ ἐκλογὴ **ἐπίτυχεν**· οἱ δὲ λοιποὶ 1646
ιη̅λ, τοῦτο οὐκ ἐπέτυχεν, ἡ δὲ ἐκλογὴ ἐπέτυχεν· οἱ δὲ **λυποὶ** 618 2464
.... ἐκλογὴ ἐπέτυχεν· οἱ δὲ λοιποὶ 2344
ιη̅λ, τοῦτο οὐκ ἐπέτυχεν, ἡ δὲ ἐκλογὴ ἐπέτυχεν· οἱ δὲ λοιποὶ ℵ A C D L P 049 1 6 69 88 104 424 440 460 489 517 910 927 999 1175 1241 1243 1245 1270 1315 1319 1352 1448 1573 1611 1734 1735 1738 1739[c] 1836 1854 1881 1891 2125 2147

ἐπωρώθησαν, **8** καθάπερ γέγραπται· B ℵ **w**
ἐπορρόθησαν, **8** **καθὼς** γέγραπται· 1836
ἐπορρώθησαν, **8** **καθὼς** γέγραπται· 2147
ἐπορώθησαν, **8** **καθὼς** γέγραπται· 33 88 1243 1315 2344 2464
ἐπωώθησαν, **8** **καθὼς** γέγραπται· 1646*
ἐπερώθησαν, **8** **καθὼς** γέγραπται· C
ἐπερώθησαν, **8** **καθὼς** γέγραπται· 69
ἐπωρώθησαν, **8** **καθὼς** γέγραπται· 𝔓[46] A D F G L P Ψ 049 056 1 6 104 131 205 209 226 323 326 330 365 424 440 460 489 517 547 614 618 796 910 927 945 999 1175 1241 1242 1245 1270 1319 1352 1424 1448 1505 1573 1611 1646[c] 1734 1735 1738 1739 1827 1837 1854 1874 1881 1891 2125 2400 2412 2495 2815 **uτ** Er[1]

---

lac. 11.6-8 𝔓[10] 𝔓[113] K 0172 1506 1982 **11.6** 2344 (illeg.)

C 11.6 τελ της β̅ 326 | τελ 330 1837 **7** αρχ τη γ̅ της ζ̅ εβδ αδ,ε ο επιζητει ιη̅λ 326 1837 | αρχ τη η̅ 330

E 11.6 Ro 9.11; 4.4, 6; Ga 2.16; 3.18 **7** Ro 9.31 **8** Dt 29.4; Is 29.10; 6.9-10

Errata 11.7 antf F ἐπεζητεῖ : ἐπεζηται F
11.8 na 945 καθάπερ : καθώς 945

Ἔδωκεν αὐτοῖς ὁ θ̅ς̅ πν̅εῦ̅μα κατανύξεως, B $\mathfrak{P}^{46}$ 1319 1734
Ἔδωκεν αὐτοῖς ὁ ὁ θ̅ς̅ πν̅α̅ κατανύξεως, ℵ
Ἔδωκεν αὐτοῖς ὁ θεὸς πνεῦμα κατανύξεως, **uwτ** Er^{1}
Ἔδωκεν αὐτοῖς ὁ θ̅ς̅ πν̅α̅ **κατανοίξεως**, L 1836 1874
Ἔδοκεν αὐτοῖς ὁ θ̅ς̅ πν̅α̅ κατανύξεως, 2464
Ἔδωκεν αὐτοῖς πν̅α̅ κατανύξεως, 796
Ἔδωκεν **αὐτῷ** πν̅α̅ κατανύξεως, 330 2400
Ἔδωκεν **αὐτοὺς** ὁ θ̅ς̅ πν̅α̅ **κανύξεως**, 1646*
Ἔδωκεν **αὐτοὺς** ὁ θ̅ς̅ πν̅α̅ κατανύξεως, 1646^{c}
Ἔδωκεν αὐτοῖς ὁ θ̅ς̅ πν̅α̅ κατανύξεως, A C D F G P Ψ 049 056 1 6 33 69 88 104 131 205 209 226 323 326 365 424 440 460 489 517 547 614 618 910 927 945 999 1175 1241 1242 1243 1245 1270 1315 1352 1424 1448 1505 1573 1611 1735 1738 1739 1827 1837 1854 1881 1891 2125 2147 2344 2412 2495 2815

ὀφθαλμοὺς τοῦ μὴ βλέπειν B $\mathfrak{P}^{46}$ ℵ A C D F G L P Ψ 049 056 1 6 33 69 88 104 131 205 209 226 323 326
ὀφθαλμοὺς τοῦ βλέπειν 424* [↑330 365 424^{c} 440 460 489 517 547 614 618 796 910 927 945 999
ὀφθαλμοὺς μὴ βλέπειν 1836 [↑1175 1241 1242 1243 1245 1270 1315 1319 1352 1424 1448 1505
[↑1573 1611 1646 1734 1735 1738 1739 1827 1837 1854 1874 1881
[↑1891 2125 2147 2344 2400 2412 2464 2495 2815 **uwτ** Er^{1}

καὶ ὦτα τοῦ μὴ ἀκούειν, B $\mathfrak{P}^{46}$ ℵ A C D F G L P Ψ 049 056 1 33 69 88 104 131 205 209 226 323
καὶ τὰ ὦτα τοῦ μὴ ἀκούειν, 6 [↑326 330 365 424 440 489 517 547 614 796 910 927 945 999
καὶ ὦτα τοῦ μὴ **ἀκούην**, 460 618 [↑1175 1241 1242 1243 1245 1270 1315 1319 1352 1424 1448
ὦτα τοῦ μὴ ἀκούειν, 2815 [↑1505 1573 1611 1646 1734 1735 1738 1739 1827 1836 1837
[↑1854 1874 1881 1891 2125 2147 2344 2400 2412 2464 2495
[↑**uwτ** Er^{1}

ἕως τῆς σήμερον ἡμέρας. B $\mathfrak{P}^{46}$ ℵ A C D G L P Ψ 049 056 1 6 33 69 88 104 131 205 209 226 323 326
ἕως **τῇ** σήμερον ἡμέρας. 1646 [↑330 365 424 440 460 489 517 547 614 618 796 910 927 945 999 1175
ἕως τῆς σήμερον. F [↑1241 1242 1243 1245 1270 1315 1319 1352 1424 1448 1505 1573 1611
[↑1734 1735 1738 1739 1827 1836 1837 1854 1874 1881 1891 2125 2147
[↑2344 2400 2412 2464 2495 2815 **uwτ** Er^{1}

9 καὶ Δαυεὶδ λέγει· B $\mathfrak{P}^{46}$ D **w**
9 καθάπερ καὶ δα̅δ λέγει· C
9 καὶ ὁ δα̅δ λέγει· 999 1735 1827 [↓2344 2400 2412 2464 2495 2815
9 λέγει· F (see vs. 12 below) [↓1734 1738 1739 1836 1837 1854 1874 1881 1891 2125 2147
9 καὶ **Δαυὶδ** λέγει· G **u** [↓1245 1270 1315 1319 1352 1424 1448 1505 1573 1611 1646
9 καὶ **Δαβὶδ** λέγει· **τ** Er^{1} [↓489 517 547 614 618 796 910 927 945 1175 1241 1242 1243
9 καὶ δα̅δ λέγει· ℵ A L P Ψ 049 056 1 6 33 69 88 104 131 205 209 226 323 326 330 365 424 440 460

[↓1739 1827 1836 1837 1854 1874^{c} 1881 1891 2125 2344 2412 2495 2815 **uwτ** Er^{1}
[↓1241 1242 1243 1245 1270 1315 1319 1424 1448 1505 1573 1611 1734 1735 1738
[↓104 131 205 209 226 323 326 365 424 440 517 547 614 796 910 945 999 1175

Γενηθήτω ἡ τράπεζα αὐτῶν εἰς παγίδα καὶ εἰς θήραν B ℵ A C D$^{1.2}$ F G L P Ψ
Γενηθήτω ἡ τράπεζα αὐτῶν εἰς παγίδα ······ ὶ εἰς θήραν $\mathfrak{P}^{46}$ [↑049 056 1 6 33 69
Γενηθήτω ἡ τράπεζα αὐτῶν εἰς παγίδα εἰς θήραν 330 2400
Γενηθήτω ἡ τράπεζα αὐτῶν ἐνώπιον αὐτῶν εἰς παγίδα καὶ εἰς θήραν 489 927
Γενηθήτο ἡ τράπεζα αὐτῶν εἰς παγίδα καὶ εἰς θήραν 88 460 618
Γενηθήτο ἡ τράπεζα αὐτῶν εἰς παγίδα καὶ εἰς **θήρα** 2464
Γεννηθήτω ἡ τράπεζα αὐτῶν εἰς παγίδα καὶ εἰς θήραν 1646
Γενηθήτω ἡ τράπεζα **αὐτὸν** εἰς παγίδα καὶ εἰς θήραν 1874*
Γενηθήτω ἡ τράπεζα αὐτῶν εἰς παγίδα 2147
Γενηθήτω ἡ τράπεζα αὐτῶν εἰς παγίδα καὶ εἰς θήραν καὶ εἰς θήραν D*
Γενηθήτω ἡ τράπεζα αὐτῶν εἰς παγίδα καὶ εἰς θήραν καὶ εἰς ἀνάθεμα 1352

lac. 11.8-9 $\mathfrak{P}^{10}$ $\mathfrak{P}^{113}$ K 0172 1506 1982 **11.6** 2344 (illeg.)

C 11.8 λ̅δ̅ ησαιου ϛ 1836 | ησαιου 049 209 1854 | λ̅γ̅ ησαιου 1175 | λ̅ε̅ ησαιου 1874 **9** ψα ζ̅η̅ 209 1854 | λ̅ϛ̅ ψαλμου ξ̅η̅ 049 1874 | λ̅δ̅ ψαλμου ξ̅η̅ 1175

E 11.8 Dt 29.4; Is 29.10; 6.9-10 **9-10** Ps 69.22-23; 35.8

[↓1611 1734 1738 1739 1827 1836.1837 1854 1881 1891 2125 2147 2344 2400 2412 2495 2815 **uwτ** Er1
[↓330 365 424 440 460 489 517 547 614 618 910 927 945 1175 1241 1242 1270 1319 1352 1448 1505 1573
καὶ εἰς σκάνδαλον καὶ εἰς ἀνταπόδομα αὐτοῖς, B ℵ A C D L P Ψ 6 69 131 205 209 226 323 326
καὶ εἰς σκάνδαλον καὶ εἰς ····· ταπόδομα αὐτοῖς, 𝔓46
καὶ ····· ····· ····· 88
καὶ εἰς σκάνδαλον καὶ εἰς ἀνταπόδομα **αὐτῶν**, 1 1315
καὶ **εἰ** σκάνδαλον καὶ εἰς ἀνταπόδομα αὐτοῖς, 049 1243 1424 1735 1874 2464
καὶ **εἰ** σκάνδαλον καὶ εἰς **ἀνταπώδομα** αὐτοῖς, 33*
καὶ **εἰ** σκάνδαλον καὶ εἰς **ἀνταπόδοσιν** αὐτοῖς, 796
καὶ εἰς σκάνδαλον καὶ εἰς **ἀνταπόδοσιν** αὐτοῖς, 056
καὶ εἰς σκάνδαλον καὶ εἰς **ἀνταπώδομα** αὐτοῖς, 33c 999
καὶ εἰς σκάνδαλον καὶ εἰς **ἀνταπόδωμα** αὐτοῖς, F G 104 1245
καὶ **εἰσκάνδαλον** καὶ εἰς **ἀνταπόδωμα** αὐτοῖς, 1646

10 σκοτισθήτωσαν οἱ ὀφθαλμοὶ αὐτῶν τοῦ μὴ βλέπειν B ℵ A C D L P Ψ 049 1 6 33 69 104 131 205
10 σκοτισθήτωσαν ···· ·····θαλμοὶ αὐτῶν τοῦ μὴ βλέπειν 𝔓46 [↑209 226 323 326 330 365 424 440
10 ····· ···· ·····μοὶ αὐτῶν τοῦ μὴ βλέπε···· 88 [↑460 489 517 547 614 796 910 927
10 σκοτισθήτωσαν οἱ ὀφθαλμοὶ αὐτῶν τοῦ μὴ **βλέπει** 1646* [↑945 999 1175 1241 1242 1243 1245
10 σκοτισθήτωσαν οἱ ὀφθαλμοὶ αὐτῶν τοῦ μὴ **βλέπιν** 2464 [↑1270 1315 1319 1352 1424 1448
10 **σκοτεισθήτωσαν** οἱ ὀφθαλμοὶ αὐτῶν τοῦ μὴ βλέπειν F G 056 [↑1505 1506 1573 1611 1646c 1734
10 **σκοτισθήτοσαν** οἱ ὀφθαλμοὶ αὐτῶν τοῦ μὴ βλέπειν 618 [↑1735 1738 1739 1827 1836 1837
[↑1854 1874 1881 1891 2125 2147
[↑2344 2400 2412 2495 2815 **uwτ** Er1

καὶ τὸν νῶτον αὐτῶν διὰ παντὸς σύνκαμψον. B ℵ D* F G **w**
καὶ τὸν ·········ν αὐτῶν διὰ παντὸς σύνκαμψον. 𝔓46
καὶ τὸν **νότον** αὐτῶν διὰ παντὸς σύνκαμψον. 1735
καὶ τὸν **νότον** αὐτῶν διὰ παντὸς **σύγκαμψον**. 33 945 1874 2464
καὶ τὸν **νότον** **αὐτὸν** διὰ παντὸς **σύγκαμψον**. 1243
καὶ τὸν νώτον **αὐτὸν** διὰ παντὸς **σύγκαψον**. 1315 1506
καὶ τὸν νῶτον αὐτῶν διὰ παντὸς **σύγκαψον**. 69 131 209* 326 489 1175 1352 1573 1738
καὶ τὸν νῶτον αὐτῶν διὰ παντὸς **σύνκαψον**. 1424 1646c [↑1836 1837 1854 1881 2147
καὶ τὸν νῶτον νῶτον αὐτῶν διὰ παντὸς **σύνκαψον**. 1646* [↑2344 2495
καὶ τὸν νῶτον αὐτῶν διὰ παντὸς **σύγκυψον**. 330
τὸν νῶτον αὐτῶν διὰ παντὸς **σύγκαψον**. 1827
······ τὸν νῶτον αὐτῶν διὰ παντὸς **σύγκαμψον**. 88
καὶ τὸν νῶτον αὐτῶν διὰ παντὸς **σύγκαμψον**. A C D2 L P Ψ 049 056 1 6 104 205 209c
226 323 365 424 440 460 517 547 614 618 796 910 927 999 1241 1242 1245 1270
1319 1448 1505 1611 1734 1739 1891 2125 2400 2412 2815 **uτ** Er1

The Salvation of the Gentiles

11 Λέγω οὖν, μὴ ἔπταισαν ἵνα πέσωσιν; μὴ γένοιτο· ἀλλὰ τῷ B ℵ A D1.2 L P 049 33 69 88 460
11 ·········· ·····ν, μὴ ἔπταισαν ἵνα πέσωσιν; μὴ ·········· ····λὰ τῷ 𝔓46 [↑910 1175 1241 1424 1735
11 Λέγω οὖν, μὴ ἔπταισαν ἵνα πέσωσιν; μὴ **γένοιτω**· ἀλλὰ τῷ 618 [↑2125 2344 **uw**
11 Λέγω οὖν, μὴ ἔπταισαν ἵνα πέσωσιν; μὴ γένοιτο· ἀλλὰ **τὸ** 326 1837 1881 2464
11 Λέγω οὖν, μὴ ἔπταισαν ἵνα πέσωσιν; μὴ γένοιτο· ἀλλὰ τῶι 424 1739
11 Λέγω οὖν, μὴ **ἔπτεσαν** ἵνα πέσωσιν; μὴ γένοιτο· ἀλλὰ τῷ D* 1506
11 Λέγω οὖν, μὴ **ἔπτεσαν** ἵνα πέσωσιν; μὴ γένοιτο· ἀλλὰ **τὸ** 1243
11 Λέγω οὖν, μὴ **ἔπτεσαν** ἵνα **πέσωσειν**; μὴ γένοιτο· ἀλλὰ τῷ F G
11 Λέγω οὖν, μὴ **ἔπτεσαν** ἵνα **πέσωσωσιν**; μὴ γένοιτο· ἀλλὰ **τὸ** 1874
11 ἀλλὰ τῷ Cl II 43.4
11 Λέγω οὖν, μὴ ἔπταισαν ἵνα **πταισωσιν** μὴ γένοιτο· ἀλλὰ τῷ 1836
11 Λέγω οὖν, μὴ ἔπταισαν ἵνα **πέσωσι**; μὴ γένοιτο· ἀλλὰ τῶι 945 1270 1891
11 Λέγω **δὲ**, μὴ ἔπταισαν ἵνα **πέσωσι**; μὴ γένοιτο· ἀλλὰ τῷ 330 2400
11 Λέγω οὖν, μὴ ἔπταισαν ἵνα **πέσωσι**; μὴ γένοιτο· ἀλλὰ **τὰ** 1315
11 Λέγω οὖν, μὴ ἔπταισαν ἵνα **πέσωσι**; μὴ **γένητω**· ἀλλὰ τῷ 1646 [↓323 365 440 489 517 547
11 Λέγω οὖν, μὴ ἔπταισαν ἵνα **πέσωσι**; μὴ γένοιτο· ἀλλὰ τῷ C Ψ 056 1 6 104 131 205 209 226
614 796 927 999 1242 1245 1319 1352 1448 1505 1573 1611 1734 1738 1827 1854 2147 2412 2495 2815 **τ** Er1

lac. 11.9-11 𝔓10 𝔓113 K 0172 1982 **11.9-10** 1506

C 11.9 ψα ζη 209 1854 | λς ψαλμου ξη 049 1874 | λδ ψαλμου ξη 1175 **11** κ,ε ια 209 ¦ προς ρωμ φυλλ, και φυλλ, ια κ,ε ια 209

E 11.9-10 Ps 69.22-23; 35.8 **11** Ac 13.46; 18.6; Dt 32.21; Ro 10.19

αὐτῶν παραπτώματι ἡ σωτηρία τοῖς ἔθνεσιν εἰς τὸ παραζηλῶσαι αὐτούς. B ℵ A C D 69 365 424
αὐτῶν παραπτώματι .. .. εἰς τὸ παραζη.......... .... 𝔓46 [↑1175 1424 1505
αὐτῶν παραπτώματι ἡ σωτηρία τοῖς ἔθνεσιν εἰς **τῶ** παραζηλῶσαι αὐτούς. 1735 [↑2344 2495 **uwτ**
αὐτῶν **παραρτώματι** ἡ **σωτηρεία** τοῖς **ἔθνεσειν** εἰς τὸ παραζηλῶσαι αὐτούς. F [↑Er1 Cl II 43.4
αὐτῶν παραπτώματι ἡ **σωτηρεία** τοῖς **ἔθνεσειν** εἰς τὸ παραζηλῶσαι αὐτούς. G
αὐτῶν παραπτώματι ἡ σρια τοῖς **ἔθνεσι** εἰς τὸ παραζηλῶσαι αὐτούς. 1245
αὐτῶ παραπτώματι ἡ σρια τοῖς **ἔθνεσι** εἰς τὸ παραζηλῶσαι αὐτούς. 330
αὐτῶ παραπτώματι ἡ σωτηρία τοῖς ἔθνεσιν εἰς τὸ παραζηλῶσαι αὐτούς. 910
αὐτῶ παραπτώματι ἡ σρια τοῖς ἔθνεσιν εἰς τὸ παραζηλῶσαι αὐτούς. 1241 2400
αὐτῶν **παραπτώματα** ἡ σρια τοῖς ἔθνεσιν εἰς τὸ παραζηλῶσαι αὐτούς. 440 1315
αὐτῶν παραπτώματι ἡ σρια τοῖς ἔθνεσιν εἰς τὸ **παραζηλῶσε** αὐτούς. 618
αὐτὸν παραπτώματι **εἰς σριαν** τοῖς ἔθνεσιν εἰς τὸ παραζηλῶσαι αὐτούς. 1243
αὐτῶν παραπτώματι ἡ σρια τοῖς **ἔθνησιν** εἰς τὸ παραζηλῶσαι αὐτούς. 1646
αὐτῶν παραπτώματι ἡ σρια τοῖς ἔθνεσιν εἰς τὸ παραζηλῶσαι αὐτούς. L P Ψ 049 056 1 6 33 88
104 131 205 209 226 323 326 460 489 517 547 614 796 927 945 999 1242 1270 1319 1352 1448
1506 1573 1611 1734 1738 1739 1827 1836 1837 1854 1874 1881 1891 2125 2147 2412 2464 2815

[↓1448 1505 1506 1573 1611 1734 1739 1827 1854 1874 1881 2125 2344 2400 2412 2495 2815 **uwτ** Er1
[↓1 6 69 104 205 209c 226 323 365 424 489 547 614 796 927 945 999 1241 1242 1243 1245 1270 1319 1352
12 εἰ δὲ τὸ παράπτωμα αὐτῶν πλοῦτος κόσμου καὶ τὸ ἥττημα αὐτῶν πλοῦτος B ℵ C D L P 056
12 εἰ δὲ τὸ παράπτωμα αὐτῶν πλοῦτος **κόσμω** καὶ τὸ ἥττημα αὐτῶν πλοῦτος Ψ
12 **εἰς** δὲ τὸ παράπτωμα αὐτῶν πλοῦτος κόσμου καὶ τὸ ἥττημα αὐτῶν πλοῦτος 209*
12 εἰ δὲ τὸ παράπτωμα αὐτῶν πλοῦτος κόσμου καὶ **τῶ** ἥττημα αὐτῶν πλοῦτος 2464
12 εἰ δὲ **τῶ** παράπτωμα αὐτῶν πλοῦτος κόσμου καὶ τὸ ἥττημα αὐτῶν πλοῦτος 1175
12 εἰ δὲ τὸ παράπτωμα **αὐτοῦ** πλοῦτος κόσμου καὶ τὸ ἥττημα αὐτῶν πλοῦτος 440 1315
12 εἰ δὲ τὸ παράπτωμα **αὐτὸν κόσμου πλοῦτος** καὶ τὸ ἥττημα **αὐτὸν** πλοῦτος 618
12 .... αὐτῶ.. .... 𝔓46
12 omit A
12 εἰ δὲ τὸ παράπτωμα αὐτῶν πλοῦτος κόσμου καὶ τὸ **ἥτοιμα** αὐτῶν πλοῦτος 1646
12 εἰ δὲ τὸ παράπτωμα αὐτῶν πλοῦτος κόσμου καὶ τὸ **ἥτγημα** αὐτῶν πλοῦτος 33 131 326 517
12 εἰ δὲ **τῶ** παράπτωμα αὐτῶν πλοῦτος κόσμου καὶ τὸ **ἥτγειμα** αὐτῶν πλοῦτος 2147 [↑910 1837
12 εἰ δὲ τὸ παράπτωμα αὐτῶν **κόσμου πλοῦτος** καὶ τὸ ἥττημα αὐτῶν πλοῦτος 1738 [↑1891
12 εἰ δὲ τὸ παράπτωμα αὐτῶν **κόσμου πλοῦτος** καὶ τὸ **ἥτημα** αὐτῶν πλοῦτος 460
12 εἰ δὲ τὸ παράπτωμα αὐτῶν πλοῦτος κόσμου καὶ τὸ **ἥτημα** αὐτῶν πλοῦτος F 1424
12 εἰ δὲ τὸ παράπτωμα αὐτῶν πλοῦτος κόσμου καὶ τὸ **ἥτημα** **αὐτὸν** πλοῦτος G
12 εἰ δὲ τὸ παράπτωμα αὐτῶν πλοῦτος κόσμου καὶ τὸ **ἥτημα** αὐτῶν πλοῦτος 330
12 εἰ δὲ **τῶ** παραπτώμα αὐτῶν πλοῦτος κόσμου καὶ το **ἥτημα** αὐτῶν πλοῦτος 049*
12 εἰ δὲ **τῶ** παραπτώμα αὐτῶν πλοῦτος κόσμου καὶ τὸ ἥττημα αὐτῶν πλοῦτος 049c
12 εἰ δὲ **τῶ** παράπτωμα αὐτῶν πλοῦτος κόσμου καὶ τὸ **ἥγτημα** αὐτῶν πλοῦτος 88
12 εἰ δὲ τὸ παράπτωμα αὐτῶν πλοῦτος κόσμου καὶ το **ἥτιμα** αὐτῶν πλοῦτος 1836
12 εἰ δὲ **τῶ** **παραπτώματι** αὐτῶν πλοῦτος κόσμου καὶ τὸ **ἥττιμα** αὐτῶν πλοῦτος 1735

[↓1573 1611 1734 1735 1738 1739 1827 1836 1837 1854 1874 1881 1891 2125 2147 2344 2400 2412 2815 **uwτ** Er1
[↓460 489 517 547 614 618 796 910 927 945 999 1175 1241 1242 1243 1245 1270 1315 1319 1352 1448 1505 1506
ἐθνῶν, πόσῳ μᾶλλον τὸ πλήρωμα αὐτῶν. B ℵ C D G L P Ψ 049 056 1 6 69 104 131
ἐθνῶν, **πώσο** μᾶλλον τὸ πλήρωμα αὐτῶν. 33 [↑205 209 226 323 326 330 365 424 440
ἐθνῶν, **πόσο** μᾶλλον τὸ πλήρωμα αὐτῶν. 88
ἐθνῶν, **πολλῷ** μᾶλλον τὸ πλήρωμα αὐτῶν. 1424
ἐθνῶν, πόσῳ **μᾶλλων** τὸ πλήρωμα αὐτῶν. 1646
ἐθνῶν, πόσῳ **μᾶλον** τὸ **πλήρομα** αὐτῶν. 2464
αὐτῶν, πόσῳ μᾶλλον τὸ πλήρωμα αὐτῶν. 2495
ἐθνῶν, πόσῳ μᾶλλον ἡμέρας καὶ Δαυὶδ τὸ πλήρωμα αὐτῶν. F (see vss. 8, 9 above)
.... 𝔓46
omit A

lac. 11.11-12 𝔓10 𝔓113 K 0172 1982

C 11.12 τελ ο της δ̅ 614 1242 1315 2412 | τελ 226 326 330 440 517 796 927 945 1245 1448 1837 1874 2147 | τε δ̅ 1 547 1573 1739 2464

D 11.12 λ̅ 226

E 11.11 Ac 13.46; 18.6; Dt 32.21; Ro 10.19 **12** Ro 11.25

ιδ 13 Ὑμῖν δὲ λέγω τοῖς ἔθνεσιν· ἐφ' ὅσον μὲν οὖν εἰμι ἐγὼ ἐθνῶν B ℵ P 1506 **uw**

13 .... ἐφ' ὅσον μὲν οὖν εἰμι ἐγὼ τῶν ἐθνῶν 𝔓46

13 Ὑμῖν **οὖν** λέγω τοῖς ἔθνεσιν· ἐφ' ὅσον μὲν οὖν εἰμι ἐγὼ ἐθνῶν C

13 Ὑμῖν δε λέγω τοῖς ἔθνεσιν· ἐφ' ὅσον μὲν οὖν εἰμι ἐθνῶν A 104

13 Ὑμῖν δὲ λέγω τοῖς ἔθνεσιν· ἐφ' ὅσον μὲν **εἰμη** ἐθνῶν 1243

13 Ὑμῖν δὲ λέγω τοῖς ἔθνεσιν· ἐφ' ὅσον μὲν εἰμι ἐγὼ ἐθνῶν 1735 1739 1874 1881

13 Ὑμῖν λέγω τοῖς ἔθνεσιν· ἐφ' ὅσον μὲν εἰμι ἐγὼ ἐθνῶν 1827

13 Ὑμῖν **γὰρ** λέγω τοῖς ἔθνεσιν· ἐφ' ὅσον μὲν εἰμι ἐθνῶν 209* 323 460 517 796 945

13 Ὑμῖν **γὰρ** λέγω τοῖς ἔθνεσιν· ἐφ' ὅσον εἰμι ἐθνῶν 365 1319 1573 [↑1448

13 Ὑμῖν **γὰρ** λέγω τοῖς **ἔθνεσειν**· ἐφ' ὅσον **ἐγὼ εἰμει** ἐθνῶν F G

13 Ὑμῖν **γὰρ** λέγω τοῖς ἔθνεσιν· ἐφ' ὅσον εἰμι ἐγὼ ἐθνῶν D 326 618 547 1738 1837

13 Ὑμῖν **γὰρ** λέγω τοῖς **ἔθνεσι**· ἐφ' ὅσον μὲν εἰμι ἐγὼ ἐθνῶν 1352 1646 2344

13 Ὑμῖν **γὰρ** λέγω τοῖς ἔθνεσιν· ἐφ' **ὅσων** μὲν εἰμι ἐγὼ ἐθνῶν 1315

13 Ὑμῖν **γὰρ** λέγω τοῖς ἔθνεσιν· ἐφ' ὅσον μὲν εἰμι ἐγὼ ἐθνῶν L Ψ 049 056 1 6 33 69 88 131 205 209c 226 330 424 440 489 614 910 927 999 1175 1241 1242 1245 1270 1424 1505 1611 1734 1836 1854 1891 2125 2147 2400 2412 2464 2495 2815 **τ** Er1

[↓1424 1448 1505 1506 1573 1611 1734 1735 1738 1739 1827 1837 1854 1881 1891 2125 2464 2495 2815 **uwτ** Er1

[↓205 209 226 323 326 365 424 440 489 517 547 618 796 910 927 945 999 1241 1242 1243 1245 1270 1315 1319 1352

ἀπόστολος, τὴν διακονίαν μου δοξάζω, 14 εἴ πως παραζηλώσω μου τὴν B ℵ Ac C L P 049 056 1 6

ἀπόστολος, τὴν διακονίαν μου δοξάζω, 14 **ἢ** πῶς παραζηλώσω μου τὴν 330 2400 [↑69 104 131

ἀπόστολος, τὴν διακονίαν μου **δοξάσω**, 14 εἴ πως παραζηλώσω μου τὴν 𝔓46 Ψ 33 88 460 1646

ἀπόστολος, τὴν διακονίαν μου **δοξάσω**, 14 **εἴπω** παραζηλώσω μου τὴν 1175 [↑1836 1874 2344

ἀπόστολος, τὴν διακονίαν μου δοξάζω, 14 εἴ πως παραζηλώσω **τὴν σάρκα** D

ἀπόστολος, τὴν **διακονείαν** μου **δοξάσω**, 14 εἴ πως παραζηλώσω **τὴν σάρκα** F G

ἀπόστολος, τὴν **οἰκονομίαν** μου δοξάζω, 14 εἴ πως παραζηλώσω μου τὴν 614 2412

ἀπόστολος, τὴν **οἰκονομίαν** μου δοξάζω, 14 εἴ πως **παραζηλώσο** μου τὴν 2147

ἀπόστολος, τὴν **διαονίαν** μου δοξάζω, 14 εἴ πως παραζηλώσω μου τὴν A*

[↓1270 1319 1352 1424 1448 1573 1611 1739 1827 1836 1837 1854 1881 1891 2125 2344 2400 2815 **uwτ** Er1

[↓1 6 33 88 104 131 209 226 323 326 330 365 424 440 489 517 547 614 910 927 945 1175 1241 1242 1243 1245

σάρκα καὶ σώσω τινὰς ἐξ αὐτῶν. 15 εἰ γὰρ ἡ ἀποβολὴ αὐτῶν καταλλαγὴ B 𝔓46 ℵ A L Ψ 056

μου καὶ σώσω τινὰς ἐξ αὐτῶν. 15 εἰ γὰρ ἡ ἀποβολὴ αὐτῶν καταλλαγὴ D F G

σάρκα καὶ σώσω τινὰς ἐξ αὐτῶν. 15 εἰ γὰρ ἡ **ἀπολὴ** αὐτῶν καταλλαγὴ C

σάρκα καὶ σώσω τινὰς ἐξ αὐτῶν. 15 εἰ γὰρ ἡ ἀποβολὴ αὐτῶν **καταβολὴ** 205

σάρκα καὶ σώσω τινὰς ἐξ αὐτῶν. 15 εἰ γὰρ ἀποβολὴ αὐτῶν καταλλαγὴ 1734

σάρκα καὶ σώσω τινὰς ἐξ αὐτῶν. 15 εἰ γὰρ ἡ ἀποβολὴ αὐτῶν καταλλαγὴ τοῦ 1738

σάρκα καὶ σώσω τινὰς ἐξ αὐτῶν. 15 **ἡ** γὰρ ἡ ἀποβολὴ αὐτῶν καταλλαγὴ τοῦ 618

σάρκα καὶ σώσω τινὰς ἐξ αὐτῶν. 15 **ἡ** γὰρ ἡ ἀποβολὴ αὐτῶν καταλλαγὴ P 049 460 796 999

σάρκα καὶ σώσω τινὰς ἐξ αὐτῶν. 15 **ἡ** γὰρ ἀποβολὴ αὐτῶν καταλλαγὴ 1315 1506 1735

σάρκα καὶ σώσω τινὰς ἐξ **ὑμῶν**. 15 **ἡ** γὰρ ἡ ἀποβολὴ αὐτῶν καταλλαγὴ 1874 [↑2495

σάρκα καὶ **σώσας** τινὰς ἐξ αὐτῶν. 15 **ἡ** γὰρ ἡ ἀποβολὴ αὐτῶν καταλλαγὴ 2412

σάρκα καὶ σώσω τινὰς ἐξ αὐτῶν. 15 **ἡ** γὰρ ἀποβολὴ αὐτῶν **καταλαγὴ** 1505

σάρκα καὶ σώσω τινὰς ἐξ αὐτῶν. 15 εἰ γὰρ ἡ ἀποβολὴ αὐτῶν **καταλαγὴ** 69 1646c

σάρκα καὶ σώσω τινὰς ἐξ αὐτῶν. 15 εἰ γὰρ ἡ ἀποβολὴ αὐτῶν **καταλαγὴ** πρὸς θν 1646*

σάρκα καὶ **σόσω** τινὰς ἐξ αὐτῶν. 15 εἰ γὰρ **ἀποβολεὶ** αὐτῶν **καταλαγὴ** 2464

σάρκα καὶ σώσω τινὰς ἐξ αὐτῶν. 15 εἰ γὰρ ἀποβολὴ αὐτῶν **κακαταλλαγὴ** 2147

---

lac. 11.13-15 𝔓10 𝔓113 K 0172 1982

C 11.13 αρχ λ 1 | αρχ τη ε της δ εβδ αδ,ε υμιν λεγ τοις εθνε 1 | αρχ τη ε της δ εβδ. αδ,ε υμιν λεγω τοις εθνεσιν 226 | αρχ τη δ της ζ εβδ αδ,ε υμιν λεγω τοις (υμιν γαρ λεγω 1837) 326 1837 | αρχ τη δ 330 | της δ αρχ της ε 440 | αδ,ε υμιν λεγω ε 517 | αρχ 547 | αρχ τη ε της δ εβδ. αδ,ε υμιν λεγω τοις εθνεσιν 796 | αρχ τη ε της δ εβδ αδ,ε υμιν λεγω τοις εθνεσιν 927 | αρχ τη ε της δ εβδ. προς ωμ. αδ,ε υμιν λεγω εφ οσον 945 | αρχ τη ε 1175 | αρχ τη ε ο 1242 | αρχ 1245 | αρχ τη ε της δ εβδ κ, ριβ 1315 | αρχ τη ε της δ εβδ. αδ,ε υμιν λεγω τοις εθνεσιν 1573 | τομο γι κ,ε λ αρχ τη ε της δ εβδ ο αποστολ πρ ρωμ αδελφοι υμιν λεγω τοις εθνεσιν 1739 | αρχ η ε της δ εβδ πρ ρωμαιους αδελφοι υμιν λ,γ τοις 2412 | αρχ τη γ της δ εβδ κ,ε πγ αδελφοι υμιν λεγω τοις 2464

D 11.13 ιδ B | λ 517

E 11.13 Ro 1.5 **14** 1 Co 9.22; 1 Ti 4.16 **15** 2 Co 5.19; Jn 5.25

Errata: 11.15 Kenyon 𝔓46 ἀποβολή : ἡ ἀποβολή 𝔓46

κόσμου, τίς ἡ πρόσλημψις εἰ μὴ ζωὴ ἐκ νεκρῶν; **16** εἰ δὲ ἡ ἀπαρχὴ ἁγία, B $\mathfrak{P}^{46}$ ℵ D* **uw**
κόσμου, τίς ἡ πρόσλημψις εἰ μὴ ζωὴ ἐκ νεκρῶν; **16** εἰ **γὰρ** ἡ ἀπαρχὴ ἁγία, A
κόσμω, **τῆς** ἡ **πρόσληψις** εἰ μὴ ζωὴ ἐκ νεκρῶν; **16** εἰ δὲ ἡ ἀπαρχὴ ἁγία, Ψ
κόσμω, **τῆς** ἡ **πρόλημψις** εἰ μὴ ζωὴ ἐκ **νκρῶν**; **16** εἰ δὲ ἡ ἀπαρχὴ **ἁγεία**, F
κόσμου, **τῆς** ἡ **πρόλημψις** εἰ μὴ ζωὴ ἐκ νεκρῶν; **16** εἰ δὲ ἡ ἀπαρχὴ **ἁγεία**, G
κόσμου, τίς ἡ **πρόληψις** εἰ μὴ ζωὴ ἐκ νεκρῶν; **16** εἰ δὲ ἡ ἀπαρχὴ ἁγία, C
κόσμου, τίς ἡ **πρόσληψις** εἰ μὴ ζωὴ ἐκ νεκρῶν; **16 ἡ** δὲ ἡ ἀπαρχὴ ἁγία, 88 796 1319
κόσμου, τίς ἡ **πρόσληψις** εἰ **μὶ** ζωὴ ἐκ νεκρῶν; **16 ἡ** δὲ ἡ ἀπαρχὴ ἁγία, 460 1315 1424
κόσμου, τίς ἡ **πρόσληψις** εἰ **μὶ** ζωὴ ἐκ νεκρῶν; **16** εἰ δὲ ἡ ἀπαρχὴ ἁγία, 1836
κόσμου, τίς ἡ **πρόσληψις** εἰ μὴ ζωὴ ἐκ νεκρῶν; **16** εἰ δὲ ἀπαρχὴ ἁγία, 330 910 1506
κόσμου, τίς ἡ **πρόσληψεις** εἰ μὴ ζωὴ ἐκ νεκρῶν; **16** εἰ δὲ ἀπαρχὴ ἁγία, 2147 [↑1646*
κόσμου, τίς ἡ **πρόσλιψις** εἰ μὴ ζωὴ ἐκ νεκρῶν; **16** εἰ δὲ ἡ ἀπαρχὴ ἁγία, 33 [↑1874*
κόσμου, τίς ἡ **πρόσλιψις αὐτῶν** εἰ μὴ ζωὴ ἐκ νεκρῶν; **16 ἡ** δὲ ἡ ἀπαρχὴ ἁγία, 1735 [↑2344
κόσμου, τίς ἡ **πρόσλειψις** εἰ **μὶ** ζωὴ ἐκ νεκρῶν; **16 ἡ** δὲ ἡ ἀπαρχὴ ἁγία, 2464
κόσμου, τίς ἡ **πρόσληψης** εἰ μὴ ζωὴ ἐκ νεκρῶν; **16 ἡ** δὲ ἡ ἀπαρχὴ ἁγία, 618
κόσμου, τίς ἡ **πρόσληψης** εἰ μὴ ζωὴ ἐκ νεκρῶν; **16** εἰ δὲ ἀπαρχὴ ἁγία, 1243
κόσμου, τίς ἡ **πρόσληψις** εἰ μὴ ζωὴ ἢ ἐκ νεκρῶν; **16** εἰ δὲ ἡ ἀπαρχὴ ἁγία, 326
κόσμου, τίς ἡ **πρόσληψις** εἰ **μὶ** ζωὴ ἢ ἐκ νεκρῶν; **16** εἰ δὲ ἡ ἀπαρχὴ ἁγία, 1837
κόσμου, τίς ἡ **πρόσληψις** εἰ μὴ ζωὴ ἐκ νεκρῶν; **16** εἰ δὲ ἡ ἀπαρχὴ ἁγία, D$^{1.2}$ L P 049 056
1 6 69 104 131 205 209 226 323 365 424 440 489 517 547 614 927 945 999 1175 1241 1242 1245 1270 1352
1448 1505 1573 1611 1646^{c} 1734 1738 1739 1827 1854 1874^{c} 1881 1891 2125 2400 2412 2495 2815 **τ** Er^{1}

[↓1505 1573 1611 1734 1739 1827 1836 1837 1854 1874 1891 2125 2344 2400 2412 2495 2815 **uwτ** Er^{1}
[↓323 326 330 365 424 440 489 517 547 614 796 927 945 999 1175 1242 1270 1315 1319 1352 1424^{c} 1448
καὶ τὸ φύραμα· καὶ εἰ ἡ ῥίζα ἁγία, καὶ οἱ κλάδοι. B ℵ A C D L P^{c} Ψ 049 056 1 33 69 104 131 205 209 226
καὶ τὸ φύραμα· καὶ ἡ ῥίζα, καὶ οἱ κλάδοι. $\mathfrak{P}^{46}$
καὶ τὸ φύραμα· καὶ **ἡ** ἡ ῥίζα ἁγία, καὶ οἱ κλάδοι. 1735
καὶ τὸ φύραμα· καὶ ἡ **ῥείζα ἁγεία**, καὶ οἱ κλάδοι. F G
καὶ **εἰ ἡ ῥίζα ἁγί**, **καὶ τὸ φύραμα,** καὶ οἱ κλάδοι. 1646 [↓1881 2147 2464
καὶ τὸ φύραμα· καὶ ἡ ῥίζα ἁγία, καὶ οἱ κλάδοι. P* 6 88 460 618 910 1241 1243 1245 1424* 1506 1738

[↓1646 1734 1735 1738 1739 1827 1836 1837 1854 1874 1881 1891 2125 2147 2344 2400 2412 2495 2815 **uwτ** Er^{1}
[↓330 365 424 440 517 547 614 796 910 945 1175 1241 1242 1245 1270 1315^{c} 1319 1352 1448 1505 1506 1573 1611
17 Εἰ δέ τινες τῶν κλάδων ἐξεκλάσθησαν, σὺ δὲ ἀγριέλαιος B C D L P Ψ 049 056 1 6 33
17 Εἰ δέ τινες τῶν κλάδων ἐξεκλάσθησαν, σὺ ἀγριέλαιος 489 927 [↑69 88 104 131 205
17 οἱ δέ τινες τινες τῶν κλάδων ἐξεκλάσθησαν, σὺ δὲ ἀγριέλαιος 999 [↑209 226 323 326
17 Εἰ δέ τινες τῶν κλάδων ἐξεκλάσθησαν, σὺ δὲ **ἀγρέλαιος** 1315*
17 Εἰ δέ **τεινες** τῶν κλάδων **ἐχξεκλάσθησαν**, σὺ δὲ **ἀγρειέλαιος** G*
17 Εἰ δέ **τεινες** τῶν κλάδων ἐξεκλάσθησαν, σὺ δὲ **ἀγρειέλαιος** F G^{c}
17 Εἰ δέ τινες τῶν κλάδων ἐξεκλάσθησαν, σὺ δὲ **ἀγριέλεος** $\mathfrak{P}^{46}$ ℵ A 460 618 1424
17 Εἰ δέ τινες **τὸν κλάδον** ἐξεκλάσθησαν, σὺ δὲ **ἀγριέλεος** 1243
17 Εἰ δέ τινες τῶν κλάδων ἐξεκλάσθησαν, σὺ δὲ **ἀγριέλεως** 2464

lac. 11.15-17 $\mathfrak{P}^{10}$ $\mathfrak{P}^{113}$ K 0172 1982

E 11.15 2 Co 5.19; Jn 5.25 **16** Nu 15.17-21; Ne 10.37; Ez 44.30 **17** Eph 2.11-19

ὢν ἐνεκεντρίσθης ἐν αὐτοῖς καὶ συνκοινωνὸς τῆς ῥίζης τῆς πειότητος B*
ὢν ἐνεκεντρίσθης ἐν αὐτοῖς καὶ συνκοινωνὸς τῆς **πιότητος** 𝔓^{46}
ὢν ἐνεκεντρίσθης ἐν αὐτοῖς καὶ συνκοινωνὸς τῆς ῥίζης τῆς **πιότητος** ℵ* **w**
ὢν ἐνεκεντρίσθης ἐν αὐτοῖς καὶ **συγκοινωνὸς** τῆς ῥίζης τῆς **πιότητος** B^{c} C^{c} 1175^{c} 1506 **u**
ὢν ἐνεκεντρίσθης ἐν αὐτοῖς καὶ **συγκοινωνὸς** τῆς ῥίζης τῆς **πιώτητος** 1175*
ὢν ἐνεκεντρίσθης ἐν αὐτοῖς καὶ **συγκοινωνὸς** τῆς ῥίζης τῆς **πιότητος καὶ** Ψ
ὢν ἐνεκεντρίσθης αὐτοῖς καὶ **συγκοινωνὸς** τῆς ῥίζης τῆς **πιότητος** C*
ὢν ἐνεκεντρίσθης ἐν αὐτοῖς καὶ **συγκοινωνὸς** τῆς ῥίζης **ἐγένου καὶ τῆς** 489 927
ὢν ἐνεκεντρίσθης ἐν αὐτοῖς καὶ **συγκοινωνὸς** τῆς ῥίζης καὶ τῆς **ποιότητος** 69* 614 999 2412
ὢν ἐνεκεντρίσθης ἐν αὐτοῖς καὶ συνκοινωνὸς τῆς ῥίζης καὶ τῆς **πιότητος** ℵ^{c} A D^{1} 049 33
ὢν ἐνεκεντρίσθης ἐν αὐτοῖς καὶ συνκοινωνὸς **ἐγένου** τῆς **πιότητος** D* [↑104 326 1735
ὢν ἐνεκεντρίσθης ἐν αὐτοῖς καὶ συνκοινωνὸς **ἐγένου** τῆς πειότητος F G [↑1837
ὢν ἐνεκεντρίσθης ἐν αὐτοῖς καὶ **συγκοινωνὸς ἐγένου** τῆς ῥίζης καὶ τῆς **πιότητος** D^{2}
ὢν ἐνεκεντρίσθης ἐν αὐτοῖς καὶ **κοινωνὸς** τῆς ῥίζης καὶ τῆς **πιότητος** 1611
ὃν ἐνεκεντρίσθεις ἐν αὐτοῖς καὶ **συνκοινονὸς** τῆς ῥίζης καὶ τῆς **πιότητος** 2464
ὢν **ἐνεκεντρίσθεις** ἐν αὐτοῖς καὶ **συγκοινωνὸς** τῆς ῥίζης καὶ τῆς **πιότητος** 1874*
ὢν **ἐκεντρίσθης** ἐν αὐτοῖς καὶ **συγκοινωνὸς** τῆς ῥίζης καὶ τῆς **πιότητος** L
ὢν ἐνεκεντρίσθης ἐν αὐτοῖς καὶ **συγκοινωνὸς** τῆς ῥίζης καὶ τῆς **πιώτητος** 618
ὢν ἐνεκεντρίσθης ἐν αὐτοῖς καὶ **συγκωνὸς** τῆς ῥίζης καὶ τῆς **πιότητος** 1319*
ὢν ἐνεκεντρίσθης ἐν αὐτοῖς **συκοινωνὸς** τῆς ῥίζης καὶ τῆς **πιότιτος καὶ** 1646*
ὢν ἐνεκεντρίσθης ἐν αὐτοῖς **συγκοινωνὸς** τῆς ῥίζης καὶ τῆς **πιότιτος καὶ** 1646^{c}
ὢν ἐνεκεντρίσθης ἐν αὐτοῖς καὶ **συγκοινωνὸς** τῆς ῥίζης καὶ τῆς **πιότητος** P 056 1 6 69^{c} 88
131 205 209 226 323 330 365 424 440 460 517 547 796 910 945 1241 1242 1243 1245 1270 1315 1319^{c} 1352
1424 1448 1505 1573 1734 1738 1739 1827 1836 1854 1874^{c} 1881 1891 2125 2147 2344 2400 2495 2815 **τ** Er^{1}

[↓1573 1611 1646 1734 1735 1738 1739 1827 1836 1837 1854 1874 1881 1891 2125 2147 2344 2495 2815 **uwτ** Er^{1}
[↓209 226 323 326 365 424 440 517 547 910 945 999 1175 1241 1242 1245 1270 1319 1352 1424 1448 1505 1506
τῆς ἐλαίας ἐγένου, **18** μὴ κατακαυχῶ τῶν κλάδων· εἰ δὲ κατακαυχᾶσαι B C Ψ 049 1 6 69 88
τῆς **ἐλέας** ἐγένου, **18** μὴ κατακαυχῶ τῶν κλάδων· εἰ δὲ **σὺ καυχᾶσαι** 𝔓^{46} [↑104 131 205
τῆς **ἐλέας**, **18** μὴ κατακαυχῶ τῶν κλάδων· εἰ δὲ **σὺ καυχᾶσαι** D*
τῆς ἐλαίας, **18** μὴ κατακαυχῶ τῶν κλάδων· εἰ δὲ **σὺ καυχᾶσαι** F G
τῆς ἐλαίας, **18** μὴ κατακαυχῶ τῶν κλάδων· εἰ δὲ κατακαυχᾶσαι D^{2}
τῆς ἐλαίας ἐγένου, **18** μὴ κατακαυχῶ τῶν κλάδων· εἰ δὲ κατακαυχᾶσαι D^{1}
τῆς **ἐλέας** ἐγένου, **18** μὴ κατακαυχῶ τῶν κλάδων· εἰ δὲ κατακαυχᾶσαι ℵ 056 1243 2464
τῆς ἐλαίας ἐγένου, **18** μὴ κατακαυχῶ τῶν κλάδων· **ἢ** δὲ κατακαυχᾶσαι 460
τῆς **ἐλαίου** ἐγένου, **18** μὴ κατακαυχῶ τῶν κλάδων· εἰ δὲ κατακαυχᾶσαι 614 2412
ἐγένου, **18** μὴ **κατατακαυχῶ** τῶν κλάδων· εἰ δὲ κατακαυχᾶσαι 796
τῆς ἐλαίας ἐγένου, **18** μὴ κατακαυχῶ **τῶ** κλάδων· εἰ δὲ **καυχᾶσαι** 330
τῆς ἐλαίας ἐγένου, **18** μὴ κατακαυχῶ τῶν κλάδων· εἰ δὲ **καυχᾶσαι** 2400
τῆς ἐλαίας ἐγένου, **18** μὴ κατακαυχῶ τῶν κλάδων· εἰ δὲ **κατακέκαυσε** 33
τῆς ἐλαίας ἐγένου, **18** μὴ κατακαυχῶ τῶν κλάδων· εἰ δὲ **κατακαυχᾶσε** A L P 618
τῆς ἐλαίας ἐγένου, **18** μὴ κατακαυχῶ τῶν κλάδων· εἰ δὲ **κατακαυχᾶσε** 1315
πιότιτος τῆς ἐλαίας, **18** μὴ κατακαυχῶ τῶν κλάδων· εἰ δὲ κατακαυχᾶσαι 489 927

οὐ σὺ τὴν ῥίζαν βαστάζεις ἀλλὰ ἡ ῥίζα σέ. **19** ἐρεῖς οὖν· Ἐξεκλάσθησαν B **uw**
οὐ σὺ τὴν ῥίζαν βαστάζεις **ἀλ'** ἡ ῥίζα σέ. **19** ἐρεῖς οὖν· Ἐξεκλάσθησαν 𝔓^{46}
οὐ σὺ τὴν ῥίζαν βαστάζεις ἀλλὰ ἡ ῥίζα σέ. **19** **ἐρῖς** οὖν· Ἐξεκλάσθησαν ℵ
οὐ σὺ τὴν ῥίζαν βαστάζεις ἀλλὰ ἡ ῥίζα σέ. **19** **ἐρῖς** οὖν· Ἐξεκλάσθησαν οἱ D*
οὐ σὺ τὴν ῥίζαν βαστάζεις **ἀλλ'** ἡ ῥίζα σέ. **19** ἐρεῖς οὖν· Ἐξεκλάσθησαν οἱ D^{1} 056 1 88 330 424
οὐ σὺ τὴν **ῥείζαν** βαστάζεις **ἀλλ'** ἡ **ῥείζα** σέ. **19** ἐρεῖς οὖν· **Εἰ κλάσθησαν** F G [↑440 547 1270*
οὐ σὺ τὴν ῥίζαν βαστάζεις **ἀλλ'** ἡ ῥίζα σέ. **19** ἐρεῖς οὖν· **Ἐξεκλάσθισαν** 6 [↑1315 1505 1611
οὐ σὺ τὴν ῥίζαν βαστάζεις **ἀλλ'** ἡ ῥίζα σέ. **19** **ἐχεῖς** οὖν· Ἐξεκλάσθησαν 1175 [↑2147 2400 2495
οὐ σὺ τὴν **ῥήζαν** βαστάζεις **ἀλλ'** ἡ ῥίζα σέ. **19** ἐρεῖς οὖν· Ἐξεκλάσθησαν 1646 [↑**τ**
οὐ σὺ τὴν ῥίζαν **βαστάζης ἀλλ'** ἡ ῥίζα σέ. **19** ἐρεῖς οὖν· Ἐξεκλάσθησαν 33 1506 2125
οὐ σὺ τὴν ῥίζαν βαστάζεις **ἀλλ'** ἡ ῥίζα σέ. **19** ἐρεῖς οὖν· Ἐξεκλάσθησαν A C D^{2} L P Ψ 049 69
104 131 205 209 226 323 326 365 460 489 517 614 618 796 910 927 945 999 1241 1242 1243 1245 1270^{c} 1319
1352 1424 1448 1573 1734 1735 1738 1739 1837 1827 1836 1854 1874 1881 1891 2344 2412 2464 2815 Er^{1}

---

lac. 11.17-19 𝔓^{10} 𝔓^{113} K 0172 1982

C 11.19 αρχ τη ε̅ 330

E 11.17 Eph 2.11-19 **18** Jn 4.22

Errata: 11.17 na D* F G om. τῆς ῥίζης : ἐγένου D* F G; τῆς ῥίζης καί D^{1}; ἐγένου τῆς ῥίζης καί D^{2}
11.17 ubs Ψ τῆς ῥίζης τῆς πιότητος : τῆς ῥίζης τῆς πιότητος καί Ψ
11.17 ubs 614 πιότητος : ποιότητος 614

κλάδοι ἵνα ἐγὼ ἐνκεντρισθῶ. **20** καλῶς· τῇ ἀπιστίᾳ ἐκλάσθησαν, B* D*
κλάδοι ἵνα ἐγὼ ἐνκεντρισθῶ. **20** καλῶς· ····· ἀπιστία **ἐξεκλάσθησαν**, 𝔓^{46}
κλάδοι ἵνα ἐγὼ ἐνκεντρισθῶ. **20** καλῶς· τῇ ἀπιστίᾳ **ἐξεκλάσθησαν**, D^{1} 205 1175 1319
κλάδοι ἵνα ἐγὼ ἐνκεντρισθῶ. **20** καλῶς· τῇ ἀπιστίᾳ **ἐξεκλάσθησαν**, ℵ 131 326 1874 2147 **w**
κλάδοι ἵνα ἐγὼ **ἐνκεγτρισθῶ**. **20** καλῶς· τῇ ἀπιστίᾳ **ἐξεκλάσθησαν**, D^{2}
κλάδοι ἵνα ἐγὼ ἐνκεντρισθῶ. **20** καλῶς· **τὴν ἀπιστείᾳ** ἐκλάσθησαν, F G
κλάδοι ἵνα ἐγὼ ἐνκεντρισθῶ. **20** καλῶς· **τὴν ἀπιστεία**ν **ἐξεκλάσθησαν**, 1506
κλάδοι ἵνα ἐγὼ ἐνκεντρισθῶ. **20** καλῶς· τῇ **ἀπιστείᾳ** **ἐξεκλάσθησαν**, A 049 33 1735 1837
κλάδοι ἵνα ἐγὼ **ἐγκετρισθῶ**. **20** καλῶς· τῇ **ἀπιστείᾳ** **ἐξεκλάσθησαν**, 489
κλάδοι ἵνα ἐγὼ **ἐγκετρισθῶ**. **20** καλῶς· τῇ **ἀπιστείᾳ** **ἐξεκλάσθησαν**, 927
κλάδοι **ἵινα** ἐγὼ **ἐγκετρισθῶ**. **20** καλῶς· τῇ ἀπιστίᾳ **ἐξεκλάσθησαν**, 1646
κλάδοι ἵνα ἐγὼ **ἐγκεντρισθῶ**. **20** καλῶς· τῇ ἀπιστίᾳ ἐκλάσθησαν, B^{c} [↓2464
κλάδοι ἵνα ἐγὼ **ἐγκεντρισθῶ**. **20** καλῶς· τῇ **ἀπιστείᾳ** **ἐξεκλάσθησαν**, L 88 460 614 618 2125
κλάδοι ἵνα ἐγὼ **ἐγκεντρισθῶ**. **20** καλῶς· τῆι ἀπιστίᾳ **ἐξεκλάσθησαν**, 424 945 1270 1891
κλάδοι ἵνα ἐγὼ **ἐγκεντρισθῶ**. **20** καλῶς· τῆι ἀπιστίαι **ἐξεκλάσθησαν**, 1739
κλάδοι ἵνα ἐγὼ **ἐγκεντρισθῶ**. **20** καλῶς δὲ· τῇ ἀπιστίᾳ **ἐξεκλάσθησαν**, 330
κλάδοι ἵνα ἐγὼ **ἐγκεντρισθῶ**. **20** καλῶς· τῇ ἀπιστίᾳ **ἐξεκλάσθησαν**, C P Ψ 056 1 6 69 104 209 226 323 365 440 517 547 796 910 999 1241 1242 1243 1245 1315 1352 1424 1448 1505 1573 1611 1734 1738 1827 1836 1854 1881 2344 2400 2412 2495 2815 **uτ** Er^{1}

σὺ δὲ τῇ πίστει ἕστηκας. μὴ ὑψηλὰ φρόνει ἀλλὰ φοβοῦ· **21** εἰ γὰρ B **uw**
σὺ δὲ τῇ π······ ἕστηκας. μὴ ὑψηλὰ φρόνει ἀλλὰ φοβοῦ· **21** εἰ γὰρ 𝔓^{46}
σὺ δὲ τῇ πίστει ἕστηκας. ····· ὑψηλὰ φρόνει ἀλλὰ φο······· **21** εἰ γὰρ A
σὺ δὲ τῇ **πίστι** ἕστηκας. μὴ ὑψηλὰ φρόνει ἀλλὰ φοβοῦ· **21** εἰ γὰρ ℵ
σὺ·· δὲ **τη**· **πίστι** ἕστηκας. μὴ **ὑψηλοφρόνει** ἀλλὰ φοβοῦ· **21** εἰ γὰρ D*
σὺ δὲ τῇ **πίστι** ἕστηκας. μὴ **ὑψηλοφρόνει** ἀλλὰ φοβοῦ· **21** εἰ γὰρ C
σὺ δὲ τῇ πίστει ἕστηκας. καὶ μὴ **ὑψηλοφρόνει** ἀλλὰ φοβοῦ· **21** εἰ γὰρ 1573
σὺ δὲ τῆι πίστει ἕστηκας. μὴ **ὑψηλοφρόνει** ἀλλὰ φοβοῦ· **21** εἰ γὰρ 517 945 1739
····· ····· ····· ·······τει ἕστηκας. μὴ **ὑψηλοφρόνει** ἀλλὰ φοβοῦ· **21** εἰ γὰρ 1611 [↑1891
σὺ δὲ τῇ πίστει ἕστηκας. μὴ **ὑψηλοφρόνει** οὖν ἀλλὰ φοβοῦ· **21** εἰ γὰρ 1243
σὺ δὲ τῇ πίστει ἕστηκας. μὴ **ὑψιλοφρόνει** οὖν ἀλλὰ φοβοῦ· **21** εἰ γὰρ 1735
σὺ δὲ τῇ πίστει ἕστηκας. μὴ **ὑψιλοφρόνει** ἀλλὰ φοβοῦ· **21** εἰ γὰρ 2147
σὺ δὲ πίστει ἕστηκας. μὴ **ὑψηλοφρόνει** ἀλλὰ φοβοῦ· **21** εἰ γὰρ Er^{1}
σὺ δὲ τῇ **πείστει** ἕστηκας. μὴ **ὑψηλοφρόνει** ἀλλὰ φοβοῦ· **21** εἰ γὰρ F G
σὺ δὲ τῇ πίστει ἕστηκας. μὴ **ὑψηλοφρόνη** ἀλλὰ φοβοῦ· **21** εἰ γὰρ L 104^{c}
σὺ δὲ τῇ πίστει **στηκας**. μὴ **ὑψηλοφρόνη** ἀλλὰ φοβοῦ· **21** εἰ γὰρ 104*
σὺ δὲ τῇ **πίστη** ἕστηκας. μὴ **ὑψηλοφρόνει** ἀλλὰ φοβοῦ τὸν θ̅ν̅· **21** εἰ γὰρ 1646*
σὺ δὲ τῇ **πίστη** ἕστηκας. μὴ **ὑψηλοφρόνει** ἀλλὰ φοβοῦ· **21** εἰ γὰρ 1646^{c}
σὺ δὲ τῇ πίστει ἕστηκας. μὴ **ὑψηλωφρόνη** ἀλλὰ φοβοῦ· **21** εἰ γὰρ 2464
σὺ δὲ τῇ πίστει ἕστηκας. μὴ **ὑψηλοφρόνει** ἀλλὰ φοβοῦ· **21** εἰ γὰρ D^{2} P Ψ 049 056 1 6 33 69 88 131 205 209 226 323 326 330 365 424 440 460 489 547 614 618 796 910 927 999 1175 1241 1242 1245 1270 1315 1319 1352 1424 1448 1505 1506 1734 1738 1827 1836 1837 1854 1874 1881 2125 2344 2400 2412 2495 2815 **τ**

ὁ θ̅ς̅ τῶν κατὰ φύσιν κλάδων οὐκ ἐφείσατο, οὐδὲ σοῦ B C 6 365 424^{c} 1319 1506 1573 1739 1881
ὁ θεὸς τῶν κατὰ φύσιν κλάδων οὐκ ἐφείσατο, οὐδὲ σοῦ [**u**]**w**
ὁ θ̅ς̅ τῶν κατὰ φύσιν ········δων οὐκ **ἐφίσατο**, οὐδὲ σοῦ A
ὁ θ̅ς̅ τῶν κατὰ φύσιν κλάδων οὐκ **ἐφίσατο**, οὐδὲ σοῦ ℵ P
ὁ θ̅ς̅ τῶν κατὰ φύσιν κλάδων οὐκ **ἐφίσατο**, μή πως οὐδὲ σοῦ D*
ὁ θ̅ς̅ τῶν κατὰ **φύσει** κλάδων ········ ···φείσατο, μή πως οὐδὲ σοῦ 𝔓^{46}
ὁ θεὸς τῶν κατὰ φύσιν κλάδων οὐκ ἐφείσατο, μή πως οὐδὲ σοῦ [**u**]**τ** Er^{1}
ὁ θ̅ς̅ τῶν κατὰ **φύσειν** κλάδων οὐκ ἐφείσατο, μή πως οὐδὲ σοῦ F G
ὁ θ̅ς̅ τῶν κατὰ φύσιν κλάδων οὐκ **ἐφήσατο**, μή πως οὐδὲ σοῦ 1 2464
ὁ θ̅ς̅ τῶν κλάδων οὐκ ἐφείσατο, μή πως οὐδὲ σοῦ 440
ὁ θ̅ς̅ τῶν κατὰ φύσιν **κλάδον** οὐκ ἐφείσατο, μή πως οὐδὲ σοῦ 618
ὁ θ̅ς̅ **τὸν** κατὰ φύσιν κλάδων οὐκ ἐφείσατο, μή πως οὐδὲ σοῦ 326 910 1837
ὁ θ̅ς̅ **τὸν** κατὰ **φύσει** κλάδων οὐκ ἐφείσατο, μή πως οὐδὲ σοῦ 1243
ὁ θ̅ς̅ τῶν κατὰ φύσιν κλάδων οὐκ ἐφείσατο, μή πως οὐδὲ σοῦ D^{2} L Ψ 049 056 33 69 88 104 131 205 209 226 323 330 424* 460 489 517 547 614 796 927 945 999 1175 1241 1242 1245 1270 1315 1352 1424 1448 1505 1611 1646 1734 1735 1738 1827 1836 1854 1874 1891 2125 2147 2344 2400 2412 2495 2815

lac. 11.19-21 𝔓^{10} 𝔓^{113} K 0172 1982

C 11.20 (post εστηκας) τελ της δ̅ 326 1837 | (ante μη) αρχ τη ε̅ της ζ̅ εβδ αδ,ε μη υψηλαφρο 326 1837

E 11.20 Ro 12.16; 1 Co 10.12; 15.1; 16.13; 2 Co 1.24; 1 Th 3.8; Ro 12.16

φείσεται. 22 ἴδε οὖν χρηστότητα καὶ ἀποτομίαν τοῦ θυ· ἐπὶ μὲν τοὺς B

φείσεται. 22 .... χρηστότητα καὶ ἀποτομίαν τοῦ .... **τοὺς** **μὲν** $\mathfrak{P}^{46}$

φίσεται. 22 ἴδε οὖν χρηστότητα καὶ ἀποτομίαν θυ· ἐπὶ μὲν τοὺς ℵ D*

φίσεται. 22 ἴδε οὖν χρηστότητα .... P

φείσεται. 22 ἴδε οὖν χρηστότητα καὶ ἀποτομίαν θυ· ἐπὶ μὲν οὖν τοὺς 1352

φείσεται. 22 ἴδε οὖν χρηστότητα καὶ ἀποτομίαν θεοῦ· ἐπὶ μὲν τοὺς **uw** Er^1 Cl Paid. I 70.2

......σεται. 22 **εἶδε** οὖν χρηστο......τα καὶ ἀποτομίαν θυ· ἐπὶ μὲν τοὺς A

φείσεται. 22 **εἶδε** οὖν χρηστότητα καὶ ἀποτομίαν θυ· ἐπὶ μὲν τοὺς C 88 1735

φείσεται. 22 **εἶδε** οὖν χρηστότητα καὶ ἀποτομίαν θυ· **ἐπεὶ** μὲν τοὺς F G

22 ἴδε οὖν χρηστότητα καὶ ἀποτομίαν θυ· ἐπὶ μὲν τοὺς 1827

φείσεται. 22 ἴδε οὖν χρηστότητα καὶ ἀποτομίαν θυ· **ἐπεὶ** μὲν τοὺς 33

φείσεται. 22 ἴδε οὖν **χριστότητα** καὶ ἀποτομίαν θυ· ἐπὶ μὲν τοὺς 326 1315 1837

φείσεται. 22 ἴδε οὖν χρηστότητα καὶ ἀποτομίαν θυ· 365

φείσηται. 22 ἴδε οὖν χρηστότητα καὶ ἀποτομίαν θυ· ἐπὶ μὲν τοὺς 323 547 945

φείσηται. 22 ἴδε οὖν χρηστότητα καὶ ἀποτομίαν θεοῦ· ἐπὶ μὲν τοὺς **τ**

φήσεται. 22 ἴδε οὖν **χριστότιτα** καὶ ἀποτομίαν θυ· ἐπὶ μὲν τοὺς 2464

φύσεται. 22 ἴδε οὖν **χρηστότιτα** καὶ ἀποτομίαν θυ· ἐπὶ μὲν τοὺς 1646

φείσεται. 22 ἴδε οὖν χρηστότητα καὶ ἀποτομίαν θυ· ἐπὶ μὲν τοὺς D^2 L Ψ 049 056 1 6 69 104 131 205 209 226 330 424 440 460 489 517 614 618 796 910 927 999 1175 1241 1242 1243 1245 1270 1319 1424 1448 1505 1506 1573 1611 1734 1738 1739 1836 1854 1874 1881 1891 2125 2147 2344 2400 2412 2495 2815

πεσόντας ἀποτομία, ἐπὶ δὲ σὲ χρηστότης θυ, ἐὰν ἐπιμένῃς τῇ χρηστότητι, B 1739^c

πεσόντας ἀποτομία, ... χρηστότης θυ, ἐὰν ἐπιμε··ν··· ... . $\mathfrak{P}^{46}$

πεσόντας ἀποτομία, ἐπὶ δὲ σὲ χρηστότης θεοῦ, ἐὰν ἐπιμένῃς τῇ χρηστότητι, **u w**

πεσόντας ἀποτομία, ἐπὶ δὲ σὲ χρηστότης θυ, ἐὰν **ἐπιμίνῃς** τῇ χρηστότητι, C

πεσόντας ἀποτομία, ἐπὶ δὲ σὲ χρηστότης θυ, ἐὰν **ἐπιμείνῃς** τῇ χρηστότητι, A

πεσόντας ἀποτομία, ἐπὶ δὲ σὲ χρηστότης, ἐὰν **ἐπιμείνῃς** τῇ χρηστότητι, 6

πεσόντας ἀποτομία, ἐπὶ δὲ σὲ χρηστότης, ἐὰν **ἐπιμείνῃς** τῆι χρηστότητι, 424^c

πεσόντας ἀποτομία, ἐπὶ δὲ σὲ χρηστότης θυ, ἐὰν **ἐπιμείνῃις** τῇ χρηστότητι, 1739*

πεσώντας ἀποτομία, ἐπι δὲ σὲ **χριστότης** θυ, ἐὰν **ἐπιμείνῃς** τῇ χρηστότητι, 1506

πεσόντας ἀποτομία, ἐπὶ δὲ σὲ **χρήστοτος** θυ, ἐὰν ἐπιμένῃς τῇ χρηστότητι, ℵ*

πεσόντας **ἀποτομίαν**, ἐπὶ δὲ σὲ **χρήστοτος** θυ, ἐὰν ἐπιμένῃς τῇ χρηστότητι, ℵ^c

πεσόντας **ἀποτομίαν**, ἐπὶ δὲ σὲ χρήστοτης θυ, ἐὰν ἐπιμένῃς τῇ χρηστότητι, D* 1243

πεσόντας **ἀποτομίαν**, ἐπὶ δὲ σὲ χρήστοτης θυ, ἐὰν **ἐπιμείνῃς** τῇ χρηστότητι, 1573 1881

πεσόντας **ἀποτομίαν**, ἐπὶ δὲ σὲ **χρηστότητα** θυ, ἐὰν **ἐπιμήνῃς** τῇ χρηστότητι, 1735

πεσόντας **ἀποτομίαν**, ἐπὶ δὲ σὲ **χρηστότητα** θυ, ἐὰν **ἐπιμείνῃς** τῇ χρηστότητι, 330 2400

πεσόντας **ἀποτομίαν**, ἐπὶ δὲ σὲ **χρηστότητα**, ἐὰν ἐπιμένῃς τῇ χρηστότητι, D^1 Ψ 056

πεσόντας **ἀποτομίαν**, ἐπὶ δὲ σὲ **χρηστότητα**, ἐὰν ἐπιμένῃς τῇ χρηστότητι, 1734

πεσόντας **ἀποτομίαν**, ἐπὶ δὲ σὲ **χρηστότητα**, ἐὰν **ἐπιμείνῃς** **τι** **χριστότητι**, 049

πεσόντας **ἀποτομίαν**, ἐπὶ δὲ σὲ **χρηστότητα**, ἐὰν **ἐπιμείνῃς** τῇ **χριστότητι**, 33 1827 1874

πεσόντας **ἀποτομίαν**, ἐπὶ σὲ **χριστότητα**, ἐὰν **ἐπιμίνῃς** τῇ **χριστότητι**, 1646

πεσόντας **ἀποτομίαν**, **ἐπεὶ** δὲ σὲ **χρηστότητα**, ἐὰν **ἐπειμείνῃς** τῇ χρηστότητι, F G

πεσόντας **ἀποτομίαν**, ἐπὶ δὲ σὲ **χρηστότητα**, ἐὰν **ἐπειμείνῃς** τῇ χρηστότητι, 88

πεσόντας **ἀποτομίαν**, ἐπὶ δὲ σὲ **χρηστότητα**, ἐὰν **ἐπιμείνῃς** 104

πεσόντας **ἀποτομίαν**, ἐπὶ δὲ σὲ **χρηστότητα**, ἐὰν **ἐπιμείνῃς** τῆι χρηστότητι, 424* 1270 1891

ἐὰν **ἐπιμείνῃς** τῇ χρηστότητι, 365

.... ἐὰν **ἐπιμείνῃς** τῇ χρηστότητι, 1982 [↓2495

πεσόντας **ἀποτομίαν**, ἐπὶ δὲ σὲ **χρηστότητα**, 614 1505 2464

πεσόντας **ἀποτομίαν**, ἐπὶ δὲ σὲ **χρηστότητα**, ἐὰν **ἐπιμείνῃς** τῇ χρηστότητι, D^2 L 1 69 131 205 209 226 323 326 440 460 489 517 547 618 796 910 927 945 999 1175 1241 1242 1245 1315 1319 1352 1424 1448 1611 1738 1836 1837 1854 2125 2147 2344 2412 2815 **τ** Er^1 Cl Paid. I 70.2

---

lac. 11.21-22 $\mathfrak{P}^{10}$ $\mathfrak{P}^{113}$ K 0172 1982 **11.22** $\mathfrak{P}^{46}$ P

E 11.22 Jn 15.2, 4; He 3.14

Errata: 11.22 na 365 omit θεοῦ : this omission is part of a larger homot. ἐπὶ μὲν τοὺς πεσόντας ἀποτομία, ἐπὶ δὲ σὲ χρηστότης θεοῦ in 365

11.22 na C ἐπιμείνῃς : ἐπιμίνῃς C (Ti)

ἐπεὶ καὶ σὺ ἐκκοπήσῃ. 23 κἀκεῖνοι δέ, ἐὰν μὴ ἐπιμένωσι τῇ ἀπιστίᾳ, B 365 1881**w**
ἐπεὶ καὶ σὺ ἐκκοπήσηι. 23 κἀκεῖνοι δέ, ἐὰν μὴ ἐπιμένωσι τῆι ἀπιστίαι, 1739
ἐπεὶ καὶ σὺ ἐκκοπήσῃ. 23 κἀκεῖνοι δέ, ἐὰν μὴ **ἐπιμένωσιν** τῇ ἀπιστίᾳ, ℵ* **u**
ἐπὶ καὶ σὺ ἐκκοπήσῃ. 23 κἀκεῖνοι δέ, ἐὰν μὴ **ἐπιμένωσιν** τῇ ἀπιστίᾳ, D*
ἐπεὶ καὶ σὺ ἐκκοπήσῃ. 23 κἀκεῖνοι δέ, ἐὰν μὴ **ἐπιμείνωσιν** τῇ ἀπιστίᾳ, ℵ^c D^2 1837
ἐπεὶ καὶ σὺ ἐκκοπήσῃ. 23 κἀκεῖνοι δέ, ἐὰν **ἐπιμείνωσιν** τῇ ἀπιστίᾳ, 1506
ἐπεὶ καὶ σὺ ἐκκοπήσῃ. 23 κἀκεῖνοι δέ, ἐὰν μὴ **ἐπιμείνωσιν** τῇ **ἀπιστείᾳ**, 326 [↓2495
ἐπεὶ καὶ σὺ ἐκκοπήσηι. 23 κἀκεῖνοι δέ, ἐὰν μὴ **ἐπιμείνωσι** τῆι ἀπιστίαι, 1891 [↓1573 2400
ἐπεὶ καὶ σὺ ἐκκοπήσῃ. 23 κἀκεῖνοι δέ, ἐὰν μὴ **ἐπιμείνωσι** τῇ ἀπιστίᾳ, 489 927 1448 1505
ἐπεὶ καὶ σὺ **ἐκκοπίσῃ**. 23 κακεῖνοι δέ, ἐὰν μὴ **ἐπιμείνωσι** τῇ ἀπιστίᾳ, 104 1319
ἐπεὶ καὶ σὺ **ἐκκοπίσῃ**. 23 κακεῖνοι δέ, ἐὰν μὴ **ἐπιμείνωσι** τῆι ἀπιστίᾳ, 1270
ἐπεὶ καὶ σὺ ἐκκοπήσῃ. 23 κἀκεῖνοι δέ, ἐὰν μὴ **ἐπιμείνωσι** τῇ **ἀπιστείᾳ**, 330
ἐπεὶ καὶ σὺ **ἐκκοπήσει**. 23 κἀκεῖνοι δέ, ἐὰν μὴ **ἐπιμείνωσι** τῇ **ἀπιστείᾳ**, 1611
ἐπεὶ καὶ σὺ ἐκκοπήσῃ. 23 κἀκεῖνοι δέ, ἐὰν μὴ **ἐπιμείνωσει** τῇ ἀπιστίᾳ, C
ἐπεὶ καὶ σὺ ἐκκοπήσῃ. 23 κἀκεῖνοι δέ, ἐὰν μὴ **ἐπιμίνωσιν** τῇ **ἀπιστείᾳ**, A
ἐπεὶ καὶ σὺ ἐκκοπήσῃ. 23 κἀκεῖνοι δέ, ἐὰν μὴ **ἐπιμήνωσι** τῇ ἀπιστίᾳ, 547
ἐπεὶ καὶ σὺ ἐκκοπήσῃ. 23 κἀκεῖνοι δέ, ἐὰν μὴ **ἐπιμήνωσιν** τῇ ἀπιστίᾳ, 1243
ἐπεὶ καὶ σὺ ἐκκοπήσῃ. 23 κἀκεῖνοι δέ, ἐὰν μὴ **ἐπειμείνωσειν** τῇ **ἀπιστείᾳ**, G
ἐπεὶ καὶ σὺ **ἐκκπήσῃ**. 23 **κἀκαῖνοι** δέ, ἐὰν μὴ **ἐπειμείνωσειν** τῇ **ἀπεστείᾳ**, F*
ἐπεὶ καὶ σὺ ἐκκοπήσῃ. 23 **κἀκαῖνοι** δέ, ἐὰν μὴ **ἐπειμείνωσειν** τῇ **ἀπεστείᾳ**, F^c
ἐπεὶ καὶ σὺ ἐκκοπήσῃ. 23 **καὶ ἐκεῖνοι** δέ, ἐὰν μὴ ἐπιμένωσι τῇ ἀπιστίᾳ, Ψ
ἐπεὶ καὶ σὺ ἐκκοπήσῃ. 23 **καὶ ἐκεῖνοι** δέ, ἐὰν μὴ **ἐπιμείνωσιν** τῇ **ἀπιστείᾳ**, 049 33
ἐπεὶ καὶ σὺ **ἐκκοπίσῃ**. 23 **καὶ ἐκεῖνοι** δέ, ἐὰν μὴ **ἐπιμείνωσιν** τῇ **ἀπιστείᾳ**, 1874
ἐπεὶ καὶ σὺ ἐκκοπήσῃ. 23 **καὶ ἐκεῖνοι** δέ, ἐὰν μὴ **ἐπιμείνωσιν** τῇ ἀπιστίᾳ, 209 226 1175 1424
ἐπεὶ καὶ σὺ **ἐκκοπεῖσι**. 23 **καὶ ἐκεῖνοι** δέ, ἐαν μὴ **ἐπιμήνωσιν** τῇ **ἀπιστείᾳ**, 2464 [↑1735 1836
ἐπεὶ καὶ σὺ ἐκκοπήσηι. 23 **καὶ ἐκεῖνοι** δέ, ἐὰν μὴ **ἐπιμείνωσι** τῆι ἀπιστία, 424 [↑1854 2125
ἐπεὶ καὶ σὺ **ἐκκοπίσῃ**. 23 **καὶ ἐκεῖνοι** δέ, ἐὰν μὴ **ἐπιμείνωσι** **τὰ** ἀπιστίᾳ, 205
ἐπεὶ καὶ σὺ **ἐκκοπίσῃ**. 23 **καὶ ἐκεῖνοι** δέ, ἐὰν μὴ **ἐπιμείνωσι** τῇ ἀπιστίᾳ, 1245
ἐπεὶ καὶ σὺ ἐκκοπήσῃ. 23 **καὶ ἐκεῖνοι** δέ, ἐὰν μὴ **ἐπιμείνωσι** τῆι ἀπιστίᾳ, 945
ἐπεὶ καὶ σὺ ἐκκοπήσῃ. 23 **καὶ ἐκεῖνοι** δέ, ἐὰν μὴ **ἐπιμείνωσι** τῇ **ἀπιστείᾳ**, L 88 131 910
ἐπὶ καὶ σὺ ἐκκοπήσῃ. 23 **καὶ ἐκεῖνοι** δέ, ἐὰν μὴ **ἐπιμείνωσι** τῇ **ἀπιστείᾳ**, 460
ἐπὶ καὶ σὺ ἐκκοπήσῃ. 23 **καὶ ἐκεῖνοι** δέ, ἐὰν **μὶ** **ἐπιμείνωσι** τῇ **ἀπιστείᾳ**, 618
ἐπεὶ καὶ σὺ ἐκκοπήσῃ. 23 **καὶ ἐκεῖνοι** δέ, ἐαν μὴ **ἐπιμείνωσι** τῇ **ἀπιστῄᾳ**, 1646
ἐπεὶ καὶ σὺ ἐκκοπήσῃ. 23 **καὶ ἐκεῖνοι** δέ, ἐὰν **ἐπιμείνωσι** τῇ ἀπιστίᾳ, 1315*
ἐπεὶ καὶ σὺ ἐκκοπήσῃ. 23 **καὶ ἐκεῖνοι** δέ, ἐαν μὴ **ἐπιμείνωσι** τῇ ἀπιστίᾳ, 056 1 6 69 323 440
517 614 796 999 1241 1242 1315^c 1352 1734 1738 1827 1982 2147 2344 2412 2815 **τ** Er^1

ἐνκεντρισθήσονται· δυνατὸς γάρ ἐστιν ὁ θς πάλιν ἐνκεντρίσαι αὐτούς. B* ℵ 326 1735 1837
ἐνκεντρισθήσονται· δυνατὸς γάρ ἐστιν ὁ θεὸς πάλιν ἐνκεντρίσαι αὐτούς. **w**
ἐνκεντρισθήσονται· δυνατὸς γάρ ἐστιν ὁ θς πάλιν **ἐνκεντρίσε** αὐτούς. D*
ἐνκεντρισθήσονται· δυνατὸς γάρ ἐστιν ὁ θς πάλιν **ἐγκεντρίσαι** αὐτούς. A
ἐνκεντρισθήσονται· δυνατὸς γὰρ **ὁ θς ἐστιν** πάλιν **ἐγκεντρίσαι** αὐτούς. 33 [↓1245 1424 1734
ἐγκεντρισθήσονται· δυνατὸς γὰρ **ὁ θς ἐστιν** πάλιν **ἐγκεντρίσαι** αὐτούς. L Ψ 1 517 910 1175 1241
ἐγκεντρισθήσονται· δυνατὸς γὰρ **ὁ θς ἐστιν** πάλιν **ἐγκεντρίσε** αὐτούς. 2464
ἐγκεντρισθήσωνται· δυνατὸς γάρ **ὁ θς ἐστιν** πάλιν **ἐγκεντρίσαι** αὐτούς. 1646
ἐγκεντριθήσονται· δυνατὸς γὰρ **ὁ θς ἐστι** πάλιν **ἐγκεντρίσαι** αὐτούς. 205 226 796 1738
ἐγκεντρισθήσονται· δυνατὸς γὰρ **ὁ θς ἐστι** πάλιν **ἐγκεντρίσαι** αὐτούς. 049 6 88 131 209 489 614
ἐγκεντρισθήσονται· δυνατὸς γὰρ **ὁ θς ἐστι** πάλιν **αὐτοὺς ἐγκεντρίσαι**. 1891 [↑927 1352 1854 1982
ἐγκεντρισθήσοντε· δυνατὸς γάρ **ὁ θς ἐστι** πάλιν **ἐγκεντρίσαι** αὐτούς. 618 [↑2125 2344 2412
ἐγκεντρισθήσονται· δυνατὸς γάρ **ὁ θς** πάλιν ἐνκεντρίσαι αὐτούς. 1506
ἐνκεντρεισθήσονται δυνατὸς γάρ ἐστιν ὁ θς πάλιν ἐνκεντρίσαι **αὐτοῖς**. F
ἐνκεντρεισθήσονται δυνατὸς γάρ ἐστιν ὁ θς πάλιν ἐνκεντρίσαι αὐτούς. G
ἐγκεντρισθήσονται· δυνατὸς γάρ ἐστιν ὁ θς πάλιν **ἐγκεντρίσε** αὐτούς. D^2
ἐγκεντρισθήσοντε· δυνατὸς γάρ ἐστιν ὁ θς πάλιν **ἐγκεντρίσαι** αὐτούς. 1874^c
ἐγκετρισθήσονται· δυνατὸς γάρ ἐστιν ὁ θς πάλιν **ἐγκεντρίσαι** αὐτούς. C
ἐγκεντρισθήσωνται· δυνατὸς γάρ ἐστιν ὁ θς πάλιν **ἐγκεντρίσαι** αὐτούς. 365
ἐγκεντρισθήσονται· δυνατὸς γάρ ἐστιν ὁ θεὸς πάλιν **ἐγκεντρίσαι** αὐτούς. **uτ** Er^1
ἐγκεντρισθήσονται· δυνατὸς γάρ ἐστιν ὁ θς πάλιν **ἐγκεντρίσαι** αὐτούς. B^c 056 69 104 323 330 424
440 460 547 945 999 1242 1243 1270 1315 1319 1448 1505 1573 1611 1739 1827 1836 1874* 1881 2147 2400 2495 2815

lac. 11.22-23 𝔓^10 𝔓^46 𝔓^113 K P 0172 **11.22** 1982 **C 11.23** στιχοι χν 1175 1874

Errata: 11.23 na C ἐπιμείνωσιν : ἐπιμείνωσει C (Ti)
11.23 na 2464 ἐπιμένωσιν : ἐπιμήνωσεν 2464

[↓1611 1646 1734 1735 1738 1739 1827 1836 1837 1854 1881 1982 2125 2147 2344 2412 2495 2815 **uwτ** Er^{1}
[↓547 614 618 796 910 927 945 999 1175 1241 1242 1243 1245 1270 1315 1319 1352 1424 1448 1505 1506 1573
24 εἰ γὰρ σὺ ἐκ τῆς κατὰ φύσιν ἐξεκόπης ἀγριελαίου$^{\top}$ καὶ παρὰ φύσιν B ℵ C D L Ψ 049 1 6 33 69
24 .... παρὰ φύσιν $\mathfrak{P}^{46}$ [↑88 104 131 205 209
24 εἰ γὰρ σὺ ἐκ τῆς κατὰ φύσιν ἐξεκόπης **ἀγριαιλαίου** καὶ παρὰ φύσιν 056 [↑226 326 365 424
24 εἰ γὰρ σὺ ἐκ τῆς κατὰ φύσιν ἐξεκόπης ἀγριελαίου καὶ παρὰ **φύσις** 1891 [↑440 460 489 517
24 εἰ γὰρ σὺ ἐκ τῆς κατὰ **φύσειν** ἐξεκόπης ἀγριελαίου καὶ παρὰ **φύσειν** F G
24 εἰ γὰρ σὺ ἐκ τῆς κατὰ φύσιν ἐξεκόπης **ἀγριελαίας** καὶ παρὰ φύσιν 323
24 εἰ γὰρ σὺ ἐκ τῆς κατὰ φύσιν ἐξεκόπης **ἀγριελαίας** **ἢ** παρὰ φύσιν 330 2400
24 εἰ γὰρ σὺ ἐκ τῆς κατὰ φύσιν 1874
24 εἰ γὰρ σὺ ἐκ τῆς κατὰ φύσιν ἐξεκόπης **ἀγριελέυ** καὶ παρὰ φύσιν A*
24 εἰ γὰρ σὺ ἐκ τῆς κατὰ φύσιν ἐξεκόπης **ἀγριελέου** καὶ παρὰ φύσιν A^{c} 2464

$^{\top}$καὶ παρὰ φύσιν ἐνεκεντρίσθης εἰς καλλι 1837*

[↓1245 1270 1352 1448 1506 1573 1611 1735 1837 1881^{c} 1891 1982 2147 2344 2400 **uwτ**
[↓69 131 205 209 226 323 326 365 424 440 517 547 614 910 927 945 999 1175 1241 1242
ἐνεκεντρίσθης εἰς καλλιέλαιον, πόσῳ μᾶλλον οὗτοι οἱ κατὰ φύσιν B ℵ A C D^{*,2} Ψ 049 056 1 6
ἐνεκεντρίσθης εἰς καλλιέλαιον, πόσῳ **μᾶλον** οὗτοι οἱ κατὰ φύσιν 1646
ἐνεκεντρίσθης εἰς **καλλιέλεον**, πόσῳ μᾶλλον οὗτοι κατὰ φύσιν $\mathfrak{P}^{46}$
ἐνεκεντρίσθης εἰς καλλιέλαιον, πόσῳ μᾶλλον **οὐ** κατὰ φύσιν 2815^{c}
ἐνεικεντρίσθης εἰς καλλιέλαιον, πόσῳ μᾶλλον **οὐ** κατὰ φύσιν 2815*
ἐνεκεντρίθης εἰς καλλιέλαιον, **πόλλῳ** μᾶλλον οὗτοι 1424
ἐκεντρίσθης εἰς καλλιέλαιον, πόσῳ μᾶλλον οὗτοι οἱ κατὰ φύσιν 1319
ἐνεκεντρίσθης εἰς **καλιέλαιον**, πόσῳ μᾶλλον οὗτοι οἱ κατὰ φύσιν L 88 104 1315 1881* 2125
ἐνεκεντρίσθης εἰς **καλιέλαιον**, πόσῳ **μᾶλον** οὗτοι οἱ κατὰ φύσιν 2464
ἐνεκεντρίσθης εἰς **καλιέλαιον**, **πώσο** μᾶλλον οὗτοι οἱ κατὰ φύσιν 33
ἐνεκεντρίσθης εἰς **καλληέλεον**, πόσῳ μᾶλλον οὗτοι κατὰ φύσιν 618
ἐνεκεντρίσθης εἰς καλλιέλαιον, πόσῳ μᾶλλον οὗτοι κατὰ φύσιν 460 1738 Er^{1}
ἐνεκεντρείσθης εἰς **καλλειέλαιον**, πόσῳ μᾶλλον οὗτοι οἱ κατὰ **φύσειν** F G
ἐνεκεντρίσθεις εἰς καλλιέλαιον, πόσῳ μᾶλλον οὗτοι οἱ κατὰ φύσιν 1874 2412
ἐνεκεντρίσθης εἰς καλλιέλαιον, **πώσῳ** μᾶλλον οὗτοι οἱ κατὰ φύσιν 1836
ἐνεκεντρίσθης εἰς καλλιέλαιον, πόσωι μᾶλλον οὗτοι οἱ κατὰ φύσιν 1739
ἐνεγκεντρίσθης εἰς καλλιέλαιον, πόσῳ μᾶλλον οὗτοι οἱ κατὰ φύσιν 489 796 1827 1854
ἐνεγκεντρίσθης εἰς **καλιέλαιον**, πόσῳ μᾶλλον οὗτοι οἱ κατὰ φύσιν 330 1243 1734
ἐνεκεντρίσθης εἰς καλλιέλαιον, πόσῳ μᾶλλον οὗτοι **ἐαν** κατὰ φύσιν D^{1} 1505 2495

ἐνκεντρισθήσον τῇ ἰδίᾳ ἐλαίᾳ. B*
ἐνκεντρισθήσονται τῇ ἰδίᾳ **ἐλέα**. $\mathfrak{P}^{46}$
ἐνκεντρισθήσονται τῇ ἰδίᾳ ἐλαίᾳ. ℵ D* 049 33 326 1506 1735 1837 **w**
ἐνκεντρισθήσονται τῇ **ἰδείᾳ** ἐλαίᾳ. F G
ἐνκεντρισθήσοντε τῇ ἰδίᾳ ἐλαίᾳ. 2464
ἐνκεντρίσθωσιν τῇ ἰδίᾳ ἐλαίᾳ. D^{1} (Ti cj.)
ἐγκεντρίσθωσιν τῇ ἰδίᾳ ἐλαίᾳ. 330 2400
ἐγκεντρίσθωσι τῇ ἰδίᾳ ἐλαίᾳ. 1505 2495
ἐγκεντρισθεντες τῇ ἰδίᾳ ἐλαίᾳ. 1352
ἐγκετρισθήσονται τῇ ἰδίᾳ ἐλαίᾳ. 69* [↓**uτ** Er^{1}
ἐγκεντρισθήσονται τῆι ἰδίᾳ ἐλαίᾳ. 424 945 1270 [↓1827 1836 1854 1874 1881 1982 2125 2147 2412 2815
ἐγκεντρισθήσονται τῇ **ἰδίω** ἐλαίᾳ. 614 999 [↓1315 1319 1424 1448 1573 1611 1646 1734 1738 2344
ἐγκεντρισθήσονται τῆι ἰδίαι ἐλαίαι. 1739 1891 [↓517 547 618 796 910 927 1175 1241 1242 1243 1245
ἐγκεντρισθήσονται τῇ ἰδίᾳ ἐλαίᾳ. B^{c} A C D^{2} L Ψ 056 1 6 69^{c} 88 104 131 205 209 226 323 365 440 460 489

---

lac. 11.24 $\mathfrak{P}^{10}$ $\mathfrak{P}^{46}$ $\mathfrak{P}^{113}$ K P 0172

C 11.24 τελ της ε̄ 517 547 614 1242 1315 1573 1837 2412 | τελ 226 326 330 440 796 927 945 1175 1245 1448 | τε ε̄ 1 1739 2147 2464

All Israel will be Saved

[↓1315 1424 1448 1611 1734 1738 1739 1827 1836 1854 1874 1982 2125 2344 2400 2412 2495 2815 **uwτ** Er[1]
[↓88 131 205 209ᶜ 226 323 330 424 440 460 489 517 547 614 796 910 927 945 999 1175 1241 1242 1245 1270
25 Οὐ γὰρ θέλω ὑμᾶς ἀγνοεῖν, ἀδελφοί, τὸ μυστήριον τοῦτο, B 𝔓46 A C D L Ψ 049 056 1 6 33
25 Οὐ γὰρ θέλω ὑμᾶς ἀγνοεῖν τὸ μυστήριον τοῦτο, 209* 1352 1881 2147
25 Οὐ γὰρ θέλω ὑμᾶς **ἀγνωεῖν** τὸ μυστήριον τοῦτο, 1735
25 Οὐ γὰρ θέλω ὑμᾶς **ἀγνωεῖν**, ἀδελφοί, τὸ μυστήριον τοῦτο, 326 1506 1837 1891
25 Οὐ γὰρ θέλω ὑμᾶς **ἀγνωῆν**, ἀδελφοί, τὸ μυστήριον **τούτω**, 618
25 Οὐ γὰρ θέλω ὑμᾶς **ἀγνωῆν**, ἀδελφοί, τὸ μυστήριον τοῦτο, 1646 2464
25 Οὐ γὰρ θέλω ὑμᾶς, **ἀδελφοί**, **ἀγνοεῖν** τὸ μυστήριον τοῦτο, 1505
25 Οὐ γὰρ θέλω ὑμᾶς ἀγνοεῖν, ἀδελφοί, τὸ **μυστήρειον** τοῦτο, G
25 Οὐ γὰρ θέλω **ἡμᾶς** ἀγνοεῖν, ἀδελφοί, τὸ **μυστήρειον** τοῦτο, F
25 Οὐ **θέλω γὰρ** ὑμᾶς ἀγνοεῖν, ἀδελφοί, τὸ μυστήριον τοῦτο, ℵ 104 365 1243 1319 1573
25 Οὐ **θέλω δὲ** ὑμᾶς ἀγνοεῖν, ἀδελφοί, τὸ μυστήριον τοῦτο, 69

ἵνα μὴ ἦτε ἐν ἑαυτοῖς φρόνιμοι, ὅτι πώρωσις ἀπὸ μέρους τῷ Ἰσραὴλ B [**w**]
ἵνα ἦτε ἐν ἑαυτοῖς φρόνιμοι, ὅτι πώρωσις ἀπὸ μέρους τῷ ιηλ A*
ἵνα μὴ ἦτε ἐν ἑαυτοῖς φρόνιμοι, ὅτι πώρωσις ἀπὸ μέρους τῷ ιηλ Aᶜ
ἵνα μὴ ἦτε ἑαυτοῖς φρόνιμοι, ὅτι **πόρωσις** ἀπὸ μέρους τῷ Ἰσραὴλ 𝔓46
ἵνα μὴ ἦτε ἑαυτοῖς φρόνιμοι, ὅτι **πόρωσις** ἀπὸ μέρους **τοῦ** ιηλ 1506
ἵνα μὴ ἦτε ἑαυτοῖς **φρόνειμοι**, ὅτι **πώρωσεις** ἀπὸ μέρους τῷ Ἰσραὴλ F G
ἵνα μὴ ἦτε ἑαυτοῖς **φρόνημοι**, ὅτι πώρωσις ἀπὸ μέρους τῶ ιηλ 6
ἵνα μὴ ἦτε ἑαυτοῖς φρόνιμοι, ὅτι πώρωσις ἀπὸ μέρους τῶ ιηλ Ψ
ἵνα μὴ ἦτε ἑαυτοῖς φρόνιμοι, ὅτι πώρωσις ἀπὸ μέρους τῶι ιηλ 424ᶜ 1739
ἵνα μὴ ἦτε ἑαυτοῖς φρόνιμοι, ὅτι πώρωσις ἀπὸ μέρους τῷ Ἰσραὴλ [**u**]
ἵνα μὴ ἦτε **φρόνιμοι παρ' ἑαυτοῖς**, ὅτι **πώρρωσις** ἀπὸ μέρους τῷ ιηλ 1827
ἵνα μὴ ἦτε **παρ'** ἑαυτοῖς **φρόνημοι**, ὅτι πώρωσις ἀπὸ μέρους τῷ ιηλ 104 460 618 910 999
ἵνα μὴ **εἶτε** **παρ'** ἑαυτοῖς **φρόνημοι**, ὅτι πώρωσις ἀπὸ μέρους τῷ ιηλ 88 2147 [↑1424 1735
ἵνα μὴ **εἶτε** **παρ'** ἑαυτοῖς **φρόνημοι**, ὅτι **πόρωσης** ἀπὸ μέρους **τὸ** ιηλ 2464 [↑1836 1874
ἵνα μὴ ἦτε **παρ'** ἑαυτοῖς **φρόνημοι**, ὅτι **πόρωσις** ἀπὸ μέρους τῷ ιηλ L [↑2125
ἵνα μὴ ἦτε **παρ'** ἑαυτοῖς **φρόνημοι**, ὅτι **πόρωσις** ἀπὸ μέρους **τοῦ** ιηλ 33
ἵνα μὴ ἦτε **παρ'** ἑαυτοῖς **φρόνημοι**, ὅτι **πόρρωσις** ἀπὸ μέρους τῷ ιηλ 1243 1738
ἵνα μὴ ἦτε **παρ'** **αὐτοῖς** φρόνιμοι, ὅτι πώρωσις ἀπὸ μέρους τῷ ιηλ 131
ἵνα μὴ ἦτε **παρ'** ἑαυτοῖς φρόνιμοι, ὅτι πώρωσις ἀπὸ μέρους τῶι ιηλ 424* 1270 1891 1982
ἵνα μὴ ἦτε **παρ'** ἑαυτοῖς φρόνιμοι, ὅτι πώρωσις **τῶι ιηλ ἀπὸ μέρους** 945
ἵνα μὴ ἦτε **παρ'** ἑαυτοῖς φρόνιμοι, ὅτι πώρωσις ἀπὸ μέρους τῷ Ἰσραὴλ [**uw**]**τ** Er[1]
ἵνα μὴ **εἶτε** **παρ'** ἑαυτοῖς φρόνιμοι, ὅτι πώρωσις ἀπὸ μέρους τῷ ιηλ 1315
ἵνα μὴ **ἦται** **παρ'** ἑαυτοῖς φρόνιμοι, ὅτι **ἡ πόρωσης** ἀπὸ μέρους **τὸ** ιηλ 1646ᶜ
ἵνα μὴ **ἦται** **παρ'** ἑαυτοῖς φρόνιμοι, **ὅ** **πόρωσης** ἀπὸ μέρους **τὸ** ιηλ 1646*
ἵνα μὴ ἦτε **παρ'** ἑαυτοῖς φρόνιμοι, ὅτι **πόρρωσις** ἀπὸ μέρους τῷ ιηλ 330 2495
ἵνα μὴ ἦτε **παρ'** ἑαυτοῖς φρόνιμοι, ὅτι **πώρρωσις** ἀπὸ μέρους τῷ ιηλ 2400 [↓209 226 323 326
ἵνα μὴ ἦτε **παρ'** ἑαυτοῖς φρόνιμοι, ὅτι πώρωσις ἀπὸ μέρους τῷ ιηλ ℵ C D 049 056 1 69 205
365 440 489 517 547 614 796 927 1175 1241 1242 1245 1319 1352 1448 1505 1573 1611 1734 1837 1854 1881 2412 2815

lac. 11.25 𝔓10 𝔓113 K P 0172 2344 (illeg.)

C 11.25 αρχ τη ς της δ εβδ αδ,ε ου θελω υμας α 1 | αρχ τη ς της δ εβδ. αδ,ε ου γαρ θελω υμας αγνοειν 226 | αρχ τη ς της ζ εβδ αδ,ε ου γαρ θελω 326 1837 | αρχ 330 | της ε και αρχ της ς 440 | τη ς 517 | αρχ 547 | αρχ της παρ,ας προς ρωμαιους αδελφοι ου θελω υμας αγνοειν α 614 | αρχ τη περι της δ εβδ. αδ,ε ου θελω υμας αγνοειν 796 | αρχ τη ς της δ εβδ αδ,ε ου θελω υμας αγνοειν τους μυστηριον 927 | αρχ τη τα της δ εβδ: προς ρωμ αδ,ε ου θελω υμας αγν αδ,ε 945 | αρχ τη παρ,α 1175 | αρχ τη ς 1242 | τη ζ της ς υπ κ,ε λγ 1243 | αρχ 1245 | αρχ τη β της δ εβδ κ,ε ριγ 1315 | τη παρ,α της δ εβδ αδ,ε ου θελω υμας ανοειν ο μυστηριον: ιζ παραινετις παρα γαρ ετης της του θν καιανους 1448 | αρχ τη ς της δ εβδ αδ, ου θελω υμας αγνοειν το μυστηριον 1573 | κ, λα αρχ τη ς της δ εβδ ο αποστολ πρ ρωμ αδελφοι ου θελω υμας αγνοειν το μυστηριον τουτο 1739 | αρχ 1836 | αρχ τασπαρ,ασ της δ εβδ πρ ρωμ αδ,ε ου θελω υμας αγνοειν 2412

D 11.25 λα 1 226 517 | κθ 927

E 11.25 Ro 1.13; 12.16; 1 Co 14.2; Ro 12.16; Mk 3.5; Ro 11.12; Lk 21.24; Jn 10.16; Col 1.25-27 **26** Mt. 23.39

γέγονεν ἄχρι οὗ τὸ πλήρωμα τῶν ἐθνῶν εἰσέλθῃ **26** καὶ οὕτως πᾶς B* 𝔓46
γέγονεν ἄχρι τὸ πλήρωμα τῶν ἐθνῶν εἰσέλθῃ **26** καὶ **οὕτω** πᾶς 1505 2495
γέγονεν **ἄχρις** οὗ τὸ πλήρωμα τῶν ἐθνῶν εἰσέλθῃ **26** καὶ **οὕτω** πᾶς ℵ 69 104 131 205 517
γέγονεν **ἄχρις** οὗ τὸ πλήρωμα τῶν ἐθνῶν εἰσέλθῃ **26** καὶ **οὕτω** **τοῦ** 1827 [↑547 1245 1506
γέγονεν **ἄχρις** οὗ τὸ πλήρωμα τῶν ἐθνῶν **εἰσέλθοι** **26** καὶ οὕτως πᾶς 1242 [↑1611 1734 1739
γέγονεν **ἄχρις** οὗ **ἔλθῃ τὸ πλήρωμα τῶν ἐθνῶν** **26** καὶ οὕτως πᾶς 1836 [↑1881 2400 **τ**
γέγονεν **ἄχρις** οὗ πλήρωμα τῶν ἐθνῶν εἰσέλθῃ **26** καὶ οὕτως πᾶς G
γέγωνεν **ἄχρις** οὗ τὸ πλήρωμα τῶν ἐθνῶν εἰσέλθῃ **26** καὶ οὕτως πᾶς 618
γέγωνεν **ἄχρις** οὗ τὸ **πλήρομα** τῶν ἐθνῶν εἰσέλθῃ **26** καὶ οὕτως πᾶς 1646
γέγονεν **ἄχρις** οὗ **τῷ** πλήρωμα τῶν ἐθνῶν εἰσέλθῃ **26** καὶ οὕτως πᾶς 1175
γέγονεν **ἄχρις** οὗ τὸ πλήρωμα τῶν ἐθνῶν **εἰσέλθει** **26** καὶ **οὗτος** πᾶς 2464
γέγονεν **ἄχρις** οὗ τὸ πλήρωμα τῶν ἐθνῶν εἰσέλθηι **26** καὶ οὕτως πᾶς 1891
γέγονεν **ἄχρις** οὗ τὸ πλήρωμα τῶν ἐθνῶν εἰσέλθῃ **26** καὶ οὕτως καλῶς πᾶς 1352
γέγονεν **ἄχρις** οὗ τὸ πλήρωμα τῶν ἐθνῶν εἰσέλθῃ **26** καὶ οὕτως πᾶς B^c A C D F L Ψ 049 056
1 6 33 88 209 226 323 326 330 365 424 440 460 489 614 796 910 927 945 999 1241 1243 1270
1315 1319 1424 1448 1573 1735 1738 1837 1854 1874 1982 2125 2147 2412 2815 **uw** Er1

Ἰσραὴλ σωθήσεται, καθὼς γέγραπται· B 𝔓46 F **uwτ** Er1
Ἰσραηλίτης σωθήσεται, καθὼς γέγραπται· 1874
ιηλ σωθήσεται, **ὡς** γέγραπται· 049 [↓365 424 440 460 489 517 547 614 618 796 910 927 945 999
ιηλ σωθήσεται, καθὼς γέγραπται· ℵ A C D G L Ψ 056 1 6 33 69 88 104 131 205 209 226 323 326 330
1175 1241 1242 1243 1245 1270 1315 1319 1352 1424 1448 1505 1506 1573 1611 1646 1734
1735 1738 1739 1827 1836 1837 1854 1881 1891 1982 2125 2147 2400 2412 2464 2495 2815

Ἥξει ἐκ Σειὼν ὁ ῥυόμενος, B 𝔓46 D* F G
Ἥξει ἐκ **Σιὼν** ὁ **ῥυώμενος**, 33 330 2400
Ἥξει **ἐξιὼν** **ω** ῥυόμενος, 2464 [↓1245 1270 1315 1319 1352 1424 1448 1505 1506 1573 1611 1646
Ἥξει ἐκ **Σιὼν** ῥυόμενος, 2495 [↓460 489 517 547 614 618 796 910 927 945 999 1175 1241 1242 1243
Ἥξει ἐκ **Σιὼν** ὁ ῥυόμενος, ℵ A C D2 L Ψ 049 056 1 6 69 88 104 131 205 209 226 323 326 365 424 440
1734 1735 1738 1739 1827 1836 1837 1854 1874 1881 1891 1982 2125 2147 2412 2815 **uwτ** Er1

ἀποστρέψει ἀσεβείας ἀπὸ Ἰακώβ· B A C D* 326 365 1319 1506 1573 1739 1837 **uw**
ἀποστρέψαι ἀσεβείας ἀπὸ Ἰακώβ· F G
ἀποστρέψει **ἀσεβεῖς** ἀπὸ Ἰακώβ· 𝔓46
ἀποστρέψει **ἀσεβίας** ἀπὸ Ἰακώβ· ℵ
καὶ ἀποστρέψει ἀσεβείας **ἐξ** Ἰακώβ· 1 88
καὶ ἀποστρέψει **ἀσεβεῖς** ἀπὸ Ἰακώβ· 440 1874
καὶ ἀποστρέψει ἀπὸ ἀσεβείας ἀπὸ Ἰακώβ· 945
καὶ **ἀπορέψει** ἀσεβείας ἀπὸ Ἰακώβ· 2400
καὶ **ἀποστρέψῃ** ἀσεβείας ἀπὸ Ἰακώβ· 226 330 1270 1424 1505
καὶ ἀποστρέψει **εὐσεβείας** ἀπὸ Ἰακώβ· 1891
καὶ ἀποστρέψει ἀσεβείας ἀπὸ Ἰακώβ· D1.2 L Ψ 049 056 6 33 69 104 131 205 209 323 424
460 489 517 547 614 618 796 910 927 999 1175 1241 1242 1243 1245 1315 1352 1448 1611
1646 1734 1735 1738 1827 1836 1854 1881 1982 2125 2147 2412 2464 2495 2815 **τ** Er1

27 καὶ αὕτη αὐτοῖς ἡ παρ' ἐμοῦ διαθήκη, B ℵ A C D F G L Ψ 049 1 6 33 69 88 104 131 205 209 226 323 326
27 καὶ αὕτη αὐτοῖς **παρ' ἐμοῦ ἡ** διαθήκη, 𝔓46 [↑365 424 440 460 489 517 547 614 618 796 910 927 945
27 αὕτη αὐτοῖς ἡ παρ' ἐμοῦ διαθήκη, 1319 [↑999 1175 1241 1242 1243 1245 1270 1315 1424 1448
27 καὶ αὕτη **αὐτοὺς** ἡ παρ' ἐμοῦ διαθήκη, 056 [↑1505 1506 1573 1611 1646 1734 1735 1738 1739 1827
27 καὶ αὕτη **αὐτῶν** ἡ παρ' ἐμοῦ διαθήκη, 330 1352 [↑1836 1837 1854 1874 1881 1891 1982 2125 2147 2412
27 καὶ αὕτη **αὐτῷ** ἡ παρ' ἐμοῦ διαθήκη, 2400 [↑2464 2495 2815 **uwτ** Er1
27........ .... διαθήκη, 2344

[↓1739 1827 1837 1854 1874 1891 1982 2125 2344 2400 2412 2464 2495 2815 **uwτ** Er1
ὅταν ἀφέλωμαι τὰς ἁμαρτίας αὐτῶν. B 𝔓46 ℵ A C D Ψ 049 056 1 6 33 69 88 131 205 209 226 323
ὅταν ἀφέλωμαι τὰς **ἁμαρτείας** αὐτῶν. F G [↑326 330 365 424 440 489 517 547 614 796 910 927
ὅταν **ἀφέλουμαι** τὰς ἁμαρτίας αὐτῶν. 1506 [↑945 999 1175 1242 1243 1245 1270 1315 1352 1448
ὅταν **ἀφέλωμε** τὰς ἁμαρτίας αὐτῶν. 460 618 1646* [↑1505 1573 1611 1646c 1734 1735 1738
ὅταν **ἀφέλομαι** τὰς ἁμαρτίας αὐτῶν. L 104 1241 1319 1424 1836 1881 2147

---

lac. 11.25-27 𝔓10 𝔓113 K P 0172 **11.25-26** 2344 (illeg.)

C 11.26 ησαιου 049 33 209 1734 1739 1854 2464 | λε ησαιου 1175 1874

E 11.25 Ro 1.13; 12.16; 1 Co 14.2; Ro 12.16; Mk 3.5; Ro 11.12; Lk 21.24; Jn 10.16; Col 1.25-27 **26** Mt. 23.39 **26-27** Is 59.20-21; Ps 14.7 **27** Is 27.9; Jr 31.33-34

[↓1573 1611 1646 1734 1735 1738 1739 1827 1836 1837 1854 1881 1891 1982 2125 2344 2412 2495 2815 **uwτ**

[↓365 424 440 460 489 517 547 614 618 796 910 927 999 1175 1241 1243 1270 1315 1319c 1352 1424 1448 1505

28 κατὰ μὲν τὸ εὐαγγέλιον ἐχθροὶ δι' ὑμᾶς, κατὰ δὲ τὴν ἐκλογὴν B 𝔓46 ℵ A Cc D L Ψ 049

28 κατὰ μὲν οὖν τὸ εὐαγγέλιον ἐχθροὶ δι' ὑμᾶς, κατὰ δὲ τὴν ἐκλογὴν 104 [↑056 1 6 33 69 88 131

28 κατὰ μὲν τὸ εὐαγγέλιον **ἐκθροὶ** δι' ὑμᾶς, κατὰ δὲ τὴν **ἐκλογὶν** G* [↑205 226 323 326 330

28 κατὰ μὲν τὸ εὐαγγέλιον **ἐκθροὶ** δι' ὑμᾶς, κατὰ δὲ τὴν ἐκλογὴν F Gc

28 κατὰ μὲν τὸ εὐαγγέλιον ἐχθροὶ δι' ὑμᾶς, κατὰ δὲ τὴν ἐκ··λογὴν C*

28 κατὰ μὲν τὸ εὐαγγέλιον ἐχθροὶ δι' **ἡμᾶς**, κατὰ δὲ τὴν ἐκλογὴν 1242 1245 1874 2147 2400

28 κατὰ μὲν τὸ εὐαγγέλιον **ἐχθρὸς** δι' **ἡμᾶς**, κατὰ δὲ τὴν ἐκλογὴν 1506 [↑2464

28 κατὰ μὲν τὸ εὐαγγέλιον ἐχθροὶ δι' ὑμᾶς, κατὰ δὲ ἐκλογὴν 945 Er1

28 κατὰ μὲν τὸ εὐαγγέλιον καὶ ἐχθροὶ δι' ὑμᾶς, κατὰ δὲ τὴν ἐκλογὴν 209

28 κατὰ τὸ εὐαγγέλιον ἐχθροὶ δι' ὑμᾶς, κατὰ δὲ τὴν ἐκλογὴν 1319*

ἀγαπητοὶ διὰ τοὺς πατέρας· **29** ἀμεταμέλητα γὰρ τὰ χαρίσματα B C D L 69 1241 **uwτ** Er1

ἀγαπητοὶ διὰ τοὺς πατέρας· **29** ἀμεταμέλητα γὰρ τὰ χαρίσ·······α 𝔓46

ἀγαπητοὶ διὰ τοὺς πατέρας· **29** **ἀμεταμέλιτα** γὰρ τὰ χαρίσματα 326

ἀγαπητοὶ διὰ τοὺς πατέρας· **29** ἀμεταμέλητα γὰρ τὰ **χαρείσματα** G

ἀγαπητοὶ διὰ τοὺς **πατέρες**· **29** ἀμεταμέλητα γὰρ τὰ **χαρείσματα** F

ἀγαπητοὶ διὰ τοὺς πρ̅ς̅· **29** ἀμεταμέλητα γὰρ τὰ χαρίσματα ℵ

ἀγαπιτοὶ διὰ τοὺς πρ̅α̅ς̅· **29** ἀμεταμέλητα γὰρ τὰ χαρίσματα 104

ἀγαπητοὶ διὰ τοὺς πρ̅α̅ς̅· **29** ἀμεταμέλητα γὰρ τοῦ θ̅υ̅ τὰ χαρίσματα 131

ἀγαπητοὶ διὰ τοὺς πρ̅α̅ς̅· **29** ἀμεταμέλητα τὰ χαρίσματα 1243

ἀγαπητοὶ διὰ τοὺς πρ̅α̅ς̅· **29** **ἀμεταμέλιτα** γὰρ τὰ χαρίσματα 1837 1874

ἀγαπητοὶ διὰ τοὺς πρ̅α̅ς̅· **29**······························ ······· ····· ························ 2464

ἀγαπητοὶ διὰ τοὺς πρ̅α̅ς̅· **29** ἀμεταμέλητα γὰρ τὰ χαρίσματα καὶ ἡ δωρεὰ 330 2400

ἀγαπητοὶ διὰ τοὺς πρ̅α̅ς̅· **29** ἀμεταμέλητα γὰρ τὰ χαρίσματα A Ψ 049 056 1 6 33 88 205 209 226 323 365 424 440 460 489 517 547 614 618 796 910 927 945 999 1175 1242 1245 1270 1315 1319 1352 1424 1448 1505 1506 1573 1611 1646 1734 1735 1738 1739 1827 1836 1854 1881 1891 1982 2125 2147 2344 2412 2495 2815

καὶ ἡ κλῆσις τοῦ θ̅υ̅. **30** ὥσπερ γὰρ ὑμεῖς ποτε ἠπειθήσατε τῷ B ℵc1 C 323 945

καὶ ἡ κλῆσις τοῦ θεοῦ. **30** ὥσπερ γὰρ ὑμεῖς ποτε ἠπειθήσατε τῷ **uw** [↑1506 1827

καὶ ἡ **κτίσις** τοῦ θ̅υ̅. **30** ὥσπερ γὰρ ὑμεῖς ·······ε ἠπειθήσατε τῶ 𝔓46 [↑1881 2400

καὶ ἡ **χρῆσις** τοῦ θ̅υ̅. **30** ὥσπερ γὰρ καὶ ὑμεῖς ποτε ἠπειθήσατε τῷ 056*

καὶ ἡ **ἐκλόγη** τοῦ θ̅υ̅. **30** ὥσπερ γαρ ὑμεῖς ποτε ἠπειθήσατε τῷ 796

καὶ ἡ κλῆσις τοῦ θ̅υ̅. **30** ℵ*

καὶ ἡ κλῆσις τοῦ θ̅υ̅. **30** ὥσπερ γὰρ **ποτε ὑμεῖς** ἠπειθήσατε τῷ A

καὶ ἡ κλῆσις τοῦ θ̅υ̅. **30** ὥσπερ γὰρ **ὑμῖς** ποτε **ἠπιθήσατε** τῷ D*

καὶ ἡ κλῆσις τοῦ θ̅υ̅. **30** ὥσπερ γαρ καὶ ὑμεῖς ποτε **ἠπιθήσατε** τῷ D1.2

καὶ ἡ **κλήσεις** τοῦ θ̅υ̅. **30** ὥσπερ γὰρ ὑμεῖς ποτε **ἠπειθήσαται** τῷ F G

καὶ ἡ **κλήσεις** τοῦ θ̅υ̅. **30** ὥσπερ γὰρ ὑμεῖς ποτε **ἠπηθήσατε** τῷ 1243

καὶ ἡ **κλίσις** τοῦ θ̅υ̅. **30** ὥσπερ γὰρ ὑμεῖς ποτε ἠπειθήσατε τῷ 326

καὶ ἡ **κλήσης** τοῦ θ̅υ̅. **30** ὥσπερ γὰρ καὶ ὑμεῖς ποτε **ἐπειθήσατε** τῷ 2147

τοῦ θ̅υ̅ καὶ ἡ κλῆσις. **30** ὥσπερ γὰρ καὶ ὑμεῖς ποτε ἠπειθήσατε τῷ 69

τοῦ θ̅υ̅ καὶ ἡ κλῆσις. **30** ὥσπερ γὰρ ὑμεῖς ποτε ἠπειθήσατε τῷ 365 1319 1573

καὶ ἡ κλῆσις **τῶν** θ̅υ̅. **30** ὥσπερ γὰρ καὶ **ἡ κλῆσις τῶν** ποτε **ἐπειθήσατε** τῷ 1836*

καὶ ἡ κλῆσις τοῦ θ̅υ̅. **30** ὥσπερ γὰρ καὶ **ἡ κλῆσις τῶν** ποτε **ἐπειθήσατε** τῷ 1836c

καὶ ἡ κλῆσις τοῦ θ̅υ̅. **30** ὥσπερ γὰρ **ποτε** **καὶ ὑμεῖς** ἠπειθήσατε τῷ 440 1315

καὶ ἡ κλῆσις τοῦ θ̅υ̅. **30** ὥσπερ γὰρ ὑμεῖς ποτε ἠπειθήσατε τῶ 330

καὶ ἡ κλῆσις τοῦ θ̅υ̅. **30** ὥσπερ γὰρ ὑμεῖς ποτε ἠπειθήσατε τῶι 1270 1739 1837

καὶ ἡ κλῆσις τοῦ θ̅υ̅. **30** ὥσπερ καὶ ὑμεῖς ποτε ἠπειθήσατε τῷ 1242

καὶ ἡ κλῆσις τοῦ θ̅υ̅. **30** ὥσπερ γὰρ καὶ ὑμεῖς ποτε ἠπειθήσατε 1734

καὶ ἡ κλῆσις τοῦ θ̅υ̅. **30** ὥσπερ γὰρ καὶ ὑμεῖς ποτε ἠπειθήσατε τῶι 424 517

καὶ ἡ κλῆσις τοῦ θ̅υ̅. **30** ὥσπερ γὰρ καὶ **ἡμεῖς** ποτε ἠπειθήσατε τῷ 614

καὶ ἡ κλῆσις τοῦ θ̅υ̅. **30** ὥσπερ γαρ καὶ ὑμεῖς ποτε **ἠπιθήσατε** τῶι 1891

καὶ ἡ κλῆσις τοῦ θ̅υ̅. **30** ὥσπερ γαρ καὶ ὑμεῖς ποτε **ἐπειθήσατω** τῷ 489

καὶ ἡ κλῆσις τοῦ θ̅υ̅. **30** ὥσπερ γὰρ καὶ ὑμεῖς ποτε **ἠπειθείσατε** τῷ 1611 [↓226

καὶ ἡ κλῆσις τοῦ θ̅υ̅. **30** ὥσπερ γὰρ καὶ ὑμεῖς ποτε **ἠπειθήσαται** τῷ 1646 [↓131 205 209

καὶ ἡ κλῆσις τοῦ θεοῦ. **30** ὥσπερ γὰρ καὶ ὑμεῖς ποτε ἠπειθήσατε τῷ **τ** Er1 [↓6 33 88 104

καὶ ἡ κλῆσις τοῦ θ̅υ̅. **30** ὥσπερ γὰρ καὶ ὑμεῖς ποτε ἠπειθήσατε τῷ ℵc2 L Ψ 049 056c 1 460 547 618 910 927 999 1175 1241 1245 1352 1424 1448 1505 1735 1738 1854 1874 1982 2125 2344 2412 2495 2815

lac. 11.28-30 𝔓10 𝔓113 K P 0172 **11.29-30** 2464 **E 11.28** Ro 9.11, 25; Ro 10.21

C 11.28 Σα κ̣ε ι̅ς̅ κ̣υ κ̣ε ι̅ζ̅ 547 | τελ της ς̅ 326 | τελ 330 **29** αρχ τη β̅ της ζ̅ εβδ αδ̣ε αμεταμελιτα 326 | αρχ τη β̅ της η̅ εβδ αδ̣ε αμεταμελιτ 1837 | αρχ τη β̅ της η̅ εβδ 330 | τε 1836

θω,	νυνι	δὲ ἠλεήθητε	τῇ	τούτων ἀπειθίᾳ,	31 οὕτως	καὶ οὗτοι	νῦν	B*
					31 οὕτως	καὶ οὗτοι	νῦν	ℵ*
θεῷ,	νυνὶ	δὲ ἠλεήθητε	τῇ	τούτων ἀπειθίᾳ,	31 οὕτως	καὶ οὗτοι	νῦν	[w]
θω,	νυνὶ	δὲ ἠλεήθητε	τῇ	τούτων ἀπειθίᾳ,	31 **οὕτω**	καὶ οὗτοι	νῦν	1424
θω,	νυνὶ	δὲ ἠλεήθητε	τῇ	τούτων ἀπειθίᾳ,	31 **οὕτω**	καὶ οὗτοι		2495
θωι,	νυνὶ	δὲ ἠλεήθητε	τῆι	τούτων **ἀπιθείαι**,	31 **οὕτω**	καὶ οὗτοι	νῦν	1891
θω,	νυνὶ	δὲ ἠλεήθητε	τῇ	τούτων **ἀπειθείᾳ**,	31 **οὕτω**	καὶ οὗτοι		1505
θω,	νυνὶ	δὲ ἠλεήθητε	τῇ	τούτων **ἀπειθείᾳ**,	31 οὕτως	καὶ οὗτοι	νῦν	B^c^ 910
θω,	**νυνὴ**	δὲ ἠλεήθητε	τῇ	τούτων **ἀπηθείᾳ**,	31 οὕτως	καὶ οὗτοι	νῦν	1243
θω,	**νῦν**	δὲ ἠλεη……ε	τῇ	τούτων **ἀπιθείᾳ**,	31 οὕτως	καὶ οὗτοι	……	𝔓46
θεῷ,	**νῦν**	δὲ ἠλεήθητε	τῇ	τούτων ἀπειθίᾳ,	31 οὕτως	καὶ οὗτοι	νῦν	[w]
θω,	**νῦν**	δὲ **ἠλεήθηται**	τῇ	τούτων ἀπειθίᾳ,	31 οὕτως	καὶ οὗτοι	νῦν	1646
θω,	**νῦν**	δὲ **ἠλεήθηται**	τῇ	τούτων ἀπειθίᾳ,	31 οὕτως	καὶ **αὐτοὶ**	νῦν	F G
θω,	**νῦν**	δὲ **ἠλεήθηται**	τῇ	τούτων **ἀπειθείᾳ**,	31 οὕτως	καὶ **αὐτοὶ**	νῦν	131
θω,	**νῦν**	δὲ ἠλεήθητε	τῇ	τούτων ἀπειθίᾳ,	31 οὕτως	καὶ οὗτοι	νῦν	88 999 1241
θωι,	**νῦν**	δὲ ἠλεήθητε	τῇ	τούτων **ἀπιθίαι**,	31 **οὗτος**	καὶ οὗτοι	νῦν	326
θω,	**νῦν**	δὲ ἠλεήθητε	τῇ	τούτων **ἀπειθείᾳ**,	31 **οὕτω**	καὶ οὗτοι	νῦν	104 209^c^ 365 547 1242
θωι,	**νῦν**	δὲ ἠλεήθητε	τῆι	τούτων **ἀπειθείᾳ**,	31 **οὕτω**	καὶ οὗτοι	νῦν	517 [↑1245 1319
θωι,	**νῦν**	δὲ ἠλεήθητε	τῇ	τούτων **ἀπειθείαι**,	31 **οὕτωι**	καὶ οὗτοι	νῦν	1270
θω,	**νῦν**	δὲ ἠλεήθητε	τῇ	τούτων **ἀπειθείᾳ**,	31 **οὕτω**	καὶ οὗτοι καὶ	νῦν	205 209*
θεῷ,	**νῦν**	δὲ ἠλεήθητε	τῇ	τούτων **ἀπειθείᾳ**,	31 **οὕτω**	καὶ οὗτοι	νῦν	τ
θω,	**νῦν**	δὲ **ἐλεήθητε**	τῇ	τούτων **ἀπειθείᾳ**,	31 **οὕτω**	καὶ οὗτοι	νῦν	1573
θω,	**νῦν**	δὲ **ἐλεήθητε**	τῇ	τούτων ἀπειθίᾳ,	31 οὕτως	καὶ οὗτοι	νῦν	1836 1874
θω,	**νῦν**	δὲ **ἐλεήθητε**	τῇ	τούτων **ἀπειθείᾳ**,	31 οὕτως	καὶ οὗτοι	νῦν	C
θω,	**νῦν**	δὲ **ἐλεήθηται**	τῇ	τούτων **ἀπειθείᾳ**,	31 οὕτως	καὶ οὗτοι	νῦν	1506
θω,	**νῦν**	δὲ ἠλεήθητε	τῇ	τούτων **ἀπιθίᾳ**,	31 οὕτως	καὶ **αὐτοὶ**	νῦν	D*
θω,	**νῦν**	δὲ ἠλεήθητε	τῇ	τούτων **ἀπιθίᾳ**,	31 οὕτως	καὶ οὗτοι	νῦν	D^1.2^ 330
θω,	**νῦν**	δὲ ἠλεήθητε	τῇ	τούτων **ἀπηθείᾳ**,	31 οὕτως	καὶ οὗτοι	νῦν	33
θω,	**νῦν**	δὲ ἠλεήθητε	τῇ	τούτων **ἀπιθείᾳ**,	31 οὕτως	καὶ οὗτοι	νῦν	A 1175 1837
θω,	**νῦν**	δὲ ἠλεήθητε	τῇ	τούτων **ἀπειθήᾳ**,	31 οὕτως	καὶ οὗτοι	νῦν	460 618 2147
θωι,	**νῦν**	δὲ ἠλεήθητε	τῆι	τούτων **ἀπειθείᾳ**,	31 οὕτως	καὶ οὗτοι	νῦν	424 1739
θω,	**νῦν**	δὲ ἠλεήθητε	τῆι	τούτων **ἀπειθείᾳ**,	31 οὕτως	καὶ οὗτοι	νῦν	945
			τῇ	τούτων **ἀπειθείᾳ**,	31 οὕτως	καὶ οὗτοι	νῦν	1734
θω,	**νῦν**	δὲ ἠλεήθητε	τῇ	τούτων **ἀπειθείᾳ**,	31 οὕτως	καὶ οὗτοι		1827
θω,	**νῦν**	δὲ **ἠλεύθητε**	τῇ	τούτων **ἀπειθείᾳ**,	31 οὕτως	καὶ οὗτοι	νῦν	2412
θεῷ,	**νῦν**	δὲ ἠλεήθητε	τῇ	τούτων **ἀπειθείᾳ**,	31 οὕτως	καὶ οὗτοι	νῦν	**u** Er[1]
θω,	**νῦν**	δὲ ἠλεήθητε	τῇ	τούτων **ἀπειθείᾳ**,	31 οὕτως	καὶ οὗτοι	νῦν	ℵ^c^ L Ψ 049 056 1 6 69 226 323 440 489 614 796 927 1315 1352 1448 1611 1735 1738 1854 1881 1982 2125 2344 2400 2815

lac. 11.30-31 𝔓10 𝔓113 K P 0172 2464 **11.31** C

ἠπείθησαν τῷ ὑμετέρῳ ἐλέει, ἵνα καὶ αὐτοὶ νῦν ἐλεηθῶσιν· B [**u**]**w**
ἠπείθησαν τῶ ὑμετέρω ἐλέει, ἵνα ······ ····τοὶ ἐλεηθῶσιν· 𝔓46
ἠπίθησαν τῷ ὑμετέρῳ ἐλέει, ἵνα καὶ νῦν ἐλεηθῶσιν· ℵ*
ἠπίθησαν τῷ ὑμετέρῳ ἐλέει, ἵνα καὶ αὐτοὶ νῦν ἐλεηθῶσιν· ℵc D* 1506
ἠπίθησαν τῷ ὑμετέρῳ ἐλέει, ἵνα καὶ αὐτοὶ ἐλεηθῶσιν· D1.2
ἠπείθησαν τῷ ὑμετέρῳ **ἐλαίει**, ἵνα καὶ αὐτοὶ **ἐλαιηθῶσυν**· F [↓1874 2125 [**u**]
ἠπείθησαν τῷ ὑμετέρῳ **ἐλαίει**, ἵνα καὶ αὐτοὶ **ἐλαιηθῶσιν**· G [↓1424 1837 1854
ἠπείθησαν τῷ **ὑμῶν** ἐλέει, ἵνα καὶ αὐτοὶ ἐλεηθῶσιν· 1827 [↓1175 1241 1243
ἠπείθησαν τῷ ὑμετέρῳ ἐλέει, ἵνα καὶ αὐτοὶ ἐλεηθῶσιν· A 69c 104 326 460 618 910
ἠπεί··········· ···· ················· ·········· ······ ······· ··········· ·······················' C
ἠπείθησαν τῷ ὑμετέρῳ ἐλέει, ἵνα καὶ αὐτοὶ ὑμῖν ἕτερον **ἐλεηθῶσι**· 1573
ἠπείθησαν τῷ ὑμετέρῳ ἐλέει, ἵνα καὶ αὐτοὶ ὕστερον ἐλεηθῶσιν· 88 365 1735
ἠπείθησαν τῷ ὑμετέρῳ ἐλέει, ἵνα καὶ αὐτοὶ ὕστερον **ἐλεηθῶσι**· 1319
ἠπήθεισαν τῷ **ἡμετέρῳ** ἐλέει, **καὶ αὐτοὶ ἵνα** ὕστερον ἐλεηθῶσιν· 33
ἠπείθησαν τῷ **ἡμετέρῳ** ἐλέει, ἵνα καὶ αὐτοὶ ἐλεηθῶσιν· 69* 1836
ἠπείθησαν τῷ **ἡμετέρῳ** ἐλέει, ἵνα καὶ αὐτοὶ **ἐλεηθῶσι**· 2412
ἠπείθησαν τῷ **ἡμετέρῳ** ἐλέει, ἵνα καὶ αὐτοὶ **ἐλεειθῶσι**· 330
ἠπείθεισαν τῷ **ἡμετέρῳ** ἐλέει, ἵνα καὶ αὐτοὶ **ἐλεηθῶσι**· 2400
ἠπείθεισαν τῷ ὑμετέρῳ ἐλέει, ἵνα καὶ αὐτοὶ ἐλεηθῶσιν· L
ἠπίθησαν τῶι ὑμετέρωι ἐλέει, ἵνα καὶ αὐτοὶ **ἐλεηθῶσι**· 1891
ἠπείθησαν τῶι ὑμετέρῳ ἐλέει, ἵνα καὶ αὐτοὶ **ἐλεηθῶσι**· 424 945
ἠπείθησαν τῶι ὑμετέρωι ἐλέει, ἵνα καὶ αὐτοὶ **ἐλεηθῶσι**· 1270
ἠπείθησαν τῷ ὑμετέρῳ ἐλέει, ἵνα καὶ αὐτοὶ **ἐλεηθοῦσιν**· 049
ἠπείθησαν **ἐν** τῷ ὑμετέρῳ ἐλέει, ἵνα καὶ αὐτοὶ **ἐλεηθῶσι**· 056
ἠπείθησαν τῷ ὑμετέρωι ἐλέει, ἵνα καὶ αὐτοὶ **ἐλεηθῶσι**· 517 [↓440 489 547 614 796
ἠπείθησαν τῷ ὑμετέρῳ ἐλέει, ἵνα καὶ αὐτοὶ **ἐλεηθῶσι**· Ψ 1 6 131 205 209 226 323
927 999 1242 1245 1315 1352 1448 1505 1611 1646 1734 1738 1739 1881 1982 2147 2344 2495 2815 **τ** Er1

32 συνέκλεισεν γὰρ ὁ θς τοὺς πάντας εἰς ἀπείθιαν, ἵνα τοὺς B* 1241 1874
32 συνέκλεισεν γὰρ ὁ θεὸς τοὺς πάντας εἰς ἀπείθιαν, ἵνα τοὺς **w**
32 συνέκλεισεν γὰρ ὁ θεὸς τοὺς πάντας εἰς **ἀπείθειαν**, ἵνα τοὺς **u**
32 συνέκλεισεν γὰρ ὁ θς τοὺς πάντας εἰς **ἀπείθειαν**, ἵνα τοὺς Bc L Ψ 049 460 910 1836 1854 2125
32 συνέκλεισεν γὰρ·· ····· ········ ···**άντα** εἰς **ἀπίθειαν**, ἵνα τοὺς 𝔓46
32 συνέκλεισεν γὰρ ὁ θς τοὺς πάντας εἰς **ἀπίθειαν**, ἵνα τοὺς A 1175 1837
32 συνέκλεισεν γὰρ ὁ θς τοὺς πάντας εἰς **ἀπήθειαν**, ἵνα τοὺς 33
32 συνέκλεισεν γὰρ ὁ θς τοὺς πάντας εἰς ἀπείθιαν, ἵνα 1424
32 **συνέκλισεν** γὰρ ὁ θς τοὺς πάντας εἰς **ἀπίθιαν**, ἵνα τοὺς ℵ D1.2
32 **συνέκλισεν** γὰρ ὁ θς τοὺς πάντας εἰς **ἀπίθειαν**, ἵνα τοὺς 326
32 **συνέκλισεν** γὰρ ὁ θς **πάντα** εἰς **ἀπείθειαν**, ἵνα τοὺς F G
32 **συνέκλισεν** γὰρ ὁ θς **τὰ πάντα** εἰς **ἀπίθιαν**, ἵνα τοὺς D*
32 **συνέκλησεν** γὰρ ὁ θς τοὺς πάντας εἰς **ἀπείθειαν**, ἵνα τοὺς 1243 1735
32 **συνέκλησεν** γὰρ ὁ θς τοὺς πάντας **ἀπείθειαν**, ἵνα τοὺς 1506
32 **συνέκλησε** γὰρ ὁ θς τοὺς πάντας εἰς **ἀπείθειαν**, ἵνα τοὺς 2147
32 **συνέκλεισε** γὰρ ὁ θς τοὺς πάντας εἰς **ἀπήθειαν**, ἵνα τοὺς 1319
32 **συνέκλεισε** γὰρ ὁ θς τοὺς πάντας εἰς **ἀπίθειαν**, ἵνα τοὺς 1891
32 **συνέκλεισε** γὰρ ὁ θεὸς τοὺς πάντας εἰς **ἀπείθειαν**, ἵνα τοὺς **τ** Er1
32 **συνέκλεισε** γὰρ ὁ θς τοὺς πάντας εἰς **ἀπείθηαν**, ἵνα τοὺς 1646
32 **συνέκλεισε** γὰρ ὁ θς τοὺς πάντας εἰς **ἀπείθειαν**, ἵνα τοὺς 056 1 6 69 88 104 131 205 209 226 323
330 365 424 440 489 517 547 614 618 796 927 945 999 1242 1245 1270 1315 1352
1448 1505 1573 1611 1734 1738 1739 1827 1881 1982 2344 2400 2412 2495 2815

πάντας ἐλεήσῃ. B ℵ A D F G Ψ 049 056 1 69 88 104 131 205 209 226 323 326 330 365 440 460 489 517 547 614 618
πάν······ ················· 𝔓46 [↑796 910 945 999 1175 1242 1243 1245 1270 1315 1352 1448 1505 1506 1573 1611
πάντας ἐλεήσηι. 424 1739 1891 [↑1646 1734 1738 1827 1836 1854 1881 1982 2125 2147 2344 2400 2412 2495 2815
πάντας **ἐλεήσει**. L 6 33 927 1241 1319 1424 1735 1837 1874 [↑**uwτ** Er1

lac. 11.31-32 𝔓10 𝔓113 C K P 0172 2464

E 11.32 G 3.22;1 Ti 2.4

[↓1573 1611 1646 1734 1735 1738 1739 1827 1836 1837 1854 1874 1881^{c} 1891 1982 2125 2147 2400 2412 2495 2815
[↓424 440 460 489 517 547 614 796 910 927 945 999 1175 1241 1242 1243 1270 1315 1319 1424 1448 1505 1506

33 Ὦ βάθος πλούτου καὶ σοφίας καὶ γνώσεως θ̅υ̅· B ℵ A D L Ψ 049 056 1 6 69 88 104
33 Ὦ βάθος πλούτου καὶ σοφίας Cl Paid. III 87.3 [↑131 205 209 226
33 Ὦ βά........ .... καὶ σοφίας .... 𝔓^{46} [↑323 326 330 365
33 Ὦ βάθος πλούτου καὶ σοφίας καὶ γνώσεως θεοῦ **uwτ** Er^{1} Cl V 80.2
33 Ὦ βάθος πλούτου........... καὶ σοφίας καὶ γνώσεως θ̅υ̅· 1881*
33 Ὦ **βάθους** πλούτου καὶ σοφίας καὶ γνώσεως θ̅υ̅· 1245
33 Ὦ βάθος πλούτου καὶ σοφίας καὶ γνώσεως τοῦ θ̅υ̅· 33
33 Ὦ βάθος πλούτου καὶ **σοφείας** καὶ γνώσεως τοῦ θ̅υ̅· F G
33 Ὦ βάθος πλούτου καὶ σοφίας καὶ **γνώσαιως** θ̅υ̅· 618
33 Ὦ βάθος πλούτου καὶ γνώσεως θ̅υ̅· 1352
33 Ὦ βάθος πλούτου καὶ **γνώσεως** καὶ **σοφίας** θ̅υ̅· 2344

ὡς ἀνεξεραύνητα τὰ κρίματα αὐτοῦ καὶ ἀνεξιχνίαστοι αἱ ὁδοὶ αὐτοῦ. B ℵ A **uw**
ὡς **ἀνεξερεύνητα** τὰ κρίματα αὐτοῦ καὶ **ἀνεξειχνίαστοι** αἱ ὁδοὶ αὐτοῦ. F G
ὡς .... αἱ ὁδοὶ αὐτοῦ. 88
ὡς **ἀνεξερεύνητα** τὰ κρίματα αὐτοῦ καὶ **ἀνεξηχνίαστοι** αἱ ὁδοὶ αὐτοῦ. 1243
ὡς **ἀνεξερεύνητα** τὰ κρίματα αὐτοῦ καὶ ἀνεξιχνίαστοι αἱ **ῳδοὶ** αὐτοῦ. 1646
ὡς **ἀνεξηρεύνητα** τὰ κρίματα αὐτοῦ καὶ ἀνεξιχνίαστοι αἱ ὁδοὶ αὐτοῦ. 2412 [↓326 330 365 424 440
ὡς **ἀνεξερεύνητα** τὰ κρίματα αὐτοῦ 1982* [↓131 205 209 226 323
ὡς **ἀνεξερεύνητα** τὰ κρίματα αὐτοῦ καὶ ἀνεξιχνίαστοι αἱ ὁδοὶ αὐτοῦ. D L Ψ 049 056 1 6 33 69 104
460 489 517 547 614 618 796 910 927 945 999 1175 1241 1242 1245 1270 1315 1319 1352 1424 1448 1505 1506
1573 1611 1734 1735 1738 1739 1827 1836 1837 1854 1874 1881 1891 1982^{c} 2125 2147 2344 2400 2495 2815 **τ** Er^{1}

34 Τίς γὰρ ἔγνω νοῦν κ̅υ̅; B ℵ A D^{2} F G L Ψ 049 056 1 6 33 69 88 104 131 205 209 226 323 326^{c} 330
34 Τίς ἔγνω νοῦν κ̅υ̅; 2815 [↑365 424 440 460 489 517 547 614 618 796 910 927 945
34 Τίς γὰρ **ἔγνων** νοῦν κ̅υ̅; 326* 1506 1837 [↑999 1175 1241 1242 1243 1245 1270 1315 1319 1352
34 Τίς γὰρ ἔγνω νοῦν κυρίου; 1424 **uwτ** Er^{1} [↑1448 1505 1573 1611 1646 1734 1735 1738 1739 1827
34 Τίς γὰρ ἔγνω νοῦν **θ̅υ̅**; D* [↑1836 1854 1874 1881 1891 1982 2125 2147 2344 2400 2412 2495

ἢ τίς σύμβουλος αὐτοῦ ἐγένετο; B ℵ A D F G L Ψ 049 1 6 33 69 88 104 205 209 226 323 326
ἢ τίς σύμβουλος αὐτοῦ **ἐγένετω**; 1646 [↑330 365 424 440 460 489 517 547 614 618 910
ἢ τίς αὐτοῦ σύμβουλος αὐτοῦ ἐγένετο; 056 [↑927 945 999 1175 1241 1242 1243 1245 1270
ἢ τίς αὐτοῦ σύμβουλος ἐγένετο; 131 [↑1315 1319 1352 1424 1448 1505 1506 1611
ἢ τίς **σύμβολος** αὐτοῦ ἐγένετο; 1573 1735 [↑1734 1738 1739 1827 1836 1837 1854 1874
ἢ τίς σύμβουλος **αὐτῶ** ἐγένετο; 796 [↑1881 1891 1982 2125 2147 2344 2400 2412
[↑2495 2815 **uwτ** Er^{1}

35 ἢ τίς προέδωκεν αὐτῷ, B ℵ A D F G L 049 056 1 6 33 69 88 104 131 205 209 226 323 326 365 440 460
35 ἢ τίς προέδωκεν αὐτῶι, 424 517 945 1270 1739 1891 [↑489 547 614 796 910 927 999 1175 1241 1242
35 ἢ τίς προέδωκεν **αὐτόν**, 618 1738 [↑1243 1245 1315 1319 1352 1424 1448 1505
35 ἢ τίς **προεδόκησαν** αὐτῷ, 330 [↑1506 1573 1611 1646 1734 1735 1827 1836
35 ἢ τίς **παρέδωκεν** αὐτῷ, Ψ [↑1837 1854 1874 1881 1982 2125 2147 2344
35 ἢ τίς **προύδωκεν** αὐτῷ, 2400 [↑2412 2495 2815 **uwτ** Er^{1}

καὶ ἀνταποδοθήσεται αὐτῷ; B A D F G L Ψ 049 056 1 6 69 88 104 131 205 209 226 323 326 330
....ποδοθήσεται αὐτῷ; 𝔓^{46} [↑365 440 460^{c} 489 547 614 796 910 927
καὶ ἀνταποδοθήσεται αὐτῶι; 424 517 945 1270 1739 1891 [↑999 1175^{c} 1241 1242 1243 1245 1315
καὶ **ἀνταποδοθήσετε** αὐτῷ; ℵ [↑1319 1352 1424 1448 1505 1573 1611
καὶ **ἀνταποδωθήσεται** αὐτῷ; 33 1175* 1506 1646 1874 [↑1734 1735 1827 1836 1837 1854 1881
omit 460* 618 1738 [↑1982 2125 2147 2344 2400 2412 2495
[↑2815 **uwτ** Er^{1}

lac. 11.33-35 𝔓^{10} 𝔓^{46} 𝔓^{113} C K P 0172 2464

C 11.33 αρχ 460 **34** ι̅ς̅ ησαιου 1175 | ησαιου 1270 1739 | λ̅ς̅ ησαιου 1874 | ι̅ζ̅ παραινεσις περι αρετης της ποσ θ̅ν̅ και αν̅ο̅υ̅ς 1836

E 11.33 1 Co 2.1o; Ro 9.23; 1 Co 1.21; 2.7; Eph 3.10; Col 2.3; Jb 5.9; 9.10; Eph 3.8; Is 45.15; 55.8 **34** Is 40.13; Jb 15.8; Jr 23.18;1 Co 2.16 **35** Jb 41.3

[↓1735 1738 1827 1836 1837 1854 1874 1881 1982 2125 2147 2344 2400 2412 2495 2815 **uwτ** Er[1]
36 ὅτι ἐξ αὐτοῦ καὶ δι᾽ αὐτοῦ καὶ εἰς αὐτὸν τὰ πάντα· αὐτῷ B ℵ A D F G L Ψ 056 6 33 69 88 104 131 205
36 ὅτι ἐξ αὐτοῦ καὶ δι᾽ αὐτοῦ καὶ εἰς αὐτὸν τὰ πάντα 1 [↑209 226 323 326 330 365 440 460 489
36 ὅτι ἐξ αὐτοῦ καὶ δι᾽ αὐτοῦ καὶ εἰς **αὐτῷ** τὰ πάντα· αὐτῷ 049 [↑547 614 618 796 910 927 999 1175
36 ὅτι ἐξ **αὐτῷ** καὶ δι᾽ αὐτοῦ καὶ εἰς αὐτὸν τὰ πάντα· αὐτῷ 1646* [↑1241 1242 1243 1315 1319 1352 1424
36 ὅτι **δι᾽** αὐτοῦ καὶ **ἐξ** αὐτοῦ καὶ εἰς αὐτὸν τὰ πάντα· αὐτῶ 𝔓46 [↑1448 1505 1506 1573 1611 1646c 1734
36 ὅτι ἐξ αὐτοῦ καὶ δι᾽ αὐτοῦ καὶ εἰς αὐτὸν τὰ πάντα· αὐτῶι 424 517 945 1270 1739 1891
36 omit 1245

ἡ δόξα εἰς τοὺς αἰῶνας, ἀμήν. B 𝔓46 ℵ A D G L Ψ 049 056 6 33 69 88 104 131 205 209 226 323 326
omit 1 [↑330 365 424 440 460 489 517 547 614 618 796 910 927 945 999
ἡ δόξα εἰς τοὺς αἰῶνας τῶν αἰώνων, ἀμήν. F [↑1175 1241 1242 1243 1245 1270 1315 1319 1352 1424 1448 1505
[↑1506 1573 1611 1646 1734 1735 1738 1739 1827 1836 1837 1854
[↑1874 1881 1891 1982 2125 2147 2344 2400 2412 2495 2815 **uwτ** Er[1]

The New Life in Christ

[↓33 326 460 1175 1243 1424 1837 2125
ιε **12:1** Παρακαλῶ οὖν ὑμᾶς, ἀδελφοί, διὰ τῶν οἰκτειρμῶν τοῦ θυ̅ παραστῆσαι B 𝔓46c A L
12:1 Παρακαλῶ οὖν ὑμᾶς, ἀδελφοί, διὰ τῶν οἰκτειρμῶν τοῦ θυ̅ **παραστῆσε** D*
12:1 Παρακαλῶ οὖν ὑμᾶς, ἀδελφοί, διὰ τῶν οἰκτειρμῶν τοῦ θυ̅ **παραστίσαι** 1735
12:1 Παρακαλῶ οὖν, ἀδελφοί, διὰ τῶν οἰκτειρμῶν τοῦ θυ̅ παραστῆσαι 𝔓46*
12:1 Παρακαλῶ οὖν ὑμᾶς, ἀδελφοί, διὰ τῶν **οἰκτειρῶν** τοῦ θυ̅ παραστῆσαι F G
12:1 Παρακαλῶ οὖν ὑμᾶς, ἀδελφοί, διὰ τῶν **οἰκτιρμῶν** τοῦ θεοῦ παραστῆσαι **uwτ** Er[1]
12:1 Παρακαλῶ οὖν ὑμᾶς, ἀδελφοί μου, διὰ τῶν **οἰκτιρμῶν** τοῦ θυ̅ παραστῆσαι 618
12:1 Παρακαλῶ οὖν ὑμᾶς, ἀδελφοί μου, διὰ τῶν **οἰκτιρμῶν** τοῦ θυ̅ **παραστήσατε** 1738
12:1 Παρακαλῶ οὖν ὑμᾶς, ἀδελφοί, διὰ **τὸν** **οἰκτιρμῶν** τοῦ θυ̅ παραστῆσαι 910
12:1 Παρακαλῶ οὖν **ἡμᾶς**, ἀδελφοί, διὰ τῶν **οἰκτιρμῶν** τοῦ θυ̅ παραστῆσαι 1352
12:1 Παρακαλῶ οὖν ὑμᾶς, ἀδελφοί, διὰ τῶν **οἰκτιρμῶν** τοῦ θυ̅ **παραστήσατε** 1734 1881
12:1 Παρακαλῶ οὖν ὑμᾶς, ἀδελφοί, διὰ τῶν **οἰκτιρμῶν** τοῦ θυ̅ παραστῆσαι ℵ D1.2 Ψ
049 056 1 6 69 88 104 131 205 209 226 323 330 365 424 440 489 517 547 614 796 927 945 999 1241 1242 1245 1270
1315 1319 1448 1505 1506 1573 1611 1646 1739 1827 1836 1854 1874 1891 1982 2147 2344 2400 2412 2495 2815

[↓1352 1424 1448 1505 1573 1611 1735 1738 1827 1836 1837 1854 1874 1982 2125 2147 2344 2400 2412 2495 2815
[↓88 104 131 205 209 226 323 330 365 440 460 489 547 614 796 910 927 999 1175 1241 1242 1243 1245 1315 1319
τὰ σώματα ὑμῶν θυσίαν ζῶσαν ἁγίαν εὐάρεστον τῷ θω̅, τὴν λογικὴν B ℵc D L Ψ 049 056 1 6 33 69
τὰ σώματα ὑμῶν θυσίαν ζῶσαν ἁγίαν εὐάρεστον τῷ θω̅, τὴν **λογικὶν** 618
τὰ σώματα ὑμῶν θυσίαν ζῶσαν ἁγίαν εὐάρεστον τῷ θω̅, τὴν **λογηκὴν** 1646
τὰ σώματα ὑμῶν θυσίαν ζῶσαν ἁγίαν εὐάρεστον θω̅, τὴν λογικὴν 𝔓46
τὰ σώματα ὑμῶν θυσίαν ζῶσαν ἁγίαν εὐάρεστον τῷ θεῷ, τὴν λογικὴν **u**[**w**]**τ** Er[1]
τὰ σώματα ὑμῶν θυσίαν ζῶσαν **ἀγείαν** εὐάρεστον τῷ θω̅, τὴν **λογεικὴν** F G
τὰ σώματα ὑμῶν θυσίαν ζῶσαν ἁγίαν εὐάρεστον τῶι θω̅ι, τὴν λογικὴν 326 424 517 1270 1739 1891
τὰ σώματα ὑμῶν θυσίαν ζῶσαν ἁγίαν εὐάρεστον τῶι θω̅, τὴν λογικὴν 945
τὰ σώματα ὑμῶν θυσίαν ζῶσαν ἁγίαν εὐάρεστον τῷ θω̅ι, τὴν λογικὴν 1734
τὰ σώματα ὑμῶν θυσίαν ζῶσαν εὐάρεστον τῷ **κω̅**, τὴν λογικὴν 1881
.... ζῶσαν ἁγίαν **τῷ θω̅ εὐάρεστον**, τὴν λογικὴν P
τὰ σώματα ὑμῶν θυσίαν ζῶσαν ἁγίαν **τῷ θω̅ εὐάρεστον**, τὴν λογικὴν ℵ* A 1506
τὰ σώματα ὑμῶν θυσίαν ζῶσαν ἁγίαν **τῷ θεῷ εὐάρεστον**, τὴν λογικὴν [**w**]

lac. 11.36-12.1 𝔓10 𝔓113 C K P 0172 2464

C 11.36 αρχ η γαρ λ,σ τοις εθνεσι. τη παρ,α της δ̅ εβδ.αδ,ε ου θελω υμας αγνοειν το μυστηριον 1448 / τελ ς̅ 1 489 1739 | τε παρ,ας 547 | τε της παρ,ας 614 | τελ 226 330 440 796 927 1175 1243 1245 1448 2147 | τελ της β̅ 326 1837 | τε της ς̅ 517 1242 1315 1573 **12.1** αρχ Σα ζ Ψ 049 460 1175 | Σα ζ αδελφοι παρακαλω υμας L | ιζ παραινέσεις περὶ ἀρετῆς πρὸς θν̅ καὶ ἀνο̅υς 049 440 1270 | ιζ παραινέσις περὶ ἀρετῆς τῆς πρὸς θν̅ καὶ ἀνο̅υς 424 1175 | αρχ ιβ σαβατ ζ 209 ¦ προς ρωμ φυλλ, και φυλλ, ιε κ,ε ιβ 209 | αρχ Σα ζ αδ,ε παρακαλω υμας 226 | αρχ Σα ζ παρακαλω υμας (- υμας 1837) 326 1837 | αρχ Σα ζ 330 | αρχ 424 | της ς̅ αρχτης ς̅ κ,ε κ,ε οα 440 | αρχ Σα ζ παρακαλω 489 | αρχ Σα ζ αδ,ε παρακαλω υμας 517 | αρχ 547 | αρχ του Σα ζ προς ρωμαιους ετι αδ,ε παρακαλω υμας δια των 614 | Σα ζ 618 | αρχ Σα ζ αδ,ε παρακαλω υμας 796 | ζ παραινεσις πε αγοετης 796 | αρχ Σα ζ αδ,ε παρακαλω υμας δια των οικτιρμων 927 | Σα α̅ προς ρωμ: αδ,ε παρακαλω υμας δια των οικτιρμων 945 | αρχ Σα ζ 1241 | αρχ Σα ζ οα 1242 | αρχ Σα ζ κ,ε λγ 1243 | αρχ 1245 | οα Σα ζ απο τ ν̅ αδ,ε παρακαλω 1270 | αρχ Σα ς κ,ε ριδ 1315 | ιη παραινέσις περὶ ἀρετῆς πρὸς τὸν θν̅ καὶ ἀνο̅υς 1315 | αρχ παρακαλω υμας αδελφοι 1448 | αρχ τη β̅ της ε̅ εβδ. αδ,ε παρακαλω υμς 1573 | ιζ παραινεσις περι αρετης της προς θν και ανο̅υ και περι ταπεινοφροσυνης 1734 | Σα ζ μετ την ν̅ 1735 | κ, λβ αρχ Σα ξ ο αποστολ πρ ρωμ αδελφοι παρακαλω υμας δια των οικτιρμων του θυ̅ 1739 | αρχ Σα ζ απο της ν̅ 1836 | ιζ παραίνεσις περὶ ἀρετῆς· τῆς πρὸς θν̅ καὶ ἀνο̅υς 1874 | αρχ αδελφοι παρακαλω υμας δια των οικτιρμων 1891

D 12.1 ιε B | λ̅ 489 | ζ 796 | ιζ 049 1 424 1175 1245 1270 1734 1891 | λβ 226 517 | λ̅ 927

E 11.36 1 Co 8.6; Col 1.16-17; He 2.10 **12.1-2** Ro 6.11, 13, 19; 2 Co 1.3; Lk 2.22; Eph 5.2; 1 Pe 2.5; Phl 2.6-7

λατρείαν ὑμῶν·	2 καὶ μὴ συνσχηματίζεσθε	τῷ	αἰωνίω	τούτῳ, ἀλλὰ	B*
λατρείαν ὑμ···ν·	2 καὶ μὴ συνσχηματίζεσθε	τῶ	**αἰῶνι**	τούτῳ, ἀλλὰ	$\mathfrak{P}^{46}$
λατρίαν ὑμῶν·	2 καὶ μὴ συνσχηματίζεσθε	τῷ	**αἰῶνι**	τούτῳ, ἀλλὰ	ℵ
λατρείαν ὑμῶν·	2 καὶ μὴ συνσχηματίζεσθε	τῶ	**αἰῶνι**	τούτωι, ἀλλὰ	517
λατρείαν ὑμῶν·	2 καὶ μὴ συνσχηματίζεσθε	τῶι	**αἰῶνι**	τούτωι, ἀλλὰ	945^{c}
λατρείαν ὑμῶν·	2 καὶ μὴ συνσχηματίζεσθε	τῷ	**αἰῶνι**	τούτῳ, ἀλλὰ	[w]
λατρείαν ὑμῶν·	2 καὶ συνσχηματίζεσθε	τῶι	**αἰῶνι**	τούτωι, ἀλλὰ	1734
λατρίαν ὑμῶν·	2 καὶ μὴ **συνσχηματίζεσθαι**	τῷ	**αἰῶνι**	τούτῳ, ἀλλὰ	D*
λατρίαν ὑμῶν·	2 καὶ μὴ **συνσχηματίζεσθαι**	τῷ	**αἰώνει**	τούτῳ, ἀλλὰ	F G
λατρείαν ὑμῶν·	2 καὶ μὴ **συνσχηματίζεσθαι**	τῷ	**αἰῶνι**	τούτῳ, ἀλλὰ	D^{2} 1735 [w]
λατρείαν ὑμῶν·	2 καὶ μὴ **συσχιματίζεσθε**	τῷ	**αἰῶνι**	τούτῳ, ἀλλὰ	104 1424 1874
λατρείαν ὑμῶν·	2 καὶ μὴ **συσχιματίζεσθαι**	τῷ	**αἰῶνι**	τούτῳ, ἀλλὰ	2147
λατρείαν ὑμῶν·	2 καὶ μὴ **συσχηματίζεσθαι**	τῷ	αἰωνίω	τούτῳ, ἀλλὰ	B^{c} A
λατρίαν ὑμῶν·	2 καὶ μὴ **συσχηματίζεσθε**	τῷ	**αἰῶνι**	τούτῳ, ἀλλὰ	L P
λατρείαν ὑμῶν·	2 καὶ **συσχηματίζεσθε**	τῷ	**αἰῶνι**	τούτῳ, ἀλλὰ καὶ	205
λατρείαν ὑμῶν·	2 καὶ μὴ **συσχηματίζεσθε**	τῶι	**αἰῶνι**	τούτῳ, ἀλλὰ	424*
	2 μὴ **συσχηματίζεσθε**	τῶ	**αἰῶνι**	τούτῳ, ἀλλὰ	Cl II 41.4
λατρείαν ὑμῶν·	2 μὴ **συσχηματίζεσθε**	τῶι	**αἰῶνι**	τούτῳ, ἀλλὰ	424^{c}
λατρείαν ὑμῶν·	2 μὴ **συσχηματίζεσθε**	τῶι	**αἰῶνι**	τούτωι, ἀλλὰ	1739
λατρείαν ὑμῶν·	2 καὶ μὴ **συσχηματίζεσθε**	τῷ	**αἰῶνι**	τούτῳ, ἀλλὰ	6 69 226 365^{c} 440 614 910
λατρείαν **ἡμῶν**·	2 καὶ μὴ **συσχηματίζεσθε**	τῷ	**αἰῶνι**	τούτῳ, ἀλλὰ	365* [↑999 1241 1245 1315
λατρείαν ὑμῶν·	2 καὶ μὴ **συσχηματήζεσθαι**	τῷ	**αἰῶνι**	τούτῳ, ἀλλὰ	618 [↑1319 1352 1573 1611
λατρείαν ὑμῶν·	2 καὶ **συσχηματίζεσθαι**	τῶ	**αἰῶνι**	τούτῳ, ἀλλὰ	326 [↑1738 1881 1982 2344
λατρίαν ὑμῶν·	2 καὶ μὴ **συσχηματίζεσθαι**	τῷ	**αἰῶνι**	τούτῳ, ἀλλὰ	330 1506 [↑2412 2815 **uτ**
λατρείαν ὑμῶν·	2 καὶ μὴ **συσχηματίζεσθαι**	τῶι	**αἰῶνι**	τούτωι, ἀλλὰ	945* 1891 [↑Er^{1}
λατρείαν **ἡμῶν**·	2 καὶ μὴ **συσχηματίζεσθαι**	τῷ	**αἰῶνι**	τούτῳ, ἀλλὰ	1836 2400
λατρείαν ὑμῶν·	2 καὶ μὴ **συσχηματίζεσθαι**	τῷ	**αἰῶνι**	**τοῦτο**, ἀλλὰ	33 88
λατρείαν ὑμῶν·	2 καὶ μὴ **συσχηματίζεσθαι**	τῷ	**αἰῶνι**	τούτῳ, ἀλλὰ	1646
λατρείαν ὑμῶν·	2 καὶ μὴ **συσχηματίζεσθαι**	τῶι	**αἰῶνι**	τούτῳ, ἀλλὰ	1270
λατρείαν ὑμῶν·	2 καὶ μὴ **συσχηματίζεσθαι**	τῷ	**αἰῶνι**	τούτῳ, ἀλλὰ	Ψ 049 056 1 131 209 323 460 489 547 796 927 1175 1242 1243 1448 1505 1827 1837 1854 2125 2495

μεταμορφοῦσθε	τῇ	ἀνακαινώσει	τοῦ νοὸς	εἰς τὸ δοκιμάζειν	B* $\mathfrak{P}^{46}$ **u**[**w**] Cl II 41.4
μεταμορφοῦσθε	τῆι	ἀνακαινώσει	τοῦ νοὸς	εἰς τὸ δοκιμάζειν	424^{c} 1739
μεταμορφοῦσθε	τῆι	ἀνακαινώσει	τοῦ νοὸς ὑμῶν	εἰς τὸ δοκιμάζειν	424*
μεταμορφοῦσθε	τῇ	ἀνακαινώσει	τοῦ νοὸς ὑμῶν	εἰς τὸ δοκιμάζειν	205 1245 1836^{c}
μεταμορφοῦσθε	τῇ	**ἀνακαινήσει**	τοῦ νοὸς ὑμῶν	εἰς τὸ δοκιμάζειν	365*
μεταμορφοῦσθε	τῇ	**ἀνακαινίσει**	τοῦ νοὸς ὑμῶν	εἰς τὸ δοκιμάζειν	1241 2815
μεταμορφοῦσθε	τῇ	**ἀνακενώσει**	τοῦ νοὸς ὑμῶν	εἰς τὸ δοκιμάζειν	440 1854
μεταμορφοῦσθε	τῇ	**ἀνακενώσει**	τοῦ νοὸς ὑμῶν	εἰς τὸ δοκιμάζειν	1836*
μορφοῦσθαι	τῇ	ἀνακαινώσει	τοῦ νοὸς	εἰς τὸ δοκιμάζειν	6
μεταμορφοῦσθαι	**τι**	ἀνακαινώσει	τοῦ νοὸς ὑμῶν	εἰς **τῷ** δοκιμάζειν	ℵ Ψ 1 131 323 489 517 618 796
μεταμορφοῦσθαι	τῇ	ἀνακαινώσει	τοῦ νοὸς ὑμῶν	εἰς τὸ **δοκημάζειν**	049 [↑1242 1448 1874* 2147
μεταμορφοῦσθαι	τῇ	**ἀνακαινήσει**	τοῦ νοὸς ὑμῶν	εἰς τὸ δοκιμάζειν	330
μεταμορφοῦσθαι	τῇ	**ἀνακαινίσει**	τοῦ νοὸς ὑμῶν	εἰς τὸ δοκιμάζειν	2400
μεταμορφοῦσθαι	τῇ	**ἀνακαινόσει**	τοῦ νοὸς ὑμῶν	εἰς τὸ **δοκημάζειν**	1735 [↓2125 2344 2495
μεταμορφοῦσθαι	τῇ	ἀνακαινώσει	τοῦ νοὸς ὑμῶν	εἰς τὸ δοκιμάζειν	547 927 1175 1243 1319 1506
μεταμορφοῦσθαι	τῆι	ἀνακαινώσει	τοῦ νοὸς ὑμῶν	εἰς τὸ δοκιμάζειν	945 1270 1891
μεταμορφοῦσθαι	τῇ	**ἀνακενώσει**	τοῦ νοὸς ὑμῶν	εἰς τὸ δοκιμάζειν	326 1505 1646 1837
μεταμορφοῦσται	τῇ	**ἀνακαινόσει**	τοῦ νοὸς	εἰς τὸ **δοκειμάζιν**	F
μεταμορφοῦσθαι	τῇ	ἀνακαινώσει	τοῦ νοὸς	εἰς τὸ δοκιμάζειν	B^{c} A D* 1881 [**w**]
μεταμορφοῦσθαι	τῇ	ἀνακαινώσει	τοῦ νοὸς	εἰς τὸ **δοκειμάζιν**	G
μεταμορφοῦσθε	τῇ	ἀνακαινώσει	τοῦ νοὸς ὑμῶν	εἰς τὸ δοκιμάζειν	$D^{1.2}$ L P 056 33 69 88 104 209 226 365^{c} 460 614 910 999 1315 1352 1424 1573 1611 1734 1738 1827 1874^{c} 1982 2412 **τ** Er^{1}

lac. 12.1-2 $\mathfrak{P}^{10}$ $\mathfrak{P}^{113}$ C K 0172 2464

E 12.1-2 Ro 6.11, 13, 19; 2 Co 1.3; Lk 2.22; Eph 5.2; 1 Pe 2.5; Phl 2.6-7 **2** Phl 3.21; Col 3.10; Tit 3.5; 2 Co 5.17; Eph 4 23; 5.10, 17; Phl 1.10

Errata: 12.2 na D F G συσχηματίζεσθαι[1] : συνσχηματίζεσθαι D F G

12.2 na F μεταμορφοῦσθαι : μεταμορφοῦσται F

12.2 na 6 μεταμορφοῦσθαι : μορφοῦσθαι 6

[↓1735 1738 1739 1837 1854 1874 1881 1891 1982 2125 2147 2344 2400 2412 2495 2815
[↓999 1175 1241 1242 1243 1270 1315 1319 1352 1448 1505 1573 1611 1646c 1734
[↓104 131 205 209 226 323 326 330 365 424 440 460 489 517 547 614 796 910 927 945

ὑμᾶς τί τὸ θέλημα τοῦ θ̅υ̅, τὸ ἀγαθὸν καὶ εὐάρεστον καὶ τέλειον. B ℵ A D1.2 L Ψ 049
ὑμᾶς τί τὸ θέλημα τ···· θ̅υ̅, τὸ ἀγαθὸν καὶ εὐάρεστον καὶ τέλειον. 𝔓46 [↑056 1 6 88
ὑμᾶς τί τὸ θέλημα τοῦ θεοῦ, τὸ ἀγαθὸν καὶ εὐάρεστον καὶ τέλειον. **uwτ** Er1 Cl II 41.4
ὑμᾶς τί τὸ θέλημα τοῦ θ̅υ̅, τὸ ἀγαθὸν καὶ εὐάρεστον καὶ **τέλιον**. D* P
ὑμᾶς τί τὸ θέλημα θ̅υ̅, τὸ ἀγαθὸν καὶ εὐάρεστον καὶ τέλειον. F G
ὑμᾶς τί τὸ θέλημα τοῦ θ̅υ̅, τὸ ἀγαθὸν τὸ ἀγαθὸν καὶ εὐάρεστον καὶ τέλειον. 1646*
ὑμᾶς τί τὸ θέλημα τοῦ θ̅υ̅, τὸ ἀ ἀγαθὸν καὶ εὐάρεστον καὶ τέλειον. 1424
ὑμᾶς τί τὸ θέλημα τοῦ θ̅υ̅, **τῷ** **ἀγαθῷν** καὶ εὐάρεστον καὶ τέλειον. 618
ὑμᾶς τί τὸ θέλημα τοῦ θ̅υ̅, **καὶ** **εὐάρεστον** καὶ **ἀγαθὸν** καὶ τέλειον. 33
ὑμᾶς τί τὸ θέλημα τοῦ θ̅υ̅, τὸ ἀγαθὸν **τὸ** εὐάρεστον καὶ τέλειον. 69
ὑμᾶς τί τὸ θέλημα τοῦ θ̅υ̅, τὸ ἀγαθὸν **τὸ** εὐάρεστον καὶ **τέλιον**. 1506
ὑμᾶς τί τὸ θέλημα τοῦ θ̅υ̅, τὸ ἀγαθὸν καὶ **τέλειον καὶ εὐάρεστον**. 1827
ἡμᾶς τί τὸ θέλημα τοῦ θ̅υ̅, τὸ ἀγαθὸν καὶ εὐάρεστον καὶ τέλειον. 1245 1836

[↓365 440 489 517 614 927 1175 1242 1245 1505 1573 1611 1836 1881 1982 2125 2344 2412 2495 2815 **uwτ** Er1

3 Λέγω γὰρ διὰ τῆς χάριτος τῆς δοθείσης μοι παντὶ τῷ ὄντι B A D1.2 P Ψ 056 1 6
3 Λέγω γὰρ διὰ τῆς χάριτος τῆς δοθείσης μοι π····τὶ τῷ ὄντι 𝔓46 [↑88 104 131 226
3 Λέγω γὰρ διὰ τῆς χάριτος τῆς δοθείσης μοι παντὶ **τὸ** ὄντι 1874c
3 Λέγω γὰρ διὰ τῆς χάριτος τῆς δοθείσης μοι παντὶ τῶι ὄντι 1270 1734 1739
3 Λέγω γὰρ διὰ τῆς χάριτος τῆς δοθείσης μοι τῷ ὄντι 1352
3 Λέγω γὰρ διὰ τῆς **χάρειτος** τῆς δοθείσης μοι **παντεὶ** τῷ **ὄντει** F G
3 Λέγω γὰρ διὰ τῆς χάριτος τοῦ θ̅υ̅ τῆς **λογισθείσης** μοι παντὶ τῷ ὄντι 796
3 Λέγω γὰρ διὰ τῆς χάριτος τῆς **δοθίσης** μοι παντὶ τῷ ὄντι ℵ D*
3 Λέγω γὰρ διὰ τῆς χάριτος τῆς **δοθήσης** μοι παντὶ τῷ ὄντι 460 1738 2147
3 Λέγω γὰρ διὰ τῆς χάριτος τῆς **δοθήσης** μοι παντὶ **τὸ** ὄντι 1243
3 Λέγω γὰρ διὰ τῆς χάριτος τῆς **δοθήσης** μοι **παντὴ** τῷ **ὄτη** 618
3 Λέγω γὰρ διὰ τῆς χάριτος τῆς **δοθήσεις** μοι παντὶ τῷ ὄντι 33 1319 1424
3 Λέγω γὰρ διὰ τῆς χάριτος τῆς **δοθήσεις** μοι καὶ παντὶ τῷ ὄντι 326 1837
3 Λέγω γὰρ διὰ τῆς χάριτος τῆς **δοθήσις** μοι παντὶ τῷ ὄντι 910
3 Λέγω γὰρ διὰ τῆς χάριτος τῆς **δοθείσεις** μοι παντὶ **τὸ** ὄντι 1874*
3 **Λέ** γὰρ διὰ τῆς χάριτος τῆς **δωθήσης** μοι παντὶ ὄντι 1646*
3 Λέγω γὰρ διὰ τῆς χάριτος τῆς **δωθήσης** μοι παντὶ ὄντι 1646c
3 Λέγω γὰρ διὰ τῆς χάριτος τοῦ θ̅υ̅ τῆς **δοθείσεις** μοι παντὶ τῷ ὄντι 2400
3 Λέγω γὰρ διὰ τῆς χάριτος τοῦ θ̅υ̅ τῆς **δοθήσεις** μοι παντὶ τῷ ὄντι 1315
3 Λέγω γὰρ διὰ τῆς χάριτος τοῦ θ̅υ̅ τῆς **δοθήσης** μοι παντὶ τῷ ὄντι L 999 1735
3 Λέγω γὰρ διὰ τῆς χάριτος τοῦ θ̅υ̅ τῆς **δοθήσης** μοι παντὶ τῶι ὄντι 1891
3 Λέγω γὰρ διὰ τῆς χάριτος τοῦ θ̅υ̅ τῆς **δωθήσης** μοι παντὶ τῷ ὄντι 1506
3 Λέγω γὰρ διὰ τῆς χάριτος τοῦ θ̅υ̅ τῆς δοθείσης μοι παντὶ τῷ ὄντι 049 69 205 209 323 330 424 547 945 1241 1448 1827 1854

[↓1611 1734 1735 1738 1739 1827 1836 1837 1854 1874 1881 1891 1982 2125 2147 2400 2412 2495 2815 **uwτ** Er1
[↓424 440 460 489 517 547 614 796 910 927 999* 1175 1241 1242 1245 1270 1315 1319 1424 1448 1505 1506 1573

ἐν ὑμῖν μὴ ὑπερφρονεῖν παρ᾽ ὃ δεῖ φρονεῖν ἀλλὰ φρονεῖν εἰς τὸ B A D1.2 L P Ψ 049 056 1 33
ἐν **ὑμεῖν** μὴ ὑπερφρονεῖν παρ᾽ ·· δεῖ φρονεῖν ἀλλὰ φρονεῖν εἰς τὸ 𝔓46 [↑69 88 104 131 205 209
ἐν ὑμῖν μὴ **ὑπερφρονῖν** παρ᾽ ὃ δεῖ **φρονῖν** ἀλλὰ **φρονῖν** εἰς τὸ ℵ [↑226 323 326 330 365
ἐν ὑμῖν μὴ **ὑποφρονεῖν** παρ᾽ ὃ δεῖ φρονεῖν ἀλλὰ φρονεῖν εἰς τὸ 945
ἐν ὑμῖν μὴ **ὑπερφρονῆν** παρ᾽ ὃ δεῖ **φρονῆν** ἀλλὰ φρονεῖν εἰς τὸ 1646
ἐν ὑμῖν μὴ **ὑπερφρονῆν** παρ᾽ **ᾧ** δεῖ φρονεῖν εἰς τὸ 618
ἐν ὑμῖν μὴ ὑπερφρονεῖν παρ᾽ **ᾧ** δεῖ φρονεῖν ἀλλὰ φρονεῖν εἰς τὸ 1243
ἐν ὑμῖν μὴ ὑπερφρονεῖν παρ᾽ ὃ **δῖ** φρονεῖν ἀλλὰ φρονεῖν εἰς τὸ D*
ἐν ὑμῖν μὴ ὑπερφρονεῖν ἀλλὰ φρονεῖν εἰς τὸ F Gc 6
ἐν ὑμῖν μὴ ὑπερφρονεῖν ἀλλὰ φρονεῖν τὸ G*
ἐν ὑμῖν μὴ ὑπερφρονεῖν ἑκάστῳ παρ᾽ ὃ δεῖ φρονεῖν ἀλλὰ φρονεῖν εἰς τὸ 999c
ἐν ὑμῖν μὴ ὑπερφρονεῖν παρ᾽ ὃ δεῖ φρονεῖν ἀλλὰ **φρονεῖ** εἰς τὸ 1352
ἐν ὑμῖν μὴ ὑπερφρονεῖν παρ᾽ ὃ **δὴ** φρονεῖν ἀλλὰ φρονεῖν εἰς τὸ 2344

---

lac. 12.2-3 𝔓10 𝔓113 C K 0172 2464

E 12.1-2 Ro 6.11, 13, 19; 2 Co 1.3; Lk 2.22; Eph 5.2; 1 Pe 2.5; Phl 2.6-7 **2** Phl 3.21; Col 3.10; Tit 3.5; 2 Co 5.17; Eph 4 23; 5.10, 17; Phl 1.10

Errata: 12.2 na D F G συσχηματίζεσθαι1 : συνσχηματίζεσθαι D F G
12.2 na F μεταμορφοῦσθαι : μεταμορφοῦσται F
12.2 na 6 μεταμορφοῦσθαι : μορφοῦσθαι 6

[↓440 517 910 1175 1241 1424 1506 1836 1837 1854 1874
σωφρονεῖν, ἑκάστῳ ὡς ὁ θς ἐμέρισεν μέτρον πίστεως. 4 καθάπερ γὰρ ἐν ἑνὶ B D1.2 L Ψ 049
σωφρονεῖν, ἑκάστῳ ὡς ὁ θς ἐμέρισεν μέτρον πίστεως. 4 καθάπερ ἐν ἑνὶ 𝔓46
σωφρονεῖν, ἑκάστῳ ὡς ὁ θεὸς ἐμέρισεν μέτρον πίστεως. 4 καθάπερ γὰρ ἐν ἑνὶ **u w**
σωφρονῖν, ἑκάστῳ ὡς ὁ θς ἐμέρισεν μέτρον πίστεως. 4 καθάπερ γὰρ ἐν ἑνὶ ℵ
σωφρονεῖν, ἑκάστῳ ὡς ὁ θς ἐμέρισεν μέτρον πίστεως. 4 **ὥσπερ** γὰρ ἐν ἑνὶ D*
σωφρονεῖν, ἑκάστῳ ὡς ὁ θς **ἐμέρεισεν** μέτρον πίστεως. 4 **ὥσπερ** γὰρ ἐν **ἑνεὶ** G
σοφρονεῖν, ἑκάστῳ ὡς ὁ θς **ἐμέρεισεν** **μήτρον** πίστεως. 4 **ὥσπερ** γὰρ ἐν **ἑνεὶ** F
σωφρονεῖν, ἑκάστῳ ὡς ὁ θς **ἐμείρησεν** μέτρον πίστεως. 4 καθάπερ γὰρ ἐν ἑνὶ 1352
σοφρονεῖν, ἑκάστῳ ὡς ὁ θς **ἐμέρησεν** μέτρον πίστεως. 4 καθάπερ ἐν ἑνὶ 1243
σωφρονεῖν, ἑκάστῳ ὡς ὁ θς **ἐμέρησεν** μέτρον πίστεως. 4 καθάπερ γὰρ ἐν ἑνὶ P 33 1735
σωφρονεῖν, ἑκάστῳ ὡς **ἐμέρισεν ὁ θς** μέτρον πίστεως. 4 καθάπερ γὰρ ἐν ἑνὶ A
σωφρονεῖν, ἑκάστωι ὡς ὁ θς **ἐμέτρισε** μέτρον πίστεως. 4 καθάπερ γὰρ ἐν ἑνὶ 1734 1739c
σωφρονεῖν, ἑκάστω ὡς ὁ θς **ἐμέτρισε** μέτρον πίστεως. 4 καθάπερ γὰρ ἐν ἑνὶ 1881
σωφρονεῖν, ἐν ἑκάστῳ ὡς ὁ θς **ἐμέρισε** μέτρον πίστεως. 4 καθάπερ γὰρ ἐν ἑνὶ 1242
σωφρονεῖν, ἑκάστῳ ὡς ὁ θεὸς **ἐμέρισε** μέτρον πίστεως. 4 καθάπερ γὰρ ἐν ἑνὶ **τ** Er1
σωφρονεῖν, ἑκάστωι ὡς ὁ θς **ἐμέρισε** μέτρον πίστεως. 4 καθάπερ γὰρ ἐν ἑνὶ 1270 1739*
σωφρονεῖν, ἑκάστῳ ὡς ὁ θς **ἐμέρισε** μέτρον **χάριτος**. 4 καθάπερ γὰρ ἐν ἑνὶ 6 [↑1891
σωφρονεῖν, ἑκάστῳ ὡς ὁ θς **ἐμέρισε** μέτρον **χάριτος**. 4 καθάπερ γὰρ ἑνὶ 424c
σωφρονεῖν, ἑκάστῳ ὡς ὁ θς **ἐμέρισε** μέτρον πίστεως. 4 καθάπερ γὰρ **μέλη** 460 1738
σωφρονεῖν, **ἑκάστο** ὡς ὁ θς **ἐμέρισε** μέτρον πίστεως. 4 καθάπερ γὰρ **μέλη** 618
σωφρονεῖν, ἑκάστῳ ὡς ὁ θς **ἐμέρισε** **μέτρῳ** πίστεως. 4 καθάπερ γὰρ ἑνὶ 1319
σωφρονεῖν, ἑκάστῳ ὡς ὁ θς **ἐμέρισε** μέτρον πίστεως. 4 καθάπερ γὰρ ἑνὶ 365
σωφρονεῖν, ἑκάστῳ ὡς ὁ θς **ἐμέρισε** μέτρον πίστεως. 4 καθάπερ ἐν ἑνὶ 1646
σωφρονεῖν, ἑκάστῳ ὡς **ἐμέρισε** μέτρον πίστεως. 4 καθάπερ γὰρ ἐν ἑνὶ 2344
σωφρονεῖν, ἑκάστῳ ὡς ὁ θς **ἐμέρισε** μέτρον πίστεως. 4 καθάπερ γὰρ ἐν ἑνὶ 056 1 69 88
104 131 205 209 226 323 326 330 424* 489 547 614 796 927 945 999 1245
1315 1448 1505 1573 1611 1827 1982 2125 2147 2400 2412 2495 2815

σώματι πολλὰ μέλη ἔχομεν, τὰ δὲ μέλη πάντα οὐ τὴν αὐτὴν ἔχει πρᾶξιν, B ℵ D **u**[**w**]
σώματι πολλὰ μέλη ἔχομεν, τὰ δὲ μέλη πάντα οὐ τὴν αὐτὴν **πράξειν ἔχει**, 𝔓46
σώματει πολλὰ μέλη ἔχομεν, τὰ δὲ **πάντα μέλη** οὐ τὴν αὐτὴν **πράξειν ἔχει**, F
σώματει πολλὰ μέλη ἔχομεν, τὰ δὲ μέλη πάντα οὐ τὴν αὐτὴν ἔχει **πράξειν**, G
σώματι πολλὰ μέλη ἔχομεν, **πάντα δὲ τὰ μέλη** οὐ τὴν αὐτὴν ἔχει πρᾶξιν, 1241
σώματι πολλὰ μέλη ἔχομεν, **πάντα τὰ δὲ μέλη** οὐ τὴν αὐτὴν ἔχει πρᾶξιν, 1827
πολλὰ ἔχομεν ἐν ἑνὶ σώματι, τὰ δὲ μέλη πάντα οὐ τὴν αὐτὴν ἔχει πρᾶξιν, 460 618 1738
σώματι **μέλλη πολλὰ** ἔχομεν, τὰ δὲ μέλη πάντα οὐ τὴν αὐτὴν ἔχει πρᾶξιν, 049
σώματι **μέλη πολλὰ ἔχωμεν**, τὰ δὲ μέλη πάντα οὐ τὴν αὐτὴν ἔχει πρᾶξιν, 33 910 1646
σώματι **μέλη πολλὰ ἔχωμεν**, τὰ δὲ μέλη πάντα οὐ τὴν αὐτὴν ἔχει **πράξειν**, 1243 [↑1874
σώματι **μέλη πολλὰ** ἔχομεν, τὰ δὲ μέλη πάντα οὐ τὴν αὐτὴν **ἔχη** πρᾶξιν, 1319
σώματι **μέλη πολλὰ** ἔχομεν, τὰ δὲ μέλη πάντα οὐ τὴν αὐτὴν αὐτὴν ἔχει πρᾶξιν, 1836
σώματι **μέλη πολλὰ ἔχωμεν**, τὰ δὲ **μέλλη** πάντα οὐ τὴν αὐτὴν ἔχει πρᾶξιν, 2147
σώματι **μέλη πολλὰ** ἔχομεν, τὰ δὲ μέλη πάντα οὐ τὴν αὐτὴν ἔχει πρᾶξιν, A L P Ψ 056
1 6 69 88 104 131 205 209 226 323 326 330 365 424 440 489 517 547 614 796 927 945 999 1175 1242 1245 1270 1315 1352
1424 1448 1505 1506 1573 1611 1734 1735 1739 1837 1854 1881 1891 1982 2125 2344 2400 2412 2495 2815 [**w**]**τ** Er1

lac. 12.3-4 𝔓10 𝔓113 C K 0172 2464

C 12.3 α περι της προσαλληλους ομονοιας 1175 1270 | κ,ιη παραινεσις περι αρετης της προς θν και ανο υς περι τους αλληλους ομονοιας 1739 | ϛ περι της προς αντικειμενους ανεξικακιας 1874 | αρχ Σα της ζ εβδ πρ ρωμαιου αδ,ε παρακαλω υμας δια 2147 | αρχ του ζ Σα 2412 | τελ του Σα 326 614 1315 | τελ L Ψ 049 104 209 226 323 440 517 796 927 945 1175 1245 1270 1448 1573 1836 1837 1874 1891 2147 | τε του Σα 1242 2412 | τε Σα 1 1739 **4** αρχ τη β της ε εβδ αδ,ε καθαπερ εν ενι κ,υ ϛ αδ,ε εχοντ χαρις κατα 1 | αρχ λγ 1 | αρχ τη β της ε εβδ αδ,ε καθαπερ εν ενι 226 | της α αρχ της α εβδ ε 440 | τη β της ε εβδ του Σα αδελφοι 517 | αρχ της β εβδ ε αδελφοι καθαπερ 614 | αρχ τη ϛ τη γ εβδ αδ,ε καθαπερ εν ενι σωματι 796 | αρχ τη ϛ της ε εβδ αδ,ε καθαπερ εν ενι 927 | αρχ τη β της ε εβδ: προς ρωμ αδ,ε καθαπερ εν ενι σωματι 945 | αρχ τ η ζ εβδμ ε 1242 | αρχ 1245 | αρχ τη β της ε εβδ κ,ε ριε 1315 | αρχ πε, γ της ε εβδ αδ,ε καθαπερ εν ενι σωματι 1573 | κ,ε λγ αρχ β κ,υ ϛ της ε εβδ ο αποστολ πρ ρωμ αδελφοι καθαπερ εν ενι σωματι 1739 | αρχ τη της ε εβδ αδ,ε καθαπερ εν ενι σωματι μελλη πολλα εχωμεν 2147 | αρχ τη α εβδ ε 2412 | τελ 330 517 | τελ της β 547

D 12.4 λγ 226 614

E 12.3 Ro 15.15; 1 Co 4.6; 12.11; Mt 25.15; 1 Co 12.11; Eph 4.7; 2 Co 10.13 **4** 1 Co 12.12-13, 27; 6.15; 10.17

5 οὕτως οἱ πολλοὶ ἓν σῶμά ἐσμεν ἐν χω̅, τὸ δὲ καθ' εἷς ἀλλήλων μέλη. B A P 6 365
5 οὕτως οἱ πολλοὶ ἓν σῶμά ἐσμεν ἐγ .... τὸ δὲ **κατ'** **ἶς** ἀλλήλων μέλη. 𝔓^{46} [↑1506
5 οὕτως οἱ πολλοὶ ἓν σῶμά ἐσμεν ἐν χω̅, τὸ δὲ καθ' **ἶς** ἀλλήλων μέλη. ℵ D* [↑1573
5 οὕτως οἱ πολλοὶ ἓν σῶμά ἐσμεν ἐν Χριστῷ, τὸ δὲ καθ' εἷς ἀλλήλων μέλη. **u w**
5 οὕτως οἱ πολλοὶ ἓν σῶμά ἐν χρω̅, τὸ δὲ καθ' εἷς ἀλλήλων μέλη. F G
5 οὕτως καὶ οἱ πολλοὶ ἓν σῶμά ἐσμεν ἐν χω̅, τὸ δὲ καθ' εἷς ἀλλήλων μέλη. 1243
5 οὕτως οἱ πολλοὶ σῶμά ἐσμεν ἐν χω̅, τὸ δὲ καθ' εἷς ἀλλήλων **μέλλη**. 1319
5 οὕτως οἱ πολλοὶ ἓν σῶμά ἐσμεν ἐν χω̅ι, τὸ δὲ καθ' εἷς ἀλλήλων μέλη. 1739
5 οὕτως καὶ οἱ πολλοὶ ἓν σῶμά ἐσμεν ἐν χω̅, **ὁ** δὲ καθ' εἷς ἀλλήλων μέλη. 1 69 1611
5 οὕτως οἱ πολλοὶ ἓν σῶμά ἐσμεν ἐν χω̅, **ὁ** δὲ καθ' **ἧς** ἀλλήλων μέλη. 33 [↑1836
5 **οὕτω** καὶ οἱ πολλοὶ ἓν σῶμά ἐσμεν ἐν χω̅, **ὁ** δὲ καθ' εἷς ἀλλήλων μέλη. 104
5 οὕτως καὶ οἱ πολλοὶ ἓν σῶμά ἐσμεν ἐν χω̅, **ὁ** δὲ καθ' εἷς ἀλλήλων **μέλλη**. 1245
5 οὕτως καὶ οἱ πολλοὶ ἓν σῶμά ἐσμεν ἐν χω̅ι, **ὁ** δὲ καθ' εἷς ἀλλήλων μέλη. 1270
5 οὕτως οἱ πολλοὶ ἓν σῶμά ἓν σῶμά ἐσμεν ἐν χω̅, **ὁ** δὲ καθ' εἷς ἀλλήλων μέλη. 205
5 οὕτως οἱ πολλοὶ ἓν σῶμά ἐσμεν, **ὁ** δὲ καθ' εἷς ἀλλήλων μέλη. 517
5 οὕτως οἱ πολλοὶ ἓν σῶμά ἐσμεν ἐν χω̅, **ὁ** δὲ **κακαθ'** εἷς ἀλλήλων μέλη. 796
5 οὕτως οἱ πολλοὶ ἓν σῶμά ἐσμεν ἐν χω̅ **ιυ̅**, **ὁ** δὲ καθ' εἷς ἀλλήλων **μέλλει**. 1315
5 οὕτως οἱ πολλοὶ ἓν σῶμά ἐσμεν ἐν χω̅ι **ὁ** δὲ **καθεὶ** ἀλλήλων μέλη. 1734
5 οὕτως οἱ πολλοὶ ἓν σῶμά ἐσμεν ἐν χω̅ι, **ὁ** δὲ καθ' εἷς ἀλλήλων μέλη. 1891 1982
5 οὕτως οἱ πολλοὶ ἓν σῶμά ἐσμεν ἐν χω̅, **οἱ** δὲ καθ' εἷς ἀλλήλων μέλη. 2344
5 οὕτως οἱ πολλοὶ ἓν σῶμά ἐσμεν ἐν Χριστῷ, **ὁ** δὲ καθ' εἷς ἀλλήλων μέλη. **τ** Er^{1}
5 οὕτως οἱ πολλοὶ ἓν σῶμά ἐσμεν ἐν χω̅, **ὁ** δὲ καθ' εἷς ἀλλήλων μέλη. D$^{1.2}$ L Ψ 049 056 88 131 209 226 323 326 330 424 440 460 489 547 614 618 910 927 945 999 1175 1241 1242 1352 1424 1448 1505 1646 1735 1738 1827 1837 1854 1874 1881 2125 2147 2400 2412 2495 2815

[↓1319 1352 1448 1573 1611 1734 1738 1739 1827 1836 1854 1881 1891 1982 2125 2400 2412 2815 **uwτ** Er^{1}
[↓056 6 33 69 104 205 209 226 323 330 365 424 440 460 517 614 796 910 945 1175 1241 1242 1245 1270 1315
6 ἔχοντες δὲ χαρίσματα κατὰ τὴν χάριν τὴν δοθεῖσαν ἡμῖν διάφορα, B A D$^{1.2}$ Ψ 049
6 ἔχοντε·· ···· χαρίσματα κατὰ τὴν χάριν τὴν δοθε········ **ἡμεῖν** διάφορα, 𝔓^{46}
6 ἔχοντες δὲ χαρίσματα κατὰ τὴν χάριν τὴν **δοθῖσαν** ἡμῖν διάφορα, ℵ
6 ἔχοντες δὲ χαρίσματα κατὰ τὴν χάριν τὴν **δοθῖσαν** ἡμῖν **διάφοραν**, D*
6 ἔχοντες δὲ χαρίσματα κατὰ τὴν χάριν τὴν **δωθεῖσαν** ἡμῖν διάφορα, 1506
6 ἔχοντες δὲ χαρίσματα κατὰ τὴν χάριν τὴν **δοθῆσαν** ἡμῖν διάφορα, L 131 326 999 1243
6 ἔχοντες χαρίσματα κατὰ τὴν χάριν τὴν **δοθῆσαν** ἡμῖν διάφορα, 1735 [↑1837 1874
6 ἔχοντες χαρίσματα κατὰ τὴν χάριν τὴν δοθεῖσαν ἡμῖν διάφορα, 2344 [↑2147
6 ἔχοντες **οὖν** χαρίσματα κατὰ τὴν χάριν τὴν δοθεῖσαν ἡμῖν διάφορα, P
6 **ὑπερέχοντες** δὲ χαρίσματα κατὰ τὴν χάριν τὴν δοθεῖσαν ἡμῖν διάφορα, 1
6 ἔχοντες δὲ χαρίσματα κατὰ τὴν χάριν τοῦ θυ̅ τὴν δοθεῖσαν **ὑμῖν** διάφορα, 88 1424
6 ἔχοντες δὲ χαρίσματα κατὰ τὴν **χάρειν** τὴν δοθεῖσαν ἡμῖν διάφορα, F G
6 **ἔχωντες** δὲ χαρίσματα κατὰ τὴν χάριν τὴν δοθεῖσαν ἡμῖν διάφορα, 618
6 **ἔχωντες** δὲ χαρίσματα κατὰ τὴν χάριν τὴν δωθεῖσαν ἡμῖν διάφορα, 1646^{c}
6 **ἔχωντες** **χαρίσμαματα** κατὰ τὴν χάριν τὴν δωθεῖσαν ἡμῖν διάφορα, 1646* [↓2495
6 ἔχοντες δὲ χαρίσματα κατὰ τὴν χάριν τὴν δοθεῖσαν **ὑμῖν** διάφορα, 489 547 927 1505

---

lac. 12.5-6 𝔓^{10} 𝔓^{113} C K 0172 2464

C 12.6 αρχ κ,υ ϛ Ψ 049 460 | κ,υ ϛ αδελφοι εχοντες L | υπ της β 1 | αρχη 104 1175 | κυριαξ ϛ 209 | αρχ κ,υ ϛ αδ,ε εχοντες χαρισματα 226 | αρχ 326 | αρχ κ,υ ϛ 330 | αρχ κ,ε οβ κ,υ ϛ 424 | υπ της α 440 | αρχ τς ϛ κ,υ 440 | υπ αρχ κ,υ ϛ αδελφοι 517 | αρχ 547 | υπ κ,υριακ ϛ αρχ προς ρωμαιους αδὲλφοι εχοντες χαρισματα 614 | κ,υ ϛ 618 | υπ τελ ιστ 796 | υπ 927 | αρχ κ,υξ ϛ αδ,ε εχοντες 927 | αρχ κ,υ ε αδ,ε εχον χαρισματα κατα την χαριν 945 | β περι της προς θν λατρειας 1175 | αρχ κ,υ ϛ 1241 | υπ τη ζ κξ οη εωθινον ϛ ηχ παλ 1242 | αρχ αδ,ε κ,υ ϛ κ,ε λδ 1243 | αρχ οβ 1270 | υπ της β κ,υ ϛ 1315 | αρχ κ,υ ϛ αδ,ε εχοντες χαρισματα 1448 1837 | υπ α της β 1573 | αρχ κ,ριακ ϛ αδ,ε εχοντες χαρισματα κατα την χαριν 1583 | κ,υ ϛ εχοντες χαρισματα 1735 | κ,υ ϛ ο αποστολ πρ ρωμ αδελφοι εχωντες χαρισματα κατα την χαριν 1739 | αρχ κ,υ ϛ και εις προφη 1836 | αρχ αδελφοι εχοντες χαρισματα 1891 | αρχ κ,υ ϛ αδ,ε εχοντες χαρισματα την χαριν την δοθεισαν 2147 | κ,υριακ ϛ προς ρωμ αδελφοι εχοντες χαρισματα κατα 2412

D 12.6 λδ 226 614 1573 | λγ 517

E 12.5 1 Co 12.27; Eph 1.23; 4.4, 25; Col 3.15; Eph 5.30; 1 Co 12.25 **6** Ro 1.11; 1 Co 7.7; 12.4; 1 Ti 4.14; 1 Co 14.3 **6-8** 1 Co 12.4-11; 1 Pe 4.10-11

[↓1448 1505 1573 1611* 1734 1739 1827 1836 1837 1854 1874 1881 1891 1982 2125 2147 2344 2412 2495 **uwτ** Er[1]

[↓104 131 205 209 226 323 326 365 424* 440 489 517 547 614 796 910 927 945 1175 1242 1243 1270 1315 1352 1424

εἴτε προφητείαν κατὰ τὴν ἀναλογίαν τῆς πίστεως, **7** εἴτε διακονίαν B A D P Ψ 049 056c 6 33 88

εἴτε προφητείαν κα····· ······· ἀναλογίαν τῆς πίστεως, **7** εἴτε διακο········· $\mathfrak{P}^{46}$

εἴτε **προφητίαν** κατὰ τὴν ἀναλογίαν τῆς πίστεως, **7** εἴτε διακονίαν ℵ* 1735

ἤτε προφητείαν κατὰ τὴν ἀναλογίαν τῆς πίστεως, **7** εἴτε διακονίαν 1319

εἴτε προφητείαν κατὰ ἀναλογίαν τῆς πίστεως, **7** εἴτε διακονίαν 056* 2815

εἴτε προφητείαν κατὰ τὴν ἀναλογίαν τῆς πίστεως, **7** εἴτε διακονίαν ἐν τῇ διακονίαν L

εἴτε προφητείαν κατὰ τὴν ἀναλογίαν τῆς πίστεως, **7** εἴτε **διακονείαν** F G

εἴτε προφητείαν κατὰ τὴν ἀναλογίαν τῆς πίστεως, **7** εἴτε **τὸ κήρυγμα** 424c

εἶται προφητείαν κατὰ τὴν ἀναλογίαν τῆς πίστεως, **7** **εἶται** ὁ **διακονῶν** 1646

εἴτε **προφητίαν** κατὰ τὴν ἀναλογίαν τῆς πίστεως, **7** εἴτε ὁ **διακονῶν** ℵc

εἴτε **προφητεία** κατὰ τὴν ἀναλογίαν τῆς πίστεως, **7** εἴτε ο **διακονῶν** 330 1241 2400

εἴτε προφητείαν κατὰ τὴν ἀναλογίαν τῆς πίστεως, **7** εἴτε ὁ διακονιαν 69c

εἴτε προφητείαν κατὰ τὴν ἀναλογίαν **τις** πίστεως, **7** εἴτε ὁ **διακονῶν** 618 [↓1738

εἴτε προφητείαν κατὰ τὴν ἀναλογίαν τῆς πίστεως, **7** εἴτε ὁ **διακονῶν** 1 69* 460 999 1245 1506 1611c

[↓1424 1448 1505 1506 1573 1611 1735 1738 1837 1854 1874 1881 1982 2125 2344 2400 2412 2495 2815 **uwτ** Er[1]

[↓049 056 1 6 69 88 104 131 205 209 226 323 326 365 440 489 547 614 796 910 927 999 1175 1241 1242 1245 1315 1319

ἐν τῇ διακονίᾳ, εἴτε ὁ διδάσκων ἐν τῇ διδασκαλίᾳ, **8** εἴτε ὁ παρακαλῶν B ℵ D2 L P Ψ

····· ···· διακονία, **ἤτοι** ὁ διδάσκων ἐν τ·· ·························· **8**·········· ὁ παρακαλῶν $\mathfrak{P}^{46}$

ἐν τῇ διακονίᾳ, εἴτε ὁ διδάσκων ἐν τῇ διδασκαλίᾳ, **8** ὁ παρακαλῶν D*

ἐν τῇ **διακονείᾳ**, εἴτε ὁ διδάσκων ἐν τῇ **διδασκαλείᾳ**, **8** ὁ **παρακαλὸν** F

ἐν τῇ **διακονείᾳ**, εἴτε ὁ διδάσκων ἐν τῇ **διδασκαλείᾳ**, **8** ὁ παρακαλῶν G

ἐν τῇ διακονίᾳ, εἴτε ὁ διδάσκων ἐν τῇ **διδασκαλείᾳ**, **8** εἴτε ὁ παρακαλῶν 1827 1836

ἐν τῇ διακονίᾳ, **εἶται** ὁ **διδάσκον** ἐν τῇ **διδασκαλείᾳ**, **8** **εἶται** ὁ παρακαλῶν 1646

ἐν τῇ διακονίᾳ, εἴτε ὁ **διδάσκον** ἐν τῇ διδασκαλίᾳ, **8** εἴτε ὁ **παρακαλὸν** 2147

ἐν τῇ διακονίᾳ, εἴτε ὁ **διδάσκον** ἐν τῇ διδασκαλίᾳ, **8** εἴτε ὁ παρακαλῶν 460 618

ἐν τῇ διακονίᾳ, εἴτε ὁ **διδάσκαν** ἐν τῇ διδασκαλίᾳ, **8** εἴτε ὁ παρακαλῶν 33 330

ἐν τῇ διακονίᾳ, εἴτε ὁ διδάσκων ἐν τῇ διδασκαλίᾳ, **8** εἴτε ὁ **παρακαλὸν** 1243

ἐν τῇ διακονίαι, εἴτε ὁ διδάσκων ἐν τῇ διδασκαλία, **8** εἴτε ὁ παρακαλῶν 517

ἐν τῆι διακονία, εἴτε ὁ διδάσκων ἐν τῆι διδασκαλία, **8** εἴτε ὁ παρακαλῶν 424 1270

ἐν τῆι διακονίαι, εἴτε ὁ διδάσκων ἐν τῆι διδασκαλίαι, **8** εἴτε ὁ παρακαλῶν 1739 1891

ἐν τῇ διακονίᾳ, εἴτε ὁ διδάσκων ἐν τῆι διδασκαλίᾳ, **8** εἴτε ὁ παρακαλῶν 945 1734

ἐν τῇ διακονίᾳ, εἴτε διδάσκων ἐν τῇ διδασκαλίᾳ, **8** εἴτε ὁ παρακαλῶν 1352

ἐν τῇ διακονίᾳ, εἴτε **διδασκαλείαν** ἐν τῇ **διδασκαλείᾳ**, **8** εἴτε ὁ παρακαλῶν A

---

lac. 12.6-8 $\mathfrak{P}^{10}$ $\mathfrak{P}^{113}$ C K 0172 2464

C 12.6 αρχ κ,υ ϛ Ψ 049 460 | κ,υ ϛ αδελφοι εχοντες L | υπ της β 1 | αρχη 104 1175 | κυριαξ ϛ 209 | αρχ κ,υ ϛ αδ,ε εχοντες χαρισματα 226 | αρχ 326 | αρχ κ,υ ϛ 330 | αρχ κ,ε οβ κ,υ ϛ 424 | υπ της α 440 | αρχ τς ϛ κ,υ 440 | υπ αρχ κ,υ ϛ αδελφοι 517 | αρχ 547 | υπ κ,υριακ ϛ αρχ προς ρωμαιους αδὲλφοι εχοντες χαρισματα 614 | κ,υ ϛ 618 | υπ τελ ιστ 796 | υπ 927 | αρχ κ,υξ ϛ αδ,ε εχοντες 927 | αρχ κ,υ ε αδ,ε εχον χαρισματα κατα την χαριν 945 | β περι της προς θν λατρειας 1175 | αρχ κ,υ ϛ 1241 | υπ τη ζ κξ οη εωθινον ϛ ηχ παλ 1242 | αρχ αδ,ε κ,υ ϛ κ,ε λδ 1243 | αρχ οβ 1270 | υπ της β κ,υ ϛ 1315 | αρχ κ,υ ϛ αδ,ε εχοντες χαρισματα 1448 1837 | υπ α της β 1573 | αρχ κ,ριακ ϛ αδ,ε εχοντες χαρισματα κατα την χαριν 1583 | κ,υ ϛ εχοντες χαρισματα 1735 | κ,υ ϛ ο αποστολ πρ ρωμ αδελφοι εχωντες χαρισματα κατα την χαριν 1739 | αρχ κ,υ ϛ και εις προφη 1836 | αρχ αδελφοι εχοντες χαρισματα 1891 | αρχ κ,υ ϛ αδ,ε εχοντες χαρισματα την χαριν την δοθεισαν 2147 | κ,υριακ ϛ προς ρωμ αδελφοι εχοντες χαρισματα κατα 2412

E 12.6 Ro 1.11; 1 Co 7.7; 12.4; 1 Ti 4.14; 1 Co 14.3 **6-8** 1 Co 12.4-11; 1 Pe 4.10-11 **7** 1Ti 4.13 **8** 2 Co 9.7; Phl 2.1; He 13.22; Eph 4.28; 2 Co 8.2; Mt 6.3; 2 Co 9.7 1 Th 5.12; 1 Ti 5.17

[↓1611 1734 1735 1738 1827 1836 1854 1874 1881 1982 2125 2147 2344 2400 2412 2495 2815 **uwτ** Er[1]
[↓440 489 517 547 614 796 910 927 945 999 1175 1241 1242 1243 1245 1315 1352 1424 1448 1505 1506 1573

ἐν τῇ	παρακλήσει·	ὁ μεταδιδοὺς	ἐν ἁπλότητι,	ὁ προϊστάμενος	ἐν	B A D L Ψ 049 056
ἐν τῇ	παρακλήσει·		..... ἁπλότητι,	ὁ προϊστάμενο··	···	𝔓46 [↑1 6 33 69 88
ἐν τῇ	παρακλήσει·	ὁ μεταδιδοὺς	ἐν ἁπλότητι,	ὁ προϊστάμενος	**ἂν**	1837[↑104 131 205
ἐν τῇ	παρακλήσει·	ὁ μεταδιδοὺς	ἐν **ἁπλότιτη**,	ὁ προϊστάμενος	ἐν	1646[↑209 226 323
ἐν τῇ	**παρακλέσει**·	ὁ μεταδιδοὺς	ἐν **ἁπλότητει**,	ὁ προϊστάμενος	ἐν	F [↑326 330 365
ἐν τῇ ἐν τῇ	παρακλήσει·	ὁ μεταδιδοὺς	ἐν **ἁπλότητει**,	ὁ προϊστάμενος	ἐν	G
ἐν τῇ	παρακλήσει·	ὁ μεταδιδοὺς	ἐν **ἁπλώτητι**,	ὁ προϊστάμενος	ἐν	P
ἐν τῆι	παρακλήσει·	ὁ μεταδιδοὺς	ἐν ἁπλότητι,	ὁ προϊστάμενος	ἐν	424 1270 1739 1891
		ὁ μεταδιδοὺς ἔστω	ἐν ἁπλότητι,	ὁ προϊστάμενος	ἐν	Cl Paid. III 96.3
ἐν τῇ	παρακλήσει·	ὁ μεταδιδοὺς	ἐν ἁπλότητι.			1319
ἐν τῇ	παρακλήσει·	ὁ μεταδιδοὺς	ἐν ἁπλότητι,	ὁ **προηστάμενος**	ἐν	460 618
ἐν τῇ	παρακλήσει·	ὁ μεταδιδοὺς	ἐν ἁπλότητι,	ὁ **προϊστανόμενος**	ἐν	ℵ

σπουδῇ, ὁ ἐλεῶν ἐν ἱλαρότητι.	B A D L P Ψ 049 056 1 6 69 104 131 205 209 226 323 330 365 424 440 460
....	𝔓46 [↑489 547 614 796 910 927 999 1175 1241 1242 1245
σπουδῆι, ὁ ἐλεῶν ἐν ἱλαρότητι.	517 945 1739 1891 [↑1270 1315 1352 1424 1448 1505 1573 1611 1734
σπουδῇ, ὁ **ἐλεὸν** ἐν ἱλαρότητι.	2147 [↑1738 1827 1836 1854 1874 1881 1982 2125 2344
σπουδῇ, ὁ ἐλεῶν ἱλαρότητι.	1506 [↑2400 2412 2495 2815 **uwτ** Er[1] Cl Paid. III 96.3
omit	1319
σπουδῇ, ὁ ἐλεῶν ἐν **ἡλαρότητη**.	618
σπουδῇ, ὁ ἐλεῶν ἐν **ἱλαρότιτη**.	1646
σπουδῇ, ὁ ἐλεῶν ἐν **ἱλαρώτητι**.	33 88 1243 1735 1837
σπουδῇ, ὁ **ἐλαιῶν** ἐν **ἱλαρώτητι**.	326
σπουδῇ, ὁ **ἐλαιῶν** ἐν ἱλαρότητι.	ℵ
σπουδῇ, ὁ **ἐλαιῶν** ἐν **ἱλαρότειτει**.	F G

Manifestations of the Christian Life

[↓1837 1854 1874 1881 1891 1982 2125 2147 2344 2400 2412 2495 2815 **uwτ** Er[1] Cl Paid. III 96.3
[↓945 1175 1241 1242 1270 1319 1352 1424 1448 1505 1506 1573 1611 1734 1738 1739c 1827 1836
[↓049 056 1 6 33 69 88 104 205 209 226 323 326 330 424 440 460 489 517 547 614 618 796 910 927

9 Ἡ ἀγάπη	ἀνυπόκριτος.	ἀποστυγοῦντες	τὸ πονηρόν,	κολλώμενοι	B ℵ A D L P Ψ
9		ἀποστυγοῦντες	τὸ πονηρόν,	κολλώμενοι	Cl Paid II 50.4
9	.... κριτος.	ἀπ........................	....	....	𝔓46
9 Ἡ ἀγάπη	ἀνυπόκριτος.	ἀποστυγοῦντες	τὸ πονηρόν,	κολλώμενοι δὲ	999
9 Ἡ ἀγάπη	ἀνυπόκριτος.	ἀποστυγοῦντες	τὸ πονηρόν,	**κολόμενοι** δὲ	1646
9 Ἡ ἀγάπη ἔστω φησὶν	ἀνυπόκριτος.	ἀποστυγοῦντες	τὸ πονηρόν,	κολλώμενοι	131
9 Ἡ ἀγάπη	ἀνυπόκριτος.	ἀποστυγοῦντες	**τῷ πονηρῷ,**	κολλώμενοι	365
9 Ἡ ἀγάπη	ἀνυπόκριτος.	**ἀποστυγνοῦντες**	τὸ πονηρόν,	κολλώμενοι	1245
9 Ἡ **ἀγάἀγάπη**	ἀνυπόκριτος.	ἀποστυγοῦντες	τὸ πονηρόν,	κολλώμενοι	1739*
9 Ἡ ἀγάπη	**ἀνυπόκριτο**.	**μεισοῦντες**	τὸ πονηρόν,	**καλλόμενοι**	F
9 Ἡ ἀγάπη	**ἀνυπόκριτο**.	**μεισοῦντες**	τὸ πονηρόν,	**κολλόμενοι**	G
9 Ἡ ἀγάπη	ἀνυπόκριτος.	ἀποστυγοῦντες	τὸ πονηρόν,	**κολλόμενοι**	1243 1315 1735

[Cl II 42.3 Ἡ ἀγάπη ἀνυπόκριτος ἔστω ὑμῖν αὐτοί τε ἀποστυγοῦντες τὸ πονηρὸν γινώμεθα, κολλώμενοι τῷ ἀγαθῷ]

lac. 12.8-9 𝔓10 𝔓113 C K 0172 2464 **12.9** 𝔓46

C 12.9 περι τη προς θν̅ λατρειας 1734 | στιχοι ψ̅ 1874

E 12.8 2 Co 9.7; Phl 2.1; He 13.22; Eph 4.28; 2 Co 8.2; Mt 6.3; 2 Co 9.7 1 Th 5.12; 1 Ti 5.17 **9** 2 Co 6.6; 1 Co 13.6; Ps 97.10; 1 Ti 1.5; 1 Pe 1.22; 2.17; Am 5.15; 1 Th 4.9

Errata: 12.9 na F G μισοῦντες : μεισοῦντες F G

[↓1424 1448 1505 1506 1573 1611 1646 1827 1836 1837 1854 1874 1881 1982 2125 2400 2412 2495 2815 **uwτ** Er^1
[↓049 056 6 33 69 104 131 205 209 226 323 326 330 365 440 460 489 547 796 910 927 1175 1241 1242 1245 1319

τῷ ἀγαθῷ, **10** τῇ φιλαδελφίᾳ εἰς ἀλλήλου φιλόστοργοι, τῇ τιμῇ ἀλλήλους B ℵ A $D^{1.2}$ P Ψ
τῷ ἀγαθῷ, **10** τῇ φιλαδελφίᾳ εἰς ἀλλήλους φιλόστοργοι, τῇ τιμῇ ἀλλήλους Cl Paid. III 96.4
τῷ ἀγαθῷ, **10** τῇ φιλαδελφίᾳ εἰς ἀλλήλους **φιλόστοργι**, τῇ τιμῇ ἀλλ·········· 88
τῷ ἀγαθῷ, **10** τῇ φιλαδελφίᾳ εἰς ἀλλήλους φιλόστοργοι, τῆι τιμῇ ἀλλήλους 1
τῷ ἀγαθῷ, **10** τῇ φιλαδελφίᾳ εἰς ἀλλήλους 1352
τὸ ἀγαθόν, **10** τῇ φιλαδελφίᾳ εἰς ἀλλήλους φιλόστοργοι, τῇ τιμῇ ἀλλήλους 999 1243 1315
τὸ ἀγαθόν, **10** τῇ φιλαδελφίᾳ εἰς **ἀλήλους** φιλόστοργοι, τῇ **τιμὶ** ἀλλήλους 618 [↑1735 1738
τὸ ἀγαθόν, **10** τῆι φιλαδελφίαι εἰς ἀλλήλους φιλόστοργοι, τῆι τιμῆι ἀλλήλους 1891 [↑2344
τῶι ἀγαθῶι, **10** τῆι φιλαδελφίᾳ εἰς ἀλλήλους φιλόστοργοι, τῆι τιμῇ ἀλλήλους 945
τῶι ἀγαθῶι, **10** τῇ φιλαδελφίᾳ εἰς ἀλλήλους φιλόστοργοι, τῆι τιμῇ ἀλλήλους 1270
τῶι ἀγαθῶι, **10** τῆι φιλαδελφίαι εἰς ἀλλήλους φιλόστοργοι, τῆι τιμῆι ἀλλήλους 424 1739
τῶι ἀγαθῶι, **10** τῇ φιλαδελφίᾳ εἰς ἀλλήλους φιλόστοργοι, τῆι τιμῆι ἀλλήλους 1734
τῶι ἀγαθῶι, **10** τῇ φιλαδελφίᾳ εἰς ἀλλήλους φιλόστοργοι, τῇ τιμῇ ἀλλήλους 517
τῷ ἀγαθῷ, **10** τῇ **φιλαδελφείᾳ** εἰς ἀλλήλους φιλόστοργοι, τῇ τιμῇ ἀλλήλους 614
τῷ ἀγαθῷ, **10** τῇ **φιλαδελφήᾳ** εἰς ἀλλήλους φιλόστοργοι, τῇ τιμῇ ἀλλήλους 2147
τῷ ἀγαθῷ, **10** τῇ φιλαδελφίᾳ εἰς ἀλλήλους φιλόστοργοι, τῇ **τημῇ** ἀλλήλους L
τῷ ἀγαθῷ, **10** τῇ **φειλαδελφίᾳ** εἰς **ἀλλέλους** φιλόστοργοι, τῇ **τειμῇ** ἀλλήλους F*
τῷ ἀγαθῷ, **10** τῇ **φειλαδελφίᾳ** εἰς ἀλλήλους φιλόστοργοι, τῇ **τειμῇ** ἀλλήλους F^c G
τῷ ἀγαθῷ, **10** τῇ φιλαδελφίᾳ εἰς ἀλλήλους **φιλόστοργοιτ**, τῇ **τειμῇ** ἀλλήλους D*
10 τῇ φιλαδελφίᾳ Cl II 42.3
τῷ ἀγαθῷ, **10** Cl Paid. II 50.4; III 96.3

προηγούμενοι, **11** τῇ σπουδῇ μὴ ὀκνηροί, τῷ πνεύματι ζέοντες, τῷ B 69 **uwτ** Cl Paid. III 96.4
················μενοι, **11** τῇ σπουδῇ μὴ ὀκνηροί, τῷ πν̅ι̅ ζέοντες, τῶ $\mathfrak{P}^{46}$
προηγούμενοι, **11** Cl II 42.3
προηγούμενοι, **11** τῇ σπουδῇ μὴ ὀκνηροί, τῷ πνεύματι ζέοντες, Er^1
προσηγούμενοι, **11** τῇ σπουδῇ μὴ ὀκνηροί, τῷ πν̅ι̅ ζέοντες, τῷ D*
······················ **11** τῇ σπουδῇ μὴ ὀκνηροί, τῷ πν̅ι̅ ζέοντες, τῷ 88
προηγούμενοι, **11** τῇ σπουδῇ μὴ ὀκνηροί, τῷ πν̅ι̅ **ζέωντες**, τῷ 323
προηγούμενοι, **11** τῆι σπουδῆι μὴ ὀκνηροί, τῶι πν̅ι̅ ζέοντες, τῶι 424 1270 1739 1891
προηγούμενοι, **11** τῇ σπουδῇ μὴ ὀκνηροί, τῶι πν̅ι̅ ζέοντες, τῷ 517
προηγούμενοι, **11** τῆι σπουδῆι μὴ ὀκνηροί, τῶι πν̅ι̅ ζέοντες, τῷ 945
προηγούμενοι, **11** τῇ σπουδῇ μὴ ὀκνηροί, τῷ πν̅ι̅ **ζέοντε**, τῷ 1505
προηγούμενοι, **11** τῇ σπουδῇ μὴ ὀκνηροί, **τὸ** πν̅ι̅ ζέοντες, τῷ 1506 1735
προηγούμενοι, **11** τῇ σπουδῆι μὴ ὀκνηροί, τῶ πν̅ι̅ ζέοντες, τῷ 1734
προηγούμενοι, **11** τῇ σπουδῇ μὴ ὀκνηροί, τῷ πν̅ι̅ ζέοντες, καὶ τῷ 2400
προηγούμενοι, **11** τῇ σπουδῇ μὴ ὀκνηροί, τῷ πν̅ι̅ ζέοντες, τῷ ℵ A $D^{1.2}$ F G L P Ψ 049 056
1 6 33 104 131 205 209 226 326 330 365 440 460 489 547 614 618 796 910 927 999 1175 1241 1242 1243 1245 1315
1319 1352 1424 1448 1573 1611 1646 1738 1827 1836 1837 1854 1874 1881 1982 2125 2147 2344 2412 2495 2815

lac. 12.9-11 $\mathfrak{P}^{10}$ $\mathfrak{P}^{113}$ C K 0172 2464 **12.9-10** $\mathfrak{P}^{46}$

C 12.10 β̅ περι της προσθηλατριας 1836 | στιχ ψ̅ 1175 **11** περι της εις θ̅ν̅ λατρειας 1739

E 12.9 2 Co 6.6; 1 Co 13.6; Ps 97.10; 1 Ti 1.5; 1 Pe 1.22; 2.17; Am 5.15; 1 Th 4.9 **10** 2 Pe 1.7; Phl 2.3 **11** Ac 18.25; 20.19; Col 3.24; Re 3.15

Errata: 12.9 na F G μισοῦντες : μεισοῦντες F G

κω δουλεύοντες, 12 τῇ ἐλπίδι χαίροντες, τῇ θλείψει ὑπομένοντες, B 𝔓46
κυρίῳ δουλεύοντες, 12 τῇ ἐλπίδι χαίροντες, τῇ **θλίψει** ὑπομένοντες, **uwτ** Cl Paid. III 96.4
κω δουλεύοντες, 12 τῇ ἐλπίδι χαίροντες, τῇ **θλίψι** ὑπομένοντες, ℵ
κω δουλεύοντες, 12 τῇ ἐλπίδι χαίροντες, τῇ **θλίψει** **ὑπομένος**, A*
κωι δουλεύοντες, 12 τῆι ἐλπίδι χαίροντες, τῆι **θλίψει** ὑπομένοντες, 424 945 1270 1739 1891
κωι δουλεύοντες, 12 τῇ ἐλπίδι χαίροντες, τῇ **θλίψει** ὑπομένοντες, 517
κυρίου δουλεύοντες, 12 τῇ ἐλπίδι χαίροντες, τῇ **θλίψει** ὑπομένοντες, Er[1]
καιρῷ δουλεύοντες, 12 τῇ ἐλπίδι χαίροντες, τῇ **θλίψει** ὑπομένοντες, D*
καιρῷ δουλεύοντες, 12 τῇ **ἐλπίδει** χαίροντες, τῇ **θλείψει** ὑπομένοντες, F G
κω δουλεύοντες, 12 τῇ **ἐλπίδει** χαίροντες, τῇ **θλίψει** ὑπομένοντες, P
κω δουλεύοντες, 12 τῇ **ἐλπίδη** χαίροντες, τῇ **θλήψει** ὑπομένοντες, 1243
κω **δουλεύον**, 12 τῇ **ἐλπίδη** χαίροντες, τῇ **θλήψει** ὑπομένοντες, 1646
κω δουλεύοντες, 12 τῇ ἐλπίδι χαίροντες, τῇ **ἀθλήσει** ὑπομένοντες, 33
κω δουλεύοντες, 12 τῇ ἐλπίδι χαίροντες, 104
κω δουλεύοντες, 12 ἐλπίδι χαίροντες, τῇ **θλίψει** ὑπομένοντες, 618
κω δουλεύοντες, 12 τῇ ἐλπίδι **χαίροντ**, τῇ **θλίψει** ὑπομένοντες, 1319* [↓88 131 205 209
κω δουλεύοντες, 12 τῇ ἐλπίδι χαίροντες, τῇ **θλίψει** ὑπομένοντες, A^c D^1.2 L Ψ 049 056 1 6 69
226 323 326 330 365 440 460 489 547 614 796 910 927 999 1175 1241 1242 1245 1315 1319^c 1352 1424 1448 1505 1506 1573 1611 1734 1735 1738 1827 1836 1837 1854 1874 1881 1982 2125 2147 2344 2400 2412 2495 2815

[↓1827 1836 1837 1854 1874 1881 1982 2125 2147 2344 2400 2412 2495 2815 **uwτ** Er[1]
[↓999 1241 1242 1243 1245 1315 1319 1424 1448 1505 1506 1573 1611 1734 1735 1738
[↓1 6 69 88 104 131 205 209 226 323 326 330 365 440 460 489 517 547 614 796 910 927
τῇ προσευχῇ προσκαρτεροῦντες, 13 ταῖς χρείαις τῶν ἁγίων κοινωνοῦντες, B 𝔓46 A D^1.2 L P Ψ 049
τῇ προσευχῇ προσκαρτεροῦντες, 13 ταῖς **χρίαις** τῶν ἁγίων κοινωνοῦντες, ℵ 1175 1646
....χῇ προσκαρτεροῦντες, 13 ταῖς ....αις τῶν ἁγίων κοινωνοῦντες, 33
τῆι προσευχῆι προσκαρτεροῦντες, 13 ταῖς χρείαις τῶν ἁγίων κοινωνοῦντες, 424 1270 1739 1891
τῆι προσευχῇ προσκαρτεροῦντες, 13 ταῖς χρείαις τῶν ἁγίων κοινωνοῦντες, 945
τῇ προσευχῇ προσκαρτεροῦντες, 13 χρείαις τῶν ἁγίων κοινωνοῦντες, 1352
τῇ προσευχῇ προσκαρτεροῦντες, 13 ταῖς χρείαις τῶν ἁγίων **διακονοῦντες**, 056
τῇ προσευχῇ προσκαρτεροῦντες, 13 ταῖς χρείαις τῶν ἁγίων **κυνωνοῦντες**, 618
τῇ προσευχῇ προσκαρτεροῦντες, 13 ταῖς **μνίαις** τῶν ἁγίων κοινωνοῦντες, D*
τῇ προσευχῇ προσκαρτεροῦντες, 13 ταῖς **μνίας** τῶν ἁγίων κοινωνοῦντες, F
τῇ προσευχῇ προσκαρτεροῦντες, 13 ταῖς **μνίαις** τῶν ἁγίων **κοινοῦντες**, G
τῇ προσευχῇ προσκαρτεροῦντες, 13 **τὴν φιλοξενίαν διώκοντες ταῖς χρείαις** Cl Paid. III 96.4

lac. 12.11-13 𝔓10 𝔓113 C K 0172 2464

E 12.11 Ac 18.25; 20.19; Col 3.24; Re 3.15 **12** 1 Th 5.17; Ro 5.2-3; Ac 2.42; Phl 4.6; Col 4.2; Eph 6.18; 1 Th 5.17; 1 Ti 2.1 **13** He 13.2; Ac 6.3; 28.10; 1 Ti 3.2; 5.10; Tit 1.8; 1 Pe 4.9

τὴν φιλοξενίαν	διώκοντες.	14 εὐλογεῖτε	τοὺς διώκοντας,	B 𝔓^{46} 6 424^{c} 1739 2147 [u]w
τὴν φιλοξενί····	························	14 ·············εῖτε	τοὺς διόκο··········· ···········	33
τὴν φιλοξενίαν	διώκοντες.	14 **εὐλογε··τ··**	**καὶ μὴ καταρᾶσθαι**,	D*
τὴν φιλοξενίαν	διώκοντες.	14 εὐλογεῖτε	**καὶ μὴ καταρᾶσθαι**,	D^{1}
τὴν φιλοξενίαν	διώκοντες.	14 **εὐλογῖτας**		F*
τὴν φιλοξενίαν	διώκοντες.	14 **εὐλογεῖτας**		F^{c}
τὴν φιλοξενίαν	διώκοντες.	14 **εὐλογεῖται**		G
τὴν φιλοξενίαν	**διώκωντες**.	14 εὐλογεῖτε	τοὺς διώκοντας ὑμᾶς,	618
τὴν φιλοξενίαν	διώκοντες.	14 εὐλογεῖτε	τοὺς διώκοντας **ἡμᾶς**,	1245 1611
τὴν φιλοξενίαν	διώκοντες.	14 **εὐλογεῖται**	τοὺς διώκοντας ὑμᾶς,	1319 1506
τὴν **φιλαδελφία**	διώκοντες.	14 **εὐλογεῖται**	τοὺς διώκοντας ὑμᾶς,	1646*
τὴν φιλοξενίαν	διώκοντες.	14 **εὐλογεῖται**	τοὺς διώκοντας ὑμᾶς,	1646^{c}
τὴν φιλοξενίαν	διώκοντες.	14 **εὐλογήτεον** οὖν	τοὺς διώκοντας,	Cl IV 99.2
τῶν ἁγίων κοινωνοῦντες.		14		Cl Paid. III 96.4
τὴν φιλοξενίαν	διώκοντες.	14 εὐλογεῖτε	τοὺς διώκοντας ὑμᾶς,	ℵ A D^{2} L P Ψ 049 056 1 69 88

104 131 205 209 226 323 326 330 365 424* 440 460 489 517 547 614 796 910 927 945 999 1175 1241 1242 1243 1270 1315 1352 1424 1448 1505 1573 1734 1735 1738 1827 1836 1837 1854 1874 1881 1891 1982 2125 2344 2400 2412 2495 2815 [u]τ Er^{1}

εὐλογεῖτε	καὶ μὴ καταρᾶσθε.	15 χαίρειν μετὰ χαιρόντων,	κλαίειν	B ℵ 6 424^{c} 1245 1505 1739
	καὶ μὴ καταρᾶσθε.	15 χαίρειν μετὰ χαιρόντων,	κλαίειν	𝔓^{46} [↑1881 2400 2495
εὐλογεῖτε	καὶ μὴ καταρᾶσθε.	15		Cl IV 99.2 [↑u[w]
εὐλογεῖτε	καὶ μὴ **καταρᾶσθαι**.	15 χαίρειν μετὰ χαιρόντων,	κλαίειν	330
	καὶ μὴ **καταρᾶσθαι**.	15 χαίρειν μετὰ **χερόντων**,	κλαίειν	F
	καὶ μὴ **καταρᾶσθαι**.	15 χαίρειν μετὰ χαιρόντων,	κλαίειν	G
εὐλογεῖτε	**τοὺς διώκοντας ὑμᾶς**.	15 χαίρειν μετὰ χαιρόντων,	κλαίειν	D*$^{.1}$
εὐλογεῖτε	καὶ μὴ καταρᾶσθε.	15 χαίρειν μετὰ χαιρόντων,		Ψ
εὐλογεῖτε	καὶ μὴ καταρᾶσθε.	15 **κλαίειν** μετὰ **κλαιόντων**,	**χαίρειν**	1735
εὐλογεῖτε	καὶ μὴ καταρᾶσθε.	15 χαίρειν μετὰ χαιρόντων,	καὶ **κλέειν**	A 614
εὐλογεῖτε	καὶ μὴ **καταρᾶσθαι**.	15 χαίρειν μετὰ χαιρ··········· ········	·················	33
εὐλογεῖτε	καὶ μὴ **καταρᾶσθαι**.	15 χαίρειν μετὰ χαιρόντων,	καὶ κλαίειν	D^{2} 88 460 618 1270 1319
εὐλογεῖται	καὶ μὴ καταρᾶσθε.	15 χαίρειν μετὰ χαιρόντων,	καὶ κλαίειν	796 [↑1506 2125
εὐλογεῖται	καὶ μὴ **καταρᾶσ**.	15 χαίρειν μετὰ χαιρόντων,	καὶ κλαίειν	1646
εὐλογεῖτε	καὶ μὴ καταρᾶσθε.	15 χαίρειν μετὰ χαιρόντων,	καὶ κλαίειν	L P 049 056 1 69 104 131

205 209 226 323 326 365 424* 440 489 517 547 910 927 945 999 1175 1241 1242 1243 1315 1352 1424 1448 1573 1611 1734 1738 1827 1836 1837 1854 1874 1891 1982 2147 2344 2412 2815 [w]τ Er^{1}

---

lac. 12.13-15 𝔓^{10} 𝔓^{113} C K 0172 2464

C 12.13 τελ 330 **14** αρχ τη γ̅ 330 | κ,ε λ̅δ̅ 1739 | αρχ τη γ̅ της η̅ εβδ αδ,ε ευλογειε και μ 1837 | γ̅ περι της προς αντικειμενης (-νων 1175) ανεξικακιας 1175 1836 | τελ κ,υ 1 489 945 | τε ϛ̅ 226 | τε της ζ̅ 614 | τε της κ,ριακ 326 1242 1315 1573 1873 | τελ L Ψ 049 104 209 424 517 618 927 1241 1243 1448 1836 1874 2147 | τε της ϛ̅ κ,ριακ 2412 **15** αρξ της β̅ 1 | αρξ Σα η̅ αδ,ε ········ 226 | αρχ τη ζ̅ της η̅ εβδ αδ,ε ευλογειτε και μηκ 326 | αρχ της β̅ τη της κ,υ 440 | αρξου ϛ 489 | αρξ της κ,υ 517 | αρχ της β̅ 614 | αρξ της β̅ 796 1573 | αξησ της α̅ 927 | αρχ της ζ̅ 1242 | αρχ 1243 | αρχ τη ϛ̅ εβδ αδ,ε χαιρειν χαιροντων 1448

D 12.15 λ̅δ̅ 517

E 12.13 He 13.2; Ac 6.3; 28.10; 1 Ti 3.2; 5.10; Tit 1.8; 1 Pe 4.9 **14** Mt 5.44; Lk 6.28; Ac 7.60; 1 Co 4.12 **15** Ps 35.13; Lk 1.58

Errata: 12.14 na ubs D εὐλογεῖτε τοὺς διώκοντας ὑμᾶς, εὐλογεῖτε καὶ μὴ καταρᾶσθε (order not indicated) : εὐλογε··τ·· (-τε D^{1}) καὶ μὴ καταρᾶσθαι, εὐλογεῖτε τοὺς διώκοντας ὑμᾶς D*$^{.1}$; εὐλογεῖτε τοὺς διώκοντας ὑμᾶς, εὐλογεῖτε καὶ μὴ καταρᾶσθαι D^{2}

12.14 na 6 **omit** ὑμᾶς : **omit** τοὺς διώκοντας ὑμᾶς, εὐλογεῖτε 6

12.14 na 33^{vid} διώκοντας ὑμᾶς : διόκο········· ········· 33

[↓1448 1505 1506 1573 1611^{c} 1734 1738 1827 1836 1854 1874 1891 1982 2125 2147 2344 2412 2495 2815 **uwτ** Er^{1}
[↓131 205 209 226 323 330 365 424 440 460 489 517 547 614 796 910 927 945 1175 1241 1242 1243 1245 1424^{c}

μετὰ κλαιόντων.	**16** τὸ αὐτὸ	εἰς ἀλλήλους φρονοῦντες,	μὴ τὰ ὑψηλὰ	B 𝔓^{46c} ℵ A D F G L 049
μετὰ κλαιόντων.	**16** τὸ αὐτὸ	εἰς ἀλλήλους **φρονοῦτες**,	μὴ τὰ ὑψηλὰ	𝔓^{46*} [↑056 1 69 88 104
	16 τὸ αὐτὸ	εἰς ἀλλήλους φρονοῦντες,	μὴ τὰ ὑψηλὰ	Ψ
μετὰ κλαιόντων.	**16** τὸ αὐτὸ	εἰς ἀλλήλους φρονοῦντες,	**ἀγαπητοί,**	P
....	**16**.....	....λους φρονοῦντες,	μὴ τὰ ὑψηλὰ	33
μετὰ κλαιόντων.	**16** τὸ αὐτὸ	εἰς ἀλλήλους φρονοῦντες,		6 1352 1611*
μετὰ κλαιόντων.	**16** τὸ αὐτὸ	εἰς ἀλλήλους φρονοῦντες,		326 1424* 1837
μετὰ κλαιόντων.	**16** τὸ **αὐτῷ**	εἰς ἀλλήλους φρονοῦντες,	μὴ τὰ ὑψηλὰ	618
μετὰ κλαιόντων.	**16** τὸ αὐτὸ	εἰς ἀλλήλους **φιλόστοργοι**,	μὴ τὰ ὑψηλὰ	999
μετὰ κλαιόντων.	**16** τὸ αὐτὸ	εἰς ἀλλήλους **φιλοφρονοῦντες**,	μὴ τὰ ὑψηλὰ	1270
μετὰ κλαιόντων.	**16** τὸ αὐτὸ καὶ	εἰς ἀλλήλους φρονοῦντες,	μὴ τὰ ὑψηλὰ	1315
μετὰ **κλεόντων**.	**16** τὸ αὐτὸ	εἰς ἀλλήλους φρονοῦντες,	μὴ τὰ ὑψηλὰ	1319 2400
μετὰ **κλαιώντων**.	**16** τὸ αὐτὸ	εἰς ἀλλήλους φρονοῦντες,	μὴ τὰ ὑψηλὰ	1646
μετὰ κλαιόντων.	**16** **τὰ αὐτὰ**	εἰς ἀλλήλους φρονοῦντες,	μὴ τὰ ὑψηλὰ	1739 1881
μετὰ **χαιρόντων**.	**16** τὸ αὐτὸ	εἰς ἀλλήλους φρονοῦντες,	μὴ τὰ ὑψηλὰ	1735

φρονοῦντες	ἀλλὰ τοῖς ταπεινοῖς συναπαγάμενοι.	μὴ γείνεσθε	B*	
φρονοῦντες	ἀλλὰ τοῖς ταπεινοῖς **συναγόμενοι**.	μὴ γείνεσθε	𝔓^{46}	
φρονοῦντες	ἀλλὰ τοῖς **ταπινοῖς** **συναπαγόμενοι**.	μὴ γείνεσθε	A	
φρονοῦντες	ἀλλὰ τοῖς **ταπινοῖς** **συναπαγόμενοι**.	μὴ **γίνεσθαι**	ℵ	
φρονοῦντες	ἀλλὰ τοῖς **ταπινοῖς** **συναπαγόμενοι**.	μὴ **γίγνεσθαι**	D*	
φρονοῦντες	ἀλλὰ τοῖς **ταπινοῖς** **συναπαγόμενοι**.	μὴ **γιγνεσθε**	D$^{1.2}$	
φρονοῦντ....	....	..... **γίνεσθε**	33	[↓1611* 1837
	ἀλλὰ τοῖς ταπεινοῖς **συναπαγόμενοι**.	μὴ **γίνεσθε**	P 6 131 326 1352 1424*	
	ἀλλὰ τοῖς ταπεινοῖς **συναπαγόμενοι**.	μὴ **γίνεσθαι**	1734	
φρονοῦντες	ἀλλὰ τοῖς ταπεινοῖς **συναπαγόμενοι**.	μὴ **γίνεσθαι**	910 1506	
φρονοῦντες	ἀλλὰ τοῖς ταπεινοῖς **συναπαγόμενοι**.	μὴ **γένεσθαι**	1735	
φρονοῦντες ἀγαπητοὶ	ἀλλὰ τοῖς ταπεινοῖς **συναπαγόμενοι**.	μὴ **γίνεσθαι**	1243	
φρονοῦντες	ἀλλὰ τοῖς ταπεινοῖς **συναπαγόμενοι**.	μὴ **γείνεσθαι**	F G	
φρονοῦντες	ἀλλὰ τοῖς ταπεινοῖς **συναπαγώμενοι**.	μὴ **γίνεσθε**	460 618 1738	
φρονοῦντες	ἀλλὰ τοῖς ταπεινοῖς **συναπαγώμενοι**.	μὴ **γίναισθε**	1646	
φρονοῦντες	ἀλλὰ τοῖς ταπεινοῖς **συναπαγόμενοι**.	μὴ **γίνεσθε παρ'**	104	
φρονοῦντες	ἀλλὰ τοῖς ταπεινοῖς **συναπαγόμενοι**.	μὴ **γίνεσθε**	B^{c} L Ψ 049 056 1 69 88 205	

209 226 323 330 365 424 440 489 517 547 614 796 927 945 999 1175 1241 1242 1245 1270 1315 1319 1424^{c} 1448 1505 1573 1611^{c} 1739 1827 1836 1854 1874 1881 1891 1982 2125 2147 2344 2400 2412 2495 2815 **uwτ** Er^{1}

[↓1505 1506 1573 1735 1827 1836 1837 1854 1874 1982 2125 2147 2344 2400 2412 2495 2815 **uwτ** Er^{1}
[↓131 205 209 226 323 326 330 424 440 489 517 547 614 927 945 999 1175 1241 1242 1270 1315 1319 1448

φρόνιμοι	παρ' ἑαυτοῖς.	**17** μηδενὶ	κακὸν	ἀντὶ	κακοῦ	ἀποδιδόντες,	B 𝔓^{46} ℵ A D Ψ 056 1 6 69
φρόνιμοι	παρ' ἑαυτοῖς.	**17** **μηδενὴ**	κακὸν	ἀντὶ	κακοῦ	ἀποδιδόντες,	460
φρόνιμοι	παρ' ἑαυτοῖς.	**17** μηδενὶ	**κακῶν**	ἀντὶ	κακοῦ	ἀποδιδόντες,	910
φρόνιμοι	παρ' ἑαυτοῖς.	**17** μηδενὶ	κακὸν	ἀντὶ	κακοῦ	**ἀποδιδοῦντες**,	365 1734
φρόνιμοι	παρ' ἑαυτοῖς.	**17** μηδενὶ	κακὸν	ἀντὶ	κακοῦ	**ἀνταποδιδόντες**,	1739 1881
φρόνιμοι	παρ' ἑαυτοῖς.	**17** μηδενὶ	κακὸν	**ἀποδιδόντες**		**ἀντὶ κακοῦ**,	1352
φρόνημοι	παρ' ἑαυτοῖς.	**17** μηδενὶ	κακὸν	ἀντὶ	κακοῦ	ἀποδιδόντες,	L P 049 88 796 1243 1245
φρόνημοι	παρ' ἑαυτοῖς.	**17** μηδενὶ	κακὸν	ἀν....	....	....	33 [↑1424 1611 1738 1891
φρόνημοι	παρ' ἑαυτοῖς.	**17** **μηδενὴ**	κακὸν	**ἀντὴ**	κακοῦ	ἀποδιδόντες,	618
φρόνειμοι	παρ' ἑαυτοῖς.	**17** **μεδενεὶ**	κακὸν	ἀντὶ	κακοῦ	**ἀποδειδόντες**,	F G
φρόνοιμοι	παρ' ἑαυτοῖς.	**17** μηδενὶ	**κακῶν**	ἀντὶ	κακοῦ	ἀποδιδόντες,	1646^{c}
φρόνοιμοι	παρ' ἑαυτοῖς.	**17** μηδενὶ	**κακῶν**	ἀντὶ	**κακῷ**	ἀποδιδόντες,	1646*
ἑαυτοῖς	**φρόνημοι**.	**17** μηδενὶ	κακὸν	ἀντὶ	κακοῦ	**ἀποδιδοῦντες**,	104

lac. 12.15-17 𝔓^{10} 𝔓^{113} C K 0172 2464

C 12.16 τομο δι ος ου φερεται 1739 **17** γ̄ περι της προς αντικειμενους ανεξικακιας 1270 1734 | αρξου της β̄ 1315 | ιθ̄ περι της προς αντικειμενους ανεξικακιας 1739

D 12.17 γ̄ 1270 1734

E 12.15 Ps 35.13; Lk 1.58 **16** Ro 15.5; Pr 3.7; Is 5.21; Ro 11.20, 25; 1 Ti 6.17 **17** 1 Th 5.15; Pr 3.4 LXX; 1 Pe 3.9; 2 Co 8.21

Errata: 12.16 na P adds ἀγαπητοῖς correctly post φρονοῦντες^{1}, but does not report omission of μὴ τὰ ὑψηλὰ φρονοῦντες

προνοούμενοι καλὰ ἐνώπιον πάντων ἀνθρώπων· B ℵ 104 618
προνοούμενοι καλὰ ἐνώπιον τοῦ θυ καὶ ἐνώπιον **τῶν** ανων· A[c] [↑**uwτ**
προνοούμενοι καλὰ οὐ μόνον ἐνώπειον τοῦ θυ ἀλλὰ κεὶ ἐνώπιον **τῶν** ανων· F G [↑Er[1]
προνοούμενοι καλὰ ἐνώπιον **τῶν** ἀνθρώπων· 𝔓46
προνοούμενοι καλὰ ἐνώπιον **τῶν** ανων· A* D* 056
προνοούμενοι καλὰ ἐνώπιον πάντων τῶν ανων· 330 2400
....πιον πάντων ανων· 33
προνοούμενοι καλὰ **ἐνόπιον** πάντων ανων· 1646
ἐπινοούμενοι καλὰ ἐνώπιον πάντων ανων· 1827
προνοούμενοι καλὰ ἐνώπιον πάντων ανων· D[1.2] L P Ψ 049 1 6 69 88 131 205 209 226 323 326 365 424 440 460 489 517 547 614 796 910 927 945 999 1175 1241 1242 1243 1245 1270 1315 1319 1352 1424 1448 1505 1506 1573 1611 1734 1735 1738 1739 1836 1837 1854 1874 1881 1891 1982 2125 2147 2344 2412 2495 2815

18 εἰ δυνατόν τὸ ἐξ ὑμῶν, μετὰ B 𝔓46 ℵ A D F G L P Ψ 056 1 69 88 104 131 205 209 226 323 326 330 365 424
18 εἰ δυνατόν τὸ ἐξ .... 33 [↑460 489 517 547 614 618 796 910 927 945 999 1175 1241 1242 1243
18 εἰ δυνατόν τὸ ἐξ **ἡμῶν**, μετὰ 440 [↑1245 1270 1315 1319 1352 1424 1448 1505 1506 1573 1611 1646 1734
18 εἰ δυνατόν ἐξ ὑμῶν, μετὰ 049 [↑1735 1738 1739 1827 1836 1837 1854 1874 1881 1891 1982 2125 2147
18 omit 6 [↑2344 2400 2412 2495 2815 **uwτ** Er[1] Cl II 42.3

πάντων ἀνθρώπων εἰρηνεύοντες· **19** μὴ ἑαυτοὺς ἐκδικοῦντες, ἀγαπητοί, B 𝔓46 ℵ 056 104 **uwτ** Er[1]
πάντων ἀνθρώπων εἰρηνεύοντες· **19** Cl II 42.3
εἰρηνεύοντες· **19** μὴ ἑαυτοὺς ἐκδικοῦντες, ἀγαπητοί, 6
.... **19** .... τοὺς ἐκδικοῦντες, ἀγαπητοί, 33
πάντων ανων εἰρηνεύοντες· **19** μὴ ἑαυτοὺς ἐκδικοῦντες, **ἀδελφοί**, 489 927
πάντων ανων **εἰρινεύοντες**· **19** μὴ ἑαυτοὺς ἐκδικοῦντες, ἀγαπητοί, 460
πάντων ανων **ἰρηνεύοντες**· **19** μὴ ἑαυτοὺς ἐκδικοῦντες, **ἀγαπιτοί**, F
πάντων ανων **ἰρηνεύοντες**· **19** μὴ ἑαυτοὺς ἐκδικοῦντες, ἀγαπητοί, G
πάντων ανων εἰρηνεύοντες· **19** μὴ ἑαυτοὺς **ἐκδιδους**, ἀγαπητοί, 1646* [↓209 226 323 326 330
πάντων ανων εἰρηνεύοντες· **19** μὴ ἑαυτοὺς ἐκδικοῦντες, ἀγαπητοί, A D L P Ψ 049 1 69 88 131 205 365 424 440 517 547 614 618 796 910 945 999 1175 1241 1242 1243 1245 1270 1315 1319 1352 1424 1448 1505 1506 1573 1611 1646[c] 1734 1735 1738 1739 1827 1836 1837 1854 1874 1881 1891 1982 2125 2147 2344 2412 2400 2495 2815

[↓1506 1573 1611 1734 1735 1738 1827 1836 1837 1854 1881 1982 2125 2147 2344 2400 2412 2495 2815 **uwτ** Er[1]
[↓323 326 330 365 440 460 489 547 614 796 910 927 999 1175 1241 1242 1243 1245 1315 1352 1424 1448 1505
ἀλλὰ δότε τόπον τῇ ὀργῇ, γέγραπται γάρ· Ἐμοὶ ἐκδίκησις, ἐγὼ B D L P Ψ 049 056 1 6 69 88
ἀλλὰ δότε τόπον τῇ ὀργῇ, γέγραπται γάρ· Ἐμοὶ .....δίκησις, ἐγὼ 𝔓46 [↑104 131 205 209 226
ἀλλὰ δότε .... ἐγὼ 33
ἀλλὰ δότε τόπον τῇ ὀργῇι, γέγραπται γάρ· Ἐμοὶ ἐκδίκησις, ἐγὼ 517
ἀλλὰ δότε τόπον **τι** ὀργῇ, γέγραπται γάρ· Ἐμοὶ ἐκδίκησις, ἐγὼ 618
ἀλλὰ δότε τόπον ἐν τῇ ὀργῇ, γέγραπται γάρ· Ἐμοὶ ἐκδίκησις, ἐγὼ 1319
ἀλλὰ δότε τόπον τῆι ὀργῆι, γέγραπται γάρ· Ἐμοὶ ἐκδίκησις, ἐγὼ 424 945 1270 1739 1891
ἀλλὰ **δώτε** τόπον τῇ ὀργῇ, γέγραπται γάρ· Ἐμοὶ ἐκδίκησις, ἐγὼ 1874
ἀλλὰ **δώται** τόπον τῇ ὀργῇ, γέγραπται γάρ· Ἐμοὶ **ἐκδίκησης**, ἐγὼ 1646
ἀλλὰ δότε τόπον τῇ ὀργῇ, γέγραπται γάρ· Ἐμοὶ **ἐκδίκησεις**, ἐγὼ ℵ A
ἀλλὰ δότε **τόνον** τῇ ὀργῇ, γέγραπται γάρ· Ἐμοὶ **ἐκδείκησεις**, ἐγὼ F*
ἀλλὰ δότε τόπον τῇ ὀργῇ, γέγραπται γάρ· Ἐμοὶ **ἐκδείκησεις**, ἐγὼ F[c] G

lac. 12.17-19 𝔓10 𝔓113 C K 0172 2464

C 12.17 γ περι της προς αντικειμενους ανεξικακιας 1270 1734 | αρξου της β 1315 | ιθ περι της προς αντικειμενους ανεξικακιας 1739 **18** παροιμιων 049 209 517 | παροιμια 1854 | λξ παροιμιων 1175 1874 **19** δευτερονομος 049 209 517 1739 1854 | λβ (λη 1175 1874) δευτερονομος 1175 1836 1874

E 12.17 1 Th 5.15; Pr 3.4 LXX; 1 Pe 3.9; 2 Co 8.21 **18** Mk 9.50; He 12.14 **19** Lv 19.18; Mt 5.39; Ro 13.4; 1 Th 2.16; 2 Th 1.6-7; Dt 32.35; Lk 18.3; He 10.30; 2 Th 1.6-8

ἀνταποδώσω, λέγει κ̅ς̅. 20 ἀλλὰ ἐὰν πεινᾷ ὁ ἐχθρός σου, B
ἀνταποδώσω, λέγει κ̅ς̅. 20 ἀλλὰ ἐὰν **πινᾷ** ὁ ἐχθρός σου, A 1506
ἀνταποδώσω, λέγει κύριος. 20 ἀλλὰ ἐὰν πεινᾷ ὁ ἐχθρός σου, **u w**
ἀνταποδώσω, λέγει κ̅ς̅. 20 ········ ··εινᾷ ὁ ἐχθρός σου, 𝔓^{46}
ἀνταποδώσω, λέγει κ̅ς̅. 20 ἐὰν **πινᾷ** ὁ ἐχθρός σου, D*
ἀνταποδώσω, λέγει κ̅ς̅. 20 **ἀλλ᾽** ἐὰν **πινᾷ** ὁ ἐχθρός σου, ℵ P 1243
ἀνταποδώσω, λέγει κ̅ς̅. 20 **ἀλλ᾽** ἐὰν οὖν πεινᾷ ὁ ἐχθρός σου, 6 424^{c}
ἀνταποδώσω, λέγει κ̅ς̅. 20 **ἀλλ᾽** ἐὰν πεινᾷ ὁ ἐχθρός σου, 69 330 365 1319 1573 1881 2400
ἀνταποδώσω, λέγει κ̅ς̅. 20 **ἀλλ᾽** ἐὰν πειναῖ ὁ ἐχθρός σου, 1739
ἀνταπωδόσω, λέγει κ̅ς̅. 20 ἐὰν πεινᾷ ὁ ἐχθρός σου, 1646
ἀνταποδῶ λέγει κ̅ς̅. 20 ἐὰν πεινᾷ ὁ **ἐκθρός** σου, F G
ἀνταποδώσω, λέγει κ̅ς̅. 20 ἐὰν πεινᾷ ὁ ἐχθρός σοὺ, Ψ 205 209 323 2815
ἀνταποδώσω, λέγει κ̅ς̅. 20 **ἐὰν** ······· ············ ·· ·············· ······· 33
ἀνταποδώσω, λέγει κ̅ς̅. 20 **ἐὰν** **οὖν** **πινᾷ** ὁ ἐχθρός σου, 049* 326 1175 1836* 1837
ἀνταποδώσω, λέγει κύριος. 20 **ἐὰν** **οὖν** πεινᾷ ὁ ἐχθρός σου, 1424 **τ** Er^{1}
ἀνταποδόσω, λέγει κ̅ς̅. 20 **ἐὰν** **οὖν** πεινᾷ ὁ ἐχθρός σου, 1611
ἀνταποδόσω, λέγει κ̅ς̅. 20 **ἐὰν** **οὖν** **πινᾷ** ὁ ἐχθρός σου, 1874
ἀνταποδώσω, λέγει κ̅ς̅. 20 **ἐὰν** **οὖν** πεινᾷ ὁ ἐχθρός σου, D$^{1.2}$ L 049^{c} 056 1 88 104 131 226 424* 440 460 489 517 547 614 618 796 910 927 945 999 1241 1242 1245 1270 1315 1352 1448 1505 1734 1735 1738 1827 1836^{c} 1854 1891 1982 2125 2147 2344 2412 2495

[↓1319 1424 1448 1506 1573 1611 1646 1738 1739 1827 1837 1854 1881 1982 2125 2147 2400 2412 2815 **uwτ**
[↓69^{c} 88 205 209 226 326 365 424 440 460^{c} 489 547 614 910 927 945 999 1175 1241 1242 1243 1245 1270 1315
ψώμιζε αὐτόν· ἐὰν διψᾷ, πότιζε αὐτόν· τοῦτο γὰρ ποιῶν ἄνθρακας B ℵ A P 049 056 1 6
ψοίμιζε αὐτόν· ἐὰν διψᾷ, πότιζε αὐτόν· τοῦτο γὰρ ποιῶν ἄνθρακας 330
ψώμιζε **αὐτῷ**· ἐὰν διψᾷ, πότιζε αὐτόν· τοῦτο γὰρ ποιῶν ἄνθρακας 323
ψώμιζε αὐτόν· ἐὰν διψᾷ, πότιζε αὐτόν· τοῦτο γὰρ ποιῶν **ἄνθρακα** 104 131
··············· ··········· ······· ··········· ················ ··········· τοῦτο γὰρ ποιῶν ἄνθρακας 33
ψώμιζε αὐτόν· τοῦτο γὰρ ποιῶν ἄνθρακας 460* 618 796 1734
ψώμειζε αὐτόν· τοῦτο γὰρ ποιῶν ἄνθρακας L [↑1836 1891 Er^{1}
ψόμιζε αὐτόν· ἐὰν διψᾷ, πότιζε αὐτόν· τοῦτο γὰρ ποιῶν ἄνθρακας 1874
ψώμισον αὐτόν· ἐὰν διψᾷ, πότιζε αὐτόν· τοῦτο γὰρ ποιῶν ἄνθρακας 69* 1352
ψώμιζε αὐτόν· καὶ ἐὰν διψᾷ, πότιζε αὐτόν· τοῦτο γὰρ ποιῶν ἄνθρακας D*
ψώμιζαι αὐτόν· καὶ ἐὰν διψᾷ, **πότιζαι** αὐτόν· τοῦτο γὰρ ποιῶν ἄνθρακας D^{1}
ψώμειζαι αὐτόν· ἐὰν **δειψᾷ**, **πότειζαι** αὐτόν· τοῦτο γὰρ ποιῶν ἄνθρακας F G
ψώμιζαι αὐτόν· ἐὰν **δὲ** διψᾷ, πότιζε αὐτόν· τοῦτο γὰρ ποιῶν ἄνθρακας D^{2}
ψώμιζε αὐτόν· ἐὰν **δὲ** διψᾷ, πότιζε αὐτόν· τοῦτο γὰρ ποιῶν ἄνθρακας Ψ 517 1505 1735 2495
ψώμιζε αὐτόν· ἐὰν ········ πότιζε αὐτόν· τοῦτο **δὲ** ποιῶν ἄν················ 𝔓^{46}
ψώμιζε αὐτόν· ἐὰν διψᾷ, πότιζε αὐτόν· τοῦτο **δὲ** ποιῶν ἄνθρακας 2344

πυρὸς σωρεύσεις ἐπὶ τῆς κεφαλῆς αὐτοῦ. 21 μὴ νεικῶ ὑπὸ τοῦ κακοῦ B
πυρὸς σωρεύσεις ἐπὶ **τὴν** **κεφα**······· ············· 21 μὴ νεικῶ ὑπὸ τοῦ κακοῦ 𝔓^{46}
πυρὸς σωρεύσεις ἐπὶ **τὴν** **κεφαλὴν** αὐτοῦ. 21 μὴ νεικῶ ὑπὸ τοῦ κακοῦ D*
πυρὸς σωρεύσεις ἐπὶ **τὴν** **κεφαλὴν** αὐτοῦ. 21 μὴ νεικῶ **ἀπὸ** τοῦ κακοῦ F G
πυρὸς σωρεύσεις ἐπὶ **τὴν** **κεφαλὴν** αὐτοῦ. 21 μὴ **νικοῦ** ὑπὸ τοῦ κακοῦ A
πυρὸς **σωρεύεις** ἐπὶ **τὴν** **κεφαλὴν** αὐτοῦ. 21 μὴ **νικῶ** ὑπὸ τοῦ κακοῦ 614 999 2412
πυρὸς **σωρεύσις** ἐπὶ **τὴν** **κεφαλὴν** αὐτοῦ. 21 μὴ **νικῶ** ὑπὸ τοῦ κακοῦ 1506
πυρὸς **σωρεύσης** ἐπὶ **τὴν** **κεφαλὴν** αὐτοῦ. 21 μὴ **νίκο** ὑπὸ τοῦ κακοῦ 1646
πυρὸς **σωρεύσης** ἐπὶ **τὴν** **κεφαλὴν** αὐτοῦ. 21 μὴ **νικῶ** ὑπὸ τοῦ κακοῦ 1836
πυρὸς **σορεύσεις** ἐπὶ **τὴν** **κεφαλὴν** αὐτοῦ. 21 μὴ **νικῶ** ὑπὸ τοῦ κακοῦ L 2147
πυρὸς **σορεύσης** ἐπὶ **τὴν** **κεφαλὴν** αὐτοῦ. 21 μὴ **νικῶ** ὑπὸ τοῦ κακοῦ 1243
πυρὸς σωρεύσεις ἐπὶ **τὴν** **καιφαλὴν** αὐτοῦ. 21 μὴ **νικῶ** ὑπὸ τοῦ κακοῦ 618
21 μὴ **νικῶ** ὑπὸ τοῦ κακοῦ Cl II 42.3 [↓88 104 131 205
πυρὸς σωρεύσεις ἐπὶ **τὴν** **κεφαλὴν** αὐτοῦ. 21 μὴ **νικῶ** ὑπὸ τοῦ κακοῦ ℵ D$^{1.2}$ P Ψ 049 056 1 6 33 69 209 226 323 326 330 365 424 440 460 489 517 547 796 910 927 945 1175 1241 1242 1245 1270 1315 1319 1352 1424 1448 1505 1573 1611 1734 1735 1738 1739 1827 1837 1854 1874 1881 1891 1982 2125 2344 2400 2495 2815 **uwτ** Er^{1}

lac. 12.19-21 𝔓^{10} 𝔓^{113} C K 0172 2464

C 12.20 παροιμιων 049 ! παροιμια 33 1739 1836 1854 | λ̅θ̅ δευτερονομιων (-ου 1874) 1175 1874 | τε 927

E 12.19 Lv 19.18; Mt 5.39; Ro 13.4; 1 Th 2.16; 2 Th 1.6-7; Dt 32.35; Lk 18.3; He 10.30; 2 Th 1.6-8 **20** Pr 25.21-22; Mt 5.44; 25.35; 2 Kgs 6.22 **21** Mt 5.39

Errata: 12.20 antf 𝔓^{46} ἐάν [πεινᾷ] : ······· ···εινᾷ 𝔓^{46}
12.20 na ℵ P 365 1739 1881 ἀλλὰ ἐάν : ἀλλ᾽ ἐάν ℵ P 365 1739 1881 (**antf** correct)
12.20 na D^{2} ἐὰν οὖν; **Ti** D$^{1.2}$ ἐὰν δέ : **rjs** καὶ ἐάν D^{1}; ἐὰν δέ D^{2}
12.20 na 6 ἀλλὰ ἐὰν : ἀλλ᾽ ἐὰν οὖν 6

ἀλλὰ νείκα ἐν τῷ ἀγαθῷ τὸ κακόν. B F G
ἀλλὰ············ ···· ····· ἀγαθῷ τὸ κακόν. 𝔓[46]
ἀλλὰ **νίκα** ἐν τῶι ἀγαθῷ τὸ κακόν. 945
ἀλλὰ **νίκα** ἐν τῷ ἀγαθῶι τὸ κακόν. 517 1982
ἀλλὰ **νίκα** ἐν τῶι ἀγαθῶι τὸ κακόν. 424 1270 1739 1891 [↓2495 2815 **uwτ** Er[1] Cl II 42.3
ἀλλὰ **νίκα** ἐν τῷ ἀγαθῷ **τῷ** κακόν. 999 1646 [↓1837 1854 1881 2125 2147 2344 2400 2412
ἀλλὰ **νίκα** ἐν τῷ ἀγαθῷ **τὸν** κακόν. 1352 [↓1506 1573 1611 1734 1735 1738 1827 1836
ἀλλὰ **νίκα** ἐν **τὸ** ἀγαθῷ τὸ κακόν. 618 [↓1242 1243 1245 1315 1319 1424 1448 1505
ἀλλὰ **νίκα** ἐν τῷ ἀγαθῷ τὸ κακόν, ἀδελφοί. 1874 [↓440 460 489 547 614 796 910 927 1175 1241
ἀλλὰ **νίκα** ἐν τῷ ἀγαθῷ τὸ κακόν. ℵ A D L P Ψ 049 056 1 6 33 69 88 104 131 205 209 226 323 326 330 365

Christians are Subject to Civil Authority

[↓1827 1836 1837 1854 1874 1881[c] 1891 1982 2147 2344 2400 2412 2495 2815 **uwτ** Er[1]
[↓927 945 1241 1242 1245 1270[c] 1315 1319 1352 1448 1505 1573 1611 1734 1735 1738 1739
[↓D[1.2] L P Ψ 049 1 6 33 131 205 209 226 323 326 365 424 440 460 489 547 614 517 910
ις **13:1** Πᾶσα ψυχὴ ἐξουσίαις ὑπερεχούσαις ὑποτασσέσθω. οὐ γὰρ ἔστιν B ℵ A
13:1 Πᾶσα ψυχὴ ἐξουσίαις ὑπερεχούσαις ὑποτασσέσθω. οὐ γὰρ **εἰσὶν** 88
13:1 Πᾶσα ψυχὴ ἐξουσίαις ὑπερεχούσαις ὑποτασσέσθω. οὐ γὰρ **ἔστι** 104
13:1 Πᾶσα ψυχὴ ἐξουσίαις ὑπερεχούσαις ὑπερεχούσαις ὑποτασσέσθω. οὐ γὰρ ἔστιν 1270*
13:1 Πᾶσα ψυχὴ **ἐξουσία** ὑπερεχούσαις ὑποτασσέσθω. οὐ γὰρ ἔστιν 1506
13:1 **Πάσαις** **ἐξουσείαις** ὑπερεχούσαις **ὑποτασέσται**. οὐ γὰρ **ἔστειν** F
13:1 **Πάσαις** **ἐξουσείαις** ὑπερεχούσαις **ὑποτασέσθαι**. οὐ γὰρ **ἔστειν** G
13:1 **Πάσαις** ἐξου············ ··················ούσαις **ὑποτασσέσθε**. οὐ γὰρ ········· 𝔓[46]
13:1 **Πάσαις** ἐξουσίαις ὑπερεχούσαις **ὑποτασσέσθαι**. οὐ γὰρ ἔστιν D*
13:1 Πᾶσα ψυχὴ ἐξουσίαις ὑπερεχούσαις **ὑποτασέσθω**. οὐ γὰρ ἔστιν 056 69
330 618 796 999 1175 1243 1424 1646 1881* 2125

lac. 12.21-13.1 𝔓[10] 𝔓[113] C K 0172 2464

C 12.21 τε της β̅ 326 517 547 614 1242 1315 1573 2412 | τελ L 209 226 330 440 460 796 945 1243 1245 1̲448 | τε β̅ 1 1739 | τε η̅ 2147 **13.1** αρχ Σα η̅ Ψ 049 460 | Σα η̅ αδελφοι L | αρχ αδ,ε 049 | αρχ λε̅ 1 | αρχ Σα η αδ,ε πασα ψυχη εξουσιαις υπερεχου 1 | αρχ 104 323 | αρχ Σα η̅ αδ,ε πασα ψυχη 326 1837 | αρχ κ,ε ογ 424 | αρχ ογ Σα γ απο τ ν̅ αδ,ε πασα ψυχη 1270 | αρχ κ,ε ιγ σαββατ ζ̅ 209 ¦ προ ρωμ φυλλ, και φυλλ,ε ις κ,ε ιγ 209 | αρχ Σα ν̅ 330 | δ̅ περι της προς αρχοντας υποταγη 424 | της β̅ κ,ε ογ κ,υ αρχ της ια 440 | αρχ Σα η αδ,ε πα 489 | αρχ αδ,ε Σα η 517 | αρχ του Σα η προς ρωμαιους αδελφοι πασα ψυχη εξουσιαις 614 | Σα η προς ρωμ 618 | αρχ Σα η αδ,ε πα, ψυχη εξου 796 | αρχ Σα η αδ,ε πασα ψυχη εξουσιαις υπερεχουσες υ 927 | αρχ Σα η προς ρωμ αδ,ε πασα ψυχη εξουσιαις υπερεχουσαις υποτ 945 | αρχ Σα η̅ αδελφοι 1241 | αρχ Σα η ογ 1242 | αρχ αδ,ε 1243 | αρχ 1245 | αρχ Σα η κ,ε ριζ 1315 | αρχ Σα η̅ αδ,ε πασα ψυχη εξουσιαις υπερεχουσαις υπερτα 1448 | δ̅ περι της προσαρχοντας υποταγης 1175 1270 1734 | Σα η̅ μετ την ν̅ 1735 | αρχ Σα η̅ ο αποστολ πρ ρωμ αδελφοι πασα ψυχη εξουσιαις 1739 | περι της προσαρχοντος υπο τα γης 1739 | αρχ Σα η̅ α̅ περι της προσαρχοντας υποταγης 1836 | περι της προς αρχοντας υποταγης 1874 | αρχ αδελφοι πασα ψυχη 1891 | αρχ Σα της η̅ εβδ αδ,ε πασα ψυχη εξουσιαις υπερεχουσαις 2147 | αρχ του Σα η̅ προς ρωμαιους αδελφοι πασα ψυχη εξουσιαις 2412

D 13.1 ις B | ιζ 1 | δ 1270 1734 | λε 226 547 1739 | λη 517 | λβ 927

E 12.21 Mt 5.39 **13.1** Tit 3.1; Pr 8.15; Jn 19.11

Errata: 13.1 antf 1506 ψυχὴ ἐξουσίαις : ψυχὴ ἐξουσία 1506
13.1 antf na D* F G ὑποτασσέσθε : ὑποτασσέσθαι D* G; ὑποτασσέσται F
13.1 ubs 330 1881 ὑποτασσέσθω : ὑποτασέσθω 330 1881 (**antf** correct)
13.1 na 1881 ὑποτασσέσθω : ὑποτασέσθω 1881 (**antf** correct)
13.1 antf 618 999 1646 ὑποτασσέσθω : ὑποτασέσθω 618 999 1646
13.1 antf D F G ὑποτασσέσθε : ὑποτασσέσθαι D* F G

200

ἐξουσία	εἰ μὴ ὑπὸ	θυ,	αἱ δὲ οὖσαι	ὑπὸ	θυ	B ℵ* A 365 1319 1739 1881
....	....	....	αἱ δὲ	......	....	$\mathfrak{P}^{46}$
ἐξουσία	εἰ μὴ ὑπὸ	θυ,	αἱ δὲ οὖσαι	ὑπὸ τοῦ	θυ	ℵ^{c} 6 330 424^{c} 2400
ἐξουσία	εἰ μὴ ὑπὸ	θεοῦ,	αἱ δὲ οὖσαι	ὑπὸ	θεοῦ	**u w**
ἐξουσία	εἰ μὴ **ἀπὸ**	θυ,	**ἐ** δὲ οὖσαι	ὑπὸ	θυ	D*
ἐξουσία	εἰ μὴ **ἀπὸ**	θυ,	αἱ δὲ οὖσαι	ὑπὸ	θυ	D^{1} 1506 1573
ἐξουσία	εἰ μὴ **ἀπὸ**	θυ,	αἱ δὲ οὖσαι	**ἀπὸ**	θυ	F G
ἐξουσίαι	εἰ μὴ **ἀπὸ**	θυ,	αἱ δὲ οὖσαι	ὑπὸ	θυ	88
ἐξουσία	εἰ μὴ **ἀπὸ**	θυ,	αἱ δὲ οὖσαι ἐξουσίαι	υπὸ	θυ	69^{c} 1827 1982 2125
ἐξουσία	εἰ μὴ **ἀπὸ**	θεοῦ,	αἱ δὲ οὖσαι ἐξουσίαι	υπὸ	θεοῦ	Er^{1}
ἐξουσία	εἰ μὴ **ἀπὸ**	θυ,	αἱ δὲ οὖσαι ἐξουσίαι	υπὸ τοῦ	θυ	323 796 945
ἐξουσία	εἰ μὴ **ἀπὸ**	θεοῦ,	αἱ δὲ οὖσαι ἐξουσίαι	υπὸ τοῦ	θεοῦ	**τ**
ἐξουσία	εἰ μὴ **ἀπὸ** τοῦ	θυ,	αἱ δὲ οὖσαι ἐξουσίαι	υπὸ τοῦ	θυ	1352
ἐξουσία	**ἡ** μὴ ὑπὸ	θυ,	αἱ δὲ οὖσαι ἐξουσίαι	ὑπὸ	θυ	460 618
ἐξουσία	εἰ μὴ ὑπὸ	θυ,	αἱ δὲ οὖσαι ἐξουσίαι	ὑπὸ	θυ	D^{2} P 69* 104 131 1243 1245 1734 1738
ἐξουσία	εἰ μὴ ὑπὸ	θυ,	αἱ δὲ οὖσαι ἐξουσίαι	ὑπὸ τοῦ	θυ	999 [↑2147 2815
ἐξουσία	εἰ μὴ ὑπὸ	θυ,	αἱ δὲ οὖσαι ἐξουσίαι	ὑπὸ τοῦ	θυ	927
ἐξουσία	εἰ μὴ ὑπὸ τοῦ	θυ,	αἱ δὲ οὖσαι ἐξουσίαι	ὑπὸ τοῦ	θυ	489
ἐξουσία	εἰ μὴ ὑπὸ τοῦ	θυ,	αἱ δὲ οὖσαι ἐξουσίαι	ὑπὸ τοῦ	θυ	056 209 1505 1735 2495
ἐξουσία	εἰ **μὶ** υπὸ τοῦ	θυ,	αἱ δὲ οὖσαι ἐξουσίαι	ὑπὸ τοῦ	θυ	326 1837
ἐξουσία	εἰ **μὶ** ὑπὸ	θυ,	αἱ δὲ οὖσαι ἐξουσίαι	ὑπὸ τοῦ	θυ	1315
ἐξουσία	εἰ μὴ ὑπὸ	θυ,	αἱ δὲ οὖσαι ἐξουσίαι	ὑπὸ τοῦ	θυ	L Ψ 049 1 33 205 226 424* 440 517 547 614 910 1175 1241 1242 1270 1424 1448 1611 1646 1836 1854 1874 1891 2344 2412

[↓1506 1573 1611 1734 1735 1738 1827 1836 1837 1854 1874 1881^{c} 1982 2125 2147 2344 2400 2412 2495 2815
[↓323 326 330 365 440 517 547 614 796 910 1175 1241 1242 1243 1245 1270 1315 1319 1352 1424 1448 1505

τεταγμέναι	εἰσίν.	2 ὥστε ὁ ἀντιτασσόμενος	τῇ	ἐξουσίᾳ	τῇ	τοῦ θυ	B ℵ A D L P Ψ 049 056
....	....	2 ....τιτασσόμενος	τῇ	ἐξουσία	τῇ	τοῦ θυ	$\mathfrak{P}^{46}$ [↑1 6 69 88 104
τεταγμέναι	εἰσίν.	2 ὥστε ὁ ἀντιτασσόμενος	τῆι	ἐξουσία	τῆι	τοῦ θυ	424 [↑131 205 209 226
τεταγμέναι	εἰσίν.	2 ὥστε ὁ ἀντιτασσόμενος	τῆι	ἐξουσίαι	τῆι	τοῦ θυ	1739 1891
τεταγμέναι	εἰσίν.	2 ὥστε ὁ ἀντιτασσόμενος	τῆι	ἐξουσίαι	τῇ	τοῦ θυ	945
τεταγμέναι	εἰσίν.	2 ὥστε ὁ ἀντιτασσόμενος	τῇ	ἐξουσίᾳ	τῇ	τοῦ θεοῦ	**uwτ** Er^{1}
τεταγμέναι	εἰσίν.	2 **ὅστε** ὁ **ἀντητασσόμενος**	τῇ	ἐξουσίᾳ	τῇ	τοῦ θυ	460
τεταγμέναι	εἰσίν.	2 ὥστε ὁ **ἀντιτασόμενος**	τῇ	ἐξουσίᾳ	τῇ	τοῦ θυ	1881*
τεταγμέναι	εἰσίν.	2 ὥστε ὁ **ἀντιτασσώμενος**	τῇ	ἐξουσίᾳ	τῇ	τοῦ θυ	33
τεταγμέναι	εἰσίν.	2 ὥστε ὁ **ἀντητασώμενος**	τῇ	ἐξουσίᾳ	τῇ	τοῦ θυ	618
τεταγμέναι	εἰσίν.	2 ὥστε ὁ **ἀντιτασώμενος**	τῇ	ἐξουσίᾳ	τῇ	τοῦ θυ	1646
τεταγμέναι	**εἰσεὶν**.	2 ὥστε ὁ **ἀντειτασσόμενος**	τῇ	ἐξουσίᾳ	τῇ	τοῦ θυ	F
τεταγμέναι	**εἰσεὶν**.	2 ὥστε ὁ **ἀντετασσόμενος**	τῇ	ἐξουσίᾳ	τῇ	τοῦ θυ	G
εἰσι	**τεταγμέναι**.	2 ὥστε ὁ ἀντιτασσόμενος	τῇ	ἐξουσίᾳ	τῇ	τοῦ θυ	489
εἰσι	**τεταγμέναι**.	2 ὥστε ὁ ἀντιτασσόμενος	τῇ	ἐξουσίᾳ	τῇ	τοῦ θυ	927
ὑποτεταγμέναι	εἰσίν.	2 ὥστε ὁ ἀντιτασσόμενος	τῇ	ἐξουσίᾳ	τῇ	τοῦ θυ	999

διαταγῇ	ἀνθέστηκεν,	οἱ δὲ ἀνθεστηκότες	ἑαυτοῖς κρίμα		λήμψονται.	B ℵ A D* F G **uw**
διαταγῇ	ἀνθέστηκεν,	οἱ δὲ **ἀνθεστηκόντες**	ἑαυτοῖς κρίμα		λήμψονται.	$\mathfrak{P}^{46}$
διαταγῇ	ἀνθέστηκεν,	οἱ δὲ ἀνθεστηκότες	ἑαυτοῖς κρίμα		**λείψονται**.	33 2147
διαταγῇ	ἀνθέστηκεν,	οἱ δὲ ἀνθεστηκότες	ἑαυτοῖς κρίμα		**λίψονται**.	1735
διαταγῇ	ἀνθέστηκεν,	οἱ δὲ **ἀνθεστηκώτες**	ἑαυτοῖς κρίμα		**λήψοντε**.	1874
διαταγῇ	**ἀνθέστικεν**,	οἱ δὲ **ἀνθεστικότες**	ἑαυτοῖς κρίμα		**λήψονται**.	L
διαταγῇ	ἀνθέστηκεν,	οἱ δὲ ἀνθεστηκότες	**αὐτοῖς** κρίμα		**λήψονται**.	056
διαταγῇ	ἀνθέστηκεν,	οἱ δὲ ἀνθεστηκότες	**ἑαυτοὺς** κρίμα		**λήψονται**.	460 618
δυνάμει	ἀνθέστηκεν,	οἱ δὲ ἀνθεστηκότες	**κρίμα ἑαυτοῖς**		**λήψονται**	330 2400
διαταγῇ	ἀνθέστηκεν,	οἱ δὲ ἀνθεστηκότες	**κρίμα ἑαυτοῖς**		**λήψονται**.	1837
διαταγῇ	ἀνθέστηκεν,	οἱ ἀνθεστηκότες	ἑαυτοῖς κρίμα		**λήψονται**.	2344
διαταγῇ	ἀνθέστηκεν,	οἱ δὲ ἀνθεστηκότες	ἑαυτοῖς κρίμα		**λήψονται**.	D$^{1.2}$ P Ψ 049 1 6 69 88 104 131 205 209 226 323 326 365 424 440 489 517 547 614 796 910 927 945 999 1175 1241 1242 1243 1245 1270 1315 1319 1352 1424 1448 1505 1506 1573 1611 1646 1734 1738 1739 1827 1836 1854 1881 1891 1982 2125 2412 2495 2815 **τ** Er^{1}

lac. 13.1-2 $\mathfrak{P}^{10}$ $\mathfrak{P}^{113}$ C K 0172 2464

E 13.1 Tit 3.1; Pr 8.15; Jn 19.11

3 οἱ γὰρ ἄρχοντες οὐκ εἰσὶν φόβος τῶ ἀγαθῶ ἔργω ἀλλὰ τῶ κακῶ. B 𝔓46 ℵ A^c D* P 1506
3 οἱ γὰρ ἄρχοντες οὐκ εἰσὶν **φόβως** τῷ ἀγαθῷ ἔργῳ ἀλλὰ τῷ κακῷ. A* [↑**u**[**w**]
3 **εἰ** γὰρ οἱ ἄρχοντες οὐκ **εἰσὶ** φόβος τῶ ἀγαθῶ ἔργω Cl Paid. I 82.4
3 οἱ γὰρ ἄρχοντες οὐκ **εἰσὶ** φόβος τῶ ἀγαθῶ ἔργω ἀλλὰ τῶ κακῶ. 6 1319 1573 1881
3 οἱ γὰρ ἄρχοντες οὐκ **εἰσὶ** φόβος τῶι ἀγαθῶ ἔργωι ἀλλὰ τῶ κακῶ. 424^c
3 οἱ γὰρ ἄρχοντες οὐκ **εἰσὶ** φόβος τῶι ἀγαθῶι ἔργωι ἀλλὰ τῶι κακῶι. 1739
3 οἱ γὰρ ἄρχοντες οὐκ **εἰσεὶν** φόβος τῶ ἀγαθῶ ἔργω ἀλλὰ τῶ κακῶ. F^c G
3 οἱ γὰρ ἄρχοντες οὐκ **εἰσεὶν** φόβος τῶ **ἀγαθοέργω** ἀλλὰ τῶ κακῶ. F*
3 οἱ γὰρ ἄρχοντες οὐκ εἰσὶν φόβος τῷ **ἀγαθοεργῷ** ἀλλὰ τῷ κακῷ. [**w**]
3 οἱ γὰρ ἄρχοντες οὐκ εἰσὶν φόβος **τὸν ἀγαθὸν ἔργον** ἀλλὰ **τὸν κακόν**. 1243 [↓1874
3 οἱ γὰρ οἱ ἄρχοντες οὐκ **εἰσὶ** φόβος **τῶν ἀγαθὸν ἔργον** ἀλλὰ **τῶν κακῶν**. 2147 [↓1735 1836
3 οἱ γὰρ ἄρχοντες οὐκ εἰσὶν φόβος **τῶν ἀγαθῶν ἔργων** ἀλλὰ **τῶν κακῶν**. D^{1.2} L 33 1175 1424
3 οἱ γὰρ **ἄρχωντες** οὐκ εἰσὶν φόβος **τῶν ἀγαθῶν ἔργων** ἀλλὰ **τῶν κακῶν**. 1646
3 οἱ γὰρ ἄρχοντες οὐκ **εἰσὶ** φόβος **τῶν ἀγαθῶν ἔργων** ἀλλὰ **τῶν κακῶν**. 69 440 1505 1837
3 οἱ γὰρ ἄρχοντες οὐκ **εἰσὶ** φόβος **τῶν ἀγαθῶν ἔργων** ἀλλὰ **τῶν κακῶν**. Ψ 049 056 1 88 104
131 205 209 226 323 326 330 365 424* 460 489 517 547 614 618 796 910 927 945 999 1241 1242 1245
1270 1315 1352 1448 1611 1734 1738 1827 1854 1891 1982 2125 2344 2400 2412 2495 2815 **τ** Er^1

[↓1827 1836 1854 1874^c 1881 1891 1982 2125 2147 2344 2412 2495 2815 **uwτ** Er^1
[↓945 999 1175 1241 1242 1245 1270 1319 1352 1424 1448 1573 1734 1735 1738 1739
[↓049 1 6 33 88 104 131 205 209 226 323 326 330 424 460 517 547 614 618 796 910
θέλεις δὲ μὴ φοβεῖσθαι τὴν ἐξουσίαν· τὸ ἀγαθὸν ποίει, καὶ ἕξεις ἔπαινον ἐξ αὐτῆς· B 𝔓46 D^{1.2} P Ψ
θέλεις δὲ μὴ **φοβεῖσθε** τὴν ἐξουσίαν· τὸ ἀγαθὸν ποίει, καὶ **ἕξις** ἔπαινον ἐξ αὐτῆς· ℵ [↓1837
θέλεις δὲ μὴ **φοβεῖσθε** τὴν ἐξουσίαν· τὸ ἀγαθὸν ποίει, καὶ ἕξεις ἔπαινον ἐξ αὐτῆς· A 69 440 1505
θέλεις δὲ μὴ φοβεῖσθαι τὴν ἐξουσίαν· τὸ ἀγαθὸν ποίει, καὶ **ἕξις** ἔπαινον ἐξ αὐτῆς· D* [↓1611 1874*
θέλεις δὲ μὴ φοβεῖσθαι τὴν ἐξουσίαν· τὸ ἀγαθὸν ποίει, καὶ **ἕξης** ἔπαινον ἐξ αὐτῆς· L 1315 1506
θέλεις δὲ μὴ φοβεῖσθαι **τῇ ἐξουσίᾳ**· τὸ ἀγαθὸν ποίει, καὶ ἕξεις ἔπαινον ἐξ αὐτῆς· 365 489 927
θέλεις δὲ μὴ φοβεῖσθαι τὴν ἐξουσίαν· τὸ ἀγαθὸν ποίει, καὶ ἕξεις **ἔπαινοι** ἐξ αὐτῆς· 056 [↑2400
θέλης μὴ φοβεῖσθαι τὴν ἐξουσίαν· τὸ ἀγαθὸν ποίει, καὶ ἕξεις **ἔπαινος** ἐξ αὐτῆς· 1646
θέλης δὲ μὴ **φοβῆσθε** τὴν ἐξουσίαν· τὸ ἀγαθὸν ποίει, καὶ **ἕξης** ἔπαινον ἐξ αὐτῆς· 1243
θέλεις **δαὶ** μὴ **φοβῖσθαι** τὴν ἐξουσίαν· τὸ ἀγαθὸν ποίει, καὶ ἕξεις ἔπαινον ἐξ αὐτῆς· F G

4 θυ̅ γὰρ δίκονός ἐστιν σοὶ εἰς ἀγαθόν. ἐὰν δὲ τὸ κακὸν ποιῇς, B*
4 ἐὰν δὲ τὸ κακὸν ποιῇς, Cl Paid I 82.4
4 θυ̅ γὰρ **διάκονός** ἐστιν σοὶ εἰς ἀγαθόν. ἐὰν δὲ τὸ κακὸν ποιῇς, B^c
4 θυ̅ γὰρ **διάκονός** ἐστιν σοὶ εἰς τὸ ἀγαθόν. ἐὰν δὲ κακὸν ποιῇς, 𝔓46
4 θυ̅ γὰρ **διάκονός** ἐστιν σοὶ εἰς τὸ ἀγαθόν. ἐὰν δὲ τὸ κακὸν ποιῇς, ℵ A D L Ψ 1424 1611
4 θεοῦ γὰρ **διάκονός** ἐστιν σοὶ εἰς τὸ ἀγαθόν. ἐὰν δὲ τὸ κακὸν ποιῇς, **uw**
4 θυ̅ γὰρ **διάκονός** ἐστιν εἰς τὸ ἀγαθόν. ἐὰν δὲ τὸ κακὸν ποιῇς, F G 440
4 θυ̅ γὰρ **διάκονός** ἐστιν εἰς τὸ ἀγαθόν. ἐὰν δὲ τὸ κακὸν **ποιεῖς**, 1315 2344
4 θυ̅ γὰρ **διάκονός** ἐστιν σοὶ εἰς τὸ ἀγαθόν. ἐὰν δὲ τὸ κακὸν **ποιεῖς**, P 33 326 460 1175 1241 1243
4 θυ̅ γὰρ **διάκονός** ἐστιν σοὶ εἰς .... κακὸν **ποιεῖς**, 88 [↑1506 1646 1735
4 θυ̅ γὰρ **διάκονός** **ἐστι** σοὶ εἰς τὸ ἀγαθόν. ἐὰν δὲ τὸ κακὸν ποιῇς, 424 1734 [↑1836 1837 1874
4 θυ̅ γὰρ **διάκονός** **ἐστι** σοὶ εἰς ἀγαθόν. ἐὰν δὲ τὸ κακὸν ποιῇς, 1891
4 θυ̅ γὰρ **διάκονός** **ἐστι** σοὶ εἰς ἀγαθόν. ἐὰν δὲ τὸ κακὸν **ποιεῖς**, 1738
4 θυ̅ γὰρ **διάκονός** **ἐστι** **σὺ** εἰς **ἀγαθῶν**. ἐὰν δὲ τὸ κακὸν **ποιεῖς**, 618 [↓1245 1352 1881
4 θυ̅ γὰρ **διάκονός** **ἐστι** σοὶ εἰς τὸ ἀγαθόν. ἐὰν δὲ τὸ κακὸν **ποιεῖς**, 056 6 226 330 614 796 999
4 θυ̅ γὰρ **διάκονός** **ἐστι** σοὶ τὸ ἀγαθόν. ἐὰν δὲ τὸ κακὸν ποιῇς, 049 1319 [↑2147 2412
4 θεοῦ γὰρ **διάκονός** **ἐστι** σοὶ εἰς τὸ ἀγαθόν. ἐὰν δὲ τὸ κακὸν ποιῇς, **τ**
4 θυ̅ γὰρ **διάκονός** **ἐστι** σοὶ εἰς τὸ ἀγαθόν. ἐὰν δὲ τὸ κακὸν ποιῇς, 1 69 104 131 205 209 323 365
489 517 547 910 927 945 1242 1270 1448 1505 1573 1739 1827 1854 1982 2125 2400 2495 2815 Er^1

---

lac. 13.3-4 𝔓10 𝔓113 C K 0172 2464

E 13.3 1 Pe 2.13-14; 3.13 **4** Ro 12.19

[↓1424 1448^{c} 1505 1506 1573 1734 1739 1827 1837 1881 1982 2125 2400 2495 2815

[↓Ψ* 056 6 104 131 205 209^{c} 226 326 365 517 547 910 1242 1243 1245 1270 1319* 1352

φοβοῦ·οὐ γὰρ εἰκῇ τὴν μάχαιραν φορεῖ· θ̅υ̅ γαρ διάκονός ἐστιν ἔκδικος B ℵ^{c} A D* F G L P

φοβοῦ·οὐ γὰρ εἰκῇ τὴν μάχαιραν φορεῖ· θ̅υ̅ γαρ διάκονός ἐστιν **ἔγδικος** 𝔓^{46}

φοβοῦ·οὐ γὰρ εἰκῇ τὴν μάχαιραν φορεῖ· θεοῦ γαρ διάκονός ἐστιν ἔκδικος **uwτ** Er^{1}

.... εἰκῇ τὴν μάχαιραν φορεῖ· θ̅υ̅ γαρ διάκονός ἐστιν ἔκδικ···· 88

φοβοῦ·οὐ γὰρ εἰκῇ τὴν μάχαιραν φορεῖ· θ̅υ̅ γαρ διάκονός **ἔσται** ἔκδικος 69

φοβοῦ·οὐ γὰρ εἰκῇ τὴν **μάχαιρα** φορεῖ· θ̅υ̅ γαρ διάκονός **ἐστι** ἔκδικος 330

φοβοῦ·οὐ γὰρ εἰκῇ τὴν μάχαιραν φορεῖ· θ̅υ̅ γαρ διάκονός ἐστιν 2412

θ̅υ̅ γαρ διάκονός ἐστιν ἔκδικος 1448*

θ̅υ̅ γαρ διάκονός ἐστιν **εἰς ὀργὴν** 323 945

φοβοῦ·οὐ γὰρ **ἠκεῖ** τὴν μάχαιραν φορεῖ· θ̅υ̅ γαρ διάκονός ἐστιν **εἰς ὀργὴν** 460 618

φοβοῦ·οὐ γὰρ **εἰκεῖ** τὴν μάχαιραν φορεῖ· θ̅υ̅ γαρ διάκονός ἐστιν **εἰς ὀργὴν** 999

φοβοῦ·οὐ γὰρ εἰκῇ τὴν μάχαιραν φορεῖ· θ̅υ̅ γαρ διάκονός **ἐστι σοι** **εἰς ὀργὴν** 1891

φοβοῦ·οὐ γὰρ **οἰκεῖ** τὴν μάχαιραν φορεῖ· θ̅υ̅ γαρ διάκονός ἐστιν **εἰς ὀργὴν** 1836

φοβοῦ·οὐ γὰρ εἰκῇ τὴν μάχαιραν φορεῖ· θ̅υ̅ γαρ διάκονός ἐστιν **εἰς ὀργὴν** ℵ* D$^{1.2}$ Ψ^{c} 049 1

33 209* 424 440 489 614 796 927 1175 1241 1315 1319^{c} 1611 1646 1735 1738 1854 1874 2147 2344

[↓209^{c} 226* 326 365 517 547 1242 1245 1270 1352 1424 1448 1505 1506 1573 1734 1837 2495 2815 **uwτ** Er^{1}

εἰς ὀργὴν τῷ τὸ κακὸν πράσσοντι. **5** διὸ ἀνάγκη ὑποτάσσεσθαι, B ℵ^{c} A L P Ψ* 056 104 131 205

εἰς ὀργὴν τῷ κακὸν πράσσοντι. **5** διὸ ἀνάγκη ὑποτάσσεσθαι, 226* 910

...... ὀργὴν τῷ τὸ κακὸν πράσσοντι. **5** διὸ ἀνάγκη ὑποτάσσεσθαι, 88

εἰς ὀργὴν τῷ τὸ κακὸν πράσσοντι. **5** διὸ ἀνάγκη **ὑποτάσσεσθε**, 6 1319* 1827

εἰς ὀργὴν τὸ κακὸν πράσσοντι. **5** διὸ ἀνάγκη **ὑποτάσσεσθε**, 69

εἰς ὀργὴν τῷ τὸ κακὸν πράσσοντι. **5** διὸ ἀνάγκη **ὑποτάσεσθαι**, 330 1881 2125

εἰς ὀργὴν τῷ τὸ κακὸν πράσσοντι. **5** διὸ ἀνάγκη **ὑποτάσσασθαι**, 2400

εἰς ὀργὴν **τὸ** τὸ κακὸν πράσσοντι. **5** διὸ ἀνάγκη **ὑποτάττεσθε**, 1243

εἰς ὀργὴν τῶι τὸ κακὸν πράσσοντι. **5** διὸ ἀνάγκη ὑποτάσσεσθαι, 1739 1982

τῷ τὸ κακὸν πράσσοντι. **5** διὸ ὑποτάσσεσθαι, D*

τῷ τὸ κακὸν **πράσσοντει**. **5** διὸ ὑποτάσσεσθαι, F G

ἔκδικος τῷ τὸ κακὸν πράσσοντι. **5** διὸ ὑποτάσσεσθαι, D$^{1.2}$

εἰς ὀργὴν τῶ τὸ κακὸν πράσσοντι. **5** διὸ **καὶ** **ὑποτάσεσθε**, 𝔓^{46*}

εἰς ὀργὴν τῷ τὸ κακὸν πράσσοντι. **5** διὸ **καὶ** **ὑποτάσσεσθε**, 𝔓^{46c}

ἔκδικος τῷ τὸ κακὸν πράσσοντι. **5** διὸ ἀνάγκη **ὑποτάσσεσθε**, 999 1319^{c} 1874 2344

ἔκδικος τῷ **τω κακῶν** πράσσοντι. **5** διὸ ἀνάγκη **ὑποτάσεσθαι**, 618

ἔκδικος τῷ τὸ κακὸν **πράσοντι**. **5** διὸ ἀνάγκη **ὑποτάσεσθαι**, 1646

ἔκδικος τῷ κακὸν πράσσοντι. **5** διὸ ἀνάγκη ὑποτάσσεσθαι, 049*

ἔκδικος τῷ **κακῶ** πράσσοντι. **5** διὸ ἀνάγκη ὑποτάσσεσθαι, 2147

ἔνδικος τῷ τὸ κακὸν πράσσοντι. **5** διὸ ἀνάγκη ὑποτάσσεσθαι, 323

ἔκδικος τῶι τὸ κακὸν πράσσοντι. **5** διὸ ἀνάγκη ὑποτάσσεσθαι, 424 1891

ἔκδικός ἐστι τῷ τὸ κακὸν πράσσοντι. **5** διὸ ἀνάγκη ὑποτάσσεσθαι, 1315

ἔκδικος τῷ τὸ κακὸν πράσσοντι. **5** διὸ ἀνάγκη ὑποτάσσεσθαι, ℵ* Ψ^{c} 049^{c} 1 33 209* 440 460

489 614 796 927 945 1175 1241 1611 1735 1738 1836 1854

[↓1573 1611 1734 1735 1738 1739 1827 1836 1837 1854 1881 1891 1982 2125 2344 2400 2495 2815 **uwτ** Er^{1}

[↓330 365 424 440 489 517 547 614 910 927 945 999 1175 1241 1242 1245 1270 1315 1319 1352 1424 1448 1505 1506

οὐ μόνον διὰ τὴν ὀργὴν ἀλλὰ καὶ διὰ τὴν συνείδησιν. **6** διὰ τοῦτο B 𝔓^{46} A D$^{1.2}$ L P Ψ 049 056 1 6 69 88

οὐ μόνον διὰ τὴν ὀργὴν ἀλλὰ διὰ τὴν συνείδησιν. **6** διὰ τοῦτο 796 [↑104 131 205 209 226 323 326

οὐ μόνον διὰ τὴν ὀργὴν ἀλλὰ διὰ τὴν **συδησειν**. **6** διὰ τοῦτο F

οὐ μόνον διὰ τὴν ὀργὴν ἀλλὰ διὰ τὴν **συνιδήσειν**. **6** διὰ τοῦτο G

οὐ μόνον διὰ τὴν ὀργὴν ἀλλὰ καὶ διὰ τὴν **συνίδησιν**. **6** διὰ τοῦτο ℵ D* 33

οὐ μόνον διὰ τὴν ὀργὴν ἀλλὰ καὶ διὰ τὴν **συνήδησιν**. **6** διὰ τοῦτο 460 618 1243 1874 2147

οὐ μόνον διὰ τὴν ὀργὴν ἀλλὰ καὶ διὰ τὴν **συνήδεισιν**. **6** διὰ τοῦτο 1646

---

lac. 13.4-6 𝔓^{10} 𝔓^{113} C K 0172 2464 **13.5-6** 2412

E 13.4 Ro 12.19 **5** 1 Pe 2.19

Errata: 13.5 **ubs** 330 ὑποτασσέσθαι : ὑποτασέσθαι 330

γὰρ καὶ φόρους τελεῖτε· λιτουργοὶ γὰρ θ̅υ̅ εἰσιν εἰς αὐτὸ B* ℵ 1874
γὰρ καὶ φόρους τελεῖτε· **λειτουργοὶ** γὰρ θεοῦ εἰσιν εἰς αὐτὸ **uwτ** Er^{1}
γὰρ καὶ φόρους τελεῖτε· **λειτουργοὶ** θ̅υ̅ εἰσιν εἰς αὐτὸ 1827
γὰρ καὶ φόρους **τελεῖται·** **λειτουργοὶ** γὰρ θ̅υ̅ εἰσιν εἰς αὐτὸ A P 6 1506 1735 1836 1837 2147
γὰρ καὶ φόρους **τελεῖται·** **λειτουργοὶ** γὰρ θ̅υ̅ **εἰσειν** εἰς αὐτὸ F G
γὰρ καὶ φόρους **τελεῖται·** **λητουργοὶ** γὰρ θ̅υ̅ εἰσιν εἰς αὐτὸ 1243
καὶ φόρους **τελεῖται·** **λειτουργοὶ** θ̅υ̅ εἰσιν εἰς αὐτὸ 049
καὶ φόρους τελεῖτε· **λειτουργοὶ** γὰρ θ̅υ̅ εἰσιν εἰς αὐτὸ 1245
γὰρ καὶ φόρους τελεῖτε· **λειτουργοὶ** γὰρ θ̅υ̅ εἰσιν **ἐπ'** αὐτὸ Ψ
γὰρ καὶ φόρους τελεῖτε· **λητουργοὶ** γὰρ θ̅υ̅ εἰσιν εἰς αὐτὸ 460
γὰρ καὶ φόρους τελεῖτε· **λητουργὺ** γὰρ θ̅υ̅ εἰσιν εἰς **αὐτῷ** 618
γὰρ καὶ φόρους τελεῖτε· **λειτουργοὶ** γὰρ θ̅υ̅ εἰσιν εἰς αὐτὸ B^{c} 𝔓^{46} D L 056 1 33 69 88 104 131 205
209 226 323 326 330 365 424 440 489 517 547 614 796 910 927 945 999 1175 1241 1242 1270 1315 1319
1352 1424 1448 1505 1573 1611 1646 1734 1738 1739 1854 1881 1891 1982 2125 2344 2400 2495 2815

τοῦτο προσκαρτεροῦντες. 7 ἀπόδοτε πᾶσι τὰς ὀφειλάς, τῷ τὸν B 1506
τοῦτο προσκαρτεροῦντες. 7 ἀπόδοτε **πᾶσιν** τὰς ὀφειλάς, τῷ τὸν 𝔓^{46} **uw**
τοῦτο προσκαρτεροῦντες. 7 ἀπόδοτε οὖν **πᾶσιν** τὰς **ὀφιλάς**, τῷ τὸν ℵ^{c} D$^{1.2}$
τοῦτο προσκαρτεροῦντες. 7 ἀπόδοτε οὖν **πᾶσιν** τὰς ὀφειλάς, τῷ τὸν F G L 33 326 1175 1424 1646
τοῦτο προσκαρτεροῦντες. 7 ἀπόδοτε οὖν **πᾶσιν** τὰς **ὀφιλάς**, **τὸ** τὸν 1735 [↑1837 1874
τοῦτο προσκαρτεροῦντες. 7 ἀπόδοτε **πᾶσιν** τὰς **ὀφιλάς**, τῷ τὸν A D*
τοῦτο προσκαρτεροῦντες. 7 ἀπόδοτε πᾶσι τὰς **ὀφιλάς**, τῷ τὸν ℵ*
τοῦτο προσκαρτεροῦντες. 7 ἀπόδοτε πᾶσι τὰς ὀφειλάς, τῷ **τῶν** 330 2400
τοῦτο προσκαρτεροῦντες. 7 ἀπόδοτε πᾶσι τὰς ὀφειλάς, τῶι τὸν 424^{c} 1739
τοῦτο προσκαρτεροῦντες. 7 ἀπόδοτε πᾶσι τὰς ὀφειλάς, τῷ τὸν 1881
τοῦτο προσκαρτεροῦντες. 7 ἀπόδοτε οὖν πᾶσι τὰς **ὀφιλάς**, τῷ τὸν P
τοῦτο προσκαρτεροῦντες. 7 ἀπόδοτε οὖν πᾶσι τὰς ὀφειλάς, τῶι τὸν 424* 945 1734 1891
τούτω προσκαρτεροῦντες. 7 ἀπόδοτε οὖν πᾶσι τὰς ὀφειλάς, τῷ τὸν 618
τοῦτο προσκαρτεροῦντες. 7 ἀπόδοτε οὖν πᾶσι τὰς ὀφειλάς, **τὸ** τὸν 1243
τοῦτο προσκαρτεροῦντες. 7 **ἀπόδωτε** οὖν πᾶσι τὰς ὀφειλάς, τῷ τὸν 1611
τοῦτο προσκαρτεροῦντες. 7 ἀπόδοτε οὖν πᾶσι τὰς ὀφειλάς, τῷ τὸν Ψ 049 056 1 6 69 88 104 131 205
209 226 323 365 440 460 489 517 547 614 796 910 927 999 1241 1242 1245 1270 1315
1319 1352 1448 1505 1573 1738 1827 1836 1854 1982 2125 2147 2344 2495 2815 **τ** Er^{1}

[↓1448 1505 1506 1573 1611 1646 1734 1735 1738 1827 1837 1854 1874 2125 2147 2344 2495 2815 **uwτ** Er^{1}
[↓205 209 226 323 326 365 440 460 547 614 618 796 910 927 999 1175 1241 1242 1243 1270 1315 1352 1424^{c}
φόρον τὸν φόρον, τῷ τὸ τέλος τὸ τέλος, τῷ τὸν φόβον τὸν φόβον, B 𝔓^{46} ℵ A D F G L P Ψ 1 6
φόρον τὸν φόρον, τὸ τέλος τὸ τέλος, τῷ τὸν φόβον τὸν φόβον, 1319* [↑33 69 88 104 131
φόρον τὸν φόρον, **τὸ** τὸ τέλος τὸ τέλος, τῷ τὸν φόβον τὸν φόβον, 1319^{c}
φόρον τὸν φόρον, τῷ τὸν φόβον τὸν φόβον, 1245
φόρον τὸν φόρον, τῷ τὸ τέλος **τῷ** τέλος, τῷ τὸν φόβον τὸν φόβον, 049
φόρον τὸν φόρον, τῷ τὸ τέλος τὸ τέλος, **τὸ** τὸν φόβον τὸν φόβον, 1836
φόρον τὸν φόρον, τῶι τὸ τέλος τὸ τέλος, τῷ τὸν φόβον τὸν φόβον, 517 945
φόρον τὸν φόρον, τῶι τὸ τέλος τὸ τέλος, τῶι τὸν φόβον τὸν φόβον, 424 1739 1891
φόρον τὸν φόρον, τῷ τέλος τὸ τέλος, τῷ τὸν φόβον τὸν φόβον, 489 1881
φόρον τὸν φόρον, τῷ τὸ τέλος τὸ τέλος, 1424*
φόβον τὸν φόβον, 056
φόρων τὸν **φόρων**, τῷ **τοῦ τέλους** τὸ τέλος, τῷ **τῶν φόβων** τὸν φόβον, 330
φόρων τὸν φόρον, **τὸ** **τοῦ τέλους** τὸ τέλος, τῷ **τῶν φόβων** τὸν φόβον, 2400
φόρον τὸν φόρον, τῷ **τὸν φόβον τὸν φόβον**, τῷ **τὸ τέλος τὸ τέλος**, 1982

τῷ τὴν τειμὴν τὴν τειμήν. B D* F G
τῶι τὴν **τιμὴν** τὴν **τιμήν**. 424 517 945 1739 1891
τῷ τὴν τὴν **τιμὴν** τὴν **τιμήν**. 1611 [↓**uwτ** Er^{1}
τῷ τὴν **τιμὴν**. 489* [↓1827 1836 1837 1854 1874 1881 1982 2125 2147 2344 2495 2815
τὴν **τιμὴν** τῷ τὴν **τιμήν**. 489^{c} [↓1315 1319 1352 1424 1448 1505 1506 1573 1646 1734 1735 1738
τὸ **τῆς τιμῆς** τὴν **τιμήν**. 330 2400 [↓460 547 614 618 796 910 927 999 1175 1241 1242 1243 1245 1270
τῷ τὴν **τιμὴν** τὴν **τιμήν**. 𝔓^{46} ℵ A D$^{1.2}$ L P Ψ 049 056 1 6 33 69 88 104 131 205 209 226 323 326 365 440

lac. 13.6-7 𝔓^{10} 𝔓^{113} C K 0172 2412 2464

E 13.7 Mt.22.21; Mk 12.17; Lk 20.25; Ro 12.10

Love for Neighbor Fulfills the Law

8 Μηδενὶ μηδὲν ὀφείλειτε εἰ μὴ τὸ ἀλλήλους ἀγαπᾶν· ὁ γὰρ ἀγαπῶν B
8 ὁ γὰρ ἀγαπῶν Cl IV 49.6
8 Μηδενὶ μηδὲν **ὀφείλεται** εἰ μὴ τὸ ἀλλήλους ἀγαπᾶν· ὁ γὰρ ἀγαπῶν A 326 1735 1881
8 Μηδενὶ μηδὲν **ὀφείλεται** εἰ **μὶ** τὸ ἀλλήλους ἀγαπᾶν· ὁ γὰρ ἀγαπῶν 1506
8 Μηδενὶ μηδὲν **ὀφείλετε** εἰ μὴ τὸ ἀλλήλους ἀ····πᾶν· ὁ γὰρ ἀγαπῶν 𝔓^{46}
8 Μηδενὶ μηδὲν **ὀφείλετε** εἰ μὴ το ἀλλήλους ἀγαπᾶν· ὁ γὰρ ἀγαπῶν D$^{1.2}$ 6 69^{c} 104 330 365
8 Μηδενὶ μηδὲν **ὀφείλετε** εἰ μὴ τὸ **ἀλήλους** ἀγαπᾶν· ὁ γὰρ ἀγαπῶν 69* [↑1319 1573 1739
8 **Μηδενεὶ** μηδὲν **ὀφίλεται** εἰ μὴ τὸ ἀλλήλους ἀγαπᾶν· ὁ γὰρ **γαπῶν** F G [↑1837 2400 **uw**
8 Μηδενὶ μηδὲν **ὀφίλεται** εἰ μὴ τὸ ἀλλήλους ἀγαπᾶν· ὁ γὰρ ἀγαπῶν P
8 Μηδενὶ μηδὲν **ὀφίλετε** εἰ μὴ τὸ ἀλλήλους ἀγαπᾶν· ὁ γὰρ ἀγαπῶν D*
8 Μηδενὶ μηδὲν **ὀφίλητε** εἰ μὴ τὸ ἀλλήλους ἀγαπᾶν· ὁ γὰρ ἀγαπῶν ℵ^{c}
8 Μηδενὶ μηδὲν **ὀφίλοντες** εἰ μὴ τὸ ἀλλήλους ἀγαπᾶν· ὁ γὰρ ἀγαπῶν ℵ*
8 Μηδενὶ μηδὲν **ὀφείλοντες** εἰ μὴ τὸ **ἀγαπᾶν ἀλλήλους**· ὁ γὰρ ἀγαπῶν Ψ 945 1424
8 Μηδενὶ μηδὲν **ὀφείλεται** εἰ μὴ τὸ **ἀγαπᾶν ἀλλήλους**· ὁ γὰρ ἀγαπῶν 131 1175 1241 1827
8 Μηδενὶ μηδὲν **ὀφείλεται** εἰ μὴ τὸ **ἀγαπᾶν ἀλλήλους**· ὁ γὰρ ἀγαπῶν 1245
8 Μηδενὶ μηδὲν **ὀφείλεται** εἰ μὴ τὸ **ἀγαπᾶν ἀλλήλους**· ὁ γὰρ **ἀγαπὸν** 33
8 **Μηδενεὶ** μηδὲν **ὀφείλεται** εἰ μὴ τὸ **ἀγαπᾶν ἀλλήλους**· ὁ γὰρ **ἀγαπὸν** 1646
8 Μηδενὶ μηδὲν **ὀφείλετε** εἰ μὴ τὸ **ἀγαπᾶν ἀλλήλους**· ὁ γὰρ **ἀγαπὸν** 049* 2147
8 Μηδενὶ μηδὲν **ὀφείλετε** εἰ **μὶ** τὸ **ἀγαπᾶν ἀλλήλους**· ὁ γὰρ ἀγαπῶν 460
8 **Μηδενὴ** μηδὲν **ὀφείλετε** εἰ μὴ τὸ **ἀγαπᾶν ἀλλήλους**· ὁ γὰρ ἀγαπῶν 1243
8 Μηδενὶ μηδὲν **ὀφείλετε** εἰ μὴ **τῷ ἀγαπᾶν ἀλλήλους**· ὁ γὰρ ἀγαπῶν 1315
8 Μηδενὶ μηδὲν **ὀφείλετε** εἰ μὴ τὸ **ἀγαπᾶν ἀλλήλους**· ὁ γὰρ ἀγαπῶν L 049^{c} 056 1 88 205 209
226 323 424 440 489 517 547 614 618 796 910 927 999 1242 1270 1352 1448
1505 1611 1734 1738 1836 1854 1874 1891 1982 2125 2344 2495 2815 **τ** Er^{1}

[↓424 517 1175 1241 1270 1315 1424 1506 1836 1837 1854 1891 2147 **uw** Er^{1}
τὸν ἕτερον νόμον πεπλήρωκεν. **9** τὸ γὰρ Οὐ μοιχεύσεις, Οὐ φονεύσεις, B D L Ψ 69 88 326
9 τὸ γὰρ Οὐ μοιχεύσεις, Οὐ φονεύσεις, Cl IV 10.2
9 τὸ Οὐ μοιχεύσεις, Cl VII 105.4
τὸν ἕτερον νόμον πεπλήρωκεν. **9** Cl IV 49.6
τὸν ἕτερον νόμον π··πλήρωκεν. **9** τὸ γὰρ Οὐ μοιχεύσεις, Οὐ φον··········· 𝔓^{46}
τὸν ἕτερο·· ············ πεπλήρωκεν. **9** τὸ γὰρ Οὐ μ···················· Οὐ φονεύσεις, A
τὸν ἕτερον νόμον πεπλήρωκεν. **9** **γέγραπται** γὰρ Οὐ **μηχεύσεις**, Οὐ φονεύσεις, F G
τὸν ἕτερον νόμον πεπλήρωκεν. **9** τὸ γὰρ Οὐ **μηχεύσεις**, Οὐ φονεύσεις, 1646
τὸν ἕτερον νόμον πεπλήρωκεν. **9** τὸ γὰρ Οὐ **μοιχεύσις**, Οὐ φονεύσεις, ℵ
τὸν ἕτερον νόμον πεπλήρωκεν. **9** τὸ γὰρ Οὐ **μοιχεύσις**, Οὐ **φονεύσις**, 33
τὸν ἕτερον νόμον πεπλήρωκεν. **9** τὸ γὰρ Οὐ **μοιχεύσης**, Οὐ **φονεύσης**, P
τὸν ἕτερον νόμον πεπλήρωκεν. **9** τὸ γὰρ Οὐ **μοιχεύσης**, Οὐ **φωνεύσης**, 1243
τὸν ἕτερον νόμον πεπλήρωκεν. **9** τὸ γὰρ Οὐ **μοιχεύσης**, Οὐ φονεύσεις, 1874
τὸν **πλησίον** νόμον πεπλήρωκεν. **9** τὸ γὰρ Οὐ μοιχεύσεις, Οὐ φονεύσεις, 1735
τὸν ἕτερον νόμον πεπλήρωκεν. **9** τὸ γὰρ Οὐ μοιχεύσεις, Οὐ **κλέψεις**, 2125
τὸν ἕτερον νόμον **πεπλήρωκε**. **9** τὸ γὰρ Οὐ μοιχεύσεις, Οὐ **ψευδομαρτυρισεις**, 999
τὸν ἕτερον νόμον **πεπλήρωκε**. **9** τὸ γὰρ Οὐ μοιχεύσεις, 1739 1881
ἕτερον νόμον **πεπλήρωκε**. **9** τὸ γὰρ Οὐ μοιχεύσεις, Οὐ φονεύσεις, 1827
τὸν ἕτερον νόμον **πεπλήρωκε**. **9** τὸ γὰρ Οὐ μοιχεύσεις, Οὐ φονεύσεις, 049 056 1 6 104 131
205 209 226 323 330 365 440 460 489 547 614 618 796 910 927 945 1242 1245
1319 1352 1448 1505 1573 1611 1734 1738 1982 2344 2400 2495 2815 **τ**

---

lac. 13.8-9 𝔓^{10} 𝔓^{113} C K 0172 2412 2464

C 13.8 ῑ περι τω φροσπνησκαι πραοτητος 1734 **9** εξοδου 049 1854 | δευτερονομου 209 | μ̄ εξοδου 1175 1874 | λευιτικου 049 1854

D 13.8 ῑ 1734

E 13.8 1 Jn 4.11; Ga 5.14; Col 3.14 1 Ti 1.5 **9** Ex 20.13-15, 17; Dt 5.17-19, 21; Eph 1.10; Mt 19.18; Lv 19.18; Mt 5.43; 19.19; 22.39; Mk 12.31; Lk 10.27; Ga 5.14; Js 2.8

[↓614 910 1175 1241 1242 1270 1739 1827 1891 2815 **uw** Cl VII 105.4

Οὐ κλέψεις, Οὐκ ἐπιθυμήσεις, καὶ εἴ τις ἑτέρα B D L Ψ 049 1 547
Οὐ κλέψεις, καὶ εἴ τις ἑτέρα Cl IV 10 2
Οὐ κλέψεις, Οὐκ ἐπιθυμήσεις, καὶ εἴ τ··· ············ 𝔓46
Οὐ κλέψεις, Οὐκ ἐπιθυμήσεις, καὶ **ἤ** τις ἑτέρα 6 1245 1424 1735
Οὐ κλέψεις, Οὐκ ἐπιθυμήσεις, καὶ εἴ τις 517 [↑1738 1836
Οὐ κλέψεις, Οὐκ ἐπιθυμήσεις, καὶ εἴ **τι** ἑτέρα 1881 [↑1874
Οὐ κλέψεις, Οὐκ **ἐπιθυμήσης**, καὶ εἴ τις ἑτέρα 2147
Οὐ κλέψεις, Οὐκ **ἐπιθυμίσεις**, καὶ εἴ τις ἑτέρα 460 618 1646
Οὐ κλέψεις, Οὐκ **ἐπιθυμήσις**, καὶ εἴ **τεις** ἑτέρα F G
Οὐ κλέψεις, Οὐκ **ἐπιθυμίσεις**, καὶ εἴ τις ἑτέρα 1611
Οὐ κλέψεις, Οὐκ **ἐπιθυμήσις**, καὶ εἴ τις ἑτέρα ἔστιν 33
Οὐ κλέψεις, Οὐκ ἐπιθυμήσεις, καὶ εἴ τις ἑτέρα ἔστιν 2344
Οὐ κλέψε···· Οὐκ ἐπιθυμήσεις, καὶ εἴ ····· ἑτέρα ἔστιν A
Οὐ κλέψεις, Οὐ ψευδομαρτυρήσις, Οὐκ ἐπιθυμήσεις, καὶ εἴ τις ἑτέρα ἔστιν ℵ*
Οὐ κλέψεις, Οὐ ψευδομαρτυρήσις, Οὐκ ἐπιθυμήσεις, καὶ εἴ τις ἑτέρα ℵc
Οὐ **φονεύσεις**, **Οὐ κλέψεις**, Οὐκ ἐπιθυμήσεις, καὶ εἴ τις ἑτέρα 999
Οὐ κλέψεις, **Οὐκ ἐπιθυμήσεις**, **Οὐ ψευδομαρτυρησεις**, καὶ εἴ τις ἑτέρα 1505 1854 2495
Οὐ **κλέψης**, Οὐ **ψευδομαρτυρήσης**, Οὐκ **ἐπιθυμήσης**, καὶ **ἤ** τις ἑτέρα P
Οὐ κλέψεις, Οὐ **ψευδομαρτυρήσεις**, Οὐκ ἐπιθυμήσεις, καὶ **ἤ** τις ἑτέρα 2400
Οὐ κλέψεις, Οὐ **ψευδομαρτυρήσεις**, Οὐκ ἐπιθυμήσεις, καὶ **ἤ** τις ἑτέρα ἔστιν 88 1506
Οὐ κλέψεις, Οὐ **ψευδομαρτυρήσεις**, Οὐκ ἐπιθυμήσεις, καὶ εἴ τις ἑτέρα ἔστιν 326
Οὐ κλέψεις, Οὐ **ψευδομαρτυρήσεις**, καὶ εἴ τις ἑτέρα 1734
Οὐ κλέψεις, Οὐ **ψευδομαρτυρήσεις**, Οὐκ ἐπιθυμήσεις, καὶ εἴ **τι** ἑτέρα 104
Οὐ κλέψεις, Οὐ **ψευδομαρτυρήσεις**, Οὐκ ἐπιθυμήσεις, καὶ εἴ τις **ἐντολὴ** 205 209
Οὐ κλέψεις, Οὐ **ψευδομαρτυρήσεις**, Οὐκ **ἐπιθυμήσις**, καὶ εἴ τις ἑτέρα 330
Οὐ **κλέψης**, Οὐ **ψευδομαρτυρήσεις**, Οὐκ ἐπιθυμήσεις, καὶ εἴ τις ἑτέρα 1243 1319
Οὐ κλέψεις, Οὐ **ψευδομαρτυρήσεις**, Οὐκ ἐπιθυμήσεις, καὶ εἴ τις **ἔστιν ἑτέρα** 1837
Οὐ **φονεύσεις**, Οὐ **ψευδομαρτυρήσεις**, Οὐκ ἐπιθυμήσεις, καὶ εἴ **τι** ἑτέρα 2125
Οὐ κλέψεις, Οὐ **ψευδομαρτυρήσεις**, Οὐκ ἐπιθυμήσεις, καὶ εἴ τις ἑτέρα 056 69 131 226
323 365 424 440 489 796 927 945 1315 1352 1448 1573 1982 **τ** Er1

ἐντολή, ἐν τῷ λόγῳ τούτῳ ἀνακεφαλαιοῦται· Ἀγαπήσεις τὸν B [**u**]
ἐντολή, ἐν τῶ λόγω τούτω ἀνακεφα····················· Ἀγαπήσεις τὸν 𝔓46
ἐντολή, ἐν τῷ λόγῳ τούτῳ **ἀνακαιφαλαιοῦται**· Ἀγαπήσεις τὸν F G
ἐντολή, ἐν τῷ λόγῳ τούτῳ ἀνακεφαλαιοῦται ἐν τῷ· Ἀγαπήσεις τὸν 056 69 104 330 365 1319
ἐντολή, ἐν τῷ λόγῳ τούτῳ ἀνακεφαλαιοῦται ἐν τῷ· **Ἀγαπήσις** τὸν ℵ [↑1505 1573 1881
ἐντολή, ἐν τῷ λόγῳ τούτῳ **ἀνακεφαλεοῦται** ἐν τῷ· **Ἀγαπήσις** τὸν D* [↑2400 2495 [**uw**]
ἐντολή, ἐν τῷ λόγῳ τούτῳ **ἀνακεφαλεοῦται** ἐν τῷ· Ἀγαπήσεις τὸν D1.2
ἐντολή, ἐν τῷ λόγῳ τούτῳ- ἀνακεφαλαιοῦται ἐν τῷ· **Ἀγαπήσης** τὸν 1243
ἐντολή, ἐν τῶι λόγωι τούτωι ἀνακεφαλαιοῦται ἐν τῶ· Ἀγαπήσεις τὸν 1270
ἐντολή, ἐν τῶι λόγωι τούτωι ἀνακεφαλαιοῦται ἐν τῶι· Ἀγαπήσεις τὸν 1739
ἐντολή, ἐν **τούτῳ μόνῳ ἀνακεφαλαιοῦται τῷ λόγῳ** τῷ· Ἀγαπήσεις τὸν Cl IV 10.2
ἐντολή, ἐν **τούτῳ ἀνακεφαλαιοῦται τῷ λόγῳ** ἐν τῷ· Ἀγαπήσεις τὸν 1242
ἐντολή, ἐν **τούτῳ τῶι νόμῳ** ἀνακεφαλαιοῦται ἐν τῶι· Ἀγαπήσεις τὸν 945
ἐντολή, ἐν **το**········ **τῷ λόγῳ** ἀνακεφαλαιοῦται ἐν τῷ· Ἀγαπήσεις τὸν A
ἐντολή, ἐν **τούτῳ τῶι λόγωι** ἀνακεφαλαιοῦται ἐν τῶι· Ἀγαπήσεις τὸν 424
ἐντολή, ἐν **τούτωι τῶι λόγωι** ἀνακεφαλαιοῦται ἐν τῶι· Ἀγαπήσεις τὸν 1891
ἐντολή, ἐν **τούτῳ τῷ λόγῳ** ἀνακεφαλαιοῦται· Ἀγαπήσεις τὸν [**w**]
ἐντολή, ἐν **τούτῳ τῷ λόγῳ** ἀνακεφαλαιοῦται ἐν τῷ· **Ἀγαπήσης** τὸν P 460 1836 2147
ἑτέρα, ἐν **τούτῳ τῷ λόγῳ** ἀνακεφαλαιοῦται ἐν τῷ· Ἀγαπήσεις τὸν 205 209
ἐντολή, ἐν **τοῦτο τῷ λόγῳ** ἀνακεφαλαιοῦται ἐν τῷ· Ἀγαπήσεις τὸν 33 1837
ἐντολή, ἐν **τοῦτο τῷ λόγῳ** ἀνακεφαλαιοῦται ἐν **τό**· Ἀγαπήσεις τὸν 1646c
ἐντολή, ἐν **τοῦτο τῷ λόγῳ** **ἀνακεφαλαιοῦτε** ἐν **τό**· Ἀγαπήσεις τὸν 1646*
ἐντολή, ἐν **τούτῳ τῷ λόγῳ** **ἀνακεφαλαιοῦτε** ἐν τῷ· Ἀγαπήσεις τὸν 1245
ἐντολή, ἐν **τούτῳ τῷ λόγῳ** **ἀνακεφαλεοῦνται** ἐν τῷ· Ἀγαπήσεις τὸν 618
ἐντολή, ἐν **τούτῳ τῷ λόγῳ** **ἀνακαιφαλαιοῦται** ἐν τῷ· Ἀγαπήσεις τὸν 1827
ἐντολή, ἐν **τούτῳ τῷ λόγῳ** ἀνακεφαλαιοῦται ἐν **τό**· Ἀγαπήσεις τὸν 1735
ἐντολή, ἐν **τούτῳ τῷ λόγῳ** ἀνακεφαλαιοῦται ἐν τῷ· Ἀγαπήσεις τὸν L Ψ 049 1 6 88 131 226
323 326 440 489 517 547 614 796 910 927 999 1175 1241 1315 1352 1424 1448
1506 1611 1734 1738 1854 1874 1982 2125 2344 2815 **τ** Er1 Cl VII 105.4

---

lac. 13.9 𝔓10 𝔓113 C K 0172 2412 2464

Errata: 13.9 ubs Ψ Οὐ κλέψεις, Οὐ ψευδομαρτυρήσεις, Οὐκ ἐπιθυμήσεις : 1 2 5 6 Ψ
13.9 na 33 τούτῳ τῷ λόγῳ : τοῦτο τῷ λόγῳ 33
13.9 na 1506 τῷ λόγῳ τούτῳ : τούτῳ τῷ λόγῳ 1506
13.9 na ubs 1739 Οὐ κλέψεις, Οὐκ ἐπιθυμήσεις correct; but do not indicate 1739 omits Οὐ φονεύσεις

πλησίον	σου ὡς	σεαυτόν.	**10** ἡ ἀγάπη	τῷ	πλησίον	κακὸν οὐκ	B ℵ D$^{1.2}$ 056 6 88 205 226 323 326
πλησίον	σου ὡς	σεα········	**10** ··· ·········πη	τῷ	πλησίον	κακὸν οὐκ	𝔓^{46} [↑424 440 547 796 1270 1611
			10 ἡ ἀγάπη	τῷ	πλησίον	κακὸν οὐκ	Cl IV 113.4 [↑1837 1854 **uw**
πλησίον	σου ὡς	σεαυτόν.	**10** **ὁ** **ἀγαπῶν**	**τὸν**	πλησίον	κακὸν οὐκ	Cl IV 10.2
πλησίον	σου ὡς	σεαυτόν.	**10**				Cl VII 105.4
πλησί·····	σου ὡς	σεαυτόν.	**10**				A
πλησίον	σου ὡς	σεαυτόν.	**10** ἡ ἀγάπη	**τὸ**	πλησίον	κακὸν οὐκ	104 1735 1836 1874
πλησίον	σου **ὥσς**	σεαυτόν.	**10** ἡ ἀγάπη	τῷ	πλησίον	κακὸν οὐκ	1448
πλησίον	σου ὡς	σεαυτόν.	**10** ἡ ἀγάπη	τῶι	πλησίον	κακὸν οὐκ	945^{c} 1739
πλησίον	σου ὡς	σεαυτόν.	**10** ἡ ἀγάπη	τῷ	πλησίον	κακὸν **οὐ**	D* 517 1505 2400 2495
πλησίον	σου ὡς	**ἑαυτόν**.	**10** ἡ ἀγάπη	**τὸν**	πλησίον	κακὸν **οὐ**	365
πλησίον	σου ὡς	**ἑαυτόν**.	**10** ἡ ἀγάπη	**τὸν**	πλησίον	κακὸν οὐκ	1319 1573
πλησίον	σου ὡς	**ἑαυτόν**.	**10** ἡ ἀγάπη	**τὸ**	πλησίον	κακὸν **οὐ**	049 1243 2125
πλησίον	σου ὡς	**ἑαυτόν**.	**10** ἡ ἀγάπη	**τὸ**	πλησίον	κακὸν οὐκ	460 1506
πλησείον	σου ὡς	**ἑαυτόν**.	**10** ἡ ἀγάπη	τῷ	**πλησείω**	κακὸν οὐκ	F G
πλησίον	σου ὡς	**ἑαυτόν**.	**10** ἡ ἀγάπη	τῷ	πλησίον	κακὸν **οὐ**	33 618 999 1738 1881 2815
πλησίον	σου ὡς	**ἑαυτόν**.	**10** ἡ ἀγάπη	τῶι	πλησίον	κακὸν οὐκ	945* 1891
πλησίον	σου ὡς	**ἑαυτόν**.	**10** ἡ **ἀγάπην**	τῷ	πλησίον	κακὸν οὐκ	1646
πλησίον	σου ὡς	**ἑαυτόν**.	**10** ἡ ἀγάπη	τῷ	πλησίον	κακὸν οὐκ	L P Ψ 1 69 131 209 330 489 614 910 927 1175 1241 1242 1245 1315 1352 1424 1734 1827 1982 2147 2344 **τ** Er^{1}

ἐργάζεται·	πλήρωμα	οὖν	νόμου ἡ ἀγάπη.	B ℵ D$^{1.2}$ L Ψ 056 1 6 69 104 131 205 209 226 323 326 424 440
ἐργα··········· ·	············· μα	οὖν	νόμου ἀγάπη.	𝔓^{46} [↑460 489 547 614 796 910 927 1175 1241 1242 1245
·······················	····················	οὖν	νόμου ἡ ἀγάπη.	C [↑1270 1315 1319 1424 1448 1506 1573 1611 1734
	πλήρωμα	·······	νόμου ἡ ἀγάπη.	A [↑1735 1827 1836 1837 1854 1874 1982 **uwτ** Er^{1}
ἐργάζεται·	**πλήρω**	οὖν	νόμου ἡ ἀγάπη.	1646 [↑Cl IV 113.5
ἐργάζεται·				Cl IV 10.2
ἐργάζεται·	**πλήρω**	**γὰρ**	νόμου ἡ ἀγάπη.	330*
ἐργάζεται·	πλήρωμα	**γὰρ**	νόμου ἡ ἀγάπη.	330^{c} 2344
ἐργάζεται·	πλήρωμα		νόμου ἡ ἀγάπη.	88 2147
ἐργάζεται·	**πλήρομα**		νόμου ἡ ἀγάπη.	P
ἐργάζεται·	πλήρωμα	**δὲ**	νόμου ἡ ἀγάπη.	F G
κατεργάζετε·	πλήρωμα	**δὲ**	νόμου ἡ ἀγάπη.	D*
κατεργάζεται·	πλήρωμα	**γὰρ**	νόμου ἡ ἀγάπη.	049 365
κατεργάζεται·	πλήρωμα	οὖν	νόμου ἡ ἀγάπη.	33 517 618 945 999 1243 1505 1738 1739 1881 1891 2125 2400
ἐργάζετε·	πλήρωμα	οὖν	νόμου ἡ ἀγάπη.	1352 [↑2495 2815

lac. 13.9-10 𝔓^{10} 𝔓^{113} C K 0172 2412 2464

C 13.10 τε ου η̅ Σα̅ 614 | τελ του Σα 326 440 517 1242 1573 1837 | τελ L Ψ 049 104 209 226 323 330 424 618 796 927 945 1241 1243 1245 1270 1448 1836 1874 1891 | τελ Σα 1 547 1739 2147 | τελος του σαββατου 1315

E 13.9 Ex 20.13-15, 17; Dt 5.17-19, 21; Eph 1.10; Mt 19.18; Lv 19.18; Mt 5.43; 19.19; 22.39; Mk 12.31; Lk 10.27; Ga 5.14; Js 2.8 **10** Mt 22.40; 1 Co 13.4; 1 Ti 1.5

An Appeal to Put on the Lord Jesus Christ

11 Καὶ τοῦτο εἰδότες τὸν καιρόν, ὅτι ὥρα ἤδη ὑμᾶς B ℵ* C 69 330 1319 2400 **u**[w]
11 εἰδότες τὸν καιρόν, ὅτι ὥρα **ὑμᾶς ἤδη** Cl IV 141.3
11 Καὶ τοῦτο εἰδότες τὸν καιρόν, ὅτι ὥρα ὑμᾶς 1881
11 Καὶ τοῦτο εἰδότες τὸν καιρόν, ὅτι **ἤδη ὥρα** ὑμᾶς P
11 Καὶ τοῦτο εἰδότες τὸν καιρόν, ὅτι **ἤδη ὥρα** **ἡμᾶς** 1505 2495
11 Καὶ τοῦ........................ καιρόν, ὅτι ὥρα .....η **ἡμᾶ**.. 𝔓46
11 Καὶ τοῦτο **ἰδόντες** τὸν καιρόν, ὅτι ὥρα **ἤδει** ὑμᾶς· A*
11 Καὶ τοῦτο **ἰδότες** τὸν καιρόν, ὅτι ὥρα **ἤδει** ὑμᾶς· A^{c}
11 Καὶ τοῦτο **ἰδότες** τὸν καιρόν, ὅτι ὥρα ἤδη ὑμᾶς· 365
11 Καὶ τοῦτο **ἰδόντες** τὸν καιρόν, **ὅτει** ὥρα **ἡμᾶς ἤδη**· F
11 Καὶ τοῦτο **ἰδότες** τὸν καιρόν, **ὅτει** ὥρα **ἡμᾶς ἤδη**· G
11 Καὶ τοῦτο **ἰδότες** τὸν καιρόν, ὅτι ὥρα **ἡμᾶς ἤδη**· 1352
11 Καὶ τοῦτο εἰδότες τὸν καιρόν, ὅτι ὥρα ἤδη **ἡμᾶς**· ℵ^{c} D 1243 1270 1573 1739 [**w**]
11 Καὶ τοῦτο εἰδότες τὸν καιρόν, ὅτι ὥρα **δὴ** **ἡμᾶς**· 1506
11 Καὶ τοῦτο εἰδότες τὸν καιρόν, ὅτι ὥρα ἤδη ὑμᾶς· 326 1837
11 Καὶ τοῦτο εἰδότες τὸν καιρόν, ὅτι ὥρα **ἡμᾶς ἐξ**· 1827
11 Καὶ **τοῦτον** εἰδότες τὸν καιρόν, ὅτι ὥρα **ἡμᾶς ἤδη**· 1874
11 Καὶ **τούτῳ** εἰδότες τὸν καιρόν, ὅτι ὥρα **ἡμᾶς ἤδει**· 33
11 Καὶ τοῦτο εἰδότες τὸν καιρόν, ὅτι ὥρα **ἡμᾶς εἴδη**· 618
11 Καὶ τοῦτο εἰδότες τὸν καιρόν, ὅτι ὥρα **ἡμᾶς ἤδη**· L Ψ 049 056 1 6 88 104 131 205 209 226 323 424 440 460 489 517 547 614 796 910 927 945 999 1175 1241 1242 1245 1315 1424 1448 1611 1646 1734 1735 1738 1836 1854 1891 1982 2125 2147 2344 2815 **τ** Er^{1}

ἐξ ὕπνου ἐγερθῆναι, νῦν γὰρ ἐγγύτερον ἡμῶν ἡ σωτηρία ἢ ὅτε B ℵ A C^{c} 69 547 1243
.... νῦν....... .... 𝔓46 [↑1352 1424 1735
ἐξ ὕπνου ἐγερθῆναι, γὰρ ἐγγύτερον ἡμῶν ἡ σωτηρία ἢ ὅτε C* [↑**uwτ** Er^{1}
ἐξ ὕπνου ἐγερθῆναι, νῦν γὰρ **ἐνγύτερον** ἡμῶν ἡ σωτηρία ἢ ὅτε D [↑Cl IV 141.3
ἐξ **ὕπνους ἐγερθῆνε**, νῦν γὰρ ἐγγύτερον ἡμῶν ἡ σωτηρία ἢ ὅτε F G
ἐξ ὕπνου **ἐγερθῆνε**, νῦν ἐγγύτερον ἡμῶν ἡ σρια ἢ ὅτε 618
ἐξ ὕπνου ἐγερθῆναι, νῦν ἐγγύτερον ἡμῶν ἡ σωτηρία ἢ ὅτε 365 1505
ἐξ ὕπνου ἐγερθῆναι, νῦν ἐγγύτερον ἡμῶν ἡ σρια ἢ ὅτε 460 1315 1738 1837
ὕπνου ἤδη ἐγερθῆναι, νῦν ἐγγύτερον ἡμῶν ἡ σρια ἢ ὅτε 1827 [↑2495
ἐξ ὕπνου ἐγερθῆναι, νῦν γὰρ ἐγγύτερον ἡμῶν ἡ σρια ὅτε 1 910
ἐξ ὕπνου ἐγερθῆναι, νῦν γὰρ ἐγγύτερον ἡ σρια ἢ ὅτε 131*
ἐξ ὕπνου ἐγερθῆναι, νῦν γὰρ **ἐγκύτερον** ἡμῶν ἡ σρια ἢ ὅτε 1646
ἐξ ὕπνου **ἐξεγερθῆναι** νῦν γὰρ ἐγγύτερον ἡμῶν ἡ σρια ἢ ὅτε 33 945 1242 1891
ἐξ ὕπνου **ἐξηγερθῆναι**, ἀδελφοί, νῦν γὰρ ἐγγύτερον ἡμῶν ἡ σρια ἢ ὅτε 1874
ἐξ ὕπνου **δεῖ ἀνασῆναι**, νῦν γὰρ ἐγγύτερον **ὑμῶν** ἡ σρια ἢ ὅτε 1881
ἐξ ὕπνου ἐγερθῆναι, νῦν γὰρ ἐγγύτερον **ὑμῶν** ἡ σρια ἢ ὅτε P 489
ἐξ ὕπνου ἐγερθῆναι, νῦν γὰρ ἐγγύτερον ἡμῶν ἡ σρια ἢ ὅτε L Ψ 049 056 6 88 104 131^{c} 205 209 226 323 326 330 424 440 517 614 796 927 999 1175 1241 1245 1270 1319 1448 1506 1573 1611 1734 1739 1836 1854 1982 2125 2147 2344 2400 2815

---

lac. 13.11 𝔓10 𝔓113 K 0172 2412 2464

C 13.11 (ante νυν) αρχ κ,υ της τυροφαγ ου του αυτου δε λεγετε κ, εις του γενεσιου του προσδρομου Ψ ¦ κ,υ της τυροφαγου κ, εις το γενεσθαι ον του προδρομου αδελφοι νυν L ¦ αρχη 104 209 ¦ αρχ κ,υ λς του τυρο και του προδρ τη κδ του ιουη αδ,ε νυν εγγυτερον 1 ¦ αρχ κ,υ λειτ της τυροφαγ και του προδρομ τη η δ της ιουμ αδ,ε νυν εγγυτερον 226 ¦ Σα κ 323 ¦ αρχ 326 ¦ αρχ κ,ε οδ κ,υ ς τυροφα 424 ¦ αρχ λσ κ,υ και εν τ ειν, τ η τιμ προζ και οδ 440 ¦ κ,υ της τυροφαγ 460 ¦ αρχ κ,υ της τυροφαγ΄ αδ,ε νυν εγγυ 489 ¦ αρχ 547 ¦ αρχ τη κ,υριακ της τυροφαγ και εις γεννησιν του προδ, απο προς ρωμαιους αδελφοι νυν εγγυτερον 614 ¦ αρχ μη ἰ ουκ δ εις τ γεν του προδ. και κ,υ της τυροφα αδ,ε νυν εγγυτερον 796 ¦ αρχ κ,υξ της τυροφ αδ,ε νυν εγγυτερον ημων η σρια 927 ¦ αρχ κ,υ της τυροφαφ: προς ρωμ αδ,ε νυν εγγυτερον ημων 945 ¦ αρχ αδ,ε κ,υ της τυ κ,ε ιζ 1243 ¦ αρχ 1245 ¦ αρχ οδ κ,υ της τυροφα και το γε του προδ αδ,ε νυν εγγυτε 1270 ¦ αρχ κ,ε ριη κ,υ λβ της τυροφαγ και εις το γεν,ε του προδ, 1315 ¦ αρχ κ,υ λσ της τυροφαγ και εις γεννησιν τη εδτς ιου αδ,ε νυν εγγυτερον ημων η 1573 ¦ αρχ κ,υξ της τυροφαγ αδ,ε νυν εγγυτερον ημων 2147 | αρχ κ,υριακ λς της τυροφαγ και εις τ γε̂θι του προδρομ οδ 1242 | αρχ κ,υιακ του τυριφσ 1448 ¦ κ,ε λς αρχ κ,υ της τυροφγ 1739 | κ,υ της τυρο αδελφοι νυν εγγυτερον ημων η σρια αλλ,οτ του πλη 1739 | ε περι σοφροσυνης (σωφ- 1175) και πραοτητος 1175 1739 | κ,υ της τυροφα και ες τ γενη του προδ, αδ,ε νυν εγγυτερον 1873 | (post καιρον) τε 1735 | αρχ αδελφοι νυν εγγυτερον ημων η σρια 1891

D 13.11 λγ 489 927 | λς 1 226 517 614

E 13.11 Eph 5.14; 1 Th 5.6-7; 1 Co 7.29; Mt 26-27; Jn 4.23

Errata: 13.11 na F G Ψ 614 ἡμᾶς correctly; but order, ἡμᾶς ἤδη, not reported
13.11 ubs F G Ψ 104 614 1241 ἡμᾶς correctly; but order, ἡμᾶς ἤδη, not reported

[↓1738 1739 1827 1836 1837 1854 1874 1891 1982 2125 2147 2344 2400 2495 2815 **uwτ** Er[1] Cl IV 141.3

[↓614 618 796 910 927 945 999 1175 1241 1242 1243 1245 1270 1319 1352 1424 1448 1505 1573 1611 1734 1735

ἐπιστεύσαμεν. **12** ἡ νὺξ προέκοψεν, ἡ δὲ ἡμέρα ἤγγικεν. ἀποθώμεθα B ℵ C D[1] L P Ψ 049 056 1 6

ἐπιστεύσαμεν. **12** ἡ νὺξ προέκοψεν, ἡ δὲ ἡμέρα **ἤγγισεν**. ἀποθώμεθα A [↑69 88 104 131 205 209

ἐπιστεύσαμεν. **12** ἡ νὺξ προέκοψεν, ἡ δὲ ἡμέρα **ἤγγηκεν**. ἀποθώμεθα 33 [↑226 323 326 365 424

ἐπιστεύσαμεν. **12** ἡ νὺξ **προσέκοψεν**, ἡ δὲ ἡμέρα ἤγγικεν. ἀποθώμεθα 330 [↑440 460 489 517 547

ἐπιστεύσαμεν. **12** ἡ νὺξ προέκοψεν, ἡ δὲ ἡμέρα ἤγγικεν. **ἀποθόμεθα** 1506 1646

ἐπιστεύσαμεν. **12** ἡ νὺξ προέκοψεν, ἡ δὲ ἡμέρα ἤγγικεν. **ἀπωθώμεθα** 1315

ἐπιστεύσατε. **12** ἡ νὺξ προέκοψεν, ἡ δὲ ἡμέρα ἤγγικεν. **ἀποθέμενοι** 1881

ἐπιστεύσαμεν. **12** ἡ νὺξ προέκοψεν, ἡ δὲ ἡμέρα ἤγγικεν. **ἀποβαλώμεθα** D*.2 F G

.... **12** .. .. ἡ δὲ ἡμέρα ἤγγικεν. **ἀποβαλώμεθα** 𝔓[46]

[Cl Paid. II 40.3 ἀποθεμένους γὰρ ἡμᾶς τὰ ἔργα τοῦ σκότους, ἐνδύσασθαι τὰ ὅπλα τοῦ φωτός.]

οὖν τὰ ἔργα τοῦ σκότους, ἐνδυσώμεθα δὲ τὰ ὅπλα τοῦ φωτός. B C* P 1739 1881 [**uw**] Cl IV 141.3

οὖν τὰ ἔργα τοῦ σκότους, ἐνδυσώμεθα **οὖν** τὰ ὅπλα τοῦ φωτός. 𝔓[46]*

οὖν τὰ ἔργα τοῦ σκότους, ἐνδυσώμεθα τὰ ὅπλα τοῦ φωτός. 𝔓[46c] ℵ* 6 [**uw**]

οὖν τὰ ἔργα τοῦ σκότους, ἐνδυσώμεθα δὲ τὰ **ἔργα** τοῦ φωτός. A D*

οὖν τὰ ἔργα τοῦ σκότους, **καὶ ἐνδυσώμεθα** δὲ τὰ ὅπλα τοῦ φωτός. 330 1506

οὖν τὰ ἔργα τοῦ σκότους, **καὶ ἐνδυσώμεθα** τὰ **ἔργα** τοῦ φωτός. D[1.2] 88 1242

οὖν τὰ ἔργα τοῦ σκότους, **καὶ ἐνδυσώμεθα** ὅπλα τοῦ φωτός. 33

οὖν τὰ ἔργα τοῦ σκότους, **καὶ ἐνδυσόμεθα** τὰ ὅπλα τοῦ φωτός. 1243 2344

οὖν τὰ ἔργα τοῦ σκότους, **καὶ ἐνδυσόμεθα** τὰ ὅπλα τοῦ **φοτός**. 1646

οὖν τὰ ἔργα τοῦ σκότους, **καὶ ἐνδυσάμεθα** τὰ ὅπλα τοῦ φωτός. 1735

οὖν τὰ ἔργα τοῦ σκότους, **καὶ ἐνδυσώμεθα** τὰ ὅπλα τοῦ φωτός. ℵ[c] C[c] F G L Ψ 049 056 1 69 104 131 205 209 226 323 326 365 424 440 460 489 517 547 614 618 796 910 927 945 999 1175 1241 1245 1270 1315 1319 1352 1424 1448 1505 1573 1611 1734 1738 1827 1836 1837 1854 1874 1891 1982 2125 2147 2400 2495 2815 **τ** Er[1]

[↓1319 1352 1424 1448 1734 1738 1739 1827 1836 1837 1854 1874 1891 1982 2125 2344 2400 2815 **uwτ** Er[1]

[↓69[c] 104 131 205 209 226 323 326 330 365 424 440 517 547 614 910 927 945 999 1175 1241 1242 1270 1315

13 ὡς ἐν ἡμέρᾳ εὐσχημόνως περιπατήσωμεν, μὴ κώμοις καὶ μέθαις, B ℵ A C D L Ψ 049 056 1 6 33

13 ὡς ἡμέρᾳ εὐσχημόνως περιπατήσωμεν, μὴ κώμοις καὶ μέθαις, 𝔓[46]

13 ὡς ἐν ἡμέρᾳ εὐσχημόνως περιπατήσωμεν, μὴ κώμοις καὶ **μέθες**, 489

13 ὡς ἐν ἡμέρᾳ εὐσχημόνως περιπατήσωμεν, μὴ **κόμοις** καὶ μέθαις, 88

13 ὡς ἐν ἡμέρᾳ εὐσχημόνως περιπατήσωμεν, μὴ **κώμαις** καὶ μέθαις, 69* 1505 2495

13 ὡς ἐν ἡμέρᾳ εὐσχημόνως **περιπατοῦντας**, μὴ κώμοις καὶ μέθαις, Cl Paid. II 40.3

13 **εὐσχημόνως δὲ ὡς ἐν ἡμέρᾳ περιπατοῦντες**, μὴ κώμοις καὶ μέθαις, Cl III 58.2

13 ὡς ἐν ἡμέρᾳ **εὐσχημώνως περειπατήσωμεν**, μὴ **κώμωις** καὶ μέθαις, F

13 ὡς ἐν ἡμέρᾳ **εὐσχημώνως περειπατήσωμεν**, μὴ κώμοις καὶ μέθαις, G P

13 ὡς ἐν ἡμέρᾳ **εὐσχημόνος περιπατήσομεν**, μὴ κώμοις καὶ μέθαις, 1243

13 ὡς ἐν ἡμέρᾳ **εὐσχημόνος περιπατήσομεν**, μὴ **κομοις** καὶ μέθαις, 1646*

13 **ὅς** ἐν ἡμέρᾳ **εὐσχημόνος περιπατήσομεν**, μὴ κώμοις καὶ μέθαις, 2147

13 ὡς ἐν ἡμέρᾳ **εὐσχημώνος** περιπατήσωμεν, μὴ κώμοις καὶ μέθαις, 1245 1611 1881

13 ὡς ἐν ἡμέρᾳ **εὐσχημόνος** περιπατήσωμεν, μὴ κώμοις καὶ μέθαις, 460 618 1573 1735

13 ὡς ἐν ἡμέρᾳ **εὐσχημόνος** περιπατήσωμεν, μὴ **κομοις** καὶ μέθαις, 1646[c]

13 ὡς ἐν ἡμέρᾳ **εὐσχημόνος** περιπατήσωμεν, μὴ **κόμης** καὶ μέθαις, 1506

13 ὡς ἐν ἡμέρᾳ **εὐχημόνως** περιπατήσωμεν, μὴ κώμοις καὶ μέθαις, 796

lac. 13.11-13 𝔓[10] 𝔓[113] K 0172 2412 2464

C 13.12 περι σωφροσυνης και πραοτητι και ανοχ 33 | ε̅ περι σοφοσυνης και πραοτιτος της τυροφα 1836 | στιχοι ψ̅ν̅ 1874 **13** (ante μη κωμοις) στιχ ψ̅ν̅ 1175

D 13.12 ε̅ 1270

E 13.11 Eph 5.14; 1 Th 5.6-7; 1 Co 7.29; Mt 26-27; Jn 4.23 **12** 1 Jn 2.8; Eph 5.11; 2 Co 6.7; 10.4; Eph 6.11, 13-17 **13** Lk 21.34; Eph 5.18; 1 Th 4.12

Errata: 13.12 antf D ἀποβαλώμεθα : ἀποθώμεθα D[1]

13.12 antf 1506 ἀποθώμεθα : ἀποθόμεθα 1506

13.12 na 1506 ἐνδυσώμεθα δέ : καὶ ἐνδυσώμεθα ···· δὲ 1506

μὴ κοίταις καὶ ἀσελγείαις, μὴ ἔρισι καὶ ζήλοις, 14 ἀλλὰ ἐνδύσασθε B [w]
μὴ κοίταις καὶ ἀσελγείαις, 14 Cl Paid. II 40.3
μὴ κοίταις καὶ ἀσελγείαις, μὴ ἔρισι καὶ ζήλοις, 14 Cl III 58.2
μὴ κοίταις καὶ ἀσελγείαις, μὴ ἔρισι καὶ **ζήλῳ**, 14 **ἀλλ᾽** ἐνδύσασθε 424^{c}
μὴ κοίταις καὶ ἀσελγείαις, μὴ ἔρισι καὶ **ζήλωι**, 14 **ἀλλ᾽** ἐνδύσασθε 1739
μὴ κοίταις καὶ **ἀσελγίαις**, μὴ **ἔριδη** καὶ **ζήλῳ**, 14 **ἀλλ᾽** **ἐνδύσασθαι** 1646
μὴ κοίταις καὶ **ἀσελγίαις**, μὴ **ἔρειδι** καὶ **ζήλῳ**, 14 **ἀλλ᾽** **ἐνδύσασθαι** 1506
14 **ἐνδύσασθαι** Cl Paid. III 56.2
μὴ κοίταις καὶ **ἀσελγίαις**, μὴ **ἔρειδι** καὶ **ζήλῳ**, 14 ἀλλὰ ἐνδύσασθε 𝔓^{46c}
μὴ κοίταις καὶ **ἀσελγίαις**, μὴ **αἴριδει** καὶ **ζήλῳ**, 14 **ἀλλ᾽** ἐνδύσασθε P
μὴ κοίταις καὶ ἀσελγείαις, μὴ **ἔριδει** καὶ **ζήλῳ**, 14 ἀλλὰ **ἐνδύσασθαι** A
μὴ κοίταις καὶ ἀσελγείαις, μὴ **ἔρειδει** καὶ **ζήλῳ**, 14 **ἀλλ᾽** **ἐνδύσασθαι** F
μὴ κοίταις καὶ ἀσελγείαις, μὴ **ἔρειδει** καὶ **ζήλῳ**, 14 ἀλλὰ **ἐνδύσασθαι** G
μὴ κοίταις καὶ ἀσελγείαις, μὴ **ἔριδι** καὶ **ζήλῳ**, 14 **ἀλλ᾽** **ἐνδύσασθαι** 056 131 1245 1505
μὴ κοίταις καὶ **ἀσελγίαις**, μὴ **ἔριδι** καὶ **ζήλῳ**, 14 ἀλλὰ **ἐνδύσασθαι** 𝔓^{46*}
μὴ κοίταις καὶ **ἀσελγίαις**, μὴ **ἔριδι** καὶ **ζήλῳ**, 14 **ἀλλ᾽** **ἐνδύσασθαι** D* 33 1735 1836*
μὴ κοίταις καὶ **ἀσελγίαις**, μὴ **ἔριδι** καὶ **ζήλῳ**, 14 **ἀλλ᾽** ἐνδύσασθε ℵ D^{1} 1243 1424 1611 1827 1874^{c}
μὴ κοίταις καὶ ἀσελγείαις, μὴ **ἔριδι** καὶ **ζήλωι**, 14 **ἀλλ᾽** ἐνδύσασθε 517
μὴ κοίταις καὶ ἀσελγείαις, μὴ **ἔριδι** καὶ **ζήλῳ**, 14 ἀλλὰ ἐνδύσασθε D^{2} **u**[w]
μὴ **κοίτες** καὶ **ἀσελγίαις**, μὴ **ἔριδι** καὶ **ζήλῳ**, 14 **ἀλλ᾽** ἐνδύσασθε 1874*
μὴ κοίταις καὶ ἀσελγείαις, μὴ **ἔριδι** καὶ **ζήλῳ**, 14 **ἀλλ᾽** ἐνδύ........... 88
μὴ κοίταις καὶ ἀσελγείαις, μὴ **ἔρηδι** καὶ **ζήλῳ**, 14 **ἀλλ᾽** ἐνδύσασθε 618
μὴ κοίταις καὶ ἀσελγείαις, μὴ **ἔριδι** καὶ **ζήλῳ**, 14 **ἀλλ᾽** ἐνδύσασθε C L Ψ 049 1 6 69 104 205 209 226 323 326 330 365 424* 440 460 489 547 614 796 910 927 945 999 1175 1241 1242 1270 1315 1319 1352 1448 1573 1734 1738 1836^{c} 1837 1854 1881 1891 1982 2125 2147 2344 2400 2495 2815 **τ** Er^{1}

τὸν χν ιν καὶ τῆς σαρκὸς πρόνοιαν μὴ ποιεῖσθε B
οὐ γὰρ τῆς σαρκὸς πρόνοιαν ποιεῖσθαι Cl III 58.2
ιην **χρν τὸν κν ἡμῶν** τῆς σαρκὸς πρόνοιαν μὴ ποιεῖσθε 𝔓^{46}
τὸν Χριστὸν Ἰησοῦν καὶ τῆς σαρκὸς πρόνοιαν μὴ ποιεῖσθε [w]
τὸν Χριστὸν Ἰησοῦν καὶ τῆς σαρκὸς πρόνοιαν μὴ **ποιεῖσθαι** Cl Paid. III 56.2
τὸν κν ιν χν τῆς σαρκὸς πρόνοιαν μὴ **ποιεῖσθαι** ℵ A D* F G
τὸν κν ιν χν τῆς σαρκὸς πρόνοιαν μὴ ποιεῖσθε D^{1}
τὸν κν ιν καὶ τῆς σαρκὸς πρόνοιαν μὴ ποιεῖσθε 323 547 927 1739 1881
τὸν κν ιν καὶ τῆς σαρκὸς πρόνοιαν μὴ **ποιῆσθαι** 489
τὸν κύριον Ἰησοῦν Χριστὸν καὶ τῆς σαρκὸς πρόνοιαν μὴ ποιεῖσθε **u**[w]**τ** Er^{1}
τὸν κν ιν χν καὶ τῆς σαρκὸς **ὑμῶν** πρόνοιαν μὴ **ποιεῖσθαι** Ψ
τὸν κν ιν χν καὶ τῆς σαρκὸς πρόνοιαν μὴ **ποιεῖσθαι** 131 326 460 1175 1506
.... ιν χν καὶ τῆς σαρκὸς πρό............ ....**εῖσθαι** 88 [↑1735 1837 2125
τὸν κν ιν χν καὶ τῆς σαρκὸς **πρόνιαν** μὴ **ποιεῖσθαι** 1646
τὸν κν ιν χν καὶ τῆς σαρκὸς πρόνοιαν μὴ **προς εῖσθαι** 618
τὸν κν ιν χν καὶ τῆς σαρκὸς πρόνοιαν μὴ **ποιῆσθε** 1836*
τὸν κν **Ἰησοῦν** χν καὶ τῆς σαρκὸς πρόνοιαν μὴ ποιεῖσθε 69
τὸν κν ιν χν .... μὴ ποιεῖσθε 1611
τὸν κν **ἡμῶν** ιν χν καὶ τῆς σαρκὸς πρόνοιαν μὴ ποιεῖσθε 1827
τὸν κν ιν χν καὶ τῆς σαρκὸς **πρόνιαν** μὴ ποιεῖσθε 2147*
τὸν κν ιν χν καὶ τῆς σαρκὸς πρόνοιαν μὴ ποιεῖσθε C D^{2} L P 049 056 1 6 33 104 205 209 226 330 365 424 440 517 614 796 910 945 999 1241 1242 1243 1245 1270 1315 1319 1352 1424 1448 1505 1573 1734 1738 1836^{c} 1854 1874 1891 1982 2147^{c} 2344 2400 2495 2815

εἰς ἐπιθυμίας. B 𝔓^{46c} ℵ D L P Ψ 049 056 6 69 88 104 131 205 209 226 323 326 330 365 424 440 460 489 517 547
εἰς **ἐπιθυμίαν**. 𝔓^{46*} A C 1 1243 1424 1506 1735 [↑614 618 796 910 927 945 999 1175 1241 1242 1245 1270 1315
ἐν ἐπιθυμειαις. F G [↑1352 1448 1505 1573 1611 1646 1734 1738 1739 1827 1836
εἰς **ἐπιθυμίαις**. 33 1319 1874 [↑1837 1854 1881 1891 1982 2125 2147 2344 2400 2495 2815
[↑**uwτ** Er^{1} Cl III 58.2; Paid. III 56.2

---

lac. 13.13-14 𝔓^{10} 𝔓^{113} K 0172 2412 2464

E 13.13 Lk 21.34; Eph 5.18; 1 Th 4.12 **14** Ga 3.27; 5.16

Christians are to Abstain from Judging One Another

[↓1424 1448 1505 1506 1573 1611 1739 1837 1854 1874 1881 1982 2125 2147 2344 2400 2495 2815 **uwτ** Er[1]
[↓226 323 326 330 365 424 440 489 517 547 614 796 910 927 945 999 1175 1241 1242 1245 1270[c] 1315 1319 1352

ιζ **14**:1 Τὸν δὲ ἀσθενοῦντα τῇ	πίστει	προσλαμβάνεσθε,	μὴ εἰς	B 𝔓46 C D[1] L P Ψ 049 056 1 6
14:1 Τὸν δὲ ἀσθενοῦντα τῆι	πίστει	προσλαμβάνεσθε,	μὴ εἰς	1738 [↑33 69 88 104 205 209
14:1 Τὸν δὲ ἀσθενοῦντα τῇ	**πίστι**	προσλαμβάνεσθε,	μὴ εἰς	ℵ D[2]
14:1 Τὸν δὲ ἀσθενοῦντα τῇ	**πίστι**	**προσλαμβάνεσθαι**,	μὴ εἰς	D*
14:1 Τὸν δὲ ἀσθενοῦντα τῇ	**πίστη**	**προσλαμβάνεσθαι**,	μὴ εἰς	G
14:1 Τὸν δὲ ἀσθενοῦντα τῇ	πίστει	**προσλαμβάνεσθαι**,	μὴ εἰς	A F 131 460 618 1243 1735
14:1 Τὸν δὲ ἀσθενοῦντα τῇ	πίστει	**προλαμβάνεσθε**,	μὴ εἰς	1270* 1734 [↑1827
14:1 Τὸν δὲ ἀσθενοῦντα	**πίστη** πίστει	**προσλαμβάναισθε**,	μὴ εἰς	1646
14:1 Τὸν δὲ ἀσθενοῦντα τῆι	**πίστηι**	προσλαμβάνεσθε,	μὴ εἰς	1891
14:1 Τὸν δὲ ἀσθενοῦντα τῇ	πίστει	**προσλαμβάνετε**,	μὴ εἰς	1836

[↓1319 1424 1448 1506 1573 1611 1734 1735 1738 1739 1836 1837 1854 1881 1891 1982 2344[c] 2400 2815 **uwτ** Er[1]
[↓D[1.2] L P Ψ 049 056 1 6 33 88 104 131 205 209 226 323 326 424 517 614 796 910 945 999 1241 1242 1243 1270 1315

διακρίσεις διαλογισμῶν.	2 ὃς	μὲν	πιστεύει	φαγεῖν	πάντα, ὁ	δὲ ἀσθενῶν	B 𝔓46 A C
	2				ὁ	δὲ ἀσθενῶν	Cl VI 1.2
διακρίσεις διαλογισμῶν.	2 ὃς	μὲν	πιστεύει	**φαγῖν**	πάντα, ὁ	δὲ ἀσθενῶν	ℵ
διακρίσεις **διαλογεισμόν**.	2 ὃς	μὲν	**πιτεύει**	φαγεῖν	πάντα, **ὃς**	δὲ ἀσθενῶν	F*
διακρίσεις **διαλογεισμόν**.	2 ὃς	μὲν	πιστεύει	φαγεῖν	πάντα, **ὃς**	δὲ ἀσθενῶν	F[c]
διακρίσεις **διαλογεισμῶν**.	2 ὃς	μὲν	πιστεύει	φαγεῖν	πάντα, ὁ	δὲ ἀσθενῶν	G
διακρίσεις **διαλογησμῶν**.	2 ὃς	μὲν	πιστεύει	φαγεῖν	πάντα, ὁ	δὲ **ἀσθενὸν**	1646
διακρίσις διαλογισμῶν.	2 ὃς	μὲν	πιστεύει	φαγεῖν	πάντα, ὁ	δὲ ἀσθενῶν	D*
διακρίσει διαλογισμῶν.	2 ὃς	μὲν	πιστεύει	φαγεῖν	πάντα, ὁ	δὲ ἀσθενῶν	330
διαλογισμῶν.	2 ὃς	μὲν	πιστεύει	φαγεῖν	πάντα, ὁ	δὲ ἀσθενῶν	365
διακρίσεις διαλογισμῶν.	2 ὃς	μὲν	πιστεύει	**φάγη**	πάντα, ὁ	δὲ ἀσθενῶν	547
διακρίσεις διαλογισμῶν.	2 ὃς	μὲν	πιστεύει	φαγεῖν	πάντα, ὁ	δὲ **ἀσθενὸν**	618 2147
διακρίσεις διαλογισμῶν.	2 ὃς	μὲν	**πιστεύειν**	φαγεῖν	πάντα, ὁ	δὲ ἀσθενῶν	1245
διακρίσεις διαλογισμῶν.	2 ὃς	μὲν γὰρ	πιστεύει	φαγεῖν	πάντα, ὁ	δὲ ἀσθενῶν	1505 2495
διακρίσεις **λογισμὸν**.	2 ὃς	μὲν	πιστεύει	φαγεῖν τὰ	πάντα, ὁ	δὲ ἀσθενῶν	460
διακρίσεις **λογισμῶν**.	2 **ὅσον**	μὲν	πιστεύει	φαγεῖν	πάντα, ὁ	δὲ ἀσθενῶν	1352
διακρίσεις **λογισμῶν**.	2 ὃς	μὲν	πιστεύει	φαγεῖν	πάντα, ὁ	δὲ ἀσθενῶν	69 440 489 927 1175 1827 1874 2125 2344*

lac. 14.1-2 𝔓10 𝔓113 K 0172 2412 2464

C 14.1 κ,ε ιδ 209 ¦ προς ρωμ φυλλ, και φυλλ, ιζ κ,ε ιδ 209 | της εν βρωμασι και ημεραις αμα χουδιανοιασι 1734 | υπ γ 1739 | σο (- 1270) ς (- 1874) περι της εν βρωμασιν και ημεραις αμαχου διανοιας 1175 1270 1874 **2** ε περι της ενβρωμασι και ημεραις αμαχου διανοιας 424

D 14.1 ιζ B | ιε 1 | ς 1270

E 14.1 Ro 15.1, 7; 1 Co 8.9; 9.22; 1 Th 5.14 **2** Gn 1.29; 9.3

λάχανα	ἐσθίει.	3 ὁ	ἐσθίων	τὸν μὴ ἐσθίοντα	μὴ ἐξουθενείτω,	ὁ δὲ	B C 1506 **uw**
		3 ὁ	ἐσθίων	τὸν μὴ ἐσθίοντα	μὴ ἐξουθενείτω,	ὁ δὲ	Cl Paid. II 10.3
		3 ὁ μὴ	ἐσθίων	τὸν ἐσθίοντα	μὴ ἐξουθενείτω,	ὁ δὲ	Cl III 52.3
λάχανα	ἐσθίει.	3 ὁ	ἐσθίων	τὸν μὴ ἐσθίοντα	μὴ **κρινέτω**,	ὁ δὲ	A
λάχανα	ἐσθίει.	3 ὁ	ἐσθίων	τὸν μὴ ἐσθίοντα	μὴ **ἐξουθενίτω**,	ὁ δὲ	ℵ*
λάχανα	**ἐσθιέτω.**	3 ὁ	ἐσθίων	τὸν μὴ **αἰσθίοντα**	μὴ **ἐξουθενίτω**,	ὁ δὲ	D*
λάχανα	**ἐσθειέτω**.	3 ὁ	**ἐσθείων**	τὸν μὴ **ἐσθείοντα**	μὴ ἐξουθενείτω,	ὁ δὲ	𝔓[46]
λάχανα	**αἰσθειέτω**.	3 ὁ	**αἰσθείων**	τὸν μὴ **αἰσθείοντα**	μὴ ἐξουθενείτω,	**οὐδὲ ὁ**	F G
λάχανα	ἐσθίει.	3 ὁ	**ἐσθίον**	τὸν μὴ ἐσθίοντα			1319
λάχανα	ἐσθίει.	3					Cl VI 1.2
λάχανα	ἐσθίει.	3 ὁ	ἐσθίων	τὸν μὴ ἐσθίοντα	μὴ **ἐξουθενίτω**,	**καὶ ὁ**	ℵ[c]
λάχανα	ἐσθίει.	3 ὁ	ἐσθίων	τὸν μὴ ἐσθίοντα	μὴ **ἐξουθενείτο**,	**καὶ ὁ**	1735 2125
λάχανα	ἐσθίει.	3 ὁ	ἐσθίων	τὸν μὴ ἐσθίοντα	μὴ **ἐξουθενήτω**,	**καὶ ὁ**	104 460 1175 1738
λάχανα	ἐσθίει.	3 ὁ	**ἐσθίον**	τὸν μὴ ἐσθίοντα	μὴ **ἐξουθενείτο**,	**καὶ ὁ**	33 [↑1836 1874[c]
λάχανα	ἐσθίει.	3 ὁ	**ἐσθίον**	τὸν μὴ ἐσθίοντα	μὴ **ἐξουθενείτω**,	**καὶ ὁ**	910 2147 [↑2400
λάχανα	ἐσθίει.	3 ὁ	**ἐσθίον**	τὸν μὴ ἐσθίοντα	μὴ **ἐξουθενήτω**,	**καὶ ὁ**	618 1243
λάχανα	ἐσθίει.	3 ὁ	ἐσθίων	τὸν μὴ **ἐσθίωντα**	μὴ **ἐξουθενήτω**,	**καὶ ὁ**	330
λάχανα	ἐσθίει.	3 ὁ	ἐσθίων	τὸν μὴ ἐσθίοντα	μὴ **ἐξουδενείτω**,	**καὶ ὁ**	1424
λάχανα	**ἐσθιέτω.**	3 ὁ	ἐσθίων	τὸν μὴ ἐσθίοντα	μὴ ἐξουθενείτω,	**καὶ ὁ**	D[1]
λάχανα	ἐσθίει.	3 ὁ	ἐσθίων	τὸν μὴ ἐσθίοντα	ἐξουθενείτω,	**καὶ ὁ**	1874*
λάχανα	**αἰσθίει**.	3 ὁ	**αἰσθίων**	τὸν μὴ **αἰσθίοντα**	μὴ ἐξουθενείτω,	**καὶ ὁ**	88
λάγχανα	**αἰσθίει**.	3 ὁ	**ἐσθήον**	τὸν μὴ **αἰσθίοντα**	μὴ ἐξουθενείτω,	**καὶ ὁ**	1646
λάχανα	ἐσθίει.	3 ὁ	ἐσθίων	τὸν μὴ ἐσθίοντα	μὴ ἐξουθενείτω,	**καὶ ὁ**	D[2] L P Ψ 049 056 1 6 69 131 205 209 226 323 326 365 424 440 489 517 547 614 796 927 945 999 1241 1242 1245 1270 1315 1352 1448 1505 1573 1611 1734 1739 1827 1837 1854 1881 1891 1982 2344 2495 2815 **τ** Er[1]

μὴ	ἐσθίων	τὸν	ἐσθίοντα	μὴ κρεινέτω,	ὁ θ̅ς̅	γὰρ αὐτὸν προσελάβετο.	B
μὴ	**ἐσθείων**	τὸν	**ἔσθοντα**	μὴ κρεινέτω,	ὁ θ̅ς̅	γὰρ αὐτὸν προσελάβετο.	𝔓[46]
μὴ	ἐσθίων	τὸν	ἐσθίοντα	μὴ **ἐξουθενήτω**,	ὁ θ̅ς̅	γὰρ αὐτὸν προσελάβετο.	2400
μὴ	ἐσθίων	τὸν	ἐσθίοντα	μὴ **κρινέτο,**	ὁ θ̅ς̅	γὰρ αὐτὸν προσελάβετο.	460
μὴ	**ἐσθίον**	τὸν	ἐσθίοντα	μὴ **κρινέτο,**	ὁ θ̅ς̅	γὰρ αὐτὸν προσελάβετο.	33 618
μὴ	ἐσθίων	τὸν μὴ	ἐσθίοντα	μὴ **κρινέτω,**	ὁ θ̅ς̅	γὰρ αὐτὸν προσελάβετο.	440 1352
	ἐσθίων	τὸν μὴ	ἐσθίοντα	μὴ **κρινέτω,**	ὁ θεὸς	γὰρ αὐτὸν προσελάβετο.	Cl III 52.3
μὴ	**ἐσθίον**	τὸν	ἐσθίοντα	μὴ **κρινέτω,**	ὁ θ̅ς̅	γὰρ αὐτὸν προσελάβετο.	489 1245[c] 2147
	ἐσθίον	τὸν	ἐσθίοντα	μὴ **κρινέτω,**	ὁ θ̅ς̅	γὰρ αὐτὸν προσελάβετο.	1245*
μὶ	**ἐσθίον**	τὸν	**ἐσθίωντα**	μὴ **κρινέτω,**	ὁ θ̅ς̅	γὰρ αὐτὸν προσελάβετο.	1243
μὴ	**ἐσθείον**	τὸν	ἐσθίοντα	μὴ **κρινέτω,**	ὁ θ̅ς̅	γὰρ αὐτὸν προσελάβετο.	910
μὴ	**αἰσθίων**	τὸν	ἐσθίοντα	μὴ **κρινέτω,**	ὁ θ̅ς̅	γὰρ αὐτὸν προσελάβετο.	D*
μὴ	**αἰσθείων**	τὸν	**αἰσθείοντα**	**κρινέτω,**	ὁ θ̅ς̅	γὰρ αὐτὸν προσελάβετο.	F G
μὴ	**αἰσθίων**	τὸν	**αἰσθίοντα**	μὴ **κρινέτω,**	ὁ θ̅ς̅	γὰρ αὐτὸν προσελάβετο	88
μὴ	**αἰσθίων**	τὸν	**αἰσθίωντα**	μὴ **κρινέτω,**	ὁ **γὰρ**	**θ̅ς̅** αὐτὸν **προσελάβετω**.	1646
μὴ	ἐσθίων	τὸν	ἐσθίοντα	μὴ **κρινέτω,**	ὁ **γὰρ**	**θ̅ς̅** αὐτὸν προσελάβετο.	L 131
μὴ	ἐσθίων	τὸν	ἐσθίοντα	μὴ **κρινέτω,**	ὁ θεὸς	γὰρ αὐτὸν προσελάβετο.	**uwτ** Er[1]
μὴ	ἐσθίων	τὸν	ἐσθίοντα	μὴ **κρινέτω,**			Cl Paid. II 10.3
μὴ	**ἐθίων**	τὸν	ἐσθίοντα	μὴ **κρινέτω,**	ὁ θ̅ς̅	γὰρ αὐτὸν προσελάβετο.	C
μὴ	ἐσθίων	τὸν	ἐσθίοντα	μὴ **κρινέτω,**	ὁ θ̅ς̅	αὐτὸν προσελάβετο.	104
				μὴ **κρινέτω,**	ὁ θ̅ς̅	γὰρ αὐτὸν προσελάβετο.	1319
μὴ	ἐσθίων	τὸν	ἐσθίοντα	μὴ **κρινέτω,**	ὁ θ̅ς̅	γὰρ αὐτὸν **προσελάβετω**.	1424
μὶ	ἐσθίων	τὸν	ἐσθίοντα	μὴ **κρινέτω,**	ὁ θ̅ς̅	γὰρ αὐτὸν προσελάβετο.	1315 1874
μὴ **ὁ**	ἐσθίων	τὸν	ἐσθίοντα	μὴ **κρινέτω,**	ὁ θ̅ς̅	γὰρ αὐτὸν προσελάβετο.	999
μὴ	ἐσθίων	τὸν	ἐσθίοντα	μὴ **κρινέτω,**	ὁ θ̅ς̅	γὰρ αὐτὸν προσελάβετο.	ℵ A D[2] P Ψ 049 056 1 6 69 205 209 226 323 326 330 365 424 517 547 614 796 927 945 1175 1241 1242 1270 1448 1505 1506 1573 1611 1734 1735 1738 1739 1827 1836 1837 1854 1881 1891 1982 2125 2344 2495 2815

lac. 14.2-3 𝔓[10] 𝔓[113] K 0172 2412 2464

E 14.2 Gn 1.29; 9.3 **3** Col 2.16; 1 Co 10.25-27; Ro 14.10

Errata: 14.3 antf 999 καὶ ὁ μή : καὶ ὁ μὴ ὁ 999
14.3 antf 1315 καὶ ὁ μή : καὶ ὁ μὶ 1315

4 σὺ τίς εἶ ὁ κρείνων ἀλλότριον οἰκέτην; τῷ ἰδίῳ κω στήκει ἢ B
4 σὺ τίς εἶ ὁ κρείνων ἀλλότριον οἰκέτην; τῶι ἰδίωι κω **ἢ** στήκει ἢ 𝔓46
4 σὺ τίς εἶ ὁ **κρίνον** ἀλλότριον οἰκέτην; τῷ ἰδίῳ κω στήκει ἢ 460 618 1319
4 σὺ τίς εἶ ὁ **κρίνον** **ἀλλότριων** οἰκέτην; τῷ ἰδίῳ κω **στήκη** ἢ 1646
4 σὺ τίς εἶ ὁ **κρίνων** ἀλλότριον οἰκέτην; τῷ ἰδίῳ κυρίω **στήκη** ἢ 1874*
4 σὺ τίς εἶ ὁ **κρίνων** ἀλλότριον οἰκέτην; τῷ ἰδίῳ κω **στήκι** ἢ D*
4 σὺ τίς εἶ ὁ **κρίνων** ἀλλότριον οἰκέτην; τῷ **ἰδείῳ** κω **στήκι** ἢ F G
4 σὺ τίς εἶ ὁ **κρίνων** ἀλλότριον οἰκέτην; τῷ ἰδίῳ κω **στίκει** ἢ 1735
4 σὺ τίς εἶ ὁ **κρίνων** ἀλλότριον οἰκέτην; τῷ ἰδίῳ κυρίω **στίκη** ἢ 33
4 σὺ τίς εἶ ὁ **κρίνων** ἀλλότριον οἰκέτην; τῷ ἰδίῳ **κυ** στήκει ἢ 104
4 σὺ τίς εἶ ὁ **κρίνων** ἀλλότριον οἰκέτην; τῷ ἰδίῳ κυρίῳ στήκει ἢ C L Ψ 614c 910 1243
4 σὺ τίς εἶ ὁ **κρίνων** ἀλλότριον οἰκέτην; τῷ ἰδίῳ κυρίῳ κυρίῳ στήκει ἢ 614* [↑1424 1611
4 σὺ τίς ὁ **κρίνων** ἀλλότριον οἰκέτην; τῷ ἰδίῳ κω στήκει ἢ 796 [↑1836 1854
4 σὺ τίς εἶ ὁ **κρίνων** ἀλλότριον οἰκέτην; τῷ ἰδίῳ κω στήκει ἢ 1352 [↑1874c **uwτ**
4 σὺ τίς εἶ ὁ **κρίνων** ἀλλότριον οἰκέτην; τῶι ἰδίῳ κωι στήκει ἢ 1734 [↑Er1
4 σὺ τίς εἶ ὁ **κρίνων** ἀλλότριον οἰκέτην; τῶι ἰδίωι κωι στήκει ἢ 424 517 1270 1739 1891
4 σὺ τίς εἶ ὁ **κρίνων** τὸν ἀλλότριον οἰκέτην; τῷ ἰδίῳ κω στήκει ἢ 1881
4 σὺ τίς εἶ ὁ **κρίνων** ἀλλότριον οἰκέτην; τῷ ἰδίῳ κω στήκει ἢ ℵ A D1.2 P 049 056 1 6
69 88 131 205 209 226 323 326 330 365 440 489 547 927 945 999 1175 1241 1242 1245
1315 1448 1505 1506 1573 1738 1827 1837 1982 2125 2147 2344 2400 2495 2815

πείπτει· σταθήσεται δέ, δυνατεῖ γὰρ ὁ κς στῆσαι αὐτόν. **5** ὃς μὲν B
πίπτει· σταθήσεται δέ, δυνατεῖ γὰρ ὁ κς στῆσαι αὐτόν. **5**..... .... C*
πίπτει· σταθήσεται δέ, **δυνατὸς** γὰρ ὁ κς στῆσαι αὐτόν. **5** ··ς μὲν 𝔓46
πίπτει· σταθήσεται δέ, **δυνατὸς** γὰρ ὁ κς στῆσαι αὐτόν. **5** ὃς μὲν Ψ
πίπτει· σταθήσεται δέ, **δυνατῖ** γὰρ ὁ κς στῆσαι αὐτόν. **5** ὃς μὲν ℵc
πίπτει· σταθήσεται δέ, δυνατεῖ γὰρ ὁ κύριος στῆσαι αὐτόν. **5** ὃς μὲν [**uw**]
πίπτει· σταθήσεται δέ, δυνατεῖ γὰρ ὁ κς στῆσαι αὐτόν. **5** ὃς μὲν γὰρ A Cc
πίπτει· σταθήσεται δέ, **δυνατῖ** γὰρ ὁ κς στῆσαι αὐτόν. **5** ὃς μὲν γὰρ ℵ*
πίπτει· σταθήσεται δέ, **δυνατὸς** γὰρ ὁ κς στῆσαι αὐτόν. **5** ὃς μὲν γὰρ P
πίπτει· σταθήσεται δέ, δυνατεῖ γὰρ ὁ κύριος στῆσαι αὐτόν. **5** ὃς μὲν γὰρ [**uw**]
πείπτει· σταθήσεται **δαί**, δυνατεῖ γὰρ ὁ **θς** στῆσαι αὐτόν. **5** ὃς μὲν F
πείπτει· σταθήσεται δέ, δυνατεῖ γὰρ ὁ **θς** στῆσαι αὐτόν. **5** ὃς μὲν G
πίπτι· σταθήσεται δέ, **δυνατῖ** γὰρ ὁ **θς** στῆσαι αὐτόν. **5** ὃς μὲν D* [↓2344 2495
πίπτει· σταθήσεται δέ, **δυνατὸς** γὰρ ὁ **θς** στῆσαι αὐτόν. **5** ὃς μὲν D1.2 330 1505 1739
πίπτει· σταθήσεται δέ, **δυνατὸς** γὰρ ὁ **θς** στῆσαι αὐτόν. **5** ὃς μὲν γὰρ 365 1319 1573 1735
πίπτει· σταθήσεται δέ, **δυνατὸς** γὰρ ἐστιν ὁ **θς** στῆσαι αὐτόν. **5** ὃς μὲν γὰρ 104 326 1506 1837
πίπτει· σταθήσεται δέ, **δυνατὸς** γάρ ἐστιν ὁ **θς** στῆσαι **αὐτήν**. **5** ὃς μὲν 1836*
πίπτει· σταθήσεταί, **δυνατὸς** γάρ ἐστιν ὁ **θς** στῆσαι αὐτόν. **5** ὃς μὲν 131
πίπτει· σταθήσεται **γάρ**, **δυνατὸς** γάρ ἐστιν ὁ **θς** στῆσαι αὐτόν. **5** ὃς μὲν 440 1243
πίπτει· σταθήσεται δέ, **δυνατὸς** γάρ ἐστιν ὁ **θεὸς** στῆσαι αὐτόν. **5** ὃς μὲν **τ** Er1
πίπτει· σταθήσεται δέ, **δυνατὸς** γάρ ἐστιν ὁ **θς** στῆσαι αὐτόν. **5** ὃς μὲν L 049 056 1 6 33 69
88 205 209 226 323 424 460 489 517 547 614 618 796 910 927 945 999 1175 1241 1242 1245 1270 1315
1352 1424 1448 1611 1646 1734 1738 1827 1836c 1854 1874 1881 1891 1982 2125 2147 2400 2815

lac. 14.4-5 𝔓10 𝔓113 K 0172 2412 2464

C 14.4 τελ κ,υ και του προδο 1 | τελ κ,υ 489 2147 | τελ της κ,υ ου κ, της γεν,ε 547 | τε της τυροφαγ 614 | τελ L Ψ 049 104 209 226 424 440 517 796 927 945 1241 1245 1448 1735 1837 1874 | τε της κ,υριακ και του πρ 1242 | τελ της κ,υ 1315 | τε κ,υ της διο 1573 | τλ κ,υ της του πρ 1739

E 14.4 Mt 7.1; 1 Co 10.12; Js 4.11-12 **5** Ga 4.10; Ro 4.21

Errata: 14.4 antf ℵ δυνατεῖ : δυνατῖ ℵ
14.4 antf D* δυνατει : δυνατι D*
14.4 antf 1611 δυνατὸς γάρ : δυνατὸς γάρ ἐστιν 1611

κρείνει ἡμέραν παρ' ἡμέραν, ὃς δὲ κρείνει πᾶσαν ἡμέραν· ἕκαστος B
κρίνει ἡμέραν παρ' ἡμέραν, ὃς δὲ ....νει πᾶσαν ἡμέραν· ἕκαστος 𝔓[46]
κρίνει ἡμέραν παρ' ἡμέραν, ὃς δὲ **κρίνει** πᾶσαν ....ς C[c]
κρίνει ἡμέραν παρ' ἡμέραν, ὃς δὲ **κρίνει** πᾶσαν ἡμέραν· ἕκαστος δ' 69
κρίνει ἡμέραν παρ' ἡμέραν, ὃς δὲ **κρίνει** πᾶσαν ἡμέραν· ἕκαστος δὲ 209* 796
κρίνει ἡμέραν παρ' ἡμέραν, ὃς δὲ **κρινεῖ** πᾶσαν ἡμέραν· ἕκαστος 1175
κρίνει ἡμέραν παρ' ἡμέραν, ὃς δὲ **κρίνει** πᾶσαν τὴν ἡμέραν· ἕκαστος 1505 2495
κρίνει ἡμέραν παρ' ἡμέραν, ὃς δε πᾶσαν τὴν ἡμέραν· ἕκαστος 1881
κρίνει ἡμέραν παρ' ἡμέραν, 1241
κρίνι ἡμέραν παρ' ἡμέραν, ὃς δὲ **κρίνει** πᾶσαν ἡμέραν· ἕκαστος D*
κρίνῃ ἡμέραν παρ' ἡμέραν, ὃς δὲ **κρίνῃ** πᾶσαν ἡμέραν· ἕκαστος 1243
κρίνῃ ἡμέραν παρ' ἡμέραν ἑκάστω, ὃς δὲ **κρίνει** **ὅλην** τὴν ἡμέραν· ἕκαστος 1646*
κρίνῃ ἡμέραν παρ' ἡμέραν, ὃς δὲ **κρίνει** **ὅλην** τὴν ἡμέραν· ἕκαστος 1646[c]
νηστεύει ἡμέραν παρ' ἡμέραν, ὃς δὲ **νηστεύει** πᾶσαν ἡμέραν· ἕκαστος 1827
κρινεῖ ἡμέραν παρ' ἡμέραν, ὃς δὲ **κρίνει** πᾶσαν ἡμέραν· ἕκαστος 88 618
κρινεῖ ἡμέραν παρ' ἡμέραν, ὃς δὲ **κρινεῖ** πᾶσαν ἡμέραν· ἕκαστος 330 460 2400
κρινεῖ ἡμέραν παρ' ἡμέραν, 1738
κρίνει ἡμέραν παρ' ἡμέραν, ὃς δὲ **κρίνει** πᾶσαν ἡμέραν· ἕκαστος ℵ A D[1.2] F G L
P Ψ 049 056 1 6 33 88 104 131 205 209[c] 226 323 326 365 424 440 489 517 547 910 927 945 999 1242 1245 1270 1315
1319 1352 1424 1448 1506 1573 1611 1734 1735 1739 1836 1837 1854 1874 1891 1982 2125 2147 2344 2815 **uwτ** Er[1]

[↓1352 1448 1505 1506 1611 1735 1738 1827 1836 1837 1854 1874* 1881 1982 2125 2344 2495 2815
[↓33 69 88 104 131 205 209 226 323 326 330 440 460 489 547 614 796 927 999 1241 1242 1245 1315
ἐν τῷ ἰδίῳ νοῒ πληροφορείσθω. **6** ὁ φρονῶν τὴν ἡμέραν κῳ φρονεῖ· B L P Ψ 049 056 1 6
ἐν τῷ ἰδίῳ ...... πληροφορείσθω. **6** ὁ φρονῶν τὴν ἡμε........ ... ῳ φρονεῖ· 𝔓[46]
ἐν .... **6** ὁ φρονῶν τὴν ἡμέραν κῳ φρονεῖ· C[c]
ἐν τῶι ἰδίωι νοῒ πληροφορείσθω. **6** ὁ φρονῶν τὴν ἡμέραν κῳ φρονεῖ· 424 517 1270 1734
ἐν τῶι ἰδίῳ νοῒ πληροφορείσθω. **6** ὁ φρονῶν τὴν ἡμέραν κῳ φρονεῖ· 945
ἐν τῷ ἰδίῳ νοῒ πληροφορείσθω. **6** ὁ **φρονὸν** τὴν ἡμέραν κῳ φρονεῖ· 1646
ἐν τῶι ἰδίωι νοῒ πληροφορείσθω. **6** ὁ φρονῶν τὴν ἡμέραν κωι φρονεῖ· 1739 1891
ἐν τῷ ἰδίῳ νοῒ πληροφορείσθω ἀδελφοί. **6** ὁ φρονῶν τὴν ἡμέραν κῳ φρονεῖ· 1874[mg]
ἐν τῷ ἰδίῳ νοῒ πληροφορείσθω. **6** ὁ φρονῶν τὴν ἡμέραν κῳ **φρωνεῖ**· 2147
τῷ ἰδίῳ νοῒ πληροφορείσθω. **6** ὁ φρονῶν τὴν ἡμέραν κῳ φρονεῖ· A 365 1319 1573
τὸ ἰδίῳ νοῒ πληροφορείσθω. **6** ὁ **φρονὸν** τὴν ἡμέραν κῳ φρονεῖ· 1243
ἐν τῷ ἰδίῳ νοῒ πληροφορείσθω. **6** ὁ φρονῶν τὴν ἡμέραν κυρίῳ φρονεῖ· 1424 **uwτ** Er[1]
ἐν τῷ ἰδίῳ **νοεὶ** πληροφορείσθω. **6** ὁ φρονῶν τὴν ἡμέραν κῳ φρονεῖ· D 910
ἐν τῷ ἰδίῳ **νοεὶ** **πληροφορίσθω**. **6** ὁ φρονῶν τὴν ἡμέραν κῳ φρονεῖ· ℵ F G
ἐν **τὸ** ἰδίῳ νοῒ **πληρωφορείσθω**. **6** ὁ **φρονὸν** τὴν ἡμέραν κῳ φρονεῖ· 618
ἐν τῷ ἰδίῳ νοῒ **πληρωφορείσθω**. **6** ὁ φρονῶν τὴν ἡμέραν κῳ φρονεῖ· 1175
ἐν τῷ ἰδίῳ νοῒ **πληροφωρείσθω**. **6** ὁ φρονῶν τὴν ἡμέραν κῳ φρονεῖ· 2400

καὶ ὁ μὴ φρονῶν τὴν ἡμέραν κω οὐ φρονεῖ· L P Ψ 049 056 1 33 69 88 104 131 205 209 226 323 326 330 365
καὶ ὁ .... C[c] [↑424* 440 460 489 547 614 618 796 910 927 945
καὶ ὁ μὴ φρονῶν τὴν ἡμέραν κωι οὐ φρονεῖ· 517 1270 1891 [↑999 1175 1241 1242 1245 1315 1319 1352 1424
καὶ ὁ μὴ φρονῶν τὴν ἡμέραν κω οὐ **φρονὴ**· 1243 [↑1448 1505 1506 1573 1611 1734 1735 1738 1827
καὶ ὁ μὴ **φρονὸν** τὴν ἡμέραν κω οὐ φρονεῖ· 1646 2147 [↑1836 1837 1854 1874 1982 2125 2400 2495 2815
καὶ ὁ μὴ φρονῶν τὴν ἡμέραν κυρίῳ οὐ φρονεῖ· **τ** Er[1]

lac. 14.5-6 𝔓[10] 𝔓[113] K 0172 2412 2464

C 14.6 αρχ Σα θ Ψ 049 | αρχ σαββατ θ 209 | αρχ Σα θ αδ,ε ο φρονων την ημερ 226 | αρχ της προδρ και της κ,υ και θ κ,ε οθ 440 | αρχ Σα θ αδ,ε 489 | τη γ αδ,ε 517 | αρχ 547 | αρχ Σα θ προς ρωμαιους αδελφοι ο φρονων την ημεραν 614 | αρχ Σα θ αδ,ε οφρονων την ημεραν κω 796 | αρχ Σα θ αδ,ε ο φρονων την ημεραν 927 | αρχ Σα θ: προς ρωμ. αδ,ε ο φρονων την ημεραν κω φρονει τουτ εισκοιμηθε 945 | αρχη Σα θ 1242 | αρχ 1245 | αρχ Σα θ απο τ ν αδ,ε ο φρον 1270 | αρχ Σα θ κ,ε ριθ 1315 | σα θ αδ,ε ο φρονων την ημ,ε κω φρονεις. τη γ της ε εβδ. αδ,ε εις τουτο χς και απε 1448 | αρχ Σα ζ αδ,ε ο φρονων την ημεραν 1573 | Σα θ 1735 | αρχ κ,ε λζ Σα θ ο αποστολ πρ ρωμ αδελφοι ο φρονων την ημεραν κω φρονει 1739 | περι της εν βρωμασι και ημεραις αμα χου δι αναοιας 1739 | αρχ αδελφοι ο φρονων την ημεραν κω φρονει 1891 | αρχ λξ 1 | αρχ Σα θ αδ,ε ο φρονων την ημεραν κω 1 | αρχ 104 | Σα θ αδ,ε 517 | Σα θ προς ρωμ 618 | ϛ περι της εκ βρωμας και ημερας αμαχου διακοιας 1836 | αρχ Σα θ 1175 1836 | αρχ Σα θ και εις κοιμ .... φρονω....... 1873 | αρχ Σα θ αδελφοι ο φρονον την ημεραν κω 2147

D 14.6 λδ 489 927 | οε 1242 | λζ 226 517 1573

E 14.5 Ga 4.10; Ro 4.21 **6** 1 Co 10.30

Errata: 14.6 antf 1243 καὶ ὁ μὴ φρονῶν τὴν ἡμέραν κω οὐ φρονεῖ : 1—8 φρονή 1243

[↓1448 1505 1611 1734 1735 1738 1827 1836 1854 1881c 1982 2125 2344 2495 2815
[↓69 88 131 205 209 226 326 365 440 460 489 547 614 796 910 927 1241 1245 1319 1352

καὶ ὁ ἐσθίων	κω	ἐσθίει,	εὐχαριστεῖ	γὰρ τῷ θω	καὶ ὁ μὴ ἐσθίων	B D Ψ 049 1 6 33
καὶ ὁ ἐσθίων	κω	ἐσθίει,	**εὐχαριστι**	γὰρ τῷ θω	καὶ ὁ μὴ ἐσθίων	ℵ
ὁ ἐσθίων	κυρίῳ	ἐσθίει,	εὐχαριστεῖ	γὰρ τῷ θεῷ	καὶ ὁ μὴ ἐσθίων	τ Er1
καὶ ὁ ἐσθίων	κυρίῳ	ἐσθίει,	εὐχαριστεῖ	γὰρ τῷ θεῷ·	καὶ ὁ μὴ ἐσθίων	**u w**
καὶ ὁ ἐσθίων	κω	ἐσθίει,	εὐχαριστεῖ	γὰρ τῷ **κω**	καὶ ὁ μὴ ἐσθίων	A
....	......	..........ει,	εὐχαριστεῖ	γὰρ τῷ θω	κ......	Cc
καὶ ὁ **αἰσθείων**	κω	**αἰσθείει**,	εὐχαριστεῖ	γὰρ τῷ θω	καὶ ὁ μὴ **αἰσθείων**	F
καὶ ὁ **αἰσθείων**	κω	**αἰσθίει**,	εὐχαριστεῖ	γὰρ τῷ θω	καὶ ὁ μὴ **αἰσθείων**	G
καὶ ὁ ἐσθίων	κω	ἐσθίει,	εὐχαριστεῖ	γὰρ τῶι θω	καὶ ὁ μὴ ἐσθίων	945
καὶ ὁ ἐσθίων	κω	ἐσθίει,	εὐχαριστεῖ	γὰρ τῷ θω	καὶ ὁ μὴ **ἐσθίον**	618
καὶ ὁ ἐσθίων	κω	ἐσθίει,	εὐχαριστεῖ	γὰρ τῷ θωι	καὶ ὁ μὴ ἐσθίων	056 517
καὶ ὁ ἐσθίων	κω	ἐσθίει,	εὐχαριστεῖ	γὰρ τῷ θω		L 1175
καὶ ὁ ἐσθίων	κω					1874*
καὶ ὁ ἐσθίων	κω		εὐχαριστεῖ	γὰρ τῷ θω	καὶ ὁ μὴ ἐσθίων	1874c
καὶ ὁ ἐσθίων	κω	ἐσθίει,	εὐχαριστεῖ	γὰρ τῶι θωι	καὶ ὁ μὴ ἐσθίων	424
καὶ ὁ ἐσθίων	κωι	ἐσθίει,	εὐχαριστεῖ	γὰρ τῶι θωι	καὶ ὁ μὴ ἐσθίων	1270 1739 1891
καὶ ὁ ἐσθίων	κω	ἐσθίει,	εὐχαριστεῖ	γὰρ θω	καὶ ὁ μὴ ἐσθίων	573
καὶ ὁ ἐσθίων	κω	ἐσθίει,	εὐχαριστεῖ	γὰρ τῷ θω	καὶ ὁ μὴ ἐσθίων	1242
καὶ ὁ ἐσθίων	κω	ἐσθίει, καὶ	εὐχαριστεῖ	γὰρ τῷ θω	καὶ ὁ μὴ ἐσθίων	1837
ὁ **ἐσθείων**	κω	ἐσθίει, καὶ	.......................εῖ	τῷ θω	καὶ ὁ μὴ **ἐσθείων**	𝔓46
ὁ ἐσθίων	κυρίῳ	ἐσθίει, καὶ	εὐχαριστεῖ	τῷ θεῷ·	καὶ ὁ μὴ ἐσθίων	Cl Paid. II 10.3
καὶ ὁ ἐσθίων	κω	ἐσθίει,	εὐχαριστεῖ	τῷ θω	καὶ ὁ μὴ ἐσθίων	1881*
καὶ ὁ ἐσθίων	κω	ἐσθίει, καὶ	εὐχαριστεῖ	τῷ θω	καὶ ὁ μὴ ἐσθίων	Pc 104 323 330 1506
καὶ ὁ ἐσθίων	κω οὐκ	ἐσθίει, καὶ	εὐχαριστεῖ	τῷ θω	καὶ ὁ μὴ ἐσθίων	P* [↑2400
καὶ ὁ **ἐσθίον**	κω	ἐσθίει, καὶ	**εὐχαριστὴ**	τῷ θω	καὶ ὁ μὴ **ἐσθίον**	1243
καὶ ὁ ἐσθίων	κυρίῳ	ἐσθίει,	**εὐχαριστὴ**	γὰρ τῷ θω	καὶ ὁ μὴ ἐσθίων	1424
καὶ ὁ ἐσθίων	κω	ἐσθίει,	**εὐχαριστὴ**	γὰρ τῷ θω	καὶ ὁ μὴ ἐσθίων	999 1315
καὶ ὁ **ἐσθίον**	κω	ἐσθίει,	**εὐχαριστὴ**	γὰρ τῷ θω	καὶ ὁ μὴ ἐσθίων	2147
καὶ ὁ **ἐσθήων**	κω οὐκ	ἐσθίει,	**εὐχαριστην**	γὰρ τῷ θω	καὶ ὁ μὴ ἐσθίων	1646

[↓1448 1505 1573 1611 1646 1734 1735 1738 1827 1836 1837 1854 1874c 1982 2125 2147 2344 2400 2495 2815
[↓88 104 131 205 209 226 323 326 330 365 460 489 547 614 618 796 910 927 999 1241 1243 1245 1315 1319 1352

κω	οὐκ ἐσθίει	καὶ εὐχαριστεῖ	τῷ θωT	7 οὐδεὶς γὰρ	ἡμῶν ἑαυτῷ	B A D1.2 P Ψ 049 1 6 33 69
κω	....	.....ὶ εὐχαριστεῖ	τῶ θω.	7 οὐδεὶς γὰρ	....	𝔓46
κυρίῳ	οὐκ ἐσθίει	καὶ εὐχαριστεῖ	τῷ θεῷ.	7		Cl Paid. II 10.3
κω	οὐκ ἐσθίει	καὶ **εὐχαριστι**	τῷ θω.	7 **οὐδὶς** γὰρ	ἡμῶν ἑαυτῷ	ℵ
......	....ει	κ...... ....ρ......εῖ	τῷ θω.	7 οὐδεὶς γὰρ	ἡμῶν ἑαυτῷ	C*
......	......κ ἐσθίει	κ...... ....ρ......εῖ	τῷ θω.	7 οὐδεὶς γὰρ	ἡμῶν ἑαυτῷ	Cc
κω	οὐκ ἐσθίει	καὶ εὐχαριστεῖ	τῷ θω.	7 **οὐδὶς** γὰρ	ἡμῶν ἑαυτῷ	D*
κω	οὐκ **αἰσθείει**	καὶ **εὐχαρειστεῖ**	τῷ θω.	7 οὐδεὶς γὰρ	ἡμῶν ἑαυτῷ	F G
				7 οὐδεὶς γὰρ	ἡμῶν ἑαυτῷ	L 1175
κω	ἐσθίει	καὶ εὐχαριστεῖ	τῷ θω.	7 οὐδεὶς γὰρ	ἡμῶν ἑαυτῷ	056
κω	οὐκ ἐσθίει	καὶ εὐχαριστεῖ	τῶι θωι.	7 οὐδεὶς γὰρ	ἡμῶν ἑαυτῶι	424 517
κω	οὐκ ἐσθίει	καὶ **ηὐχαριστεῖ**	τῷ θω.	7 οὐδεὶς γὰρ	ἡμῶν ἑαυτῷ	440
κω	οὐκ ἐσθίει	καὶ εὐχαριστεῖ	τῶι θω.	7 οὐδεὶς γὰρ	ἡμῶν ἑαυτῶι	945
κω	οὐκ ἐσθίει	καὶ εὐχαριστεῖ	τῷ θω.	7 οὐδεὶς γὰρ	**αὐτῷ**	1242
κωι	οὐκ ἐσθίει	καὶ εὐχαριστεῖ	τῶι θωι.	7 οὐδεὶς γὰρ	ἡμῶν ἑαυτῶι	1270 1891
κυρω	οὐκ ἐσθίει	καὶ εὐχαριστεῖ	τῷ θω.	7 οὐδεὶς γὰρ	ἡμῶν ἑαυτῷ	1424*
κυρίῳ	οὐκ ἐσθίει	καὶ εὐχαριστεῖ	τῷ θω.	7 οὐδεὶς γὰρ	ἡμῶν ἑαυτῷ	1424c
κω	οὐκ ἐσθίει	καὶ εὐχαριστεῖ	τῷ θω.	7 οὐδεὶς γὰρ	ἑαυτῷ	1506
κω	οὐκ ἐσθίει	καὶ εὐχαριστεῖ	τῷ θω.	7 οὐδεὶς	ἡμῶν ἑαυτῷ	1881
	οὐκ ἐσθίει	**εὐχαριστεῖ γὰρ**	τῷ θω.	7 οὐδεὶς γὰρ	ἡμῶν ἑαυτῷ	1874*
κωι	οὐκ ἐσθίει	καὶ εὐχαριστεῖ	τῶι θωι.	7 οὐδεὶς γὰρ	ἡμῶν ἑαυτῷ	1739
κυρίῳ	οὐκ ἐσθίει	καὶ εὐχαριστεῖ	τῷ θεῷ.	7 οὐδεὶς γὰρ	ἡμῶν ἑαυτῷ	**uwτ** Er1

Tκαὶ οὐδεὶς αὐτῷ στρατεύεται 33

lac. 14.6-7 𝔓10 𝔓113 K 0172 2412 2464

C 14.7 αρχ Σα θ 1241 | τε 2147 **9** αρχ τη γ της ε εβδ αδ,ε εις τουτο χς και απεθανε 1 | αρχ τη γ της ε εβδ αδ,ε εις τουτο χς απεθανεν 226 | αρχ της γ | αρχ τη γ της ε εβδ αδ,ε εις τουτο 489 | αρχ τη γ της ε εβδομαδον αδ,ε εις τουτο χς απεθ 614 | αρχ τη γ της ε εβδ αδ,ε εις τουτο χς και α 796 | αρχ τη γ της ε εβδ αδελφοι εις τουτο χς και απεθανε και ανεστη 927 | αρχ τη γ της ε εβδ: προς ωμ: αδ,ε εις τουτο χς απεθανεν 945 | αρχ τη γ της ε εβδ,ο 1175 | αρχ τη γ 1242 | αδ,ε σαββατ θ κ,ε λζ 1243 | αρχ 1245 | αρχ τη γ της ε εβδ κ,ε ρκ 1315 | αρχ τη γ της ε εβδ αδ,ε εις τουτο χς απεθανεν 1573 | κ,ε λη αρχ τη γ της ε εβδ ο αποστολ πρ ρωμ αδελφοι εις τουτο χς απεθανεν και εζησεν 1739 | αρχ τη γ της ε εβδ πρ ρωμαιους αδελφοι εις τουτο χς απεθανεν 1247 **E 14.6** 1 Co 10.30 7 2 Co 5.15

[↓1352 1424 1448 1506 1573 1611 1646 1735 1738 1836 1854 1881 1982 2125 2147 2344 2400 2815
[↓104 131 205 209 226 323 330 365 440 460 489 547 614 618 796 910 927 999 1241 1242 1245 1315 1319c

ζῇ καὶ οὐδεὶς ἑαυτῷ ἀποθνήσκει· **8** ἐάν τε γὰρ ζῶμεν, τῷ κω B A C D1.2 F G L P Ψ 049 056 1 6 69 88
ζῇ καὶ οὐδεὶς ἑαυτῶ ἀποθνήσκει· **8**........ ... . τῶ κω 𝔓46
ζῇ καὶ **οὐδὶς** ἑαυτῷ **ἀποθνήσκι**· **8** ἐάν τε γὰρ ζῶμεν, τῷ κω ℵ
ζῇ καὶ **οὐδὶς** ἑαυτῷ ἀποθνήσκει· **8** ἐάν τε γὰρ ζῶμεν, τῷ κω D*
ζῇ καὶ οὐδεὶς ἑαυτῷ ἀποθνήσκει· **8** ἐάν τε γὰρ ζῶμεν, τῷ κυρίῳ **uwτ** Er1
ζῇ καὶ οὐδεὶς ἑαυτῷ ἀποθνήσκει· **8** ἐάν τε ζῶμεν, τῷ κω 33 1827
ζῇ καὶ οὐδεὶς ἑαυτῷ ἀποθνήσκει· **8** ἐάν τε γὰρ ζῶμεν, 326 1175 1837
ζῇ καὶ οὐδεὶς ἑαυτῶι ἀποθνήσκει· **8** ἐάν τε γὰρ ζῶμεν, τῶι κωι 424 1270 1734 1739 1891
ζῇ καὶ οὐδεὶς ἑαυτῷ ἀποθνήσκει· **8** ἐάν τε γὰρ ζῶμεν, τῶι κω 517
ζῆι καὶ οὐδεὶς ἑαυτῶι ἀποθνήσκει· **8** ἐάν τε γὰρ ζῶμεν, τῷ κω 945
ζῇ καὶ οὐδεὶς **αὑτῷ** ἀποθνήσκει· **8** ἐάν τε γὰρ ζῶμεν, τῷ κω 1243 1505 2495
ζῇ καὶ οὐδεὶς ἑαυτῷ **ποθνήσκει**· **8** ἐάν τε γὰρ ζῶμεν, τῷ κω 1319*
ζῇ καὶ οὐδεὶς ἑαυτῷ **ἀποθνίσκει**· **8** ἐάν τε γὰρ ζῶμεν, τῷ κω 1874

ζῶμεν, ἐάν τε ἀποθνήσκωμεν, τῷ κω ἀποθνήσκομεν. ἐάν τε οὖν B Ψ 69 131 205 209 226 614 1352
ζῶμεν, ἐάν τε ἀποθνήσ............ ....μεν. ἐάν τε οὖν 𝔓46 [↑1573 1734 1738 1854
ζῶμεν, ἐάν τε ἀποθνήσκωμεν, τῷ κυρίῳ ἀποθνήσκομεν. ἐάν τε οὖν **uwτ** Er1 [↑1982 2125
ζῶμεν, ἐάν τε ἀποθνήσκωμεν, τῷ κω **ἀποθνήσκωμεν**. ἐάν τε οὖν ℵ 1 365 460 489 618 927 999 1245
ζῶμεν, ἐάν τε ἀποθνήσκωμεν, τῷ κω **ἀποθνήσκωμεν**. ἐάν τε 1505 2495 [↑1506 1611 1827 2147
ζῶμεν, ἐάν τε **ἀποθάνωμεν**, τῷ κω **ἀποθνήσκωμεν**. ἐάν τε οὖν C L 049 517
ζῶμεν, ἐάν τε **ἀποθάνωμεν**, τῷ κω **ἀποθνήσκωμεν**. 33
ζῶμεν, ἐάν τε **ἀποθνήσκομεν**, τῷ κω **ἀποθνήσκωμεν**. ἐάν τε οὖν 1243 1319 1735
ἐάν τε **ἀποθνήσκομεν**, τῷ κω **ἀποθνήσκωμεν**. ἐάν τε οὖν 326
ἐάν τε ἀποθνήσκωμεν, τῷ κω **ἀποθνήσκωμεν**. ἐάν τε οὖν 1837
ἐάν τε **ἀποθάνωμεν**, τῷ κω **ἀποθνήσκωμεν**. ἐάν τε οὖν 1175
ζῶμεν, ἐάν τε **ἀποθάνωμεν**, τῷ κω **ἀποθνίσκωμεν**. ἐάν τε οὖν 1874
ζῶμεν, ἐάν τε **ἀποθάνωμεν**, τῶι κωι ἀποθνήσκομεν. ἐάν τε οὖν 424 1891c
ζῶμεν, ἐάν τε **ἀποθάνωμεν**, τῷ κω ἀποθνήσκομεν. ἐάν τε οὖν 6 323 440 547 796 910c 945 1241
ζῶμεν, ἐάν τε **ἀποθάνωμεν**, τῷ κω ἀποθνήσκομεν. ἐάν τε 910* [↑1242 1424 1448 2815
ζῶμεν, ἐάν τε **ἀποθάνομεν**, τῷ κω ἀποθνήσκομεν. ἐάν τε 1836
ζῶμεν, ἐάν τε **ἀποθάνομεν**, τῷ κω ἀποθνήσκομεν. ἐάν τε οὖν 88 1315
ζῶμεν, ἐάν τε **ἀποθνήσκομεν**, τῷ κω ἀποθνήσκομεν. ἐάν τε οὖν A D P 330 2344 2400
ζῶμεν, ἐάν τε **ἀποθνήσκομεν**, κω ἀποθνήσκομεν. ἐάν τε οὖν F G
ζῶμεν, ἐάν τε **ἀποθνήσκομεν**, τῷ κω ἀποθνήσκομεν. 1646
ζῶμεν, ἐάν τε ἀποθνήσκωμεν, τῷ κω ἀποθνήσκομεν. 1881
ζῶμεν, ἐάν τε ἀποθνήσκωμεν, 104
ζῶμεν, **ἂν** τε ἀποθνήσκωμεν, τῷ κω ἀποθνήσκομεν. ἐάν τε οὖν 056
ζῶμεν, ἐάν τε ἀποθνήσκωμεν, τῷ κωι ἀποθνήσκομεν. ἐάν τε οὖν 1270
ζῶμεν, ἐάν τε ἀποθνήσκωμεν, τῶι κωι ἀποθνήσκομεν. ἐάν τε οὖν 1891*
ἐσμέν, ἐάν τε ἀποθνήσκωμεν, τῶι κωι ἀποθνήσκομεν. ἐάν τε οὖν 1739

lac. 14.7-8 𝔓10 𝔓113 K 0172 2412 2464

C 14.7 αρχ Σα θ 1241 | τε 2147

E 14.7 2 Co 5.15 **8** Lk 20.38; Ga 2.20; 1 Th 4.14; 5.10; Lk 20.38; 1 Co 3.23; Jn 12.24

[↓1352 1424 1448 1505 1506 1573 1611 1734 1735 1738 1739 1837 1854 1891 1982 2125 2147 2495
[↓69ᶜ 131 205 209 226 323 326 365 424 440 460 489 517 927 945 999 1175 1242 1243 1245 1270

ζῶμεν ἐάν τε ἀποθνήσκωμεν, τοῦ κυ ἐσμέν. **9** εἰς τοῦτο γὰρ B ℵ L Ψ 049 056 1 6
.... κυ .... **9** εἰς το....... .... 𝔓46
ζῶμεν ἐάν τε ἀποθνήσκωμεν, τοῦ κυρίου ἐσμέν. **9** εἰς τοῦτο γὰρ **uwτ** Er1
ζῶμεν ἐάν τε ἀποθνήσκωμεν, τοῦ κ.. ....έν. **9** εἰς τοῦτο γὰρ C*
ζῶμεν ἐάν τε ἀποθνήσκωμεν, τοῦ κ.. ....έν. **9** εἰς τοῦτο γὰρ καὶ Cᶜ
ζῶμεν ἐάν τε ἀποθνήσκωμεν, τοῦ κυ ἐσμέν. **9** εἰς τοῦτο γὰρ καὶ 1827
τοῦ κυ ἐσμέν. **9** εἰς τοῦτο γὰρ 33 104 1646 1881
ζῶμεν ἐάν τε **ἀποθανωμεν**, τοῦ κυ ἐσμέν. **9** εἰς τοῦτο γὰρ 547
ζῶμεν ἐάν τε **ἀποθνίσκωμεν**, τοῦ κυ ἐσμέν. **9** εἰς τοῦτο γὰρ 1874
ζῶμεν ἐάν τε **ἀποθνήσκομ**..... .... κυ ἐσμέν. **9** εἰς τοῦτο γὰρ A
ζῶμεν ἐάν τε οὖν **ἀποθνήσκομεν**, τοῦ κυ ἐσμέν. **9** εἰς τοῦτο γὰρ F G
ἀποθάνομεν ἐάν τε **ἀποθνήσκομεν**, τοῦ κυ ἐσμέν. **9** εἰς τοῦτο γὰρ 1836
ζῶμεν ἐάν τε **ἀποθνήσκομεν**, τοῦ κυ ἐσμέν. **9** εἰς τοῦτο γὰρ D P 69* 88 330 614
618 796 910 1241 1315 1319 2344 2400 2815

χς ἀπέθανεν καὶ ἔζησεν, ἵνα καὶ νεκρῶν καὶ ζώντων B ℵ* C* 1506
.... ἵνα κ..... .... 𝔓46
Χριστὸς ἀπέθανεν καὶ ἔζησεν, ἵνα καὶ νεκρῶν καὶ ζώντων **u w**
χρς ἀπέθανεν καὶ **ἀνέστι**, ἵνα καὶ νεκρῶν καὶ ζώντων F G
χς ἀπέθανεν καὶ ἔζησεν, ἵνα καὶ **ζώντων** καὶ **νεκρῶν** 1739
χς **ἀπέθανε** καὶ **ἔζησε**, ἵνα καὶ νεκρῶν καὶ ζώντων 1319*
χς **ἀπέθανε** καὶ ἔζησεν, ἵνα καὶ νεκρῶν καὶ ζώντων 365 1319ᶜ 1573
ἀπέθανεν καὶ ἀνέστη καὶ ἔζησεν, ἵνα καὶ νεκρῶν καὶ ζώντων 326 1837
χς ἀπέθανεν καὶ ἀνέστη καὶ ἔζησεν, ἵνα καὶ νεκρῶν καὶ ζώντων P Ψ 33 88 424* 1646
χς **ἀπέθανε** καὶ ἀνέστη καὶ ἔζησεν, ἵνα καὶ νεκρῶν καὶ ζώντων 330 796 1827 2147 2400
χς **ἔζησεν καὶ ἀπέθανεν καὶ ἀνέστη**, ἵνα καὶ νεκρῶν καὶ ζώντων D*
χς **ἀπέθανε** καὶ ἀνέστη καὶ **ἀνέζησεν**, ἵνα καὶ **ζώντων** καὶ **νεκρῶν** 056
Χριστὸς καὶ **ἀπέθανε** καὶ ἀνέστη καὶ **ἀνέζησεν**, ἵνα καὶ νεκρῶν καὶ ζώντων **τ** Er1
χς ....έθανεν καὶ ἔζησεν, ἵνα ......ὶ νεκρῶν καὶ ζώντων A [↓1874 2125
χς καὶ ἀπέθανεν καὶ ἔζησεν, ἵνα καὶ νεκρῶν καὶ ζώντων Cᶜ [↓1243 1854
χς καὶ **ἀπέθανε** καὶ ἔζησεν, ἵνα καὶ νεκρῶν καὶ ζώντων 1881 [↓1175 1241
χς καὶ ἀπέθανεν καὶ ἀνέστη καὶ ἔζησεν, ἵνα καὶ νεκρῶν καὶ ζώντων ℵᶜ D1 049 424ᶜ 440 517
χς καὶ ἀπέθανεν καὶ ἀνέστη καὶ ἔζησεν, ἵνα καὶ νεκρῶν καὶ ζώντων 104 910 1424 1836
χς καὶ ἀπέθανεν καὶ ἀνέστη καὶ ἔζησεν, ἵνα καὶ νεκρῶν καὶ **ζόντων** 1735
χς καὶ **ἀπέθανε** καὶ ἀνέστη καὶ **ἔζησε**, ἵνα καὶ νεκρῶν καὶ ζώντων 2344
χς καὶ **ἀπέθανε** καὶ ἀνέστη καὶ ἔζησεν, ἵνα καὶ νεκρῶν καὶ ζώντων L 1 6 69 131 205 209
226 323 460 489 547 614 618 927 945 999 1242 1245 1270 1315 1352 1448 1505 1611 1734 1738 1891 1982 2495 2815

---

lac. 14.8-9 𝔓10 𝔓113 K 0172 2412 2464

C 14.9 αρχ τη γ της ε εβδ αδ,ε εις τουτο χς και απεθανε 1 | αρχ τη γ της ε εβδ αδ,ε εις τουτο χς απεθανεν 226 | αρχ της γ | αρχ τη γ της ε εβδ αδ,ε εις τουτο 489 | αρχ τη γ της ε εβδομαδον αδ,ε εις τουτο χς απεθ 614 | αρχ τη γ της ε εβδ αδ,ε εις τουτο χς και α 796 | αρχ τη γ της ε εβδ αδελφοι εις τουτο χς και απεθανε και ανεστη 927 | αρχ τη γ της ε εβδ: προς ωμ: αδ,ε εις τουτο χς απεθανεν 945 | αρχ τη γ της ε εβδ,ο 1175 | αρχ τη γ 1242 | αδ,ε σαββατ θ κ,ε λζ 1243 | αρχ 1245 | αρχ τη γ της ε εβδ κ,ε ρ κ 1315 | αρχ τη γ της ε εβδ αδ,ε εις τουτο χς απεθανεν 1573 | κ,ε λη αρχ τη γ της ε εβδ ο αποστολ πρ ρωμ αδελφοι εις τουτο χς απεθανεν και εζησεν 1739 | αρχ τη γ της ε εβδ πρ ρωμαιους αδελφοι εις τουτο χς απεθανεν 1247

D 14.9 λη 1 226 517 614

E 14.8 Lk 20.38; Ga 2.20; 1 Th 4.14; 5.10; Lk 20.38; 1 Co 3.23; Jn 12.24

Errata: 14.9 na A καὶ ἀπέθανεν : ....έθανεν A
14.9 ubs 33 καὶ ἀπέθανεν : ἀπέθανεν 33 (**na** correct)

κυριεύσῃ. **10** σὺ δὲ τί κρείνεις τὸν ἀδελφόν σου; B

.... **10** .... τί κρ............ .... 𝔓[46]

κυριεύσῃ. **10** σὺ δὲ τί **κρίνεις** τὸν ἀδελφόν σου; ℵ C

κυριεύσῃ. **10** σὺ δὲ τί **κρίνεις** τὸν ἀδελφόν σου; ἐν τῷ μὴ ἐσθίειν, D*

κυριεύσῃ. **10** σὺ δὲ τί γὰρ **κρίνεις** τὸν ἀδελφόν σου; ἐν τῷ μὴ αἰσθείειν, G[c]

κυριεύσῃ. **10** σὺ δὲ τί γὰρ **κρίνεις** τὸν ἀδελφόν σου; εἰς τῷ μὴ αἰσθείειν, G*

κυριεύσῃ. **10** σὺ δὲ τί **κρίνεις** τὸν ἀδελφόν σου; **εἰν** τῷ μὴ αἰσθείειν, F

κυριεύσει. **10** σὺ δὲ τί **κρίνεις** τὸν ἀδελφόν σου; L P 33 88 104 326 489* 910

κυ....εύσῃ. **10** σὺ δὲ τί **κρίνεις** ....ν ἀδελφόν σου; A [↑1424 1646 1735

κυριεύσῃ. **10** σὺ δὲ τί **κρίνεις** τὸν **ἀδελφῶν** σου; 618 [↑1836 1837 2147

κυριεύσῃ. **10** σὺ δὲ **τῆ** **κρίνεις** τὸν ἀδελφόν σου; 1243

κυριεύσῃ. **10** σὺ τί **κρίνεις** τὸν ἀδελφόν σου; 1827

κυριεύσῃ. **10** σὺ δὲ τί **κρίνεις** τὸν ἀδελφόν σου; D[1.2] Ψ 049 056 1 6 69 131 205 209 226 323 330 365 424 440 460 489[c] 517 547 614 796 927 945 999 1175 1241 1242 1245 1270 1315 1319 1352 1448 1505 1506 1573 1611 1734 1738 1739 1854 1874 1881 1891 1982 2125 2344 2400 2495 2815 **uwτ** Er[1]

ἢ καὶ σὺ τί ἐξουθενεῖς τὸν ἀδελφόν σου; πάντες γὰρ B A D[1.2] F G P Ψ 049 056 1 6 33 69 88 131 205 209

.. ..θενε.... .... 𝔓[46] [↑226 323 330 365 424* 440 460 489

ἢ καὶ σὺ τί **ἐξουθενῖς** τὸν ἀδελφόν σου; πάντες γὰρ ℵ C D* [↑517 547 614 796 910 927 945 999

εἰ καὶ σὺ τί ἐξουθενεῖς τὸν ἀδελφόν σου; πάντες γὰρ L 326 1735 1837 [↑1175 1241 1242 1245 1270 1315

ἢ σὺ τί ἐξουθενεῖς τὸν ἀδελφόν σου; πάντες γὰρ 104 [↑1319[c] 1352 1448 1573 1611 1734

ἢ καὶ σὺ τί ἐξουθενεῖς τὸν ἀδελφόν σου; πάντες 424[c] 1739 1881 [↑1836 1854 1874 1891 1982 2125

πάντες γὰρ 618 1319* 1506 1738 2815 [↑2147 2344 2400

ἢ καὶ σὺ **τῆ** ἐξουθενεῖς τὸν ἀδελφόν σου; πάντες γὰρ 1243 [↑2495 **uwτ** Er[1]

ἢ καὶ σὺ τί **ἐξουθενῆς** τὸν ἀδελφόν σου; πάντες γὰρ 1424 1505 1646

καὶ σὺ τί ἐξουθενεῖς τὸν ἀδελφόν σου; πάντες γὰρ 1827

παραστησόμεθα τῷ βήματι τοῦ θῦ, **11** γέγραπται γάρ· B ℵ* A C* D G 1506

.....................σόμε...... .... **11** .... 𝔓[46]

παραστησόμεθα τῶι βήματι τοῦ θῦ, **11** γέγραπται γάρ· 1739

παραστησόμεθα τῷ βήματι τοῦ θεοῦ, **11** γέγραπται γάρ· **uw**

παραστησόμεθα τῷ **βήματει** τοῦ θῦ, **11** γέγραπται γάρ· F

παραστησώμεθα τῷ βήματι τοῦ **χῦ**, **11** γέγραπται γάρ· 326 330 460 910 1424 1735 1837

παραστησώμεθα τῷ βήματι τοῦ **χῦ**, **11** γέγραπται γάρ· 618 [↑1874 2400

παραστησόμαιθα τῷ βήματι τοῦ **χῦ**, **11** γέγραπται γάρ· 1646

παραστησόμεθα τῷ βήματι τοῦ **Χριστοῦ**, **11** γέγραπται γάρ· **τ** Er[1]

παραστησόμεθα τῷ βήματι τοῦ **χῦ**, **11** **γεγέγραπται** γάρ· L

παραστησόμεθα τῶι βήματι τοῦ **χῦ**, **11** γέγραπται γάρ· C[c] 424 517 945 1270 1734 1891

παραστησόμεθα **τὸ** βήματι τοῦ **χῦ**, **11** γέγραπται γάρ· 2147

παραστησόμεθα τῷ βήματι τοῦ **χῦ**, **11** γέγραπται γάρ· ℵ[c] P Ψ 049 056 1 6 33 69 88 104 131 205 209 226 323 365 440 489 547 614 796 927 999 1175 1241 1242 1243 1245 1315 1319 1352 1448 1505 1573 1611 1738 1827 1836 1854 1881 1982 2125 2344 2495 2815

[↓1505 1573 1611 1646[c] 1734 1738 1739 1827 1836 1854 1874 1881 1891 1982 2147 2344 2495 2815

Ζῶ ἐγώ, λέγει κς ὅτι ἐμοὶ κάμψει πᾶν γόνυ B ℵ A C L P Ψ 049 056 1 6 69 88 104 131 205

.... λέγε.. .... 𝔓[46] [↑209 226 323 365 424 440 460

Ζῶ ἐγώ, λέγει κύριος, ὅτι ἐμοὶ κάμψει πᾶν γόνυ 1424 **uwτ** Er[1] [↑489 517 547 614 618 796 910

Ζῶ ἐγώ, λέγει κς ὅτι ἐμοί τι κάμψει πᾶν γόνυ D[1.2] [↑927 945 999 1241 1242 1245

Ζῶ ἐγώ, λέγει κς **εἰ μὴ** ἐμοί τι κάμψει πᾶν γόνυ D* (Ti cj.) [↑1270 1315 1319 1352 1448

Ζῶ ἐγώ, λέγει κς **εἰ μὴ** ἐμοί κάμψει πᾶν γόνυ F G

Ζῶ ἐγώ, λέγει κς ὅτι ἐμοὶ κάμψει πᾶν **γόνοι** 1243 1175 1735 2125

Ζῶ ἐγώ, λέγει κς ὅτι ἐμοὶ κάμψει πᾶν **γώνοι** 1506

Ζῶ ἐγώ, λέγει κς ὅτι ἐμοὶ **κάμπτει** πᾶν γόνυ 33

Ζῶ ἐγώ, λέγει κς ὅτι ἐμοὶ **κάμψη γόνυ πᾶντα** 326 1837

Ζῶ ἐγώ, λέγει κς ὅτι ἐμοὶ **κάψει** πᾶν γόνυ 1646*

Ζῶ ἐγώ, λέγει κς ὅτι ἐμοὶ **πᾶν γόνυ κάμψει** 330 2400

---

lac. 14.9-11 𝔓[10] 𝔓[113] K 0172 2412 2464

C 14.9 τελ Σα̅ 1 489 | τε του Σα̅ 440 517 614 1242 1573 | τελ Ψ 049 209 226 326 424 440 460 618 796 927 945 999 1243 1245 1448 1891 | τελος των β̅ 1241 | τελος του Σα 1315 1837 | τλ Σα θ̅ 1739 **10** τομο σι̅ 1739 | (post σου[1]) τελ 330 1836 | (ante παντες) αρχ τη δ̅ της η̅ εβδ αδ,ε παντες γαρ παρα (- παρα 1837) 326 1837 | αρχ Σα θ̅ 330 | αρχ τη δ̅ της η̅ εβδ κ,ε ξα̅ 1243 **11** ησαιου 049 209 1739 1854 1874

E 14.10 Ro 15.3; Mt 25.31-32; Ac 17.31; 10.42; 2 Co 5.10 **11** Is 49.18; 45.23; Phl 2.10-11

καὶ ἐξομολογήσεται πᾶσα γλῶσσα τῷ θω̅. B D$^{*.2}$ F G
....μολο.................... .... 𝔓^{46}
καὶ **πᾶσα γλῶσσα ἐξομολογήσεται** τῷ θεῷ. 614 **uwτ** Er^1
καὶ **πᾶσα γλῶσσα ἐξομολογήσεται**. 517*
καὶ **πᾶσα γλῶσσα ἐξομολογήσηται** τῷ θω̅. 69*
καὶ **πᾶσα γλῶσσα ἐξομολογήσεται** τῶι θω̅ι. 424 1270 1739 1891
καὶ **πᾶσα γλῶσσα ἐξομολογήσεται** τῶ θω̅ι. 517^c
καὶ **πᾶσα γλῶσσα ἐξομολογήσεται** τῷ **κω̅**. 1505 2495
καὶ **πᾶσα γλῶσα ἐξομολογήσεται** τῷ θω̅. 1646 [↓209 226 323 326 330 365 440 460 489 547
καὶ **πᾶσα γλῶσσα ἐξομολογήσεται** τῷ θω̅. ℵ A C D^1 L P Ψ 049 056 1 6 33 69^c 88 104 131 205
618 796 910 927 945 999 1175 1241 1242 1243 1245 1315 1319 1352 1424 1448 1506 1573
1611 1734 1735 1738 1827 1836 1837 1854 1874 1881 1982 2125 2147 2344 2400 2815

12 αρα ἕκαστος ἡμῶν περὶ ἑαυτοῦ λόγον ἀποδώσει. B F^c G
12........ .... ἡμῶν .... 𝔓^{46}
12 αρα ἕκαστος ἡμῶν περὶ ἑαυτοῦ λόγον ἀποδώσει τῷ θω̅. D*
12 αρα οὖν ἕκαστος ἡμῶν περὶ ἑαυτοῦ λόγον ἀποδώσει τῷ θω̅. D^1
12 αρα οὖν ἕκαστος ἡμῶν περὶ ἑαυτοῦ λόγον ἀποδώσει τῷ θω̅. P^c
12 αρα οὖν ἕκαστος ἡμῶν περὶ ἑαυτοῦ λόγον **δώσει** τῷ θω̅. ℵ A D^2 L*
12 αρα οὖν ἕκαστος **ὑμῶν** περὶ **αὐ......ῦ** λόγον **δώσει** τῷ θω̅. C
12 αρα ἕκαστος ἡμῶν περὶ ἑαυτοῦ **δώσει λόγον** τῷ θω̅. P*
12 αρα ἕκαστος ἡμῶν περὶ ἑαυτοῦ λόγον **ἀπδώσει**. F*
12 **ἆρα** οὖν ἕκαστος ἡμῶν περὶ ἑαυτοῦ λόγον ἀποδώσει τῷ θω̅ι. 326
12 **ἆρα** οὖν ἕκαστος ἡμῶν περὶ ἑαυτοῦ λόγον ἀποδώσει τῷ θω̅. 1837
12 **ἆρα** οὖν ἕκαστος ἡμῶν περὶ ἑαυτοῦ λόγον **δώσει** τῷ θω̅. L^c 1 69 88 489 1424 1738 1874
12 **ἆρα** οὖν ἕκαστος ἡμῶν περὶ ἑαυτοῦ λόγον **δόσει** τῷ θω̅. 1315
12 **ἆρα** οὖν ἕκαστος ἡμῶν περὶ **αὐτοῦ** λόγον **δώσει** τῷ θω̅. 1319 1506
12 **omit** 1646
12 **ἄρα** ἕκαστος ἡμῶν περὶ ἑαυτοῦ λόγον **δώσει**. 6 424^c 1739 [**uw**]
12 **ἄρα** ἕκαστος ἡμῶν λόγον **δόσει**. 1881
12 **ἄρ᾽** οὖν ἕκαστος ἡμῶν λόγον **δώσει** τῷ θω̅. 2400
12 **ἄρα** οὖν ἕκαστος ἡμῶν περὶ ἑαυτοῦ **δώσει λόγον** τῶι θω̅ι. 945
12 **ἄρα** οὖν ἕκαστος ἡμῶν περὶ ἑαυτοῦ λόγον **δώσει** τῶι θω̅ι. 424* 517 1270 1734 1891
12 **ἄρα** οὖν ἕκαστος **ὑμῶν** περὶ ἑαυτοῦ λόγον **δώσει** τῷ θω̅. 056 910 1836 2344
12 **ἄρα** οὖν ἕκαστος ἡμῶν περὶ **αὐτοῦ** λόγον **δώσει** τῷ θω̅. 049 1505 2495
12 **ἄρα** οὖν ἕκαστος ἡμῶν περὶ **ἑαυτὸν** λόγον **δώσει** τῷ θω̅. 1243
12 **ἄρα** οὖν ἕκαστος ἡμῶν περὶ ἑαυτοῦ λόγον **δώσει** τῷ θεῷ. [**uw**]τ Er^1
12 **ἄρα** οὖν ἕκαστος ἡμῶν περὶ ἑαυτοῦ λόγον **δώσει** τῷ θω̅. Ψ 33 104 131 205 209 226 323 330 365
440 460 547 614 618 796 927 999 1175 1241 1242 1245 1352 1448 1573 1611 1735 1827 1854 1982 2125 2147 2815

Christians are not to be Causes of Stumbling

13 Μηκέτι οὖν ἀλλήλους κρείνωμεν· ἀλλὰ τοῦτο κρείνατε μᾶλλον, τὸ μὴ B
13.................. οὖν ....τε μᾶ.......... .... 𝔓^{46}
13 Μηκέτι οὖν ἀλλήλους κρείνωμεν· ἀλλὰ τοῦτο **κρίνεται** μᾶλλον, τὸ μὴ D*
13 **Μηκέτει** οὖν ἀλλήλους **κρίνωμεν**· ἀλλὰ τοῦτο **κρίνεται** μᾶλλον, τὸ μὴ F G
13 Μηκέτι οὖν ἀλλήλους **κρίνωμεν**· ἀλλὰ τοῦτο **κρίναται** μᾶλλον, τὸ μὴ D$^{1.2}$ 131
13 Μηκέτι οὖν ἀλλήλους **κρίνωμεν**· ἀλλὰ τοῦτο **κρίνατε** μᾶλλον, **τῷ** μὴ L Ψ 049 33 326 1611
13 Μηκέτι οὖν ἀλλήλους **κρίνομεν**· ἀλλὰ τοῦτο **κρίνατε** μᾶλλον, **τῷ** μὴ 6 104 1506 [↑2400
13 Μηκέτι οὖν **ἀλλήλοις κρίνωμεν**· ἀλλὰ τοῦτο **κρίνατε** μᾶλλον, τὸ μὴ 1734
13 Μηκέτι οὖν ἀλλήλους **κρίνομεν**· ἀλλὰ τοῦτο **κρίνατε** μᾶλλον, τὸ μὴ 69* 88 1315 1646
13 Μηκέτι οὖν ἀλλήλους **κρίνομεν**· ἀλλὰ τοῦτο **κρίνατε**, τὸ μὴ 1243 [↑1836 1881
13 Μηκέτι ἀλλήλους **κρίνωμεν**· ἀλλὰ τοῦτο **κρίνατε** μᾶλλον, **τῷ** μὴ 1505 [↑2147
13 Μηκέτι ἀλλήλους **κρίνωμεν**· ἀλλὰ τοῦτο **κρίνατε** μᾶλλον, τὸ μὴ 2495
13 Μηκέτι οὖν ἀλλήλους **κρίνομεν**· ἀλλὰ τοῦτο **κρίνομεν** μᾶλλον, τὸ μὴ P
13 Μηκέτι οὖν ἀλλήλους **κρίνωμεν**· ἀλλὰ τοῦτο **κρίνωμεν** μᾶλλον, τὸ μὴ 1827
13 Μηκέτι οὖν ἀλλήλους **κρίνωμεν**· ἀλλὰ τοῦτο **κρίνατε** μᾶλλον, τὸ μὴ ℵ A C 056 1 69^c 205
209 226 323 330 365 424 440 460 489 517 547 614 618 796 910 927 945 999 1175 1241 1242 1245
1270 1319 1352 1424 1448 1573 1735 1738 1739 1837 1854 1874 1891 1982 2125 2344 2815 **uwτ** Er^1

lac. 14.11-13 𝔓^{10} 𝔓^{113} K 0172 2412 2464

C 14.11 ησαιου 049 209 1739 1854 1874 | τελ 209

E 14.11 Is 49.18; 45.23; Phl 2.10-11 **12** Ga 6.5; Lk 16.2 **13** 1 Co 8.9, 13; 10.32; 1 Jn 2.10

τιθέναι		τῷ	ἀδελφῷ		σκάνδαλον.	**14** οἶδα	B [**w**]
....		.....	..........φῷ	ἢ	....	**14**.........	𝔓46
τιθέναι	πρόσκομμα	τῷ	ἀδελφῷ	ἢ	σκάνδαλον.	**14** οἶδα	ℵ C D*.1 P 326 910
τιθέναι	πρόσκομμα	τῷ	ἀδελφῷ	**εἰς** ἢ	σκάνδαλον.	**14** οἶδα	1506
τιθέναι	πρόσκομμα	τῷ	ἀδελφῷ	**εἰς**	σκάνδαλον.	**14** οἶδα	056 69 88 131 330 365 440 547
τιθέναι	πρόσκομμα	τῷ	ἀδελφῷ αὐτοῦ	**εἰς**	σκάνδαλον.	**14** οἶδα	1735c [↑614 999 1243 1315
τιθέναι	**πρόσκομα**	τῷ	ἀδελφῷ	**εἰς**	σκάνδαλον.	**14** οἶδα	1881 [↑1738 2147 2344
τιθέναι	**πρόσκομα**	**τὸ**	ἀδελφῷ	**εἰ**	σκάνδαλον.	**14** οἶδα	1646* [↑2400 2815
τιθέναι	πρόσκομμα	**τὸ**	ἀδελφῷ	**εἰ**	σκάνδαλον.	**14** οἶδα	1646c
τιθέναι	πρόσκομμα	τῷ	ἀδελφῷ αὐτοῦ	**εἰ**	σκάνδαλον.	**14** οἶδα	1735*
τιθέναι	πρόσκομμα	τῷ	ἀδελφῷ	**εἰ**	σκάνδαλον.	**14** οἶδα	460 618 1836
τιθέναι	**πρόσκωμμα**	τῷ	ἀδελφῷ	ἢ	σκάνδαλον.	**14** οἶδα	323 1245 1611
τηθέναι	πρόσκομμα	τῷ	ἀδελφῷ	ἢ	σκάνδαλον.	**14** οἶδα	F G 1175
τιθέναι	**πρόσκομα**	τῷ	ἀδελφῷ	ἢ	σκάνδαλον.	**14** οἶδα	1319
τιθέναι	πρόσκομμα	τῶι	ἀδελφῷ	ἢ	σκάνδαλον.	**14** οἶδα	517 945 1734
τιθέναι	πρόσκομμα	τῶι	ἀδελφῶι	ἢ	σκάνδαλον	**14** οἶδα	424 1270 1739 1891
τιθέναι	πρόσκομμα	τῷ	ἀδελφῷ	ἢ	σκάνδαλον.	**14** οἶδα δὲ	33
τιθέναι	πρόσκομμα	τῷ	ἀδελφῷ	ἢ	σκάνδαλον.	**14** οἶδα γὰρ	1352
τιθέναι	πρόσκομμα	τῷ	ἀδελφῷ	ἢ	σκάνδαλον.	**14** οἶδα	A D2 L Ψ 049 1 6 104 205 209 226 489 796 927 1241 1242 1424 1448 1505 1573 1827 1837 1854 1874 1982 2125 2495 **u[w]τ** Er1

καὶ πέπισμαι	ἐν κω	ιυ	ὅτι οὐδὲν κοινὸν	δι' ἑαυτοῦ,	εἰ μὴ	τῷ		B* ℵ C* 1506
....	....	.....	ὅτι ο..........	....	....	.....		𝔓46
καὶ πέπισμαι	ἐν κω	ιυ	ὅτι οὐδὲν κοινὸν	δι' **αὐτοῦ**,	εἰ μὴ	τῷ		Cc D1 910
καὶ πέπισμαι	ἐν κῶι	ιυ	ὅτι οὐδὲν κοινὸν	δι' **αὐτοῦ**,	εἰ μὴ	τῶι		1891
καὶ πέπισμαι	ἐν **χω**	ιυ	ὅτι οὐδὲν κοινὸν	δι' **αὐτοῦ**,	εἰ μὴ	τῷ		P 33 1735 1836
καὶ **πέπισμε**	ἐν κω	ιυ	ὅτι οὐδὲν κοινὸν	δι' **αὐτοῦ**,	εἰ μὴ	τῷ		D* 326
καὶ **πέπεισμε**	ἐν **χω**	ιυ	ὅτι οὐδὲν κοινὸν	δι' **αὐτοῦ**,	εἰ μὴ	τῷ		1874
καὶ **πέπεισμε**	ἐν κω	ιυ	ὅτι οὐδὲν κοινὸν	δι' **αὐτοῦ**,	εἰ μὴ	τῷ		049 1837
καὶ **πέπειμαι**	ἐν κῶι	ιυ	ὅτι οὐδὲν κοινὸν	δι' **αὐτοῦ**,	εἰ μὴ	τῶι		1734
καὶ **πέπεισμαι**	ἐν **χω**	ιυ	ὅτι οὐδὲν κοινὸν	δι' **αὐτοῦ**,	εἰ μὴ	τῷ		L 88 440 489 999 1175
καὶ **πέπεισμαι**	ἐν **χω**	ιυ	ὅτι οὐδὲν κοινὸν	δι' **αὐτοῦ**,	εἰ μὴ	τῶι		517 [↑1315 1738 2344
καὶ **πέπεισμαι**	ἐν **χω**	ιυ	ὅτι οὐδὲν κοινὸν	δι' ἑαυτοῦ,	εἰ μὴ	τῷ		69
καὶ **πέπεισμαι**	ἐν κω	ιυ **χω**	ὅτι οὐδὲν κοινὸν	δι' ἑαυτοῦ,	εἰ μὴ	τῷ		104
καὶ **πέπεισμαι**	ἐν κω	ιυ	ὅτι οὐδὲν κοινὸν	δι' ἑαυτοῦ,	εἰ μὴ	τῷ		Bc 6 330 365c 1319
καὶ **πέπεισμαι**	ἐν κῶι	ιυ	ὅτι οὐδὲν κοινὸν	δι' ἑαυτοῦ,	εἰ μὴ	τῶι		1739 [↑1505 1573 1827
καὶ **πέπεισμαι**	ἐν κυρίῳ	ιυ	ὅτι οὐδὲν κοινὸν	δι' ἑαυτοῦ,	εἰ μὴ	τῷ		1424 [↑1854 2400 2495
καὶ **πέπεισμαι**	ἐν κυρίῳ	Ἰησοῦ	ὅτι οὐδὲν κοινὸν	δι' ἑαυτοῦ,	εἰ μὴ	τῷ		**uwτ**
καὶ **πέπεισμαι**	ἐν κω	ιυ	ὅτι οὐδὲν κοινὸν	δι' ἑαυτοῦ,	εἰ μὴ	**τὸ**		365*
καὶ **πέπεισμαι**	ἐν κω	ιυ	ὅτι οὐδὲν κοινὸν	δι' **αὐτοῦ**,	εἰ μὴ	**τὸ**		1243
καὶ **πέπεισμαι**	ἐν κω	ιυ	ὅτι οὐδὲν κοινὸν	δι' **αὐτοῦ**,	εἰ **μοὶ**	**τὸ**		1646
καὶ **πέπεισμαι΄**	ἐν κω	ιυ	ὅτι οὐδὲν κοινὸν	δι' **αὐτοῦ**,	εἰ **μὶ**	τῷ		460 2147
καὶ **πέπεισμαι**	ἐν κω	ιυ	ὅτι οὐδὲν **μεμολυσμένον**	δι' **αὐτοῦ**,	εἰ μὴ	τῷ		796
καὶ **πέπεισμαι**	ἐν κω	ιηυ	ὅτι οὐδὲν κοινὸν	δι' **αὐτοῦ**,	εἰ μὴ	τῷ		F G
καὶ **πέπεισμαι**	ἐν κω	ιυ	ὅτι οὐδὲν κοινὸν	δι' **αὐτοῦ**,	εἰ μὴ	τῶι		424
καὶ **πέπεισμαι**	ἐν κῶι	ιυ	ὅτι οὐδὲν κοινὸν	δι' **αὐτοῦ**,	εἰ μὴ	τῶι		1270
καὶ **πέπεισμαι**	ἐν κυρίῳ	Ἰησοῦ	ὅτι οὐδὲν κοινὸν	δι' **αὐτοῦ**,	εἰ μὴ	τῷ		Er1
καὶ **πέπεισμαι**	ἐν κω	ιυ	ὅτι οὐδὲν κοινὸν	δι' **αὐτοῦ**,	εἰ μὴ	τῷ		A D2 Ψ 056 1 131 205 209 226 323 547 614 618 927 945 1241 1242 1245 1352 1448 1611 1881 1982 2125 2815

lac. 14.13-14 𝔓10 𝔓113 K 0172 2412 2464

C 14.13 τε 1836

E 14.13 1 Co 8.9, 13; 10.32; 1 Jn 2.10 **14** Ro 14.20; Ac 10.15; Tit 1.15; Mt 15.11; Mk 7.15; 1 Co 10.25-27

λογιζομένῳ τι κοινὸν εἶναι, ἐκείνῳ κοινόν. 15 εἰ γὰρ διὰ βρῶμα B ℵ A C D^1 P Ψ 69 1243 1735
..................νω τ.. .... 15 .... βρῶμ.. 𝔓46 [↑**uw**
λογειζομένῳ τι κοινὸν εἶναι, ἐκείνῳ κοινόν. 15 εἰ γὰρ διὰ βρῶμα F G
λογιζομένῳ τι κοινὸν εἶναι, ἐκείνῳ κοινόν. 15 εἰ διὰ βρῶμα 205
λογιζομένῳ τι κοινὸν εἶναι, ἐκείνω κοινόν. 15 εἰ γὰρ διὰ βρῶμα 326 424^c 1837
λογιζομένῳ τι κοινὸν εἶναι, ἐκείνῳ κοινόν. 15 εἰ γὰρ βρῶμα 330 2400
λογιζομένῳ τι **κοινω** εἶναι, ἐκείνῳ κοινόν. 15 εἰ γὰρ διὰ βρῶμα 1506
λογιζομένωι τι κοινὸν εἶναι, ἐκείνωι κοινόν. 15 εἰ γὰρ διὰ βρῶμα 1739
λογιζομένῳ τι κοινόν τι εἶναι, ἐκείνῳ κοινόν. 15 εἰ γὰρ διὰ βρῶμα D^2
λογιζομένῳ τι κοινόν τι εἶναι, **ἐκείνων** κοινόν. 15 εἰ γὰρ διὰ βρῶμα D*
λογιζομένῳ τι κοινὸν εἶναι, **ἐκεῖνο** κοινόν. 15 εἰ γὰρ διὰ βρῶμα 6 365 1319 1573
λογιζομένῳ τι κοινὸν εἶναι, **ἐκεῖνο** κοινόν. 15 εἰ **δὲ** διὰ βρῶμα 999 1241 1611
λογιζομένωι τι κοινὸν εἶναι, **ἐκεῖνο** κοινόν. 15 εἰ **δὲ** διὰ βρῶμα 1891
λογιζομένῳ τι κοινὸν εἶναι, **ἐκεῖνο**. 15 εἰ **δὲ** διὰ βρῶμα 1836
λογιζομένῳ τι κοινὸν 15 εἰ **δὲ** διὰ βρῶμα 88 2147
λογιζομένῳ **τὸ** κοινὸν εἶναι, ἐκείνῳ κοινόν. 15 εἰ **δὲ** διὰ βρῶμα 131
λογιζομένῳ **τῷ** κοινὸν εἶναι, ἐκείνῳ κοινόν. 15 εἰ **δὲ** διὰ βρῶμα 33
λογιζομένωι τι κοινὸν εἶναι, ἐκείνῳ κοινόν. 15 εἰ **δὲ** διὰ βρῶμα 1270
λογιζομένῳ τι κοινὸν εἶναι, ἐκείνῳ κοινόν. 15 εἰ **δὲ** διὰ βρῶμα L 049 056 1 104 209 226 323 424* 440 460 489 517 547 614 618 796 910 927 945 1175 1242 1245 1315 1352 1424 1448 1505 1646 1734 1738 1827 1854 1874 1881 1982 2125 2344 2495 2815 **τ** Er^1

[↓1352 1424 1448 1505 1573 1734 1738 1739 1837 1854 1874 1881 1891 2125 2147 2400 2495 2815 **uwτ** Er^1
[↓330 365 424 440 460 489 517 547 614 618 796 927 945 999 1175 1241 1242 1243 1245 1270 1315 1319
ὁ ἀδελφός σου λυπεῖται, οὐκέτι κατὰ ἀγάπην B ℵ C D L P Ψ 049 056 1 33 69^c ..
....πην 𝔓46 [↑104 131 209 226 323 326
ὁ ἀδελφός σου λυπεῖται, οὐκέτι κατὰ τὴν ἀγάπην 6
ὁ ἀδελφός σου λυπεῖται, **οὐκέ** κατὰ ἀγάπην 69*
ὁ **ἀδελφόσου** λυπεῖται, οὐκέτι κατὰ ἀγάπην 1646
ὁ ἀδελφός σου σκανδαλίζεται ἢ λυπεῖται, οὐκέτι κατὰ ἀγάπην 1735
ὁ ἀδελφός σου λυπεῖται, **οὐ** κατὰ ἀγάπην 1827
ὁ ἀδελφός σου **λειπεῖται**, οὐκέτι κατὰ ἀγάπην 205
ἀδελφός σου **λυπῖται**, **οὐκέτει** κατὰ ἀγάπην F G
ὁ ἀδελφός σου **λυπῆται**, οὐκέτι κατὰ ἀγάπην 910 1506 1611 1836
ὁ ἀδελφός σου **λυπεῖτε**, οὐκέτι κατὰ ἀγάπην A 88 1982 2344

[↓1611 1734 1735 1738 1827 1836 1837 1854 1874* 1982 2125 2147 2400 2495 2815 **uwτ** Er^1
[↓365 460 517 547 614 618 796 910 927 1241 1242 1243 1245 1315 1319 1448 1505 1506 1573
περιπατεῖς· μὴ τῷ βρώματί σου ἐκεῖνον ἀπόλλυε B ℵ A C D* P Ψ 049 1 6 33 88 131 209 226 323 326 330
.... ἀπόλλ..... 𝔓46c
περιπατεῖς· μὴ τῷ **βρώματεί** σου ἐκεῖνον **ἀπόλλυειν** F G
περιπατῆς· μὴ τῷ βρώματί σου ἐκεῖνον ἀπόλλυε 056 1175 1424
περιπατεῖν· μὴ τῷ βρώματί σου ἐκεῖνον ἀπόλλυε 104
περιπατεῖς· μὴ τῷ **κρίματί** σου ἐκεῖνον ἀπόλλυε 205
περιπατεῖς· μὴ τῶι βρώματί σου ἐκεῖνον ἀπόλλυε 424 945 1270 1739 1891
περιπατεῖς· μὴ τῷ **βρῶμα** ἐκεῖνον ἀπόλλυε 999
περιπατεῖς· μὴ **τὸ** βρώματί σου ἐκεῖνον ἀπόλλυε 1874^c
.... **ἀπόλ**..... 𝔓46*
περιπατεῖς· μὴ τῷ βρώματί σου ἐκεῖνον **ἀπόλυε** D$^{1.2}$ L 69 440 489 1352 1646 1881 2344

lac. 14.14-15 𝔓10 𝔓113 K 0172 2412 2464

C 14.13 τε 1836

E 14.14 Ro 14.20; Ac 10.15; Tit 1.15; Mt 15.11; Mk 7.15; 1 Co 10.25-27 **15** 1 Co 8.11-13

[↓424 517 910 1175 1241 1243 1424 1735 1739 1836 1854 1874 2125 2344

ὑπὲρ οὗ χς ἀπέθανεν. 16 μὴ βλασφημείσθω οὖν ὑμῶν τὸ ἀγαθόν. B A C L P 049 33 69

.... 16 .... οὖν .... $\mathfrak{P}^{46}$

ὑπὲρ οὗ Χριστὸς ἀπέθανεν. 16 μὴ βλασφημείσθω οὖν ὑμῶν τὸ ἀγαθόν. **u w**

ὑπὲρ οὗ χς ἀπέθανεν. 16 μὴ **βλασφημίσθω** οὖν ὑμῶν τὸ ἀγαθόν. ℵ

ὑπὲρ οὗ χς **ἀπέθανε**. 16 μὴ **βλασφημίσθω** οὖν ὑμῶν τὸ ἀγαθόν. 2147

ὑπὲρ οὗ χς ἀπέθανεν. 16 μὴ **βλασφημίσθω** οὖν **ἡμῶν** τὸ ἀγαθόν. D*

16 μὴ βλασφημείσθω οὖν **ἡμῶν** τὸ ἀγαθόν. Cl Paid. II 6.2

ὑπὲρ οὗ χς ἀπέθανεν. 16 μὴ βλασφημείσθω οὖν **ἡμῶν** τὸ ἀγαθόν. D$^{1.2}$ Ψ 1506

ὑπὲρ οὗ χρς ἀπέθανεν. 16 μὴ βλασφημείσθω **ἡμῶν** τὸ ἀγαθόν. F

ὑπὲρ οὗ χς ἀπέθανεν. 16 μὴ βλασφημείσθω **ἡμῶν** τὸ ἀγαθόν. G

ὑπὲρ οὗ χς **ἀπέθανε**. 16 μὴ βλασφημείσθω οὖν **ἡμῶν** τὸ ἀγαθόν. 1245

ὑπὲρ οὗ ὁ χς ἀπέθανεν. 16 μὴ βλασφημείσθω οὖν ὑμῶν τὸ ἀγαθόν. 326 1837

ὑπὲρ οὗ χς ἀπέθανεν. 16 μὴ βλασφημείσθω οὖν τὸ ἀγαθόν. 460 618 1738

ὑπὲρ οὗ χς **ἀπέθανε**. 16 μὴ οὖν βλασφημείσθω ὑμῶν τὸ ἀγαθόν. 547

ὑπὲρ οὗ χς ἀπέθανεν. 16 μὴ βλασφημείσθω ὑμῶν τὸ ἀγαθόν. 1319

ὑπὲρ οὗ χς ἀπέθανεν. 16 μὴ **βλασφημουσθω** οὖν ὑμῶν τὸ ἀγαθόν. 88

ὑπὲρ οὗ χς **ἀπέθανε**. 16 μὴ **βλασφημήσθω** οὖν ὑμῶν τὸ ἀγαθόν. 796

ὑπὲρ οὗ χς ἀπέθανεν. 16 μὴ **βλασμφημείσθω** οὖν ὑμῶν τὸ ἀγαθόν. 1646

ὑπὲρ οὗ Χριστὸς **ἀπέθανε**. 16 μὴ βλασφημείσθω οὖν ὑμῶν τὸ ἀγαθόν. **τ** Er^{1} [↓209 226 323

ὑπὲρ οὗ χς **ἀπέθανε**. 16 μὴ βλασφημείσθω οὖν ὑμῶν τὸ ἀγαθόν. 056 1 6 104 131 205

330 365 440 489 614 927 945 999 1242 1270 1315 1352 1448 1505 1573 1611 1734 1827 1881 1891 1982 2400 2495 2815

[↓1738 1739 1836 1837 1854 1874^{c} 1881 1982 2125 2147 2344 2400 2495 2815 Cl Paid. II 6.2

[↓999 1175 1241 1242 1243 1245 1270 1315 1319 1352 1424 1448 1505 1506 1573 1646 1734

[↓6 69 88 104 131 205 209 226 323 326 330 365 424 440 460 517 547 614 618 796 927 945

17 οὐ γάρ ἐστιν ἡ βασιλεία τοῦ θυ βρῶσις καὶ πόσις ἀλλὰ δικαιοσύνη B ℵ D$^{1.2}$ L P Ψ 049 056 1

17 .... θυ β........... ....νη $\mathfrak{P}^{46}$

17 οὐ γάρ ἐστιν ἡ βασιλεία τοῦ θεοῦ βρῶσις καὶ πόσις ἀλλὰ δικαιοσύνη **uwτ** Er^{1}

17 οὐ γάρ ἐστιν ἡ **βασιλία** τοῦ θυ βρῶσις καὶ πόσις ἀλλὰ δικαιοσύνη D*

17 οὐ γάρ ἐστιν ἡ βασιλεία τοῦ θυ βρῶσις καὶ πόσις ἀλλὰ **δικαιωσύνη** 33

17 οὐ γάρ ἐστιν ἡ βασιλεία βρῶσις καὶ πόσις ἀλλὰ δικαιοσύνη 910

17 οὐ γάρ **ἐστι** ἡ **βασιλία** τοῦ θυ βρῶσις καὶ **πῶσις** ἀλλὰ δικαιοσύνη 489

17 οὐ γάρ ἐστιν ἡ βασιλεία τοῦ θυ βρῶσις καὶ **πώσις** ἀλλὰ δικαιοσύνη 1735 1874* 1891

17 οὐ γάρ ἐστιν ἡ βασιλεία τοῦ θυ βρῶσις καὶ πόσις ἀλλὰ δι..................... 1611

17 οὐ γάρ ἐστιν ἡ βασιλεία τοῦ θυ βρῶσις καὶ πόσις ἀλλὰ δικαιοσύνη καὶ ἄσκησις 1827

17 οὐ γάρ ἐστιν ἡ βασιλεία τοῦ θυ **βρῶσεις** καὶ πόσις ἀλλὰ δικαιοσύνη C

17 οὐ γάρ ἐστιν ἡ βασιλεία τοῦ θυ **βρῶσεις** καὶ **πόσεις** ἀλλὰ δικαιοσύνη A

17 οὐ γάρ ἐστιν ἡ **βασιλία** τοῦ θυ **βρῶσεις** καὶ **πόσεις** ἀλλὰ δικαιοσύνη F G

17 **οὐκ ἐστι δὲ** ἡ βασιλεία θεοῦ βρῶσις καὶ πόσις Cl III 48.3

17 **οὐκ ἐστιν** ἡ βασιλεία τοῦ θεοῦ βρῶσις καὶ πόσις ἀλλὰ δικαιοσύνη Cl III 53.4

καὶ εἰρήνη καὶ χαρὰ ἐν πνεύματι ἁγίῳ· 18 ὁ γὰρ ἐν τούτῳ δουλεύων B **u w**

κ.... .... 18 ... .λεύω· $\mathfrak{P}^{46}$

καὶ εἰρήνη καὶ χαρὰ ἐν πνεύματι ἁγίῳ· 18 Cl III 53.4; Paid. II 6.2

καὶ εἰρήνη καὶ χαρὰ ἐν πνι ἁγίῳ· 18 ὁ γὰρ ἐν τούτῳ δουλεύων ℵ* A C D* P 326

καὶ **ἰρήνη** καὶ χαρὰ ἐν πνι ἁγίῳ· 18 ὁ γὰρ ἐν τούτῳ δουλεύων F G [↑330 1243

καὶ εἰρήνη καὶ χαρὰ ἐν πνι ἁγίῳι· 18 ὁ γὰρ ἐν τούτωι δουλεύων 1739 [↑1506 1837

καὶ εἰρήνη καὶ χαρὰ ἐν πνεύματι ἁγίῳ· 18 ὁ γὰρ ἐν **τούτοις** δουλεύων 69 **τ** Er^{1} [↑1881

καὶ εἰρήνη καὶ χαρὰ ἐν πνι ἁγίῳι· 18 ὁ γὰρ ἐν **τούτοις** δουλεύων 517 1270 [↑2400

καὶ χαρὰ ἐν πνι ἁγίῳ· 18 ὁ γὰρ ἐν **τούτοις** δουλεύων 796

καὶ χαρὰ ἐν πνι ἁγίωι· 18 ὁ γὰρ ἐν **τούτοις** δουλεύων 1891

καὶ εἰρήνη· χαρὰ ἐν πνι ἁγίῳ· 18 ὁ γὰρ ἐν **τούτοις** δουλεύων 1175

καὶ εἰρήνη καὶ χαρὰ ἐν **ἁγίῳ πνι**· 18 ὁ γὰρ ἐν **τούτοις** δουλεύων 1242

...... εἰρήνη καὶ χαρὰ .... · 18 ὁ γὰρ ἐν **τούτοις** δουλεύων 1611

καὶ ἄσκησης εἰρήνη καὶ χαρὰ ἐν πνι ἁγίῳ· 18 ὁ γὰρ ἐν **τούτοις** **δωλεύον** 1646*

καὶ ἄσκησης εἰρήνη καὶ χαρὰ ἐν πνι ἁγίῳ· 18 ὁ γὰρ ἐν **τούτοις** **δουλεύον** 1646^{c}

καὶ εἰρήνη καὶ χαρὰ ἐν πνι ἁγίῳ· 18 ὁ γὰρ ἐν **τούτοις** δουλεύων ℵ^{c} D$^{1.2}$ L Ψ 049 056

1 6 33 88 104 131 205 209 226 323 365 424 440 460 489 547 614 618 910 927 945 999 1241 1245 1315

1319 1352 1424 1448 1505 1573 1734 1735 1738 1827 1836 1854 1874 1982 2125 2147 2344 2495 2815

---

lac. 14.15-18 $\mathfrak{P}^{10}$ $\mathfrak{P}^{113}$ K 0172 2412 2464

C 14.16 σα της τν ε 1735

E 14.15 1 Co 8.11-13 **16** Tit 2.5 **17** 1 Co 8.8

τῷ χω εὐάρεστος τῷ θω καὶ δοκίμοις τοῖς ἀνθρώποις. 19 αρα οὖν B
.... 19 .... οὖν 𝔓46
τῷ χω εὐάρεστος τῷ θω καὶ **δόκιμος** τοῖς ἀνθρώποις. 19 αρα οὖν ℵ
χω εὐάρεστος τῷ θω καὶ **δόκιμος** τοῖς ανοις. 19 αρα οὖν A D*
χρω **εὔραστος** τῷ θω καὶ δοκίμοις τοῖς ανοις. 19 αρα οὖν G*
χρω **εὔρεστος** τῷ θω καὶ **δοκίμος** τοῖς ανοις. 19 αρα οὖν F G^c
τῷ χω εὐάρεστος τῷ θω καὶ **δόκιμος** τοῖς ανοις. 19 αρα οὖν C D¹ L* P 104
τῷ χω εὐάρεστος τῷ θω καὶ **δόκιμος** τοῖς ανοις. 19 **ἄρα** οὖν D² L^c 1 88 326 614 1319
τῷ Χριστῷ εὐάρεστος τῷ θεῷ καὶ **δόκιμος** τοῖς ἀνθρώποις. 19 **ἄρα** οὖν **uwτ** Er¹ [↑1506 1837
τῷ χω εὐάρεστος τῷ θωι καὶ **δόκιμος** τοῖς ανοις. 19 **ἄρα** οὖν 056 [↑1854 1874
τῷ χω εὐάρεστος τῷ θω καὶ **δόκιμος** τοῖς ἀνθρώποις. 19 **ἄρα** οὖν 33 1424 1881
τῶι χωι εὐάρεστος τῶι θωι καὶ **δόκιμος** τοῖς ανοις. 19 **ἄρα** οὖν 424 1270 1891
τῷ χωι εὐάρεστος τῶι θωι καὶ **δόκιμος** τοῖς ανοις. 19 **ἄρα** οὖν 517
τῷ χωι εὐάρεστος τῷ θωι καὶ **δόκιμος** τοῖς ανοις. 19 **ἄρα** οὖν 945
τῷ χω **εὐάρεστο** τῷ θω καὶ **δόκιμος** τοῖς ανοις. 19 **ἄρα** οὖν ἀδελφοὶ 1646
τῷ χω εὐάρεστος τῷ θω καὶ **δόκημος** τοῖς ανοις. 19 **ἄρα** οὖν 1735
τῶι χω εὐάρεστος τῶι θωι καὶ **δόκιμος** τοῖς ανοις. 19 **ἄρα** οὖν 1739
τῷ **κω** εὐάρεστος τῷ θω καὶ **δόκιμος** τοῖς ανοις. 19 **ἄρα** οὖν 460 489 618 927 1738
τῷ **θω** εὐάρεστος τῷ **χω** καὶ **δόκιμος** τοῖς ανοις. 19 **ἄρα** οὖν 1827 [↓547 796 910 999
τῷ χω εὐάρεστος τῷ θω καὶ **τοῖς ανοις δόκιμος**. 19 **ἄρα** οὖν 131 [↓323 330 365 440
τῷ χω εὐάρεστος τῷ θω καὶ **δόκιμος** τοῖς ανοις. 19 **ἄρα** οὖν Ψ 049 6 69 205 209 226
1175 1241 1242 1243 1245 1315 1352 1448 1505 1573 1611 1734 1836 1982 2125 2147 2344 2400 2495 2815

τὰ τῆς εἰρήνης διώκομεν καὶ τὰ τῆς οἰκοδομῆς τῆς εἰς ἀλλήλους. B ℵ A L P 6 88 326 330 440
....δομ.... .... 𝔓46 [↑1270 1836 1837
τὰ τῆς **ἰρήνης** διώκομεν καὶ τὰ τῆς οἰκοδομῆς τῆς εἰς ἀλλήλους φυλάξωμεν. F G [↑1874 2147 2400
τὰ τῆς εἰρήνης **διώκωμεν** καὶ τὰ τῆς οἰκοδομῆς τῆς εἰς ἀλλήλους φυλάξωμεν. D* [↑[w]
τὰ τῆς εἰρήνης **διώκωμεν** καὶ τὰ τῆς οἰκοδομῆς τῆς **ἐν** ἀλλήλους. 056 1245
τὰ τῆς εἰρήνης **διώκωμεν** καὶ τὰ τῆς οἰκοδομῆς τῆς ...... ἀλλήλους. 33
τὰ τῆς εἰρήνης **διώκωμεν** καὶ τὰ τῆς οἰκοδομῆς εἰς ἀλλήλους. 999
τὰ τῆς εἰρήνης **διώκωμεν** καὶ τὰ τῆς **οἰκωδομῆς** τῆς εἰς ἀλλήλους. 1243
τὰ τῆς εἰρήνης **διώκωμεν** καὶ τὰ τῆς οἰκοδομῆς τῆς ἀλλήλους. 1319*
τὰ τῆς εἰρήνης **διώκωμεν** καὶ τὰ τῆς οἰκοδομῆς τῆς εἰς ἀλλήλους. C D^{1.2} Ψ 049 1 69 104 131
205 209 226 323 365 424 460 489 517 547 614 618 796 910 927 945 1175 1241 1242 1315 1319^c 1352 1424 1448
1505 1506 1573 1611 1646 1734 1735 1738 1739 1827 1854 1881 1891 1982 2125 2344 2495 2815 **u**[**w**]**τ** Er¹

---

lac. 14.18-19 𝔓10 𝔓113 K 0172 2412 2464

C 14.18 τε της γ 517 547 614 1242 1315 | τελ 226 330 440 796 927 945 1245 1448 1837 2147 | τε της ε 1573 | τελ γ 1 1739 **19** αρχ Σα της τυροφαγου Ψ 049 460 | Σα της τυροφαγου αδελφοι L | αρχ Σα λς τυροι αδ,ε τα της ειρηνης διωκομεν 1 | αρχ τω σαββατ της τυροφαγ 209 | αρχ Σα της τυροφαγου. αδ,ε το της ειρηνης διωκωμεν (- διωκ. 1837) 226 1837 | αρχ Σα τη τ ειρηνης 330 | αρχ κ,ε ος Σα της τυροφαγυ 424 | της γ κ,ε οσ και αρχ του Σα λς της απο γ,υ 440 | αρχ Σα της τυροφαγ αδ,ε τα της ει 489 | Σα της τυροφα 517 | αρχ 547 | αρχ Σα της τυροφαγ αδελφοι τα της ειρηνης διωκωμεν 614 | αρχ Σα της τυροφαγ. αδ,ε τα της ειρ,η διω 796 | αρχ Σα της τυραφ αδελφοι τα της ειρηνης διωκωμεν 927 | αρχ τη α της τυροφα: προς ρωμ: αδ,ε τα της ειρηνη διωκωμεν 945 | αρχ Σα τυροφα 1242 | αρχ Σα της τυροφα αδ,ε τ της ειρη 1270 | αρχ Σα της τυροφαγ κ,ε ρκβ 1315 | αρχ σα του τυριψς: αδ,ε τα της ειρηνης διωκομεν 1448 | Σα ιγ και Σα της τυροφ,α 1735 | αρχ Σα του τυρο αδελφοι τα της ειρηνης διωκωμεν αλλ,η λ δ εκεκραξ οι δια, 1739 | αρχ αδελφοι τα της ειρηνης διωκωμεν 1891 | αρχ τω Σα της τυροφαγ αλ,ε τα της ειρηνης διωκομεν 2147 | (ante αρα) αρχ του τυροφα 1175

D 14.19 λε 489 927 | λθ 1 226 517 1739

E 14.19 Ro 12.18; 15.2; He 12.14; 1 Co 7.15; 1 Co 10.23; 14.12, 26; 2 Co 12.19; 1 Th 5.11 **20** Mt 15.11; Mk 7.15; Tit 1.15

Errata: 14.19 antf 𝔓46 τῆς εἰς ἀλλήλους : lac. 𝔓46
14.19 antf 999 τῆς εἰς ἀλλήλους : εἰς ἀλλήλους 999
14.19 antf 1319 τῆς ἀλλήλους : τῆς ἀλλήλους 1319*; τῆς εἰς ἀλλήλους 1319^c
14.19 antf 1245 τῆς εἰς ἀλλήλους : τῆς ἐν ἀλλήλους 1245

[↓1448 1505 1506 1611 1646 1734 1735 1738 1739 1827 1836 1837 1854 1874 1982 2125 2147 2344 2400 2495 2815
[↓226 323 326 365 424 440 460 489 547 614 618 796 910 927 945 999 1241 1242 1243 1245 1270 1315 1352 1424
20 μὴ ἕνεκεν βρώματος κατάλυε τὸ ἔργον τοῦ θ̅υ̅. πάντα μὲν καθαρά, B A C D L P 049 056 1 6
20 ....τος........ .... καθα.... $\mathfrak{P}^{46}$ [↑69 104 131 205 209
20 μὴ ἕνεκεν βρώματος κατάλυε τὸ ἔργον τοῦ θεοῦ. Cl Paid. II 11.1
20 μὴ ἕνεκεν βρώματος κατάλυε τὸ ἔργον τοῦ θεοῦ. πάντα μὲν καθαρά, **uwτ** Er^{1}
20 μὴ ἕνεκεν β........ ....άλυε τὸ ἔργον τοῦ θ̅υ̅. πάντα μὲν καθαρά, 33
20 μὴ ἕνεκεν βρώματος κατάλυε **τὸν νόμον** τοῦ θ̅υ̅. πάντα μὲν καθαρά, Ψ
20 μὴ ἕνεκεν βρώματος **καταλύειν** τὸ ἔργον τοῦ θ̅υ̅. πάντα μὲν καθαρά, F G
20 μὴ **ἕνεκε** βρώματος κατάλυε τὸ ἔργον τοῦ θ̅υ̅. πάντα μὲν καθαρά, 88 330 1319 1573 1881
20 μὴ **εἵνεκε** βρώματος κατάλυε τὸ ἔργον τοῦ θ̅υ̅. πάντα μὲν καθαρά, 517
20 μὴ **εἵνεκεν** βρώματος κατάλυε τὸ ἔργον τοῦ θ̅υ̅. πάντα μὲν καθαρά, 1175 1891
20 μὴ ἕνεκεν βρώματος **ἀπόλλυε** τὸ ἔργον τοῦ θ̅υ̅. πάντα μὲν καθαρά, ℵ*
20 μὴ ἕνεκεν βρώματος κατάλυε τὸ ἔργον τοῦ θ̅υ̅. πάντα μὲν καθαρὰ τοῖς καθαροῖς ℵ^{c}

ἀλλὰ κακὸν τῷ ἀνθρώπῳ τῷ διὰ προσκόμματος ἐσθίοντι. 21 καλὸν τὸ μὴ B ℵ 1319 **uwτ** Er^{1}
....κόμ.... .... 21 .... $\mathfrak{P}^{46}$
21 καλὸν τὸ μὴ Cl III 85.2
21 καλὸν μὲν οὖν τὸ μὴ Cl Paid. II
ἀλλὰ κακὸν τῷ αν̅ω τῷ διὰ προσκόμματος **αἰσθείνοντι**. 21 καλὸν τὸ μὴ F G [↑11.1
.... κακὸν τῷ αν̅ω .... ἐσθίοντι. 21 καλὸν τὸ μὴ 33
ἀλλὰ κακὸν τῷ αν̅ω τῷ διὰ προσκόμματος **ἐσθίοντα**. 21 καλὸν τὸ μὴ 330
ἀλλὰ κακὸν τῶι αν̅ωι τῶι διὰ προσκόμματος ἐσθίοντι. 21 καλὸν τὸ μὴ 424 1270 1739 1891
ἀλλὰ κακὸν τῶι αν̅ω τῷ διὰ προσκόμματος ἐσθίοντι. 21 καλὸν τὸ μὴ 517 945
ἀλλὰ κακὸν τῷ αν̅ω **τὸ** διὰ προσκόμματος ἐσθίοντι. 21 καλὸν τὸ μὴ 1175
ἀλλὰ κακὸν τῷ διὰ προσκόμματος ἐσθίοντι. 21 καλὸν τὸ μὴ 1827
ἀλλὰ **κακῶν** τῷ αν̅ω τῷ διὰ **προσκόματος** ἐσθίοντι. 21 **καλῶν** τὸ μὴ 618
ἀλλὰ **κακῶν** τῷ αν̅ω τῷ διὰ **προσκόματος** **ἐσθήοντι**. 21 καλὸν τὸ μὴ 1646
ἀλλὰ κακὸν τῷ αν̅ω τῷ διὰ **προσκόματος** ἐσθίοντι. 21 καλὸν τὸ μὴ 1881 [↓1245 1738
ἀλλὰ κακὸν τῷ αν̅ω τῷ διὰ προσκόμματος ἐσθίοντι. 21 καλὸν **τῷ** μὴ 049 104 365 999
ἀλλὰ κακὸν τῷ αν̅ω τῷ διὰ προσκόμματος ἐσθίοντι. 21 καλὸν τὸ μὴ A C D L P Ψ 056 1
6 69 88 131 205 209 226 323 326 440 460 489 547 614 796 910 927 1241 1242 1243 1315 1352 1424
1448 1505 1506 1573 1611 1734 1735 1836 1837 1854 1874 1982 2125 2147 2344 2400 2495 2815

φαγεῖν κρέα μηδὲ πεῖν οἶνον μηδὲ ἐν ᾧ ὁ ἀδελφός σου προσκόπτει B* D*
....**ρεί**.. .... $\mathfrak{P}^{46}$
φαγεῖν κρέα μηδὲ **πιεῖν** οἶνον μηδὲ ἐν ᾧ ὁ ἀδελφός σου **λυπεῖται**. ℵ* P
φαγεῖν κρέα μηδὲ **πιεῖν** οἶνον μηδὲ ἐν ᾧ ὁ ἀδελφός σου προσκόπτει. 049 104 999 1245 1738
φαγεῖν κρέα **καὶ μὴ** **πιεῖν** οἶνον μηδὲ ἐν ᾧ ὁ ἀδελφός σου προσκόπτει. 326 330 1837 2400
φαγεῖν κρέα **καὶ** **πιεῖν** οἶνον μηδὲ ἐν ᾧ ὁ ἀδελφός σου προσκόπτει. 489
φαγεῖν κρέα **καὶ** μηδὲ **πιεῖν** οἶνον μηδὲ ἐν ᾧ ἀδελφός σου προσκόπτει. 1573
φαγεῖν **κρέας** μηδὲ **πιεῖν** οἶνον μηδὲ ἐν ᾧ ὁ ἀδελφός σου προσκόπτει D^{1} Ψ 6 69 1739 1881
φαγεῖν **κρέας καὶ μὴ** **πιεῖν** οἶνον μηδὲ ἐν ᾧ ὁ ἀδελφός σου προσκόπτει. 365
φαγεῖν **κρέας καὶ μὴ** **πιεῖν** οἶνον μηδὲ ἐν ᾧ ὁ ἀδελφός σου προσκόπτει. 1319 1505 2495
φαγεῖν κρέα **καὶ** μηδὲ.... .... ἀδελφός.... ....κόπτει. 33*
φαγεῖν κρέα μηδὲ.... .... ἀδελφός.... ....κόπτει. 33^{c}
φαγεῖν κρέα μηδὲ **οἶνον** **πιεῖν** Cl Paid. II 11.1
φαγεῖν κρέα μηδὲ **πινεῖν** οἶνον Cl III 85.2
φαγῖν κρέα μηδὲ **πινεῖν** οἶνον μηδὲ ἐν ᾧ ὁ ἀδελφός σου **προσκόντει**. F*
φαγῖν κρέα μηδὲ **πινεῖν** οἶνον μηδὲ ἐν ᾧ ὁ ἀδελφός σου προσκόπτει. F^{c} G
φαγεῖν κρέα μηδὲ **ποιεῖν** οἶνον μηδὲ ἐν ᾧ ὁ ἀδελφός σου προσκόπτει. 323 460 1734
φαγεῖν κρέα μηδὲ **ποιεῖν** οἶνον μηδὲ ἐν ᾧ ὁ ἀδελφός σου **σκανδαλίζεται**. 1827
φαγῆν κρέα μηδὲ **ποιεῖν** οἶνον μηδὲ ἐν ᾧ ὁ ἀδελφός σου προσκόπτει. 1646
φαγῆν κρέα μηδὲ **πιεῖν** οἶνον μηδὲ ἐν ᾧ ὁ ἀδελφός σου προσκόπτει. 1874
φαγεῖν κρέα μηδὲ **πιεῖν** οἶνον μηδὲ ἐν ὧι ὁ ἀδελφός σου προσκόπτει. 424 1270 1891^{c} 1982
φαγεῖν κρέα μηδὲ **πιεῖν** οἶνον μηδὲ ἐν ὧι ὁ ἀδελφός σου 1891*
φαγεῖν κρέα μηδὲ **πιεῖν** οἶνον μηδὲ ἐν ᾧ **προσκόπτει ὁ ἀδελφός σου**. 1241
φαγεῖν κρέα μηδὲ **πιεῖν** οἶνον μηδὲ ἐν ᾧ ὁ ἀδελφός σου προσκόπτει. B^{c} ℵ^{c} A C D^{2} L 056 1
88 131 205 209 226 440 517 547 614 618 796 910 927 945 1175 1242 1243 1315
1352 1424 1448 1506 1611 1735 1836 1854 2125 2147 2344 2815 **uwτ** Er^{1}

lac. 14.20-21 $\mathfrak{P}^{10}$ $\mathfrak{P}^{113}$ K 0172 2412 2464

E 14.20 Mt 15.11; Mk 7.15; Tit 1.15 **21** Ro 14.13; 1 Co 8.13

Errata: 14.21 antf F προσκόπτει : προσκόντει F*

ἢ σκανδαλίζεται ἢ ἀσθενεῖ **22** σὺ πίστιν ἣν ἔχεις κατὰ σεαυτὸν B ℵ^c^
22...... .... 𝔓46
22 σὺ πίστιν ἣν ἔχεις κατὰ σεαυτὸν ℵ* A [**u**]**w**
22 σὺ πίστιν ἣν **ἔχις** κατὰ σεαυτὸν C
22 σὺ πίστιν ἔχεις κατὰ σεαυτὸν 6 424c 1506 1739 [**u**]
ἢ σκανδαλίζεται ἢ ἀσθενεῖ **22** σὺ 33
ἢ σκανδαλίζεται ἢ ἀσθενεῖ **22** σὺ δὲ πίστιν ἔχεις κατὰ σεαυτὸν 69
ἢ σκανδαλίζεται ἢ ἀσθενεῖ **22** σὺ πίστιν ἔχεις κατὰ **σαυτὸν** 1319* **τ** Er1
ἢ σκανδαλίζεται ἢ **ἀσθενῆ** **22** σὺ πίστιν ἔχεις καὶ κατὰ σεαυτὸν 1505
σκανδαλίζεται ἢ ἀσθενεῖ **22** σὺ πίστιν ἔχεις κατὰ σεαυτὸν 1891* 2400
ἢ σκανδαλίζεται ἢ ἀσθενεῖ **22** σὺ πίστιν ἔχεις καὶ κατὰ σεαυτὸν 2495
ἢ **σκανδαλίζετε** ἢ ἀσθενεῖ **22** σὺ πίστιν ἔχεις κατὰ σεαυτὸν D* 618
ἢ **προσκόπτει** ἢ ἀσθενεῖ **22** σὺ πίστιν ἔχεις κατὰ σεαυτὸν 1827
ἢ **σκανδαλείζεται** ἢ ἀσθενεῖ **22** σὺ πίστιν **ἔχει** κατὰ **σεαυτῷ** F
ἢ **σκανδαλείζεται** ἢ ἀσθενεῖ **22** σὺ πίστιν ἔχεις κατὰ **ἑαυτῷ** G
ἢ **σκανδαλήζετε** **22** σὺ **πίστην** ἔχεις κατὰ σεαυτὸν 1243
ἢ **σκαδαλίζεται** ἢ ἀσθενεῖ **22** σὺ **πίστην ἁ** ἔχεις κατὰ σεαυτὸν 1646*
ἢ σκανδαλίζεται ἢ ἀσθενεῖ **22** σὺ **πίστην ἁ** ἔχεις κατὰ σεαυτὸν 1646c
εἶ σκανδαλίζεται **εἶ** ἀσθενεῖ **22** σὺ **πίστην** ἔχεις κατὰ σεαυτὸν 2147
ἢ σκανδαλίζεται ἢ ἀσθενεῖ **22** σὺ πίστιν ἔχεις **ἀλλὰ** σεαυτὸν 1982
ἢ σκανδαλίζεται ἢ ἀσθενεῖ **22** σὺ πίστιν ἔχεις κατὰ σεαυτὸν D1.2 L P Ψ 049 056 1 88
104 131 205 209 226 323 326 330 365 424* 440 460 489 517 547 614 796 910 927 945 999 1175 1241 1242 1245
1270 1315 1319c 1352 1424 1448 1573 1611 1734 1735 1738 1836 1837 1854 1874 1881 1891c 2125 2344 2815

ἔχε ἐνώπιον τοῦ θ̅υ̅. μακάριος ὁ μὴ κρείνων ἑαυτὸν ἐν ᾧ δοκιμάζει· B
....ιον ....τὸν ....· 𝔓46
ἔχε̅. μακάριος ὁ μὴ **κρίνων** ἑαυτὸν ἐν ᾧ δοκιμάζει· ℵ* 1352 1982
ἔχε ἐνώπιον τοῦ θεοῦ. μακάριος ὁ μὴ **κρίνων** ἑαυτὸν ἐν ᾧ δοκιμάζει· **uwτ** Er1
ἔχαι ἐνώπιον τοῦ θ̅υ̅. μακάριος ὁ μὴ **κρίνων** ἑαυτὸν ἐν ᾧ δοκιμάζει· F G
ἔχε ἐνώπιον τοῦ θ̅υ̅. μακάριος ὁ μὴ **κρίνων** ἑαυτὸν ἐν ᾧ **δοκιμάζεται**· Ψ
....ν τοῦ θ̅υ̅. μακάριος ὁ μὴ **κρίνων** ἑαυτὸν 33
ἔχε ἐνώπιον τοῦ θ̅υ̅. μακάριος ὁ μὴ **κρίνων** ἑαυτὸν ἐν ὧι δοκιμάζει· 424 517 945 1270 1739 1891
ἔχε ἐνώπιον τοῦ θ̅υ̅. μακάριος ὁ μὴ **κρίνων** **ἑαυτῷ** ἐν ᾧ δοκιμάζει· 1245
ἔχε ἐνώπιον τοῦ θ̅υ̅. μακάριος ὁ μὴ **κρίνων** ἐν ᾧ δοκιμάζει· 1734
ἔχε ἐνώπιον τοῦ θ̅υ̅. μακάριος ὁ μὴ **κρίνων** 2344
ἔχε ἐνώπιον τοῦ θ̅υ̅. μακάριος ὁ μὴ **κρίνον** ἑαυτὸν ἐν ᾧ δοκιμάζει· 104 618
ἔχε ἐνώπιον τοῦ θ̅υ̅. μακάριος ὁ μὴ **κρίνον** ἑαυτὸν ἐν ᾧ **δοκιμάζειν**· 1646
ἔχε ἐνώπιον τοῦ θ̅υ̅. μακάριος ὁ **μὶ** **κρίνον** ἑαυτὸν ἐν ᾧ δοκιμάζει· 2147
ἔχε ἐνώπιον τοῦ θ̅υ̅. μακάριος ὁ μὴ **κρίνων** ἑαυτὸν ἐν ᾧ δοκιμάζει· ℵc A C D L P 049 056 1 6 69
88 131 205 209 226 323 326 330 365 440 460 489 547 614 796 910 927 999 1175 1241 1242 1243 1315
1319 1424 1448 1505 1506 1573 1611 1735 1738 1827 1836 1837 1854 1874 1881 2125 2400 2495 2815

---

lac. 14.21-22 𝔓10 𝔓113 K 0172 2412 2464

E 14.21 Ro 14.13; 1 Co 8.13

Errata: 14.21 antf 𝔓46 προσκόπτει ἢ σκανδαλίζεται ἢ ἀσθενει : lac. 𝔓46

14.21 antf 33 σου προσκόπτει ἢ σκανδαλίζεται ἢ ἀσθενεῖ : ....κόπτει ἢ σκανδαλίζεται ἢ ἀσθενεῖ 33 (**antf** does not account for a lacuna between ἀδελφοὶ and ....κόπτει that encompasses more space than σου προσ. This is one of the mold spots in the manuscript. **ubs** does the same.)

14.21 antf 1891 σκανδαλήσεται ἢ προσκόπτει : σκανδαλήσεται ἢ ἀσθενει 1891*; προσκόπτει ἢ σκανδαλήσεται ἢ ἀσθενει 1891c

14.21 antf 2147 προσκόπτει ἢ σκανδαλίζεται ἢ ἀσθενει : προσκόπτει εἶ σκανδαλίζεται εἶ ἀσθενει 2147

14.21 antf D σκανδαλίζεται : σκανδαλίζετε D*

14.21 antf 618 σκανδαλίζεται : σκανδαλίζετε 618

14.21 antf 1243 σκανδαλήσετε : σκανδαλήζετε 1243

23 ὁ δὲ διακρεινόμενος ἂν φάγῃ κατακέκριται, ὅτι οὐκ ἐκ πίστεως· B
23 .. .. ἐὰν ....ως· 𝔓46
23 ὁ δὲ **διακρινόμενος** **ἐὰν** **φάγει** κατακέκριται, ὅτι οὐκ ἐκ πίστεως· L 131 796 1424
23 ὁ δὲ **διακρινόμενος** **ἐὰν** φάγηι κατακέκριται, ὅτι οὐκ ἐκ πίστεως· 424 1739 1891
23 ὁ δὲ **διακρινόμενος** **ἐὰν** φάγῃ κατακέκριται, ὅτι οὐκ **ἐ** πίστεως· 1505 2400
23 ὁ δὲ **διακρινόμενος** **ἐὰν** φάγῃ **κατακέκριτε**, ὅτι οὐκ ἐκ πίστεως· 1874*
23 ὁ δὲ **διακρινόνμενος** **ἐὰν** φάγῃ **κατακέκρειται**, ὅτι οὐκ ἐκ πίστεως· F
23 ὁ δὲ **διακρινόμενος** **ἐὰν** φάγῃ **κατακέκρειται**, ὅτι οὐκ ἐκ πίστεως· G
23 ὁ δὲ **διακρινόμενος** **ἐὰν** φάγῃ **κατακρινεται**, ὅτι οὐκ ἐκ πίστεως· P 056
23 .. .. **κατακρινεται**, ὅτι οὐκ ἐκ πίστεως· 33
23 ὁ δὲ **διακρινόμενος** **ἐὰν** φάγῃ κατακέκριται, ὅτι οὐκ ἐκ πίστεως ℵ A C D Ψ 049 1 6 69 88 104 205 209 226 323 326 330 365 440 460 489 517 547 614 618 910 927 945 999 1175 1241 1242 1243 1245 1270 1315 1319 1352 1448 1506 1573 1611 1646 1734 1735 1738 1827 1836 1837 1854 1874c 1881 1982 2125 2147 2495 2815 **uwτ** Er1

πᾶν δὲ ὃ οὐκ ἐκ πίστεως ἁμαρτία ἐστίν. B ℵc A C D2 F G L Ψ 049 056 131 326 424 517 614 910 999 1175
πᾶν .... 𝔓46 [↑1241 1243 1424 1506 1611 1646 1827 1836 1837 1854
.... 33 [↑2125 2147 **uwτ** Er1
πᾶν ὃ οὐκ ἐκ πίστεως ἁμαρτία ἐστίν. 1874
πᾶν δὲ **τὸ** οὐκ ἐκ πίστεως ἁμαρτία ἐστίν. D* P 69 330 365 1319 1573 1735 1739 2400
ἁμαρτία ἐστίν. ℵ* 460
πᾶν **γὰρ** ὃ οὐκ ἐκ πίστεως ἁμαρτία **ἐστί**. 440 1315 [↓2495 2815
πᾶν δὲ δὲ ὃ οὐκ ἐκ πίστεως ἁμαρτία **ἐστί**. 1242* [↓1270 1352 1448 1505 1734 1738 1881 1891 1982
πᾶν δὲ ὃ οὐκ ἐκ πίστεως ἁμαρτία **ἐστί**. 1 6 88 104 205 209 226 323 489 547 618 796 927 945 1242c 1245

[↓1352 1424 1448 1506 1573c 1611 1646 1735 1738 1827 1836 1837 1854 1874 1881 1982 2125 2147 2400 2815
[↓88 104 131 205 209 226 323 326 330 440 460 489 517 547 614 796 910 927 945 999 1175 1241 1242 1245 1315
16.25 τῶ. δὲ δυναμενῶ ὑμᾶς στηρίξαι κατὰ τὸ εὐαγγέλιόν μου καὶ τὸ κήρυγμα A L Ψ 056 1 6
16.25 τῶ. δὲ δυναμένῳ ὑμᾶς στηρίξαι κατὰ τὸ εὐαγγέλιόν μου καὶ τὸ κήρυγμά μου 1505 2495
16.25 ...... δὲ δυναμένῳ ὑμᾶς στηρίξαι κατὰ..... 33
16.25 τῶ. δὲ δυναμένῳ ὑμᾶς **στιρήξαι** κατὰ τὸ εὐαγγέλιόν μου καὶ τὸ **κήρυμα** 049*
16.25 τῶ. δὲ δυναμένῳ ὑμᾶς **στιρήξαι** κατὰ τὸ εὐαγγέλιόν μου καὶ τὸ κήρυγμα 049c
16.25 τῶ. δὲ δυναμένῳ ὑμᾶς **στηρήξαι** κατὰ τὸ εὐαγγέλιόν μου καὶ τὸ κήρυγμα 1243
16.25 τῶ. δὲ δυναμένῳ **ἡμᾶς** στηρίξαι κατὰ τὸ εὐαγγέλιόν μου καὶ τὸ κήρυγμα P 69
16.25 τῶ. δὲ δυναμένῳ **ἡμᾶς** στηρίξαι κατὰ **τῷ** εὐαγγέλιόν μου καὶ τὸ κήρυγμα 618
16.25 τῶι.δὲ δυναμένῳ ὑμᾶς στηρίξαι κατὰ τὸ εὐαγγέλιόν μου καὶ τὸ κήρυγμα 1270
16.25 τῶι.δὲ δυναμένωι ὑμᾶς στηρίξαι κατὰ τὸ εὐαγγέλιόν μου καὶ τὸ κήρυγμα 424 1891
16.25 τῶι.δὲ δυναμένωι ὑμᾶς στηρίξαι **διὰ** τὸ εὐαγγέλιόν μου **κατὰ** το κήρυγμα 1734
16.25 omit G (but space for vss. here)

[↓1245 1270 1315 1352 1424 1448 1505 1506 1735 1738 1827 1837 1854 1881 1891 1982 2125 2400 2495 2815
[↓049 056 1 6 69 104 131 209 226 323 326 330 424 440 460 489 517 547 614 618 796 910 927 945 999 1241 1242
ιυ χυ, κατὰ ἀποκάλυψιν μυστηρίου, χρόνοις αἰωνίοις σεσιγημένου, **26** φανερωθέντος A L Ψ
ιυ χυ, κατὰ **ἀποκάλυψειν** μυστηρίου, χρόνοις αἰωνίοις σεσιγημένου, **26** **φανεροθέντος** P
ιυ χυ, κατὰ ἀποκάλυψιν μυστηρίου, χρόνοις αἰωνίοις σεσιγημένου, **26** **φανερωθέντες** 1874c
ιυ χυ, κατὰ ἀποκάλυψιν μυστηρίου, **χρόνους** αἰωνίοις σεσιγημένου, **26** **φανερωθέντες** 1874*
....οκάλυψιν μυστηρίου, χρόνοις αἰω......... .... **26** 33
ιυ χυ, κατὰ ἀποκάλυψιν ....μένου, **26** φανερωθέντος 88
ιυ χυ, κατὰ ἀποκάλυψιν μυστηρίου, χρόνοις **αἰωνίοι** σεσιγημένου, **26** φανερωθέντος 205
ιυ χυ, κατὰ ἀποκάλυψιν μυστηρίου, **χρονιοις** αἰωνίοις σεσιγημένου, **26** φανερωθέντος 1175
ιυ χυ, κατὰ ἀποκάλυψιν μυστηρίου, χρόνοις σεσιγημένου, **26** φανερωθέντος 1573c
ιυ χυ, κατὰ ἀποκάλυψιν **μυστηρίων**, χρόνοις αἰωνίοις σεσιγημένου, **26** φανερωθέντος 1646
ιυ χυ, κατὰ ἀποκάλυψιν μυστηρίου, χρόνοις αἰωνίοις **γεγενημένου**, **26** φανερωθέντος 1836
omit G (but space for vss. here)
ιυ χυ, κατὰ ἀποκάλυψιν μυστηρίου, χρόνοις αἰωνίοις **σεσηγημένου**, **26** φανερωθέντος 1243 1611 1734 2147

lac. 14.23 𝔓10 𝔓113 K 0172 2412 2464

C 14.23 εις μ̅ ε̅ κ,ε υπο μ̅ το τελ αρχ κ,υριακ δ̅ 1739 | κ,ε κυ περι μιμησεως χ̅υ̅ 1739 | αρχ Σα της τυροσ 1836 | σαβτ τυροφα 1874 | τε 1573 | στιχοι ω̅ 1874

E 14.23 Tit 1.15; Js 4.17

Errata: 16.25 antf P 69 618 ὑμᾶς : ἡμᾶς P 69 618 **16.25 antf** 1646 μυστηρίου : μυστηρίων 1646
16.25 antf 1175 χρόνοις : χρονίοις 1175
16.25 antf 1874 χρόνοις : χρόνους 1874*
16.25 antf 1505 2495 κήρυγμα : κήρυγμά μου 1505 2495
16.26 antf 440 1352 φανερωθέντος δέ : φανερωθέντος 440 1352

[↓1315 1424 1448 1506 1573^{c} 1611 1734 1735 1738 1827 1836 1837 1854 1874 1881 1891 1982 2125 2147 2400 2815

[↓69 88 104 131 205 209 226 323 326 330 424 489 517 547 614 618 796 910 927 945 999 1175 1241 1242 1243 1245 1270

δὲ νῦν, διά τε γραφῶν προφητικῶν, κατ' ἐπιταγὴν τοῦ αἰωνίου θυ, εἰς ὑπακοὴν πίστεως, A L P Ψ 049

.... διά τε γραφῶν προφητικῶν, κατ' ἐπιταγὴν τοῦ αἰωνίου θυ, εἰς ὑπακοὴν πίστεως, 33 [↑056 1 6

νῦν, διά τε γραφῶν προφητικῶν, κατ' ἐπιταγὴν τοῦ αἰωνίου θυ, εἰς ὑπακοὴν πίστεως, 440 1352

δὲ νῦν, διά τε γραφῶν προφητικῶν, κατ' ἐπιταγὴν τοῦ αἰωνίου θυ, εἰς ὑπακοὴν πίστεως, 460

δὲ νῦν, διά τε γραφῶν προφητικῶν, κατ' ἐπιταγὴν αἰωνίου θυ, εἰς ὑπακοὴν πίστεως, 1505 2495

δὲ νῦν, διά **ται** γραφῶν προφητικῶν, κατ' ἐπιταγὴν τοῦ αἰωνίου θυ, εἰς ὑπακοὴν πίστεως,` 1646

.... κατ' ἐπιταγὴν τοῦ αἰωνίου θυ, εἰς ὑπακοὴν πίστεως, 2344

omit G (but space for vss. here)

[↓1448 1505 1506 1573^{c} 1611 1734 1735 1738 1827 1836 1837 1881 1982 2125 2147 2344 2495 2815

[↓205 209 226 326 330 440 489 547 614 796 910 927 999 1175 1241 1242 1245 1315 1352 1424

εἰς πάντα τὰ ἔθνη γνωρισθέντος· **27** μόνῳ σοφῷ θῳ, διὰ ιυ χυ ᾧ A L P Ψ 049 056 1 6 33 88

εἰς πάντα τὰ ἔθνη γνωρισθέντος· **27** μόνῳ σοφῷ θῳ, διὰ Ἰησοῦ χυ ᾧ 69

εἰς πάντα τὰ ἔθνη γνωρισθέντος· **27** μόνῳ σοφῷ θω, διὰ ιυ χυ **αὐτῷ** 104 1243

εἰς πάντα τὰ ἔθνη γνωρισθέντος· **27** μόνῳ σοφῷ, _ _ διὰ ιυ χυ ᾧ 131 2400

εἰς πάντα τὰ ἔθνη· **27** μόνῳ σοφῷ θῳ, διὰ ιυ χυ 323

εἰς πάντα τὰ ἔθνη γνωρισθέντος· **27** μόνωι σοφῶι θωι, διὰ ιυ χυ ὧι 424 1270 1891

εἰς πάντα τὰ ἔθνη γνωρισθέντος· **27** μόνωι σοφῶι θωι, διὰ ιυ χυ ᾧ 517

εἰς πάντα τὰ ἔθνη γνωρισθέντος· **27** μόνῳ σοφῷ θωι, _ _ _ _ ὧι 945

εἰς πάντα τὰ ἔθνη γνωρισθέντος· **27** μόνῳ σοφῷ θῳ, διὰ ιυ χυ ὧι 1854

εἰς πάντα τὰ ἔθνη γνωρισθέντος· **27** μόνῳ **τῷ** θω, διὰ ιυ χυ ᾧ 1874

εἰς πάντα ἔθνη **γνωρισθέντες**· **27** μόνῳ σοφῷ θω, διὰ ιυ χυ ᾧ 460

εἰς πάντα τὰ ἔθνη **γνωρισθέντες**· **27** **μόνο** σοφῷ θω, ιυ χυ ᾧ 618

εἰς πάντα τὰ ἔθνη **γνωρησθέντος**· **27** μόνῳ σοφῷ θω, διὰ ιυ χυ ᾧ 1646

omit G (but space for vss. here)

[↓1573^{c} 1611 1646 1734 1735 1738 1827 1836 1837 1854 1874 1881 1891 1982 2125 2147 2344 2400 2495 2815

[↓440 460 489 517 547 614 618 796 910 927 945 999 1175 1241 1242 1245 1270 1315 1352 1424 1448 1505 1506

ἡ δόξα εἰς τοὺς αἰῶνας ἀμήν. A L P Ψ 049^{c} 056 1 6 33 69 88 104 131 205 209 226 323 326 330 424

ἡ δόξα εἰς τοὺς αἰῶνας τῶν αἰώνων ἀμήν. 1243

ἡ δόξα εἰς τοὺς **ἀῶνας** ἀμήν. 049*

omit G (but space for vss. here)

Errata: 16.26 antf 1505 2495 τοῦ αἰωνίου : αἰωνίου 1505 2495

16.26 antf 460 πάντα τά : πάντα 460

16.26 antf 460 618 γνωρισθέντος : γνωρισθέντες 460 618

16.27 antf 618 omit διὰ

16.27 antf 945 omit διὰ ιυ χυ

16.27 antf 1573^{c} omit αἰωνίοις

16.27 antf 1874 σοφῷ θεῷ : τῷ θεῷ 1874

16.27 antf 2400 σοφῷ θεῷ : σοφῷ 2400

Christians are to be Pleasers of Others, not Self-Pleasers

[↓1319 1352 1448 1506 1573 1611 1734 1739 1827 1836 1854 1874 1891 1982 2125 2147 2344 2400 2815 **uwτ** Er^{1}
[↓104 205 209 226 323 330 365 424 460 489 517 547 614 796 910 927 945 999 1175 1241 1242 1245 1270 1315
ιη̅ 15:1 Ὀφείλομεν δὲ ἡμεῖς οἱ δυνατοὶ τὰ ἀσθενήματα τῶν ἀδυνάτων B D^{2} L Ψ 056 1 6 88
15:1 .... λομεν ....ν ἀδυ........... $\mathfrak{P}^{46}$
15:1 Ὀφείλομε· ··ὲ ἡμεῖς οἱ δυνατοὶ τὰ ἀσθενήματα τῶν ἀδυνάτων C
15:1 Ὀφείλομεν δὲ **ἡμῆς** οἱ δυνατοὶ τὰ ἀσθενήματα τῶν ἀδυνάτων F G
15:1 Ὀφείλομεν δὲ ἡμεῖς οἱ δυνατοὶ τὰ ἀσθενήματα τῶν **ἀδυνάτον** 049 [↓1646
15:1 **Ὀφείλωμεν** δὲ ἡμεῖς οἱ δυνατοὶ τὰ ἀσθενήματα τῶν ἀδυνάτων 33 69 1243 1424
15:1 Ὀφείλομεν δὲ **ὑμεῖς** οἱ δυνατοὶ τὰ ἀσθενήματα τῶν ἀδυνάτων 326 1837
15:1 Ὀφείλομεν δὲ ἡμεῖς 618 1738
15:1 Ὀφείλομεν δὲ οἱ δυνατοὶ τὰ ἀσθενήματα τῶν ἀδυνάτων 1881
15:1 **Ὀφίλομεν** δὲ **ἡμῖς** οἱ δυνατοὶ τὰ ἀσθενήματα τῶν ἀδυνάτων ℵ D*
15:1 **Ὀφίλομεν** δὲ ἡμεῖς οἱ δυνατοὶ τὰ ἀσθενήματα τῶν ἀδυνάτων A D^{1}
15:1 **Ὀφίλομεν** ἡμεῖς οἱ δυνατοὶ τὰ ἀσθενήματα τῶν ἀδυνάτων P
15:1 Ὀφείλομεν ἡμεῖς οἱ δυνατοὶ τὰ ἀσθενήματα τῶν ἀδυνάτων 131 440 1505 2495
15:1 .... Ὀφείλομεν ἡμεῖς οἱ δυνατοὶ τὰ **ἀσθενίματα** τῶν ἀδυνάτων 1735*
15:1 Ἀδελφί, ὀφείλομεν ἡμεῖς οἱ δυνατοὶ τὰ **ἀσθενίματα** τῶν ἀδυνάτων 1735^{c}

[↓517 547 796 910 927 1241 1245 1270 1319 1448 1506 1573 1611 1646 1734 1735 1827 1854 1982 2815 **uw**
βαστάζειν καὶ μὴ ἑαυτοῖς ἀρέσκειν. 2 ἕκαστος ἡμῶν τῷ πλησίον B A C D$^{*.2}$ L Ψ 1 6 205 209
....ς ἀρέσ.......... 2..................... .... $\mathfrak{P}^{46}$ [↑226 323 440 460 489
βαστάζειν καὶ μὴ ἑαυτοῖς **ἀρέσκιν**. 2 ἕκαστος ἡμῶν τῷ πλησίον ℵ
βαστάζειν καὶ μὴ ἑαυτοῖς **ἀρέσκει**. 2 ἕκαστος ἡμῶν τῷ πλησίον 2344
ζην καὶ μὴ ἑαυτοῖς ἀρέσκειν. 2 ἕκαστος ἡμῶν τῷ πλησίον 1738
ζειν καὶ μὴ ἑαυτοῖς **ἀρέσκην**. 2 ἕκαστος ἡμῶν τῷ πλησίον 618
βαστάζιν καὶ μὴ **ἑαυτοὺς** **ἄρεσκον**. 2 ἕκαστος **ὑμῶν** τῷ **πλησείον** F
βαστάζιν καὶ μὴ ἑαυτοῖς **ἄρεσκον**. 2 ἕκαστος **ὑμῶν** τῷ **πλησείον** G
βαστάζειν καὶ μὴ **ἑαυτοὺς** ἀρέσκειν. 2 ἕκαστος ἡμῶν **τὸ** πλησίον 049 1243
βαστάζειν καὶ μὴ ἑαυτοῖς ἀρέσκειν. 2 ἕκαστος ἡμῶν **τὸ** πλησίον 33 1175 1424 1836 1874
βαστάζειν καὶ μὴ ἑαυτοῖς ἀρέσκειν. 2 ἕκαστος ἡμῶν τῶι πλησίον 945 1739 1891
βαστάζειν καὶ μὴ ἑαυτοῖς ἀρέσκειν. 2 ἕκαστος δὲ ἡμῶν τῷ πλησίον 88
βαστάζειν καὶ μὴ ἑαυτοῖς ἀρέσκειν. 2 ἕκαστος γὰρ ἡμῶν τῷ πλησίον **τ** Er^{1}
βαστάζειν καὶ μὴ ἑαυτοῖς ἀρέσκειν. 2 ἕκαστος τῷ πλησίον 1352
βαστάζειν καὶ μὴ ἑαυτοῖς ἀρέσκειν. 2 ἕκαστος **ὑμῶν** τῶι πλησίον 424
βαστάζειν καὶ μὴ ἑαυτοῖς ἀρέσκειν. 2 ἕκαστος **ὑμῶν** **τὸ** πλησίον 69 131
βαστάζειν καὶ μὴ ἑαυτοῖς ἀρέσκειν. 2 **ἕκαστς** **ὑμῶν** τῷ πλησίον P*
βαστάζειν καὶ μὴ ἑαυτοῖς ἀρέσκειν. 2 ἕκαστος **ὑμῶν** τῷ πλησίον D^{1} P^{c} 056 104 326 330 365
614 999 1242 1315 1505 1837 1881 2125 2147 2400 2495

lac. 15.1-2 $\mathfrak{P}^{10}$ $\mathfrak{P}^{113}$ K 0172 2412 2464

C 15.1 αρχ κ,υ ζ̅ του αυτου κ, εις ασθενουντας Ψ | αρχ αδ,ε κ,υ ζ̅ 049 | (ιη̅ 440) περι μιμησεως της χ̅ν̅ (χ̅υ̅ 440) ανεξικακιας 33 440 | αρχ κ,υ αδ,οι οφειλομεν ημεις οι δυνατοι 1 | αρχ κυρια΄ ζ̅ 209 ¦ κ,ε ιε̅ 209 ¦ προς ρωμ φυλλ, και φυλλ, ιη κ,ε ιε 209 | αρχ κ,υ ζ̅ αδ,ε οφειλομεν ημεις οι δυνατοι 226 | αρχ κ,υ β̅ 323 | αρχ τη ζ̅ της η̅ εβδ αδ,ε οφειλομεν δε 326 | αρχ κ,υ ζ̅ αδ,ε οφειλομεν δε ημεις 1873 | αρχ κ,υ ζ̅ 330 | αρχ κ,ε οζ̅ κ,υ ζ̅ 424 | ου Σα κ,ε οξ̅ αρξ ζ̅ κ,υ 440 | κ,υ ζ̅ 460 | αρχ κ,υ ζ̅ αδ,ε οφειλ 489 | αρχ κ,υ ζ̅ αδ,ε 517 | κ,υριακ ζ̅ αδελφοι οφειλομεν ημεις οι δυνατοι 614 | αρχ κ,υξ ζ̅ αδ,ε οφειλομεν ημεις οι δυνατοι 927 | αρχ κ,υ ζ̅ προς ρωμ: αδ,ε οφειλομεν ημεις οι δυνατοι 945 | αρχ αναγν,ω γ 1175 | αρχ κ,υριακ εωθ ζ̅ ηχ π̅λ̅ β̅ 1242 | αρχ Σα της τυροφαγ κ,ε ιζ̅ 1243 | αρχ 1245 | αρχ κ,υ ζ̅ αδ,ε οφει 1270 | αρχ κ,υ ζ̅ κ,ε ρ̅κ̅β̅ 1315 | ι̅θ̅ περὶ μιμήσεως τῆς χυ ἀνεξικακίας 1315 | αρχ κ,υραικ η αδ,ε οφειλομεν ημεις οι δυνατοι 1448 | αρχ κ,υ ζ̅ αδ,ε οφειλομεν ημεις οι δυνατοι 1573 | ι̅η̅ περι μιμηγεως της χ̅υ̅ ανεξικακιας 1734 | κ,υ ζ̅ 1735 | κ,υ ζ̅ ο αποστολ πρ ρωμ αδελφοι οφειλομεν ημεις οι δυνατοι τα ασθεν 1739 | ι̅η̅ περι μιμησεως του χ̅υ̅ ανεξικακιας 424 | ι̅η̅ περι μιμνησεως της χ̅υ̅ ανεξικακιας 1836 | κ,υ ζ̅ 1891 | αρχ αδελφοι οφειλομεν ημεις οι δυνατοι 1891 | αρχ κ,υριακ ζ̅ αδ,ε οφειλομεν ημεις οι δυνατοι 1247

D 15.1 ι̅η̅ B 424 440 1270 1854 | μ̅ 226 517 | λ̅ϛ̅ 489 927 | ο̅ζ̅ 1242

E 15.1 Ro 14.1; Ga 6.2 **2** Ro 14.19; 1 Co 9.19; 10.24, 33

[↓1424 1448 1505 1506 1573 1611 1734 1735 1738 1836 1837 1854 1874 1891 1982 2125 2147 2344 2400 2495 2815

[↓205 209 226 326 330 365 424 440 489 517 547 614 796 910 927 945 999 1175 1241 1242 1243 1245 1270 1315 1352

ἀρεσκέτω εἰς τὸ ἀγαθὸν πρὸς οἰκοδομήν· **3** καὶ γὰρ ὁ χς οὐχ B ℵ[c] A D[1.2] L P Ψ 049 056 1

·······σκέτω ······ ··· ················ ········· ····················· **3**········ ········ ·· ······· οὐχ 𝔓[46] [↑6 33 69 88 104 131

ἀρεσκέτω πρὸς οἰκοδομήν· **3** καὶ γὰρ ὁ χς οὐχ ℵ*

ἀρεσκέτω εἰς τὸ ἀγαθὸν πρὸς οἰκοδομήν· **3** καὶ γὰρ ὁ χς οὐ·· C

ἀρεσκέτω εἰς τὸ ἀγαθὸν πρὸς οἰκοδομήν· **3** καὶ γὰρ ὁ Χριστὸς οὐχ **uwτ** Er[1]

ἀρεσκέτω εἰς **τῷ ἀγαθῷν** πρὸς οἰκοδομήν· **3** καὶ γὰρ ὁ χς οὐχ 618

ἀρεσκέτω εἰς ἀγαθὸν πρὸς οἰκοδομήν· **3** καὶ γὰρ ὁ χς οὐχ 1319

ἀρεσκέτω εἰς τὸ ἀγαθὸν πρὸς **οἰκοδομεῖν**· **3** καὶ γὰρ ὁ χς οὐχ 460

ἀρεσκέτω εἰς τὸ ἀγαθὸν πρὸς **οἰκοδωμήν**· **3** καὶ γὰρ ὁ χς οὐχ 1646

ἀρεσκέτω εἰς τὸ ἀγαθὸν πρὸς οἰκοδομήν· **3** καὶ γὰρ ὁ **θς** οὐχ 323

ἀρεσκέτω εἰς τὸ ἀγαθὸν πρὸς οἰκοδομήν· **3** καὶ γὰρ καὶ ὁ χς οὐχ 1827 1881[c]

ἀρεσκέτο εἰς τὸ ἀγαθὸν πρὸς οἰκοδομήν· **3** καὶ γὰρ καὶ ὁ χς οὐχ 1881*

ἀρεσκέτω εἰς τὸ ἀγαθὸν πρὸς οἰκοδομήν· **3** καὶ γὰρ χς οὐχ D* 1739

ἀρεσκέτω εἰς τὸ ἀγαθὸν πρὸς οἰκοδομήν· **3** καὶ γὰρ χρς **οὐκ** F

ἀρεσκέτω εἰς τὸ ἀγαθὸν πρὸς οἰκοδομήν· **3** καὶ γὰρ χς **οὐκ** G

[↓1424 1448 1505 1506 1573 1611 1734 1735 1827 1837 1854 1874 1881 1982 2125 2147 2344 2495 2815 **uwτ** Er[1]

[↓88 104 131 205 209 226 323 326 365 440 489 547 614 796 910 927 945 999 1175 1241 1242 1245 1315 1319 1352

ἑαυτῷ ἤρεσεν, ἀλλὰ καθὼς γέγραπται· Οἱ ὀνειδισμοὶ τῶν ὀνειδιζόντων B C D[2] Ψ 049 056 1 6 69

ἑαυ····· ················ ··········· ············· ····················· ····· ···················οὶ τῶν ························ 𝔓[46]

ἑαυτῶι ἤρεσεν, ἀλλὰ καθὼς γέγραπται· Οἱ ὀνειδισμοὶ τῶν ὀνειδιζόντων 424 517 1270 1739

ἑαυτῷ ἤρεσεν, ἀλλὰ καθὼς γέγραπται· Οἱ **ὀνιδισμοὶ** τῶν **ὀνιδειζόντων** ℵ

ἑαυτῷ ἤρεσεν, ἀλλὰ καθὼς γέγραπται· Οἱ **ὀνιδισμοὶ** τῶν **ὀνιδιζόντων** A D* P 460

ἑαυτῷ ἤρεσεν, ἀλλὰ καθὼς γέγραπται· Οἱ ὀνειδισμοὶ τῶν **ὀνιδιζόντων** D[1]

ἑαυτῷ ἤρεσεν, ἀλλὰ καθὼς γέγραπται· Οἱ **ὀνιδεισμοὶ** τῶν **ὀνιδειζόντων** 33

ἑαυτῷ ἤρεσεν, ἀλλὰ καθὼς γέγραπται· Οἱ **ὀνειδεισμοὶ** τῶν **ὀνειδειζόντων** F G

ἑαυτῷ ἤρεσεν, ἀλλὰ καθὼς γέγραπται· Οἱ **ὀνειδησμοὶ** τῶν **ὀνειδηζόντων** L

ἑαυτῷ ἤρεσεν, ἀλλὰ καθὼς γέγραπται· Οἱ ὀνειδισμοὶ τῶν **ὀνειδιζωντων** 1646

ἑαυτῷ ἤρεσεν, ἀλλὰ καθὼς γέγραπται· Οἱ ὀνειδισμοὶ τῶν **ὠνειδιζόντων** 1836

ἑαυτὸν ἤρεσεν, ἀλλὰ καθὼς γέγραπται· Οἱ ὀνειδισμοὶ τῶν ὀνειδιζόντων 330 1243 1738 2400

ἑαυτὸν ἤρεσε, ἀλλὰ καθὼς γέγραπται· Οἱ ὀνειδισμοὶ τῶν ὀνειδιζόντων 618

ἑαυτῶι **ἤρεσε**, ἀλλὰ καθὼς γέγραπται· Οἱ ὀνειδισμοὶ τῶν ὀνειδιζόντων 1891

σε ἐπέπεσαν ἐπ' ἐμέ. **4** ὅσα γὰρ ἐγράφη, πάντα εἰς τὴν ἡμετέραν B

······ ······················· ······ ······· **4**········ ··ἀρ **προ**················ ··············· ······· ······ ····················· 𝔓[46]

σε ἐπέπεσαν ἐπ' ἐμέ. **4** ὅσα γὰρ **προσεγράφη**, εἰς τὴν ἡμετέραν D*

σε ἐπέπεσαν ἐπ' **ἐμαί**. **4** ὅσα γὰρ **προσεγράφη**, εἰς τὴν **ἡμητέραν** F G

σε **ἐπέπεσον** ἐπ' ἐμέ. **4** ὅσα γὰρ **προεγράφει**, εἰς τὴν ἡμετέραν 6 326 927* 1837 2147 2344

σε ἐπέπεσαν ἐπ' ἐμέ. **4** ὅσα γὰρ **προεγράφει**, πάντα εἰς τὴν ἡμετέραν P

σε **ἐπέπεσον** ἐπ' ἐμέ. **4** ὅσα γὰρ **προεγράφη**, πάντα εἰς τὴν ἡμετέραν 330 2400

σε ἐπέπεσαν ἐπ' ἐμέ. **4** ὅσα γὰρ **προεγράφη**, πάντα εἰς τὴν ἡμετέραν Ψ 33 69 1735 [**w**]

4 ὅσα γὰρ **προεγράφη**, εἰς τὴν ἡμετέραν Cl IV 19.4

σε ἐπέπεσαν ἐπ' ἐμέ. **4** ὅσα γὰρ **προεγράφη**, εἰς τὴν ἡμετέραν ℵ A C D[1] 049 88 517 1175 1319

σε ἐπέπεσαν **εἰς** ἐμέ. **4** ὅσα γὰρ **προεγράφη**, εἰς τὴν ἡμετέραν 1243 [↑1424 1739 1874 1881

σε **ἐπέπεσον** ἐπ' ἐμέ. **4** ὅσα γὰρ **προεγράφη**, εἰς ἡμετέραν 945 [↑**u**[**w**]

σε **ἐπέπεσεν** ἐπ' ἐμέ. **4** ὅσα γὰρ **προεγράφη**, εἰς τὴν ἡμετέραν 1827

σε **ἐπέπεσον** ἐπ' ἐμέ. **4** ὅσα γὰρ **προεγράφη**, εἰς τὴν **ὑμετέραν** 1505 2495

με ἐπέπεσον ἐπ' ἐμέ. **4** ὅσα γὰρ **προεγράφη**, εἰς τὴν ἡμετέραν 1646*

σε **ἐπέπεσον** ἐπ' ἐμέ. **4** ὅσα γὰρ **προεγράφη**, εἰς τὴν ἡμετέραν D[2] L 056 1 104 131 205 209 226 323 365 424 440 460 489 547 614 618 796 910 927[c] 999 1241 1242 1245 1270 1315 1352 1448 1506 1573 1611 1646[c] 1734 1738 1836 1854 1891 1982 2125 2815 **τ** Er[1]

---

lac. 15.2-4 𝔓[10] 𝔓[113] K 0172 2412 2464

C 15.3 ψαλμ ξζ 209 | ψαλμ ξη 517 1270 | μγ ψαλμ ξη 1175 | ψαλμου ζν 1874

D 15.1 ιη B 424 440 1270 1854 | μ 226 517 | λς 489 927 | οζ 1242

E 15.2 Ro 14.19; 1 Co 9.19; 10.24, 33 **3** Ps 69.9 **4** Ro 4.23-24; 1 Co 9.10; 10.11; 2 Ti 3.16; He 3.6

Errata: 15.4 antf D* προσεγράφη : προσεγράφη εἰς τήν D*

15.4 antf F G προεγράφη : προσεγράφη εἰς τήν F G

15.4 antf 6 326 1837 2344 προεγράφει : προεγράφει εἰς τήν 6 326 1837 2344

15.4 antf 927 προεγράφη εἰς τήν : προεγράφει εἰς τήν 927*; προεγράφη εἰς τήν 927[c]

15.4 antf 945* προεγράφη εἰς τήν; 945[c] προεγράφη εἰς : προεγράφη εἰς 945 (no correction)

διδασκαλίαν ἐγράφη, ἵνα διὰ τῆς ὑπομονῆς καὶ διὰ τῆς B ℵ C* 424[c] 1739 **uw**
..............καλίαν .... 𝔓[46]
διδασκαλίαν ἐγράφη, ἵνα διὰ τῆς ὑπομονῆς καὶ τῆς C[c] D G 6 1243 1881 Cl IV 19.4
διδασκαλίαν ἐγράφη, ἵνα διὰ τῆς **ὑπομονές** καὶ τῆς F
διδασκαλίαν **προεγράφει**, ἵνα διὰ τῆς ὑπομονῆς καὶ τῆς P 2147
διδασκαλίαν **προεγράφει**, ἵνα διὰ τῆς ὑπομονῆς καὶ τῆς 2344
διδασκαλίαν **προεγράφει**, ἵνα διὰ τῆς ὑπομονῆς καὶ διὰ τῆς L 999
διδασκαλίαν **προεγράφη**, ἵνα διὰ τῆς ὑπομονῆς καὶ διὰ τῆς 049 1 131 205 209 226* 330 424* 517 614
διδασκαλείαν **προεγράφη**, ἵνα διὰ τῆς ὑπομονῆς καὶ διὰ τῆς A [↑910 1241 1242 1315 1424 1611
διδασκαλίαν **προεγράφη**, ἵνα διὰ τῆς **ὑπακοῆς** καὶ διὰ τῆς 1245 [↑1646[c] 1735 1854 1891 2125
διδασκαλίαν **προεγράφης**, ἵνα διὰ τῆς ὑπομονῆς καὶ διὰ τῆς 1646* [↑2400 2815
δηδασκαλίαν **προεγράφη**, ἵνα διὰ τῆς ὑπομονῆς καὶ τῆς 618
διδασκαλίαν **προεγράφη**, ἵνα διὰ τῆς ὑπομονῆς καὶ τῆς 326 440 1837
διδασκαλίαν **προεγράφη**, ἵνα διὰ τῆς ὑπομονῆς καὶ τῆς Ψ 056 33 69 88 104 226[c] 323 365 460 489
547 796 927 945 1175 1270 1319 1352 1448 1505 1506 1573 1734 1738 1827 1836 1874 1982 2495 **τ** Er[1]

παρακλήσεως τῶν γραφῶν τὴν ἐλπίδα ἔχωμεν τῆς παρακλήσεως. **5** ὁ δὲ θς̅ B
παρακλήσεως τῶν γραφῶν τὴν ἐλπίδα ἔχωμεν τῆς παρακλήσεως. **5** Cl IV 19.4
...αρακλή.......... .... **5** .. δὲ θς̅ 𝔓[46] [↓2147
παρακλήσεως τῶν γραφῶν τὴν ἐλπίδα ἔχωμεν τῆς παρακλήσεως. **5** ὁ δὲ θεὸς [**w**] [↓1646 1735 1836
παρακλήσεως τῶν γραφῶν τὴν ἐλπίδα **ἔχομεν**. **5** ὁ δὲ θς̅ P 6 33 88 999 1175 1241
παρακλήσεως τῶν γραφῶν τὴν **ἐλπείδα** ἔχωμεν. **5** ὁ δὲ θς̅ F G [↑1315 1319 1505
παρακλήσεως **5** 326 440 1837 2344
παρακλήσεως τῶν γραφῶν τὴν ἐλπίδα ἔχωμεν. **5** ὁ δὲ θεὸς **u**[**w**]**τ** Er[1]
παρακλήσεως τῶν γραφῶν τὴν ἐλπίδα ἔχωμεν. **5** ὁ δὲ θς̅ τῶν ὅλων διὰ 330 2400
παρακλήσεως τῶν γραφῶν τὴν ἐλπίδα ἔχωμεν. **5** ὁ δὲ θς̅ ℵ A C D L Ψ 049 056 1
69 104 131 205 209 226 323 365 424 460 489 517 547 614 618 796 910 927 945 1242 1243 1245 1270
1352 1424 1448 1506 1573 1611 1734 1738 1739 1827 1854 1874 1881 1891 1982 2125 2495 2815

[↓1270 1315 1424 1448 1505 1506 1573 1734 1735 1739 1854 1881 1982 2125 2147 2400 2495 2815 **uwτ** Er[1]
[↓88 104 205 209 226 323 330 365 424* 489 517 547 614 796 910 927 945 999 1175 1241 1242 1243 1245
τῆς ὑπομονῆς καὶ τῆς παρακλήσεως δῴη ὑμῖν τὸ αὐτὸ φρονεῖν ἐν ἀλλήλοις B A C D L P Ψ 049 1 69
....η **ἡμεῖν** ... . 𝔓[46]
τῆς ὑπομονῆς καὶ τῆς παρακλήσεως δῴη ὑμῖν τὸ αὐτὸ **φρονῖν** ἐν ἀλλήλοις ℵ
τῆς ὑπομονῆς καὶ τῆς παρακλήσεως **δόει** ὑμῖν τὸ αὐτὸ φρονεῖν ἐν ἀλλήλοις 33
τῆς ὑπομονῆς καὶ τῆς παρακλήσεως **δόη** ὑμῖν τὸ αὐτὸ φρονεῖν ἐν ἀλλήλοις 1874
τῆς ὑπομονῆς καὶ τῆς παρακλήσεως δώιη ὑμῖν τὸ αὐτὸ φρονεῖν ἐν ἀλλήλοις 1891
τῆς **εἰρήνης** καὶ τῆς παρακλήσεως δῴη ὑμῖν τὸ αὐτὸ φρονεῖν ἐν ἀλλήλοις 6
τῆς **εἰρήνης** καὶ τῆς παρακλήσεως δῴη ὑμῖν τὸ αὐτὸ φρονεῖν ἐν ἀλλήλοις 424[c] 1827
τῆς ὑπομονῆς καὶ τῆς παρακλήσεως τὸ αὐτὸ φρονεῖν ἐν ἀλλήλοις 1646
δῴη ὑμῖν τὸ αὐτὸ φρονεῖν ἐν ἀλλήλοις 326 1837 2344
δῴη ὑμῖν τὸ αὐτὸ **φρονεῖ** ἐν ἀλλήλοις 440
τῆς ὑπομονῆς καὶ τῆς παρακλήσεως δῴη ὑμῖν τὸ αὐτὸ φρονεῖν 460 1738 1836
τῆς ὑπομονῆς καὶ τῆς παρακλήσεως δῴη ὑμῖν **τῶ** **αὐτῶ** φρονεῖν 618
τῆς ὑπομονῆς καὶ τῆς παρακλήσεως δῴη ὑμῖν τὸ **αὐτῶ** φρονεῖν ἐν ἀλλήλοις 131
τῆς ὑπομονῆς καὶ τῆς παρακλήσεως δῴη **ὑμεῖν** τὸ **αὐτῶ** φρονεῖν ἐν ἀλλήλοις 056
τῆς ὑπομονῆς καὶ τῆς **παρακλέσεως** δῴη **ὑμεῖν** τὸ αὐτὸ φρονεῖν ἐν ἀλλήλοις F
τῆς ὑπομονῆς καὶ τῆς παρακλήσεως δῴη **ὑμεῖν** τὸ αὐτὸ φρονεῖν ἐν ἀλλήλοις G
τῆς ὑπομονῆς καὶ τῆς παρακλήσεως δῴη **ἡμῖν** τὸ αὐτὸ φρονεῖν ἐν ἀλλήλοις 1319
τῆς **ὑπονῆς** καὶ τῆς παρακλήσεως δῴη **ἡμῖν** τὸ αὐτὸ φρονεῖν ἐν ἀλλήλοις 1611
τῆς ὑπομονῆς καὶ τῆς παρακλήσεως δῴη ὑμῖν τὸ αὐτὸ φρονεῖν ἀλλήλοις 1352

lac. 15.4-5 𝔓[10] 𝔓[113] K 0172 2412 2464

C 15.5 ιθ̅ περι μιμησεως της χυ̅ ανεξικακιας 1270

D 15.5 ιε̅ 1270

E 15.4 Ro 4.23-24; 1 Co 9.10; 10.11; 2 Ti 3.16; He 3.6 **5** 2 Co 1.3; Ro 12.16; 2 Co 13.11; Phl 2.2; 4.2; 1 Co 1.10; 1 Pe 3.8

[↓1245 1270 1352 1424 1448 1506 1734 1735 1827 1836 1837 1854 1881 1982 2125 2344 2815
[↓1 6 33 88 205 209 226 323 326 424 440 489 517 547 614 910 927 945 1175 1241 1242

κατὰ χν	ιν,	6 ἵνα ὁμοθυμαδὸν	ἐν ἑνὶ	στόματι δοξάζητε	τὸν θν	B C^{c} D L Ψ 049 056
....	..ν,	6 ἵνα	....	....τε	τὸν	𝔓46
κατὰ χν	ιν,	6 **ἵν'** ὁμοθυμαδὸν	ἐν ἑνὶ	στόματι δοξάζητε	τὸν θν	1739
κατὰ χν	ιν,	6 ἵνα **ὁμοθυμαδῶν**	ἐν ἑνὶ	στόματι δοξάζητε	τὸν θν	999 1611
κατὰ χν	ιν,	6 ἵνα **ὁμοθυμαδῶν**	ἐν ἑνὶ	στόματι **δοξάζομεν**	τὸν θν	1646*
κατὰ χν	ιν,	6 ἵνα **ὁμοθυμαδῶν**	ἐν ἑνὶ	στόματι **δοξάζοτε**	τὸν θν	1646^{c}
κατὰ χν	ιν,	6 ἵνα ὁμοθυμαδὸν	ἐν ἑνὶ	στόματι **δοξάζηται**	τὸν θν	131 796 1243 1891
κατὰ χν	ιν,	6 ἵνα ὁμοθυμαδὸν	ἐν **ἑνεὶ**	στόματι **δοξάζηται**	τὸν θν	G [↑2147
κατὰ χν	ιν,	6 ἵνα ὁμοθυμαδὸν	ἐν ἑνὶ	στόματι **δοξάσητε**	τὸν θν	365 1319 1573
κατὰ χν	ιν,	6 ἵνα ὁμοθυμαδὸν	ἐν **ἑνεὶ**	στόματι **δοξάζεισε**	τὸν θν	618
κατὰ χν	ιν,	6 ἵνα ὁμοθυμαδὸν	ἐν ἑνὶ	στόματι **δοξάζειν**	τὸν θν	1738
κατὰ χν	ιν,	6 ἵνα ὁμοθυμαδὸν	ἐν ἑνὶ	στόματι **δοξάζειτε**	τὸν θν	1874
κατὰ Χριστὸν	Ἰησοῦν,	6 ἵνα ὁμοθυμαδὸν	ἐν ἑνὶ	στόματι δοξάζητε	τὸν θεὸν	**u**[**w**]**τ** Er^{1}
κατὰ **ιν**	**χν**,	6 ἵνα ὁμοθυμαδὸν	ἐν ἑνὶ	στόματι δοξάζητε	τὸν θν	ℵ A C* 104 330
κατὰ **ιν**	**χν**,	6 ἵνα ὁμοθυμαδὸν	ἐν **ἑνεὶ**	στόματι **δοξάζηται**	τὸν θν	F [↑1505 2400
κατὰ **ιν**	**χν**,	6 ἵνα ὁμοθυμαδὸν	ἐν ἑνὶ	στόματι **δοξάζηται**	τὸν θν	P 2495
κατὰ **ιν**	**χν**,	6 ἵνα ὁμοθυμαδὸν	ἐν ἑνὶ	στόματι **δοξάζειντε**	τὸν θν	460
κατὰ **ιν**	**χν**,	6 ἵνα ὁμοθυμαδὸν	ἐν ἑνὶ	στόματι **δοξάζειτε**	τὸν θν	1315
κατὰ **Ἰησοῦν**	**χν**,	6 ἵνα ὁμοθυμαδὸν	ἐν ἑνὶ	στόματι δοξάζητε	τὸν θν	69
κατὰ **Ἰησοῦν**	**Χριστόν**,	6 ἵνα ὁμοθυμαδὸν	ἐν ἑνὶ	στόματι δοξάζητε	τὸν θεὸν	[**w**]

καὶ πατέρα τοῦ **κυ**	ἡμῶν	ιυ	**χυ**.	B D	[↓1881 1891 1982 2125 2147 2344 2400 2495 2815
καὶ πατέρα τοῦ κυ	ἡμῶν	Ἰησοῦ	χυ.	69	[↓1734 1735 1738 1739 1827 1836 1837 1854 1874^{c}
....	....	....	....	𝔓46	[↓1319 1352 1424 1448 1505 1506 1573 1611 1646
καὶ πατέρα τοῦ κυρίου	ἡμῶν	Ἰησοῦ	Χριστοῦ.	**uwτ** Er^{1}	[↓927 945 999 1175 1241 1242 1243 1245 1270 1315
καὶ πρα τοῦ κυ	**ὑμῶν**	ιυ	χυ.	1874*	[↓330 365 424 440 460 489 517 547 614 618 796 910
καὶ πρα τοῦ κυ	ἡμῶν	ιυ	χυ.	ℵ A C F G L P Ψ 049 056 1 6 33 88 104 131 205 209 226 323 326	

The Gospel is for Both Jews and Gentiles

[↓1319 1352 1448 1505 1573 1611 1734 1738 1739 1827 1836 1837 1854 1881 1891 1982 2147 2344 2495 2815
[↓104 205 209 226 323 326 365 424 440 489^{c} 517 547 614 796 910 927 945 1175 1241 1242 1243 1245 1270 1315

7 Διὸ	προσλαμβάνεσθε	ἀλλήλους,	καθὼς καὶ ὁ χς	B C D$^{1.2}$ L P 049
7 ....**ου**	προσ...........................	....	....	𝔓46 [↑056 1 6 69
7 Διὸ	προσλαμβάνεσθε	ἀλλήλους,	καθὼς καὶ ὁ Χριστὸς	**uwτ** Er^{1}
7 Διὸ	προσλαμβάνεσθε	ἀλλήλους, ἀδελφοί,	καθὼς καὶ ὁ χς	330 2400
7 Διὸ	προσλαμβάνεσθε	**ἀλλήλοις**,	καθὼς καὶ ὁ χς	999
7 Διὸ παρακαλῶ	προσλαμβάνεσθε	ἀλλήλους,	καθὼς καὶ ὁ χς	1424
7 Διὸ	**προσλαμβάνετε**	ἀλλήλους,	καθὼς καὶ ὁ χς	Ψ
7 Διὸ	**προσλαμβάνεισθαι**	ἀλλήλους,	καθὼς καὶ ὁ χς	1874
7 Διὸ	**προσλαμβάνεσθαι**	ἀλλήλους,	καθὼς καὶ χς	F
7 Διὸ	**προσλαμβάνεσθαι**	ἀλλήλους,	καθὼς καὶ ὁ χρς	G
7 Διὸ	**προσλαβάνεσθαι**	ἀλλήλους,	καθὼς καὶ ὁ χς	1646
7 Διὸ	**προσλαμβάνεσθαι**	ἀλλήλους,	καθὼς καὶ ὁ χς	ℵ A D* 33 88 131 460 489* 618 1506 1735 2125

lac. 15.5-7 𝔓10 𝔓113 K 0172 2412 2464

C 15.7 αρχ τη δ της ε εβδ αδ,ε προσλαμβανεσθε αλληλους 1 | αρχ τη δ της ε εβδ. αδ,ε προσλαμβανεσθε αλληλους 226 | αρχ της δ της κ,υ 440 | αρχ τη δ της ε εβδ και προεορτ της χυ γεννωσεως αδ,ε προλαβ 489 | τη δ αδ,ε 517 | αρχ τη δ της ε εβδ προς ρωμαιους αδελφοι προσλαμβανεσθε αλληλ 614 | αρχ κ,υ ζ αδ,ε οφειλοεν ημεις οι δυ 796 | αρχ τη δ της ε εβδ αδ,ε προσλαμβαεσθε αλληλους 796 | πε της λειτουργιας αυτου της ενανατ και δ,υ 796 | αρχ τη δ της ε εβδ αδ,ε προσλαμβανεσθε 927 | αρχ τη δ της ε εβδ: προς ρωμ: αδ,ε προσλαμβανεσθε αλληλους 945 | αρχ 999 | αρχ τη δ 1242 | αρχ τη δ της ε εβδ κ,ε ρ κγ 1315 | αρχ τη δ της ε εβδ αδ,ε προσλαμβανεσθε αλληλους 1448 | αρχ τη δ της ς εβδ αδ,ε προσλαμβανεσθε 1573 | αρχ τη δ της ε εβδ π ρωμ αδελφοι προςλαμβανεσθε αλληλους 1739 | αρχ τη δ της ε εβδ αδ,ε προσλαμβανεσθε αλληλους 2147

D 15.7 λζ 489 927 | μα 1 226 517 1573 1739

E 15.5 2 Co 1.3; Ro 12.16; 2 Co 13.11; Phl 2.2; 4.2; 1 Co 1.10; 1 Pe 3.8 **7** Ro 14.1; Phm 17

προσελάβετο	ἡμᾶς εἰς	δόξαν τοῦ θ̅υ̅.	**8** λέγω γὰρ		χ̅ν̅	B 1506
··ροσελά········	·········· ·····	··········· ······· ····	**8**········· γὰρ		χ̅ν̅	𝔓46
προσελάβετο	ἡμᾶς εἰς	δόξαν θ̅υ̅.	**8** λέγω γὰρ		χ̅ν̅	131
προσελάβετο	ἡμᾶς εἰς	δόξαν τοῦ θεοῦ.	**8** λέγω γὰρ		Χριστὸν	[w]
προσελάβετο	ὑμᾶς εἰς	δόξαν τοῦ θ̅υ̅.	**8** λέγω γὰρ		χ̅ν̅	ℵ A C 1243
προσελάβετο	ὑμᾶς εἰς	δόξαν τοῦ θ̅υ̅.	**8** λέγω δὲ		χ̅ν̅	Ψ
προσελάβετο	ὑμᾶς εἰς τὴν	δόξαν τοῦ θ̅υ̅.	**8** λέγω γὰρ		χ̅ν̅	1739 1881
προσελάβετο	ὑμᾶς εἰς	δόξαν τοῦ θεοῦ.	**8** λέγω γὰρ		Χριστὸν	u[w]
προσελάβετο	ὑμᾶς εἰς	δόξαν θ̅υ̅.	**8** λέγω δὲ		ι̅ν̅	618 1738
προσελάβετο	ὑμᾶς εἰς	δόξαν θ̅υ̅.	**8** λέγω γὰρ	χ̅ν̅		365 1319 1573
προσελάβετο	ὑμᾶς εἰς	δόξαν θ̅υ̅.	**8** λέγω δὲ	χ̅ν̅	ι̅ν̅	L 33 88 424 517 547 1175 1241
προσελάβετο	ὑμᾶς.		**8** λέγω δὲ	χ̅ν̅	ι̅ν̅	049 [↑1611 1836 1854 1874
προσελάβετο	ὑμᾶς εἰς	δόξαν τοῦ θ̅υ̅.	**8** λέγω δὲ	χ̅ν̅	Ἰησοῦν	69 [↑2344
προσελάβετο	ὑμᾶς εἰς	δόξαν θ̅υ̅.	**8** λέγω δε	χ̅ν̅	ι̅ν̅	205 209 226 460 796 1242 1270
προσελάβετο	ὑμᾶς εἰς	δόξαν θ̅υ̅.	**8** λέγω δὲ	ι̅ν̅	χ̅ν̅	440 1315 1505 2495
προσελάβετω	ὑμᾶς εἰς	δόξαν θ̅υ̅.	**8** λέγω δὲ	χ̅ν̅	ι̅ν̅	1646
προσελάβετο	ὑμᾶς εἰς τὴν	δόξαν τοῦ θ̅υ̅.	**8** λέγω γὰρ	ι̅ν̅	χ̅ν̅	6
προσελάβετο	ὑμᾶς εἰς	δόξαν θ̅υ̅.	**8** λέγω γὰρ	χ̅ν̅	ι̅ν̅	326 330 1735 1837 2400
προσελάβετο	ὑμᾶς εἰς	δόξαν τοῦ θ̅υ̅.	**8** λέγω γὰρ	ι̅ν̅	χ̅ν̅	D1.2 Fc G
προσελάβετο	ὑμᾶς εἰς	δόξαν τοῦ θ̅υ̅.	**8** λέγο γὰρ	ι̅ν̅	χ̅ν̅	F*
προσελάβετο	ἡμᾶς εἰς	δόξαν τοῦ θ̅υ̅.	**8** λέγω γὰρ	ι̅ν̅	χ̅ν̅	D*
προσελάβετο	ἡμᾶς εἰς	δόξαν θ̅υ̅.	**8** λέγω δὲ	ι̅ν̅	χ̅ν̅	104
προσελάβετο	ἡμᾶς εἰς	δόξαν τοῦ θ̅υ̅.	**8** λέγω γὰρ	χ̅ν̅	ι̅ν̅	P
προσελάβετο	ἡμᾶς εἰς	δόξαν θ̅υ̅.	**8** λέγω γὰρ	χ̅ν̅	ι̅ν̅	614 999 2147
προσελάβετο	ἡμᾶς εἰς	δόξαν τοῦ θ̅υ̅.	**8** λέγω δὲ	χ̅ν̅	ι̅ν̅	489c [↓2125 2815
προσελάβετο	ἡμᾶς εἰς	δόξαν θεοῦ.	**8** λέγω δὲ	Ἰησοῦν	Χριστὸν	τ [↓1734 1827 1891 1982
προσελάβετο	ἡμᾶς εἰς	δόξαν θεοῦ.	**8** λέγω δὲ	Χριστὸν	Ἰησοῦν	Er1 [↓1245 1352 1424 1448
προσελάβετο	ἡμᾶς εἰς	δόξαν θ̅υ̅.	**8** λέγω δὲ	χ̅ν̅	ι̅ν̅	056 1 323 489* 910 927 945

διάκονον γενέσθαι	περιτομῆς ὑπὲρ ἀληθείας	θ̅υ̅,	εἰς τὸ βεβαιῶσαι	B C* D1 Ψ 049 1739
······················ ······················	······················ ἀληθείας	·····	······ ··· ························	𝔓46 [↑1881
διάκονον γενέσθαι	περιτομῆς ὑπὲρ ἀληθείας	θ̅υ̅,	εἰς τὸ **βαιβαιῶσαι**	F G
διάκονον γενέσθαι	περιτομῆς ὑπὲρ **ἀληθίας**	θ̅υ̅,	εἰς τὸ βεβαιῶσαι	D*
διάκονον γενέσθαι	περιτομῆς ὑπὲρ ἀληθείας	θεοῦ,	εἰς τὸ βεβαιῶσαι	[w]
διάκονον **γεγενῆσθε**	περιτομῆς ὑπὲρ ἀληθείας	θ̅υ̅,	εἰς τὸ βεβαιῶσαι	Cc 1245 2815
διάκονον **γεγενῆσθε**	περιτομῆς ὑπὲρ ἀληθείας	θ̅υ̅,	εἰς τὸ **βεβεῶσε**	1243
διάκονον **γεγενεῖσθαι**	περιτομῆς ὑπὲρ ἀληθείας	θ̅υ̅,	εἰς τὸ βεβαιῶσαι	33 365 1874 2147
διάκονον **γεγενεῖσθαι**	περιτομῆς ὑπὲρ ἀληθείας	θ̅υ̅,	εἰς τὸ **βαιβαιῶσαι**	1646
γεγενῆσθαι διάκονον	περιτομῆς ὑπὲρ ἀληθείας	θ̅υ̅,	εἰς τὸ βεβαιῶσαι	330 2400
διάκονον **γεγεννῆσθαι**	περιτομῆς ὑπὲρ ἀληθείας	θ̅υ̅,	εἰς τὸ βεβαιῶσαι	489
διάκονον **γεγενῆσθαι**	περιτομῆς ὑπὲρ **ἀληθίας**	θ̅υ̅,	εἰς τὸ βεβαιῶσαι	ℵ
διάκονον **γεγενῆσθαι**	περιτομῆς ὑπὲρ ἀληθείας	θ̅υ̅,	εἰς τὸ **βεβεῶσαι**	A
διάκονον **γεγενῆσθαι**	περιτομῆς ὑπὲρ **ἀλληθείας**	θ̅υ̅,	εἰς τὸ βεβαιῶσαι	618
διάκονον **γεγενῆσθαι**	**περιτιμῆς** ὑπὲρ ἀληθείας	θ̅υ̅,	εἰς τὸ βεβαιῶσαι	1735
διάκονον **γεγενῆσθαι**	περιτομῆς ὑπὲρ ἀληθείας	θεοῦ,	εἰς τὸ βεβαιῶσαι	u[w]τ Er1
διάκονον **γεγενῆσθαι**	περιτομῆς ὑπὲρ ἀληθείας	θ̅υ̅,	εἰς τὸ βεβαιῶσαι	D2 L P 056 1 6 69 88 104

131 205 209 226 323 326 424 440 460 517 547 614 796 910 927 945 999 1175 1241 1242 1270 1315 1319 1352 1424 1448 1505 1506 1573 1611 1734 1738 1827 1836 1837 1854 1891 1982 2125 2344 2495

lac. 15.7-8 𝔓10 𝔓113 K 0172 2412 2464

C 15.7 τε της ζ̅ κ,υ 614 | τελο L 226 330 440 796 927 999 1175 1243 1270 1448 1836 1837 1874 | τελ κ,υ 1 547 | τε της κ,ριακ 517 1242 | τε κ,ριακ 1573 | τλ κ,υ ζ̅ 1739 **7** αρχη 1245 | τελ 424 1245 | τελ της κ,υ 326 **8** αρχ τη ········ εβδ αδ,ε λεγω χ̅ν̅ ι̅ν̅ 326 | αρχ τη ε̅ 330 | αρχ τη ε̅ της η εβδ αδ,ε λεγω γαρ χ̅ν̅ ι̅ν̅ 1837

D 15.7 λ̅ζ̅ 489 927 | μ̅α̅ 1 226 517 1573 1739

E 15.7 Ro 14.1; Phm 17 **8** Mt 15.24; Ro 11.29; Mic 7.20; Ac 3.25

Errata: 15.8 **na** 33 γεγενῆσθαι : γεγενεῖσθαι 33

τὰς ἐπαγγελίας τῶν πατέρων, **9** τὰ δὲ ἔθνη ὑπὲρ ἐλέους δοξάσαι B ℵ D^{2} 69 424 1245 **uwτ** Er^{1}
.... ····ν πατε········ **9**···· ···· ·········· ·········· ················· ················ 𝔓^{46}
τὰς ἐπαγγελίας τῶν πρ̅ω̅ν, **9** τὰ δὲ ἔθνη ὑπὲρ **ἐλαίους** δοξάσαι C
τὰς ἐπαγγελίας τῶν πατέρων, **9** τὰ δὲ ἔθνη ὑπὲρ **ἐλαίους** δοξάσαι D* F
τὰς **ἐπαγγελείας** τῶν πατέρων, **9** τὰ δὲ ἔθνη ὑπὲρ **ἐλαίους** δοξάσαι G
τὰς **ἐπαγγελείας** τῶν πρ̅ω̅ν, **9** τὰ δὲ ἔθνη ὑπὲρ ἐλέους δοξάσαι A 326 1837
τὰς ἐπαγγελίας τῶν πρ̅ω̅ν, **9** τὰ δὲ ἔθνη ὑπὲρ ἐλέους **δοξάσε** 049 460 618
τὰς ἐπαγγελίας τῶν πρ̅ω̅ν, **9** τὰ ἔθνη ὑπὲρ ἐλέους δοξάσαι 1646
τὰς ἐπαγγελίας τῶν πρ̅ω̅ν, **9** τὰ δὲ ἔθνη ὑπὲρ ἐλέους δοξάσαι L P Ψ 056 1 6 33 88 104 131 205 209 226 323 330 365 440 489 517 547 614 796 910 927 945 999 1175 1241 1242 1243 1270 1315 1319 1352 1424 1448 1505 1506 1573 1611 1734 1735 1738 1739 1827 1836 1854 1874 1881 1891 1982 2125 2147 2344 2400 2495 2815

τὸν θ̅ν̅, καθὼς γέγραπται· B ℵ A C D F G L P Ψ 049 056 1 6 33 69 88 104 131 205 209 226 323 326 330 365 424
τὸν θ̅ν̅, ·············· ························ 𝔓^{46} [↑440 460 489 517 547 614 618 796 910 927 945 999 1175 1241 1242 1243
τὸν θ̅ν̅, γέγραπται· 1352 [↑1270 1315 1319 1424 1448 1505 1506 1573 1611 1646 1734 1735 1738
τὸν θεόν, καθὼς γέγραπται· **uwτ** Er^{1} [↑1739 1827 1837 1854 1874 1881 1891 1982 2125 2147 2344 2400 2495
τῷ θ̅ῷ̅, καθὼς γέγραπται· 1245 [↑2815
αὐτόν, καθὼς γέγραπται 1836

[↓1242 1243 1315 1319 1352 1448 1573 1738 1739 1827 1854 1881 1891 1982 2147 2344 2815 **wτ** Er^{1}
Διὰ τοῦτο ἐξομολογήσομαί σοι ἐν ἔθνεσι B C L Ψ 049 056 6 88 131 226* 323 365
······· ·············· ···················γήσομαί σοι····· ···················· 𝔓^{46} [↑424 440 489 547 614 927 945 999
Διὰ **τοῦ προφήτου** ἐξομολογήσομαί σοι ἐν **ἔθνεσιν** ℵ*
Διὰ τοῦτο ἐξομολογήσομαί σοι ἐν **ἔθνεσιν** A D P 69 1175 1241 1424 1506 1836 **u**
Διὰ τοῦτο ἐξομολογήσομαί σοι ἐν **ἔθνεσειν** F G
Διὰ τοῦτο ἐξομολογήσομαί σοι ἐν ἔθνεσι κ̅ε̅ ℵ^{c} 1 104 205 209 226^{c} 330 517 796 1245
Διὰ τοῦτο ἐξομολογήσομαί σοι ἐν **ἔθνεσιν** κ̅ε̅ 33 326 1646 [↑1270 1505 1611 1734
Διὰ τοῦτο **ἐξομολογήσωμαί** σοι ἐν **ἔθνεσιν** κ̅ε̅ 1874 [↑1837 2400 2495
Διὰ τοῦτο **ἐξομολογήσωμαί** σοι ἐν **ἔθνεσιν** 460
Διὰ τοῦτο **ἐξομολογήσωμέ** σοι ἐν ἔθνεσι 618
Διὰ τοῦτο **ἐξομολογήσωμέ** σοι ἐν **ἔθνεσιν** 910
Διὰ τοῦτο **ἐξομολογίσομαί** σοι ἐν **ἔθνεσιν** 1735
Διὰ τοῦτο **ἐξομολογήσομέ** σοι ἐν **ἔθνεσιν** 2125

καὶ τῷ ὀνοματί σου ψαλῶ. B ℵ A C F L P Ψ 049 056 1 6 33 69 88 104 205 209 226 323 326 330
······· ····· ······················ ······· ··αλῶ. 𝔓^{46} [↑365 440 460 489 517 547 614 618 796 910
καὶ τῶι ὀνοματί σου ψαλῶ. 424 945 1270 1739 1891 [↑927 999 1175 1241 1242 1243 1245 1315
καὶ **τὸ** ὀνοματί σου ψαλῶ. 1874 [↑1319 1352 1424 1448 1505 1506 1573 1611
καὶ **τὸ** ὀνοματί σου **ψαλλῶ**. 1646 [↑1734 1735 1738 1827 1836 1837 1854 1881
καὶ τῷ ὀνοματί σου **ψαλλῶ**. 131 2344 [↑1982 2125 2147 2400 2495 2815 **uwτ** Er^{1}
καὶ **ψαλῶ τῷ ὀνοματί σου**. D G

10 καὶ πάλιν λέγει· B ℵ A C D G L P Ψ 049 056 1 6 33 69 88 104 131 205 209 226 323 326 330 365 424 440 460
10 καὶ **πάλειν** λέγει· F [↑489 517 547 614 618 796 910 927 945 999 1175 1241 1242 1243 1245 1270 1315
10 καὶ πάλιν **λέγη**· 1646 [↑1319 1352 1424 1448 1505 1506 1573 1611 1734 1735 1738 1739 1827 1836 1837
[↑1854 1874 1881 1891 1982 2125 2147 2344 2400 2495 2815 **uwτ** Er^{1}

Εὐφράνθητε, ἔθνη, μετὰ τοῦ λαοῦ αὐτοῦ. B ℵ A C D L P Ψ 049 056 1 6 33 69 88 104 205 209 226
Εὐφράνθηται, ἔθνη, μετὰ τοῦ λαοῦ αὐτοῦ. F G 1646 [↑323 326 330 365 424 440 460 489 517 547
Εὐφράνθητι, ἔθνη, μετὰ τοῦ λαοῦ αὐτοῦ. 131 [↑614 618 796 910 927 945 999 1175 1241
[↑1242 1243 1245 1270 1315 1319 1352 1424 1448 1505 1506 1573 1611 1734 1735 1738
[↑1739 1827 1836 1837 1854 1874 1881 1891 1982 2125 2147 2344 2400 2495 2815 **uwτ** Er^{1}

11 καὶ πάλιν λεγει· B D 1 1505 1735 2495
11 καὶ **πάλειν** λεγει· F G
11 καὶ πάλιν· ℵ A C L P Ψ 049 056 6 33 69 88 104 131 205 209 226 323 326 330 365 424 440 460 489 517 547 614 618 796 910 927 945 999 1175 1241 1242 1243 1245 1270 1315 1319 1352 1424 1448 1506 1573 1611 1646 1734 1738 1739 1827 1836 1837 1854 1874 1881 1891 1982 2125 2147 2344 2400 2815 **uwτ** Er^{1}

---

lac. 15.8-11 𝔓^{10} 𝔓^{113} K 0172 2412 2464

C 15.8 τελ 1891 **9** βασιλειω̲ β̅ 049 517 1270 | ψαλμ ζ̅ 209 | μ̅δ̅ ψαλμου ι̅ζ̅ 1175 | ψαλμ 1734 1836 | ψαλμου ι̅ζ̅ 1739 1874 | βασι β̅ ψα ι̅ζ̅ 1854 | δευτερονομος 1739 | μ̅ε̅ δευτερονομιου 1175 1874 **10** ψαλ, ι̅α̅ 049 | ψαλμ ι̅ζ̅ 1270 | ωδ β̅ 1734 | ψαλμ ρ̅σ̅ι̅ 1739 | δευτερονομου 209 1854

E 15.8 Mt 15.24; Ro 11.29; Mic 7.20; Ac 3.25 **9** Ro 11.30; Ps 18.49; 2 Sm 22.50 **10** Dt 32.43 **11** Ps 117.1

Αἰνεῖτε, πάντα τὰ ἔθνη, τὸν κ̅ν̅ B A D P Ψ 365 1319 1506 1573 1739 1881
.... τὰ ἔθνη, τὸν κ̅ν̅ 𝔓[46]
Αἰνεῖται, πάντα τὰ ἔθνη, τὸν κ̅ν̅ ℵ
Αἰνεῖτε, πάντα τὰ ἔθνη, τὸν κύριον **u w**
Αἰνεῖτε τὸν κ̅ν̅ 999
Αἰνεῖτε **τὸν κύριον πάντα τὰ ἔθνη**, **τ** Er[1]
Αἰνεῖτε **τ····· κ̅··** **πάντα τὰ ἔθνη**, C [↓1891 1982 2125 2147 2344 2400 2495 2815
Αἵνεται **τὸν κ̅ν̅** **πάντα τὰ ἔθνη**, F G [↓1611 1734 1735 1738 1827 1836 1837 1854 1874
Αἰνεῖται, **τὸν κ̅ν̅** **πάντα τὰ ἔθνη**, 88 1646 [↓1242 1243 1245 1270 1315 1352 1424 1448 1505
Αἰνῆτε **τὸν κ̅ν̅** **πάντα τὰ ἔθνη**, 618 [↓460 489 517 547 614 796 910 927 945 1175 1241
Αἰνεῖτε **τὸν κ̅ν̅** **πάντα τὰ ἔθνη**, L 049 056 1 6 33 69 104 131 205 209 226 323 326 330 424 440

καὶ ἐπαινεσάτωσαν αὐτὸν πάντες οἱ λαοί. B 𝔓[46] ℵ C D Ψ 88 326 365 1506 1573 1739 1837 **uw**
καὶ ἐπαινεσάτωσαν **αὐτῷ** πάντες λαοί. 1505 2495
ἐπαινεσάτωσαν αὐτὸν πάντες οἱ λαοί. 1881
ἐπαινέσατε αὐτὸν πάντες οἱ λαοί. 056 104 205 323 460 796 945 1448 1827 1836
καὶ **αἰπενεσάτωσαν** αὐτὸν πάντες οἱ λαοί. A
καὶ **ἐπενεσάτωσαν** αὐτὸν πάντες οἱ λαοί. 1319
καὶ **ἐπενέσατε** αὐτὸν πάντες οἱ λαοί. 1874 [↓2125 2147 2344 2400 2815 **τ** Er[1]
καὶ **ἐπενέσαται** αὐτὸν πάντες οἱ λαοί. 1646* [↓1611 1734 1735 1738 1854 1891 1982
καὶ **ἐπαινέσαται** αὐτὸν πάντες οἱ λαοί. 1646[c] [↓1242 1243 1245 1270 1315 1352 1424
καὶ **ἐπαινέσατε** αὐτὸν πάντες λαοί. 910* [↓517 547 614 618 910[c] 927 999 1175 1241
καὶ **ἐπαινέσατε** αὐτὸν πάντες οἱ λαοί. F G L P 049 1 6 33 69 131 209 226 330 424 440 489

12 καὶ πάλιν Ἠσαΐας λέγει· B 𝔓[46] A C D L P Ψ 049 056 1 6 69 88 104 131 205 209 226 323 326 365
12 καὶ **πάλειν** Ἠσαΐας λέγει· F G [↑424 440 460 489 517 547 614 618 796 910 927 945 999
12 καὶ πάλιν Ἠσαΐας λέγει· καὶ 33 [↑1175 1241 1242 1243 1245 1270 1315 1319 1352 1424
12 καὶ πάλιν Ἠσαΐας **λέγη**· 1646 [↑1448 1505 1506 1573 1611 1734 1735 1738 1739 1827
12 καὶ πάλιν **λέγει Ἠσαΐας**· ℵ 330 2400 [↑1836 1837 1854 1874 1881 1891 1982 2125 2147 2344
[↑2495 2815 **uwτ** Er[1]

Ἔσται ἡ ῥίζα τοῦ Ἰεσσαί B ℵ A L P Ψ 049 056 1 33 69 88 104 205 209 226 323 326 330 365 424 440 460
Ἔσται ἡ ῥίζα Ἰεσσαί 𝔓[46] [↑489 517 547 614 796 910 927 945 999 1175 1241 1242 1243
Ἔσται ἡ ῥίζα τοῦ .... C [↑1245 1270 1315 1319 1352 1424 1448 1505 1506 1573 1611
Ἔστε ἡ ῥίζα τοῦ Ἰεσσαί D [↑1734 1735 1738 1739 1827 1836 1837 1854 1874 1881 1891
Ἔσται ἡ **ῥίζζα** τοῦ **Ἰεσσέ** F G [↑1982 2147 2344 2400 2495 2815 **uwτ** Er[1]
Ἔσται ἡ ῥίζα τοῦ **Ἰεσαί** 6 131 618 2125
Ἔσται ἡ **ἐῤίζα** τοῦ **Ἰεσαί** 1646

καὶ ὁ ἀνιστάμενος ἄρχειν ἐθνῶν, B A D[1.2] L P Ψ 056 1 6 33 69 88 104 131 205 209 226 323 330
καὶ ὁ **νιστανόμενος** **ἄρχει** ἐθνῶν, 𝔓[46] [↑365 424 440 460 489 517 547 614 796 910 927 945 999
καὶ ὁ **ἀνιστανόμενος** ἄρχειν ἐθνῶν, ℵ [↑1175 1241 1242 1243 1270 1319 1352 1424 1448 1505
καὶ ὁ **ἀνηστάμενος** ἄρχειν ἐθνῶν, 618 [↑1506 1573 1611 1734 1738 1739 1827 1836 1854 1874
.... ἀνιστάμενος ἄρχειν ἐθνῶν, C [↑1881 1891 1982 2125 2344 2400 2495 2815 **uwτ** Er[1]
καὶ ὁ ἀνιστάμενος **ἄρχιν** ἐθνῶν, D*
καὶ ὁ ἀνιστάμενος **ἄρχην** **ἐθῶν**, F
καὶ ὁ ἀνιστάμενος **ἄρχην** ἐθνῶν, G 049 326 1245 1315 1735 1837 2147
καὶ ὁ ἀνιστάμενος **ἄρ** ἐθνῶν, 1646

ἐπ' αὐτῷ ἔθνη ἐλπιοῦσιν. B 𝔓[46] ℵ A D F G L P Ψ 049 1 6 33 104 131 205 209 323 326 365 440
ἐπ' αὐτῷ ἔθν·· .... C [↑460 489 614 618 796 910 927 945 1175 1241 1242 1243 1245
ἐπ' αὐτῷ **ἔθνει** ἐλπιοῦσιν. 056 226 [↑1319 1352 1424 1448 1505 1506 1573 1611 1646 1734 1735
ἔθνη ἐπ' **αὐτῷ** ἐλπιοῦσιν. 69 [↑1738 1827 1836 1837 1854 1874 1881 1982 2125 2147 2344
.... 88 [↑2495 2815 **uwτ** Er[1]
ἐν αὐτῷ ἔθνη ἐλπιοῦσιν. 330 2400
ἐπ' αὐτῶι ἔθνη ἐλπιοῦσιν. 424 517 1270 1739 1891
ἐπ' αὐτῷ ἔθνη **ἐλπιοῦσι**. 547 999 1315

lac. 15.11-12 𝔓[10] 𝔓[113] K 0172 2412 2464

C 15.11 δευτερονομου 049 1270 | ψαλμ ρ̅ι̅ς̅ 209 1270 1734 | μ̅ς̅ ψαλμου ρ̅ι̅ς̅ 1175 1874 **12** ησαιας 049 209 1270 1734 1854 | ησαιου 517 | μ̅ζ̅ ησαιου 1175 1874 | τελ της ε̅ 326 1837 | τελ 330

E 15.11 Ps 117.1 **12** Is 11.10; Re 5.5

13 ὁ δὲ θς τῆς ἐλπίδος πληροφορῆσαι ὑμᾶς ἐν πάσῃ χαρᾷ καὶ εἰρήνῃ B
13 ὁ δὲ θς τῆς ἐλπίδος πληροφορῆσαι ὑμᾶς πάσῃ χαρᾷ καὶ **ρήνῃ** F*
13 ὁ δὲ θς τῆς ἐλπίδος πληροφορῆσαι ὑμᾶς πάσῃ χαρᾷ καὶ **ἰρήνῃ** F^c G
13·· ··· ··· ······· ··················· ···························· ·········· ············· **χαρᾶς** καὶ **εἰρήνης** 88
13 ὁ δὲ θς τῆς ἐλπίδος **πληρώσει** ὑμᾶς **πάσης** **χαρᾶς** καὶ **εἰρήνης** 326 460 1738 1837
13 ὁ δὲ θς τῆς ἐλπίδος **πληρώσε** ὑμᾶς **πάσης** **χαρᾶς** καὶ **εἰρήνης** 618
13 ὁ δὲ θς τῆς **εἰρήνης** **πληρώσαι** **ἡμᾶς** **πάσης** **χαρᾶς** καὶ **ἐλπίδος** 1
13 ὁ δὲ θς τῆς ἐλπίδος **πληρώσαι** ὑμᾶς πάσῃ **σι ἡ** **χαρᾶς** καὶ **εἰρήνης** 𝔓46
13 ὁ δὲ θεὸς τῆς ἐλπίδος **πληρώσαι** ὑμᾶς **πάσης** **χαρᾶς** καὶ **εἰρήνης** **uwτ** Er1
13 ὁ δὲ θς τῆς ἐλπίδος **πληρώσαι** **ἡμᾶς** **πάσης** **χαρᾶς** καὶ **εἰρήνης** 205 1573 1836 1881
13 ὁ δὲ θς ······ ··λπίδο·· **πληρώσα**·· ··μᾶς **πά**······· ················ ······ **εἰρήνης** C [↑2400
13 ὁ δὲ θς τῆς ἐλπίδος **πληρώσαι** ὑμᾶς **πάσης** **εἰρήνης** 69
13 ὁ θς τῆς ἐλπίδος **πληρώσαι** **ἡμᾶς** **πάσης** **χαρᾶς** καὶ **εἰρήνης** 1319
13 ὁ δὲ θς τῆς ἐλπίδος **πληρώσαι** **ἡ** ὑμᾶς **πάσης** **χαρᾶς** καὶ **εἰρήνης** 1646
13 ὁ δὲ θς τῆς ἐλπίδος **πληρώσαι** ὑμᾶς **πάσης** **χαρᾶς** καὶ **εἰρήνης** ℵ A D L P Ψ 049 056 6 33 104 131 209 226 323 330 365 424 440 489 517 547 614 796 910 927 945 999 1175 1241 1242 1243 1245 1270 1315 1352 1424 1448 1505 1506 1611 1734 1735 1739 1827 1854 1874 1891 1982 2125 2147 2344 2495 2815

ἐν τῷ πιστεύειν, ὑμᾶς ἐν τῇ ἐλπίδι ἐν B 1245 1505 1874 2495
ἐν τῶι πιστεύειν, ὑμᾶς ἐν τῇ ἐλπίδι ἐν 945
ἐν τῷ πιστεύειν, ὑμᾶς ἐν τῇ **ἐλπίδη** ἐν 1243
εἰς τὸ περισσεύειν ὑμᾶς τῇ **ἐλπίδει** ἐν F G
εἰς τὸ περισσεύειν ὑμᾶς τῇ ἐλπίδι ἐν D*
εἰς τὸ περισσεύειν ὑμᾶς ἐν τῇ ἐλπίδι ἐν D1.2
ἐν τῷ πιστεύειν, εἰς τὸ περισσεύειν ὑμᾶς ἐν τῆι **ἐλπίδη** ἐν 326
ἐν τῶι πιστεύειν, εἰς τὸ περισσεύειν ὑμᾶς ἐν τῆι ἐλπίδι ἐν 424 1270 1739 1891
ἐν τῷ πιστεύειν, εἰ·· ······ ·································· ············ ἐν τῇ ἐλπ····· ···· C*
ἐν τῷ πιστεύειν, εἰ·· ······ ·································· ············ ἐν τῇ ἐλπίδι ἐν C^c
ἐν τῷ **πιστεύεν**, εἰς τὸ περισσεύειν ὑμᾶς ἐν τῇ ἐλπίδι ἐν 049*
εἰς τὸ πιστεύειν, εἰς τὸ περισσεύειν ὑμᾶς ἐν τῇ ἐλπίδι ἐν 056
ἐν τῷ πιστεύειν, εἰς τὸ περισσεύειν ὑμᾶς τῇ ἐλπίδι ἐν 104
ἐν τῷ πιστεύειν, εἰς τὸ περισσεύειν ὑμᾶς ἐν τῇ **ἐλπίδη** ἐν 1175
ἐν τῷ περισσεύειν **ἡμᾶς** ἐν τῇ ἐλπίδι ἐν 1
ἐν τῷ πιστεύειν, εἰς **τῷ** **περισεύειν** **ἡμᾶς** ἐν τῇ ἐλπίδι ἐν 618
ἐν τῷ πιστεύειν, **ἐν τῷ** περισσεύειν **ἡμᾶς** ἐν τῇ ἐλπίδι ἐν 1836
ἐν τῷ πιστεύειν, εἰς τὸ **περισεύειν** **ἡμᾶς** ἐν τῇ **ἐλπίδη** ἐν 1506
ἐν **τὸ** πιστεύειν, εἰς τὸ **περισεύειν** **ἡμᾶς** ἐν τῇ ἐλπίδι ἐν 1646
ἐν τῷ πιστεύειν, εἰς τὸ περισσεύειν **ἡμᾶς** ἐν τῇ ἐλπίδι ἐν 1738
ἐν τῶι πιστεύειν, εἰς τὸ περισσεύειν ὑμᾶς ἐν τῇ ἐλπίδι ἐν 1734
ἐν τῷ πιστεύειν, εἰς τὸ πιστεύειν εἰς τὸ περισσεύειν ὑμᾶς ἐν τῇ ἐλπίδι ἐν 1241
ἐν τῷ πιστεύειν, εἰς τὸ περισσεύειν ὑμᾶς ἐν τῇ ἐλπίδι ἐν 𝔓46 ℵ A L P Ψ 049^c 6 33 69 88 131 205 209 226 323 330 365 440 460 489 517 547 614 796 910 927 999 1242 1315 1319 1352 1424 1448 1573 1611 1735 1827 1837 1854 1881 1982 2125 2147 2344 2400 2815 **uwτ** Er1

---

lac. 15.13 𝔓10 𝔓113 K 0172 2412 2464

C 15.13 κ,υ προ της υπο παντης L | αρχ κυιακ προ της υπ απαντ 209 | αρχ τη ······ εβδ αδ,ε ο δε θς ελπιδος 326 | αρχ τη ς 330 | αρχ κ,υ προ της υπ απαντας 424 | αρχ κ,υ προς της υπ απο αδ,ε ο θς της ελπι 1270 | αρχ τη γ της η εβδ αδ,ε ο δε θς της ελπιδος 1837

E 15.13 Ro 14.17

Errata: 15.13 antf 049 καὶ εἰρήνης ἐν τῷ πιστεύειν ἐν τῷ περισσεύειν ὑμᾶς : 1—4 πιστεύεν 6—9 049*
15.13 antf 88 καὶ εἰρήνης ἐν τῷ πιστεύειν ἐν τῷ περισσεύειν ὑμᾶς : ····· ·····ρήνης ἐν τῷ πιστεύειν, ······ ··· ············σεύειν ὑμᾶς 88
15.13 antf 618 καὶ εἰρήνης ἐν τῷ πιστεύειν εἰς τὸ περισσεύειν ὑμᾶς : 1—6 τῷ περισεύειν ἡμᾶς 618
15.13 antf 1241 καὶ εἰρήνης ἐν τῷ πιστεύειν εἰς τὸ περισσεύειν ὑμᾶς : 1—5 εἰς τὸ πιστεύειν 6—9 1241
15.13 antf 1506 καὶ εἰρήνης ἐν τῷ πιστεύειν εἰς τὸ περισσεύειν ὑμᾶς : 1—7 περισεύειν ἡμᾶς 1506
15.13 antf 1738 καὶ εἰρήνης ἐν τῷ πιστεύειν εἰς τὸ περισσεύειν ὑμᾶς : 1—8 ἡμᾶς 1738
15.13 antf 1836 καὶ εἰρήνης ἐν τῷ πιστεύειν εἰς τὸ περισσεύειν ὑμᾶς : 1—5 ἐν τῷ περισσεύειν ἡμᾶς 1836
15.13 antf C καὶ εἰρήνης ἐν τῷ πιστεύειν εἰς τὸ περισσεύειν ὑμᾶς : ······ εἰρήνης ἐν τῷ πιστεύειν, εἰ·· ··· ······························ · ······· C
15.13 antf 1646 καὶ εἰρήνης ἐν τῷ πιστεύειν εἰς τὸ περισσεύειν ὑμᾶς : 1—3 τὸ 5—7 περισσεύειν 9 1646
15.13 antf 69 καὶ εἰρήνης ἐν τῷ πιστεύειν εἰς τὸ περισσεύειν ὑμᾶς : correct, but 69 also omits χάρας ante εἰρήνης

δυνάμει πνεύματος ἁγίου. B 𝔓46 69 **uwτ** Er1
.... π.... C
δυνάμι πνς ἁγίου. ℵ
δυνάμει πνς ἁγίου. A D F G L P Ψ 049 056 1 6 33 88 104 131 205 209 226 323 326 330 365 424 440 460 489 517 547 614 618 796 910 927 945 999 1175 1241 1242 1243 1245 1270 1315 1319 1352 1424 1448 1505 1506 1573 1611 1646 1734 1735 1738 1739 1827 1836 1837 1854 1874 1881 1891 1982 2125 2147 2344 2400 2495 2815

Paul's Calling to be a Minister to the Gentiles

14 Πέπεισμαι δέ, ἀδελφοί μου, καὶ αὐτὸς ἐγὼ ὑπὲρ ὑμῶν ὅτι B A
14 Πέπεισμαι δέ, ἀδελφοί μου, ...ὑτὸς ......ὼ **περὶ** ὑμῶν ὅτι C
14 Πέπεισμαι δέ, ἀδελφοί μου, καὶ αὐτὸς ἐγὼ τῷ **περὶ** ὑμῶν ὅτι 1 1611
14 Πέπεισμαι δέ, ἀδελφοί μου, καὶ αὐτὸς ἐγὼ **περὶ** ὑμῶν ἐγὼ ὅτι 1319
14 Πέπεισμαι δέ, ἀδελφοί, καὶ αὐτὸς ἐγὼ **περὶ** ὑμῶν ὅτι 1739 1881
14 Πέπεισμαι, ἀδελφοί μου, καὶ αὐτὸς ἐγὼ **περὶ** ὑμῶν ὅτι 1352 1735
14 **Πέπισμε** δέ, ἀδελφοί μου, καὶ αὐτὸς ἐγὼ **περὶ** ὑμῶν ὅτι 1243 1506
14 **Πέπισμαι** δέ, ἀδελφοί, καὶ αὐτὸς ἐγὼ **περὶ** ὑμῶν ὅτι 𝔓46
14 **Πέπισμαι** δέ, ἀδελφοί μου, καὶ αὐτὸς ἐγὼ **περὶ** ὑμῶν ὅτι ℵ P 33 1315 1836
14 **Πέπισμε** δέ **καὶ αὐτὸς ἐγὼ περὶ ὑμῶν**, **ἀδελφοί**, ὅτι D*
14 **Πέπισμαι** δέ **καὶ αὐτὸς ἐγὼ περὶ ὑμῶν**, **ἀδελφοί μου**, ὅτι D1.2
14 **Πέπισμαι** δέ **καὶ αὐτὸς ἐγὼ περὶ ὑμῶν**, **ἀδελφοί**, ὅτι G
14 **Πέπισμαι** δέ **καὶ αὐτὸ ἐγὼ περὶ ὑμῶν**, **ἀδελφοί**, ὅτι F
14 **Πέπεισμε** δέ, ἀδελφοί μου, καὶ αὐτὸς ἐγὼ **περὶ** ὑμῶν ὅτι 326 614 618 1837 1874
14 Πέπεισμαι δέ, ἀδελφοί μου, καὶ αὐτὸς ἐγὼ τὰ **περὶ** ὑμῶν ὅτι 1245
14 Πέπεισμαι δέ, ἀδελφοί μου, καὶ αὐτὸς ἐγὼ **περὶ** ὑμῶν ὅτι L Ψ 049 056 6 69 88 104 131 205 209 226 323 330 365 424 440 460 489 517 547 796 910 927 945 999 1175 1241 1242 1270 1424 1448 1505 1573 1646 1734 1738 1827 1854 1891 1982 2125 2147 2344 2400 2495 2815 **uwτ** Er1

[↓2344 [**u**]**w**
καὶ αὐτοὶ μεστοί ἐστε ἀγαθωσύνης, πεπληρωμένοι πάσης τῆς γνώσεως, B ℵ Ψ 6 1739
καὶ αὐτοὶ μεστοί ἐστε ......αθωσύνης, πεπληρωμένοι πάσης γνώσεως, C [↓1881 2400
καὶ αὐτοὶ μεστοί ἐστε **ἀγαθοσύνης**, πεπληρωμένοι πάσης τῆς γνώσεως, 330 489 927 1506
καὶ αὐτοὶ μεστοί ἐστε **ἀγαθοσύνης**, πεπληρωμένοι πάσης γνώσεως, L 69 104 326 999
καὶ αὐτοὶ μεστοί ἐστε **ἀγαθοσύνης**, **πεπληρομένοι** πάσης τῆς γνώσεως, 1243 [↑1175 1270
μεστοί ἐστε **ἀγαθοσύνης**, καὶ πεπληρωμένοι πάσης γνώσεως, D [↑1315 1836
μεστοί ἐστε ἀγαθωσύνης, πεπληρωμένοι πάσης γνώσεως, 𝔓46 [↑1837 1891
μεστοί τῆς ἀγαθωσύνης, πεπληρωμένοι πάσης τῆς γνώσεως, Cl IV 49.7 [↑2147
καὶ αὐτοὶ **ἐστε μεστοί** ἀγαθωσύνης, πεπληρωμένοι πάσης γνώσεως, 1352
καὶ αὐτοὶ μεστοί **ἀγαθοσύνης ἐστε**, πεπληρωμένοι πάσης γνώσεως, 1827
μεστοί **ἔσται** **ἀγάπης**, καὶ πεπληρωμένοι **παπάσης** γνώσεως, F
μεστοί **ἔσται** **ἀγάπης**, καὶ πεπληρωμένοι πάσης γνώσεως, G
καὶ αὐτοὶ μεστοί **ἔσται** ἀγαθωσύνης, πεπληρωμένοι πάσης γνώσεως, A 056 618
καὶ αὐτοὶ μεστοί **ἔσται** περὶ ἀγαθωσύνης, πεπληρωμένοι πάσης τῆς γνώσεως, 049
καὶ αὐτοὶ μεστοί **ἔσται** **ἀγαθοσύνης**, πεπληρωμένοι πάσης τῆς γνώσεως, P 1646
καὶ αὐτοὶ μεστοί **ἔσται** **ἀγαθοσύνης**, πεπληρωμένοι πάσης γνώσεως, 33 88 1245 1735
καὶ αὐτοὶ μεστοί **ἔσται** **ἀγαθοσύνης**, **πεπληρομένοι πάσις** γνώσεως, 460
καὶ αὐτοὶ μεστοί **ἔσται** **ἀγαθοσύνης**, **πεπληρομένοι** πάσης γνώσεως, 1874
καὶ αὐτοὶ μεστοί **ἔσται** πάσης ἀγαθωσύνης, πεπληρωμένοι πάσης γνώσεως, 1424
καὶ αὐτοὶ μεστοί ἐστε ἀγαθωσύνης, πεπληρωμένοι πάσης γνώσεως, 1 131 205 209 226 323 365 424 440 517 547 614 796 910 945 1241 1242 1319 1448 1505 1573 1611 1734 1738 1854 1982 2125 2495 2815 [**u**]**τ** Er1

lac. 15.13-14 𝔓10 𝔓113 K 0172 2412 2464

C 15.14 με κγ περι τους λειτουργους αυτους ης εναν ατολη κ, δυσει 1739 | ωρ εν τη εξηγησει 1739

E 15.13 Ro 14.17 **14** 1 Co 1.5; Phl 1.9

Errata: 15.14 txt ἀδελφοί μου, καὶ αὐτὸς ἐγὼ περὶ ὑμῶν; **na** F G omit σου correctly, but do not indicate order : καὶ αὐτὸς (αυτὸ F) ἐγὼ περὶ ὑμῶν, ἀδελφοί F G
15.14 na D F G δυνάμενοι καὶ ἀλλήλους νουθετεῖν : ἀλλήλους δυνάμενοι νουθετεῖν D*.2 F G; δυνάμενοι καὶ ἀλλήλους νουθετεῖν D1
15.14 na 1175 ἀλλήλους : ἄλλους 1175

δυνάμενοι καὶ ἀλλήλους νουθετεῖν. 15 τολμηροτέρως δὲ ἔγραψα ὑμῖν B A 1506 **w**

δυνάμενοι καὶ ἀλλήλους **νουθετῆν**. 15 **τολμηροὶ** δὲ ἔγραψα ὑμιν 460

δυνάμενοι καὶ ἀλλήλους νουθετεῖν. 15 **τολμηρότερον** δὲ ἔγραψα ὑμῖν 209* 1505 2495

ἀλλήλους **δυνάμενοι** νουθετεῖν. 15 **τολμηρότερον** δὲ ἔγραψα ὑμῖν D*.2

ἀλλήλους **δυνάμενοι** νουθετεῖν. 15 **τομηρότερον** δὲ ἔγραψα ὑμῖν F G

δυνάμενοι καὶ ἀλλήλους νουθετεῖν. 15 **τολμηρότερον** δὲ ἔγραψα **ὑμεῖν** 𝔓46

δυνάμενοι καὶ ἀλλήλους νουθετεῖν. 15 **τολμηρότερον** δὲ ἔγραψα ὑμῖν ℵ* C **u**

δυνάμενοι καὶ ἀλλήλους νουθετεῖν. 15 **τολμηρότερον** δὲ **ὑμῖν** **ἔγραψα** 1739 1881

δυνάμενοι καὶ ἀλλήλους νουθετεῖν. 15 **τολμηρότερον** δὲ ἔγραψα ὑμῖν ℵc D1 P Ψ 056 209c 326

δυνάμενοι καὶ ἀλλήλους νουθετεῖν. 15 **τολμήτερον** δὲ ἔγραψα ὑμῖν 88 [↑1243 1837 **τ**

δυνάμενοι καὶ ἀλλήλους νουθετεῖν. 15 **τολμηρὸν** δὲ ἔγραψα ὑμῖν 1738

δυνάμενοι καὶ ἀλλήλους **νοθετεῖν**. 15 **τολμηρότερον** δὲ ἔγραψα ὑμῖν 1827

δυνάμενοι καὶ καὶ **ἀλήλους** **νουθετῆν**. 15 **τολμηρὸν** δὲ ἔγραψα ὑμῖν 618

δυνάμενοι καὶ **ἄλλους** νουθετεῖν. 15 τολμηροτέρως δὲ ἔγραψα ὑμῖν 330c 2400

δυνάμενοι καὶ **ἄλλους** νουθετεῖν. 15 **τολμητέρως** δὲ ἔγραψα ὑμῖν 330*

δυνάμεθα καὶ **ἄλλους** νουθετεῖν. 15 **τολμηρότερον** δὲ ἔγραψα ὑμῖν 1573

δυνάμενοι καὶ **ἄλλους** νουθετεῖν. 15 **τολμηρότερον** δὲ ἔγραψα ὑμῖν L 049 1 6 33 69 104 131 205 226 323 365 424 440 489 517 547 614 796 910 927 945 999 1175 1241 1242 1245 1270 1315 1319 1319 1352 1424 1448 1611 1646 1734 1735 1836 1854 1874 1891 1982 2125 2147 2344 2815 Er1

ἀπὸ μέρους ὡς ἀναμιμνήσκων ὑμᾶς διὰ τὴν χάριν τὴν δοθεῖσάν B

ἀδελφοὶ **ἀναμιμνήσκων** **ἀπὸ** **μέρους** **οὕτως** διὰ τὴν χάριν τὴν δοθεῖσάν 𝔓46

ἀπὸ μέρους ὡς **ἐπαναμιμνήσκων** ὑμᾶς διὰ τὴν χάριν τὴν **δοθῖσάν** ℵ*

ἀδελφοὶ ἀπὸ μέρους ὡς **ἐπαναμιμνήσκων** ὑμᾶς διὰ τὴν χάριν τὴν **δοθῖσάν** D*

ἀδελφοὶ ἀπὸ μέρους ὡς **ἐπαναμιμνήσκω** ὑμᾶς διὰ τὴν χάριν τὴν **δοθῆσάν** 1506

ἀδελφοὶ ἀπὸ μέρους ὡς **ἐπαναμνήσκων** ὑμᾶς διὰ τὴν χάριν τὴν **δοθῆσάν** 1424*

ἀδελφοὶ ἀπὸ μέρους ὡς **ἐπαναμιμνήσκων** ὑμᾶς διὰ τὴν χάριν τὴν **δοθῆσάν** 1424c 1735

ἀδελφοὶ ἀπὸ μέρους ὡς **ἐπαναμιμνήσκων** ὑμᾶς 999

ἀπὸ **μέρους** **ἀδελφοὶ** ὡς **ἐπαναμιμνήσκων** ὑμᾶς διὰ τὴν χάριν τὴν δοθεῖσάν 209* 323 796 945

ἀδελφοὶ ἀπὸ μέρους ὡς **ἐπαναμνήσκων** ὑμᾶς διὰ τὴν χάριν τὴν δοθεῖσάν 1836 [↑1448 1505

ἀδελφοὶ ἀπὸ μέρους ὡς **ἐπαναμιμνίσκων** ὑμᾶς διὰ τὴν χάριν τὴν **δοθῆσάν** 1874 [↑2495

ἀπὸ μέρους ὡς **ἐπαναμιμνίσκων** ὑμᾶς διὰ τὴν χάριν τὴν **δοθῆσάν** 1881

ἀπὸ μέρους ὡς **ἐπαναμιμνήσκων** ὑμᾶς διὰ τὴν χάριν τὴν δοθεῖσάν C

ἀδελφοὶ ὡς **ἐπαναμιμνήσκων** ὑμᾶς διὰ τὴν χάριν τὴν δοθεῖσάν Ψ

ἀδελφοὶ ἀπὸ μέρους ὡς **ἐπαναμημνήσκων** ὑμᾶς διὰ τὴν χάριν τὴν **δωθεῖσάν** 33

ἀδελφοὶ ἀπὸ μέρους ὡς **ἐπαναμημνήσκον** ὑμᾶς διὰ τὴν χάριν τὴν **δοθῆσάν** 1243

ἀδελφοὶ ἀπὸ μέρους ὡς **ὑπαναμιμνήσκων** ὑμᾶς διὰ τὴν χάριν τὴν **δοθῆσάν** 440 1315

ἀδελφοὶ ἀπὸ μέρους ὡς **ἐπαναμιμνήσκον** ὑμᾶς διὰ τὴν χάριν τὴν **δοθῆσάν** 326 460 618

ἀδελφοὶ ἀπὸ μέρους ὡς **ἐπαναμιμνήσκων** **ἡμᾶς** διὰ τὴν χάριν τὴν δοθεῖσάν 1245

ἀδελφοὶ ἀπὸ μέρους ὡς **ἐπαναμιμνόσκων** ὑμᾶς διὰ τὴν χάριν τὴν **δοθῆσάν** 1646

ἀδελφοὶ ἀπὸ μέρους **ὥστε** **ἐπαναμιμνήσκων** ὑμᾶς διὰ τὴν χάριν τὴν **δοθῆσάν** 1837

ἀδελφοί μου ἀπὸ μέρους ὡς **ἐπαναμιμνήσκων** ὑμᾶς διὰ τὴν χάριν τὴν δοθεῖσάν 049

ἀπὸ μέρους ὡς **ἐπαναμιμνήσκων** ὑμᾶς διὰ τὴν χάριν τὴν δοθεῖσάν A 1739 **uw**

ἀδελφοὶ ἀπὸ μέρους ὡς **ἐπαναμιμνήσκων** ὑμᾶς διὰ τὴν χάριν τὴν δοθεῖσάν D1.2 F G L P 056 1 6 69 88 104 131 205 209c 226 330 365 424 489 517 547 614 910 927 1175 1241 1242 1270 1319 1352 1573 1611 1734 1738 1827 1854 1891 1982 2125 2147 2344 2400 2815 **τ** Er1

lac. 15.14-15 𝔓10 𝔓113 K 0172 2412 2464

C 15.15 ιθ (κ 1315) περι της (- 440) λειτουργιας αυτου της εν ανατολη και δυσει 440 1175 1315 1836 1874

D 15.15 ιθ 440 1854

E 15.14 1 Co 1.5; Phl 1.9 **15** Ro 1.5; 12.3, 6; 2 Pe 1.12; 1 Co 3.10; Ga 2.9; Eph 3.2, 7-8; Col 1.25

Errata: 15.15 na F G τολμηρότερον : τομηρότερον F G

15.15 antf 𝔓46 ὑμῖν ἀδελφοὶ [ἀναμιμνήσκων] ἀπὸ μέρους : ὑμεῖν ἀδελφοὶ ἀναμιμνήσκων ἀπὸ μέρους οὕτως 𝔓46

15.15 antf 209 ὑμῖν ἀπὸ μέρους ἀδελφοί : ὑμῖν ἀπὸ μέρους ἀδελφοί 209*; ὑμῖν ἀδελφοὶ ἀπὸ μέρους 209c

15.15 antf 1611 ὑμῖν ἀπὸ μέρους ἀδελφοί : ὑμῖν ἀδελφοὶ [ἀπὸ μέρους] 1611

μοι ἀπὸ τοῦ θυ **16** εἰς τὸ εἶναί με λιτουργὸν χυ ιυ B*
μοι ἀπὸ τοῦ θυ **16** εἰς τὸ εἶναί με **λειτουργὸν** χυ ιυ B^{c}
μοι ἀπὸ τοῦ θυ **16** εἰς τὸ εἶναί με λιτουργὸν χυ ιυ εἰς τὰ ℵ*
μοι ἀπὸ τοῦ θεοῦ **16** εἰς τὸ εἶναί με **λειτουργὸν** Χριστοῦ Ἰησοῦ εἰς τὰ **w**
μοι ἀπὸ τοῦ θυ **16** εἰς τὸ **γένεσθαί** με **λειτουργὸν** χυ ιυ εἰς τὰ F
μοι **ὑπὸ** τοῦ θυ **16** εἰς τὸ **γένεσθαί** με **λειτουργὸν** χυ ιυ εἰς τὰ G
μοι **ὑπὸ** τοῦ θυ **16** εἰς τὸ εἶναί με λιτουργὸν χυ ιυ εἰς τὰ ℵ^{c}
μοι **ὑπὸ** τοῦ θυ **16** εἰς τὸ εἶναί με **λειτουργὸν** χυ ιυ εἰς τὰ A P 326 330 1505 1506
··ο·· **ὑπὸ** τοῦ θυ **16** εἰς τὸ εἶναί με **λειτουργὸν** χυ ιυ εἰς τὰ C [↑1739 1837 2400 2495
μοι **ὑπὸ** τοῦ θυ **16** εἰς τὸ εἶναί με **λειτουργὸν** χυ Ἰησοῦ εἰς τὰ 69
μοι **ὑπὸ** τοῦ θεοῦ **16** εἰς τὸ εἶναί με **λειτουργὸν** Χριστοῦ Ἰησοῦ εἰς τὰ **u**
μοι **ὑπὸ** τοῦ θυ **16** εἰς τὸ εἶναί με **λειτουργὸν** **θυ** εἰς τὰ 1646*
μοι **ὑπὸ** τοῦ θυ **16** **διὰ** τὸ εἶναί με **λειτουργὸν** **ιηυ** **χρυ** εἰς τὰ 𝔓^{46}
μοι **ὑπὸ** τοῦ θυ **16** εἰς τὸ **γένεσθαί** με λιτουργὸν **ιυ** **χυ** εἰς τὰ D*
μοι **ὑπὸ** τοῦ θυ **16** εἰς τὸ εἶναί με λιτουργὸν **ιυ** **χυ** εἰς τὰ D^{1}
μοι **ὑπὸ** τοῦ θυ **16** εἰς τὸ εἶναί με **λητουργὸν** **ιυ** **χυ** εἰς τὰ 460 618
16 εἰς τὸ εἶναί με **λειτουργὸν** **ιυ** **χυ** εἰς τὰ 999*
ὑπὸ τοῦ θυ **16** εἰς τὸ εἶναί με **λειτουργὸν** **ιυ** **χυ** εἰς τὰ 999^{c}
μοι **ὑπὸ** τοῦ θυ **16** εἰς τὸ εἶναί **μεν** **λειτουργὸν** **ιυ** **χυ** εἰς τὰ 1352
μοι ······· ······ θυ **16** εἰς τὸ εἶναί με **λειτουργὸν** **ιυ** **χυ** εἰς τὰ 1611
μοι **ὑπὸ** τοῦ θεοῦ **16** εἰς τὸ εἶναί με **λειτουργὸν** **Ἰησοῦ** **χυ** εἰς τὰ **τ** Er^{1}
μοι **ὑπὸ** τοῦ θυ **16** εἰς τὸ εἶναί με **λειτουργὸν** **ιυ** **χυ** εἰς τὰ D^{2} L Ψ 049 056 1 6 33 88 104 131 205 209 226 323 365 424 440 489 517 547 614 796 910 927 945 1175 1241 1242 1243 1245 1270 1315 1319 1424 1448 1573 1646^{c} 1734 1735 1738 1827 1836 1854 1874 1881 1891 1982 2125 2147 2344 2815

ἱερουργοῦντα τὸ εὐαγγέλιον τοῦ θυ, ἵνα γένηθη ἡ προσφορὰ B
ἔθνη, ἱερουργοῦντα τὸ εὐαγγέλιον τοῦ θυ, ἵνα γένηθη ἡ προσφορὰ 1881*
ἔθνη, ἱερουργοῦντα τὸ εὐαγγέλιον τοῦ θυ, ἵνα **γένηται καὶ** ἡ προσφορὰ 𝔓^{46}
ἔθνην, ἱερουργοῦντα τὸ εὐαγγέλιον τοῦ θυ, ἵνα **γένηται** ἡ προσφορὰ F
ἔθνη, ἱερουργοῦντα τὸ εὐαγγέλιον τοῦ θυ, ἵνα **γένητε** ἡ προσφορὰ 618 1243 1735
ἔθνη, ἱερουργοῦντα τὸ εὐαγγέλιον τοῦ **χυ**, ἵνα **γένηται** ἡ προσφορὰ 999
ἔθνη, ἱερουργοῦντα τὸ εὐαγγέλιον τοῦ θεοῦ, ἵνα **γένηται** ἡ προσφορὰ **uwτ** Er^{1}
ἔθνη, ἱερουργοῦντα τὸ εὐαγγέλιον τοῦ θυ, ἵνα **γένηται** ἡ προσφορὰ ℵ A C D G L P Ψ 049 056 1 6 33 69 88 104 131 205 209 226 323 326 330 365 424 440 460 489 517 547 614 796 910 927 945 1175 1241 1242 1245 1270 1315 1319 1352 1424 1448 1505 1506 1573 1611 1646 1734 1738 1739 1827 1836 1837 1854 1874 1881^{c} 1891 1982 2125 2147 2344 2400 2495 2815

τῶν ἐθνῶν εὐπρόσδεκτος, ἡγιασμένη ἐν πνεύματι ἁγίῳ. **17** ἔχω οὖν B 1319 **uwτ** Er^{1}
τῶν ἐθνῶν εὐπρόσδεκτος, ἡγιασμένη ἐν πνεύματι ἁγίῳ. **17** **ἣν ἔχω** 𝔓^{46}
τῶν ἐθνῶν εὐπρόσδεκτος, ἡγι················ ἐν πνι ἁγίῳ. **17** ἔχω οὖ·· C
τῶν ἐθνῶν, ἡγιασμένη ἐν πνι **ἁγείῳ**. **17** ἔχω οὖν F G
τῶν ἐθνῶν εὐπρόσδεκτος, ἡγιασμένη ἐν πνι ἁγίῳ. **17** ἔχω μὲν οὖν 88
τῶν ἐθνῶν εὐπρόσδεκτος, ἡγιασμένη ἐν πνι ἁγίωι. **17** ἔχω οὖν 424 517 1270 1424 1739 1891
τῶν ἐθνῶν εὐπρόσδεκτος, ἡγιασμένη ἐν πνι ἁγίῳ. **17** ἔχω γὰρ οὖν 618 1738
τῶν ἐθνῶν εὐπρόσδεκτος, ἡγιασμένη ἐν πνι. **17** ἔχω οὖν 1241* 1245
τῶν ἐθνῶν εὐπρόσδεκτος, ἡγιασμένη ἐν πνι ἁγίῳ. **17** ἔχω οὖν ℵ A D L P Ψ 049 056 1 6 33 69 104 131 205 209 226 323 326 330 365 440 460 489 547 614 796 910 927 945 999 1175 1241^{c} 1242 1243 1315 1352 1448 1505 1506 1573 1611 1646 1734 1735 1827 1836 1837 1854 1874 1881 1982 2125 2147 2400 2495 2815

lac. 15.15-17 𝔓^{10} 𝔓^{113} K 0172 2412 2464 **15.17** 2344 (illeg.)

C 15.16 τελ δ 1 489 547 1739 2147 | τελ της δ 517 614 1242 1315 1573 | τελ L 209 326 330 424 796 927 945 1175 1448 **17** αρχ τη ε της εβδ αδ,ε εχω καυχησιν εν χω ιυ τα 1 | αρχ η ε της ε εβδ. αδ,ε εχω καυχησιν εν χω 226 | αρχ τη ······· εβδ αδ,ε εχω ουν καυχωσιν 326 | αρχ τη β της θ εβδ 330 | αρχ της ι 440 | αρχ τη ε της α εβδ αδ,ε εχω καυ 489 | αδ,ε τη ε 517 | αρχ τη ε της δ εβδ αδελφοι εχω καυχησιν 614 | αρχ τη ε της ε εβδ αδ,ε εχο καυχσιν εν χω ιυ 796 | αρχ τη ε της ε εβδ αδ,ε 927 | αρχ τηι ε της ε εβδ: προς ρωμ: αδ,ε εχω καυχησιν εν χω ιυ 945 | αρχ τη ε 1175 | αρχ τη ε 1242 | αρχ τη ε της ε εβδμαδ κ,ε ρκ δ 1315 | αρχ τη ε της ε αδ,ε εχο ουν καυχασιν εν χω ιυ 1448 | αρχ τη ε της ε εβδ αδ,ε εχω καυχησιν εν χω 1573 | κ,ε μβ | αρχ τη ε της ε εβδ ο αποστολ πρ ρωμ αδελφοι εχω καυχησιν εν χω ιυ τα προς τον θν 1739 | αρχ τη β της θ εβδ αδ,ε χω ουν καυχ 1837 | αρχ τη ε της ε εβδ αδ,ε εχω καυχησιν εν χω ιυ 2147

D 15.17 λη 489 927 | μβ 1 226 517 547 614 1573 1739

E 15.15 Ro 1.5; 12.3, 6; 2 Pe 1.12; 1 Co 3.10; Ga 2.9; Eph 3.2, 7-8; Col 1.25 **16** Ro 11.13; 12.1; Phl 2.17 **17** He 2.17

Errata: 15.17 na C ἔχω οὖν τὴν καύχησιν : ἔχω οὖ·· ······ ·········χη······ C

τὴν καύχησιν ἐν χω̅ ιυ̅ τὰ πρὸς τὸν θν̅· **18** οὐ γὰρ B D 330 365 1319 1506 1573 1735 2400
τὴν καύχησιν ἐν χω̅ Ἰησοῦ τὰ πρὸς τὸν θν̅· **18** οὐ γὰρ 69
τὲν καύχησην ἐν χρω̅ ιυ̅ τὰ πρὸς τὸν θν̅· **18** οὐ γὰρ F*
τὴν **καύχησην** ἐν χρω̅ ιυ̅ τὰ πρὸς τὸν θν̅· **18** οὐ γὰρ F^c G
....χη....... .... χω̅ ιυ̅ .... **18** ··ὐ γὰρ C
τὴν καύχησιν ἐν Χριστῷ Ἰησοῦ τὰ πρὸς τὸν θεόν· **18** οὐ γὰρ [**uw**]
καύχησιν ἐν χω̅ τὰ πρὸς τὸν ...... **18** οὐ γὰρ 𝔓46
καύχησιν ἐν χω̅ τὰ πρὸς τὸν θν̅· **18** οὐ γὰρ 323*
καύχησιν ἐν χω̅ι ιυ̅ τὰ πρὸς τὸν θν̅· **18** οὐ γὰρ 1734 1739 1891 1982
καύχησιν ἐν Χριστῷ Ἰησοῦ τὰ πρὸς τὸν θεόν· **18** οὐ γὰρ [**uw**] Er1
καύχησιν ἐν Χριστῷ Ἰησοῦ τὰ πρὸς θεόν· **18** οὐ γὰρ **τ**
καύχησιν ἐν χω̅ ιυ̅ τὰ πρὸς θν̅· **18** οὐ γὰρ 226*
καύχησιν ἐν χω̅ ιυ̅ τὰ πρὸς τὸν θν̅· **18** οὐ γὰρ ℵ A L P Ψ 049 056 1 6 33 88 104 205 131 209 226^c 323^c 326 424 440 460 489 517 547 614 618 796 910 927 945 999 1175 1241 1242 1243 1245 1270 1315 1352 1424 1448 1505 1611 1646 1738 1827 1836 1837 1854 1874 1881 2125 2147 2495 2815

τολμῶ τι λαλεῖν ὧν οὐ κατειργάσατο χς̅ δι᾽ ἐμοῦ λόγων B
τολμῶ τι λαλεῖν ὧν οὐ κατειργάσατο Χριστὸς δι᾽ ἐμοῦ [**w**]
τολμῶ τι **λαλῖν** ὧν οὐ κατειργάσατο χς̅ δι᾽ ἐμοῦ ℵ^c
τολμήσω τι **λαλῖν** ὧν οὐ κατειργάσατο χς̅ δι᾽ ἐμοῦ ℵ* [↓1319^c 1573
τολμήσω τι λαλεῖν ὧν οὐ κατειργάσατο χς̅ δι᾽ ἐμοῦ A P 69 365 1270*
τολμήσω τι λαλεῖν ὧν οὐ κατει........σατο χς̅ δι᾽ ἐμοῦ C [↑1735 1739
τολμήσω τι λαλεῖν ὧν οὐ κατειργάσατο Χριστὸς δι᾽ ἐμοῦ **u**[**w**]
τολμήσω τι λαλεῖν **ὧ** οὐ κατειργάσατο χς̅ δι᾽ ἐμοῦ 1270^c 1319*
τολμήσω τι λαλεῖν ὧν οὐ **κατηργάσατο** ὁ χς̅ δι᾽ ἐμοῦ 326 1837
τολμήσω τι λαλεῖν ὧν οὐ **κατηργάσατο** χς̅ δι᾽ ἐμοῦ 1506
τολμήσω τη λαλεῖν ὧν οὐ **κατηργάσατο** χς̅ δι᾽ ἐμοῦ 1243
τι τολμήσω λαλεῖν ὧν ο·· ......τειργάσατο χς̅ δι᾽ ἐμοῦ 𝔓46
τολμήσω λαλῆσαι τι ὧν οὐ κατειργάσατο χς̅ δι᾽ ἐμοῦ 1505 2495
τολμήσω τι **λαλῆσαι** **ὃ μὴ** κατειργάσατο χς̅ δι᾽ ἐμοῦ 1827
τολμήσω τι **λαλῆσαι** ὧν οὐ κατειργάσατο χς̅ δι᾽ ἐμοῦ 1881
τολμήσω τι **εἰπεῖν** ὧν οὐ **κατηργάσατο** χς̅ δι᾽ ἐμοῦ D
τολμήσω τι **εἰπεῖν** ὧν οὐ **κατηργάσατο** ὁ χς̅ δι᾽ ἐμοῦ F G
τολμήσω λαβεῖν τι ὧν οὐ κατειργάσατο χς̅ δι᾽ ἐμοῦ 1
τολμήσω λαλεῖν τι ὧν οὐ κατειργάσατο Χριστὸς δι᾽ ἐμοῦ **τ** Er1
τολμήσω λαλεῖν τι ὧν οὐ κατειργάσατο ὁ χς̅ δι᾽ ἐμοῦ 131 1734
τολμήσω λαλεῖν τι τὰ πρῶτον θν̅ ὧν οὐ κατειργάσατο χς̅ δι᾽ ἐμοῦ 1836
τολμήσω λαλεῖν τι ὧν οὐ **κατηργάσατο** χς̅ δι᾽ ἐμοῦ L 205 330 1245 1424
τολμήσω λαλεῖν τι ὧν οὐ **κατηργάσατω** χς̅ δι᾽ ἐμοῦ 88 618 [↑1891^c
τολμήσο λαλεῖν τι ὧν οὐ **κατηργάσατο** ὁ χς̅ δι᾽ ἐμοῦ 1646
τολμήσω λαλῖν τι ὧν οὐ κατειργάσατο χς̅ δι᾽ ἐμοῦ 460
τολμήσω λαλεῖν τι ὧν κατειργάσατο χς̅ δι᾽ ἐμοῦ 517
τολμήσω λαλεῖν τι ὧν οὐ κατειργάσατο χς̅ δι᾽ ἐμοῦ Ψ 049 056 6 33 104 209 226 323 424 440 489 547 614 796 910 927 945 999 1175 1241 1242 1315 1352 1448 1611 1738 1854 1874 1891* 1982 2125 2147 2400 2815

lac. 15.17-18 𝔓10 𝔓113 K 0172 2344 (illeg.) 2412 2464

E 15.17 He 2.17 **18** 2 Co 13.3; 3.5; 2 Co 12.12; Mk 16.17

εἰς ἀκοὴν	ἐθνῶν, λόγῳ	καὶ ἔργῳ,	**19** ἐν δυνάμει	σημείων	καὶ	B
εἰς **ὑπα**··········	ἐθνῶν, λόγω	καὶ ἔργω,	**19** ἐν δυν·········· ·····του	σημείων τε	καὶ	𝔓[46]
········ ············**οὴν**	ἐθνῶ·· ·· όγῳ	καὶ ἔργῳ,	**19** ἐν δυνάμει	σημείων	·······ὶ	C
εἰς **ὑπακοὴν**	ἐθνῶν, λόγῳ	καὶ ἔργῳ,	**19** ἐν δυνάμει αὐτοῦ	σημείων	καὶ	D* F G
εἰς **ὑπακοὴν** τῶν	ἐθνῶν, λόγῳ	καὶ ἔργῳ,	**19** ἐν δυνάμει	σημείων	καὶ	1
εἰς **ὑπακοὴν**	ἐθνῶν, λόγῳ τε	καὶ ἔργῳ,	**19** ἐν δυνάμει	σημείων	καὶ	330 2400
εἰς **ὑπακοὴν**	ἐθνῶν, λόγωι	καὶ ἔργῳ,	**19** ἐν δυνάμει	σημείων	καὶ	424 945
εἰς **ὑπακοὴν**	ἐθνῶν, λόγωι	καὶ ἔργωι,	**19** ἐν δυνάμει	σημείων	καὶ	517 1891[c]
εἰς **ὑπακοὴν**	ἐθνῶν, λόγῳ	καὶ ἔργῳ,	**19** ἐν δυνάμει	**σιμείον**	καὶ	460 1874
εἰς **ὑπακοὴν**	ἐθνῶν, **λέγω**	καὶ ἔργῳ,	**19** ἐν δυνάμει	σημείων	καὶ	614
εἰς **ὑπακοὴν**	ἐθνῶν, λόγωι	καὶ ἔργωι,	**19** ἐν δυνάμει	**σ··ημείων**	καὶ	1891*
εἰς **ὑπακοὴν**	ἐθνῶν, λόγῳ	καὶ ἔργῳ,	**19** ἐν δυνάμει			1734
εἰς **ὑπακοὴν**	ἐθνῶν, λόγῳ	**ἢ** ἔργωι,	**19** ἐν δυνάμει	σημείων	καὶ	1270
εἰς **ὑπακωὴν**	ἐθνῶν, λόγῳ	καὶ ἔργῳ,	**19** ἐν δυνάμει	σημείων	καὶ	618
εἰς **ὑπακωὴν**	ἐθνῶν, **λόγο**	καὶ ἔργῳ,	**19** ἐν δυνάμει	**σημίων**	καὶ	1646*
εἰς **ὑπακωὴν**	ἐθνῶν, λόγῳ	καὶ ἔργῳ,	**19** ἐν δυνάμει	**σημίων**	καὶ	1646[c]
εἰς **ὑπακοεὶν**	ἐθνῶν, λόγῳ	καὶ ἔργῳ,	**19** ἐν δυνάμει	σημείων	καὶ	1424
εἰς **ὑπακοὴν**	ἐθνῶν, λόγῳ	καὶ ἔργῳ,	**19** ἐν δυνάμει	σημείων	καὶ	ℵ A D[1.2] L P Ψ 049

056 6 33 69 88 104 131 205 209 226 323 326 365 440 489 547 796 910 927 999 1175 1241 1242 1243 1245 1315 1319
1352 1448 1505 1506 1573 1611 1735 1738 1739 1827 1836 1837 1854 1881 1982 2125 2147 2495 2815 **uwτ** Er[1]

τεράτων, ἐν	δυνάμει	πνεύματος·		ὥστε με	ἀπὸ Ἰερουσαλὴμ	B [**uw**]
τεράτων, ····	··········μει	πνς	θυ·	ὥστε με	ἀπὸ ························	𝔓[46] [↓1245
τεράτων, ἐν	δυνάμει	πνς	θυ·	ὥστε με	ἀπὸ Ἰερουσαλὴμ	460 618 999 1315
τεράτων, **καὶ**	δυνάμει	πνς	θυ·	ὥστε με	ἀπὸ ιλημ	796
τεράτων, ἐν	δυνάμει	πνς	θυ·	ὥστε **πεπληρῶσθαι**	ἀπὸ Ἰερουσαλὴμ	D[1]
τεράτων, ἐν	δυνάμει	πνς	ἁγίου	ὥστε με	ἀπὸ ιλημ	A 33 104 365
τεράτων, ἐν	**δυνάμι**	πνς	ἁγίου	ὥστε **πεπληρῶσθαι**	ἀπὸ Ἰερουσαλὴμ	D* [↑1243 1573
τεράτων, ἐν	δυνάμει αὐτοῦ	πνς	ἁγίου·	ὥστε **πεπληρῶσθαι**	ἀπὸ Ἰερουσαλὴμ	G [↑1739 1837
τεράτων, ἐν	δυνάμει	πνς	ἁγίου	ὥστε **πεπληρῶσθαι**	ἀπὸ Ἰερουσαλὴμ	D[2] F
τεράτων, ἐν	δυνάμει	πνεύματος	ἁγίου·	ὥστε με	ἀπὸ Ἰερουσαλὴμ	69 [**w**]
τεράτων, ἐν	δυνάμει	πνεύματος	ἁγίου·	ὥστε με	ἀπὸ ιλημ	1319
τεράτων, ἐν	δυνάμει	πνς	ἁγίου·	ὥστε	ἀπὸ Ἰερουσαλὴμ	1881
τεράτων, ἐν	δυνάμει	πνεύματος	θεοῦ·	ὥστε με	ἀπὸ Ἰερουσαλὴμ	[**u**]**τ** Er[1]
		πνς	θυ·	ὥστε με	ἀπὸ ιλημ	1734
τεράτων, ἐν	δυνάμει	πνς	**θυ ἁγίου**·	ὥστε με	ἀπὸ ιλημ	330 2400
τε············· ἐν	δυνάμει	πν··	······	ὥστε με	ἀπ·· ········	C
τεράτων, ἐν	δυνάμει	πνς	θυ·	ὥστε **μαι**	ἀπὸ ιλημ	88
τεράτων, ἐν	δυνάμει	πνς	θυ·	ὥστε **μὴ**	ἀπὸ ιλημ	440
τεράτων, ἐν	δυνάμει	πνς	θυ·	ὥστε με	ἀπὸ ιελημ	326
τεράτων, ἐν	δυνάμει	πνς	θυ·	ὥστε με	ἀπὸ ιλημ	ℵ L P Ψ 049 056

1 6 131 205 209 226 323 424 489 517 547 614 910 927 945 1175 1241 1242 1270 1352 1424
1448 1505 1506 1611 1646 1735 1738 1827 1836 1854 1874 1891 1982 2125 2147 2495 2815

[↓1352 1424 1448 1505 1573 1611 1646 1734 1739 1827 1837 1854 1874 1881 1982 2125 2495 2815 **uwτ** Er[1]
[↓205 209 226 323 326 330 365 424 440 489 547 614 796 910 927 945 1175 1241 1242 1245 1270 1315 1319

καὶ κύκλῳ	μέχρι τοῦ Ἰλλυρικοῦ	πεπληρωκέναι	τὸ	εὐαγγέλιον	B ℵ A P Ψ 049 056 1 6 33 69 88 104 131
······· κ̣ύκλῳ	μέχ····· ········ ·······················	·······················	····	························	𝔓[46]
·····ὶ κύκλῳ	μέχ···· τοῦ Ἰλλυ············	πεπληρωκέ·······	·····	εὐαγγέλιον	C
καὶ κύκλῳ	μέχρι τοῦ Ἰλλυρικοῦ		τὸ	εὐαγγέλιον	D[1]
	μέχρι τοῦ Ἰλλυρικοῦ	**καὶ κύκλῳ**	τὸ	εὐαγγέλιον	D[*.2] F G
κύκλῳ	μέχρι τοῦ Ἰλλυρικοῦ	πεπληρωκέναι	τὸ	εὐαγγέλιον	L 2400
καὶ κύκλῳ	μέχρι τοῦ **Ἐλλυρικοῦ**	πεπληρωκέναι	τὸ	εὐαγγέλιον	999
καὶ κύκλῳ	μέχρι τοῦ **Ἰλλυρυκοῦ**	πεπληρωκέναι	τὸ	εὐαγγέλιον	1836
καὶ κύκλωι	μέχρι τοῦ Ἰλλυρικοῦ	πεπληρωκέναι	τὸ	εὐαγγέλιον	1891
καὶ	μέχρι τοῦ Ἰλλυρικοῦ	πεπληρωκέναι	τὸ	εὐαγγέλιον	1738
καὶ κύκλῳ	μέχρι τοῦ Ἰλλυρικοῦ	**πεπληρωμέναι**	τὸ	εὐαγγέλιον	517
καὶ κύκλῳ	μέχρι τοῦ Ἰλλυρικοῦ	**πεπληρωκένε**	τὸ	εὐαγγέλιον	460 2147
καὶ	μέχρι τοῦ Ἰλλυρικοῦ	**πεπληρωκένε**	**τῷ**	εὐαγγέλιον	618
καὶ κύκλῳ	μέχρι τοῦ Ἰλλυρικοῦ	**πεπληροκένε**	τὸ	εὐαγγέλιον	1243
καὶ κύκλῳ	μέχρι τοῦ Ἰλλυρικοῦ	**πεπληροκέναι**	τὸ	εὐαγγέλιον	1506 1735

lac. 15.18-19 𝔓[10] 𝔓[113] K 0172 2344 (illeg.) 2412 2464

E 15.18 2 Co 13.3; 3.5; 2 Co 12.12; Mk 16.17 **19** 1 Co 2.4; 1 Th 1.5

Errata: 15.19 na D μέχρι τοῦ Ἰλλυρικοῦ καὶ κύκλῳ : 4 5 1—3 D[1]

τοῦ χυ, **20** οὕτως δὲ φιλοτειμοῦμαι εὐαγγελίζεσθαι οὐχ B
.... **20** οὕτως φιλοτειμοῦμαι εὐαγγελίζεσθαι οὐχ 𝔓46
τοῦ χυ, **20** οὕτως δὲ **φιλοτειμοῦμε** εὐαγγελίζεσθαι D*
τοῦ χρυ, **20** οὕτως δὲ **φειλοτιμοῖμαι** **εὐαγγελείζεσθαι ὅπου** F
τοῦ χυ, **20** οὕτως δὲ **φειλοτιμοῦμαι** **εὐαγγελείζεσθαι ὅπου** G
τοῦ χυ, **20** οὕτως δὲ **φιλοτιμούμενος** εὐαγγελίζεσθαι οὐχ 999
τοῦ Χριστοῦ, **20** οὕτως δὲ **φιλοτιμούμενον** εὐαγγελίζεσθαι οὐχ **uw** Er[1]
τοῦ Χριστοῦ, **20** **οὕτω** δὲ **φιλοτιμούμενον** εὐαγγελίζεσθαι οὐχ **τ**
τοῦ χυ, **20** οὕτως δὲ **φιλοτιμούμενον** **εὐαγγελίζεσθε** οὐχ A
τ..... ...... **20** οὔ...... ... .**μενον** εὐα.............................. C
τοῦ χυ, **20** οὕτως δὲ **φιλοτιμούμενον** **εὐαγγελίσασθαι** οὐχ P 460
τοῦ χυ, **20** οὕτως δέ με **φιλοτιμούμενον** **εὐαγγελίσασθαι** οὐχ 1424
τοῦ χυ, **20** **οὕτω** δὲ **φιλοτιμούμενον** εὐαγγελίζεσθαι οὐχ 1 104 205 517 1242 1245 1611
τοῦ χυ, **20** οὕτως δὲ **φιλωτιμούμενον** εὐαγγελίζεσθαι οὐχ 33 [↑1739 1827 1881 1891
τοῦ **θυ**, **20** οὕτως δὲ **φιλοτιμούμενον** εὐαγγελίζεσθαι οὐχ 88 1646 1735
χυ, **20** οὕτως δὲ **φιλοτιμούμενον** εὐαγγελίζεσθαι οὐχ 489 927
τοῦ χυ, **20** **οὕτος** δὲ **φιλοτιμούμενον** εὐαγγελίζεσθαι οὐχ 2147
τοῦ χυ, **20** οὕτως δὲ **φιλοτειμούμενον** εὐαγγελίζεσθαι **οὐκ** D[1]
τοῦ χυ, **20** οὕτως δὲ **φιλοτειμούμενον** εὐαγγελίζεσθαι οὐχ D[2]
τοῦ χυ, **20** οὕτως δὲ **φιλοντιμούμενον** εὐαγγελίζεσθαι οὐχ 1836
τοῦ χυ, **20** οὕτως δὲ **φιλουτιμούμενον** εὐαγγελίζεσθαι οὐχ 2125
τοῦ χυ, **20** οὕτως δὲ **φιλοτιμούμενον** εὐαγγελίζεσθαι οὐχ ℵ L Ψ 049 056 6 69 131 209 226
323 326 330 365 424 440 547 614 618 796 910 945 1175 1241 1243 1270 1315
1319 1352 1448 1505 1506 1573 1734 1738 1837 1854 1874 1982 2400 2495 2815

[↓1352 1448 1611 1734 1735 1739 1827 1836 1837 1854 1881 1891 1982 2125 2815
[↓205 209 226 323 326 424 440 489 517 547 614 796 910 927 945 1175 1242 1243 1270
ὅπου ὠνομάσθη χς, ἵνα μὴ ἐπ' ἀλλότριον θεμέλιον οἰκοδομῶ, B ℵ A D[1.2] Ψ 049 056 1 69
ὅπου ὠνομάσθη **ὁ χρς**, ἵνα μὴ ἐπ' ἀλλότριον θεμέλιον οἰκοδομῶ, 𝔓46
ὅπου οὐκ ὠνομάσθη **ὁ** χς, ἵνα μὴ ἐπ' ἀλλότριον θεμέλιον οἰκοδομῶ, D*
ὅπου ὠνομάσθη **ὁ** χς, ἵνα μὴ ἐπ' **ἀλότριον** θεμέλιον οἰκοδομῶ, 1646
οὐκ ὠνομάσθη **ὁ** χρς, ἵνα μὴ ἐπ' **ἀλλοτρίῳ θεμελείῳ** οἰκοδομῶ, F
οὐκ ὠνομάσθη **ὁ** χς, ἵνα μὴ ἐπ' **ἀλλοτρίῳ θεμελείῳ** οἰκοδομῶ, G
ὅπου **ἂν** ὠνομάσθη χς, ἵνα μὴ ἐπ' ἀλλότριον θεμέλιον οἰκοδομῶ, 1505 2495
..που ὠνομάσθη χς, ἵνα μὴ ἐπ' ἀλλότριον θεμέλιον οἰκοδομῶ, C
ὅπου ὠνομάσθη χς, ἵνα μὴ ἐπ' ἀλλότριον θεμέλιον **ἐποικοδομῶ**, 330 2400
ὅπου ὠνομάσθη Χριστός, ἵνα μὴ ἐπ' ἀλλότριον θεμέλιον οἰκοδομῶ, **uwτ** Er[1]
ὅπου **ὀνομάσθη** χς, ἵνα **μὶ** ἐπ' ἀλλότριον θεμέλιον οἰκοδομῶ, 618
ὅπου **ὀνομάσθη** χς, ἵνα μὴ ἐπ' ἀλλότριον θεμέλιον **οἰκοδομήσω**, 1506
ὅπου **ὀνομάσθη** χς, ἵνα μὴ ἐπ' ἀλλότριον θεμέλιον οἰκοδομῶ, L P 6 33 88 104 131 365
460 999 1241 1245 1315 1319 1424 1573 1738 1874 2147

21 ἀλλὰ καθὼς γέγραπται· B 𝔓46 ℵ A C D F G L P Ψ 049 056 1 6 33 69 88 104 131 205 209 226 323 326 330 365
21 .... καθὼς γέγραπται· 2344 [↑424 440 460 489 517 547 614 618 796 910 927 945 999 1175 1241 1242
21 καθὼς γέγραπται· 1505 2495 [↑1243 1245 1270 1315 1319 1352 1424 1448 1506 1573 1611 1646 1734
[↑1735 1738 1739 1827 1836 1837 1854 1874 1881 1891 1982 2125 2147 2400 2815 **uwτ** Er[1]

Ὄψονται οἷς οὐκ ἀνηγγέλη περὶ αὐτοῦ, B 69 330 1243 2400 [**w**]
Οἷς οὐκ ἀνηγγέλλη περὶ αὐτοῦ ὄψονται, ℵ A 209* 440 489 517 796 1245 1738 2125 **u**[**w**]
Οἷς οὐκ ἀνηγγέλλει περὶ αὐτοῦ ὄψονται, 365 1241 1646
Οἷς οὐκ ἀνηγγέλει περὶ αὐτοῦ ὄψονται, 6 33 131 323 999 1319 1573 1891 2344
Οἷς οὐκ ἀνηγγέλθη περὶ αὐτοῦ ὄψονται, Ψ
Οἷς οὐκ ἀπηγγέλη περὶ αὐτοῦ ..ψονται, C [↓**τ** Er[1]
Οἷς οὐκ ἀναγγέλη περὶ αὐτοῦ ὄψονται, F G 1827 [↓1836 1837 1854 1881 1982 2147 2495 2815
Οἷς οὐκ ἀνηγγέλλη περὶ αὐτοῦ ὄψοντε, 618 [↓1424 1448 1505 1506 1611 1734 1735 1739
Οἷς οὐκ ἀνηγγέλη περὶ αὐτοῦ ὄψοντε, 1874 [↓614 910 927 945 1175 1242 1270 1315 1352
Οἷς οὐκ ἀνηγγέλη περὶ αὐτοῦ ὄψονται, 𝔓46 D L P 049 056 1 88 104 205 209[c] 226 326 424 460 547

---

lac. 15.19-21 𝔓10 𝔓113 K 0172 2344 (illeg.) 2412 2464

C 15.21 ησαιου 33 209 1270 1739 1854 | μη ησαιου 1175

E 15.19 1 Co 2.4; 1 Th 1.5 **20** 1 Co 3.10; 2 Co 10.15-16 **21** Is 52.15

Errata: 15.20 na C φιλοτιμούμενον : ....μενον C
15.20 na F φιλοτιμοῦμαι : φειλοτιμοῖμαι F
15.21 na C Ψ ἀνηγγέλη : ἀπηγγέλη C; ανηγγέλθη Ψ

καὶ οἳ οὐκ ἀκηκόασιν συνήσουσιν. B 𝔓46 ℵ A C D 33 326 460 618 910 1175 1424 1506 1735

καὶ **οἶς** οὐκ ἀκηκόασιν συνήσουσιν. 1241 [↑1836 1837 1874 **uw**

καὶ οἳ οὐκ ἀκηκόασιν **συνήουσι**. 049*

καὶ οἳ οὐκ ἀκηκόασιν **συνήσουσι**. 049c 104

καὶ οἳ οὐκ **ἀκηκόασειν** συνήσουσιν. F G

καὶ οἳ οὐκ **ἀκηκόασι** συνήσουσιν. L P 056c 69 88 517 1243 2125

καὶ οἳ **ἀκηκόασι** συνήσουσιν. 056*

καὶ οἳ οὐκ **ἀκηκόασι** **συνοίσουσι**. 205 [↓1881 1891 1982 2147 2344 2400 2495 2815 **τ** Er1

καὶ οἳ οὐκ **ἀκηκόασι** **συνοίσουσιν**. 330 [↓1573 1611 1646 1734 1738 1739 1827 1854

καὶ οἳ οὐκ **ἀκηκόασι** **συνήσωσι**. 1315 [↓945 999 1242 1245 1270 1319 1352 1448 1505

καὶ οἳ οὐκ **ἀκηκόασι** **συνήσουσι**. Ψ 1 6 131 209 226 323 365 424 440 489 547 614 796 927

Paul's Plan to Visit Jerusalem and Rome

22 Διὸ καὶ ἐνεκοπτόμην πολλάκις τοῦ ἐλθεῖν πρὸς ὑμᾶς· 23 νυνεὶ B

22 Διὸ καὶ **ἐνεκόπην** πολλάκις τοῦ **ἐλθῖν** πρὸς ὑμᾶς· 23 νυνεὶ D*

22 Διὸ καὶ **ἐνεκόπην** **πολλάκης** τοῦ ἐλθεῖν πρὸς ὑμᾶς·T 23 νυνεὶ F G

22 Διὸ καὶ **ἐνεκόπην** πολλάκις τοῦ ἐλθεῖν πρὸς ὑμᾶς· 23 **νυνὶ** D1.2

22 Διὸ καὶ **ἐνεκόπην** πολλάκις τοῦ ἐλθεῖν πρὸς ὑμᾶς· 23 **νυνὶ** 330 2400

22 Διὸ καὶ ἐνεκοπτόμην πολλάκις τοῦ ἐλθεῖν πρὸς ὑμᾶς· 23 **νυνὶ** 𝔓46

22 Διὸ καὶ ἐνεκοπτόμην τὰ **πολλὰ** τοῦ **ἐλθῖν** πρὸς ὑμᾶς· 23 **νυνὶ** ℵ

22 Διὸ καὶ ἐνε...............ην τὰ **πολλὰ** τοῦ ἐλθεῖν πρὸς ὑμᾶς· 23 **νυνὶ** C

22 Διὸ καὶ ἐνεκοπτόμην τὰ **πολλὰ** ἐλθεῖν πρὸς ὑμᾶς· 23 **νυνὶ** 056 1505 1827 1836 2495

22 Διὸ καὶ ἐνεκοπτόμην τὰ **πολλὰ** τοῦ ἐλθεῖν πρὸς ὑμᾶς· 23 326 1837 1854 2344

22 Διὸ καὶ **ἐνεκοπτώμην** τὰ **πολλὰ** τοῦ ἐλθεῖν πρὸς ὑμᾶς· 23 **νυνὶ** 33 1175 1881

22 Διὸ καὶ **ἐνεκοπτόμειν** τὰ **πολλὰ** τοῦ ἐλθεῖν πρὸς ὑμᾶς· 23 **νυνὶ** 1646

22 Διὸ καὶ **ἐκοπτόμην** τὰ **πολλὰ** τοῦ ἐλθεῖν πρὸς ὑμᾶς· 23 **νυνὶ** 945 [↓**uwτ** Er1

22 Διὸ καὶ ἐνεκοπτόμην τὰ **πολλὰ** τοῦ ἐλθεῖν πρὸς ὑμᾶς· 23 **νυνὴ** 460 [↓1891 1982 2125 2815

22 Διὸ καὶ ἐνεκοπτόμην τὰ **πολλὰ** τοῦ **ἐλθῆν** πρὸς ὑμᾶς· 23 **νυνὴ** 618 [↓1735 1738 1739 1874

22 Διὸ ἐνεκοπτόμην τὰ **πολλὰ** τοῦ ἐλθεῖν πρὸς ὑμᾶς· 23 **νυνὶ** 2147 [↓1506 1573 1611 1734

22 Διὸ καὶ ἐνεκοπτόμην τὰ **πολλὰ** τοῦ ἐλθεῖν πρὸς ὑμᾶς· 23 **νυνὶ** A L P Ψ 049 1 6 69 88 104
131 205 209 226 323 365 424 440 489 517 547 614 796 910 927 999 1241 1242 1243 1245 1270 1315 1319 1352 1424 1448

Tἀπὸ πολλῶν αἰτῶν ὡς ἃ **νυν** F

Tἀπὸ πολλῶν αἰτῶν ὡς ἂν οὐκ πορεύομαι τοῦ ἐλθεῖν ὑμᾶς G

δὲ μηκέτι τόπον ἔχων ἐν τοῖς κλίμασι τούτοις, ἐπιποθείαν δὲ ἔχων τοῦ ἐλθεῖν B Ψ 104 **w**

δὲ μηκέτι τόπον ἔχων .... τοῖς κ......μασι τούτοις, ἐπιποθείαν δὲ.......... τοῦ ἐλθεῖν C

δὲ μηκέτι τόπον **ἔχαι** ἐν τοῖς κλίμασι τούτοις, ἐπιποθείαν δὲ ἔχων τοῦ ἐλθεῖν 𝔓46*

δὲ μηκέτι τόπον **ἔχειν** ἐν τοῖς κλίμασι τούτοις, ἐπιποθείαν δὲ ἔχων τοῦ ἐλθεῖν 𝔓46c

δὲ μηκέτι τόπον **ἔχειν** ἐν τοῖς **κλήμασιν** τούτοις, **ἐπιποθίαν** δὲ **ἔχον** τοῦ ἐλθεῖν 460 618

δὲ μηκέτι τόπον **ἔχειν** ἐν τοῖς **κλήμασι** τούτοις, **ἐπιποθίαν** δὲ ἔχων τοῦ ἐλθεῖν 1738

δὲ μηκέτι τόπον **ἔχω** ἐν τοῖς κλίμασι τούτοις, **ἐπιποθίαν** δὲ ἔχων ἐλθεῖν 330 2400

δὲ μηκέτι τόπον **ἔχω** τοῦ ἐλθεῖν 1315*

δὲ **οὐκέτι** τόπον **ἔχω** ἐν τοῖς **κλήμασι** τούτοις, ἐπιποθείαν δὲ **ἔχω** τοῦ ἐλθεῖν 1243

δὲ **οὐκέτι** τόπον ἔχων ἐν τοῖς **κλήμασι** τούτοις, **ἐπιποθίαν** δὲ ἔχων τοῦ ἐλθεῖν P

δὲ **μηκέτει** τόπον ἔχων ἐν τοῖς **κλήμασιν** τούτοις, **ἐπειποθείαν** δὲ **ἔχω** τοῦ ἐλθεῖν F G

omit 326 1837 1854 2344

δὲ μηκέτι τόπον ἔχων ἐν τοῖς **κλήμασι** τούτοις, ἐπιποθείαν δὲ ἔχων τοῦ ἐλθεῖν 1245

δὲ μηκέτι τόπον ἔχων ἐν τοῖς **κλήμασι** τούτοις, ἐπιποθείαν δὲ ἔχων ἐλθεῖν A [↓2125 2147

δὲ μηκέτι τόπον ἔχων ἐν τοῖς **κλήμασι** τούτοις, **ἐπιποθίαν** δὲ ἔχων τοῦ ἐλθεῖν L 88 614 1646

δὲ μηκέτι τόπον ἔχων ἐν τοῖς **κλήμασι**, **ἐπιποθίαν** δὲ ἔχων τοῦ ἐλθεῖν 1836

δὲ μηκέτι τόπον ἔχων ἐν τοῖς **κλήμασι** τούτοις, **ἐπιποθίαν** δὲ **ἔχω** τοῦ ἐλθεῖν 69 1827

δὲ μηκέτι τόπον ἔχων ἐν τοῖς **κλήμασι** τούτοις, **ἐπιποθίαν** δὲ **ἔχω** τοῦ ἐλθεῖν 1315c 1506

δὲ μηκέτι τόπον ἔχων ἐν τοῖς **κλήμασι** τούτοις, **ἐπιποθίαν** δὲ τοῦ ἐλθεῖν 1319

δὲ μηκέτι τόπον ἔχων ἐν τοῖς **κλήμασιν** τούτοις, **ἐπιποθίαν** δὲ ἔχων τοῦ ἐλθεῖν 33 1573 1735

δὲ μηκέτι τόπον ἔχων ἐν τοῖς **κλίμασιν** τούτοις, **ἐπιποθίαν** δὲ ἔχων τοῦ ἐλθεῖν D1.2 1 [↑1874

δὲ μηκέτι τόπον ἔχων ἐν τοῖς **κλίμασιν** τούτοις, ἐπιποθείαν δὲ ἔχων τοῦ ἐλθεῖν 1175

δὲ μηκέτι τόπον ἔχων ἐν τοῖς κλίμασι τούτοις, **ἐπιποθίαν** δὲ ἔχων τοῦ **ἐλθῖν** ℵ

δὲ μηκέτι τόπον ἔχων ἐν τοῖς κλίμασι τούτοις, **ἐπιποθίαν** δὲ **ἔχω** τοῦ ἐλθεῖν 999

δὲ μηκέτι τόπον ἔχων ἐν τοῖς κλίμασι τούτοις, **ἐπιποθίαν** δὲ **ἔχω** τοῦ **ἐλθῖν** D*

δὲ μηκέτι τόπον ἔχων ἐν τοῖς κλίμασι τούτοις, **ἐπιπόθω** δὲ **ἔχω** τοῦ ἐλθεῖν 440 [↓Er1

δὲ μηκέτι τόπον ἔχων ἐν τοῖς κλίμασι τούτοις, **ἐπιθυμίαν** δὲ ἔχων τοῦ ἐλθεῖν 1881 [↓2815 **uτ**

δὲ μηκέτι τόπον ἔχων ἐν τοῖς κλίμασι τούτοις, **ἐπιποθίαν** δὲ ἔχων τοῦ ἐλθεῖν 049 056 6 131 205
209 226 323 365 424 489 517 547 796 910 927 945 1241 1242 1270 1352 1424 1448 1505 1611 1734 1739 1891 1982 2495

lac. 15.21-23 𝔓10 𝔓113 K 0172 2344 (illg.) 2412 2464

E 15.21 Is 52.15 **22** Ro 1.10-13; 1 Th 2.18; Ac 16.6 **23** Ro 1.10-11 **Errata: 15.23 Ti** D ἐλθῖν : ἐλθεῖν Dc

πρὸς ὑμᾶς ἀπὸ ἱκανῶν ἐτῶν,	24 ὡς	ἂν	πορεύωμαι	εἰς τὴν	Σπανίαν·	B 1506 1573 **w**
πρὸς ὑμᾶς ἀπὸ **πολλῶν** ἐτῶν,	24 **ἕως**	ἂν	πορεύωμαι	εἰς τὴν	Σπανίαν·	𝔓^{46}
πρὸς ὑμᾶς ἀπὸ **πολλῶν** ἐτῶν,	24 ὡς	ἂν	πορεύωμαι	εἰς τὴν	Σπανίαν·	ℵ A 330 1735
πρὸς ·······ς ἀπὸ ἱκανῶν ἐτῶν,	24 ·····	·····	····ρεύωμαι	εἰς τὴν	Σπανίαν·	C [↑1739 **u**
πρὸς ὑμᾶς ἀπὸ ἱκανῶν ἐτῶν,	24 ὡς	**ἐὰν**	πορεύωμαι	εἰς τὴν	Σπανίαν·	69^{c} 1319^{c}
πρὸς ὑμᾶς ἀπὸ **πολλῶν** ἐτῶν,	24 ὡς	ἂν οὖν	**πορεύομαι**	εἰς τὴν	Σπανίαν·	D
πρὸς ὑμᾶς ἀπὸ **πολλῶν αἰτῶν**,	24 ὡς	ἂν οὖν	**πορεύομαι**	εἰς τὴν	Σπανίαν·	G
πρὸς ὑμᾶς ἀπὸ ἱκανῶν ἐτῶν,	24 ὡς	ἂν	**πορεύομαι**	εἰς τὴν	Σπανίαν·	P 365 1243
πρὸς ὑμᾶς ἀπὸ **πολλῶν** ἐτῶν,	24 ὡς	ἂν	**πορεύομαι**	εἰς τὴν	Σπανίαν·	056 1881 2400
πρὸς ὑμᾶς ἀπὸ ἱκανῶν ἐτῶν,	24 **ὃς**	ἂν	**πορεύομαι**	εἰς τὴν	Σπανίαν·	1319*
ἀπὸ ἱκανῶν ἐτῶν,	24 ὡς	ἂν	**πορεύομαι**	εἰς τὴν	Σπανίαν	326 1837
πρὸς ὑμᾶς ἀπὸ ἱκανῶν ἐτῶν,	24 ὡς	**ἐὰν**	**πορεύομαι**	εἰς τὴν	Σπανίαν·	69*
πρὸς ὑμᾶς	24		**πορεύομαι**	εἰς τὴν	Σπανίαν·	F (see vs. 22)
πρὸς ὑμᾶς ἀπὸ **πολλῶν** ἐτῶν,	24 ὡς	**ἐὰν**	**πορεύσομαι**	εἰς τὴν	Σπανίαν·	L 1241 1315
πρὸς ὑμᾶς ἀπὸ **πολλῶν** ἐτῶν,	24 ὡς	**ἐὰν**	**πορεύομαι**	τὴν	Σπανίαν·	049
πρὸς ὑμᾶς ἀπὸ **πολλῶν** ἐτῶν,	24 ὡς	**ἐὰν**	**πορεύομαι**	εἰς τὴν	Σπανίαν·	1245 1874*
πρὸς ὑμᾶς ἀπὸ **πολλῶν** ἐτῶν,	24 ὡς	**ἐὰν**	**πορεύσωμαι**	εἰς τὴν	**᾿Ισπονίαν**·	945
πρὸς ὑμᾶς ἀπὸ **πολλῶν** ἐτῶν,	24 ὡς	**ἐὰν**	**πορεύσομαι**	εἰς τὴν	**᾿Ισπανίαν**·	1827
πρὸς ὑμᾶς ἀπὸ **πολλῶν** ἐτῶν,	24 ὡς	**ἐὰν**	**πορεύομε**	εἰς τὴν	**᾿Ισπανίαν**·	1874^{c} [↓927
πρὸς ὑμᾶς ἀπὸ **πολλῶν** ἐτῶν,	24 ὡς	**ἐὰν**	πορεύωμαι	εἰς τὴν	**᾿Ισπανίαν**·	205 323 489 517
πρὸς ὑμᾶς ἀπὸ **πολλῶν** ἐτῶν,	24 ὡς	ἂν	**πορεύομαι**	εἰς τὴν	**᾿Ισπανίαν**·	1505 2495
πρὸς ὑμᾶς ἀπὸ **πολλῶν** ἐτῶν,	24 ὡς	ἂν	πορεύωμαι	εἰς τὴν	**᾿Ισπανίαν**·	1352
πρὸς ὑμᾶς	24					614
πρὸς ὑμᾶς ἀπὸ **πολλῶν** ἐτῶν,	24 ὡς	**ἐὰν**	**πορεύομαι**	εἰς τὴν εἰς τὴν	Σπανίαν·	1836
πρὸς ὑμᾶς ἀπὸ **πολλῶν** ἐτῶν,	24 ὡς	**ἐὰν**	**πορεύομαι**	εἰς τὴν	Σπανίαν·	33 104 131 999
πρὸς ὑμᾶς ἀπὸ **πολλῶν** ἐτῶν,	24 ·····	·········	πορεύωμαι	ει·· ·····	············αν·	88 [↑1175
πρὸς ὑμᾶς ἀπὸ **πολλῶν** ἐτῶν,	24 ὡς	**ἐὰν**	**πορεύομαι**	**ἐπὶ**	Σπανίαν·	460
πρὸς ὑμᾶς ἀπὸ **πολλῶν** ἐτῶν,	24 ὡς	**ἐὰν**	**πορεύομε**	**ἐπὶ**	Σπανίαν·	618
πρὸς ὑμᾶς ἀπὸ **πολλῶν** ἐτῶν,	24 ὡς	**ἐὰν**	πορεύωμαι	**ἐπὶ**	Σπανίαν·	1738
ἀπὸ **πολλῶν** ἐτῶν,	24 ὡς	**ἐὰν**	πορεύωμαι	εἰς τὴν	Σπανίαν·	1854
πρὸς ὑμᾶς······· ··················· ·········ν,	24 ὡς	**ἐὰν**	πορεύωμαι	εἰς τὴν	Σπανίαν·	2344
πρὸς ὑμᾶς ἀπὸ **πολλῶν** ἐτῶν,	24 ὡς	**ἐὰν**	πορεύωμαι	εἰς τὴν	Σπανίαν·	Ψ 1 6 209 226 424 440 547 796 910 1242 1270 1424 1448 1611 1646 1734 1891 1982 2125 2147 2815 **τ** Er^{1}

		ἐλπίζω γὰρ	διαπορευόμενος	B ℵ* C D P Ψ 614 1243 **uw**
		ἐλπείζω	διαπορευόμενος	F G
		ἐλπίζω γὰρ	**πορευόμενος**	𝔓^{46} A 1506 1739 1881
ἐλεύσομαι·	πρὸς ὑμᾶς	ἐλπίζω **δὲ** ἐλθεῖν πρὸς ὑμᾶς	**πορευόμενος**	999
ἐλεύσωμε·	πρὸς ὑμᾶς	ἐλπίζω γὰρ	**διαπορευώμενος**	618
ἐλεύσωμαι·	πρὸς ὑμᾶς	ἐλπίζω γὰρ	διαπορευόμενος	365 460 1874
························	········· ··μᾶς	ἐλπίζω γὰρ	διαπορευόμενος	88
ἐλεύσομαι·	πρὸς ὑμᾶς	ἐλπίζω **δὲ**	διαπορευόμενος	1836
ἐλεύσομαι·	πρὸς ὑμᾶς			2147
ἐλεύσομαι·	πρὸς ὑμᾶς	ἐλπίζω γὰρ	διαπορευόμενος	ℵ^{c} L 049 056 1 6 33 69 104 131 205 209 226 323 326 330 424 440 489 517 547 796 910 927 945 1175 1241 1242 1245 1270 1315 1319 1352 1424 1448 1505 1573 1611 1646 1734 1735 1738 1827 1837 1854 1891 1982 2125 2344 2400 2495 2815 **τ** Er^{1}

---

lac. 15.23-24 𝔓^{10} 𝔓^{113} K 0172 2412 2464 **15.23** 2344 (illeg.)

C 15.24 στιχ ω̅ν̅ 1175 | στοχ ω̅μ̅ 1836

E 15.23 Ro 1.10-11 **24** 1 Co 16.6

Errata: 15.23 ubs F πολλῶν missing in vs. 23, but see vs. 22
15.23 na 1175 ἱκανῶν : πολλῶν 1175
15.24 antf 460 ἐπὶ Σπανίαν : ἐπὶ Σπανίαν ἐλεύσωμαι·πρὸς ὑμᾶς 460
15.24 antf 618 ἐπὶ τὴν Σπανίαν ἐλεύσωμαι·πρὸς ὑμᾶς : ἐπὶ Σπανίαν ἐλεύσωμε·πρὸς ὑμᾶς 618
15.24 antf 945 1352 Σπανίαν : ᾿Ισπονίαν 945; ᾿Ισπανίαν 1352
15.24 antf 1611 ᾿Ισπανίαν : Σπανίαν 1611
15.24 antf 1836 εἰς τὴν Σπανίαν ἐλεύσομαι·πρὸς ὑμᾶς : εἰς τὴν 1—8 1836
15.24 antf 88 εἰς τὴν Σπανίαν ἐλεύσομαι·πρὸς ὑμᾶς : ει·· ····· ···········αν ····················· ········ ··μᾶς 88
15.24 antf 1874 εἰς τὴν Σπανίαν ἐλεύσομαι·πρὸς ὑμᾶς : εἰς τὴν Σπανίαν ἐλεύσωμαι·πρὸς ὑμᾶς 1874*; εἰς τὴν ᾿Ισπανίαν ἐλεύσωμαι·πρὸς ὑμᾶς 1874^{c}

θεάσασθαι	ὑμᾶς καὶ ἀπὸ	ὑμῶν	προπεμφθῆναι	B 𝔓^{46}
θεάσασθαι	ὑμᾶς καὶ **ἀφ**	ὑμῶν	προπεμφθῆναι	D^{2} F G^{c} 330 1315 1734 2125 2400
θεάσασθαι	ὑμᾶς καὶ **ἀφ'**	ὑμῶν	**προπενφθῆναι**	D*
θεάσασθαι	ὑμᾶς καὶ **ἀφ'**	ὑμῶν	**προπεμφιφθῆναι**	G*
θεάσασθαι	ὑμᾶς καὶ **ἀφ**	ὑμῶν	**προσπεμφθεῖναι**	460 618 1738
	καὶ **ἀφ'**	ὑμῶν	προπεμφθῆναι	2147
θεάσασθαι	ὑμᾶς καὶ **ἀφ'**	**ἡμῶν**	προπεμφθῆναι	131
θεάσασθαι	ὑμᾶς καὶ **ὑφ'**	ὑμῶν	**πορευθῆναι**	P 2344
ἐλθεῖν πρὸς	ὑμᾶς καὶ **ὑφ'**	ὑμῶν	**προπεμφῆναι**	1242
θεάσασθαι	ὑμᾶς καὶ **ὑφ'**	ὑμῶν	**προπεφθῆναι**	1319
θεάσασθε	ὑμᾶς καὶ **ὑφ'**	**ἡμῶν**	**πρηπρυθῆναι**	1243 [↓1881 1891 1982 2495 2815 **uwτ** Er^{1}
θεάσασθαι	ὑμᾶς καὶ **ὑφ'**	**ἡμῶν**	προπεμφθῆναι	056 104 1424 [↓1735 1739 1827 1836 1837 1854 1874
θεάσασθε	ὑμᾶς καὶ **υ**····	··μῶν	προπεμφθῆνα··	A [↓1245 1270 1352 1448 1505 1506 1573 1611 1646
θεάσασθαι	ὑμᾶς καὶ **ὑφ'**	············	προπεμφθῆναι	88 [↓489 517 547 614 796 910 927 945 999 1175 1241
θεάσασθαι	ὑμᾶς καὶ **ὑφ'**	ὑμῶν	προπεμφθῆναι	ℵ C L Ψ 049 1 6 33 69 205 209 226 323 326 365 424 440

ἐκεῖ ἐὰν ὑμῶν πρῶτον	ἀπὸ	μέρους	ἐμπλησθῶ. ιθ	25 νυνεὶ	δὲ πορεύομαι	B D*
ἐκεῖ ἐὰν ὑμῶν πρῶτον	ἀπὸ	μέρους	**ἐνπλησθῶ.**	25 **νυνὶ**	δὲ πορεύομαι	𝔓^{46}
ἐκεῖ ἐὰν ὑμῶν πρῶτον	ἀπὸ	μέρους	**ἐνπλησθῶ.**	25 **νῦν**	δὲ πορεύομαι	F*
ἐκεῖ ἐὰν ὑμῶν **πρῶντον**	ἀπὸ	μέρους	ἐμπλησθῶ.	25 **νῦν**	δὲ πορεύομαι	G*
ἐκεῖ ἐὰν ὑμῶν πρῶτον	ἀπὸ	μέρους	ἐμπλησθῶ.	25 **νῦν**	δὲ πορεύομαι	F^{c} G^{c}
ἐκεῖ ἐὰν ὑμῶν πρῶτον	ἀπὸ	μέρους	ἐμπλησθῶ.	25 **νυνὴ**	δὲ **πορεύωμε**	618
ἐκεῖ ἐὰν ὑμῶν πρῶτον	ἀπὸ	μέρους	ἐμπλησθῶ.	25 **νυνὶ**	δὲ **πορεύωμαι**	1506
ἐκεῖ ἐὰν ὑμῶν πρῶτον	ἀπὸ	μέρους	ἐμπλησθῶ.	25 **νυνὶ**	δὲ **πορεύσομαι**	1315
········· ἐὰν ὑμῶν πρῶτον	ἀπ··	·····ρους	ἐμπλησθῶ.	25 **νυνὶ**	δὲ πορεύομαι	A
ἐκεῖ ἐὰν ὑμῶν πρῶτον	ἀπὸ	μέρους	**ἐμπλισθῶ.**	25 **νυνὶ**	δὲ πορεύομαι	326 1837
ἐκεῖ ἐὰν ὑμῶν	ἀπὸ	μέρους	ἐμπλησθῶ.	25 **νυνὶ**	δὲ πορεύομαι	910
ἐκεῖ ἐὰν ὑμῶν πρῶτον	ἀπὸ	μέρους μου	ἐμπλησθῶ.	25 **νυνὶ**	δὲ πορεύομαι	1243*
ἐκεῖ ἐὰν **ἡμῶν** πρῶτον	ἀπὸ	μέρους	ἐμπλησθῶ.	25 **νυνὶ**	δὲ πορεύομαι	1352
ἐκεῖ ἐὰν ὑμῶν **πρότον**	ἀπὸ ἀπὸ	μέρους	ἐμπλησθῶ.	25 **νυνὶ**	δὲ πορεύομαι	1646*
ἐκεῖ ἐὰν ὑμῶν **πρότον**	ἀπὸ	μέρους	ἐμπλησθῶ.	25 **νυνὶ**	δὲ πορεύομαι	1646^{c}
ἐκεῖ ἐὰν ὑμῶν πρῶτον	ἀπὸ	μέρους	ἐμπλησθῶ.	25 **νυνὶ**	δὲ πορεύομαι	ℵ C D$^{1.2}$ L P Ψ

049 056 1 6 33 69 88 104 131 205 209 226 323 330 365 424 440 460 489 517 547 614 796 927 945 999 1175 1241 1242 1243^{c} 1245 1270 1319 1424 1448 1505 1573 1611 1734 1735 1738 1739 1827 1836 1854 1874 1881 1891 1982 2125 2147 2344 2400 2495 2815 **uwτ** Er^{1}

εἰς Ἰερουσαλὴμ	διακονῶν	τοῖς ἁγίοις.	26 ηὐδόκησε	γὰρ	Μακεδονία	B*
εἰς ιλ̅η̅μ	**διακονήσων**	τοῖς ἁγίοις.	26 **ηὐδόκησαν**	γὰρ	**Μακαιδονία**	ℵ*
εἰς ιλ̅η̅μ	διακονῶν	τοῖς ἁγίοις.	26 **ηὐδόκησαν**	γὰρ	**Μακαιδονία**	ℵ^{c} 365
εἰς Ἰερουσαλὴμ	διακονῶν	τοῖς ἁγίοις.	26 **ηὐδόκησαν**	γὰρ	Μακεδονία	69 **w**
εἰς ιλ̅η̅μ	διακονῶν	τοῖς ἁγίοις.	26 **ηὐδόκησαν**	γὰρ	Μακεδονία	104 1505 1573 2495
ἐν ιλ̅η̅μ	διακονῶν	τοῖς ἁγίοις.	26 **ηὐδόκησαν**	γὰρ	Μακεδονία	1319
εἰς ιλ̅η̅μ	διακονῶν	τοῖς ἁγίοις.	26 **εὐδόκησι**	γὰρ	Μακεδονία	1611
εἰς Ἰερουσαλὴμ	διακονῶν	τοῖς ἁγίοις.	26 **εὐδόκησε**	γὰρ	Μακεδονία	B^{c} 1241
εἰς Ἰερουσαλὴμ	**διακονῆσαι**	τοῖς ἁγίοις.	26 **εὐδόκησεν**	γὰρ	Μακεδονία	𝔓^{46}
εἰς Ἰερουσαλὴμ	διακονῶν	τοῖς ἁγίοις.	26 **εὐδόκησαν**	γὰρ	Μακεδονία	1243 1352 1735 **uτ** Er^{1}
εἰς ι̅η̅μ	**διακονῆσαι**	τοῖς ἁγίοις.	26 **εὐδόκησαν**	γὰρ	Μακεδονία	D
εἰς **Ἰερουσαλήεμ**	**διακονῆσαι**	τοῖς ἁγίοις.	26 **εὐδόκησαν**	γὰρ	**Μακαιδόνες**	F*
εἰς Ἰερουσαλὴμ	**διακονῆσαι**	τοῖς ἁγίοις.	26 **εὐδόκησαν**	γὰρ	**Μακαιδόνες**	F^{c} G
εἰς ιλη··	διακονῶν	τοῖς ἁγίοις.	26 **εὐ·····κησαν**	γὰρ	**Μακαιδονία**	A
εἰς Ἰερουσαλὴμ	διακονῶν	τοῖς ἁγίοις.	26 **εὐδόκησαν**	γὰρ	**Μακαιδονία**	33
εἰς Ἰερουσαλὴμ	διακονῶν	τοῖς ἁγίοις.	26 **εὐδόκησαν**	γὰρ	**Μακεδονίαν**	460 1506
ἰς Ἰερουσαλὴμ	διακονῶν	τοῖς ἁγίοις.	26 **εὐδόκησαν**	γὰρ	**Μακεδονίαν**	618
εἰς Ἰερουσαλὴμ	διακονῶν	τοῖς ἁγίοις.	26 **εὐδόκησαν**	γὰρ	**Μακεδονίαν**	1646 [↓614 910 927
εἰς ιλ̅η̅μ	διακονῶν	τοῖς ἁγίοις.	26 **εὐδόκησαν**	γὰρ	**Μακεδονίαν**	1738 [↓489 517 547
εἰς ιηλ̅η̅μ	διακονῶν	τοῖς ἁγίοις.	26 **εὐδόκησαν**	γὰρ	Μακεδονία	796 [↓330 424 440
εἰς ιλ̅η̅μ	διακονῶν	τοῖς ἁγίοις.	26 **εὐδόκησαν**		Μακεδονία	1891 [↓226 323 326
εἰς ιλ̅η̅μ	**διακονὸν**	τοῖς ἁγίοις.	26 **εὐδόκησαν**	γὰρ	Μακεδονία	2147 [↓88 131 205 209
εἰς ιλ̅η̅μ	διακονῶν	τοῖς ἁγίοις.	26 **εὐδόκησαν**	γὰρ	Μακεδονία	C L P Ψ 049 056 1 6

945 999 1175 1242 1245 1270 1315 1424 1448 1734 1739 1827 1836 1837 1854 1874 1881 1982 2125 2344 2400 2815

lac. 15.24-26 𝔓^{10} 𝔓^{113} K 0172 2464 **15.24-25** 2412

C 15.25 τελ 326 330 | τελ της β̅ 1837 **26** αρχ τη γ̅ της θ̅ εβδ αδ,ε ευδοκησεν γαρ 326 1837 | αρχ τη γ̅ 330

D 15.25 ι̅θ̅ B **E 15.24** 1 Co 16.6 **25** Ac 19.21; 20.22; 11.29; 2 Co 8.1-4; 9.2, 12 **26** 1 Co 16.1; 2 Co 8.1; 9.2, 12

καὶ Ἀχαΐα κοινωνίαν τινὰ ποιήσασθε εἰς τοὺς πτωχοὺς τῶν ἁγίων B 049^{c} 1243
κ···· Ἀχαΐα κοινωνίαν τινὰ π····ήσασθε εἰς τοὺς πτωχοὺς τῶν ἁγίων A
καὶ Ἀχαΐα κοινωνίαν τινὰ ποιήσασθε εἰς τοὺς πτωχοὺς D
καὶ Ἀχαΐα κοινωνίαν τινὰ **ποήσασθε** εἰς τοὺς πτωχοὺς τῶν ἁγίων 049*
καὶ Ἀχαΐα κοινωνίαν τινὰ **ποιῆσθαι** εἰς τοὺς πτωχοὺς τῶν ἁγίων 131
καὶ Ἀχαΐα κοινωνίαν τινὰ **ποίεισθε** εἰς τοὺς πτωχοὺς τῶν ἁγίων 33
καὶ Ἀχαΐα κοινωνίαν τινὰ **ποιείσασθαι** εἰς τοὺς πτωχοὺς τῶν ἁγίων 1735
καὶ Ἀχαΐα κοινωνίαν τινὰ **ποιήσασθαι** τοὺς πτωχοὺς τῶν ἁγίων 614 2147
καὶ Ἀχαΐα **κοιμωνείαν** τινὰ **ποιήσασθαι** εἰς τοὺς **πτοχοὺς** F
καὶ Ἀχαΐα **κοινωνείαν** τινὰ **ποιήσασθαι** εἰς τοὺς πτωχοὺς G
καὶ **Ἀχαΐαν** κοινωνίαν τινὰ **ποιήσασθαι** εἰς τοὺς πτωχοὺς τῶν ἁγίων 460 618 1646 1738
.... κοινωνίαν τινὰ **ποιήσασθαι** τοὺς πτωχοὺς τῶν ἁγίων 2412 [↓69 88 104 205 209
καὶ Ἀχαΐα κοινωνίαν τινὰ **ποιήσασθαι** εἰς τοὺς πτωχοὺς τῶν ἁγίων 𝔓^{46} ℵ C L P Ψ 056 1 6
226 323 326 330 365 424 440 489 517 547 796 910 927 945 999 1175 1241 1242 1245 1270 1315 1319 1352 1424 1448
1505 1506 1573 1611 1734 1739 1827 1836 1837 1854 1874 1881 1891 1982 2125 2344 2400 2495 2815 **uwτ** Er^{1}

τῶν ἐν Ἰερουσαλήμ. 27 εὐδόκησαν γὰρ καὶ ὀφειλέται εἰσὶν αὐτῶν· B **u**
τῶν ἐν ιλημ. 27 εὐδόκησαν γὰρ καὶ ὀφειλέται εἰσὶν αὐτῶν· C 1506 1881*
τῶν ἐν ιλημ. 27 εὐδόκησαν γὰρ καὶ ὀφειλέται εἰσὶν εἰς αὐτῶν· 1243
τῶν ἐν ιλημ. 27 εὐδόκησαν γὰρ καὶ ὀφειλέται εἰσίν· 104 1646
τῶν ἐν ιλημ. 27 εὐδόκησαν γὰρ καὶ **ὀφιλέται** εἰσὶν αὐτῶν· P
τῶν ἐν ιλημ. 27 **ηὐδόκησαν** γὰρ καὶ **ὀφιλέται** εἰσὶν αὐτῶν· ℵ A
τῶν ἐν ιλημ. 27 **ηὐδόκησαν** γὰρ καὶ ὀφειλέται εἰσὶν αὐτῶν· 1881^{c}
τῶν ἐν Ἰερουσαλήμ. 27 **ηὐδόκησαν** γὰρ καὶ ὀφειλέται εἰσὶν αὐτῶν· **w**
ἐν Ἰερουσαλήμ. 27 **ὀφειλέται** γὰρ ·····σὶν αὐτῶν· 𝔓^{46*}
τῶν ἐν Ἰερουσαλήμ. 27 **ὀφειλέται** γὰρ ·····σὶν αὐτῶν· 𝔓^{46c}
τῶν ἐν ιημ ἁγίων. 27 **ὀφειλέται** εἰσὶν αὐτῶν· D^{2}
τῶν ἐν ιημ ἁγίων. 27 **ὀφιλέται** εἰσὶν αὐτῶν· D*
τῶν ἐν Ἰερουσαλήμ ἁγείων. 27 **ὀφειλέται** γὰρ **αὐτῶν εἰσειν**· F G
τῶν ἐν Ἰερουσαλήμ. 27 **ηὐδόκησαν** γὰρ καὶ ὀφειλέται **αὐτῶν εἰσίν**· 69
τῶν ἐν ιλημ. 27 **ηὐδόκησαν** γὰρ καὶ ὀφειλέται **αὐτῶν εἰσίν**· 365 1319 1505 1573
τῶν ἐν Ἰερουσαλήμ. 27 **εὐδώκησαν** γὰρ καὶ ὀφειλέται **αὐτῶν εἰσίν**· 33 [↑1827 2495
τῶν ἐν ιλημ. 27 **εὐδόκισαν** γὰρ καὶ ὀφειλέται **αὐτῶν εἰσίν**· 1874
ἐν Ἰερουσαλήμ. 27 εὐδόκησαν γὰρ καὶ **ὀφειλέτε αὐτῶν εἰσίν**· 618
ἐν ιλημ. 27 εὐδόκησαν γὰρ καὶ ὀφειλέται **αὐτῶν εἰσίν**· 1738
τῶν ἐν Ἰερουσαλήμ. 27 εὐδόκησαν γὰρ καὶ ὀφειλέται **αὐτῶν εἰσίν**· 1352 **τ** Er^{1}
τῶν ἐν ιλημ. 27 εὐδόκησαν γὰρ καὶ **ὀφειλέτε αὐτῶν εἰσίν**· 2400
τῶν ἐν ιλημ. 27 εὐδόκησαν γὰρ καὶ **ὀφιλέται αὐτῶν εἰσίν**· 330
ιλημ. 27 εὐδόκησαν γὰρ καὶ ὀφειλέται **αὐτῶν εἰσίν**· 2344
τῶν ἐν ιλημ. 27 εὐδόκησαν γὰρ καὶ ὀφειλέται **αὐτῶν εἰσίν**· L Ψ 049 056 1 6 88
131 205 209 226 323 326 424 440 460 489 517 547 614 796 910 927 945 999 1175 1241 1242 1245
1270 1315 1424 1448 1611 1734 1735 1739 1836 1837 1854 1891 1982 2125 2147 2412 2815

εἰ γὰρ τοῖς πνευματικοῖς αὐτῶν ἐκοινώνησαν τὰ ἔθνη, ὀφείλουσιν B C 910 1241 1735 **uw**
εἰ γὰρ τοῖς πνευματικοῖς ······ ῶν ἐκοινώνησαν τὰ ἔθνη, ὀφεί············ν 𝔓^{46}
εἰ γὰρ τοῖς πνικοις αὐτῶν ἐκοινώνησαν τὰ ἔθνη, ὀφείλουσιν D^{2} 33 1175 1424
εἰ γὰρ τοῖς πνικοις αὐτῶν **ἐκοινώνισαν** τὰ ἔθνη, ὀφείλουσιν 1874
εἰ γὰρ τοῖς πνικοις αὐτῶν ἐκοινώνησαν τὰ ἔθνη, **ὀφίλουσιν** ℵ A D* P
εἰ γὰρ τοῖς πνευματικοῖς αὐτῶν **ἐκοινώησαν** τὰ ἔθνη, **ὀφίλουσειν** F*
εἰ γὰρ τοῖς πνευματικοῖς αὐτῶν ἐκοινώνησαν τὰ ἔθνη, **ὀφίλουσειν** F^{c} G
εἰ γὰρ τοῖς πνευματικοῖς αὐτῶν ἐκοινώνησαν τὰ ἔθνη, **ὀφείλουσι** 69 **τ** Er^{1}
εἰ γὰρ ἐν τοῖς πνικοις αὐτῶν ἐκοινώνησαν τὰ ἔθνη, **ὀφείλουσι** 999 1827
εἰ γὰρ τοῖς πνικοις ἐκοινώνησαν τὰ ἔθνη, **ὀφείλουσι** L
εἰ γὰρ τοῖς πνικοις αὐτῶν **ἐκοινώνισαν** τὰ ἔθνη, **ὀφείλουσι** 049 1646
οἱ γὰρ τοῖς πνικοις αὐτῶν ἐκοινώνησαν τὰ ἔθνη, **ὀφείλουσι** 460
εἰ γὰρ τοῖς πνικοις αὐτῶν ἐκοινώνησαν τὰ ἔθνη, **ὀφείλουσι** Ψ 056 1 6 88 104 131 205 209 226
323 326 330 365 424 440 489 517 547 614 618 796 927 945 1242 1243 1245 1270 1315 1319 1352 1448 1505
1506 1573 1611 1734 1738 1739 1836 1837 1854 1881 1891 1982 2125 2147 2344 2400 2412 2495 2815

lac. 15.26-27 𝔓^{10} 𝔓^{113} K 0172 2464

C 15.26 αρχ τη γ̅ της θ̅ εβδ αδ,ε ευδοκησεν γαρ 326 1837 | αρχ τη γ̅ 330

E 15.26 1 Co 16.1; 2 Co 8.1; 9.2, 12 **27** Ro 9.4; 1 Co 9.11; 2 Co 16.1-3; 9.12-14; Ga 6.6

καὶ ἐν τοῖς σαρκικοῖς λιτουργῆσαι αὐτοῖς. **28** τοῦτο οὖν ἐπιτελέσας B* ℵ
καὶ ἐν τοῖς σαρκικοῖς **κοινωνῆσαι** αὐτοῖς. **28** τοῦτο οὖν ἐπιτελέσας Ψ 69 1881
καὶ ἐν τοῖς σαρκικοῖς **λειτουργῆσε** αὐτοῖς. **28** τοῦτο οὖν ἐπιτελέσας D*
καὶ τοῖς σαρκικοῖς **λειτουργῆσαι** ·········· **28** ··οῦτο οὖν ἐπιτελέσας $\mathfrak{P}^{46}$
καὶ ἐν **τοὺς σαρκεικοῖς** **λειτουργῆσαι** αὐτοῖς. **28** τοῦτο οὖν αρα **ἐπειτελέσας** F
καὶ ἐν τοῖς **σαρκεικοῖς** **λειτουργῆσαι** αὐτοῖς. **28** τοῦτο οὖν αρα **ἐπειτελέσας** G
καὶ ἐν τοῖς σαρκικοῖς **λειτουργῖσαι** αὐτοῖς. **28** τοῦτο οὖν ἐπιτελέσας 88
καὶ ἐν τοῖς σαρκικοῖς **λειτουργῆσαι** αὐτοῖς. **28** **τούτω** οὖν ἐπιτελέσας 460 618
καὶ ἐν τοῖς σαρκικοῖς **λειτουργῆσαι** αὐτοῖς. **28** τοῦτο ἐπιτελέσας 614 2412
καὶ ἐν τοῖς σαρκικοῖς αὐτῶν **λειτουργεῖσαι** αὐτοῖς. **28** τοῦτο οὖν ἐπιτελέσας 1735
καὶ ἐν τοῖς σαρκικοῖς **λειτουργεῖσαι** αὐτοῖς. **28** τοῦτο οὖν ἐπιτελέσας 1874^{c}
καὶ ἐν τοῖς σαρκικοῖς **λητουργῆσαι** αὐτοῖς. **28** τοῦτο οὖν ἐπιτελέσας 1243
καὶ ἐν τοῖς σαρκικοῖς **λειτουργεῖν** αὐτοῖς. **28** τοῦτο οὖν ἐπιτελέσας 910
καὶ ἐν τοῖς σαρκικοῖς **λειτουργῆσαι** αὐτοῖς. **28** τουτο οὖν **τελέσας** 547
καὶ ἐν τοῖς σαρκικοῖς **λειτουργῆσαι** αὐτοῖς. **28** τοῦτο **γοῦν** ἐπιτελέσας 2147
καὶ ἐν τοῖς σαρκικοῖς **λυτουργῆσαι** αὐτοῖς. **28** τοῦτο οὖν ἐπιτελέσας Er^{1}
καὶ ἐν τοῖς σαρκικοῖς **λειτουργῆσαι** αὐτοῖς. **28** τοῦτο οὖν ἐπιτελέσας B^{c} A C $D^{1.2}$ L P 049 056 1 6 33 104 131 205 209 226 323 326 330 365 424 440 489 517 796 927 945 999 1175 1241 1242 1245 1270 1315 1319 1352 1424 1448 1505 1506 1573 1611 1646 1734 1738 1739 1827 1836 1837 1854 1874* 1891 1982 2125 2344 2400 2495 2815 **uwτ**

καὶ σφραγισάμενος τὸν καρπὸν τοῦτον, ἀπελεύσομαι δι᾽ ὑμῶν B
καὶ σφραγι·············· ··ὸν καρπὸν τοῦτον, ἀπε··················· ····· ··μῶν $\mathfrak{P}^{46}$
καὶ σφραγισάμενος τὸν καρπὸν τοῦτον, ἀπελεύσομαι δι᾽ ὑμῶν 205
καὶ **σφραγισαμένοις** αὐτοῖς τὸν καρπὸν τοῦτον, ἀπελεύσομαι δι᾽ ὑμῶν ℵ [↓2495 **uw**
καὶ σφραγισάμενος αὐτοῖς τὸν καρπὸν τοῦτον, ἀπελεύσομαι δι᾽ ὑμῶν A D P Ψ 69 88 330 365
καὶ σφρα··ισάμενος **αὐτος** τὸν καρπὸν τοῦτον, ἀπελεύσομαι δι᾽ ὑμῶν C [↑1243 1319 1505 1506
καὶ **σφραγεισάμενος** αὐτοῖς τὸν καρπὸν τοῦτον, ἀπελεύσομαι δι᾽ **ὑμᾶς** F G [↑1573 1739 2400
καὶ **σφραγησάμενος** αὐτοῖς τὸν καρπὸν τοῦτον, ἀπελεύσομαι δι᾽ ὑμῶν L 049 1424 1646 1735
καὶ σφραγισάμενος αὐτοῖς τὸν καρπὸν τοῦτον, ἀπελεύσομαι δι᾽ ὑμῶν 326 1837 [↑1836
σφραγισάμενος αὐτοῖς τὸν καρπὸν τοῦτον, ἀπελεύσομαι δι᾽ ὑμῶν 1827
καὶ σφραγισάμενος αὐτοῖς τὸν καρπὸν τοῦτον, **ἀπελεύσωμαι** δι᾽ ὑμῶν 33
καὶ σφραγισάμενος οὖν αὐτοῖς τὸν καρπὸν τοῦτον, **ἀπελεύσωμαι** δι᾽ ὑμῶν 460 618
καὶ σφραγισάμενος αὐτοῖς τὸν καρπὸν τοῦτον, ἀπελεύσομαι **δὲ** δι᾽ ὑμῶν 1881
καὶ σφραγισάμενος αὐτοῖς τὸν καρπὸν τοῦτον, ἀπελεύσομαι δι᾽ ὑμῶν 056 1 6 104 131 209 226 323 424 440 489 517 547 614 796 910 927 945 999 1175 1241 1242 1245 1270 1315 1352 1448 1611 1734 1738 1854 1874 1891 1982 2125 2147 2344 2412 2815 **τ** Er^{1}

[↓69 88 365 1243 1506 1573 1739 2400 **uw**
εἰς Σπανίαν· **29** οἶδα δὲ ὅτι ἐρχόμενος πρὸς ὑμᾶς ἐν πληρώματι B ℵ* A $D^{1.2}$ P Ψ
29 οἶδα ὅτι ἐρχόμενος πρὸς ὑμᾶς ἐν πληρώματι Cl V 64.5
εἰς Σπανίαν· **29** οἶδα δὲ **τ**·· ························· ·········· ·········· ···· ···················· $\mathfrak{P}^{46}$
εἰς Σπανίαν· **29** οἶδα δὲ ὅτι ἐρχόμενος ὑμᾶς ἐν πληρώματι 1319
εἰ Σπανίαν· **29** οἶδα δὲ ὅτι ἐρχόμενος πρὸς ὑμᾶς ἐν πληρώματι 326 1837
εἰς Σπανίαν· **29** οἶδα δὲ ὅτι ἐρχόμενος πρὸς ὑμᾶς **ἐμπληρώματι** 330
εἰς Σπανίαν· **29** οἶδα δὲ ὅτι ἐρχόμενος πρὸς ὑμᾶς ἐν **πληροφορίας** D*
εἰς **Σπανείαν**· **29** **γεινώσκω** **γὰρ** ὅτι πρὸς ὑμᾶς **ἰν** **πλεροφορία** F
εἰς **Σπανείαν**· **29** **γεινώσκω** **γὰρ** ὅτι πρὸς ὑμᾶς ἐν **πληροφορία** G
εἰς **ἱσπανίαν**· **29** οἶδα δὲ ὅτι **διερχόμενος** πρὸς ὑμᾶς ἐν πληρώματι 1505 2495
εἰς τὴν **ἱσπανίαν**· **29** οἶδα δὲ ὅτι ἐρχόμενος πρὸς ὑμᾶς ἐν πληρώματι 205 209 517 614
εἰς τὴν **ἱσπονίαν**· **29** οἶδα δὲ ὅτι ἐρχόμενος πρὸς ὑμᾶς ἐν πληρώματι 945 [↑927 1352
εἰς τὴν Σπανίαν· **29** οἶδα **μὲν** ὅτι **ἐρχώμενος** πρὸς ὑμᾶς ἐν **πληρώματη** 618 [↑1827 1874^{c}
εἰς τὴν Σπανίαν· **29** οἶδα **μὲν** ὅτι ἐρχόμενος πρὸς ὑμᾶς ἐν πληρώματι 1738 [↑2412
εἰς τὴν Σπανίαν· **29** οἶδα δὲ **ὅ** ἐρχόμενος πρὸς ὑμᾶς ἐν πληρώματι 489
εἰς τὴν Σπανίαν· **29** οἶδα δὲ ὅτι ἐρχόμενος πρὸς ὑμᾶς **ἐμπληρώματι** L 049
εἰς τὴν Σπανίαν· **29** οἶδα δὲ ὅτι ἐρχόμενος πρὸς ὑμᾶς ἐν **πληρώμαματι** 1891
εἰς τὴν Σπανίαν· **29** οἶδα δὲ ὅτι **διερχόμενος** πρὸς ὑμᾶς ἐν πληρώματι 1448
εἰς τὴν Σπανίαν· **29** οἶδ·· δὲ ὅτι ἐρχόμενος πρὸς ὑμᾶς ἐν πληρώματ·· C
εἰς τὴν Σπανίαν· **29** οἶδα δὲ ὅτι ἐρχόμενος πρὸς ὑμᾶς ἐν πληρώματι $ℵ^{c}$ 056 1 6 33 104 131 226 323 424 440 460 547 796 910 999 1175 1241 1242 1245 1270 1315 1424 1611 1646 1734 1735 1836 1854 1874* 1881 1982 2125 2147 2344 2815 **τ** Er^{1}

lac. 15.27-29 $\mathfrak{P}^{10}$ $\mathfrak{P}^{113}$ K 0172 2464

E 15.27 Ro 9.4; 1 Co 9.11; 2 Co 16.1-3; 9.12-14; Ga 6.6 **29** Ro 1.11

εὐλογίας χυ ἐλεύσομαι. B ℵ* A D P 6 424c 1243 1739 1881
ε·········ίας χυ ἐλεύσομαι. C
εὐλογίας χυ **ἐυλεύσομαι**. F G
εὐλογίας **χρυ** ἐλεύσομαι. 𝔓46
εὐλογίας Χριστοῦ ἐλεύσομαι. **uw** Cl V 64.5
εὐλογίας τοῦ χυ ἐλεύσομαι. 1448*
εὐλογίας τοῦ εὐαγγελίου τοῦ χυ **ἐλεύσωμαι**. 999
εὐλογίας τοῦ εὐαγγελίου τοῦ Χριστοῦ ἐλεύσομαι. **τ** Er1
εὐλογίας τοῦ εὐαγγελίου τοῦ **ιυ** ἐλεύσομαι. 2495
εὐλογίας **χυ τοῦ εὐαγγελίου** ἐλεύσομαι. 1506
εὐλογίας τοῦ εὐαγγελίου χυ ἐλεύσομαι. 1738
εὐλογήας τοῦ εὐαγγελίου χυ **ἐλεύσωμαι**. 618
εὐλογήας τοῦ εὐαγγελίου τοῦ χυ ἐλεύσομαι. 1646
εὐλογίας τοῦ εὐαγγελίου τοῦ χυ ἐλεύσομαι. ℵc L Ψ 049 056 1 33 69 88 104 131 205 209 226 323 326 330 365 424* 440 460 489 517 547 614 796 910 927 945 1175 1241 1242 1245 1270 1315 1319 1352 1424 1448c 1505 1573 1611 1734 1735 1827 1836 1837 1854 1874 1891 1982 2125 2147 2344 2400 2412 2815

30 Παρακαλῶ δὲ ὑμᾶς διὰ τοῦ κυ ἡμῶν ιυ B
30 Παρακαλῶ δὲ ὑμᾶς διὰ τοῦ κυ ἡμῶν **ιηυ** 𝔓46
30 Παρακαλῶ δὲ ὑμᾶς διὰ τοῦ κυρίου ἡμῶν Ἰησοῦ [**uw**]
30 Παρακαλῶ δὲ ὑμᾶς, ἀδελφοί μου, διὰ τοῦ κυ ἡμῶν ιυ 330 618 999 1738
30 Παρακαλῶ **οὖν** ὑμᾶς, ἀδελφοί, διὰ τοῦ κυ ἡμῶν ιυ Ψ 796 [↑2400
30 Παρακαλῶ δὲ **ἡμᾶς**, ἀδελφοί, διὰ τοῦ κυ ἡμῶν ιυ 614 2147
30 Παρακαλῶ δὲ ὑμᾶς, ἀδελφοί, διὰ τοῦ κυρίου ἡμῶν Ἰησοῦ [**uw**]**τ** Er1
30 Παρ·········ῶ δὲ ὑμᾶς, ἀδελφοί, διὰ τοῦ κυ ἡμῶν ιυ C
30 Παρακαλῶ δὲ ὑμᾶς, ἀδελφοί, διὰ τοῦ ὀνόματος τοῦ κυ ἡμῶν ιυ L 1881
30 Παρακαλῶ δὲ ὑμᾶς, ἀδελφοί, διὰ τοῦ κυ ιυ 33
30 Παρακαλῶ δὲ ὑμᾶς, ἀδελφοί, διὰ τοῦ κυ ἡμῶν Ἰησοῦ 69
30 Παρακαλῶ δὲ ὑμᾶς, ἀδελφοί, διὰ **τοῦ κυυ** ἡμῶν ιυ 1891*
30 Παρακαλῶ δὲ ὑμᾶς, ἀδελφοί, διὰ τοῦ κυ ἡμῶν ιυ ℵ A D F G P 049 056 1 6 88 104 131 205 209 226 323 326 365 424 440 460 489 517 547 910 927 945 1175 1241 1242 1243 1245 1270 1315 1319 1352 1424 1448 1505 1506 1573 1611 1646 1734 1735 1739 1827 1836 1837 1854 1874 1891c 1982 2125 2344 2412 2495 2815

lac. 15.29-30 𝔓10 𝔓113 K 0172 2464

C 15.29 τελ της ε 440 517 614 1242 1315 2412 | τελ 226 326 330 796 927 945 1175 1243 1245 1448 1573 2147 | τελ ε 1 547 1739 | τελ της γ 1837 **30** αρχ Σα ι Ψ | Σα ι αδελφοι παρακαλω υμας L | αρχ Σα ι αδ,ε 049 | αρχ Σα ι αδ,ε παρακαλω υμας δια του κυ η 1 | αρχ κ,ε ις σαββατ ι 209 | αρχ Σα ι αδ,ε παρακαλω υμας δια του ονοματος καιτηςεικτ 226 | αρχ Σα ι εβδ αδ,ε παρακαλω 326 | αρχ Σα ι 330 | αρχ κ,ε οη Σα ι 424 | αρχ του Σα ι κ,ε οι 440 | Σα ι 460 | Σα ι αρχ 517 | αρχ Σα ι αδ,ε παρακα 482 | αρχ του ι Σα ι αδ,ε παρακαλω υμας δια του κυ ημων 614 | αρχ Σα η αδ,ε παρακαλω υμας δια της 796 | αρχ Σα ι αδ,ε παρακαλω υμας 927 | αρχ Σα ι πρὸ ρωμ: αδ,ε παρακαλω υμας δια του κυ ημων ιυ χυ 945 | Σα ι 1175 | αρχ Σα ι 1242 | Σα ι 1243 | αρχ 1245 | αρχ οη Σα ι αδ,ε παρακαλω 1270 | αρχ Σα ι κ,ε ρκε 1315 | αρχ Σα ι αδ,ε παρακαλω υμας 1448 1573 κ,ε μγ αρχ Σα ι ο αποσολ π ρωμ αδελφοι παρακαλω υμας δι αυτου κυ ημων ιυ χυ 1739 | σαββατ π απο της ν 1836 | αρχ Σα ι 1837 | αρχ αδελφοι παρακαλω υμας δια του ον, 1891 | αρχ ······ παρακαλω δε υμας αδελφοι δια 2147 | αρχ του ι Σα 2412

D 15.30 λθ 489 925 | οη 1242 1270 | μγ 1 226 517 547 1573 | ξβ 1837

E 15.29 Ro 1.11 **30** Col 1.8; 2 Co 1.11; Phl 1.27; 4.3; 2 Co 1.11; Eph 6.18-19; Col 4.3; 1 Th 5.25; 2 Th 3.1; He 13.18

Errata: 15.29 antf 1448 εὐλογίας Χριστοῦ : εὐλογίας τοῦ Χριστοῦ 1448
15.29 na 1506 εὐλογίας Χριστοῦ : εὐλογίας Χριστοῦ τοῦ εὐαγγελίου 1506
15.29 antf 1506 εὐλογίας Χριστοῦ : εὐλογίας Χριστοῦ τοῦ εὐαγγελίου 1506
15.29 antf 2125* εὐλογίας Χριστοῦ; 2125c εὐλογίας τοῦ εὐαγγελίου τοῦ Χριστοῦ : εὐλογίας τοῦ εὐαγγελίου τοῦ Χριστοῦ 2125 (no correction)
15.29 antf 2495 τοῦ Χριστοῦ : τοῦ ιυ 2495
15.29 ubs 2495 τοῦ Χριστοῦ : τοῦ ιυ 2495

χυ_	καὶ διὰ τῆς ἀγάπης τοῦ	πνεύματος	συναγωνίσασθαί	μοι ἐν	B 69 1319
χρυ	καὶ διὰ τῆς ἀγάπης τοῦ	πνς	συναγωνίσασθαί	μοι ἐν	𝔓^{46}
χυ	κα·· ···ὰ τῆς ·······πης ·····ῦ	πνς	συναγωνίσασθαί	μοι ἐν	C
χυ	καὶ διὰ τῆς ἀγάπης τοῦ	**πρς**	συναγωνίσασθαί	μοι ἐν	489 1734
χυ	καὶ διὰ τῆς ἀγάπης τοῦ	**πνος**	συναγωνίσασθαί	μοι ἐν	796
Χριστοῦ	καὶ διὰ τῆς ἀγάπης τοῦ	πνεύματος	συναγωνίσασθαί	μοι ἐν	**uwτ** Er^{1}
χυ	καὶ διὰ τῆς ἀγάπης τοῦ	πνς	**συναγονείσασθαί**	μοι ἐν	F^{c}
χυ_ _	καὶ διὰ τῆς **ἀγάπες** τοῦ	πνς	**συναγονείσασθαί**	μοι ἐν	F*
χρυ	καὶ διὰ τῆς ἀγάπης τοῦ	πνς	**συναγονείσασθαί**	μοι ἐν	G
χυ	καὶ διὰ τῆς ἀγάπης τοῦ	πνς	**συναγωνίσασθέ**	μοι ἐν	205 226 330 1352 1573
χυ	καὶ διὰ τῆς ἀγάπης τοῦ	πνς	**συναγωνίσασθέ**	**με** ἐν	365 [↑1881 2344 2400
χυ	καὶ διὰ τῆς ἀγάπης τοῦ	πνς	**συναγονίσασθέ**	μοι ἐν	88 1874
χυ	καὶ διὰ τῆς ἀγάπης τοῦ	πνς	**συναγωνήσασθέ**	μοι ἐν	1243
χυ	καὶ διὰ τῆς ἀγάπης τοῦ ἁγίου	πνς	**συναγωνήσασθέ**	μοι ἐν	1836
χυ	καὶ διὰ τῆς ἀγάπης τοῦ	πνς	**συναγωνήσασθαί**	μοι ἐν	460 618 1175
χυ	καὶ διὰ τῆς ἀγάπης τοῦ	πνς	συναγωνίσασθαί	μοι ἐν	ℵ A D L P Ψ 049 056 1 6 33 104 131 209 323 326 424 440 517 547 614 910 927 945 999 1241 1242 1245 1270 1315 1424 1448 1505 1506 1611 1646 1735 1738 1739 1827 1837 1854 1891 1982 2125 2147 2412 2495 2815

[↓1573 1611 1646 1734 1738 1739 1827 1836 1837 1854 1874 1881 1891 1982 2147 2344 2400 2412 2495 2815^{c}
[↓489^{c} 517 547 614 796 910 927 945 999 1175 1241 1242 1243 1245 1270 1315 1319 1352 1424 1448 1505

ταῖς προσευχαῖς	ὑπὲρ ἐμοῦ πρὸς τὸν θν,	**31** ἵνα ῥυσθῶ	ἀπὸ τῶν	B 𝔓^{46} ℵ A L P Ψ 049 056 1
ταῖς προσευχαῖ··	ὑπὲρ ἐμοῦ πρὸς τὸν θν,	**31** ἵνα ῥυσ·····	ἀπὸ ··ῶν	C [↑6 33 69 104 209 226 323
ταῖς προσευχαῖς ὑμῶν	ὑπὲρ ἐμοῦ πρὸς τὸν θν,	**31** ἵνα ῥυσθῶ	ἀπὸ τῶν	D [↑326 330 365 424 440 460
ταῖς προσευχαῖς ὑμῶν	πρὸς τὸν θν,	**31** ἵνα **ῥισθῶ**	ἀπὸ τῶν	F
ταῖς προσευχαῖς ὑμῶν	πρὸς τὸν θν,	**31** ἵνα ῥυσθῶ	ἀπὸ τῶν	G
ταῖς προσευχαῖς	**πρὸς τὸν θν ὑπὲρ ἐμοῦ**,	**31** ἵνα ῥυσθῶ	ἀπὸ τῶν	88
ταῖς προσευχαῖς	**περὶ** ἐμοῦ πρὸς τὸν θν,	**31** ἵνα ῥυσθῶ	ἀπὸ τῶν	131 2125
ταῖς προσευχαῖς	ὑπὲρ ἐμοῦ πρὸς τὸν θν,	**31** ἵνα ῥυσθῶ	ἀπὸ τῶν ἀπὸ τῶν	205
τὲς προσευχαῖς	ὑπὲρ ἐμοῦ πρὸς τὸν θν,	**31** ἵνα ῥυσθῶ	ἀπὸ τῶν	489*
τὲς προσευχαῖς	ὑπὲρ ἐμοῦ πρὸς τὸν θν,	**31** ἵνα ῥυσθῶ	**ἀπῶ** τῶν	618
ταῖς προσευχαῖς	ὑπὲρ ἐμοῦ πρὸς θν,	**31** ἵνα ῥυσθῶ	ἀπὸ τῶν	1506
ταῖς προσευχαῖς	ὑπὲρ ἐμοῦ πρὸς τὸν θν,	**31** ἵνα **ῥυσθῶμεν**	ἀπὸ τῶν	1735
ταῖς προσευχαῖς	ὑπὲρ ἐμοῦ πρὸς τὸν θν,	**31** ἵνα ῥυσθῶ	ἀπὸ	2815*
ταῖς προσευχαῖς	ὑπὲρ ἐμοῦ πρὸς τὸν θεόν,	**31** ἵνα ῥυσθῶ	ἀπὸ τῶν	**uwτ** Er^{1}

---

lac. 15.30-31 𝔓^{10} 𝔓^{113} K 0172 2464

C 15.30 τελ τη δ 326 | τε του σα 440 517 1242 1315 1827

E 15.30 Col 1.8; 2 Co 1.11; Phl 1.27; 4.3; 2 Co 1.11; Eph 6.18-19; Col 4.3; 1 Th 5.25; 2 Th 3.1; He 13.18 **31** 2 Th 3.2; 1 Th 2.15; Ac 21.13; Ro 11.30-31

ἀπειθούντων	ἐν τῇ	Ἰουδαίᾳ	καὶ	ἡ δωροφορία	μου ἡ ἐν	Ἰερουσαλὴμ	B G
ἀπειθούντων	ἐν τῇ	Ἰουδαίᾳ	καὶ	ἡ δωροφορία	μου ἡ ἐν	**Ἰερυσαλὴμ**	F
ἀπιθούντων	ἐν τῇ	Ἰουδαίᾳ	καὶ	ἡ δωροφορία	μου ἡ ἐν	ιηµ	D*
ἀπιθούντων	ἐν τῇ	Ἰουδαίᾳ	καὶ	ἡ **διακονία**	μου ἡ **εἰς**	ιηµ	D^{1}
ἀπιθούντων	ἐν τῇ	Ἰουδαίᾳ	καὶ	ἡ **διακονία**	μου ἡ **ἰς**	Ἰερουσαλὴμ	ℵ*
ἀπειθούντων	ἐν τῇ	Ἰουδαίᾳ	καὶ	ἡ **διακονία**	ἡ **εἰς**	Ἰερουσαλὴμ	𝔓^{46*}
ἀπειθούντων	ἐν τῇ	Ἰουδαίᾳ	καὶ	ἡ **διακονία**	μου ἡ **εἰς**	Ἰερουσαλὴμ	𝔓^{46c} 1506 **uw**
ἀ·········ούντων	ἐν τῇ	Ἰουδαίᾳ	κα··	·· **διακονία**	μου ἡ **εἰς**	·······ουσαλὴμ	C
ἀπιθούντων	ἐν τῇ	Ἰουδαίᾳ	καὶ ἵνα	ἡ **διακονία**	μου ἡ **εἰς**	Ἰερουσαλὴμ	ℵ^{c} 1352
ἀπιθούντων	ἐν τῇ	Ἰουδαίᾳ	καὶ ἵνα	ἡ **διακονία**	μου ἡ **εἰς**	ιηµ	D^{2}
ἀπειθούντων	ἐν τῇ	Ἰουδαίᾳ	καὶ ἵνα	ἡ **διακονία**	μου ἡ **εἰς**	Ἰερουσαλὴμ	33 614 1734 2412 **τ** Er^{1c}
ἀπειθούντων	ἐν τῇ	Ἰουδαίᾳ	καὶ ἵνα	ἡ **διακονία**	μου **εἰς**	Ἰερουσαλὴμ	69
ἀπειθούντων	ἐν τῇ	Ἰουδαίᾳ	καὶ ἵνα	ἡ **διακονία**	μου ἡ	Ἰερουσαλὴμ	Er^{1*}
ἀπειθούντων	ἐν τῆι	Ἰουδαίᾳ	καὶ ἵνα	ἡ **διακονία**	μου ἡ **εἰς**	ιλημ	424* 945
ἀπειθούντων	ἐν τῆι	Ἰουδαίαι	καὶ ἵνα	ἡ **διακονία**	μου ἡ **εἰς**	ιλημ	517 1270 1891
ἀπειθούντων	ἐν τῇ	Ἰουδαίᾳ	καὶ	ἡ **διακονία**	μου ἡ **εἰς**	ιλημ	A 6 1881
ἀπειθούντων	ἐν τῇ	Ἰουδαίᾳ	καὶ	ἡ **διακονία**	μου **εἰς**	ιλημ	P
ἀπειθούντων	ἐν τῆι	Ἰουδαίαι	καὶ	**διακονία**	μου ἡ **εἰς**	ιλημ	424^{c}
ἀπηθούντων	ἐν τῇ	Ἰουδαίᾳ	καὶ	ἡ **διακονία**	μου ἡ **εἰς**	ιλημ	1243
ἀπειθούντων	ἐν τῆι	Ἰουδαίαι	καὶ	ἡ **διακονία**	μου ἡ **εἰς**	ιλημ	1739
ἀπειθούντων	ἐν τῇ	Ἰουδαίᾳ	καὶ ἵνα	ἡ **διακονία**	μου **εἰς**	ιλημ	L 049 88 1315 1424
ἀπειθούντων	ἐν τῇ	Ἰουδαίᾳ	καὶ ἵνα	ἡ **διακονία**	μου ἡ **εἰς**	**ιηλ**	056
ἀπειθούντων	ἐν τῇ	Ἰουδαίᾳ	καὶ ἵνα	ἡ **διακονία**	μου ἡ **εἰς**	ιελημ	326
ἀπειθοῦν	ἐν τῇ	Ἰουδαίᾳ	καὶ ἵνα	ἡ **διακωνία**	μου ἡ **εἰς**	ιλημ	460
ἀπειθούντων	ἐν τῇ	Ἰουδαίᾳ	καὶ ἵνα	ἡ **διακωνία**	μου ἡ **εἰς**	Ἰερουσαλὴμ	618
ἀπειθούντων	ἐν τῇ	Ἰουδαίᾳ	καὶ ἵνα	ἡ **διακονία**	μου ἡ ἐν	ιλημ	1505 2495
ἀπειθούντων	ἐν τῇ	**Ἰουδέᾳ**	καὶ ἵνα	ἡ **διακονία**	μου ἡ **εἰς**	ιλημ	1646
ἀπειθούντων	ἐν τῇ	Ἰουδαίᾳ	καὶ ἵνα	ἡ **διακονία**	μου ἡ **εἰς**	ιλημ	Ψ 1 104 131 205 209 226 323 330 365 440 489 547 796 910 927 999 1175 1241 1242 1245 1319 1448 1573 1611 1735 1738 1827 1836 1837 1854 1874 1982 2125 2147 2344 2400 2815

εὐπρόσδεκτος	τοῖς	ἁγίοις	γένηται,	32 ἵνα ἐν χαρᾷ	ἔλθω	πρὸς ὑμᾶς	B ℵ^{c} P 69 326 330 999 1506
εὐπρόσδεκτος	τοῖς	ἁγίοις,		32 ἵνα ἐν χαρᾷ	ἔλθω	πρὸς ὑμᾶς	614 2412 [↑2400 [**w**]
εὐπρόσδεκτος	τοῖς	ἁγίοις	γένηται,	32 ἵνα ἐν χαρᾷ	**ἐλθὼν**	πρὸς ὑμᾶς	A 365 1243 1319 1573 1739
εὐπρ···············	τοῖς	ἁγίοις	γένηται,	32 ἵνα ἐν χαρᾷ	**ἐλθὼν**	πρὸς ὑμᾶς	C [↑1837 1881 **u**[**w**]
εὐπρόσδεκτος	**διὰ τῶν**	**ἁγίων**	γένηται,	32 ἵνα ἐν χαρᾷ	ἔλθω	πρὸς ὑμᾶς	𝔓^{46}
εὐπρόσδεκτος	τοῖς	ἁγίοις	γένηται,	32 ἵνα **ἔλθων ἐν χαρᾷ**		πρὸς ὑμᾶς	ℵ*
πρόσδεκτος	**γένηται**	**τοῖς ἁγείοις**,		32 ἵνα ἐν χαρᾷ	ἔλθω	**πρς** ὑμᾶς	F*
πρόσδεκτος	**γένηται**	**τοῖς ἁγείοις**,		32 ἵνα ἐν χαρᾷ	ἔλθω	πρὸς ὑμᾶς	F^{c} G
εὐπρόσδεκτος	**γένηται**	**τοῖς ἁγίοις**,		32 ἵνα ἐν χαρᾷ	**ἐλθὼν**	πρὸς ὑμᾶς	6 33 88 424^{c} 1505 2495
εὐπρόσδεκτος	**γένητε**	**τοῖς ἁγίοις**,		32 ἵνα ἐν χαρᾷ	ἔλθω	πρὸς ὑμᾶς	618
εὐπρόσδεκτος	**γένηται**	**τοῖς ἁγίοις**,		32 ἵνα ἐν χαρᾷ	**ἔθω**	πρὸς ὑμᾶς	1646*
εὐπρόσδεκτος	**γένηται**	**τοῖς ἁγίοις**,		32 ἵνα ἐν χαρᾶι	ἔλθω	πρὸς ὑμᾶς	1891
εὐπρόσδεκτος	**γένηται**	**τοῖς ἁγίοις**,		32 ἵνα ἐν χαρᾷ	ἔλθω	πρὸς ὑμᾶς	D L Ψ 049 056 1 104 131 205 209 226 323 424* 440 460 489 517 547 796 910 927 945 1175 1241 1242 1245 1270 1315 1352 1424 1448 1611 1646^{c} 1734 1735 1738 1827 1836 1854 1874 1982 2125 2147 2344 2815 **τ** Er^{1}

lac. 15.31-32 𝔓^{10} 𝔓^{113} K 0172 2464

E 15.31 2 Th 3.2; 1 Th 2.15; Ac 21.13; Ro 11.30-31 **32** Ac 18.21

Errata: 15.32 na 1506 ἐν χαρᾷ ἔλθων : ἐν χαρᾷ ἔλθω 1506

διὰ θελήματος κυ ιυ. 33 ὁ δὲ θς B
διὰ θελήματος **θυ**. 33 ὁ δὲ θς 𝔓46
διὰ θελήματος **ιυ χυ** συναναπαύσωμαι ὑμῖν. 33 ὁ δὲ θς ℵ*
διὰ θελήματος **χυ ιυ** καὶ **ἀναψύξω μεθ' ὑμῶν**. 33 ὁ δὲ θς D*
διὰ θελήματος **χυ ιυ** καὶ **ἀναψύχω μεθ' ὑμῶν**. 33 ὁ δὲ θς F G
διὰ θελήματος **θυ** καὶ **ἀναψύξω μεθ' ὑμῶν**. 33 ὁ δὲ θς D2
διὰ θελήματος **θυ** **αναπαύσομαι** ὑμῖν. 33 ὁ δὲ θς 1881*
διὰ θελήματος **θυ** συναναπαύσωμαι ὑμῖν. 33 ὁ δὲ θς A C 365 424c 1243 1505 1573 1739
διὰ θελήματος **θεοῦ** συναναπαύσωμαι ὑμῖν. 33 ὁ δὲ θεὸς **u**[**w**] [↑2495
διὰ θελήματος **θυ** **συναναπαύσομαι** ὑμῖν. 33 ὁ δὲ θς 6 1319 1506 1881c
διὰ θελήματος **θυ** καὶ **συναναπαύσομαι ὑμῶν**. 33 ὁ δὲ θς 056 330 1836* 2400
διὰ θελήματος **θυ** καὶ **συναναπαύσομαι** ὑμῖν. 33 ὁ δὲ θς L P Ψ 88 104 326 489 927 999 1241
διὰ θελήματος **θυ** καὶ **συναναπαύσομαι ὑμᾶς**. 33 ὁ δὲ θς 1245 1646 [↑1270 1611 1738 1836c
διὰ θελήματος **θυ** καὶ **συναναπαύσω ἡμῖν**. 33 ὁ δὲ θς 1352 [↑1837 2125 2147 2344
διὰ θελήματος **θυ** καὶ **συναναπάσωμαι** ὑμῖν. 33 ὁ δὲ θς 131*
διὰ θελήματος **θυ** καὶ **συναναπαύσωμε** ὑμῖν. 33 ὁ δὲ θς 618
διὰ θελήματος τοῦ **θυ** καὶ συναναπαύσωμαι ὑμῖν. 33 ὁ δὲ θς 1827
διὰ θελήματος **θεοῦ** καὶ συναναπαύσωμαι ὑμῖν. 33 ὁ δὲ θεὸς [**w**]**τ** Er1
διὰ θελήματος **θυ** καὶ συναναπαύσωμαι ὑμῖν. 33 ὁ δὲ θς ℵc 049 1 33 69 131c 205 209 226
323 424* 440 460 517 547 614 796 910 945 1175 1242 1315 1424 1448 1734 1735 1854 1874 1891 1982 2412 2815

τῆς εἰρήνης μετὰ πάντων ὑμῶν, ἀμήν. B ℵc C D1.2 L P Ψ 049 056 6 33 69 88 104 131 205 209
τῆς **ἰρήνης** μετὰ πάντων ὑμῶν, ἀμήν. ℵ* [↑226 323 326 365 424 440 460 489 517 547 614 618
τῆς εἰρήνης μετὰ πάντων ὑμῶν, ἀδελφοί, ἀμήν. 1 [↑796 910 927 945 999 1175 1241 1242 1243 1245
τῆς εἰρήνης μετὰ πάντων **ἡμῶν**, ἀμήν. 1352 [↑1270 1315 1319 1424 1448 1505 1573 1611 1646
τῆς εἰρήνης ἤτω μετὰ πάντων ὑμῶν, ἀμήν. D* [↑1734 1735 1738 1827 1836 1837 1854 1874 1891
τῆς **ἰρήνης** ἤτω μετὰ πάντων ὑμῶν. F G [↑1982 2125 2147 2344 2412 2495 2815 **uwτ** Er1
τῆς εἰρήνης μετὰ πάντων ὑμῶν. 𝔓46 A 330 1506 1739 1881 2400

16.25 Τῷ δὲ δυναμένῳ ὑμᾶς στηρίξαι κατὰ τὸ εὐαγγέλιόν μου καὶ τὸ κήρυγμα ιηυ χρυ, 𝔓46
κατὰ ἀποκάλυψιν μυστηρίου χρόνοις αἰωνίοις σεσειγημένου, **26** φανερωθέντος δὲ νῦν διά τε 𝔓46
γραφῶν προφητικῶν κατε ἐπιταγὴν τοῦ αἰωνίου θυ εἰς ὑπακοὴν πίστεως εἰς πάντα τὰ ἔθνη 𝔓46
γνωρισθέντος, **27** μόνῳ σοφῶ θω, διὰ ιηυ χρυ, ᾧ ἡ δόξα εἰς τοὺς αἰῶνας, ἀμήν. 𝔓46

lac. 15.32-33 𝔓10 𝔓113 K 0172 2464

C 15. 33 τελ Σα 1 489 547 1739 | τελ L 049 209 226 424 618 796 927 945 1243 1245 1270 1448 1735 1836 1837 1891 2147 | τελ τη δ 326 | τε του σα 440 517 1242 1315 1827

E 15.32 Ac 18.21 **33** 1 Co 14.33; 2 Co 13.11; Phl 4.9; 1 Th 5.23; He 13.20; 2 Th 3.16

Errata: 15.32 na ⸀συναναπαύσωμαι ὑμῖν⸀ : apparatus reads συναναπ. ὑμ. for ℵc Ψ. ℵc reads συναναπαύσωμαι ὑμῖν with text, but Ψ reads συναναπαύσομαι ὑμῖν, not συναναπαύσωμαι ὑμῖν
15.32 na 1506 συναναπαύσωμαι ὑμῖν : συναναπαύσομαι ὑμῖν 1506
15.32 ubs 104 330 1241 1881c συναναπαύσωμαι : συναναπαύσομαι 104 330 1241 1881c
15.32 ubs 326* συναναπαύσωμαι; 326c καὶ συναναπαύσωμαι : καὶ συναναπαύσομαι 326 (no correction and -σομαι for -σωμαι)
15.32 na 1881 συναναπαύσομαι : συναναπαύσομαι 1881*; συναναπαύσομαι 1881c

Personal Greetings to Fellow Workers in the Lord

16:**1** Συνίστημι δὲ ὑμῖν Φοίβην τὴν ἀδελφὴν ἡμῶν, οὖσαν καὶ B ℵ^{c} C* [**uw**]
16:**1** Συνίστημι δὲ **ὑμεῖν** Φοίβην τὴν ἀδελφὴν **ὑμῶν**, οὖσαν καὶ 𝔓^{46}
16:**1** Συνίστημι ὑμῖν Φοίβην τὴν ἀδελφὴν ἡμῶν, **οὔσην** D*
16:**1** Συνίστημι δὲ ········· Φοίβην τὴν ἀδελφὴν ἡμῶν, οὖσαν 33
16:**1** Συνίστημι δὲ **ὑμεῖν** **Φοίβειν** τὴν ἀδελφὴν **ὑμῶν**, οὖσαν 056
16:**1** Συνίστημι δὲ ὑμῖν **Φύβην** τὴν ἀδελφήν, οὖσαν 460 618
16:**1** Συνίστημι δὲ ὑμῖν Φοίβην τὴν ἀδελφὴν **ὑμῶν**, οὖσαν 489 1734 2815
16:**1** **Συνείστημει** δὲ ὑμῖν Φοίβην τὴν ἀδελφὴν **ὑμῶν**, οὖσαν A
16:**1** **Συνίστημει** **ὑμεῖν** Φοίβην τὴν ἀδελφὴν **ὑμῶν**, οὖσαν F G
16:**1** **Συνίστημοι** δὲ Φοίβην τὴν ἀδελφὴν ἡμῶν, οὖσαν 1646
16:**1** **Συνίστημοι** δὲ ὑμῖν Φοίβην τὴν ἀδελφὴν ἡμῶν, **διάκονον** 1827
16:**1** **Συνίστημοι** δὲ ὑμῖν Φοίβην τὴν ἀδελφὴν ἡμῶν, οὖσαν 1874*
16:**1** **Συνείστημι** δὲ ὑμῖν Φοίβην τὴν ἀδελφὴν ἡμῶν, οὖσαν 1735
16:**1** **Συνίστημη** δὲ ὑμῖν Φοίβην τὴν ἀδελφὴν ἡμῶν, οὖσαν 1874^{c}
16:**1** **Συνήστημι** δὲ ὑμῖν Φοίβην τὴν ἀδελφὴν ἡμῶν, οὖσαν καὶ 1243 1319^{c}
16:**1** **Συνήστημι** δὲ ὑμῖν Φοίβην τὴν 1319*
16:**1** **Συνίστιμι** δὲ ὑμῖν **Φύβην** τὴν ἀδελφὴν **ὑμῶν**, οὖσαν P
16:**1** Συνίστημι δὲ ὑμῖν Φοίβην τὴν ἀδελφὴν ἡμῶν, **οὖσα** 1245
16:**1** Συνίστημι δὲ ὑμῖν Φοίβην τὴν ἀδελφὴν ἡμῶν, **διάκονον** 1424
16:**1** Συνίστημι δὲ ὑμῖν Φοίβην τὴν ἀδελφήν, οὖσαν 1738
16:**1** Συνίστημι δὲ ὑμῖν Φοίβην τὴν ἀδελφὴν ἡμῶν, οὖσαν ℵ* C^{c} D$^{1.2}$ L Ψ 049 1 6 69 88 104 131 205 209 226 323 326 330 365 424 440 517 547 614 796 910 927 945 999 1175 1241 1242 1270 1315 1352 1448 1505 1573 1611 1739 1836 1837 1854 1881 1891 1982 2125 2147 2344 2400 2412 2495 [**uw**]**τ** Er^{1}

---

lac. 16.1 𝔓^{10} 𝔓^{113} K 0172 1506 (illeg.) 2464

C 16.1 αρχ τη ϛ̅ της ε̅ εβδ αδ,ε συνιστημι υμιν φοιβην 1 | κ,ε ι̅ϛ̅ 209 | αρχ τη ϛ̅ της ε̅ εβδ αδ,ε συνιστημι υμιν φοιβην 226 | αρχ αδ,ε συνιστημι 326 | αρχ της ϛ 440 | αρχ τη ϛ της ε εβδ αδ,ε συνιστη 489 | τη ϛ αδὲφπο 517 | αρχ της παρ,ας της εβδ. προς ρωμαιους αδελφοι συνιστημι δε υμιν φοιβην 614 | αρχ τη περι της ϛ εβδ αδ,ε συνιστημι υμιν φοι 796 | αρχ τη ϛ της ε εβδ αδ,ε συνιστημι υμιν φοιβην 927 | αρχ τη π,α της ε εδ: προς ρωμ: αδ,ε συνιστημι υμιν φοιβ 945 | αρχ τη παρ,α 1175 | αρχ τη ϛ 1242 | αρχ 1245 | αρχ τη ϛ της ε εβδ κ,ε ρκϛ 1315 | αρχ τη παρ,α της ε εβδ. αδ,ε συνιστημι υμιν φοιβην την αδελφην 1448 | αρχ τη ϛ της ε εβδ αδ,ε συνιστημι υμιν φοιβην 1573 | κ,ε μ̅δ̅ αρχ τη ϛ της ε εβδ ο αποστολ αδελφοι συνιστημοι υμιν φοιβην την αδελφην 1739 | αρχ τη β̅ της θ̅ εβδ αδ,ε συνιστημι δε 1837 | αρχ τη π,α̅ της ε̅ εβδ αδ,ε συνιστημι υμιν φοιβην την 2147 | αρχ της παρ,ασ̅ της ε̅ εβδ πρ ρωμαιους αδελφοι συνιστημι 2412

D 16.1 μ̅δ̅ 1 226 517 547 614

διάκονον	τῆς ἐκκλησίας	τῆς ἐν Κενχρεαῖς,	**2** ἵνα προσδέξησθε αὐτὴν	B* [w]
διάκονον	τῆς ἐκκλησίας	τῆς ἐν Κενχρεαῖς,	**2** ἵνα προσδέξησθε αὐτὴν	D[1]
διά......νον	τῆς ἐκκλησίας	τῆς ἐν **Κενχραι**.....	**2** ...... προσδέξησθε	𝔓46
διάκονον	τῆς ἐκκλησίας	τῆς ἐν **Κεγχρεαῖς**,	**2** ἵνα προσδέξησθε αὐτὴν	B[c] C D[2]
διάκονον	τῆς ἐκκλησίας	τῆς ἐν Κενχρεαῖς,	**2** ἵνα **προσδέξησθαι** αὐτὴν	D*
δικαονον	τῆς **ἐκκλησείας**	τῆς ἐν Κενχρεαῖς,	**2** ἵνα **προσδέξησθαι** αὐτὴν	G*
διάκονον	τῆς **ἐκκλησείας**	τῆς ἐν **Κενχρειας**	**2** ἵνα **προσδέξησθαι** αὐτὴν	F
διάκονον	τῆς **ἐκκλησείας**	τῆς ἐν Κενχρεαῖς,	**2** ἵνα **προσδέξησθαι** αὐτὴν	G[c] [↓2400 2495
		ἐν **Κεχρεαῖς**,	**2** ἵνα **αὐτὴν προσδέξησθε**	1319* [↓1836 1874* 1881
διάκονον	τῆς ἐκκλησίας	τῆς ἐν **Κεχρεαῖς**,	**2** ἵνα **αὐτὴν προσδέξησθε**	330 460 1319[c] 1352 1505
διάκονον	τῆς ἐκκλησίας	τῆς ἐν **Κεχρεαῖς**,	**2** ἵνα **αὐτὴν προσδέξησθαι**	910 2125
διάκονον	ἐκκλησίας	τῆς ἐν **Κεχρεαῖς**,	**2** ἵνα **αὐτὴν προσδέξησθε**	999
διάκονον	τῆς ἐκκλησίας	τῆς ἐν **Κεχραιαῖς**,	**2** ἵνα **αὐτὴν προσδέξησθε**	1243
διάκονον	τῆς ἐκκλησίας	τῆς ἐν **Κενχραιαῖς**,	**2** ἵνα **αὐτὴν προσδέξησθε**	א
διάκονον	τῆς ἐκκλησίας	τῆς **ἐγ** Κενχρεαῖς,	**2** ἵνα **αὐτὴν προσδέξησθε**	A
διάκονον	τῆς ἐκκλησίας	τῆς ἐν Κενχρεαῖς,	**2** ἵνα **αὐτὴν προσδέξησθε**	[w]
διάκονον	τῆς ἐκκλησίας	τῆς **ἐγκεχρεαῖς**,	**2** ἵνα **αὐτὴν προσδέξησθε**	1891
οὖσαν	τῆς ἐκκλησίας	τῆς **ἐγκεχρεαῖς**,	**2** ἵνα **αὐτὴν προσδέξησθε**	1424
οὖσαν	τῆς ἐκκλησίας	τῆς **ἐγκεγχρεαῖς**,	**2** ἵνα **αὐτὴν προσδέξησθαι**	1827
διάκονον	τῆς ἐκκλησίας	τῆς **ἐγκεγχρεαῖς**,	**2** ἵνα **αὐτὴν προσδέξησθε**	1
διάκονον	τῆς ἐκκλησίας	τῆς **ἐγκεγχρεαῖς**,	**2** ἵνα **αὐτὴν προσδέξεσθαι**	618
διάκονον	τῆς ἐκκλησίας	τῆς **ἐγκεγχρεαῖς**,	**2** ἵνα **αὐτὴν προσδέξεσθε**	1738
διάκονον	ἐκκλησίας	τῆς **ἐγκεγραῖς**,	**2** ἵνα **αὐτὴν προσδέξησθε**	614
διάκονον	τῆς ἐκκλησίας	τῆς ἐν **αιχραῖς**,	**2** ἵνα **αὐτὴν προσδέξησθαι**	1646*
διάκονον	τῆς ἐκκλησίας	τῆς ἐν **αιχρεαῖς**,	**2** ἵνα **αὐτὴν προσδέξησθαι**	1646[c]
δι.............. ....ησίας		τῆς ἐν **Κε**.....**ρ**..........	**2** .... **αὐτὴν προσδέξησθαι**	33
διάκονον	τῆς ἐκκλησίας	τῆς ἐν **Κεγχρεᾶς**,	**2** ἵνα **αὐτὴν προσδέξησθε**	1854
διάκονον	τῆς ἐκκλησίας	τῆς ἐν **Κεγχρεαῖς**,	**2** ἵνα **αὐτὴν παραδέξησθε**	323
διάκονον	τῆς ἐκκλησίας	τῆς ἐν **Κεγχρεαῖς**,	**2** ἵνα **αὐτὴν προσδέξησθαι**	P 131 2147
διάκονον	τῆς **ἐγκλησίας**	τῆς ἐν **Κεγχρεαῖς**,	**2** ἵνα **αὐτὴν προσδέξησθε**	88*
διάκονον	τῆς ἐκκλησίας	ἐν **Κεγχρεαῖς**,	**2** ἵνα **αὐτὴν προσδέξησθε**	1448
διάκονον	ἐκκλησίας	τῆς ἐν **Κεγχρεαῖς**,	**2** ἵνα **αὐτὴν προσδέξησθε**	2412
διάκονον	τῆς ἐκκλησίας	τῆς ἐν **Κεγχρεαῖς**,	**2** ἵνα **αὐτὴν προσδέξησθε**	L Ψ 049 056 6 69 88[c] 104 205 209 226 326 365 424 440 489 517 547 796 927 945 1175 1241 1242 1245 1270 1315 1319[c] 1573 1611 1734 1735 1739 1837 1874[c] 1982 2344 2815 **υτ** Er[1]

---

lac. 16.1-2 𝔓10 𝔓113 K 0172 1506 (illeg.) 2464

[↓1242 1424 1448 1573 1611 1738 1836 1854 1881 1982 2344 2400 2412 2815
[↓1 69 104 131 205 209 226 330 365 440 489 547 614 796 910 927 1175 1241
ἐν κω ἀξίως τῶν ἁγίων καὶ παραστῆτε αὐτῇ ἐν ᾧ ἂν ὑμῶν χρήζῃ B ℵ A D L Ψ 049
ἐν κυρίῳ ἀξίως τῶν ἁγίων καὶ παραστῆτε αὐτῇ ἐν ᾧ ἂν ὑμῶν χρήζῃ **uwτ** Er[1]
ἐν κω ἀξίως τῶν .... καὶ παραστῆτε αὐτῇ ἐν ᾧ **ἐὰν** .... χρήζῃ 𝔓46
ἐν κω ἀξίως τῶν ἁγίων καὶ παραστῆτε αὐτῇ ἐν ᾧ **ἐὰν** ὑμῶν **χρήζει** 326 1837
ἐν κω ἀξίως τῶν ἁγίων καὶ παραστῆτε αὐτῇ ἐν ᾧ **ἐὰν** ὑμῶν χρήζῃ 1735
ἐν κω ἀ...... ς τῶν ἁγίων καὶ παραστῆτε αὐτῇ ἐν ᾧ ἂν ὑμῶν χρήζῃ C
ἐν κω ἀξίως τῶν ἁγίων καὶ παραστῆτε αὐτῇ ἐν ῷι ἂν ὑμῶν χρήζῃ 424
ἐν κωι ἀξίως τῶν ἁγίων καὶ παραστῆτε αὐτῇ ἐν ῷι ἂν ὑμῶν χρήζῃ 517 1270
ἐν κω ἀξίως τῶν ἁγίων καὶ παραστῆτε αὐτῆι ἐν ᾧ ἂν ὑμῶν χρήζῃ 945
ἐν κω ἀξίως τῶν ἁγίων καὶ παραστῆτε αὐτῇ ἐν ᾧ ἂν χρήζῃ 1505 2495
ἐν κωι ἀξίως τῶν ἁγίων καὶ παραστῆτε αὐτῆι ἐν ῷι ἂν ὑμῶν χρήζηι 1734 1739
ἐν κω ἀξίως τῶν ἁγίων καὶ παραστῆτε αὐτῇ ἐν ᾧ ἂν ὑμῶν **χρήζει** 6 88 323 1319 1352
ἐν κω ἀξίως τῶν ....ῆτε αὐτῇ ἐν ᾧ .... **χρήζει** 33 [↑2125
ἐν κω ἀξίως τῶν ἁγίων καὶ παραστῆτε αὐτῇ ἐν ᾧ ἂν ὑμῶν **χρίζῃ** 460 618
ἐν κωι ἀξίως τῶν ἁγίων καὶ παραστῆτε αὐτῆι ἐν ῷι ἂν ὑμῶν **χρήιζηι** 1891
ἐν κω ἀξίως τῶν ἁγίων καὶ παραστῆτε αὐτῇ ἐν ᾧ ἂν ὑμῶν **πράγματι** 1827
ἐν κω ἀξίως τῶν ἁγίων καὶ παραστῆτε αὐτῆι ἐν ᾧ ἂν ὑμῶν **χρήζει** 056
ἐν κω ἀξίως τῶν ἁγίων καὶ παραστῆτε αὐτῇ ἐν ᾧ ἂν **ὑμῖν χρίζει** 1315
ἐν κω ἀξίως τῶν ἁγίων καὶ παραστῆτε αὐτῇ ἐν ᾧ ἂν ὑμῶν **χρίζει** 1874
ἐν κω ἀξίως τῶν ἁγίων καὶ **παραστῆσαι** αὐτῇ ἐν ᾧ ἂν ὑμῶν **χρίζῃ** 1243
ἐν κω ἀξίως τῶν ἁγίων καὶ **παραστῆται** αὐτῇ ἐν ᾧ ἂν ὑμῶν **χρίζει** P
ἐν κω ἀξίως τῶν ἁγίων καὶ **παραστῆται** αὐτῇ ἐν ᾧ ἂν ὑμῶν **χρήζει** 2147
ἐν κω ἀξίως τῶν ἁγίων καὶ **παραστῆται** αὐτῇ ἐν ᾧ ἂν χρήζῃ 1646
ἐν κω ἀξίως τῶν **ἁγείων** καὶ **παραστῆται** αὐτῇ ἐν ᾧ ἂν ὑμῶν χρήζῃ F G
ἐν κω ἀξίως τῶν ἁγίων καὶ **παραστήσατε αὐτὴν** ἐν ᾧ ἂν ὑμῶν χρήζῃ 999
ἐν κω ἀξίως τῶν ἁγίων καὶ **παραστῆσαι αὐτὴν** ἐν ᾧ ἂν ὑμῶν χρήζῃ 1245

πράγματι· καὶ γὰρ αυτη προστάτις πολλῶν ἐγενήθη καὶ ἐμοῦ αὐτοῦ. B*
πράγμα··· ·· αὶ γὰρ αυτη προστά...... .... ·····ενήθη .... αὐτοῦ. C
πράγματι· καὶ γὰρ αυτη προστάτις πολλῶν ἐγενήθη καὶ ἐμοῦ τε αὐτοῦ. A
πράγματι· καὶ γὰρ αυτη **προστάτης** πολλῶν ἐγενήθη καὶ ἐμοῦ αὐτοῦ. L P
πράγματι· καὶ γὰρ αυτη προστάτις πολλῶν ἐγενήθη καὶ **αὐτοῦ καὶ ἐμοῦ**. ℵ
πράγματι· καὶ γὰρ αυτη **καὶ ἐμοῦ** καὶ **ἄλλων** **προστάτις ἐγένετο**. D*
πράγματι· καὶ γὰρ αυτη **καὶ ἐμοῦ** καὶ **ἄλλων πολλῶν προστάτις ἐγένετο**. D[1.2]
πράγματει· καὶ γὰρ αυτη **καὶ ἐμοῦ** καὶ **ἄλλων** **παραστάτεις ἐγένετο**. F G
πράγματι· καὶ γὰρ αυτη .... καὶ **ἄλλων πολλῶν** ἐγεν...... .... 𝔓46
πράγματι· καὶ γὰρ **αὐτῇ προστάτης** πολλῶν ἐγενήθη καὶ **δι' ἐμου αὐτοῦ**. 88
πράγματι· καὶ γὰρ **αὐτῇ** προστάτις πολλῶν ἐγενήθη καὶ ἐμοῦ αὐτοῦ. 205 365 460 1241
πράγματη· καὶ γὰρ **αὐτῇ προστάτης** πολλῶν **ἐγεννήθη** καὶ ἐμοῦ αὐτοῦ. 618 [↑1319 1573
πράγματι· καὶ γὰρ **αὐτῇ προστάτης** πολλῶν **ἐγεννήθη** καὶ ἐμοῦ αὐτοῦ. 1738 [↑**uw**
πράγματι· καὶ γὰρ **αὐτῇ προστάτης** πολλῶν ἐγενήθη καὶ **αὐτοῦ ἐμου** 326[c] 1646 1836*
πράγματι· καὶ γὰρ **αὐτῇ προστάτης** πολλῶν **ἐγεννήθη** καὶ **αὐτοῦ ἐμου**. 326* [↑1837 1874
πράγματι· καὶ γὰρ καὶ **αὐτὴ προστάτης** πολλῶν ἐγενήθη καὶ **αὐτοῦ ἐμου**. 1735 [↑2147
πράγματι· καὶ γὰρ **αὐτῇ** προστάτις πολλῶν ἐγενήθη καὶ **αὐτοῦ ἐμου**. 489 927 1836[c]
πράγματι· καὶ γὰρ **αὕτη** προστάτις πολλῶν ἐγενήθη καὶ ἐμοῦ αὐτοῦ. B[c] 104 209 796
πράγματι· καὶ γὰρ **αὕτη** προστα····· .... 33 [↑1242 1270
πράγματι· καὶ γὰρ **αὕτη προστάτης** πολλῶν ἐγενήθη καὶ ἐμοῦ καὶ αὐτοῦ. 330 [↑2400
πράγματι· καὶ γὰρ **αὕτη προστάτης** πολλῶν ἐγενήθη καὶ ἐμοῦ αὐτοῦ. 69 1243 1734 2344
χρίζει· καὶ γὰρ **αὕτη προστάτης** πολλῶν **ἐγεννήθη** καὶ ἐμοῦ αὐτοῦ. 1827*
χρίζῃ· καὶ γὰρ **αὕτη προστάτης** πολλῶν **ἐγεννήθη** καὶ ἐμοῦ αὐτοῦ. 1827[c] [↓1424 2125
πράγματι· καὶ γὰρ **αὕτη προστάτης** πολλῶν ἐγενήθη καὶ **αὐτοῦ ἐμου**. 049 056 1 999
πράγματι· καὶ γὰρ **αὕτη πολλῶν προστάτις** ἐγενήθη καὶ **αὐτοῦ ἐμου**. 1448 [↑1245 1315
πράγματι· καὶ γὰρ **αὕτη** προστάτις πολλῶν ἐγενήθη καὶ **αὐτοῦ ἐμου**. Ψ 6 131 226 323
424 440 517 547 614 910 945 1175 1352 1505 1611 1739 1854 1881 1891 1982 2412 2495 2815 **τ** Er[1]

lac. 16.1-2 𝔓10 𝔓113 K 0172 1506 (illeg.) 2464

Errata: 16 2 na Ψ ἐμοῦ αὐτοῦ. : 2 1 Ψ
16 2 na 33 προστάτις πολλῶν ἐγενήθη καὶ ἐμοῦ αὐτοῦ : προστα····· .... 33 (lac. mold)

3 Ἀσπάσασθε Πρείσκαν καὶ Ἀκύλαν τοὺς συνεργούς B
3 ······πάσασθε Πρείσκαν κ̣···· ·················· ·········· ························ 𝔓^{46}
3 **Ἀσπάσασθαι** **Πρίσκαν** καὶ Ἀκύλαν τοὺς συνεργούς ℵ D* 056 460 618
3 **Ἀπάσασθαι** **Πρίσκαν** καὶ Ἀκύλαν τοὺς συνεργούς 88
3 **Ἀσπάσασθαι** **Πρίσκιλλαν** καὶ Ἀκύλαν τοὺς συνεργούς 614 999 1319 1646 1735 2412
3 ··········**σασθαι** **Πρίσκαν** καὶ Ἀκύλαν τοὺς συ················ 33 [↓796 927 945 1270 1315
3 Ἀσπάσασθε **Πρίσκιλλαν** καὶ Ἀκύλαν τοὺς συνεργούς 1 104 205 209^{mg} 323 365 440 547
3 **Ἀσπάσθαι** **Πρίσκαν** καὶ Ἀκύλαν τοὺς συνεργούς F G [↑1505 1573 1611 1827
3 Ἀσπάσασθε **Πρίσκιλλαν** καὶ **Ἀγκύλαν** τοὺς συνεργούς 489 [↑1881^{c} 2125 2147 2495
3 Ἀσπάσασθε **Πρίσκαν** καὶ Ἀκύλαν τοὺς **συνεργούσμούς** 1352 [↑ 2815 **τ**
3 Ἀσπάσασθε **Πρίσκαν** καὶ Ἀκύλαν τοὺς συνεργούς A C D$^{1.2}$ L P Ψ 049 6 69 131 209* 226 326 330 424 517 910 1175 1241 1242 1243 1245 1424 1448 1734 1738 1739 1836 1837 1854 1874 1881* 1891 1982 2344 2400 **uw** Er^{1}

[↓1646 1735 1738 1827 1836 1837 1854 1874 1881 1982 2125 2344 2400 2412 2495 2815
[↓927 945 999 1175 1241 1242 1243 1245 1315 1319 1352 1424 1448 1505 1573 1611
[↓Ψ 049 056 1 6 69 88 104 131 209^{c} 323 326 330 365 424 440 460 489 547 614 796 910
μου ἐν χ̅ω̅ ι̅υ̅, 4 οἵτινες ὑπὲρ τῆς ψυχῆς B ℵ C D^{1} L P
······· ····· ······· ······· 4·················· ········ τῆς ψυχῆς 𝔓^{46}
μου ἐν χ̅ω̅ ι̅υ̅, 4 **οἵτεινες** ὑπὲρ τῆς ψυχῆς A
μου ἐν χ̅ω̅ ι̅υ̅, καὶ τὴν κατ᾽ οἶκον αὐτῶν ἐκκλησίαν. 4 οἵτινες ὑπὲρ τῆς ψυχῆς D$^{*.2}$
μου ἐν χ̅ρ̅ω̅ ι̅η̅υ̅, καὶ τὴν κατ᾽ οἶκον αὐτῶν **ἐκκλησείαν**. 4 οἵτινες ὑπὲρ τῆς ψυχῆς F G
········ ····· ······ ······ 4·················· ··········· ········ ············ 33
μοι ἐν χ̅ω̅ ι̅υ̅, 4 οἵτινες ὑπὲρ τῆς ψυχῆς 205 209*
μου ἐν χ̅ω̅ Ἰησοῦ, 4 οἵτινες ὑπὲρ τῆς ψυχῆς 226
μου ἐν χ̅ω̅ ι̅υ̅, 4 **οἵτιναις** ὑπὲρ τῆς ψυχῆς 618
μου ἐν **κ̅ω̅** ι̅υ̅, 4 οἵτινες ὑπὲρ τῆς ψυχῆς 2147
μου ἐν Χριστῷ Ἰησοῦ, 4 οἵτινες ὑπὲρ τῆς ψυχῆς **uwτ** Er^{1}
μου ἐν χ̅ω̅ι ι̅υ̅, 4 οἵτινες ὑπὲρ τῆς ψυχῆς 517 1270 1734 1739 1891

[↓1270 1352 1424 1505 1573 1611 1734 1735 1738 1739 1836 1837 1854 1891 1982 2147 2344 2412 2815 **uwτ** Er^{1}
[↓056 6 69 104 131 209 226 323 326^{c} 330 365 424 440 460 489 517 547 796 910 927 945 999 1241 1242 1243 1245
μου τὸν ἑαυτῶν τράχηλον ὑπέθηκαν, οἷς οὐκ ἐγὼ μόνος εὐχαριστῶ B 𝔓^{46} ℵ A D Ψ 049
μου τὸν ἑαυτῶν τράχ········ ··πέθηκαν, οἷς οὐκ ἐγὼ μ·· ν···· εὐχαριστῶ C
······· τὸν ἑαυτῶν τράχηλον ὑπέθηκαν, οι·· ······· ·········· ············ ························ 33
μου······· ················ ······················· ······················ ······· ········ ·········· ············ ···ὑχαριστῶ 88
μου τὸν ἑαυτῶν τράχηλον ὑπέθηκαν, οἷς οὐκ ἐγὼ μόνος **εὐχαρειστῶ** F G
μου **τῶν** ἑαυτῶν τράχηλον ὑπέθηκαν, οἷς οὐκ ἐγὼ μόνος εὐχαριστῶ 614 1175 1827 2125
μου τὸν ἑαυτῶν τράχηλον **ὑπέθηκεν**, οἷς οὐκ ἐγὼ μόνος ἐγὼ **εὐχευχαριστῶ** 326*
μου τὸν **ἑαυτὸν** **ὑπέθηκαν** **τράχηλον**, οἷς οὐκ ἐγὼ μόνος εὐχαριστῶ P
μου τὸν **ἑαυτὸν** τράχηλον ὑπέθηκαν, οἷς οὐκ ἐγὼ μόνος εὐχαριστῶ 205 1315 1881 2495
μου τὸν **ἑαυτὸν** τράχηλον **ὑπέθικαν**, οἷς οὐκ ἐγὼ μόνος εὐχαριστῶ 1874
τὸν **ἑαυτὸν** **τράχιλον** ὑπέθηκαν, οἷς οὐκ ἐγὼ μόνος εὐχαριστῶ 1646*
μου τὸν **ἑαυτὸν** **τράχιλον** ὑπέθηκαν, οἷς οὐκ ἐγὼ μόνος εὐχαριστῶ 1646^{c}
μου **τῶν** ἑαυτῶν **τράχειλον** ὑπέθηκαν, οἷς οὐκ ἐγὼ μόνος εὐχαριστῶ 618
μου τὸν ἑαυτῶν τράχηλον ὑπέθηκαν, **οὓς** οὐκ ἐγὼ μόνος εὐχαριστῶ 1
μου τὸν ἑαυτῶν τράχηλον ὑπέθηκαν, οἷς οὐκ ἐγὼ **μόνον** εὐχαριστῶ L 1319 1448 2400

lac. 16.3-4 𝔓^{10} 𝔓^{113} K 0172 1506 (illeg.) 2464

E 16.3 Ac 18.2, 18, 26 **4** Ac 15.26

Errata: 16 3 antf 𝔓^{46} Ἰησοῦ : lac. 𝔓^{46}
Errata: 16 3 antf 2147 Ἰησοῦ : does not indicate that 2147 reads κυριῷ Ἰησοῦ rather than Χριστοῦ Ἰησου against all other witnesses

[↓1739 1827 1836 1837 1854 1874 1881^{c} 1891 1982 2125 2147 2412 2495 2815 **uwτ** Er^{1}
[↓927 945 999 1175 1241 1242 1243 1270 1319 1352 1424 1448 1505 1611 1734 1738
[↓Ψ 049 056 1 6 69 104 131 205 209 226 323 326 365 424 440 489 517 547 614 796 910

ἀλλὰ καὶ πᾶσαι αἱ ἐκκλησίαι τῶν ἐθνῶν, **5** καὶ τὴν κατ' οἶκον αὐτῶν ἐκκλησίαν. B $\mathfrak{P}^{46}$ ℵ D^{1} L
ἀλλὰ καὶ …… …… ……κλησίαι τῶν ἐθνῶν, **5** …… τὴν κατ' οἶκον αὐτῶν ……κλησίαν. A
ἀλ…… …… πᾶσαι αἱ ἐκκλησ…… τῶν ἐθνῶν, **5** …… …… …… οἶκον αὐτῶν ……ησ··αν. C
…… …… …… …… ……κλησίαι τῶν ἐθνῶν, **5** καὶ τὴν κατ' οἶκον …… …… 33
ἀλλ…… ……σαι αι …… τῶν ἐθνῶν, **5** …… …… κατ' οἰ…… …… ἐκκλησίαν. 88
ἀλλὰ καὶ πᾶσαι αἱ ἐκκλησίαι τῶν ἐθνῶν, **5** καὶ τὴν κατ' οἶκον **ἐκκλησίαν αὐτῶν**. 330 2400
ἀλλὰ καὶ πᾶσαι αἱ ἐκκλησίαι **τοῦ θ̅υ̅**, **5** καὶ τὴν κατ' οἶκον αὐτῶν ἐκκλησίαν. 1245
ἀλλὰ καὶ πᾶσαι αἱ ἐκκλησίαι τῶν ἐθνῶν, **5** καὶ τὴν κατ' **οἴκων** αὐτῶν ἐκκλησίαν. 1315 2344
ἀλλὰ καὶ πᾶσαι αἱ ἐκκλησίαι τῶν ἐθνῶν, **5** καὶ τὴν κατ' οἶκον αὐτῶν **ἐκκλησία**. 1735
ἀλλὰ καὶ **πᾶσε** αἱ ἐκκλησίαι τῶν ἐθνῶν, **5** D*
ἀλλὰ καὶ πᾶσαι αἱ ἐκκλησίαι τῶν ἐθνῶν, **5** D^{2} P
ἀλλὰ καὶ πᾶσαι αἱ **ἐκκλησείαι** τῶν ἐθνῶν, **5** F G
ἀλλὰ καὶ πᾶσαι αἱ **κλησίαι** τῶν ἐθνῶν, **5** καὶ τὴν κατ' οἶκον αὐτῶν ἐκκλησίαν. 1573
ἀλλὰ καὶ πᾶσαι αἱ **ἐκλησίαι** τῶν ἐθνῶν, **5** καὶ τὴν κατ' οἶκον αὐτῶν ἐκκλησίαν. 460
ἀλλὰ καὶ πᾶσαι **ἐκκλησίε** τῶν ἐθνῶν, **5** καὶ τὴν **κατт'** οἶκον αὐτῶν ἐκκλησίαν. 618
ἀλλὰ καὶ πᾶσαι **αἰκκλησίαι** τῶν ἐθνῶν, **5** καὶ τὴν κατ' οἶκον αὐτῶν ἐκκλησίαν. 1646
ἀλλὰ καὶ πᾶσαι ἐκκλησίαι τῶν ἐθνῶν, **5** καὶ τὴν κατ' οἶκον αὐτῶν ἐκκλησίαν. 1881*

ἀσπάσασθε Ἐπαίνετον τὸν ἀγαπητόν μου, ὅς ἐστιν ἀπαρχὴ τῆς Ἀσίας B 6 365 424^{c}
ἀσπάσασθε Ἐπαίνετον τὸν ἀγαπητόν μου, ὅς ἐστιν **ἀπ' ἀρχῆς** τῆς Ἀσίας $\mathfrak{P}^{46}$ [↑1573
ἀσπάσασθαι Ἐπαίνετον τὸν ἀγαπητόν μου, ὅς ἐστιν **ἀπ' ἀρχῆς** τῆς Ἀσίας D* [↑1739 **uw**
ἀσπάσασθαι Ἐπαίνετον τὸν ἀγαπητόν μου, ὅς ἐστιν ἀπαρχὴ τῆς Ἀσίας ℵ 1319
ἀσπάσασθε ……**ένετον** τὸν ἀγαπητόν μου, …… ἐστιν ἀπαρχὴ τῆς Ἀσίας A
ἀσπ…… ……ίνετον τὸν …… ……ου, ὅς ἐστιν ἀπαρχὴ τῆς Ἀσίας C
ἄσπασθαι Ἐπαίνετον τὸν ἀγαπητόν μου, ὅς ἐστιν ἀπαρχὴ τῆς **Ἀσείας** F G
ἀσπάσασθε Ἐπαίνετον τὸν ἀγαπητόν μου, ὅς ἐστιν ἀπαρχὴ τῆς **Ἀγχαίας** 1
ἀσπάσασθαι Ἐπαίνετον τὸν ἀγαπητόν μου, ὅς ἐστιν ἀπαρχὴ τῆς **Ἀχαίας** $D^{1.2}$
ἀσπάσασθαι Ἐπαίνετον τὸν ἀγαπητόν μου, ὅς ἐστιν ἀπαρχὴ τῆς εἰς χ **Ἀχαίας** 1646*
ἀσπάσασθαι Ἐπαίνετον τὸν ἀγαπητόν μου, ὅς ἐστιν ἀπαρχὴ τῆς **Ἀχαίας** 131 1646^{c} 1735
ἀσπάσασθ Ἐπαίνετον τὸν ἀγαπητόν μου, ὅς ἐστιν ἀπαρχὴ τῆς **Ἀχαίας** 209
Ἐπαίνετον τὸν ἀγαπητόν μου, ὅς ἐστιν ἀπαρχὴ τῆς **Ἀχαίας** 618
…… …… …… ……πητόν μου, ὅς ἐστιν ἀπαρχὴ τῆς **Ἀχαίας** 33
……σασθε Ἐπαίνετον τὸν ἀγαπητόν μου, ὅς ἐστιν ἀπαρχὴ τῆς **Ἀχαίας** 88
ἀσπάσασθε Ἐπαίνετον τὸν ἀγαπητόν μου, ὅς ἐστιν **Ἀχαίας** P*
ἀσπάσασθε Ἐπαίνετον τὸν **ἀδελφόν** μου, ὅς ἐστιν ἀπαρχὴ τῆς **Ἀχαίας** Ψ
ἀσπάσασθε Ἐπαίνετον τὸν ἀγαπητόν μου, ὅς ἐστιν ἀπαρχὴ τῆς **Ἀχαίας** 049 323 1424
ἀσπάσασθε **Ἔπαινε** τὸν ἀγαπητόν μου, ὅς ἐστιν ἀπαρχὴ τῆς **Ἀχαίας** 614 [↑1505 1881
ἀσπάσασθε Ἐπαίνετον τὸν ἀγαπητόν μου, ὅς ἐστιν **ἀπ' ἀρχῆς** τῆς **Ἀχαίας** 1837* [↑2815
ἀσπάσασθε Ἐπαίνετον τὸν ἀγαπητόν μου, **ὅ** ἐστιν ἀπαρχὴ τῆς **Ἀχαίας** 1891 [↑Er^{1}
ἀσπάσασθε Ἐπαίνετον τὸν ἀγαπητόν μου, ὅς ἐστιν ἀπαρχὴ τῆς **Ἀχαίας** L P^{c} 056 69 104 205 226 330 326 424* 440 460 489 517 547 796 910 927 945 999 1175 1241 1242 1243 1245 1270 1315 1352 1448 1611 1734 1738 1827 1836 1837^{c} 1854 1874 1982 2125 2147 2344 2400 2412 2495 **τ**

---

lac. 16.4-5 $\mathfrak{P}^{10}$ $\mathfrak{P}^{113}$ K 0172 1506 (illeg.) 2464

E 16.4 Ac 15.26 **5** 1 Co 16.19, 15; Col 4.15; Phm 2

Errata: 16 4, 5 antf C ἐθνῶν καὶ τὴν κατ' οἶκον αὐτῶν ἐκκλησίαν : ἐθνῶν …… …… …… οἶκον αὐτῶν ……ησ··αν C
16 4, 5 antf D καὶ τὴν κατ' οἶκον αὐτῶν ἐκκλησίαν (06 post ιησου vs. 3) : does not indicate that this verse is moved to vs. 5 post ἐθνῶν by D^{1}
16 4, 5 antf 33 ἐθνῶν καὶ τὴν κατ' οἶκον αὐτῶν ἐκκλησίαν : ἐθνῶν καὶ τὴν κατ' οἶκον …… …… 33
16 4, 5 antf 1315 2344 ἐθνῶν καὶ τὴν κατ' οἶκον αὐτῶν ἐκκλησίαν : 1—4 οἴκων 6 7 1315 2344
16 5 na antf F G τῆς Ἀσίας : τῆς Ἀσείας F G
16 5 antf 88 τῆς Ἀχαίας : τῆς …… 88

εἰς χν.	**6** ἀσπάσασθε	Μαρίαν,	ἥτις	πολλὰ ἐκοπίασεν	εἰς ὑμᾶς.	B C* P Ψ 365^{c} 1573 1739
εἰς	**6** ἀσπάσασθε	Μαρίαν,	ἥτις	..ολλὰ ἐκοπίασεν	εἰς ὑμᾶς.	A
εἰς χν.	**6** ἀσπάσασθε	Μαρίαν,	ἥτις	πολλὰ ἐκοπίασεν	εἰς **ἡμᾶς**.	C^{c} 104 365*
εἰς Χριστόν.	**6** ἀσπάσασθε	Μαρίαν,	ἥτις	πολλὰ ἐκοπίασεν	εἰς ὑμᾶς.	**u w**
εἰς χν.	**6** ἀσπάσασθε	**Μαριάμ**,	ἥτις	πολλὰ ἐκοπίασεν	εἰς ὑμᾶς.	𝔓^{46} ℵ 6 226^{c} 330 424 460
εἰς **χω**.	**6** ἀσπάσασθε	Μαρίαν,	**εἵτις**	πολλὰ ἐκοπίασεν	εἰς ὑμᾶς.	2495 [↑1243 1319 1646 2400
εἰς χν.	**6** ἀσπάσασθε	**Μαριάμ**,	**εἵτις**	πολλὰ ἐκοπίασεν	εἰς ὑμᾶς.	326 1837
εἰς χν.	**6** ἀσπάσασθε	**Μαριάμ**,	**εἵτις**	πολλὰ ἐκοπίασεν	εἰς **ἡμᾶς**.	489 618
εἰς Χριστόν.	**6** ἀσπάσασθε	**Μαρίαμ**,	ἥτις	πολλὰ ἐκοπίασεν	εἰς **ἡμᾶς**.	**τ**
εἰς χν.	**6** **ἀσπάσασθαι**	Μαρίαν,	ἥτις	πολλὰ ἐκοπίασεν	εἰς **ἡμᾶς**.	1735
....	**6**	....	....	....	εἰς **ἡμᾶς**.	33
ἐν **χω**.	**6** **ἀσπάσασθαι**	**Μαρίαμ**,	ἥτις	πολλὰ ἐκοπίασεν	**ἐν** **ὑμῖν**.	D*
ἐν **χρω**.	**6** **ἄσπασθαι**	**Μαρίαμ**,	**ἥτεις**	πολλὰ **ἐκοπείασεν**	**ἐν** **ὑμῖν**.	F G
ἐν **χω**.	**6** ἀσπάσασθε	**Μαρίαμ**,	ἥτις	πολλὰ ἐκοπίασεν	**ἐν** **ὑμῖν**.	D^{1}
ἐν **χω**.	**6** ἀσπάσασθε	**Μαρίαμ**,	ἥτις	πολλὰ ἐκοπίασεν	εἰς ὑμᾶς.	1424 1881
ἐν **χω**.	**6** ἀσπάσασθε	Μαρίαν,	**εἵτις**	πολλὰ ἐκοπίασεν	εἰς ὑμᾶς.	1505
ἐν **χω**.	**6** ἀσπάσασθε	**Μαρίαμ**,	ἥτις	πολλὰ ἐκοπίασεν	εἰς **ἡμᾶς**.	049 323 2815
ἐν **Χριστῷ**.	**6** ἀσπάσασθε	**Μαρίαμ**,	ἥτις	πολλὰ ἐκοπίασεν	εἰς **ἡμᾶς**.	Er^{1}
εἰς χν.	**6** ἀσπάσασθε	**Μαριάμ**,	ἥτις	πολλὰ ἐκοπίασεν	εἰς **ἡμᾶς**.	L 056 1 69 88 131 205 209

226* 440 517 547 614 796 910 927 945 999 1175 1241 1242 1245 1270 1315 1352
1448 1611 1734 1738 1827 1836 1854 1874 1891 1982 2125 2147 2344 2412

7 ἀσπάσθε	Ἀνδρόνεικον	καὶ	Ιουνιαν	τοὺς συγγενεῖς	μου καὶ τοὺς	B*
7 **ἀσπάσασθαι**	**Ἀνδρόνικον**	καὶ	Ιουνιαν	τοὺς συγγενεῖς	μου καὶ	ℵ
7 **ἀσπάσασθε**	**Ἀνδρόνικον**	καὶ	Ιουνιαν	τοὺς συγγενεῖς	μου καὶ	A C L* 049
7 **ἀσπάσασθε**	**Ἀνδρόνικον**	καὶ	Ιουνιαν	τοὺς συγγενεῖς	μου καὶ	D^{1}
7 **ἀσπάσασθαι**	**Ἀνδρόνικον**	καὶ	Ιουνιαν	τοὺς **συγγενῖς**	μου καὶ	D*
7 **ἄσπασθαι**	**Ἀνδρόνικον**	καὶ	Ιουνιαν	τοὺς **συνγενεῖς**	μου καὶ	F G
7 **ἀσπάσασθε**	**Ἀνδρόνικον**	καὶ	**Ἰουνῖαν**	τοὺς συγγενεῖς	μου καὶ	1837
7 **ἀσπάσασθε**	Ἀνδρόνεικον	καὶ	**Ιουλιαν**	τοὺς **συνγενεῖς**	μου καὶ τοὺς	𝔓^{46}
7 **ἀσπάσασθε**	**Ἀνδρόνικον**	καὶ	**Ἰουλίαν**	τοὺς συγγενεῖς	μου καὶ	6
7 **ἀσπάσασθε**	**Ἀνδρόνικον**	καὶ	**Οὐνίαν**	τοὺς **συγγενῆς**	μου καὶ	618
7 **ἀσπάσασθε**	**Ἀνδρόνικον**	καὶ	**Οὐνίαν**	τοὺς συγγενεῖς	μου καὶ	1738
7 **ἀσπάσασθε**	**Ἀνδρόνικον**	καὶ	**Ἰουνιᾶν**	τοὺς συγγενεῖς	μου καὶ	**u w**
7 **ἀσπάσασθε**	**Ἀνδρόνικον**	καὶ	**Ἰουνίαν**	τοὺς συγγενεῖς	μου καὶ τοὺς	B^{c}
7 **ἀσπάσασθε**	**Ἀνδρόνικον**		**Ἰουνίαν**	τοὺς συγγενεῖς	μου καὶ	33
7 **ἀσπάσασθαι**	**Ἀνδρόνικον**	καὶ	**Ἰουνίαν**	τοὺς συγγενεῖς	μου καὶ	131 1270 1735
7 **ἀσπάσασθε**	**Ἀνδρόνικον**	καὶ	**Ἰουνίαν**	τοὺς **συγγενῆς**	μου καὶ	1243 1424
7 **ἀσπάσασθε**	**Ἀνδρόνικον**	καὶ	**Ἰουνίαν**	τοὺς συγγενεῖς	μου	1874
7 **ἀσπάσασθε**	**Ἀνδρόνικον**	καὶ	**Ἰουνίαν**	τοὺς **συγκενεῖς**	μου καὶ	1881
7 **ἀσπάσασθε**	**Ἀνδρόνικον**	καὶ	**Ἰουνίαν**	τοὺς συγγενεῖς	μου καὶ	D^{2} L^{c} P Ψ 056 1 69 88 104

205 209 226 323 326 330 365 424 440 460 489 517 547 614 796 910 927 945 999 1175 1241 1242 1245 1315 1319
1352 1448 1505 1573 1611 1646 1734 1739 1827 1836 1854 1891 1982 2125 2147 2344 2400 2412 2495 2815 **τ** Er^{1}

---

lac. 16.5-7 𝔓^{10} 𝔓^{113} K 0172 1506 (illeg.) 2464

E 16.5 1 Co 16.19, 15; Col 4.15; Phm 2 **7** Ro 9.3; Co 4.10

Errata: 16 6 na 365 εἰς ὑμᾶς : εἰς ἡμᾶς 365*; εἰς ὑμᾶς 365^{c} (**antf** correct)

16 6 antf 1611 εἰς ὑμᾶς : εἰς ἡμᾶς 1611

16 7 ubs B ℵ A Y 33 104 326 330 614 1241 1739 1881 Ἰουνιᾶν : Ιουνιαν B* ℵ A D^{*,1} (no accent); Ἰουνίαν B^{c} D^{2} Ψ 33 104 326 330 614 1241 1739 1881 2495

16 7 antf Ιουνιαν (does not indicate any differences in accenting; all examples displayed are without accent) : Ἰουνίαν B^{c} D^{2} L^{c} Ψ 056 1 33 69 88 104 131 205 209 226 323 326 330 365 424 440 460 489 517 547 614 796 10 927 945 999 1175 1241 1242 1243 1245 1270 1315 1319 1352 1424 1448 1505 1573 1611 1646 1734 1735 1739 1827 1836 1854 1874 1881 1891 1982 2125 2147 2344 2400 2412 2495 2815; Ἰουνῖαν 1837

16 7 Kenyon 𝔓^{46} συγγενεῖς : συνγενεῖς 𝔓^{46}

[↓1573 1611 1734 1735 1738 1739 1827 1837 1854 1881 1891 1982 2125 2147 2400 2412 2495 2815 **uwτ** Er[1]
[↓440 460 489 517 547 910 927 945 999 1175 1241 1242 1243 1245 1270 1315 1319 1352 1424 1448 1505

συναιχμαλώτους	μου, οἵτινές	εἰσιν	ἐπίσημοι	ἐν τοῖς ἀποστόλοις,	B 𝔓46 D F L P Ψ 049 056 1 6
συναιχμαλώτους	μου, οἵτινές	εἰσιν	ἐπίσημοι	ἐν τοῖς ·······στόλοις,	C [↑33 69 88 104 131 205 209
συνεχμαλώτους	μου, οἵτινές	εἰσιν	ἐπίσημοι	ἐν τοῖς ἀποστόλοις,	ℵ [↑226 323 326 330 365 424
συναιχμαλώτους	μου, οἵτινές	**εἰσειν**	ἐπίσημοι	ἐν τοῖς ἀποστόλοις,	G
	οἵτινές	εἰσιν	ἐπίσημοι	ἐν τοῖς ἀποστόλοις,	1874
συναιχμαλώτους	**μοι**, οἵτινές	εἰσιν	ἐπίσημοι	ἐν τοῖς ἀποστόλοις,	1836
συναιχμαλώτους	μου, **οἵτεινές**	εἰσιν	ἐπίσημοι	ἐν τοῖς ἀποστόλοις,	A
συναιχμαλώτους	μου, **οἵτισνές**	**εἰσι**	ἐπίσημοι	ἐν τοῖς ἀποστόλοις,	1646
συναιχμαλώτους	μου, **οἵτηνές**	εἰσιν	ἐπίσημοι	ἐν τοῖς ἀποστόλοις,	618
συμαιχμαλώτους	μου, οἵτινές	εἰσιν	ἐπίσημοι	ἐν τοῖς ἀποστόλοις,	614
συναιχμαλώτος	μου, οἵτινές	εἰσιν	**εἐπίσημοι**	ἐν τοῖς ἀποστόλοις,	796
συναιχμαλώτους	μου, οἵτινές	εἰσιν	**ἐπίσιμοι**	ἐν τοῖς ἀποστόλοις,	2344

οἳ καὶ πρὸ ἐμοῦ γέγοναν	ἐν χω̅.	8 ἀσπάσασθε	Ἀμπλιᾶτον	B* A
ὃς καὶ πρὸ ἐμοῦ **γέγονεν**	ἐν **χρω̅**.	8 ἀσπάσασθε	Ἀμπλιᾶτον	𝔓46
καὶ πρὸ ἐμοῦ γέγοναν	ἐν χω̅.	8 **ἀσπάσασθαι**	Ἀμπλιᾶτον	ℵ*
οἳ καὶ πρὸ ἐμοῦ γέγοναν	ἐν χω̅.	8 **ἀσπάσασθαι**	Ἀμπλιᾶτον	ℵ[c]
οἳ καὶ πρὸ ἐμοῦ γέγοναν	ἐν χω̅ι.	8 ἀσπάσασθε	Ἀμπλιᾶτον	1739*
οἳ καὶ πρὸ ἐμοῦ γέγοναν	ἐν Χριστῷ.	8 ἀσπάσασθε	Ἀμπλιᾶτον	**u w**
τοῖς πρὸ ἐμοῦ	**εἰ** χρω̅ ι̅υ̅.	8 **ἀσπάσασθαι**	Ἀμπλιᾶτον	G
τοῖς πρὸ ἐμοῦ	ἐν χρω̅ ι̅υ̅.	8 **ἄσπασθαι**	Ἀμπλιᾶτον	F
τοῖς πρὸ ἐμοῦ	ἐν χω̅ ι̅υ̅.	8 **ἀσπάσασθαι**	**Ἀμπλιᾶν**	D*
τοῖς πρὸ ἐμοῦ	ἐν χω̅ ι̅υ̅.	8 ἀσπάσασθε	**Ἀμπλιᾶν**	D[1]
τοῖς πρὸ ἐμοῦ	ἐν χω̅ .	8 ἀσπάσασθε	**Ἀμπλιᾶν**	D[2]
οἳ καὶ πρὸ ἐμοῦ **γεγόνασιν**	ἐν χω̅.	8 ἀσπάσασθε	**Ἀπλίαν**	365 1505 1573 2400 2495
οἳ καὶ πρὸ ἐμοῦ **γεγόνασι**	ἐν χω̅.	8 **ἀσπάσασθαι**	**Ἀπλίαν**	1319
οἳ καὶ πρὸ ἐμοῦ **γεγώνασιν**	ἐν **κυ̅**.	8 ἀσπάσασθε	**Ἀπλίαν**	1646*
οἳ καὶ πρὸ ἐμοῦ **γεγώνασιν**	ἐν χω̅.	8 ἀσπάσασθε	**Ἀπλίαν**	1646[c]
οἳ καὶ πρὸ ἐμοῦ γέγοναν	ἐν χω̅ι.	8 ἀσπάσασθε	**Ἀμπλιᾶ**	1739[c]
οἳ καὶ πρὸ ἐμοῦ **γεγόνασιν**	ἐν χω̅.	8 ἀσπάσασθε	**Ἀπλιᾶτον**	6 1424
οἳ καὶ πρὸ ἐμοῦ **γεγόνασιν**	ἐν χω̅.	8 ἀσπάσασθε	**Ἀμπλίαντον**	424[c]
οἳ καὶ πρὸ ἐμοῦ **γεγόνασιν**	ἐν χω̅.	8 ἀσπάσασθε	**Ἀμπλείαν**	1243
οἳ καὶ πρὸ ἐμοῦ γέγοναν	ἐν χω̅.	8 ἀσπάσασθε	**Ἀμπλιᾶν**	B[c] 1881
οἳ καὶ πρὸ ἐμοῦ **γεγόνασιν**	ἐν χω̅.	8 ἀσπάσασθε	**Ἀμπλ**·······	C
οἳ καὶ πρὸ ἐμοῦ **γεγόνασιν**	ἐν χω̅.	8 **ἀσπάσασθαι**	**Ἀμπλίαν**	33 1735
οἳ καὶ πρὸ ἐμοῦ **γεγώνασιν**	ἐν χω̅.	8 ἀσπάσασθε	**Ἀμπλίαν**	88 618 1175
οἳ καὶ πρὸ ἐμοῦ **γεγόνασιν**	ἐν χω̅ι.	8 ἀσπάσασθε	**Ἀμπλίαν**	517 1270 1734 1891
οἳ καὶ πρὸ ἐμοῦ ························	··ν χω̅.	8 ἀσπάσασθε	························	1245
οἳ καὶ πρὸ ἐμοῦ **γεγόνασιν**	ἐν χω̅.	8		1352
οἳ καὶ πρὸ ἐμοῦ γέγοναν	ἐν Χριστῷ.	8 ἀσπάσασθε	**Ἀμπλίαν**	**τ**
οἳ καὶ πρὸ ἐμοῦ **γεγόνασιν**	ἐν Χριστῷ.	8 ἀσπάσασθε	**Ἀμπλίαν**	Er[1]
οἳ καὶ πρὸ ἐμοῦ **γεγόνασιν**	ἐν χω̅.	8 ἀσπάσασθε	**Ἀμπλίαν**	L P Ψ 049 056 1 69 104 131 205 209 226 323 326 330 424* 440 460 489 547 614 796 910 927 945 999 1241 1242 1315 1448 1611 1738 1827 1836 1837 1854 1874 1982 2125 2147 2344 2412 2815

lac. 16.7-8 𝔓10 𝔓113 K 0172 1506 (illeg.) 2464

E 16.7 Ro 9.3; Co 4.10

Errata: 16 8 antf C Ἀμπλίαν : Αμπλ······· C
16 8 na 6 Ἀμπλιᾶτον : Ἀπλιᾶτον 6

ἀγαπητόν	ἐν κω.	**9** ἀσπάσασθε	Οὐρβανὸν		τὸν συνεργὸν	B*
τὸν ἀγαπητόν	ἐν κω.	**9** ἀσπάσασθε	Οὐρβανὸν		τὸν συνεργὸν	B^{c} 𝔓^{46}
τὸν ············ητόν	μου ἐν κω.	**9** ἀσπάσασθε	Οὐρβανὸν		τὸν συνεργὸν	C
τὸν ἀγαπητόν	μου ἐν κω.	**9** **ἀσπάσασθαι**	Οὐρβανὸν		τὸν συνεργὸν	D*
τὸν ἀγαπητόν	ἐν κω.	**9** **ἀσπάσθαι**	Οὐρβανὸν		τὸν συνεργὸν	F
τὸν ἀγαπητόν	μου ἐν κω.	**9** **ἀσπάσθαι**	Οὐρβανὸν		τὸν συνεργὸν	G
τὸν ἀγαπητόν	μου ἐν κυρίῳ.	**9** ἀσπάσασθε	Οὐρβανὸν		τὸν συνεργὸν	**uwτ** Er^{1}
		9	Οὐρβανὸν		τὸν συνεργόν	1735
τὸν ἀγαπητόν	μου ἐν κω.	**9**				1448*
omit		**9**				1352
τὸν ἀγαπητόν	μου ἐν **χω**	**9** ἀσπάσασθε	Οὐρβανὸν		τὸν συνεργὸν	796 [↓1891
τὸν **ἀγαπητήν**	μου ἐν κω.	**9** ἀσπάσασθε	Οὐρβανὸν		τὸν συνεργὸν	1 [↓1734 1739
τὸν ἀγαπητόν	μου ἐν κωι.	**9** ἀσπάσασθε	Οὐρβανὸν		τὸν συνεργὸν	424 517 1270
··ὸν ἀγαπητόν	μου ἐν ······	**9** ··········σασθε	Οὐρβανὸν		τὸν ······················	1245
τὸν ἀγαπητόν	μου ἐν κω.	**9** **καὶ**	Οὐρβανὸν		τὸν συνεργὸν	1827
τὸν ἀγαπητόν	μου ἐν κω.	**9** ἀσπάσασθε	Οὐρβανὸν		τὸν **συνεργῶν**	1874
τὸν ἀγαπητόν	μου ἐν κω.	**9** ἀσπάσασθε	Οὐρβανὸν	τὸν ἀγαπητόν	τὸν συνεργὸν	1881
τὸν ἀγαπητόν	μου ἐν κω.	**9** ἀσπάσασθε	Οὐρβανὸν		τὸν συνεργὸν	ℵ A D$^{1.2}$ L P Ψ

049 056 6 33 69 88 104 131 205 209 226 323 326 330 365 440 460 489 547 614 618 910 927 945 999 1175 1241 1242 1243 1315 1319 1424 1448^{c} 1505 1573 1611 1646 1738 1836 1837 1854 1982 2125 2147 2344 2400 2412 2495 2815

[↓1505 1611 1738 1827 1836 1854 1874 1881 1982 2125 2147 2344 2815
[↓205 209 226 440 460 489 547 796 927 945 1175 1241 1242 1424 1448^{c}

ἡμῶν	ἐν	χω	καὶ	Στάχυν τὸν ἀγαπητόν μου.	**10** ἀσπάσασθε	B ℵ L 049 1 104 131
ἡμῶν	ἐν	**χρω**	καὶ	Στάχυν τὸν ἀγαπητόν μου.	**10** ἀσπάσασθε	𝔓^{46} [↓1573 1837
ἡμῶν	ἐν	**κω**	καὶ	Στάχυν τὸν ἀγαπητόν μου.	**10** ἀσπάσασθε	C D$^{1.2}$ Ψ 69 326 365
ὑμῶν	ἐν	χω	καὶ	Στάχυν τὸν ἀγαπητόν μου.	**10** ἀσπάσασθε	P 6 88 2495
ἡμῶν	ἐν	χω	καὶ	Στάχυν τὸν ἀγαπητόν μου.	**10** ἀσπάσασθε καὶ	33
ἡμῶν	ἐν	χω	καὶ	Στάχυν τὸν ἀγαπητόν μου ἐν κω.	**10** ἀσπάσασθε	330 2400
ἡμῶν	ἐν	χωι	καὶ	Στάχυν τὸν ἀγαπητόν μου.	**10** ἀσπάσασθε	424 517 1270 1734
ἡμῶν	**εἰς**	**χν**	καὶ	Στάχυν τὸν ἀγαπητόν μου.	**10** ἀσπάσασθε	910 1891 [↑1739
ἡμῶν	**ἐ**	χω	καὶ	Στάχυν τὸν ἀγαπητόν μου.	**10** ἀσπάσασθε	1243
··μῶν	ἐν	χω	καὶ	Στα······· ······ ········πητόν μου.	**10** ἀσπά············	1245
ἡμῶν	ἐν	χω	καὶ	Στάχυν τὸν ἀγαπητόν μου.	**10**	1315
			καὶ	Στάχυν τὸν ἀγαπητόν μου.	**10** ἀσπάσασθε	1352 1448*
ἡμῶν	ἐν	Χριστῷ	καὶ	Στάχυν τὸν ἀγαπητόν μου.	**10** ἀσπάσασθε	**uwτ** Er^{1}
ἡμῶν	ἐν	χω			**10**	056 323
ἡμῶν	ἐν	χω.	**ἀσπάσασθε**	Στάχυν τὸν ἀγαπητόν μου.	**10**	614 999 2412
ἡμῶν	ἐν	**κω**	καὶ	Στάχυν ἀγαπητόν μου ἐν κω.	**10** **ἀσπάσθαι**	G*
ἡμῶν	ἐν	**κω**	καὶ	Στάχυν τὸν **ἀγαπιτόν** μου.	**10** **ἀσπάσθαι**	F
ἡμῶν	ἐν	**κω**	καὶ	Στάχυν τὸν ἀγαπητόν μου ἐν κω.	**10** **ἀσπάσθαι**	G^{c}
ἡμῶν	ἐν	**κω**	καὶ	Στάχυν τὸν ἀγαπητόν μου.	**10** **ἀσπάσθαι**	1646
ἡμῶν	ἐν	**κω**	καὶ	Στάχυν τὸν ἀγαπητόν μου.	**10** **ἀσπάσασθαι**	D* 1319
ἡμῶν	ἐν	χω	καὶ	Στάχυν τὸν ἀγαπητόν μου.	**10** **ἀσπάσασθαι**	A 618
μου	ἐν	χω	καὶ	Στάχυν τὸν ἀγαπητόν μου.	**10** **ἀσπάσασθαι**	1735

---

lac. 16.8-10 𝔓^{10} 𝔓^{113} K 0172 1506 (illeg.) 2464

[↓1242 1352 1448 1505 1611 1738 1827 1836 1837 1854 1874c 1982 2125 2344 2412 2495 2815
[↓104 131 205 209 226 326 365 424 440 460 489 547 614 618 796 927 945 999 1175 1241

Ἀπελλῆν τὸν δόκιμον ἐν χω. ἀσπάσασθε τοὺς ἐκ τῶν B ℵ A C D1.2 L P Ψ 049 1 6 33 69
Ἀπελλῆν τὸν δόκιμον ἐν **χρω.** ἀσπάσασθε τοὺς ἐκ τῶν 𝔓46
Ἀπελλῆν τὸν δόκιμον ἐν χω. **ἀσπάσασθαι** τοὺς ἐκ τῶν D* 1319 1646 1735
Ἀπελλῆν τὸν δόκιμον ἐν Χριστῷ. ἀσπάσασθε τοὺς ἐκ τῶν **uwτ** Er1
Ἀπελλῆν τὸν **δόκειμον** ἐν **χρω.** **ἀσπάσθαι** τοὺς ἐκ τῶν F
Ἀπελλῆν τὸν **δόκειμον** ἐν χω. **ἀσπάσθαι** τοὺς ἐκ τῶν G
Ἀπελλῆν τὸν δόκιμον ἐν χω. **ἀσπάσθε** τοὺς ἐκ τῶν 88
Ἀπελλῆν τὸν δόκιμον ἐν **χωι.** ἀσπάσασθε τοὺς ἐκ τῶν 517 1270 1734 1739
Ἀπελλῆν τὸν δόκιμον ἐν χω. ἀσπάσασθε **τοῖς** ἐκ τῶν 910
Ἀπελλῆν **τὸ** δόκιμον ἐν χω. ἀσπάσασθε τοὺς ἐκ τῶν 1573
Ἀπελλῆν δόκιμον ἐν χω. ἀσπάσασθε τοὺς ἐκ τῶν 1874*
Ἀπελλῆν τὸν δόκιμον ἐν χω. ἀσπάσασθε τοὺς ἐκ **τοῦ** 1881
Ἀπελῆν τὸν δόκιμον ἐν χω. ἀσπάσασθε τοὺς ἐκ τῶν 330 2400
Ἀπελῆν τὸν δόκιμον ἐν χω. **ἀσπάσθε** τοὺς ἐκ τῶν 1424
᾿Απελῆν τὸν δόκιμον ἐν χω. ἀσπάσασθε τοὺς ἐκ τῶν 2147
···**πελῆν** τὸν δόκιμον ····· ····· ·······πάσασθε τοὺς ἐκ τῶν 1245
ἀσπάσασθε **τὸν** ἐκ τῶν 056
ἀσπάσασθε τοὺς ἐκ τῶν 323 1315
Ἀπελλῆ τὸν δόκιμον ἐν χω. ἀσπάσασθε τοὺς ἐκ τῶν 1243
Ἀμπελλῆν τὸν δόκιμον ἐν χωι. ἀσπάσασθε **τοῖς** ἐκ τῶν 1891

Ἀριστοβόλου. **11** ἀσπάσασθε Ἡρῳδίωνα τὸν συγγενῆν μου. B*
Ἀριστοβόλου. **11** ἀσπάσασθε Ἡρῳδίωνα τὸν **συγγενή** μου. P
Ἀριστοβόλου. **11** **ἀσπάσασθαι** Ἡρῳδίωνα τὸν **συγγενή** μου. 1735
Ἀριστοβόλουν. **11** **ἀσπάσθαι** **Ἡρῳδείωνα** τὸν **συνγενῆ** μου. G*
Ἀριστοβόλου. **11** **ἀσπάσθαι** **Ἡρῳδείωνα** τὸν **συνγενῆ** μου. F Gc
Ἀριστοβούλου. **11** ἀσπάσασθε Ἡρῳδίωνα τὸν **συνγενῆν** μου. 𝔓46
Ἀριστοβούλου. **11** ἀσπάσασθε Ἡρῳδίωνα τὸν συγγενῆν μου. Bc A
Ἀριστοβούλου. **11** ἀσπάσασθε Ἡρῳδίωνα τὸν συγγενῆν μου. D1
Ἀριστοβούλου. **11** ἀσπάσασθε Ἡρῳδίωνα τὸν **συγγενεῖ** μου. 131
·························**λου.** **11** ἀσπάσασθε Ἡρω············ ·····ν **συγγενῆ** μου. 1245
Ἀριστοβούλου. **11** ἀσπάσασθε Ἡρῳδίωνα τὸν **συγκενῆ** μου. 1881
·································· **11** ἀσπάσασθε Ἡρῳδίωνα τὸν **συγγενῆ** μου. 2464
Ἀριστοβούλου. **11** 326 1837
Ἀριστοβούλου. **11** ἀσπάσασθε **Ἡρῳδίονα** τὸν **συγγενῆ** μου. 1 226 330 1315 2400
Ἀριστοβούλου. **11** ἀσπάσασθε **Ἡρῳδίωντα** τὸν **συγγενῆ** μου. 205
Ἀριστοβούλου. **11** ἀσπάσασθε **Ἱρῳδίωνα** τὸν **συγγενῆ** μου. 460
Ἀριστοβούλου. **11** ἀσπάσασθε **Ἡροδίονα** τὸν **συγγενῆ** μου. 1243
Ἀριστοβούλου. **11** **ἀσπάσασθαι** Ἡρῳδίωνα τὸν συγγενῆν μου. D*
Ἀριστοβούλου. **11** **ἀσπάσασθαι** Ἡρῳδίωνα τὸν **συγγενῆ** μου. 33 1646
Ἀριστοβούλου. **11** ἀσπάσασθε Ἡρῳδίωνα τὸν **συγγενῆ** μου. ℵ C D2 L Ψ 049 056 6 69 88 104 209 323 365 424 440 489 517 547 614 618 796 910 927 945 999 1175 1241 1242 1270 1319 1352 1424 1448 1505 1573 1611 1734 1738 1739 1827 1836 1854 1874 1891 1982 2125 2147 2344 2412 2495 2815 **uwτ** Er1

---

lac. 16.10-11 𝔓10 𝔓113 K 0172 1506 (illeg.) **16.10** 2464

E 16.11 Ro 9.3

[↓547 614 796 910 927 945 1241 1242 1352 1424 1505 1573 1611 1837 1854 1874 1881 1982 2125 2344 2412 2495 2815

ἀσπάσασθε	τοὺς	ἐκ τῶν	Ναρκίσσου	τοὺς ὄντας	ἐν κω.	B ℵ A C D$^{1.2}$ L P Ψ 056 1 6 33 69 104 131
ἀσπάσασθε	τοὺς	···· τῶν	Ναρκίσσου	τοὺς ὄντας	ἐν κω.	$\mathfrak{P}^{46}$ [↑205 209 226 323 326 330 365 489
ἀσπάσασθε	τοὺς	ἐκ **τῶ**	Ναρκίσσου	τοὺς ὄντας	ἐν κω.	049 1738
ἀσπάσασθε	**τῶν**	ἐκ τῶν	Ναρκίσσου	τοὺς ὄντας	ἐν κω.	88
ἀσπάσασθε	τοὺς	ἐκ τῶν	Ναρκίσσου	τοὺς ὄντας	ἐν κωι.	424 517 1734 1739 1891
ἀσπάσασθε	τοὺς	ἐκ **τῶ**	Ναρκίσσου	τοὺς **ὤν τας**	ἐν κω.	618
ἀσπα···········	·······ς	ἐκ τῶν	Ναρκίσσου	τοὺς ὄντας	ἐν κω.	1245
ἀσπάσασθε	τοὺς	ἐκ **τοῦ**	Ναρκίσσου	τοὺς ὄντας	ἐν κω.	1448
ἀσπάσασθε	τοὺς	ἐκ τῶν	Ναρκίσσου	τοὺς ὄντας	ἐν **χω**.	2147
ἀσπάσασθε	τοὺς	ἐκ τῶν	Ναρκίσσου	τοὺς ὄντας	ἐν κυρίῳ.	**uwτ** Er^{1}
ἀσπάσασθαι	τοὺς	ἐκ τῶν	Ναρκίσσου	τοὺς ὄντας	ἐν κω.	D* 1319^{c} 1735 1836
ἀσπάσασθαι	**τῶν**	ἐκ τῶν	Ναρκίσσου	τοὺς ὄντας	ἐν κω.	1319*
ἀσπάσασθαι	τοὺς	ἐκ τῶν	**Ναρκίσου**	τοὺς ὄντας	ἐν κω.	1646
ἀσπάσθαι	τοὺς	ἐκ τῶν	**Ναρκείσσου**	τοὺς ὄντας	ἐν κω.	F G
ἀσπάσασθε	**τοῦ**	ἐκ τῶν	**Ναρκίσου**	τοὺς ὄντας	ἐν κω.	1175
ἀσπάσασθε	**τοῦ**	ἐκ τῶν	**Ναρκήσσου**	τοὺς ὄντας	ἐν κω.	1243
ἀσπάσασθε	τοὺς	ἐκ τῶν	**Νααρκίσσου**	τοὺς ὄντας	ἐν κωι.	1270
ἀσπάσασθε	τοὺς	ἐκ τῶν	**Ναρκίσου**	τοὺς ὄντας	ἐν κω.	1827 1315 2400 2464
ἀσπάσασθε	τοὺς	ἐκ τῶν	**᾿Αρκίσσου**	τοὺς ὄντας	ἐν κω.	440 460 999

[↓1424 1448 1573 1611 1734 1739 1827 1836 1854 1874* 1881 1891 1982 2125 2147 2344 2400 2412 2815 **uwτ** Er^{1}
[↓209 226 323 330 365 424 440 460 489 517 547 614 618 796 910 927 945 999 1175 1241 1242 1245 1270 1315 1352

12 ἀσπάσασθε	Τρύφαιναν	καὶ Τρυφῶσαν	τὰς κοπιώσας	ἐν	B C^{c} D$^{1.2}$ L Ψ 049 1 6 69 88 131 205
12 ······πάσασθε	Τρύφαιναν	καὶ Τρυφῶσαν	······· ··· **οπιούσας**	ἐν	$\mathfrak{P}^{46}$
12 **ἀσπάσασθαι**	**Τρύφεναν**	καὶ Τρυφῶσαν	τὰς κοπιώσας	ἐν	ℵ
12 ἀσπάσασθε	**Τρύφεναν**	καὶ Τρυφῶσαν	τὰς κοπιώσας	ἐν	A P 326 1243 1837 2464
12 **ἀσπάσθαι**	**Τρύφεναν**	καὶ Τρυφῶσαν	τὰς **κοπειώσας**	ἐν	F G
12 ἀσπάσασθε	**Τύφαιναν**	καὶ Τρυφῶσαν	τὰς κοπιώσας	ἐν	C*
12 ἀσπάσασθε	**Τρύφηναν**	καὶ Τρυφῶσαν	τὰς κοπιώσας	ἐν	1874^{c}
12 ἀσπάσασθε	Τρύφαιναν	καὶ Τρυφῶσαν	τὰς **κοπιούσας**	ἐν	1738
12 ἀσπάσασθε	Τρύφαιναν	καὶ Τρυφῶσαν	τὰς **κοπιάσας**	ἐν	104 1319
12 ἀσπάσασθε	Τρύφαιναν	καὶ Τρυφῶσαν	τὰς **κοπιασάσας**	ἐν	1505 2495
12 **ἀσπάσασθαι**	Τρύφαιναν	καὶ Τρυφῶσαν	τὰς κοπιώσας	ἐν	D* 056 33 1735
12 **ἀσπάσασθαι**	Τρύφαιναν	καὶ **Τρυφόσαν**			1646

[↓1319 1352 1424 1505 1573 1611 1738 1827 1836 1837 1854 1874 1881 2125 2147 2344 2400 2412 2495 2815
[↓104 131 205 209 226 323 326 330 365 440 460 489 547 614 618 910 927 945 999 1175 1241 1242 1243 1245 1315

κω.	ἀσπάσασθε	Περσίδα τὴν ἀγαπητήν,	ἥτις	πολλὰ ἐκοπίασεν	B D$^{1.2}$ L P Ψ 049 056 1 6 33 88
κω.	ἀσπάσασθε	Περσί····· ······· ἀγαπητήν,	ἥτις	πολλὰ ἐκοπί··········	$\mathfrak{P}^{46}$
κω.	**ἀσπάσασθαι**	Περσίδα τὴν ἀγαπητήν,	ἥτις	πολλὰ ἐκοπίασεν	ℵ D* 1735
··ω.	ἀσπάσασθε	Περσίδα τὴν ἀγαπητήν,	ἥτις	πολλὰ ἐκοπίασεν	C
κω.					A F G 796
κω.	ἀσπάσασθε	Περσίδα τὴν ἀγαπητήν,	**ἢ**	πολλὰ ἐκοπίασεν	69
κωι.	ἀσπάσασθε	Περσίδα τὴν ἀγαπητήν,	ἥτις	πολλὰ ἐκοπίασεν	424 517 1270 1734 1739 1891 1982
	ἀσπάσασθαι	Περσίδα τὴν ἀγαπητήν,	**ἥτης**	πολλὰ ἐκοπίασεν	1646
κω.	**ἀσπάσθε**	Περσίδα τὴν ἀγαπητήν,	ἥτις	πολλὰ ἐκοπίασεν	1448
κω.	ἀσπάσασθε	Περσίδα τὴν ἀγαπητήν,	**ἥτης**	**πολὰ** ἐκοπίασεν	2464
κυρίῳ.	ἀσπάσασθε	Περσίδα τὴν ἀγαπητήν,	ἥτις	πολλὰ ἐκοπίασεν	**uwτ**
κυρίῳ.	ἀσπάσασθε	Περσίδα τὴν ἀγαπητήν,	ἥτις	πολλὰ **ἐκωπίασεν**	Er^{1}

lac. 16.11-12 $\mathfrak{P}^{10}$ $\mathfrak{P}^{113}$ K 0172 1506 (illeg.) **16.10** 2464

E 16.11 Ro 9.3

[↓1319 1352 1448 1505 1573 1611 1738 1827 1836 1837 1854 1874 1982 2125 2147 2344 2400 2412 2464 2495 2815
[↓104 131 205 209 226 323 326 330 365 440 460 489 547 614 618 910 927 945 999 1175 1241 1242 1243 1245 1315
ἐν κω. 13 ἀσπάσασθε Ῥοῦφον τὸν ἐκλεκτὸν ἐν κω καὶ B ℵ C D$^{1.2}$ L P Ψ 049 056 1 6 33 69
88 ···· ··ω. 13 ἀσπάσασθε Ῥοῦφον τὸν ἐγ··············· ····· ···ω καὶ 𝔓^{46}
ἐν κυρίῳ. 13 ἀσπάσασθε Ῥοῦφον τὸν ἐκλεκτὸν ἐν κυρίῳ καὶ **uwτ** Er^{1}
ἐν κω. 13 **ἀσπάσασθαι** Ῥοῦφον τὸν ἐκλεκτὸν ἐν κω καὶ D* 1646 1735
13 ἀσπάσασθε Ῥοῦφον τὸν ἐκλεκτὸν ἐν κω καὶ A 796
13 **ἀσπάσθαι** Ῥοῦφον τὸν ἐκλεκτὸν ἐν κω καὶ F G
ἐν κωι. 13 ἀσπάσασθε Ῥοῦφον τὸν ἐκλεκτὸν ἐν κωι καὶ 424 517 1270* 1739 1891
ἐν κωι. 13 ἀσπάσασθε Ῥοῦφον τὸν **ἐκλετὸν** ἐν κωι καὶ 1270^{c}
ἐν κυρίῳ. 13 ἀσπάσασθε Ῥοῦφον τὸν ἐκλεκτὸν ἐν κω καὶ 1424
ἐν κωι. 13 ἀσπάσασθε Ῥοῦφον τὸν ἐκλεκτὸν ἐν κω καὶ 1734
ἐν κω. 13 ἀσπάσασθε Ῥοῦφον τὸν **ἀγαπητὸν** ἐν κω καὶ 1881

τὴν μητέρα αὐτοῦ καὶ ἐμοῦ. 14 ἀσπάσασθε Ἀσύγκριτον, B **uτ** Er^{1}
τὴν μητέρα ············· ········ ·········· 14 ································ ································ 𝔓^{46}
τὴν μητέρα αὐτοῦ καὶ ἐμοῦ. 14 ἀσπάσασθε **Ἀσύνκριτον**, ℵ D$^{1.2}$ **w**
τὴν μρα αὐτοῦ καὶ ἐμοῦ. 14 **ἀσπάσασθαι** **Ἀσύνκριτον**, D*
τὴν μητέρα αὐτοῦ καὶ ἐμοῦ. 14 **ἀσπάσθαι** **Ἀσύνκριτον**, F G
τὴν μρα αὐτοῦ τε καὶ ἐμοῦ. 14 ἀσπάσασθε Ἀσύγκριτον, 365 1319 1573
τὴν μρα αὐτοῦ καὶ ἐμοῦ. 14 ἀσπάσασθε Ἀσύγκριτον, καὶ 1505 2495
τὴν μρα αὐ······ ········ ἐμοῦ. 14 ἀσπάσασθε Ἀσύγκριτον, 1611
τὴν **μητέραν** αὐτοῦ καὶ ἐμοῦ. 14 **ἀσπάσασθαι** Ἀσύγκριτον, 1646
τὴν μρα αὐτοῦ καὶ ἐμοῦ. 14 **ἀσπάσασθαι** Ἀσύγκριτον, 1735
μρα αὐτοῦ καὶ ἐμοῦ. 14 ἀσπάσασθε Ἀσύγκριτον, 2815 [↓104 131 205 209 226 323
τὴν μρα αὐτοῦ καὶ ἐμοῦ. 14 ἀσπάσασθε Ἀσύγκριτον, A C L P Ψ 049 056 1 6 33 69 88
326 330 424 440 460 489 517 547 614 618 796 910 927 945 999 1175 1241 1242 1243 1245 1270 1315 1352
1424 1448 1734 1738 1739 1827 1836 1837 1854 1874 1881 1891 1982 2125 2147 2344 2400 2412 2464

Φλέγοντα, Ἑρμῆν, Πατροβᾶν, Ἑρμᾶν καὶ τοὺς σὺν αὐτοῖς B ℵ A C D* F G P 69 104
Φλέγοντα, Ἑρμῆν, **Ἑρμᾶν** **Πατροβᾶν**, καὶ τοὺς σὺν αὐτοῖς 𝔓^{46} [↑326 1243 1735
Φλέγοντα, Ἑρμῆν, Πατροβᾶν, Ἑρμᾶν καὶ τοὺς σὺν **αὐτοὺς** 1739 [↑1837 1881 **uw**
Φλέγοντα, Ἑρμῆν, Πατροβᾶν, καὶ Ἑρμᾶν καὶ τοὺς σὺν αὐτοῖς 2344
Φλέγοντα, Ἑρμᾶν καὶ πάντας τοὺς σὺν **αὐτῷ** 1827
Φλέγοντα, **Ἑρμᾶν**, Πατροβᾶν, **Ἑρμῆν** καὶ τοὺς σὺν αὐτοῖς D^{2}
Φλέγοντα, καὶ **Ἑρμᾶν**, Πατροβᾶν, **Ἑρμῆν** καὶ τοὺς σὺν **αὐτῷ** 460
Φλέγοντα, καὶ **Ἑρμᾶν**, Πατροβᾶν, **Ἑρμῆν** καὶ τοὺς σὺν αὐτοῖς 618 1738
Φλέγοντα, **Ἑρμᾶν**, **Προβᾶν**, **Ἑρμῆν** καὶ τοὺς σὺν αὐτοῖς 945
Φλέγοντα, καὶ **Ἑρμᾶν**, Πατροβᾶν, καὶ **Ἑρμῆν** καὶ τοὺς σὺν αὐτοῖς 1242
Φλέγοντα, **Ἑρμᾶν**, Πατροβᾶν, **Ἑρμῆν** καὶ τοὺς σὺν 1270
·····················τα, **Ἑρμᾶν**, Πατροβᾶν, **Ἑρμῆν** καὶ τοὺς σὺν αὐτοῖς 1611
Φλέγον, **Ἑρ**··········, Πατροβᾶν, **Ἑρμῆν** καὶ τοὺς σὺν αὐτοῖς 1646*
Φλέγον, **Ἑρμᾶν**, Πατροβᾶν, **Ἑρμῆν** καὶ τοὺς σὺν αὐτοῖς 1646^{c}
Φλέγοντα, **Ἑρμᾶν**, Πατροβᾶν, **Ἑρμῆν** καὶ τοὺς σὺν **αὐτῷ** 1836
Φλέγοντα, **Ἑρμᾶν**, Πατροβᾶν, **Ἑρμῆν** καὶ τοὺς σὺν αὐτοῖς L Ψ 049 056 1 6 33 88 131
205 209 226 323 330 365 424 440 489 517 547 614 796 910 927 999 1175 1241 1245 1315 1319 1352
1424 1448 1505 1573 1734 1854 1874 1891 1982 2125 2147 2400 2412 2464 2495 2815 **τ** Er^{1}

[↓1424 1448 1505 1573 1611 1734 1739 1827 1836 1837^{c} 1854 1874 1881 1891 1982 2125 2147 2400 2412 2495^{c} **uwτ**
[↓104 131 205 209 226 323 326 365 424 440 489 517 547 614 796 927 945 999 1175 1241 1242 1270 1315 1319 1352
ἀδελφούς. 15 ἀσπάσασθε Φιλόλογον καὶ Ἰουλίαν, Νηρέα B ℵ C^{c} D$^{1.2}$ L Ψ 049 056 1 6 33 69 88
ἀδελφούς. 15 ἀσπάσασθε Φιλόλογον καὶ **Βηρέα καὶ Ἀουλίαν**, 𝔓^{46}
ἀδελφούς. 15 ἀσπάσασθε Φιλόλογον καὶ **Ιουνιαν**, Νηρέα C*
ἀδελφούς. 15 **ἀσπάσασθαι** Φιλόλογον καὶ Ἰουλίαν, Νηρέα D* 910 1646 1735
ἀδελφούς. 15 ἀσπάσασθε **Φίλογον** καὶ Ἰουλίαν, Νηρέα 2495*
ἀδελφούς. 15 ἀσπάσασθε Φιλόλογον καὶ Ἰουλίαν, **Νηρέαν** A
ἀδελφούς. 15 **ἀσπάσθαι** Φιλόλογον καὶ **Ιουνιαν**, **Νηρέαν** F G
ἀδελφούς. 15 ἀσπάσασθε Φιλόλογον καὶ Ἰουλίαν, **Νηρέαν** 330 1245 1837* 2344
ἀδελφοῖς. 15 ἀσπάσασθε Φιλόλογον καὶ Ἰουλίαν, **Νιρέα** P
ἀδελφούς. 15 ἀσπάσασθε Φιλόλογον καὶ Ἰουλίαν, **Νιρέα** 460 618 1738 2464 2815 Er^{1}
ἀδελφούς. 15 ἀσπάσασθε Φιλόλογον καὶ Ἰουλίαν, **Νηραία** 1243

lac. 16.12-15 𝔓^{10} 𝔓^{113} K 0172 1506 (illeg.) **16.10** 2464

E 16.13 Mk 15.21 **Errata: 16.15 na ubs** A F G Νηρέα : Νηρέαν A F G

[↓88 131 226 326 330 424 440 460 489 517 547 614 618 910 927 999 1175 1241 1242 1243 1245 1270 1315 1352 1424
[↓1505 1611 1646 1734 1735 1738 1739 1836 1837 1854 1874 1881 1891 1982 2125 2344 2400 2412 2464 2815 **uwτ** Er[1]
καὶ τὴν ἀδελφὴν αὐτοῦ, καὶ Ὀλυμπᾶν καὶ τοὺς σὺν αὐτοῖς B 𝔓[46] א A C D[1.2] L* Ψ 049 056 1 6 33 69
καὶ τὴν ἀδελφὴν αὐτοῦ, Ὀλυμπᾶν καὶ τοὺς σὺν αὐτοῖς P 104 205 209 323 365 796 945 1319 1448
καὶ τὴν **ἀδελφὲν** αὐτοῦ, καὶ **Ὀλιμπεῖδα** καὶ τοὺς σὺν αὐτοῖς F* [↑1573 2147
καὶ τὴν ἀδελφὴν αὐτοῦ, καὶ **Ὀλιμπεῖδα** καὶ τοὺς σὺν αὐτοῖς F[c]
καὶ τὴν ἀδελφὴν αὐτοῦ, καὶ **Ὀλυμπεῖδα** καὶ τοὺς σὺν αὐτοῖς G
καὶ τὴν ἀδελφὴν αὐτοῦ, καὶ Ὀλυμπᾶν καὶ τοὺς σὺν **αὐτοὺς** L[c]
καὶ τὴν ἀδελφὴν αὐτοῦ, καὶ Ὀλυμπᾶν καὶ τοὺς σὺν **αὐτῷ** 1827
καὶ **τὸν ἀδελφὸν** αὐτοῦ, καὶ Ὀλυμπᾶν καὶ τοὺς σὺν αὐτοῖς 2495
καὶ τὴν ἀδελφὴν **αὐτό**, καὶ Ὀλυμπᾶν καὶ τοῦς καὶ τοὺς σὺν αὐτοῖς D*

[↓1319 1352 1424 1448 1573 1611 1738 1827 1836 1837 1854 1874 1881 2125 2147 2400 2412 2815 **uwτ** Er[1]
[↓88 104 131 205 209 226 323 326 330 365 440 460 489 547 614 796 910 927 999 1175 1241 1242 1243 1245 1315
πάντας ἁγίους. **16** Ἀσπάσασθε ἀλλήλους ἐν φιλήματι ἁγίῳ. B א A C D[2] L P Ψ 049 056 1 6 33 69
ἁγίους. **16** Ἀσπάσασθε ἀλλήλους ἐν φιλήματι ἁγίῳ. 𝔓[46] 1505 2495
πάντας ἁγίους. **16** **Ἀσπάσασθαι** ἀλλήλους ἐν φιλήματι ἁγίῳ. D* 1646 1735
πάντας **ἁγείους**. **16** **Ἀσπάσπασθαι** ἀλλήλους ἐν **φειλήματι** ἁγίῳ. G*
πάντας **ἁγείους**. **16** **Ἄσπασθαι** ἀλλήλους ἐν **φειλήματι** ἁγίῳ. F G[c]
πάντας ἁγίους. **16** Ἀσπάσασθε ἀλλήλους ἐν φιλήματι ἁγίωι. 424 517 945 1270 1734 1739 1891
πάντας. **16** Ἀσπάσασθε ἀλλήλους ἐν φιλήματι ἁγίῳ. 2344 [↑1982
πάντας ἁγίους. **16** **Ἀσπάσασθαι** **ἀλήλους** ἐν φιλήματι ἁγίῳ. 618
πάντας ἁγίους. **16** Ἀσπάσασθε **ἀλήλους** ἐν φιλήματι ἁγίῳ. 2464

Ἀσπάζονται ὑμᾶς αἱ ἐκκλησίαι πᾶσαι τοῦ χυ. B א A[c] C L P Ψ 6 69 104 326 365 1270 1319 1505
Ἀσπάζονται ὑμᾶς αἱ ἐκκλησίαι πᾶσαι τοῦ **χρυ**. 𝔓[46] [↑1573 1735 1739 1837 1881 2400 2495
Ἀσπάζονται ὑμᾶς αἱ ἐκκλησίαι **ἅπασαι** τοῦ χυ. 330
Ἀσπάζονται ὑμᾶς αἱ ἐκκλησίαι πᾶσαι τοῦ Χριστοῦ. **u w**
Ἀσπάζονται ὑμᾶς αἱ ἐκκλησίαι τοῦ **θυ**. 205 209 489 927 1245 2344
Ἀσπάζονται ὑμᾶς **αἰκκλησίαι** τοῦ **θυ**. 1646
Ἀσπάζοντε ὑμᾶς αἱ ἐκκλησίαι τοῦ **θυ**. 1874
Ἀσπάζονται ὑμᾶς αἱ ἐκκλησίαι **τοῦ χυ πᾶσαι**. 424[c]
Ἀσπάσασθε ὑμᾶς αἱ ἐκκλησίαι πᾶσαι τοῦ χυ. 1243
Ἀσπάονται ὑμᾶς αἱ ἐκκλησίαι πᾶσαι τοῦ χυ. A*
omit D* F G
.... τοῦ χυ. 1611
Ἀσπάζοντε ὑμᾶς αἱ ἐκκλησίαι τοῦ χυ. 618 1175
Ἀσπάζωνται ὑμᾶς αἱ ἐκκλησίαι τοῦ χυ. 2464
Ἀσπάζονται ὑμᾶς αἱ ἐκκλησίαι τοῦ Χριστοῦ. **τ** Er[1]
Ἀσπάζονται ὑμᾶς αἱ ἐκκλησίαι τοῦ χυ. 049 056 1 33 88 131 226 323 424* 440 460 517 547 614 796 910 945 999 1241 1242 1315 1352 1424 1448 1734 1738 1827 1836 1854 1891 1982 2125 2147 2412 2815

lac. 16.15-16 𝔓[10] 𝔓[113] K 0172 1506 (illeg.)

C 16.16 (post αγιω) τελ 326 1837 | τελ ς 1 489 1739 2464 | τε του ι Σα 614 2412 | τελ 226 330 796 927 945 1175 1448 2147 | τελ ς 440 | τελ της ς 517 1242 1315 1573 1827 | τελ παρ α 547

E 16.16 1 Co 16.20; 2 Co 13.12; 1 Th 5.26 1 Pe 5.14

Errata: 16.15 na ubs F G Ὀλυμπῖδα : Ὀλιμπεῖδα F; Ὀλυμπεῖδα G

16.16 na D* ⸋ἀσπάζονται ὑμᾶς αἱ ἐκκλησίαι πᾶσαι τοῦ Χριστοῦ : txt diacritical mark indicating phrase is added, but the phrase is not found in margin.

16.16 antf 489 927 ἀσπάζονται ὑμᾶς αἱ ἐκκλησίαι τοῦ Χριστοῦ : 1—5 θεοῦ 489 927

16.16 antf 1646 ἀσπάζονται ὑμᾶς αἱ κλησίαι τοῦ θεοῦ : ἀσπάζονται ὑμᾶς αἰκλησίαι τοῦ θεοῦ 1646 (the breathing mark over the αἰ is smooth, not rough, indicating that αἰ is an itacism for ἐ. See 9.4 and 16.4 for other examples).

16.16 antf 1611 ἀσπάζονται ὑμᾶς αἱ ἐκκλησίαι πᾶσαι τοῦ Χριστοῦ : .... τοῦ χυ 1611

16.16 antf 1891 ἀσπάζονται ὑμᾶς αἱ ἐκκλησίαι πᾶσαι τοῦ Χριστοῦ : ἀσπάζονται ὑμᾶς αἱ ἐκκλησίαι τοῦ χυ 1891

16 16 antf A ἀσπάζονται : ἀσπάονται A*; ἀσπάζονται A[c]

16 16 antf 618 ἀσπάζονται : ἀσπάζοντε 618 (-τε ending reported for 1175 1874 1918 2310, but not for 618)

Concluding Instructions and Greetings

[↓1738 1739 1827 1836 1837 1854 1874 1891 1982 2125 2147 2344 2400 2412 2464 2495 2815 **uwτ** Er[1]
[↓927 945 999 1175 1241 1242 1243 1245 1270 1315 1319 1352 1424 1448 1505 1573 1646 1734 1735
[↓049 056 1 6 33 69 88 104 131 205 209 226 323 326 330 365 424 440 460 489 517 547 614 796 910

17 Παρακαλῶ δὲ ὑμᾶς, ἀδελφοί, σκοπεῖν τοὺς τὰς διχοστασίας B 𝔓46 ℵ A C L P Ψ
17 Παρακαλῶ δὲ ὑμᾶς, ἀδελφοί, σκοπεῖν τοὺς τὰς **διχωστασίας** 618
17 Παρακαλῶ δὲ ὑμᾶς, ἀδελφοί, σκοπεῖν τὰς διχοστασίας 1881
17 Παρακαλῶ δὲ .... τοὺς τὰς διχοστασίας 1611
17 Παρακαλῶ δὲ ὑμᾶς, ἀδελφοί, ἀσφαλῶς **σκοπεῖτε** τοὺς τὰς διχοστασίας D[1.2]
17 Παρακαλῶ δὲ ὑμᾶς, ἀδελφοί, ἀσφαλῶς **σκοπεῖται** τοὺς τὰς **δειχοστασίας** F G
17 ʼ**Ερωτῶ** δὲ ὑμᾶς, ἀδελφοί, ἀσφαλῶς **σκοπεῖτε** τοὺς τὰς διχοστασίας D*

[↓1734 1735 1738 1827 1836 1837 1854 1874 1891 2125 2147 2400 2412 2495 2815 **uwτ** Er[1]
[↓614 796 910 927 999 1175 1241 1242 1243 1245 1270 1315 1319 1352 1448 1505 1573 1611
[↓Ψ 049 056 1 6 33 69 88 104 131 205 209 226 323 326 330 365 424 440 460 489 517 547

καὶ τὰ σκάνδαλα παρὰ τὴν διδαχὴν ἣν ὑμεῖς ἐμάθετε ποιοῦντας, B ℵ A C L
καὶ τὰ σκάνδαλα παρὰ τὴν διδαχὴν ἣν ὑμεῖς **ἐμάθεται** ποιοῦντας, P 618 1646
καὶ τὰ σκάνδαλα παρὰ τὴν διδαχὴν ἣν ἐμάθετε ποιοῦντας, 945 1424
καὶ σκάνδαλα παρὰ τὴν διδαχην ἣν ὑμεῖς ἐμάθετε ποιοῦντας, 1739 1881
καὶ τὰ σκάνδαλα παρὰ τὴν **διδαχὴνχὴν** ἣν ὑμεῖς ἐμάθετε ποιοῦντας, 1982
καὶ τὰ σκάνδαλα **περὶ** τὴν διδαχὴν ἣν ὑμεῖς ἐμάθετε ποιοῦντας, 2344
καὶ τὰ σκάνδαλα παρὰ τὴν **διδαχεὶν** ἣν ὑμεῖς **ἐμάθεται** ποιοῦντας, 2464
καὶ σκάνδαλα παρὰ τὴν διδαχὴν ποιοῦντας ἣν ὑμεῖς ἐμάθετε, **ἢ** **λέγοντας ἢ** ποιοῦντας, 𝔓46
καὶ τὰ σκάνδαλα **περὶ** τὴν διδαχὴν ἣν **ὑμῖς** ἐμάθετε, **λέγοντας ἢ** ποιοῦντας, D*
καὶ τὰ σκάνδαλα παρὰ τὴν διδαχὴν ἣν ὑμεῖς ἐμάθετε, **λέγοντας ἢ** ποιοῦντας, D[1.2]
καὶ τὰ σκάνδαλα παρὰ τὴν διδαχὴν ἣν ὑμεῖς **ἐμάθεται**, **λέγοντας ἢ** ποιοῦντας, F G

---

lac. 16.17 𝔓10 𝔓113 K 0172 1506 (illeg.)

C 16.17 αρχ τη β της ς εβδ αδ,ε παρακαλω υμας σκοπειν 1 | αρχ τη β της ς εβδ. αδ,ε παρακαλω υμας σκοπειν τους τας 226 | αρχ τη δ 330 | αρχ της β εβδ ς 440 | αρχ τη α της ς εβδ αδ,ε παρακαλω 489 | τη β της ς αδ,ε παρκαλω υμας 517 | αρχ της ς εβδ τη β προς ρωμαιους αδελφοι παρακαλω υμας 614 | ζητ ο πειθ Σα ι· αδελφοι παρακαλω υμας 614 | αρχ τη β της ς εβδ αδ,ε παρακαλω υμας σκοπειν 796 | αρχ τη β της ς εβδ αδ,ε παρακαλω υμας σκοπειν 927 | αρχ τη β της ς εβδ: προς ρωμ: αδ,ε παρακαλω υμας σκοπειν 945 | αρχ τη ζ εβδμ ς 1242 | αρχ τη β της ς εβδμαδ κ,ε ρκζ 1315 | αρχ παρακααλω υμας αδ,ε σκοπειν τους τας διχαστασιας 1448 | αρχ τη β της ς εαβ αδ,ε παρακαλω υμας σκοπειν 1573 | κ,ε με αρχ η ς της ς εβδ ο αποστο πρ ρωμ αδελφοι παρακαλουμας σκοπειν τους τας διχοστασιας 1739 | κ,ε ρκ αδ,ε 1827 | αρχ τη η της ς εβδ αδ,ε παρακαλω υμας σκοτειν 2147 | αρχ τη β της ς εβδ πρ ρωμ αδελφοι παρακαλω υμας 2412 | αρχ 2464

D 16.17 με 1 226 517 547 | μ 927

E 16.17 Ga 5.20; 2 Th 3.6, 14; 2 Ti 3.5; Mt 7.15; 18.17; Tit 3.10; Phl 3.18-19

καὶ ἐκκλείνετε	ἀπ' αὐτῶν· **18** οἱ γὰρ τοιοῦτοι τῷ	κω	ἡμῶν	B
καὶ **ἐκκλίνετε**	ἀπ' αὐτῶν· **18** οἱ γὰρ τοιοῦτοι τῷ	κω	ἡμῶν	ℵ* C Ψ 6 69 1505
καὶ **ἐκκλίνετε**	ἀπ' αὐτῶν· **18** οἱ γὰρ τοιοῦτοι τῶι	κωι	ἡμῶν ιυ	424c 1270
καὶ **ἐκκλίνετε**	ἀπ' αὐτῶν· **18** οἱ γὰρ τοιοῦτοι τῶ	κω	ἡμῶν ιυ	2495
καὶ **ἐκκλίνετε**	ἀπ' αὐτῶν· **18** οἱ γὰρ τοιοῦτοι τῷ	κυρίῳ	ἡμῶν	**u w**
καὶ **ἐκκλίνετε**	ἀπ' αὐτῶν· **18** οἱ γὰρ τοιοῦτοι τῶι	**χωι**	ἡμῶν	1739
καὶ **ἐκκλίνετε**	ἀπ' αὐτῶν· **18** οἱ γὰρ τοιοῦτοι τῶ	**χω**	ἡμῶν	1881
καὶ **ἐκκλήνεται**	ἀπ' αὐτῶν· **18** οἱ γὰρ τοιοῦτοι τῷ	κω	ἡμῶν	2464
ἐκκλείνατε	ἀπ' αὐτῶν· **18** οἱ γὰρ τοιοῦτοι τῷ	κω	ἡμῶν	𝔓46
ἐκκλίνατε	ἀπ' αὐτῶν· **18** οἱ γὰρ τοιοῦτοι τῷ	κω	ἡμῶν	1175 1827 1836 1874
καὶ **ἐκκλείνατε**	ἀπ' αὐτῶν· **18** οἱ γὰρ τοιοῦτοι τῷ	κω	ἡμῶν	A
καὶ **ἐκκλίνατε**	ἀπ' αὐτῶν· **18** οἱ γὰρ τοιοῦτοι τῷ	κω	ἡμῶν	ℵc P 049 365 517 1243 1319
καὶ **ἐκκλήνατε**	ἀπ' αὐτῶν· **18** οἱ γὰρ τοιοῦτοι τῷ	κω	ἡμῶν	460 [↑1573 1611
καὶ **ἐκκλήναται**	ἀπ' αὐτῶν· **18** οἱ γὰρ τοιοῦτοι τῷ	κω	ἡμῶν	1646 1735
καὶ **ἐκκλίνατε**	ἀπ' αὐτῶν· **18** οἱ γὰρ τοιοῦτοι τῷ	κω	**χω**	D
καὶ **ἐκκλίναται**	ἀπ' αὐτῶν· **18** **οὐ** γὰρ **τοιοῦται**	κω	**χρω**	F
καὶ **ἐκκλίναται**	ἀπ' αὐτῶν· **18** οἱ γὰρ τοιοῦτοι	κω	**χρω**	G
καὶ **ἐκλίνατε**	ἀπ' αὐτῶν· **18** οἱ γὰρ τοιοῦτοι τῷ	κω	ἡμῶν ιυ	330
καὶ **ἐκκλίνατε** ὑμεῖς	ἀπ' αὐτῶν· **18** οἱ γὰρ τοιοῦτοι τῷ	κω	ἡμῶν ιυ	945
καὶ **ἐκκλίνατε**	ἀπ' αὐτῶν· **18** οἱ γὰρ τοιοῦτοι τῶι	κωι	ἡμῶν ιυ	424* 1734 1891
καὶ **ἐκκλίνατε**	ἀπ' αὐτῶν· **18** οἱ γὰρ τοιοῦτοι τῷ	κω	ιυ	131 1738 1982 2125
καὶ **ἐκκλήνατε**	ἀπ' αὐτῶν· **18** οἱ γὰρ τοιοῦτοι τῷ	κω	ιυ	618
καὶ **ἐκκλίνατε**	ἀπ' αὐτῶν· **18** οἱ γὰρ τοιοῦτοι τῷ	κυρίῳ	'Ιησοῦ	Er1
καὶ **ἐκκλίνατε**	ἀπ' αὐτῶν· **18** οἱ γὰρ τοιοῦτοι τῷ	κυρίῳ	ἡμῶν 'Ιησοῦ	**τ**
καὶ **ἐκκλίνατε**	ἀπ' αὐτῶν· **18** οἱ γὰρ τοιοῦτοι τῷ	κω	ἡμῶν ιυ	L 056 1 33 88 104 205 209

226 323 326 440 489 547 614 796 910 927 999 1241 1242 1245 1315 1352 1424 1448 1837 1854 2147 2344 2400 2412 2815

[↓1242 1352 1424 1448 1573 1735 1738 1836 1837 1854 1982 2125 2815
[↓056 33 69 88 104 131 205 209 226 326 365 440 489 547 796 927 1175 1241

χω	οὐ δουλεύουσιν	ἀλλὰ τῇ	ἑαυτῶν κοιλίᾳ,	καὶ διὰ τῆς χρηστολογίας	B ℵ A C P Ψ 049
χρω	οὐ δουλεύουσιν	ἀλλὰ τῇ	ἑαυτῶν κοιλίᾳ,	καὶ διὰ τῆς χρηστολογίας	𝔓46
χω	οὐ δουλεύουσιν	ἀλλὰ τῇ	ἑαυτῶν κοιλίᾳ,	καὶ διὰ τῆς **χριστολογίας**	L 330 1245
χω	οὐ δουλεύουσιν	ἀλλὰ **τι**	ἑαυτῶν **κοιλείᾳ**,	καὶ διὰ τῆς **χριστολογείας**	2464
χω	οὐ δουλεύουσιν	ἀλλὰ τῇ	ἑαυτῶν κοιλίᾳ,	καὶ διὰ τῆς **χαριστολογίας**	1646
χω	οὐ **δουλεύσωσιν**	ἀλλὰ τῇ	ἑαυτῶν κοιλίᾳ,	καὶ διὰ τῆς χρηστολογίας	910
χω	οὐ δουλεύουσιν	ἀλλὰ **τι**	ἑαυτῶν κοιλίᾳ,	καὶ διὰ τῆς χρηστολογίας	460 618
χω	οὐ δουλεύουσιν	ἀλλὰ τῇ	**ἑαυτὸν** **κοιλίαν**,	καὶ διὰ τῆς χρηστολογίας	1243
χω	οὐ **δουλεύσουσι**	ἀλλὰ τῇ	ἑαυτῶν κοιλίᾳ,	καὶ διὰ τῆς χρηστολογίας	1319
χω	οὐ **δουλεύωσιν**	ἀλλὰ τῇ	ἑαυτῶν κοιλίᾳ,	**διὰ δὲ** τῆς χρηστολογίας	1827
χω	οὐ **δουλεύωσιν**	ἀλλὰ τῇ	ἑαυτῶν κοιλίᾳ,	καὶ διὰ τῆς χρηστολογίας	2344
	οὐ δουλεύουσιν	ἀλλὰ τῇ	ἑαυτῶν κοιλία,	καὶ διὰ τῆς χρηστολογίας	323 1881
	οὐ δουλεύουσιν	ἀλλὰ τῆι	ἑαυτῶν κοιλίαι,	καὶ διὰ τῆς χρηστολογίας	1739
χωι	οὐ δουλεύουσιν	ἀλλὰ τῇ	ἑαυτῶν κοιλία,	καὶ διὰ τῆς χρηστολογίας	517 1270
χωι	οὐ δουλεύουσιν	ἀλλὰ τῆι	ἑαυτῶν κοιλία,	καὶ διὰ τῆς χρηστολογίας	424
χωι	οὐ δουλεύουσιν	ἀλλὰ τῆι	ἑαυτῶν κοιλίαι,	καὶ διὰ τῆς χρηστολογίας	1734 1891
χω	οὐ δουλεύουσιν	ἀλλὰ τῇ	ἑαυτῶν κοιλίᾳ,	καὶ διὰ τῆς χρηστολογίας	1611
Χριστῷ	οὐ δουλεύουσιν	ἀλλὰ τῇ	ἑαυτῶν κοιλίᾳ,	καὶ διὰ τῆς χρηστολογίας	**uwτ**
Χριστῷ	οὐ **δουλεύοσιν**	ἀλλὰ τῇ	ἑαυτῶν κοιλίᾳ,	καὶ διὰ τῆς χρηστολογίας	Er1
χω	οὐ **δουλεύσουσιν**	ἀλλὰ τῇ	ἑαυτῶν κοιλίᾳ,	καὶ διὰ τῆς **χριστολογίας**	1315 1874 2400
χω	οὐ **δουλεύσουσιν**	ἀλλὰ τῇ	ἑαυτῶν κοιλίᾳ,	καὶ διὰ τῆς χρηστολογίας	1 6 614 999 1505
χω	οὐ **δουλεύσουσιν**	ἀλλὰ τῆι	ἑαυτῶν κοιλίᾳ,	καὶ διὰ τῆς χρηστολογίας	945 [↑2147 2412
ἡμῶν	οὐ **δουλεύσουσειν**	ἀλλὰ τῇ	ἑαυτῶν κοιλίᾳ,	καὶ διὰ τῆς χρηστολογίας	F G [↑2495
ἡμῶν	οὐ δουλεύουσιν	ἀλλὰ τῇ	ἑαυτῶν κοιλίᾳ,	καὶ διὰ τῆς χρηστολογίας	D

lac. 16.17-18 𝔓10 𝔓113 K 0172 1506 (illeg.)

E 16.18 Eph 5.6; Col 2.4; 2 Pe 2.3; Tit 1.10

Errata 16.17 na 2464 ἐκκλήνετε : ἐκκλήνεται 2464

καὶ εὐλογίας ἐξαπατῶσιν τὰς καρδίας τῶν ἀκάκων. **19** ἡ γὰρ ὑμῶν B 𝔓46 A 1735
καὶ εὐλογίας ἐξαπατῶσιν τὰς καρδίας τῶν ἀκάκων. **19** ἡ γὰρ 1175 [↑1874c **u**
καὶ εὐλογίας ἐξαπατῶσιν τὰς καρδίας τῶν **ἀκάκον**. **19** ἡ γὰρ 1874*
ταῖς καρδίαις τῶν ἀκάκων. **19** Cl Paid. I 19.5
ἐξαπατῶσιν τὰς καρδίας τῶν ἀκάκων. **19** ἡ γὰρ **ὑπακοὴ** D
ἐξαπατῶσει τὰς καρδίας τῶν ἀκάκων. **19** ἡ γὰρ **ὑπακοὴ** F G
ἐξαπατῶσιν τὰς καρδίας τῶν ἀκάκων. **19** ἡ γὰρ ὑμῶν 33
ἐξαπατῶσι τὰς καρδίας αὐτῶν τῶν ἀκάκων. **19** ἡ γὰρ ὑμῶν 1319
καὶ **ευγλωττιας** **ἐξαπατῶσι** τὰς καρδίας τῶν ἀκάκων. **19** ἡ γὰρ ὑμῶν 460 618 1738
καὶ **εὐλογείας** ἐξαπατῶσιν τὰς καρδίας τῶν ἀκάκων. **19** ἡ γὰρ ὑμῶν 2464
καὶ εὐλογίας **ἀπατῶσι** τὰς καρδίας τῶν ἀκάκων. **19** ἡ γὰρ ὑμῶν 945
καὶ εὐλογίας **ἐξαπατῶσι** τὰς καρδίας τῶν ἀκάκων. **19** **καὶ** γὰρ ὑμῶν 1505 2495
καὶ **εὐλογήας** **ἐξαπατῶσι** τὰς καρδίας τῶν ἀκάκων. **19** ἡ γὰρ **ἡμῶν** 1646
καὶ **εὐλογολογίας** **ἐξαπατῶσι** τὰς καρδίας τῶν ἀκάκων. **19** ἡ γὰρ ὑμῶν 1241
καὶ εὐλογίας **ἐξαπατῶσι** τὰς καρδίας τῶν ἀκάκων. **19** ἡ γὰρ **ἡμῶν** 2344
καὶ εὐλογίας **ἐξαπατῶσι** τὰς καρδίας τῶν ἀκάκων. **19** ἡ γὰρ ὑμῶν ℵ C L P Ψ 049
056 1 6 69 88 104 131 205 209 226 323 326 330 365 424 440 489 517 547 614 796 910 927 999 1242 1243 1245 1270
1315 1352 1424 1448 1573 1611 1734 1739 1827 1836 1837 1854 1881 1891 1982 2125 2147 2400 2412 2815 **wτ** Er1

ὑπακοὴ εἰς πάντας ἀφείκετο· ἐφ' ὑμῖν οὖν χαίρω, θέλω δὲ ὑμᾶς σοφοὺς B
θέλω δὲ ὑμᾶς σοφοὺς μὲν Cl Paid. I 19.5
ὑπακοὴ εἰς πάντας **ἀφίκετο**· ἐφ' ὑμῖν οὖν χαίρω, θέλω δὲ ὑμᾶς σοφοὺς μὲν ℵ* A C P [**w**]
ὑπακοὴ εἰς πάντας **ἀφίκετο**· τὸ ἐφ' ὑμῖν **συνχαίρω**, θέλω δὲ ὑμᾶς σοφοὺς μὲν 69
ὑπακοὴ εἰς πάντας **ἀφήκετο**· ἐφ' ὑμῖν οὖν χαίρω, θέλω δὲ ὑμᾶς σοφοὺς μὲν 1243
ὑπακοὴ εἰς πάντας **ἀφίκετο**· τὸ ἐφ' ὑμῖν οὖν χαίρω, θέλω δὲ ὑμᾶς σοφοὺς 1319c
ὑπακοὴ εἰς πάντας **ἀφίκετο**· ἐφ' ὑμῖν οὖν χαίρω, θέλω δὲ ὑμᾶς σοφοὺς Lc 365 1573
ὑπακοὴ εἰς πάντας **ἀφίκετον**· ἐφ' ὑμῖν οὖν χαίρω, θέλω δὲ ὑμᾶς σοφοὺς L* [↑**u**[**w**]
ὑπακοὴ εἰς πάντας **ἀφίκετο**· ἐφ' **ὑμῶν** οὖν χαίρω, θέλω δὲ ὑμᾶς σοφοὺς 1319*
ὑπακοὴ εἰς πάντας ἀφείκετο· **χαίρω οὖν** **ἐφ' ὑμ··ν**, καὶ θέλω δὲ ὑμᾶς σοφοὺς 𝔓46
ὑπακοὴ εἰς πάντας **ἀφίκετο**· **χαίρω οὖν** **ἐφ' ὑμῖν**, θέλω δὲ ὑμᾶς σοφοὺς 330*
ὑμῶν εἰς πάντας **ἀφίκετο**· **χαίρω οὖν** **ἐφ' ὑμῖν**, καὶ θέλω ὑμᾶς σοφοὺς D* G
ὑμὸν εἰς πάντας **ἀφίκετο**· **χαίρω οὖν** **ἐφ' ὑμῖν**, καὶ θέλω ὑμᾶς σοφοὺς F
ὑμῶν εἰς πάντας **ἀφίκετο**· **χαίρω οὖν** τὸ **ἐφ' ὑμῖν**, καὶ θέλω ὑμᾶς σοφοὺς D1
ὑμῶν εἰς πάντας **ἀφίκετο**· **χαίρω οὖν** τὸ **ἐφ' ὑμῖν**, θέλω δὲ ὑμᾶς σοφοὺς D2
ὑπακοὴ εἰς πάντας **ἀφίκετο**· **χαίρω οὖν τὸ** **ἐφ' ὑμῖν**, θέλω δὲ ὑμᾶς σοφοὺς 330c 2400 2495
ὑπακοὴ εἰς πάντας **ἀφικνεῖται**· **χαίρω οὖν τὸ** **ἐφ' ὑμῖν**, θέλω δὲ ὑμᾶς σοφοὺς Ψ
ἀκοὴ εἰς πάντας **ἀφίκετο**· **χαίρω οὖν τὸ** **ἐφ' ὑμῖν**, θέλω δὲ ὑμᾶς σοφοὺς 440
ὑπακοὴ εἰς πάντας **ἀφίκετο**· **χαίρω οὖν τῷ** **ἐφ' ὑμῖν**, θέλω δὲ ὑμᾶς **σωφοὺς** 1505
ὑπακοὴ εἰς πάντας **ἀφήκετω**· **χαίρω οὖν τῷ** **ἐφ' ὑμῖν**, **θέλο** δὲ ὑμᾶς σοφοὺς μὲν 2464
ὑπακοὴ εἰς πάντας ἀφείκετο· **χαίρω οὖν τὸ** **ἐφ' ὑμῖν**, θέλω δὲ ὑμᾶς σοφους μὲν 104 1241 1315
ὑπακοὴ εἰς πάντας **ἐφίκετο**· **χαίρο οὖν τὸ** **ἐφ' ὑμῖν**, θέλω δὲ ὑμᾶς σοφοὺς μὲν 460
ὑπακοὴ εἰς πάντας **ἀφίκετο**· **χαίρω οὖν τὸ** **ἐφ' ὑμῶν**, θέλω δὲ ὑμᾶς σοφοὺς μὲν 489
ὑπακοὴ εἰς πάντας **ἐφίκετο**· **χαίρω οὖν τὸ** **ἐφ' ὑμῖν**, θέλω δὲ ὑμᾶς σοφοὺς μὲν 618 1738
ὑπακοὴ εἰς πάντας **ἀφίκετω**· **χαίρω οὖν τὸ** **ἐφ' ὑμῖν**, θέλω δὲ ὑμᾶς σοφοὺς μὲν 1646
ὑπακοὴ εἰς πάντας **ἀφίκετο**· **χαίρω οὖν τὸ** **ἐφ' ὑμῖν**, θέλω ὑμᾶς σοφοὺς μὲν 1827
ὑπακοὴ εἰς πάντας **ἀφήκετο**· **χαίρω οὖν τὸ** **ἐφ' ὑμῖν**, θέλω δὲ ὑμᾶς σοφοὺς μὲν 1874
ὑπακοὴ εἰς πάντας **ἀφίκετο**· **χαίρω οὖν** **ἐφ' ὑμῖν**, θέλω δὲ ὑμᾶς σοφοὺς μὲν 1881
ὑπακοὴ εἰς πάντας **ἀφίκετο**· **χαίρω οὖν τὸ** **ἐφ' ὑμῖν**, θέλω δὲ ὑμᾶς σοφοὺς μὲν ℵc 049 056 1 6
33 88 131 205 209 226 323 326 424 517 547 614 796 910 927 945 999 1175 1242 1245 1270 1352
1424 1448 1611 1734 1735 1739 1836 1837 1854 1891 1982 2125 2147 2344 2412 2815 **τ** Er1

---

lac. 16.18-19 𝔓10 𝔓113 K 0172 1506 (illeg.)

E 16.18 Eph 5.6; Col 2.4; 2 Pe 2.3; Tit 1.10 **19** Ro 1.8; He 5.14; 1 Co 14.20; Mt 10.16

Errata: 16.19 na 323 χαίρω οὖν ἐφ' ὑμῖν : χαιρω οὖν τὸ ἐφ' ὑμῖν 323
16.19 na 6 σοφούς : σοφοὺς μέν 6

[↓1573 1646^{c} 1734 1738 1739 1827 1836 1837 1854 1874 1881 1891 1982 2125 2147 2344 2400 2412 2464 2495 2815
[↓323 326 330 365 424 440 460 489 517 547 614 796 927 945 999 1175 1241 1242 1245 1270 1319 1352 1448 1505
εἶναι εἰς τὸ ἀγαθόν, ἀκεραίους δὲ εἰς τὸ κακόν. **20** ὁ δὲ θς τῆς B C L Ψ 049 056 6 33 69 88 104
εἶναι εἰς τὸ ἀγαθόν, ἀκεραίους δὲ εἰς τὸ κακόν. **20** Cl Paid. I 19.5 [↑131^{c} 205 209 226
εἶναι εἰς τὸ ἀγαθόν, ἀκεραίους δὲ εἰς τὸ κακόν. **20** ὁ δὲ θς τῆ·· 𝔓^{46}
εἶναι εἰς τὸ ἀγαθόν, **ἀκαιρέους** δὲ εἰς τὸ κακόν. **20** ὁ δὲ θς τῆς ℵ A D* 910 1243 1424
εἶναι εἰς τὸ ἀγαθόν, **ἀκερέους** δὲ εἰς τὸ κακόν. **20** ὁ δὲ θς τῆς F G P 131*
εἶναι εἰς τὸ ἀγαθόν, **ἀκαιρους** δὲ εἰς τὸ κακόν. **20** ὁ δὲ θς τῆς D$^{1.2}$ 1735
εἶναι εἰς τὸ **ἀγαθῶν**, **ἀκαιρέους** δὲ εἰς τὸ κακόν. **20** ὁ δὲ θς τῆς 618
εἶναι εἰς τὸ ἀγαθόν, **ἀκαιραίους** δὲ εἰς τὸ κακόν. **20** ὁ δὲ θς τῆς 1315
εἶναι εἰς τὸ ἀγαθόν, ἀκεραίους δὲ εἰς τὸ κακόν. **20** ὁ δὲ θεὸς τῆς **uwτ** Er^{1}
εἶναι εἰς τὸ ἀγαθόν, ἀκεραίους δὲ εἰς τὸ κακόν. **20** ὁ δὲ θς ······ 1611
εἶναι εἰς τὸ ἀγαθόν, ἀκεραίους δὲ εἰς τὸ **κωνών**. **20** ὁ δὲ θς τῆς 1646*
εἶναι εἰς τὸ ἀγαθόν, ἀκεραίους δὲ εἰς τὸ κακόν. **20** ὁ δὲ χς τῆς 1

εἰρήνης συντρείψει τὸν Σατανᾶν ὑπὸ τοὺς πόδας ὑμῶν ἐν τάχει. ἡ B
εἰρήνης **συντρίψει** τὸν Σατανᾶν ὑπὸ το··ς πόδας ὑμῶν ἐν τάχει. ἡ 𝔓^{46}
εἰρήνης **συντρίψει** τὸν Σατανᾶν ὑπὸ τοὺς πόδας ὑμῶν ἐν τάχει. D
ἰρήνης **συντρίψει** τὸν Σατανᾶν ὑπὸ τοὺς πόδας ὑμῶν ἐν τάχει. F G
εἰρήνης **συντρίψει** τὸν Σατανᾶν **εἰς** τοὺς πόδας ὑμῶν ἐν τάχει. ἡ 1874
εἰρήνης **συντρίψι** τὸν Σατανᾶν ὑπὸ τοὺς πόδας ὑμῶν ἐν **τάχι**. ἡ ℵ
εἰρήνης **συμτρίψει** τὸν Σατανᾶν ὑπὸ τοὺς πόδας ὑμῶν ἐν τάχει. ἡ 1836
εἰρήνης **συντρίψαι** τὸν Σατανᾶν **ἐν τάχει ὑπὸ τοὺς πόδας ἡμῶν** ἡ A
εἰρήνης **συντρίψαι** τὸν Σατανᾶν ὑπὸ τοὺς πόδας ὑμῶν ἐν τάχει. ἡ 365 1319 1573 1738
εἰρήνης **συντρίψη** τὸν Σατανᾶν ὑπὸ τοὺς πόδας ὑμῶν ἐν τάχει. ἡ L
εἰρήνης **συντρίψε** τὸν **Σατᾶν** ὑπὸ τοὺς πόδας ὑμῶν ἐν τάχει. ἡ 88
εἰρήνης **συντρίψε** τὸν Σατανᾶν ὑπὸ τοὺς πόδας ὑμῶν ἐν τάχει. ἡ 618 [↓209 226 323 326 330 424 440
εἰρήνης **συντρίψει** τὸν Σατανᾶν ὑπὸ τοὺς πόδας ὑμῶν ἐν τάχει. ἡ C P Ψ 049 056 1 6 33 69 104 131 205 460 489 517 547 614 796 910 927 945 999 1175 1241 1242 1243 1245 1270 1315 1352 1424 1448 1505 1611 1646 1734 1735 1739 1827 1837 1854 1881 1891 1982 2125 2147 2344 2400 2412 2464 2495 2815 **uwτ** Er^{1}

χάρις τοῦ κυ ἡμῶν ιυ_ μεθ' ὑμῶν. B ℵ 1827 1881 1891
χάρις τοῦ κυ ἡμ····· **ιηυ** μεθ' ὑμῶν. 𝔓^{46}
χάρις τοῦ κυρίου ἡμῶν Ἰησοῦ μεθ' ὑμῶν. **u**[**w**]
omit D F G
χάρις τοῦ κυ ημῶν Ἰησοῦ χυ μεθ' ὑμῶν. 69*
χάρις τοῦ κυρίου ἡμῶν Ἰησοῦ Χριστοῦ μεθ' ὑμῶν. [**w**]**τ** Er^{1}
χάρις τοῦ κυ ἡμῶν ιυ χυ μεθ' **ἡμῶν**. 326 1837
χάρις τοῦ κυ ἡμῶν Ἰησοῦ χυ μεθ' ὑμῶν ἀμήν. 69^{c}
χάρις τοῦ κυ ἡμῶν ιυ χυ μεθ' ὑμῶν ἀμήν. 104 330 2815
χάρις τοῦ κυ ἡμῶν ιυ χυ **μετὰ πάντων** ὑμῶν ἀμήν. 2400
χάρις τοῦ κυ ἡμῶν ιυ χυ μεθ' ὑμῶν. A C L P Ψ 049 056 1 6 33 88 131 205 209 226 323 365 424 440 460 489 517 547 614 618 796 910 927 945 999 1175 1241 1242 1243 1245 1270 1315 1319 1352 1424 1448 1505 1573 1611 1646 1734 1735 1738 1739 1836 1854 1874 1982 2125 2147 2344 2412 2464 2495

---

lac. 16.18-20 𝔓^{10} 𝔓^{113} K 0172 1506 (illeg.)

C 16.20 τελ 330

E 16.19 Ro 1.8; He 5.14; 1 Co 14.20; Mt 10.16 **20** Ro 15.33; 1 Co 16.23; 1 Th 5.28; 2 Th 3.18

Errata: 16.20 ubs 326 μεθ' ὑμῶν : μεθ' ἡμῶν 326 (**antf** correct)
16.20 ubs 330 μεθ' ἡμῶν : μεθ' ὑμῶν ἀμήν 330 (**antf** correct)
16.20 antf 1891 η χάρις τοῦ κυ ἡμῶν ιυ χυ μεθ' ὑμῶν : η χάρις τοῦ κυ ἡμῶν ιυ μεθ' ὑμων 1891

21 Ἀσπάζεται ὑμᾶς Τιμόθεος ὁ συνεργὸς καὶ Λούκιος B 424^c [w]
21 Ἀσπάζεται ὑμᾶς Τι.............. ὁ συνεργος μου καὶ Λούκιος $\mathfrak{P}^{46}$
21 Ἀσπάζεται ὑμᾶς Τιμόθεος ὁ συνεργός μου καὶ Λούκιος ℵ C P 1 69 365 796 1319 1573
21 Ἀσπάζεται ὑμᾶς Τιμόθεος ὁ **συνεργῶν μοι** καὶ Λούκιος Ψ 1505 2495 [↑1827 **u**[w]
21 Ἀσπάζεται ὑμᾶς Τιμόθεος ὁ **συνεργῶν** καὶ Λούκιος 6 1739
21 Ἀσπάζεται ὑμᾶς Τιμόθεος ὁ συνεργός μου καὶ **Λούκειος** F G
21 **Ἀσπάζετε** ὑμᾶς Τιμόθεος ὁ συνεργός μου καὶ Λούκιος A D^1
21 **Ἀσπάζετε** ὑμᾶς **Τειμόθεος** ὁ συνεργός μου καὶ Λούκιος D*
21 **Ἀσπάζετε** ὑμᾶς **Τιμώθεος** ὁ συνεργός μου καὶ Λούκιος 1243
21 **Ἀσπάζετε** ὑμᾶς Τιμόθεος ὁ **συνεργῶν** καὶ Λούκιος 1881
21 **Ἀσπάζοντε** ὑμᾶς Τιμόθεος ὁ συνεργός μου καὶ Λούκιος D^2 1874
21 **Ἀσπάζοντε** ὑμᾶς **Τιμώθεως** ὁ συνεργός μου καὶ Λούκιος 618
21 **Ἀσπάζοντε** ὑμᾶς ὁ συνεργός μου καὶ Λούκιος 1175
21 **Ἀσπάζωνται** ὑμᾶς Τιμόθεος ὁ συνεργός μου καὶ Λούκιος 2464
21 **Ἀσπάζονται** ὑμᾶς Τιμόθεος ὁ συνεργός μου καὶ Λούκιος ὁ συνεργός μου 2344
21 **Ἀσπάζονται** ὑμᾶς Τιμόθεος ὁ συνεργός μου καὶ Λούκιος L 049 056 33 88 104 131 205 209 226 323 326 330 424* 440 460 489 517 547 614 910 927 945 999 1241 1242 1245 1270 1315 1352 1424 1448 1611 1646 1734 1735 1738 1836 1837 1854 1891 1982 2125 2147 2400 2412 2815 **τ** Er^1

Ἰάσων καὶ Σωσίπατρος οἱ συγγενεῖς μου. B
Ἰάσων ....τρος οἱ **συνγενεῖς** μου. $\mathfrak{P}^{46}$
καὶ Ἰάσων καὶ **Σωσσπατρος** οἱ συγγενεῖς μου. C*
καὶ Ἰάσων καὶ Σωσίπατρος **ὁ** συγγενεῖς μου. 910 1874
καὶ Ἰάσων καὶ Σωσίπατρος **ὁ** **συγγενής** μου. 1738 1836
καὶ Ἰάσων καὶ Σωσίπατρος οἱ **συγγενής** μου. 1243 2464
καὶ Ἰάσων καὶ Σωσίπατρος οἱ **συγκενεῖς** μου. 1881*
καὶ **Ἰάσσων** καὶ Σωσίπατρος οἱ συγγενεῖς μου. 104 1734
καὶ **Ἰάσω** καὶ Σωσίπατρος οἱ συγγενεῖς μου. 1175
καὶ **Ἰάσον** καὶ Σωσίπατρος οἱ **συγγενοῖς** μου. 1646
καὶ **Ἰάσον** καὶ Σωσίπατρος οἱ συγγενεῖς μου. 2147
καὶ **Ἰάσον** καὶ **Σοσίπατρος** **ὁ** **συγγενής** μου. 460
καὶ **Ἰάσον** καὶ **Σωσήπατρος** **ὁ** **συγγενής** μου. 618
καὶ Ἰάσων καὶ **Σωσείπατρος** οἱ **συγγενεῖς** μου. 049
καὶ Ἰάσων καὶ **Σωσείπατρος** οἱ **συνγενεῖς** μου, καὶ αἱ ἐκκλησεῖαι πᾶσαι τοῦ $\overline{χυ}$. F G
καὶ Ἰάσων καὶ Σωσίπατρος οἱ **συγγενῖς** μου, καὶ αἱ ἐκκλησίαι πᾶσαι τοῦ $\overline{χυ}$. D*
καὶ Ἰάσων καὶ Σωσίπατρος οἱ συγγενεῖς μου. ℵ A C^c $D^{1.2}$ L P Ψ 056 1 6 33 69 88 131 205 209 226 323 326 330 365 424 440 489 517 547 614 796 927 945 999 1241 1242 1245 1270 1315 1319 1352 1424 1448 1505 1573 1611 1735 1739 1827 1837 1854 1881^c 1891 1982 2125 2344 2400 2412 2495 2815 **uwτ** Er^1

lac. 16.21 $\mathfrak{P}^{10}$ $\mathfrak{P}^{113}$ K 0172 1506 (illeg.)

E 16.21 Ac 16.1; Ac 17.5-9; 19.22; 20.4; Ro 9.3; Phl 2.19

Errata: 16.21 ubs 104 η χάρις τοῦ $\overline{κυ}$ ἡμῶν $\overline{ιυ}$ $\overline{χυ}$ μεθ' ὑμῶν ἀμήν : 1—9 ἀμήν 104
16.21 na 1881 ἀσπάζεται : ἀσπάζετε 1881
16.21 na Ψ $μου^1$: μοι Ψ
16.21 na 6 **omit** μου post συνεργός : but συνεργῶν not συνεργός 6
16.21 antf 460 1836 1874 **omit** καὶ αἱ ἐκκλησίαι πᾶσαι τοῦ χυ post οἱ συγγενεῖς μου : but ὁ συγγενής μου not οἱ συγγενεῖς μου 460 1836; ὁ συγγενείς μου not οἱ συγγενεῖς μου 1874

[↓1352 1448 1505 1573 1611 1646 1735 1738 1827 1837 1854 1874 1881 1982 2125 2147 2344 2400 2412 2495 2815
[↓6 33 88 104 131 226 323 326 330 365 440 489 547 614 618 927 945 999 1175 1241 1242 1243 1245 1315 1319
22 ἀσπάζομαι ὑμᾶς ἐγὼ Τέρτιος ὁ γράψας τὴν ἐπιστολὴν ἐν κω.ᵀ B ℵ C D$^{1.2}$ L P Ψ 049 056 1
22 ἀσπάζο······· ········ ἐγὼ Τέρτιος ὁ γράψας τὴν ······················ ἐν κω. 𝔓^{46}
22 **ἀσπάζομε** ὑμᾶς ἐγὼ Τέρτιος ὁ γράψας τὴν ἐπιστολὴν ἐν κω. A D*
22 ἀσπάζομαι ὑμᾶς ἐγὼ **Τέρτειος** ὁ γράψας τὴν ἐπιστολὴν ἐν κω. F G
22 ἀσπάζομαι ὑμᾶς Τέρτιος ὁ γράψας τὴν ἐπιστολὴν ἐν κω. 69
22 ἀσπάζομαι ὑμᾶς ἐγὼ Τέρτιος ὁ γράψας τὴν ἐπιστολὴν. 205 209 796
22 ἀσπάζομαι ὑμᾶς ἐγὼ Τέρτιος ὁ γράψας τὴν ἐπιστολὴν ἐν κωι. 424* 517 1270 1734 1739
22 ἀσπάζομαι ὑμᾶς ἐγὼ Τέρτιος ὁ γράψας τὴν **ἐπιστο** ἐν κω. 460 [↑1891
22 **ἀσπάζο** ὑμᾶς ἐγὼ Τέρτιος ὁ γράψας τὴν ἐπιστολὴν ἐν κω. 910
22 ἀσπάζομαι ὑμᾶς ἐγὼ Τέρτιος ὁ γράψας **ἐν κω τὴν ἐπιστολήν**. 1424
22 **ἀσπάζεται** ὑμᾶς Τέρτιος ὁ καὶ γράψας τὴν ἐπιστολὴν ἐν κωι. 424^{c}
22 **ἀσπάζονται** ὑμᾶς ἐγὼ Τέρτιος ὁ γράψας τὴν ἐπιστολὴν ἐν κω. 1836
22 **ἀσπάζωμαι** ὑμᾶς ἐγὼ Τέρτιος ὁ γράψας τὴν ἐπιστολὴν ἐν κω. 2464
22 ἀσπάζομαι ὑμᾶς ἐγὼ Τέρτιος ὁ γράψας τὴν ἐπιστολὴν ἐν κυρίῳ. **uwτ** Er^{1c}
22 ἀσπάζομαι ὑμᾶς ἐγὼ Τέρ···τιος ὁ γράψας τὴν ἐπιστολὴν ἐν κυρίῳ. Er^{1*}

ᵀἀσπάζομαι ὑμᾶς ἐγὼ Τέρτιος ὁ γράψας τὴν ἐπιστολὴν ἐν κω 104

[↓1245 1319 1505 1573 1739 1881 2495 **uw**
23 ἀσπάζεται ὑμᾶς Γάϊος ὁ ξένος μου καὶ ὅλης τῆς ἐκκλησίας. ἀσπάζεται B C P 1 69 88 365
23 ἀσπάζεται ὑ··ᾶς ·············· ·· ············ ·········· ········ ·········· ······ ·········λησι····· ·························· 𝔓^{46}
23 ἀσπάζεται ὑμᾶς Γάϊος ὁ ξένος μου καὶ ὅλης τῆς ἐκκλησίας. **ἀσπάζετε** ℵ 326 1243 1837
23 **ἀσπάζετε** ὑμᾶς Γάϊος ὁ ξένος μου καὶ ὅλης τῆς ἐκκλησίας. **ἀσπάζετε** A D*
23 **ἀσπάζετε ἡμᾶς** Γάϊος ὁ ξένος μου καὶ ὅλης τῆς ἐκκλησίας. ἀσπάζεται D^{1}
23 ἀσπάζεται **ἡμᾶς** Γάϊος ὁ ξένος μου καὶ ὅλης τῆς ἐκκλησίας. ἀσπάζεται D^{2}
23 **ἀσπάζετε** ὑμᾶς Γάϊος ὁ ξένος μου καὶ ὅλης τῆς ἐκκλησίας. ἀσπάζεται 1270
23 ἀσπάζεται ὑμᾶς Γάϊος ὁ ξένος μου καὶ **ὅλαι αἱ ἐκκλησίαι**. ἀσπάζεται F
23 ἀσπάζεται ὑμᾶς Γάϊος ὁ ξένος μου καὶ **ὅλαι αἱ ἐκκλησίαι**. G
23 ἀσπάζεται Γάϊος ὁ ξένος μου καὶ **τῆς ἐκκλησίας ὅλης**. ἀσπάζεται 614 2412
23 **ἀσπάζετε** ὑμᾶς Γάϊος ὁ ξένος μου καὶ **τῆς ἐκκλησίας ὅλης**. **ἀσπάζετε** 323 1175 1874
23 ἀσπάζεται ὑμᾶς Γάϊος ὁ ξένος μου καὶ **τῆς ἐκλισίας ὅλης**. ἀσπάζεται 1646
23 ἀσπάζεται ὑμᾶς Γάϊος ὁ **ξένοδόχος** μου καὶ **τῆς ἐκκλησίας ὅλης**. ἀσπάζεται 1827
23 ἀσπάζεται ὑμᾶς Γάϊος ὁ ξένος μου καὶ **τῆς ἐκκλησίας ὅλης**. ἀσπάζεται L Ψ 049 056 6 33 104
131 205 209 226 330 424 440 460 489 517 547 618 796 910 927 945 999 1241 1242 1315 1352
1424 1448 1611 1734 1735 1738 1836 1854 1891 1982 2125 2147 2344 2400 2464 2815 **τ** Er^{1}

[↓1739 1827 1836 1837 1854 1874 1881 1891 1982 2125 2147 2344 2400 2412 2464 2815 **uwτ** Er^{1}
[↓1175 1241 1242 1243 1245 1270 1315 1319 1352 1424^{c} 1448 1573 1611 1646^{c} 1734 1735 1738
[↓33 69 88 104 131 205 209 226 323 326 330 365 424 440 489 517 547 614 618 796 927 945 999
ὑμᾶς Ἔραστος ὁ οἰκονόμος τῆς πόλεως καὶ Κούαρτος ὁ ἀδελφός. B ℵ A C D F G L P Ψ 049 056 1 6
·········· ························ ·· ··························· ······· ··············· καὶ Κούαρτος ὁ ἀδελφός. 𝔓^{46}
ὑμᾶς Ἔραστος ὁ οἰκονόμος τῆς **πόλεος** καὶ Κούαρτος ὁ ἀδελφός. 460 1646*
ὑμᾶς Ἔραστος ὁ οἰκονόμος τῆς πόλεως καὶ Κούαρτος ὁ ἀδελφὸς ἡμῶν. 1505 2495
ὑμᾶς Ἔραστος ὁ οἰκονόμος καὶ Κούαρτος ὁ ἀδελφός. 1424*
ὑμᾶς Ἔραστος ὁ οἰκονόμος τῆς πόλεως. 910

[↓209 326 330 424 440 460 489 517 547 614 618 910 927 945 999 1175 1241 1242 1245 1270 1315 1352 1448
[↓1505 1646 1734 1735 1738 1827 1836 1837 1854 1874 1881 1891 1982 2125 2147 2344 2400 2412 2495 2815
24 Ἡ χάρις τοῦ κυ ἡμῶν ιυ χυ μετὰ πάντων ὑμῶν. ἀμήν. D L Ψ 049 056 1 6 88 131 205
24 Ἡ χάρις τοῦ κυ ἡμῶν μετὰ πάντων ὑμῶν. ἀμήν. F G
24 Ἡ χάρις τοῦ κυ ιυ χυ μετὰ πάντων ὑμῶν. ἀμήν. 69 1243
24 Ἡ χάρις τοῦ κυρίου ἡμῶν Ἰησοῦ χυ μετὰ πάντων ὑμῶν. ἀμήν. 226 323
24 Ἡ χάρις τοῦ κυ ἡμῶν ιυ χυ μετὰ πάντων ὑμῶν. 796
24 Ἡ χάρις τοῦ κυρίου ἡμῶν ιυ χυ μετὰ πάντων ὑμῶν. ἀμήν. 1424
24 Ἡ χάρις τοῦ κυρίου ἡμῶν Ἰησοῦ Χριστοῦ μετὰ πάντων ὑμῶν. ἀμήν. **τ** Er^{1}

---

lac. 16.22-24 𝔓^{10} 𝔓^{113} K 0172 1506 (illeg.)

C 16.24 της υποθ εις τ τε̄ του 945 | Σα ης τυρη̄ αρξου 1739 | τε 226 | τελ τῆς β̄ 440 1315 | τε της β̄ της ς̄ εβδ 517

E 23 Ac 19.29, 22; 1 Co 1.14; 2 Ti 4.20

Errata: 16.24 **antf** 1243 Ἡ χάρις τοῦ κυ ιυ χυ μετὰ πάντων ὑμῶν ἀμήν SED PON. POST 16.27 : citation correct, but follows 16.24 together with 69 and not after 16.27.

Concluding Blessing

25 Τῷ δὲ δυναμένῳ ὑμᾶς στηρίξαι κατὰ τὸ εὐαγγέλιόν B ℵ A C D P 33 88 104 1319 1506 1573*

25 **ᾧ** δὲ δυναμένῳ ὑμᾶς στηρίξαι κατὰ τὸ εὐαγγέλιόν 365 [↑1739 [**u**]**wτ** Er^{1}

25 **Τὸ** δὲ δυναμένῳ ὑμᾶς στηρίξαι κατὰ τὸ εὐαγγέλιόν 2464

25 **omit** G

25 Τῷ δὲ δυναμένῳ ὑμᾶς στηρίξαι κατὰ τὸ εὐαγγέλιόν [$\mathfrak{P}^{46}$]

25 Τῷ δὲ δυναμένῳ ὑμᾶς **στιρήξαι** κατὰ τὸ εὐαγγέλιόν [049]

25 ...... δὲ δυναμένῶ ὑμᾶς στηρίξαι κατὰ .... [33]

25 Τῷ δὲ δυναμένῳ **ἡμᾶς** στηρίξαι κατὰ τὸ εὐαγγέλιόν [69]

25 Τῶι δὲ δυναμένωι ὑμᾶς στηρίξαι κατὰ τὸ εὐαγγέλιόν [424 1891]

25 Τῷ δὲ δυναμένῳ **ἡμᾶς** στηρίξαι κατὰ **τῷ** εὐαγγέλιόν [618]

25 Τῷ δὲ δυναμένῳ ὑμᾶς **στηρήξαι** κατὰ τὸ εὐαγγέλιόν [1243]

25 Τῶι δὲ δυναμένῳ ὑμᾶς στηρίξαι κατὰ τὸ εὐαγγέλιόν [1270]

25 Τῷ δὲ δυναμένῳ ὑμᾶς στηρίξαι **διὰ** τὸ εὐαγγέλιόν [1734]

25 Τῷ δὲ δυναμένῳ ὑμᾶς στηρίξαι κατὰ τὸ εὐαγγέλιόν [A L Ψ 056 1 6 88 104 131 205 209 226 323 326 330 440 460 489 517 547 614 796 910 927 945 999 1175 1241 1242 1245 1315 1352 1424 1448 1505 1506 1573^{c} 1611 1646 1735 1738 1827 1836 1837 1854 1874 1881 1982 2125 2147 2400 2495 2815]

μου καὶ τὸ κήρυγμα χυ ιυ, κατὰ ἀποκάλυψιν μυστηρίου B 1739

κατὰ ἀποκάλυψιν μυστηρίου Cl V 64.6

μου καὶ κυ **ιυ** **χυ**, κατὰ ἀποκάλυψιν μυστηρίου ℵ*

μου καὶ τὸ κήρυγμα **ιυ** **χυ**, κατὰ ἀποκάλυψιν μυστηρίου ℵ^{c} A C D P 104 365 1319 1506

μου καὶ **τῷ** κήρυγμα **ιυ** **χυ**, κατὰ ἀποκάλυψιν μυστηρίου 33 [↑1573* 2464

μου καὶ τὸ κήρυγμα **ιυ** **χυ**, κατὰ ἀποκάλυψιν 88

μου καὶ τὸ κήρυγμα **Ἰησοῦ** **Χριστοῦ**, κατὰ ἀποκάλυψιν μυστηρίου [**u**]**wτ** Er^{1}

omit G

μου καὶ τὸ κήρυγμα **ιηυ** **χρυ**, κατὰ ἀποκάλυψιν μυστηρίου [$\mathfrak{P}^{46}$]

μου **κατὰ** τὸ κήρυγμα **ιυ** **χυ**, κατὰ ἀποκάλυψιν μυστηρίου [1734]

μου καὶ τὸ **κήρυμα** **ιυ** **χυ**, κατὰ ἀποκάλυψιν μυστηρίου [049*]

....οκάλυψιν μυστηρίου [33]

μου καὶ τὸ κήρυγμα **ιυ** **χυ**, κατὰ ἀποκάλυψιν .... [88]

μου καὶ τὸ κήρυγμά μου **ιυ** **χυ**, κατὰ ἀποκάλυψιν μυστηρίου [1505 2495]

μου καὶ τὸ κήρυγμα **ιυ** **χυ**, κατὰ ἀποκάλυψιν **μυστηρίων** [1646]

μου καὶ τὸ κήρυγμα **ιυ** **χυ**, κατὰ ἀποκάλυψιν μυστηρίου [A L Ψ 049^{c} 056 1 6 69 104 131 205 209 226 323 326 330 365 424 440 460 489 517 547 614 618 796 910 927 945 999 1175 1241 1242 1243 1245 1270 1315 1424 1448 1506 1573^{c} 1611 1735 1738 1827 1836 1837 1854 1874 1881 1891 1982 2125 2147 2400 2815]

---

lac. 16.25 $\mathfrak{P}^{10}$ $\mathfrak{P}^{113}$ K 0172 1506

E 16.25 Eph 1.9; 3.3-5, 9, 20; Jud 24; Ro 2.16; Ga 3.23; 1 Co 14.2; Col 1.26-27; 2.2; 1 Pe 1.20

Errata: 16.25-27 **antf** 88 Τῷ δὲ δυναμένῳ . . . . εἰς τοὺς αἰῶνας, ἀμήν ET PON. POST 14.23 : but here only τῷ δὲ δυναμένῳ ὑμᾶς στηρίξαι κατὰ τὸ εὐαγγέλιόν μου καὶ τὸ κήρυγμα ιυ χυ, κατὰ ἀποκάλυψιν (vss. 25b—27 not repeated by scribe of 88).

16.25 antf 365 τῷ δέ : ᾧ δέ 365

16.25 antf 1319 ὑμᾶς : ἡμᾶς 1319

16.25 antf 1734 κατά^{1} : διά 1734

16.25 antf 1734 καὶ τὸ κήρυγμα : κατὰ τὸ κήρυγμα 1734

16.25 antf ℵ τὸ κήρυγμα Ἰησοῦ Χριστου : κυρίου Ἰησοῦ Χριστου ℵ*

16.25 antf B 1739 Ἰησοῦ Χριστου : 2 1 B 1739

χρόνοις αἰωνίοις σεσειγημένου, **26** φανερωθέντος δὲ νῦν διά τε B
χρόνοις αἰωνίοις **σεσιγημένου**, **26** φανερωθέντος δὲ νῦν διά τε Cl V 64.6
χρόνοις αἰωνίοις **σεσιγημένου**, **26** φανερωθέντος δὲ νῦν διά τε ℵ A C P 33 104 1319 1506 1573*
χρόνοις αἰωνίοις **σεσιγημένου**, **26** φανερωθέντος δὲ νῦν διά D [↑1739 2464 [**u**]**wτ** Er[1]
χρόνοις **αἰωνίου** **σεσιγημένου**, **26** φανερωθέντος δὲ νῦν διά τε 365
omit **26** G 88
χρόνοις αἰωνίοις σεσειγημένου, **26** φανερωθέντος δὲ νῦν διά τε [𝔓46]
χρόνοις αἰω········ ································· **26** ································ ····· ······· διά τε [33]
················ ················ ················**μένου**, **26** φανερωθέντος δὲ νῦν διά τε [88]
χρόνοις **αἰωνίοι** **σεσιγημένου**, **26** φανερωθέντος δὲ νῦν διά τε [205]
χρόνοις αἰωνίοις **σεσιγημένου**, **26** φανερωθέντος νῦν διά τε [440 1352]
χρονίοις αἰωνίοις **σεσιγημένου**, **26** φανερωθέντος δὲ νῦν διά τε [1175]
χρόνοις αἰωνίοις **σεσηγημένου**, **26** φανερωθέντος δὲ νῦν διά τε [1243 1611 2147]
χρόνοις **σεσιγημένου**, **26** φανερωθέντος δὲ νῦν διά τε [1573c]
χρόνοις αἰωνίοις **σεσιγημένου**, **26** φανερωθέντος δὲ νῦν διά **ται** [1646]
χρόνοις αἰωνίοις **γεγενημένου**, **26** φανερωθέντος δὲ νῦν διά τε [1836]
χρόνους αἰωνίοις **σεσιγημένου**, **26** φανερωθέντος δὲ νῦν διά τε [1874*]
χρόνοις αἰωνίοις **σεσιγημένου**, **26** φανερωθέντος δὲ νῦν διά τε [A L Ψ 049 056 1 6 69 104 131 209 226 323 326 330 424 460 489 517 547 614 618 796 910 927 945 999 1175 1241 1242 1245 1270 1315 1424 1448 1505 1506 1735 1738 1827 1837 1854 1874c 1881 1891 1982 2125 2400 2495 2815]

γραφῶν προφητικῶν κατ' ἐπιταγὴν τοῦ αἰωνίου θυ εἰς ὑπακοὴν B ℵ A C D P 33 104 365 1506 1573*
εἰς ὑπακοὴν Cl IV 9.1
γραφῶν προφητικῶν κατ' ἐπιταγὴν τοῦ αἰωνίου θυ εἰς **ὑπακοῆς** 1319
γραφῶν προφητικῶν κατ' ἐπιταγὴν τοῦ αἰωνίου θυ εἰς **ὑπααγὴν** 1739
γραφῶν προφητικῶν κατ' **ἐπηταγεὶν** τοῦ αἰωνίου θυ εἰς ὑπακοὴν 2464
γραφῶν προφητικῶν κατ' ἐπιταγὴν τοῦ αἰωνίου θεοῦ εἰς ὑπακοὴν [**u**]**wτ** Er[1] Cl V 54.6
omit G 88
γραφῶν προφητικῶν **κατε** ἐπιταγὴν τοῦ αἰωνίου θυ εἰς ὑπακοὴν [𝔓46]
γραφῶν προφητικῶν κατ' ἐπιταγὴν αἰωνίου θυ εἰς ὑπακοὴν [1505 2495]
γραφῶν προφητικῶν κατ' ἐπιταγὴν τοῦ αἰωνίου θυ εἰς ὑπακοὴν [A L Ψ 049 056 1 6 33 69 88 104 131 205 209 226 323 326 330 424 440 460 489 517 547 614 618 796 910 927 945 999 1175 1241 1242 1243 1245 1270 1315 1352 1424 1448 1506 1573c 1611 1646 1735 1738 1827 1836 1837 1854 1874 1881 1891 1982 2125 2147 2400 2815]

---

lac. 16.25-26 𝔓10 𝔓113 K 0172

E 16.25 Eph 1.9; 3.3-5, 9, 20; Jud 24; Ro 2.16; Ga 3.23; 1 Co 14.2; Col 1.26-27; 2.2; 1 Pe 1.20 **26** Ro 3.21; 2 Ti 1.9-10; Ro 1.2; 1.5; 15.18; Ac 6.7; Ga 3.2; 2 Co 10.5; 1 Pe 1.22; Ac 9.15

Errata: 16.25 antf 365 αἰωνίοις : αἰωνίου 365
16.25 antf 1175 1874 χρόνοις : χρονίοις 1175; χρόνους 1874*
16.25 antf 1836 σεσιγημένου : γεγενημένου 1836
16.26 antf D διά τε : διά D
16.26 antf 1319 ὑπακοήν : ὑπακοῆς 1319

πίστεως εἰς πάντα τὰ ἔθνη γνωρισθέντος, **27** μόνῳ σοφῷ θ̅ω̅, B ℵ A C 33 104 1319 1573* 2464
πίστεως εἰς πάντα τὰ ἔθνη γνωρισθέντος, **27** Cl V 64.6; IV 9.1
27 μόνῳ σοφῷ θεῷ, Cl IV 9.1
πίστεως **εἰ** πάντα τὰ ἔθνη γνωρισθέντος, **27** μόνῳ **θ̅ω̅ σοφῷ,** D*
πίστεως εἰς πάντα τὰ ἔθνη γνωρισθέντος, **27** μόνῳ **θ̅ω̅ σοφῷ,** D^{c}
πίστεος εἰς πάντα τὰ ἔθνη γνωρισθέντος, **27** μόνῳ σοφῷ θ̅ω̅, P
πίστεως εἰς πάντα τὰ ἔθνη γνωρισθέντος, **27** μόνῳ σοφῷ, 365
πίστεως εἰς πάντα τὰ ἔθνη γνωρισθέντος, **27** μόνωι σοφῶι θ̅ω̅ι, 1739
πίστεως εἰς πάντα τὰ ἔθνη γνωρισθέντος, **27** μόνῳ σοφῷ θεῷ, [**u**]**wτ** Er[1] Cl I 73.2
omit **27** G 88
πίστεως εἰς πάντα τὰ ἔθνη γνωρισθέντος, **27** μόνῳ σοφῷ, [131 2400]
πίστεως εἰς πάντα τὰ ἔθνη, **27** μόνῳ σοφῷ θ̅ω̅, [323]
πίστεως εἰς πάντα τὰ ἔθνη γνωρισθέντος, **27** μόνωι σοφῶι θ̅ω̅ι, [424 517 1270 1891]
πίστεως εἰς πάντα ἔθνη **γνωρισθέντες**, **27** μόνῳ σοφῷ θ̅ω̅, [460]
πίστεως εἰς πάντα τὰ ἔθνη **γνωρισθέντες**, **27** **μόνο** σοφῷ θ̅ω̅, [618]
πίστεως εἰς πάντα τὰ ἔθνη **γνωρησθέντος**, **27** μόνῳ σοφῷ θ̅ω̅, [1646]
πίστεως εἰς πάντα τὰ ἔθνη γνωρισθέντος, **27** μόνῳ **τῷ** θ̅ω̅, [1874]
πίστεως εἰς πάντα τὰ ἔθνη γνωρισθέντος, **27** μόνῳ σοφῷ θ̅ω̅, [𝔓[46] A L Ψ 049 056 1 6 33 69 88 104 205 209 226 326 330 440 489 547 614 796 910 927 945 999 1175 1241 1242 1243 1245 1315 1352 1424 1448 1505 1506 1573^{c} 1611 1735 1738 1827 1836 1837 1854 1881 1982 2125 2147 2495 2815]

διὰ χ̅υ̅ ι̅υ̅, ἡ δόξα εἰς τοὺς αἰῶνας, ἀμήν. B
διὰ **Ἰησοῦ Χριστοῦ**, Cl IV 9.1
διὰ **ι̅υ̅ χ̅υ̅**, ᾧ ἡ δόξα εἰς τοὺς αἰῶνας τῶν αἰώνων, ἀμήν. ℵ A D 2464
διὰ **ι̅υ̅ χ̅υ̅**, ᾧ ἡ δόξα εἰς τοὺς αἰῶνας, ἀμήν. C 33 365 1506 1319 1573*
διὰ **ι̅υ̅ χ̅υ̅**, **αὐτῷ** η δόξα εἰς τοὺς αἰῶνας τῶν αἰώνων, ἀμήν. P 104
διὰ **ι̅υ̅ χ̅υ̅**, ὧι ἡ δόξα εἰς τοὺς αἰῶνας, ἀμήν. 1739
διὰ **Ἰησοῦ Χριστοῦ**, ᾧ ἡ δόξα εἰς τοὺς αἰῶνας, ἀμήν. [**uw**]**τ** Er[1]
διὰ **Ἰησοῦ Χριστοῦ**, ἡ δόξα εἰς τοὺς αἰῶνας, ἀμήν. [**w**]
omit G 88
διὰ **ι̅η̅υ̅ χ̅ρ̅υ̅,** ᾧ ἡ δόξα εἰς τοὺς αἰῶνας, ἀμήν. [𝔓[46]]
διὰ **ι̅υ̅ χ̅υ̅**, ᾧ ἡ δόξα εἰς τοὺς **αῶνας**, ἀμήν. [049*]
διὰ **Ἰησοῦ χ̅υ̅**, ᾧ ἡ δόξα εἰς τοὺς αἰῶνας, ἀμήν. [69]
διὰ **ι̅υ̅ χ̅υ̅**, **αὐτῷ** η δόξα εἰς τοὺς αἰῶνας, ἀμήν. [104]
διὰ **ι̅υ̅ χ̅υ̅**, ἡ δόξα εἰς τοὺς αἰῶνας, ἀμήν. [323]
διὰ **ι̅υ̅ χ̅υ̅**, ὧι ἡ δόξα εἰς τοὺς αἰῶνας, ἀμήν. [424 1270 1854 1891]
ι̅υ̅ χ̅υ̅, ᾧ ἡ δόξα εἰς τοὺς αἰῶνας, ἀμήν. [618]
ὧι ἡ δόξα εἰς τοὺς αἰῶνας, ἀμήν. [945]
διὰ **ι̅υ̅ χ̅υ̅**, **αὐτῷ** η δόξα εἰς τοὺς αἰῶνας τῶν αἰώνων, ἀμήν. [1243]
διὰ ι̅υ̅ χ̅υ̅, ᾧ ἡ δόξα εἰς τοὺς αἰῶνας, ἀμήν. [A L Ψ 049^{c} 056 1 6 33 88 131 205 209 226 326 330 440 460 489 517 547 614 618 796 910 927 999 1175 1241 1242 1245 1315 1352 1424 1448 1505 1506 1573^{c} 1611 1646 1735 1738 1827 1836 1837 1874 1881 1982 2125 2147 2400 2495 2815]

24 Ἡ χάρις τοῦ κ̅υ̅ ι̅υ̅ χ̅υ̅ μετὰ πάντων ὑμῶν. ἀμήν. P
24 Ἡ χάρις τοῦ κ̅υ̅ ἡμῶν ι̅υ̅ χ̅υ̅ μετὰ πάντων ὑμῶν. ἀμήν. ˊ33 104 365 1319 1573*

---

lac. 16.26-27, 24 𝔓[10] 𝔓[113] K 0172

C 16.27 τελ του Σα 326 | τλ Σα τῆ τυρη̅ 1739 | τελ β̅ 2464

E 16.26 Ro 3.21; 2 Ti 1.9-10; Ro 1.2; 1.5; 15.18; Ac 6.7; Ga 3.2; 2 Co 10.5; 1 Pe 1.22; Ac 9.15 **27** Ro 11.36; Ga 1.5; Eph 3.21; Phl 4.20; 1 Ti 1.17; 2 Ti 4.18; He 13.21; 1 Pe 4.11; 2 Pe 3.18; Jud 25; Re 1.6; 4.11

Errata: 16.26 antf 618 γνωρισθέντος : γνωρισθέντες 618
16.27 Ti D εἰς : εἰ D*
16.27 antf D σοφῷ θεῷ : 2 1 D
16.27 antf 131 365 2400 σοφῷ θεῷ : σοφῷ 131 365 2400
16.27 antf 1874 σοφῷ θεῷ : τῷ θεῷ, 1874
16.27 antf B Ἰησοῦ Χριστοῦ : 2 1 B
16.27 antf P 104 1243 ᾧ : αὐτῷ P 104 1243
16.27 antf 𝔓[46] omit ἀμήν : ἀμήν 𝔓[46] (Rom. 16.25-27 is after 15.33, but ἀμήν is there)
16.27 antf 88 ᾧ ἡ δόξα εἰς τοὺς αἰῶνας ἀμήν (sine add. τῶν αἰώνων ante ἀμήν : no addition, since entire verse as well as previous verses missing in 88).

Postscript: προς ρωμαιους B* ℵ A C D* 1739 | προς ρωμαιους εγραφη απο κορινθου B[1] D[c] | στιχ α 𝔓[46] | προς ρωμαιους ετελεσθη G/του αγιου και πανευφημου αποστολου παυλου επιστολη προς ρωμαιους. εγραφη απο κορινθου δια φοιβης της διακονου στιχων ικ L | παυλου επιστολη προς ρωμαιους εγραφη απο κορινθου στιχων ν P | παυλου επιστολη προς ρωμαιους Ψ| προς ρωμαιους επιστολη εγραφει απο κορινθου δια φοιβης της διακονου. στιχοι λκ 049 | προς ρωμαιους εγρ' απο κορινθου δια φοιβηςτης διακονου στιχχ λ? 6 | παυλου αποστολου επιστολη προς ρωμαιους εγραφη επι κορινθου δια φοιβης της διακονου στιχχ λκ λξ 104 | εγραφη απο κορινθου δια φοιβης της διακονου 69 | προεγραφη παυλου αποστολου επιστολη προς ρωμαιους. εγραφη απο κορινθου δια φοιβης διακονου αμαγ ευκ,ο ιθ μαρτυρων ι μθ στιχχ ψν 88 | εγραφη απ κορινθου προς ρωμαιους επιστολη δια φοιβης στιχχ λκ 209 | τελος της προς ρωμαιους επιστολης 226 | του αγιου παυλου του αποστολου επιστολη προς ρωμαιους εγραφη απο κορινθου δια φοιβης διακονου. στιχων λκ 326 | αυτην επιστολ εγραφη απο κορινθου δια φοιβης της διακονου της εν κεγχρεαις εκκλησιας στιχων λκ 424 | εγραφη απο κορινθου 440 | προς ρωμαιους εγραφη απο κορινθου δια φυβης της διακονου της ν κεγχρεαις μακ 460 | η προς ρωμαιους εγραφη απο κορινθου δια φοιβης διακονου αναγν,ω πεντε κεφα ιθ μαρτυριαι μ στιχοι ?κ 489 | προς ρωμαιους εγραφη απο κορινθου δια φοιβης της διακονος στιχχ λκ 517 | η προς ρωμαιους εγραφη απο κορινθου δια φοιβης διακονου 547 | προς ρωμαιους επιστολη εγραφει απο κορινθου δια φοιβης της ..διακονου. στιχοιψκ 614 | πρὸς ρωμαίους· εγραάφη ἀπὸ κορίνθοου. δια φοιβης τῆ διακ,ο της εν κεγχρεαις στιχχ λκι 618 | προς ρωμαιους εγραφη απο κορινθου δια φοιβης της διακ. στιχ λκ 796 999 1854 | προς ρωμαιους εγραφη απο κορινθου δια φοιβης διακονος αναγη,ω πεντε κεφ,α ιθ μαρτυριαι μθ στιχοι πκ 927 | προς ρωμαιους εγραφη απο κορινθου δια φοιβης της διακονου. επιχων πεπλειονων καιδιαφονων η επιστολη ενορθωσιν εχουσ ιν των κοριθιοις ημαρτηκρισιν 910 | τελος της προς ρωμαιους η της εγραφη απο κορινθου δια φοιβης διακονου 945 | προς ρωμαιους εγραφη απο κορινθου δια φοιβης της διακονου στιχοι λκ 1175 | η παρουσα επιστολη προς ρωμαιους εγραφη απο κορινθου δια φοιβης της διακονου στιχων τκ 1241 | εγραφη απο κορινθου δια φοιβης της διακονης 1242 | προς ρωμαιους εγραφη απο κορινθου δια φοιβης της διακονου στιχ ακ 1243 | προς ρωμαιους εγραφη απο κορινθου δια φοιβης της διακονου. στιχ πκ 1245 | προς ρωμαιους επιστολη εγραφη απο κορινθου δια φοιβης ης διακονος στιχχ λκ· κ,ε εθ μαρτ μθ 1270 | τελ της προς ρωμ επιστολ εγραφη δε απο κορινθ δια φοιβης της διακ,ο στιχχ πκ 1315 | προς ρωμαιους επιστολη εγραφει απο κορινθου δια φοιβης της διακονου. 1352 | προς ρωμαιους εγραφη απο κορινθου δια φοιβης της διακονου στιχων ψκ 1424 | προς ρωμαιους αυτη επιστολη εγραφη απο κορινθου δια φοιβης διακονου της εν κεγχρεαις εκκλησιας 1448 | εγραφη απο κορινθου δια φοιβης της διακονου της εν κεγχρεαις εκκλησιας στιχχ 1734 | προς ρωμαιους εγραφη απο κορινθου δια φοιβης της διακονου της εν κεγχρεαις στιχοι λκ. 1738 | εγραφη της προς ρωμαιους επιστολης 1827 | ρωμαιοις εγαφη απο κορινθ δια φοιβης της διακονου στιχ δν 1836 | του αγιου παυλου του αποστολου επιστολη προς ρωμαιους εγραφη απο κορινθου δια φοιβης διακονου στιχων λκ 1837 | προς ρωμαιους επιστολη εγραφη απο κορινθου δια φοιβης της διακονου. στιχοι ψκ 1874 | προς ρωμαιους εγραφη απο κορινθου δια φοιβης της διακονου στιχοι πκ 1881 | προς ρωμαιους εγραφη απο κορινθου δια φοιβης της διακονου στιχχ λκ 1891 | προς ρωμαιους εγραφη απο κορινθ δια φοιβης της διακο της εν κεχρεαις εκκλ,η στιχχ λκ 1982 | αυτη η επιστολη εγραφη απο κορινθου δια φοιης της διακονου της εν κεγχρεαις εκκλησιας 2125 | η προς ρωμαιους επιστολη εγραφη απο κορινθου δια φοιβης της διακονου στιχων ψκ 2147 | αυτη η προς ρωμαιους επιστολη εγραφει απο κορινθου δια φοιβης της διακονου της εν κεγχρεαις εκκλησιας αρα παυλου μονου δια στιχων α···κ 2400 | η προς ρωμαιους επιστολη εγραφη απο κορινθου δια φοιβης της διακονου. στιχοι επτακοσιοιεικοσι 2412 | προς ρωμεους 2464 | προς ρωμαιους. εγραφη απο κορινθου δια φοιβης τῆς διακονου της εν κεχρεαις εκκλησιας Er[1]

Appendices

Examples of κεφάλαια *majora* and τίτλοι in Romans

κεφάλαια τῆς ἐπιστολῆς ιθ 1352
κεφάλαια τῆς αὐτῆς ἐπιστολῆς ιθ 517
κεφάλαια τῆς πρὸς ῥωμαίους ἐπιστολῆς 1854
κεφάλαια τῆς πρὸς ῥωμαίους ἐπιστολῆς παυλου 1315 1874
κεφάλαια τῆς πρὸς ῥωμαίους ἐπιστολῆς παυλου ιθ 1175
τὰ κεφάλαια τῆς πρὸς ῥωμαίους ἐπιστολῆς παυλου ιθ 1243

ευαγγελικᾶ διδασκαλία περί τι τῶν εξω χάριτος χς· καὶ τῶν ἐν χάριτι. καὶ περὶ ἐλπίδος καὶ πολιτείας πνικος 1
ευαγγελικὴ διδασκαλία περί τε τῶν εξω χάριτος χυ· καὶ τῶν ἐν χάριτι. καὶ περὶ ἐλπίδος καὶ πολιτείας πνικης 1175
α ευαγγελικὴ διδασκαλία περί τε τῶν εξω χάριτος θυ· καὶ τῶν ἐν χάριτι. καὶ περὶ ἐλπίδος καὶ πολιτείας πνικης 1315
α ευαγγελικῆ διδασκαλία περί τι τῶν εξω χάριτος χυ· καὶ τῶν ἐν χάριτι. καὶ περὶ ἐλπίδος καὶ πολιτείας πνικος 517
εὐαγγελιὴν (-λιη 104) διδασκαλία περί τε τῶν ἐξω χάριτος χυ καὶ τῶν ἐν χάριτι (χαρητι 1874)· καὶ περὶ ἐλπίδος καὶ πολιτείας πνικῆς. 104 1352 1864 1874

πρῶτον οὖν μετὰ τὸ προοίμιον περὶ κρίσεως τῆς κατὰ ἐθνῶν τῶν οὐ φυλασσόντων τὰ φυσικά. 1
πρῶτον οὖν μετὰ τὸ προοίμιον περὶ κρίσεως τῆς κατὰ ἐθνῶν τῶν οὐ φυλασσόντον τὰ φυσικά. 1243
α πρῶτον μὲν οὖν μετὰ τὸ προοίμιον περὶ κρίσεως τῆς κατὰ ἐθνῶν τῶν οὐ φυλασσόντων τὰ φυσικά. 1175 1352
β πρῶτον μὲν οὖν μετὰ τὸ προοίμιον περὶ κρίσεως τῆς κατὰ ἐθνῶν τῶν οὐ φυλασσόντων τὰ φυσικά. 517
α πρῶτον οὖν μετὰ τὸ προοίμιον περὶ κρίσεως τῆς κατὰ ἐθνῶν τῶν οὐ φυλασσόντων τὰ φυσικά. 049 104 1854 1874
β μετὰ τὸ προοίμιον τῆς κρίσεως τῆς κατὰ τῶν ἐθνῶν τῶν φυλασσὸντων τὰ φυσικά 1315

περὶ κρίσεως της κατὰ ἰηλ τοῦ μὴ φυλάσσοντος τὰ νόμιμα. 1
β περὶ κρίσεως της κατὰ ἰηλ τοῦ μὴ φυλάσσοντος τὰ νόμιμα. 049 104 1175 1352 1243 1854 1874
γ περὶ κρίσεως της κατὰ ἰηλ τοῦ μὴ φυλάσσοντος τὰ νόμημα. 517
γ περὶ κρίσεως κατὰ τὸν ἰηλ τοῦ μὴ φυλάσσοντος τὰ νόμημα. 1315

περὶ ὑπεροχῆς ἰηλ τοῦ τυγχάνοντος τῆς ἐπαγγελίας. 1
γ περὶ ὑπεροχῆς ἰηλ τοῦ τυγχάνοντος τῆς ἐπαγγελίας. 049 104 1175 1243 1352 1854 1874
δ περὶ ὑπεροχῆς ἰηλ τοῦ τυγχάνοντος τῆς ἐπαγγελίας. 517 1315

περὶ χάριτος δι᾽ ἧς μόνον ἄνοι δικαιοῦνται οὐ κατὰ γένος διακεκριμενως ἀλλὰ κατὰ θυ δόσιν ἰσοτίμως κατὰ τὸν ἀβραὰμ τύπον. 1
δ περὶ χάριτος δι᾽ ἧς μόνον ἄνοι δικαιοῦνται (-τε 1874) οὐ κατὰ γένος διακρημιένως (διακεκριμενως 049 1175) ἀλλὰ κατὰ θυ δόσιν (δω- 1874*) ἰσοτίμως κατὰ τὸν ἀβραὰμ τύπον. 049 1175 1352 1874
ε περὶ χάριτος δι᾽ ἧς μόνον ἄνοι δικαιοῦνται οὐ κατὰ γένος διακεκριμενως ἀλλὰ κατὰ θυ δόσιν ἰσοτίμως κατὰ τὸν ἀβραὰμ τύπον. 517
ε περὶ χάριτος θυ δι᾽ ἧς μόνον ἄνοι δικαιοῦνται οὐ κατὰ τὸ γένος διακρινομένων ἀλλὰ κατὰ θυ δόσιν εἰσοτίμως κατὰ τὸν ἀβραὰμ τύπον. 1315
δ περὶ χάριτος δι᾽ ἧς ἄνοι δικαιοῦνται οὐ κατὰ γένος κατὰ κεκριμένος ἀλλὰ κατὰ θυ δῶσιν ἰσοτίμος κατὰ τὸν ἀβραὰμ τύπον. 1243
δ περὶ χάριτος δι᾽ ἧς μόνον ἄνοι δικαιοῦνται οὐ κατὰ γένος διακεκριμενως ἀλλὰ κατὰ θυ δόσιν ἰσοτίμως κατὰ τὸν ἀβραὰμ τύπον. 104
δ περὶ χάριτος δι᾽ ἧς μόνον ἄνοι δικαιοῦνται οὐ κατὰ θυ δόσιν ἰσοτίμως κατὰ τὸν ἀβραὰμ τύπον. 1854

omit 1
ε περὶ τῆς ἀποκειμένης ἐλπίδος. 049 104 1175 1243 1352 1854 1874
ϛ περὶ τῆς ἀποκειμένης ἐλπίδος. 330 517 1315

περὶ της εἰσαγωγῆς τοῦ πρὸς σρίαν ἡμῶν ἀνου ιυ χυ· ἀντὶ τοῦ πεσόντος ἐξ ἀρχῆς γηγενοῦς ἀδάμ. 1
ς περὶ (+ της 049) εἰσαγωγῆς τοῦ πρὸς σρίαν (σρία 1854) ἡμῶν ἀνου ιυ χυ· ἀντὶ τοῦ πεσόντος ἐξ ἀρχῆς τοῦ (- 049) γηγενοῦς ἀδάμ. 049 1352 1854 1874
ς περὶ ἰσαγωγῆς τοῦ πρὸς σωτηρίαν ἡμῶν ἀνου ιυ χυ· ἀντὶ τοῦ πεσόντος ἐξ ἀρχῆς τοῦ γηγενοῦς ἀδάμ. 1175
ς περὶ εἰσαγωγῆς τοῦ πρὸς σρίαν ἡμῶν ἀνου ιυ χυ· ἀντὶ τοῦ πεσόντος ἐξ ἀρχῆς γηγενοῦς ἀδάμ. 1243
ζ περὶ τῆς εἰσαγωγῆς τοῦ πρὸς σρίαν ἡμῶν ἀνου ιυ χυ· ἀντὶ τοῦ πεσόντος ἐξ ἀρχῆς γηγενοῦς ἀδάμ. 330
ζ περὶ εἰσαγωγῆς τοῦ πρὸς σρίαν ἡμῶν ἀνου ιυ χυ· ἀντὶ τοῦ πεσόντος ἐξ ἀρχῆς τοῦ γηγενοῦς ἀδάμ. 517
ζ περὶ εἰσαγωγῆς τοῦ πρὸς σρίαν ἡμῶν ἀνου ιυ χυ· ἀντὶ τοῦ πεσόντος ἐξ ἀρχῆς τοῦ γένους ἀδάμ. 1315
ς περὶ εἰσαγωγῆς τοῦ πρὸς σρίαν ἀνου ιυ χυ· ἀντὶ τοῦ πεσόντος ἐξ ἀρχῆς τοῦ γηγενοῦς ἀδάμ. 104

περὶ τῆς ὀφειλομένης ἐπὶ τῇ πίστει πράξεως ἀγαθῆς. 1
ζ περὶ τῆς ὀφειλομένης ἐπὶ τῇ πίστει πράξεως ἀγαθῆς. 049 1175 1352 1854 1874
η περὶ τῆς ὀφειλομένης ἐπὶ τῇ πίστει πράξεως ἀγαθῆς. 517 1315
η περὶ τῆς ὀφειλομένης ἐπὶ τῇ πίστει πράξεως ἀγαθον. 1243
η περὶ τῆς ὀφειλομένης ἐπὶ τῇ πίστει πράξεως ἀγαθῆς. 330
ζ περὶ τῆς ὀφειλομένης ἐν πίστει πράξεως ἀγαθῆς. 104

ἐπανάληψις περὶ τῆς ἐν χάριτι ζωῆς. 1
η ἐπανάληψις περὶ τῆς ἐν χω καὶ χάριτι ζωῆς. 1352
η ἐπανάληψις περὶ τῆς ἐν χάριτι (χαρητι 1874*) ζωῆς. 049 1175 1854 1874
η ἐπανάληψης περὶ τῆς ἐν χάριτι ζωῆς. 1243
θ ἐπανάληψις περὶ τῆς ἐν χάριτι ζωῆς. 517 1315
θ ἐπανάληψις περὶ τοῖς ἐν χάριτι ζωῆς. 330
η ἐπανάλειψις περὶ τῆς ἐν χάριτι ζωῆς. 104

περὶ τῆς ὑπὸ νόμου κατακρίσεως διὰ τὴν ἁμαρτίαν. 1
θ περὶ τῆς ὑπὸ νόμου κατακρίσεως διὰ τὴν ἁμαρτίαν. 049 104 1175 1243 1854 1874
ι περὶ τῆς ὑπὸ νόμου κατακρίσεως διὰ τὴν ἁμαρτίαν. 330 517 1315

περὶ τῶν ἐν ἀνθρωπίνη φύσει παθῶν ἀδύνατον ποιούντων τὴν πρὸ νόμου συμφωνίαν. 1
θ περὶ τῶν ἐν ἀνινη φύσει παθῶν ἀδύνατον ποιούντων τὴν πρὸς νόμον συμφωνίαν. 1352
ια περὶ τῶν ἐν ἀνινη φύσει παθῶν ἀδύνατον ποιούντων τὴν πρὸς νόμον συμφωνίαν. 517
ια περὶ τῶν ἐν ἀνινη φύσει παθῶν ἀδύνατον ποιούντων τὴν πρὸ νόμου συμφωνίαν. 1315
ια περὶ τῶν ἐν ἀνινη φύσει παθῶν ἀδύνατον ποιούντων πρὸς νόμων συμφωνίαν. 330
ι περὶ τῶν ἐν ανήνη φύσει παθῶν ἀδύνατον ποιούντων τὴν πρὸς νόμον συμφωνίαν. 1243
ι περὶ τῶν ἐν ἀνθρωπίνη φύσει παθῶν ἀδύνατον ποιούντων τὴν πρὸς τὸν νόμον συμφωνίαν. 104
ι περὶ τῶν ἐν ἀνθρωπίνη (ανι 1874) φύσει παθῶν ἀδύνατον ποιούντων τὴν πρὸς νόμον συμφωνίαν. 049 1175 1854 1874

περὶ τῆς ἀποδύσεως τῶν φυσικῶν παθημάτων διὰ τῆς πρὸς τὸ σῶμα πνα συμφωνίας 1
ια περὶ τῆς ἀποδύσεως τῶν φυσικῶν παθῶν διὰ τῆς πρὸς τὸ πνα συμφωνίας 104
ια περὶ τῆς ἀποδύσεως τῶν φυσικῶν παθηματῶν διὰ τῆς πρὸς τὸ πνα συναφείας 1175
ιβ περὶ τῆς ἀποδύσεως τῶν φυσικῶν παθηματῶν διὰ τῆς πρὸς τὸ πνα συναφείας 517 1315
ιβ περὶ τῆς ἀπολαύσεως τῶν φυσικῶν παθημάτων διὰ τῆς πρὸς τὸ πνα συναφείας 330
ια περὶ τῆς ἀποδύσεως τῶν φυσικῶν παθημάτων διὰ τῆς πρὸς τὸ σῶμα συμφωνίας (πνα συναφείας 1243 1874). 1243 1854 1874
ια περὶ τῆς ἀποδύσεως τῶν φυσικῶν παθημάτων διὰ τῆς πρὸς τὸ πνα παράληψις περὶ τῆς ἀποκειμίνης ἁγίας δόξης. 1352
ια περὶ τῆς ἀποδύσεως τῶν φυσικῶν παθημάτων διὰ τῆς πρὸς τὸ πνεῦμα συμφωνίας 049

ἐπανάληψις περὶ τῆς ἀποκειμένης τοῖς ἁγίοις δόξης 1
ιβ ἐπανάληψεις περὶ τῆς ἀποκειμένης ἁγίοις δόξης 1243
ιγ ἐπανάληψις περὶ τῆς ἀποκειμένης ἁγίαν δόξαν 330
ιγ ἐπανάληψις περὶ τῆς ἀποκειμένης ἁγίας δόξης 517
ιγ ἐπανάληψις περὶ τῆς ἀποκειμένοις ἁγίοις δόξης 1315
ιβ ἐπανάληψις περὶ τῆς ἀποκειμένης ἁγίοις δόξης. 049 1175 1854 1874
ιβ ἐπανάληψις περὶ τῆς ἀποκειμένης τοῖς ἁγίοις δόξης. 104

περὶ τῆς ὀφειλομένης ἀγάπης χω. 1
ιγ περὶ τῆς ὀφειλομένης ἀγάπης (+ τῆς ἐν 1874) χω. 049 104 1175 1854 1874
ιδ περὶ τῆς ὀφειλομένης ἀγάπης χω. 330 517 1315

περὶ ἐκ πτώσεως ἰηλ τοῦ ἀποβληθέντος καὶ κλήσεως ἀληθοῦς τοῦ ἐκλεχθέντος μετὰ ἐθνῶν. 1
ιδ περὶ ἐκ πτώσεως ἰηλ τοῦ ἀποβληθέντος καὶ κλήσεως (+ τῆς 1874; + τοῦ 1175) ἀληθοῦς τοῦ ἐκλεχθέντος μετὰ ἐθνῶν. 049 1175 1854 1874
ιζ περὶ ἐκ πτώσεως ἰηλ τοῦ ἀποβληθέντος καὶ κλήσεως τοῦ ἐκλεχθέντος μετὰ τῶν ἐθνῶν. 104
ιε περὶ ἐκ πτώσεως ἰηλ τοῦ ἀποβληθέντος καὶ κλήσεως τῶν ἀληθοῦς τοῦ ἐκλεχθέντος μετὰ ἐθνῶν. 330
ιε περὶ ἐκ πτώσεως τοῦ ἀποβληθέντος ἰηλ καὶ κλήσεως τοῦ ἀληθοῦς τοῦ ἐκλεχθέντος μετὰ τῶν ἐθνῶν. 517
ιε περὶ ἐκ πτώσεως ἰηλ τοῦ ἀποβληθέντος καὶ περὶ κλήσεως τῆς ἀληθοῦς ἐκλεχθέντος μετὰ ἐθνῶν. 1315

ὅτι ἔτι κατὰ ἀπιστίαν ἡ ἔκπτωσις διὰ τῆς εἰς ἄγνοιαν ἐγκαταλήψεως. καὶ τοῦ μὴ ἁρμόζοντος αὐτοῖς κηρύγματος. 1
ιε ὅτι κατὰ ἀπιστίαν (απιστει- 1874) ἡ ἔκπτωσις διὰ τῆς εἰς ἄγνοιαν ἐγκαταλείψεως. καὶ τοῦ μὴ ἁρμόζοντος αὐτοῖς κηρύγματος. 049 1175 1854 1874
ις ὅτι κατὰ ἀπιστίαν ἡ ἔκπτωσις διὰ τῆς εἰς ἄγνοιαν ἐγκαταλήψεως. καὶ τοῦ μὴ ἁρμόζοντος αὐτοῖς κηρύγματος. 330 517 1315
ιη ὅτι κατὰ ἀπιστίαν ἡ ἔκπτωσις διὰ τῆς εἰς ἄγνοιαν ἐγκαταλήψεως. καὶ τοῦ μὴ ἁρμόζοντος αὐτοῖς κηρύγματος. 104

περὶ τοῦ σκοποῦ καθ' ὃν ἐξεβλήθησαν. ὥστε δεύτερον ἐπανελθεῖν ζηλωτῶν προτιμηθέντων ἐθνῶν συνταχθέντων πιστῶν ἰηλ. 1
ις περὶ τοῦ σκοποῦ καθ' ὃν ἐξεβλήθησαν. ὥστε δεύτεροι (δευτερον 049) ἐπανελθεῖν ζηλωτῶν προτιμηθέντων ἐθνῶν συνταχθέντων (+ τω 104 1175 1874) πιστῶ ἰηλ. 049 104 1175 1854 1874
ιζ περὶ τοῦ σκοποῦ καθ' ὃν ἐξεβλήθησαν. ὥστε δεύτερον ἐπανελθεῖν ζηλωτῶν προτιμηθέντων ἐθνῶν συνταχθέντων πιστῶν ἰηλ. 330
ιζ περὶ τοῦ σκοποῦ καθ' ὃν ἐξεβλήθησαν. ὥστε δεύτεροι ἐπανελθεῖν ζηλωτῶν προτιμηθέντων ἐθνῶν συνταχθέντων τῶ πιστῶι ἰηλ. 517
ιζ περὶ τοῦ σκοποῦ καθ' ὃν ἐξεβλήθησαν. ὥστε δεύτερον ἐπανελθεῖν ζήμυτῶν προτιμηθέντων ἐθνῶν συναχθέντων τῶ πάλαι ἰηλ. 1315

παραινέσεις περὶ ἀρετῆς πρὸς τὸν θν καὶ ἀνους: ἐν αἷς περὶ τῆς πρὸς ἀλλήλους ὁμονοίας: περὶ τῆς πρὸς θν λατρείας: περὶ τῆς πρὸς ἀντικειμένους ἀνεξικακίας: περὶ τῆς πρὸς ἄρχοντας ὑποταγῆς: περὶ σωφροσύνης καὶ πραότητος: περὶ τῆς ἐν βρώσει ἀμάχου διανοίας. 1

ιζ παραινέσις (-σεις 049 1854) 'περὶ ('τῆς 1874) ἀρετῆς πρὸς τὸν (- 1874) θν καὶ ἀνους: (+ α 049 1874) ἐν αἷς περὶ τῆς πρὸς ἀλλήλους ὁμονοίας: (+ β 049 1874) περὶ τῆς πρὸς θν λατρείας: (+ γ 049 1874) περὶ τῆς πρὸς ἀντικειμένους ἀνεξικακίας: (+ δ 049 1874) περὶ τῆς πρὸς ἄρχοντας (αραχων- 1874) ὑποταγῆς: (+ ε 049 1874) περὶ σωφροσύνης καὶ πραότητος: (+ ς 049 1874) περὶ τῆς ἐν βρώσει (βρωμασιν καὶ ημέραις 1874) ἀμάχου διανοίας. 049 1854 1874

ιη παραινέσις περὶ ἀρετῆς πρὸς τὸν θν καὶ ἀνους 330
ιη παραινέσεις περὶ ἀρετῆς τῆς πρὸς θν καὶ ἀνους 517
ιζ παραινέσεις περὶ ἀρετῆς τῆς πρὸς θν καὶ ἀνους 1175

ιθ ἐν αἷς περὶ τῆς πρὸς ἀλλήλους ὁμονοίας 330
α ἐν αἷς περὶ τῆς εἰς ἀλλήλους ὁμονοίας 517
α ἐν αἷς περὶ τῆς πρὸς ἀλλήλους ὁμονοίας 1175

κ περὶ τῆς πρὸς θν λατρείας 330
β περὶ τῆς πρὸς θν λατρείας 517 1175

κα περὶ τῆς προσαντικειμένους ἀνεξικακίας 330
γ περὶ τῆς προσαντικειμένους ἀνεξικακίας 517 1175

κβ περὶ τῆς πρὸς ἄρχοντας ὑποταγῆς 330
δ περὶ τῆς πρὸς ἄρχοντας ὑποταγῆς 517 1175

κγ περὶ σωφροσύνης καὶ πραότητος 330
ε περὶ σωφροσύνης καὶ πραότητος 517 1175

κδ περὶ τῆς ἐν βρώμασι ἀμάχου διανοίας 330
ς περὶ τῆς ἐν βρώμασι (-σιν 1175) καὶ ἡμέραις ἀμάχου διανοίας 517 1175

κε περὶ μιμήσεως τῆς χυ ἀνεξικακίας 330
ζ περὶ μιμήσεως τῆς χυ ἀνεξικακίας 330

κς περὶ της λειτουργίας αὐτοῦ τῆς ἐν ἀνατολῆ καὶ ἐνδυσει 330
η περὶ της λειτουργίας αὐτοῦ τῆς ἐν ἀνατολῆ καὶ δύσει 517

ιζ παραινέσις περὶ ἀρετῆς πρὸς θν καὶ ἀνους: ἐν αἷς περὶ τῆς πρὸς ἀλλήλους ὁμονοίας: περὶ τῆς πρὸς θν λατρεῖας:
ιη περὶ μιμήσεως τῆς χυ ἀνεξικακίας. 049 1175 1854 1874

περὶ μιμήσεως τῆς χυ ἀνεξικακίας. 1
ιη περὶ τῆς ἀντικειμένους ἀνεξικακίας 104

ιθ περὶ της λειτουργίας (λειτουργείας 049) αὐτοῦ τῆς ἐν (- 049) ἀνατολῆ καὶ ἐνδυσει (δυσει 049 1175). 1 049 1175 1854 1874
ιθ περὶ τῆς πρὸς ἄρχοντας ὑποταγῆς 104
κ περὶ σωφροσύνης καὶ πραότητος 104
κα περὶ τῆς ἐν βρώμασι καὶ ἡμέραις ἀμάχου διανοίας. 104

στιχοι λζ 1175 1874

εὐαγαγελικὴ διδασκαλία περί τε τῶν ἔξω. χάριτος χυ καὶ τῶν ἐν χάρητι (χαριτι 1175)· καὶ περὶ ἐλπῖδος καὶ πολιτείας (πολιτιας 1175) πνικοῖς 1175 1874

Some Problems in the Apparatuses of Nestle-Aland^{27} and the United Bible Societies^{4} Texts

MISLEADING AND INCORRECT VARIANT READINGS

1.24 **na** D ἐν αὐτοῖς : ἐν αὐτοῖς D*; ἐν ἑαυτοῖς D^{1}

1.27 **na** 104* αὐτοῖς : ἑαυτοῖς 104*

1.29 **na** D^{s}* κακίᾳ πορνείᾳ πλεονεξίᾳ; D^{2} κακίᾳ πονηρίᾳ πλεονεξίᾳ : **rjs** D* κακείᾳ πορνείᾳ πλεονεξείᾳ; D^{1} κακίᾳ πορνείᾳ πονηρίᾳ πλεονεξίᾳ; D^{2} κακίᾳ πονηρίᾳ πορνείᾳ πλεονεξίᾳ

1.31 **na** D^{1} ἀστόργους ἀσπόνδους : **Ti** ἀστόργους ἀσπόνδους D^{2}

2.2 **na** Ψ κρίνει : κρίνη Ψ

2.16 **na** 6 1241 κρίνει : κρινεῖ 6 1241

2.17 **na** K Εἰ δέ : Εἴδε K

3.9 **na** 104 προκατέχομεν περισσόν [προῃτιασάμεθα] : προκατέχομεν περισσόν οὐ πάντως [ῄτιασάμεθα] 104

3.10 **na** txt γινέσθω δέ : G ἔστω δέ; ἔστω γάρ G

3.22 **na** 2464 εἰς πάντας : εἰς πάντας καὶ ἐπὶ πάντας 2464 (**antf** correct)

3.26 **na** 1881 Ἰησοῦν : Ἰησοῦ 1881

4.1 **na** 6 Ἀβραὰμ τὸν προπάτορα ἡμῶν : Ἀβραὰμ τὸν πρ͞α ἡμῶν 6

4.1 **na** 365 εὑρηκέναι Ἀβραὰμ τὸν προπάτορα ἡμῶν : 1—4 πρ͞α ἡμῶν 365

4.8 **na** 1506 txt οὗ correct, but οὐ omitted

4.11 **na** 424* εἰς δικαιοσύνην : εἰς τὴν δικαιοσύνην 424*

4.19 **na** 33 ἤδη : ἤδει 33

6.1 **na** 1881 ἐπιμένομεν : ἐπιμείνομεν 1881

6.2 **na** 1241 ζήσωμεν : ζήσομεν 1241

6.8 **na** K 326 συζήσωμεν : συνζήσωμεν K 326

6.12 **na** 33 αὐτοῦ ἐν ταῖς ἐπιθυμίαις αὐτοῦ : **αὐτοῦ** ἐν ταῖς 33

7.18 **na** F 33 οὐχ εὑρίσκω : οὐκ εὑρίσκω F 33 (correct in **antf**)

7.23 **na** 365 ἐν τῷ νόμῳ : τῷ νόμῳ 365

8.1 **na** 365 μὴ κατὰ σάρκα περιπατοῦσιν : τοῖς κατὰ σάρκα περιπατοῦσιν 365 (correct in **antf**)

8.11 **na** 1739 1881 correctly reports omission of τόν ante Ἰησοῦν, but fails to report omission of ἐκ νεκρῶν post Ἰησοῦν

8.20 **na** Ψ ἐφ' ἐλπίδι : ἐπ' ἐλπίδι Ψ

8.23 **na** has 104 twice: καὶ αὐτοὶ ἡμεῖς οἱ and καὶ αὐτοί. Latter reading is correct.

8.26 **na** D* τῇ ἀσθενείᾳ : D^{c} not shown (D* omits ἡμῶν)

8.32 **na** D ὃς οὐδὲ τοῦ ἰδίου υἱοῦ : ὅς γε οὐδὲ τοῦ ἰδίου υἱοῦ D^{2}

8.34 **na** 1506 κατακρινῶν : κατακρίνων 1506

8.34 **na** 𝔓^{46vid} Χριστου : lac. 𝔓^{46}

8.34 **na** 1241 1242 μᾶλλον δὲ ἐγερθείς : μᾶλλον δὲ καὶ ἐγερθείς 1241 1242 (**na** and **ubs** omit καί in txt, but do not show any variants)

9.4 **na** G ἐπαγγελία : ἡ παγγελία G

9.4 **na** 𝔓^{46vid} ἐπαγγελία : ἐπαγγελί··· 𝔓^{46}

9.8 **na** 104 τοῦτ' ἔστιν ὅτι : τοῦτ' ἔστιν 104

9.26 **na** Ψ ἐρρέθη αὐτοῖς : ἂν ῥηθῇ αὐτοῖς Ψ

9.26 **na** 1881 ἐρρέθη αὐτοῖς : ἐρρηθῇ αὐτοῖς 1881

9.31 **na** 2464 νόμον : νόμον δικαιοσύνης 2464

10.1 **na** 1506 αὐτῶν : αὐτόν 1506

10.3 **na** F txt δικαιοσύνην : δικαιοσύνης F

10.5 **na** F txt τὴν δικαιοσύνην τὴν ἐκ τοῦ νόμου ὅτι : 1—3 ἐχ 5 6 ὅτει F

10.5 **na** 33 ποιήσας αὐτὰ : ποιήσας ταῦτα 33*

10.9 **na** 𝔓^{46} ἐν τῷ στόματί σου κύριον Ἰησοῦν Χριστόν : ἐν τῷ .... ····ν̅ χ͞ρν 𝔓^{46}

10.15 **na** ℵ^{c} τῶν εὐαγγελιζομένων εἰρήνην : ἰρήνην τῶν εὐαγγελιζομένων ℵ^{c}

10.15 **na** F τῶν εὐαγγελιζομένων εἰρήνην τῶν εὐαγγελιζομένων : 1 2 ἰρήνην 5 F (does not indicate omission of τῶν^{2})

10.20 **na** D* omit ἀποτολμᾷ καί (mark for insertion post δέ, but not found in margin; see Ti)

11.1 **na** 𝔓^{46} ην προέγνω : ···· προέγνω 𝔓^{46}

11.2 **na** 1175 Ἰσραήλ : Ἰσραὴλ λέγων 1175

11.6 **na** B ἐπει^{2} : ἐπί B*; ἐπεί B^{c}

11.6 **na** 326 lac. εἰ δὲ ἐξ ἔργων οὐκέτι ἐστιν χάρις ἐπεὶ τὸ ἔργον οὐκέτι ἐστιν ἔργον : no lac.; txt reads ἡ δὲ ἐξ ἔργων οὐκέτι ἐστιν χάρις ἐπεὶ τὸ ἔργον οὐκέτι ἐστιν ἔργον 326 (**ubs** must also have lac., since 326 not reported for this variant). **na** reports 326 at 11.13 and **ubs** at 11.16, so the wrong reporting of a lac. for 326 in editions **antf, na,** and **ubs** extends somewhere before 10.15 to 11.13.

11.8 na 945 καθάπερ : καθώς 945
11.17 na D* F G om. τῆς ῥίζης : ἐγένου D* F G; τῆς ῥίζης καί D[1]; ἐγένου τῆς ῥίζης καί D[2]
11.22 na 365 omit θεοῦ : this omission is part of a larger homot. ἐπὶ μὲν τοὺς πεσόντας ἀποτομία, ἐπὶ δὲ σὲ χρηστότης θεοῦ in 365
11.22 na C ἐπιμείνῃς : ἐπιμίνης C (Ti)
11.23 na C ἐπιμείνωσιν : ἐπιμείνωσει C (Ti)
11.23 na 2464 ἐπιμένωσιν : ἐπιμήνωσεν 2464
12.2 na D F G συσχηματίζεσθαι[1] : συνσχηματίζεσθαι D F G
12.2 na F μεταμορφοῦσθαι : μεταμορφοῦσται F
12.2 na 6 μεταμορφοῦσθαι : μορφοῦσθαι 6
12.2 na D F G συσχηματίζεσθαι[1] : συνσχηματίζεσθαι D F G
12.2 na F μεταμορφοῦσθαι : μεταμορφοῦσται F
12.2 na 6 μεταμορφοῦσθαι : μορφοῦσθαι 6
12.9 na F G μισοῦντες : μεισοῦντες F G
12.14 na D εὐλογεῖτε τοὺς διώκοντας ὑμᾶς, εὐλογεῖτε καὶ μὴ καταρᾶσθε (order not indicated) : εὐλογε··τ·· (-τε D[1]) καὶ μὴ καταρᾶσθαι, εὐλογεῖτε τοὺς διώκοντας ὑμᾶς D*[,1]; εὐλογεῖτε τοὺς διώκοντας ὑμᾶς, εὐλογεῖτε καὶ μὴ καταρᾶσθαι D[2]
12.14 na 6 **omit** ὑμᾶς : **omit** τοὺς διώκοντας ὑμᾶς, εὐλογεῖτε 6
12.14 na 33[vid] διώκοντας ὑμᾶς : διόκο········· ········· 33
12.16 na P adds ἀγαπητοῖς correctly post φρονοῦντες[1], but does not report omission of μὴ τὰ ὑψηλὰ φρονοῦντες
12.20 na ℵ P 365 1739 1881 ἀλλὰ ἐάν : ἀλλ' ἐάν ℵ P 365 1739 1881 (**antf** correct)
12.20 na D[2] ἐὰν οὖν; **Ti** D[1.2] ἐὰν δέ : **rjs** καὶ ἐάν D[1]; ἐὰν δέ D[2]
12.20 na 6 ἀλλὰ ἐὰν : ἀλλ' ἐὰν οὖν 6
13.1 na 1881 ὑποτασσέσθω : ὑποτασέσθω 1881 (**antf** correct)
13.1 na D* F G ὑποτασσέσθε : ὑποτασσέσθαι D* G; ὑποτασσέσται F
13.9 na 33 τούτῳ τῷ λόγῳ : τοῦτο τῷ λόγῳ 33
13.9 na 1506 τῷ λόγῳ τούτῳ : τούτῳ τῷ λόγῳ 1506
13.9 na 1739 Οὐ κλέψεις, Οὐκ ἐπιθυμήσεις correct; but do not indicate 1739 omits Οὐ φονεύσεις
13.11 na F G Ψ 614 ἡμᾶς correctly; but order, ἡμᾶς ἤδη, not reported
13.12 na 1506 ἐνδυσώμεθα δέ : καὶ ἐνδυσώμεθα ····· δὲ 1506
14.9 na A καὶ ἀπέθανεν : ······ ·····έθανεν A
15.8 na 33 γεγενῆσθαι : γεγενεῖσθαι 33
15.14 txt ἀδελφοί μου, καὶ αὐτὸς ἐγὼ περὶ ὑμῶν; **na** F G omits σου correctly, but does not indicate order : καὶ αὐτὸς (αυτὸ F) ἐγὼ περὶ ὑμῶν, ἀδελφοί F G
15.14 na D F G δυνάμενοι καὶ ἀλλήλους νουθετεῖν : ἀλλήλους δυνάμενοι νουθετεῖν D*[,2] F G; δυνάμενοι καὶ ἀλλήλους νουθετεῖν D[1]
15.14 na 1175 ἀλλήλους : ἄλλους 1175
15.15 na F G τολμηρότερον : τομηρότερον F G
15.17 na C ἔχω οὖν τὴν καύχησιν : ἔχω οὖ·· ······ ·········χη······ C
15.19 na D μέχρι τοῦ Ἰλλυρικοῦ καὶ κύκλῳ : 4 5 1—3 D[1]
15.20 na C φιλοτιμούμενον : ·······················μενον C
15.20 na F φιλοτιμοῦμαι : φειλοτιμοῖμαι F
15.21 na C Ψ ἀνηγγέλη : ἀπηγγέλη C; ανηγγέλθη Ψ
15.23 na 1175 ἱκανῶν : πολλῶν 1175
15.29 na 1506 εὐλογίας Χριστοῦ : εὐλογίας Χριστοῦ τοῦ εὐαγγελίου 1506
15.32 na 1506 ἐν χαρᾷ ἔλθων : ἐν χαρᾷ ἔλθω 1506
15.32 na 'συναναπαύσωμαι ὑμῖν' : apparatus reads συναναπ. ὑμ. for ℵ[c] Ψ. ℵ[c] reads συναναπαύσωμαι ὑμῖν with text, but Ψ reads συναναπαύσομαι ὑμῖν, not συναναπαύσωμαι ὑμῖν
15.32 na 1506 συναναπαύσωμαι ὑμῖν : συναναπαύσομαι ὑμῖν 1506
15.32 na 1881 συναναπαύσομαι : συναναπαύσομαι 1881*; συναναπαύσομαι 1881[c]
16 2 na Ψ ἐμοῦ αὐτοῦ. : 2 1 Ψ
16 2 na 33 προστάτις πολλῶν ἐγενήθη καὶ ἐμοῦ αὐτοῦ : προστα····· ·············· ················ ······ ·············· ·········· 33 (lac. mold)
16 5 na F G τῆς Ἀσίας : τῆς Ἀσείας F G
16 6 na 365 εἰς ὑμᾶς : εἰς ἡμᾶς 365*; εἰς ὑμᾶς 365[c] (**antf** correct)
16 8 na 6 Ἀμπλιᾶτον : Ἀπλιᾶτον 6
16.15 na A F G Νηρέα : Νηρέαν A F G
16.15 na F G Ὀλυμπᾶν : Ὀλιμπεῖδα F; Ὀλυμπεῖδα G
16.16 na D* ⸋ἀσπάζονται ὑμᾶς αἱ ἐκκλησίαι πᾶσαι τοῦ Χριστοῦ : txt diacritical mark indicating phrase is added, but the phrase is not found in margin.
16.17 na 2464 ἐκκλήνετε : ἐκκλήνεται 2464
16.19 na 323 χαίρω οὖν ἐφ' ὑμῖν : χαίρω οὖν τὸ ἐφ' ὑμῖν 323
16.19 na 6 σοφούς : σοφοὺς μέν 6

16.21 **na** 1881 ἀσπάζεται : ἀσπάζετε 1881
16.21 **na** Ψ μου[1] : μοι Ψ
16.21 **na** 6 **omit** μου post συνεργός : but συνεργῶν not συνεργός 6

1.29 **ubs** 88 πορνείᾳ πονηρία πλεονεξίᾳ κακίᾳ (88 add και after each word) : **rjs** this is a very difficult manuscript to read, but in the opinion of this reader these are ink blots after each word (a habit of the scribe), not an abbreviated καί. The abbreviated καί (κ̀,)has a grave accent in other occurrences, which is not the case in these instances.
1.29 **ubs** D* κακίᾳ πορνείᾳ πλεονεξία; D[c] κακία πορνείᾳ πονηρία πλεονεξία : **rjs** D* κακείᾳ πορνείᾳ πλεονεξεία; D[1] κακίᾳ πορνείᾳ πονηρίᾳ πλεονεξία; D[2] κακίᾳ πονηρία πορνείᾳ πλεονεξία
2.2 **ubs** Ψ δέ : γάρ Ψ*
3.9 **ubs** Ψ προκατέχομεν περισσόν : προεχόμεθα περισσόν Ψ
3.9 **ubs** 104 προκατέχομεν περισσόν [προῃτιασάμεθα] : προκατέχομεν περισσόν οὐ πάντως [ῄτιασάμεθα] 104
3.26 **ubs** 1881 Ἰησοῦν : Ἰησοῦ 1881
4.19 **ubs** 33 ἤδη : ἤδει 33
5.17 **ubs** 𝔓[46] τῆς δωρεᾶς : ····· δωρεᾶς 𝔓[46]
5.17 **ubs** C cites τῆς δωρεᾶς, but not omission of τῆς δικαιοσύνης
6.12 **ubs** K αὐτῇ ἐν ταῖς ἐπιθυμίαις αὐτοῦ : 1—3 ἐπιθυμίας 5 K
6.12 **ubs** 365 ταῖς ἐπιθυμίαις αὐτῶν : ταῖς ἐπιθυμίαις αὐτοῦ 365 (correct in **na**)
6.12 **ubs** 33 αὐτοῦ ἐν ταῖς ἐπιθυμίαις αὐτοῦ : **<u>αὐτοῦ</u>** ἐν ταῖς ························ ············ 33
7.18 **ubs** F 33 οὐχ εὑρίσκω : οὐκ εὑρίσκω F 33 (correct in **antf**)
8.11 **ubs** C αὐτοῦ : αὐτοί (Ti C*; **na** correct)
8.34 **ubs** 1241 1242 μᾶλλον δὲ ἐγερθείς : μᾶλλον δὲ καὶ ἐγερθείς 1241 1242 (**na** and **ubs** omit καί in txt, but do not show any variants)
8.35 **ubs** A Χριστου : lac. A
9.23 **ubs** 𝔓[46] καὶ ἵνα : ····· ἵνα 𝔓[46]
10.9 **ubs** 𝔓[46] ἐν τῷ στόματί σου κύριον Ἰησοῦν Χριστόν : ἐν τῷ ················ ······· ······ ····· ····ν̄ χρ̄ν̄ 𝔓[46]
10.9 **ubs** does not report 326 from 10.9 and on
10.15 **ubs** ℵ[c] τῶν εὐαγγελιζομένων εἰρήνην : ἰρήνην τῶν εὐαγγελιζομένων ℵ[c]
11.6 **ubs** B ἐπει[2] : ἐπί B* ; ἐπεί B[c]
11.6 **ubs** 326 lac. εἰ δὲ ἐξ ἔργων οὐκέτι ἐστιν χάρις ἐπεὶ τὸ ἔργον οὐκέτι ἐστιν ἔργον : no lac.; txt reads ἡ δὲ ἐξ ἔργων οὐκέτι ἐστιν χάρις ἐπεὶ τὸ ἔργον οὐκέτι ἐστιν ἔργον 326 (**ubs** must also have lac., since 326 not reported for this variant). **na** reports 326 at 11.13 and **ubs** at 11.16, so the wrong reporting of a lac. for 326 in editions **antf, na,** and **ubs** extends somewhere before 10.15 to 11.13.
11.17 **ubs** Ψ τῆς ῥίζης τῆς πιότητος : τῆς ῥίζης τῆς πιότητος καί Ψ
11.17 **ubs** 614 πιότητος : ποιότητος 614
12.14 **ubs** D εὐλογεῖτε τοὺς διώκοντας ὑμᾶς, εὐλογεῖτε καὶ μὴ καταρᾶσθε (order not indicated) : εὐλογε··τ·· (-τε D[1]) καὶ μὴ καταρᾶσθαι, εὐλογεῖτε τοὺς διώκοντας ὑμᾶς D*[.1]; εὐλογεῖτε τοὺς διώκοντας ὑμᾶς, εὐλογεῖτε καὶ μὴ καταρᾶσθαι D[2]
13.1 **ubs** 330 1881 ὑποτασσέσθω : ὑποτασέσθω 330 1881 (**antf** correct)
13.5 **ubs** 330 ὑποτασσέσθαι : ὑποτασέσθαι 330
13.9 **ubs** Ψ Οὐ κλέψεις, Οὐ ψευδομαρτυρήσεις, Οὐκ ἐπιθυμήσεις : 1 2 5 6 Ψ
13.9 **ubs** 1739 Οὐ κλέψεις, Οὐκ ἐπιθυμήσεις correct; but do not indicate 1739 omits Οὐ φονεύσεις
13.11 **ubs** F G Ψ 104 614 1241 ἡμᾶς correctly; but order, ἡμᾶς ἤδη, not reported
14.9 **ubs** 33 καὶ ἀπέθανεν : ἀπέθανεν 33 (**na** correct)
14.21 **ubs** 33 σου προσκόπτει ἢ σκανδαλίζεται ἢ ἀσθενεῖ : ······· ········ ·········κόπτει ἢ σκανδαλίζεται ἢ ἀσθενεῖ 33 (**antf** does not account for a lacuna between ἀδελφοὶ and ······κόπτει that encompasses more space than σου προσ. This is one of the mold spots in the manuscript. **ubs** does the same.)
15.23 **ubs** F πολλῶν missing in vs. 23, but see vs. 22
15.29 **ubs** 2495 τοῦ Χριστοῦ : τοῦ ι̅υ̅ 2495
15.32 **ubs** 104 330 1241 1881[c] συναναπαύσωμαι : συναναπαύσομαι 104 330 1241 1881[c]
15.32 **ubs** 326* συναναπαύσωμαι; 326[c] καὶ συναναπαύσωμαι : καὶ συναναπαύσομαι 326 (no correction and -σομαι for -σωμαι)
16 7 **ubs** B ℵ A Y 33 104 326 330 614 1241 1739 1881 Ἰουνιᾶν : Ιουνιαν B* ℵ A D*[.1] (no accent); Ἰουνίαν B[c] D[2] Ψ 33 104 326 330 614 1241 1739 1881 2495
16.15 **ubs** A F G Νηρέα : Νηρέαν A F G
16.15 **ubs** F G Ὀλυμπᾶδα : Ὀλιμπεῖδα F; Ὀλυμπεῖδα G
16.20 **ubs** 326 μεθ' ὑμῶν : μεθ' ἡμῶν 326 (**antf** correct)
16.20 **ubs** 330 μεθ' ἡμῶν : <u>μεθ' ὑμῶν ἀμήν</u> 330 (**antf** correct)
16.21 **ubs** 104 η χάρις τοῦ κ̅υ̅ ἡμῶν ι̅υ̅ χ̅υ̅ μεθ' ὑμῶν ἀμήν : 1—9 ἀμήν 104

1.18 **Ti** C ἀκοκαλύπτεται : ἀποκαλύπτεται
2.4 **Ti** D συνειδήσεως : συνιδήσεως D
2.8 **Ti** D^c ἐρειθίας : ἐριθείας D^c
2.21 **Ti** D κλέπτεις : κλέπεις D
3.10 **Ti** D οὐδ' εἷς : οὐ εἷς D*
6.11 **Ti** D νεκροὺς μέν : νεκροὺς μὲν εἶναι D^{c2}
9.9 **Ti** D ὁ λόγος : λόγος D
10.18 **Ti** D ἤκουσαν : ἤκουσα D
12.20 **Ti** D$^{1.2}$ ἐὰν δέ : καὶ ἐάν D^1; ἐὰν δέ D^2
15.23 **Ti** D ἐλθῖν : ἐλθεῖν D^c
16.26 **Ti** D εἰς : εἰ D*

8.37-9.9 **Kenyon** 𝔓^{46} omits transcription for this leaf
9.10-22 **Kenyon** 𝔓^{46} omits transcription for this leaf
11.15 **Kenyon** 𝔓^{46} ἀποβολή : ἡ ἀποβολή 𝔓^{46}
16 7 **Kenyon** 𝔓^{46} συγγενεῖς : συνγενεῖς 𝔓^{46}

Misleading and Incorrect Variant Readings

in

ARBEITEN ZUR NEUTESTAMENTLICHEN TEXTFORSCHUNG

TEXT UND TEXTWERT DER GRIECHISCHEN HANDSCHRIFTEN DES NEUEN TESTAMENTS

II

DIE PAULINISCHEN BRIEFE

3.12 **antf** ℵ A οὐκ ἔστιν ἕως ἑνός : οὐκ ἔστιν ἕως αἰνός ℵ A
3.22 **antf** 049 τοὺς πιστεύοντας : τοὺ πιστεύοντας 049*
5.1 **antf** 614 εἰρήνην ἔχομεν : εἰρήνην ἔχωμεν 614 (this phrase is in a lacuna beginning at 4.11 after λογισθῆναι καί and continues to the phrase ἐπ' ἐλπίδι τῆς δόξης at 5.2).
5.1 **antf** 2344 εἰρήνην ἔχομεν : illeg. 2344 (**antf** cites 2344 for a number of the chosen variants where the manuscript I have used is impossible to read because of mold. Either the collator for **antf** had a better copy of the original to collate from or the reader assumed a certain reading because of the tendencies of the scribe toward a certain type of text).
5.2 **antf** F ἐσχήκαμεν : ἐσχέκαμεν F *
5.2 **antf** 2344 ἐσχήκαμεν τῇ πίστει εἰς τὴν χάριν : illeg. 2344
5.2 **antf** txt τὴν προσαγωγὴν ἐσχήκαμεν τῇ πίστει εἰς τὴν χάριν ταύτην : 614 ἐσχήκαμεν τῇ πίστει εἰς τὴν χάριν (this phrase is in a lacuna beginning at 4.11 after δικαιωθέντες νῦν ἐν
5.8 **antf** 1611 ὁ θεὸς εἰς ἡμᾶς : 3 4 1 2 1611
6.11 **antf** 945 ἐν Χριστῷ Ἰησοῦ τῷ Κυρίῳ ἡμῶν : ἐν Χριστῷ Ἰησοῦ τῷ Κυρίου ἡμῶν 945
6.12 **antf** K αὐτῇ ἐν ταῖς ἐπιθυμίαις αὐτοῦ : 1—3 ἐπιθυμίας 5 K
6.12 **antf** 365 ταῖς ἐπιθυμίαις αὐτῶν : ταῖς ἐπιθυμίαις αὐτοῦ 365 (correct in **na**)
6.12 **antf** 049 αὐτῇ ἐν ταῖς ἐπιθυμίαις αὐτῆς : 1—4 αὐτοῦ 049[c]
6.12 **antf** 1 αὐτῇ ἐν ταῖς ἐπιθυμίαις αὐτῆς : αυτην 2—4 αὐτοῦ 1
6.12 **antf** 33 αὐτοῦ ἐν ταῖς ἐπιθυμίαις αὐτοῦ : **αὐτοῦ** ἐν ταῖς 33
6.12 **antf** 1611 αὐτῇ ἐν ταῖς ἐπιθυμίαις αὐτοῦ : αὐτῇ ἐν 1611
7.18 **antf** 1506 οὐχ εὑρίσκω : οὐκ εὑρίσκω 1506
7.18 **antf** 2344 οὐχ εὑρίσκω : illeg. 2344
7.18 **antf** 517 οὐ γισνώσκω : οὐχ εὑρίσκω 517
7.18 **antf** 424 οὐ εὑρίσκω : οὐ εὑρίσκω 424*; οὐ 424[c]
8.1 **antf** 1 omit μὴ κατὰ σάρκα περιπατοῦσιν ἀλλὰ κατὰ πνεῦμα : add, not omit 1
8.1 **antf** 6 μὴ κατὰ σάρκα περιπατοῦσιν ἀλλὰ κατὰ πνεῦμα : **omit** 6 (correct in **na**)
8.1 **antf** 1573 μὴ κατὰ σάρκα περιπατοῦσιν ἀλλὰ κατὰ πνεῦμα : 1—4 1573
8.1 **antf** 1646 μὴ κατὰ σάρκα περιπατοῦσιν : 1—4 ἀλλὰ κατὰ πνεῦμα 1646
8.1 **antf** 2344 κατὰ σάρκα περιπατοῦσιν ἀλλὰ κατὰ πνεῦμα : illeg. 2344
8.11 **antf** 2344 τὸν χριστὸν ἐκ νεκρῶν : illeg. 2344
8.11 **antf** 999 τὸ ἐνοικοῦν αὐτοῦ πνεῦμα ἐν ὑμῖν : 1 2 αυτω 4—6 999
8.11 **antf** 1611 τοῦ ἐνοικοῦντος αὐτοῦ πνεύματος ἐν ὑμῖν : διὰ τὸ ἐνοικοῦν πνεῦμα ἐν ὑμῖν 1611*; διὰ τὸ ἐνοικοῦν αὐτοῦ πνεῦμα ἐν ὑμῖν 1611[c]
8.11 **antf** C αὐτοῦ : αὐτοί (Ti C*; **na** correct)
8.11 **antf** 2344 τὸν χριστὸν ἐκ νεκρῶν : illeg. 2344
8.11 **antf** 2344 τὸ ἐνοικοῦν αὐτοῦ πνεῦμα ἐν ὑμῖν : illeg. 2344
8.23 **antf** 326 καὶ ἡμεῖς αὐτοί : καὶ ἡμεῖς αὐτοι 326*; καὶ ἡμεῖς 326[c]
8.23 **antf** 489 καὶ ἡμεῖς αὐτοί : καὶ αὐτοί 489
8.23 **antf** 2344 καὶ ἡμεὶς αὐτοί : illeg. 2344
8.23 **antf** 1243 1735 υἱοθεσίαν : υἱωθεσίαν 1243 1735
8.23 **antf** 2344 υἱοθεσίαν : illeg. 2344
8.26 **antf** 1270 τῇ ἀσθενείᾳ : τῆς ἀσθενείᾳ 1270
8.26 **antf** 618 ταῖς ἀσθενείαις : τα τες ἀσθενείαις 618
8.26 **antf** 1175 1646 ταῖς ἀσθενείαις : ταῖς ἀσθενίαις 1175 1646
8.26 **antf** 2344 ταῖς ἀσθενείαις : 2344 (illeg.)
8.34 **antf** 1506 μᾶλλον δὲ καὶ ἐγερθείς : μᾶλλον δὲ ἐγερθείς ἐκ νεκρῶν 1506
8.34 **antf** 2344 μᾶλλον δὲ καὶ ἐγερθείς : 2344 (illeg.)
8.34 **antf** 2464 μᾶλλον δὲ καὶ ἐγερθείς : μᾶλον δὲ καὶ ἐγερθείς 2464

8.34 **antf** 1241 1242 μᾶλλον δὲ ἐγερθείς : μᾶλλον δὲ καὶ ἐγερθείς 1241 1242 (**na** and **ubs** omit καί ιn txt, but do not show any variants)

9.27 **antf** B ὑπόλειμμα : ὑπόλιμμα B*; ὑπόλειμμα B^{c}

9.27 **antf** ℵ* ὑπόλειμμα; ℵ^{c} κατάλειμμα : ℵ* ὑπόλιμμα; ℵ κατάλιμμα

9.27 **antf** F G 1837 καταλειμμα : καταλιμμα F G 1837

9.27 **antf** 1738 καταλειμμα : καταλημμα 1738

9.27 **antf** 1646 καταλειμμα : καταλειμα 1646

9.27 **antf** 1506 εγκαταλειμμα : εγκαταλημμα 1506

9.28 **antf** 945 συντέμνων ἐν δικαιοσύνῃ ὅτι λόγον συντετμημένον ποιήσει κύριος : 1—5 7 8 6 945*; 1—5 ζοιήσει 8 συμτετμημένον 945^{c}

9.28 **antf** 2147 ἐν δικαιοσύνῃ ὅτι λόγον συντετμημένον : ἐν δικαιωσύνῃ ὅτι λόγον συντετμημένον 2147

10.3 **antf** 460^{c} 618 HOM.TEL. δικαιοσύνην ZU δικαιοσύνην : δικαιοσύνην ζητοῦντες στῆσαι, τῇ δικαιοσύνῃ 460^{c} 618

10.15 **antf** F τῶν εὐαγγελιζομένων εἰρήνην τῶν εὐαγγελιζομένων : 1 2 ἰρήνην 5 F (does not indicate omission of τῶν^{2})

10.15 **antf** 326 lac. τῶν εὐαγγελιζομένων εἰρήνην : not lacking

10.15 **antf** 910* omit τῶν εὐαγγελιζομένων εἰρήνην τῶν εὐαγγελιζομένων : ἀγαθα τῶν εὐαγγελιζομένων εἰρήνην τῶν εὐαγγελιζομένων 910* (scribe writes ἀγαθά, erases, and continues with entire phrase)

11.6 **antf** B ἐπει^{2} : ἐπί B* ; ἐπεί B^{c}

11.6 **antf** B ἐπει^{2} : ἐπί B* ; ἐπεί B^{c}

11.6 **antf** 326 lac. εἰ δὲ ἐξ ἔργων οὐκέτι ἐστιν χάρις ἐπεὶ τὸ ἔργον οὐκέτι ἐστιν ἔργον : no lac.; txt reads ἡ δὲ ἐξ ἔργων οὐκέτι ἐστιν χάρις ἐπεὶ τὸ ἔργον οὐκέτι ἐστιν ἔργον 326 (**ubs** must also have lac., since 326 not reported for this variant). **na** reports 326 at 11.13 and **ubs** at 11.16, so the wrong reporting of a lac. for 326 in editions **antf, na,** and **ubs** extends somewhere before 10.15 to 11.13.

11.6 **antf** 365 ἐπεὶ ἡ χάρις οὐκέτι γίνεται χάρις ADD. ἐπεὶ τὸ ἔργον οὐκέτι ἐστιν ἔργον : Problem is a homot. in initial statement. 365 has only [εἰ δὲ χάριτι, οὐκέτι ἐξ ἔργων,] οὐκέτι ἐστι χάρις ἐπεὶ τὸ ἔργον οὐκέτι ἐστιν ἔργον for the entire verse. **na** has the correct reading.

11.6 **antf** 796 ἐπεὶ ἡ χάρις οὐκέτι γίνεται χάρις εἰ δὲ ἐξ ἔργων οὐκέτι ἐστι χάρις : οὐκέτι ἐστι χάρις ἐπεὶ τὸ ἔργον οὐκέτι ἐστιν ἔργον ἐπεὶ ἡ χάρις οὐκέτι γίνεται χάρις. εἰ δὲ ἐξ ἔργων οὐκέτι ἐστι χάρις 796 (note that the phrase, οὐκέτι ἐστι χάρις ἐπεὶ τὸ ἔργον οὐκέτι ἐστιν ἔργον, occurs out of sequence earlier in the sentence with additions).

11.6 **antf** 2344 ἐπεὶ τὸ ἔργον οὐκέτι ἐστιν ἔργον : illeg. 2344

11.6 **antf** 1315 1837 εἰ δὲ ἐξ ἔργων : ἡ δὲ ἐξ ἔργων 1315 1837

11.7 **antf** F ἐπεζητεῖ : ἐπεζηται F

12.20 **antf** 𝔓^{46} ἐάν [πεινᾷ] : .... εινᾶ 𝔓^{46}

13.1 **antf** 1506 ψυχὴ ἐξουσίαις : ψυχὴ ἐξουσία 1506

13.1 **antf** D* F G ὑποτασσέσθε : ὑποτασσέσθαι D* G; ὑποτασσέσται F

13.1 **antf** 618 999 1646 ὑποτασσέσθω : ὑποτασέσθω 618 999 1646

13.1 **antf** D F G ὑποτασσέσθε : ὑποτασσέσθαι D* F G

13.12 **antf** D ἀποβαλώμεθα : ἀποθώμεθα D^{1}

13.12 **antf** 1506 ἀποθώμεθα : ἀποθόμεθα 1506

14.3 **antf** 999 καὶ ὁ μή : καὶ ὁ μὴ ὁ 999

14.3 **antf** 1315 καὶ ὁ μή : καὶ ὁ μὶ 1315

14.4 **antf** ℵ δυνατεῖ : δυνατῖ ℵ

14.4 **antf** D* δυνατει : δυνατι D*

14.4 **antf** 1611 δυνατὸς γάρ : δυνατὸς γάρ ἐστιν 1611

14.6 **antf** 1243 καὶ ὁ μὴ φρονῶν τὴν ἡμέραν κ̅ῶ̅ οὐ φρονεῖ : 1—8 φρονή 1243

14.19 **antf** 𝔓^{46} τῆς εἰς ἀλλήλους : lac. 𝔓^{46}

14.19 **antf** 999 τῆς εἰς ἀλλήλους : εἰς ἀλλήλους 999

14.19 **antf** 1319 τῆς ἀλλήλους : τῆς ἀλλήλους 1319*; τῆς εἰς ἀλλήλους 1319^{c}

14.19 **antf** 1245 τῆς εἰς ἀλλήλους : τῆς ἐν ἀλλήλους 1245

14.21 **antf** F προσκόπτει : προσκόντει F*

14.21 **antf** 𝔓^{46} προσκόπτει ἢ σκανδαλίζεται ἢ ἀσθενει : lac. 𝔓^{46}

14.21 **antf** 33 σου προσκόπτει ἢ σκανδαλίζεται ἢ ἀσθενεῖ : ....κόπτει ἢ σκανδαλίζεται ἢ ἀσθενεῖ 33 (**antf** does not account for a lacuna between ἀδελφοὶ and ....κόπτει that encompasses more space than σου προσ. This is one of the mold spots in the manuscript. **ubs** does the same.)

14.21 **antf** 1891 σκανδαλήσεται ἢ προσκόπτει : σκανδαλήσεται ἢ ἀσθενει 1891*; προσκόπτει ἢ σκανδαλήσεται ἢ ἀσθενει 1891^{c}

14.21 **antf** 2147 προσκόπτει ἢ σκανδαλίζεται ἢ ἀσθενει : προσκόπτει εἶ σκανδαλίζεται εἶ ἀσθενει 2147

14.21 **antf** D σκανδαλίζεται : σκανδαλίζετε D*
14.21 **antf** 618 σκανδαλίζεται : σκανδαλίζετε 618
14.21 **antf** 1243 σκανδαλήσετε : σκανδαλήζετε 1243
16.25 **antf** P 69 618 ὑμᾶς : ἡμᾶς P 69 618
16.25 **antf** 1646 μυστηρίου : μυστηρίων 1646
16.25 **antf** 1175 χρόνοις : χρονίοις 1175
16.25 **antf** 1874 χρόνοις : χρόνους 1874*
16.25 **antf** 1505 2495 κήρυγμα : κήρυγμά μου 1505 2495
16.26 **antf** 440 1352 φανερωθέντος δέ : φανερωθέντος 440 1352
16.26 **antf** 1505 2495 τοῦ αἰωνίου : αἰωνίου 1505 2495
16.26 **antf** 460 πάντα τά : πάντα 460
16.26 **antf** 460 618 γνωρισθέντος : γνωρισθέντες 460 618
16.27 **antf** 618 omit διὰ
16.27 **antf** 945 omit διὰ ιυ χυ
16.27 **antf** 1573c omit αἰωνίοις
16.27 **antf** 1874 σοφῷ θεῷ : τῷ θεῷ 1874
16.27 **antf** 2400 σοφῷ θεῷ : σοφῷ 2400
15.4 **antf** D* προσεγράφη : προσεγράφη εἰς τήν D*
15.4 **antf** F G προεγράφη : προσεγράφη εἰς τήν F G
15.4 **antf** 6 326 1837 2344 προεγράφει : προεγράφει εἰς τήν 6 326 1837 2344
15.4 **antf** 927 προεγράφη εἰς τήν : προεγράφει εἰς τήν 927*; προεγράφη εἰς τήν 927c
15.4 **antf** 945* προεγράφη εἰς τήν; 945c προεγράφη εἰς : προεγράφη εἰς 945 (no correction)
15.13 **antf** 049 καὶ εἰρήνης ἐν τῷ πιστεύειν ἐν τῷ περισσεύειν ὑμᾶς : 1—4 πιστεύεν 6—9 049*
15.13 **antf** 88 καὶ εἰρήνης ἐν τῷ πιστεύειν ἐν τῷ περισσεύειν ὑμᾶς : ....ρήνης ἐν τῷ πιστεύειν, ...σεύειν ὑμᾶς 88
15.13 **antf** 618 καὶ εἰρήνης ἐν τῷ πιστεύειν εἰς τὸ περισσεύειν ὑμᾶς : 1—6 τῷ περισεύειν ἡμᾶς 618
15.13 **antf** 1241 καὶ εἰρήνης ἐν τῷ πιστεύειν εἰς τὸ περισσεύειν ὑμᾶς : 1—5 εἰς τὸ πιστεύειν 6—9 1241
15.13 **antf** 1506 καὶ εἰρήνης ἐν τῷ πιστεύειν εἰς τὸ περισσεύειν ὑμᾶς : 1—7 περισεύειν ἡμᾶς 1506
15.13 **antf** 1738 καὶ εἰρήνης ἐν τῷ πιστεύειν εἰς τὸ περισσεύειν ὑμᾶς : 1—8 ἡμᾶς 1738
15.13 **antf** 1836 καὶ εἰρήνης ἐν τῷ πιστεύειν εἰς τὸ περισσεύειν ὑμᾶς : 1—5 ἐν τῷ περισσεύειν ἡμᾶς 1836
15.13 **antf** C καὶ εἰρήνης ἐν τῷ πιστεύειν εἰς τὸ περισσεύειν ὑμᾶς : .... εἰρήνης ἐν τῷ πιστεύειν, εἰ.. C
15.13 **antf** 1646 καὶ εἰρήνης ἐν τῷ πιστεύειν εἰς τὸ περισσεύειν ὑμᾶς : 1—3 τὸ 5—7 περισσεύειν 9 1646
15.13 **antf** 69 καὶ εἰρήνης ἐν τῷ πιστεύειν εἰς τὸ περισσεύειν ὑμᾶς : correct, but 69 also omits χάρας ante εἰρήνης
15.15 **antf** 𝔓46 ὑμῖν ἀδελφοὶ [ἀναμιμνήσκων] ἀπὸ μέρους : ὑμεῖν ἀδελφοὶ ἀναμιμνήσκων ἀπὸ μέρους οὕτως 𝔓46
15.15 **antf** 209 ὑμῖν ἀπὸ μέρους ἀδελφοί : ὑμῖν ἀπὸ μέρους ἀδελφοί 209*; ὑμῖν ἀδελφοὶ ἀπὸ μέρους 209c
15.15 **antf** 1611 ὑμῖν ἀπὸ μέρους ἀδελφοί : ὑμῖν ἀδελφοὶ [ἀπὸ μέρους] 1611
15.24 **antf** 460 ἐπὶ Σπανίαν : ἐπὶ Σπανίαν ἐλεύσωμαι·πρὸς ὑμᾶς 460
15.24 **antf** 618 ἐπὶ τὴν Σπανίαν ἐλεύσωμαι·πρὸς ὑμᾶς : ἐπὶ Σπανίαν ἐλεύσωμε·πρὸς ὑμᾶς 618
15.24 **antf** 945 1352 Σπανίαν : 'Ισπονίαν 945; 'Ισπανίαν 1352
15.24 **antf** 1611 'Ισπανίαν : Σπανίαν 1611
15.24 **antf** 1836 εἰς τὴν Σπανίαν ἐλεύσομαι·πρὸς ὑμᾶς : εἰς τὴν 1—8 1836
15.24 **antf** 88 εἰς τὴν Σπανίαν ἐλεύσομαι·πρὸς ὑμᾶς : ει.. .... αν ....μᾶς 88
15.24 **antf** 1874 εἰς τὴν Σπανίαν ἐλεύσομαι·πρὸς ὑμᾶς : εἰς τὴν Σπανίαν ἐλεύσωμαι·πρὸς ὑμᾶς 1874*; εἰς τὴν 'Ισπανίαν ἐλεύσωμαι·πρὸς ὑμᾶς 1874c
15.29 **antf** 1448 εὐλογίας Χριστοῦ : εὐλογίας τοῦ Χριστοῦ 1448
15.29 **antf** 1506 εὐλογίας Χριστοῦ : εὐλογίας Χριστοῦ τοῦ εὐαγγελίου 1506
15.29 **antf** 2125* εὐλογίας Χριστοῦ; 2125c εὐλογίας τοῦ εὐαγγελίου τοῦ Χριστοῦ : εὐλογίας τοῦ εὐαγγελίου τοῦ Χριστοῦ 2125 (no correction)
15.29 **antf** 2495 τοῦ Χριστοῦ : τοῦ ιυ 2495
16 3 **antf** 𝔓46 Ἰησοῦ : lac. 𝔓46
16 3 **antf** 2147 Ἰησοῦ : does not indicate that 2147 reads κυριῷ Ἰησοῦ rather than Χριστοῦ Ἰησου against all other witnesses
16 4, 5 **antf** C ἐθνῶν καὶ τὴν κατ' οἶκον αὐτῶν ἐκκλησίαν : ἐθνῶν .... οἶκον αὐτῶν ....ησ..αν C
16 4, 5 **antf** D καὶ τὴν κατ' οἶκον αὐτῶν ἐκκλησίαν (06 post ιησου vs. 3) : does not indicate that this verse is moved to vs. 5 post ἐθνῶν by D[1]
16 4, 5 **antf** 33 ἐθνῶν καὶ τὴν κατ' οἶκον αὐτῶν ἐκκλησίαν : ἐθνῶν καὶ τὴν κατ' οἶκον 33
16 4, 5 **antf** 1315 2344 ἐθνῶν καὶ τὴν κατ' οἶκον αὐτῶν ἐκκλησίαν : 1—4 οἶκων 6 7 1315 2344
16 5 **antf** F G τῆς 'Ασίας : τῆς 'Ασείας F G
16 5 **antf** 88 τῆς 'Αχαίας : τῆς 88

16 6 **antf** 1611 εἰς ὑμᾶς : εἰς ἡμᾶς 1611
16 7 **antf** Ιουνιαν (does not indicate any differences in accenting; all examples displayed are without accent) : Ἰουνίαν Bc D2 Lc Ψ 056 1 33 69 88 104 131 205 209 226 323 326 330 365 424 440 460 489 517 547 614 796 10 927 945 999 1175 1241 1242 1243 1245 1270 1315 1319 1352 1424 1448 1505 1573 1611 1646 1734 1735 1739 1827 1836 1854 1874 1881 1891 1982 2125 2147 2344 2400 2412 2495 2815; Ἰουνῖαν 1837
16 8 **antf** C Ἀμπλίαν : Αμπλ······· C
16.16 **antf** 489 927 ἀσπάζονται ὑμᾶς αἱ ἐκκλησίαι τοῦ Χριστοῦ : 1—5 θεοῦ 489 927
16.16 **antf** 1646 ἀσπάζονται ὑμᾶς αἱ κλησίαι τοῦ θεοῦ : ἀσπάζονται ὑμᾶς αἰκλησίαι τοῦ θεοῦ 1646 (the breathing mark over the αἰ is smooth, not rough, indicating that αἰ is an itacism for ἐ. See 9.4 and 16.4 for other examples).
16.16 **antf** 1611 ἀσπάζονται ὑμᾶς αἱ ἐκκλησίαι πᾶσαι τοῦ Χριστοῦ : ························ ········ ··· ········· ·········· τοῦ χ̅υ̅ 1611
16.16 **antf** 1891 ἀσπάζονται ὑμᾶς αἱ ἐκκλησίαι πᾶσαι τοῦ Χριστοῦ : ἀσπάζονται ὑμᾶς αἱ ἐκκλησίαι τοῦ χ̅υ̅ 1891
16 16 **antf** A ἀσπάζονται : ἀσπάονται A*; ἀσπάζονται Ac
16 16 **antf** 618 ἀσπάζονται : ἀσπάζοντε 618 (-τε ending reported for 1175 1874 1918 2310, but not for 618)
16.20 **antf** 1891 η χάρις τοῦ κ̅υ̅ ἡμῶν ι̅υ̅ χ̅υ̅ μεθ' ὑμῶν : η χάρις τοῦ κ̅υ̅ ἡμῶν ι̅υ̅ μεθ' ὑμῶν 1891
16.21 **antf** 460 1836 1874 **omit** καὶ αἱ ἐκκλησίαι πᾶσαι τοῦ χ̅υ̅ post οἱ συγγενεῖς μου : but ὁ συγγενής μου not οἱ συγγενεῖς μου 460 1836; ὁ συγγενείς μου not οἱ συγγενεῖς μου 1874
16.24 **antf** 1243 ʽΗ χάρις τοῦ κ̅υ̅ ι̅υ̅ χ̅υ̅ μετὰ πάντων ὑμῶν ἀμήν SED PON. POST 16.27 : citation correct, but follows 16.24 together with 69 and not after 16.27.
16.25-27 **antf** 88 Τῷ δὲ δυναμένῳ. . . . εἰς τοὺς αἰῶνας, ἀμήν ET PON. POST 14.23 : but here only τῷ δὲ δυναμένῳ ὑμᾶς στηρίξαι κατὰ τὸ εὐαγγέλιόν μου καὶ τὸ κήρυγμα ι̅υ̅ χ̅υ̅, κατὰ ἀποκάλυψιν (vss. 25b—27 not repeated by scribe of 88).
16.25 **antf** 365 τῷ δέ : ᾧ δέ 365
16.25 **antf** 1319 ὑμᾶς : ἡμᾶς 1319
16.25 **antf** 1734 κατά[1] : διά 1734
16.25 **antf** 1734 καὶ τὸ κήρυγμα : κατὰ τὸ κήρυγμα 1734
16.25 **antf** א τὸ κήρυγμα Ἰησοῦ Χριστου : κυρίου Ἰησοῦ Χριστου א*
16.25 **antf** B 1739 Ἰησοῦ Χριστου : 2 1 B 1739
16.25 **antf** 365 αἰωνίοις : αἰωνίου 365
16.25 **antf** 1175 1874 χρόνοις : χρονίοις 1175; χρόνους 1874*
16.25 **antf** 1836 σεσιγημένου : γεγενημένου 1836
16.26 **antf** D διά τε : διά D
16.26 **antf** 1319 ὑπακοήν : ὑπακοῆς 1319
16.26 **antf** 618 γνωρισθέντος : γνωρισθέντες 618
16.27 **antf** D σοφῷ θεῷ : 2 1 D
16.27 **antf** 131 365 2400 σοφῷ θεῷ : σοφῷ 131 365 2400
16.27 **antf** 1874 σοφῷ θεῷ : τῷ θεῷ, 1874
16.27 **antf** B Ἰησοῦ Χριστοῦ : 2 1 B
16.27 **antf** P 104 1243 ᾧ : αὐτῷ P 104 1243
16.27 **antf** 𝔓46 omit ἀμήν : ἀμήν 𝔓46 (Rom. 16.25-27 is after 15.33, but ἀμήν is there)
16.27 **antf** 88 ᾧ ἡ δόξα εἰς τοὺς αἰῶνας ἀμήν (sine add. τῶν αἰώνων ante ἀμήν : no addition, since entire verse as well as previous verses missing in 88).

Variant Readings

from Greek Manuscripts for Romans

not Cited in the Apparatuses of Current Critical Editions

The editor of *New Testament Greek Manuscripts* has long held the view that the selection of variant readings shown in the current critical editions of the New Testament has not generally been representative of the diversity and even the significance of the actual state of the phenomena. It is true that the most widely used critical editions, UBS^4 and Nestle-Aland^{27}, are entitled handbooks, meaning that they are not intended to be exhaustive presentations of the evidence. Nevertheless, the question arises whether or not the selection of readings chosen for the apparatuses represents the most significant and meaningful possible. To test this hypothesis, variant readings from Romans have been broken down into sense phrases with their supporting attestation. This should be a welcome addition for the user, since in the parallel line format sense phrases often extend over more than one line. The showing in sense phrases thus brings the attestation for a reading together, whereas in the main body of the work it is separated because of a difference in some other part of that particular line of text. Occasionally, variant readings shown in the apparatuses of UBS^4 and Nestle-Aland^{27} may be repeated because of their significance, or because not all variations in the context of that sense phrase are reported. Such additional variants usually add a new dimension of meaning to the sense phrase lacking in the afore-mentioned editions. The meaning of some passages is definitely skewed in the view of this writer because of the partial reporting of variants. A new section in the Introduction, Part VII. "A Critique of the Textual Critical Methodology since Erasmus to the Present" discusses this pheonomena in detail. Through the visual representation of the evidence, as in this appendix, it becomes apparent that a minimal representation of the variant readings is a serious distortion of the problem of the text and can be most misleading to those who rely only on handbooks for exegetical and hermeneutical studies. This appendix, then, serves as a corrective to current critical editions and also points the way towards the goal of this writer—that is, to provide the base to which additional information can be added from many more Greek manuscripts, as well as from the versions, the lectionaries, and the pastristic authors in the future.

1.4 txt θεοῦ : τοῦ θεοῦ 330 1241

1.4 txt ἁγιωσύνης : ἁγιωσύνης **ἐν δυνάμει** 1836

1.4 txt Ἰησοῦ Χριστοῦ τοῦ κυρίου ἡμῶν
** Ἰησοῦ Χριστοῦ τοῦ **θεοῦ** ἡμῶν 323 460 618 1738 [Jesus Christ our **God**]

1.5 txt ἐλάβομεν χάριν : **ἐλάβωμεν** χάριν 1175 1874

1.5 txt ὑπακοὴν πίστεως : **ὑπακωὸν** πίστεως 𝔓10

1.5 txt ὑπὲρ τοῦ ὀνόματος αὐτοῦ, ἐν οἷς ἐστε καὶ ὑμεῖς κλητοὶ Ἰησοῦ Χριστοῦ :
** ὑπὲρ τοῦ ὀνόματος Ἰησοῦ Χριστοῦ 𝔓10

1.5 txt ὑπὲρ τοῦ ὀνόματος αὐτοῦ
διὰ τοῦ ὀνόματος αὐτοῦ 88

1.6 txt ἐστε καὶ ὑμεῖς κλητοὶ Ἰησοῦ Χριστοῦ
** **ἔσται** καὶ ὑμεῖς κλητοὶ Ἰησοῦ Χριστοῦ C G P 33 131 1646 1874 2125 2400 2464
ἐστε καὶ **ἡμεῖς** κλητοὶ Ἰησοῦ Χριστοῦ 489

1.7 txt ἀπὸ θεοῦ πατρὸς ἡμῶν καὶ κυρίου Ἰησοῦ Χριστοῦ
ἀπὸ θεοῦ πατρὸς ἡμῶν καὶ κυρίου **Χριστοῦ Ἰησοῦ** 𝔓10
* ἀπὸ θεοῦ πατρὸς **ὑμῶν** καὶ κυρίου Ἰησοῦ Χριστοῦ 517
** ἀπὸ θεοῦ **πνς** ἡμῶν καὶ κυρίου Ἰησοῦ Χριστοῦ 618 [from God our Spirit]

1.8 txt εὐχαριστῶ τῷ θεῷ μου
εὐχαριστῶ τῷ θεῷ 205 209 796 1827*

1.8 txt εὐχαριστῶ τῷ θεῷ μου διὰ Ἰησοῦ Χριστοῦ περὶ πάντων ὑμῶν
εὐχαριστῶ τῷ θεῷ μου διὰ ιυ **χω** περὶ πάντων ὑμῶν 440
εὐχαριστῶ τῷ θεῷ μου 1270
* εὐχαριστῶ τῷ θεῷ μου διὰ Ἰησοῦ Χριστοῦ περὶ πάντων **ἡμῶν** 1352

1.8 txt ὅτι ἡ πίστις ὑμῶν καταγγέλλεται
* ὅτι ἡ πίστις **ἡμῶν καταγγέλλετε** D* 6
ὅτι ἡ πίστις **ἡμῶν** καταγγέλλεται Er[1]

1.9 txt μάρτυς : ***μάρτυρ** D* 1646*

1.9 txt εὐαγγελίῳ τοῦ υἱοῦ αὐτοῦ
εὐαγγελίῳ τοῦ υἱοῦ 1243

1.9 txt μνείαν ὑμῶν ποιοῦμαι πάντοτε ἐπὶ τῶν προσευχῶν μου
μνείαν ὑμῶν **ποιούμενος τότε** ἐπὶ τῶν προσευχῶν μου 460
μνείαν ὑμῶν ποιοῦμαι ἐπὶ τῶν προσευχῶν μου 424[c] 1241 2464*

1.10 txt δεόμενος : **ὁ** δεόμενος G

1.10 txt δεόμενος εἴ πως ἤδη ποτὲ εὐοδωθήσομαι
δεόμενος ἤδη ποτὲ εὐοδωθήσομαι 1891*
δεόμενος **ὅπως** ἤδη ποτὲ εὐοδωθήσομαι L 88 330 440 1738
δεόμενος **ὅπως** ἤδη ποτὲ **εὐοδοθήσομαι** 131
δεόμενος εἴ πως ἤδηποτὲ **εὐοδοθήσομαι** 33 489 614 927 999 1175 1241 1243 1315 1646 1836 2344
δεόμενος εἴ πως **δὴ** ποτὲ **εὐοδοθήσομαι** 1881

1.11 txt ἐπιποθῶ γὰρ ἰδεῖν ὑμᾶς : **omit** 1827

1.11 txt ἵνα τι μεταδῶ χάρισμα ὑμῖν
ἵνα τι μεταδῶ **ὑμῖν χάρισμα** 33 69 2344 2464

1.11 txt εἰς τὸ στηριχθῆναι ὑμᾶς, τοῦτο δέ ἐστιν συμπαρακληθῆναι ἐν ὑμῖν
εἰς τὸ στηριχθῆναι ἐν ὑμῖν 440
τοῦτο δέ ἐστιν συμπαρακληθῆναι ἐν ὑμῖν 1505
τοῦτο δέ ἐστιν συμπαρακληθῆναι ἐν **ἡμῖν** 2495

1.12 txt τοῦτο δε : τοῦτ᾽ A

1.12 txt συμπαρακληθῆναι ἐν ὑμῖν
συμπαρακληθῆναι **ἡμῖν** 056 2495
συνπαρακληθῆναι ὑμῖν 1646*
συμπαρακληθῆναι ὑμῖν 1837

1.12 txt διὰ τῆς ἐν ἀλλήλοις πίστεως ὑμῶν τε καὶ ἐμοῦ
διὰ τῆς ἀλλήλοις τῆς πίστεως ὑμῶν τε καὶ ἐμοῦ G
διὰ τῆς ὑμῶν τε καὶ ἐμοῦ 69*
διὰ **τοῖς** ἐν ἀλλήλοις πίστεως ὑμῶν τε καὶ ἐμοῦ 1646
διὰ τῆς ἐν ἀλλήλοις πίστεως **ἐμοῦ** τε καὶ **ὑμῶν** 1881

1.13 txt οὐ θέλω δὲ ὑμᾶς ἀγνοεῖν
οὐ θέλω **γὰρ** ὑμᾶς ἀγνοεῖν C 1837
* οὐ **θέλο** δὲ **ἡμᾶς** **ἀγνωῆν** 1646

1.13 txt πολλάκις προεθέμην ἐλθεῖν
* πολλάκις **προσεθέμην** ἐλθεῖν 1881

1.13 txt ἐκωλύθην ἄχρι τοῦ δεῦρο
ἐκολλήθην **ἄχρις** τοῦ δεῦρο 056
ἐκωλύθην **ἄχρις** τοῦ δεῦρο 1
ἐκωλύθη ἄχρι **τῆς** δεῦρο 330
ἐκωλύθην ἄχρι **τῆς** δεῦρο 614 999 1734

1.13 txt ἵνα τινὰ καρπὸν σχῶ καὶ ἐν ὑμῖν
ἵνα **τί** καρπὸν σχῶ καὶ ἐν **ὑμεῖν** D 1827
ἵνα καρπόν σχῶ καὶ ἐν ὑμῖν L
ἵνα τινὰ καρπὸν σχῶ ἐν ὑμῖν 323* 440 460 618 1424
ἵνα **καρπόν τινα** σχῶ ἐν ὑμῖν 999
ἵνα **καρπόν τινα** σχῶ καὶ ἐν ὑμῖν 2815 τ Er[1]
* ἵνα **καρπὸν τινὰ** **ἔχω** καὶ ἐν ὑμῖν 131
* ἵνα τινὰ καρπὸν **ἔχω** ἐν ὑμῖν G

1.13 txt καθὼς καὶ ἐν τοῖς λοιποῖς ἔθνεσιν
omit 2495
καθὼς καὶ ἐν τοῖς ἔθνεσιν. 104 1646

1.14 txt σοφοῖς τε καὶ ἀνοήτοις ὀφειλέτης εἰμί,
ὀφειλέτης εἰμί 1738

1.14 txt οὕτως τὸ κατ' ἐμὲ πρόθυμον
οὕτως **ὁ** **ἐπ' ἐμαὶ** πρόθυμον G
οὕτως κατ' ἐμὲ πρόθυμον . 1735*
οὗτος τὸ κατ' ἐμὲ πρόθυμον 88 1315 2125
οὕτω τὸ κατ' ἐμὲ πρόθυμον ℵ A 33 104 547 945 1242 1245 1319 1573 1611 1891 2344 **wτ**

1.16 txt Οὐ γὰρ ἐπαισχύνομαι τὸ εὐαγγέλιον
Οὐ γὰρ ἐπαισχύνομαι **ἐπὶ** εὐαγγέλιον G

1.16 txt δύναμις γὰρ θεοῦ ἐστιν εἰς σωτηρίαν
δύναμις θεοῦ ἐστιν εἰς σωτηρίαν 1319

1.16 txt Ἰουδαίῳ τε πρῶτον καὶ Ἕλληνι
Ἰουδε πρῶτον καὶ Ἕλληνι ℵ*
Ἰουδαίῳ πρῶτον καὶ Ἕλληνι 1243

1.17 txt δικαιοσύνη γὰρ θεοῦ ἐν αὐτῷ ἀποκαλύπτεται
δικαιοσύνη **δὲ** θεοῦ ἐν αὐτῷ ἀποκαλύπτεται A Cl V 2.3
** δικαιοσύνη γὰρ **ανου** θυ ἐν αὐτῷ ἀποκαλύπτεται 1506 [righteousness of a man of God]
δικαιοσύνη .... θυ **ἀποκαλύπτεται ἐν αὐτῷ** 1611

1.17 txt ἐκ πίστεως εἰς πίστιν
ἐκ πίστεως εἰς **πίστην** 460 1646 1891 2147 2400

1.18 txt ἀποκαλύπτεται γὰρ ὀργὴ θεοῦ ἀπ' οὐρανοῦ
ἀποκαλύπτεται γὰρ ὀργὴ θυ **ἀπὸ** ουνου 614 1881
ἀποκαλύπτεται ὀργὴ θυ ἀπ' ουνου 2344

1.18 txt ἐπὶ πᾶσαν ἀσέβειαν καὶ ἀδικίαν ἀνθρώπων τῶν τὴν ἀλήθειαν
** ἐπὶ πᾶσαν **ἀσθένειαν** 1854

1.18 txt ἐν ἀδικίᾳ κατεχόντων
ἐπ' ἀδικίᾳ κατεχόντων 1874
κατεχόντων ἐν ἀδικίᾳ 1881

1.19 txt διότι τὸ γνωστὸν τοῦ θεοῦ φανερόν ἐστιν ἐν αὐτοῖς
ὅτι τὸ γνωστὸν τοῦ θυ φανερόν ἐστιν ἐν αὐτοῖς D G
τὸ γὰρ γνωστὸν τοῦ θυ φανερόν ἐστιν ἐν αὐτοῖς 440 1315
διότι τὸ γνωστὸν τοῦ θυ φανερόν ἐν αὐτοῖς 1874
διότι τὸ γνωστὸν θυ φανερόν ἐστιν ἐν αὐτοῖς 2412

1.19 txt ὁ θεὸς γὰρ αὐτοῖς ἐφανέρωσεν
ὁ **γὰρ** **θς** ἐν αὐτοῖς ἐφανέρωσεν 1646
ὁ **γὰρ** **ὁ** **θς** αὐτοῖς ἐφανέρωσεν 1874
ὁ **γὰρ** **θεὸς** αὐτοῖς ἐφανέρωσεν D^2 K L P 049 056 1 6 88 104 131 205 209 226 323 330 365 424 440 460 489 517 547 614 618 796 910 927 945 999 1175 1242 1243 1245 1315 1352 1424 1448 1505 1611 1734 1738 1739 1827 1836 1854 1891 2125 2147 2412 2495 2815 **τ** Er[1]

1.20 txt νοούμενα καθορᾶται
νοούμεν καθορᾶται D*

1.20 txt ἥ τε ἀΐδιος αὐτοῦ δύναμις καὶ θειότης
ἥ τε **αὐτοῦ ἀΐδιος** δύναμις καὶ θειότις 1315
ἥ τε ἀΐδιος αὐτοῦ δύναμις καὶ ἡ θειότης 1874 1881

1.21 txt διότι γνόντες τὸν θεὸν
διότι **ἐπιγνώντες** τὸν θν 326[c] 1646
ὅτι γνόντες τὸν θεὸν Cl I 81.2

1.21 txt οὐχ ὡς θεὸν ἐδόξασαν ἢ ηὐχαρίστησαν
οὐχ ὡς θν ἐδόξασαν ηὐχαρίστησαν A
οὐχ ὡς __ ἐδόξασαν ἢ **εὐχαρίστησαν** 049*
οὐχ ὡς θν ἐδόξασαν **καὶ** **εὐχαρίστησαν** 2815

1.21 txt ἐσκοτίσθη ἡ ἀσύνετος αὐτῶν καρδία
ἐσκοτίσθη ἡ ἀσύνετος **καρδία αὐτῶν** D* G

1.22 txt φάσκοντες εἶναι σοφοί
καὶ φάσκοντες εἶναι σοφοὶ 945 1270 2815
φάσκοντες γὰρ εἶναι σοφοὶ 1734

1.23 txt τὴν δόξαν τοῦ ἀφθάρτου θεοῦ
τὴν δόξαν τοῦ θῦ 1175 Cl I 81.2
τὴν δόξαν τοῦ **θῦ** τοῦ **ἀφθάρτου** 205 209

1.23 txt φθαρτοῦ ἀνθρώπου καὶ πετεινῶν καὶ τετραπόδων καὶ ἑρπετῶν
φθαρτοῦ ἀνθρώπου Cl I 81.2
φθαρτοῦ ανου καὶ πετεινῶν καὶ **ἑρπετῶν** καὶ **τετραπόδων** 88

1.24 txt διὸ παρέδωκεν αὐτοὺς ὁ θεὸς
διότι καὶ **ἐπαρέδωκεν** αὐτοὺς ὁ θς 131
διὸ καὶ παρέδωκεν αὐτοὺς **εἰς** θς 1891
διὸ παρέδωκεν **αὐτοῖς** ὁ θς 104
διὸ καὶ **παρέδοκεν** **αὐτοῖς** ὁ θς 2464

1.24 txt εἰς ἀκαθαρσίαν τοῦ ἀτιμάζεσθαι τὰ σώματα αὐτῶν ἐν αὐτοῖς
εἰς ἀκαθαρσίαν **μάζεσθαι** τὰ σώματα αὐτῶν ἐν αὐτοῖς A*
εἰς ἀκαθαρσίαν τοῦ ἀτιμάζεσθαι τὰ σώματα αὐτῶν ἐν **ἑαυτῶν** 1352

1.25 txt μετήλλαξαν τὴν ἀλήθειαν τοῦ θεοῦ
μετήλλαξαν τὴν ἀλήθειαν 910
μετήλλαξαν τὴν ἀλήθειαν **αὐτοῦ** 2815 Er[1]

1.25 txt ἐλάτρευσαν τῇ κτίσει παρὰ τὸν κτίσαντα
ἐλάτρευσαν **τὴν** **κτῆσιν** παρὰ τὸν κτίσαντα P [possessions]
ἐλάτρευσαν **τὸν** **κτίσιν** παρὰ τὸν κτίσαντα 999

1.26 txt διὰ τοῦτο παρέδωκεν αὐτοὺς ὁ θεὸς
διὰ τοῦτο παρέδωκεν αὐτοὺς 1836
διὰ τοῦτο παρέδωκεν **αὐτοῖς** ὁ θς 1243
διὰ **καὶ** παρέδωκεν αὐτοὺς ὁ θς 88
διὸ παρέδωκεν αὐτοὺς ὁ θς K*
παρέδωκεν ὁ θεὸς Cl II 86.3

1.26 txt εἰς πάθη ἀτιμίας
** εἰς πάθη ἀτιμίας τοῦ ἀτιμασθῆναι τὰ σώματα αὐτῶν ἐν ἑαυτοῖς. 1319 1573

1.26 txt αἵ τε γὰρ θήλειαι αὐτῶν μετήλλαξαν τὴν φυσικὴν χρῆσιν
αἵ γὰρ **θήλιαι** αὐτῶν μετήλλαξαν τὴν φυσικὴν χρῆσιν τῆς θηλίας 1243
αἵ τε γὰρ θήλειαι αὐτῶν μετήλλαξαν τὴν φυσικὴν χρῆσιν τῆς θηλείας 2815 Er[1]
αἵ τε γὰρ **θήλει** αὐτῶν μετήλλαξαν τὴν φυσικὴν χρῆσιν L*
αἵ τε γὰρ **θήλει** **ἑαυτῶν** μετήλλαξαν τὴν φυσικὴν χρῆσιν 330

1.27 txt οἱ ἄρσενες ἀφέντες τὴν φυσικὴν χρῆσιν τῆς θηλείας
οἱ **ἄρρενες** αὐτῶν ἀφέντες τὴν φυσικὴν χρῆσιν Cl II 86.3
ἄρρενες ἀφέντες τὴν φυσικὴν χρῆσιν τῆς θηλείας L
οἱ **ἄρρενες** ἀφέντες τὴν φυσικὴν **φύσιν** τῆς **θησελίας** 33
οἱ **ἄρενες** ἀφέντες τὴν φυσικὴν χρῆσιν τῆς θηλείας 131 1315 1646 1874[c]
οἱ **ἄρρενες** ἀφέντες τὴν φυσικὴν χρῆσιν εἰς τὴν τῆς θηλείας 489
ἡ **ἄρρενες** ἀφέντες τὴν φυσικὴν χρῆσιν τῆς θηλείας 1243
οἱ **ἄρρενες** ἀφέντες τὴν φυσικὴν χρῆσιν εἰς τὴν **παρὰ** **φύσιν** 1836*
οἱ **ἄρρενες** ἀφέντες τὴν φυσικὴν χρῆσιν τῆς θηλείας **εἰς** **τὴν** **παρὰ** **φύσιν** 1836[c]
οἱ **ἄρρενες** ἀφέντες τὴν φυσικὴν χρῆσιν τῆς θηλείας ℵ A C D[2] K P Ψ 049 1 6 69 88 104 205 209 226 323 326 330 365 424 440 460 517 547 614 618 796 910 927 945 999 1175 1241 1242 1245 1352 1270 1424 1448 1505 1611 1734 1735 1738 1739 1827 1837 1854 1881 1891 2125 2147 2344 2400 2412 2464 2495 2815* **τ**

1.27 txt ἐξεκαύθησαν ἐν τῇ ὀρέξει αὐτῶν εἰς ἀλλήλους
ἐξεκαύθησαν ἐν τῇ ὀρέξει αὐτῶν εἰς **αὐτούς** 88
ἐξεκαύθησαν τῇ ὀρέξει αὐτῶν εἰς ἀλλήλους 226[c] 999 1881
ἐξεκαύθησαν εἰς τὴν παρὰ φύσιν ἐν τῇ ὀρέξει αὐτῶν εἰς ἀλλήλους 1836

1.27 txt ἄρσενες ἐν ἄρσεσιν
ἄρρενες ἐν **ἄρρεσιν** ℵ A 33 330 1827 1836 2344 Cl II 86.3
ἄρρενες ἐν ἄρσεσιν C
ἄρρενες ἐν **ἄρσεσι** 88
ἄρσενες ἐν **ἄρσενι** 056
ἄρσενες **ἄρσεσι** 365 999 1505 1881 2495

1.28 txt καθὼς οὐκ ἐδοκίμασαν τὸν θεὸν ἔχειν ἐν ἐπιγνώσει
καθὼς ἐδοκίμασαν τὸν θεὸν ἔχειν ἐν ἐπιγνώσει 1352
καθὼς οὐκ ἐδοκίμασαν **ἔχειν τὸν θεὸν** ἐν ἐπιγνώσει 049
καθὼς οὐκ ἐδοκίμασαν τὸν θεὸν ἔχειν ἐν ἑαυτοῖς ἐν ἐπιγνώσει 1836

1.28 txt παρέδωκεν αὐτοὺς ὁ θεὸς εἰς ἀδόκιμον νοῦν
παρέδωκεν αὐτοὺς __ εἰς ἀδόκιμον νοῦν ℵ* A 0172* 1242 1735 1827 2815
παρέδοκεν αὐτοῖς ὁ θς̅ εἰς **ἀδόκημον** νοῦν 2464

1.29 txt πεπληρωμένους πάσῃ ἀδικίᾳ
πεπληρωμένοις πάσῃ ἀδικίᾳ 104
** **πεπλανημένους** πάσῃ ἀδικίᾳ 1881

1.29 txt φθόνου φόνου ἔριδος
φθόνου ἔριδος K* 365 796
φθόνου **ἔριδος φόνου** A
φθόνου **φόνων ἔριδας** G
φόνου φθόνου ἔριδος 33

1.30 txt καταλάλους : **καλαλάλους** 460

1.30 txt κακῶν : ***παθῶν** 440

1.31 txt ἀσυνέτους ἀσυνθέτους ἀστόργους
ἀσυνέτους **ἀσυνθέτας** ἀστόργους 1319 1573
ἀσυνέτους ἀστόργους 205
ἀσυνέτους 2147

1.32 txt οἵτινες τὸ δικαίωμα τοῦ θεοῦ ἐπιγνόντες
οἵτινες **τὰ δικαιώματα** τοῦ θυ̅ ἐπιγνόντες 614 2412

1.32 txt οἱ τὰ τοιαῦτα πράσσοντες ἄξιοι θανάτου
οἱ τὰ **αὐτὰ** πράσσοντες ἄξιοι θανάτου 1352
οἱ τὰ τοιαῦτα **πράττοντες** ἄξιοι θανάτου 1881

1.32 txt πράσσουσιν : **πράττουσι** 1 945

2.1 txt ἐν ᾧ γὰρ κρίνεις τὸν ἕτερον
ἐν ᾧ **κρίνης** τὸν ἕτερον 1646
ἐν ᾧ **κρίνει** τὸν ἕτερον 365

2.1 txt σεαυτὸν κατακρίνεις : **ἑαυτὸν** κατακρίνεις 330

2.1 txt τὰ γὰρ αὐτὰ πράσσεις ὁ κρίνων
τὰ **αὐτὰ γὰρ πράσσων** ὁ κρίνων 1827
τὰ γὰρ αὐτὰ **πράσσειν** ὁ κρίνων 330 614 2412
τὰ γὰρ **αὐτοῦ** πράσσεις **οὐ** κρίνων 365

2.2 txt ἐπὶ τοὺς τὰ τοιαῦτα πράσσοντας
ἐπεὶ τοὺς τὰ τοιαῦτα πράσσοντας D*
ἐπὶ τοὺς τοιαῦτα πράσσοντας 69 460
ἐπὶ τοὺς **τὰς** τοιαῦτα πράσσοντας C
ἐπὶ τοὺς τὰ τοιαῦτα **πράττοντας** 2815

2.3 txt λογίζῃ δὲ τοῦτο, ὦ ἄνθρωπε ὁ κρίνων
omit 88 614* 1836 2412
λογίζῃ δὲ **τούτῳ**, ὦ ανε̅ ὁ κρίνων A 1319
λογίζῃ δέ, **ὦ ανε, τοῦτο** ὁ κρίνων 1242
λογίζῃ δὲ τοῦτο, ὦ ανε̅ **πᾶς** ὁ κρίνων 1505 2495
λογίζει δέ, ὦ ανε̅ **πᾶς** ὁ κρίνων 1506
λογίζει δὲ τοῦτο, ὦ ανε̅ ὁ κρίνων 33 330 2464

2.3 txt τοὺς τὰ τοιαῦτα πράσσοντας
omit 88 614* 1836 2412
τοὺς τοιαῦτα πράσσοντας 326*
τοὺς τὰ τοιαῦτα **πράσοντας** 2464
τοὺς τὰ τοιαῦτα **πράτγοντας** 618
τοὺς τὰ τοιαῦτα **πράττοντας** 1738

2.3 txt ὅτι σὺ ἐκφεύξῃ τὸ κρίμα τοῦ θεοῦ;
** ὅτι σὺ **οὐκ** ἐκφεύξῃ τὸ κρίμα τοῦ θυ; 2344
ὅτι σὺ **ἐκφεύξει** τὸ κρίμα τοῦ θυ; 049 33 131 365 489 910 927 999 1243 1506 1735 1874
ἐκφεύξει τὸ κρίμα τοῦ θυ; 88 [↑1881* 2464

2.4 txt ἢ τοῦ πλούτου τῆς χρηστότητος αὐτοῦ καὶ τῆς ἀνοχῆς καὶ τῆς μακροθυμίας
εἰ τοῦ πλούτου τῆς χρηστότητος αὐτοῦ καὶ τῆς ἀνοχῆς καὶ τῆς μακροθυμίας 131
ἢ τοῦ πλούτου τῆς χρηστότητος αὐτοῦ καὶ τῆς **μακροθυμίας καὶ τῆς ἀνοχῆς** 1734
ἢ τοῦ πλούτου τῆς χρηστότητος καὶ τῆς μακροθυμίας 614

2.4 txt ὅτι τὸ χρηστὸν τοῦ θεοῦ εἰς μετάνοιάν σε ἄγει;
ὅτι τὸ χρηστὸν τοῦ θυ εἰς μετάνοιάν ἄγει; 131
ὅτι **τὸν** χρηστὸν τοῦ θυ εἰς μετάνοιάν σε ἄγει; 2412
** ὅτι τὸ **χριστὸν** τοῦ θυ εἰς μετάνοιάν σε ἄγει; 365 1836 2464

2.5 txt θησαυρίζεις σεαυτῷ ὀργὴν ἐν ἡμέρᾳ ὀργῆς
θησαυρίζεις **ἑαυτῷ** ὀργὴν ἐν ἡμέρᾳ ὀργῆς 056 88 131 365 1245 1836 1881
θησαυρίζεις σεαυτῷ ὀργὴν ἐν ἡμέρᾳ ὀργῆς αὐτοῦ 1319
θησαυρίζεις σεαυτῷ ἐν ἡμέρᾳ ὀργῆς 326
θησαυρίζεις **σεαυτῶν** ἐν ἡμέρᾳ ὀργῆς 1837

2.5 txt ἀποκαλύψεως δικαιοκρισίας τοῦ θεοῦ
ἀποκαλύψεως **τῆς** δικαιοκρισίας τοῦ θυ 205 209 323 796 945
ἀποκαλύψεως **καὶ** δικαιοκρισίας θυ 1243 1448

2.6 txt ὃς ἀποδώσει ἑκάστῳ κατὰ τὰ ἔργα αὐτοῦ
ἀποδοῦναι ἑκάστῳ κατὰ τὰ ἔργα αὐτοῦ Cl IV 135.3
ὃς ἀποδώσει ἑκάστῳ τὰ ἔργα αὐτοῦ 517
ὃς ἀποδώσει ἑκάστῳ κατὰ τὰ ἔργα 1319

2.7 txt τοῖς μὲν καθ' ὑπομονὴν ἔργου ἀγαθοῦ
τοῖς μὲν γὰρ καθ' ὑπομονὴν **ἔργον ἀγαθὸν** 1506
τοῖς μὲν καθ' ὑπομονὴν **ἔργον ἀγαθὸν** 365

2.7 txt καὶ ἀφθαρσίαν ζητοῦσιν ζωὴν αἰώνιον
καὶ ἀφθαρσίαν **ἐπιζητοῦσι** ζωὴν αἰώνιον 056 1611

2.8 txt πειθομένοις δὲ τῇ ἀδικίᾳ ὀργὴ καὶ θυμός
πειθομένους δὲ τῇ ἀδικίᾳ ὀργὴ καὶ θυμός 330
πειθομένους δὲ τῇ ἀδικίᾳ **θυμὸς** καὶ **ὀργή** 1424 1827
πηθομένοις δὲ τῇ **ἀδικείᾳ** **θυμῶς** καὶ **ὀργή** 2464
πειθομένοι δὲ τῇ ἀδικίᾳ **θυμὸς** καὶ **ὀργή** 365
πειθωμένοις δὲ τῇ **δικίᾳ** **θυμὸς** καὶ **ὀργή** 1646
πιθομένοις δὲ τῇ ἀδικίᾳ **θυμὸς** καὶ **ὀργή** P
πιθομεν δὲ τῇ ἀδικίᾳ **θυμὸς** καὶ **ὀργή** 1738
πειθομένοις δὲ τῇ ἀδικίᾳ **θυμὸς** καὶ **ὀργή** D^2 K L Ψ 049 056 1 6 33 88 131 205 209 226
323 424 440 460 489 517 547 614 618 796 910 927 945 999 1175 1241 1242 1243 1245 1270 1315
1352 1448 1505 1611 1734 1735 1836 1854 1874 1891 2125 2147 2344 2400 2412 2495 2815 **τ** Er[1]

2.9 txt θλῖψις καὶ στενοχωρία
καὶ θλῖψις καὶ στενοχωρία 226[c] 1827
καὶ **θλῖψης** καὶ **στενοχορία** 365

2.9 txt Ἰουδαίου τε πρῶτον καὶ Ἕλληνος
Ἰουδαίῳ τε πρῶτον καὶ **Ἑλλήνῃ** G
Ἰουδαίῳ τε πρῶτον καὶ **Ἑλλήνι** 1 69 131
Ἰουδαίῳ τε πρῶτον καὶ Ἕλληνος 365 460 1175 1836
** Ἰουδαίου· 326[c]
omit 1505 2495
Ἰουδαίῳ τε πρῶτον καὶ **Ἕληνος**· 2464

2.10 txt δόξα δὲ καὶ **τιμὴ** καὶ εἰρήνη παντὶ τῷ ἐργαζομένῳ τὸ ἀγαθόν
δόξα δὲ καὶ **τιμὴ** καὶ **εἰρείνη τῷ ἐργαζομένῳ τὸ ἀγαθὸν παντί** G
δόξα καὶ **τιμὴ** καὶ εἰρήνη παντὶ τῷ ἐργαζομένῳ τὸ ἀγαθόν 326 614 1448 1837
δόξα δὲ καὶ **εἰρήνη** καὶ **τιμὴ** παντὶ τῷ ἐργαζομένῳ τὸ ἀγαθόν 1827
δόξα δὲ καὶ εἰρήνη παντὶ τῷ ἐργαζομένῳ τὸ ἀγαθόν 1874

2.10 txt Ἰουδαίῳ τε πρῶτον καὶ Ἕλληνι
Ἰουδαίῳ πρῶτον καὶ Ἕλληνι 517

2.11 txt προσωποληµψία παρὰ τῷ θεῷ
προσωποληµψία παρὰ θῷ D*
προσωποληψία παρὰ θῷ 1245

2.12 txt ἀνόµως ἥµαρτον, ἀνόµως
ἀνόµος ἥµαρτον, ἀνόµως 049* 88 1245
ἀνόµος ἥµαρτον, **ἀνόµος** 1243 1646

2.13 ** **omit** vs. P

2.13 txt οὐ γὰρ οἱ ἀκροαταὶ νόµου δίκαιοι
οὐ γὰρ οἱ ἀκροαται **µου** δίκαιοι D*
οὐ γὰρ οἱ **ἀκροατὲ** τοῦ νόµου δίκαιοι 460 618 1243 2464
οὐ γὰρ οἱ **ἀκροταὶ** τοῦ νόµου δίκαιοι 1646*
* οὐ γὰρ οἱ ἀκροαταὶ τοῦ νόµου **δικαιωθήσονται** 2344
οὐ γὰρ οἱ ἀκροαταὶ τοῦ νόµου δίκαιοι K L 049 056 1 6 33 69 88 226 323 326^{c} 330 365 424 440 489 517 547 614 796 910 927 945 999 1241 1242 1245 1270 1315 1319 1352 1424 1448 1505 1506 1573 1611 1646^{c} 1734 1735 1738 1827 1836 1837 1854 1881 1891 2125 2147 2400 2412 2495 2815 **τ** Er^{1}

2.13 txt δίκαιοι παρὰ θεῷ
txt δίκαιοι παρὰ τῷ θεῷ
δίκαιοι παρὰ **τοῦ θυ** 1315

2.13 txt ἀλλ᾽ οἱ ποιηταὶ νόµου δικαιωθήσονται
ἀλλ᾽ οἱ ποιηταὶ τοῦ νόµου δικαιωθήσονται D^{2} K L Ψ 049 056 1 6 33 69 88 131 205 209 226 323 326 330 365 424 440 460 489 517 547 614 618 796 910 927 945 999 1241 1242 1243 1245 1270 1315 1319 1352 1424 1448 1505 1573 1611 1646 1734 1735 1738 1827 1837 1854 1881 1891 2125 2147 2344 2400 2412 2464 2495 2815 **τ** Er^{1}

2.14 txt ὅταν γὰρ ἔθνη τὰ µὴ νόµον ἔχοντα
ὅταν **δὲ** τὰ ἔθνη τὰ µὴ νόµον ἔχοντα G
ὅταν γὰρ τὰ ἔθνη τὰ µὴ νόµον ἔχοντα 6 489 999

2.14 txt φύσει τὰ τοῦ νόµου ποιῶσιν
φύσει τὰ τοῦ νόµου **ποιοῦσιν** D* 6 88 330 424^{c} 1243 1175 1319 1506 1646 1836 1874 1881
φύσει τὰ τοῦ νόµου **ποιοῦσειν** G [↓2147 2344 2412 2464 2495
φύσει τὰ τοῦ νόµου **ποιεῖ** K L P 1 33 131 614 999 1241 1245 1424 1505 1735 1738 1827 1891*
φύσει τὰ τοῦ νόµου **ποιῆ** D^{2} Ψ 049 056 69 205 209 226 323 424* 440 460 489 517 547 618 796 910 927 945 1242 1270 1315 1352 1448 1611 1734 1854 1891^{c} 2125 2400 2815 **τ** Er^{1}

2.15 txt ἐνδείκνυνται τὸ ἔργον τοῦ νόµου γραπτὸν
ἐνδίκνυνται τὸ ἔργον τοῦ νόµου γραπτὸν ℵ G 1243
** ἐνδείκνυνται τὸ ἔργον τοῦ **θυ** γραπτὸν 1827

2.15 txt συµµαρτυρούσης αὐτῶν τῆς συνειδήσεως
συµµαρτυρούσης **τῆς συνιδήσεως αὐτῶν** D G
συµµαρτυρούσης **αὐτοῖς** τῆς συνειδήσεως 1735

2.15 txt µεταξὺ ἀλλήλων τῶν λογισµῶν κατηγορούντων
* µεταξὺ ἀλλήλων κατηγορούντων 1424
µεταξὺ ἀλλήλων **κατηγορούντων τῶν λογισµῶν** 2147

2.15 txt κατηγορούντων ἢ καὶ ἀπολογουµένων
κατηγορούντων καὶ ἀπολογουµένων 326 1837
κατηγορούντων **οἱ** καὶ ἀπολογουµένων 131

2.16 txt ἐν ἡµέρᾳ ὅτε κρινεῖ ὁ θεὸς τὰ κρυπτὰ τῶν ἀνθρώπων
ἐν ἡµέρᾳ **ὅταν** κρινεῖ ὁ θς τὰ κρυπτὰ τῶν ανων 2400
** ἐν ἡµέρᾳ ὅτε **κρίνει** ὁ θς τὰ **ἐργὰ** τῶν ανων 1646

2.16	txt	Χριστοῦ Ἰησοῦ		
		ιυ	**χυ** τοῦ κυ ἡμῶν.	D
		ιυ	**χυ** τοῦ	88

2.17	txt	εἰ δὲ	σὺ Ἰουδαῖος	ἐπονομάζῃ	καὶ ἐπαναπαύῃ		νόμῳ	
		εἰ δὲ	σὺ Ἰουδαῖος	ἐπονομάζῃ	καὶ ἐπαναπαύῃ	τῷ	νόμῳ	1 999 1245 1270 1448 1836
		εἰ δὲ	σὺ Ἰουδαῖος	**ἐπονομάζει**	καὶ ἐπαναπαύῃ	τῷ	νόμῳ	1315
		εἰ δὲ	σὺ Ἰουδαῖος	**ἐπονομάζει**	καὶ **ἐπαναπαύει**		νόμῳ	1506
		εἰ δὲ	σὺ Ἰουδαῖος	**ἐπονομάζει**	καὶ **ἐπαναπαύει**	τῷ	νόμῳ	2147
		εἶδε	σὺ Ἰουδαῖος	ἐπονομάζῃ	καὶ **ἐπαναπαύει**	τῷ	νόμῳ	K
		ἢ δε	σὺ Ἰουδαῖος	**ἐπονομάζει**	καὶ ἐπαναπαύῃ	τῷ	νόμῳ	1243
		ἴδε	σὺ Ἰουδαῖος	**ἐποναμάζῃ**	καὶ ἐπαναπαύῃ	τῷ	νόμῳ	489
		ἴδε	σὺ Ἰουδαῖος	ἐπονομάζῃ	καὶ **ἐπαναπαύει**		νόμω	6
		ἴδε	σὺ Ἰουδαῖος	ἐπονομάζῃ	καὶ **ἐπαναπαύει**	τῷ	νόμῳ	2464
		ἴδε	σὺ Ἰουδαῖος	**ἐπονομάζει**	καὶ **ἐπαναπαύει**	τῷ	νόμῳ	33 131 1874
		ἴδε	σὺ Ἰουδαῖος	**ἐπονομάζει**	καὶ ἐπαναπαύῃ	τῷ	νόμῳ	326[c] 1505 1837
		ἴδε	**σοὶ** Ἰουδαῖος	**ἐπονομάζει**	καὶ ἐπαναπαύῃ	τῷ	νόμῳ	1646
		ἴδε	σὺ Ἰουδαῖος	ἐπονομάζῃ	καὶ ἐπαναπαύῃ		νόμῳ	1739
		ἴδε	σὺ Ἰουδαῖος	ἐπονομάζῃ	καὶ ἐπαναπαύῃ	τῷ	νόμῳ	D[2] L 049 056 69 205 209 226 323 326* 330 365 424 440 460 517 547 614 618 796 910 927 945 1175 1241 1242 1319 1424 1573 1611 1734 1735 1738 1827 1854 1881 1891 2125 2400 2412 2495 2815 **τ** Er[1]

2.17	txt	καυχᾶσαι ἐν		θεῷ	
		καυχᾶσαι ἐν	τῷ	θω	323 1315 2147

2.18	txt	γινώσκεις	τὸ θέλημα	
		γιγνώσκεις	τὸ θέλημα τοῦ θεοῦ	Cl I 174 1

2.18	txt	δοκιμάζεις	τὰ διαφέροντα	
		δοκιμάζῃς	τὰ διαφέροντα	614 618 1319
	*	**γινώσκεις**	τὰ διαφέροντα	323 1315 2147

2.19	txt	πέποιθάς τε	σεαυτὸν	ὁδηγὸν	εἶναι τυφλῶν	
		πέποιθάς τε	**σεαυτῶν**	ὁδηγὸν	εἶναι τυφλῶν	1646
		πέποιθάς	σεαυτὸν	ὁδηγὸν	εἶναι τυφλῶν	330 1505 1881 2495

2.19	txt	φῶς τῶν	ἐν	σκότει	
		φῶς τῶν		**ἐσκότει**	330
	*	φῶς τῶν		**ἐσκοτισμένων**	1245
		φῶς τῶν		σκότει	1881

2.20	txt	παιδευτὴν	ἀφρόνων,	διδάσκαλον νηπίων
		πεδευτὴν	ἀφρόνων	

2.20	txt	μόρφωσιν	τῆς γνώσεως	καὶ	τῆς ἀληθείας	
		μόρφωσιν	**καὶ**	**τῆς γνώσεως**	τῆς ἀληθείας	614 2412

2.21	txt	ὁ οὖν διδάσκων		ἕτερον	
		ὁ οὖν διδάσκων	τὸν	ἕτερον	L 1 88 1827 1874

2.21	txt	ὁ κηρύσσων	μὴ κλέπτειν κλέπτεις;	
		ὁ **κηρύττων**	μὴ κλέπτειν κλέπτεις;	1827
		omit		049 1
		ὁ **λέγων**	μὴ κλέπτειν κλέπτεις;	209* 796
	*	ὁ κηρύσσων	μὴ **βλέπειν** **βλέπεις**;	205

2.22	txt	ὁ λέγων	μὴ μοιχεύειν μοιχεύεις;	
		ὁ **κηρύσσων**	μὴ μοιχεύειν μοιχεύεις;	209* 796

2.22	txt	ὁ βδελυσσόμενος	τὰ εἴδωλα ἱεροσυλεῖς;	
		οὐδὲ **λυσσόμενος**	τὰ εἴδωλα ἱεροσυλεῖς;	945

2.24	txt	τὸ	γὰρ ὄνομα τοῦ θεοῦ	δι' ὑμᾶς	βλασφημεῖται	ἐν τοῖς ἔθνεσιν	
		τὸ	γὰρ ὄνομα τοῦ θυ		βλασφημεῖται	ἐν τοῖς ἔθνεσι	1
		τὸ	γὰρ ὄνομα τοῦ θυ	**βλασφημεῖται**	**δι' ὑμᾶς**	ἐν τοῖς ἔθνεσι	999
	*	τὸ	γὰρ ὄνομα τοῦ θυ	δι' **ἡμᾶς**	βλασφημεῖται	ἐν τοῖς ἔθνεσι	1245 1505 2495
		τοῦτο	γὰρ ὄνομα τοῦ θυ	δι' **ὑμῶν**	βλασφημεῖται	ἐν τοῖς ἔθνεσι	796
		τὸ	γὰρ ὄνομα τοῦ θυ	δι' **ὑμῶν**	**βλασφημῆται**	ἐν τοῖς **ἔθνεσιν**	2464

2.25 txt περιτομὴ μὲν γὰρ ὠφελεῖ
περιτομὴ μὲν ὠφελεῖ 69 1319
περιτομὴ γὰρ ὠφελεῖ 796

2.25 txt ἐὰν νόμον πράσσῃς
ἐὰν νόμον **πράσσεις** 049 6 131 326 330 1319 1424 1505 1646 1735 1836 1881 2125 2147 2344 2464

2.26 txt ἐὰν οὖν ἡ ἀκροβυστία τὰ δικαιώματα τοῦ νόμου φυλάσσῃ
ἐὰν οὖν ἡ ἀκροβυστία **δικαίωμα** τοῦ νόμου φυλάσσῃ G
ἐὰν οὖν ἡ ἀκροβυστία τὰ δικαιώματα τοῦ νόμου **φυλάσσει** L 049 326 1175 1241 1243 1315
ἐὰν οὖν ἡ **κροβυστία** τὰ δικαιώματα τοῦ 2464* [↑1319 1646 1837 1874
ἐὰν ἡ ἀκροβυστία τὰ δικαιώματα τοῦ νόμου φυλάσσῃ 056* 460 618 [↑1881 2147
ἐὰν **δὲ** ἡ ἀκροβυστία τὰ δικαιώματα τοῦ νόμου φυλάσσῃ 1245
* **ὅταν** οὖν ἡ ἀκροβυστία τὰ δικαιώματα τοῦ νόμου **φυλάττῃ** 1827

2.26 txt τὰ δικαιώματα τοῦ νόμου φυλάσσῃ, οὐχ ἡ ἀκροβυστία
omit 1836

2.26-27 txt νόμου φυλάσσῃ, οὐχ ἡ ἀκροβυστία αὐτοῦ εἰς περιτομὴν λογισθήσεται; καὶ κρινεῖ ἡ ἐκ φύσεως ἀκροβυστία τὸν νόμον τελοῦσα 2464*
omit 2464*

2.26 txt οὐχ ἡ ἀκροβυστία αὐτοῦ εἰς περιτομὴν λογισθήσεται
οὐχὴ ἡ ἀκροβυστία αὐτοῦ περιτομὴν λογισθήσεται 1243
οὐχὶ ἡ ἀκροβυστία εἰς περιτομὴν λογισθήσεται 365^c 2815
* **οὐχι** ἡ ἀκροβυστία αὐτοῦ εἰς περιτομὴν **μετατραπήσεται** 104

2.27 txt κρινεῖ ἡ ἐκ φύσεως ἀκροβυστία
κρινει ἡ ἐκ φύσεως ἀκροβυστία B ℵ A D L
κρινει G
κρινῆ ἡ ἐκ φύσεως ἀκροβυστία 1243 2147
κρινεῖ ἡ ἐκ φύσεως ἡ ἀληθεια ἀκροβυστία 1424*

o 2.29 txt ἀλλ' ὁ ἐν τῷ κρυπτῷ Ἰουδαῖος καὶ περιτομή
omit 1836
ἀλλ' ὁ ἐν κρυπτῷ Ἰουδαῖος καὶ περιτομή 945
ἀλλὰ ὁ ἐν τῷ κρυπτῷ Ἰουδαῖος καὶ περιτομὴ D* G

2.29 txt ἐν πνεύματι οὐ γράμματι
ὃς πνεύματι οὐ γράμματι G
ἐν πνι 1241

2.29 txt οὗ ὁ ἔπαινος οὐκ ἐξ ἀνθρώπων ἀλλ' ἐκ τοῦ θεοῦ.
οὗ ὁ ἔπαινος οὐκ ἐξ ἀνθρώπων ἀλλ' ἐκ τοῦ θῦ εστιν D
οὗ ὁ ἔπαινος οὐκ ἐξ ἀνθρώπων ἀλλ' ἐκ θῦ. G 1243 2147 2495
οὗ ἔπαινος οὐκ ἐξ ἀνθρώπων **ἀλ'** ἐκ θῦ. 1646
οὗ ἔπαινος οὐκ ἐξ ἀνθρώπων ἀλλ' ἐκ τοῦ θῦ 056 326 424 440 1270* 1837
οὗ ὁ ἔπαινος οὐκ ἐξ ἀνθρώπων ἀλλ' **ἀπὸ** τοῦ θεοῦ. 2344

3.1 txt τί οὖν τὸ περισσὸν τοῦ Ἰουδαίου
τί οὖν περισσὸν τοῦ Ἰουδαίου 1505 2495

3.1 txt ἢ τίς ἡ **ὠφέλεια** τῆς περιτομῆς;
ἢ τίς **τομῆς**; 1243
καὶ τις ἡ **ὠφέλεια** τῆς περιτομῆς; 1242 1827

3.2 txt ἐπιστεύθησαν τὰ λόγια τοῦ θεοῦ
ἐπιστεύθη τὰ λόγια τοῦ θῦ Ψ
* **ἐπίστευσαν** τὰ λόγια τοῦ θῦ 1352

3.3 txt τί γὰρ; εἰ ἠπίστησάν τινες
τί γὰρ; ἠπίστησάν τινες 330
τί γὰρ; εἰ καὶ **ἠπίστεσάν** τινες 326*
τί γὰρ; εἰ καὶ ἠπίστησάν τινες 326^c 1837
* τί γὰρ; εἰ **ἠπείθησάν** τινες A

Verse		Reading	Witnesses
3.3	txt	μὴ ἡ ἀπιστία αὐτῶν τὴν πίστιν τοῦ θεοῦ καταργήσει;	
		μὴ ἡ ἀπιστία αὐτῶν τὴν πίστιν τοῦ θεοῦ **καταργήσῃ**;	L Ψ 131 226 440 999 1243 1315 [↑1891
		μὴ γὰρ ἡ ἀπιστία αὐτῶν τὴν πίστιν τοῦ θυ καταργήσει;	1242
		μὴ ἀπιστία αὐτῶν τὴν πίστιν τοῦ θυ καταργήσει;	330
		μὴ ἡ ἀπιστία αὐτῶν τὴν **πίστην** τοῦ θυ καταργήσει;	614 796 1646 2815
		μὴ ἡ ἀπιστία αὐτῶν τὴν **πίστην** τοῦ θυ **καταργήσῃ**;	618 1245
	**	μὴ ἡ ἀπιστία αὐτῶν τὴν **δόξαν** τοῦ θυ **καταργήσῃ**;	323
	**	μὴ ἡ ἀπιστία αὐτῶν τὴν **δόξαν** τοῦ θυ καταργήσει;	945
		μὴ ἡ ἀπιστία αὐτῶν τὴν **τοῦ θυ πίστιν** καταργήσει;	1739
		μὴ ἡ ἀπιστία αὐτῶν τὴν **τοῦ θυ πίστιν** **καταργήσῃ**;	1881
3.4	txt	μὴ γένοιτο· γινέσθω δὲ ὁ θεὸς ἀληθής,	
		omit	049
3.4	txt	γινέσθω δὲ ὁ θεὸς ἀληθής	
		ἔστω γὰρ ὁ **θς** ἀληθής	G
		γινέσθω δὲ θς ἀληθής	460 618 1506
3.4	txt	πᾶς δὲ ἄνθρωπος ψεύστης	
		πᾶς δὲ ἄνθρωπος **ψεύδης**	365
		πᾶς δὲ ὁ ἄνθρωπος ψεύστης	1243
3.4	txt	ὅπως ἂν δικαιωθῇς ἐν τοῖς λόγοις σου	
		ὅπως **δικαιωθεὶς** ἐν τοῖς λόγοις σου	1505
		ὅπως **δικαιοθῇς** ἐν τοῖς λόγοις σου	2495
3.5	txt	εἰ δὲ ἡ ἀδικία ἡμῶν θεοῦ δικαιοσύνην συνίστησιν	
		εἰ δὲ ἡ ἀδικία ἡμῶν **δικαιοσύνην θυ** συνίστησιν	G 1827
		ἡ δὲ ἡ ἀδικία ἡμῶν **δικαιοσύνην θυ** συνίστησιν	2147
	*	**ἡ** δὲ ἡ **ἀδικεία ὑμῶν** θυ **δικαιωσύνην** συνίστησιν	2464
		ἡ δὲ ἀδικία ἡμῶν θυ δικαιοσύνην συνίστησιν	33 88 614 1315 1735
		εἰ δὲ **ἀληθεία** ἡμῶν θυ δικαιοσύνην συνίστησιν	131
		εἰ δὲ ἀδικία ἡμῶν θυ δικαιοσύνην συνίστησιν	049 104 945 999 1243 1245
3.5	txt	μὴ ἄδικος ὁ θεὸς ὁ ἐπιφέρων τὴν ὀργήν; κατὰ ἄνθρωπον λέγω	
		μὴ ἄδικος ὁ θεὸς ὁ ἐπιφέρων τὴν ὀργήν αὐτοῦ; κατὰ ἄνθρωπον λέγω	א*
		μὴ ἄδικος ὁ θεὸς ὁ ἐπιφέρων τὴν ὀργήν;	Cl I 69.1
		μὴ ἄδικος ὁ θεὸς ὁ ἐπιφέρων τὴν ὀργήν κατὰ **τῶν ανων**	1739^{mg}
		μὴ ἄδικος ὁ θεὸς ὁ ἐπιφέρων τὴν ὀργήν κατὰ ανον	1874
		μὴ ἄδικος ὁ θεὸς ὁ **φέρων** τὴν ὀργήν; κατὰ ανον λέγω	209*
		μὴ ἄδικος ὁ θεὸς ἐπιφέρων τὴν ὀργήν; κατὰ ἄνθρωπον λέγω	614 999 1175 1270 1352
3.6	txt	ἐπεὶ πῶς κρινεῖ ὁ θεὸς τὸν κόσμον;	
	**	**ἐπὶ πω κρινει** ὁ θς τὸν κόσμον;	D*
		ἐπὶ πῶς κρινεῖ ὁ θεὸς τὸν κόσμον;	330
		ἐπὶ πῶς **κρινει** ὁ θεὸς τὸν κόσμον;	2464
		ἐπὶ πῶς **κρίνει** ὁ θεὸς τὸν κόσμον;	1646
		ἐπεὶ πῶς **ὁ θς κρινεῖ** τὸν κόσμον;	104
		ἐπεὶ πῶς **κρίνῃ** ὁ θεὸς τὸν κόσμον;	1243
3.7	txt	εἰ **δὲ** ἡ ἀλήθεια τοῦ θεοῦ ἐν τῷ ἐμῷ ψεύσματι ἐπερίσσευσεν	
		η γὰρ ἡ ἀλήθεια τοῦ θυ ἐν **τὸ** ψεύσματι **ἐπερίσευσεν**	2464*
		εἰ γὰρ ἡ ἀλήθεια τοῦ θυ ἐν τῷ ψεύσματι ἐπερίσσευσεν	2400
	*	εἰ γὰρ ἡ ἀλήθεια τοῦ θυ ἐν τῷ **κόσμῳ** ψεύσματι ἐπερίσσευσεν	2344
		εἰ **δὲ** ἡ ἀλήθεια τοῦ θεοῦ ἐν τῷ ἐμῷ **ψεύδει** ἐπερίσσευσεν	1241
3.7	txt	τί ἔτι κἀγὼ ὡς ἁμαρτωλὸς κρίνομαι	
		τί ἔτι **ὡς ἁμαρτωλὸς κἀγὼ** κρίνομαι	1243
		τί ἔτι **ὡς ἁμαρτωλὸς ἐγὼ** κρίνομαι	2815 Er^{1}
3.8	txt	μὴ καθὼς βλασφημούμεθα καὶ καθώς φασίν τινες ἡμᾶς λέγειν ὅτι	
		καθὼς βλασφημούμεθα καὶ καθώς φασίν **ἡμᾶς τινες** λέγειν ὅτι	1881*
		καθὼς βλασφημούμεθα καὶ καθώς φασίν **ἡμᾶς τινες** λέγειν ὅτι	1739 1881^{c}
	*	μὴ καθὼς **εὐκοφαντούμεθα** καὶ **φασί** τινες ἡμᾶς λέγειν ὅτι	1891^{c}
		μὴ καθὼς βλασφημούμεθα καὶ **φασί** τινες ἡμᾶς λέγειν ὅτι	1891*
		μὴ καθὼς βλασφημούμεθα καὶ καθώς **φασί** τινες **ὑμᾶς** λέγειν ὅτι	1319
		μὴ καθὼς βλασφημούμεθα καὶ καθώς φασίν ἡμᾶς λέγειν ὅτι	2495
		μὴ καθὼς βλασφημούμεθα καὶ καθώς φασίν τινες ἡμᾶς λέγειν	2344
	**	μὴ **κακῶς** βλασφημούμεθα καὶ καθώς **φασί** τινες ἡμᾶςς λέγειν	1827
		μὴ καθὼς βλασφημούμεθα καὶ καθώς **φασείν** τινες ἡμᾶς **λέγιν**	G

3.8 txt Ποιήσωμεν τὰ κακὰ, ἵνα ἔλθῃ τὰ ἀγαθά;
* Ποιήσωμεν τὰ κακὰ, ἵνα ἔλθῃ ἐφ' ἡμὰς τὰ ἀγαθά; 330 1735
* **Ποιήσομεν** τὰ κακὰ, ἵνα ἔλθῃ ἐφ' ἡμὰς τὰ ἀγαθά; 69
Ποιήσομεν τὰ κακὰ, ἵνα ἔλθῃ τὰ ἀγαθά; 796 1243 1881 2344

3.9 txt πάντας ὑφ' ἁμαρτίαν εἶναι
πάντας ὑπὸ ἁμαρτίαν εἶναι B 1242
πάντας **ἐφ'** ἁμαρτίαν εἶναι 1734
ὑφ' ἁμαρτίαν πάντας εἶναι 1739

3.10 txt καθὼς γέγραπται ὅτι [↓1891 2125 2400 2815 Er^1
καθὼς γέγραπται 056 1 104 226^c 323 460 517 547 618 910 1243 1245 1270 1352 1424 1734 1738

3.10 txt Οὐκ ἔστιν δίκαιος οὐδὲ εἷς
Οὐκ ἔστιν δίκαιος **οὐ** εἷς D*
Οὐκ ἔστιν δίκαιος **οὐδ'** εἷς 1424
* Οὐκ ἔστιν δίκαιος εἷς 1241

3.12 txt ἅμα ἠχρεώθησαν
ἅμα καὶ **ἠχρειώθησαν**· 1734
ἅμα καὶ **ἠχρηώθησαν**· 1319

3.13 txt ταῖς γλώσσαις αὐτῶν ἐδολιοῦσαν
omit 2147
ταῖς γλώσσαις αὐτῶν **δολιοῦσαν**, Ψ
* ταῖς γλώσσαις αὐτῶν ἐδολιοῦσαν, κρίνων αὐτοὺς ὁ θ̅ς̅ 1245 1836

3.13 txt ἰὸς ἀσπίδων ὑπὸ τὰ χείλη αὐτῶν
omit 2147
ἰὸς **ἀσπίδος** ὑπὸ τὰ χείλη αὐτῶν 330 2344
* ἰὸς ἀσπίδων ὑπὸ τὰ **χήλοι** αὐτῶν 1646

3.15 txt ὀξεῖς οἱ πόδες αὐτῶν ἐκχέαι αἷμα
ὀξεῖς οἱ πόδες αὐτῶν 1424

3.16 txt σύντριμμα καὶ ταλαιπωρία ἐν ταῖς ὁδοῖς αὐτῶν
σύντριμμα καὶ **ταλαιπωρίαν** ἐν ταῖς ὁδοῖς αὐτῶν, 104 365 1319 1573 2464

3.17 txt καὶ ὁδὸν εἰρήνης οὐκ ἔγνωσαν
καὶ **ὁδοὺς** εἰρήνης οὐκ ἔγνωσαν. 1505 2495
καὶ ὁδὸν εἰρήνης οὐκ **ἐπέγνωσαν**. 1734

3.17 txt οὐκ ἔστιν φόβος θεοῦ ἀπέναντι τῶν ὀφθαλμῶν αὐτῶν
οὐκ ἔστιν φόβος θ̅υ̅ ἀπέναντι τῶν ὀφθαλμῶν **αὐτοῦ**. Ψ
ὅτι οὐκ ἔστιν φόβος θ̅υ̅ ἀπέναντι τῶν ὀφθαλμῶν αὐτῶν. 1241
* οὐκ ἔστιν φόβος **κ̅υ̅** ἀπέναντι τῶν ὀφθαλμῶν αὐτῶν. 1242 1646
οὐκ **ἔστι** φόβος __ ἀπέναντι τῶν ὀφθαλμῶν αὐτῶν. 999*
* οὐκ **ἔστι** φόβος θ̅υ̅ ἀπέναντι τῶν ὀφθαλμῶν αὐτῶν τοῦ εὑρεῖν τὴν ἀνομίαν αὐτοῦ καὶ μισῆσαι 1611

3.19 txt οἴδαμεν δὲ ὅτι ὅσα ὁ νόμος λέγει
οἴδαμεν ὅτι ὅσα ὁ νόμος λέγει 1243 1827
οἴδαμεν δὲ ὅτι ὅσα ὁ νόμος **λάλει** ℵ*

3.19 txt τοῖς ἐν τῷ νόμῳ λαλει
τοῖς ἐν νόμῳ λαλεῖ 1881
τοῖς ἐν τῷ **νόμ ἐλέγει** K
τοῖς ἐν τῷ νόμῳ **λεγεῖ** D* G

3.19 txt ἵνα πᾶν στόμα φραγῇ
ἵνα πᾶν στόμα **φραγεῖ** 88 131 460 618 1735 1874

3.19 txt ὑπόδικος γένηται πᾶς ὁ κόσμος τῷ θεῷ
ὑπόδικος γένηται ὁ κόσμος τῷ θ̅ω̅ 365 1319 1573

3.20 txt διότι ἐξ ἔργων νόμου οὐ δικαιωθήσεται πᾶσα σὰρξ ἐνώπιον αὐτοῦ
δiὸ ἐξ ἔργων νόμου οὐ δικαιωθήσεται πᾶσα σὰρξ ἐνώπιον αὐτοῦ 1505 2495
* διότι ἐξ ἔργων νόμου δικαιωθήσεται πᾶσα σὰρξ ἐνώπιον αὐτοῦ 330
διότι ἐξ ἔργων νόμου 1734
διότι **οὐ δικαιωθήσεται ἐξ ἔργων νόμου** πᾶσα σὰρξ ἐνώπιον αὐτοῦ D F G
διότι ἐξ ἔργων νόμου οὐ δικαιωθήσεται πᾶσα σὰρξ 1827
διότι ἐξ ἔργων νόμου οὐ δικαιωθήσεται πᾶσα σὰρξ ἐνώπιον **τοῦ θυ** 205 209 323 365 489 796 927 945 1319 1506 1735 2147 2464

3.20 txt διὰ γὰρ νόμου ἐπίγνωσις ἁμαρτίας
omit 1319 1573
διὰ νόμου ἐπίγνωσις ἁμαρτίας. Cl IV 9.6
** διὰ γὰρ νόμου **ἐπιγνώσεως** ἁμαρτίας. F G

3.21 txt Νυνι δὲ χωρὶς νόμου δικαιοσύνη θεοῦ πεφανέρωται
Νυνὶ δὲ χωρὶς νόμου δικαιοσύνη τοῦ θυ πεφανέρωται F
Νυνὶ δὲ χωρὶς νόμου δικαιοσύνη θυ πεφανέρωται ἐκ πίστεως 1881
Νῦν δὲ χωρὶς νόμου δικαιοσύνη θυ πεφανέρωται 489 927
** Νυνὶ δὲ χωρὶς νόμου δικαιοσύνη θεοῦ πεφανέρωται διὰ πίστεως ιηυ χρυ εἰς πάντας καὶ ἐπὶ πάντας G*

3.21 txt ὑπὸ τοῦ νόμου καὶ τῶν προφητῶν
* ὑπὸ τοῦ νόμου τῶν προφητῶν 69*
ὑπὸ νόμου καὶ τῶν προφητῶν 6
* ὑπὸ τῶν προφητῶν 1319

3.22 txt δικαιοσύνη δὲ θεοῦ
δικαιοσύνη θυ 796 1245
δικαιοσύνη δὲ __ 460 618 1738
δικαιοσύνη δὲ θυ πεφανέρωται 517*

3.22 txt διὰ πίστεως Ἰησοῦ Χριστοῦ
διὰ πίστεως **ἐν χω ιυ** A
omit 910

3.24 txt ἀπολυτρώσεως τῆς ἐν Χριστῷ Ἰησοῦ
ἀπολυτρώσεως ἐν χω ιυ· 460* 618 1738
ἀπολυτρώσεως **ιυ χυ·** 1836

3.25 txt διὰ τῆς πίστεως ἐν τῷ **αὐτοῦ** αἵματι
διὰ τῆς πίστεως ἐν τῷ ἑαυτοῦ αἵματι B
διὰ τῆς πίστεως ἐν τῷ **αἵματι αὐτοῦ** 69
txt διὰ πίστεως ἐν τῷ **αὐτοῦ** αἵματι
διὰ πίστεως ἐν **αυτοῦ** αἵματι 1506*
ἐν τῷ **αὐτοῦ** αἵματι A
διὰ πίστεως ἐν τῷ ἑαυτοῦ αἵματι 1739 1881
διὰ πίστεως ἐν ἑαυτοῦ αἵματι 1506c
διὰ πίστεως ἐν τῷ **αἵματι αὐτοῦ** 1319

3.25 txt εἰς ἔνδειξιν τῆς δικαιοσύνης αὐτοῦ [↓1837 2344
** εἰς ἔνδειξιν τῆς δικαιοσύνης αὐτοῦ ἐν τῷ νῦν καιρῷ F G 33 326 440 1245 1315* 1611 1836

3.25 txt διὰ τὴν πάρεσιν τῶν προγεγονότων ἁμαρτημάτων **26** ἐν τῇ ἀνοχῇ τοῦ θεοῦ, πρὸς τὴν ἔνδειξιν τῆς δικαιοσύνης αὐτοῦ [ἐν τῷ νῦν καιρῷ see vs. 25]
omit F G 33 326 440 1245 1315* 1611 1837 2344

3.26 txt ἐν τῇ ἀνοχῇ τοῦ θεοῦ
** ἐν τῇ ἀνοχῇ τοῦ **χυ** 1

3.26 txt πρὸς τὴν ἔνδειξιν τῆς δικαιοσύνης αὐτοῦ
πρὸς τὴν ἔνδειξιν δικαιοσύνης αὐτοῦ 330*
τὴν ἔνδειξιν τῆς δικαιοσύνης αὐτοῦ 1881 [↓489 547 614 618 796 910 927 999 1175 1241 1242
πρὸς ἔνδειξιν τῆς δικαιοσύνης αὐτοῦ K L Ψ 049 056 6 69 88 104 131 205 209 226 323 365 460 1315c 1319 1352 1424 1448 1505 1573 1735 1738 1827 1854 1874 2125 2147 2400 2412 2495 2815

3.26 txt ἐν τῷ νῦν καιρῷ
ἐν τῷ καιρῷ 1506 1646
ἐν τῷ νῦν καιρω καί 460 618
ἐν τῷ **νυνὶ** καιρῷ 330*
διὰ τὴν πάρεσιν τῶν προγεγονότων ἁμαρτημάτων ἐν τῇ ἀνοχῇ τοῦ θυ, πρὸς τὴν ἔνδειξιν τῆς δικαιοσύνης αὐτοῦ ἐν τῷ νῦν καιρῷ 1881

3.27 txt ποῦ οὖν ἡ καύχησις; ἐξεκλείσθη. διὰ ποίου νόμου; τῶν ἔργων; οὐχί, ἀλλὰ διὰ νόμου πίστεως.
ποῦ οὖν ἡ καύχησις; ἐξεκλείσθη 1734
omit 1241

3.27 txt ποῦ οὖν ἡ καύχησις; ἐξεκλείσθη.
ποῦ ἡ καύχησις; ἐξεκλείσθη. 6
πῶς οὖν ἡ καύχησις; ἐξεκλείσθη. 440
** **πῶς** οὖν ἡ καύχησις; **ἐξεκλύσθη**. 1315
* ποῦ οὖν ἡ **καύχησης**; **ἐξεκυλήσθη**. 1243

3.27 txt διὰ ποίου νόμου; τῶν ἔργων; οὐχί
omit 1506
διὰ **ποῖον** νόμου; τῶν ἔργων; οὐχί 326 1837
διὰ ποίου νόμου; διὰ τῶν ἔργων; οὐχί 999
διὰ ποίου νόμου; τῶν ἔργων; **οὐ** F G
διὰ ποίου νόμου; τῶν ἔργων; **οὐκ** D*

3.27 txt ἀλλὰ διὰ νόμου πίστεως
ἀλλὰ νόμου πίστεως D*

3.28 txt λογιζόμεθα : **λογιζώμεθα** D[2]

3.28 txt λογιζόμεθα γὰρ δικαιοῦσθαι πίστει ἄνθρωπον χωρὶς ἔργων νόμου.
λογιζώμεθα **οὖν** δικαιοῦσθαι **πίστι** ἄρθρωπον χωρὶς ἔργων νόμου D[2]
* λογιζόμεθα **οὖν πίστει δικαιοῦσθαι ανον** χωρὶς νόμου 1
λογιζόμεθα **οὖν πίστει δικαιοῦσθαι ανον** χωρὶς ἔργων νόμου K L P Ψ 049 056 1 6 33 69 [88] 104 131 205 209 226 323 330 365 424 440 460 489 517 547 614 618 796 910 927 [945] 999 1175 [1241] 1242 1243 1245 1315 1319 1352 1424 1448 1505 1573 [1611] 1646 1734 1735 1738 1827 1836 1854 1874 1881 1891 2125 2147 2344 2400 2412 2464 2495 2815 **τ** Er[1]

3.29 txt ἢ Ἰουδαίων ὁ θεὸς μόνον;
ἢ Ἰουδαίων **μόνων ἐστιν ὁ θεὸς**; Cl V 18.8
ἢ Ἰουδαίων **μόνων** **ὁ θεὸς**; Cl V 134.2
Ἰουδαίων ὁ θς μόνον; 1646* 1837
* Ἰουδαίων ὁ θς **νόμον**; 326*
* **μὴ** Ἰουδαίων ὁ θς **νόμον**; 326[c]
* **εἰ** Ἰουδαίων ὁ θς **νόμον**; 131

3.29 txt οὐχὶ καὶ ἐθνῶν; ναὶ καὶ ἐθνῶν
** οὐχὶ καὶ **Ἑλλήνων** ναὶ καὶ ἐθνῶν Cl V 18.8
οὐχὲ καὶ ἐθνῶν; ναὶ καὶ ἐθνῶν F G
καὶ οὐχὶ ἐθνῶν; ναὶ καὶ ἐθνῶν 209*
οὐχὶ καὶ ἐθνῶν; ναὶ καὶ ἐθνῶν K
οὐχὶ καὶ ἐθνῶν; 330 Cl V 134.2
οὐχὶ δὲ καὶ ἐθνῶν; 049 6 1506 1836 2147
οὐχὶ δὲ καὶ ἐθνῶν; ναὶ καὶ ἐθνῶν L P Ψ 056 1 33 69 88 131 205 209[c] 226 323 365 424 440 460 517 547 614 618 796 910 927 945 999 1175 1241 1242 1243 1245 1270 1315 1319 1352 1424 1448 1573 1611 1646 1734 1735 1738 1854 1874 1891 2125 2344 2412 2464 2815 **τ** Er[1]

3.30 txt εἷς ὁ θεός
εἷς θς D* 365 1319 1573
ὁ θς **εἷς** 489 927

3.30 txt ὃς δικαιώσει περιτομὴν ἐκ πίστεως καὶ ἀκροβυστίαν διὰ τῆς πίστεως
ὃς καὶ δικαιώσει περιτομὴν ἐκ πίστεως καὶ ἀκροβυστίαν διὰ τῆς πίστεως 1175[c] 1874
** ὃς δικαιώσει περιτομὴν ἐκ πίστεως 131 796 1573
ὃς δικαιώσει περιτομὴν ἐκ πίστεως καὶ ἀκροβυστίαν διὰ τῆς πίστεως **ιν** 517
* ὃς δικαιώσει περιτομὴν ἐκ πίστεως καὶ ἀκροβυστίαν **ἐκ** πίστεως 104 [↓1738 1881
ὃς δικαιώσει περιτομὴν ἐκ πίστεως καὶ ἀκροβυστίαν διὰ πίστεως 209* 460 618 1506

3.31 txt νόμον οὖν καταργοῦμεν διὰ τῆς πίστεως;
νόμου οὖν καταργοῦμεν διὰ τῆς πίστεως; K*
νόμων οὖν καταργοῦμεν διὰ τῆς πίστεως; 330
omit 1315 1352

3.31 txt ἀλλὰ νόμον ἱστάνομεν
ἀλλὰ νόμον **στάνομεν**. F G
ἀλλὰ νόμον **περιστάνομεν**. D*
ἀλλὰ νόμον **συνιστῶμεν**. 33 88* 2344
ἀλλὰ νόμον **συνιστόμεν**. 88^{c} 1735
ἀλλὰ νόμον **ἑστάνομεν**. 330
ἀλλὰ νόμον **εἱστῶμεν**. 460 618
ἀλλὰ νόμον **ἵσταμεν**. 6 1739 1874*
ἀλλὰ νόμον **ἱστόμεν**. 1646 2464
ἀλλὰ καὶ νόμον **ἱστῶμεν**. 1505 2495
ἀλλὰ νόμον **ἱστῶμεν**. ℵ^{c} D^{2} K L P Ψ 049 056 1 69 131 205 209 226 323 326 365 424 440 489 517 547 614 796 910 927 945 999 1175 1241 1242 1243 1245 1270 1319 1424 1448 1573 1611 1734 1738 1827 1836 1837 1854 1874^{c} 1881 1891 2125 2147 2400 2412 2815 τ Er^{1}

4.2 txt εἰ γὰρ Ἀβραὰμ ἐξ ἔργων ἐδικαιώθη
εἰ γὰρ **Ἀβρὰμ** ἐξ ἔργων ἐδικαιώθη 049*
** εἰ γὰρ Ἀβραὰμ **ἐκ πίστεως** ἐδικαιώθη 323 945

4.2 txt ἔχει καύχημα
ἔχῃ καύχημα 88 1573 1646 1881

4.2 txt ἀλλ' οὐ πρὸς θεόν
ἀλλὰ οὐ πρὸς θ̅ν̅ F [↓440 460 489 517 547 614 618 796 910 927 945 999 1175 1241 1242
ἀλλ' οὐ πρὸς τὸν θ̅ν̅ D^{2} K L P Ψ 049 056 1 6 33 69 88 104 131 205 209 226 323 326 330 365 424 1243 1270 1315 1319 1352 1424 1448 1505 1506 1611 1646 1734 1735 1738 1739 1827 1836 1837 1854 1874 1881 1891 2125 2147 2344 2400 2412 2464 2495 2815 τ Er^{1}

4.3 *txt ἡ γραφὴ λέγει : ἡ **τροφὴ** λέγει 365

4.3 txt ἐπίστευσεν δὲ Ἀβραὰμ τῷ θεῷ
ἐπίστευσεν Ἀβραὰμ τῷ θ̅ω̅ D* F G 440
ἐπίστευσεν δὲ Ἀβραὰμ 796
ἐπίστευσεν δὲ **τῷ θ̅ω̅ Ἀβραὰμ** 69 1505 2495

4.3 txt καὶ ἐλογίσθη αὐτῷ εἰς δικαιοσύνην
ἐλογίσθη γὰρ αὐτῷ εἰς δικαιοσύνην Cl V 4.1
* καὶ ἐλογίσθη αὐτῷ **ἡ δικαιοσύνη** 796

4.4 txt τῷ δὲ ἐργαζομένῳ
τῷ **γὰρ** ἐργαζομένῳ 1827 2344

4.4 txt ὁ μισθὸς οὐ λογίζεται
ὁ μισθὸς οὐ **λογίζετε** A
* ὁ μισθὸς οὐ **λογίσθησεται** 1646

4.4 txt ἀλλὰ κατὰ ὀφείλημα
ἀλλὰ **καὶ** ὀφείλημα 205
ἀλλὰ κατὰ τὸ ὀφείλημα 2815 τ Er^{1}
ἀλλὰ κατὰ **ὀφείλην** 1505 2495

4.5 txt τῷ δὲ μὴ ἐργαζομένῳ
** τῷ δὲ ἐργαζομένῳ 33 1646 2464

4.5 txt πιστεύοντι δὲ ἐπὶ τὸν δικαιοῦντα τὸν ἀσεβῆ
πιστεύοντι δὲ ἐπὶ τὸν δικαιοῦντα τὸν **ἀσεβῆν** ℵ D* F G
πιστεύοντα δὲ ἐπὶ τὸν δικαιοῦντα τὸν ἀσεβῆ 1243

4.5 txt λογίζεται ἡ πίστις αὐτοῦ εἰς δικαιοσύνην
λογίζεται **αὐτοῦ εἰς δικαιοσύνην ἡ πίστις** 1315
λογίζεται ἡ πίστις εἰς δικαιοσύνην 547
λογίζεται ἡ πίστις **αὐτῷ** εἰς δικαιοσύνην 2815

4.6 txt καθάπερ καὶ Δαυὶδ
καθάπερ καὶ **Δαυεὶδ** B W
καθὼς καὶ ο **Δαυεὶδ** D
καθὼς καὶ ὁ Δαυὶδ F G
καθάπερ δ̅α̅δ 1243
καθάπερ γὰρ καὶ δ̅α̅δ 1646 1735

4.6 txt ᾧ ὁ θεὸς λογίζεται δικαιοσύνην χωρὶς ἔργων
ᾧ ὁ θς λογίζεται εἰς δικαιοσύνην ἔργων 049
ᾧ ὁ θς λογίζεται εἰς δικαιοσύνην χωρὶς ἔργων P 1 33 999 1175 1245 [1611] 1836
ᾧ ὁ θς λογίζεται εἰς δικαιοσύνην χωρὶς ἔργων νόμου 88 [↑1874 2344 2464

4.7 txt μακάριοι ὧν ἀφέθησαν αἱ ἀνομίαι
Μακάριον ὧν **ἀφήθησαν** αἱ ἀνομίαι 489

4.7 txt ὧν ἐπεκαλύφθησαν αἱ ἁμαρτίαι
** ὧν **ἀπεκαλύφθησαν** αἱ ἁμαρτίαι· 131 330 365 440 1243 1352 1506 1881

4.8 txt μακάριος ἀνὴρ οὗ οὐ μὴ λογίσηται κύριος ἁμαρτίαν
omit 326 999* 1837
μακάριος ἀνὴρ **ὃ** οὐ μὴ λογίσηται κς ἁμαρτίαν 6 2147
καὶ μακάριος ἀνὴρ **ᾧ** οὐ μὴ **λογήσηται** κς ἁμαρτίαν 323
μακάριος ἀνὴρ ὃς οὐκ ἐπορεύθη **ᾧ** οὐ μὴ **λογίσεται** κς ἁμαρτίαν 1646*

4.9 txt ὁ μακαρισμὸς οὖν οὗτος ἐπὶ τὴν περιτομὴν
ὁ μακαρισμὸς οὗτος ἐπὶ τὴν περιτομὴν 1243 1506
ὁ μακαρισμὸς οὖν **αὐτοὺς** ἐπὶ τὴν **πεπιτομὴν** F

4.9 txt ἢ καὶ ἐπὶ τὴν ἀκροβυστίαν;
ἢ καὶ **εἰς** τὴν ἀκροβυστίαν; C
ἢ καὶ **περὶ** τὴν ἀκροβυστίαν; 1505 2495
καὶ ἐπὶ τὴν ἀκροβυστίαν; 330 460 489 618 796 1738 1827 1874
ἢ ἐπὶ τὴν ἀκροβυστίαν; 1 209* 323 517 927 1881 1891 2147 2400 2464

4.9 txt λέγομεν γάρ
λέγωμεν γάρ 049 33 104 131 326 1175 1505 1646 1827 1837 2147 2464

4.9 txt ἐλογίσθη τῷ Ἀβραὰμ ἡ πίστις εἰς δικαιοσύνην
ἐλογίσθη τῷ Ἀβραὰμ ἡ **πίστης** εἰς δικαιοσύνην. 049 104 131 614 1735
ἐλογίσθη τῷ Ἀβραὰμ ἡ **πίστης** εἰς **δικαιωσύνην**. 2147
ἐλογήσθη τῷ Ἀβραὰμ ἡ **πίστης** εἰς δικαιοσύνην. 1646
Ἐλογίσθη τῷ Ἀβραὰμ εἰς δικαιοσύνην K 1319
ἐλογίσθη **ἡ πίστις τῷ Ἀβραὰμ** εἰς δικαιοσύνην. 489 927
ἐλογίσθη τῷ Ἀβραὰμ **εἰς δικαιωσύνην ἡ πίστις**. 33

4.10 txt πῶς οὖν ἐλογίσθη;
πῶς οὖν ἐλογίσθη αὐτῷ; 104

4.10 txt ἐν περιτομῇ ὄντι ἢ ἐν ἀκροβυστίᾳ;
ἐν περιτομῇ ὄντι ἐν ἀκροβυστίᾳ; 1319*
ἐν περιτομῇ **ὄντως** ἢ ἐν ἀκροβυστίᾳ; 131
ἐν περιτομῇ ἢ ἐν ἀκροβυστίᾳ; F G
ἐν περιτομῇ ὄντι ἢ καὶ ἐν ἀκροβυστίᾳ; D[1.2]

4.10 txt οὐκ ἐν περιτομῇ ἀλλ' ἐν ἀκροβυστίᾳ·
omit 69* 131 209* 326 614 1837 1874* 2412

4.11 txt καὶ σημεῖον ἔλαβεν περιτομῆς σφραγῖδα τῆς δικαιοσύνης τῆς πίστεως τῆς ἐν τῇ ἀκροβυστίᾳ
omit 69*

4.11 txt σφραγῖδα τῆς δικαιοσύνης τῆς πίστεως
σφραγεῖδα διὰ τῆς δικαιοσύνης τῆς πίστεως F G
σφραγῖδα δικαιοσύνης τῆς πίστεως A 1248
σφραγῖδα **τῆς περιτομῆς** τῆς δικαιοσύνης τῆς πίστεως L
τῆς περιτομῆς σφραγῖδα τῆς δικαιοσύνης τῆς πίστεως 69[c]
** **σφαγῖδα** τῆς δικαιοσύνης τῆς πίστεως 365

4.11 txt τῆς ἐν τῇ ἀκροβυστίᾳ
τῆς ἐν ἀκροβυστίᾳ A D F G 056 1 323 330 424* 440 517 1245 1270 1315 1734 2400
ἐν τῇ ἀκροβυστίᾳ 33 1874

4.11 txt εἰς τὸ εἶναι αὐτὸν πατέρα πάντων τῶν πιστευόντων δι' ἀκροβυστίας
εἰς τὸ εἶναι αὐτὸν πατέρα πάντων τῶν **πιστευσάντων** δι' ἀκροβυστίας 1424
εἰς τὸ εἶναι πατέρα πάντων τῶν πιστευόντων δι' ἀκροβυστίας Er[1]
εἰς τὸ εἶναι αὐτὸν πατέρα πάντων τῶν πιστευόντων **διὰ** τῆς ἀκροβυστίας 2464
εἰς τὸ εἶναι αὐτὸν πατέρα πάντων τῶν πιστευόντων **διὰ** ἀκροβυστίας A D* F G 489 945 1611 1881*

4.12 txt πατέρα περιτομῆς τοῖς οὐκ ἐκ περιτομῆς
omit 1245

4.12 txt τοῖς οὐκ ἐκ περιτομῆς μόνον
μόνον ℵ*
οὐ τοῖς ἐκ περιτομῆς μόνον 69 88 365 1270 1319 1505 1573 2495
* τοῖς οὐκ ἐκ περιτομῆς **νόμον** 049
τῆς οὐκ ἐκ περιτομῆς μόνον 205

4.12 txt ἀλλὰ καὶ τοῖς στοιχοῦσιν τοῖς ἴχνεσιν
ἀλλὰ καὶ τοῖς **στοιχοῦσειν** τοῖς **ἴχνεσειν** G
ἀλλὰ καὶ τοῖς **στοιλοῦσειν** τοῖς **ἴχνεσειν** F
ἀλλὰ καὶ **τοῦ** στοιχοῦσιν τοῖς **ἴχνεσι** τῆς πίστεως 1874*
ἀλλὰ καὶ τοῖς **συστοιχοῦσι** τοῖς **ἴχνεσι** τῆς πίστεως 2400
ἀλλὰ τοῖς **στοιχοῦσι** τοῖς **ἴχνεσι** 1573 1827
ἀλλὰ καὶ τοῖς **στιχοῦσι** τοῖς **ἴχνεσι** 326 1837
ἀλλὰ καὶ τοῖς **στιχοῦσι** τοῖς **ἴχνεσι** **τοῖς** πίστεως 2147
ἀλλὰ καὶ ἐν τοῖς **τοιχοῦσιν** τοῖς ἴχνεσιν τῆς πίστεως 2464
ἀλλὰ καὶ τοῖς **τοιχοῦσι** τοῖς ἴχνεσιν τῆς πίστεως L* 049 [↓1891 2125
ἀλλὰ καὶ τοῖς **τυχοῦσιν** τοῖς ἴχνεσιν τῆς πίστεως 6 131 330 1241 1243 1735 1836
ἀλλὰ καὶ τοῖς **στυχοῦσιν** τοῖς ἴχνεσιν τῆς πίστεως P 1
ἀλλὰ καὶ τοῖς στοιχοῦσιν τοῖς ἴχνεσιν τῆς πίστεως $D^{*,2}$ K Ψ 056 88 205 209 226 323 424 440 460 489 517 547 618 796 910 927 945 999 1175 1242 1245 1270 1315 1352 1424 1448 1505 1611 1646 1734 1738 1854 2344 2412 2495 2815 Er^1
[Why did the scribes have a problem with στοιχοῦσιν?]

4.12 txt τῆς ἐν ἀκροβυστίᾳ πίστεως
τῆς ἐν ἀκροβυστίᾳ ℵ* Ψ 056 323 424* 547 910 1243 1270 1315 1352 1448 1611 1734
τῆς ἐν τῇ ἀκροβυστίᾳ πίστεως D^2 104 1827 τ [↑1891 2125 2412
τοῖς ἐν ἀκροβυστίαι πίστεως 365
τοῖς ἐν ἀκροβυστίαι 2400 2815 Er^1
τοῖς ἐν τῇ ἀκροβυστία P 049 1505 2495 [↓1738 1836 1854 2147 2344 2464
ἐν τῇ ἀκροβυστίᾳ πίστεως 1874 [↓796 927 945 999 1175 1241 1242 1245 1424 1646 1735
τῆς ἐν τῇ ἀκροβυστίᾳ D^2 K L 1 6 [33] 88 131 205 209 226 330 424^c 440 460 489 517 618

4.13 txt Οὐ γὰρ διὰ νόμου ἡ ἐπαγγελία
Οὐ γὰρ νόμου ἡ ἐπαγγελία 1
Οὐ γὰρ διὰ νόμου ἐπαγγελία 131
Οὔτε γὰρ διὰ νόμου ἡ ἐπαγγελία 2412

4.13 txt τῷ Ἀβραὰμ ἢ τῷ σπέρματι αὐτοῦ
τῷ Ἀβραὰμ τῷ σπέρματι αὐτοῦ ℵ*
τῷ Ἀβραὰμ **καὶ** τῷ σπέρματι αὐτοῦ 1827

4.13 txt τὸ κληρονόμον αὐτὸν εἶναι κόσμου
τὸ κληρονόμον εἶναι κόσμου 1506
τὸ κληρονόμον εἶναι τοῦ κόσμου 1891 2147
τὸν κληρονόμον αὐτὸν εἶναι τοῦ κόσμου 796
τὸν κληρονόμον **εἶναι αὐτὸν** τοῦ κόσμου 1837
τὸ κληρονόμον **εἶναι αὐτὸν** τοῦ κόσμου K 326 2344
τὸ κληρονόμον αὐτὸν εἶναι τοῦ κόσμου L P Ψ 049 056 1 6 69 88 104 131 205 209 226 323 424 440 460 489 517 547 618 910 927 945 999 1175 1241 1242 1243 1245 1270 1315 1352 1424 1448 1505 1611 1646 1734 1735 1738 1827 1836 1854 1874 2125 2400 2412 2464 2815 τ Er^1

4.13 txt ἀλλὰ διὰ δικαιοσύνης πίστεως
ἀλλὰ δικαιοσύνης πίστεως. G^c 131 1506 1836 2344
* ἀλλὰ διὰ **δικαιοσύνην** πίστεως. 330 1505 2495
ἀλλὰ **δικαιοσύνην** πίστεως. F
ἀλλὰ καὶ διὰ δικαιοσύνης πίστεως. 1242

4.14 txt εἰ γὰρ οἱ ἐκ νόμου κληρονόμοι
εἰ γὰρ οἱ ἐκ νόμου καὶ κληρονόμοι 330
εἰ γὰρ **ἡ** ἐκ νόμου κληρονόμοι 2147

4.14 txt κεκένωται ἡ πίστις
κεκένωται ἡ **πίστης** 049 1735 2147
* **ἐκκεκένωται** ἡ πίστις 2815 Er^1

4.15 txt ὁ γὰρ νόμος ὀργὴν κατεργάζεται
ὁ γὰρ ὁ νόμος ὀργὴν κατεργάζεται 326 1837

4.15 txt οὗ δὲ οὐκ ἔστιν νόμος οὐδὲ παράβασις
ποῦ γὰρ οὐκ ἔστιν νόμος οὐδὲ παράβασις F G

4.16 txt διὰ τοῦτο ἐκ πίστεως
** διὰ τοῦτο **οὐκ** ἐκ πίστεως 460 618 1738
* διὰ τοῦτο ἐκ πίστεως **ιυ** D*

4.16 txt εἰς τὸ εἶναι βεβαίαν τὴν ἐπαγγελίαν παντὶ τῷ σπέρματι
** εἰς τὸ εἶναι βεβαίαν τὴν ἐπαγγελίαν παντὶ τῷ **πιστεύοντι** 1505 2495

4.16 txt οὐ τῷ ἐκ τοῦ νόμου μόνον
οὐ **τοῦ** ἐκ τοῦ νόμου μόνον 1243
οὐ τῷ ἐκ τοῦ νόμου F G 1352
οὐ τῷ ἐκ τοῦ νόμου ἐστιν μόνον D[1.2]
οὐ τῷ ἐκ νόμου μόνον 6 69 88 104 323 424[c] 1241 1827

4.16 txt ἀλλὰ καὶ τῷ ἐκ πίστεως Ἀβραάμ
ἀλλὰ τῷ ἐκ πίστεως Ἀβραάμ F G 1506
ἀλλὰ καὶ **τὸν** ἐκ πίστεως Ἀβραάμ 618 1738
καὶ τῷ ἐκ πίστεως Ἀβραάμ 365

4.16 txt ὅς ἐστιν πατὴρ πάντων ἡμῶν
ὅς **ἐστι πάντων ἡμῶν πηρ** 330
ὅς ἐστιν πατὴρ ἡμῶν 1175
ὅς ἐστιν πατὴρ πάντων 1270*

4.17 txt γέγραπται ὅτι Πατέρα πολλῶν ἐθνῶν τέθεικά σε
γέγραπται Πατέρα πολλῶν ἐθνῶν τέθεικά σε 1827
* γέγραπται ὅτι Πατέρα πολλῶν τέθεικά σε 1

4.17 txt κατέναντι οὗ ἐπίστευσεν θεοῦ
κατέναντι οὗ **ἐπίστευσαν** θυ D*
κατέναντι οὗ **ἐπίστευσας θω** F G
κατέναντι οὗ **ἐπίστευσαι** θυ 2147
κατέναντι οὗ **ἐπίστευσε** 6

4.17 txt καὶ καλοῦντος τὰ μὴ ὄντα ὡς ὄντα
* καὶ καλοῦντος τὰ μὴ ὄντα **εἰς** ὄντα 326 1837
* καὶ **λαλοῦντος** τὰ μὴ ὄντα ὡς ὄντα 460 618 1270 1352 1738 1891

4.18 txt ὃς παρ' ἐλπίδα ἐπ' ἐλπίδι ἐπίστευσεν
Ἀβραὰμ ὃς παρ' ἐλπίδα ἐπ' ἐλπίδι ἐπίστευσεν 326 1837
ὃς παρ' ἐλπίδα Ἀβραὰμ ἐπ' ἐλπίδι 330*
ὃς παρ' ἐλπίδα Ἀβραὰμ ἐπ' ἐλπίδι ἐπίστευσεν 330[c]
ὃς παρ' ἐλπίδα Ἀβραὰμ ἐπ' **ἐλπίδη ἐπίστευσαν** 1243
ὃς παρ' ἐλπίδα **ἐφ'** ἐλπίδι ἐπίστευσεν C* D* F G
ὃς παρ' ἐλπίδα ἐλπίδι ἐπίστευσεν 1891
ὃς παρ' ἐλπίδα ἐπίστευσεν 104

4.18 txt εἰς τὸ γενέσθαι αὐτὸν πατέρα πολλῶν ἐθνῶν κατὰ τὸ εἰρημένον
εἰς τὸ γενέσθαι πρα πολλῶν ἐθνῶν κατὰ τὸ εἰρημένον 1836
* εἰς τὸ **εἶναι** αὐτὸν πρα πολλῶν ἐθνῶν κατὰ τὸ εἰρημένον 1505 1881 2495
εἰς τὸ γενέσθαι αὐτὸν πατέρα πολλῶν κατὰ τὸ εἰρημένον 460* 618 1738
* εἰς τὸ γενέσθαι αὐτὸν πατέρα πολλῶν ἐθνῶν κατὰ τὸ **γεγραμμένον**· K

4.18 txt οὕτως ἔσται τὸ σπέρμα σου
ἔσται τὸ σπέρμα 440*
οὕτως ἔσται τὸ σπέρμα 440[c]
omit 2412
οὕτως ἔσται τὸ **σπέρματι** σου 2464 [↓209[c]
* οὕτως ἔσται τὸ σπέρμα σου ὡς αἱ ἀστέρες τοῦ ουνου καὶ τὸ ἄμμον τῆς θαλάσσις F G
* οὕτως ἔσται τὸ σπέρμα σου ὡς τὰ ἀστέρα τοῦ ουνου καὶ ὡς ἡ ἄμμος τῆς θαλάσσις 205

4.19 txt μὴ ἀσθενήσας τῇ πίστει
** μὴ **ἀπιστήσας** τῇ πίστει 365 1573
μὴ τῇ πίστει 1319[c]

4.19 txt κατενόησεν τὸ ἑαυτοῦ σῶμα
οὐ κατενόησεν μὲν τὸ ἑαυτοῦ σῶμα 1735

4.19 txt τὸ ἑαυτοῦ σῶμα νενεκρωμένον
txt τὸ ἑαυτοῦ σῶμα ἤδη νενεκρωμένον
τὸ ἑαυτοῦ σῶμα **ἰδεῖν** νενεκρωμένον 1424
τὸ ἑαυτοῦ σῶμα **ἤδην** νενεκρωμένον P [1243]

4.19 txt ἑκατονταετής που ὑπάρχων
ἑκατονταετής που **ὑπάρχει** D*

4.19 txt μήτρας Σάρρας : μήτρας **Σάρας** L 049 131 1245 2147 2464 ·

4.20 txt εἰς δὲ τὴν ἐπαγγελίαν τοῦ θεοῦ οὐ διεκρίθη τῇ ἀπιστίᾳ
εἰς τὴν ἐπαγγελίαν τοῦ θ̅υ̅ οὐ διεκρίθη τῇ ἀπιστίᾳ F G
εἰς δὲ τὴν ἐπαγγελίαν θ̅υ̅ οὐ διεκρίθη τῇ ἀπιστίᾳ 33 1175 1874*
εἰς δὲ **τῇ ἐπαγγελίᾳ** τοῦ θ̅υ̅ οὐ διεκρίθη τῇ ἀπιστίᾳ 1836
εἰς δὲ τὴν ἐπαγγελίαν τοῦ θ̅υ̅ **οὐδὲ** διεκρίθη τῇ ἀπιστίᾳ 1315

4.20 txt **ἀλλ᾽** ἐνεδυναμώθη τῇ πίστει
ἀλλὰ ἐνεδυναμώθη τῇ πίστει B W
ἀλλ᾽ **ἐδυναμώθη** τῇ πίστει F G 1243

4.21 txt ὅτι ὃ ἐπήγγελται δυνατός ἐστιν
ὃ ἐπήγγελται _ δυνατός ἐστιν 1319
ὃ ἐπήγγελται ὁ θ̅ς̅ δυνατός ἐστιν 330
ὅτι ὃ ἐπήγγελται ὁ θ̅ς̅ δυνατός ἐστιν 1505 2495

4.22 txt διὸ ἐλογίσθη αὐτῷ
txt διὸ καὶ ἐλογίσθη αὐτῷ
διότι καὶ ἐλογίσθη αὐτῷ 1735

4.23 txt οὐκ ἐγράφη δὲ δι᾽ αὐτὸν μόνον
οὐκ ἐγράφη δὲ **μόνον δι᾽ αὐτὸν** D F G

4.23 txt ὅτι ἐλογίσθη αὐτῷ
ὅτι καὶ ἐλογίσθη αὐτῷ 1243
* ὅτι ἐλογίσθη αὐτῷ εἰς δικαιοσύνην D^2 1241

4.24 txt ἀλλὰ καὶ δι᾽ ἡμᾶς
* ἀλλὰ καὶ δι᾽ **ὑμᾶς** 326
ἀλλὰ δι᾽ ἡμᾶς 056*

4.24 txt οἷς μέλλει λογίζεσθαι
οἷς **μέλει** λογίζεσθαι 131 2464

4.24 txt τοῖς πιστεύουσιν ἐπὶ τὸν ἐγείραντα Ἰησοῦν
τοῖς πιστεύουσιν ἐπὶ τὸν ἐγείραντα Ἰησοῦν Χριστὸν 330 424* 1243 2815 $Er^{1,*}$
* τοῖς πιστεύουσιν ἐγείραντα Ἰησοῦν Χριστὸν 1836

4.25 txt ὃς παρεδόθη διὰ τὰ παραπτώματα ἡμῶν
* ὃς παρεδόθη διὰ **τὰς ἁμαρτίας** ἡμῶν 1243
** **ὡς** καὶ **παρεδώθη** 460

4.25 txt καὶ ἠγέρθη διὰ τὴν δικαίωσιν ἡμῶν
omit 049
διὰ τὴν δικαίωσιν ἡμῶν 460
* καὶ ἠγέρθη διὰ τὴν **δικαιοσύνην** ἡμῶν D^2 33 88 131 945 1243 1315 1646 1734 2147 2815 Er^1

5.2 txt ἐσχήκαμεν εἰς τὴν χάριν ταύτην ἐν ᾗ ἑστήκαμεν
txt ἐσχήκαμεν τῇ πίστει εἰς τὴν χάριν ταύτην ἐν ᾗ ἑστήκαμεν
** ἐσχήκαμεν 365
** ἐσχήκαμεν ἐν τῇ πίστει εἰς τὴν **χαρὰν** ταύτην ἐν ᾗ ἑστήκαμεν A
ἐσχήκαμεν τῇ πίστει εἰς τὴν χάριν ἐν ᾗ ἑστήκαμεν 1874

5.2 txt καυχώμεθα ἐπ᾽ ἐλπίδι τῆς δόξης τοῦ θεοῦ. οὐ μόνον δέ, ἀλλὰ καὶ καυχώμεθα
omit 489 927* 1881

5.2 txt καυχώμεθα ἐπ᾽ ἐλπίδι τῆς δόξης τοῦ θεοῦ
καυχόμετα **ἐφ**᾽ ἐλπίδι τῆς δόξης τοῦ θ̅υ̅. F
καυχώμεθα **ἐφ**᾽ ἐλπίδι τῆς δόξης τοῦ θεοῦ D G

5.3 txt καυχώμεθα : **χαυχώμεθα** ℵ

5.4 txt ἡ δὲ ὑπομονὴ δοκιμήν
ἡ **γὰρ** ὑπομονὴ δοκιμήν Cl II 134.4
** ἡ δὲ ὑπομονὴ **δικαιωσύνην** 33

5.5 txt ἐκκέχυται ἐν ταῖς καρδίαις ἡμῶν
* ἐκκέχυται ἐν ταῖς καρδίαις **ὑμῶν** ℵ* 33 927* 1245 1854 2464

5,5 txt διὰ πνεύματος ἁγίου τοῦ δοθέντος ἡμῖν
* διὰ πνεύματος ἁγίου τοῦ δοθέντος **ὑμῖν**. 2464

5.6 txt ἔτι γὰρ Χριστὸς
ἔτι γὰρ ὁ χ̅ς̅ 1243 2147

5.6 txt ὑπὲρ ἀσεβῶν ἀπέθανεν
** ὑπὲρ **ἡμῶν** ἀπέθανεν 460 618 1738

5.7 txt ὑπὲρ γὰρ τοῦ ἀγαθοῦ τάχα τις καὶ τολμᾷ ἀποθανεῖν
omit 1243

5.7 txt ὑπὲρ γὰρ τοῦ ἀγαθοῦ τάχα
ὑπὲρ **τοῦ** **ἀγαθοῦ** **γὰρ** τάχα 1827

5.7 txt τις καὶ τολμᾷ ἀποθανεῖν
καὶ **τολμᾷ** **τις** ἀποθανεῖν 1506
τις τολμᾷ ἀποθανεῖν 69

5.8 txt τὴν ἑαυτοῦ ἀγάπην
τὴν **αὐτοῦ** ἀγάπην 365

5.8 txt ὅτι ἔτι ἁμαρτωλῶν ὄντων ἡμῶν
ὅτι ἁμαρτωλῶν ὄντων ἡμῶν 131 460 618 1836* 2147
ὅτι ἔτι **ἡμῶν** ὄντων **ἁμαρτωλῶν** 2344
ὅτι ἔτι ἁμαρτωλῶν **ἡμῶν** **ὄντων** L 1241 1424 1505 2495
** ὅτι ἔτι ἁμαρτωλῶν ὄντων **ὑμῶν** 1319

5.9 txt πολλῷ οὖν μᾶλλον
πολλῷ μᾶλλον D* F G

5.9 txt πολλῷ οὖν μᾶλλον
πολλῷ **νῦν** μᾶλλον 1505 2495

5.9 txt δικαιωθέντες νῦν ἐν τῷ αἵματι αὐτου
δικαιωθέντες ἐν τῷ αἵματι αὐτου 326 1827 1837
δικαιωθέντες νῦν ἐν τῷ αἵματι 1448
* δικαιωθέντες νῦν ἐν τῷ αἵματι **τοῦ** **χ̅υ̅** 1881

5.9 txt σωθησόμεθα δι᾽ αὐτοῦ ἀπὸ τῆς ὀργῆς
** σωθησόμεθα δι᾽ αὐτοῦ ἀπὸ τῆς μελλούσης κολάσεως δῆλον ὅτι τῆς ὀργῆς 1352
** **omit** 460* 618 1738

5.10 txt εἰ γὰρ ἐχθροὶ ὄντες κατηλλάγημεν τῷ θεῷ διὰ τοῦ θανάτου τοῦ υἱοῦ αὐτοῦ, πολλῷ μᾶλλον καταλλαγέντες
** **omit** 460* 618 1738

5.10 txt ἐχθροὶ : **ἐκθροὶ** F G

5.10 txt κατηλλάγημεν τῷ θεῷ : κατηλλάγημεν 326 1837

5.10 txt θανάτου τοῦ υἱοῦ αὐτοῦ, πολλῷ μᾶλλον καταλλαγέντες σωθησόμεθα ἐν τῇ ζωῇ αὐτοῦ·
** **omit** A

5.10 txt διὰ τοῦ θανάτου τοῦ υἱοῦ αὐτοῦ
διὰ τοῦ θανάτου τοῦ υἱοῦ 88
διὰ τοῦ θανάτου τοῦ υἱοῦ **ἑαυτου** 1175*
διὰ τοῦ θανάτου αὐτοῦ 1245 2147
διὰ θανάτου τοῦ υἱοῦ αὐτοῦ, F

5.10 txt πολλῷ μᾶλλον καταλλαγέντες
πολλῷ οὖν μᾶλλον καταλλαγέντες 1827 1836

5.10 txt σωθησόμεθα ἐν τῇ ζωῇ αὐτοῦ
** **ζητώμεθα** ἐν τῇ ζωῇ αὐτοῦ 2400
σωθησώμεθα ἐν τῇ ζωῇ αὐτοῦ K L 049 88 131 618 1646 1874* 1891 2147 2464
** **σωθησώμεθα** τῇ **ἐκεῖνου χάριτι** 1836

5.11 txt οὐ μόνον δέ, ἀλλὰ καὶ καυχώμενοι ἐν τῷ θεῷ διὰ τοῦ
omit A

5.11 txt ἀλλὰ καὶ καυχώμενοι ἐν τῷ θεῷ
ἀλλὰ καυχώμενοι ἐν τῷ θεῷ 547

5.11 txt διὰ τοῦ κυρίου ἡμῶν Ἰησοῦ Χριστοῦ
* διὰ τοῦ κυρίου **ὑμῶν** Ἰησοῦ Χριστοῦ Er[1]

5.11 txt δι' οὗ νῦν τὴν καταλλαγὴν ἐλάβομεν
δι' οὗ νῦν τὴν καταλλαγὴν **ἐλάβωμεν** 33
δι' οὗ νῦν τὴν **καταλλαγὲν** ἐλάβομεν F
δι' οὗ τὴν καταλλαγὴν ἐλάβομεν 1242 1881
δι' οὗ νῦν **καὶ** τὴν καταλλαγὴν ἐλάβομεν 330 1243
δι' οὗ **καὶ** τὴν καταλλαγὴν ἐλάβομεν 1319 1573
** δι' οὗ νῦν τὴν καταλλαγὴν ἐλάβομεν. καὶ τὴν καταλλαγὴν ἐσχηκαμεν. 365

5.12 txt Διὰ τοῦτο ὥσπερ δι' ἑνὸς ἀνθρώπου ἡ ἁμαρτία εἰς τὸν κόσμον εἰσῆλθεν καὶ διὰ τῆς ἁμαρτίας ὁ θάνατος, καὶ οὕτως εἰς πάντας ἀνθρώπους ὁ θάνατος διῆλθεν, ἐφ' ᾧ πάντες ἥμαρτον· ἄχρι γὰρ νόμου ἁμαρτία ἦν ἐν κόσμῳ, ἁμαρτία δὲ οὐκ ἐλλογεῖται μὴ ὄντος νόμου, ἀλλὰ ἐβασίλευσεν ὁ θάνατος ἀπὸ Ἀδὰμ μέχρι Μωϋσέως καὶ ἐπὶ τοὺς μὴ ἁμαρτήσαντας ἐπὶ τῷ ὁμοιώματι τῆς
** **omit** 2344

5.12 txt δι' ἑνὸς ἀνθρώπου
** δι' ἑνὸς θανάτου ἀνθρώπου 69*
διὰ ἑνὸς ανου 1735
ἑνὸς ἀνθρώπου 365

5.12 txt ἡ ἁμαρτία εἰς τὸν κόσμον εἰσῆλθεν
ἡ **ἁμαρτίαν** εἰς τὸν κόσμον εἰσῆλθεν 365
εἰς τὸν κόσμον ἡ ἁμαρτία εἰσῆλθεν D F G

5.12 txt διὰ τῆς ἁμαρτίας ὁ θάνατος
διὰ τῆς ἁμαρτίας θάνατος F G
διὰ **τὴν ἁμαρτίαν** ὁ θάνατος 2815 Er[1]

5.12 txt καὶ οὕτως εἰς πάντας ἀνθρώπους
εἰς πάντας ἀνθρώπους Cl III 64.2
οὕτως εἰς πάντας ἀνθρώπους 1242 1735
καὶ **οὗτος** εἰς πάντας ἀνθρώπους 618
οὕτως καὶ εἰς πάντας ἀνθρώπους 1837
καὶ οὕτως εἰς **πάντα** ἀνθρώπους 1241

5.12 txt ὁ θάνατος διῆλθεν
ὁ θάνατος **εἰσῆλθεν** 1881 [reported in **ubs**]

5.12 txt ἐφ' ᾧ πάντες ἥμαρτον
* ἐφ' ᾧ πάντες 1573

5.13 txt ἄχρι γὰρ νόμου ἁμαρτία ἦν ἐν κόσμῳ
ἄχρι γὰρ νόμου ἁμαρτία ἦν ἐν τῷ κόσμῳ 489 1241 1245 1352 1881 2125 2147 2400
ἄχρι γὰρ νόμου ἡ ἁμαρτία ἦν ἐν κόσμῳ 1827 1891
ἄχρι γὰρ νόμου ἁμαρτία ἐν κόσμῳ 1175*
ἄχρι νόμου ἁμαρτία ἦν ἐν κόσμῳ 209* Cl IV 9.6

5.13 txt ἐλλογεῖται : ἐνλογεῖται D^{c}

5.13 txt μὴ ὄντος νόμου
μὴ **ὄντως** νόμου K 326 330 365 999 1424 1646 1836 1837 1874*

5.14 txt ἀλλὰ ἐβασίλευσεν ὁ θάνατος
καὶ ἐβασίλευσεν ὁ θάνατος Cl III 64.2
* **ἀλλ'** ἐβασίλευσεν 1827 [↓330 365 424 440 460 489 517 547 614 618 796 910 927 945
ἀλλ' ἐβασίλευσεν ὁ θάνατος ℵ A C F G K L P Ψ 049 056 1 6 33 69 88 104 131 205 209 226 323 326
999 1175 1241 1242 1243 1245 1270 1315 1319 1352 1424 1448 1505 1506 1573 1611 1646 1734
1735 1738 1739 1836 1837 1854 1874 1881 1891 2125 2147 2400 2412 2464 2495 2815 **τ** Er^{1}

5.14 txt ἀπὸ Ἀδὰμ μέχρι Μωϋσέως
ἀπὸ Ἀδὰμ **ἕως** Μωϋσέως 365
ἀπὸ Ἀδὰμ μέχρι μέχρι καὶ Μωϋσέως 999
ἀπὸ τοῦ Ἀδὰμ μέχρι Μωϋσέως 1827
ἀπὸ Ἀδὰμ μέχρι **Μωϋσέος** 226 614 1242 1505 1881 2147 2412
ἀπὸ Ἀδὰμ **μέχρις** **Μωσέως** 205 [↓1735 1739 2125 2815 **τ** Er^{1}
ἀπὸ Ἀδὰμ μέχρι **Μωσέως** A P Ψ 056 6 205 209 323 424^{c} 440 547 945 1315 1646

5.14 txt καὶ ἐπὶ τοὺς μὴ ἁμαρτήσαντας
** καὶ ἐπὶ τοὺς ἁμαρτήσαντας 614 1315 2412 2495*
** ἐπὶ τοὺς ἁμαρτήσαντας 6 424^{c} 1739*
ἐπὶ τοὺς μὴ ἁμαρτήσαντας 1243

5.14 txt τῆς παραβάσεως Ἀδάμ
τῆς παραβάσεως τοῦ Ἀδάμ 1315

5.14 txt ὅς ἐστιν τύπος τοῦ μέλλοντος
ὅς ἐστιν τύπος τοῦ **μέλωντος** 1315 1646 [2464]

5.15 txt ἀλλ' οὐχ ὡς τὸ παράπτωμα
* ἀλλ' οὐχ ὡς τὸ παράπτωμα ἡμῶν 1836

5.15 txt οὕτως καὶ τὸ χάρισμα
οὕτω καὶ τὸ χάρισμα 104 205 1242 1245 1448 1891 **τ**
οὗτος καὶ τὸ χάρισμα F

5.15 txt εἰ γὰρ τῷ τοῦ ἑνὸς παραπτώματι
εἰ γὰρ **τὸ** τοῦ ἑνὸς παραπτώματι K 049 88 323 999 1175 1243 1315 1424 1505 1506 1611 1874
εἰ γὰρ **τὸ** τῷ τοῦ ἑνὸς παραπτώματι 1245 [↑2147 2400 2464

5.15 txt παραπτώματι οἱ πολλοὶ ἀπέθανον, πολλῷ μᾶλλον
omit 460 618 1738

5.15 txt οἱ πολλοὶ ἀπέθανον
πολλοὶ ἀπέθανον 6

5.15 txt ἡ χάρις τοῦ θεοῦ
** **τὸ χάρισμα** τοῦ θεοῦ 2464

5.15 txt ἐν χάριτι τῇ τοῦ ἑνὸς ἀνθρώπου Ἰησοῦ Χριστοῦ
ἐν χάριτι τοῦ ἑνὸς ἀνθρώπου Ἰησοῦ Χριστοῦ 69 323 1646 1827 1874 1891* 2815 Er^{1}
ἐν χάριτι τῇ τοῦ ἑνὸς ἀνθρώπου **χ̅υ̅** **ι̅υ̅** 1739
ἐν **τῇ χάριτι** τοῦ ἑνὸς ἀνθρώπου Ἰησοῦ Χριστοῦ 460 618 1738
* ἐν χάριτι τῇ τοῦ ἑνὸς ἀνθρώπου Ἰησοῦ Χριστοῦ ἀρ' οὖν ὡς δι' ἑνὸς παραπτώματος 1881

5.15 txt εἰς τοὺς πολλοὺς ἐπερίσσευσεν
εἰς τοὺς πολλοὺς **περίεσσευσεν** Ψ 326 365 1505 1319 1734 1837
εἰς τοὺς πολλοὺς **περίσσευσε** 330 1573 2495

5.16 txt οὐχ ὡς δι' ἑνὸς ἁμαρτήσαντος
οὐχ ὡς ἑνὸς ἁμαρτήσαντος 460 618 1738
οὐκ ὡς δι' ἑνὸς **ἁμαρτήματος** F

5.16 txt τὸ μὲν γὰρ κρίμα ἐξ ἑνὸς
τὸ μὲν γὰρ κρίμα **ἐκ** ἑνὸς 1243
τὸ μὲν κρίμα ἐξ ἑνὸς F G 999
τὸ μὲν γὰρ **κατάκριμα** ἐξ ἑνὸς 1827

5.16 txt τὸ δὲ χάρισμα ἐκ πολλῶν παραπτωμάτων
τὸ χάρισμα ἐκ πολλῶν παραπτωμάτων 1505 2495
** τὸ δὲ χάρισμα ἐκ πολλῶν **ἁρματημάτων** 1

5.17 txt εἰ γὰρ τῷ τοῦ ἑνὸς παραπτώματι
εἰ γὰρ **ἐν** **εἱνεὶ** **παραπτώμα** F
εἰ γὰρ **ἐν** **ἑνεὶ** **παραπτώμα** G

5.17 txt ὁ θάνατος ἐβασίλευσεν
θάνατος ἐβασίλευσεν 1243

5.17 txt πολλῷ μᾶλλον οἱ τὴν περισσείαν
πολλῶι **διὰ** τὴν περισσείαν 1270*
πολλῷ μᾶλλον **διὰ** τὴν περισσείαν 1270[c]
πολλῷ μᾶλλον **ἡ** τὴν περισσείαν 365 2147

5.17 txt ἐν ζωῇ βασιλεύσουσιν
ἐν τῇ ζωῇ βασιλεύσουσιν L 33 88 489 927 1175 1836 1874 [↓1854 2495 Er[1]
ἐν ζωῇ **βασιλεύουσιν** P 049 1 33 330 440 460 618 1242 1245 1315 1319* 1352 1424 1505 1738 1827

5.18 txt ἄρα οὖν ὡς δι᾽ ἑνὸς παραπτώματος
αρα οὖν ὡς δι᾽ ἑνὸς παραπτώματος B [𝔓46] ℵ[c] A C D* L P 049 104
αρα οὖν ὡς δι᾽ ἑνος τὸ **παράπτωμα** F G
αρα οὖν ὡς δι᾽ ἑνὸς ἀνθρώπου παραπτώματος ℵ*
ἆρα οὖν ὡς δι᾽ ἑνὸς παραπτώματος D[c] 1 205 209 326 365 440 460 1243 1315 [↑1319 1827 1837 1874 2412
ἆρα οὖν ὡς δι᾽ ἑνὸς **παράπτωμα** 69
ἆρα οὖν ὡς δι᾽ ἑνὸς 1506
ἄρα οὖν ὡς δι᾽ τοῦ ἑνὸς __ παραπτώματος 1241
ἄρα οὖν ὡς δι᾽ ἑνὸς ανου τὸ **παράπτωμα** 1836

5.18 txt παραπτώματος εἰς πάντας ἀνθρώπους εἰς κατάκριμα, οὕτως καὶ δι᾽ ἑνὸς
omit 1506

5.18 txt εἰς πάντας ἀνθρώπους εἰς κατάκριμα
εἰς πάντας ανους **εἰσῆλθε τὸ** κατάκριμα 1315

5.18 txt εἰς κατάκριμα, οὕτως καὶ δι᾽ ἑνὸς δικαιώματος εἰς πάντας ἀνθρώπους
omit 049 460 618 1738

5.18 txt οὕτως καὶ δι᾽ ἑνὸς δικαιώματος
οὕτω καὶ δι᾽ ἑνος τὸ **δικαίωμα** 69
οὕτω καὶ δι᾽ ἑνὸς δικαιώματος 104 205 209 330 517 547 1242 1245 1505 1891 2495 τ
οὗτος καὶ δι᾽ ἑνὸς καὶ **δικαίωμα** F
οὕτως καὶ δι᾽ ἑνὸς τὸ **δικαίωμα** D G

5.18 txt εἰς δικαίωσιν ζωῆς
εἰς **δικαίωμα** ζωῆς 1734

5.19 txt ὥσπερ γὰρ διὰ τῆς παρακοῆς
ὥσπερ διὰ τῆς παρακοῆς 1243
ὥσπερ γὰρ διὰ τῆς **ὑπαρακοῆς** 049*

5.19 txt ἁμαρτωλοὶ κατεστάθησαν οἱ πολλοί
* ἁμαρτωλοὶ **καθεστάθημεν** οἱ πολλοί 69 1241
* ἁμαρτωλοὶ [κ̣α̣τ̣ε̣]**στησαν** οἱ πολλοί 𝔓46
* ἁμαρτωλοὶ **καθεστήκασιν** οἱ πολλοί 614 999 2147 2412
* ἁμαρτωλοὶ **καθεστήκαμεν** οἱ πολλοί 1243 2815

5.19 txt οὕτως καὶ διὰ τῆς ὑπακοῆς τοῦ ἑνὸς
οὗτος καὶ διὰ τῆς ὑπακοῆς τοῦ ἑνὸς 1319
οὕτως καὶ διὰ τῆς ὑπακοῆς τοῦ ἑνὸς ἀνθρώπου D*
ουτος καὶ διὰ τῆς **τοῦ ἑνὸς** **ανου** **ὑπακοῆς** F
οὕτως καὶ διὰ τῆς **τοῦ ἑνὸς** **ανου** **ὑπακοῆς** G
οὕτω καὶ διὰ ὑπακοῆς τοῦ ἑνὸς 69
οὕτω καὶ τῆς ὑπακοῆς τοῦ ἑνὸς 104
οὕτω καὶ διὰ τῆς ὑπακοῆς τοῦ ἑνὸς 205 226[c] 365 517 547 1242 1245 1891 2495 τ

5.19 txt δίκαιοι κατασταθήσονται οἱ πολλοί
* δίκαιοι **κατεστάθησαν** οἱ πολλοί 1315
δίκαιοι **καταστήσονται** οἱ πολλοί 999
δίκαιοι **κατεσταθήσονται** οἱ πολλοί F

5.20 txt νόμος δὲ παρεισῆλθεν
νόμος **γὰρ** παρεισῆλθεν L
νόμος δὲ 2464*
νόμος δὲ **παριεισῆλθεν** K*
νόμος δὲ **ἐπαρεισῆλθεν** G

5.20 txt ἵνα πλεονάσῃ τὸ παράπτωμα
* ἵνα **πλεονεκτήσῃ** **τῷ** παράπτωμα 460 618
* ἵνα **πλεονεκτήσῃ** τὸ παράπτωμα· 1738
ἵνα **πλεωνάσει** τὸ παράπτωμα· 2464
ἵνα **πλεονάσει** τὸ παράπτωμα· 33 131 1319 1424 1735 1874 2147
* ἵνα πλεονάσῃ τὸ **ἁμάρτημα**· 440 517 1315

5.20 txt οὗ δὲ ἐπλεόνασεν ἡ ἁμαρτία
ὅπυυ δὲ ἐπλεόνασεν ἡ ἁμαρτία F G

5.20 txt ὑπερεπερίσσευσεν ἡ χάρις
ὑπερπερίσσευσεν ἡ χάρις 33
ὑπερπερίεσσσευσεν ἡ χάρις 330 365 1735 1836 [2464]
ὑπερεπεριέσσευσεν ἡ χάρις 489

5.21 txt ἐβασίλευσεν ἡ ἁμαρτία ἐν τῷ θανάτῳ
ἐβασίλευσεν ἡ ἁμαρτία ἐν θανάτῳ F G 1319*

5.21 txt οὕτως καὶ ἡ χάρις βασιλεύσῃ διὰ δικαιοσύνης
οὕτως καὶ ἡ χάρις **βασιλεύει** διὰ δικαιοσύνης 1319*
* οὕτως καὶ ἡ χάρις **βασιλεύσει** διὰ δικαιοσύνης 927* 1734 1739 1891
* **οὕτω** καὶ ἡ χάρις **βασιλεύσει** διὰ δικαιοσύνης 104 1611 2495
* **οὗτος** καὶ ἡ χάρις **βασιλεύσει** διὰ δικαιοσύνης 1874*
οὗτος καὶ ἡ χάρις βασιλεύσῃ διὰ δικαιοσύνης 1874[c]
οὕτω καὶ ἡ χάρις βασιλεύσῃ διὰ δικαιοσύνης 33 205 517 547 1242 1245 1352 1827 τ
* οὕτως καὶ ἡ χάρις **βασιλεύσει** διὰ **τῆς** δικαιοσύνης 440 999
* οὕτως καὶ ἡ χάρις **βασιλεύσει** διὰ δικαιοσύνης K L Ψ 1 6 131 326 330 365 910 927 1424 1573 1646 1734 1739 1837 1881 1891 2125 2147 2464

5.21 txt διὰ Ἰησοῦ Χριστοῦ τοῦ κυρίου ἡμῶν
διὰ **χυ** **ιυ** τοῦ κυ **ἡμῶν** B
διὰ **τοῦ** **κυ** **ἡμῶν** **ιυ** **χυ** 88 1424
** διὰ **ιυ** .**χυ** τοῦ **θυ** ἡμῶν 365
διὰ **Ἰησοῦ** **Χριστοῦ** Er[1]

6.1 txt τί οὖν ἐροῦμεν
τί οὖν **ἐρεῦμεν** F
τί ἐροῦμεν 489 927 2400

6.1 txt ἐπιμένωμεν τῇ ἁμαρτίᾳ
ἐπιμείνομεν τῇ ἁμαρτίᾳ 6 365 1319 1573 1739 1881
ἐπιμείνωμεν τῇ ἁμαρτίᾳ L 33 88 489 927 1735 1827

6.1 txt ἵνα ἡ χάρις πλεονάσῃ
ἵνα ἡ χάρις **πλεονάσει** 33 460 1243 1319 1424 1735 1874 2147 2464

6.2 txt οἵτινες ἀπεθάνομεν τῇ ἁμαρτίᾳ
* οἵτινες **ἀπεθάνωμεν** τῇ ἁμαρτίᾳ L 33 1611
* οἵτινες **ἀπεθάναμεν** τῇ ἁμαρτίᾳ 614
οἵτινες **ἀπέθανον** **ἐν** τῇ ἁμαρτίᾳ 2400
οἵτινες γὰρ **ἀνεθάνομεν** τῇ ἁμαρτίᾳ F
οἵτινες γὰρ ἀπεθάνομεν τῇ ἁμαρτίᾳ G

6.2 txt πῶς ἔτι ζήσομεν ἐν αὐτῇ;
πῶς ζήσομεν ἐν αὐτῇ; 1319
πῶς ἔτι ζήσομεν αὐτῇ; 1734
* πῶς ἔτι **ζήσομεθα** ἐν αὐτῇ; 104
* πῶς ἔτι **ζῶμεν** ἐν αὐτῇ; 330
πῶς ἔτι **ζήσωμεν** αὐτῇ; 88

6.3 txt ἢ ἀγνοεῖτε ὅτι
ἢ **ἠγνοῆται** ὅτι 1243
ἢ **ἀγνοεῖται** ὅτι F G 131* 1506 1646 1735 [2464]
ἢ ἀγνοεῖτε ἀδελφοί, ὅτι 326 1505 1837 2495
ἀδελφοί, 1836

6.3 txt ὅσοι ἐβαπτίσθημεν εἰς Χριστὸν Ἰησοῦν
ὅσοι **ἐβαπτίσθητε** εἰς χν ιν 1874*
ὅσοι **εἰς χν ἐβαπτίσθημεν**, 104 326 460 1735 1837
ὅσοι ἐβαπτίσθημεν εἰς **ιν χν** 440
ὅσοι **εἰς χν ιν ἐβαπτίσθημεν** 1836

6.3 txt εἰς τὸν θάνατον αὐτοῦ ἐβαπτίσθημεν
omit 104*

6.4 txt διὰ τοῦ βαπτίσματος εἰς τὸν θάνατον
διὰ τοῦ βαπτίσματος εἰς θάνατον D* F G 330
* διὰ τοῦ βαπτίσματος αὐτοῦ εἰς τὸν θάνατον 33

6.4 txt ἵνα ὥσπερ ἠγέρθη Χριστὸς
ἵνα ὥσπερ ἠγέρθη **ὁ** χς 1646
ἵνα ὥσπερ **ἐγέρθη** χς P
ἣν ὥσπερ ἠγέρθη χς 33
ἵν' ὥσπερ ἠγέρθη χς K 1245 1836
ἵν' ὥσπερ **χς ἠγέρθη** 330
ἵνα ὥσπερ **ὁ χς ἠγέρθη** 2147

6.4 txt διὰ τῆς δόξης τοῦ πατρός
** διὰ τῆς δόξης τοῦ **πνς** 945

6.4 txt οὕτως καὶ ἡμεῖς ἐν καινότητι ζωῆς περιπατήσωμεν
οὕτως καὶ ἡμεῖς **ἐγκαινότητι** ζωῆς περιπατήσωμεν 460 618 1424 2464
οὕτω καὶ ἡμεῖς ἐν **καινόματι** ζωῆς περιπατήσωμεν 1352
οὕτω καὶ ἡμεῖς ἐν καινότητι ζωῆς **περιπατήσομεν** 1243 2495
οὕτω καὶ ἡμεῖς ἐν καινότητι ζωῆς περιπατήσωμεν 88 104 205 547 1242 1245 1891 2495 2815 **τ** [↑Er[1]
οὕτως καὶ ἡμεῖς ἐν καινότητι ζωῆς **περιπατήσομεν** 1881

6.5 txt σύμφυτοι γεγόναμεν τῷ ὁμοιώματι τοῦ θανάτου αὐτοῦ
σύμφυτοι γεγόναμεν τῷ **ὀνόματι** τοῦ θανάτου αὐτοῦ 1352
* σύμφυτοι γεγόναμεν τῷ ὁμοιώματι τοῦ θανάτου 1735 1836 1891

6.5 txt ἀλλὰ καὶ τῆς ἀναστάσεως ἐσόμεθα
ἀλλὰ καὶ τῆς ἀναστάσεως **ἐσώμεθα** 049 326 618 1243 1646 1738 1836 1837 2147 2464
ἀλλὰ καὶ τῆς ἀναστάσεως **αὐτοῦ ἐσώμεθα** 1735
ἀλλὰ καὶ τῆς ἀναστάσεως **αὐτοῦ** ἐσόμεθα 330
ἅμα καὶ τῆς **ἀνασθάσεως αὐτοῦ ἐσόμαιθα** F
ἅμα καὶ τῆς ἀναστάσεως **αὐτοῦ ἐσόμαιθα** G

6.6 txt τοῦτο γινώσκοντες
τοῦτο γινώσκοντες 1506
τοῦτο **δὲ γινώσκομεν** Cl IV 51.1

6.6 txt ὁ παλαιὸς ἡμῶν ἄνθρωπος συνεσταυρώθη
ὁ παλαιὸς ἄνθρωπος συνεσταυρώθη L
ὁ παλαιὸς **ἄνθρωπος ἡμῶν συνεσταύρωται** Cl IV 51.1

6.6 txt τὸ σῶμα τῆς ἁμαρτίας,
** τὸ σῶμα τῆς ἁμαρτίας, εἰ δὲ ἀπεθάνομεν σὺν χω, πιστεύομεν 796

6.6 txt τοῦ μηκέτι δουλεύειν ἡμᾶς τῇ ἁμαρτίᾳ
τοῦ **μὴ** δουλεύειν ἡμᾶς τῇ ἁμαρτίᾳ 2400
* τοῦ μηκέτι δουλεύειν **ὑμᾶς** τῇ **ἁμαρτίας** 365

6.8 txt εἰ δὲ ἀπεθάνομεν σὺν Χριστῷ,
εἰ **γὰρ** .... σὺν **χρω** 𝔓[46]
εἰ **γὰρ** ἀπεθάνομεν σὺν **χρω** F G
εἰ **γὰρ** ἀπεθάνομεν τῶι χω 945
* εἰ δὲ **ἀπεθάνωμεν** σὺν χω 131
* εἰ δὲ **ἀποθάνωμεν** σὺν χω 1424 2344
εἰ δὲ **ἀποθάνομεν** σὺν χω 618 1243 1646
** εἰ δὲ ἀπεθάνομεν **ἐν** χω 1448 2815
εἰ ἀπεθάνομεν σὺν χω 1827

6.8 txt πιστεύομεν ὅτι καὶ συζήσομεν αὐτῷ
* **πιστεύωμεν** ὅτι καὶ συνζήσο...... 33
πιστεύομεν ὅτι καὶ **συνζησόμεθα** **τῷ χρω** F G
πιστεύομεν ὅτι καὶ συζήσομεν **τῷ χω** D*
* **πιστεύσωμεν** ὅτι καὶ **συνζήσωμεν** αὐτῷ 1735
* **πιστεύωμεν** ὅτι καὶ **συνζήσωμεν** αὐτῷ 131 326 1837
πιστεύομεν ὅτι καὶ **συνζήσωμεν** αὐτῷ K 049 104 460 618 1836 2464
πιστεύομεν ὅτι καὶ **συζήσωμεν** αὐτῷ C P 330 614 1646 1874 1891 2125 2344
πιστεύομεν ὅτι καὶ **ζησόμεθα** αὐτῷ 1245

6.9 txt εἰδότες ὅτι Χριστὸς ἐγερθεὶς
εἰδότες ὅτι χς **ἐξεγερθεὶς** 049*
εἰδότες ὅτι **ὁ** χς ἐγερθεὶς 489 927
εἰδότες ὅτι ις χς ἐγερθεὶς 1315*

6.9 txt οὐκέτι ἀποθνήσκει
οὐκέτι **θνήσκει** 2400

6.9 txt θάνατος αὐτοῦ οὐκέτι κυριεύει
* θάνατος αὐτοῦ οὐκέτι **κυριεύσει** 614 999 1319 2147 2344 2412
θάνατος **αὐτῷ** οὐκέτι κυριεύει 326* 330 1837
θάνατος αὐτοῦ **οὐκ ἔτι** **κυριεύσι** D[c2]
θάνατος αὐτοῦ **οὐκέτη** **κυριεύσει** 2464
* θάνατος αὐτοῦ **οὐ** **κατακυριεύσει** 205

6.10 txt ὃ γὰρ ἀπέθανεν, τῇ ἁμαρτίᾳ
ὃ γὰρ ἀπέθανεν, ἐν τῇ ἁμαρτίᾳ 330

6.10 txt ἀπέθανεν ἐφάπαξ
* **ἀπέθεναν** ἐφάπαξ 910

6.10 txt ὃ δὲ ζῇ, ζῇ τῷ θεῷ
ὃ δὲ ζῇ, **τῷ θω ζῇ** 1505 1735 2495
ὃ δὲ ζῇ, τῷ θεῷ 1573

6.11 txt οὕτως καὶ ὑμεῖς λογίζεσθε ἑαυτοὺς
οὕτως καὶ ὑμεῖς **λογίζεσθαι** ἑαυτοὺς B A D K 049 056 131 326 618 1175 1506 1646 2147 2464
οὗτος καὶ ὑμεῖς **λογίζεσθαι** ἑαυτοὺς F 1243
* οὕτως καὶ **ἡμεῖς** **λογίζεσθαι** ἑαυτοὺς 1827
* οὕτως καὶ **ἡμεῖς** λογίζεσθε ἑαυτοὺς 489 614 1319 1424
οὐ καὶ ὑμεῖς λογίζεσθε ἑαυτοὺς 1891*
οὕτω καὶ ὑμεῖς **λογίζεσθε** ἑαυτοὺς 88 104 205 517 1242 1352 1891[c] **τ**
καὶ οὕτως ὑμεῖς λογίζεσθε ἑαυτοὺς 1245

6.11 txt ἐν Χριστῷ Ἰησοῦ.
ἐν Χριστῷ **χω** **τῷ** **κω** **ἡμῶν** 104
ἐν χω ιυ **τῷ** **κυ** **ἡμῶν** 945
* ἐν Χριστῷ Ἰησοῦ **τῷ** **Κυρίῳ** **ὑμῶν** Er[1]

6.12 txt ἐν τῷ θνητῷ ὑμῶν σώματι
* ἐν τῷ θνητῷ **σώματι ἡμῶν** καί 945
* ἐν τῷ θνητῷ **ἡμῶν** σώματι 460 618 2125 2147 2495

6.12 txt εἰς τὸ ὑπακούειν ταῖς ἐπιθυμίαις αὐτοῦ
εἰς τὸ ὑπακούειν **αὐτὴν** ἐν ταῖς ἐπιθυμίαις αὐτοῦ 049^{c} 1
εἰς τὸ **ἐπακούειν** αὐτῇ F G
εἰς τὸ ὑπακούειν ταῖς ἐπιθυμίαις **αὐτῆς** 796
εἰς τὸ ὑπακούειν **αὐτοῦ** ἐν ταῖς ἐπιθυμίαις αὐτοῦ 2147 2344
εἰς τὸ ὑπακούειν **αὐτῷ** ἐν ταῖς ἐπιθυμίαις αὐτοῦ 323 2400*
εἰς τὸ ὑπακούειν **αὐτὴν** ἐν ταῖς ἐπιθυμίαις **αὐτῆς** 049*
εἰς τὸ ὑπακούειν αὐτῇ ἐν ταῖς ἐπιθυμίαις **αὐτῆς** 1827

6.13 txt μηδὲ παριστάνετε τὰ μέλη
** **καὶ** πα..................... ....η 𝔓^{46}
μὴ δὲ παριστάνετε τὰ μέλη 1854
μὴ παριστάνετε τὰ μέλη 999
μηδὲ παριστάνετε τὰ **μέλει** 1735
μηδὲ παριστάνετε τὰ **μέλλη** 517
μηδὲ παριστάνετε τὰ **βάλη** 69*

6.13 txt ἀλλὰ παραστήσατε ἑαυτοὺς τῷ θεῷ
ἀλλὰ παραστήσατε **αὐτοὺς** τῷ θ̅ω̅ 1506
ἀλλὰ παραστήσατε ἑαυτοὺς θ̅ω̅ 618

6.13 txt ὡσεὶ ἐκ νεκρῶν ζῶντας
ὡς ἐκ νεκρῶν **ζῶντες** D* F G
ὡσεὶ νεκρῶν ζῶντας 6
ὡσεὶ **νεκροὺς** ζῶντας 365
ὡς νεκρῶν ζῶντας 489 796 1242 1243 1245 1505 2495
ὡς ἐκ νεκρῶν ζῶντας D^{1} K L P 049 056 1 33 69 131 205 209 226 323 326 330 424* 440 460 517 547 614 618 910 927 945 999 1175 1241 1270 1315 1319^{c} 1352 1424 1448 1611 1646 1734 1735 1738 1739 1827 1836 1837 1854 1874 1891 1982 2125 2147 2344 2400 2412 2464 2815 **τ** Er^{1}

6.13 txt καὶ τὰ μέλη ὑμῶν ὅπλα δικαιοσύνης
καὶ μέλη ὑμῶν ὅπλα δικαιοσύνης B
* καὶ τὰ μέλη **ἡμῶν** ὅπλα δικαιοσύνης 460 618
καὶ τὰ **μέλλη** ὑμῶν ὅπλα δικαιοσύνης 517

6.14 txt ἁμαρτία γὰρ ὑμῶν οὐ κυριεύσει
* ἁμαρτία γὰρ ὑμῶν **οὐκέτι** κυριεύσει ℵ K
* ἁμαρτία γὰρ ὑμῶν **οὐκέτι** **κυριεύσῃ** 1827
ἁμαρτία γὰρ ὑμῶν οὐ **κυριεύσῃ** 049 33 1245 1506
ἁμαρτία γὰρ ὑμῶν οὐ **κυριεύει** 104 326 1837
ἁμαρτία γὰρ ὑμῶν οὐ **κιριεύσει** F
ἁμαρτία γὰρ οὐ κυριεύσει 1874*

6.14 txt οὐ γάρ ἐστε ὑπὸ νόμον
* οὐ γάρ **ἐσταὶ** ὑπὸ νόμον D* F G 049 33 131 1243 1735 2464
οὐ γάρ **ἐστιν** ὑπὸ νόμον 1245

6.14 txt ἀλλὰ ὑπὸ χάριν [↓Cl II 64.4; III 61.1
ἀλλ' **ὑπ'** χάριν 1735 [↓1874 1881 1891 1982 2125 2147 2344 2400 2412 2495 2815 **τ** Er^{1}
ἀλ' ὑπὸ χάριν 2464 [↓1505 1506 1573 1611 1734 1738 1739 1827 1836 1837 1854 1874 1881
ἀλλ' καὶ ὑπὸ χάριν 1646 [↓927 945 999 1175 1241 1242 1243 1245 1270 1315 1319 1352 1424 1448
ἀλλ' ὑπὸ χάριν A D^{2} K L P Ψ 049 056 1 6 33 69 88 104 131 326 460 489 517 547 614 618 796 910

6.15 txt Τί οὖν; ἁμαρτήσωμεν, ὅτι οὐκ ἐσμὲν ὑπὸ νόμον ἀλλὰ ὑπὸ χάριν
omit 440 1241 1315* 1448* 1837

6.16 txt ὅτι ᾧ παριστάνετε ἑαυτοὺς δούλους εἰς ὑπακοήν
ὅτι **ὃ** παριστάνετε ἑαυτοὺς δούλους εἰς **ὑπακωείν** 2464
ὃ **παριστάνεται** ἑαυτοὺς δούλους εἰς ὑπακοήν 1506
ὅτι **ὃ** παριστάνετε ἑαυτοὺς δούλους εἰς ὑπακοήν 1881
ᾧ παριστάνετε ἑαυτοὺς δούλους εἰς ὑπακοήν 1827
ᾧ **παριστάνεται** ἑαυτοὺς εἰς ὑπακοήν ὅτι 33
* ὅτι ᾧ παριστάνετε ἑαυτοὺς εἰς ὑπακοήν 614 2344 2412
* ὅτι παριστάνετε ἑαυτοὺς δούλους εἰς ὑπακοήν 1874*
* ὅτι ᾧ παριστάνετε τὰ μέλη ὑμῶν **ἑαυτῶν** **δοῦλα** εἰς ὑπακοήν, 1836
ὅτει ᾧ **παρειστάννεται** ἑαυτοὺς δούλους εἰς **ὑπακονή**, F
ὅτι ᾧ **παρειστάννεται** ἑαυτοὺς δούλους εἰς ὑπακοήν, G
ὅτι ᾧ **παριστάνεται** ἑαυτοὺς δούλους εἰς ὑπακοήν D^{2} 049 1243 1646 1735 2147

6.16 txt δοῦλοί ἐστε ᾧ ὑπακούετε
δοῦλοί ἐστε **οὗ** ὑπακούετε Ψ 6 1505 1739 1881 2495
δοῦλοί ἐστε ᾧ **ὑπακούεται** 049 1646
δοῦλοί ἐστε **ὃ** **ὑπακούεται** 1506
δοῦλοί **ἔσται** ᾧ **ὑπακούεται** F G 1243 1735
δοῦλοί **ἔσται** **ὃ** ὑπακούετε 2464
δοῦλοί **ἔσται** ᾧ ὑπακούετε, A 33 1874

6.16 txt ἤτοι ἁμαρτίας εἰς θάνατον
* ἤτοι ἁμαρτίας D 1739*
ἢ τῇ ἁμαρτίᾳ εἰς θάνατον 326^c 1881

6.16 txt ἢ ὑπακοῆς εἰς δικαιοσύνην
ἢ εἰς ὑπακοῆς εἰς δικαιοσύνην A 1874
ἢ εἰς **ὑπακοὴν** εἰς δικαιοσύνην 33
ἢ **ὑπακοὴν** εἰς δικαιοσύνην 1827
ἢ τῇ ὑπακοῆς εἰς δικαιοσύνην 326^c
ἤτοι ὑπακοῆς εἰς δικαιοσύνην 1505 2495

6.17 txt ὅτι ἦτε δοῦλοι τῆς ἁμαρτίας
* ὅτι ἦτε **δούλη** τῆς ἁμαρτίας 1245
* **ὅτε** ἦτε δοῦλοι τῆς ἁμαρτίας 618 1738
* ὅτι **ὅτε** ἤμεν δοῦλοι τῆς ἁμαρτίας 1241
ὅτει ἦτε **δολοι** τῆς ἁμαρτίας F*

6.17 txt ὑπηκούσατε δὲ ἐκ καρδίας
* **ὑπηκούσαται** δὲ ἐκ καθαρὰς καρδίας A
ὑπηκούσαται δὲ ἐκ καρδίας F G 2464
ὑπακούσατε δὲ ἐκ καρδίας 999 1319
ὑπηκούσατε ἐκ καρδίας 796 1874*

6.17 txt εἰς ὃν παρεδόθητε τύπον διδαχῆς
εἰς **ὃ** παρεδόθητε τύπον διδαχῆς 460 618 1738
εἰς ὃν **παρεδώθητε** εἰς τύπον διδαχῆς 33
εἰς ὃν **παρεδώθητε** τύπον διδαχῆς 1175 1424 1646 1836 1881
εἰς ὃν **παρεδώθηται** τύπον διδαχῆς 1735
εἰς ὃν **παραδόθηται** τύπον διδαχῆς F
εἰς ὃν **παρεδόθηται** τύπον διδαχῆς G P 2464

6.18 txt ἐλευθερωθέντες δὲ ἀπὸ τῆς ἁμαρτίας
ἐλευθερωθέντες **οὖν** ἀπὸ τῆς ἁμαρτίας ℵ* C
ἐλευθερωθέντες ἀπὸ τῆς ἁμαρτίας 69 326 1243 1245 1735

6.18 txt ἐδουλώθητε τῇ δικαιοσύνῃ
ἐδουλώθηται τῇ δικαιοσύνῃ G P 1646 1735
εἰδουλώθηται **τῆς** δικαιοσύνῃ F

6.19 txt ἀνθρώπινον λέγω διὰ τὴν ἀσθένειαν τῆς σαρκὸς ὑμῶν
ἀνθρώπινον **δι** λέγω διὰ τὴν ἀσθένειαν τῆς σαρκὸς ὑμῶν 226*
* ἀνθρώπινον λέγω διὰ τὴν ἀσθένειαν τῆς σαρκὸς **ἡμῶν** 614 1315

6.19 txt ὥσπερ γὰρ παρεστήσατε τὰ μέλη ὑμῶν δοῦλα τῇ ἀκαθαρσίᾳ
ὥσπερ γὰρ παρεστήσατε τὰ **βέλη** ὑμῶν δοῦλα 69
* ὥσπερ γὰρ **παρεστήσαται** τὰ μέλη ὑμῶν **δουλεύειν** τῇ **ἀκαθαρσεία** F G
ὥσπερ γὰρ **παρεστήσαται** τὰ **μέλει** ὑμῶν δοῦλα τῇ ἀκαθαρσίᾳ 2464
ὥσπερ γὰρ παρεστήσατε τὰ μέλη ὑμῶν δοῦλα τῇ δικαιοσύν ἀκαθαρσίᾳ 1319*

6.19 txt τῇ ἀκαθαρσίᾳ καὶ τῇ ἀνομίᾳ εἰς τὴν ἀνομίαν, οὕτως νῦν παραστήσατε τὰ μέλη ὑμῶν δοῦλα
omit 69

6.19 txt καὶ τῇ ἀνομίᾳ εἰς τὴν ἀνομίαν
καὶ τῇ ἀνομίᾳ B
* καὶ τῇ **ἁμαρτίᾳ** εἰς τὴν ἀνομίαν 1319
εἰς τὴν ἀνομίαν 1836*
καὶ **τῆς** **ἀνομίας** εἰς τὴν ἀνομίαν 049*

6.19 txt οὕτως νῦν παραστήσατε τὰ μέλη ὑμῶν
οὕτω παραστήσατε τὰ μέλη ὑμῶν 104
* **οὕτω** νῦν **παρεστήσατε** τὰ μέλη ὑμῶν 1352
* οὕτως νῦν **παρεστήσατε** τὰ μέλη ὑμῶν 460
οὕτω νῦν **παραστήσαται** τὰ μέλη ὑμῶν F G
οὗτος νῦν **παραστήσαται** τὰ μέλη ὑμῶν 2464
οὕτως καὶ νῦν παραστήσατε τὰ μέλη ὑμῶν K 2400 Er[1]
οὕτω καὶ νῦν παραστήσατε τὰ μέλη ὑμῶν 365 [↓1573 1734 1827 1837 1881 1891 2125 τ
οὕτω νῦν παραστήσατε τὰ μέλη ὑμῶν 056 205 326 424 440 517 547 1242 1315 1319 1506

6.19 txt δοῦλα τῇ δικαιοσύνῃ εἰς ἁγιασμόν
* εἰς **ἁγιασμῶν** 049*
δοῦλα τῆι **ἁγιωσύνη** εἰς ἁγιασμόν 1270
** **ὅπλα** τῇ δικαιοσύνῃ εἰς ἁγιασμόν. A
* **δουλεύειν** τῇ δικαιοσύνῃ εἰς **ἁγειασμόν**. F G

6.20 txt ὅτε γὰρ δοῦλοι ἦτε τῆς ἁμαρτίας
ὅτε γὰρ **ἦτε δοῦλοι** τῆς ἁμαρτίας L Ψ 1241 1827

6.21 txt τίνα οὖν καρπὸν εἴχετε τότε;
* τίνα οὖν καρπὸν εἴχετε **πότε**; D*
τίνα οὖν καρπὸν **εἴχεται** τότε; F G 131 1646
τίνα οὖν καρπὸν **ἔχετε** τότε; 33
τίνα καρπὸν εἴχετε τότε; 1319*
* τίνα καρπὸν εἴχετε; 999
τίνα οὖν καρπὸν εἴχετε; 326 1837 2344

6.21 txt τέλος ἐκείνων θάνατος
τέλος ἐκείνων θάνατος **ἐστείν** F G

6.22 txt νυνὶ δέ ἐλευθερωθέντες ἀπὸ τῆς ἁμαρτίας
νῦν δέ ἐλευθερωθέντες ἀπὸ τῆς ἁμαρτίας 205 209 323 796 945 Cl IV 11.3
νυνεὶ δέ ἐλευθερωθέντες ἀπὸ τῆς ἁμαρτίας B D*[.1] F G
* νυνὶ δέ ἐλευθερωθέντες **ὑπὸ** τῆς ἁμαρτίας 2344

6.22 txt ἔχετε τὸν καρπὸν ὑμῶν εἰς ἁγιασμόν
ἔχεται τὸν καρπὸν ὑμῶν εἰς ἁγιασμόν F G 1646 2464
ἔχετε **τε** τὸν καρπὸν ὑμῶν εἰς ἁγιασμόν 910

6.22 txt τὸ δὲ τέλος ζωὴν αἰώνιον
τὸ δὲ τέλος εἰς ζωὴν αἰώνιον 33 2344

6.23 txt τὰ γὰρ ὀψώνια τῆς ἁμαρτίας θάνατος, τὸ δὲ χάρισμα τοῦ θεοῦ ζωὴ αἰώνιος
omit P

6.23 txt τὸ δὲ χάρισμα τοῦ θεοῦ ζωὴ αἰώνιος
αὐτὸ δὲ χάρισμα τοῦ θεοῦ ζωὴ αἰώνιος 1424

6.23 txt ἐν Χριστῷ Ἰησοῦ τῷ κυρίῳ ἡμῶν
* ἐν χ͞ω ι͞υ τῷ κυρίῳ **ὑμῶν** 2412
* ἐν χ͞ω Ἰησοῦ τῷ κυρίῳ **ὑμῶν** 69

7.1 txt ἢ ἀγνοεῖτε
ἢ **ἀγνοεῖται** A F G 049 1506 [1646]
ἢ γὰρ ἀγνοεῖτε 1424
ἀγνοεῖτε 1573 2412

7.1 txt γινώσκουσιν γὰρ νόμον λαλῶ
γινώσκουσιν οἱ γὰρ νόμον λαλῶ 489
γινώσκουσιν νόμον λαλῶ 2815

7.1 txt ὅτι ὁ νόμος κυριεύει τοῦ ἀνθρώπου
ὅτι ὁ νόμος **κυριεύη** τοῦ ἀ͞νου 056
ὅτι ὁ νόμος κυριεύει 1243

7.1 txt ἐφ' ὅσον χρόνον ζῇ;
* ἐφ' ὅσον χρόνον ζῇ ὁ ἀνὴρ αὐτῆς; 1735

7.2 txt ἀνδρὶ δέδεται νόμῳ
ἀνδρὶ **δέδοται** νόμῳ 330

7.2 txt ἐὰν δὲ ἀποθάνῃ ὁ ἀνήρ
ἐὰν δὲ καὶ ἀποθάνῃ ὁ ἀνήρ αὐτῆς 1243
ἐὰν δὲ καὶ ἀποθάνῃ ὁ ἀνήρ 2815
ἐὰν δὲ **ἀποθάνει** ὁ ἀνήρ L 1646 1836 1874 2464
ἐὰν δὲ ἀποθάνῃ ὁ ἀνήρ αὐτῆς 1881

7.2 txt κατήργηται ἀπὸ τοῦ νόμου τοῦ ἀνδρός
omit 1881
κατήργητε ἀπὸ τοῦ νόμου τοῦ ἀνδρός 1735 2125
κατήργηται ἀπὸ τοῦ νόμου ἀνδρός F

7.3 txt ἄρα οὖν ζῶντος τοῦ ἀνδρὸς
αρα οὖν ζῶντος __ τοῦ ἀνδρὸς B ℵ A C D F P Er^1
* αρα οὖν ζῶντος χρ τοῦ ἀνδρὸς G
ἀρα οὖν ζῶντος τοῦ ἀνδρὸς 049
ἄρα οὖν ζῶντος τοῦ ἀνδρὸς 1 6 104 209 326 365 489 517 927 1241 1245 1315 1319 1738
omit 1854* [↑1827 1837 1874 2344
ἄρ᾽ οὖν ζῶντος τοῦ ἀνδρὸς 1739 1881
ἄρα ουν τοῦ ζῶντος τοῦ ἀνδρὸς 131
ἄρα ζῶντος τοῦ ἀνδρὸς 1836

7.3 txt μοιχαλὶς χρηματίσει
μοιχαλὶς χρηματισει ἡ γυνή A
μοιχαλὶς **χρηματίσῃ** Ψ
* μοιχαλὶς **χρηματίζει** 330 614 796 945 1242 1319 1352 1448 1505 1573 1734 1827 2495
χρηματίσει μοιχαλὶς D F G
μοιχαλλὶς χρηματίσῃ L
* **μοιχαλλὶς χρηματίζει** 365
μοιχαλλὶς χρηματίσει [33] 326^c 1241 [1735] 1891

7.3 txt ἐὰν δὲ ἀποθάνῃ ὁ ἀνήρ, ἐλευθέρα ἐστὶν ἀπὸ τοῦ νόμου,
omit 1270

7.3 txt ἐὰν δὲ ἀποθάνῃ ὁ ἀνήρ
ἐὰν δὲ **ἀποθάνει** ὁ ἀνήρ 1175 1646 1735 1836 2464
ἐὰν δὲ ἀποθάνῃ ὁ ἀνηρ αὐτῆς D F G

7.3 txt ἐλευθέρα ἐστὶν ἀπὸ τοῦ νόμου
ἐλευθέρα ἐστὶν **ἐκ** τοῦ νόμου 365 1319 1573

7.3 txt τοῦ μὴ εἶναι αὐτὴν μοιχαλίδα γενομένην ἀνδρὶ ἑτέρῳ
omit 460* 618 1270 1738

7.3 txt τοῦ μὴ εἶναι αὐτὴν μοιχαλίδα
** τοῦ εἶναι αὐτὴν μοιχαλίδα 1646
τοῦ μὴ εἶναι αὐτὴν εκ τοῦ νόμου μοιχαλίδα 1319
** τοῦ ἀνδρὸς μὴ εἶναι αὐτὴν μοιχαλίδα 330
** τοῦ ἀνδρὸς του μὴ εἶναι αὐτὴν μοιχαλίδα 2344
μὴ εἶναι αὐτὴν μοιχαλίδα 999 1245
τοῦ μὴ εἶναι αὐτὴν **μοιχαλλίδα** L 049^c 33 326^c 365 1241 1735 1891
τοῦ μὴ εἶναι **ταύτην** μοιχαλίδα 1827

7.3 txt γενομένην ἀνδρὶ ἑτέρῳ
γενομένῳ ἀνδρὶ ἑτέρῳ 330
ἐὰν γένηται ἀνδρὶ ἑτέρῳ 1243
γενομένην ἑτέρῳ 1874

7.4 txt ὥστε, ἀδελφοί μου, καὶ ὑμεῖς ἐθανατώθητε τῷ νόμῳ
ὥστε, ἀδελφοί μου, ἐθανατώθητε **ὑμεῖς** τῷ νόμῳ 1827
* ὥστε, ἀδελφοί μου, καὶ **ἡμεῖς** ἐθανατώθητε τῷ νόμῳ 1319
* ὥστε, ἀδελφοί μου, καὶ **ἡμεῖς** **ἐθανατώθημεν** τῷ νόμῳ 2147
ὥστε καὶ ὑμεῖς ἐθανατώθητε τῷ νόμῳ 056
ὥστε, ἀδελφοί **μοι**, καὶ ὑμεῖς **ἐθανατώθηται** τῷ νόμῳ F G
ὥστε **καὶ ὑμεῖς**, **ἀδελφοί μου**, ἐθανατώθητε τῷ νόμῳ ℵ
ὥστε **καὶ ὑμεῖς**, **ἀδελφοί μου**, **ἐθανατώθηται** τῷ νόμῳ 1735
ὥστε, ἀδελφοί μου, καὶ ὑμεῖς **ἐθανατόθηται** τῷ νόμῳ 1646
ὥστε, ἀδελφοί μου, καὶ ὑμεῖς **ἀπεθάνετε** τῷ νόμῳ 1424
ἐθανατώθημεν τῷ νόμῳ Cl III 83.5

7.4 txt διὰ τοῦ σώματος τοῦ Χριστοῦ
omit Cl III 80.2
τοῦ σώματος τοῦ Χριστοῦ 049
διὰ τοῦ σώματος τοῦ Ἰησου Χριστοῦ Er[1]

7.4 txt εἰς τὸ γενέσθαι ὑμᾶς ἑτέρω
* εἰς τὸ γενέσθαι **ἡμᾶς** ἑτέρω 205 209 2147
ὁ εἰς τὸ γενέσθαι ὑμᾶς ἑτέρω 056*
* εἰς τὸ γενέσθαι ὑμᾶς ἀνδρὶ ἑτέρω 1 440 517 1242 1245 1315 1827 1982
* εἰς τὸ γενέσθαι ὑμᾶς **ἑτέρῳ ἀνδρι** 1241
εἰς τὸ **γενέσθω** ὑμᾶς ἑτέρω 2464

7.4 txt τῷ ἐκ νεκρῶν ἐγερθέντι
τῷ ἐκ **νεκρῷ** ἐγερθέντι 796
ἐκ νεκρῶν ἐγερθέντι 1874
* τῷ ἐκ νεκρῶν **ἀναστάντι** 1270 1424 1505 1881 2495

7.4 txt ἵνα καρποφορήσωμεν τῷ θεῷ
ἵνα **καρποφορέσωμεν** τῷ θ̅ῷ̅ F G
ἵνα **καρποφορήσομεν** τῷ θ̅ῷ̅ P 6 88 1175 1315 2147

7.5 txt ὅτε γὰρ ἦμεν ἐν τῇ σαρκι
ὅτε γὰρ ἦμεν ἐν σαρκι 1881
ὅτε γαρ ἂν ἦμεν ἐν τῇ σαρκι 6
ὅτε γὰρ ἦμεν τῇ **σαρκεί** F G
** ὅτε γὰρ **ἤμην** ἐν τῇ σαρκι D*

7.5 txt τὰ παθήματα τῶν ἁμαρτιῶν
τὰ **πάθη μετὰ** τῶν ἁμαρτιῶν 131

7.5 txt τὰ διὰ τοῦ νόμου ἐνηργεῖτο ἐν τοῖς μέλεσιν ἡμῶν
τὰ διὰ τοῦ νόμου ἐνηργεῖτο ἐν τοῖς μέλεσιν ἡμῶν 131
τὰ διὰ τοῦ νόμου **ἐνηργεῖτω** ἐν τοῖς μέλεσιν ἡμῶν 326 1315 1837 2464
* τὰ διὰ τοῦ νόμου ἐνηργεῖτο ἐν τοῖς μέλεσιν **ὑμῶν** 330 1505 1735 2495
τὰ διὰ τοῦ νόμου **ἐνεργεῖτε** ἐν τοῖς μέλεσιν ἡμῶν 1245
τὰ διὰ τοῦ νόμου **ἠνεργεῖτο** ἐν τοῖς μέλεσιν ἡμῶν F G
τὰ διὰ τοῦ νόμου **ἐνεργεῖτε** ἐν τοῖς μέλεσιν ἡμῶν D 1175 1735 1836 1874

7.5 txt εἰς τὸ καρποφορῆσαι τῷ θανάτῳ
εἰς τὸ **καρποφορεῖν** τῷ θανάτῳ 33 2344
εἰς τὸ καρποφορῆσαι **τὸν θάνατον** 330
εἰς τὸ **καρποφορέσαι** τῷ θανάτῳ F G

7.6 txt νυνὶ δὲ κατηργήθημεν ἀπὸ τοῦ νόμου
νυνεὶ δὲ κατηργήθημεν ἀπὸ τοῦ νόμου B D*
νῦν δὲ κατηργήθημεν ἀπὸ τοῦ νόμου F G K 049 2495
** νυνὶ δὲ **κατηργήθημην** ἀπὸ τοῦ νόμου C

7.6 txt ἐν ᾧ κατειχόμεθα
ἐν ᾧ καὶ κατειχόμεθα 330
ἐν ᾧ **κατηχώμεθα** 33 1874

7.7 txt Τί οὖν ἐροῦμεν;
Τί ἐροῦμεν; Cl III 76.2
Τί οὖν **ἐρεύομεν**; F

7.7 txt ἀλλὰ τὴν ἁμαρτίαν οὐκ ἔγνων
* ἀλλὰ τὴν ἁμαρτίαν οὐκ **ἔγνωτε** 1836
* ἀλλὰ τὴν ἁμαρτίαν οὐκ **ἔγνω** A*
* ἀλλὰ τὴν ἁμαρτίαν οὐκ **ἔγνως** 2412

7.7 txt εἰ μὴ διὰ νόμου : εἰ μὴ διὰ τοῦ νόμου 1836 2147 2400

7.7 txt τήν τε γὰρ ἐπιθυμίαν οὐκ ᾔδειν
* τήν τε γὰρ ἐπιθυμίαν οὐκ **εἴδεν** 056
* τήν τε γὰρ ἐπιθυμίαν οὐκ **εἴδον** 330
* τήν γὰρ ἐπιθυμίαν οὐκ **εἴδειν** 1506
τήν γὰρ ἐπιθυμίαν οὐκ ᾔδειν F G
τήν τε ἐπιθυμίαν οὐκ ᾔδειν 1241 1735
** τήν τε γὰρ **ἁμαρτίαν** οὐκ ᾔδειν 460 618 1738

7.7 txt εἰ μὴ ὁ νόμος ἔλεγεν
** εἰ μὴ ὁ **λόγος** ἔλεγεν L
εἰ μὴ ὁ νόμος ἔλεγεν ὅτι 205 209*

7.8 txt ἀφορμὴν δὲ λαβοῦσα ἡ ἁμαρτία διὰ τῆς ἐντολῆς
ἀφορμὴν λαβοῦσα ἡ ἁμαρτία διὰ τῆς ἐντολῆς D* 1739*

7.8 txt κατειργάσατο ἐν ἐμοὶ πᾶσαν ἐπιθυμίαν· χωρὶς γὰρ νόμου ἁμαρτία νεκρά. ἐγὼ δὲ ἔζων χωρὶς νόμου ποτέ, ἐλθούσης δὲ τῆς ἐντολῆς
omit 69*

7.8 txt χωρὶς γὰρ νόμου ἁμαρτία νεκρά
χωρὶς γὰρ νόμου ἡ ἁμαρτία νεκρά ℵ^c 1505 1735 2495
χωρὶς γὰρ νόμου ἁμαρτία **νεκράς** 1245
* χωρὶς γὰρ νόμου **ἐπιθυμία** νεκρά 2344

7.9 txt ἐγὼ δὲ ἔζων χωρὶς νόμου ποτε
ἐγὼ δὲ **ἔζην** χωρὶς νόμου ποτε B Cl IV 9.6
ἐγὼ ἔζων χωρὶς νόμου ποτε 1827
ἐγὼ δὲ **ἔζουν** χωρὶς νόμου ποτε 33 131
ἐγὼ δὲ ἔζων χωρὶς νόμου 69^c

7.9 txt ἐλθούσης δὲ τῆς ἐντολῆς ἡ ἁμαρτία ἀνέζησεν
ἐλθούσης δὲ τῆς ἐντολῆς ἡ ἁμαρτία **ἐνέζησεν** 618 1319 1738

7.10 txt ἐγὼ δὲ ἀπέθανον
ἐγὼ ἀπέθανον 1646
ἐγὼ δὲ **ἀνέθανον** L

7.10 txt καὶ εὑρέθη μοι ἡ ἐντολὴ ἡ εἰς ζωήν
καὶ **εὑρέθε** μοι ἡ ἐντολὴ ἡ εἰς ζωήν F*
καὶ **ηὑρέθη** μοι ἡ ἐντολὴ ἡ εἰς ζωήν 1735
* καὶ **εὑρέθην** μοι ἡ ἐντολὴ εἰς ζωήν 2464 [↓1506 1874* 2147 2412 2495*
καὶ εὑρέθη μοι ἡ ἐντολὴ εἰς ζωήν L 6 69 131 365^c 460 517 614 618 999 1243 1315 1424* 1505

7.11 txt ἐξηπάτησέν με
ἐξηπάτησέν **μαι** F G

7.11 txt καὶ δι᾽ αὐτῆς ἀπέκτεινεν
καὶ δι᾽ αὐτῆς **ἀπέκτηνέν με** 1735

7.12 txt ὥστε ὁ μὲν νόμος ἅγιος
ὥστε ὁ νόμος ἅγιος 2147

7.12 txt καὶ ἡ ἐντολὴ ἁγία καὶ δικαία καὶ ἀγαθή
καὶ ἡ ἐντολὴ ἁγία καὶ ἀγαθή 1243 2815
καὶ ἡ ἐντολὴ δικαία καὶ ἀγαθή 1836
καὶ ἐντολὴ ἁγία καὶ δικαία καὶ ἀγαθή 796

7.13 txt Τὸ οὖν ἀγαθὸν ἐμοὶ ἐγένετο θάνατος;
Τὸ οὖν ἀγαθὸν ἐμοὶ θάνατος; F G
** Τὸ οὖν ἀγαθὸν ἐμοὶ **γέγονεν** **πρόξενος** **θανάτου**; 1836 [friend of]
Τί οὖν ἀγαθὸν ἐμοὶ **γέγονεν** θάνατος; 1735
Τὸ οὖν ἀγαθὸν **ἐν** ἐμοὶ ἐγένετο θάνατος; 1270
Τί οὖν τὸ ἀγαθὸν **ἐν** ἐμοὶ **γέγονε** θάνατος; 2147
Τί οὖν τὸ ἀγαθὸν ἐμοὶ ἐγένετο θάνατος; P [↓209 226 323 326 424 440 460 489
Τὸ οὖν ἀγαθὸν ἐμοὶ **γέγονεν** θάνατος; K L Ψ 049 056 1 6 33 69 88 104 131 205
517 547 614 [618] 796 910 927 945 999 1175 1241 1242 1243 1245 1315 1352 1424 1448 1505 1506
1611 1646 1734 1738 1827 1837 1854 1874 1891 1982 2125 2344 2400 2412 2464 2495 2815 **τ** Er^1

7.13 txt ἵνα φανῇ ἁμαρτία
ἵνα φανῇ ἡ ἁμαρτία 33 131 424* 1315 1573
ἵνα **φανερωθῇ** ἁμαρτία 547
ἵνα **φανεῖ** ἁμαρτία 1646
ἵνα **ἁμαρτία** **φανῇ** 1827
* ἵνα μὴ φανῇ ἡ ἁμαρτία 1319

7.13 txt διὰ τοῦ ἀγαθοῦ μοι κατεργαζομένη θάνατον
ἀγαθοῦ μοι κατεργαζομένη θάνατον 1270*
διὰ τοῦ ἀγαθοῦ μοι **κατεργάζεται** θάνατον 1735

7.13 txt ἁμαρτωλὸς ἡ ἁμαρτία διὰ τῆς ἐντολῆς
ἡ ἁμαρτία **ἁμαρτωλὸς** διὰ τῆς ἐντολῆς D F G

7.14 txt οἴδαμεν γὰρ ὅτι
οἴδαμεν **δὲ** ὅτι A D L 365 1735

7.14 txt ὁ νόμος πνευματικός ἐστιν
ὁ νόμος πνευματικός 1175

7.14 txt πεπραμένος ὑπὸ τὴν ἁμαρτίαν
πεπραγμένος ὑπὸ τὴν ἁμαρτίαν 6
πεπραμμένος ὑπὸ τὴν ἁμαρτίαν 330 1424

7.15 txt ὃ γὰρ κατεργάζομαι οὐ γινώσκω
ὃ κατεργάζομαι οὐ γινώσκω 999
ὃ γὰρ κατεργάζομαι οὐ **γενόσκω** F* [**γενώσκω** F^c]
ὃ γὰρ **κατεργαζόμενος** **γινόσκω** 1243

7.15 txt οὐ γὰρ ὃ θέλω τοῦτο πράσσω
οὐ γὰρ ὃ θέλω **τούτῳ** πράσσω 33 104 999 1874
οὐ γὰρ ὃ θέλω **παράσσω** F G
οὐ γὰρ ὃ θέλω πράσσω D
οὐ γὰρ ὃ θέλω τοῦτο **ποιῶ** 056 69 365 1319 1352 1573 1734 1982 2125
οὐ γὰρ ὃ θέλω ἀγαθὸν τοῦτο πράσσω 205
οὐ γὰρ ὃ θέλω τοῦτο καὶ **πράσω** 2464
οὐ γὰρ **ὧ** θέλω τοῦτο **πράτγω** 460
οὐ γὰρ **ὧ** θέλω **τούτω** **πράτγω** 618
οὐ γὰρ ὃ θέλω τοῦτο **πράττω** 1738

7.15 txt ἀλλ' ὃ μισῶ τοῦτο ποιῶ
ἀλλὰ ὃ μισῶ τοῦτο ποιῶ ℵ
ἀλλ' **ὧ** μισῶ τοῦτο ποιῶ 104 547^c 1735 1874* 2147
ἀλλ' **ὧ** μισῶ τοῦτο **πράσσω** 1319
ἀλλ' ὃ μισῶ πονηρὸν τοῦτο ποιῶ 205
ἀλλ' ὃ μισῶ **τούτῳ** ποιῶ 33 618
ἀλλ' ὃ μισῶ **τούτω** ὁ ποιῶ G
ἀλλ' ὃ μισῶ **τούτω** **πράσσω** 1573
ἀλλ' ὃ μισῶ τοῦτο **πράσσω** 056 69 365 1352 1734 1982 2125

7.16 txt εἰ δὲ ὃ οὐ θέλω τοῦτο ποιῶ
omit L 1175 1738 1874*

7.16 txt εἰ δὲ ὃ οὐ θέλω τοῦτο ποιῶ
* εἰ δὲ ὃ θέλω τοῦτο ποιῶ 88 365*
εἰ δὲ **ὧ** οὐ θέλω τοῦτο ποιῶ 1243
εἰ δὲ ὃ οὐ θέλω **τούτω** ποιῶ C 205 614 1506 2412 2464

7.16 txt σύμφημι τῷ νόμῳ ὅτι καλός
σύνφημι τῷ νόμῳ ὅτι καλός ℵ D **W**
συνφήμει τῷ νόμῳ ὅτι **καλόν ἐστιν** F G
σύμφημοι τῷ νόμῳ ὅτι καλός 2147
ἔμφημι τῷ νόμῳ ὅτι καλός 489
σύμφημι τῷ νόμῳ ὅτι **καλῶς** L 131* 999

7.16 txt ὅτι καλός νυνὶ δὲ οὐκέτι
ὅτι οὐκέτι 1175

7.17 txt νυνὶ δὲ οὐκέτι ἐγὼ κατεργάζομαι αὐτό
νυνεὶ δὲ οὐκέτι ἐγὼ κατεργάζομαι αὐτό B D* F G
νυνι δὲ οὐκέτι **κατεργάζομαι αὐτῶ ἐγώ** 33
νυνὶ δὲ οὐκέτι **ἑαυτὸς** κατεργάζομαι αὐτό 1506
νυνὶ δὲ οὐκέτι κατεργάζομαι αὐτό L
νυνὶ δὲ **οὐκ** ἐγὼ κατεργάζομαι αὐτό 323
νυνι δὲ οὐκέτι ἐγὼ κατεργάζομαι **αὐτῷ** 131 205 209* 460 618 999* 1175 1315 1319 1735
νυνὶ δὲ οὐκέτι ἐγὼ **ἐργάζομαι** αὐτό 1 1245 1611 [↑1874* 2147 2464

7.17 txt ἀλλὰ ἡ οἰκοῦσα ἐν ἐμοὶ ἁμαρτία
ἀλλὰ ἡ **ἐνοικοῦσα** ἐν ἐμοὶ ἁμαρτία B **W**
ἀλλ᾽ ἡ **ἐνοικοῦσα** ἐν ἐμοὶ ἁμαρτία ℵ 1270 [↓326 330 365 424 440 460 489 517 547 614 618
ἀλλ᾽ ἡ οἰκοῦσα ἐν ἐμοὶ ἁμαρτία A C D^{2} K L P Ψ 049 056 1 6 69 88 104 131 205 209 226 323
796 910 927 945 999 1175 1241 1242 1243 1245 1315 1319 1352 1424 1448 1505 1506 1573 1611 1646 1734 1735
1738 1739 1827 1836 1837 1854 1874 1881 1891 1982 2125 2147 2400 2412 2464 2495 2815 **τ** Er^{1} Cl III 76.4

7.18 txt οἶδα γὰρ ὅτι οὐκ οἰκεῖ ἐν ἐμοί
οἶδα **δὲ** ὅτι οὐκ οἰκεῖ ἐν ἐμοί 1827
οἶδα γὰρ ὅτι οὐκ **εἰκοὶ** ἐν ἐμοί 326 1837
οἶδα γὰρ ὅτι οὐκ **οὐκεῖ** ἐν ἐμοί 2400

7.18 txt τοῦτ᾽ ἔστιν ἐν τῇ σαρκί μού
omit 1827

7.18 txt τὸ δὲ κατεργάζεσθαι τὸ καλὸν οὔ
τὸ δὲ κατεργάζεσθαι καλὸν οὔ 1836
τὸ δὲ κατεργάζεσθαι τὸ **ἀγαθὸν οὐχ** εὑρίσκω 1505 1891 2495
τὸ **γὰρ** κατεργάζεσθαι τὸ **ἀγαθὸν οὐχ** εὑρίσκω G
τὸ **γὰρ** κατεργάζεσθαι τὸ **ἀγοθὸν οὐκ** εὑρίσκω F*
τὸ **γὰρ** κατεργάζεσθαι τὸ **ἀγαθὸν οὐκ** εὑρίσκω F^{c}
τὸ δὲ κατεργάζεσθαι με τὸ καλὸν **οὐκ** εὑρίσκω 049*
τὸ δὲ κατεργάζεσθαι με τὸ καλὸν **οὐχ** εὑρίσκω 049^{c}
τὸ δὲ κατεργάζεσθαι με τὸ **καλλὸν οὐχ** εὑρίσκω 1646
τὸ δὲ **κατεργάσασθαι** τὸ καλὸν **οὐχ** εὑρίσκω 2147
τὸ δὲ κατεργάζεσθαι τὸ καλὸν οὐ **γισνώσκω** 1319 1573

7.18 txt τὸ δὲ κατεργάζεσθαι τὸ καλὸν οὔ· οὐ γὰρ ὃ θέλω ποιῶ ἀγαθόν, ἀλλὰ ὃ οὐ θέλω κακὸν τοῦτο πράσσω. εἰ δὲ ὃ οὐ θέλω τοῦτο ποιῶ, οὐκέτι ἐγὼ κατεργάζομαι αὐτὸ ἀλλὰ ἡ οἰκοῦσα ἐν ἐμοὶ ἁμαρτία. Εὑρίσκω ἄρα τὸν νόμον, τῷ θέλοντι ἐμοὶ ποιεῖν τὸ καλόν,
omit 365

7.19 txt οὐ γὰρ ὃ θέλω ποιῶ ἀγαθόν
omit 489 927

7.19 txt οὐ γὰρ ὃ θέλω ποιῶ ἀγαθόν
οὐ γὰρ ὃ θέλω τοῦτο ποιῶ ἀγαθόν C 1505 2495
οὐ γὰρ **ὧ** θέλω ποιῶ ἀγαθόν 460 618
οὐ γὰρ ὃ οὐ θέλω ποιῶ ἀγαθόν 1881

7.19 txt ἀλλὰ ὃ οὐ θέλω κακὸν τοῦτο πράσσω
* **ἀλλ᾽** ὃ **μείσω** κακὸν τοῦτο πράσσω F
ἀλλ᾽ ὃ κακὸν τοῦτο πράσσω G
ἀλλ᾽ ὃ οὐ θέλω κακὸν **τούτω** πράσσω 460 618
ἀλλ᾽ ὧ οὐ θέλω κακὸν τοῦτο πράσσω 2147 [↓323 326 330 424 440 489 517 547 614 796 910 927
ἀλλ᾽ ὃ οὐ θέλω κακὸν τοῦτο πράσσω A C $D^{1.2}$ K L P Ψ 049 056 1 6 33 69 88 104 131 205 209 226
945 999 1175 1241 1242 1243 1245 1270 1315 1319 1352 1424 1448 1505 1506 1573 1611 1646 1734
1735 1738 1739 1827 1836 1837 1854 1874 1881 1891 1982 2125 2400 2412 2464 2495 2815 **τ** Er^{1}

7.20 txt εἰ δὲ ὃ οὐ θέλω τοῦτο ποιῶ
txt εἰ δὲ ὃ οὐ θέλω ἐγὼ τοῦτο ποιῶ
εἰ δὲ **ῷ** οὐ θέλω τοῦτο ποιῶ 460 618
εἰ δὲ **ῷ** οὐ θέλω ἐγὼ τοῦτο ποιῶ 1646
εἰ δὲ ὃ οὐ θέλω **τοῦτο ἐγὼ** ποιῶ 1242 Cl III 77.1
εἰ δὲ ὃ **ἐγὼ οὐ θέλω τούτω** ποιῶ 489
εἰ δὲ ὃ **ἐγὼ οὐ θέλω** τοῦτο ποιῶ 927

7.20 txt οὐκέτι ἐγὼ κατεργάζομαι αὐτὸ
οὐκέτι κατεργάζομαι αὐτὸ 440
οὐκέτι ἐγὼ κατεργάζομαι **αὐτῷ** 049 33 131 618 1175 1243 1315 1319 1424 1874* 2464

7.20 txt ἀλλὰ ἡ οἰκοῦσα ἐν ἐμοὶ ἁμαρτία
ἀλλ' ἡ **ἰοκοῦσα** ἐν ἐμοὶ **ἁμαρτεία** F
ἀλλ' ἡ οἱ οἰκοῦσα ἐν ἐμοὶ ἁμαρτία 614
ἀλλ' οἰκοῦσα ἐν ἐμοὶ ἁμαρτία 1319* [↓323 326 330 424 440 460 489 517 547 618 796 910
ἀλλ' ἡ οἰκοῦσα ἐν ἐμοὶ ἁμαρτία A C D$^{1.2}$ G K L P Ψ 049 056 1 6 33 69 88 104 131 205 209 226
927 945 999 1175 1241 1242 1243 1245 1270 1315 1319^{c} 1352 1424 1448 1505 1506 1573 1611 1646 1734 1735
1738 1739 1827 1836 1837 1854 1874 1881 1891 1982 2125 2147 2400 2412 2464 2495 2815 **τ** Er^{1} Cl III 77.1

7.21 txt εὑρίσκω ἄρα τὸν νόμον
εὑρίσκω αρα τὸν νόμον B ℵ A C D$^{*.1}$ F G L P
εὑρίσκω **ἆρα** τὸν νόμον D^{2} 1 88 104 131 326 517 1738 1837 2412
ἀρα τὸν νόμον 049

7.21 txt τῷ θέλοντι ἐμοὶ ποιεῖν τὸ καλόν
τῷ θέλοντι ἐμοὶ **ποιεῖ** τὸ καλόν 460
τῷ θέλοντι ἐμοὶ **ποιῆ** τὸ καλόν 618
τῷ θέλοντί **μοι** ποιεῖν τὸ καλόν 104 1424
τῷ θέλοντι ἐμοὶ **τὸ καλόν ποιεῖν** Ψ
τῷ θέλοντι **ἐν** ἐμοὶ ποιεῖν τὸ καλόν [2344] 2400 2815
τῷ θέλοντι **ποιεῖν ἐμοὶ** τὸ καλόν 1874
τῷ θέλοντι ἐμοὶ ποιεῖν 1175
τῷ **μέλλοντι** ἐμοὶ ποιεῖν τὸ καλόν 1573

7.21 txt ὅτι ἐμοὶ τὸ κακὸν παράκειται
omit F G
ὅτι ἐμοὶ μὲν τὸ κακὸν παράκειται 326
ὅτι ἐν ἐμοὶ τὸ κακὸν παράκειται 365
τὸ κακὸν παράκειται 1175

7.22 txt συνήδομαι γὰρ τῷ νόμῳ τοῦ θεοῦ
** συνήδομαι γὰρ τῷ νόμῳ τοῦ **νοὸς** B
συνέδομαι γὰρ τῷ νόμῳ τοῦ **θ̅υ̅** G* 1243
συνήδομε γὰρ **τὸν νόμον** τοῦ **θ̅υ̅** 460 618

7.23 txt βλέπω δὲ ἕτερον νόμον ἐν τοῖς μέλεσίν μου
βλέπω ἕτερον νόμον 1827
βλέπω δὲ ἕτερον νόμον ἐν τοῖς **μέλεσείν μοι** F
βλέπω δὲ **νόμον ἕτερον** ἐν τοῖς μέλεσίν μου 2147

7.23 txt ἀντιστρατευόμενον τῷ νόμῳ τοῦ νοός μου
ἀντεστρατευόμενον τῷ νόμῳ τοῦ νοός μου 131
ἀντιστρατευόμενον τῷ νοός μου 440
ἀντιστρατευόμενον **τὸν νόμον** τοῦ νοός μου 1734
ἀντιστρατευόμενον A

7.23 txt αἰχμαλωτίζοντά με ἐν τῷ νόμῳ τῆς ἁμαρτίας
αἰχμαλωτίζει με ἐν τῷ νόμῳ τῆς ἁμαρτίας Cl III 77.1
αἰχμαλωτείζοντά μαι ἐν τῷ νόμῳ τῆς ἁμαρτίας F G
** αἰχμαλωτίζοντά τῷ νόμῳ **τοῦ νοός μου** A
αἰχμαλωτιντά **μαι** τῷ νόμῳ τῆς ἁμαρτίας 1424
αἰχμαλωτίζοντά με τῷ νόμῳ τῆς ἁμαρτίας C L 056 6 104 205 209 226 323 326 330 365
424^{c} 460 517 547 614 618 796 910 945 1241 1242 1243 1270 1319 1352 1448 1505 1506 1573
1734 1738 1739 1827 1837 1854 1891 1982 2125 2147 2400 2412 2464 2495 2815 **[w]τ** Er^{1}

7.24 txt ταλαίπωρος ἐγὼ ἄνθρωπος
ταλέπορος γὰρ ἐγὼ α̅ν̅ο̅ς 2464
ταλαίπορός εἰμι α̅ν̅ο̅ς 1827

7.24 txt τίς με ῥύσεται ἐκ τοῦ σώματος τοῦ θανάτου τούτου
τίς με ῥύσεται ἐκ τοῦ σώματος τοῦ θανάτου 1573
τίς **μαι** ῥύσεται ἐκ τοῦ σώματος τοῦ θανάτου τούτου F G 326 1837
τίς με **ῥύσαται** ἐκ τοῦ σώματος τοῦ θανάτου τούτου 618

7.25 txt διὰ Ἰησοῦ Χριστοῦ τοῦ κυρίου ἡμῶν
διὰ Ἰησοῦ Χριστοῦ κυρίου ἡμῶν 2147*
διὰ **τοῦ κυ ἡμῶν** **ιυ χυ** 2400

7.25 txt ἄρα οὖν αὐτὸς ἐγὼ τῷ μὲν νοῒ δουλεύω νόμῳ θεοῦ
αρα οὖν αὐτὸς ἐγὼ τῷ μὲν νοῒ δουλεύω νόμῳ θυ B ℵ^c [C^c] L* P
αρα οὖν αὐτὸς ἐγὼ τῷ μὲν **νοεῒ** δουλεύω νόμῳ θυ A
αρα οὖν αὐτὸς ἐγὼ τῷ νοῒ δουλεύω νόμῳ θυ ℵ*
αρα **ἐγὼ αὐτὸς** τῷ μὲν **νοει** δουλεύω νόμῳ θυ D*
αρα οὖν **ἐγὼ αὐτὸς** τῷ μὲν νοῒ δουλεύω νόμῳ θυ D1.2
αρα οὖν αὐτὸς ἐγὼ τῷ **νοεῒ** δουλεύω νόμῳ θυ F G
ἆρα οὖν αὐτὸς ἐγὼ τῷ μὲν νοῒ δουλεύω νόμῳ θυ 1837*
ἀρα οὖν αὐτὸς ἐγὼ τῷ μὲν νοῒ δουλεύω νόμῳ θυ L^c 88 104 131 326 365 1319
ἄρ οὖν αὐτὸς ἐγὼ τῷ μὲν νοῒ δουλεύω νόμῳ θυ 1646 [↑1738 1837 1854 1874
ἄρα οὖν αὐτὸς ἐγὼ **δουλεύω τῷ μὲν νοῒ** νόμῳ θυ 1505 2495
ἄρα οὖν αὐτὸς ἐγὼ τῷ μὲν νοῒ μου δουλεύω νόμῳ θυ 1739 1881
ἄρα οὖν αὐτὸς ἐγὼ τῷ μὲν νοῒ δουλεύω **τῷ** νόμῳ 618
ἄρα οὖν αὐτὸς ἐγὼ τῷ μὲν νοῒ **δουλεύων** νόμῳ θυ 330 460 1245 1836

7.25 txt τῇ δὲ σαρκὶ νόμῳ ἁμαρτίας
ἁμαρτίας 618
τῷ δὲ σαρκὶ νόμῳ ἁμαρτίας. P

8.1 txt οὐδὲν ἄρα νῦν κατάκριμα
οὐδὲν **αρα** νῦν κατάκριμα B ℵ* A D1 F G L* P
* οὐδὲν **αρα** κατάκριμα D*
οὐδὲν **ἆρα** νῦν κατάκριμα D2 L^c 88 104 131 326 365 489 927 1319 1424 1506 1837 1874 2412
οὐδὲν ἄρα **κατάκριμα νῦν** Ψ 1735 1827
* οὐδὲν ἄρα κατάκριμα 205 517
οὐδὲν ἄρα ἦν νῦν κατάκριμα 1982

8.1 txt τοῖς ἐν Χριστῷ Ἰησοῦ
τῆς ἐν χω ιυ. 131 614 1836* 2412
ἐν Χριστῷ Ἰησοῦ 6 424^c 1739 1881

8.2 txt ὁ γὰρ νόμος τοῦ πνεύματος τῆς ζωῆς ἐν Χριστῷ Ἰησοῦ
ὁ γὰρ νόμος τοῦ πνεύματος Cl III 77.2
ὁ γὰρ νόμος τοῦ πνεύματος τῆς ζωῆς τῆς ἐν χω ιυ 1836
ὁ γὰρ νόμος τοῦ πνεύματος τῆς ζωῆς K

8.2 txt ἠλευθέρωσέν σε ἀπὸ τοῦ νόμου τῆς ἁμαρτίας
ἐλευθέρωσέν σαι ἀπὸ τοῦ νόμου τῆς ἁμαρτίας F G
ἠλευθέρωσέν **μαι** ἀπὸ τοῦ νόμου τῆς ἁμαρτίας 2464

8.3 txt τὸ γὰρ ἀδύνατον τοῦ νόμου
* τὸ γὰρ **δύνατον** τοῦ νόμου 131

8.3 txt ὁ θεὸς τὸν ἑαυτοῦ υἱὸν πέμψας
ὁ θεὸς τὸν ἑαυτοῦ υἱὸν **πένψας** D*
* ὁ θεὸς τὸν ἑαυτοῦ πέμψας 205
ὁ θεὸς τὸν **αὐτοῦ** υἱὸν πέμψας ℵ^c 460 618 1738
ὁ θεὸς τὸν ἑαυτοῦ **πέμψας υἱὸν** 326 1837

8.3 txt καὶ περὶ ἁμαρτίας
omit 460 1734^c 1836

8.3 txt κατέκρινεν τὴν ἁμαρτίαν ἐν τῇ σαρκι
κατέκρινεν τὴν ἁμαρτίαν ἐν σαρκι 1646 2815
* κατέκρινεν ἐν τῇ σαρκι 131
κατέκρινεν τὴν ἁμαρτίαν τῇ σαρκι 205

8.4 txt ἵνα τὸ δικαίωμα τοῦ νόμου πληρωθῇ ἐν ἡμῖν
ἵνα **τῷ** δικαίωμα τοῦ νόμου **πλερωθῇ** ἐν ἡμῖν F*
ἵνα τὸ δικαίωμα τοῦ νόμου **πληροθῇ** ἐν **ἡμὴν** 1243
* ἵνα τὸ δικαίωμα τοῦ νόμου πληρωθῇ ἐν **ὑμῖν** 1424 Er[1]

8.4 txt τοῖς μὴ κατὰ σάρκα περιπατοῦσιν
σάρκα περιπατοῦσιν 1506
τοῖς κατὰ σάρκα περιπατοῦσιν 1646* 2464*
τοῖς μὴ κατὰ **σάρκαν** περιπατοῦσιν 131
τοῖς μὴ κατὰ σάρκα **περειπατοῦσειν** F G

8.5 txt οἱ γὰρ κατὰ σάρκα ὄντες τὰ τῆς σαρκὸς φρονοῦσιν, οἱ δὲ κατὰ πνεῦμα
omit 489

8.5 txt οἱ γὰρ κατὰ σάρκα ὄντες
* **ὅτι οἱ** κατὰ σάρκα **ζῶντες** Cl III 78.1
* οἱ γὰρ κατὰ σάρκα **περιπατουντες** 927 1891

8.5 txt τὰ τῆς σαρκὸς φρονοῦσιν
τὰ τῆς σαρκὸς **φρονουνοῦσιν** 1891

8.6 txt τὸ γὰρ φρόνημα τῆς σαρκὸς θάνατος
* τὸ γὰρ **καταφρόνημα** τῆς σαρκὸς θάνατος 205 [contempt, disdain of others]
τὸ **δὲ** φρόνημα τῆς σαρκὸς θάνατος 1739

8.6 txt θάνατος, τὸ δὲ φρόνημα τοῦ πνεύματος ζωὴ καὶ εἰρήνη· διότι τὸ φρόνημα τῆς σαρκὸς
omit 049

8.6 txt ζωὴ καὶ εἰρήνη
ζωὴ καὶ εἰρήνη διὰ ιυ χυ τοῦ κυ ἡμῶν 33

8.7 txt διότι τὸ φρόνημα τῆς σαρκὸς ἔχθρα εἰς θεόν
ὅτι τὸ φρόνημα τῆς σαρκὸς **ἔκθρα** εἰς θν F G
καὶ τὸ φρόνημα τῆς σαρκὸς ἔχθρα εἰς θεόν Cl IIII 78.1

8.7 txt τῷ γὰρ νόμῳ τοῦ θεοῦ οὐχ ὑποτάσσεται
τῷ γὰρ τῷ νόμω τοῦ θεοῦ οὐχ ὑποτάσσεται 2400
τῷ γὰρ **νόμῳ τῷ** τοῦ θυ οὐχ **ὑποτάσεται** 1646
τῷ γὰρ νόμῳ τοῦ θεοῦ οὐχ **ὑποτάσεται** 618 1881* 2464

8.7 txt οὐδὲ γὰρ δύναται
οὔτε γὰρ δύναται L
οὐ γὰρ δύναται 69*

8.8 txt οἱ δὲ ἐν σαρκὶ ὄντες θεῷ ἀρέσαι οὐ δύνανται
omit 69* 618 1352 1738 1881

8.8 txt οἱ δὲ ἐν σαρκὶ ὄντες
οἱ δὲ σαρκὶ ὄντες 1243
οἱ **γὰρ** ἐν σαρκὶ ὄντες 326[c]
οἶδε γὰρ ἐν σαρκὶ ὄντες 326*
οἱ δὲ γὰρ ἐν σαρκὶ ὄντες 1837

8.8 txt θεῷ ἀρέσαι οὐ δύνανται
τῷ θεῷ ἀρέσαι οὐ δύνανται D 1735
** **χῳ** ἀρέσαι οὐ δύνανται. 945

8.9 txt ὑμεῖς δὲ οὐκ **ἐστὲ** ἐν σαρκὶ
* ὑμεῖς δὲ οὐκ **ἐσταὶ** ἐν σαρκὶ B* A F G P 049 33 1646 1874
ὑμεῖς **γὰρ οὐκέτι ἐστὲ** ἐν σαρκὶ Cl II 125.6

8.9 txt ἀλλὰ ἐν πνεύματι
ἀλλ᾽ ἐν πνεύματι τ Er[1] Cl II 125.6 Cl III 78.2
omit 326 1837
ἀλλ᾽ ἐν πνι [↓489 517 547 614 618 796 910 927 945 999 1175 1241 1242
A C D[1.2] F G K L P Ψ 049 056 1 6 33 69 88 104 131 205 209 226 323 330 424 440 460
1243 1245 1270 1315 1319 1352 1424 1448 1505 1506 1573 1611 1646 1734 1735 1738
1739 1827 1836 1854 1874 1881 1891 1982 2125 2147 2400 2412 2464 2495 2815

8.9 txt εἴπερ πνεῦμα θεοῦ οἰκεῖ ἐν ὑμῖν
ἐπιπερ πνα θυ οἰκεῖ ἐν ὑμῖν 2464
εἴπερ πνεῦμα θυ **ἐνοικεῖ** ἐν ὑμῖν 796 2495
* εἴπερ πνεῦμα θυ **οἰκεῖν** ἐν **ἡμῖνυ** 1836
εἴπερ πνεῦμα θυ **οὐκ εἰ** ἐν ὑμῖν 6
* εἴπερ πνεῦμα θυ οἰκεῖ ἐν **ἡμῖν** 1646

8.9 txt εἰ δέ τις πνεῦμα Χριστοῦ οὐκ ἔχει
εἰ δέ τις πνα **οὐκ** **ἔχει** **χυ**, 69
* εἰ δέ τις πνα **θυ** οὐκ ἔχει 6 326 440 614 999 1315 1837 2412
* εἰ δέ **τίνες** πνα **θυ** οὐκ ἔχει, 330

8.9 txt οὗτος οὐκ ἔστιν αὐτοῦ.
οὐκ ἔστιν αὐτοῦ. 547*
οὕτως οὐκ ἔστιν αὐτοῦ. 796

8.10 txt εἰ δὲ Χριστὸς ἐν ὑμῖν
* **ὁ** δὲ χς ἐν ὑμῖν 330
omit F G

8.10 txt τὸ μὲν σῶμα νεκρὸν διὰ ἁμαρτίαν
τὸ μὲν σῶμα ἐστιν νεκρὸν διὰ ἁμαρτίαν F G
τὸ μὲν σῶμα νεκρὸν διὰ τὴν ἁμαρτίαν 69 326 1270 1837 2815 [↓323 330 424 440 489
τὸ μὲν σῶμα νεκρὸν **δι᾿** ἁμαρτίαν ℵ D* L P Ψ 049 056 6 33 88 104 131 205 209 226
614 618 796 927 945 999 1241 1243 1245 1315 1319 1352 1424 1448 1505 1506 1573 1646 1734 1738
1739 1827 1836 1854 1881 1982 2125 2147 2400 2412 2464 2495 **τ** Cl III 77.3; III 78.2; IV 45.5

8.10 txt τὸ δὲ πνεῦμα ζωὴ διὰ δικαιοσύνην
* τὸ δὲ πνα **ζῆ** διὰ δικαιοσύνην F G 1891
* τὸ δὲ πνα ζωὴ **καὶ** **δικαιοσύνη**. 440

8.11 txt τὸ πνεῦμα τοῦ ἐγείραντος τὸν Ἰησοῦν ἐκ νεκρῶν οἰκεῖ ἐν ὑμῖν
** τὸ πνεῦμα τοῦ ἐγείραντος τὸν ιν **οὐκ** οἰκεῖ ἐν ὑμῖν 6
τὸ πνεῦμα τοῦ ἐγείραντος τὸν ιν οἰκεῖ ἐν ὑμῖν 1739 1881
τὸ πνεῦμα τοῦ ἐγείραντος ιν οἰκεῖ ἐν ὑμῖν 424[c] 1319 1573 2147
τὸ πνεῦμα τοῦ ἐγείραντος ιν νεκρῶν οἰκεῖ ἐν ὑμῖν 796
τὸ πνεῦμα τοῦ **ἐγήραντος** ιν ἐκ νεκρῶν 2464
* τὸ πνεῦμα τοῦ ἐγείραντος ιν ἐκ νεκρῶν οἰκεῖ ἐν **ἡμῖν** 618 1738
τὸ πνεῦμα τοῦ ἐγείραντος Ἰησοῦν ἐκ νεκρῶν οἰκεῖ ἐν ὑμῖν 69 **τ** Er[1]
τὸ πνεῦμα τοῦ ἐγείραντος **ἐκ νεκρῶν Ἰησοῦν** οἰκεῖ ἐν ὑμῖν Cl III 77.3
* τὸ πνεῦμα τοῦ ἐγείραντος ιν **χν** ἐκ νεκρῶν οἰκεῖ ἐν ὑμῖν 1270
** τὸ πνεῦμα τοῦ ἐγείραντος **ἡμᾶς** ἐκ νεκρῶν οἰκεῖ ἐν ὑμῖν 1506
τὸ πνεῦμα τοῦ ἐγείραντος ιν ἐκ νεκρῶν οἰκεῖ ἐν ὑμῖν ℵ[c] C D F G K L P Ψ 049 056
1 33 88 104 131 205 209 226 323 326 330 424* 460 489 517 547 614 910 927 945 999 1175 1241 1242 1243 1245
1315 1352 1424 1448 1611 1646 1734 1735 1827 1836 1837 1854 1874 1891 1982 2125 2400 2412 2815

8.11 txt ὁ ἐγείρας Χριστὸν ἐκ νεκρῶν
ὅς Cl III 77.3
ὁ ἐγείρας **ιν** **χν** ἐκ νεκρῶν 104
ὁ ἐγείρας **ἐκ νεκρῶν** **ιν** **χν** C
ὁ ἐγείρας **ἐκ νεκρῶν** χν **ιν** ℵ*A 1243 1506 1739 1881 **w**
ὁ ἐγείρας χν **ιν** ἐκ νεκρῶν D*
* ὁ ἐγείρας **τὸν** **κν** 1827
omit 2464
ὁ ἐγείρας **αὐτὸν** ἐκ νεκρῶν 1270
ὁ ἐγείρας **τὸν** χν ἐκ τῶν νεκρῶν 049
ὁ ἐγείρας **τὸν** χν ἐκ νεκρῶν ℵ[c] K L P Ψ 056 1 6 33 69 88 131 205 209 226 323
326 330 424 440 460 489 517 547 614 618 796 910 927 945 999 1175 1241 1242 1245 1315 1352 1424
1448 1505 1611 1646 1734 1735 1738 1836 1837 1874 1891 1982 2125 2147 2400 2412 2495 2815 **τ** Er[1]

8.11 txt ζῳοποιήσει καὶ τὰ θνητὰ σώματα ὑμῶν
ζῳοποιήσῃ καὶ τὰ θνητὰ σώματα ὑμῶν 049 88 104 1506 2400
ζῳοποιήσας καὶ τὰ θνητὰ σώματα ὑμῶν 056
ζῳοποιήσει καὶ τὰ θνητὰ **ὑμῶν σώματα** 517 1270
ζῳοποιήσει τὰ θνητὰ σώματα ὑμῶν ℵ A 326 796 1739 1881 [**w**]
* ζῳοποιήσει τὰ θνητὰ σώματα **ἡμῶν** 1837

8.11 txt διὰ τοῦ ἐνοικοῦντος αὐτοῦ πνεύματος ἐν ὑμῖν
διὰ τοῦ ἐνοικοῦντος **πνς** **αὐτοῦ** ἐν ὑμῖν 1837
διὰ τοῦ ἐνοικοῦντος **αὐτοὶ** **πνς** ἐν ὑμῖν C*
διὰ **τὸ** **ἐνοικοῦν** **αὐτὸ** πνεῦμα ἐν ὑμῖν 2400
διὰ **τὸ** **ἐνοικοῦν** πνεῦμα ἐν ὑμῖν 1611*
διὰ **τὸ** **ἐνοικοῦν** **αὐτῷ** πνεῦμα ἐν ὑμῖν 614 999 1836 2412
διὰ **τὸ** **ἐνοικοῦν** **ἐν** **αὐτῷ** πνεῦμα ἐν ὑμῖν 796
διὰ **τὸ** **ἐνοικοῦν** αὐτοῦ πνεῦμα ἐν ὑμῖν B D F G K L P* Ψ 049 056 1 6 33 131 205 209 226 323 330 424 440 460 489 517 547 618 927 945 1175 1241 1242 1245 1352 1424 1611[c] 1646 1734 1738 1739 1827 1854 1874 1881 1982 2125 2147 2464 2815 [**w**]**τ** Er[1]

8.12 txt ἄρα οὖν, ἀδελφοί
αρα οὖν, ἀδελφοί B ℵ A C D*[,1] F G L* P Er[1]
ἆρα οὖν, ἀδελφοί L[c] 1 88 104 326 1319 1506 1837 1874
ἄρ' οὖν, ἀδελφοί 1646 1739 1881
ἀρα οὖν, ἀδελφοί 2412

8.12 txt τοῦ κατὰ σάρκα : **τῇ** κατὰ σάρκα 69*

8.13 txt εἰ γὰρ κατὰ σάρκα ζῆτε
εἰ γὰρ κατὰ **τὰ** σάρκα ζῆτε 999
εἰ γὰρ κατὰ σάρκα **ζῆται** F G P 1646 1735 2464
εἰ κατὰ σάρκα ζῆτε 049 1245
εἰ γὰρ κατὰ σάρκα **ζῇ** 330

8.13 txt μέλλετε ἀποθνήσκειν
μέλλεται ἀποθνήσκειν F G P 049 326 440 618 1735 1837 1874
μέλεται ἀποθνήσκειν 1646 2464
** μέλλετε πάλιν ἀποθνήσκειν 1827
τί μέλλετε καὶ ἀποθνήσκειν 330
μέλετε ἀποθνήσκειν 2125

8.13 txt τὰς πράξεις τοῦ σώματος θανατοῦτε, ζήσεσθε
τὰς πράξεις τοῦ σώματος θανατοῦτε, **ζήσεσθαι** A 460 489 927 1506 1646 1874* 1881 2147 [↑2464
τὰς **πράξις** **τῆς** **σαρκὸς** θανατοῦτε, ζήσεσθε D
τὰς **πράξις** **τῆς** **σαρκὸς** θανατοῦτε, **ζήσεσθαι** F G
τὰς πράξεις τοῦ σώματος **θανατοῦται**, **ζήσεσθαι** 33 1243
τὰς πράξεις τοῦ σώματος **θανατοῦται**, ζήσεσθε 1270 1836
** τὰς πράξεις τοῦ **πνς** θανατοῦτε, ζήσεσθε 1

8.14 txt ὅσοι γὰρ πνεύματι θεοῦ ἄγονται
ὅσοι πνι θεοῦ ἄγονται 614 1646 2412

8.15 txt οὐ γὰρ ἐλάβετε πνεῦμα δουλείας πάλιν
οὐ γὰρ **ἐλάβεται** πνα **δουλεγίας** πάλιν F
οὐ γὰρ **ἐλάβεται** πνα δουλείας πάλιν G 049 460 618 910 1646 1735 2464
οὐ γὰρ ἐλάβετε πνεῦμα δουλείας Ψ 33 326 1837

8.15 txt δουλείας πάλιν εἰς φόβον ἀλλὰ ἐλάβετε πνεῦμα
omit 1854*

8.15 txt ἀλλὰ ἐλάβετε πνεῦμα υἱοθεσίας
ἀλλ' **ἐλάβεται** πνα υἱοθεσίας F G 049 460 618 1506 1646 1735 2464
ἀλλ' **ἐλάτετε** πνα υἱοθεσίας L
ἀλλ' ἐλάβετε πνα υἱοθεσίας D K P Ψ 056 1 6 33 69 88 104 131 205 209 226 323 326 330 424 440 489 517 547 614 796 910 927 945 999 1175 1241 1242 1243 1245 1270 1315 1319 1352 1424 1448 1573 1611 1734 1738 1739 1827 1837 1836 1854[c] 1874 1881 1891 1982 2125 2147 2400 2412 2815 **τ** Er[1]

8.15 txt κράζομεν, Αββα
κράζομεν, **Αβα** 69 2495
κράζωμεν, Αββα 910 1175 1735 1874 2147 2464

8.16 txt αὐτὸ τὸ πνεῦμα συμμαρτυρεῖ τῷ πνεύματι ἡμῶν
αὐτὸ τὸ πνεῦμα **συνμαρτυρεῖ** τῷ πνεύματι ἡμῶν B* 𝔓46 ℵ A F G W
ὥστε αὐτὸ τὸ πνεῦμα **συνμαρτυρεῖ** τῷ πνεύματι ἡμῶν D
* αὐτὸ τὸ πνεῦμα **μαρτυρεῖ** τῷ πνεύματι ἡμῶν 1
αὐτὸ τὸ πνεῦμα **συμμαρτυρείτω** τῷ πνεύματι ἡμῶν 1315
αὐτὸ τὸ πνεῦμα **συμμαρτυροῖ** τῷ πνεύματι ἡμῶν Er1
αὐτὸ γὰρ τὸ πνεῦμα συμμαρτυρεῖ τῷ πνεύματι ἡμῶν 1827
αὐτὸς τὸ πνεῦμα συμμαρτυρεῖ τῷ πνεύματι ἡμῶν 33
αὐτῷ τὸ πνεῦμα συμμαρτυρεῖ τῷ πνεύματι ἡμῶν 618 2464

8.17 txt εἰ δὲ τέκνα, καὶ κληρονόμοι· κληρονόμοι μὲν θεοῦ
omit Ψ

8.17 txt εἰ δὲ τέκνα, καὶ κληρονόμοι· κληρονόμοι μὲν θεοῦ
εἰ δὲ τέκνα, καὶ κληρονόμοι· κληρονόμοι 460
εἰ δὲ τέκνα, καὶ κληρονόμοι· F G
εἰ δὲ τέκνα, καὶ κληρονόμοι μὲν θεοῦ 𝔓46
εἰ δὲ τέκνα, καὶ **κληρωνόμοι** **κληρωνόμοι** 618
εἰ δὲ τέκνα, καὶ **συνκληρονόμοι**· κληρονόμοι μὲν θεοῦ D*

8.17 txt συγκληρονόμοι δὲ Χριστοῦ
δὲ χρυ F G 618
** δὲ θυ 460
συνκληρονόμοι δὲ χυ B* 𝔓46 ℵ A D L P 326 1506 1573 1735 1837 2464
συγκληρονόμοι χυ 1245*

8.17 txt εἴπερ συμπάσχομεν
εἴπερ **συνπάσχομεν** B* ℵ C D F G W Cl IV 45.6
εἴπερ **συμπάσχωμεν** A 049 056 33 1505 1739 1874 2495
* εἴπερ **πάσχομεν** 𝔓46 69 104 945 2147

8.17 txt συνδοξασθῶμεν : **συνδοξασθόμεν** 1646

8.18 txt λογίζομαι γὰρ
λογίζωμε γὰρ 2464
* **λογιζόμεθα** γὰρ 796 1424
λογίζομαι **δὲ** A P

8.18 txt δόξαν ἀποκαλυφθῆναι εἰς ἡμᾶς
* δόξαν ἀποκαλυφθῆναι εἰς **ὑμᾶς** 1241
* δόξαν **ἀποκαλυπτεσθαι** εἰς **ὑμᾶς** 2495
δόξαν **ἀποκαλυπτεσθαι** εἰς ἡμᾶς 1505 1735
δόξαν **ἀποκαλυψθῆναι** εἰς ἡμᾶς F G
ἀποκαλυφθῆναι δόξαν εἰς ἡμᾶς 1827 2400

8.19 txt ἡ γὰρ ἀποκαραδοκία τῆς κτίσεως
εἰ γὰρ ἀποκαραδοκία τῆς κτίσεως 1243
** ἡ γὰρ ἀποκαραδοκία τῆς **πίστεως** 69 460 1242 1738 2464

8.19 txt τὴν ἀποκάλυψιν τῶν υἱῶν τοῦ θεοῦ ἀπεκδέχεται
τὴν ἀποκάλυψιν τῶν υἱῶν τοῦ θεοῦ **ἐκδέχεται** 049* 910
τὴν ἀποκάλυψιν τῶν υἱῶν θεοῦ ἀπεκδέχεται F G
τὴν ἀποκάλυψιν τῶν υἱῶν τοῦ θεοῦ **ἀπεγδέχεται** 2464

8.20 txt τῇ γὰρ ματαιότητι ἡ κτίσις ὑπετάγη
τῇ ματαιότητι ἡ κτίσις **ὑπετάγην** 1243
τῇ γὰρ ματαιότητι ἡ κτίσις **ὑπετάγει** 88 1874
** τῇ γὰρ **φθορᾷ** ἡ κτίσις ὑπετάγη 424c [decay]

8.20 txt οὐχ ἑκοῦσα ἀλλὰ διὰ τὸν ὑποτάξαντα
οὐκ ἑκοῦσα ἀλλὰ διὰ τὸν ὑποτάξαντα 33 1175 1836 1874
οὐχ **ἠκοῦσα** ἀλλὰ διὰ τὸν ὑποτάξαντα 1646
οὐ θελοῦσα ἀλλὰ διὰ τὸν ὑποτάξαντα F* G

8.21 txt ὅτι καὶ αὐτὴ ἡ κτίσις
καὶ αὐτὴ ἡ κτίσις 1241
διότι καὶ αὐτὴ ἡ κτίσις ℵ D* F G 330
ἀλλὰ καὶ αὐτὴ ἡ κτίσις 2125
ὅτι καὶ **αὐτῇ** ἡ κτίσις 1243 2464

8.21 txt εἰς τὴν ἐλευθερίαν τῆς δόξης τῶν τέκνων τοῦ θεοῦ
εἰς τὴν ἐλευθερίαν τῆς δόξης τέκνων τοῦ θεοῦ 209
εἰς τὴν ἐλευθερίαν τῶν τέκνων τοῦ θεοῦ 2400
** εἰς τὴν ἐλευθερίαν τῆς δόξης τῶν **υἱῶν** τοῦ θεοῦ 796

8.22 txt οἴδαμεν γὰρ : οἴδαμεν **δε** A 796 1241

8.22 txt πᾶσα ἡ κτίσις συστενάζει
πᾶσα ἡ κτίσις **συνστενάζει** B D* F G 33 104 326 1243 1506 1735 1837 **w**
πᾶσα ἡ κτίσις **στενάζει** 323 945 1448

8.22 txt συνωδίνει ἄχρι τοῦ νῦν
συνωδίνη ἄχρι τοῦ νῦν 489 1506
ὀδύνει ἄχρι τοῦ νῦν F G
* συνωδίνει ἄχρι τοῦ νῦν καιροῦ 2400

8.23 txt καὶ αὐτοὶ τὴν ἀπαρχὴν τοῦ πνεύματος ἔχοντες
καὶ **ἡμεῖς** αὐτοὶ τὴν ἀπαρχὴν τοῦ πνς ἔχοντες D F G
καὶ **αὐτοὶ** **ἡμεῖς** τὴν ἀπαρχὴν τοῦ πνς ἔχοντες 88 1243
καὶ **αὐτοὶ** **ἡμεῖς** οἱ τὴν ἀπαρχὴν τοῦ πνς ἔχοντες 104
τὴν ἀπαρχὴν τοῦ πνεύματος ··················· $\mathfrak{P}^{46}$
καὶ αὐτοὶ οἱ τὴν ἀπαρχὴν τοῦ πνς ἔχοντες 056 6 131 424* 440^{c} 460 618 1315 [↑1738
* καὶ αὐτοὶ οἱ τὴν ἀπαρχὴν ἔχοντες 440*

8.23 txt ἡμεῖς καὶ αὐτοὶ ἐν ἑαυτοῖς στενάζομεν υἱοθεσίαν
καὶ αὐτοὶ ἐν ἑαυτοῖς στενάζομεν υἱοθεσίαν B 88 104 1243 [**w**]
αὐτοὶ ἐν ἑαυτοῖς **συνστενάζομεν** D*
αὐτοὶ ἐν ἑαυτοῖς στενάζομεν D^{2}
αὐτοὶ ἐν **αὐτοῖς** στενάζομεν F G
αὐτοὶ ἐν ἑαυτοῖς στενάζομεν υἱοθεσίαν 88 1243
······εῖς καὶ αὐτοὶ ἐν ἑαυτοῖς στενάζο······· $\mathfrak{P}^{46}$
ἡμεῖς αὐτοὶ ἐν ἑαυτοῖς στενάζομεν υἱοθεσίαν Ψ
ἡμεῖς καὶ αὐτοὶ στενάζομεν υἱοθεσίαν 1506
καὶ ἡμεὶς ἐν **αὐτοῖς** στενάζομεν υἱοθεσίαν 1
καὶ ἡμεὶς αὐτοὶ ἐν **αὐτοῖς** στενάζομεν υἱοθεσίαν 049 131
καὶ ἡμεὶς αὐτοὶ ἐν ἑαυτοῖς στενάζομεν **υἱοθεσίας** 489 1315
καὶ ἡμεὶς αὐτοὶ ἐν ἑαυτοῖς στενάζομεν 614
καὶ ἡμεὶς ἐν ἑαυτοῖς στενάζομεν **υἱοθεσίας** 1245
καὶ ἡμεὶς ἐν ἑαυτοῖς στενάζομεν υἱοθεσίαν 1319 1424 1573
καὶ ἡμεὶς αὐτοὶ ἐν ἑαυτοῖς **στενάζωμεν** υἱοθεσίαν 2464
καὶ **αὐτοὶ** **ἡμεὶς** ἐν ἑαυτοῖς στενάζομεν υἱοθεσίαν 1837
καὶ ἡμεὶς αὐτοὶ ἐν ἑαυτοῖς στενάζομεν υἱοθεσίαν K L P Ψ 056 6 33 69 205 209 226 323 326* 330 424 440 460 517 547 618 796 910 927 945 999 1175 1241 1242 1270 1352 1448 1505 1611 1646 1734 1735 1738 1827 1836 1854 1874 1891 1982 2125 2147 2400 2412 2495 2815 **τ** Er^{1}

8.23 txt ἀπεκδεχόμενοι : **ἀπεγδεχόμενοι** 2464

8.23 txt ἀπολύτρωσιν : **ἀπαλλαγὴν** 796

8.24 txt ἐλπὶς δὲ βλεπομένη οὐκ ἔστιν ἐλπίς
ἐλπὶς **θε** ἡ βλεπομένη οὐκ **ἔστειν** ἐλπίς F
ἐλπὶς δὲ ἡ βλεπομένη οὐκ **ἔστειν** ἐλπίς G
ἐλπὶς δὲ ἡ βλεπομένη οὐκ ἔστιν ἐλπίς 056

8.24 txt ὃ γὰρ βλέπει τίς ἐλπίζει;
ὃ γὰρ βλέπει τις, τί ἐλπίζει; B^{c} D 796 1874
** ὃ γὰρ βλέπει τις καὶ **ὑπομένει**; א* 1739^{mg} [**w**]
** ὃ γὰρ βλέπει τις, τί καὶ **ὑπομένει**; A
ὃ γὰρ βλέπει τις καὶ ἐλπίζει; 1243* 1739*
ὃ γὰρ βλέπει τις, **τοῦτο** καὶ ἐλπίζει; 131 1734
ὃ γὰρ **βλέπη** τις, **τοῦτο** καὶ **ἐλπίζοι**; 1646
ὃ γὰρ βλέπει **τεις**, **τεί** **ἐλπείζει**; F G [↓1352 1424 1448 1505 1506 1573 1611 1735 1738
ὃ γὰρ βλέπει τις, τί καὶ **ἐλπίζη**; 2464 [↓999 1175 1241 1242 1243^{c} 1245 1270 1315 1319
ὃ γὰρ **βλέπη** τις, τί καὶ ἐλπίζει; 618 [↓330 424 440 460 489 517 547 614 910 927 945
ὃ γὰρ βλέπει τις, τί καὶ ἐλπίζει; א^{c} C K L P Ψ 049 056 1 6 33 69 88 104 205 209 226 323 326 1827 1836 1837 1854 1881 1891 1982 2125 2147 2400 2412 2495 2815 [**w**]**τ** Er^{1} Cl IV 46.2

8.25 txt εἰ δὲ ὃ οὐ βλέπομεν ἐλπίζομεν
* εἰ δὲ ὃ οὐ βλέπομεν 270* 1505 2495
εἰ δὲ ὃ οὐ βλέπομεν **ἐλπίζωμεν** 460 618 2464
εἰ δὲ ὃ οὐ **βλέπωμεν** **ἐλπίζωμεν** 1874*
εἰ δὲ ὃ οὐ **βλέπωμεν** ἐλπίζομεν 049 1874^{c}

8.25 txt ἀπεκδεχόμεθα : **ἀπεγδεχόμεθα**. 2464

8.26 txt ὡσαύτως δὲ καὶ τὸ πνεῦμα
ὡσαύτως δὲ καὶ αὐτὸ τὸ πνεῦμα 1735
ὡσαύτως δὲ τὸ πνεῦμα 33 323

8.26 txt συναντιλαμβάνεται τῇ ἀσθενείᾳ ἡμῶν
συναντιλαμβάνεται τῇ **ἀσθενίᾳ** D*
συναντιλαμβάνεται **τῆς** **ἀσθενείας** ἡμῶν 1506
** **συναντειλαμβάνεται** **τῆς** **δεήσεως** ἡμῶν F G
συναντιλαμβάνετε τῇ ἀσθενείᾳ ἡμῶν A
συναντηλαμβάνεται **τα** **τες** **ἀσθενείαις** ἡμῶν 618 [↓323 326 424 440 460 489 517 547
συναντιλαμβάνεται **ταῖς** **ἀσθενείαις** ἡμῶν K L P Ψ 049 056 1 6 33 88 131 205 209 226
614 796 910 927 945 999 1175 1241 1242 [1243] 1245 1315 1319 1352 1424 1448 1505 [1573] 1611 1646
1734 1735 1738 1827 1836 1837 1854 1874 1891 1982 2125 2147 2400 2412 2464 2495 2815 **τ** Er^{1}

8.26 txt τὸ γὰρ τί προσευξώμεθα καθὸ δεῖ οὐκ οἴδαμεν
τὸ γὰρ τί **προσευχόμεθα** καθὸ δεῖ οὐκ οἴδαμεν F G
τὸ γὰρ τί **προσευξόμεθα** καθὸ δεῖ οὐκ οἴδαμεν D^{2} K L P Ψ 049 056 1 6 33 69 88 104 131 209
226 323 330 424 440 460 517 547 614 796 910 927 945 999 1175 1241 1242 1245 1270 1315 1319 1352 1448
1505 1573 1611 1646 1734 1735 1738 1827 1836 1854 1874^{c} 1891 1982 2125 2400 2412 2495 2815 Er^{1}

8.26 txt ἀλλὰ αὐτὸ τὸ πνεῦμα ὑπερεντυγχάνει
ἀλλ' αὐτὸ τὸ πνα ὑπερεντυγχάνει B A 6 424^{c} 1319 1506 1573 1739 1881
ἀλλὰ αὐτὸ τὸ πνα ὑπερεντυγχάνει ὑπὲρ ἡμων ℵ^{c} L 049 1 226 330 460 618 910 1241 1245
ἀλλὰ αὐτὸ τὸ πνα **ὑπερεντυγχάνη** ὑπὲρ ἡμων 33 [↑1315 1646 1735 1738 1854 1891
ἀλλὰ αὐτὸ τὸ πνα ὑπερεντυγχάνει ὑπὲρ ἡμων 618 [↑2400 2815
ἀλλὰ **αὐτῷ** τὸ πνα ὑπερεντυγχάνει ὑπὲρ ἡμων 2147
ἀλ' αὐτὸ τὸ πνα ὑπερεντυγχάνει ὑπὲρ ἡμων 205
ἀλλ' αὐτὸ πνα ὑπερεντυγχάνει ὑπὲρ ἡμων 489
ἀλλ' αὐτὸ τὸ πνα **ὑπερεντυγχάνη** ὑπὲρ ἡμων 1837
ἀλλ' **αὐτῷ** τὸ πνα ὑπερεντυγχάνει ὑπὲρ ἡμων 1874* 2464 [↓440 517 547 614 796 927 945
ἀλλ αὐτὸ τὸ πνα ὑπερεντυγχάνει ὑπὲρ ἡμων C K P Ψ 056 69 88 104 131 209 323 326 424*
999 1175 1242 1243 1270 1352 1424 1448 1505 1611 1734 1827 1836 1874^{c} 1982 2125 2412 2495 **τ** Er^{1}

8.27 txt ὁ δὲ ἐραυνῶν τὰς καρδίας οἶδεν [↓326 330 424 440 460 489 517 547 614 618 796 910 927 945 999
ὁ δὲ **ἐρευνῶν** τὰς καρδίας οἶδεν A C D F G K L P Ψ 049 056 1 6 33 69 88 104 131 205 209 226 323
1175 1241 1242 1243 1245 1270 1315 1319 1352 1424 1448 1505 1506 1573 1611 1646 1734 1735
1738 1739 1827 1836 1837 1854 1874 1881 1891 1982 2125 2147 2400 2412 2464 2495 2815 **τ** Er^{1}

8.27 txt τί τὸ φρόνημα τοῦ πνεύματος
τί τὸ φρόνημα τοῦ **πις** F
τὸ φρόνημα τοῦ πνς 1881 2464

8.27 txt ὅτι κατὰ θεὸν ἐντυγχάνει ὑπὲρ ἁγίων
* ὅτι κατὰ θεὸν ἐντυγχάνει ὑπὲρ **ἡμῶν** 489 927
* ὅτι κατὰ θεὸν **ἐντυγχάννη** ὑπὲρ **ἡμῶν** 33
ὅτι κατὰ θεὸν **ἐντυγχάνη** ὑπὲρ ἁγίων 1243
ὅτι κατὰ θεὸν **ὑπερεντυγχάνει** ὑπὲρ ἁγίων L 1505 2400 2495
ὅτι κατὰ θεὸν ἐντυγχάνει ὑπὲρ τῶν ἁγίων 1

8.28 txt οἴδαμεν δὲ ὅτι τοῖς ἀγαπῶσιν τὸν θεὸν
οἴδαμεν **γὰρ** ὅτι τοῖς ἀγαπῶσιν τὸν θεὸν 6 614 1739 1881
ἴδαμεν δὲ ὅτι τοῖς ἀγαπῶσιν τὸν θεὸν F 1837

8.28 txt πάντα συνεργεῖ __ εἰς ἀγαθόν
** πάντα συνεργεῖ ὁ θς εἰς ἀγαθόν B A [w]
** **πᾶν** συνεργεῖ ὁ θ··· ······ ἀγαθόν 𝔓46
πάντα **ἀνεργεῖ** εἰς ἀγαθόν 1874*
πάντα **ἐνεργεῖ** εἰς ἀγαθόν 1874c
πάντας συνεργεῖ εἰς ἀγαθόν 618
πάντας συνεργεῖ εἰς τὸ ἀγαθόν 1245
πάντα **συνεργῆ** εἰς τὸ ἀγαθόν 1646 [↓1854 1891 Cl IV 46.1
πάντα συνεργεῖ εἰς τὸ ἀγαθόν L 049 1 226 460 489 927 945 999 1270 1448 1611 1738 1827

8.29 txt προώρισεν συμμόρφους τῆς εἰκόνος τοῦ υἱοῦ αὐτοῦ
προώρεισεν **συνμόρφους** τῆς **ἰκόνος** τοῦ υἱοῦ αὐτοῦ F G
προώρισεν **συνμόρφους** τῆς εἰκόνος τοῦ υἱοῦ αὐτοῦ __ __ ℵ
προώρισεν συμμόρφους τῆς εἰκόνος τοῦ υἱοῦ αὐτοῦ ιυ χυ 999 1315

8.29 txt εἰς τὸ εἶναι αὐτὸν πρωτότοκον
εἰς τὸ εἶναι καὶ αὐτὸν πρωτότοκον 1735
εἰς τὸ εἶναι πρωτότοκον 1836

8.30 txt οὓς δὲ προώρισεν
οὗ δὲ προώρισεν, B* Cl Paid. III 20.5
* οὓς δὲ **προέγνω**, A
οὓς **καὶ** **προώρισε**, 1827

8.30 txt καὶ οὓς ἐκάλεσεν
καὶ οὓς καὶ ἐκάλεσεν 1836
οὓς **δὲ** ἐκάλεσεν 69 1827 Cl I 73.2
οὐ **καὶ** ἐκάλεσεν 𝔓46
omit 796 1505 2495

8.30 txt τούτους καὶ ἐδικαίωσεν· οὓς δὲ ἐδικαίωσεν
omit 1319

8.30 txt οὓς δὲ ἐδικαίωσεν
καὶ **οὓς** ἐδικαίωσεν A 618 1738
omit 330 460 1245

8.32 txt ὅς γε τοῦ ἰδίου υἱοῦ οὐκ ἐφείσατο
ὅς γε τοῦ **υἱοῦ** **τοῦ** **ἰδίου** οὐκ ἐφείσατο 205
ὥς γε τοῦ υἱοῦ οὐκ ἐφείσατο 1319*
* ὅς γε **οὐδὲ** τοῦ ἰδίου υἱοῦ ἐφείσατο D2
* ὃς **οὐδὲ** τοῦ ἰδίου υἱοῦ **ἐφίσατο** D*
* ὃς **οὐδὲ** **υἱοῦ** **ἰδίου** ἐφείσατο F G
ὅς **δὲ** τοῦ ἰδίου υἱοῦ οὐκ ἐφείσατο 6 1245 1739 1881
ὥστε τοῦ ἰδίου υἱοῦ οὐκ **ἐφήσατο** 1243
ὅς τοῦ ἰδίου υἱοῦ οὐκ ἐφείσατο 424c

8.32 txt ἀλλὰ ὑπὲρ ἡμῶν πάντων παρέδωκεν αὐτόν
ἀλλὰ ὑπὲρ ·········· ·········**δωκεν** **αὐτὸν** **πάντων** 𝔓46
ἀλλ᾽ ὑπὲρ ἡμῶν παρέδωκεν αὐτόν 440
ἀλλ᾽ ὑπὲρ ἡμῶν πάντων **παρέδωκας** αὐτόν 1319
ὑπὲρ ἡμῶν πάντων πάντων παρέδωκεν αὐτόν 1646*
ἀλ᾽ ὑπὲρ ἡμῶν πάντων **παρέδοκεν** αὐτόν 2464
ἀλλὰ ὑπὲρ ἡμῶν πάντων παρέδωκεν **αὐτῶν** F
ἀλλ᾽ ὑπὲρ ἡμῶν πάντων παρέδωκεν **ἑαυτῶν** 049
ἀλλ᾽ ὑπὲρ ἡμῶν πάντων παρέδωκεν **ἑαυτόν** L 614 999 1241 1315
ἀλλ᾽ ὑπὲρ ἡμῶν πάντων παρέδωκεν αὐτόν A C D1.2 K P Ψ 056 1 6 33 69 88 104 131 205 209 226 323 326 330 365 424 460 489 547 618 796 910 927 945 1175 1242 1243 1245 1270 1352 1424 1448 1505 1506 1573 1611 1646c 1734 1735 1738 1739 1827 1836 1837 1854 1874 1881 1891 1982 2125 2147 2400 2412 2495 2815 **τ** Er1

8.32 txt πῶς οὐχὶ καὶ σὺν αὐτῷ τὰ πάντα ἡμῖν χαρίσεται;
πῶς ········ ········ ········ αὐτῷ **ἡμεῖν** **τὰ** **πάντα** χαρίσε······ 𝔓46
πῶς οὐχὶ καὶ τὰ πάντα ἡμῖν χαρίσεται; 1646*
πῶς οὐχὶ καὶ σὺν αὐτῷ πάντα ἡμῖν χαρίσεται; D* F G 1506 2412
πῶς οὐχὶ καὶ σὺν αὐτῷ τὰ πάντα **χαρίσηται**; 1881
* πῶς οὐχὶ καὶ σὺν αὐτῷ τὰ πάντα **ὑμῖν** **χαρήσεται**; 049
πῶς οὐχὶ καὶ σὺν αὐτῷ τὰ πάντα ἡμῖν **χαρήσεται**; 69 1243 1837 2464

8.33 txt τίς ἐγκαλέσει κατὰ ἐκλεκτῶν θεοῦ
τίς **ἐνκαλέσει** κατὰ ἐκλεκτῶν θεοῦ D F G
τίς **ἐγκαλέσῃ** κατὰ ἐκλεκτῶν θεοῦ 6
τίς ἐγκαλέσει κατὰ ἐκλεκτῶν **αὐτοῦ** 1319

8.33 txt θεὸς ὁ δικαιῶν
ὁ θ̅ς̅ ὁ δικαιῶν 1506

8.34 txt μᾶλλον δὲ ἐγερθείς
μᾶλλον δὲ καὶ ἐγερθεις ἐκ νεκρῶν Ψ 88 104 330
μᾶλλον δὲ ἐγερθείς ἐκ νεκρῶν ℵ* A C 1506 [**w**]
μᾶλλον δὲ καὶ ἐγερθείς 𝔓46 D F G K L 049 056 1 6 69 131 205 209 226 365 424 440 460 517 547 614 618 796 910 945 999 1175 1241 1242 1245 1270 1315 1319 1352 1424 1505 1573 1611 1646 1734 1735 1738 1739 1827 1836 1854 1874 1881 1891 1982 2125 2147 2400 2412 2464 2495 2815 **τ** Er[1]

8.34 txt ὅς καί ἐστιν ἐν δεξιᾷ τοῦ θεοῦ
ὅς ἐστιν ἐν δεξιᾷ τοῦ θεοῦ ℵ* A C 131 323 424 460 547 618 796 945 1242 1315 1506 1734 [↑1738 1836 2125 **wτ** Er[1]
ὅς καί ἐστιν ἐν δεξιᾷ θ̅υ̅ B 440
* ὅς καί ἐστιν **ἐκ** **δεξιὸν** τοῦ θ̅υ̅ 1243
omit 1739 1881

8.34 txt ὃς καὶ ἐντυγχάνει ὑπὲρ ἡμῶν
ὃς ἐντυγχάνει ὑπὲρ ἡμῶν 796
καὶ ἐντυγχάνει ὑπὲρ ἡμῶν 1735
ὃς καὶ **ἐντυγχάνῃ** ὑπὲρ ἡμῶν C* 33 1243
ὃς καὶ ἐντυγχάνει **ὑπερεὶ** ἡμῶν F
* ὃς καὶ ἐντυγχάνει **περεὶ** ἡμῶν G

8.35 txt τίς ἡμᾶς χωρίσει
τις οὖν ἡμᾶς **χωρήσει** F G
τίς ἡμ······ ·········**ρίσῃ** A
τίς ἡμᾶς **χωρήσει** 33 326 330 1243 1505 1506 1646 1735 1836* 1837 2125 2147 2464

8.35 txt ἢ λιμὸς ἢ γυμνότης ἢ κίνδυνος
omit 1

8.35 txt λιμὸς : **λοιμὸς** 6

8.35 txt διωγμὸς ἢ λιμὸς : 3 2 1 489 927 1827

8.35 txt διωγμὸς ἢ λιμὸς ἢ γυμνότης ἢ κίνδυνος ἢ μάχαιρα;
μάχαιρα ἢ διωγμὸς ἢ λιμὸς ἢ γυμνότης ἢ κύνδυνος; 1319

8.36 txt καθὼς : **καθάπερ** Cl IV 47.5

8.36 txt ἕνεκεν : **ἕνεκα** C K 056 104 205 209 226 323 330 365 424 440 489c 547 614 796 927 945 999 1242 1243 1245 1270 1315 1319 1352 1448 1506 1573 1611 1735 1738 1827 1881 1891* 1982 2125 2147 2400 2412 2464 2815 **τ** Er[1]

8.36 txt θανατούμεθα ὅλην τὴν ἡμέραν
θανατούμεθα 049

8.37 txt ἀλλ᾽ ἐν τούτοις πᾶσιν ὑπερνικῶμεν
ἀλλ᾽ ἐν τούτοις πᾶσιν **ὑπερνικόμεν** 2464
ἀλλ᾽ τούτοις πᾶσιν ὑπερνικῶμεν 131 460

8.37 txt διὰ τοῦ ἀγαπήσαντος ἡμᾶς
* διὰ **τὸν ἀγαπήσαντα** ἡμᾶς __ D F G
διὰ τοῦ ἀγαπήσαντος ἡμᾶς **χ̅υ̅**. 326* 1837 2464
διὰ τοῦ **ἠγαπήσαντος** ἡμᾶς χ̅υ̅. 326c
διὰ τοῦ ἀγαπήσαντος 2495

8.38 txt πέπεισμαι : **πέποιθα** 056

8.38 txt οὔτε θάνατος οὔτε ζωὴ οὔτε ἄγγελοι
omit 618

8.38 txt θάνατος οὔτε ζωή
ζωὴ οὔτε **θάνατος** 547

8.38 txt ἀρχαὶ
ἀρχαὶ οὐ 𝔓^{46}
ἀρχαὶ οὔτε ἐξουσίαι C 1 104 330 460 618 1270 1315 1735 1738 1836
ἀρχαὶ οὔτε **δυνάμεις** [οὔτε **ἐξουσίαι**] 1245
ἀρχια F

8.38 txt οὔτε ἐνεστῶτα οὔτε μέλλοντα οὔτε δυνάμεις
οὔτε τὰ ἐνεστῶτα Cl IV 96.1
οὔτε **ἐξουσίαι** οὔτε **ἐνεστῶτα** οὔτε **μέλλοντα** 1245
οὔτε **δυνάμεις** οὔτε **ἐνεστῶτα** οὔτε **μέλλοντα** οὔτε ζωὴ οὔτε 1836*
οὔτε **δυνάμεις** οὔτε **ἐνεστῶτα** Ψ 614
οὔτε **δυνάμεις** οὔτε **ἐνεστῶτα** οὔτε **μέλλοντα** K L 049 056 1 6 33 88 131 205 209 226 323 326 330 424 440 460 489 517 547 618 796 910 927 945 999 1175 1241 1242 1270 1315 1352 1424 1448 1611 1646 1734 1735 1738 1827 1836^{c} 1837 1854 1874 1891 1982 2125 2147 2344 2400 2412 2464 2815 **τ** Er^{1}

8.39 txt οὔτε ὕψωμα οὔτε βάθος
οὔτε βάθος Ψ

8.39 txt δυνήσεται ἡμᾶς χωρίσαι ἀπὸ τῆς ἀγάπης τοῦ θεου
* δυνήσεται ἡμᾶς **λωρείσαι** ἀπὸ τῆς ἀγάπης τοῦ θεου F G
δυνήσεται ἡμᾶς **χωρήσαι** ἀπὸ τῆς ἀγάπης τοῦ θεου 049 056 326 1506 1611 1837 2464
δυνήσεται ἡμᾶς **χωρήσαι** ἀπὸ τῆς ἀγάπης τοῦ 1646
δυνήσηται ἡμᾶς **χωρήσαι** ἀπὸ τῆς ἀγάπης τοῦ θεου 330 1836
δυνήσεται ἡμᾶς **χωρήση** ἀπὸ τῆς ἀγάπης τοῦ θεου 1243
δυνήσηται ἡμᾶς χωρίσαι ἀπὸ τῆς ἀγάπης τοῦ θεου 1319
δύναται ἡμᾶς **χωρήσαι** ἀπὸ τῆς ἀγάπης τοῦ θεου 33
δύναται ἡμᾶς χωρίσαι ἀπὸ τῆς ἀγάπης τοῦ θεου Ψ

8.39 txt τῆς ἐν Χριστῷ Ἰησοῦ τῷ κυρίῳ ἡμῶν
* τῆς ἐν Χριστῷ Ἰησοῦ **τοῦ** **κυ** ἡμῶν A C F G

9.1 txt συμμαρτυρούσης : **συνμαρτυρούσης** B* 𝔓^{46} ℵ A C D F G 326 2464 **w**

9.1 txt τῆς συνειδήσεώς μου ἐν πνεύματι ἁγίῳ
τῆς συνειδήσεώς μου ἐν πνεύματι ἁγίῳ 𝔓^{46} 1506
* τῆς συνειδήσεώς μου **σὺν** πνι **ἀγείω** F G

9.2 txt λύπη μοί ἐστιν μεγάλη
···ύπη ἐστιν μεγάλη 𝔓^{46}
μοι **λύπή** ἐστιν μεγάλη 440

9.2 txt καὶ ἀδιάλειπτος ὀδύνη τῇ καρδίᾳ μου
καὶ ἀδιάλειπτος ὀδύνη **τῆς** **καρδίας** μου K 33 614 999 1175 1836 1874 2147 2344 2412
ἀδιάλειπτος ὀδύνη τῇ καρδίᾳ μου 460 618
καὶ ἀδιάλειπτος ὀδύνη ἐν τῇ καρδίᾳ μου 796

9.3 txt ηὐχόμην γὰρ ἀνάθεμα εἶναι αὐτὸς ἐγὼ
εὐχόμην γὰρ ἀνάθεμα εἶναι αὐτὸς ἐγὼ D^{*,2}
ηὐχόμην γὰρ **εἶναι** **ἀνάθεμα** αὐτὸς ἐγὼ ℵ
εὐχόμην γὰρ **ἐγὼ** **αὐτὸς** **ἀνάθεμα** **εἶναι** 2400
ηὐχόμην **αὐτὸς** **ἐγὼ** **ἀνάθεμα** **εἶναι** 1827 [↓1739 1837 1881 1982 2125 2147 2815 **τ** Er^{1}
ηὐχόμην γὰρ **αὐτὸς** **ἐγὼ** **ἀνάθεμα** **εἶναι** C 056 69 104 326 365^{c} 440 547 1243 1270 1315 1506
εὐχόμην γὰρ **αὐτὸς** **ἀνάθεμα** **εἶναι** 205
εὐχόμην γὰρ **αὐτὸς** **ἐγὼ** **ἀνάθεμα** **εἶναι** K L 049 1 6 33 131 209 226 323 330 365* 424 460 489 517 614 618 796 910 927 945 999 1175 1241 1242 1245 1319 1352 1424 1448 1573 1611 1646 1734 1738 1836 1854 1874 1891 2344 2412 2464

9.3 txt ἀπὸ τοῦ Χριστοῦ : **omit** 1836
ὑπὸ τοῦ **χυ** D^{*,2} G 1505
ὑπὲρ τοῦ χυ Ψ

9.3 txt ὑπὲρ τῶν ἀδελφῶν μου τῶν συγγενῶν μου κατὰ σάρκα
ὑπὲρ τῶν συγγενῶν μου κατὰ σάρκα B*
ὑπὲρ ······· ἀδελφῶν τῶν **συνγενῶν** μου κατὰ σάρκα 𝔓^{46}
ὑπὲρ τῶν ἀδελφῶν μου τῶν **συνγενῶν** τῶν κατὰ σάρκα F G
ὑπὲρ τῶν ἀδελφῶν μου τῶν συγγενῶν μου τῶν κατὰ σάρκα D^{2} 1315 2147 2815
ὑπὲρ τῶν ἀδελφῶν μου τῶν συγγενῶν τῶν κατὰ σάρκα D*
ὑπὲρ τῶν ἀδελφῶν μου τῶν **συγκενῶν** μου κατὰ σάρκα 1827
ὑπὲρ πάντων τῶν ἀδελφῶν μου τῶν συγγενῶν μου κατὰ σάρκα 330
ὑπὲρ τῶν ἀδελφῶν μου τῶν **συνγενῶν** μου κατὰ σάρκα 049 2464

9.4 txt οἵτινές εἰσιν Ἰσραηλῖται
οἵτινές εἰσιν **Ἰσραηλεῖται** B $\mathfrak{P}^{46}$ ℵ A F G W
οἵτινές εἰσιν **Ἰστραηλεῖται** D
οἵτινές εἰσιν **Ἰηλῖται** 205 547 796 945 1827
οἵτινές εἰσιν **Ἰσραιλῖται** 33
οἵτινές Ἰσραηλῖται 460 618

9.4 txt ἡ υἱοθεσία καὶ ἡ δόξα καὶ **αἱ διαθῆκαι** καὶ ἡ νομοθεσία καὶ ἡ λατρεία καὶ αἱ ἐπαγγελίαι ὧν
omit A

9.4 txt ἡ υἱοθεσία : υἱοθεσία F G 2344 2400

9.4 txt καὶ αἱ διαθῆκαι καὶ ἡ νομοθεσία : **omit** L

9.4 txt ἡ λατρεία : λατρεία $\mathfrak{P}^{46}$

9.4 txt αἱ ἐπαγγελίαι
ἐπαγγελί··· $\mathfrak{P}^{46}$
ἡ ἐπαγγελία D* G
ἐπαγγελία F
ἐπαγγελίαι 1175 1315 1506 1646 1874* 1982

9.5 txt ὧν οἱ πατέρες : 2 3 A

9.5 txt καὶ ἐξ ὧν ὁ Χριστὸς τὸ κατὰ σάρκα
καὶ ἐξ ὧν ὁ χρς **ὁ** κατὰ σάρ······ $\mathfrak{P}^{46}$
καὶ ἐξ ὧν ὁ χρς κατὰ σάρκα F G
καὶ ἐξ ὧν **τὸ κατὰ σάρκα** χς 999
καὶ ἐξ ὧν ὁ χς **τὰ** κατὰ σάρκα C*
καὶ ἐξ ὧν χς τὸ κατὰ σάρκα 330 2147
καὶ ἐξ ὧν ὁ χς τὸ σάρκα 2344

9.5 txt ὁ ὢν ἐπὶ πάντων θεὸς εὐλογητὸς εἰς τοὺς αἰῶνας, ἀμήν
ὁ ὢν ἐπὶ **πάντας** θεὸς εὐλογητὸς εἰς τοὺς αἰῶνας, ἀμήν 131
ὁ ὢν **εὐλογητὸς ἐπὶ πάντων θς** εἰς τοὺς αἰῶνας, ἀμήν 326 1837
ὁ ὢν ἐπὶ πάντων θεὸς εὐλογητὸς εἰς τοὺς αἰῶνας 1319

9.6 txt ὅτι ἐκπέπτωκεν ὁ λόγος τοῦ θεοῦ
ὅτι οἷον ἐκπέπτωκεν ὁ λόγος τοῦ θυ 365
τι ἐκπέπτωκεν ὁ λόγος τοῦ θυ 618
ἐκπέπτωκεν ·· ············ τοῦ θυ $\mathfrak{P}^{46}$

9.6 txt οὐ γὰρ πάντες οἱ ἐξ Ἰσραήλ οὗτοι Ἰσραήλ
οὐ γὰρ πάντες οἱ ἐξ Ἰσραήλ οὗτοι 1175*
οὐ γὰρ πάντες οἱ ἐξ Ἰσραήλ 1243
οὐ γὰρ πάντες οἱ ἐξ ιηλ οὗτοι εἰσὶν' **Ἰσραηλῖτες** 330
** οὐ γὰρ πάντες οἱ ἐξ ιηλ οὗτοι **υἱοὶ** ιηλ 1735
οὐ γὰρ πάντες ἐξ ιηλ οὗτοι ιηλ 1245 1738
οὐ γὰρ πάντες οἱ ἐξ ιηλ οὗτοι **'Ισραηλεῖται** D* F G
οὐ γὰρ πάντες οἱ ἐξ ιηλ οὗτοι **'Ισραηλῖται** D^2 88 614 999 1881^c 2147 2412

9.7 txt οὐδ' ὅτι εἰσὶν σπέρμα 'Αβραάμ πάντες τέκνα
οὐθ' ὅτι εἰσὶν σπέρμα 'Αβ··········· ·········τες τέκνα $\mathfrak{P}^{46}$
οὐδὲ ὅτι εἰσὶν σπέρμα 'Αβραάμ πάντες τέκνα 1611 1646
οὐδ' ὅτι **εἰσὶ τέκνα** 'Αβραάμ πάντες καὶ **σπέρμα** 1241

9.7 txt Ἰσαάκ : **Ἰσὰκ** $\mathfrak{P}^{46}$ ℵ* D G

9.8 txt τοῦτ' ἔστιν : **τοῦ** ἔστιν F G

9.8 txt οὐ τὰ τέκνα τῆς σαρκὸς ταῦτα τέκνα τοῦ θεοῦ
οὐ τέκνα τῆς σαρκὸς ταῦτα τέκνα τοῦ θεοῦ 2495
οὐ τὰ τέκνα τῆς σαρκὸς ταῦτα τὰ τέκνα τοῦ θεοῦ 365
οὐ τὰ τέκνα τῆς σαρκὸς ταῦτα τέκνα θυ F G 056 69 945 1245 1352 1881 1982

9.8 txt τὰ τέκνα τῆς ἐπαγγελίας λογίζεται εἰς σπέρμα
τέκνα τῆς ἐπαγγελίας λογίζεται εἰς σπέρμα 489
τὰ τέκνα τῆς ἐπαγγελίας λογίζεται **εἰ** σπέρμα K 049 999 1646 1735* 2464
τὰ τέκνα τῆς ἐπαγγελίας λογίζεται σπέρμα 1243
τὰ τέκνα τῆς ἐπαγγελίας **λογίζετε** εἰς σπέρμα A D

9.9 txt ἐπαγγελίας γὰρ ὁ λόγος οὗτος
ἐπαγγελίας γὰρ ὁ λόγος **οὕτως** 049 1175 1646 1874
ἐπαγγελίας γὰρ λόγος οὗτος D

9.9 txt κατὰ τὸν καιρὸν τοῦτον ἐλεύσομαι
κατὰ τὸν καιρὸν τοῦτον **ἐλεύσωμαι** 618 1646 1874 2464
κατὰ τὸν καιρὸν τοῦτον ἐλεύσομαι πρός σε 104 460 1506 1836

9.9 txt καὶ ἔσται τῇ Σάρρᾳ υἱός
καὶ ἔσται τῇ **Σάρᾳ** υἱός 2464
καὶ ἔσται τῇ **Σάρρας** υἱός 1506
καὶ **ἔστε** τῇ Σάρρᾳ υἱός ℵ D 1175

9.10 txt ἀλλὰ καὶ Ῥεβέκκα ἐξ ἑνὸς κοίτην ἔχουσα
ἀλλὰ καὶ **Ῥεβέκα** ἐξ ἑνὸς κοίτην ἔχουσα 131* 796 999* 1424 1506 1646 1881
ἀλλὰ καὶ **Ῥεβέκα** ἐξ ἑνὸς **κύτης** ἔχουσα 2464
ἀλλὰ καὶ **Ῥεβέκκαν** ἐξ ἑνὸς κοίτην ἔχουσα 69
ἀλὰ καὶ Ῥεβέκκα ἐξ ἑνὸς κοίτην ἔχουσα 1874
ἀλλὰ καὶ Ῥεβέκκα **ἡ** ἐξ ἑνὸς κοίτην ἔχουσα 6 424
ἀλλὰ καὶ ἡ Ῥεβέκκα ἐξ **ἑνὸν** κοίτην ἔχουσα 910

9.10 txt Ἰσαὰκ τοῦ πατρὸς ἡμῶν
Ἰσὰκ τοῦ πατρὸς ἡμῶν 𝔓^{46} D$^{1.2}$
Ἐισὰκ τοῦ πατρὸς ἡμῶν D*
τοῦ πρ̄ς ἡμῶν Ἰσαάκ 1827

9.11 txt μήπω γὰρ γεννηθέντων
μήτε γὰρ γεννηθέντων 365
μὴ πώς γὰρ γεννηθέντων 1175 1319*
μήπω γὰρ γεννηθέντων αὐτῶν 104 1243
* μήπω γὰρ **γενηθέντων** D* 618 2464
μήπω γεννηθέντων 326 1827 1837

9.11 txt μηδὲ πραξάντων τι ἀγαθὸν ἢ φαῦλον
ἢ πραξάντων τι ἀγαθὸν ἢ **κακόν** F G
μήτε πραξάντων τι ἀγαθὸν ἢ **κακόν** 1874
μηδὲ πραξάντων **ἀγαθὸν τι** ἢ **κακόν** 1827
μηδὲ πραξάντων τι ἀγαθὸν 1505 1891 2495
μηδὲ πραξάντων τι ἀγαθον ἤ τί **κακόν** 614 999 2147 2412
μηδὲ πραξάντων τι ἀγαθὸν ἢ **κακόν** 𝔓^{46} D K L Ψ 049 056 1 88 104 131 205 209 226 323 326 330 424* 440 460 489 517 547 618 796 910 927 945 1175 1241 1242 1245 1270 1315 1352 1424 1448 1611 1646 1734 1735 1738 1836 1837 1854 1982 2125 2344 2400 2464 2815 **τ** Er^{1}

9.11 txt ἵνα ἡ κατ᾽ ἐκλογὴν πρόθεσις τοῦ θεοῦ μένῃ
ἵνα **μὴ** κατ᾽ **ἐλλογὴν** πρόθεσις τοῦ θεοῦ μένῃ 2400
ἵνα ἡ κατ᾽ **ἐκλογὴ** πρόθεσις τοῦ θεοῦ μένῃ D*
ἵνα ἡ κατ᾽ ἐκλογὴν **τοῦ θ̅υ̅** **πρόθεσις** μένῃ 1891* 2815 **τ** Er^{1}
** ἵνα ἡ κατ᾽ ἐκλογὴν **πρόφασις** τοῦ θ̅υ̅ **μένει** 6 [pretense]
** ἵνα ἡ κατ᾽ ἐκλογὴν **προαίρεσις** τοῦ θ̅υ̅ **μένει** 1241 [purpose]
ἵνα ἡ κατ᾽ **ἐγλογὴ** πρόθεσις τοῦ θ̅υ̅ **μείνῃ** 𝔓^{46}
ἵνα ἡ κατ᾽ ἐκλογὴν πρόθεσις **μένει** **τοῦ θ̅υ̅** 2147
ἵνα ἡ κατ᾽ **ἐγλωγὴν** πρόθεσις τοῦ θ̅υ̅ **μένει** 2464 [↓1837* 2125
ἵνα ἡ κατ᾽ ἐκλογὴν πρόθεσις τοῦ θεοῦ **μείνῃ** F G P 1 33 489 1243 1646 1735 1836

9.12 txt ἐρρέθη αὐτῇ ὅτι
ἐρρέθη ὅτι 𝔓^{46} D*
ἐρρέθη γὰρ αὐτῇ ὅτι P Ψ 1243
ἐρρέθη γὰρ **αὔτη** ὅτι 2400
* ἐρρέθη **αὐτῷ** ὅτι 88 945
* ἐρρέθη **αὐτοῖς** ὅτι 1245
ἐρρήθη αὐτῇ 618 1738
ἐρρήθη αὐτῇ ὅτι B^{c} D^{2} L 049 056 [6] 69 131 [330] 424 460 547 [614] 999 1175 1241 1242 1352 1448 1611 1734 1739 1854 1881 1891 1982 2125 2147 2412 [2464] 2815 **τ** Er^{1}

9.12 txt ὁ μείζων δουλεύσει τῷ ἐλάσσονι
ὁ μείζων **δουλεύσῃ** τῷ ἐλάσσονι L 88 104 1175 2147
ὁ μείζων δουλεύσει τῷ **ἐλάττονι** 6 205 209 323 796 945 1242 1827

9.13 txt Ἰακὼβ : **Ἰασὸβ** F

9.13 txt τὸν δὲ Ἠσαῦ ἐμίσησα
τὸν δὲ **Ἐσαῦ** ἐμείσησα. F
τὸν δὲ **Ἰσαῦ** **ἐμίσησα.** 69 131 460 1270 1315 1874 2147

9.14 txt μὴ ἀδικία παρὰ τῷ θεῷ;
οὐ ἀδικία παρὰ τῷ θεῷ; Cl I 89.3
μὴ ἀδικία παρὰ θ̅ω̅; D* F G 056 2495

9.15 txt τῷ Μωϋσεῖ γὰρ λέγει
τῷ Μωσῆ γὰρ λέγει B* D
τῷ **Μωσεῖ** γὰρ λέγει B^c 1739
τῷ **Μωϋσῆ** γὰρ λέγει P 15061881
τῷ **γὰρ** **Μωσῆ** λέγει A Ψ 1735 τ Er[1]
τῷ **γὰρ** **Μωσεῖ** λέγει 6 1242
τῷ **γὰρ** **Μωϋσεῖ** λέγει 049 88 104 205 460 517 618 1241 1270 1319 1573 1611 1734 1854 1874
τῷ **γὰρ** **Μωϋσῆ** λέγει· K L 056 1 69 131 209 226 323 326 330 365 424 440 489 547 614 796 910 927 945 999 1175 1243 1245 1315 1352 1424 1448 1505 1646 1738 1827 1836 1837 1891 1982 2125 2147 2400 2412 2464 2495 2815

9.15 txt ἐλεήσω ὃν ἂν ἐλεῶ
ἐλεήσω ὃν ἐλεῶ 1

9.15 txt οἰκτειρήσω ὃν ἂν οἰκτείρω
οἰκτειρήσω ὃν οἰκτείρω 330
οἰκτειρήσω ὃν ἂν **οἰκτειρήσω** 69

9.16 txt ἄρα οὖν
αρα οὖν B* 𝔓46 ℵ A D* F G L* P Er[1]
ἆρα οὖν D2 L^c 1 88 104 326 365 489 1245 1319 1506 187 1874

9.16 txt θέλοντος οὐδὲ τοῦ τρέχοντος
τρέχοντος οὐδὲ τοῦ **θέλοντος** 𝔓46 460 618 1506 1738
θέλοντος **οὐ** τοῦ τρέχοντος 614 2400

9.16 txt ἀλλὰ τοῦ ἐλεῶντος θεοῦ
ἀλλὰ τοῦ **εὐδοκοῦντος** θεοῦ L* [choice]
ἀλλὰ τοῦ **ἐλεούνωντο** θεοῦ 489
ἀλλὰ τοῦ **ἐλεοῦντος** θεοῦ K Ψ 049 056 1 6 33 69 88 131 205 209 226 323 330 365 424 440 460 517 547 614 618 796 910 927 945 999 1175 1241 1242 1243 1245 1270 1315 1319 1352 1424 1448 1505 1506 1573 1611 1646 1734 1738 1739 1827 1836 1854 1874 1881 1891 1982 2125 2147 2400 2412 2464 2495 2815 τ Er[1]

9.17 txt λέγει γὰρ ἡ γραφὴ τῷ Φαραὼ ὅτι
λέγει γὰρ ἡ γραφὴ Φαραὼ ὅτι 517*
λέγει γὰρ ἡ γραφὴ τῷ **Φραὼ** ὅτι F
λέγει γὰρ ἡ γραφὴ τῷ Φαραὼ 1827

9.17 txt εἰς αὐτὸ τοῦτο ἐξήγειρά σε
εἰς τοῦτο ἐξήγειρά σε 1734
εἰς **αὐτῶ** τοῦτο ἐξήγειρά σε 049^c 460 618
εἰς **αὐτῶ** τοῦτο **ἐξήγηρά** **σαι**· 2464

9.17 txt ὅπως ἐνδείξωμαι ἐν σοὶ τὴν δύναμίν μου
ὅπως **ἐνδείξο**······· ἐν σοὶ τὴν δύναμίν μου 𝔓46*
ὅπως **ἐνδείξομαι** ἐν σοὶ τὴν δύναμίν μου F L P Ψ 6 33 [88] 104 326 1175 1241 1270 1735 [↑1836 1837 1881* 2147 2464
ὅπως ἂν **ἐνδείξομαι** ἐν σοὶ τὴν δύναμίν μου 1424

9.17 txt ὅπως διαγγελῇ τὸ ὄνομά μου ἐν πάσῃ τῇ γῇ
ὅπως **διαγγελεῖ** τὸ ὄνομά μου ἐν πάσῃ τῇ γῇ L P 440 999 1241 1315 1319 1646 2125 [2147] [↑[2464]
ὅπως **διαγγελλῇ** τὸ ὄνομά μου ἐν πάσῃ τῇ γῇ 1245
ὅπως ἂν διαγγελῇ τὸ ὄνομά μου ἐν πάσῃ τῇ γῇ F G
ὅπως ἂν **διαγγελεῖ** τὸ ὄνομά μου ἐν πάσῃ τῇ γῇ 1424
ὅπως **διαγγελθῇ** τὸ ὄνομά μου ἐν πάσῃ τῇ γῇ 1735
ὅπως **διαγγειλῇ** τὸ ὄνομά μου ἐν πάσῃ τῇ γῇ 33 69 [326]
ὅπως διαγγελῇ τὸ ὄνομά μου ἐν τῇ γῇ 049

9.18 txt ἄρα οὖν ὃν θέλει ἐλεεῖ
ἀρα οὖν ὃν θέλει ἐλεεῖ B ℵ A P Er[1]
ἀρα .... ν θέλει **ἐλέα** 𝔓[46]
ἀρα οὖν θέλει ἐλεεῖ L*
ἀρα οὖν ὃν θέλει **ἐλαία** F G
ἀρα οὖν ὃν θέλει ὁ θ̅ς̅ **ἐλέα** D*
ἀρα οὖν ὃν θέλει ὁ θ̅ς̅ ἐλεεῖ D[2]
ἄρα οὖν θέλει ἐλεεῖ L[c]
ἄρα οὖν ὃν θέλει ἐλεει 1 6 88 104 326 460 910 1315 1319 1836 1837 1874 1881
ἄρα οὖν ὃν **θέλη** ἐλεεῖ 1424 1506 2400
ἄρα οὖν ὃν θέλει ὁ θ̅ς̅ ἐλεει 517[c] 999
ἄρα οὖν ὃν **θέλη** ἐλεεῖ 330 618
ἄρα οὖν ὃν **ἂν** **θέλη** ἐλεεῖ 33 1242̂
ἄρα οὖν ὃν **ἂν** **θέλη** **ἐλεη** 1734
ἄρα οὖν ὃν **ἂν** θέλει ἐλεεῖ 131 2125

9.18 txt ὃν δὲ θέλει σκληρύνει
ὃν δὲ **θέλη** σκληρύνει K 1 33 330 489 618 910 927 1242 1352 1506 2400
ὃν θέλει σκληρύνει 326 1245
ὃν δὲ θέλει **σκληρύνη** 614
ὃν δὲ **θέλη** **σκληρύνη** 1243
ὃν δὲ θέλει **σκληροίνει** 2464
ὃν δὲ οὐ θέλει σκληρύνει 2495

9.19 txt ἐρεῖς μοι οὖν
ἐρεῖς **οὖν μοι** D F G K L Ψ 049 056 1 6 33 104 131 205 209 226 323 326 330 424 440 460 489 517 547 614 618 796 910 927 1175 1241 1242 1245 1270 1315 1352 1424 1448 1611 1646 1734 1735 1738 1827 1836 1837 1854 1874 1881 1891 1982 2125 2147 2400 2412 2464 2815 **τ** Er[1]

9.19 txt Τί οὖν ἔτι μέμφεται;
Τί ἔτι **μέμφειται**; 1506
Τί οὖν ἔτι **μέμφετε**; D
Τί οὖν **ἔτει** **μένφεται**; F
Τί **ὅτι** μέμφεται; 049 1881
Τί μέμφεται; 1175

9.19 txt τῷ γὰρ βουλήματι αὐτοῦ τίς ἀνθέστηκεν;
τῷ γὰρ **θελήματι** αὐτοῦ τίς ἀνθέστηκεν; 1 547 1245

9.20 txt σὺ τίς εἶ ὁ ἀνταποκρινόμενος τῷ θεῷ;
σὺ τίς ὁ ἀνταποκρινόμενος τῷ θεῷ; 1

9.20 txt μὴ ἐρεῖ τὸ πλάσμα τῷ πλάσαντι
μὴ ἐρεῖ τὸ πλάσμα τῷ **πλάσματι** 1352
μὴ ἐρεῖ τὸ πλάσμα τῷ **ποιήσαντι** 1734
μὴ ἐρεῖ τὸ πλάσμα τῷ πλάσαντι λέγων 1874[c]

9.20 txt Τί με ἐποίησας οὕτως;
Τί με ἐποίησας; 618

9.21 txt οὐκ ἔχει ἐξουσίαν ὁ κεραμεὺς τοῦ πηλοῦ
οὐκ **ἔχη** ἐξουσίαν ὁ κεραμεὺς τοῦ πηλοῦ P
οὐκ ἔχει ἐξουσίαν ὁ κεραμεὺς τοῦ πηλοῦ 1424*
οὐκ ἔχει ἐξουσίαν ὁ κεραμεὺς 1424[c]
οὐκ ἔχει **ὁ κεραμεὺς τοῦ πηλοῦ ἐξουσίαν** 460 618 1738
οὐκ ἔχει ἐξουσίαν ὁ κεραμεὺς τοῦ **πιλοῦ** 326 1837 2147
οὐκ ἔχει ἐξουσίαν ὁ κεραμεὺς τοῦ **πυλοῦ** 330

9.21 txt ἐκ τοῦ αὐτοῦ φυράματος
ἐκ τοῦ φυράματος 2147

9.21 txt ποιῆσαι ὃ μὲν εἰς τιμὴν σκεῦος
ποιῆσαι ὃ μὲν εἰς τιμὴν **σκέμους** 618

9.21 txt ὃ δὲ εἰς ἀτιμίαν
ὃ δὲ ἀτιμίαν 1243*

9.22 txt εἰ δὲ θέλων ὁ θεὸς ἐνδείξασθαι τὴν ὀργὴν
θέλων ὁ θ͞ς ἐνδείξασθαι τὴν ὀργὴν 6
εἰ θέλων ὁ θ͞ς ἐνδείξασθαι τὴν ὀργὴν 440
εἰ δὲ θέλων ὁ θς **ἐνδείξασθε** τὴν ὀργὴν ℵ A 1243

9.22 txt γνωρίσαι τὸ δυνατὸν αὐτοῦ
γνωρίσαι τὸ δυνατὸν 205

9.22 txt ἤνεγκεν ἐν πολλῇ μακροθυμίᾳ σκεύη ὀργῆς
ἤνεγκεν ἐν πολλῇ αὐτοῦ μακροθυμίᾳ σκεύη ὀργῆς 460
ἤνεγκεν ἐν πολλῇ μακροθυμία **σκεῦος** ὀργῆς 6

9.22 txt κατηρτισμένα εἰς ἀπώλειαν
καταρτισμένα εἰς ἀπώλειαν 1315
κατηραμένα εἰς ἀπώλειαν 460 618 1738

9.23 txt γνωρίσῃ τὸν πλοῦτον τῆς δόξης αὐτοῦ
γνωρήσει τὸν πλοῦτον τῆς δόξης αὐτοῦ 1243 1506 1646 1735 2464
γνωρίσει τὸν πλοῦτον τῆς δόξης αὐτοῦ 33 614 927 999 1315 1505 1836 1874 2412
* **γνωρήσῃ** τὸν πλοῦτον τῆς **χρηστότητος** αὐτοῦ P

9.23 txt ἐπὶ σκεύη ἐλέους
ἐπὶ σκεύη **ἐλαίους** F L
ἐπὶ σκεύη **ἐλαίους** οὓς G
ἐπὶ **σκεύει** ἐλέους 2147 2464

9.23 txt ἃ προητοίμασεν εἰς δόξαν
ἃ προητοίμασεν εἰς δόξαν ἡμῶν 1735
ἃ προητοίμασεν εἰς δόξαν αὐτου 056 1 1245 1734 1827

9.24 txt ἀλλὰ καὶ ἐξ ἐθνῶν
ἀλλὰ ἐξ ἐθνῶν 104
ἀλλὰ καὶ ἐθνῶν 1175

9.25 txt ὡς καὶ ἐν τῷ Ὡσηὲ λέγει
ὡς καὶ ἐν τῷ Ὡσηὲ λέγει B
ὡς .... τῷ **Ὡση** **ἐλέγει** 𝔓46*
ὡς .... τῶ **Ὡση** **ἐλέγεν** 𝔓46c
ὡς καὶ ἐν τῷ **Ὡση** λέγει F G
ὡς καὶ ἐν τῷ **Ὡσε** λέγει P
ὡς καὶ ἐν **Ὡσιὲ** λέγει Ψ
ὡς καὶ ἐν τῷ **Ὡσιὲ** λέγει 330 1424 1738 1874 2147 2344 2464
ὡς καὶ ἐν τῷ **Ὀσηὲ** λέγει K 1315 1506
ὡς καὶ ἐν τῷ **Ὀσιὲ** λέγει 460 618
ὃς καὶ ἐν τῷ Ὡσηὲ λέγει, 326
ὃς καὶ ἐν τῷ **Ὀσιὲ** λέγει, 1837

9.25 txt καλέσω τὸν οὐ λαόν μου λαόν μου
* καλέσω τὸν λαόν μου λαόν μου 1315*

9.25 txt καὶ τὴν οὐκ ἠγαπημένην ἠγαπημένην
καὶ τὴν **ἠγαπημένην** **οὐκ** ἠγαπημένην 049 33

9.26 txt οὗ ἐρρέθη αὐτοῖς
οὗ **ἂν** **ῥηθῇ** αὐτοῖς Ψ
οὗ **ἐρρήθη** **αὐτῆς** 1646

9.26 txt Οὐ λαός μου ὑμεῖς
Ὁ λαός μου ὑμεῖς 104

9.26 txt ἐκεῖ κληθήσονται υἱοὶ θεοῦ ζῶντος
ἐκεῖ κληθήσονται οὗτοι υἱοὶ θ͞υ ζῶντος. P
ἐκεῖ κληθήσονται αὐτοὶ υἱοὶ θ͞υ ζῶντος. 1243 1735
αὐτοὶ κληθήσονται υἱοὶ θ͞υ ζῶντος. Ψ 1505 2495

9.27 txt Ἠσαΐας δὲ κράζει ὑπὲρ τοῦ Ἰσραήλ
Ἠσαΐας δὲ **κράζῃ** ὑπὲρ τοῦ ιηλ 910
Ἠσαΐας δὲ **κράζῃ** **περὶ** τοῦ ιηλ 1506
Ἠσαΐας δὲ κράζει **περὶ** τοῦ ιηλ 2400
Ἠσαΐας κράζει ὑπὲρ τοῦ ιηλ 1646 1827
Ἰσαΐας δὲ κράζει ὑπὲρ τοῦ ιηλ 1874

9.27 txt Ἐὰν ᾖ ὁ ἀριθμὸς τῶν υἱῶν Ἰσραὴλ
Ἐὰν ᾖ ὁ ἀριθμὸς **τοῦ** ιηλ 056
Ἐὰν ᾖ ὁ ἀριθμὸς 614
Ἐὰν ᾖ ὁ ἀριθμὸς **τὸν** **υν** ιηλ 618
Ἐὰν **εἰ** ὁ ἀριθμὸς τῶν υἱῶν ιηλ 2147 2464
Ἐὰν **ἦν** ὁ ἀριθμὸς τῶν υἱῶν ιηλ 1241

9.27 txt ὡς ἡ ἄμμος τῆς θαλάσσης
ὡσεὶ ἄμμος τῆς θαλάσσης 056 88 104 323 330 424 1243 1245 1270 1611 2125 2400
τῆς θαλάσσης 614

9.27 txt τὸ ὑπόλειμμα σωθήσεται
τὸ **εγκατάλημμα** σωθήσεται 1506 [remnant]

9.28 txt συντέμνων ποιήσει κύριος
συντέμνων ποιήσει ὁ κς B
συντέμνων ποιήσει κς 𝔓^{46} ℵ* A 6 424^{c} 1739
συντέμνων **ποιήσῃ** κς 1506 [↑1881
συντέμνων ἐν δικαιοσύνῃ ὅτι λόγον **ποιήσει** **κς** **συντετμημένον** 945
συντέμνων ἐν δικαιοσύνῃ ὅτι λόγον συντετμημένον ποιήσει κς ὁ θς 1270
συντέμνων ἐν δικαιοσύνῃ ὅτι λόγον συντετμημένον ποιήσει κύριος 1424 τ Er^{1}
συντέμνων ἐν δικαιοσύνῃ ὅτι λόγον συντετμημένον ποιήσει κς ℵ^{c} D K L P Ψ 049 056 1 69 88 104 131 205 209 226 323 326 330 365 424* 440 460 489 517 547 614 618 796 910 927 999 1175 1241 1242 1243 1245 1315 1319 1352 1448 1505 1573 1611 1646 1734 1735 1738 1827 1836 1837 1854 1874 1891 2125 2147 2344 2400 2412 2464 2495 2815 τ Er^{1}

9.29 txt καὶ καθὼς προείρηκεν
καθὼς προείρηκεν 1874
καὶ καθὼς **προεῖπεν** 1738
καὶ καθὼς **εἴρηκεν** 365 1319 1573

9.29 txt εἰ μὴ κύριος Σαβαὼθ
εἰ μὴ κύριος 365 1827
εἰ μὴ κς ὁ θς 1243
εἰ μὴ κς ὁ θς Σαβαὼθ 33
εἰ μὴ κς Σαβαὼθ ὤ F G

9.29 txt ἐγκατέλιπεν ἡμῖν σπέρμα
* ἐγκατέλιπεν **ὑμῖν** σπέρμα 6
ἐγκατέλειπε σπέρμα 104
ἐνκατέλειπεν ἡμῖν σπέρμα 𝔓^{46} D^{2} F G
ἐνκατέλιπεν ἡμῖν σπέρμα ℵ D*
κατέλιπεν ἡμῖν σπέρμα 330 2400 [↓1881 2147 2344 2464
ἐγκατέλειπεν ἡμῖν σπέρμα A K L P 33 460 1175 13198 1424 1506 1573 1611 1646 1735 1739 1874

9.29 txt ὡς Σόδομα ἂν ἐγενήθημεν
* ὡς Σόδομα ἂν ἐγενήθηθεν B*
** ὡς Σόδομα ἂν **ἐγεννήθημεν** 1243 1245 1646 1735 1827
ὡς Σόδομα ἂν 1836
ὡς **Σώδομα** ἂν ἐγενήθημεν 1874* 2464

9.29 txt καὶ ὡς Γόμορρα ἂν ὡμοιώθημεν
ὡμοιώθημεν 1836
καὶ ὡς **Γόμορα** ἂν ὡμοιώθημεν 323 330 1242 1646* 2125 2344
καὶ ὡς **Γόμορα** ἂν **ὁμοιώθημεν** 1881 [2464]
καὶ ὡς **Γόμρρα** ἂν **ὁμοιώθημεν**. F
καὶ ὡς **Γόμμορα** ἂν **ὁμοιώθημεν**. 1874*
καὶ ὡς **Γόμμορρα** ἂν **ὁμοιώθημεν**. 1874^{c}
omit 614 1352 [↓1506 1735 1837 2147 2400 2495
καὶ ὡς Γόμορρα ἂν **ὁμοιώθημεν** 𝔓^{46} A G L P 056 33 88 326 460 618 999 1175 1243 1270 1319

9.30 txt κατέλαβεν δικαιοσύνην
κατέλαβεν **δικαιοσύνη** K 33 330 1175 2400
δικαιοσύνη **κατέλαβε** 326 1837

9.30 txt δικαιοσύνην δὲ τὴν ἐκ πίστεως
δικαιοσύνην δὲ **τῆς** ἐκ πίστεως G

9.31 txt Ἰσραὴλ : **Ἰσραὲλ** F

9.31 txt νόμον δικαιοσύνης εἰς νόμον οὐκ ἔφθασεν
νόμον δικαιοσύνης οὐκ ἔφθασεν 33 440 999
νόμον δικαιοσύνης οὐκ **εὔφωθασεν** 1646*
νόμον δικαιοσύνης οὐκ **εὔφθασεν** 1646ᶜ
δικαιωσύνης **νόμον** εἰς νόμον **δικαιωσύνης** οὐκ ἔφθασεν P
δικαιωσύνης **νόμον** εἰς νόμον δικαιοσύνης οὐκ ἔφθασεν 1735
δικαιοσύνην εἰς νόμον δικαιοσύνης οὐκ ἔφθασεν 489 927
νόμον δικαιοσύνης εἰς νόμον δικαιοσύνης οὐκ **ἔφθοχεν**. F [↓[104] 131 205 209 226
νόμον δικαιοσύνης εἰς νόμον δικαιοσύνης οὐκ ἔφθασεν ℵᶜ K L Ψ 049 056 1 69 88
323 326 330 365 424* 460 517 547 614 618 796 910 945 1175 1241 1242 1243 1245 1270 1315 1319 1352 1424 1448
1505 1573 1611 1734 1738 1827 1836 1837 1854 1874 1881 1891 2125 [2147] 2344 2400 2412 2464 2495 2815 **τ** Er[1]

9.32 txt ὅτι οὐκ ἐκ πίστεως : **διό** **τι** οὐκ ἐκ πίστεως 1881

9.32 txt ἀλλ᾽ ὡς ἐξ ἔργων
ἀλλ᾽ ἐξ ἔργων νόμου 1874 2344 2400 [↓440 460 489 517 547 614 618 796 910 927 945 999 1175
ἀλλ᾽ ὡς ἐξ ἔργων νόμου ℵᶜ D K L P Ψ 049 056 1 33 69 88 104 131 205 209 226 323 326 330 365 424*
1241 1242 1243 1245 1270 1315 1319 1352 1424 1448 1505 1506 1573 1611 1646
1734 1735 1738 1827 1836 1837 1854 1891 2125 2147 2412 2464 2495 2815 **τ** Er[1]

9.32 txt προσέκοψαν τῶ λίθω τοῦ προσκόμματος
προσέκοψεν τῷ λίθῳ τοῦ προσκόμματος ℵ*
προσέκοφαν τῷ λίθῳ τοῦ προσκόμματος F
προσέκοψαν ἐν τῷ λίθῳ τοῦ προσκόμματος ℵᶜ [**w**] [↓209 226 323 326 330 365 424 440
προσέκοψαν γὰρ τῷ λίθῳ τοῦ προσκόμματος D[2] K L P Ψ 049 056 1 6 33 69 88 104 131 205
460 489 517 547 614 618 796 910 927 9045 999 1175 1241 1242 1243 1245 1270 1315 1319 1352 1424 1448 1505
1573 1611 1646 1734 1735 1738 1827 1836 1837 1854 1874 1891 2125 2147 2344 2400 2412 2464 2495 2815 **τ** Er[1]

9.33 txt καθὼς γέγραπται· Ἰδοὺ τίθημι ἐν Σιὼν λίθον προσκόμματος
omit 440 1245

9.33 txt καθὼς γέγραπται : **καθὰ** γέγραπται· 1827

9.33 txt Ἰδοὺ τίθημι ἐν Σιὼν λίθον προσκόμματος
Ἰδοὺ τίθημι ἐν **Σειὼν** λίθον προσκόμματος B D
Ἰδοὺ τίθημι ἐν **Σιὼ** λίθον προσκόμματος A 1352
Ἰδοὺ **τίθημοι** ἐν Σιὼν λίθον προσκόμματος 131 1827
Ἰδοὺ **τίθιμει** ἐν **Σειὼν** **λίθων** προσκόμματος F [↑2147
Ἰδοὺ **τίθιμει** ἐν Σειὼν λίθον προσκόμματος G
Ἰδοὺ τίθημι ἐν Σιὼν λίθον ἀκρογονιαίον ἐν τήμον καὶ λίθον προσκόμματος 33
Ἰδοὺ τίθημι ἐν Σιὼν λίθον ἀκρογονιαίον ἐν τίμον καὶ λίθον προσκόμματος 2344

9.33 txt πέτραν σκανδάλου
πέτραν **σκανδόλου** F
πέτρα σκανδάλου 1646 1735

9.33 txt ὁ πιστεύων ἐπ᾽ αὐτῷ
ἐπιστεύων ἐπ᾽ αὐτῷ F
ὁ πιστεύων **εἰς** **αὐτόν** 1 1836
ὁ **πιστεύον** **εἰς** **αὐτόν** 1243

10.1 txt ἡ μὲν εὐδοκία τῆς ἐμῆς καρδίας
ἡ μὲν οὖν εὐδοκία τῆς ἐμῆς καρδίας 1505 2495
ἡ μὲν **ἐπιθυμία** τῆς ἐμῆς καρδίας 6 424ᶜ

10.1 txt ἡ δέησις πρὸς τὸν θεὸν ὑπὲρ αὐτῶν
ἡ δέησίς **μου** πρὸς τὸν θεὸν ὑπὲρ αὐτῶν P
ἡ δέησις **ἡ** πρὸς θν ὑπὲρ αὐτῶν 440 1881^{c}
ἡ δέησις **ἡ** πρὸς τὸν θν ὑπὲρ **αὐτόν** 1506
ἡ δέησις **ἡ** πρὸς τὸν θν ὑπὲρ αὐτῶν 33 88 365 2344
ἡ δέησις **ἡ** πρὸς τὸν θν ὑπὲρ **τοῦ ιηλ** K L 049 056 1 69 104 131 205 209 226 323 326 330 424 460 489 517 547 614 796 910 927 945 999 1175 1241 1242 1243 1245 1270 1315 1319^{c} 1352 1424 1448 1611 1734 1735 1738 1827 1836 1837 1854 1874 1891 2125 2147 2400 2412 2464 2815 **τ** Er^{1}

10.1 txt εἰς σωτηρίαν : ἐστιν **ἡ σωτηρία** 69 205

10.2 txt ζῆλον θεοῦ ἔχουσιν : ζῆλον θυ **ἔχωσιν** 056

10.3 txt ἀγνοοῦντες γὰρ τὴν τοῦ θεοῦ δικαιοσύνην
ἀγνοοῦντες **δὲ** τὴν τοῦ θεοῦ δικαιοσύνην A

10.3 txt δικαιοσύνην καὶ τὴν ἰδίαν ζητοῦντες στῆσαι, τῇ δικαιοσύνῃ τοῦ θυ
omit 460*

10.3 txt καὶ τὴν ἰδίαν ζητοῦντες στῆσαι
τὴν ἰδίαν ζητοῦντες στῆσαι 1319*
ζητοῦντες στῆσαι 460^{c} 618 1836
txt καὶ τὴν ἰδίαν δικαιοσύνην ζητοῦντες στῆσαι
καὶ τὴν ἰδίαν **δικαιοσύνης** ζητοῦντες **στῖσαι** F
καὶ τὴν ἰδίαν **ζητοῦντες δικαιοσύνην** στῆσαι 69

10.3 txt τῇ δικαιοσύνῃ τοῦ θεοῦ οὐχ ὑπετάγησαν
τῇ **δικαιοσιύνην** τοῦ θεοῦ οὐχ ὑπετάγησαν F*
τῇ δικαιοσύνῃ τοῦ θεοῦ οὐχ **ὑπερτάγησαν** G
τῇ δικαιοσύνῃ τοῦ θεοῦ οὐχ **ὑπωτάγησαν** 1175*
τῇ δικαιοσύνῃ τοῦ θεοῦ οὐχ ὑπετάγησαν 1175^{c}

10.4 txt Χριστός : ὁ χς 365

10.5 txt Μωϋσῆς γὰρ γράφει
Μωϋσῆς γὰρ **γράφη** 460 618 796 1243 1319 1738 2147
Μωϋσῆς **γράφη** 33
Μωϋσῆς γράφει 1175 1646
Μωσῆς γὰρ γράφει A D P Ψ 104 226 1241 1270 1734 1739 2464 **τ** Er^{1}
Μωσῆς γὰρ **γράφη** 1506 1735
Μωϋσὲς γὰρ γράφει F*
Μωϋσεῆς γὰρ γράφει G

10.5 txt ὁ ποιήσας αὐτά : ὁ ποιήσας **ταῦτα** 33 69

10.6 txt ἐκ πίστεως δικαιοσύνη οὕτως λέγει
ἐκ πίστεως δικαιοσύνη **οὕτω** λέγει K 104 131 205 517 1734 1891 2400 **τ**
ἐκ πίστεως δικαιοσύνη **οὕτος** λέγει 2464

10.7 txt Χριστὸν ἐκ νεκρῶν ἀναγαγεῖν
χν ἀναγαγεῖν 1243
χν **ἀναγαγεῖν ἐκ νεκρῶν** 226* 1319*
χν ἐκ νεκρῶν **ἀγαγεῖν** 1 614 1315 1505 2400 2412 2495

10.8 txt ἀλλὰ τί λέγει : **omit** 2464*

10.8 txt ἐγγύς σου τὸ ῥῆμά ἐστιν
ἐγγύς σου τὸ ῥῆμά 1505 2495
ἐγγύς σου τὸ ῥῆμά **ἐστι** σθόδρα 6 1739 1881
ἐγγύς σου **ἐστιν τὸ ῥῆμά** D F G

10.8 txt ἐν τῷ στόματί σου καὶ ἐν τῇ καρδίᾳ σου
ἐν τῷ στόματί σου καὶ τῇ καρδίᾳ σου, 910
ἐν τῷ **καρδίᾳ** σου καὶ ἐν τῇ **στόματι** σου, 999
* ἐν τῷ στόματί **μου** καὶ ἐν τῇ καρδίᾳ **μου**, 1505 2495

10.8 txt τὸ ῥῆμα τῆς πίστεως ὃ κηρύσσομεν
τὸ ῥῆμα τῆς πίστεως ὃ **κηρύσσωμεν** P 33 104 1735 1836 1874
τὸ ῥῆμα τῆς πίστεως **ᾧ** **κηρύσσωμεν** 460 618
τὸ ῥῆμα τῆς πίστεως **ᾧ** κηρύσσομεν 1738

10.9 txt ἐὰν ὁμολογήσῃς ἐν τῷ στόματί σου κύριον Ἰησοῦν
ἐὰν ὁμολογήσῃς τῷ στόματί σου **κύριος Ἰησοῦς** Cl IV 99.1
ἐὰν ὁμολογήσῃς ἐν τῷ **στόμα** **κν** **ιν** 618
ἐὰν ὁμολογήσῃς ἐν τῷ στόματί σου καὶ ἐν τῇ καρδίᾳ σου **κν** **ιν** 440

10.9 txt καὶ πιστεύσῃς ἐν τῇ καρδίᾳ σου
καὶ πιστεύσῃς 1827
καὶ πιστεύσῃς ἐν τῇ **καρδίας** σου 460 618
καὶ **πιστεύεις** ἐν τῇ καρδίᾳ σου P
καὶ **πιστεύσες** ἐν τῇ καρδίᾳ σου F*

10.9 txt ὁ θεὸς αὐτὸν ἤγειρεν
αὐτὸν **ὁ θς** ἤγειρεν 326 1837
ὁ θς **ἔγειρεν** **αὐτὸν** 205
ὁ θς **ἤγειρεν** **αὐτὸν** A P 1 6 209 440 489 796 910 927 1315 1738 Cl IV 99.1

10.9 txt σωθήσῃ : **σωτήσῃ** F; **σωθήσει** 326 1315 1874 2464

10.10 txt καρδίᾳ γὰρ πιστεύεται
* καρδίᾳ γὰρ **πιστεύετε** 618 1505

10.10 txt εἰς δικαιοσύνην, στόματι δὲ ὁμολογεῖται
omit 1854

10.10 txt στόματι δὲ ὁμολογεῖται εἰς σωτηρίαν
στόματι ὁμολογεῖται εἰς σριαν 2147
στόμα δὲ ὁμολογεῖται εἰς σριαν P

10.11 *txt λέγει γάρ : λέγει **γοῦν** Cl IV 48.3; 99.1 [Ionic and Doric form]

10.11 txt πᾶς ὁ πιστεύων ἐπ' αὐτῷ
πᾶς ὁ πιστεύων **εἰς** **αὐτὸν** 945 1827
πᾶς ὁ πιστεύων ἐπ' **αὐτὸν** 1646 1881

10.11 txt οὐ καταισχυνθήσεται
οὐ μὴ **κατεσχυνθήσεται** D*
οὐ μὴ καταισχυνθήσεται D[2] F G

10.12 txt διαστολὴ Ἰουδαίου τε καὶ Ἕλληνος
διαστολὴ **Ἰουδιαίου** τε καὶ **Ἕλλενος** F*
διαστολὴ **Ἰουδαίω** καὶ **Ἕλληνι** D

10.12 txt ὁ γὰρ αὐτὸς κύριος πάντων
ὁ γὰρ αὐτὸς κς **πάντας** 1319

10.12 txt πλουτῶν εἰς πάντας
πλουτῶν εἰς πάντας καὶ ἐπὶ πάντας 1735

10.12 txt τοὺς ἐπικαλουμένους αὐτόν
* τοὺς ἐπικαλουμένους **αὐτῶν** 2464
τοὺς **ἐπεικαλομένους** αὐτόν F*
τοὺς **ἐνπικαλουμένους** αὐτόν 1646
τοὺς **ἐνκαλουμένους** αὐτόν 2400

10.13 txt πᾶς γὰρ ὃς ἂν ἐπικαλέσηται τὸ ὄνομα κυρίου
······· γὰρ ὃς **ἐὰν** ἐπικαλέσηται τὸ ὄνομα κυ 𝔓[46]
πᾶς γὰρ ος **ἐὰν** ἐπικαλέσηται τὸ ὄνομα κυ 056 69 88
πᾶς γὰρ ὃς ἐπικαλέσηται τὸ ὄνομα κυ 1315*

10.14 txt πῶς οὖν ἐπικαλέσωνται εἰς ὃν
πῶς οὖν **ἐπικαλέσονται** εἰς ὃν 𝔓[46] K L P Ψ 049 056 1 6 33 69 88 104 131 326 424 440 460 489 517 547 614 618 796 910 927 945 999 1175 1241 1242 1243 1270 1315 1319 1352 1424 1448 1505 1506 1573 1611 1646 1734 1735 1738 1739 1827 1836 1837 1854 1874 1881 1891 2125 2147 2344 2400 2412 2464 2495 2815 **τ** Er[1] Cl II 25.2

10.14 txt πῶς δὲ πιστεύσωσιν οὗ οὐκ ἤκουσαν
ἢ πῶς δὲ **ἐπιστεύσωσιν** οὗ οὐκ ἤκουσαν F G
** **omit** 326 1837
πῶς δὲ καὶ **πιστεύσουσιν** οὗ οὐκ ἤκουσαν 2147
πῶς δὲ **ἐπιστεύσωσιν** οὗ οὐκ ἤκουσαν F
πῶς δὲ **ἐπιπιστεύσωσιν** οὗ οὐκ ἤκουσαν G
πῶς δὲ **πιστεύουσιν** οὗ οὐκ ἤκουσαν 614 1506 1573 2412
πῶς δὲ **πιστεύσουσιν** **ὃ** οὐκ ἤκουσαν 6
πῶς δὲ **πιστεύσουσιν** οὗ οὐκ ἤκουσαν A L 049 056 33 69 88 104 131 205 209 226 323 330 365 424 440 489 517 547 796 910 927 945 999 1175 1241 1242 1243 1270 1315 1319 1352 1448 1505 1646 1734 1827 1836 1854 1874 1881 1891 2125 2147 2344 2400 2464 2495 2815 **τ** Er^{1} Cl II 25.2

10.14 txt πῶς δὲ ἀκούσωσιν
πῶς δὲ **ἀκούει** 056
omit 1646

10.14 txt χωρὶς κηρύσσοντος
ἄνευ κηρύσσοντος; P

10.15 txt πῶς δὲ κηρύξωσιν
πῶς δὲ **ἐκηρύσσουσιν** F G
πῶς δὲ **κηρύξουσιν** 049 056 6 69 131 205 209 226 424 440 460 489 517 547 614 618 910 927 945 999 1175 1241 1242 1243 1319 1352 1448 1505 1734 1738 1827 1854 1891 2125 2147 2815 **τ** Er^{1}

10.15 txt ἐὰν μὴ ἀποσταλῶσιν
ἐὰν μὴ **ἀποσταλοῦσιν** 1506

10.16 txt ἀλλ᾽ οὐ πάντες ὑπήκουσαν τῷ εὐαγγελίῳ
ἀλλ᾽ οὐ πάντες ὑπήκουσαν ἐν τῷ εὐαγγελίῳ ℵ
ἀλλὰ πάντες ὑπήκουσαν τῷ εὐαγγελίω 1646*
** ἀλλ᾽ οὐ πάντες **ἐπίστευσαν** τῷ εὐαγγελίῳ 945
ἀλλ᾽ οὐ πάντες **ὑπηκούσονται** τῷ εὐαγγελίῳ Ψ

10.16 txt Ἠσαΐας γὰρ λέγει· Κύριε
Ἠσαΐας γὰρ λέγει· **Κ**ύριε 910
** **καθὼς γέγραπται ἐν τῷ Ἠσαΐα**· κε 𝔓^{46}

10.16 txt τίς ἐπίστευσεν τῇ ἀκοῇ ἡμῶν
ἐπίστευσαν τῇ ἀκοῇ ἡμῶν 69*
* τίς ἐπίστευσεν τῇ ἀκοῇ ἡμῶν; καὶ ὁ βραχίων κυ τινι ἀπεκαλύφθη 104 547

10.17 txt ἄρα ἡ πίστις ἐξ ἀκοῆς
αρα ἡ πίστις ἐξ ἀκοῆς B 𝔓^{46} ℵ A C D$^{*.1}$ L* P Er^{1}
αρα οὖν ἡ πίστις ἐξ ἀκοῆς F G
ἆρα ἡ πίστις ἐξ ἀκοῆς D^{2} L^{c} 88 104 326 517 1315 1424 1506 1837 1874 1881
ἆρα οὖν ἡ πίστις ἐξ ἀκοῆς 69 365 1319
ἄρα οὖν ἡ πίστις ἐξ ἀκοῆς 614 1352 1573 1735 2412
ἄρα οὖν ἡ **πίστης** ἐξ ἀκοῆς 2147
ἄρα ἡ **πίστης** ἐξ ἀκοῆς 1646

10.18 txt μὴ οὐκ ἤκουσαν; μενοῦνγε·
μὴ οὐκ **ἤκουσα**; μενοῦνγε· D
μὴ οὐκ ἤκουσαν; F G
μὴ οὐκ ἤκουσαν; μενοῦνγε, ὦ ανε 1735

10.18 txt Εἰς πᾶσαν τὴν γῆν ἐξῆλθεν ὁ φθόγγος αὐτῶν
Εἰς πᾶσαν γὰρ τὴν γῆν ἐξῆλθεν ὁ φθόγγος αὐτῶν D*

10.19 txt μὴ Ἰσραὴλ οὐκ ἔγνω;
μὴ ιηλ **πρῶτος οὐκ ἔγνω**; 1881
* μὴ **οὐ γινώσκω ιηλ**; 205
μὴ **οὐ ἔγνω ιηλ**; 440
μὴ **οὐκ ἔγνω Ἰσραὴλ**; **τ** Er^{1}
μὴ **οὐκ ἔγνω ιηλ**; D^{1} L Ψ 049 056 1 6 33 88 131 209 226 323 424 460 489 517 547 614* 618 796 910 927 945 999 1175 1241 1242 1245 1315 1352 1424 1448 1505 1611 1646 1734 1735 1738 1827 1836 1854 1874 1891 2125 2147 2344 2412 2464 2495 2815

10.19 txt πρῶτος Μωϋσῆς λέγει
πρῶτος **Μωσῆς** λέγει· A D Ψ 6 226[c] 1735 1739 τ Er[1]
πρῶτος Μωϋσῆς γὰρ λέγει· 2400
πρῶτος **Μωσῆς** γὰρ λέγει· 330
Μωϋσῆς γὰρ λέγει· 1881
πρῶτος **Μωϋσεῖς** λέγει· 056

10.19 txt Ἐγὼ παραζηλώσω ὑμᾶς ἐπ' οὐκ ἔθνει
Ἐγὼ παραζηλώσω ἐπ' οὐκ ἔθνε·· 𝔓[46]
* Ἐγὼ παραζηλώσω **αὐτοὺς** ἐπ' οὐκ ἔθνει, ℵ[c] C 1315
* Ἐγὼ παραζηλώσω **αὐτοὺς** ἐπ' οὐκ **ἔθνη**, 1837
* Ἐγὼ παραζηλώσω **ἡμᾶς** ἐπ' οὐκ **ἔθνη**, 1319
Ἐγὼ γὰρ παραζηλώσω ὑμᾶς ἐπ' οὐκ **ἔθνη** 69
Ἐγὼ **παραζηλῶ** ὑμᾶς ἐπ' οὐκ **ἔθνη** 330 1175 2400 [↓1735 1836 1874 2125 2464
Ἐγὼ παραζηλώσω ὑμᾶς ἐπ' οὐκ **ἔθνη** F G L 326 460 489 614* 618 927 1241 1243 1646

10.19 txt ἐπ' ἔθνει ἀσυνέτῳ παροργιῶ ὑμᾶς
ἐπὶ **ἔθνι** ἀσυνέτῳ **παροργειῶ** ὑμᾶς F G
* ἐπ' **ἔθνι** ἀσυνέτῳ παροργιῶ **αὐτούς** ℵ[c]
* **ἐπὶ** **ἔθνη** ἀσυνέτῳ παροργιῶ **αὐτούς** 1505
* **ἐπὶ** **ἔθνη** ἀσυνέτῳ παροργιῶ **ἡμᾶς** 618 1646
ἐπὶ **ἔθνη** ἀσυνέτῳ παροργιῶ ὑμᾶς L 6 323 326 460 1319 1735 1837 2464
ἐπ' **ἔθνη** ἀσυνέτῳ παροργιῶ ὑμᾶς 330 1175 1874
* ἐπ' ἔθνει ἀσυνέτῳ παροργιῶ **αὐτούς** 104
* **ἐπὶ** ἔθνει ἀσυνέτῳ παροργιῶ **αὐτούς** 1315 2495 [↓547 614 796 927 945 999 1241 1242
ἐπὶ ἔθνεἶ ἀσυνέτῳ παροργιῶ ὑμᾶς P 049 056 1 88 131 205 209 226 365 424 440 489 517
1243 1245 1352 1424 1448 1506 1573 1611 1734 1738 1827 1854 1881 2125 2147 2412 2815 τ Er[1]

10.20 txt Εὑρέθην ἐν τοῖς ἐμὲ μὴ ζητοῦσιν
Εὑρέθην ἐν τοῖς μὴ ζητοῦσιν 1874*
Εὑρέθην ἐν τοῖς ἐμὲ ζητοῦσιν 049 205 440 999 1315* 1319
txt Εὑρέθην τοῖς ἐμὲ μὴ ζητοῦσιν
Εὑρέθη τοῖς ἐμὲ μὴ ζητοῦσιν L 330 618 1243 1738 2400

10.20 txt τοῖς ἐμὲ μὴ ἐπερωτῶσιν
τοῖς ἐμὲ μὴ **ἐπιζητοῦσι**. 330 2400

10.21 txt Ὅλην τὴν ἡμέραν ἐξεπέτασα τὰς χεῖράς μου
ἐξεπέτασα τὰς χεῖράς μου ὅλην τὴν ἡμέραν Cl II 43.2

10.21 txt ἐξεπέτασα τὰς χεῖράς μου
* ἐξεπέτασα πρός σε τὰς χεῖράς μου 1352
* **διεπέτασα** πρός σε τὰς χεῖράς μου 460 618 1735
διεπέτασα τὰς χεῖράς μου 547 1738

10.21 txt πρὸς λαὸν ἀπειθοῦντα καὶ ἀντιλέγοντα
πρὸς λαὸν ἀπειθοῦντα. F G
προς τὸν λαὸν ἀπειθοῦντα καὶ ἀντιλέγοντα. 365
ἐπὶ λαὸν **ἀπιθοῦντα** καὶ **λέγοντα.** D*
ἐπὶ λαὸν ἀπειθοῦντα καὶ ἀντιλέγοντα. D[1.2] Cl II 43.2
πρὸς λαὸν **ἀντιλέγοντα** καὶ **ἀπιθοῦντα**. 1506

11.1 txt μὴ ἀπώσατο ὁ θεὸς τὸν λαὸν αὐτοῦ;
μὴ ἀπώσατο **κς** τὸν λαὸν αὐτοῦ; 1 1738
μὴ ἀπώσατο ὁ **κς** λαὸν αὐτοῦ; 618
μὴ γὰρ **ἀπόσατο** ὁ **θς** τὸν λαὸν αὐτοῦ; 1646
μὴ ἀπώσατο ὁ **θς** τὸν λαὸν αὐτοῦ ὃν προέγνω; ℵ[c] A D*
..... ἀπώσατο ọ **θς** **τὴν κληρονομίαν** αὐτ...... .... προέγνω; 𝔓[46]
μὴ ἀπώσατο ὁ **θς** **τὴν κληρονομείαν** αὐτοῦ; F G

11.1 txt καὶ γὰρ ἐγὼ Ἰσραηλίτης εἰμί
καὶ γὰρ ἐγὼ **Ἰσδραηλείτης** εἰμί ℵ
καὶ γὰρ ἐγὼ **Ἰηλτης** **εἰμοί**, 1646
καὶ γὰρ ἐγὼ **Ἰσραηλήτις** εἰμί 131
καὶ γὰρ Ἰσραηλίτης εἰμι 440
καὶ γὰρ ἐγὼ Ἰσραηλίτης **εἰμεί** [F] G
καὶ γὰρ ἐγὼ **Ἰσραηλήτης** **εἰμη** 1243 2147

11.1 txt φυλῆς Βενιαμίν
φυλῆς **Βενιαμ** B*
φυλῆς **Βενιαμείν** B^c ℵ A C 33 69 88 **w**
φυλῆς **Βενιαμήν** L Ψ 1 104 226 323 326 614 1245 1315 1424 1506 1735 1837 1874
φυλῆς **Βενιααμίν** 330

11.2 txt προέγνω. : ἔγνω 1573

11.2 txt ἢ οὐκ οἴδατε
οὐκ οἴδατε 614 1270^c 2412
ἢ οὐκ **οἴδαται** F G P [2464]

11.2 txt ἐν Ἠλίᾳ τί λέγει ἡ γραφή
ἐν Ἠλείᾳ τί λέγει ἡ γραφή B F G **w**
ἐν **Ἰλίᾳ** τί λέγει ἡ γραφή 69
ἐν Ἠλίᾳ λέγει ἡ γραφή 1319*
* ἐν Ἠλίᾳ τί λέγει 910

11.2 txt ὡς ἐντυγχάνει τῷ θεῷ κατὰ τοῦ Ἰσραήλ;
ὁς ἐντυγχάνει τῷ θω κατὰ τοῦ ιηλ 1505 1881 2495
ὁς ἐντυγχάννι τῷ θω κατὰ τοῦ **ηλ**· 1243
ὁς ἐντυγχάνη τῷ θω κατὰ τοῦ ιηλ [33] 1506
ὡς **ἐντυγχάνη** τῷ θω κατὰ τοῦ ιηλ λέγων; 326 330 1319^c 1837
ὡς ἐντυγχάνει **αὐτῷ** κατὰ τοῦ ιηλ λέγων; 547
ὡς ἐντυγχάνει τῷ θω κατὰ τοῦ ιηλ λέγων; ℵ* L 049 056 1 69 88 104 131 205 209 226 323 424* 440 460 489 517 614 618 796 910 927 945 999 1175 1241 1242 1245 1270 1315 1352 1424 1448 1611 1646 1734 1735 1738 1827 1836 1854 1874 1891 2125 2147 2400 2412 2464 2815 **τ** Er^1

11.3 txt τὰ θυσιαστήριά σου κατέσκαψαν
καὶ τὰ **θυσιαστήριάς** σου κατέσκαψαν 049
καὶ τὰ θυσιαστήριά σου **κατέσκαψα** 330
* καὶ τὰ θυσιαστήριά σου **κατέστρεψαν** 618 1738
καὶ τὰ θυσιαστήριά σου κατέσκαψαν D^2 L Ψ 056 1 6 69 88 104 131 205 209 226 323 365 424 440 460 489 517 547 614 796 910 927 945 999 1175 1241 1242 1243 1245 1270 1315 1319 1352 1424 1448 1505 1506 1573 1611 1646 1734 1735 1836 1854 1874 1891 2125 2147 2400 2412 2495 2815 **τ** Er^1

11.3 txt κἀγὼ ὑπελείφθην μόνος
καὶ ἐγὼ ὑπελίφθην μόνος D^1
καὶ ἐγὼ ὑπελείφθην μόνος Ψ
καὶ ὑπελείφθην μόνος 1827
καὶ μόνος ὑπελείφθην 2400
κἀγὼ **μόνος ὑπελείφθην** 330
κἀγὼ **ὑπελήφθης** μόνος 1506

11.4 txt ἀλλὰ τι λέγει αὐτῷ ὁ χρηματισμός;
ἀλλὰ τι λέγει ὁ χρηματισμός; 365

11.4 txt κατέλιπον ἐμαυτῷ ἑπτακισχιλίους ἄνδρας
κατέλιπων ἑπτακισχιλίους ἄνδρας, 056
κατέλιπον **αὐτῷ ἑπτακισχιλίους** ἄνδρας, 614 547 2412

11.4 txt οἵτινες οὐκ ἔκαμψαν γόνυ τῇ Βάαλ
οἵτινες οὐκ ἔκαμψαν τὸ γόνυ τῇ Βάαλ 440
οἵτινες οὐκ ἔκαμψαν γόνυ **τὸ** Βάαλ F
οἵτινες οὐκ ἔκαμψαν γόνυ **τῷ** Βάαλ G
οἵτινες οὐκ ἔκαμψαν **γόνοι** τῇ Βάαλ D^2 P 326 1243 1245 1424 1506 1735 2125 2464
* οἵτ······ οὐκ ἔκαμψαν **τόνυ** τῇ Β······· A

11.5 txt οὕτως οὖν καὶ ἐν τῷ νῦν καιρῷ
οὕτως καὶ ἐν τῷ νῦν καιρῷ 056 460 547 618 1505 1738 2495
οὕτως οὖν ἐν τῷ νῦν καιρῷ 323 1881
οὕτως **νῦν** καὶ ἐν τῷ νῦν καιρῷ 1319
οὗτος οὖν καὶ ἐν τῷ νῦν καιρῷ F

11.5 txt λεῖμμα κατ' ἐκλογὴν χάριτος γέγονεν
λῖμμα κατ' **ἐκλογῆς** χάριτος γέγονεν D*
λῖμμα κατ' **ἐγλογὴν** χάριτος γέγονεν 𝔓^46
λεῖμα κατ' **ἐκλογεὶν χάριτι γέγωνεν** 2464
λεῖμμα κατ' ἐκλογὴν χάριτος **γέγωνεν** 618

11.5 txt γέγονεν· **6** εἰ δὲ χάριτι, οὐκέτι ἐξ ἔργων, ἐπεὶ ἡ χάρις
omit 1245

11.6 txt εἰ δὲ χάριτι, οὐκέτι ἐξ ἔργων
εἰ δὲ **χάρις**, **οὐκ** ἐξ ἔργων 𝔓46
εἰ δὲ χάριτι, **οὐκ** ἐξ ἔργων 614 1734 1881 2412
εἰ δὲ χάριτι, **οὐκ** ἔστιν ἐξ ἔργων 2400
εἰ δὲ **χάριστι**, **οὐκέτει** ἐξ ἔργων F
εἰ δὲ χάριτι, οὐκέτι ἐξ ἔργων νόμου 1505 2495
* εἰ δὲ χάριτι, οὐκέτι ἐξ ἔργων, οὐκέτι ἐστι χάρις ἐπεὶ τὸ ἔργον οὐκέτι ἐστιν ἔργον 796

11.6 txt ἐπεὶ ἡ χάρις οὐκέτι γίνεται χάρις
ἐπεὶ ἡ χάρις **οὐ** γίνεται χάρις 1881
ἐπὶ ἡ χάρις οὐκέτι **γείνεται** χάρις ℵ A D*
ἐπὶ ἡ χάρις οὐκέτι γίνεται χάρις 1175* 1646
ἐπὶ ἡ χάρις οὐκέτι **γίνετε** χάρις 1243
οὐκέτι **γίνεται** χάρις 1245
οὐκέτι ἐστι 365
ἐπεὶ ἡ χάρις οὐκέτι **ἐστιν** χάρις 1735
ἐπεὶ ἡ χάρις οὐκέτι **χάρις γίνεται** 1270 1505 2495
ἐπεὶ χάρις οὐκέτι **γίνετε** χάρις 460
ἐπεὶ ἡ χάρις οὐκέτι **γίνετε** χάρις 618

11.7 txt τί οὖν : τί ἐστιν οὖν 2464

11.7 txt ὃ ἐπιζητεῖ Ἰσραήλ
ἐπιζητεῖ ιηλ Ψ 049 131
ὃ **ἐπιζητῇ** ιηλ 1319
ὃ ἐπιζητεῖ **ὁ** ιηλ 440 1315

11.7 txt τοῦτο οὐκ ἐπέτυχεν
τοῦτο **ὁ** οὐκ ἐπέτυχεν 𝔓46 Ψ 2495
τούτου οὐκ ἐπέτυχεν 056 205 209 226 323 330 547 796 945 1242 1424 2400
τούτου οὐκ **ἔτυχεν** 2815
τοῦτο οὐκ **ἐπίτυχεν** 131 1505

11.7 txt ἡ δὲ ἐκλογὴ ἐπέτυχεν
ἡ δὲ ἐκλογὴ **ἐπτυχεν** F
ἡ δὲ **ἐγλογὴ** ἐπέτυχεν 𝔓46 2495
** ἡ δὲ **ἐγλογὴ** οὐκ ἐπέτυχεν Ψ
ἡ δὲ 614
omit 33 326 365 1739* 1837 1874 2412
ἡ δὲ ἐκλογὴ **ἐπίτυχεν** 131 1646

11.7 txt οἱ δὲ λοιποὶ ἐπωρώθησαν
λοιποὶ ἐπωρώθησαν 614
οἱ δὲ λοιποὶ **ἐπερώθησαν** C 69

11.8 txt ἔδωκεν αὐτοῖς ὁ θεὸς
ἔδωκεν αὐτοῖς ὁ ὁ θς ℵ
ἔδωκεν αὐτοῖς 796
ἔδωκεν **αὐτῷ** 330 2400
ἔδωκεν **αὐτοὺς** ὁ θς 1646*

11.8 txt ὀφθαλμοὺς τοῦ μὴ βλέπειν
* ὀφθαλμοὺς τοῦ βλέπειν 424*
ὀφθαλμοὺς μὴ βλέπειν 1836

11.8 txt καὶ ὦτα τοῦ μὴ ἀκούειν
καὶ τὰ ὦτα τοῦ μὴ ἀκούειν 6
ὦτα τοῦ μὴ ἀκούειν 2815

11.8 txt ἕως τῆς σήμερον ἡμέρας
ἕως τῆς σήμερον. F

11.9 txt καὶ Δαυὶδ λέγει
καὶ **Δαυεὶδ** λέγει B $\mathfrak{P}^{46}$ D w·
καθάπερ καὶ **δᾱδ** λέγει C
καὶ ὁ **δᾱδ** λέγει 999 1735 1827
λέγει F
καὶ **Δαβὶδ** λέγει τ Er^{1} [↓365 424 440 460 489 517 547 614 618 796 910 927 945
καὶ **καὶ** δᾱδ λέγει ℵ A L P Ψ 049 056 1 6 33 69 88 104 131 205 209 226 323 326 330
1175 1241 1242 1243 1245 1270 1315 1319 1352 1424 1448 1505 1573 1611 1646 1734
1738 1739 1836 1837 1854 1874 1881 1891 2125 2147 2344 2400 2412 2464 2495 2815

11.9 txt γενηθήτω : *γεννηθήτω 1646

11.9 txt ἡ τράπεζα αὐτῶν εἰς παγίδα καὶ εἰς θήραν
ἡ τράπεζα αὐτῶν εἰς παγίδα εἰς θήραν 330 2400
ἡ τράπεζα αὐτῶν ἐνώπιον αὐτῶν εἰς παγίδα καὶ εἰς θήραν 489 927
ἡ τράπεζα αὐτῶν εἰς παγίδα 2147
ἡ τράπεζα αὐτῶν εἰς παγίδα καὶ εἰς θήραν καὶ εἰς θήραν D*
** ἡ τράπεζα αὐτῶν εἰς παγίδα καὶ εἰς θήραν καὶ εἰς ἀνάθεμα 1352

11.9 txt εἰς σκάνδαλον
εἰ σκάνδαλον 049 33* 796 1243 1424 1735 1874 2464
εἰσκάνδαλον 1646

11.9 txt εἰς ἀνταπόδομα αὐτοῖς
εἰς ἀνταπόδομα **αὐτῶν** 1 1315
* εἰς **ἀνταπόδοσιν** αὐτοῖς, 056 796

11.10 txt νῶτον : *νότον 33 945 1243 1735 1874 2464

11.11 txt λέγω οὖν : λέγω **δὲ** 330 2400

11.11 txt πέσωσιν : **πέσωσειν** F G; ***πταισωσιν** 1836

11.11 txt ἀλλὰ τῷ αὐτῶν παραπτώματι ἡ σωτηρία τοῖς ἔθνεσιν
ἀλλὰ τῷ **αὐτῷ** παραπτώματι ἡ σρ̄ια τοῖς **ἔθνεσι** 330 910 1241 2400
ἀλλὰ τῷ αὐτῶν **παραπτώματα** ἡ σρ̄ια τοῖς ἔθνεσιν 440
ἀλλὰ **τα** αὐτῶν **παραπτώματα** ἡ σρ̄ια τοῖς ἔθνεσιν 1315
ἀλλὰ **τὸ** **αὐτὸν** παραπτώματι **εἰς** **σρ̄ιαν** τοῖς ἔθνεσιν 1243

11.12 txt εἰ δὲ τὸ παράπτωμα αὐτῶν πλοῦτος κόσμου καὶ τὸ ἥττημα αὐτῶν πλοῦτος ἐθνῶν, πόσῳ μᾶλλον τὸ πλήρωμα αὐτῶν
omit

11.12 txt εἰ δὲ τὸ παράπτωμα αὐτῶν πλοῦτος κόσμου
εἰ δὲ τὸ παράπτωμα αὐτῶν πλοῦτος **κόσμω** Ψ
* εἰ δὲ τὸ παράπτωμα **αὐτοῦ** πλοῦτος κόσμου 440 1315
εἰ δὲ τὸ παράπτωμα **αὐτὸν** **κόσμου** **πλοῦτος** 618
εἰ δὲ τὸ παράπτωμα αὐτῶν **κόσμου** **πλοῦτος** 460 1738
εἰ δὲ **τῷ** παραπτῶμα αὐτῶν πλοῦτος κόσμου 049 88
εἰ δὲ **τῷ** **παραπτώματι** αὐτῶν πλοῦτος κόσμου 1735

11.12 txt τὸ ἥττημα αὐτῶν πλοῦτος ἐθνῶν
τὸ **ἥτοιμα** αὐτῶν πλοῦτος ἐθνῶν 1646
τὸ **ἥτγημα** αὐτῶν πλοῦτος ἐθνῶν 33 131 326 517 910 1837 1891
τὸ **ἥτγειμα** αὐτῶν πλοῦτος ἐθνῶν 2147
τὸ **ἥγτημα** αὐτῶν πλοῦτος ἐθνῶν 88
* τὸ ἥττημα αὐτῶν πλοῦτος **αὐτῶν** 2495

11.12 txt πόσῳ μᾶλλον : **πολλῷ** μᾶλλον 1424

11.13 txt εἰμι ἐγὼ ἐθνῶν ἀπόστολος
εἰμι ἐγὼ τῶν ἐθνῶν ἀπόστολος $\mathfrak{P}^{46}$
εἰμι ἐθνῶν ἀπόστολος A 104 209* 323 365 460 517 796 945 1243 1319 1448 1573
ἐγὼ **εἰμει** ἐθνῶν ἀπόστολος F G

11.13 txt τὴν διακονίαν μου δοξάζω
** τὴν **οἰκονομίαν** μου δοξάζω 614 2147 2412

11.14 txt εἴ πως παραζηλώσω μου τὴν σάρκα
εἴ πως παραζηλώσω **τὴν** **σάρκα** **μου** D F G

11.14 txt καὶ σώσω τινὰς ἐξ αὐτῶν
* καὶ σώσω τινὰς ἐξ **ὑμῶν** 1874
καὶ **σώσας** τινὰς ἐξ αὐτῶν 2412

11.15 txt εἰ γὰρ ἡ ἀποβολὴ αὐτῶν καταλλαγὴ κόσμου
** εἰ γὰρ ἡ ἀποβολὴ αὐτῶν **καταβολὴ** κόσμου 205
εἰ γὰρ ἀποβολὴ αὐτῶν καταλλαγὴ κόσμου 1315 1505 1506 1734 1735 2147 2464
εἰ γὰρ ἡ ἀποβολὴ αὐτῶν καταλλαγὴ **κόσμω** C F [↑2495
εἰ γὰρ ἡ ἀποβολὴ αὐτῶν καταλλαγὴ τοῦ κόσμου 618 1738
* εἰ γὰρ ἡ ἀποβολὴ αὐτῶν **καταλαγὴ** πρὸς θ̅ν̅ κόσμου 1646*

11.15 txt τίς ἡ πρόσλημψις
** **της** ἡ **πρόλημψις** F G
** τίς ἡ **πρόληψις** C
τίς ἡ **πρόσλιψις αὐτῶν** 1735

11.15 txt εἰ μὴ ζωὴ ἐκ νεκρῶν;
εἰ μὴ ζωὴ ἢ ἐκ νεκρῶν; 326 1837

11.16 txt εἰ δὲ ἡ ἀπαρχὴ ἁγία
εἰ δὲ ἀπαρχὴ ἁγία 330 910 1243 1506 1646* 1874* 2147 2344
ἢ δὲ ἡ ἀπαρχὴ ἁγία 88 460 618 796 1315 1319 1424 1735 2464

11.16 txt τὸ φύραμα· καὶ εἰ ἡ ῥίζα ἁγία
τὸ φύραμα· καὶ ἡ ῥίζα 𝔓46 [**na** reports omission of εἰ, but not of ἁγία]
τὸ φύραμα· καὶ **ἡ** ἡ ῥίζα ἁγία 1735
εἰ ἡ ῥίζα ἁγί, καὶ τὸ φύραμα 1646

11.17 txt σὺ δὲ ἀγριέλαιος
σὺ ἀγριέλαιος 489 927

11.17 txt ὢν ἐνεκεντρίσθης ἐν αὐτοῖς
ὢν ἐνεκεντρίσθης αὐτοῖς C*

11.17 txt καὶ συγκοινωνὸς
καὶ **συνκοινωνὸς** B* 𝔓46 ℵ A D*.1 F G 049 33 104 326 1735 1837 2464 **w**
καὶ **κοινωνὸς** 1611
συγκοινωνὸς 1646

11.17 txt τῆς ῥίζης τῆς πιότητος τῆς ἐλαίας ἐγένου
τῆς ῥίζης τῆς πιότητος τῆς **ἐλέας** ἐγένου ℵ*
τῆς πιότητος τῆς **ἐλέας** ἐγένου 𝔓46
τῆς ῥίζης τῆς πιότητος καὶ τῆς ἐλαίας ἐγένου Ψ
τῆς ῥίζης καὶ τῆς **πιότιτος** καὶ τῆς ἐλαίας ἐγένου 1646
τῆς ῥίζης **ἐγένου καὶ τῆς πιότιτος τῆς ἐλαίας** 489 927
τῆς ῥίζης καὶ τῆς **ποιότητος** τῆς ἐλαίας ἐγένου 69* 999
τῆς ῥίζης καὶ τῆς **ποιότητος** τῆς **ἐλαίου** ἐγένου 614 2412
τῆς ῥίζης καὶ τῆς πιότητος τῆς **ἐλέας** ἐγένου ℵc 056 1243 2464
ἐγένου τῆς πιότητος τῆς **ἐλέας** D*
ἐγένου τῆς πιότητος τῆς ἐλαίας F G
ἐγένου τῆς ῥίζης καὶ τῆς πιότητος τῆς ἐλαίας D2
τῆς ῥίζης καὶ τῆς πιότητος ἐγένου 796 [↓131 205 209 226 323 326
τῆς ῥίζης καὶ τῆς πιότητος τῆς ἐλαίας ἐγένου A D1 L P 049 1 6 33 69c 88 104
330 365 424 440 460 517 547 618 910 945 1241 1242 1245 1270 1315 1319 1352 1424 1448 1505 1573
1611 1734 1735 1738 1739 1827 1836 1837 1854 1874 1881 1891 2125 2147 2344 2400 2495 2815 **τ** Er1

11.18 txt κατακαυχᾶσαι : καυχᾶσαι 330 2400

11.18 txt οὐ σὺ τὴν ῥίζαν βαστάζεις
οὐ σὺ τὴν ῥίζαν **βαστάζης** 33 1506 2125

11.18 txt ἀλλὰ ἡ ῥίζα σέ
ἀλ᾽ ἡ ῥίζα σε 𝔓46 [↓460 489 517 547 614 618 796 910 927 945 999 1175 1241 1242 1243 1245
ἀλλ᾽ ἡ ῥίζα σέ A C D1.2 L P Ψ 049 056 1 6 33 69 88 104 131 205 209 226 323 326 330 365 424 440
1270 1315 1319 1352 1424 1448 1505 1506 1573 1611 1646 1734 1735 1738 1739 1837
1827 1836 1854 1874 1881 1891 2125 2147 2344 2400 2412 2464 2495 2815 **τ** Er1

11.19 txt ἐρεῖς οὖν
* **ἐχεῖς** οὖν 1175

11.19 txt ἐξεκλάσθησαν κλάδοι
εἰ κλάσθησαν κλάδοι F G

11.20 txt καλῶς· τῇ ἀπιστίᾳ ἐξεκλάσθησαν
καλῶς· τῇ ἀπιστίᾳ **ἐκλάσθησαν** B D*
καλῶς· **τὴν ἀπιστείᾳ ἐκλάσθησαν** F G
καλῶς· **τὴν ἀπιστείαν** ἐξεκλάσθησαν 1506
καλῶς δὲ τῇ ἀπιστίᾳ ἐξεκλάσθησαν 330

11.20 txt μὴ ὑψηλὰ φρόνει
καὶ μὴ **ὑψηλοφρόνει** 1573
μὴ **ὑψηλοφρόνει** οὖν 1243 1735
μὴ **ὑψηλοφρόνη** L 104 2464

11.20 txt ἀλλὰ φοβοῦ
ἀλλὰ φοβοῦ τὸν θ̅ν̅ 1646*

11.21 txt ὁ θεὸς τῶν κατὰ φύσιν κλάδων
ὁ θεὸς τῶν κατὰ **φύσει** κλάδων 𝔓^{46}
ὁ θεὸς τῶν κατὰ **φύσειν** κλάδων F G
* ὁ θεὸς τῶν κλάδων 440
ὁ θεὸς **τὸν** κατὰ **φύσει** κλάδων 1243

11.21 txt οὐδὲ σοῦ φείσεται
txt μή πως οὐδὲ σοῦ φείσεται
μή πως οὐδὲ σοῦ 1827
μή πως οὐδὲ σοῦ **φείσηται** 323 547 945 **τ**
μή πως οὐδὲ σοῦ **φύσεται** 1646

11.22 txt ἴδε οὖν χρηστότητα καὶ ἀποτομίαν θεοῦ
εἶδε οὖν χρηστότητα καὶ ἀποτομίαν θεοῦ A C F G 88 1735

11.22 txt ἐπὶ μὲν τοὺς πεσόντας ἀποτομία ἐπὶ δὲ σὲ χρηστότης θεοῦ,
omit 365

11.22 txt ἐπὶ μὲν τοὺς πεσόντας ἀποτομία
.... **τοὺς μὲν** πεσόντας ἀποτομία 𝔓^{46}
ἐπὶ μὲν οὖν τοὺς πεσόντας **ἀποτομίαν** 1352
ἐπεὶ μὲν τοὺς πεσόντας **ἀποτομίαν** F G 33

11.22 txt ἐπὶ δὲ σὲ χρηστότης θεοῦ,
ἐπὶ δὲ σὲ **χρήστοτος** θ̅υ̅ ℵ
ἐπεὶ δὲ σὲ **χρηστότητα** F G
ἐπὶ σὲ **χριστότητα** 1646

11.22 txt ἐὰν ἐπιμένης τῇ χρηστότητι
ἐὰν **ἐπιμείνης** 104
omit 614 1505 2464 2495

11.22 txt ἐπεὶ καὶ σὺ ἐκκοπήσῃ
ἐπεὶ καὶ σὺ **ἐκκοπήσει** 1611
ἐπεὶ καὶ σὺ **ἐκκπήσῃ** F*
ἐπὶ καὶ σὺ ἐκκοπήσῃ 460 618

11.23 txt κἀκεῖνοι δε
κάκαῖνοι δε F [↓999 1175 1241 1242 1245 1315 1352 1424 1646 1734 1735 1738 1827
καὶ ἐκεῖνοι δε L Ψ 049 056 1 6 33 69 88 131 205 209 226 323 424 440 460 517 614 618 796 910 945
1836 1854 1874 1982 2125 2147 2344 2412 2464 2815 **τ** Er^{1}

11.23 txt ἐὰν μὴ ἐπιμένωσιν τῇ ἀπιστίᾳ
* ἐὰν **ἐπιμείνωσιν** τῇ ἀπιστίᾳ 1315* 1506
ἐὰν μὴ **ἐπειμείνωσειν** τῇ **ἀπεστείᾳ** F G

11.23 txt ἐγκεντρισθήσονται
ἐνκεντρισθήσονται B* ℵ 326 1735 1837 w
ἐγκεντρισθήσωνται 365 1646
ἐνκεντρεισθήσονται F G

11.23 txt δυνατὸς γάρ ἐστιν ὁ θεὸς
δυνατὸς γὰρ **ὁ θ̅ς̅** 1506
δυνατὸς γὰρ **ὁ θ̅ς̅ ἐστιν** L Ψ 049 6 88 1 33 131 205 209 226 489 517 614 618 796 910 927 1175 1241 1245 1352 1424 1646 1734 1738 1854 1891 1982 2125 2344 2412 2464

11.23 txt πάλιν ἐγκεντρίσαι αὐτούς
πάλιν **ἐνκεντρίσαι** αὐτούς B* ℵ A D* G 33 326 1506 1735 1837 w
πάλιν **αὐτοὺς ἐγκεντρίσαι** 1891
πάλιν ἐνκεντρίσαι **αὐτοῖς** F

11.24 txt εἰ γὰρ σὺ ἐκ τῆς κατὰ φύσιν ἐξεκόπης ἀγριελαίου
** εἰ γὰρ σὺ ἐκ τῆς κατὰ φύσιν ἐξεκόπης ἀγριελαίου καὶ παρὰ φύσιν ἐνεκεντρίσθης εἰς καλλι 1837*

11.24 txt ἐξεκόπης ἀγριελαίου καὶ παρὰ φύσιν
omit 1874

11.24 txt ἐξεκόπης ἀγριελαίου
ἐξεκόπης **ἀγριελαίας** 323 330 2400

11.24 txt καὶ παρὰ φύσιν ἐνεκεντρίσθης εἰς καλλιέλαιον
καὶ παρὰ **φύσις** ἐνεκεντρίσθης εἰς καλλιέλαιον 1891
ἢ παρὰ φύσιν **ἐνεγκεντρίσθης** εἰς **καλιέλαιον** 330
ἢ παρὰ φύσιν ἐνεκεντρίσθης εἰς καλλιέλαιον 2400
καὶ παρὰ φύσιν **ἐκεντρίσθης** εἰς καλλιέλαιον 1319
καὶ παρὰ φύσιν **ἐνεγκεντρίσθης** εἰς καλλιέλαιον 489 796 1243 1734 1827 1854

11.24 txt πόσῳ μᾶλλον οὗτοι οἱ κατὰ φύσιν ἐγκεντρισθήσονται
πόσῳ μᾶλλον **οὐ** κατὰ φύσιν ἐγκεντρισθήσονται 2815
πόσῳ μᾶλλον οὗτοι ἐγκεντρισθήσονται 1424
πόσῳ μᾶλλον οὗτοι κατὰ φύσιν ἐγκεντρισθήσονται 460 618 1738 Er^{1}
πόσῳ μᾶλλον οὗτοι οι **ἐαν** κατὰ φύσιν **ἐνκεντρίσθωσιν** D^{1}
πόσῳ μᾶλλον οὗτοι οι **ἐαν** κατὰ φύσιν **ἐγκεντρίσθωσι** 1505 2495
πόσῳ μᾶλλον οὗτοι οἱ κατὰ φύσιν **ἐνκεντρισθήσον** B*
πόσῳ μᾶλλον οὗτοι οἱ κατὰ φύσιν **ἐγκεντρίσθωσιν** 330 2400
πόσῳ μᾶλλον οὗτοι οἱ κατὰ φύσιν **ἐγκεντρισθεντες** 1352 [↓1735 1837 2464 w
πόσῳ μᾶλλον οὗτοι οἱ κατὰ φύσιν **ἐνκεντρισθήσονται** 𝔓^{46} ℵ D* F G 049 33 326 1506

11.24 txt τῇ ἰδίᾳ ἐλαίᾳ
τῇ ἰδία **ἐλέα**. 𝔓^{46}
τῇ **ἰδίῳ** ἐλαίᾳ. 614 999

11.25 txt οὐ γὰρ θέλω ὑμᾶς ἀγνοεῖν, ἀδελφοί
οὐ γὰρ θέλω ὑμᾶς ἀγνοεῖν, 209* 1352 1735 1881 2147
οὐ γὰρ θέλω ὑμας, **ἀδελφοί**, **ἀγνοεῖν** 1505
* οὐ γὰρ θέλω **ἡμᾶς** ἀγνοεῖν, ἀδελφοί F
οὐ γὰρ **θέλω γὰρ** ὑμᾶς ἀγνοεῖν, ἀδελφοί ℵ 104 365 1243 1319 1573
οὐ γὰρ **θέλω δὲ** ὑμᾶς ἀγνοεῖν, ἀδελφοι 69

11.25 txt ὅτι πώρωσις ἀπὸ μέρους τῷ Ἰσραὴλ
ὅτι **πόρωσις** ἀπὸ μέρους **τοῦ** ιηλ 33 1506
ὅτι πώρωσις **τῶι ιη̅λ̅ ἀπὸ μέρους** 945
ὅ **πόρωσης** ἀπὸ μέρους **τὸ** ιηλ 1646*
ὅτι **ἣ πόρωσης** ἀπὸ μέρους **τὸ** ιηλ 1646^{c}

11.25 txt ἄχρις οὗ τὸ πλήρωμα τῶν ἐθνῶν εἰσέλθῃ
ἄχρι οὗ τὸ πλήρωμα τῶν ἐθνῶν εἰσέλθῃ B* 𝔓^{46}
ἄχρι τὸ πλήρωμα τῶν ἐθνῶν εἰσέλθῃ 1505 2495
ἄχρις οὗ τὸ πλήρωμα τῶν ἐθνῶν **εἰσέλθοι** 1242
ἄχρις οὗ **ἔλθῃ τὸ πλήρωμα τῶν ἐθνῶν** 1836
ἄχρις οὗ πλήρωμα τῶν ἐθνῶν εἰσέλθῃ G
ἄχρις οὗ τὸ πλήρωμα τῶν ἐθνῶν **εἰσέλθει** 2464

11.26 txt καὶ οὕτως πᾶς Ἰσραὴλ σωθήσεται
καὶ **οὕτω** πᾶς Ἰσραὴλ σωθήσεται ℵ 69 104 131 205 517 547 1245 1505 1506 1611
[↑1734 1739 1881 2400 2495 τ
καὶ **οὕτω** **τοῦ** Ἰσραὴλ σωθήσεται 1827
καὶ **οὗτος** πᾶς Ἰσραὴλ σωθήσεται 2464
καὶ οὕτως καλῶς πᾶς Ἰσραὴλ σωθήσεται 1352
καὶ οὕτως πᾶς **Ἰσραηλίτης** σωθήσεται 1874

11.26 txt καθὼς γέγραπται : **ὡς** γέγραπται 049

11.26 txt ἥξει ἐκ Σιὼν ὁ ῥυόμενος
ἥξει ἐκ Σειὼν ὁ ῥυόμενος B $\mathfrak{P}^{46}$ D* F G
ἥξει **ἐξιὼν** **ω** ῥυόμενος, 2464
ἥξει ἐκ Σιὼν ῥυόμενος, 2495

11.26 txt ἀποστρέψει ἀσεβείας ἀπὸ Ἰακώβ
ἀποστρέψαι ἀσεβείας ἀπὸ Ἰακώβ· F G
ἀποστρέψει **ἀσεβεῖς** ἀπὸ Ἰακώβ· $\mathfrak{P}^{46}$
καὶ ἀποστρέψει ἀσεβείας **ἐξ** Ἰακώβ· 1 88
καὶ ἀποστρέψει **ἀσεβεῖς** ἀπὸ Ἰακώβ· 440 1874
καὶ ἀποστρέψει ἀπὸ ἀσεβείας ἀπὸ Ἰακώβ· 945
καὶ **ἀποστρέψη** ἀσεβείας ἀπὸ Ἰακώβ· 226 330 1270 1424 1505
** καὶ ἀποστρέψει **εὐσεβείας** ἀπὸ Ἰακώβ· 1891
καὶ ἀποστρέψει ἀσεβείας ἀπὸ Ἰακώβ· D[1.2] L Ψ 049 056 6 33 69 104 131 205 209 323 424 460 489 517 547 614 618 796 910 927 999 1175 1241 1242 1243 1245 1315 1352 1448 1611 1646 1734 1735 1738 1827 1836 1854 1881 1982 2125 2147 2400 2412 2464 2495 2815 τ Er[1]

11.27 txt καὶ αὕτη αὐτοῖς ἡ παρ᾽ ἐμοῦ διαθήκη
καὶ αὕτη αὐτοῖς **παρ᾽ ἐμοῦ ἡ** διαθήκη $\mathfrak{P}^{46}$
αὕτη αὐτοῖς ἡ παρ᾽ ἐμοῦ διαθήκη 1319
καὶ αὕτη **αὐτοὺς** ἡ παρ᾽ ἐμοῦ διαθήκη 056
καὶ αὕτη **αὐτῶν** ἡ παρ᾽ ἐμοῦ διαθήκη 330 1352
καὶ αὕτη **αὐτῷ** ἡ παρ᾽ ἐμοῦ διαθήκη 2400

11.27 txt ὅταν ἀφέλωμαι τὰς ἁμαρτίας αὐτῶν
ὅταν **ἀφέλουμαι** τὰς ἁμαρτίας αὐτῶν 1506
ὅταν **ἀφέλομαι** τὰς ἁμαρτίας αὐτῶν L 104 1241 1319 1424 1836 1881 2147

11.28 txt κατὰ μὲν τὸ εὐαγγέλιον ἐχθροὶ δι᾽ ὑμᾶς
κατὰ μὲν οὖν τὸ εὐαγγέλιον ἐχθροὶ δι᾽ ὑμᾶς 104
κατὰ μὲν τὸ εὐαγγέλιον **ἐκθροὶ** δι᾽ ὑμᾶς F G
κατὰ μὲν τὸ εὐαγγέλιον ἐχθροὶ δι᾽ **ἡμᾶς** 1242 1245 1874 2147 2400 2464
κατὰ μὲν τὸ εὐαγγέλιον **ἐχθρὸς** δι᾽ **ἡμᾶς** 1506
κατὰ μὲν τὸ εὐαγγέλιον καὶ ἐχθροὶ δι᾽ ὑμᾶς 209
κατὰ τὸ εὐαγγέλιον ἐχθροὶ δι᾽ ὑμᾶς 1319*

11.29 txt ἀμεταμέλητα γὰρ τὰ χαρίσματα καὶ ἡ κλῆσις τοῦ θεοῦ.
ἀμεταμέλητα γὰρ τοῦ θ̅υ̅ τὰ χαρίσματα καὶ ἡ κλῆσις τοῦ θ̅υ̅ 131
ἀμεταμέλητα τὰ χαρίσματα καὶ ἡ **κλήσεις** τοῦ θ̅υ̅ 1243
ἀμεταμέλητα γὰρ τὰ χαρίσματα καὶ ἡ δωρεὰ καὶ ἡ κλῆσις τοῦ θ̅υ̅ 330 2400
** ἀμεταμέλητα γὰρ τὰ χαρίσματα καὶ ἡ **κτίσις** τοῦ θ̅υ̅ $\mathfrak{P}^{46}$
** ἀμεταμέλητα γὰρ τὰ χαρίσματα καὶ ἡ **χρῆσις** τοῦ θ̅υ̅ 056*
** ἀμεταμέλητα γὰρ τὰ χαρίσματα καὶ ἡ **ἐκλόγη** τοῦ θυ 796 [↓1573
ἀμεταμέλητα γὰρ τὰ χαρίσματα **τοῦ θ̅υ̅** **καὶ ἡ κλῆσις** 69 365 1319
ἀμεταμέλητα γὰρ τὰ χαρίσματα καὶ ἡ κλῆσις **τῶν** θ̅υ̅ 1836*

11.30 txt ὥσπερ γὰρ ὑμεῖς ποτε ἠπειθήσατε τῷ θεῷ, νῦν δὲ ἠλεήθητε τῇ τούτων ἀπειθείᾳ
omit ℵ*

11.30 txt ὥσπερ γὰρ ὑμεῖς ποτε ἠπειθήσατε τῷ θεῷ
ὥσπερ γὰρ **ποτε ὑμεῖς** ἠπειθήσατε τῷ θεῷ A
ὥσπερ γὰρ ὑμεῖς ποτε **ἠπειθήσαται** τῷ θεῷ F G
ὥσπερ γὰρ ὑμεῖς ποτε **ἐπειθήσατε** τῷ θεῷ 2147
ὥσπερ γὰρ καὶ **ἡ κλῆσις τῶν** ποτε **ἐπειθήσατε** τῷ θεῷ 1836
ὥσπερ γὰρ **ποτε** **καὶ** **ὑμεῖς** ἠπειθήσατε τῷ θεῷ 440 1315
ὥσπερ καὶ ὑμεῖς ποτε ἠπειθήσατε τῷ θεῷ 1242
ὥσπερ γὰρ ὑμεῖς ποτε ἠπειθήσατε 1734
ὥσπερ γὰρ ὑμεῖς ποτε **ἐπειθήσατω** τῷ θεῷ 489

11.30 txt νῦν δὲ ἠλεήθητε τῇ τούτων ἀπειθείᾳ
νῦν δὲ **ἠλεήθηται** τῇ τούτων **ἀπειθίᾳ** F G 131 1646
νῦν δὲ **ἐλεήθητε** τῇ τούτων ἀπειθείᾳ C 1573 1836 1874
νῦν δὲ **ἐλεήθηται** τῇ τούτων ἀπειθείᾳ 1506
νῦν δὲ **ἠλεύθητε** τῇ τούτων ἀπειθείᾳ 2412
τῇ τούτων ἀπειθείᾳ 1734

11.31 txt οὕτως καὶ οὗτοι νῦν ἠπείθησαν τῷ ὑμετέρῳ ἐλέει
οὕτω καὶ οὗτοι νῦν ἠπείθησαν τῷ ὑμετέρῳ ἐλέει 104 209c 365 517 547 1242 1245
οὕτω καὶ οὗτοι καὶ νῦν ἠπείθησαν τῷ ὑμετέρῳ ἐλέει 205 209* [↑1270 1319 1424
οὕτω καὶ οὗτοι ἠπείθησαν τῷ ὑμετέρῳ ἐλέει 1505 2495 [↑1573 1891 **τ**
οὕτως καὶ **αὐτοὶ** νῦν ἠπείθησαν τῷ ὑμετέρῳ ἐλέει F G 131
οὗτος καὶ οὗτοι νῦν ἠπείθησαν τῷ ὑμετέρῳ ἐλέει 326
οὕτως καὶ **αὐτοὶ** νῦν ἠπείθησαν τῷ ὑμετέρῳ ἐλέει D*
οὕτως καὶ οὗτοι ἠπείθησαν τῷ **ὑμῶν** ἐλέει 1827
οὕτως καὶ οὗτοι νῦν ἠπείθησαν τῷ **ἡμετέρῳ** ἐλέει 33 69* 330 1836 2400 2412
οὕτως καὶ οὗτοι νῦν ἠπείθησαν **ἐν** τῷ ὑμετέρῳ ἐλέει 056

11.31 txt ἵνα καὶ αὐτοὶ νῦν ἐλεηθῶσιν
txt ἵνα καὶ αὐτοὶ ἐλεηθῶσιν
ἵνα καὶ νῦν ἐλεηθῶσιν ℵ*
ἵνα καὶ αὐτοὶ ὑμῖν ἕτερον **ἐλεηθῶσι·** 1573
καὶ αὐτοὶ ἵνα ὕστερον ἐλεηθῶσιν 33 (**na** does not report order **καὶ αὐτοὶ ἵνα**)
ἵνα καὶ αὐτοὶ νῦν **ἐλεηθοῦσιν** 049

11.32 txt ἵνα τοὺς πάντας ἐλεήσῃ
ἵνα πάντας ἐλεήσῃ 1424
ἵνα τοὺς πάντας **ἐλεήσει** L 6 33 927 1241 1319 1424 1735 1837 1874

11.33 txt ὦ βάθος πλούτου καὶ σοφίας καὶ γνώσεως θεοῦ
ὦ βάθος πλούτου καὶ σοφίας καὶ γνώσεως τοῦ θυ· F G 33
ὦ βάθος πλούτου καὶ γνώσεως θυ 1352
ὦ βάθος πλούτου καὶ **γνώσεως** καὶ **σοφίας** θυ 2344

11.33 txt ὡς ἀνεξεραύνητα τὰ κρίματα αὐτοῦ
ὡς **ἀνεξερεύνητα** τὰ κρίματα αὐτοῦ D F G L Ψ 049 056 1 6 33 69 104 131 205 209 226 323 326 330 365 424 440 460 489 517 547 614 618 796 910 927 945 999 1175 1241 1242 1243 1245 1270 1315 1319 1352 1424 1448 1505 1506 1573 1611 1646 1734 1735 1738 1739 1827 1836 1837 1854 1874 1881 1891 1982 2125 2147 2344 2400 2412 2495 2815 **τ** Er[1]

11.34 txt τίς γὰρ ἔγνω νοῦν κυρίου
τίς ἔγνω νοῦν κυ; 2815
τίς γὰρ **ἔγνων** νοῦν κυ; 326* 1506 1837
* τίς γὰρ ἔγνω νουν **θυ**; D*

11.34 txt τίς σύμβουλος αὐτοῦ ἐγένετο;
τις αὐτοῦ σύμβουλος αὐτοῦ ἐγένετο; 056
τίς αὐτοῦ σύμβουλος ἐγένετο; 131
τίς σύμβουλος **αὐτῷ** ἐγένετο; 796

11.35 txt τίς προέδωκεν αὐτῷ
τίς προέδωκεν **αὐτόν** 618 1738
τίς **προεδόκησαν** αὐτῷ 330
τίς **παρέδωκεν** αὐτῷ, Ψ

11.35 txt καὶ ἀνταποδοθήσεται αὐτῷ;
καὶ **ἀνταποδωθήσεται** αὐτῷ; 33 1175* 1506 1646 1874
omit 460* 618 1738

11.36 txt ὅτι ἐξ αὐτοῦ καὶ δι' αὐτοῦ καὶ εἰς αὐτὸν τὰ πάντα
ὅτι ἐξ αὐτοῦ καὶ δι' αὐτοῦ καὶ εις **αὐτῷ** τὰ πάντα 049
ὅτι ἐξ **αὐτῷ** καὶ δι' αὐτοῦ καὶ εἰς αὐτὸν τὰ πάντα 1646*
ὅτι **δι'** αὐτοῦ καὶ **ἐξ** αὐτοῦ καὶ εἰς αὐτὸν τὰ πάντα 𝔓46
omit 1245

11.36 txt αὐτῷ ἡ δόξα εἰς τοὺς αἰῶνας, ἀμήν
αὐτῷ ἡ δόξα εἰς τοὺς αἰῶνας τῶν αἰώνων, ἀμήν F
omit 1

12.1 txt παρακαλῶ οὖν ὑμᾶς, ἀδελφοί
παρακαλῶ οὖν, ἀδελφοι 𝔓[46*]
παρακαλῶ οὖν ὑμᾶς, ἀδελφοί μου, 618 1738
* παρακαλῶ οὖν **ἡμᾶς**, ἀδελφοι 1352

12.1 txt διὰ τῶν οἰκτιρμῶν τοῦ θεοῦ
διὰ τῶν **οἰκτειρῶν** τοῦ θ̅υ̅ F G

12.1 txt παραστῆσαι τὰ σώματα ὑμῶν θυσίαν ζῶσαν ἁγίαν
παραστήσατε τὰ σώματα ὑμῶν θυσίαν ζῶσαν ἁγίαν 1734 1738
παραστήσατε τὰ σώματα ὑμῶν θυσίαν ζῶσαν 1881

12.1 txt εὐάρεστον τῷ θεῷ
εὐάρεστον θ̅ω̅ 𝔓[46]
τῷ θεῷ εὐάρεστον ℵ* A P 1506 [w]

12.1 txt τὴν λογικὴν λατρείαν ὑμῶν·
* τὴν λογικὴν λατρείαν **ἡμῶν** 365* 1836 2400

12.2 txt καὶ μὴ συσχηματίζεσθε τῷ αἰῶνι τούτῳ
καὶ μὴ συσχηματίζεσθε τῷ **αἰωνίῳ** τούτῳ B*
καὶ μὴ **συνσχηματίζεσθαι** τῷ αἰῶνι τούτῳ D*[,2] 1735 [w]
καὶ μὴ **συνσχηματίζεσθαι** τῷ **αἰώνει** τούτῳ F G
καὶ μὴ **συσχηματίζεσθαι** τῷ **αἰωνίῳ** τούτῳ B[c] A
** καὶ **συσχηματίζεσθε** τῷ αἰῶνι τούτῳ 205
μὴ **συσχηματίζεσθε** τῶι αἰῶνι τούτῳ 424[c] 1739 Cl II 41.4
** καὶ **συσχηματίζεσθαι** τῷ αἰῶνι τούτῳ 326
καὶ μὴ **συσχηματίζεσθαι** τῷ αἰῶνι **τοῦτο** 33 88
καὶ μὴ **συσχηματίζεσθαι** τῷ αἰῶνι τούτῳ Ψ 049 056 1 131 209 323 330 460 489 547 618 796 927 945* 1175 1242 1243 1270 1448 1505 1506 1646 1827 1836 1837 1854 1891 2125 2147 2400 2495

12.2 txt μεταμορφοῦσθε τῇ ἀνακαινώσει τοῦ νοὸς
μεταμορφοῦσθε τῇ **ἀνακαινήσει** τοῦ νοὸς ὑμῶν 365* 1241 2815
* **μορφοῦσθαι** τῇ ἀνακαινώσει τοῦ νοὸς 6
μεταμορφοῦσθαι τῇ **ἀνακαινήσει** τοῦ νοὸς ὑμῶν 330 2400

12.2 txt εἰς τὸ δοκιμάζειν ὑμᾶς
* εἰς τὸ δοκιμάζειν **ἡμᾶς** 1245 1836

12.2 txt τί τὸ θέλημα τοῦ θεοῦ
τί τὸ θέλημα θ̅υ̅. F G

12.2 txt τὸ ἀγαθὸν καὶ εὐάρεστον καὶ τέλειον
τῶ ἀγαθῶν καὶ εὐάρεστον καὶ τέλειον 618
καὶ εὐάρεστον καὶ **ἀγαθὸν** καὶ τέλειον 33
τὸ ἀγαθὸν καὶ **τέλειον** **καὶ εὐάρεστον** 1827

12.3 txt διὰ τῆς χάριτος __ τῆς δοθείσης μοι
** διὰ τῆς χάριτος τοῦ θ̅υ̅ τῆς **λογισθείσης** μοι 796

12.3 txt παντὶ τῷ ὄντι ἐν ὑμῖν
τῷ ὄντι ἐν ὑμῖν 1352
καὶ παντὶ τῷ ὄντι ἐν ὑμῖν 326 1837
παντὶ ὄντι ἐν ὑμῖν 1646

12.3 txt μὴ ὑπερφρονεῖν παρ' ὃ δεῖ φρονεῖν
μὴ **ὑποφρονεῖν** παρ' ὃ δεῖ φρονεῖν 945
μὴ ὑπερφρονεῖν παρ' **ὧ** δεῖ φρονεῖν 618
μὴ ὑπερφρονεῖν F G 6
μὴ ὑπερφρονεῖν ἑκάστῳ παρ' ὃ δεῖ φρονεῖν 999[c]
μὴ ὑπερφρονεῖν παρ' ὃ **δὴ** φρονεῖν 2344

12.3 txt ἀλλὰ φρονεῖν εἰς τὸ σωφρονεῖν
εἰς τὸ σωφρονεῖν 618
ἀλλὰ φρονεῖν τὸ σωφρονεῖν G*

		Reading	Witnesses
12.3	txt	ἑκάστῳ ὡς ὁ θεὸς ἐμέρισεν μέτρον πίστεως	
		ἑκάστῳ ὡς **ἐμέρισεν** **ὁ θς** μέτρον πίστεως	A
		ἑκάστῳ ὡς ὁ θεὸς **ἐμέτρισε** μέτρον πίστεως	1734 1739^c 1881
		ἐν ἑκάστῳ ὡς ὁ θς **ἐμέρισε** μέτρον πίστεως	1242
	**	ἑκάστῳ ὡς ὁ θεὸς **ἐμέρισε** μέτρον **χάριτος**	6 424^c
		ἑκάστῳ ὡς ὁ θεὸς **ἐμέρισε** **μέτρῳ** πίστεως	1319
		ἑκάστῳ ὡς **ἐμέρισε** μέτρον πίστεως	2344

		Reading	Witnesses
12.4	txt	καθάπερ γὰρ ἐν ἑνὶ σώματι πολλὰ μέλη ἔχομεν	
		καθάπερ ἐν ἑνὶ σώματι πολλὰ μέλη ἔχομεν	𝔓46
	*	καθάπερ ἐν ἑνὶ σώματι **μέλη πολλὰ** **ἔχωμεν**	1243 1646
		καθάπερ γὰρ ἑνὶ σώματι **μέλη πολλὰ** ἔχομεν	365 424^c 1319
		ὥσπερ γὰρ ἐν ἑνὶ σώματι πολλὰ μέλη ἔχομεν	D*
		ὥσπερ γὰρ ἐν **ἑνεὶ** **σώματει** πολλὰ μέλη ἔχομεν	F G
		καθάπερ γὰρ **μέλη πολλὰ** **ἔχομεν ἐν ἑνὶ σώματι**	460 618 1738
		καθάπερ γὰρ ἐν ἑνὶ σώματι **μέλλη πολλὰ** ἔχομεν	049
	*	καθάπερ γὰρ ἐν ἑνὶ σώματι **μέλη πολλὰ** **ἔχωμεν**	33 910 1646 1874 2147

		Reading	Witnesses
12.4	txt	τὰ δὲ μέλη πάντα οὐ τὴν αὐτὴν ἔχει πρᾶξιν	
		τὰ δὲ μέλη πάντα οὐ τὴν αὐτὴν **πράξειν** **ἔχει**	𝔓46
		τὰ δὲ **πάντα** **μέλη** οὐ τὴν αὐτὴν **πράξειν** **ἔχει**	F
		πάντα **δὲ** **τὰ** **μέλη** οὐ τὴν αὐτὴν ἔχει πρᾶξιν	1241
		πάντα **τὰ** **δὲ** **μέλη** οὐ τὴν αὐτὴν ἔχει πρᾶξιν	1827
		τὰ δὲ μέλη πάντα οὐ τὴν αὐτὴν **ἔχῃ** πρᾶξιν	1319
		τὰ δὲ μέλη πάντα οὐ τὴν αὐτὴν αὐτὴν ἔχει πρᾶξιν	1836
		τὰ δὲ **μέλλη** πάντα οὐ τὴν αὐτὴν ἔχει πρᾶξιν	2147

		Reading	Witnesses
12.5	txt	οὕτως οἱ πολλοὶ ἓν σῶμά ἐσμεν ἐν Χριστῷ	
		οὕτως οἱ πολλοὶ ἓν σῶμά ἐν χρῳ,.	F G
		οὕτως καὶ οἱ πολλοὶ ἓν σῶμά ἐσμεν ἐν χῳ.	1 69 1243 1245 1270 1611 1836
		οὕτως οἱ πολλοὶ σῶμά ἐσμεν ἐν χῳ.	1319
		οὕτω καὶ οἱ πολλοὶ ἓν σῶμά ἐσμεν ἐν χω	104
		οὕτως οἱ πολλοὶ ἓν σῶμά ἓν σῶμά ἐσμεν ἐν χω	205
		οὕτως οἱ πολλοὶ ἓν σῶμά ἐσμεν	517
		οὕτως οἱ πολλοὶ ἓν σῶμά ἐσμεν ἐν χω **ιυ**	.1315

		Reading	Witnesses
12.5	txt	τὸ δὲ καθ' εἷς ἀλλήλων μέλη	
		τὸ δὲ **κατ'** **ἷς** ἀλλήλων μέλη	𝔓46
		τὸ δὲ καθ' εἷς ἀλλήλων **μέλλη**	1319
		ὁ δὲ καθ' εἷς ἀλλήλων **μέλλη**	1245
		ὁ δὲ καθ' εἷς ἀλλήλων **μέλλει**	1315
		ὁ δὲ **καθεὶ** ἀλλήλων μέλη	1734
		οἱ δὲ καθ' εἷς ἀλλήλων μέλη	2344

		Reading	Witnesses
12.6	txt	ἔχοντες δὲ χαρίσματα	
		ἔχοντες χαρίσματα	1735 2344
		ἔχοντες **οὖν** χαρίσματα	P
		ὑπερέχοντες δὲ χαρίσματα	1
		ἔχωντες δὲ χαρίσματα	618 1646^c
		ἔχωντες **χαρίσμαματα**	1646*

		Reading	Witnesses
12.6	txt	κατὰ τὴν χάριν τὴν δοθεῖσαν ἡμῖν διάφορα	
		κατὰ τὴν χάριν τὴν **δοθῖσαν** ἡμῖν **διάφοραν**	D*
		κατὰ τὴν χάριν τὴν **δωθεῖσαν** ἡμῖν διάφορα	1506
		κατὰ τὴν χάριν τοῦ θυ τὴν δοθεῖσαν **ὑμῖν** διάφορα	88 1424
		κατὰ τὴν χάριν τὴν δοθεῖσαν **ὑμῖν** διάφορα	489 547 927 1505 2495

		Reading	Witnesses
12.6	txt	προφητείαν κατὰ τὴν ἀναλογίαν τῆς πίστεως	
		προφητείαν κατὰ ἀναλογίαν τῆς πίστεως	056* 2815
		προφητεία κατὰ τὴν ἀναλογίαν τῆς πίστεως	330 1241 2400

		Reading	Witnesses
12.7	txt	εἴτε διακονίαν ἐν τῇ διακονίᾳ	
	**	εἴτε **τὸ κήρυγμα** ἐν τῇ διακονίᾳ	424^c
		εἴτε ὁ διακονιαν ἐν τῇ διακονίᾳ	69^c

		Reading	Witnesses
12.7	txt	εἴτε ὁ διδάσκων ἐν τῇ διδασκαλίᾳ	
		ἤτοι ὁ διδάσκων ἐν τ··	𝔓46
		εἴτε **διδασκαλείαν** ἐν τῇ **διδασκαλείᾳ**	A

12.8 txt παρακλήσει : **παρακλέσει** F

12.8 txt ὁ μεταδιδοὺς ἐν ἁπλότητι
ὁ μεταδιδοὺς ἔστω ἐν ἁπλότητι Cl Paid. III 96.3

12.8 txt ὁ προϊστάμενος ἐν σπουδῇ, ὁ ἐλεῶν ἐν ἱλαρότητι
omit 1319

12.8 txt ὁ προϊστάμενος ἐν σπουδη
ὁ προϊστάμενος **ἂν** σπουδη 1837
ὁ **προϊστανόμενος** ἐν σπουδη ℵ

12.8 txt ὁ ἐλεῶν ἐν ἱλαρότητι
ὁ **ἐλαιῶν** ἐν ἱλαρότητι. ℵ
ὁ **ἐλαιῶν** ἐν **ἱλαρότειτει**. F G
ὁ **ἐλαιῶν** ἐν **ἱλαρώτητι**. 326

12.9 txt ἡ ἀγάπη ἀνυπόκριτος
ἡ ἀγάπη ἔστω φησὶν ἀνυπόκριτος 131
ἡ ἀγάπη **ἀνυπόκριτο** F G

12.9 txt ἀποστυγοῦντες τὸ πονηρόν
ἀποστυγοῦντες **τῶ πονηρῶ** 365
* **μεισοῦντες** τὸ πονηρόν F G

12.9 txt κολλώμενοι τῷ ἀγαθῷ
κολλώμενοι δὲ **τὸ ἀγαθόν** 999
κολόμενοι δὲ τῷ ἀγαθῷ 1646
κολλώμενοι **τὸ ἀγαθόν** 1243 1315 1735 1738 1891 2344

12.10 txt φιλόστοργοι : **φιλόστοργοιτ** D*

12.10 txt προηγούμενοι : **προσηγούμενοι** D*

12.11 txt τῷ κυρίῳ δουλεύοντες,
καὶ τῷ κυρίῳ δουλεύοντες 2400
τῷ **κυρίου** δουλεύοντες Er[1]
τῷ **καιρῷ** δουλεύοντες D* F G

12.12 txt τῇ ἐλπίδι χαίροντες : ἐλπίδι χαίροντες 618

12.12 txt τῇ θλίψει ὑπομένοντες
τῇ θλίψει **ὑπομένος** A*
τῇ **ἀθλήσει** ὑπομένοντες, 33
omit 104

12.13 txt ταῖς χρείαις τῶν ἁγίων κοινωνοῦντες
χρείαις τῶν ἁγίων κοινωνοῦντες 1352
** ταῖς χρείαις τῶν ἁγίων **διακονοῦντες** 056
ταῖς **μνίαις** τῶν ἁγίων κοινωνοῦντες D* F
ταῖς **μνίαις** τῶν ἁγίων **κοινοῦντες** G

12.13 txt ταῖς χρείαις τῶν ἁγίων κοινωνοῦντες τὴν φιλοξενίαν διώκοντες
τὴν φιλοξενίαν διώκοντες ταῖς χρείαις τῶν ἁγίων κοινωνοῦντες Cl Paid. III 96.4

12.13 txt τὴν φιλοξενίαν διώκοντες
* τὴν **φιλαδελφία** διώκοντες 1646*

12.14 txt εὐλογεῖτε τοὺς διώκοντας, εὐλογεῖτε καὶ μὴ καταρᾶσθε
εὐλογεῖτε τοὺς διώκοντας, καὶ μὴ καταρᾶσθε 𝔓46
εὐλογε··τ· **καὶ μὴ καταράσθαι**, **εὐλογεῖτε τοὺς διώκοντας ὑμᾶς** $D^{*.1}$ [εὐλογεῖτε 1]
εὐλογῖτας καὶ μὴ **καταρᾶσθαι** F*
εὐλογεῖτας καὶ μὴ **καταρᾶσθαι** F^c
εὐλογεῖται καὶ μὴ **καταρᾶσθαι** G

txt εὐλογεῖτε τοὺς διώκοντας ὑμᾶς, εὐλογεῖτε καὶ μὴ καταρᾶσθε
εὐλογεῖτε τοὺς διώκοντας **ἡμᾶς**, εὐλογεῖτε καὶ μὴ καταρᾶσθε 1245 1611
εὐλογεῖται τοὺς διώκοντας ὑμᾶς, εὐλογεῖτε καὶ μὴ **καταρᾶσθαι** 1319 1506
εὐλογεῖται τοὺς διώκοντας ὑμᾶς, **εὐλογεῖται** καὶ μὴ **καταρᾶσ.** 1646
εὐλογεῖτε τοὺς διώκοντας ὑμᾶς, εὐλογεῖτε καὶ μὴ **καταρᾶσθαι** 330
............εῖτε τοὺς διόκο.......... .... εὐλογεῖτε καὶ μὴ **καταρᾶσθαι** 33
εὐλογεῖτε τοὺς διώκοντας ὑμᾶς, **εὐλογεῖται** καὶ μὴ καταρᾶσθε 796
εὐλογεῖτε τοὺς διώκοντας ὑμᾶς, εὐλογεῖτε καὶ μὴ **καταρᾶσθαι** D^2 88 460 618 1270

12.15 txt χαίρειν μετὰ χαιρόντων, κλαίειν μετὰ κλαιόντων
κλαίειν μετὰ **κλαιόντων**, **χαίρειν** μετὰ **χαιρόντων** 1735

12.16 txt τὸ αὐτὸ εἰς ἀλλήλους φρονοῦντες
τὸ **αὐτῷ** εἰς ἀλλήλους φρονοῦντες 618
* τὸ αὐτὸ εἰς ἀλλήλους **φιλόστοργοὶ** 999
* τὸ αὐτὸ εἰς ἀλλήλους **φιλοφρονοῦντες** 1270
τὸ αὐτὸ καὶ εἰς ἀλλήλους φρονοῦντὲς 1315
τὰ αὐτὰ εἰς ἀλλήλους φρονοῦντες 1739 1881

12.16 txt μὴ τὰ ὑψηλὰ φρονοῦντες
ἀγαπητοί, P
μὴ τὰ ὑψηλὰ 131
omit 6 326 1352 1424* 1611* 1837
μὴ τὰ ὑψηλὰ φρονοῦντες ἀγαπητοὶ 1243

12.16 txt ἀλλὰ τοῖς ταπεινοῖς συναπαγόμενοι
ἀλλὰ τοῖς ταπεινοῖς **συναπαγάμενοι** B*
ἀλλὰ τοῖς ταπεινοῖς **συναγόμενοι** 𝔓46
ἀλλὰ τοῖς ταπεινοῖς **συναπαγώμενοι** 460 618 1646 1738

12.16 txt μὴ γίνεσθε φρόνιμοι παρ' ἑαυτοῖς
μὴ **γίνεσθαι** φρόνιμοι παρ' ἑαυτοῖς ℵ 910 1243 1506 1734
μὴ **γίγνεσθαι** φρόνιμοι παρ' ἑαυτοῖς D*
μὴ **γιγνεσθε** φρόνιμοι παρ' ἑαυτοῖς $D^{1.2}$
μὴ **γένεσθαι** φρόνιμοι παρ' ἑαυτοῖς 1735
μὴ **γείνεσθαι** φρόνιμοι παρ' ἑαυτοῖς F G
μὴ γίνεσθε **παρ' ἑαυτοῖς φρόνημοι** 104
μὴ γίνεσθε **φρόνοιμοι** παρ' ἑαυτοῖς 1646

12.17 txt μηδενὶ κακὸν ἀντὶ κακοῦ ἀποδιδόντες
μηδενὶ κακὸν ἀντὶ κακοῦ **ἀποδιδοῦντες** 104 365 1734
μηδενὶ κακὸν ἀντὶ κακοῦ **ἀνταποδιδόντες** 1739 1881
μηδενὶ κακὸν **ἀποδιδόντες ἀντὶ κακοῦ**, 1352

12.17 txt προνοούμενοι καλὰ ἐνώπιον πάντων ἀνθρώπων
προνοούμενοι καλὰ ἐνώπιον πάντων τῶν ανω̃ν 330 2400
ἐπινοούμενοι καλὰ ἐνώπιον πάντων ἀνθρώπων 1827

12.18 txt εἰ δυνατόν τὸ ἐξ ὑμῶν, μετὰ πάντων ἀνθρώπων
omit 6

12.18 txt εἰ δυνατόν τὸ ἐξ ὑμῶν
* εἰ δυνατόν τὸ ἐξ **ἡμῶν** 440
εἰ δυνατόν ἐξ ὑμῶν 049

12.19 txt μὴ ἑαυτοὺς ἐκδικοῦντες, ἀγαπητοί
** μὴ ἑαυτοὺς ἐκδικοῦντες, **ἀδελφοί** 489 927
μὴ ἑαυτοὺς **ἐκδιδους**, ἀγαπητοί 1646*

12.19 txt ἀλλὰ δότε τόπον τῇ ὀργῇ
ἀλλὰ δότε τόπον ἐν τῇ ὀργῇ 1319
ἀλλὰ **δῶτε** τόπον τῇ ὀργη 1874
ἀλλὰ **δῶται** τόπον τῇ ὀργῇ 1646
ἀλλὰ δότε **τόνον** τῇ ὀργῇ F*

12.19 txt ἐγὼ ἀνταποδώσω
ἐγὼ **ἀνταποδῶ** F G
ἐγὼ **ἀνταποδόσω** 1611 1646 1874

12.20 txt ἀλλὰ ἐὰν πεινᾷ ὁ ἐχθρός σου
....εινᾷ ὁ ἐχθρός σου $\mathfrak{P}^{46}$
ἐὰν **πινᾷ** ὁ ἐχθρός σου D*
ἀλλ' ἐὰν **πινᾷ** ὁ ἐχθρός σου ℵ P 1243
ἀλλ' ἐὰν οὖν πεινᾷ ὁ ἐχθρός σου 6 424^{c}
ἀλλ' ἐὰν πεινᾷ ὁ ἐχθρός σου, 69 330 365 1319 1573 1739 1881 2400
ἐὰν πεινᾷ ὁ **ἐκθρός** σου F G
ἐὰν πεινᾷ ὁ ἐχθρός σου, D$^{1.2}$ L Ψ 049 056 1 88 104 131 205 209 226 323 326 424* 440 460 489 517 547 614 618 796 910 927 945 999 1175 1241 1242 1245 1270 1315 1352 1424 1448 1505 1611 1646 1734 1735 1738 1827 1836 1837 1854 1874 1891 1982 2125 2147 2344 2412 2495 2815 τ Er^{1}

12.20 txt ψώμιζε αὐτόν
ψοίμιζε αὐτόν 330
ψώμιζε **αὐτῷ** 323
ψώμισον αὐτόν 69* 1352

12.20 txt ἐὰν διψᾷ, πότιζε αὐτόν·
καὶ ἐὰν διψᾷ, πότιζε αὐτόν D*
καὶ ἐὰν διψᾷ, **πότιζαι** αὐτόν D^{1}
ἐὰν **δειψᾷ**, **πότειζαι** αὐτόν F G
ἐὰν **δὲ** διψᾷ, πότιζε αὐτόν D^{2} Ψ 517 1505 1735 2495
omit L 460* 618 796 1734 1836 1891 Er^{1}

12.20 txt τοῦτο γὰρ ποιῶν
τοῦτο **δὲ** ποιῶν $\mathfrak{P}^{46}$ 2344

12.20 txt ἄνθρακας πυρὸς σωρεύσεις ἐπὶ τὴν κεφαλὴν αὐτοῦ
ἄνθρακα πυρὸς σωρεύσεις ἐπὶ τὴν κεφαλὴν αὐτοῦ 104 131
ἄνθρακας πυρὸς σωρεύσεις ἐπὶ **τῆς κεφαλῆς** αὐτοῦ B
ἄνθρακας πυρὸς **σωρεύεις** ἐπὶ τὴν κεφαλὴν αὐτοῦ 614 999 2412
ἄνθρακας πυρὸς **σωρεύσης** ἐπὶ τὴν κεφαλὴν αὐτοῦ 1243 1646 1836

12.21 txt μὴ νικῶ ὑπὸ τοῦ κακοῦ
μὴ **νεικῶ** **ἀπὸ** τοῦ κακοῦ F G
μὴ **νικοῦ** ὑπὸ τοῦ κακοῦ A

12.21 txt ἀλλὰ νίκα ἐν τῷ ἀγαθῷ τὸ κακόν
ἀλλὰ νίκα ἐν τῷ ἀγαθῷ **τὸν** κακόν 1352
ἀλλὰ νίκα ἐν τῷ ἀγαθῷ τὸ κακόν, ἀδελφοί 1874

13.1 txt οὐ γὰρ ἔστιν ἐξουσία
οὐ γὰρ **εἰσὶν ἐξουσίαι** 88

13.1 txt εἰ μὴ ὑπὸ θεοῦ
εἰ μὴ **ἀπὸ** θ̅υ̅ D$^{*.1}$ F G 69^{c} 88 323 796 945 1506 1573 1827 1982 2125 τ Er^{1}
εἰ μὴ **ἀπὸ** τοῦ θ̅υ̅ 1352
εἰ μὴ ὑπὸ τοῦ θ̅υ̅ 056 209 326 489 1505 1735 1837 2495

13.1 txt αἱ δὲ οὖσαι ὑπὸ θεοῦ τεταγμέναι εἰσίν
αἱ δὲ οὖσαι **ἀπὸ** θ̅υ̅ τεταγμέναι **εἰσείν** F G
αἱ δὲ οὖσαι ὑπὸ θεοῦ **εἰσι** **τεταγμέναι** 489 927
αἱ δὲ οὖσαι ὑπὸ θεοῦ **ὑποτεταγμέναι** εἰσίν 999

13.2 txt τῇ τοῦ θεοῦ διαταγῇ ἀνθέστηκεν
* τῇ τοῦ θεοῦ **δυνάμει** ἀνθέστηκεν 330 2400

13.2 txt οἱ δὲ ἀνθεστηκότες ἑαυτοῖς κρίμα λήμψονται
οἱ δὲ **ἀνθεστηκόντες** ἑαυτοῖς κρίμα λήμψονται. $\mathfrak{P}^{46}$
οἱ δὲ ἀνθεστηκότες **αὐτοῖς** κρίμα **λήψονται**. 056
οἱ δὲ ἀνθεστηκότες **ἑαυτοὺς** κρίμα **λήψονται**. 460 618
οἱ δὲ ἀνθεστηκότες **κρίμα ἑαυτοῖς** **λήψονται** 330 1837 2400
οἱ ἀνθεστηκότες ἑαυτοῖς κρίμα **λήψονται**. 2344

13.3 txt οἱ γὰρ ἄρχοντες οὐκ εἰσὶν φόβος τῶ ἀγαθῶ ἔργω
εἰ γὰρ οἱ ἄρχοντες οὐκ **εἰσὶ** φόβος τῶ ἀγαθῶ ἔργω Cl Paid. I 82.4

13.3 txt θέλεις δὲ μὴ φοβεῖσθαι τὴν ἐξουσίαν
θέλεις δὲ μὴ **φοβεῖσθε** τὴν ἐξουσίαν ℵ A 69 440 1505 1837
θέλεις δὲ μὴ φοβεῖσθαι **τῇ ἐξουσίᾳ** 365 489 927 2400
θέλης μὴ φοβεῖσθαι τὴν ἐξουσίαν 1646
θέλης δὲ μὴ **φοβήσθε** τὴν ἐξουσίαν 1243
θέλεις **δαὶ** μὴ **φοβῖσθαι** τὴν ἐξουσίαν F G

13.3 txt ἕξεις ἔπαινον ἐξ αὐτῆς
ἕξης ἔπαινον ἐξ αὐτῆς L 1315 1506 1611 1874*
ἕξεις **ἔπαινοι** ἐξ αὐτῆς 056
ἕξεις **ἔπαινος** ἐξ αὐτῆς· 1646

13.4 txt ἐὰν δὲ τὸ κακὸν ποιῇς
ἐὰν δὲ κακὸν ποιῇς $\mathfrak{P}^{46}$ [↓1506 1646 1735 1738 1836 1837 1874 1881 2147 2344 2412
ἐὰν δὲ τὸ κακὸν **ποιεῖς** P 056 6 33 88 226 326 330 460 614 618 796 999 1175 1241 1243 1245 1315 1352

13.4 txt φοβοῦ· οὐ γὰρ εἰκῇ τὴν μάχαιραν φορεῖ
omit 323 945 1448*

13.4 txt εἰκῇ : **ἡκεῖ** 460 618; **οἰκεῖ** 1836

13.4 txt τὴν μάχαιραν : τὴν **μάχαιρα** 330

13.4 txt θεοῦ γὰρ διάκονός ἐστιν ἔκδικος εἰς ὀργὴν
θεοῦ γὰρ διάκονός ἐστιν **ἔγδικος** εἰς ὀργὴν $\mathfrak{P}^{46}$
θεοῦ γὰρ διάκονός **ἔσται** ἔκδικος εἰς ὀργὴν 69
θεοῦ γὰρ διάκονός **ἐστι σοι εἰς ὀργὴν ἔκδικος** 1891

13.4 txt τῷ τὸ κακὸν πράσσοντι
τῷ κακὸν πράσσοντι 049* 226* 910
τὸ κακὸν πράσσοντι 69
τῷ **τω κακῶν** πράσσοντι 618
τῷ **κακῷ** πράσσοντι 2147

13.5 txt διὸ ἀνάγκη ὑποτάσσεσθαι
διὸ ἀνάγκη **ὑποτάσσεσθε** 6 69 330 999 1319 1827 1874 1881 2125 2344
διὸ ἀνάγκη **ὑποτάσσασθαι** 2400
διὸ ἀνάγκη **ὑποτάττεσθε** 1243
διὸ ὑποτάσσεσθαι D F G
διὸ **καὶ** **ὑποτάσεσθε** $\mathfrak{P}^{46*}$
διὸ **καὶ** **ὑποτάσσεσθε** $\mathfrak{P}^{46c}$
διὸ ἀνάγκη **ὑποτάσεσθαι** 618 1646

13.5 txt ἀλλὰ καὶ διὰ τὴν συνείδησιν
ἀλλὰ διὰ τὴν **συδησειν** F
ἀλλὰ διὰ τὴν **συνιδήσειν** G
ἀλλὰ διὰ τὴν συνείδησιν 796

13.6 txt διὰ τοῦτο γὰρ καὶ φόρους τελεῖτε
διὰ τοῦτο γὰρ καὶ φόρους **τελεῖται** A F G P 6 1243 1506 1735 1836 1837 2147
διὰ τοῦτο καὶ φόρους **τελεῖται** 049
διὰ τοῦτο καὶ φόρους τελεῖτε 1245

13.6 txt λειτουργοὶ γὰρ θεοῦ εἰσιν εἰς αὐτὸ τοῦτο προσκαρτεροῦντες.
λειτουργοὶ θ̅υ̅ εἰσιν εἰς αὐτὸ τοῦτο προσκαρτεροῦντες 049 1827
λειτουργοὶ γὰρ θ̅υ̅ **εἴσειν** εἰς αὐτὸ τοῦτο προσκαρτεροῦντες F G
λειτουργοὶ γὰρ θεοῦ εἰσιν **ἐπ'** αὐτὸ τοῦτο προσκαρτεροῦντες Ψ
λητουργὺ γὰρ θ̅υ̅ εἰσιν εἰς **αὐτῷ τούτῳ** προσκαρτεροῦντες 618

13.7 txt ἀπόδοτε πᾶσιν τὰς ὀφειλάς
ἀπόδωτε οὖν πᾶσι τὰς ὀφειλάς 1611
ἀπόδοτε οὖν **πᾶσιν** τὰς ὀφειλάς ℵ^{c} D$^{1.2}$ F G L P Ψ 049 056 1 6 33 69 88 104 131 205 209 226 323 326 365 424* 440 460 489 517 547 614 618 796 910 927 945 999 1175 1241 1242 1243 1245 1270 1315 1319 1352 1424 1448 1505 1573 1646 1734 1735 1738 1827 1836 1837 1854 1874 1891 1982 2125 2147 2344 2495 2815 **τ** Er^{1}

13.7 txt τῷ τὸν φόρον τὸν φόρον
τῷ **τῶν** **φόρων** τὸν **φόρων** 330
τῷ **τῶν** **φόρων** τὸν φόρον 2400

13.7 txt τῶ τὸν φόρον τὸν φόρον, τῷ τὸ τέλος τὸ τέλος
omit 056

13.7 txt τῷ τὸ τέλος τὸ τέλος, τῷ τὸν φόβον τὸν φόβον
τῷ τὸν φόβον τὸν φόβον 1245
τῷ τέλος τὸ τέλος, τῷ τὸν φόβον τὸν φόβον 489 1881
τῷ τὸ τέλος τὸ τέλος, 1424*
φόβον τὸν φόβον 056
τῷ **τοῦ τέλους** τὸ τέλος, τῷ **τῶν φόβων** τὸν φόβον 330 2400
τῷ **τὸν φόβον τὸν φόβον**, τῷ **τὸ τέλος τὸ τέλος** 1982

13.7 txt τῷ τὴν τιμὴν τὴν τιμήν
τω τὴν **τιμὴν**. 489*
τὴν **τιμὴν** τῷ τὴν **τιμήν**. 489c
τὸ τῆς τιμῆς τὴν **τιμήν**. 330 2400

13.8 txt Μηδενὶ μηδὲν ὀφείλετε
Μηδενὶ μηδὲν **ὀφείλεται** A F G P 33 131 326 1175 1241 1245 1506 1646 1735 1827 1881
Μηδενὶ μηδὲν **ὀφείλειτε** B
Μηδενὶ μηδὲν **ὀφίλητε** אc
Μηδενὶ μηδὲν **ὀφείλοντες** א* Ψ 945 1424

13.8 txt εἰ μὴ το ἀλλήλους ἀγαπᾶν
εἰ μὴ το **ἀγαπᾶν ἀλλήλους** L Ψ 049 056 1 33 88 131 205 209 226 323 424 440 460 489 517 547 614 618 796 910 927 945 999 1175 1241 1242 1243 1245 1270 1315 1352 1424 1448 1505 1611 1646 1734 1738 1827 1836 1854 1874 1891 1982 2125 2147 2344 2495 2815 **τ** Er[1]

13.8 txt ὁ γὰρ ἀγαπῶν τὸν ἕτερον νόμον πεπλήρωκεν
ὁ γὰρ ἀγαπῶν τὸν **πλησίον** νόμον πεπλήρωκεν 1735
ὁ γὰρ ἀγαπῶν ἕτερον νόμον **πεπλήρωκε** 1827

13.9 txt μοιχεύσεις : **μηχεύσεις** F G 1646

13.9 txt Οὐ φονεύσεις, Οὐ κλέψεις, Οὐκ ἐπιθυμήσεις
Οὐ **κλέψεις**, Οὐ κλέψεις, Οὐκ ἐπιθυμήσεις 2125
Οὐ **ψευδομαρτυρισεις**, Οὐ **φονεύσεις**, **Οὐ κλέψεις**, Οὐκ ἐπιθυμήσεις 999
Οὐ κλέψεις, Οὐκ ἐπιθυμήσεις 1739 1881
Οὐ φονεύσεις, Οὐ κλέψεις, Cl IV 10.2
Οὐ φονεύσεις, Οὐ κλέψεις, **Οὐκ ἐπιθυμήσεις**, **Οὐ ψευδομαρτυρησεις** 1505 1854 2495
Οὐ φονεύσεις, Οὐ κλέψεις, **Οὐ ψευδομαρτυρήσεις** 1734

13.9 txt καὶ εἴ τις ἑτέρα ἐντολη
καὶ εἴ τις ἐντολη 517
καὶ εἴ τις **ἐντολὴ ἑτέρα** 205 209
καὶ εἴ τις ἑτέρα ἐστιν ἐντολη א* A 33 88 326 1506 2344
καὶ εἴ τις **ἐστιν ἑτέρα** ἐντολη 1837

13.9 txt ἐν τῷ λόγῳ τούτῳ ἀνακεφαλαιοῦται
ἐν **τούτω μόνῳ ἀνακεφαλαιοῦται τῷ λόγῳ** Cl IV 10.2
ἐν **τούτω ἀνακεφαλαιοῦται τῷ λόγῳ** 1242
** ἐν **τούτω τῶι νόμῳ** ἀνακεφαλαιοῦται 945
ἐν **τοῦτο τῷ λόγῳ** ἀνακεφαλαιοῦται 33 1646 1837
ἐν **τούτω τῷ λόγῳ ἀνακεφαλεοῦνται** 618

13.9 txt ἀγαπήσεις : **ἀγαπήσης** P 460 1243 1836 2147

13.10 txt ἡ ἀγάπη τῷ πλησίον κακὸν οὐκ ἐργάζεται
* **ὁ ἀγαπῶν τὸν** πλησίον κακὸν οὐκ ἐργάζεται Cl IV 10.2
ἡ ἀγάπη **τὸν** πλησίον κακὸν **οὐ κατεργάζεται** 365
ἡ ἀγάπη **τὸν** πλησίον κακὸν οὐκ ἐργάζεται 1319 1573
ἡ ἀγάπη τῷ **πλησείω** κακὸν οὐκ ἐργάζεται F G
omit A

13.10 txt πλήρωμα οὖν νόμου ἡ ἀγάπη
πλήρωμα **γὰρ** νόμου ἡ ἀγάπη. 049 330 365 2344
πλήρωμα νόμου ἡ ἀγάπη. P 88 2147
πλήρωμα **δὲ** νόμου ἡ ἀγάπη. D* F G

13.11 txt καὶ τοῦτο εἰδότες τὸν καιρόν
εἰδότες τὸν καιρόν Cl IV 141.3
* καὶ τοῦτο **ἰδόντες** τὸν καιρόν· A* F
* καὶ τοῦτο **ἰδότες** τὸν καιρόν A^c G 365 1352
καὶ **τούτῳ** εἰδότες τὸν καιρόν 33
καὶ **τοῦτον** εἰδότες τὸν καιρόν 1874

13.11 txt ὅτι ὥρα ἤδη ὑμᾶς ἐξ ὕπνου ἐγερθῆναι
ὅτι ὥρα **ὑμᾶς** **ἤδη** ἐξ ὕπνου ἐγερθῆναι Cl IV 141.3
* ὅτι ὥρα ὑμᾶς ἐξ ὕπνου **δεῖ** **ἀνασῆναι** 1881
ὅτι **ἤδη** **ὥρα** ὑμᾶς ἐξ ὕπνου ἐγερθῆναι P
ὅτι **ἤδη** **ὥρα** **ἡμᾶς** ἐξ ὕπνου ἐγερθῆναι 1505 2495
ὅτι ὥρα ..... η **ἡμα**.. .... 𝔓46
ὅτει ὥρα **ἡμᾶς** **ἤδη** ἐξ **ὕπνους** **ἐγερθῆνε** F G
ὅτι ὥρα **ἡμᾶς** **ἤδη** ἐξ ὕπνου ἐγερθῆναι 1352
ὅτι ὥρα ἤδη **ἡμᾶς** ἐξ ὕπνου ἐγερθῆναι ℵ^c D 1243 1270 1573 1739 [**w**]
ὅτι ὥρα **δὴ** **ἡμᾶς** ἐξ ὕπνου ἐγερθῆναι 1506
ὅτι ὥρα **ἡμᾶς** **ἐξ** **ὕπνου** **ἤδη** ἐγερθῆναι 1827
ὅτι ὥρα **ἡμᾶς** **ἤδη** ἐξ ὕπνου **ἐξηγερθῆναι**, ἀδελφοί 1874
ὅτι ὥρα **ἡμᾶς** **ἤδει** ἐξ ὕπνου **ἐξεγερθῆναι** 33
ὅτι ὥρα **ἡμᾶς** **εἴδη** ἐξ ὕπνου **ἐγερθῆνε** 618
ὅτι ὥρα **ἡμᾶς** **ἤδη** ἐξ ὕπνου **ἐξεγερθῆναι** 945 1242 1891
ὅτι ὥρα **ἡμᾶς** **ἤδη** ἐξ ὕπνου ἐγερθῆναι L Ψ 049 056 1 6 88 104 131 205 209 226 323 424 440 460 489 517 547 614 796 910 927 999 1175 1241 1245 1315 1424 1448 1611 1646 1734 1735 1738 1836 1854 1982 2125 2147 2344 2815 **τ** Er^1

13.11 txt νῦν γὰρ ἐγγύτερον ἡμῶν ἡ σωτηρία
γὰρ ἐγγύτερον ἡμῶν ἡ σωτηρία C*
νῦν γὰρ **ἐνγύτερον** ἡμῶν ἡ σωτηρία D
νῦν ἐγγύτερον ἡμῶν ἡ σρια 365 460 618 1315 1505 1738 1827 1837 2495
νῦν γὰρ ἐγγύτερον ἡ σρια 131*
νῦν γὰρ **ἐγκύτερον** ἡμῶν ἡ σρια 1646
* νῦν γὰρ ἐγγύτερον **ὑμῶν** ἡ σρια P 489 1881

13.11 txt ἢ ὅτε ἐπιστεύσαμεν
ὅτε ἐπιστεύσαμεν 1 910
ἢ ὅτε **ἐπιστεύσατε** 1881

13.12 txt προέκοψεν : **προσέκοψεν** 330

13.12 txt ἡ δὲ ἡμέρα ἤγγικεν
ἡ δὲ ἡμέρα **ἤγγισεν** A

13.12 txt ἐνδυσώμεθα δὲ τὰ ὅπλα τοῦ φωτός
ἐνδυσώμεθα **οὖν** τὰ ὅπλα τοῦ φωτός. 𝔓46*
txt ἐνδυσώμεθα τὰ ὅπλα τοῦ φωτός
ἐνδυσώμεθα ὅπλα τοῦ φωτός 33

13.13 txt ὡς ἐν ἡμέρᾳ εὐσχημόνως περιπατήσωμεν
ὡς ἡμέρᾳ εὐσχημόνως περιπατήσωμεν 𝔓46
ὡς ἐν ἡμέρᾳ εὐσχημόνως **περιπατοῦντας** Cl Paid. II 40.3
ὡς ἐν ἡμέρᾳ **εὐσχημώνως** **περειπατήσωμεν** F G P
ὡς ἐν ἡμέρᾳ **εὐσχημόνος** **περιπατήσομεν** 1243 1646* 2147
εὐσχημόνως δὲ ὡς ἐν ἡμέρᾳ **περιπατοῦντες** Cl III 58.2

13.13 txt μὴ κώμοις καὶ μέθαις
μὴ **κώμαις** καὶ μέθαις 69* 1505 2495
μὴ **κόμης** καὶ μέθαις 1506

13.13 txt μὴ ἔριδι καὶ ζήλῳ
μὴ **ἔρισι** καὶ **ζήλοις** B [**w**] Cl III 58.2
μὴ **ἔρισι** καὶ **ζήλῳ** 424^c 1739

13.14 txt ἀλλὰ ἐνδύσασθε
ἀλλὰ **ἐνδύσασθαι** 𝔓46* A G
ἀλλ᾽ **ἐνδύσασθαι** D* F 056 33 131 1245 1505 1506 1646 1735 1836*
ἀλλ᾽ ἐνδύσασθε ℵ C D^1 L P Ψ 049 1 6 69 104 205 209 226 323 326 330 365 424 440 460 489 517 547 614 618 796 910 927 945 999 1175 1241 1242 1243 1270 1315 1319 1352 1424 1448 1573 1611 1734 1738 1739 1827 1836^c 1837 1854 1874 1881 1891 1982 2125 2147 2344 2400 2495 2815 **τ** Er^1

		Reading	Witnesses
13.14	txt	τὸν κύριον Ἰησοῦν Χριστὸν	
		τὸν Χριστὸν Ἰησοῦν	B [W] Cl Paid. III 56.2
		ιην **χρν τὸν** **κν** **ἡμῶν**	$\mathfrak{P}^{46}$
		τὸν κν **ιν**	323 489 547 927 1739 1881
		τὸν κν **ἡμῶν** **ιν** **χν**	1827
13.14	txt	καὶ τῆς σαρκὸς πρόνοιαν μὴ ποιεῖσθε εἰς ἐπιθυμίας.	
		οὐ γὰρ τῆς σαρκὸς πρόνοιαν ποιεῖσθαι εἰς ἐπιθυμίας	Cl Paid. III 58.2.
		τῆς σαρκὸς πρόνοιαν μὴ ποιεῖσθε εἰς ἐπιθυμίας	$\mathfrak{P}^{46c}$
		τῆς σαρκὸς πρόνοιαν μὴ ποιεῖσθε εἰς **ἐπιθυμίαν**.	$\mathfrak{P}^{46*}$
		τῆς σαρκὸς πρόνοιαν μὴ **ποιεῖσθαι** εἰς ἐπιθυμίας	א D*
		τῆς σαρκὸς πρόνοιαν μὴ ποιεῖσθε εἰς ἐπιθυμίας	D^{1}
		τῆς σαρκὸς πρόνοιαν μὴ **ποιεῖσθαι** εἰς **ἐπιθυμίαν**	A 1506 1735
		τῆς σαρκὸς πρόνοιαν μὴ **ποιεῖσθαι** **ἐν** **ἐπιθυμείαις**	F G
		καὶ τῆς σαρκὸς ὑμῶν πρόνοιαν μὴ **ποιεῖσθαι** εἰς ἐπιθυμίας	Ψ
		καὶ τῆς σαρκὸς πρόνοιαν μὴ **προς εἶσθαι** εἰς ἐπιθυμίας	618
		καὶ τῆς σαρκὸς πρόνοιαν μὴ ποιεῖσθε εἰς **ἐπιθυμίαν**	C 1 1243 1424
		καὶ τῆς σαρκὸς πρόνοιαν μὴ ποιεῖσθε εἰς **ἐπιθυμίαις**	33 1319 1874
		καὶ τῆς σαρκὸς πρόνοιαν μὴ **ποιεῖσθαι** εἰς ἐπιθυμίας	[88] 131 326 460 489 1175 1646 1836 1837 2125 Cl Paid. III 56.2
14.1	txt	Τὸν δὲ ἀσθενοῦντα τῇ πίστει προσλαμβάνεσθε	
		Τὸν δὲ ἀσθενοῦντα τῇ πίστει **προσλαμβάνεσθαι**	A D* F 131 460 618 1243 1735 1827
		Τὸν δὲ ἀσθενοῦντα τῇ **πίστη** **προσλαμβάνεσθαι**	G
	*	Τὸν δὲ ἀσθενοῦντα τῇ πίστει **προλαμβάνεσθε**	1270* 1734
		Τὸν δὲ ἀσθενοῦντα **πίστη** πίστει **προσλαμβάναισθε**	1646
		Τὸν δὲ ἀσθενοῦντα τῇ **πίστηι** προσλαμβάνεσθε	1891
14.1	txt	μὴ εἰς διακρίσεις διαλογισμῶν	
		μὴ εἰς διαλογισμῶν	365
		μὴ εἰς διακρίσεις διαλογισμῶν **λογισμῶν**	69 440 460 489 927 1175 1352 1827 1874 2125 2344*
14.2	txt	ὃς μὲν πιστεύει φαγεῖν πάντα	
		ὅσον μὲν πιστεύει φαγεῖν πάντα	1352
		ὃς μὲν γὰρ πιστεύει φαγεῖν πάντα	1505 2495
		ὃς μὲν **πιστεύειν** φαγεῖν πάντα	1245
		ὃς μὲν πιστεύει **φάγη** πάντα	547
14.2	txt	ὁ δὲ ἀσθενῶν λάχανα ἐσθίει	
	*	**ὃς** δὲ ἀσθενῶν λάχανα **αἰσθειέτω**	F
	*	ὁ δὲ ἀσθενῶν λάχανα **αἰσθειέτω**	G
	*	ὁ δὲ ἀσθενῶν λάχανα **ἐσθειέτω**	$\mathfrak{P}^{46}$
		ὁ δὲ ἀσθενῶν λάχανα **ἐσθιέτὼ**	$D^{*,1}$
14.3	txt	μὴ ἐξουθενείτω, ὁ δὲ μὴ ἐσθίων τὸν ἐσθίοντα	
		omit	1319
14.3	txt	ὁ ἐσθίων τὸν μὴ ἐσθίοντα μὴ ἐξουθενείτω	
		ὁ μὴ ἐσθίων τὸν ἐσθίοντα μὴ ἐξουθενείτω	Cl III 52.3
	*	ὁ ἐσθίων τὸν μὴ ἐσθίοντα μὴ **κρινέτω**	A
		ὁ ἐσθίων τὸν μὴ ἐσθίοντα ἐξουθενείτω	1874*
14.3	txt	ὁ δὲ μὴ ἐσθίων τὸν ἐσθίοντα μὴ **κρινέτω**	
	*	ὁ δὲ ἐσθίων τὸν μὴ ἐσθίοντα μὴ **κρινέτω**	Cl III 52.3
	*	**καὶ** **ὁ** **ἐσθίον** τὸν ἐσθίοντα μὴ **κρινέτω**	1245*
		καὶ **ὁ** μὴ **ὁ** ἐσθίων τὸν ἐσθίοντα μὴ **κρινέτω**	999
		καὶ **ὁ** μὴ ἐσθίων τὸν μὴ ἐσθίοντα μὴ **κρινέτω**	440 1352
	**	**οὐδὲ** **ὁ** μὴ **αἰσθείων** τὸν **αἰσθείοντα** **κρινέτω**	F G
14.3	txt	ὁ θεὸς γὰρ αὐτὸν προσελάβετο	
		ὁ **γὰρ** **θς** αὐτὸν **προσελάβετω**	1646
		ὁ **γὰρ** **θς** αὐτὸν προσελάβετο.	L 131
		ὁ θς αὐτὸν προσελάβετο.	104
		ὁ θεὸς γὰρ αὐτὸν **προσελάβετω**	1424
14.4	txt	σὺ τίς εἶ ὁ **κρίνων** ἀλλότριον οἰκέτην;	
		σὺ τίς ὁ **κρίνων** ἀλλότριον οἰκέτην;	796
		σὺ τίς εἶ ὁ **κρίνων** τὸν ἀλλότριον οἰκέτην;	1881

14.4 txt τῷ ἰδίῳ κυρίῳ στήκει ἢ **πίπτει**
τῶι ἰδίωι κω **ἢ** στήκει ἢ **πίπτει** 𝔓^{46}
τῷ ἰδίῳ κυρίῳ **στήκῃ** ἢ **πίπτει** 33 1646 1874*
τῷ ἰδίῳ **κυ** στήκει ἢ **πίπτει** 104

14.4 txt σταθήσεται δε
σταθήσεται **δαι** F
σταθήσεται 131
σταθήσεται **γάρ** 440 1243

14.4 txt δυνατεῖ γὰρ ὁ κύριος στῆσαι αὐτόν
* δυνατεῖ γὰρ ὁ κύριος στῆσαι **αὐτήν** 1836*

14.5 txt ὃς μὲν **κρίνει** ἡμέραν παρ' ἡμέραν
txt ὃς μὲν γὰρ **κρίνει** ἡμέραν παρ' ἡμέραν
ὃς μὲν **κρίνῃ** ἡμέραν παρ' ἡμέραν, 1243 1646^{c}
ὃς μὲν **κρίνῃ** ἡμέραν παρ' ἡμέραν ἑκάστω 1646*
** ὃς μὲν **νηστεύει** ἡμέραν παρ' ἡμέραν 1827

14.5 txt ὃς δὲ **κρίνει** πᾶσαν ἡμέραν· ἕκαστος
omit 1241

14.5 txt ὃς δὲ κρίνει πᾶσαν ἡμέραν
ὃς δὲ κρίνει πᾶσαν τὴν ἡμέραν 1505 2495
ὃς δε πᾶσαν τὴν ἡμέραν 1881
ὃς δὲ **κρίνῃ** πᾶσαν ἡμέραν 1243
* ὃς δὲ κρίνει **ὅλην** τὴν ἡμέραν· ἕκαστος 1646
** ὃς δὲ **νηστεύει** πᾶσαν ἡμέραν· ἕκαστος 1738 1827

14.5 txt ἕκαστος ἐν τῷ ἰδίῳ νοῒ πληροφορείσθω
ἕκαστος δ' ἐν τῷ ἰδίῳ νοῒ πληροφορείσθω 69
ἕκαστος δὲ ἐν τῷ ἰδίῳ νοῒ πληροφορείσθω 209* 796
ἕκαστος τῷ ἰδίῳ νοῒ πληροφορείσθω A 365 1243 1319 1573
ἕκαστος ἐν τῷ ἰδίῳ νοῒ πληροφορείσθω, ἀδελφοί 1874^{mg}

14.6 txt καὶ ὁ ἐσθίων κυρίῳ ἐσθίει
καὶ ὁ ἐσθίων κυρίῳ 1874^{c}
* καὶ ὁ ἐσθίων κω οὐκ ἐσθίει P* 1646

14.6 txt ἐσθίει, εὐχαριστεῖ γὰρ τῷ θεῷ· καὶ ὁ μὴ ἐσθίων κυρίῳ
omit 1874*

14.6 txt καὶ ὁ μὴ ἐσθίων κυρίῳ οὐκ ἐσθίει καὶ εὐχαριστεῖ τῷ θεῷ.
omit L 1175

14.6 txt εὐχαριστεῖ γὰρ τῷ θεῷ
* εὐχαριστεῖ γὰρ τῷ **κω** A
εὐχαριστεῖ γὰρ θω 573
καὶ εὐχαριστεῖ τῷ θω 𝔓^{46} P 104 323 330 1506 2400 Cl Paid. II 10.3
καὶ **εὐχαριστῆ** τῷ θω 1243
εὐχαριστεῖ τῷ θω 1881*
καὶ εὐχαριστεῖ γὰρ τῷ θω 1837
εὐχαριστῆ γὰρ τῷ θω 999 1315 1424 2147
εὐχαριστην γὰρ τῷ θω 1646

14.6 txt καὶ ὁ μὴ ἐσθίων κυρίῳ οὐκ ἐσθίει
** καὶ ὁ μὴ ἐσθίων κω ἐσθίει 056

14.6 txt καὶ εὐχαριστεῖ τῷ θεῷ
* καὶ εὐχαριστεῖ τῷ θεῷ καὶ οὐδεὶς αὐτῶ στρατεύεται 33
καὶ **ηὐχαριστεῖ** τῷ θω 440
καὶ **εὐχαριστεῖ γὰρ** τῷ θω 1874*

14.7 txt οὐδεὶς γὰρ ἡμῶν ἑαυτῷ ζῇ
οὐδεὶς γὰρ **αὐτῷ** ζῇ 1242
οὐδεὶς γὰρ ἑαυτῷ ζῇ 1506
οὐδεὶς ἡμῶν ἑαυτῷ ζῇ 1881

14.7 txt καὶ οὐδεὶς ἑαυτῷ ἀποθνήσκει
καὶ οὐδεὶς **αὐτῷ** ἀποθνήσκει 1243 1505 2495

14.8 txt ἐάν τε γὰρ ζῶμεν
ἐάν τε ζῶμεν 33 1827

14.8 txt τῷ κυρίῳ ζῶμεν
omit 326 1175 1837
* τῷ κυρίῳ **ἐσμέν** 1739

14.8 txt ἐάν τε ἀποθνήσκωμεν
ἐάν τε **ἀποθάνωμεν** C L 049 33 517 1175 1874
ἐάν τε **ἀποθάνομεν** 88 1315 1836
ἂν τε ἀποθνήσκωμεν 056 [↓1448 1646 1735 1891[c] 2344 2400 2815
ἐάν τε **ἀποθνήσκομεν** A D F G P 6 323 326 330 424 440 547 796 910 945 1241 1242 1243 1319 1424

14.8 txt τῷ κυρίῳ ἀποθνήσκομεν. ἐάν τε οὖν ζῶμεν ἐάν τε ἀποθνήσκωμεν
omit 104

14.8 txt ἐάν τε οὖν ζῶμεν ἐάν τε ἀποθνήσκωμεν
omit 33 1646 1881

14.8 txt ἐάν τε οὖν ζῶμεν
ἐάν τε ζῶμεν 910*
* ἐάν τε **ἀποθάνομεν** 1836

14.8 txt ἐάν τε ἀποθνήσκωμεν
ἐάν τε **ἀποθανωμεν** 547
ἐάν τε οὖν **ἀποθνήσκομεν** F G
ἐάν τε **ἀποθνήσκομεν** A D P 69* 88 330 614 618 796 910 1241 1315 1319 1836 2344 2400 2815

14.9 txt εἰς τοῦτο γὰρ Χριστὸς ἀπέθανεν καὶ ἔζησεν
εἰς τοῦτο γὰρ καὶ χς καὶ ἀπέθανεν καὶ ἔζησεν C[c]
εἰς τοῦτο γὰρ καὶ χς **ἀπέθανε** καὶ ἀνέστη καὶ ἔζησεν 1827
εἰς τοῦτο γὰρ χρς ἀπέθανεν καὶ **ἀνέστι** F G
** εἰς τοῦτο γὰρ χς **ἔζησεν καὶ ἀπέθανεν καὶ ἀνέστη** D*
εἰς τοῦτο γὰρ χς **ἀπέθανε** καὶ ἀνέστη καὶ **ἀνέζησεν** 056
εἰς τοῦτο γὰρ Χριστὸς καὶ **ἀπέθανε** καὶ ἀνέστη καὶ **ἀνέζησεν** τ Er[1]

14.9 txt ἵνα καὶ νεκρῶν καὶ ζώντων κυριεύσῃ
ἵνα καὶ **ζώντων** καὶ **νεκρῶν** κυριεύσῃ 056 1739 [↓2147
* ἵνα καὶ νεκρῶν καὶ ζώντων **κυριεύσει** L P 33 88 104 326 489* 910 1424 1646 1735 1836 1837

14.10 txt σὺ δὲ τί κρίνεις τὸν ἀδελφόν σου;
* σὺ δὲ τί κρίνεις τὸν ἀδελφόν σου; ἐν τῷ μὴ ἐσθίειν D*
* σὺ δὲ τί γὰρ κρίνεις τὸν ἀδελφόν σου; εἰς τῷ μὴ αἰσθείειν G*
* σὺ δὲ τί γὰρ κρίνεις τὸν ἀδελφόν σου; ἐν τῷ μὴ αἰσθείειν G[c]
* σὺ δὲ τί κρίνεις τὸν ἀδελφόν σου; **εἰν** τῷ μὴ αἰσθείειν F
σὺ τί κρίνεις τὸν ἀδελφόν σου 1827

14.10 txt ἢ καὶ σὺ τί ἐξουθενεῖς τὸν ἀδελφόν σου;
omit 618 1319* 1506 1738 2815

14.10 txt ἢ καὶ σὺ τί ἐξουθενεῖς τὸν ἀδελφόν σου;
εἰ καὶ σὺ τί ἐξουθενεῖς τὸν ἀδελφόν σου; L 326 1735 1837
ἢ σὺ τί ἐξουθενεῖς τὸν ἀδελφόν σου; 104
καὶ σὺ τί ἐξουθενεῖς τὸν ἀδελφόν σου; 1827

14.10 txt πάντες γὰρ παραστησόμεθα τῷ βήματι τοῦ θεοῦ,
πάντες παραστησόμεθα τῷ βήματι τοῦ θυ 1739
πάντες παραστησόμεθα τῷ βήματι τοῦ **χυ** 424[c] 1881 [↓2400
πάντες γὰρ **παραστησώμεθα** τῷ βήματι τοῦ **χυ** 326 330 460 618 910 1424 1735 1837 1874

14.11 txt ὅτι ἐμοὶ κάμψει πᾶν γόνυ
εἰ μὴ ἐμοί τι κάμψει πᾶν γόνυ D*
εἰ μὴ ἐμοί κάμψει πᾶν γόνυ F G
ὅτι ἐμοί τι κάμψει πᾶν γόνυ D[1.2]
* ὅτι ἐμοὶ **κάμπτει** πᾶν γόνυ 33
ὅτι ἐμοὶ **κάμψη γόνυ πᾶντα** 326 1837
ὅτι ἐμοὶ **πᾶν γόνυ κάμψει** 330 2400

14.11 txt καὶ πᾶσα γλῶσσα ἐξομολογήσεται τῷ θεῷ
καὶ **ἐξομολογήσεται πᾶσα γλῶσσα** τῷ θ͞ω B D^{*,2} F G
* καὶ πᾶσα γλῶσσα ἐξομολογήσεται 517*
καὶ πᾶσα γλῶσσα **ἐξομολογήσηται** τῷ θ͞ω 69*
* καὶ πᾶσα γλῶσσα ἐξομολογήσεται τῷ **κ͞ω** 1505 2495

14.13 txt μηκέτι οὖν ἀλλήλους κρίνωμεν
* μηκέτι οὖν ἀλλήλους **κρίνομεν** P 6 69* 88 104 1243 1315 1506 1646 1836 1881 2147
μηκέτι οὖν **ἀλλήλοις** κρίνωμεν 1734
μηκέτι ἀλλήλους κρίνωμεν 1505 2495

14.13 txt ἀλλὰ τοῦτο κρίνατε μᾶλλον
ἀλλὰ τοῦτο **κρίνεται** μᾶλλον D* F G
ἀλλὰ τοῦτο **κρίναται** μᾶλλον D$^{1.2}$ 131
ἀλλὰ τοῦτο κρίνατε 1243
* ἀλλὰ τοῦτο **κρίνομεν** μᾶλλον P
* ἀλλὰ τοῦτο **κρίνωμεν** μᾶλλον 1827

14.13 txt τὸ μὴ τιθέναι πρόσκομμα τῷ ἀδελφῷ ἢ σκάνδαλον
τὸ μὴ τιθέναι τῷ ἀδελφῷ σκάνδαλον B [W]
τὸ μὴ τιθέναι πρόσκομμα τῷ ἀδελφῷ **εἰς** ἢ σκάνδαλον 1506
τὸ μὴ τιθέναι πρόσκομμα τῷ ἀδελφῷ αὐτοῦ **εἰς** σκάνδαλον 1735^{c}
τὸ μὴ τιθέναι πρόσκομμα τῷ ἀδελφῷ **εἰ** σκάνδαλον 460 618 1646* 1836
τὸ μὴ τιθέναι πρόσκομμα τῷ ἀδελφῷ αὐτοῦ **εἰ** σκάνδαλον 1735*
τὸ μὴ τιθέναι πρόσκομμα τῷ ἀδελφῷ **εἰς** σκάνδαλον 056 69 88 131 330 365 440 547 614 999 1243 1315 1738 1881 2147 2344 2147

14.14 txt οἶδα καὶ πέπεισμαι ἐν κυρίῳ Ἰησοῦ
οἶδα γὰρ καὶ πέπεισμαι ἐν κυρίῳ Ἰησοῦ 1352
οἶδα δὲ καὶ πέπεισμαι ἐν **χ͞ω** ι͞υ 33
οἶδα καὶ πέπεισμαι ἐν **χ͞ω** ι͞υ L P 69 88 440 489 517 999 1175 1315 1735 1738 1836 [↑1874 2344
οἶδα καὶ ἐν κ͞ω ι͞υ **χ͞ω** 104

14.14 txt ὅτι οὐδὲν κοινὸν δι' ἑαυτοῦ
* ὅτι οὐδὲν **μεμολυσμένον** δι' **αὐτοῦ** 796

14.14 txt εἰ μὴ τῷ λογιζομένῳ τι κοινὸν εἶναι, ἐκείνῳ κοινόν
εἰ μὴ τῷ λογιζομένῳ τι **κοινω** εἶναι, ἐκείνῳ κοινόν 1506
εἰ μὴ τῷ λογιζομένῳ τι κοινόν τι εἶναι, **ἐκείνων** κοινόν D*
εἰ μὴ τῷ λογιζομένῳ τι κοινόν τι εἶναι, ἐκείνῳ κοινόν D^{2}
εἰ μὴ τῷ λογιζομένῳ τι κοινὸν εἶναι, **ἐκεῖνο** κοινόν 6 365 999 1241 1319 1573 1611 1891
εἰ μὴ τῷ λογιζομένῳ τι κοινὸν εἶναι, **ἐκεῖνο** 1836
* εἰ μὴ τῷ λογιζομένῳ τι κοινὸν 88 2147
εἰ μὴ τῷ λογιζομένῳ **τῷ** κοινὸν εἶναι, ἐκείνῳ κοινόν 33 [131]

14.15 txt εἰ γὰρ διὰ βρῶμα ὁ ἀδελφός σου λυπεῖται
εἰ διὰ βρῶμα ὁ ἀδελφός σου **λειπεῖται** 205
εἰ γὰρ βρῶμα ὁ ἀδελφός σου λυπεῖται 330 2400
* εἰ γὰρ διὰ βρῶμα ὁ ἀδελφός σου σκανδαλίζεται ἢ λυπεῖται 1735
εἰ γὰρ διὰ βρῶμα ἀδελφός σου **λυπῖται** F G
εἰ γὰρ διὰ βρῶμα ὁ ἀδελφός σου **λυπῆται** 910 1506 1611 1836
εἰ **δὲ** διὰ βρῶμα **ἀδελφόσου** λυπεῖται 1646
εἰ **δὲ** διὰ βρῶμα ὁ ἀδελφός σου λυπεῖται L 049 056 1 33 88 104 131 209 226 323 424* 440 460 489 517 547 614 618 796 927 945 999 1175 1241 1242 1245 1270 1315 1352 1424 1448 1505 1734 1738 1827 1854 1874 1881 1891 1982 2125 2147 2344 2495 2815 **τ** Er^{1}

14.15 txt οὐκέτι κατὰ ἀγάπην περιπατεῖς
οὐκέτι κατὰ τὴν ἀγάπην περιπατεῖς 6
οὐ κατὰ ἀγάπην περιπατεῖς 1827
οὐκέτι κατὰ ἀγάπην **περιπατῆς** 056 1175 1424
οὐκέτι κατὰ ἀγάπην **περιπατεῖν** 104

14.15 txt μὴ τῷ βρώματί σου ἐκεῖνον ἀπόλλυε
μὴ τῷ **βρώματεί** σου ἐκεῖνον **ἀπόλλυειν** F G
** μὴ τῷ **κρίματί** σου ἐκεῖνον ἀπόλλυε 205
μὴ τῷ **βρώμα** ἐκεῖνον ἀπόλλυε 999
μὴ τῷ βρώματί σου ἐκεῖνον **ἀπόλυε** D$^{1.2}$ L 69 440 489 1352 1646 1881 2344

14.15 txt ὑπὲρ οὗ Χριστὸς ἀπέθανεν
ὑπὲρ οὗ ὁ χς ἀπέθανεν. 326 1837

14.16 txt μὴ βλασφημείσθω οὖν ὑμῶν τὸ ἀγαθόν
μὴ οὖν βλασφημείσθω ὑμῶν τὸ ἀγαθόν. 547
μὴ βλασφημείσθω οὖν τὸ ἀγαθόν. 460 618 1738
μὴ **βλασφημουσθω** οὖν ὑμῶν τὸ ἀγαθόν. 88

14.17 txt οὐ γάρ ἐστιν ἡ βασιλεία τοῦ θεοῦ βρῶσις καὶ πόσις
οὐ γάρ ἐστιν ἡ βασιλεία βρῶσις καὶ πόσις 910
οὐκ ἐστι δὲ ἡ βασιλεία θεοῦ βρῶσις καὶ πόσις Cl III 48.3
οὐκ ἐστιν ἡ βασιλεία τοῦ θεοῦ βρῶσις καὶ πόσις Cl III 53.4

14.17 txt ἀλλὰ δικαιοσύνη καὶ εἰρήνη καὶ χαρὰ ἐν πνεύματι ἁγίῳ
ἀλλὰ δικαιοσύνη καὶ χαρὰ ἐν πνι ἁγίῳ· 796 1891
ἀλλὰ δικαιοσύνη καὶ εἰρήνη· χαρὰ ἐν πνι ἁγίῳ 1175
ἀλλὰ δικαιοσύνη καὶ εἰρήνη καὶ χαρὰ ἐν **ἁγίῳ πνι·** 1242
** ἀλλὰ δικαιοσύνη καὶ **ἄσκησης** εἰρήνη καὶ χαρὰ ἐν πνι ἁγίῳ 1646 [asceticism]

14.18 txt ὁ γὰρ ἐν τούτῳ δουλεύων τῷ Χριστῷ εὐάρεστος τῷ θεῷ
ὁ γὰρ ἐν τούτῳ δουλεύων χω εὐάρεστος τῷ θω A D*
ὁ γὰρ ἐν τούτῳ δουλεύων χρω **εὔρεστος** τῷ θω F G[c]
ὁ γὰρ ἐν τούτῳ δουλεύων χρω **εὔραστος** τῷ θω G*
* ὁ γὰρ ἐν **τούτοις** δουλεύων τῷ **κω** εὐάρεστος τῷ θω 460 489 618 927 1738
* ὁ γὰρ ἐν **τούτοις** δουλεύων τῷ **θω** εὐάρεστος τῷ **χω** 1827

14.18 txt καὶ δόκιμος τοῖς ἀνθρώποις.
καὶ **δοκίμοις** τοῖς ἀνθρώποις B
καὶ **δοκίμοις** τοῖς ανοις G*
καὶ **τοῖς ανοις δόκιμος** 131

14.19 txt ἄρα οὖν.τὰ τῆς εἰρήνης διώκωμεν
αρα οὖν.τὰ τῆς εἰρήνης **διώκομεν** B ℵ A F G L* P
αρα οὖν.τὰ τῆς εἰρήνης διώκωμεν D*
ἄρα οὖν.τὰ τῆς εἰρήνης διώκωμεν C D[1] 104
ἀρα οὖν.τὰ τῆς εἰρήνης **διώκομεν** L[c] 88 326 1837 1874
ἆρα οὖν.τὰ τῆς εἰρήνης διώκωμεν D[2] 1 614 1319 1506 1854

14.19 txt καὶ τὰ τῆς οἰκοδομῆς τῆς εἰς ἀλλήλους
καὶ τὰ τῆς οἰκοδομῆς τῆς εἰς ἀλλήλους φυλάξωμεν. D* F G
καὶ τὰ τῆς οἰκοδομῆς τῆς **ἐν** ἀλλήλους. 056 1245
καὶ τὰ τῆς οἰκοδομῆς εἰς ἀλλήλους. 999
καὶ τὰ τῆς οἰκοδομῆς τῆς ἀλλήλους. 1319*

14.20 txt μὴ ἕνεκεν βρώματος κατάλυε τὸ ἔργον τοῦ θεοῦ.
* μὴ ἕνεκεν βρώματος κατάλυε **τὸν νόμον** τοῦ θυ Ψ
μὴ ἕνεκεν βρώματος **κατάλυειν** τὸ ἔργον τοῦ θυ F G
μὴ **ἕνεκε** βρώματος κατάλυε τὸ ἔργον τοῦ θυ 88 330 1319 1573 1881
μὴ **εἵνεκε** βρώματος κατάλυε τὸ ἔργον τοῦ θυ 517
μὴ **εἵνεκεν** βρώματος κατάλυε τὸ ἔργον τοῦ θυ 1175 1891

14.20 txt ἀλλὰ κακὸν τῷ ἀνθρώπῳ τῷ διὰ προσκόμματος ἐσθίοντι
ἀλλὰ κακὸν τῷ ἀνθρώπῳ τῷ διὰ προσκόμματος **ἐσθίοντα** 330
ἀλλὰ κακὸν τῷ διὰ προσκόμματος ἐσθίοντι 1827

14.21 txt καλὸν τὸ μὴ φαγεῖν κρέα
καλὸν τὸ μὴ φαγεῖν **κρέας** D[1] Ψ 6 69 365 1319 1505 1739 1881 2495

14.21 txt μηδὲ πιεῖν οἶνον
μηδὲ **πεῖν** οἶνον B* D*
καὶ μὴ **πιεῖν** οἶνον 326 330 365 1319 1505 1837 2400 2495
καὶ **πιεῖν** οἶνον. 489
καὶ μηδὲ **πιεῖν** οἶνον. 1573
καὶ μηδὲ 33*
μηδὲ **οἶνον πιεῖν** Cl Paid. II 11.1
μηδὲ **πινεῖν** οἶνον. F G Cl III 85.2
** μηδὲ **ποιεῖν** οἶνον 323 460 1646 1734 1827

14.21 txt μηδὲ ἐν ᾧ ὁ ἀδελφός σου προσκόπτει
* μηδὲ ἐν ᾧ ὁ ἀδελφός σου **λυπεῖται**. ℵ* P
μηδὲ ἐν ᾧ ἀδελφός σου προσκόπτει. 1573
μηδὲ ἐν ᾧ ὁ ἀδελφός σου **προσκόντει**. F*
* μηδὲ ἐν ᾧ ὁ ἀδελφός σου **σκανδαλίζεται**. 1827
μηδὲ ἐν ᾧ ὁ ἀδελφός σου 1891*
μηδὲ ἐν ᾧ **προσκόπτει ὁ ἀδελφός σου**. 1241

14.21 txt προσκόπτει
προσκόπτει ἢ σκανδαλίζεται ἢ **ἀσθενῆ** 1505
προσκόπτει σκανδαλίζεται ἢ ἀσθενεῖ 1891* 2400
προσκόπτει ἢ **σκανδαλίζετε** ἢ ἀσθενεῖ D* 618
σκανδαλίζεται ἢ **προσκόπτει** ἢ ἀσθενεῖ 1827
προσκόπτει ἢ **σκανδαλείζεται** ἢ ἀσθενεῖ F G
προσκόπτει ἢ **σκανδαλήζετε** 1243
προσκόπτει **εἶ** σκανδαλίζεται **εἶ** ἀσθενεῖ 2147 [↓205 209 226 323 326 330 365 424* 440
προσκόπτει ἢ σκανδαλίζεται ἢ ἀσθενεῖ B ℵ[c] D[1.2] L P Ψ 049 056 1 33 69 88 104 131 460 489 517 547 614 796 910 927 945 999 1175 1241 1242 1245 1270 1315 1319 1352 1424 1448 1573 1611 1646 1734 1735 1738 1836 1837 1854 1874 1881 1891[c] 1982 2125 2344 2495 2815 τ Er[1]

14.22 txt σὺ πίστιν ἣν ἔχεις
σὺ δὲ πίστιν ἔχεις 69
σὺ πίστιν **ἔχει** F
σὺ **πίστην** ἔχεις 1243 2147
σὺ **πίστην ἁ** ἔχεις 1646* [↓489 517 547 614 618 796 910 927 945 999 1175 1241 1242 1245
txt σὺ πίστιν ἔχεις D G L P Ψ 049 056 1 6 88 104 131 205 209 226 323 326 330 365 424 440 460 1270 1315 1319 1352 1424 1448 1505 1506 1573 1611 1734 1735 1738 1739 1827 1836 1837 1854 1874 1881 1891 1982 2125 2344 2400 2495 2815 τ Er[1]

14.22 txt κατὰ σεαυτὸν ἔχε ἐνώπιον τοῦ θεοῦ
κατὰ **σαυτὸν** ἔχε ἐνώπιον τοῦ θ̅υ̅ 1319*
κατὰ **σαυτὸν** ἔχε ἐνώπιον τοῦ θεοῦ τ Er[1]
καὶ κατὰ σεαυτὸν ἔχε ἐνώπιον τοῦ θ̅υ̅ 1505 2495
κατὰ **σεαυτῷ ἔχαι** ἐνώπιον τοῦ θεοῦ F
κατὰ **ἑαυτῷ ἔχαι** ἐνώπιον τοῦ θεοῦ G
* **ἀλλὰ** σεαυτὸν ἔχε 1982
* κατὰ σεαυτὸν ἔχε ℵ* 1352

14.22 txt μακάριος ὁ μὴ κρίνων ἑαυτὸν ἐν ᾧ δοκιμάζει
μακάριος ὁ μὴ κρίνων ἑαυτὸν ἐν ᾧ **δοκιμάζεται**· Ψ
μακάριος ὁ μὴ κρίνων **ἑαυτῷ** ἐν ᾧ δοκιμάζει· 1245
μακάριος ὁ μὴ κρίνων ἐν ᾧ δοκιμάζει· 1734
μακάριος ὁ μὴ κρίνων ἑαυτὸν ἐν ᾧ **δοκιμάζειν**· 1646

14.23 txt ὁ δὲ διακρινόμενος ἐὰν φάγῃ κατακέκριται
ὁ δὲ διακρινόμενος **ἂν** φάγῃ κατακέκριται B
ὁ δὲ διακρινόμενος **ἐὰν φάγει** κατακέκριται L 131 796 1424
ὁ δὲ διακρινόμενος ἐὰν φάγῃ **κατακρινεται** P 056 [33]

14.23 txt πᾶν δὲ ὃ οὐκ ἐκ πίστεως ἁμαρτία ἐστίν
πᾶν ὃ οὐκ ἐκ πίστεως ἁμαρτία ἐστίν 1874
πᾶν δὲ **τὸ** οὐκ ἐκ πίστεως ἁμαρτία ἐστίν D* P 69 330 365 1319 1573 1735 1739 2400
ἁμαρτία ἐστίν ℵ* 460
πᾶν **γὰρ** ὃ οὐκ ἐκ πίστεως ἁμαρτία **ἐστὶ** 440 1315

15.1 txt ὀφείλομεν δὲ ἡμεῖς οἱ δυνατοὶ τὰ ἀσθενήματα τῶν ἀδυνάτων βαστάζειν
ὀφείλωμεν δὲ ἡμεῖς οἱ δυνατοὶ τὰ ἀσθενήματα τῶν ἀδυνάτων βαστάζειν 33 69 1243 1424
ὀφείλομεν δὲ **ὑμεῖς** οἱ δυνατοὶ τὰ ἀσθενήματα τῶν ἀδυνάτων 326 1837 [↑1646
ὀφείλομεν δὲ ἡμεῖς **ζειν** 618 1738
ὀφείλομεν δὲ οἱ δυνατοὶ τὰ ἀσθενήματα τῶν ἀδυνάτων βαστάζειν 1881 [↓1735 2495
ὀφείλομεν ἡμεῖς οἱ δυνατοὶ τὰ ἀσθενήματα τῶν ἀδυνάτων βαστάζειν P 131 440 1505

15.1 txt καὶ μὴ ἑαυτοῖς ἀρέσκειν
καὶ μὴ ἑαυτοῖς **ἀρέσκει** 2344
καὶ μὴ **ἑαυτοὺς ἄρεσκον** F
καὶ μὴ ἑαυτοῖς **ἄρεσκον** G
καὶ μὴ **ἑαυτοὺς** ἀρέσκειν 049 1243

15.2 txt ἕκαστος ἡμῶν τῷ πλησίον ἀρεσκέτω
ἕκαστος δὲ ἡμῶν τῷ πλησίον ἀρεσκέτω 88
ἕκαστος γὰρ ἡμῶν τῷ πλησίον ἀρεσκέτω **τ** Er^1 [↓1315 1505 1837 1881 2125 2147 2400 2495
* ἕκαστος **ὑμῶν** τῷ πλησίον ἀρεσκέτω D^1 F G P 056 69 104 131 326 330 365 424 614 999 1242

15.2 txt εἰς τὸ ἀγαθὸν πρὸς οἰκοδομήν
πρὸς οἰκοδομήν ℵ*
εἰς **τῷ ἀγαθῶν** πρὸς οἰκοδομήν 618
εἰς ἀγαθὸν πρὸς οἰκοδομήν 1319

15.3 txt καὶ γὰρ ὁ Χριστὸς οὐχ ἑαυτῷ ἤρεσεν
** καὶ γὰρ ὁ **θ̅ς̅** οὐχ ἑαυτῷ ἤρεσεν 323
καὶ γὰρ καὶ ὁ χ̅ς̅ οὐχ ἑαυτῷ ἤρεσεν 1827 1881
καὶ γὰρ χρς **οὐκ** ἑαυτῷ ἤρεσεν F G
καὶ γὰρ ὁ Χριστὸς οὐχ **ἑαυτὸν** ἤρεσεν 330 618 1243 1738 2400

15.3 txt ἐπέπεσαν ἐπ' ἐμε
ἐπέπεσεν ἐπ' ἐμε 1827
ἐπέπεσαν ἐπ' **ἐμαι** F G
ἐπέπεσαν **εἰς** ἐμε 1243
ἐπέπεσον ἐπ' ἐμε D^2 L 056 1 6 104 131 205 209 226 323 326 330 365 424 440 460 489 547 614 618 796 910 927 945 999 1241 1242 1245 1270 1315 1352 1448 1505 1506 1573 1611 1646^c 1734 1738 1836 1837 1854 1891 1982 2125 2147 2344 2400 2495 2815 **τ** Er^1

15.4 txt ὅσα γὰρ προεγράφη
ὅσα γὰρ ἐγράφη B
ὅσα γὰρ **προεγράφει** P 6 326 927* 1837 2147 2344

15.4 txt εἰς τὴν ἡμετέραν διδασκαλίαν ἐγράφη
πάντα εἰς τὴν ἡμετέραν διδασκαλίαν ἐγράφη B [w]
πάντα εἰς τὴν ἡμετέραν διδασκαλίαν **προεγράφει** P
πάντα εἰς τὴν ἡμετέραν διδασκαλίαν **προεγράφη** Ψ 33 69 330 1735 2400
εἰς ἡμετέραν διδασκαλίαν **προεγράφη** 945
εἰς τὴν **ὑμετέραν** διδασκαλίαν **προεγράφη** 1505 2495
εἰς τὴν ἡμετέραν διδασκαλίαν **προεγράφει** L 999 2147 2344
εἰς τὴν ἡμετέραν διδασκαλίαν **προεγράφης** 1646* [↓330 365 424* 440 460 489 517 547
εἰς τὴν ἡμετέραν διδασκαλίαν **προεγράφη** A 049 056 1 88 104 131 205 209 226 323 326 614 618 796 910 927 1175 1241 1242 1245 1270 1315 1319 1352 1424 1448 1506 1573 1611 1646^c 1734 1735 1738 1827 1836 1837 1854 1874 1891 1982 2125 2400 2815 **τ** Er^1

15.4 txt διὰ τῆς ὑπομονῆς καὶ διὰ τῆς παρακλήσεως τῶν γραφῶν
διὰ τῆς **ὑπομονές** καὶ τῆς παρακλήσεως τῶν γραφῶν F
** διὰ τῆς **ὑπακοῆς** καὶ διὰ τῆς παρακλήσεως τῶν γραφῶν 1245

15.4 txt τῶν γραφῶν τὴν ἐλπίδα ἔχωμεν. ὁ δὲ θεὸς τῆς ὑπομονῆς καὶ τῆς παρακλήσεως
omit 326 440 1837 2344

15.4 txt τὴν ἐλπίδα ἔχωμεν
* τὴν ἐλπίδα **ἔχομεν** P 6 33 88 999 1175 1241 1315 1319 1505 1646 1735 1836 2147

15.5 txt ὁ δὲ θεὸς τῆς ὑπομονῆς καὶ τῆς παρακλήσεως
ὁ δὲ θ̅ς̅ τῶν ὅλων διὰ τῆς ὑπομονῆς καὶ τῆς παρακλήσεως 330 2400
** ὁ δὲ θεὸς τῆς **εἰρήνης** καὶ τῆς παρακλήσεως 6 424^c 1827

15.5 txt δῴη ὑμῖν τὸ αὐτὸ φρονεῖν ἐν ἀλλήλοις
* ···η **ἡμεῖν** ... . 𝔓^{46}
δόει ὑμῖν τὸ αὐτὸ φρονεῖν ἐν ἀλλήλοις 33
τὸ αὐτὸ φρονεῖν ἐν ἀλλήλοις 1646
δῴη ὑμῖν τὸ αὐτὸ φρονεῖν 460 1738 1836
δῴη ὑμῖν **τῷ αὐτῷ** φρονεῖν 618
δῴη ὑμῖν τὸ **αὐτῷ** φρονεῖν ἐν ἀλλήλοις 056 131
* δῴη **ἡμῖν** τὸ αὐτὸ φρονεῖν ἐν ἀλλήλοις 1319 1611
δῴη ὑμῖν τὸ αὐτὸ φρονεῖν ἀλλήλοις 1352

15.6 txt ἐν ἑνὶ στόματι δοξάζητε
* ἐν ἑνὶ στόματι **δοξάζομεν** 1646*
ἐν ἑνὶ στόματι **δοξάζοτε** 1646^c
ἐν ἑνὶ στόματι **δοξάζηται** F G P 131 796 1243 1891 2147 2495
ἐν ἑνὶ στόματι **δοξάσητε** 365 1319 1573
ἐν ἑνὶ στόματι **δοξάζεισε** 618
ἐν ἑνὶ στόματι **δοξάζειν** 1738
ἐν ἑνὶ στόματι **δοξάζειντε** 460

15.6 txt τὸν θεὸν καὶ πατέρα τοῦ κυρίου ἡμῶν Ἰησοῦ Χριστοῦ
* τὸν θεὸν καὶ πατέρα τοῦ κυρίου **ὑμῶν** ιυ χυ 1874*

15.7 txt διὸ προσλαμβάνεσθε ἀλλήλους
διὸ προσλαμβάνεσθε ἀλλήλους, ἀδελφοί 330 2400
διὸ προσλαμβάνεσθε **ἀλλήλοις** 999
διὸ παρακαλῶ προσλαμβάνεσθε ἀλλήλους 1424
διὸ **προσλαμβάνετε** ἀλλήλους Ψ [↓1646 1735 1874 2125
διὸ **προσλαμβάνεσθαι** ἀλλήλους ℵ A D* F G 33 88 131 460 489* 618 1506

15.7 txt καθὼς καὶ ὁ Χριστὸς προσελάβετο ὑμᾶς
καθὼς καὶ χς προσελάβετο ὑμᾶς F
καθὼς καὶ ὁ Χριστὸς προσελάβετο ὑμᾶς B D* P 056 1 104 131 323 489 614 910 927 945 999 1245 1352 1424 1448 1506 1734 1827 1891 1982 2125 2147 2815 **[w]τ** Er[1]

15.7 txt εἰς δόξαν τοῦ θεοῦ.
εἰς τὴν δόξαν τοῦ θυ 6 1739 1881
omit 049
εἰς δόξαν θυ L 33 88 104 131 205 209 226 365 326 330 424 440 460 517 547 614 618 796 999 1175 1241 1242 1270 1315 1319 1505 1573 1611 1646 1735 1738 1836 1837 1854 1874 2147 2344 2400 2495 **τ** Er[1]

15.8 txt λέγω γὰρ Χριστὸν
λέγω **δὲ** χν Ψ
λέγω **δὲ** ιν 618 1738
λέγω **δὲ** ιν χν 104 440 1315 1505 2495 **τ**
λέγω γὰρ ιν χν D F G 6
λέγω γὰρ χν ιν P 326 330 614 999 1735 1837 2147 2400
λέγω **δὲ** χν ιν L 049 056 1 33 69 88 205 209 226 323 424 460 489 517 547 796 910 927 945 1175 1241 1242 1245 1270 1352 1424 1448 1611 1646 1734 1827 1836 1854 1874 1891 1982 2125 2344 2815 Er[1]

15.8 txt διάκονον γεγενῆσθαι περιτομῆς
διάκονον **γεγενῆσθε** περιτομῆς C^c 1243 1245 2815
γεγενῆσθαι διάκονον περιτομῆς 330 2400
διάκονον **γεγεννῆσθαι** περιτομῆς 489

15.9 txt τὰ δὲ ἔθνη ὑπὲρ ἐλέους δοξάσαι τὸν θεόν
τὰ ἔθνη ὑπὲρ ἐλέους δοξάσαι τὸν θεόν 1646
τὰ δὲ ἔθνη ὑπὲρ ἐλέους δοξάσαι **τῷ θω** 1245
τὰ δὲ ἔθνη ὑπὲρ ἐλέους δοξάσαι **αὐτόν** 1836

15.9 txt καθὼς γέγραπται·
γέγραπται· 1352·

15.9 txt διὰ τοῦτο ἐξομολογήσομαί σοι ἐν ἔθνεσιν
** διὰ **τοῦ προφήτου** ἐξομολογήσομαί σοι ἐν ἔθνεσιν ℵ*
διὰ τοῦτο **ἐξομολογήσωμαί** σοι ἐν ἔθνεσιν 460 618 910
διὰ τοῦτο **ἐξομολογήσωμαί** σοι ἐν ἔθνεσιν κε 1874
διὰ τοῦτο ἐξομολογήσομαί σοι ἐν ἔθνεσιν κε ℵ^c 1 33 104 205 209 226^c 326 330 517 796 1245 1270 1505 1611 1646 1734 1837 2400 2495

15.9 txt καὶ τῷ ὀνοματί σου ψαλῶ
καὶ **ψαλῶ τῷ ὀνοματί σου** D G
καὶ τῷ ὀνοματί σου **ψαλλῶ** 131 1646 2344

15.10 txt εὐφράνθητε : **εὐφράνθηται** F G 1646; **εὐφράνθητι** 131

15.11 txt αἰνεῖτε, πάντα τὰ ἔθνη, τὸν κύριον
αἰνεῖται, πάντα τὰ ἔθνη, τὸν κν ℵ
αἰνεῖτε τὸν κν 999
αἴνεται τὸν κν πάντα τὰ ἔθνη, F G
αἰνεῖται, **τὸν κν πάντα τὰ ἔθνη**, 88 1646
αἰνεῖτε **τὸν κν πάντα τὰ ἔθνη** C L 049 056 1 6 33 69 104 131 205 209 226 323 326 330 424 440 460 489 517 547 614 618 796 910 927 945 1175 1241 1242 1243 1245 1270 1315 1352 1424 1448 1505 1611 1734 1735 1738 1827 1836 1837 1854 1874 1891 1982 2125 2147 2344 2400 2495 2815 τ Er^{1}

15.11 txt καὶ ἐπαινεσάτωσαν αὐτὸν πάντες οἱ λαοί
καὶ ἐπαινεσάτωσαν **αὐτῷ** πάντες λαοί 1505 2495
ἐπαινεσάτωσαν αὐτὸν πάντες οἱ λαοί 1881
ἐπαινέσατε αὐτὸν πάντες οἱ λαοί 056 104 205 323 460 796 945 1448 1827 1836
καὶ **ἐπενέσαται** αὐτὸν πάντες οἱ λαοί 1646
καὶ **ἐπαινέσατε** αὐτὸν πάντες οἱ λαοί F G L P 049 1 6 33 69 131 209 226 330 424 440 489 517 547 614 618 910 927 999 1175 1241 1242 1243 1245 1270 1315 1352 1424 1611 1734 1735 1738 1854 1874 1891 1982 2125 2147 2344 2400 2815 τ Er^{1}

15.12 txt καὶ πάλιν Ἡσαΐας λέγει
καὶ πάλιν Ἡσαΐας λέγει· καὶ 33
καὶ πάλιν Ἡσαΐας **λέγη** 1646
καὶ πάλιν **λέγει Ἡσαΐας**· ℵ 330 2400

15.12 txt ἔσται ἡ ῥίζα τοῦ Ἰεσσαί
ἔσται ἡ ῥίζα Ἰεσσαί 𝔓^{46}
ἔσται ἡ **ῥίζζα** τοῦ **Ἰεσσέ** F G
ἔσται ἡ ῥίζα τοῦ **Ἰεσαί** 6 131 618 1646 2125

15.12 txt ὁ ἀνιστάμενος ἄρχειν ἐθνῶν
ὁ **νιστανόμενος ἄρχει** ἐθνῶν 𝔓^{46}
ὁ **ἀνιστανόμενος** ἄρχειν ἐθνῶν ℵ

15.12 txt ἐπ' αὐτῷ ἔθνη ἐλπιοῦσιν
ἔθνη ἐπ' αὐτῷ ἐλπιοῦσιν 69
ἐν αὐτῷ ἔθνη ἐλπιοῦσιν 330 2400

15.13 txt ὁ δὲ θεὸς τῆς ἐλπίδος
ὁ δὲ θεὸς τῆς **εἰρήνης** 1
ὁ θς τῆς ἐλπίδος 1319

15.13 txt πληρώσαι ὑμᾶς πάσης χαρᾶς καὶ εἰρήνης ἐν τῷ πιστεύειν
πληροφορήσαι ὑμᾶς ἐν **πάση χαρᾷ** καὶ **εἰρήνη** ἐν τῷ πιστεύειν B
πληροφορήσαι ὑμᾶς **πάση χαρᾷ** καὶ **ἰρήνη** F G
πληρώσει ὑμᾶς πάσης χαρᾶς καὶ εἰρήνης ἐν τῷ πιστεύειν 326 460 1738
πληρώσαι **ἡμᾶς** πάσης χαρᾶς καὶ **ἐλπίδος** 1 [↑1837
πληρώσαι ὑμᾶς **πάση σι ἡ** χαρᾶς καὶ εἰρήνης ἐν τῷ πιστεύειν 𝔓^{46}
πληρώσαι **ἡμᾶς** πάσης χαρᾶς καὶ εἰρήνης ἐν τῷ πιστεύειν 205 1319 1573 1836
πληρώσαι ὑμᾶς πάσης εἰρήνης ἐν τῷ πιστεύειν 69 [↑1881 2400
πληρώσαι **ἡ** ὑμᾶς πάσης χαρᾶς καὶ εἰρήνης ἐν τῷ πιστεύειν 1646

15.13 txt εἰς τὸ περισσεύειν ὑμᾶς ἐν τῇ ἐλπίδι
ὑμᾶς ἐν τῇ ἐλπίδι B 945 1243 1245 1505 1874 2495
εἰς τὸ περισσεύειν ὑμᾶς τῇ ἐλπίδι D* F G 104
* **ἐν τῷ** περισσεύειν **ἡμᾶς** ἐν τῇ ἐλπίδι 1 1836
* εἰς **τῷ περισεύειν ἡμᾶς** ἐν τῇ ἐλπίδι 618
* εἰς τὸ περισσεύειν **ἡμᾶς** ἐν τῇ ἐλπίδι 1506 1646 1738

15.14 txt πέπεισμαι δέ : πέπεισμαι 1352 1735

15.14 txt ἀδελφοί μου, καὶ αὐτὸς ἐγὼ περὶ ὑμῶν
ἀδελφοί μου, καὶ αὐτὸς ἐγὼ **ὑπὲρ** ὑμῶν B A
ἀδελφοί μου, καὶ αὐτὸς ἐγὼ τῷ περὶ ὑμῶν 1 1611
ἀδελφοί μου, καὶ αὐτὸς ἐγὼ περὶ ὑμῶν ἐγώ 1319
ἀδελφοί, καὶ αὐτὸς ἐγὼ περὶ ὑμῶν 𝔓^{46} 1739 1881
ἀδελφοί μου, καὶ αὐτὸς ἐγὼ τὰ περὶ ὑμῶν 1245
καὶ αὐτὸς ἐγὼ περὶ ὑμῶν, **ἀδελφοί** D* F G
καὶ αὐτὸς ἐγὼ περὶ ὑμῶν, **ἀδελφοί μου** D$^{1.2}$

15.14 txt καὶ αὐτοὶ μεστοί ἐστε ἀγαθωσύνης
μεστοί ἐστε ἀγαθωσύνης 𝔓^{46} D
μεστοί τῆς ἀγαθωσύνης Cl IV 49
καὶ αὐτοὶ **ἐστε μεστοί** ἀγαθωσύνης 1352
καὶ αὐτοὶ μεστοί **ἀγαθοσύνης ἐστε** 1827
** μεστοί **ἐσται** **ἀγάπης** F G
* καὶ αὐτοὶ μεστοί **ἐσται** ἀγαθωσύνης A P 056 33 88 460 618 1245 1646 1735 1874
* καὶ αὐτοὶ μεστοί **ἐσται** περὶ ἀγαθωσύνης 049
* καὶ αὐτοὶ μεστοί **ἐσται** πάσης ἀγαθωσύνης 1424

15.14 txt πεπληρωμένοι πάσης τῆς γνώσεως B ℵ P Ψ 049 6 330 489 927 1243 1506 1646 1739 1881 2344
καὶ πεπληρωμένοι πάσης γνώσεως D F G [↑2400 **w** Cl IV 49.7
txt πεπληρωμένοι πάσης γνώσεως 𝔓^{46} A C L 056 1 33 69 88 104 131 205 209 226 323 326 365 424 440 460 517 547 614 618 796 910 945 999 1175 1241 1242 1245 1270 1315 1319 1352 1424 1448 1505 1573 1611 1734 1735 1738 1827 1836 1837 1854 1874 1891 1982 2125 2147 2495 2815 [**u**]**τ** Er^{1}

15.14 txt δυνάμενοι καὶ ἀλλήλους νουθετεῖν
ἀλλήλους δυνάμενοι νουθετεῖν D^{*,2} F G
* **δυνάμεθα** καὶ **ἄλλους** νουθετεῖν 1573 [↓547 614 796 910 927 945 999 1175 1241 1242 1245
* δυνάμενοι καὶ **ἄλλους** νουθετεῖν L 049 1 6 33 69 104 131 205 226 323 330 365 424 440 489 517 1270 1315 1319 1352 1424 1448 1611 1646 1734 1735 1836 1854 1874 1891 1982 2125 2147 2344 2400 2815 Er^{1}

15.15 txt τολμηρότερον δὲ ἔγραψα ὑμῖν ἀπὸ μέρους ὡς ἐπαναμιμνήσκων ὑμᾶς
* τολμηρότερον δὲ ἔγραψα ὑμῖν ἀδελφοὶ **ἀναμιμνήσκων ἀπὸ μέρους οὕτως** 𝔓^{46}

15.15 txt τολμηρότερον δὲ ἔγραψα ὑμῖν ἀπὸ μέρους
τολμηροτέρως δὲ ἔγραψα ὑμῖν ἀπὸ μέρους B A **w**
τολμηροτέρως δὲ ἔγραψα ὑμῖν ἀδελφοὶ ἀπὸ μέρους 330 1506 2400
τομηρότερον δὲ ἔγραψα ὑμῖν ἀδελφοὶ ἀπὸ μέρους F G
τολμηρότερον δὲ **ὑμῖν ἔγραψα ὑμῖν** ἀπὸ μέρους 1739 1881
τολμηρότερον δὲ ἔγραψα ὑμῖν **ἀπὸ μέρους ἀδελφοί** 209* 323 796 945 1448 1505 2495
τολμηρότερον δὲ ἔγραψα ὑμῖν ἀδελφοὶ Ψ
τολμηρότερον δὲ ἔγραψα ὑμῖν ἀδελφοί μου ἀπὸ μέρους 049 [↓209^{c} 226 326 330 365 424 440
τολμηρότερον δὲ ἔγραψα ὑμῖν ἀδελφοὶ ἀπὸ μέρους D L P 056 1 6 33 69 [88] 104 131 205 [460] 489 517 547 614 [618] 910 927 999 1175 1241 1242 1243 1245 1270 1315 1319 1352 1424 1573 1611 1646 1734 1735 [1738] 1827 1836 1837 1854 1874 1891 1982 2125 2147 2344 2400 2815 **τ** Er^{1}

15.15 txt ὡς ἐπαναμιμνήσκων ὑμᾶς
ὡς **ἀναμιμνήσκων** ὑμᾶς B
ὥστε ἐπαναμιμνήσκων ὑμᾶς 1837
* ὡς ἐπαναμιμνήσκων **ἡμᾶς** 1245

15.15 txt διὰ τὴν χάριν τὴν δοθεῖσάν μοι ὑπὸ τοῦ θεοῦ
διὰ τὴν χάριν τὴν δοθεῖσάν μοι **ἀπὸ** τοῦ θεοῦ B ℵ* F **w**
omit 999

15.16 txt εἰς τὸ εἶναί με λειτουργὸν Χριστοῦ Ἰησοῦ εἰς τὰ ἔθνη
εἰς τὸ εἶναί με λειτουργὸν χυ ιυ B
εἰς τὸ **γένεσθαί** με λειτουργὸν χυ ιυ εἰς τὰ **ἔθνην** F
εἰς τὸ **γένεσθαί** με λειτουργὸν χυ ιυ εἰς τὰ ἔθνη G
* εἰς τὸ εἶναί με λειτουργὸν **θυ** εἰς τὰ ἔθνη 1646*
διὰ τὸ εἶναί με λειτουργὸν **ιηυ χρυ** εἰς τὰ ἔθνη 𝔓^{46}
εἰς τὸ **γένεσθαί** με λειτουργὸν **ιυ χυ** εἰς τὰ ἔθνη D*
εἰς τὸ εἶναί **μεν λειτουργὸν ιυ χυ** εἰς τὰ ἔθνη 1352 [↓104 131 205 209 226
εἰς τὸ εἶναί με λειτουργὸν **ιυ χυ** εἰς τὰ ἔθνη D^{1,2} L Ψ 049 056 1 6 33 88 323 365 424 440 460 489 517 547 614 618 796 910 927 945 999 1175 1241 1242 1243 1245 1270 1315 1319 1424 1448 1573 1611 1646^{c} 1734 1735 1738 1827 1836 1854 1874 1881 1891 1982 2125 2147 2344 2815 **τ** Er^{1}

15.16 txt ἱερουργοῦντα τὸ εὐαγγέλιον τοῦ θεοῦ
* ἱερουργοῦντα τὸ εὐαγγέλιον τοῦ **χυ** 999

15.16 txt ἵνα γένηται ἡ προσφορὰ τῶν ἐθνῶν εὐπρόσδεκτος
ἵνα **γένηθη** ἡ προσφορὰ τῶν ἐθνῶν εὐπρόσδεκτος B 1881*
ἵνα γένηται καὶ ἡ προσφορὰ τῶν ἐθνῶν εὐπρόσδεκτος 𝔓^{46}
ἵνα γένηται ἡ προσφορὰ τῶν ἐθνῶν F G

15.16 txt ἡγιασμένη ἐν πνεύματι ἁγίῳ
ἡγιασμένη ἐν πνι 1241* 1245

15.17 txt ἔχω οὖν τὴν καύχησιν ἐν Χριστῷ Ἰησοῦ τὰ πρὸς τὸν θεόν B D F G 69 330 365 1319 1506
ἔχω οὖν καύχησιν ἐν χω τὰ πρὸς τὸν θεόν 323* [↑1573 1735 2400
ἣν ἔχω καύχησιν ἐν χω τὰ πρὸς τὸν ...... $\mathfrak{P}^{46}$
ἔχω μὲν οὖν καύχησιν ἐν χω ιυ τὰ πρὸς τὸν θεόν 88
ἔχω γὰρ οὖν καύχησιν ἐν χω ιυ τὰ πρὸς τὸν θεόν 618 1738
ἔχω οὖν καύχησιν ἐν Χριστῷ Ἰησοῦ τὰ πρὸς θεόν 226* **τ** [↓104 205 131 209
txt ἔχω οὖν καύχησιν ἐν Χριστῷ Ἰησοῦ τὰ πρὸς τὸν θεόν ℵ A L P Ψ 049 056 1 6 33 88
226^{c} 323^{c} 326 424 440 460 489 517 547 614 618 796 910 927 945 999 1175 1241 1242 1243 1245 1270 1315 1352
1424 1448 1505 1611 1646 1734 1738 1739 1827 1836 1837 1854 1874 1881 1891 1982 2125 2147 2495 2815 Er^{1}

15.18 txt τολμήσω τι λαλεῖν
* τολμήσω **λαβεῖν τι**
* τολμήσω **λαλεῖν τι** τὰ πρῶτον θν 1836

15.18 txt ὧν οὐ κατειργάσατο Χριστὸς δι' ἐμοῦ
ὃ μὴ κατειργάσατο χς δι' ἐμοῦ 1827
ὧν οὐ **κατηργάσατο** ὁ χς δι' ἐμοῦ F G
ὧν οὐ κατειργάσατο ὁ χς δι' ἐμοῦ 131 1646 1734
ὧν κατειργάσατο χς δι' ἐμοῦ 517

15.18 txt λόγῳ καὶ ἔργῳ
λόγῳ τε καὶ ἔργῳ 330 2400
λόγῳ **ἢ** ἔργωι 1270

15.19 txt σημείων καὶ τεράτων, ἐν δυνάμει
σημείων καὶ τεράτων, ἐν δυνάμει αὐτοῦ G
omit 1734

15.19 txt πνεύματος
txt πνεύματος θεοῦ
* πνς θυ **ἁγίου** 330 2400

15.19 txt ὥστε με ἀπὸ Ἰερουσαλὴμ καὶ κύκλῳ μέχρι τοῦ Ἰλλυρικοῦ πεπληρωκέναι
ὥστε ἀπὸ Ἰερουσαλὴμ καὶ κύκλῳ μέχρι τοῦ Ἰλλυρικοῦ πεπληρωκέναι 1881
ὥστε **μαι** ἀπὸ Ἰερουσαλὴμ καὶ κύκλῳ μέχρι τοῦ Ἰλλυρικοῦ πεπληρωκέναι 88
ὥστε **μὴ** ἀπὸ Ἰερουσαλὴμ καὶ κύκλῳ μέχρι τοῦ Ἰλλυρικοῦ πεπληρωκέναι 440
ὥστε με ἀπὸ Ἰερουσαλὴμ κύκλῳ μέχρι τοῦ Ἰλλυρικοῦ πεπληρωκέναι L 2400
ὥστε με ἀπὸ Ἰερουσαλὴμ καὶ μέχρι τοῦ Ἰλλυρικοῦ πεπληρωκέναι 618 1738

15.19 txt τὸ εὐαγγέλιον τοῦ Χριστοῦ
* τὸ εὐαγγέλιον τοῦ **θυ** 88 1646 1735
τὸ εὐαγγέλιον Χριστοῦ 489 927

15.20 txt οὕτως δὲ φιλοτιμούμενον εὐαγγελίζεσθαι
* οὕτως δὲ **φιλοτειμοῦμαι** εὐαγγελίζεσθαι B D* F G
* οὕτως **φιλοτειμοῦμαι** εὐαγγελίζεσθαι $\mathfrak{P}^{46}$
οὕτως δὲ **φιλοτιμούμενος** εὐαγγελίζεσθαι 999
οὕτω δὲ φιλοτιμούμενον εὐαγγελίζεσθαι 1 104 205 517 1242 1245 1611 1739 1827 1881 1891 **τ**
οὗτος δὲ φιλοτιμούμενον εὐαγγελίζεσθαι 2147

15.20 txt οὐχ ὅπου ὠνομάσθη Χριστός
οὐχ ὅπου ὠνομάσθη **ὁ χρς** $\mathfrak{P}^{46}$
οὐχ ὅπου ὠνομάσθη **ὁ** χς 1646
οὐχ ὅπου **ἂν** ὠνομάσθη χς 1505 2495
οὐκ ὅπου ὠνομάσθη χς D^{1}
ὅπου οὐκ ὠνομάσθη **ὁ** χς D*
ὅπου οὐκ ὠνομάσθη **ὁ** χρς F G

15.20 txt ἵνα μὴ ἐπ' ἀλλότριον θεμέλιον οἰκοδομῶ
ἵνα μὴ ἐπ' **ἀλλοτρίῳ θεμελείῳ** οἰκοδομῶ, F G
ἵνα μὴ ἐπ' ἀλλότριον θεμέλιον **ἐποικοδομῶ**, 330 2400
ἵνα μὴ ἐπ' ἀλλότριον θεμέλιον **οἰκοδομήσω**, 1506

15.21 txt ἀλλὰ καθὼς γέγραπται
καθὼς γέγραπται 1505 2495

15.21 txt Οἷς οὐκ ἀνηγγέλλη περὶ αὐτοῦ ὄψονται
Οἷς οὐκ **ἀνηγγέλλει** περὶ αὐτοῦ ὄψονται 365 1241 1646
Οἷς οὐκ **ἀνηγγέλει** περὶ αὐτοῦ ὄψονται 6 33 131 323 999 1319 1573 1891 2344
Οἷς οὐκ **ἀνηγγέλθη** περὶ αὐτοῦ ὄψονται Ψ
Οἷς οὐκ **ἀπηγγέλη** περὶ αὐτοῦ ὄψονται C
Οἷς οὐκ **ἀνηγγέλη** περὶ αὐτοῦ ὄψονται $\mathfrak{P}^{46}$ D F G L P 049 056 1 88 104 205 209^{c} 226 326 424 460 547 614 618 910 927 945 1175 1242 1270 1315 1352 1424 1448 1505 1506 1611 1734 1735 1739 1827 1836 1837 1854 1874 1881 1982 2147 2495 2815 **τ** Er^{1}

15.21 txt οἳ οὐκ ἀκηκόασιν συνήσουσιν
οἷς οὐκ ἀκηκόασιν συνήσουσιν. 1241
οἳ οὐκ ἀκηκόασιν **συνήουσι**. 049*
οἳ **ἀκηκόασι** συνήσουσιν. 056*
οἳ οὐκ ἀκηκόασιν **συνοίσουσι**ν 205 330
οἳ οὐκ ἀκηκόασιν **συνήσωσι**. 1315

15.22 txt διὸ καὶ ἐνεκοπτόμην τὰ πολλὰ
διὸ καὶ ἐνεκοπτόμην **πολλάκις** B $\mathfrak{P}^{46}$
διὸ καὶ **ἐνεκόπην** **πολλάκις** D F G 330 2400
διὸ καὶ **ἐκοπτόμην** τὰ πολλὰ 945
διὸ καὶ **ἐνεκοπτώμην** τὰ πολλὰ 33 1175 1881
διὸ ἐνεκοπτόμην τὰ πολλὰ 2147

15.22 txt τοῦ ἐλθεῖν πρὸς ὑμᾶς
ἐλθεῖν πρὸς ὑμᾶς 056 1505 1827 1836 2495
τοῦ ἐλθεῖν πρὸς ὑμᾶς ἀπὸ πολλῶν αἰτῶν ὡς ἃ **νυν** F
τοῦ ἐλθεῖν πρὸς ὑμᾶς ἀπὸ πολλῶν αἰτῶν ὡς ἂν οὐκ πορεύομαι τοῦ ἐλθεῖν ὑμᾶς G

15.23 txt νυνὶ δὲ μηκέτι τόπον ἔχων ἐν τοῖς κλίμασι τούτοις ἐπιποθίαν δὲ ἔχων τοῦ ἐλθεῖν πρὸς ὑμᾶς
omit 326 1837 1854

15.23 txt νυνὶ δὲ μηκέτι τόπον ἔχων ἐν τοῖς κλίμασι τούτοις ἐπιποθίαν δὲ ἔχων τοῦ ἐλθεῖν
omit 2344

15.23 txt νυνὶ δὲ μηκέτι τόπον ἔχων ἐν τοῖς κλίμασι τούτοις
νυνεὶ δὲ μηκέτι τόπον ἔχων ἐν τοῖς κλίμασι τούτοις B D* F G
νυνὶ δὲ μηκέτι τόπον **ἔχω** ἐν τοῖς κλίμασι τούτοις 330 2400
νυνὶ δὲ μηκέτι τόπον **ἔχω** 1315*
νυνὶ δὲ μηκέτι τόπον **ἔχαι** ἐν τοῖς κλίμασι τούτοις $\mathfrak{P}^{46*}$
νυνὶ δὲ μηκέτι τόπον **ἔχειν** ἐν τοῖς κλίμασι τούτοις $\mathfrak{P}^{46c}$ 460 618 1738
νυνὶ δὲ μηκέτι τόπον ἔχων ἐν τοῖς κλίμασι 1836
νυνὶ δὲ **οὐκέτι** τόπον **ἔχω** ἐν τοῖς κλίμασι τούτοις 1243
νυνὶ δὲ μηκέτι τόπον ἔχων ἐν τοῖς κλίμασι τούτοις P

15.23 txt ἐν τοῖς κλίμασι τούτοις ἐπιποθίαν δὲ ἔχων
omit 1315*

15.23 txt ἐπιποθίαν δὲ ἔχων τοῦ ἐλθεῖν πρὸς ὑμᾶς ἀπὸ πολλῶν ἐτῶν
ἐπιπόθω δὲ **ἔχω** τοῦ ἐλθεῖν πρὸς ὑμᾶς ἀπὸ πολλῶν ἐτῶν 440
ἐπιποθίαν δὲ ἔχων τοῦ ἐλθεῖν πρὸς ὑμᾶς ἀπὸ **ἱκανῶν** ἐτῶν C P 365 1573
ἐπιποθίαν δὲ ἔχων ἐλθεῖν πρὸς ὑμᾶς ἀπὸ πολλῶν ἐτῶν A 330 2400
ἐπιποθίαν δὲ **ἔχω** τοῦ ἐλθεῖν πρὸς ὑμᾶς ἀπὸ **ἱκανῶν** ἐτῶν 69 1243 1506
ἐπιποθίαν δὲ **ἔχω** τοῦ ἐλθεῖν πρὸς ὑμᾶς ἀπὸ πολλῶν ἐτῶν D G 999 1315^{c} 1827
ἐπιποθίαν δὲ **ἔχω** τοῦ ἐλθεῖν πρὸς ὑμᾶς F'
ἐπιποθίαν δὲ τοῦ ἐλθεῖν πρὸς ὑμᾶς ἀπὸ **ἱκανῶν** ἐτῶν 1319

15.23 txt ἀπὸ πολλῶν ἐτῶν ὡς ἂν πορεύωμαι εἰς τὴν Σπανίαν ἐλεύσομαι πρὸς ὑμᾶς
omit 614

Verse		Reading	Witnesses
15.24	txt	ὡς ἂν πορεύωμαι εἰς τὴν Σπανίαν	
		ἕως ἂν πορεύωμαι εἰς τὴν Σπανίαν	$\mathfrak{P}^{46}$
		ὡς **ἐὰν** **πορεύομαι** εἰς τὴν Σπανίαν	33 69* 104 131 999 1175 1245 [1836] 1874*
		ὡς ἂν οὖν **πορεύομαι** εἰς τὴν Σπανίαν	D G
		πορεύομαι εἰς τὴν Σπανίαν	F
		ὡς ἂν **πορεύομαι** εἰς τὴν Σπανίαν	P 056 326 365 1243 1837 1881 2400
		ὃς ἂν **πορεύομαι** εἰς τὴν Σπανίαν	1319*
		ὡς **ἐὰν** **πορεύσομαι** εἰς τὴν Σπανίαν	L 1241 1315
		ὡς **ἐὰν** **πορεύομαι** τὴν Σπανίαν	049
		ὡς **ἐὰν** **πορεύσωμαι** εἰς τὴν **᾿Ισπονίαν·**	945
		ὡς **ἐὰν** **πορεύσομαι** εἰς τὴν **῾Ισπανίαν·**	1827
		ὡς **ἐὰν** **πορεύομε** εἰς τὴν **῾Ισπανίαν·**	1874^{c}
		ὡς **ἐὰν** πορεύωμαι εἰς τὴν **῾Ισπανίαν·**	205 323 489 517 927
		ὡς ἂν **πορεύομαι** εἰς τὴν **῾Ισπανίαν·**	1505 2495
		ὡς ἂν πορεύωμαι εἰς τὴν **῾Ισπανίαν·**	1352
		ὡς **ἐὰν** **πορεύομαι** **επὶ** Σπανίαν·	460 618
		ὡς **ἐὰν** πορεύωμαι **επὶ** Σπανίαν·	1738
		ὡς **ἐὰν** πορεύωμαι εἰς τὴν Σπανίαν·	Ψ 1 6 69^{c} 209 226 424 440 547 796 910 1242 1270 1319^{c} 1424 1448 1611 1646 1734 1854 1891 1982 2125 2147 2344 2815 **τ** Er^{1}

Verse		Reading	Witnesses
15.24	txt	Σπανίαν	
		᾿Ισπονίαν ἐλεύσομαι· πρὸς ὑμᾶς	205 323 489 517 927 945 1352 1505 1827 2495
	*	Σπανίαν **ἐλεύσωμαι**·πρὸς ὑμᾶς	365 460 618 1874*
	*	**᾿Ισπονίαν** **ἐλεύσωμαι**·πρὸς ὑμᾶς	1874^{c} [↓910 999 1175 1241 1242 1245 1270 1315 1319 1424 1448
		Σπανίαν ἐλεύσομαι· πρὸς ὑμᾶς	ℵ^{c} L 049 056 1 6 33 69 104 131 209 226 326 330 424 440 547 796 1573 1611 1646 1734 1735 1738 1836 1837 1854 1891 1982 2125 2147 2344 2400 2815 **τ** Er^{1}

Verse		Reading	Witnesses
15.24	txt	ἐλπίζω γὰρ διαπορευόμενος θεάσασθαι ὑμᾶς	
		ἐλπείζω διαπορευόμενος θεάσασθαι ὑμᾶς	F G
		ἐλπίζω γὰρ **πορευόμενος** θεάσασθαι ὑμᾶς	$\mathfrak{P}^{46}$ A 1506 1739 1881
		ἐλπίζω **δὲ** ἐλθεῖν πρὸς ὑμᾶς **πορευόμενος** θ εάσασθαι ὑμᾶς	999
		ἐλπίζω **δὲ** διαπορευόμενος θεάσασθαι ὑμᾶς	1836
		omit	2147

Verse		Reading	Witnesses
15.24	txt	καὶ ὑφ᾽ ὑμῶν προπεμφθῆναι	
		καὶ **ἀπὸ** ὑμῶν προπεμφθῆναι	B $\mathfrak{P}^{46}$
		καὶ **ἀφ** ὑμῶν προπεμφθῆναι	D F G 330 460 618 1315 1734 1738 2125 2147 2400
	*	καὶ **ἀφ᾽** **ἡμῶν** προπεμφθῆναι	131
		καὶ ὑφ᾽ ὑμῶν **πορευθῆναι**	P 2344
	*	καὶ ὑφ᾽ **ἡμῶν** **πρηπρυθῆναι**	1243
	*	καὶ ὑφ᾽ **ἡμῶν** προπεμφθῆναι	056 104 1424

Verse		Reading	Witnesses
15.24	txt	ἐκεῖ ἐὰν ὑμῶν πρῶτον ἀπὸ μέρους ἐμπλησθῶ	
	*	ἐκεῖ ἐὰν **ἡμῶν** πρῶτον ἀπὸ μέρους ἐμπλησθῶ	1352
		ἐκεῖ ἐὰν ὑμῶν ἀπὸ μέρους ἐμπλησθῶ	910
		ἐκεῖ ἐὰν ὑμῶν πρῶτον ἀπὸ μέρους μου ἐμπλησθῶ	1243*
		ἐκεῖ ἐὰν ὑμῶν πρῶτον ἀπὸ μέρους **ἐνπλησθῶ**	$\mathfrak{P}^{46}$ F*

Verse		Reading	Witnesses
15.25	txt	νυνὶ δὲ πορεύομαι εἰς Ἰερουσαλὴμ διακονῶν τοῖς ἁγίοις	
		νυνεὶ δὲ πορεύομαι εἰς Ἰερουσαλὴμ διακονῶν τοῖς ἁγίοις	B
		νυνεὶ δὲ πορεύομαι εἰς ιημ **διακονῆσαι** τοῖς ἁγίοις	D*
		νυνὶ δὲ πορεύομαι εἰς ιημ **διακονῆσαι** τοῖς ἁγίοις	D^{c}
		νυνὶ δὲ πορεύομαι εἰς Ἰερουσαλὴμ **διακονῆσαι** τοῖς ἁγίοις	$\mathfrak{P}^{46}$
		νῦν δὲ πορεύομαι εἰς **Ἰερουσαλὴεμ** **διακονῆσαι** τοῖς ἁγίοις	F*
		νῦν δὲ πορεύομαι εἰς Ἰερουσαλὴμ **διακονῆσαι** τοῖς ἁγίοις	F^{c} G
		νυνὶ δὲ **πορεύωμαι** εἰς Ἰερουσαλὴμ διακονῶν τοῖς ἁγίοις	618 1506
		νυνὶ δὲ **πορεύσομαι** εἰς Ἰερουσαλὴμ διακονῶν τοῖς ἁγίοις	1315
		νυνὶ δὲ πορεύομαι εἰς ιλημ **διακονήσων** τοῖς ἁγίοις	ℵ*
		νυνὶ δὲ πορεύομαι **ἐν** ιλημ διακονῶν τοῖς ἁγίοις	1319

15.26	txt	εὐδόκησαν γὰρ Μακεδονία καὶ Ἀχαΐα	
		ηὐδόκησε γὰρ Μακεδονία καὶ Ἀχαΐα	B*
		ηὐδόκησαν γὰρ **Μακαιδονία** καὶ Ἀχαΐα	ℵ 365
		ηὐδόκησαν γὰρ Μακεδονία καὶ Ἀχαΐα	69 104 1319 1505 1573 2495 **w**
		εὐδόκησι γὰρ Μακεδονία καὶ Ἀχαΐα	1611
		εὐδόκησεν γὰρ Μακεδονία καὶ Ἀχαΐα	𝔓^{46} B^{c} 1241
		εὐδόκησαν γὰρ **Μακαιδόνες** καὶ Ἀχαΐα	F G
		εὐδόκησαν γὰρ **Μακαιδονία** καὶ Ἀχαΐα	A 33
		εὐδόκησαν γὰρ **Μακεδονίαν** καὶ **Ἀχαΐαν**	460 618 1646 1738
		εὐδόκησαν γὰρ **Μακεδονίαν** καὶ Ἀχαΐα	1506
		εὐδόκησαν Μακεδονία καὶ Ἀχαΐα	1891

15.26	txt	κοινωνίαν τινὰ ποιήσασθαι	
		κοινωνίαν τινὰ **ποιήσασθε**	B A D* 049 1243
		κοινωνίαν τινὰ **ποιῆσθαι**	131
	*	κοινωνίαν τινὰ **ποίεισθε**	33

15.26	txt	εἰς τοὺς πτωχοὺς τῶν ἁγίων τῶν ἐν Ἰερουσαλήμ	
		εἰς τοὺς πτωχοὺς τῶν **ἐν ιη̅μ** **ἁγίων**	D
		τοὺς πτωχοὺς τῶν ἁγίων τῶν ἐν ιλημ	614 2147 2412
		εἰς τοὺς πτωχοὺς τῶν **ἐν Ἰερουσαλήμ ἁγείων**	F G
		εἰς τοὺς πτωχοὺς τῶν ἁγίων ἐν Ἰερουσαλήμ	𝔓^{46}* 618 1738
		εἰς τοὺς πτωχοὺς τῶν ἁγίων Ἰερουσαλήμ	2344

15.27	txt	εὐδόκησαν γὰρ καὶ ὀφειλέται εἰσὶν αὐτῶν	
		εὐδόκησαν γὰρ καὶ ὀφειλέται εἰσιν εἰς αὐτῶν	1243
		εὐδόκησαν γὰρ καὶ ὀφειλέται εἰσίν·	104 1646
		ηὐδόκησαν γὰρ καὶ ὀφειλέται εἰσὶν αὐτῶν	ℵ A 1881^{c} **w**
		ὀφειλέται γὰρ .....σὶν αὐτῶν	𝔓^{46}*
		ὀφειλέται εἰσὶν αὐτῶν	D
		ὀφειλέται γὰρ **αὐτῶν εἰσεὶν**	F G
		ηὐδόκησαν γὰρ καὶ ὀφειλέται **αὐτῶν εἰσίν**	69 365 1319 1505 1573 1827 2495
		εὐδόκησαν γὰρ καὶ **ὀφειλέτε αὐτῶν εἰσίν**	618 2400
		εὐδόκησαν γὰρ καὶ ὀφειλέται **αὐτῶν εἰσίν**	L Ψ 049 056 1 6 33 88 131 205 209 226 323 326 330 424 440 460 489 517 547 614 796 910 927 945 999 1175 1241 1242 1245 1270 1315 1352 1424 1448 1611 1734 1735 1738 1739 1836 1837 1854 1874 1891 1982 2125 2147 2344 2412 2815 **τ** Er^{1}

15.27	txt	εἰ γὰρ τοῖς πνευματικοῖς αὐτῶν ἐκοινώνησαν τὰ ἔθνη	
		εἰ γὰρ ἐν τοῖς πνευματικοῖς αὐτῶν ἐκοινώνησαν τὰ ἔθνη	999 1827
		εἰ γὰρ τοῖς πνικοις ἐκοινώνησαν τὰ ἔθνη	L
		οἱ γὰρ τοῖς πνευματικοῖς αὐτῶν ἐκοινώνησαν τὰ ἔθνη	460

15.27	txt	ὀφείλουσιν καὶ ἐν τοῖς σαρκικοῖς λειτουργῆσαι αὐτοῖς	
		ὀφείλουσιν καὶ τοῖς σαρκικοῖς λειτουργῆσαι	𝔓^{46}
		ὀφείλουσιν καὶ ἐν **τοὺς σαρκεικοῖς** λειτουργῆσαι αὐτοῖς	F
		ὀφείλουσιν καὶ ἐν τοῖς σαρκικοῖς αὐτῶν **λειτουργεῖσαι** αὐτοῖς	1735
		ὀφείλουσιν καὶ ἐν τοῖς σαρκικοῖς **λειτουργεῖν** αὐτοῖς	910

15.28	txt	τοῦτο οὖν ἐπιτελέσας	
		τοῦτο οὖν αρα **ἐπειτελέσας**	F G
		τούτω οὖν ἐπιτελέσας	460 618
		τοῦτο ἐπιτελέσας	614 2412
		τοῦτο οὖν **τελέσας**	547
	**	τοῦτο **γοῦν** ἐπιτελέσας	2147 [Ionic and Doric form]

15.28	txt	καὶ σφραγισάμενος αὐτοῖς τὸν καρπὸν τοῦτον	
		καὶ σφραγισάμενος τὸν καρπὸν τοῦτον	B 𝔓^{46} 205
		καὶ **σφραγισαμένοις** αὐτοῖς τὸν καρπὸν τοῦτον	ℵ
		καὶ σφρα·· ισάμενος **αὐτος** τὸν καρπὸν τοῦτον	C
		σφραγισάμενος αὐτοῖς τὸν καρπὸν τοῦτον	1827
		καὶ σφραγισάμενος οὖν αὐτοῖς τὸν καρπὸν τοῦτον	460 618

15.28 txt ἀπελεύσομαι δι' ὑμῶν εἰς Σπανίαν
ἀπελεύσομαι δι' **ὑμᾶς** εἰς **Σπανείαν** F G
ἀπελεύσωμαι δι' ὑμῶν εἰς τὴν Σπανίαν 33 460 618
ἀπελεύσομαι **δὲ** δι' ὑμῶν εἰς τὴν Σπανίαν 1881
* ἀπελεύσομαι δι' ὑμῶν εἰς **ἱσπανίαν** 1505 2495
* ἀπελεύσομαι δι' ὑμῶν εἰς τὴν **ἱσπανίαν** 205 209 517 614 905 927 1352 1827 1874c 2412
ἀπελεύσομαι δι' ὑμῶν εἰς τὴν Σπανίαν ℵc C L 049 056 1 6 33 104 131 226 323 424 440 460 489 547 796 910 999 1175 1241 1242 1245 1270 1315 1424 1448 1611 1646 1734 1735 1738 1836 1854 1874* 1881 1891 1982 2125 2147 2344 2815 τ Er1

15.29 txt οἶδα δὲ
οἶδα Cl V 64.5
γεινώσκω **γὰρ** F G
οἶδα **μὲν** 618 1738

15.29 txt ὅτι ἐρχόμενος πρὸς ὑμᾶς
ὅτι ἐρχόμενος ὑμᾶς 1319
ὅτι πρὸς ὑμᾶς F G
ὅτι **διερχόμενος** πρὸς ὑμᾶς 1448 1505 2495
ὅ ἐρχόμενος πρὸς ὑμᾶς 489

15.29 txt ἐν πληρώματι εὐλογίας Χριστοῦ ἐλεύσομαι
ἐμπληρώματι εὐλογίας τοῦ εὐαγγελίου τοῦ χυ ἐλεύσομαι L 330 049
ἐν **πληροφορίας** εὐλογίας Χριστοῦ ἐλεύσομαι D*
ἐν **πληροφορία** εὐλογίας Χριστοῦ **ἐυλεύσομαι** F G
ἐν πληρώματι εὐλογίας τοῦ χυ ἐλεύσομαι. 1448*
ἐν πληρώματι εὐλογίας τοῦ εὐαγγελίου τοῦ χυ **ἐλεύσωμαι**. 999
ἐν πληρώματι εὐλογίας τοῦ εὐαγγελίου τοῦ **ιυ** ἐλεύσομαι. 2495
ἐν πληρώματι εὐλογίας **χυ** **τοῦ εὐαγγελίου** ἐλεύσομαι. 1506
ἐν πληρώματι εὐλογίας τοῦ εὐαγγελίου τοῦ χυ ἐλεύσομαι ℵc L Ψ 049 056 1 33 69 88 104 131 205 209 226 323 326 330 365 424* 440 460 489 517 547 614 796 910 927 945 1175 1241 1242 1245 1270 1315 1319 1352 1424 1448c 1505 1573 1611 1734 1735 1827 1836 1837 1854 1874 1891 1982 2125 2147 2344 2400 2412 2815 τ Er1

15.30 txt παρακαλῶ δὲ ὑμᾶς, ἀδελφοί
txt παρακαλῶ δὲ ὑμᾶς
παρακαλῶ δὲ ὑμᾶς, ἀδελφοί μου 330 618 999 1738 2400
παρακαλῶ **οὖν** ὑμᾶς, ἀδελφοί Ψ 796
* παρακαλῶ δὲ **ἡμᾶς**, ἀδελφοι 614 2147

15.30 txt διὰ τοῦ κυρίου ἡμῶν Ἰησοῦ Χριστοῦ
διὰ τοῦ ὀνόματος τοῦ κυ ἡμῶν ιυ χυ L 1881

15.30 txt καὶ διὰ τῆς ἀγάπης τοῦ πνεύματος
** καὶ διὰ τῆς ἀγάπης τοῦ **πρς** 489 1734
καὶ διὰ τῆς ἀγάπης τοῦ **πνος** 796
* καὶ διὰ τῆς ἀγάπης τοῦ ἁγίου πνς 1836

15.30 txt συναγωνίσασθαί μοι ἐν ταῖς προσευχαῖς ὑπὲρ ἐμοῦ πρὸς τὸν θεόν
συναγωνίσασθέ **με** ἐν ταῖς προσευχαῖς ὑπὲρ ἐμοῦ πρὸς τὸν θν 365
συναγονίσασθέ μοι ἐν ταῖς προσευχαῖς **πρὸς τὸν θν ὑπὲρ ἐμοῦ** 88
συναγωνίσασθαί μοι ἐν ταῖς προσευχαῖς ὑμῶν ὑπὲρ ἐμοῦ πρὸς τὸν θν D
συναγωνίσασθαί μοι ἐν ταῖς προσευχαῖς ὑμῶν πρὸς τὸν θν F G
συναγωνίσασθαί μοι ἐν ταῖς προσευχαῖς **περὶ** ἐμοῦ πρὸς τὸν θν 131 2125
συναγωνίσασθαί μοι ἐν ταῖς προσευχαῖς ὑπὲρ ἐμοῦ πρὸς θν 1506
συναγωνίσασθέ μοι ἐν ταῖς προσευχαῖς ὑπὲρ ἐμοῦ πρὸς τὸν θν 205 226 330 1243 1352 1573 1836 1874 1881 2344 2400

15.31 txt ἵνα ῥυσθῶ ἀπὸ τῶν ἀπειθούντων ἐν τῇ Ἰουδαίᾳ
* ἵνα **ῥυσθῶμεν** ἀπὸ τῶν ἀπειθούντων ἐν τῇ Ἰουδαίᾳ 1735
ἵνα ῥυσθῶ ἀπὸ ἀπειθούντων ἐν τῇ Ἰουδαίᾳ 2815*

15.31 txt καὶ ἡ διακονία μου ἡ εἰς Ἰερουσαλὴμ
καὶ ἡ **δωροφορία** μου ἡ **ἐν** Ἰερουσαλὴμ B D* F G
καὶ ἵνα ἡ διακονία μου ἡ **ἐν** ιλημ 1505 2495
καὶ ἡ διακονία ἡ εἰς Ἰερουσαλὴμ 𝔓^{46}*
καὶ ἡ διακονία μου ἡ Ἰερουσαλὴμ Er^{1}*
καὶ ἡ διακονία μου εἰς ιλημ P
καὶ διακονία μου ἡ εἰς ιλημ 424^{c}
καὶ ἵνα ἡ διακονία μου εἰς ιλημ L 049 69 88 1315 1424
καὶ ἵνα ἡ διακονία μου ἡ εἰς **ιηλ** 056
καὶ ἵνα ἡ διακονία μου ἡ εἰς ιλημ ℵ^{c} D^{2} Ψ 1 33 104 131 205 209 226 323 326 330 365 424* 440 460 489 517 547 614 618 796 910 927 945 999 1175 1241 1242 1245 1270 1319 1352 1448 1573 1611 1646 1734 1735 1738 1827 1836 1837 1854 1874 1891 1982 2125 2147 2344 2400 2412 2815 τ Er^{1c}

15.31 txt εὐπρόσδεκτος τοῖς ἁγίοις γένηται
εὐπρόσδεκτος τοῖς ἁγίοις 614 2412
εὐπρόσδεκτος **διὰ τῶν ἁγίων** γένηται 𝔓^{46}
πρόσδεκτος γένηται τοῖς ἁγείοις F G
εὐπρόσδεκτος **γένηται τοῖς ἁγίοις** D L Ψ 049 056 1 6 33 88 104 131 205 209 226 323 424 440 460 489 517 547 618 796 910 927 945 1175 1241 1242 1245 1270 1315 1352 1424 1448 1505 1611 1646 1734 1735 1738 1827 1836 1854 1874 1891 1982 2125 2147 2344 2495 2815 τ Er^{1}

15.32 txt ἵνα ἐν χαρᾷ ἐλθὼν πρὸς ὑμᾶς
ἵνα **ἔλθων ἐν χαρᾷ** πρὸς ὑμᾶς ℵ*
ἵνα ἐν χαρᾷ **ἔλθω** πρὸς ὑμᾶς B 𝔓^{46} ℵ^{c} D F G L P Ψ 049 056 1 69 104 131 205 209 226 323 326 330 424* 440 460 489 517 547 614 618 796 910 927 945 999 1175 1241 1242 1245 1270 1315 1352 1424 1448 1506 1611 1646 1734 1735 1738 1827 1836 1854 1874 1891 1982 2125 2147 2344 2400 2412 2815 [**w**]τ Er^{1}

15.32 txt διὰ θελήματος θεοῦ
διὰ θελήματος τοῦ **θυ** 1827
διὰ θελήματος **κυ ιυ** B
διὰ θελήματος **ιυ χυ** ℵ*
διὰ θελήματος **χυ ιυ** D* F G

15.32 txt συναναπαύσωμαι ὑμῖν
omit B 𝔓^{46}
αναπαύσομαι ὑμῖν 1881*
συναναπαύσομαι ὑμῖν 6 1319 1506 1881^{c}
καὶ **ἀναψύξω μεθ' ὑμῶν** D$^{*.2}$
καὶ **ἀναψύχω μεθ ὑμῶν** F G
καὶ **συναναπαύσομαι** ὑμῖν L P Ψ 88 104 326 489 927 999 1241 1270 1611 1738 1836^{c} 1837 2125 [↑2147 2344
καὶ **συναναπαύσομαι ὑμᾶς** 1245 1646
* καὶ **συναναπαύσω ἡμῖν** 1352
καὶ συναναπαύσωμαι ὑμῖν ℵ^{c} 049 1 33 69 131 205 209 226 323 424* 440 460 517 547 614 618 796 910 945 1175 1242 1315 1424 1448 1734 1735 1827 1854 1874 1891 1982 2412 2815 [**w**]τ Er^{1}

15.33 txt ὁ δὲ θεὸς τῆς εἰρήνης μετὰ πάντων ὑμῶν, ἀμήν.
* ὁ δὲ θεὸς τῆς εἰρήνης μετὰ πάντων ὑμῶν, ἀδελφοί, ἀμήν. 1
* ὁ δὲ θεὸς τῆς εἰρήνης μετὰ πάντων **ἡμῶν,** ἀμήν. 1352
ὁ δὲ θεὸς τῆς εἰρήνης ἤτω μετὰ πάντων ὑμῶν, ἀμήν. D*
ὁ δὲ θεὸς τῆς **ἰρήνης** ἤτω μετὰ πάντων ὑμῶν. F G
ὁ δὲ θεὸς εἰρήνης μετὰ πάντων ὑμῶν. 𝔓^{46} A 330 1506 1739 1881 2400

16.1 txt συνίστημι δὲ ὑμῖν Φοίβην τὴν ἀδελφὴν ἡμῶν
συνίστημι δὲ ὑμῖν Φοίβην τὴν ἀδελφὴν **ὑμῶν** 𝔓^{46} A 489 1734 2815
συνίστημι ὑμῖν Φοίβην τὴν ἀδελφὴν ἡμῶν D*
συνίστημι ὑμῖν Φοίβην τὴν ἀδελφὴν **ὑμῶν** F G
συνίστημι δὲ ὑμῖν **Φοίβειν** τὴν ἀδελφὴν **ὑμῶν** 056
συνίστημι δὲ ὑμῖν **Φύβην** τὴν ἀδελφὴν **ὑμῶν** P
* συνίστημι δὲ ὑμῖν **Φύβην** τὴν ἀδελφήν 460 618
* συνίστημι δὲ ὑμῖν Φοίβην τὴν ἀδελφήν 1738
* **Συνίστημοι** δὲ Φοίβην τὴν ἀδελφὴν ἡμῶν 1646
* **Συνίστημοι** δὲ ὑμῖν Φοίβην τὴν ἀδελφὴν ἡμῶν 1827 1874*

16.1 txt ἀδελφὴν ἡμῶν διάκονον τῆς ἐκκλησίας τῆς
omit 1319*

16.1 txt οὖσαν διάκονον τῆς ἐκκλησίας τῆς ἐν Κεγχρεαῖς
οὖσαν διάκονον τῆς ἐκκλησίας τῆς ἐν **Κενχρεαῖς** B* D[1] G* [w]
οὖσην διάκονον τῆς ἐκκλησίας τῆς ἐν **Κενχρεαῖς** D*
οὖσαν διάκονον τῆς ἐκκλησίας τῆς ἐν **Κενχραιαῖς** ℵ
οὖσαν διάκονον τῆς ἐκκλησίας τῆς ἐν **Κεχρεαῖς** 330 460 1319c 1352 1505 1836 1874* [↑1881 2400 2495
οὖσαν διάκονον τῆς ἐκκλησίας τῆς **ἐγ Κενχρεαῖς** A
οὖσαν διάκονον τῆς ἐκκλησίας τῆς ἐν **Κενχρειας** F
οὖσαν διάκονον τῆς ἐκκλησίας τῆς ἐν **Κεγχρεαῖς** G*
οὖσαν διάκονον τῆς ἐκκλησίας τῆς **ἐγκεγχρεαῖς** 1738
οὖσαν διάκονον τῆς ἐκκλησίας τῆς ἐν **αιχραῖς** 1646*
οὖσαν διάκονον τῆς ἐκκλησίας τῆς ἐν **αιχρεαῖς** 1646c
διάκονον οὖσαν τῆς ἐκκλησίας τῆς **ἐγκεχρεαῖς** 1424
διάκονον οὖσαν τῆς ἐκκλησίας τῆς **ἐγκεγχρεαῖς** 1827
οὖσα διάκονον τῆς ἐκκλησίας τῆς ἐν **αιχραῖς** 1245
txt οὖσαν καὶ διάκονον τῆς ἐκκλησίας τῆς ἐν Κεγχρεαῖς
οὖσαν καὶ διάκονον τῆς ἐκκλησίας τῆς ἐν **Κενχραι**..... 𝔓46
οὖσαν καὶ διάκονον τῆς ἐκκλησίας τῆς ἐν **Κεχραιαῖς** 1243

16.2 txt ἵνα αὐτὴν προσδέξησθε
ἵνα **προσδέξησθε αὐτὴν** B C D[1.2] [w]
ἵνα προσδέξησθε 𝔓46
ἵνα **προσδέξησθαι** αὐτὴν D* F G
ἵνα αὐτὴν **προσδέξεσθαι** P 33 131 618 1646 2147

16.2 txt παραστῆτε αὐτῇ ἐν ᾧ ἂν ὑμῶν χρῄζῃ πράγματι
παραστῆσαι αὐτῇ ἐν ᾧ ἂν ὑμῶν **χρίζῃ** πράγματι 1243
παραστῆται αὐτῇ ἐν ᾧ ἂν ὑμῶν **χρίζει** πράγματι P 2147
παραστῆται αὐτῇ ἐν ᾧ ἂν χρῄζῃ πράγματι F G 1646
παραστήσατε αὐτὴν ἐν ᾧ ἂν ὑμῶν χρῄζῃ πράγματι 999
παραστῆσαι αὐτὴν ἐν ᾧ ἂν ὑμῶν χρῄζῃ πράγματι 1245
παραστῆτε αὐτῇ ἐν ᾧ **ἐὰν** .... χρῄζῃ πράγματι 𝔓46
παραστῆτε αὐτῇ ἐν ᾧ **ἐὰν** ὑμῶν **χρῄζει** πράγματι 326 1837
παραστῆτε αὐτῇ ἐν ᾧ **ἐὰν** χρῄζῃ πράγματι 1505 2495
παραστῆτε αὐτῇ ἐν ᾧ ἂν ὑμῶν **χρῄζει** πράγματι 056 6 [33] 88 323 1319 1352 1874 [↑2125
παραστῆτε αὐτῇ ἐν ᾧ ἂν ὑμῶν **πράγματι χρίζει**· 1827
παραστῆτε αὐτῇ ἐν ᾧ ἂν **ὑμῖν χρίζει** πράγματι 1315

16.2 txt αὐτῇ προστάτις πολλῶν ἐγενήθη καὶ ἐμοῦ αὐτοῦ
αυτη προστάτις πολλῶν ἐγενήθη καὶ ἐμοῦ αὐτοῦ B* L P
αυτη προστάτις πολλῶν ἐγενήθη καὶ **αὐτοῦ καὶ ἐμοῦ** ℵ
αυτη προστάτις πολλῶν ἐγενήθη καὶ ἐμοῦ τε αὐτοῦ A
αυτη καὶ ἐμοῦ καὶ **ἄλλων προστάτις ἐγένετο** D*
αυτη καὶ ἐμοῦ καὶ **ἄλλων πολλῶν προστάτις ἐγένετο** D[1.2]
αυτη καὶ ἐμοῦ καὶ **ἄλλων παραστάτεις ἐγένετο** F G
αυτη .... καὶ **ἄλλων πολλῶν ἐγεν**....... .... 𝔓46
αὐτῇ προστάτις πολλῶν ἐγενήθη καὶ **δι᾽** ἐμοῦ αὐτοῦ 88
αὐτῇ **προστάτης** πολλῶν **ἐγεννήθη** καὶ ἐμοῦ αὐτοῦ 618 1738
αὐτῇ **προστάτης** πολλῶν ἐγενήθη καὶ **αὐτοῦ ἐμου** 326c 1646 1836* 1837 1874 [↑2147
καὶ αὐτῇ **προστάτης** πολλῶν ἐγενήθη καὶ **αὐτοῦ ἐμου** 1735
αὐτῇ **προστάτης** πολλῶν **ἐγεννήθη** καὶ **αὐτοῦ ἐμου** 326*
αὐτῇ προστάτις πολλῶν ἐγενήθη καὶ **αὐτοῦ ἐμου** 489 927 1836c
αὕτη προστάτης πολλῶν ἐγενήθη καὶ ἐμοῦ καὶ αὐτοῦ 330
αὕτη προστάτις πολλῶν ἐγενήθη καὶ ἐμοῦ αὐτοῦ Bc 104 209 796 1242 1270 2400
αὕτη προστάτης πολλῶν ἐγενήθη καὶ ἐμοῦ αὐτοῦ 69 1243 1734 2344
αὕτη προστάτης πολλῶν **ἐγεννήθη** καὶ ἐμοῦ αὐτοῦ 1827
αὕτη προστάτης πολλῶν ἐγενήθη καὶ **αὐτοῦ ἐμου** 049 056 1 999 1245 1315 1424 [↑2125
αὕτη πολλῶν προστάτις ἐγενήθη καὶ **αὐτοῦ ἐμου** 1448
αὕτη προστάτις πολλῶν ἐγενήθη καὶ **αὐτοῦ ἐμου** Ψ 6 131 226 323 424 440 517 547 614 910 945 1175 1352 1505 1611 1739 1854 1881 1891 1982 2412 2495 2815 **τ** Er[1]

16.3 txt ἀσπάσασθε Πρίσκαν καὶ Ἀκύλαν
ἀσπάσασθε **Πρείσκαν** καὶ Ἀκύλαν B
ἀσπάσασθαι Πρίσκαν καὶ Ἀκύλαν ℵ D* 056 33 88 460 618
ἀσπάσθαι Πρίσκαν καὶ Ἀκύλαν F G
ἀσπάσασθαι Πρίσκιλλαν καὶ Ἀκύλαν 614 999 1319 1646 1735 2412 [↓2495 2815 **τ**
ἀσπάσασθε **Πρίσκιλλαν** καὶ **Ἀγκύλαν** 489 [↓1315 1505 1573 1611 1827 1881c 2125 2147
ἀσπάσασθε **Πρίσκιλλαν** καὶ Ἀκύλαν 1 104 205 209mg 323 365 440 547 796 927 945 1270

16.3 txt τοὺς συνεργούς μου ἐν Χριστῷ Ἰησοῦ
* τοὺς **συνεργούσμούς** μου ἐν χω ιυ 1352
* τοὺς συνεργούς **μοι** ἐν χω ιυ, 205 209*
τοὺς συνεργούς μου ἐν χω ιυ, καὶ τὴν κατ' οἶκον αὐτῶν ἐκκλησίαν D*.2 F G

16.4 txt οἵτινες ὑπὲρ τῆς ψυχῆς μου τὸν ἑαυτῶν τράχηλον ὑπέθηκαν
* οἵτινες ὑπὲρ τῆς ψυχῆς μου τὸν ἑαυτῶν τράχηλον **ὑπέθηκεν** 326*
οἵτινες ὑπὲρ τῆς ψυχῆς μου τὸν **ἑαυτὸν** **ὑπέθηκαν** **τράχηλον** P [↓2400 2495
οἵτινες ὑπὲρ τῆς ψυχῆς τὸν **ἑαυτὸν** **τράχιλον** ὑπέθηκαν 1646* [↓1646ᶜ 1874 1881
οἵτινες ὑπὲρ τῆς ψυχῆς μου τὸν **ἑαυτὸν** τράχηλον ὑπέθηκαν L 1 205 618 1315 1319 1448

16.4 txt οὐκ ἐγὼ μόνος εὐχαριστῶ
οὐκ ἐγὼ μόνος ἐγὼ **εὐχευχαριστῶ** 326*
οὐκ ἐγὼ **μόνον** εὐχαριστῶ L 1319 1448 2400

16.4 txt ἀλλὰ καὶ πᾶσαι αἱ ἐκκλησίαι τῶν ἐθνῶν
** ἀλλὰ καὶ πᾶσαι αι **τοῦ** **θυ** 1245
ἀλλὰ καὶ πᾶσαι ἐκκλησίαι τῶν ἐθνῶν 618 1646 1881*

16.5 txt καὶ τὴν κατ' οἶκον αὐτῶν ἐκκλησίαν
καὶ τὴν κατ' οἶκον **ἐκκλησίαν** **αὐτῶν** 330 2400
καὶ τὴν κατ' **οἴκων** αὐτῶν ἐκκλησίαν 1315 2344
καὶ τὴν κατ' οἶκον αὐτῶν **ἐκκλησία**. 1735
omit D*.2 F G P

16.5 txt ἀσπάσασθε Ἐπαίνετον τὸν ἀγαπητόν μου
ἀσπάσασθαι Ἐπαίνετον τὸν ἀγαπητόν μου ℵ D 131 1319 1646 1735
ἄσπασθαι Ἐπαίνετον τὸν ἀγαπητόν μου F G
Ἐπαίνετον τὸν ἀγαπητόν μου 618
* ἀσπάσασθε Ἐπαίνετον τὸν **ἀδελφόν** μου Ψ

16.5 txt ὅς ἐστιν ἀπαρχὴ τῆς Ἀσίας εἰς Χριστόν
ὅς ἐστιν **ἀπ' ἀρχῆς** τῆς Ασίας εἰς χν 𝔓46
ὅς ἐστιν **ἀπ' ἀρχῆς** τῆς Ἀσίας **ἐν** **χω** D*
ὅς ἐστιν ἀπαρχὴ τῆς **Ἀσείας** **ἐν** **χρω** F G
ὅς ἐστιν ἀπαρχὴ τῆς **Ἀχαίας** **ἐν** **χω** D¹ 049 323 1424 1505 1881 2815 Er¹
ὅς ἐστιν ἀπαρχὴ τῆς **Ἀγχαίας** εἰς χν 1
ὅς ἐστιν **ἀπάρχὴς** τῆς **Ἀχαίας** εἰς χν 1837*
ὅ ἐστιν ἀπαρχὴ τῆς **Αχαίας** εἰς χν 1891
ὅς ἐστιν ἀπαρχὴ τῆς **Ἀχαίας** εἰς **χω** 2495
* ὅς ἐστιν **Ἀχαίας** εἰς **χν** P* [↓796 910 927 945 999 1175 1241 1242
ὅς ἐστιν ἀπαρχὴ τῆς **Ἀχαίας** εἰς χν L 056 69 88 131 205 209 226* 440 517 547 614
1245 1270 1315 1352 1448 1611 1734 1738 1827 1836 1854 1874 1982 2125 2147 2344 2412

16.6 txt ἀσπάσασθε Μαρίαν
ἀσπάσασθαι Μαρίαν 1735
ἀσπάσασθαι **Μαρίαμ** D*
ἄσπασθαι **Μαρίαμ** F G

16.7 txt ἀσπάσασθε Ἀνδρόνικον καὶ Ἰουνιᾶν
ἀσπάσθε **Ἀνδρόνεικον** καὶ **Ιουνιαν** B*
ἀσπάσασθαι Ἀνδρόνικον καὶ **Ιουνιαν** ℵ D*
ἄσπασθαι Ἀνδρόνικον καὶ **Ιουνιαν** F G
ἀσπάσασθε **Ἀνδρόνεικον** καὶ **Ιουλιαν** 𝔓46
ἀσπάσασθε Ἀνδρόνικον καὶ **Οὐνίαν** 618 1738
ἀσπάσασθε Ἀνδρόνικον **Ἰουνίαν** 33
ἀσπάσασθαι Ἀνδρόνικον καὶ **Ἰουνίαν** 131 1270 1735

16.7 txt τοὺς συγγενεῖς μου καὶ συναιχμαλώτους μου
τοὺς συγγενεῖς μου 1874
τοὺς συγγενεῖς μου καὶ συναιχμαλώτους **μοι** 1836

16.7 txt οἵ καὶ πρὸ ἐμοῦ γέγοναν ἐν Χριστῷ
ὃς καὶ πρὸ ἐμοῦ **γέγονεν** ἐν **χρω** 𝔓46
καὶ πρὸ ἐμοῦ γέγοναν ἐν χω N*
τοῖς πρὸ ἐμοῦ ἐν χω **ιυ** D*.1 F G
τοῖς πρὸ ἐμοῦ ἐν χω D2
* οἵ καὶ πρὸ ἐμοῦ **γεγώνασιν** ἐν **κυ** 1646* [↓326 330 365 424 440 460 489 517 547 614 618
οἵ καὶ πρὸ ἐμοῦ **γεγόνασιν** ἐν χω C L P Ψ 049 056 1 6 33 69 88 104 131 205 209 226 323
796 910 927 945 999 1175 1241 1242 1243 1270 1315 1319 1352 1424 1448 1505 1573 1611 1646c
1734 1735 1738 1827 1836 1837 1854 1874 1891 1982 2125 2147 2344 2400 2412 2495 2815 Er1

16.8 txt ἀσπάσασθε Ἀμπλιᾶτον τὸν ἀγαπητόν μου ἐν κυρίῳ. ἀσπάσασθε Οὐρβανὸν τὸν συνεργὸν ἡμῶν ἐν Χριστω
omit 1352

16.8 txt τὸν ἀγαπητόν μου ἐν κυρίῳ. ἀσπάσασθε
omit 1735

16.8 txt ἀσπάσασθε Ἀμπλιᾶτον
ἀσπάσασθαι Ἀμπλιᾶτον N G
ἄσπασθαι Ἀμπλιᾶτον F
ἀσπάσασθαι **Ἀμπλιᾶν** D* 33 1735
ἀσπάσασθε **Ἀπλίαν** 365 1505 1573 1646 2400 2495
ἀσπάσασθαι **Ἀπλίαν** 1319
ἀσπάσασθε **Ἀμπλιᾶ** 1739c
ἀσπάσασθε **Ἀπλιᾶτον** 6 1424
ἀσπάσασθε **Ἀμπλίαντον** 424c
ἀσπάσασθε **Ἀμπλείαν** 1243 [↓440 460 489 517 547 614 618 796 910 927 945 999 1175
ἀσπάσασθε **Ἀμπλίαν** Bc D1.2 L P Ψ 049 056 1 69 88 104 131 205 209 226 323 326 330 424*
1241 1242 1270 1315 1448 1611 1734 1738 1827 1836 1837 1854 1874 1881 1891 1982 2125 2147 2344 2412 2815 τ Er1

16.8 txt τὸν ἀγαπητόν μου ἐν κυρίῳ
ἀγαπητόν ἐν κω B*
τὸν ἀγαπητόν ἐν κω Bc 𝔓46 F
* τὸν ἀγαπητόν μου ἐν **χω** 796
τὸν **ἀγαπητήν** μου ἐν κω

16.9 txt ἀσπάσασθε Οὐρβανὸν τὸν συνεργὸν ἡμῶν ἐν Χριστω
omit 1448*

16.9 txt ἀσπάσασθε Οὐρβανὸν τὸν συνεργὸν ἡμῶν ἐν Χριστῷ
καὶ Οὐρβανὸν τὸν συνεργὸν ἡμῶν ἐν χω 1827
ἀσπάσασθε Οὐρβανὸν τὸν ἀγαπητόν τὸν συνεργὸν ἡμῶν ἐν χω 1881
ἀσπάσασθε Οὐρβανὸν τὸν συνεργὸν **ὑμῶν** ἐν χω P 6 88 2495
Οὐρβανὸν τὸν συνεργὸν **μου** ἐν χω 1735
ἀσπάσασθε Οὐρβανὸν τὸν συνεργὸν ἡμῶν **εἰς** **χν** 910 1891
ἀσπάσασθαι Οὐρβανὸν τὸν συνεργὸν ἡμῶν ἐν **κω** D*
ἀσπάσθαι Οὐρβανὸν τὸν συνεργὸν ἡμῶν ἐν **κω** F G
ἀσπάσασθε Οὐρβανὸν τὸν συνεργὸν ἡμῶν ἐν **κω** C D1.2 Ψ 69 326 365 1319 1573 1646 1837

16.9 txt καὶ Στάχυν τὸν ἀγαπητόν μου. ἀσπάσασθε Ἀπελλῆν τὸν δόκιμον ἐν Χριστῷ.
omit 056 323

16.9 txt καὶ Στάχυν τὸν ἀγαπητόν μου
καὶ Στάχυν τὸν ἀγαπητόν μου ἐν κω Gc 330 2400
ἀσπάσασθε Στάχυν τὸν ἀγαπητόν μου 614 999 2412
καὶ Στάχυν ἀγαπητόν μου ἐν κω G*

16.10 txt ἀσπάσασθε Ἀπελλῆν τὸν δόκιμον ἐν Χριστῷ
omit 1315

16.10 txt ἀσπάσασθε Ἀπελλῆν τὸν δόκιμον ἐν Χριστῷ
ἀσπάσασθε καὶ Ἀπελλῆν τὸν δόκιμον ἐν χω 33
ἀσπάσθαι Ἀπελλῆν τὸν **δόκειμον** ἐν χω F G
ἀσπάσθαι Ἀπελλῆν τὸν δόκιμον ἐν χω 1646
ἀσπάσασθαι Ἀπελλῆν τὸν δόκιμον ἐν χω A D* 618 1319 1735

16.10	txt	ἀσπάσασθε	τοὺς ἐκ τῶν Ἀριστοβούλου	
		ἀσπάσασθαι	τοὺς ἐκ τῶν Ἀριστοβούλου	D* 1319 1646
		ἀσπάσασθαι	τοὺς ἐκ τῶν **Ἀριστοβόλου**	1735
		ἀσπάσθαι	τοὺς ἐκ τῶν **Ἀριστοβόλου**	F G[c]
		ἀσπάσθαι	τοὺς ἐκ τῶν **Ἀριστοβόλουν**	G*
		ἀσπάσθε	τοὺς ἐκ τῶν Ἀριστοβούλου	88 1424
		ἀσπάσασθε	**τοῖς** ἐκ τῶν Ἀριστοβούλου	910 1891
		ἀσπάσασθε	τοὺς ἐκ **τοῦ** Ἀριστοβούλου	1881
		ἀσπάσασθε	**τὸν** ἐκ τῶν Ἀριστοβούλου	056

16.11	txt	ἀσπάσασθε Ἡρῳδίωνα τὸν συγγενῆ μου	
		omit	326 1837

16.11	txt	ἀσπάσασθε	Ἡρῳδίωνα	τὸν συγγενῆ	μου	
		ἀσπάσασθε	Ἡρῳδίωνα	τὸν **συγγενῆν**	μου	B A D[1]
		ἀσπάσασθαι	Ἡρῳδίωνα	τὸν **συγγενῆν**	μου	D*
		ἀσπάσασθαι	Ἡρῳδίωνα	τὸν συγγενῆ	μου	33 1646 1735
		ἀσπάσθαι	**Ἡρῳδείωνα**	τὸν **συνγενῆ**	μου	F G
		ἀσπάσασθε	Ἡρῳδίωνα	τὸν **συγγενεῖ**	μου	131
		ἀσπάσασθε	Ἡρῳδίωνα	τὸν **συγκενῆ**	μου	1881
		ἀσπάσασθε	**Ἡρῳδίονα**	τὸν συγγενῆ	μου	1 226 330 1315 2400
		ἀσπάσασθε	**Ἡρῳδίωντα**	τὸν συγγενῆ	μου	205
		ἀσπάσασθε	**Ἱρῳδίωνα**	τὸν συγγενῆ	μου	460
		ἀσπάσασθε	**Ἡροδίονα**	τὸν συγγενῆ	μου	1243

16.11	txt	ἀσπάσασθε	τοὺς ἐκ τῶν Ναρκίσσου	τοὺς ὄντας	ἐν κυρίῳ	
		ἀσπάσασθε	τοὺς ἐκ **τῶ** Ναρκίσσου	τοὺς ὄντας	ἐν κω	049 1738
		ἀσπάσασθε	**τῶν** ἐκ τῶν Ναρκίσσου	τοὺς ὄντας	ἐν κω	88
		ἀσπάσασθε	τοὺς ἐκ **τῶ** Ναρκίσσου	τοὺς **ὧν τας**	ἐν κω	618
		ἀσπάσασθε	τοὺς ἐκ **τοῦ** Ναρκίσσου	τοὺς ὄντας	ἐν κω	1448
	*	ἀσπάσασθε	τοὺς ἐκ τῶν Ναρκίσσου	τοὺς ὄντας	ἐν **χω**	2147
		ἀσπάσασθαι	τοὺς ἐκ τῶν Ναρκίσσου	τοὺς ὄντας	ἐν κω	D* 1319[c] 1735 1836
		ἀσπάσασθαι	**τῶν** ἐκ τῶν Ναρκίσσου	τοὺς ὄντας	ἐν κω	1319*
		ἀσπάσασθαι	τοὺς ἐκ τῶν **Ναρκίσου**	τοὺς ὄντας	ἐν κω	1646
		ἀσπάσθαι	τοὺς ἐκ τῶν **Ναρκείσσου**	τοὺς ὄντας	ἐν κω	F G
		ἀσπάσασθε	**τοῦ** ἐκ τῶν **Ναρκίσου**	τοὺς ὄντας	ἐν κω	1175
		ἀσπάσασθε	**τοῦ** ἐκ τῶν **Ναρκήσσου**	τοὺς ὄντας	ἐν κω	1243
		ἀσπάσασθε	τοὺς ἐκ τῶν **Νααρκίσσου**	τοὺς ὄντας	ἐν κωι	1270
		ἀσπάσασθε	τοὺς ἐκ τῶν **Ναρκίσου**	τοὺς ὄντας	ἐν κω.	1827 1315 2400 2464
		ἀσπάσασθε	τοὺς ἐκ τῶν' **Ἀρκίσσου**	τοὺς ὄντας	ἐν κω.	440 460 999

16.12	txt	ἀσπάσασθε	Τρύφαιναν καὶ Τρυφῶσαν	
		ἀσπάσασθαι	**Τρύφεναν** καὶ Τρυφῶσαν	ℵ
		ἀσπάσασθε	**Τρύφεναν** καὶ Τρυφῶσαν	A P 326 1243 1837 2464
		ἀσπάσθαι	**Τρύφεναν** καὶ Τρυφῶσαν	F G
		ἀσπάσασθε	**Τύφαιναν** καὶ Τρυφῶσαν	C*
		ἀσπάσασθε	**Τρύφηναν** καὶ Τρυφῶσαν	1874[c]
		ἀσπάσασθαι	Τρύφαιναν καὶ Τρυφῶσαν	D* 056 33 1735
		ἀσπάσασθαι	Τρύφαιναν καὶ **Τρυφόσαν**	1646

16.12	txt	τὰς κοπιώσας	ἐν κυρίῳ	
		.... **οπιούσας**	ἐν κω	𝔓[46] 1738
		τὰς **κοπειώσας**	ἐν κω	F G
		τὰς **κοπιάσας**	ἐν κω	104 1319
		τὰς **κοπιασάσας**	ἐν κω	1505 2495
		omit		1646

16.12	txt	ἀσπάσασθε Περσίδα τὴν ἀγαπητήν, ἥτις πολλὰ ἐκοπίασεν ἐν κυρίῳ	
		omit	A F G 796

16.12	txt	ἀσπάσασθε	Περσίδα τὴν ἀγαπητήν	
		ἀσπάσασθαι	Περσίδα τὴν ἀγαπητήν	ℵ D* 1646 1735

16.12	txt	ἥτις	πολλὰ ἐκοπίασεν ἐν κυρίῳ	
		ἣ	πολλὰ ἐκοπίασεν ἐν κω	69

16.13 txt ἀσπάσασθε Ῥοῦφον τὸν ἐκλεκτὸν ἐν κυρίῳ
ἀσπάσασθαι Ῥοῦφον τὸν ἐκλεκτὸν ἐν κω D* 1646 1735
ἀσπάσθαι Ῥοῦφον τὸν ἐκλεκτὸν ἐν κω F G
ἀσπάσασθε Ῥοῦφον τὸν **ἀγαπητὸν** ἐν κω 1881

16.13 txt καὶ τὴν μητέρα αὐτοῦ καὶ ἐμοῦ
καὶ τὴν μρα αὐτοῦ τε καὶ ἐμοῦ 365 1319 1573
καὶ τὴν **μητέραν** αὐτοῦ καὶ ἐμοῦ 1646
καὶ μρα αὐτοῦ καὶ ἐμοῦ 2815

16.14 txt ἀσπάσασθε Ἀσύγκριτον, Φλέγοντα
ἀσπάσασθε **Ἀσύνκριτον**, Φλέγοντα ℵ D$^{1.2}$ W
ἀσπάσασθαι **Ἀσύνκριτον**, Φλέγοντα D*
ἀσπάσθαι **Ἀσύνκριτον**, Φλέγοντα F G
ἀσπάσασθαι Ἀσύγκριτον, **Φλέγον** 1646
ἀσπάσασθαι Ἀσύγκριτον, Φλέγοντα 1735

16.14 txt Ἑρμῆν, Πατροβᾶν, Ἑρμᾶν
Ἑρμῆν, **Ἑρμᾶν** **Πατροβᾶν** 𝔓^{46}
Ἑρμῆν, Πατροβᾶν, καὶ Ἑρμᾶν 2344
Ἑρμᾶν 1827
καὶ **Ἑρμᾶν**, Πατροβᾶν, **Ἑρμῆν** 460 618 1738
Ἑρμᾶν, **Προβᾶν**, **Ἑρμῆν** 945
καὶ **Ἑρμᾶν**, Πατροβᾶν, καὶ **Ἑρμῆν** 1242
Ἑρμᾶν, Πατροβᾶν, **Ἑρμῆν** D^{2} L Ψ 049 056 1 6 33 88 131 205 209 226 323 330 365 424 440 489 517 547 614 796 910 927 999 1175 1241 1245 1270 1315 1319 1352 1424 1448 1505 1573 [1611] 1646 1734 1836 1854 1874 1891 1982 2125 2147 2400 2412 2464 2495 2815 **τ** Er^{1}

16.14 txt καὶ τοὺς σὺν αὐτοῖς ἀδελφούς
καὶ τοὺς σὺν αὐτοῖς **ἀδελφοῖς** P
καὶ τοὺς σὺν **αὐτοὺς** ἀδελφούς 1739
καὶ πάντας τοὺς σὺν **αὐτῷ** ἀδελφούς 1827
καὶ τοὺς σὺν **αὐτῷ** ἀδελφούς 460 1836

16.15 txt ἀσπάσασθε Φιλόλογον
ἀσπάσασθαι Φιλόλογον D* 910 1646 1735
ἀσπάσασθε **Φίλογον** 2495*
ἀσπάσθαι Φιλόλογον F G

16.15 txt καὶ Ἰουλίαν, Νηρέα
καὶ **Βηρέα καὶ Ἀουλίαν**, 𝔓^{46}
καὶ **Ιουνιαν**, Νηρέα C*
καὶ Ἰουλίαν, **Νηρέαν** A 330 1245 1837* 2344
καὶ **Ιουνιαν**, **Νηρέαν** F G
καὶ Ἰουλίαν, **Νιρέα** P 460 618 1738 2464 2815 Er^{1}
καὶ Ἰουλίαν, **Νηραία** 1243

16.15 txt καὶ τὴν ἀδελφὴν αὐτοῦ
καὶ τὴν **ἀδελφὲν** αὐτοῦ F*
** καὶ **τὸν** **ἀδελφὸν** αὐτοῦ 2495
καὶ τὴν ἀδελφὴν **αὐτό** D*

16.15 txt καὶ Ὀλυμπᾶν
Ὀλυμπᾶν P 104 205 209 323 365 796 945 1319 1448 1573 2147
καὶ **Ὀλιμπεῖδα** F
καὶ **Ὀλυμπεῖδα** G

16.15 txt καὶ τοὺς σὺν αὐτοῖς πάντας ἁγίους
καὶ τοὺς σὺν **αὐτοὺς** πάντας ἁγίους L^{c}
καὶ τοὺς σὺν **αὐτῷ** πάντας ἁγίους 1827
καὶ τοὺς σὺν αὐτοῖς ἁγίους 𝔓^{46} 1505 2495
καὶ τοὺς σὺν αὐτοῖς πάντας 2344
καὶ τοὺς καὶ τοὺς σὺν αὐτοῖς πάντας ἁγίους D*

16.16 txt ἀσπάσασθε ἀλλήλους ἐν φιλήματι ἁγίω
ἀσπάσασθαι ἀλλήλους ἐν φιλήματι ἁγίῳ. D* G* 618 1646 1735
ἀσπασθαι ἀλλήλους ἐν **φειλήματι** ἁγίῳ. F G^{c}

16.16 txt ἀσπάζονται ὑμᾶς αἱ ἐκκλησίαι πᾶσαι τοῦ Χριστοῦ
ἀσπάζονται ὑμᾶς αἱ ἐκκλησίαι **ἅπασαι** τοῦ χυ 330
ἀσπάζονται ὑμᾶς αἱ ἐκκλησίαι τοῦ **θυ** 205 209 489 927 1245 2344
ἀσπάζονται ὑμᾶς **αἱκκλησίαι** τοῦ **θυ**. 1646
ἀσπάζονται ὑμᾶς αἱ ἐκκλησίαι τοῦ **θυ**. 1874
ἀσπάζονται ὑμᾶς αἱ ἐκκλησίαι **τοῦ χυ πᾶσαι**. 424c
ἀσπάσασθε ὑμᾶς αἱ ἐκκλησίαι πᾶσαι τοῦ χυ. 1243
omit D* F G
ἀσπάζωνται ὑμᾶς αἱ ἐκκλησίαι τοῦ χυ. 2464 [↓517 547 614 618 796 910 945 999
ἀσπάζονται ὑμᾶς αἱ ἐκκλησίαι τοῦ χυ. 049 056 1 33 88 131 226 323 424* 440 460
1175 1241 1242 1315 1352 1424 1448 1734 1738 1827 1836 1854 1891 1982 2125 2147 2412 2815 τ Er[1]

16.17 txt καὶ τὰ σκάνδαλα παρὰ τὴν διδαχὴν
καὶ σκάνδαλα παρὰ τὴν διδαχην 1739 1881
καὶ σκάνδαλα παρὰ τὴν διδαχὴν ποιοῦντας 𝔓46
καὶ τὰ σκάνδαλα παρὰ τὴν **διδαχὴνχὴν** 1982
καὶ τὰ σκάνδαλα **περὶ** τὴν διδαχὴν D* 2344

16.17 txt ἣν ὑμεῖς ἐμάθετε ποιοῦντας
ἣν ὑμεῖς **ἐμάθεται** ποιοῦντας P 618 1646 2464
ἣν ἐμάθετε ποιοῦντας 945 1424
ἣν ὑμεῖς ἐμάθετε, **ἢ λέγοντας ἢ** ποιοῦντας 𝔓46
ἣν ὑμεῖς ἐμάθετε, **λέγοντας ἢ** ποιοῦντας D
ἣν ὑμεῖς **ἐμάθεται**, **λέγοντας ἢ** ποιοῦντας F G

16.17 txt καὶ ἐκκλίνετε ἀπ᾽ αὐτῶν
καὶ **ἐκκλείνετε** ἀπ᾽ αὐτῶν B
καὶ **ἐκκλήνεται** ἀπ᾽ αὐτῶν 2464
ἐκκλείνατε ἀπ᾽ αὐτῶν 𝔓46
ἐκκλίνατε ἀπ᾽ αὐτῶν 1175 1827 1836 1874
καὶ **ἐκκλείνατε** ἀπ᾽ αὐτῶν A
καὶ **ἐκκλήναται** ἀπ᾽ αὐτῶν 1646 1735
καὶ **ἐκκλίναται** ἀπ᾽ αὐτῶν F G
καὶ **ἐκλίνατε** ἀπ᾽ αὐτῶν 330
καὶ **ἐκκλίνατε** ὑμεῖς ἀπ᾽ αὐτῶν 945 [↓440 460 489 517 547 614 618 796 910 927 999 1241 1242
καὶ **ἐκκλίνατε** ἀπ᾽ αὐτῶν ℵc D L P 049 056 1 33 88 104 131 205 209 226 323 326 365 424*
1243 1245 1315 1319 1352 1424 1448 1573 1611 1734 1738 1837 1854 1891 1982 2125 2147 2344 2400 2412 2815 τ Er[1]

16.18 txt οἱ γὰρ τοιοῦτοι τῷ κυρίῳ ἡμῶν Χριστῷ οὐ δουλεύουσιν
οἱ γὰρ τοιοῦτοι τῶι κῶι ἡμῶν ιυ χω οὐ δουλεύουσιν 424c 1270
οἱ γὰρ τοιοῦτοι τῷ κω ἡμῶν ιυ χω οὐ **δουλεύσουσιν** 2495
* οἱ γὰρ τοιοῦτοι τῶ **χω** ἡμῶν οὐ δουλεύουσιν 1739 1881
οἱ γὰρ τοιοῦτοι τῷ κυρίῳ ἡμῶν Χριστῷ οὐ **δουλεύωσιν** 1827
οἱ γὰρ τοιοῦτοι τῷ κυρίῳ ἡμῶν Χριστῷ οὐ **δουλεύσουσιν** 1319 1874
οἱ γὰρ τοιοῦτοι τῷ κω **χω ἡμῶν** οὐ δουλεύουσιν D
οὐ γὰρ **τοιοῦται** κω **χρω ἡμῶν** οὐ **δουλεύσουσειν** F
οἱ γὰρ τοιοῦτοι κω **χρω ἡμῶν** οὐ **δουλεύσουσειν** G
οἱ γὰρ τοιοῦτοι τῷ κω ἡμῶν ιυ χω οὐ **δουλεύσουσιν** 945
οἱ γὰρ τοιοῦτοι τῷ κω ιυ χω οὐ δουλεύουσιν 131 618 1738 1982 2125 Er[1]
οἱ γὰρ τοιοῦτοι τῷ κω ἡμῶν ιυ χω οὐ δουλεύουσιν L 056 1 33 88 104 205 209 226
323 326 330 424* 440 489 547 614 796 910 927 999 1241 1242 1245 1315
1352 1424 1448 1734 1837 1854 1891 2147 τ 2344 2400 2412 2815

16.18 txt ἀλλὰ τῇ ἑαυτῶν κοιλίᾳ
ἀλλὰ τῇ **ἑαυτὸν κοιλίαν** 1243

16.18 txt καὶ διὰ τῆς χρηστολογίας καὶ εὐλογίας
** καὶ διὰ τῆς **χριστολογίας** καὶ εὐλογίας L 330 1245 1315 1874 2400 2464
** καὶ διὰ τῆς **χαριστολογίας** καὶ εὐλογίας 1646
διὰ δὲ τῆς χρηστολογίας καὶ εὐλογίας 1827
καὶ διὰ τῆς χρηστολογίας D F G 33 1319
καὶ διὰ τῆς χρηστολογίας καὶ **ευγλωττιας** 460 618 1738 [glibness of tongue]

16.18 txt ἐξαπατῶσιν τὰς καρδίας τῶν ἀκάκων
ἐξαπατῶσει τὰς καρδίας τῶν ἀκάκων F G
ἐξαπατῶσιν τὰς καρδίας αὐτῶν τῶν ἀκάκων 1319
ἀπατῶσι τὰς καρδίας τῶν ἀκάκων 945

16.19 txt ἡ γὰρ ὑμῶν ὑπακοὴ εἰς πάντας ἀφίκετο
ἡ γὰρ ὑπακοὴ εἰς πάντας ἀφίκετο 1175 1874*
ἡ γὰρ **ὑπακοὴ** **ὑμῶν** εἰς πάντας ἀφίκετο D F G
καὶ γὰρ ὑμῶν ὑπακοὴ εἰς πάντας ἀφίκετο 1505 2495
ἡ γὰρ **ὑμῶν** ὑπακοὴ εἰς πάντας ἀφίκετο 1646 2344
ἡ γὰρ ὑμῶν ὑπακοὴ εἰς πάντας **ἀφικνεῖται** Ψ
ἡ γὰρ ὑμῶν **ἀκοὴ** εἰς πάντας **ἀφίκετο** 440

16.19 txt ἐφ᾽ ὑμῖν οὖν χαίρω
τὸ ἐφ᾽ ὑμῖν **συνχαίρω** 69
τὸ ἐφ᾽ ὑμῖν οὖν χαίρω 1319^{c}
ἐφ᾽ **ὑμῶν** οὖν χαίρω 1319*

16.19 txt θέλω δὲ ὑμᾶς σοφοὺς εἶναι εἰς τὸ ἀγαθόν
θέλω δὲ ὑμᾶς σοφοὺς μὲν εἶναι εἰς τὸ ἀγαθόν ℵ* A C P 69 1243 [w] Cl Paid. I 19.5
καὶ **θέλω** δὲ ὑμᾶς σοφοὺς εἶναι εἰς τὸ ἀγαθόν 𝔓^{46}
καὶ **θέλω** ὑμᾶς σοφοὺς εἶναι εἰς τὸ ἀγαθόν D$^{*.1}$ F G
θέλω ὑμᾶς σοφοὺς εἶναι εἰς τὸ ἀγαθόν 1827
θέλω δὲ ὑμᾶς σοφοὺς μὲν εἶναι εἰς τὸ ἀγαθόν ℵ^{c} 049 056 1 6 33 88 104 131 205 209 226 323 326 424 460 489 517 547 614 618 796 910 927 945 999 1175 1241 1242 1245 1270 1315 1352 1424 1448 1611 1646 1734 1735 1738 1739 1836 1837 1854 1874 1881 1891 1982 2125 2147 2344 2412 2464 2815 τ Er^{1}

16.19 txt ἀκεραίους δὲ εἰς τὸ κακόν
ἀκαιρέους δὲ εἰς τὸ κακόν ℵ A D* 910 1243 1424
ἀκαιρους δὲ εἰς τὸ κακόν D$^{1.2}$ 1735
ἀκαιραίους δὲ εἰς τὸ κακόν 1315
ἀκεραίους δὲ εἰς τὸ **κωνών** 1646*

16.20 txt συντρίψει τὸν Σατανᾶν ὑπὸ τοὺς πόδας ὑμῶν ἐν τάχει
συντρείψει τὸν Σατανᾶν ὑπὸ τοὺς πόδας ὑμῶν ἐν τάχει B
* **συντρίψαι** τὸν Σατανᾶν **ἐν** **τάχει** **ὑπὸ** **τοὺς** **πόδας** **ἡμῶν** A
συντρίψαι τὸν Σατανᾶν ὑπὸ τοὺς πόδας ὑμῶν ἐν τάχεί 365 1319 1573 1738
συντρίψη τὸν Σατανᾶν ὑπὸ τοὺς πόδας ὑμῶν ἐν τάχει L
συντρίψε τὸν **Σατᾶν** ὑπὸ τοὺς πόδας ὑμῶν ἐν τάχει 88
συντρίψε τὸν Σατανᾶν ὑπὸ τοὺς πόδας ὑμῶν ἐν τάχει 618

16.20 txt ἡ χάρις τοῦ κυρίου ἡμῶν Ἰησοῦ μεθ᾽ ὑμῶν
omit D F G
ἡ χάρις τοῦ κυ ἡμῶν ιυ χυ **μετὰ** **πάντων** ὑμῶν ἀμήν. 2400
ἡ χάρις τοῦ κυ ἡμῶν Ἰησοῦ χυ μεθ᾽ ὑμῶν ἀμήν. 69^{c} 104 330 2815
* ἡ χάρις τοῦ κυ ἡμῶν ιυ χυ μεθ᾽ **ἡμῶν**. 326 1837 [↓88 131 205 209 226
ἡ χάρις τοῦ κυ ἡμῶν ιυ χυ μεθ᾽ ὑμῶν A C L P Ψ 049 056 1 6 33 69* 323 365 424 440 460 489 517 547 614 618 796 910 927 945 999 1175 1241 1242 1243 1245 1270 1315 1319 1352 1424 1448 1505 1573 1611 1646 1734 1735 1738 1739 1836 1854 1874 1982 2125 2147 2344 2412 2464 2495 [w]τ Er^{1}

16.21 txt ἀσπάζεται ὑμᾶς Τιμόθεος ὁ συνεργός μου
ἀσπάζεται ὑμᾶς Τιμόθεος ὁ συνεργὸς B 424^{c} [w]
ἀσπάζεται ὑμᾶς Τιμόθεος ὁ **συνεργῶν** **μοι** Ψ 1505 2495
ἀσπάζεται ὑμᾶς Τιμόθεος ὁ **συνεργῶν** 6 1739
ἀσπάζετε ὑμᾶς Τιμόθεος ὁ συνεργός μου A D^{1}
ἀσπάζετε ὑμᾶς **Τειμόθεος** ὁ συνεργός μου D*
ἀσπάζετε ὑμᾶς **Τιμώθεος** ὁ συνεργός μου 1243
ἀσπάζετε ὑμᾶς Τιμόθεος ὁ **συνεργῶν** 1881
ἀσπάζονται ὑμᾶς **Τιμώθεως** ὁ συνεργός μου 618
ἀσπάζωνται ὑμᾶς Τιμόθεος ὁ συνεργός μου 2464
ἀσπάζονται ὑμᾶς ὁ συνεργός μου 1175
ἀσπάζονται ὑμᾶς Τιμόθεος ὁ συνεργός μου D^{2} L 049 056 33 88 104 131 205 209 226 323 326 330 424* 440 460 489 517 547 614 910 927 945 999 1241 1242 1245 1270 1315 1352 1424 1448 1611 1646 1734 1735 1738 1836 1837 1854 1874 1891 1982 2125 2147 2344 2400 2412 2815 τ Er^{1}

16.21 txt καὶ Λούκιος
καὶ **Λούκειος** F G

16.21 txt καὶ Ἰάσων καὶ Σωσίπατρος οἱ συγγενεῖς μου
Ἰάσων καὶ Σωσίπατρος οἱ συγγενεῖς μου B [$\mathfrak{P}^{46}$]
καὶ Ἰάσων καὶ Σωσίπατρος **ὁ** συγγενεῖς μου 910 1738 1836 1874
καὶ Ἰάσων καὶ Σωσίπατρος οἱ **συγκενεῖς** μου 1881*
καὶ **Ἰάσσων** καὶ Σωσίπατρος οἱ συγγενεῖς μου 104 1734
καὶ **Ἰάσω** καὶ Σωσίπατρος οἱ συγγενεῖς μου 1175
καὶ **Ἰάσον** καὶ Σωσίπατρος οἱ **συγγενοῖς** μου 1646
καὶ **Ἰάσον** καὶ Σωσίπατρος οἱ συγγενεῖς μου 2147
καὶ **Ἰάσον** καὶ **Σοσίπατρος** **ὁ** **συγγενής** μου. 460
καὶ **Ἰάσον** καὶ **Σωσήπατρος** **ὁ** **συγγενής** μου. 618
καὶ Ἰάσων καὶ **Σωσείπατρος** οἱ **συγγενεῖς** μου. 049
καὶ Ἰάσων καὶ **Σωσείπατρος** οἱ **συνγενεῖς** μου, καὶ αἱ ἐκκλησεῖαι πᾶσαι τοῦ χυ. F G
καὶ Ἰάσων καὶ Σωσίπατρος οἱ **συγγενῖς** μου, καὶ αἱ ἐκκλησίαι πᾶσαι τοῦ χυ. D*

16.22 txt ἀσπάζομαι ὑμᾶς ἐγὼ Τέρτιος
ἀσπάζομαι ὑμᾶς Τέρτιος 69
ἀσπάζομαι ὑμᾶς ἐγὼ **Τέρτειος** F G
ἀσπάζεται ὑμᾶς Τέρτιος 424^{c}
ἀσπάζονται ὑμᾶς ἐγὼ Τέρτιος 1836
ἀσπάζωμαι ὑμᾶς ἐγὼ Τέρτιος 2464

16.22 txt ὁ γράψας τὴν ἐπιστολὴν ἐν κυρίῳ
ὁ γράψας τὴν ἐπιστολὴν 205 209 796
ὁ γράψας **ἐν κω τὴν ἐπιστολήν**. 1424
ὁ καὶ γράψας τὴν ἐπιστολὴν ἐν κωι. 424^{c}

16.23 txt ἀσπάζεται ὑμᾶς Γάϊος ὁ ξένος μου
ἀσπάζετε ὑμᾶς Γάϊος ὁ ξένος μου A D* 323 1175 1270 1874
ἀσπάζετε **ἡμᾶς** Γάϊος ὁ ξένος μου D^{1}
ἀσπάζεται **ἡμᾶς** Γάϊος ὁ ξένος μου D^{2}
ἀσπάζεται Γάϊος ὁ ξένος μου 614 2412
ἀσπάζεται ὑμᾶς Γάϊος ὁ **ξένοδόχος** μου 1827

16.23 txt καὶ ὅλης τῆς ἐκκλησίας.
καὶ **ὅλαι αἱ ἐκκλησίαι** F G [↓614 618 796 910 927 945 999 1175 1241 1242 1315 1352 1424 1448
καὶ **τῆς ἐκκλησίας ὅλης** L Ψ 049 056 6 33 104 131 205 209 226 323 330 424 440 460 489 517 547 1611 1646 1734 1735 1738 1827 1836 1854 1874 1891 1982 2125 2147 2344 2400 2412 2464 2815 **τ** Er^{1}.

16.23 txt ἀσπάζεται ὑμᾶς Ἔραστος ὁ οἰκονόμος τῆς πόλεως
ἀσπάζετε ὑμᾶς Ἔραστος ὁ οἰκονόμος τῆς πόλεως ℵ A D* 323 326 1175 1243 1837 1874
ὑμᾶς Ἔραστος ὁ οἰκονόμος τῆς πόλεως G
ἀσπάζεται ὑμᾶς Ἔραστος ὁ οἰκονόμος 1424*

16.23 txt καὶ Κούαρτος ὁ ἀδελφός
καὶ Κούαρτος ὁ ἀδελφός ἡμῶν 1505 2495
omit 910

16.24 txt ἡ χάρις τοῦ κυρίου ἡμῶν Ἰησοῦ Χριστοῦ
ἡ χάρις τοῦ κυ ιυ χυ 69 1243
ἡ χάρις τοῦ κυ ἡμῶν F G

16.24 txt μετὰ πάντων ὑμῶν. ἀμήν
μετὰ πάντων ὑμῶν 796

16.25-27 **omit** G
16.25-27 **omit** all post κατὰ ἀποκάλυψιν (vs. 25) 88

16.25 txt τῷ δὲ δυναμένῳ ὑμᾶς στηρίξαι
τῷ δὲ δυναμένῳ **ἡμᾶς** στηρίξαι [69 618]

16.25 txt κατὰ τὸ εὐαγγέλιόν μου
διὰ τὸ εὐαγγέλιόν μου [1734]

16.25 txt καὶ τὸ κήρυγμα __ Ἰησοῦ Χριστοῦ
καὶ κυ ιυ χυ ℵ*
κατὰ τὸ κήρυγμα ιυ χυ [1734]
καὶ τὸ κήρυγμά μου ιυ χυ [1505 2495]
καὶ τὸ κήρυγμα ιυ χυ [𝔓46] ℵc A C D P 33 88 104 365 1319 1506 1573* 2464 [**u**]wτ
Er1 [A L Ψ 049 056 1 6 69 88 104 131 205 209 226 323 326 330 365 424 440 460 489 517 547
614 618 796 910 927 945 999 1175 1241 1242 1243 1245 1270 1315 1424 1448 1506 1573c 1611
1646 1735 1738 1827 1836 1837 1854 1874 1881 1891 1982 2125 2147 2400 2815]

16.25 txt κατὰ ἀποκάλυψιν μυστηρίου
κατὰ ἀποκάλυψιν **μυστηρίων** [1646]

16.25 txt χρόνοις αἰωνίοις σεσιγημένου
χρόνοις **αἰωνίου** **σεσιγημένου** 365
χρονίοις αἰωνίοις σεσιγημένου [1175]
χρόνοις **σεσιγημένου** [1573c]
* χρόνοις αἰωνίοις **γεγενημένου** [1836]
χρόνους αἰωνίοις **σεσιγημένου** [1874*]

16.26 txt φανερωθέντος δὲ νῦν
φανερωθέντος νῦν [440 1352]

16.26 txt διά τε γραφῶν προφητικῶν
διά γραφῶν προφητικῶν D
διά **ται** γραφῶν προφητικῶν [1646]

16.26 txt κατ' ἐπιταγὴν τοῦ αἰωνίου θεοῦ
κατε ἐπιταγὴν τοῦ αἰωνίου θυ [𝔓46]
κατ' ἐπιταγὴν αἰωνίου θυ [1505 2495]

16.26 txt εἰς ὑπακοὴν πίστεως εἰς πάντα τὰ ἔθνη γνωρισθέντος
εἰς **ὑπακοῆς** πίστεως εἰς πάντα τὰ ἔθνη γνωρισθέντος 1319
εἰς **ὑπααγὴν** πίστεως εἰς πάντα τὰ ἔθνη γνωρισθέντος 1739
εἰς ὑπακοὴν πίστεως εἰς πάντα τὰ ἔθνη [323]
εἰς ὑπακοὴν πίστεως εἰς πάντα ἔθνη **γνωρισθέντες** [460]
εἰς ὑπακοὴν πίστεως εἰς πάντα τὰ ἔθνη **γνωρισθέντες** [618]

16.27 txt μόνῳ σοφῷ θεῷ
μόνῳ **θω** **σοφῷ,** D
μόνῳ σοφῷ 365 [131 2400]
μόνῳ **τῷ** θω, [1874]

16.27 txt διὰ Ἰησοῦ Χριστοῦ
διὰ **χυ** **ιυ** B
ιυ χυ [618]
omit [945]

16.27 txt ᾧ ἡ δόξα εἰς τοὺς αἰῶνας, ἀμήν
ἡ δόξα εἰς τοὺς αἰῶνας, ἀμήν B
ᾧ ἡ δόξα εἰς τοὺς αἰῶνας τῶν αἰώνων, ἀμήν ℵ A D 2464
αὐτῷ η δόξα εἰς τοὺς αἰῶνας τῶν αἰώνων, ἀμήν P 104 [1243]
αὐτῷ η δόξα εἰς τοὺς αἰῶνας, ἀμήν. [104]
ἡ δόξα εἰς τοὺς αἰῶνας, ἀμήν. [323]

Order of the New Testament Books in the Manuscripts Used for *New Testament Greek Manuscripts*

Erasmus (1516)	B (03)	$\mathfrak{P}^{46}$	ℵ (01)	A (02)	C (04)
Matthew	Matthew		Matthew	Matthew	Matthew
Mark	Mark		Mark	Mark	Mark
Luke	Luke		Luke	Luke	Luke
John	John		John	John	John
Acts	Acts		Romans	Acts	Acts
Romans	James	Romans	1 Corinthians	James	James
1 Corinthians	1 Peter	Hebrews	2 Corinthians	1 Peter	1 Peter
2 Corinthians	2 Peter	1 Corinthians	Galatians	2 Peter	2 Peter
Galatians	1 John	2 Corinthians	Ephesians	1 John	1 John
Ephesians	2 John	Ephesians	Philippians	2 John	(2 John)
Philippians	3 John	Galatians	Colossians	3 John	3 John
Colossians	Jude	Philippians	1 Thessalonians	Jude	Jude
1 Thessalonians	Romans	Colossians	2 Thessalonians	Romans	Romans
2 Thessalonians	1 Corinthians	1 Thessalonians	Hebrews	1 Corinthians	1 Corinthians
1 Timothy	2 Corinthians		1 Timothy	2 Corinthians	2 Corinthians
2 Timothy	Galatians		2 Timothy	Galatians	Galatians
Titus	Ephesians		Titus	Ephesians	Ephesians
Philemon	Philippians		Philemon	Philippians	Philippians
Hebrews	Colossians		Acts	Colossians	Colossians
James	1 Thessalonians		James	1 Thessalonians	1 Thessalonians
1 Peter	2 Thessalonians		1 Peter	2 Thessalonians	(2 Thessalonians)
2 Peter	Hebrews		2 Peter	Hebrews	Hebrews
1 John			1 John	1 Timothy	1 Timothy
2 John			2 John	2 Timothy	2 Timothy
3 John			3 John	Titus	Titus
Jude			Jude	Philemon	Philemon
Apocalypse			Apocalypse	Apocalypse	Apocalypse
			Barnabas	1 Clement	
			Hermas	2 Clement	

D (05)	E (08)	F (010)	G (012)	H (015)	K (018)	L (020)**
Matthew						
John						
Luke						
Mark						
Acts	Acts	Acts	Acts			
D (06)					James	James
Romans		Romans (3.19)	Romans		1 Peter	1 Peter
1 Corinthians		1 Corinthians	1 Corinthians	1 Corinthians	2 Peter	2 Peter
2 Corinthians		2 Corinthians	2 Corinthians	2 Corinthians	1 John	1 John
Galatians		Galatians	Galatians	Galatians	2 John	2 John
Ephesians		Ephesians	Ephesians	Colossians	3 John	3 John
Colossians		Philippians	Philippians		Jude	Jude
Philippians		Colossians	Colossians		Romans	Romans
1 Thessalonians		1 Thessalonians	1 Thessalonians	1 Thessalonians	1 Corinthians	1 Corinthians
2 Thessalonians		2 Thessalonians	2 Thessalonians		2 Corinthians	2 Corinthians
1 Timothy		1 Timothy	1 Timothy	1 Timothy	Galatians	Galatians
2 Timothy		2 Timothy	2 Timothy	2 Timothy	Ephesians	Ephesians
Titus		Titus	Titus	Titus	Philippians	Philippians
Philemon		Philemon	Philemon		Colossians	Colossians
Hebrews		Hebrews (Latin)		Hebrews	1 Thessalonians	1 Thessalonians
					2 Thessalonians	2 Thessalonians
					Hebrews	1 Timothy
					1 Timothy	2 Timothy
					2 Timothy	Titus
					Titus	Philemon
					Philemon	Hebrews

**P (025) is unlisted because it is a palimpsest and unreadable on microfilm copy. I have had access only to portions of Tischendorf's transcription for information on the text for my work.

Ψ (044)	**049**	**056**	**1**	**6**	**33**
			Acts	Matthew	1 Corinthians
Mark			James	Mark	2 Corinthians
Luke			1 Peter	Luke	Galatians
John			2 Peter	John	Ephesians
Acts	Acts	Acts	1 John	Acts	Philippians
1 Peter	James	James	2 John	James	Colossians
2 Peter	1 Peter	1 Peter	3 John	1 Peter	1 Thessalonians
James	2 Peter	2 Peter	Jude	2 Peter	2 Thessalonians
1 John	1 John	1 John	Romans	1 John	Hebrews
2 John	2 John	2 John	1 Corinthians	2 John	1 Timothy
3 John	3 John	3 John	2 Corinthians	3 John	2 Timothy
Jude	Jude	Jude	Galatians	Jude	Titus
Romans	Romans	Romans	Ephesians	Romans	Philemon
1 Corinthians	1 Corinthians	1 Corinthians	Philippians	1 Corinthians	Acts
2 Corinthians	2 Corinthians	2 Corinthians	Colossians	2 Corinthians	James
Galatians	Colossians	Galatians	1 Thessalonians	Galatians	1 Peter
Ephesians	Philippians	Ephesians	2 Thessalonians	Ephesians	2 Peter
Philippians	Galatians	Philippians	1 Timothy	Philippians	1 John
Colossians	Ephesians	Colossians	2 Timothy	Colossians	2 John
1 Thessalonins		1 Thessalonians	Titus	1 Thessalonians	3 John
2 Thessalonians		2 Thessalonians	Philemon	2 Thessalonians	Jude
1 Timothy		1 Timothy	Hebrews	1Timothy	Romans
2 timothy		2 Timothy	Matthew	2 Timothy	Matthew
Titus		Titus	Mark	Titus	Mark
Philemon		Philemon	Luke	Hebrews	Luke
Hebrews		Hebrews	John		John

69	**88**	**104**	**131**	**205**	**209**
Matthew			Matthew	Matthew	
Mark			Mark	Mark	
Luke			Luke	Luke	
John			John	John	
Romans	Acts	Acts	Acts	Acts	Acts
1 Corinthians	James	James	James	James	James
2 Corinthians	1 Peter	1 Peter	1 Peter	1 Peter	1 Peter
Galatians	2 Peter	2 Peter	2 Peter	2 Peter	2 Peter
Ephesians	1 John	1 John	1 John	1 John	1 John
Philippians	2 John	2 John	2 John	2 John	2 John
Colossians	Jude	3 John	3 John	3 John	3 John
1 Thessalonians	Romans	Jude	Jude	Jude	Jude
2 Thessalonians	1 Corinthians	Romans	Romans	Apocalypse	Romans
1 Timothy	2 Corinthians	1 Corinthians	1 Corinthians	Romans	1 Corinthians
2 Timothy	Galatians	2 Corinthians	2 Corinthians	1 Corinthians	2 Corinhians
Titus	Ephesians	Galatians	Galatians	2 Corinthians	Galatians
Philemon	Philippians	Ephesians	Ephesians	Galatians	Ephesians
Hebrews	Colossians	Philippians	Philippians	Ephesians	
Acts	1 Thessalonians	Colossians	Colossians	Phillipians	
James	2 Thessalonians	1 Thessalonians	1 Thessalonians	Colossians	
1 Peter	Hebrews	2 Thessalonians	2 Thessalonians	1 Thessalonians	
2 Peter	1 Timothy	1 Timothy	Hebrews	2 Thessalonians	
1 John	2 Timothy	2 Timothy	1 Timothy	1 Timothy	
2 John	Titus	Titus	2 Timothy	2 Timothy	
3 John	Philemon	Philemon	Titus	Titus	
Jude	Apocalypse	Hebrews	Philemon	Philemon	
Apocalypse				Hebrews	

226	**323**	**326**	**330**	**365**	**424**
Matthew			Matthew	Matthew	
Mark			Mark	Mark	
Luke			Luke	Luke	
John			John	John	
Acts	Acts	Acts	Acts	Acts	Acts
James	James	James	James	James	James
1 Peter	1 Peter	1 Peter	1 Peter	1 Peter	1 Peter
2 Peter	2 Peter	2 Peter	2 Peter	2 Peter	2 Peter
1 John	1 John	1 John	1 John	1 John	1 John
2 John	2 John	2 John	2 John	2 John	2 John
3 John	3 John	3 John	3 John	3 John 1.1-2	3 John
Jude	Jude		Jude		
Romans	Romans	Romans	Romans	Romans	Romans
1 Corinthians	1 Corinthians	1 Corinthians	1 Corinthians	1 Corinthians	1 Corinthians
2 Corinthians	2 Corinthians	2 Corinthians	2 Corinthians	2 Cor.1.1-13.1	2 Corinthians
Galatians	Galatians	Galatians	Galatians	Gal. 1.14-6.18	Galatians
Ephesians	Ephesians	Ephesians	Ephesians	Ephesians	Ephesians
Philippians	Philippians	Philippians	Philippians	Philippians	Philippians
Colossians	Colossians	Colossians	Colossians	Colossians	Colossians
1 Thessalonians	1 Thessalonians	1 Thessalonians	1 Thessalonians	1 Thessalonians	1 Thessalonians
2 Thessalonians	2 Thessalonians	2 Thessalonians	2 Thessalonians	2 Thessalonians	2 Thessalonians
1 Timothy	1 Timothy	1 Timothy	1 Timothy	1 Timothy	1 Timothy
2 Timothy	2 Timothy	2 Timothy	2 Timothy	2 Timothy	2 Timothy
Titus	Titus	Titus	Titus	Titus	Titus
Philemon	Philemon	Philemon	Philemon	Philemon	Philemon
Hebrews	Hebrews	Hebrews	Hebrews	Hebrews	Hebrews
					Apocalypse

440	**460**	**489**	**517**	**547**	**614**
Matthew		Matthew		Matthew	
Mark		Mark		Mark	
Luke		Luke	2 Peter	Luke	
John		John	Acts 17.24-18.13	John	
Acts	Acts	Acts	1 John	Acts	Acts
James	James	James	2 John	Romans	Romans
1 Peter	1 Peter	1 Peter	3 John	1 Corinthians	1 Corinthians
2 Peter	2 Peter	2 Peter	Jude	2 Corinthians	2 Corinthians
1 John	1 John	1 John	Apocalypse	Galatians	Galatians
2 John	2 John	2 John	Romans	Ephesians	Ephesians
3 John	3 John	3 John	1 Corinthians	Philippians	Philippians
Jude	Jude	Jude	2 Corinthians	Colossians	Colossians
Romans	Romans	Romans	Galatians	1 Thessalonians	1 Thessalonians 1
1 Corinthians	1 Corinthians	1 Corinthians	Ephesians	1 Thessalonians	2 Thessalonians
2 Corinthians	2 Corinthians	2 Corinthians	Philippians	1 Timothy	1 Timothy
Galatians	Galatians	Galatians	Colossians	2 Timothy	2 Timothy
Ephesians	Ephesians	Ephesians	1 Thessalonians	Titus	Titus
Philippians	Philippians	Philippians	2 Thessalonians	Philemon	Philemon
Colossians	Colossians	Colossians	1 Timothy	Hebrews	Hebrews
1 Thessalonians	1 Thessalonians	1 Thessalonians	2 Timothy	James	James
2 Thessalonians	2 Thessalonians	2 Thessalonians	Titus	1 Peter	1 Peter
1 Timothy	Hebrews	1 Timothy	Philemon	2 Peter	2 Peter
2 Timothy	1 Timothy	2 Timothy	Hebrews	1 John	1 John
Titus	2 Timothy	Titus	Matthew	2 John	2 John
Philemon	Titus	Philemon	Mark	3 John	3 John
Hebrews		Hebrews	Luke 1.1-6.42	Jude	Jude

618	796	910	927	945	999
	Matthew		Matthew	Matthew	Matthew
	Mark		Mark	Mark	Mark
	Luke		Luke	Luke	Luke
	John		John	John	John
Acts	Acts	Acts	Acts	Acts	Acts
James	James	James	James	Romans	James
1 Peter	1 Peter	1 Peter	1 Peter	1 Corinthians	1 Peter
2 Peter	2 Peter	2 Peter	2 Peter	2 Corinthians	2 Peter
1 John	1 John	1 John	1 John	Galatians	1 John
2 John	2 John	2 John	2 John	Ephesians	2 John
3 John	3 John	3 John	3 John	Philippians	3 John
Jude	Jude	Jude	Jude	Colossians	Jude
Romans	Romans	Romans	Romans	1 Thessalonians	Romans
1 Corinthians	1 Cointhians	1 Corinthians	1 Corinthians	2 Thessalonians	1 Corinthians
2 Corinthians	2 Corinthians	2 Corinthians	2 Corinthians	1 Timothy	2 Corinthians
Galatians	Galatians	Galatians	Galatians	2 Timothy	Galatians
Ephesians	Ephesians	Ephesians	Ephesians	Titus	Ephesians
Philippians	Philippians	Philippians	Philippians	Philemon	Philippians
Colossians	Colossians	Colossians	Colossians	Hebrews	Colossians
1 Thessalonians	1 Thessalonians	1 Thessalonians	1 Thessalonians	James	1 Thessalonians
2 Thessalonians	2 Thessalonians	2 Thessalonians	2 Thessalonians	1 Peter	2 Thessalonians
1 Timothy	1 Timothy	1 Timothy	Hebrews	2 Peter	1 Timothy
2 Timothy	2 Timothy	2 Timothy	1 Timothy	1 John	2 Timothy
Titus	Titus	Titus	2 Timothy	2 John	Titus
Philemon	Philemon	Philemon	Titus	3 John	Philemon
Hebrews	Hebrews	Hebrews	Philemon	Jude	Hebrews

1175	1241	1242	1243	1245	1270
	Matthew	Matthew	Matthew		
	Mark	Mark	Mark		
	Luke	Luke	Luke		
	John	John	John		
	Acts	Acts	Acts	Acts	Acts
	1 Corinthians	James	James	James	James
1 Peter	2 Corinthians	1 Peter	1 Peter	1 Peter	1 Peter
2 Peter	Galatians	2 Peter	2 Peter	2 Peter	2 Peter
1 John	1 Thessalonians	1 John	1 John	1 John	1 John
2 John	2 Thessalonians	2 John	2 John	2 John	2 John
3 John	1 Timothy	3 John	3 John	3 John	3 John
Jude	2 Timothy	Jude	Jude	Jude	Jude
Romans	Titus	Romans	Romans	Romans	Romans
1 Corinthians	Philemon	1 Corinthians	1 Corinthians	1 Corinthians	1 Corinthians
2 Corinthians	Hebrews	2 Corinthians	2 Corinthians	2 Corinthians	2 Corinthians
Galatians	James	Galatians	Galatians	Gal.(1.1-6.12)	Galatians
Ephesians	Romans	Ephesians	Ephesians	Eph.(3.12-6.24)	Ephesians
Philippians	Ephesians	Philippians	Philippians	2 Corinth.(frag.)	Philippians
Colossians	Philippians	Colossians	Colossians	Colossians	Colossians
1 Thessalonians	Colossians	1 Thessalonians	1 Thessalonians	1 Thessalonians	1 Thessalonians
2 Thessalonians	Jude	2 Thessalonians	2 Thessalonians	2 Thessalonians	2 Thessalonians
Hebrews	1 Peter	1 Timothy	1 Timothy	1 Timothy	1 Timothy
1 Timothy	2 Peter	2 Timothy	2 Timothy	2 Timothy	2 Timothy
2 Timothy	1 John	Titus	Titus	Titus	Titus
Titus		Philemon	Philemon	Philemon	Philemon
		Hebrews	Hebrews	Hebrews	Hebrews

1315	1319	1352	1424	1448	1505
Matthew	Matthew	Matthew	Matthew	Matthew	Matthew
Mark	Mark	Mark	Mark	Mark	Mark
Luke	Luke	Luke	Luke	Luke	Luke
John	John	John	John	John	John
Acts	Acts	Acts	Acts	Acts	Acts
James	James	James	James	Romans	James
1 Peter	1 Peter	1 Peter	1 Peter	1 Corinthians	1 Peter
2 Peter	2 Peter	2 Peter	2 Peter	2 Corinthians	2 Peter
1 John	1 John	1 John	1 John	Galatians	1 John
2 John	2 John	2 John	2 John	Ephesians	2 John
3 John	3 John	3 John	3 John	Philippians	3 John
Jude	Jude	Jude	Jude	Colossians	Jude
Romans	Romans	Romans	Apocalyse	1 Thessalonians	Romans
1 Corinthians	1 Corinthians	1 Corinthians	Romans	2 Thessalonians	1 Corinthians
2 Corinthians	2 Corinthians	2 Corinthians	1 Corinthians	1 Timothy	2 Corinthians
Galatians	Galatians	Galatians	2 Corinthians	2 Timothy	Galatians
Ephesians	Ephesians	Ephesians	Galatians	Titus	Ephesians
Philippians	Philippians	Philippians	Ephesians	Philemon	Philippians
Colossians	Colossians	Colossians	Philippians	Hebrews	Colossians
1 Thessalonians	1 Thessalonians	1 Thessalonians	Colossians	James	1 Thessalonians
2 Thessalonians	2 Thessalonians	2 Thessalonians	1 Thessalonians	1 Peter	2 Thessalonians
1 Timothy	1 Timothy	Hebrews	2 Thessalonians	2 Peter	1 Timothy
2 Timothy	2 Timothy	1 Timothy	1 Timothy	1 John	2 Timothy
Titus	Titus	2 Timothy	2 Timothy	2 John	Titus
Philemon	Philemon	Titus	Titus	3 John	Philemon
Hebrews	Hebrews	Philemon	Philemon	Jude	Hebrews
		Apocalypse	Hebrews		Psalms
					Odes

1506	1573	1611	1646	1734	1735
Matthew	Matthew		Matthew		
Mark	Mark		Mark		
Luke	Luke		Luke		
John	John		John		
James	Acts	Acts	Acts	Acts	Acts
1 Peter	James	James	James	James	James
2 Peter	1 Peter	1 Peter	1 Peter	1 Peter	1 Peter
1 John	2 Peter	2 Peter	2 Peter	2 Peter	2 Peter
2 John	1 John	1 John	1 John	1 John	1 John
3 John	2 John	2 John	2 John	2 John	2 John
Romans	3 John	3 John	3 John	3 John	3 John
1 Corinthians	Jude	Jude	Jude	Jude	Jude
	Romans	Romans	Romans	Apocalypse	Romans
	1 Corinthians	1 Corinthians	1 Corinthians	Romans	1 Corinthians
	2 Corinthians	2 Corinthians	2 Corinthians	1 Corinthians	2 Corinthians
	Galatians	Galatians	Galatians	2 Corinthians	Galatians
	Ephesians	Ephesians	Ephesians	Galatians	Ephesians
	Philippians	Philippians	Philippians	Ephesians	Philippians
	Colossians	Colossians	Colossians	Philippians	Colossians
	1 Thessalonians	1 Thessalonians	1 Thessalonians	Colossians	1 Thessalonians
	2 Thessalonians	2 Thessalonians	2 Thessalonians	1 Thessalonians	2 Thessalonians
	1 Timothy	1 Timothy	1 Timothy	2 Thessalonians	1 Timothy
	2 Timothy	2 Timothy	2 Timothy	1 Timothy	2 Timothy
	Titus	Titus	Titus	2 Timothy	Titus
	Philemon	Philemon	Philemon	Titus	Philemon
	Hebrews	Hebrews	Hebrews	Philemon	Hebrews
		Apocalypse		John (21.1-25)	Hebrews

1738	1739	1827	1836	1837	1854
Acts(23.10-28.31)	Acts	Acts		Acts	Acts
James	James	Romans		James	James
1 Peter	1 Peter	1 Corinthians		1 Peter	1 Peter
2 Peter	2 Peter	2 Corinthians		2 Peter	2 Peter
1 John	1 John	Galatians	1 John	1 John	1 John
2 John	2 John	Ephesians	2 John	2 John	2 John
3 John	3 John	Philippians	3 John	3 John	3 John
Jude	Jude	Colossians	Jude	Romans	Jude
Romans	Romans	1 Thessalonians	Romans	1 Corinthians	Romans
1 Corinthians	1 Corinthians	2 Thessalonians	1 Corinthians	2 Corinthians	1 Corinthians
2 Corinthians	2 Corinthians	Hebrews	2 Corinthians	Galatians	2 Corinthians
Galatians	Galatians	1 Timothy	Galatians	Ephesians	Galatians
Ephesians	Ephesians	2 Timothy	Ephesians	Philippians	Ephesians
Philippians	Philippians	Titus	Philippians	Colossians	Philippians
Colossians	Colossians	Philemon	Colossians	1 Thessalonians	Colossians
1 Thessalonians	1 Thessalonians	James	1 Thessalonians	2 Thessalonians	1 Thessalonians
2 Thessalonians	2 Thessalonians	1 Peter	2 Thessalonians	1 Timothy	2 Thessalonians
1 Tim.(1.1-5.13)	Hebrews	2 Peter	Hebrews	2 Timothy	1 Timothy
	1 Timothy	1 John	1 Timothy	Titus	2 Timothy
	2 Timothy	2 John	2 Timothy	Philemon	Titus
	Titus	3 John		Hebrews	Philemon
	Phlemon	Jude			Hebrews
					Apocalypse

1874	1891	1982	2125	2147	2344
				Matthew	
				Mark	
				Luke	
				John	
Acts	Acts			Acts	Acts
James	James	Rom (5.20-16.27)	James	James	James
1 Peter	1 Peter	1 Corinthians	1 Peter	1 Peter	1 Peter
2 Peter	2 Peter	2 Corinthians	2 Peter	2 Peter	2 Peter
1 John	1 John	Galatians	1 John	1 John	1 John
2 John	2 John	Ephesians	2 John	2 John	2 John
3 John	3 John	Philippians	3 John	3 John	3 John
Jude	Jude	Col. (1.6-4.18)	Jude	Jude	Jude
Romans	Romans	1 Thessalonians	Romans	Romans	Romans
1 Corinthians	1 Corinthians	2 Thessalonians	1 Corinthians	1 Corinthians	1 Corinthians
2 Corinthians	2 Corinthians	1 Timothy	2 Corinthians	2 Corinthians	2 Corinthians
Galatians	Galatians	2 Timothy	Galatians	Galatians	Galatians
Ephesians	Ephesians	Titus	Ephesians	Ephesians	Ephesians
Philippians	Philippians	Philemon	Philippians	Philippians	Philippians
Colossians	Colossians	Heb. (1.1-12.1)	Colossians	Colossians	Colossians
1 Thessalonians	1 Thessalonians		1 Thessalonians	1 Thessalonians	1 Thessalonians
2 Thessalonians	2 Thessalonians		2 Thessalonians	1 Timothy	2 Thessalonians
Hebrews	1 Timothy		1 Timothy	Titus	1 Timothy
1 Timothy	2 Timothy		2 Timothy	Philemon	2 Timothy
2 Timothy	Titus		Titus	2 Thessalonians	Titus
Titus	Philemon		Philemon	2 Timothy	Philemon
Philemon	Hebrews		Hebrews	Hebrews	Hebrews

2400	2412	2464	2492	2495	2815
Matthew			Matthew	Matthew	
Mark			Mark	Mark	
Luke			Luke	Luke	
John			John	John	
Acts	Acts	Acts (19.35-28.31)	Romans	Romans	Acts
James	Romans	James	1 Corinthians	1 Corinthians	James
1 Peter	1 Corinthians	1 Peter	2 Corinthians	2 Corinthians	1 Peter
2 Peter	2 Corinthians	2 Peter	Galatians	Galatians	2 Peter
1 John	Galatians	1 John	Ephesians	Ephesians	1 John
2 John	Ephesians	2 John	Philippians	Philippians	2 John
3 John	Philippians	3 John	Colossians	Colossians	3 John
Jude	Colossians	Romans	1 Thessalonians	1 Thessalonians	Jude
Romans	1 Thessalonians	1 Corinthians	2 Thessalonians	2 Thessalonians	Romans
1 Corinthians	2 Thessalonians	2 Corinthians	1 Timothy	1 Timothy	1 Corinthians
2 Corinthians	1 Timothy	Galatians	2 Timothy	2 Timothy	2 Corinthians
Galatians	2 Timothy	Ephesians	Titus	Titus	Galatians
Ephesians	Titus	Philippians	Philemon	Philemon	Ephesians
Philippians	Philemon	Colossians	Hebrews	Hebrews	Philippians
Colossians	Hebrews	1 Thessalonians	Acts	James	Colossians
1 Thessalonians	James	2 Thessalonians	James	1 Peter	1 Thessalonians
2 Thessalonians	1 Peter	Hebr. (1.1-10.19)	1 Peter	2 Peter	2 Thessalonians
1 Timothy	2 Peter		2 Peter	1 John	1 Timothy
2 Timothy	1 John		1 John	2 John	2 Timothy
Titus	2 John		2 John	3 John	Titus
Philemon	3 John		3 John	Jude	Philemon
Hebrews	Jude		Jude (1-24)		Hebrews
			Apocalypse